KB244613

金文經敎授停年退任紀念

동아시아사 연구논총

도서출판 혜안

金文經 教授 近影

賀　序

　　나는 禾谷 金文經 교수가 결혼할 때 그의 함진아비였다. 그것도 여
러 명이 일단이 되어 동행하는 함진아비가 아니라 혼자서 독행하는 함
진아비였다. 禾谷은 나와는 달리 성격이 워낙 원만하여 친구 많기로 유
명한데 하필이면 나보고 그런 함진아비가 되어 달라고 부탁하였다. 이
제의를 통해서 내가 평소 그를 좋아하고 있던 만큼 그도 나를 친구 중
에서 제일 좋아하고 있다는 것을 확인하는 것 같아 정말 기뻤다. 실은
그 시절 우리는 남들이 동성연애를 하고 있는 것이 아니냐고 의심할 정
도로 항상 붙어다니는 단짝이었다.

　　나와 禾谷과의 친구관계는, 내가 연세대학교 대학원 석사과정에 입
학하여 西餘 閔泳珪 선생의 같은 문하생이 되면서 시작되었지만, 두 사
람이 아주 극친하게 된 것은 내가 연세대학교 도서관학과 전임교원으
로 있고 그가 하버드 대학교의 Harvard-Yenching 도서관의 촉탁 신분
으로 연세대학교에서 도서관의 한 코너를 빌려 哈佛大學哈佛燕京圖書
館 韓籍簡目을 편찬하고 있던 1960년대 초기부터가 아닌가 한다. 그 무
렵 두 사람은 서로 상대방의 도움이 필요했던 것이다. 사학과 출신인
그는 목록편찬의 전문적인 지식을 얻기 위해 도서관학과 출신인 나의
도움이 필요했고 나는 동 목록이 담고 있는 개개 한국전적의 타이틀과
내용을 익히기 위해 禾谷의 해설이 필요했던 것이다. 어쨌든 동 목록은
禾谷의 손에 의해, 석사학위를 받은 후 그의 첫 작품으로 4·6판 크기
와 550면에 달하는 큰 부피로 미국 하버드 대학교에서 두 권으로 나뉘
어 간행되었다. 나의 서재에는 당시 그가 손수 싸인해서 기증해 준 그

목록의 한 질이 꽂혀 있는데 그것을 대할 때마다 당시 禾谷과의 정겨웠던 시절의 追懷에 흐뭇이 잠기곤 한다.

　내가 禾谷에게 반하게 된 것은, 그가 이야기를 재미있고 유식하게 잘하는 데 있었다. 아울러 나의 말을 항상 이해성을 가지고 성의 있고 재미있게 잘 들어 주는 데 있기도 하였다. 그는 나와의 談論에서 나의 말을 한 번도 꺾은 적이 없고 나로 하여금 거침없이 신나게 이야기하게 해 주었다. 말재주가 없는 나의 말을 그토록 신나는 양 들어 준 사람은 아직 그밖에 없는 것 같다. 신상 이야기이든, 시사 이야기이든 어떤 문제나 마음을 탁 터놓고 말을 나눌 수 있는 상대는 아직 나에게 禾谷밖에 없다. 그와 이야기를 하고 나면 나의 맺혔던 스트레스는 언제나 확 풀리곤 한다. 그리고 그의 이야기는 깊이가 있어 나에게 유익하고 도움이 되는 것이 많았다. 학부에서 국어학을, 대학원에서는 도서관학을 수학한 내가 史學에 대해서 어느 정도의 소양을 갖추게 된 것은 그와의 오랜간의 談論의 덕이 크다. 내가 동아일보사의 위촉을 받아 東亞日報 索引을 편찬할 때는 수시로 신문사 색인편찬실까지 찾아와서, 주제명 부여에 어려움이 있어 보류해 두었던 기사들에 대한 배경과 史實을 쉽게 설명해 줘 문제를 해결하는 데 큰 도움을 주곤 하였다.

　禾谷은 대학에서 전임교원의 자리를 얻기까지 여러 해를 시간강사로 여러 대학에 출강하느라고 고생을 많이 했는데, 연세대학교에서 최초로 강좌를 얻은 것은 도서관학과에서 개설한 한서강독이란 과목이었다. 그 때 나는 나의 연구실에 그를 위한 책상을 하나 더 놓아 주어, 그가 사학과 과목의 강의를 맡게 된 뒤에도, 그가 타대학의 전임교원으로 부임해서 나갈 때까지 연구실을 그와 공동으로 사용하였다.

　禾谷은 연세대학교 대학원에서 동양사 전공으로는 제1호로 석사학위를 취득한 사람이다. 그는 동양사 중에서도 唐代의 사회 종교사의 전공자이다. 석사학위 논문뿐만 아니라 박사학위 논문도, 교수생활 수십년 간의 연구 대상도 한결같이, 크게 봐서 이 한 분야의 것들이었다. 보통 박학다식하고 다재다능한 사람은 한 분야에 대한 연구를 일관되게 꾸준히 천착하지 못하는 법인데, 그는 용케도 옆으로 새지 않고 그 일을 장하게 해 냈다. 그가 현재 우리 나라에서 唐代 사회 종교사의 제일 인자적 학자로 높이 인정받고 있고, 우리 나라의 東洋史學會 會長과 韓國敦煌學會 會長을 역임한 것은 결코 우연한 일이 아닌 것이다.

禾谷은 주전공 분야의 연구기반을 튼튼히 닦기 위해 주변 그리고 관련 학문을 상당한 수준으로 硏學하였다. 전술한 바, 그가 하버드 대학교 한적목록의 편찬에 종사한 것은 서지학 내지 문헌학적 소양을 폭넓게 닦은 결과가 되었고, 평소 日本 헤이안조(平安朝)의 대승 엔닌(円仁)의 저작『入唐求法巡禮行記』을 수십 번 숙독한 것은 당시의 일본사와 중국사와 한국사를 입체적으로 폭넓고 깊이 있게 공부하기 위함이었으며, 臺灣의 中央硏究院 歷史語言硏究所와, 日本의 東洋文庫 唐史硏究室 객원연구원과 慶應義塾大學의 방문교수로, 그리고 미국 L.A.의 캘리포니아 대학교 객원교수로 각각 外遊한 것은 세계적 안목과 위상에서 동양사를 연구하려는 그의 평소 의욕과 자세의 소치라고 본다. 그는 최근 중국 唐代 때 한국 신라의 호족이며 大商人이었던 張保皐에 관한 논문을 수편 발표하여 그 분야의 권위자로도 높이 인정받고 있는데, 이는 그러한 그의 폭넓은 입체적 연학에서 얻어진 귀중한 소득이라고 생각한다. 그는 이 논문들 덕택으로 中國의 史跡과 學界를 수차례 답사 내지 巡歷할 기회를 갖기도 하였다. 1970년 초기에 있었던 그의 臺灣쪽의 외유는 중국 외유치고는 편향적이고 불완전한 면이 없지 않았는데, 在唐 新羅僑民이 활동한 유적의 실사와 張保皐가 활동한 유적지의 답사, 그리고 중국에서 개최된 학술대회 참석 등을 위한 그의 1980년대와 1990년대의 수차례에 걸친 중국대륙과 홍콩쪽으로의 외유는 그의 중국사 연구의 폭과 질을 넓히고 높이는 데 좋은 기틀이 되었을 것이다.

禾谷은 남과 잘 사귀고 어울리고 협조하고 남의 일을 자기 일 이상으로 잘 돌봐 주는 親和力과 協同心과 利他心을 크게 가진 사람이다. 그는 나처럼 남과 잘 사귈 줄 모르고 고집스런 사람까지도, 전술한 바와 같이, 자기를 제일 좋아하는 사람으로 만든 引人力을 지닌 사람이다. 그가 崇實大學校의 전임교원으로 부임한 이래 學生處長, 敎務處長,

人文大學長, 人文科學研究所長, 博物館長, 大學院長 등 중요보직을 두루 역임하게 된 것은 그의 학덕과 더불어 그런 천부적인 성품과 자질을 바탕으로 한 행정능력을 총장 등 학교당국자로부터 크게 인정받았기 때문일 것이다. 나는 그를 내가 봉직하는 연세대학교 교수로 끌어들이지 못한 것을 못내 아쉬워했는데, 그가 이번 숭실대학교에서 定年을 마치는 것을 보면서 그렇게 된 것은 禾谷을 더 큰 용도로 쓰기 위한 하늘의 뜻에 인한 것이었다고 생각하고 자위하고 있다.

한 마디로, 禾谷은 智와 德을 겸비한 훌륭한 학자요 행정가이다. 다만 體가 좀 약해 보여 걱정이었는데, 그래도 자신이 몸관리를 절도 있게 잘하여 교수직의 정년까지 거뜬히 살아 냈으니 정말 축하할 일이다. 요즈음도 禾谷은 하루도 빠지지 않고 매일 아침 트레킹을 하며 몸을 단련한다. 아무쪼록 건강을 잘 유지하여 나보다 훨씬 더 오래 살길 바란다.

나는 모든 면에서 나보다 나은 禾谷을 나의 극친한 친구로 가진 것을 자랑으로 생각한다. 사학의 문외한인 내가 외람되고 분수에 넘게 이 賀序의 집필을 맡음에, 禾谷의 결혼시 내가 혼자 그의 함을 졌을 때의 사정이 회상되어 감회가 깊다. 어쨌든, 禾谷의 정년퇴임기념논문집인 『동아시아사 연구논총』의 첫머리를 장식하는 賀序를 내가 쓰게 된 것은 나의 더없는 기쁨이요 영광이 아닐 수 없다.

禾谷의 더 큰 행운과 영화와 건승을 빈다.

1996년 6월 1일

李　載　喆

延世大學校　名譽教授

金文經 敎授 略歷

* 학력 및 경력

1931년 2월 9일 경상남도 양산군 상북면 상삼리에서 父 金正禹 公과 母 池暎玉 夫人의 長男으로 出生

1943년 3월 上北公立小學校 졸업

1950년 7월~1951년 5월 군복무, 명예제대 (육군)

1952년 2월 普成高等學校卒業

1956년 2월 연희대학교 문과대학 사학과 졸업. 문학사

1959년 8월 연세대학교 대학원 사학과 석사과정 수료. 문학석사(동양사)

1962년 9월~1965년 2월 Harvard-Yenching Library 조수

1965년 3월~1970년 2월 단국대학교 문리과대학 전임강사

1966년 3월~1990년 2월 연세대학교 강사

1966년 3월~1969년 2월 경기대학교 강사

1970년 3월~1996년 2월 숭실대학교 인문대학 사학과 조교수, 부교수, 교수

1972년 8월~1973년 3월 臺灣 中央硏究院 歷史語言硏究所 客員硏究員

1973년 4월~1973년 8월 日本 東洋文庫 唐史硏究室 客員硏究員

1976년 3월~현재 숭실대학교 교사편찬위원(80, 90, 100년사)

1976년 3월~현재 역사학회 평의원

1978년 3월~1980년 2월 숭전대학교 학생처장

1981년 3월~1983년 2월 숭전대학교 교무처장

1984년 9월 연세대학교 대학원 사학과 박사과정 수료. 문학박사(唐 高句麗遺民과 新羅僑民)

1983년 3월~1984년 8월 동국대학교 강사

1984년 9월~1985년 8월 日本 慶應義塾大學 訪問敎授

1986년 3월~1988년 2월 고려대학교 대학원 강사

1987년 5월~1989년 4월 동양사학회 회장

1988년 7월~1990년 6월 숭실대학교 인문대학 학장
1987년 3월~1988년 2월 숙명여자대학교 대학원 강사
1990년~1991년 7월 숭실대학교 인문과학연구소 소장
1991년 6월~현재 한국 돈황학회 회장
1991년 7월~1992년 8월 California State University, L. A. 客員敎授
1992년 9월~1993년 2월 숭실대학교 박물관 관장
1993년 3월~1995년 2월 숭실대학교 대학원 원장
1996년 3월~현재 숭실대학교 명예교수

　* 家族

室人 朴 玉 枝(1971년 1월 23일 결혼)
長男　知 郁(Oklahoma State University, 전공 Architecture)
次男　知 瑢(California State University, Long Beach, 전공 Industrial Design)

金文經教授 論作目錄

* 著書

『唐 會昌破佛에 관한 연구』, 연세대학교 대학원, 1959.
『A Classified Catalogue of Korean Books in the Harvard-Yenching Library』,
　　　　Harvard-Yenching Library, 1966.
『東亞史序說』, 일신사, 1977.
『唐代의 社會와 宗敎』, 숭전대학교 출판부, 1984.
『唐 高句麗遺民과 新羅僑民』, 일신사, 1986.

* 編著書

『世界文化史』, 일신사, 1977.
『숭전대학교 80년사』, 숭전대학교 출판부, 1979.
『숭실대학교 90년사』, 숭실대학교 출판부, 1987.
『張保皐』, 해양경영사연구회, 1993.

* 論文

「武宗의 佛敎政策」,『사학회지』4, 연세대학교 사학회, 1964.
「赤山法華院의 佛敎儀式」,『사학지』1, 단국대학교 사학회, 1967.
「唐 武宗의 道敎信仰」,『사학지』2, 단국대학교 사학회, 1968.
「在唐 新羅人의 集落과 그 構造」,『이홍직박사회갑기념논총』, 신구문화사,
　　　　1969.
「儀式을 통한 佛敎 大衆化 運動」,『사학지』4, 단국대학교 사학회, 1970.
「武宗의 廢佛과 權力內部의 派閥的 鬪爭」,『인문사회과학논문집』1, 숭전대학
　　　　교 인문사회과학연구소, 1971.

「三國遺事에 나타난 佛敎의 信仰結社」,『사학회지』 10, 연세대학교 사학회,
　　　1971.
「敦煌文書」,『이화사학연구』 5, 이화여자대학 사학회, 1973.
「唐 藩鎭의 한 硏究 – 李正己一家를 중심으로,『성곡논총』 6, 성곡학술재단,
　　　1975.
「三國 新羅時代의 佛敎信仰結社」,『사학지』 10, 단국대학교 사학회, 1976.
「西歐 地理思想의 收容과 抵抗」,『숭전』 23, 숭전대학교 학도호국단, 1980.
「唐代 外民의 內徙策」,『인문과학논문집』 11, 숭실대학교 인문과학연구소,
　　　1981.
「山東 佛敎의 性格」,『숭실사학』 2, 숭전대학교 사학회, 1984.
「唐日 文化交流와 新羅神信仰」,『동방학지』 54・55・56합, 연세대학교 국학연
　　　구원, 1987.
「唐代新羅僑民的活動」,『古代中韓日關係硏究』, 香港大學 亞洲硏究中心, 1987.
「園城寺의 新羅明神信仰」,『인문과학논문집』 20, 숭실대학교 인문과학연구소,
　　　1990.
「東亞史上의 張保皐와 그 海上王國의 사람들」,『인문과학논문집』 23, 숭실대학
　　　교 인문과학연구소, 1993.
「바다사람들 - 신라인의 해상활동 - 」,『물과 한국인의 삶』, 한국미래학회, 1994.
「7~9世紀 新羅人의 海外貿易活動」,『한국복식』, 단국대학교 민속학연구소,
　　　1995.
「唐・日에 비친 張保皐」,『동양사학연구』 50, 동양사학회, 1995.

　　*　書評・解題・기타

「D. C. Twitchett, Financial Administration under the T'ang Dynasty」,『사학
　　　지』 9, 단국대학교 사학회, 1975.
「林天蔚, 隋唐史新論」,『사학지』 14, 단국대학교 사학회, 1980.
「史記」,『中國의 古典百選』, 신동아 신년호 부록, 1980.
「大唐西域記」,『中國의 古典百選』, 신동아 신년호 부록, 1980.
「魏晉南北朝 - 隋唐 : 회고와 전망」,『역사학보』 44, 1969.
「魏晉南北朝 - 隋唐 : 회고와 전망」,『역사학보』 49, 1971.
「魏晉南北朝 - 隋唐時代 : 회고와 전망」,『역사학보』 60, 1973.

「山家漫錄 - 중국민화」,『山林』, 산림조합연합회, 1970~72.

「산동반도 역사기행」,『해양경영사연구』, 1990.

「敦煌 끝내 못 본 胡旋舞」,『한전』, 1990.

「張保皐와 在唐新羅人들」,『전망』, 대륙연구소, 1993.

「중국 속의 한국인 한국유적」,『신동아』, 동아일보사, 1993.

「해상왕 장보고」,『뿌리와 날개』, 1994. 12.

「日本에서 본 張保皐」,『WIN』창간호, 중앙일보사, 1995.

「李氏王國의 經濟的 기반 - 移民왕국의 건설자 李正己 - 」,『WIN』1996 - 3, 중
　　　앙일보사.

「張保皐 南中國활동과 그 영역」,『장보고대사해양경영사 제2차 국제선상학술
　　　회의』, 해양경영사연구소, 1996.

차례/동아시아사 연구논총

제3부 東亞와 韓民族

제4부 歷史 속의 人物

제5부 文化와 民族

제1부
權力의 諸相

張儀의 '挾天子'論과 戰國時代의 周王

李 成 珪

I

황제 지배체제하에서 모든 권력의 원천은 황제였다. 따라서 공적인
官爵의 서열이야 어쨌든 황제의 신임과 총애의 강도가 곧 개인이나 집
단의 권력의 강약을 좌우하며, 또 그 경위와 방법이야 어쨌든 황제를
대리한다는 위치만 차지하면 '합법적'으로 절대권력을 행사할 수 있었
다. 사실 역대 끊임없이 이어진 관료의 당쟁, 환관·외척·관료 3자 간
의 투쟁도 그 명분이야 어쨌든 결국 황제를 차지하기 위한 싸움이었으
며, 왕조 교체의 형식으로 애용된 禪讓儀式도 황제를 '철저히' 차지한
자의 마지막 수순이었다고 해도 과언은 아니다. 그러므로 황제를 차지
하는 데 일단 실패한 자들의 무력투쟁도 '君側의 奸'을 제거하는 '勤王'
의 명분을 내세우는 것이 '상식'이었고, 황제가 '君側의 奸'의 괴뢰에 불
과할지라도 사실상 제국을 분할 점거한 독립세력들도 왕조 개창의 선
언은 끝까지 유보하는 것이 보통이었다. 중국 정치사에서 흔히 말하는
'挾天子'란 바로 이와 같은 각종 형태의 '황제 차지하기' 중 궁궐 안의
포로와 다름없는 황제의 명의로 행하는 권력 擅斷을 의미하는데, 결국

찬탈 선양의 전 단계에 불과한 것이기도 하였다.

　농민의 반란, 군도의 횡행, 군웅의 할거와 각축, 천자의 유랑으로 이
어진 後漢 제국의 와해 과정은 '挾天子'가 가능한 절호의 여건을 조성
하였다. 당시 曹操의 部將 중에는 유랑하는 獻帝의 迎入, 즉 '挾天子'의
정치적 의미를 이해하지 못한 사람도 있었고[1] 당시 최고의 천하명사로
서 최대의 실력을 보유한 袁紹도 더 이상 이용가치가 없는 漢 天子의
영입은 오히려 제업을 이루는 데 방해가 될 뿐이라는 일부 막료들의 의
견을 따른 결과 '挾天子'의 기회를 놓치고 말았다고 한다.[2] 그러나 악
명 높은 董卓이 일시 조정을 장악한 것도 피난중의 천자를 차지한 때
문이었지만, 당시 식견 있는 정객들이 '挾天子'에 관심을 집중한 것은
당연한 일이었으며 그것을 실천에 옮긴 曹操가 얼마나 커다란 정치적
자산을 확보하였는가는 누구보다도 그의 경쟁자들이 가장 잘 실감하였
을 것이다.[3] 물론 이것은 군사력이 뒷받침되지 않았다면, 그리고 漢 天

---

1)『三國志』권1, 魏書 武帝紀 建安 元年, "太祖將迎天子 諸將或疑 荀彧程昱
　　勸之 乃遣曹弘將兵西迎".

2)『三國志』권6, 袁紹傳 裴注 引 獻帝傳에 의하면 袁紹는 당초 "挾天子而令
　　諸侯 畜士馬而討不庭 誰能禦之"를 주장한 沮授의 의견을 따르려 하였으
　　나 "漢室陵遲 爲日久矣 今欲興之 不亦難乎 且今英雄據有州郡 衆動萬計
　　所謂秦失鹿 先得者王 若迎天子以自近 動輒表聞 從之則權輕 違之則拒命
　　非計之善者也"라는 郭圖와 淳于瓊의 반론에 설득되어 '挾天子'의 기회를
　　놓치고 말았다고 한다. 그러나 袁紹 本傳에는 郭圖 역시 천자를 鄴으로
　　영입할 것을 건의하였으나 袁紹가 듣지 않았다는 상반된 구절이 보인다.

3) '挾天子'를 "만약 빨리 도모하지 않으면 반드시 먼저 실행하는 사람이 있
　　을 것"을 경고한 沮授가 일단 曹操가 '挾天子'를 실행하자 許로 천자를 영
　　입한 曹操를 공격하는 것은 '義에도 어긋나며' 지략이 뛰어난 曹操가 '挾
　　天子'란 資産까지 얻었으니 쉽게 공격할 수 없다고 주장한 것(『三國志』
　　袁紹傳 裴注 引 獻帝傳), 沮授의 의견을 무시한 袁紹는 曹操의 '挾天子'를
　　秦의 趙高와 漢初 呂氏의 專政에 비유하며 "便放志專行 脅遷省禁 卑侮王
　　官 敗法亂紀"라고 비난하였지만(동, 袁紹傳 裴注 引 魏氏春秋 所載 袁紹
　　檄文) 關中이 모두 曹操에게 附依하자 '挾天子'하지 못한 것을 후회하였
　　고, 曹操에게 천자를 자기 본거에 가까운 鄄城으로 옮길 것을 요구하였으
　　나 거절당하였으며(『三國志』袁紹傳), 또 曹操가 사신은 大將軍이 되고

子가 누려 온 절대적인 권위가 완전히 호소력을 상실하였다면 무의미하였을 것이다. 그러나 荀彧이 曹操에게 적극 '挾天子'를 권하면서 王子帶의 난으로 鄭에 피신한 周 襄王을 복위시킨(B.C. 635) 춘추시대의 覇者 晉 文公의 선례를 거론한 것이나,[4] 荀彧의 從子 荀攸 등이 천자를 끼고 長安으로 천도한 董卓을 제거한 후 關中에 웅거하여 "王命을 輔弼하면서 천하를 호령하면 齊 桓公·晉 文公과 같은 공을 이룰 수 있다"는 꿈을 품었다는 예[5]는 後漢 말 '挾天子'의 모형이 춘추 패자였음을 잘 말해 준다.

춘추 패자가 諸侯에 대한 통제력을 상실한 周王을 대신하여 '尊王·攘夷'의 명분으로 회맹을 소집, 열국 간의 질서를 유지하고 '王命'으로 불복자를 征討하였다는 것은 주지의 사실이다. 그러나 선진 문헌에서

袁紹를 그보다 낮은 太尉에 임명하였을 때 袁紹가 "천자를 끼고 나를 호령한다"고 격분하자 曹操는 대장군의 직위로 그를 꾸짖었다는 일화(『三國志』袁紹傳 裵注 引 獻帝春秋), 袁紹와 曹操 사이에서 배회하는 張繡에게 賈詡가 "曹公은 천자를 받들고 천하를 호령하니 마땅히 따라야 한다"고 설득한 것(『三國志』권10, 魏書 賈詡傳), 曹操의 실력을 경시하는 袁術에게 張承이 "지금 曹公은 천자를 끼고 천하를 호령하니 백만의 衆도 대적할 수 있다"고 깨우쳤다는 것(동 권11, 張範傳), 처음 劉備를 만난 諸葛亮이 "지금 曹操는 이미 백만의 衆을 옹유하며 천자를 끼고 제후를 호령하니 정말 더불어 다툴 수 없다"고 지적한 것(『三國志』권35, 蜀書5 諸葛亮傳), 그리고 張繡를 공격하던 曹操가 袁紹측이 許를 습격 "천자를 끼고 천하를 호령하려 한다"는 정보를 입수하자 곧 귀환하였다는 일화(『三國志』권1, 魏書 武帝紀 裵注 引 獻帝春秋) 등은 모두 당시 '挾天子'의 정치적 의미를 잘 말해 준다.

4)『三國志』권10, 荀彧傳, "彧勸太祖曰 昔晉文公納周襄王而諸侯景從 高祖東伐爲義帝縞素而天下歸心 自天子播越 將軍首唱義兵……雖禦難于外 乃心無不在王室 是將軍匡天下之素志也 今車駕旋軫 東京榛蕪 義士有存本之思 百姓感舊而增哀 誠因此時 奉主上以從民望 大順也 秉至公以伏雄傑 扶弘義以致英俊 大德也 天下雖有逆節 必不能爲累 明矣".

5)『三國志』권10, 荀攸傳, "董卓徙都長安 攸與議郎鄭泰 何顒 侍中種輯 越騎校尉伍瓊等謀曰 董卓無道深於桀紂 天下皆怨之 雖資彊兵 實一匹夫耳 今直刺殺之以謝百姓 然後據殽函 輔王命 以號令天下 此桓文之擧也".

패자와 관련 '勤王', '獎王室', '脩王命', '朝天子', '貢天子' 등은 자주 보이지만 '挾天子'란 표현은 보이지 않는다. 당시 패자들은 王城을 점거하거나 왕을 자신의 도성으로 옮긴 일도 없었기 때문에 사실상 천자의 포로화를 의미하는 '挾天子'는 패자체제에 어울리지 않았기 때문일 것이다. 더욱이 당시 周王은 소규모나마 전통적인 直轄王畿를 의연히 보지하고 있어 '한 척의 땅 한 명의 백성도 없는' 後漢 獻帝와는[6) 격단의 차이가 있었을 뿐 아니라 王의 覇者 승인(致伯), 王官의 회맹 참가에 상응한 패자의 獻捷 및 征討, 죄인의 京師 송환 등은 물론 대부분의 정치 행위에서 왕조의 존재를 전제로 하는 패자의 자세가 일관되어 왕조 - 패자 - 제후(동맹국)의 정치적 서열이 뚜렷이 유지되었던 만큼[7) 패자의 尊王이 '挾天子'의 모형이 되기에는 너무 거리가 먼 것 같다.

그럼에도 불구하고 後漢 末의 '挾天子'論이 춘추 패자체제를 선례로 거론한 것은 춘추시대 周王의 像을 '이용가치는 있으나 실권이 없는 천자'로 인식하였기 때문인 것 같다. 그러나 '이용가치'를 일단 차치하면 '실권 없는 천자'는 오히려 전국시대 周王의 像에 보다 어울리는 것이 아닌가? 우리는 춘추시대까지는 패자체제와 관련 周王의 존재를 항상 기억하고 있다. 그러나 전국시대가 되면 '周王의 철저한 유명무실화와 전국 7웅의 무제한 각축'이란 개설적 상식 때문인지 『戰國策』에도 東周 ·西周策이 별도로 설정된 사실과 기원전 256년까지 周 赧王이 재위한 사실을 모르지는 않더라도 전국시대 정치·외교사에서 周王의 존재를 의식하는 일이 거의 없는 것 같다. 기원전 323년 '5국 相王'을 고비로 열국이 대부분 주왕의 독점적인 칭호(적어도 '蠻夷' 楚·吳·越을 제외한 中原 諸國에서는)인 '王'을 자칭하였을 뿐 아니라[8) 선전 문헌에서 주왕

---

6) 『三國志』 권1, 武帝紀 裵注 引 魏略, "侍中陳群 尙書桓階奏曰 漢自安帝以
　來 政去公室 國統數絶 至於今者 唯有名號 尺土一民 皆非漢有 期運久已
　盡".
7) 吉本道雄, 「春秋齊覇考」 『史林』 73 - 2, 1990 ; 「春秋晉覇考」 『史林』 76 -
　3, 1993 참조.
8) B.C. 334년 齊·魏가 徐州의 曾에서 서로 稱王을 승인한 이후, 秦도 B.C.

의 주체적인 활동은 물론 각국이 주왕 때문에 행동을 자제하거나 주왕을 이용하여 상대를 견제한 사례도 거의 보이지 않는다면 이 개설적인 상식도 별 문제가 없는 것 같으며, '挾天子'의 대상조차 될 수 없을 정도로 유명무실한 주왕의 존재를 재확인하는 것으로 만족할 수도 있을 것이다.

그러나 이런 정도의 周王이 어떻게 그토록 장기간 명맥이나마 유지할 있었느냐는 문제도 전근대 중국 정치의 사상과 행태적 특징을 이해할 수 있는 중요한 단서가 될 수 있지만, 장기간 秦의 외교를 주도히였을 뿐 아니라 그 진상이야 어쨌든 蘇秦과 함께 전국 외교의 양대 상징적 인물로 알려진 張儀가 '挾天子'론을 제기한 것은 전국시대 周王 위상의 재검토를 요구하는 것 같다. 이것은 B.C. 316년 秦의 對蜀정책과 관련, 司馬錯의 蜀 정벌론에 맞선 張儀의 先伐韓論에서 다음과 같이 처음으로 제기되었다. 즉

　魏・楚와 친선한 후 三川으로 병사를 내려보내 什谷의 입구를 막고 屯留의 길로 나아가 魏는 南陽을 차단하고 楚가 南鄭을 압박할 때, 秦이 新城과 宜陽을 공격하여 (동・서) 2周의 교외를 압박하고 周王의 죄를 성토한 후, 楚・魏의 땅을 침공한다. (그러면) 周는 (그들이 자신을) 구원할 수 없음을 스스로 알고 九鼎과 寶器를 반드시 내놓을 것이다. 九鼎에 의거하고 圖籍에 근거하여 天子를 끼고(挾天子) 천하를 호령하면 천하가 모두 (秦의 호령을) 들을 것이다. 이것이 (바로) 왕업을 (이루는 길이다).[9]

이 주장은 司馬錯의 다음과 같은 반론에 밀려 결국 채택되지 못하였다. 즉

325년 王을 칭하였는데, 이 '5국 相王'에 참가한 것은 韓・魏・趙・燕・中山이었다.
9) 『史記』 권70, 張儀列傳. 『戰國策』 秦1 : 7에도 거의 동일한 내용이 전하지만, 『史記』의 "誅周王之罪"가 여기에는 "誅周主之罪"로 나온다. '王'과 '主'가 문자의 형태상 흔히 있을 수 있는 혼동일 수도 있으나, '周主'가 周王의 권위를 크게 격하시킨 표현인 것은 분명하다.

지금 韓을 공격하여 천자를 劫迫하는 것은 악명을 (얻지만) 반드시 이롭다는 (보장이) 없습니다. 또 不義하다는 평판을 들으며 천하가 (공격하려) 하지 않는 것을 공격하는 것은 위험한 일입니다. 신이 그 이유를 아뢰겠습니다. 周는 천하의 종실이며 齊·韓의 동맹국입니다. 周가 九鼎을 잃을 것을 스스로 알고 韓도 三川을 상실할 것을 스스로 안다면 양국은 힘과 지혜를 합쳐 齊·趙를 끌어들인 후 楚·魏에 (사태) 해결을 청하면서 鼎은 楚에 주고 魏에게는 땅을 주면 王께서는 이것을 막지 못할 것입니다. 臣이 위험하다는 것은 이것을 말하는 것입니다.[10]

그러나 秦 武王 원년(B.C. 310) 齊로 하여금 魏를 공벌시킨다는 전제를 설정, 앞서 주장한 '挾天子'론을 張儀가 다시 건의하였을 때 武王은 그 계획을 승인하였다.[11] 물론 이것은 현실에 맞지 않는 張儀 개인의 我執일 수도 있으며, 그가 당초 入秦 도중 東周 昭文君의 특별한 예우를 받고 入秦 後 그 보답으로 昭文君의 국제적 위상을 제고하는 데 크게 기여하였다는 설화[12]가 시사하는 바와 같이 張儀는 周王에 특별한 애착을 가진 것인지도 모른다. 그러나 秦 惠王의 사후 張儀의 정적들이 밤낮으로 그를 헐뜯는 상황에서 역시 태자시절부터 張儀를 싫어하였다는 武王이(주 11 참조) 이 계획을 승인한 것을 보면 伐蜀 직전 張儀의 주장이 채용되지 않은 것은 '挾天子' 자체가 무의미하다기보다는 伐蜀

---

10) 『史記』 권70, 張儀列傳.

11) 『史記』 張儀列傳, "武王自爲太子時不說張儀 及卽位 群臣多讒張儀……武王元年 群臣日夜惡張儀 而齊讓又至 張儀懼誅 乃因謂武王曰……故儀願乞其不肖之身之梁 齊必興師而伐梁 梁齊之兵連於城下 而不能相去 王以其間伐韓 入三川 出兵函谷而毋伐 以臨周 祭器必出 挾天子 按圖籍 此王業也 秦王以爲然 乃具革車三十乘 入儀之梁".

12) 『呂氏春秋』 愼大覽 報更篇, "張儀 魏氏餘子也 將西遊於秦 過東周……昭文君見而謂之曰 聞客之秦 寡人國小 不足而留客 雖遊然必遇哉 客或不遇 請爲寡人而一歸也……張儀行 昭文君送而資之 至於秦 留有間 惠王說而相之 張儀所德於天下者 無若昭文君 周 千乘也 重過萬乘也 令秦惠王師之 逢澤之會 魏王嘗爲御 韓王爲右 名號只今不忘 此張儀之力也". 그러나 逢澤의 會는 B.C. 342년 秦 孝公 20년, 張儀의 入秦 이전이 일이므로 이 기사 자체는 사실이 아니다.

의 利가 더 급하였고,13) 당시 국제 정세상 秦의 '挾天子'가 사실상 불가능하였기 때문으로 해석되는데,14) 더욱 주목되는 것은 상기 司馬錯의 반론도 '周王의 이용가치 全無'를 강조한 것이 아니라 오히려 '劫天子'에 따른 악명과 국제적인 역공세를 우려한 점이다. 이것은 곧 아직도 周王이 '천자'로서 일정한 위상을 유지하였고, 따라서 그 권위 역시 일정한 이용가치가 있었던 사정을 시사하는 것이 아닌가? 그렇다면 張儀 이외의 종횡가들은 왜 그토록 '挾天子' 문제에 관심이 없었는가? 물론 춘추시대의 패자처럼 왕기에 군림하는 周王을 '勤王'하는 것은 더 이상 현실적인 정치적 자산이 되지 못하고 또 왕을 자국으로 拉去할 수도 없다면 '존왕'이나 '협천자'를 논하는 것 자체가 모두 무의미할 것이다. 그러나 周王의 영지를 경내에 포함하여 사실상 '挾天子'할 수 있는 조건을 가진 韓조차 왜 그것을 감행할 의사가 없었는가?15) 상기 인용문

---

13) 당시 司馬錯은 伐蜀의 利를 다음과 같이 주장하였다. 즉 "대저 蜀은 서쪽 벽지의 나라로 戎翟의 長이지만 桀紂와 같은 亂政이 있어 秦이 그것을 공격하면 마치 豺狼으로 하여금 양떼를 쫓게 하는 것과 같습니다. 그 땅을 얻으면 국가를 넓힐 수 있고 그 재화를 취하면 백성을 부유하게 할 수 있으며, 병기를 수선하여 (공격하면) 많은 사람이 상하지 않고도 그들은 곧 복종할 것입니다. 한 국가를 빼앗아도 천하는 暴擧로 여기지 않고, 西海의 利를 다 차지해도 천하는 탐욕하다고 여기지 않을 것이니, 이것은 우리가 일거에 名과 實이 부합한 (이를 얻을 수 있는 것입니다)"(『史記』 張儀列傳). 그러나 당시 秦 伐蜀의 보다 중요한 목적은 楚를 제압할 수 있는 전략상의 요충을 점거하기 위한 것이었다. 졸고, 「戰國時代 秦의 外交政策」 『古代中國의 理解』(서울대동양사학연구실 편) 2, 知識産業社, 1995, 24~26쪽 참조.
14) 이 때는 B.C. 318년 전통적인 秦의 동맹국 楚까지 가담한 6국 또는 5국 反秦 동맹이 秦을 함곡관까지 추격한 바로 2년 뒤에 불과하였다(졸고, 위의 글, 22~24쪽 참조).
15) 『戰國策』 西周12 韓魏易地章 중 魏가 韓과 손해보는 영토 교환에 동의한 것은 九鼎이 있는 2주를 포위하기 위한 것이라는 구절이 있다. 이것은 魏 역시 '挾天子', 또는 적어도 九鼎의 획득에 관심이 많았음을 시사하는데, 韓이 魏에게 이러한 유리한 조건을 양도하였다는 것은 '挾天子'에 대한 韓의 무관심을 말해 준다.

에서 司馬錯은 열국 공동의 周王 救援을 당시 상황의 분석을 기초로 예상하고 있으나, '挾天子'의 위기가 발생할 경우 열국이 공동 저지한다는 공개적인 약속이나 암묵적인 합의가 혹 있었던 것은 아닌가? 그렇다면 이것은 周王의 이용가치가 없기 때문에 張儀 이외의 정객들이 '挾天子'론을 제기하지 않은 것이 아니라 오히려 周王의 이용가치가 아직도 너무 크기 때문에 상호 그 이용의 포기를 약속하였거나 상호견제가 너무 분명하여 '挾天子'는 사실상 불가능한 책략으로 인식되었기 때문이었다는 해석도 가능한데, 이 문제를 위해서는 역시 전국시대 周王의 구체적인 實狀을 검토하는 것이 필요할 것이다.

Ⅱ

『史記』周本紀는 儒家의 理想王朝요, 기원전 11세기 중반 이래 근 900년의 전통을 유지해 온 周王朝의 최후를 다음과 같이 간결히 서술하고 있다. 즉

(赧王) 59년(B.C. 256) 秦이 韓의 陽城과 負黍를 攻取하자 西周는 두려워 秦을 배반하고 諸侯와 合從을 約束하고 천하의 銳士를 이끌고 伊闕로 나아가 秦을 공격함으로써 秦이 陽城과 통하지 못하도록 하려고 하였다. 秦 昭王은 격노하여 장군 摎를 보내 西周를 공격하니 西周君은 秦으로 달아나 頓首하며 죄를 받고, 그 邑 36과 口 3만을 헌상하였다. 秦은 그 헌상을 받고 그 君을 周로 돌려보냈다. 周君과 王赧이 죽자(卒) 周民은 마침내 동으로 도망하였다. 秦은 九鼎과 寶器를 취한 후 西周公을 憚狐로 옮겼다. 그 7년 후 (B.C. 249) 秦 莊襄王은 東周를 멸하니 東·西周가 모두 秦에 편입되고 周의 제사는 끊기고 말았다.

물론 여기서 東·西周는 春秋 初 平王의 東遷을 전후로 史家들이 편의상 구분하는 개념은 아니다. 이 西周는 洛陽에(成周) 거처한 周 考王(B.C. 440~426)이 그 동생 揭를 洛陽 西 河南 즉 王城에 분봉한 桓公

의 영읍이고, 東周는 桓公의 孫 惠公이 小子 班을 鞏에 봉한 東周惠公
의 영읍인데,16) 이른바 春秋 이후의 '東周'가 이처럼 다시 동서로 양분
된 것은 周 顯王 2년의(B.C. 367) 왕실 내분을 韓·趙가 간섭한 결과로
추측된다.17) 이후 周는 周王과 東·西 兩君의 정립체제를 거쳐 赧王
(B.C. 314~256) 때 東·西 二周의 완전 분치가 성립되면서 周王은 西周
에 의지하여 名號만 유지하게 되었다.18) 결국 周 赧王은 '한 척의 땅도
한 명의 백성도 없는' 漢 獻帝와 다를 바 없는 시세였던 것이다. 그러나
"비록 천자의 位號에 있었으나 제후들의 핍박을 받아 庶人과 차이가
없었으며, 백성들에게 진 부채를 갚지 못하여 臺 위로 피신하였다"는
『帝王世紀』의 구절이나 그의 諡號 '赧(부끄러워 얼굴이 붉은)'도 '輕微危
弱하여 동서로 기식한 심히 부끄러운 일생'에 어울리는 것이었다는 지
적19)은 마지막 周 天子의 모습을 오히려 獻帝보다 못한 '조롱받는 속
인'으로 전하고 있다. 즉 그는 천자의 권능은 물론 최소한의 체통마저
유지하지 못한 '천자 아닌 천자'였던 것이다. 赧王 이전 周王의 사망을
'崩'으로 표현한 司馬遷이 그의 사망을 제후의 사망처럼 '卒'로 표기한
것도 형식적인 名號보다는 實狀을 존중하는 입장이 뚜렷하지만,20) 특

---

16) 『史記』周本紀, "考王 十五年 崩 子威烈王午立 考王封其弟于河南 是爲桓
　　公 以續周公之官職 桓公卒 子威公代立 威公卒 子惠公代立 乃封其少子於
　　鞏 以奉王 號東周惠公"; 正義 "帝王世紀云 考哲王封其弟揭於河南 續周
　　公之官 是爲西周桓公 按 自敬王遷都成周 號東周也 桓公都王城號西周";
　　索隱 "考王封其弟于河南 爲桓公 卒 子威公立 卒 子惠公立 長子曰西周公
　　又封少子于鞏 乃襲父號曰東周惠公 於是有東西二周也 按 系本 西周桓公
　　名揭 居河南 東周惠公名班 居洛陽 是也".
17) 楊寬, 『戰國史』(제2판), 上海人民出版社, 1980, 257쪽, 주 2 참조.
18) 趙翼, 『陔餘叢攷』권16, 東西周는 顯王 이후 周王을 모두 '抱空名'한 것으
　　로' 이해하고 있으나 『史記』周本紀, "王赧時東西分治 王赧徙都西周"; 索
　　隱, "王赧微弱 西周與東分主政理 各居一都 故曰東西周"란 구절은 赧王
　　이전까지의 周王은 그래도 독자적인 기반이 있었음을 시사한다.
19) 『史記正義』, "劉伯莊云 赧是慙恥之甚 輕微危弱 寄住東西 足爲慙赧 故號
　　之曰赧 帝王世紀云 名誕 雖居天子之位號 爲諸侯所役逼 與家人無異 名負
　　責於民 無以得歸 乃上臺避之 故周人名其臺曰逃責臺".
20) 이 원칙에서 項羽와 呂后를 본기에, 공자를 世家에 편입하였다는 것은 주

히 그가 赧王을 '王赧'으로 표기한 것은 赧王을 전혀 왕으로 인정하지 않은 것이 분명하다. '王赧'은 '氏는 王, 名은 赧'을 의미하기 때문이다.

그러나 秦에게 편입된 西周의 규모는 불과 36읍 3만 口, 멸망 당시 모두 합해야 7개 현에 불과한 東·西 2周[21]가 그 실력에 걸맞지 않은 비중을 차지하였던 것도(후술) 周王의 존재와 무관할 수 없지만, 전국시대의 周王이 모두 赧王처럼 철저하게 '천자 아닌 천자'는 아니었다. 전국 초 晉을 3분한 晉의 大夫 韓·魏·趙가 모두 주왕의 '命'을 통해서 비로소 제후의 신분을 공식 획득하였다는 것은 주지의 사실이지만, 姜齊를 찬탈한 田和가 B.C. 389년 魏 文侯의 주선으로 공식 제후가 될 때는 비록 제후의 승인도 필요하였지만 동시에 周 安王의 허락도 필수적이었다는 사실[22]은 아직도 열국 정치에서 周王의 권위가 위력을 발휘한 증거일 것이다.

그 후 주왕은 춘추 초 號과 함께 周王의 중원 서반부 개입에 중개역할을 한 이래 친밀한 관계를 유지한 秦에게[23] 상당한 호의를 표하고 있다. 즉 B.C. 374년 周 太史의 秦 방문,[24] B.C. 364년(周 顯王 5, 秦 獻公 21) 秦이 魏에게 참수 6만의 대승을 거두었을 때 周王이 黼黻을 보내 축하한 것,[25] 秦 孝公 2년(B.C. 360) 文武의 胙(문왕과 무왕을 제사한 희생

지의 사실이다.

21) 『史記集解』 徐廣曰, "周比亡時 凡七縣 河南 洛陽 穀城 平陰 偃師 鞏 緱氏".

22) 『資治通鑑』 권1, 安王 13년, "秦侵秦 齊田和會魏文侯楚人衛人于濁澤 求爲諸侯 魏文侯爲之請於王及諸侯 王許之".

23) 吉本道雄, 「春秋齊覇考」, 101쪽.

24) 『史記』 권5, 秦本紀 獻公 11년, "周太史儋見獻公曰 周故與秦國合而別 別五百歲復合 合十七歲而覇王出". 이 예언의 성격으로 보아 이 방문은 단순한 예방이 아니라 周·秦의 특수 관계를 재확인하는 작업의 일환으로 추측된다.

25) 『史記』 秦本紀 獻公 21년, "與晉戰於石門 斬首六萬 天子賀以黼黻"; 동周本紀, "顯王五年 賀秦獻公 獻公稱伯". '獻公稱伯'은 6國年表에도 보이지 않는데, 稱伯의 승인의 상투어 '致伯'이 아닌 것으로 보아 이것은 獻公의 자칭을 객관적으로 기록한 것으로 추측된다.

의 고기)를 사여한 것, 孝公 19년(B.C. 343) 孝公에게 稱伯을 승인한 것
(致伯), 惠文君 2년(B.C. 336) 秦의 行錢을 축하한 것, 惠文君 4년(周 顯王
35) 또 다시 文武의 胙를 사여한 것[26] 등이 바로 그것이다. 이 중 '文武
의 胙의 사여(致文武之胙)'는 그 수령자가 주왕조의 개설자 문·무왕의
神靈과 교접함으로써 그 福祿과 助佑를 받아 제후국을 소집, 맹주로서
의 지위를 확립하여 周王을 받들게 한다는 목적에서 고안된 의례였다
고 한다.[27] 따라서 이처럼 戰國初 최강을 자랑하던 魏이 위세가 꺼이고
秦의 강성이 시작되는 시기[28]에 周王이 秦에게 '致伯'과 아울러 2차례
나 '致文武之胙'하였다는 것은 韓·趙의 개입으로 東·西周의 분리를
겪은(周 顯王 2) 周王이 秦에 의지하여 명맥을 보존하려는 의도였을 것
이다.

  이와 같은 秦에 대한 周의 특별예우 때문에 여타 국가들이 불만을
품었다거나 이에 구속되어 秦을 특별히 존중한 흔적도 확인되지는 않
는다. 그러나 秦이 惠文君 4년의 '周天子의 致胙'를 大事紀年으로 사용
한 것을 보면[29] 秦은 周王을 '天子'로 인정하면서 그 禮遇를 적극적으
로 홍보한 것은 분명하다. 이것은 춘추 초 襄公時 주왕을 '天公'이란 묘
한 호칭으로 칭하는 한편 천자의 고유 권한인 上帝祭祀도 감행하였을
뿐 아니라 춘추 초 이미 秦 先祖의 '受天命'을 명기한 동기들을 제조한
秦의 전통[30]을 상기하면 좀 의외인 것도 사실이다. 그러나 이것은 오히

---

26) 이상 『史記』 秦本紀, 周本紀, 六國年表 참조.
27) 豊田 久, 「周天子と'文·武の胙'の賜與について-成周王朝とその儀禮そ
    の意味」『史觀』127, 1992, 4~11쪽 참조.
28) 졸고, 앞의 글, 11~18쪽 참조.
29) 右庶長 歜에게 宗邑을 하사하는 명문이 실린 瓦書의 첫머리 "四年 周天
    子使卿大夫辰來致文武之胙"를 郭子直은 단순한 宗邑賜與의 계기, 즉 歜
    에게 봉읍을 사여한 것은 바로 이 명예로우 盛典을 경축하기 위한 것이었
    다는 식으로 이해하고 있다(郭子直, 「戰國秦奉宗邑瓦書銘文考釋」『古文
    字研究』14, 1986). 그러나 종읍 사여와 '致胙'의 상관성이 없다면 袁仲一
    처럼 '致胙' 관계 구절은 大事紀年으로 보는 것(袁仲一, 「讀秦惠文王四年
    瓦書」『秦文化論叢』제1집, 1993)이 타당하다.
30) 졸저, 『中國古代帝國成立史研究』, 一潮閣, 1984, 260~263쪽 참조.

려 주왕의 권위를 이용하여 자신의 위상을 제고하려는 秦의 목적의식
이 그만큼 강하였음을 잘 말해 주는 것이다. 周王의 '致伯'을 받은 孝公
이 이듬해 魏 惠王이 '天子'의 勢를 과시하기 위하여 소집한 逢澤의 會
에도 公子 少官을 파견하여 魏 惠王의 '천자놀음'을 부추겨 齊·楚의
攻魏를 유발시킨[31] 한편 周王에게도 入朝한 것[32]도 秦이 周王의 권위
를 이용하려는 강한 집착이 없었다면 이해하기 어려운 조처로 해석된
다.

　　이처럼 적어도 惠文王期까지의 秦이 周 天子 권위의 이용가치를 적
극적으로 평가하고 있었다면 張儀가 惠文王에게 '挾天子'를 건의한 것
도 결코 당돌한 일은 아니었지만, 최근 湖北省 荊門市 十里鋪 鎭王場
村 包山 2호 楚墓 출토 죽간 중 바로 그 1년 전(B.C. 317)으로 추정되는

---

31) 졸고, 앞의 글, 17~18쪽 참조.

32)『史記』秦本紀 孝公, "十九年 天子致伯 二十年 諸侯畢賀 秦使公子少官率
師會諸侯逢澤 朝天子". 종래 이 기사는『史記』六國年表 秦 孝公 20년,
"會諸侯于澤 朝天子"; 周本紀 顯王 25년(B.C. 344), "秦會諸侯于周"와 함
께 '秦 孝公이 逢澤會의 主盟者가 되어 諸侯를 이끌고 천자에 入朝하였
다'는 설의 근거가 되어 왔다. 그러나 魏의 도성 大梁의 남에 위치한 逢澤
에서 소집한 會를 진이 소집하였다는 것도 대단히 어색하다. 그러므로『戰
國策』秦 4：10, "魏伐邯鄲 因退爲逢澤之遇 乘夏車 稱夏王 朝爲天子 天
下皆從 齊太公聞之 擧兵伐魏 壤地兩分 國家大危"; 동 齊5, "衛鞅見魏王
曰 大王之攻大矣 令行于天下矣 今大王之所從十二諸侯 非宋衛也 則鄒魯
陳蔡 此固大王之所以鞭箠使也 不足以王天下……大王不如先行王服 然後
圖齊楚 魏王說于衛鞅之言也 故身廣公宮 制丹衣 建九斿之旌 從七星之旗
此天子之位也 而魏王處之 于是齊楚怒 諸侯奔齊 齊人伐魏 殺其太子 覆其
十萬之衆"을 근거로 逢澤之會는 馬陵之戰(B.C. 343년 12월 개시) 이전, 즉
B.C. 344년 魏 惠王이 소집하였다는 楊寬의 고증이(楊寬, 앞의 책, 318쪽,
주 1 참조) 보다 설득력이 있는 것 같다. 그러나 楊寬은 逢澤會 이후 魏惠
王과 함께 秦도 '朝天子'하였다는 종래의 설은 답습하고 있는데, 魏 惠王
이 천자 행세를 한 직후 입조하였다는 것은 상식에 어긋난다. 이것은 결국
晉의 逢澤會 참가와 '朝天子'를 동일한 흐름의 연속으로 본 때문인데, 필
자처럼 逢澤會의 참가는 魏의 '천자놀음'을 부추기기 위한 것, '朝天子'는
魏의 '천자놀음'으로 상심하였을 것으로 보이는 周王을 위로하기 위한 것
으로 각각 분리하여 이해하면 어색한 점이 모두 해결될 것이다.

"東周之客鄦糧歸胙於茲郢之歲"란 大事紀年[33]은 이 문제에 중요한 단서를 제공한다. 현재 확인된 楚 大事紀年 14례는 모두 대외관계의 중대사이다. 그 중 특히 10건은 '問王', '賀王', '聘', '逅', '饋胙' 등으로 표현된 외국 사신의 儀禮的인 방문을 기록한 것인데, 모두 사신을 '國名+客' 또는 '國名+之客'으로 표현하고 있다.[34] 이 '東周'는 일견 鞏에 분봉된 東周처럼 보인다. 그러나 '饋胙' 즉 '致胙'는 周 천자의 고유 의례였던 만큼 이 '致胙'의 주체 역시 周王으로 보지 않을 수 없다. 周王의 '饋胙' 즉 '致胙'를 楚가 대사기년으로 삼은 것은 그것을 기억할 만한 사건으로 인정한 것이므로 周王에 대한 일정한 예우를 일단 표시한 것이며, 包山 竹簡 中 여러 '客'을 병렬하면서 '東周之客'을 首位에 놓은 것[35]도 특별한 배려로 해석해도 무방할 것이다. 그러나 周王을 이처럼 '東周'로 표기한 것은 당시 주왕이 낙양에 거처한 東周君에 기식하고 있었기 때문일 것이다(주 94 참조). 따라서 이것은 다소 특수한 예우를 하지만 결국 周王은 사실상 東周君의 괴뢰에 불과하다는 楚의 입장을 '명시'한 것이라면, 그 사신이 여타 국가의 사신(심지어 虛名만 남은 郙와[36] 같은 소국도 포함한)과 동격인 '客'으로 표현된 것도 이상할 것은 없다. 춘추 초 이래 이미 중원 국가들과는 달리 칭왕한 楚의 성격을 고려

---

33) 劉彬徽, 「從包山楚簡紀時材料論及楚國紀年與楚曆」『包山楚墓』(湖北省荊沙鐵路考古隊), 上, 文物出版社, 1991, 534, 542~544쪽 참조.

34) 위의 글, 534~535쪽 참조.

35)『包山楚墓』부록 包山二號楚墓簡牘釋文與考釋 359쪽, 145簡, "東周之客鄦朝 郘(燕)客登余善　秦客……郢客……郢客公孫哀　陞(越)客……郙客……"(벽자 인명은 생략).

36) 望山 1호 楚墓에서는 "郙客……"의 대사기년 竹簡이 4건 발견되었다. 이 郙는『詩經』大雅 崧高의 "維嶽降神 生甫及申"의 甫國인데, 소국 呂의 별명이다. "郙王僕自作用劍"의 명문을 가진 劍도 발견되고, 1979년 河南 淅川下寺 10호 楚墓 출토 編鐘의 명문중 "呂王之孫"이란 문구로 보아 郙 역시 칭왕한 것은 분명하다. 그러나 기원전 7세기 말 6세기 초에 이미 楚에 사실상 멸망되고 이름만 남은 존재였다. 湖北省文物考古研究所・北京大學中文系 編,『望山楚簡』, 中華書局, 1995, 68, 88쪽 주 11 ; 何浩,『楚滅國研究』, 武漢出版社, 1989, 232~235쪽 참조.

하면 이것은 오히려 당연한 일일 수도 있으나,[37] 어쨌든 혜문왕 4년 秦의 瓦書가 '文武의 胙'를 보낸 주체와 사신을 "周天子使卿大夫"로 표현한 것(주 29 참조)과 비교하면 B.C. 317년 당시 楚가 '致胙'의 受領에 특별한 의미를 부여하였는지조차 의심스럽다. 즉 楚는 秦과는 달리 자신에 대한 周王의 어떤 예우도 周王을 '天子'로 인정하면서까지 자신의 국제적 위상의 제고에 이용할 생각은 없었던 것 같다.

그러나 周王의 對楚 '致胙'의 전 해(B.C. 318)는 바로 『史記』楚世家가 楚 懷王이 從長이었다고 전하는 5국 또는 6국 반진 合從이 秦을 일시에 공격한 해였는데, 秦이 「詛楚文」을 통하여 '18世代에 걸친 전통적인 우호관계를 배신한' 楚를 격렬히 저주할 정도로 특히 楚의 가담은 秦에게 충격적이었던 같다.[38] 바로 이듬해, 17년 전 秦에 보낸 '文武의 胙'를 周王이 楚王에게 보낸 것이다. 이 때 秦이 '致胙'의 의미를 몰랐거나 주왕의 권위를 대수롭지 않게 여겼다면 이 문제에 별다른 반응을 보이지 않았을지도 모른다. 그러나 그것이 자신을 배신한 楚의 권위를 크게 제고하는 것으로 판단하였다면 이 또한 좌시할 수 없는 배신이었을 것이다. 만약 주왕이 미약하고 이용가치도 없다면 배신자를 지지한 사실만으로도 당장 討滅하고 싶었을지도 모른다. 그러나 주왕이 미약하나 이용가치가 있다면, 그리고 周王의 討滅은 惡名을 자초하는 것이라면, 주왕을 응징하면서 보다 확실히 이용할 수 있는 방법을 당연히 모색하였을 것이다. '周王의 죄를 성토한 후 挾天子하여 천하를 호령하

---

37) 『史記』 권40, 楚世家 成王 元年, "使人獻捷 天子賜胙曰……"에 대해 豊田久는 앞의 글에서 회의를 표하고 있다. 그러나 춘추 초 齊 僖公·襄公의 '小伯'체제 및 桓公의 覇者體制가 中原 동반부뿐 아니라 淮水 유역에 대한 왕조의 실질적인 개입을 배제하는 논리를 내포한 것이었다면(吉本道雄, 「春秋齊覇考」, 114쪽) 周王이 楚에 접근을 모색하는 과정에서 成王에게 '賜胙'하는 것도 자연스럽다. 문제는 초측이 과연 周王 권위의 이용가치를 어느 정도 평가하였느냐는 것인데, 楚 莊王이 周에게 '鼎의 輕重을 물었다'는 유명한 고사가 상징하듯이 춘추시대 楚가 周王의 권위를 인정한 혼저은 별로 없는 것 같다.

38) 졸고, 앞의 글, 24쪽 참조.

자'는 張儀의 '挾天子'論은 바로 그 모색의 결과였던 것이다.

Ⅲ

　앞에서 이미 지적한 바와 같이 주왕조 최후의 왕 赧王은 西周君에 기식하여 백성들에게 진 빚도 갚지 못하여 臺 위로 피신할 정도로 '심히 부끄러워해야 할' 존재로서 司馬遷의 筆法에 의하면 전혀 '천자'가 아니었다. 그러나 張儀는 赧王 5년(B.C. 310)에도 秦 武王에게 '挾天子'를 건의하였지만, 燕의 燕王 噲와 子之 간의 禪讓 즉 '君臣易位' 즉 난정을 응징한다는 명분으로 B.C. 314년 齊 宣王의 주도하에 단행된 燕 침공에 가담하여 영토를 확장한 中山國이 이를 기념하기 위하여 B.C. 308년 또는 309년에 주조한 것으로 추정되는 方壺[39]의 명문에도 이 문제에 중요한 단서를 제공하는 구절이 보인다. 즉 燕의 죄상을 열거하면서 '諸侯에 告하지 않고 군신이 멋대로 자리를 바꾸어' 제후의 신분도 아닌 주제에 '天子의 廟에 上覲하며 제후의 會同에 참가하니 도저히 참을 수 없다'는 것과 中山의 相 賙가 燕 정벌에서 공을 세우자 '천자가 그 공을 잊지 않고 상을 내렸다'는 구절[40]이 바로 그것이다. 이 燕 침공은 철저한 王道論者 孟子도 긍정하였다고 하며[41] 燕 침공에 가담한 국

---

39)　李學勤・李零,「平山三器與中山國史的若干問題」『考古學報』 1979 - 2, 167~168쪽.

40)　위의 글 ; 河北省文物管理處,「河北省平山縣戰國時期中山國墓葬發掘簡報」『文物』1979 - 1 참조. "……適遭燕君子噲 不分大宜 不告諸侯 以臣主易位 以內絶召公之業 廢其先王之祭祀 外之則將使上覲於天子之廟 而退與諸侯齒長於會同 則上逆於天 下不順於人 寡人非之 賙曰 爲人臣以反臣其主 不祥莫大焉 將與吾君幷立於世 齒長於會同 則臣不忍見施 賙願從士大夫 以靖燕疆……遂定君臣之位 上下之體 休有成功 創闢彊土 天子不忘其有勳 使其老策賞仲父 諸侯皆賀……".

41)　渡邊卓,『古代中國思想の研究』, 東京, 1973, 제2부 제1장 戰國的儒家の遍歷生活, 368~369쪽. 한편 野村茂夫는 맹자가 伐燕을 지지한 것은 그의 철저한 反墨家主義, 즉 禪讓이 墨家의 反家族主義를 상징하는 것이었기 때

가들이 周王을 의식한 흔적도 없다.[42] 더욱이 燕의 禪讓을 '不告天子'
가 아닌 '不告諸侯'란 이유로 비난하였다는 것은 제후 신분의 획득에
필수적이었던 周王의 命을 완전 배제한 것이나 다름없다. 이것은 中山
도 齊의 반대로 다소 말썽은 있었으나 이미 국제적으로 칭왕이 공인된
지(B.C. 323) 10여 년이 지난 후였다는 점[43]을 상기하면 납득하지 못할
바도 아니다. 특히 同 명문 중 이 동기가 '祀先王'뿐 아니라 천자의 고
유 권한인 '祀上帝'를 위해서도 주조되었다는 구절, 그리고 伐燕이 '천
자의 명에 의한 정토'가 아니라 '신하로서 군주를 도리어 신하로 삼은
죄인이 中山王과 나란히 행세하는 것을 차마 볼 수 없는 臣下의 자청'
에 의한 것이었다는 구절도 모두 '천자에 종속된 제후 중산'이란 의식
이 전혀 없는 것은 마찬가지이다.

　　그럼에도 불구하고 '멋대로 왕이 된 자의 天子廟의 上覲'이 비난되고
'천자의 賞賜'가 선전된 것은 확실히 周王의 권위를 인정한 것이다. 결
국 中山 왕묘 출토 銅器 제작자들이 원한 것은 자신을 구속할 수 있는
천자가 아니라 장식해 줄 수 있는 천자였던 것이다. 이것은 赧王 같은
존재에게 가장 적합한 역할이기도 하다면, 그가 천자의 名號나마 유지
한 부분적인 이유도 바로 여기서 설명할 수 있는 것 같다. 어쨌든 楚에
대한 주왕의 '致胙'를 크게 문제 삼은 張儀의 '挾天子'論 은 바로 이 周
王의 장식기능을 독점 또는 擅斷하려는 것으로 일단 이해해도 대과는

　　문이었다(野村茂夫,「燕王子噲讓位問題と孟子 - 中山王墓出土銅器銘文を
　　一つの手がかりとして-」『愛知教育大學研究報告』33, 1984)는 흥미있는
　　논지를 펴고 있다.
42)『戰國策』燕1 : 9, "孟軻謂齊宣王曰 今伐燕 此文武之時 不可失也" ;『孟
　　子』梁惠王 下, "齊人伐燕 勝之 宣王問曰……人力不至於此 不取 必有天
　　殃 取之何如 孟子對曰 取之而燕民悅 則取之……古之人有行之者 文王是
　　也 以萬乘之國伐萬乘之國 簞食壺漿 以迎王師 豈有他哉"는 오히려 맹자
　　조차 周王을 전혀 의식하지 않은 채 齊 宣王의 신왕조의 개창을 권한 증
　　거라 하겠다.
43)『戰國策』中山2 犀首立五王章은 小國 中山의 稱王을 반대하는 齊와 이를
　　관철하려는 中山의 외교전을 반영한 것이다.

없는 것 같다.

　그렇다면 赧王에게 이 기능이 기대될 수 있는 이유는 무엇인가? 그가 단순히 유서 깊은 왕조의 적통 계승자로 인정된 때문인가? 周 武王이 克殷 직후 殷王의 子 및 先聖王의 후예를 모두 봉하였다는 전승,[44] 진말 봉기한 項氏가 양치기 목동으로 전락한 楚 懷王의 孫을 찾아 懷王으로 일단 추대하고 秦을 타도한 후 그를 義帝로 尊號한 것[45]과 義帝를 살해한 項羽가 크게 비난된 반면 漢 高祖의 성공 요인의 하나로 '義帝를 위한 素服과 發喪'이 거론되는 의식구조,[46] 그리고 漢 武帝가 泰山 封禪의 旅路에 周王의 후예를 찾아 小封君으로 봉한 것[47] 등의 의미를 음미해 보면 赧王은 확실히 그 혈통 자체만으로도 이용가치가 충분하다. 天의 授命이 단순히 賢德한 개인에 국한된 것이 아니라 그 祖先을 型帥하는 후손에게도 이어진다는 周 天命思想의 세습주의적 특징,[48] 그리고 그것의 기초인 중국의 뿌리깊은 가족주의 전통을 상기

---

44)『史記』周本紀, "封商紂子祿父殷之餘民……武王追思先聖王 乃褒封神農之後於焦 黃帝之後於祝 帝堯之後於薊 帝舜之後於陳 大禹之後於杞".

45)『史記』권7, 項羽本紀, "(范增)往說項梁曰……今陳勝首事 不立楚後而自立 其勢不長 今君起江東 楚蠭午之將 皆爭附君者 以君世世楚將 爲能復立楚之後也 於是項梁然其言 乃求楚懷王孫心民間 爲人牧羊 立爲楚懷王……項王使人致命懷王 懷王曰 如約 乃尊懷王爲義帝".

46)『漢書』권1, 高祖紀 2년 3월, "新城三老董公遮說漢王 臣聞 順德者昌 逆德者亡 兵出無名 事故不成 故曰 明其爲賊 敵乃可服 項羽無道 放殺其主 天下之賊也 夫仁不以勇 義不以力 三軍之衆爲之素服 以告之諸侯 爲此東伐 四海之內莫不仰德 此三王之擧也 漢王曰 善 非夫子無所聞 於是 漢王爲義帝發喪 袒而大哭 哀臨三日 發使告諸侯曰……";『史記』권97, 酈生列傳, "齊王曰 天下何所歸 (酈生)曰 歸漢 曰 先生何以知之 曰……項羽遷殺義帝 漢王聞之 起蜀漢之兵擊三秦 出關而責義帝之處……項羽有倍約之名 殺義帝之負……" 참조. 또 주 4에 인용된 荀彧의 발언 중 "高祖東伐 爲義帝縞素而天下歸心"도 주목하라

47)『史記』周本紀, "太史公曰……秦滅周 漢興九十有餘載 天子將封泰山 東巡狩至河南 求周苗裔 封其後嘉三十里之 號曰周子南君 比列侯 以奉其先祭祀".

48) 豊田 久,「周王朝の君主權とその構造」『西周靑銅器とその國家』(松丸道

하면 이것 역시 자연스러운 일이기도 하다. 따라서 만약 叔王의 이용가치가 단지 그의 혈통에만 있었다면 '挾天子'의 목표는 그 '몸'을 차지하는 것으로 일단 완결될 수 있는 것 같다. 後漢 말 袁紹와 曹操가 각각 獻帝를 자기들의 본거지인 鄴과 許로 '迎入'하려 한 것은 바로 그 '몸' 자체의 중요성 때문이었을 것이다. 즉 獻帝의 경우 '몸'의 공간적 위치는 별 문제가 되지 않았던 것이다.

그러나 춘추 패자들도 결코 周王을 자신의 본거지로 拉去하지도 않았고, 王을 불러 놓고 회맹을 소집한 예도 晉 文公이 周 襄王을 溫會(晉地)와 踐土(鄭地)의 盟에 부른(B.C. 632) 정도에 불과한데, 그것도 임시 행궁을 짓기도 하고 왕의 '狩'란 형식을 취하였지만,[49] 그 역시 王子帶의 난으로 鄭에 피신한 襄王을 王都로 '納'하였던 것이다.[50] 전국시대에도 周王을 납거한다는 발상은 전혀 보이지 않으며, 이 점은 張儀의 '挾天子'論도 마찬가지였으며, 강국이 약국의 군주에게 빈번히 會同의 명분으로 요구한 '入朝'도 周王에게는 요구되지 않았다. 이것은 '천자'의 명호를 유지한 周王의 '入朝'가 결국 '巡狩'의 형식이 될 수밖에 없다면 그를 소집한 王이 도리어 臣禮를 갖추지 않을 수 없는 곤혹스러운 상황을 원치 않았기 때문이기도 할 것이다. 그러나 동시에 이것은 王都와 유리된 周王은 의미가 없다는 관념을 시사한다. 周 襄王이 王子帶의 난을 피하여 鄭으로 달아난 사건을 "天王出居于鄭"이라고 표현

雄 編), 東京, 1980, 440～444쪽 참조.

49) 『左傳』僖公 28년, "冬 會于溫 討不服也……是會也 晉侯召王 以諸侯見 且使王狩 仲尼曰 以臣召君 不可以訓 故書曰 天王狩于河陽 言非其地也 且明德也";『史記』권39 晉世家 文公 5년, "晉師還至衡雍 作王宮于踐土 ……王子虎盟諸侯於王庭……冬 晉侯會諸侯於溫 欲率之朝周 力未能 恐其有畔者 乃使人言周襄王狩于河陽 壬申 遂率諸侯朝王於踐土"; 동 周本紀 襄王 20년, "晉文公召襄王 襄王會之河陽 踐土 諸侯畢朝 書諱曰 天王狩于河陽".

50) 『史記』周本紀 襄王 16년, "初 惠后欲立王子帶 故以黨開翟人 翟人遂入周 襄王出奔鄭 鄭居王于氾 子帶立爲王……十七年 襄王告急于晉 晉文公納王而誅叔帶".

한 『春秋』 僖公 24년의 경문에 대하여 『公羊傳』과 『穀梁傳』이 모두 ‘出’의 의미를 구차스럽게 설명하고 특히 『穀梁傳』이 이것을 襄王의 ‘失天下’로 해석한 것51)은 바로 이런 관념을 그대로 반영한 것이다. 본래 周의 왕도는 陝西의 宗周였고 평왕의 동천 이후 宗周는 상실하고 말았다. 그러나 춘추시대의 洛陽 즉 成周도 天命에 의해 주왕이 ‘匍有한 四方(四國)’의 중심에 ‘四方’의 분쟁을 수습하고 평화로운 지배를 관철하기 위하여 주초에 건설된 ‘中國’이었으며52) 서주 시기에도 동방의 王都·土畿로 기능한 곳이었다. 한대 이후 洛陽을 ‘土中’ 즉 천하의 중심으로 인식하는 관념53)도 여기서 비롯된 것으로 추측되지만, 어쨌든 주왕조에게 成周가 이처럼 특수한 의미가 있었다면 周王의 권위도 成周의 주인일 때 비로소 제값을 발휘할 수 있었을 것이다. 다시 말해 叔王의 장식적 기능은 단순한 그 혈통에서 비롯되지만은 않았다는 것이다. 그를 아무도 납거할 생각을 하지 않은 것은 이 때문이었을 것이다.

　그러나 成周의 특수한 의미는 단순히 주초 이래의 유서 깊은 ‘천하의 중심’ 왕도란 관념적인 측면에만 있었던 것은 결코 아니었다. 張儀도 ‘挾天子’의 전제로 주왕이 보유한 것으로 알려진 九鼎·寶器와 圖籍의 입수를 강조하였지만, 실제 王都가 王都인 所以, 그리고 주왕이 ‘왕’인 所以도 바로 여기에 있었던 것 같다. 圖籍은 진말 함양을 점령한 직후 蕭何가 온전히 수습한 덕분으로 高祖가 천하를 용이하게 다스릴 수 있었다는 바로 그 圖書로서54) 천하의 지도 및 호구·물산·법령 등이 기록된 문서일 것이다. 근래 출토된 전국 진한의 지도들은 당시 지도가

---

51) 『公羊傳』 僖公 24년, “王者無外 此其言出何 不能乎母者也” ; 『穀梁傳』 僖公 24년, “天子無出 出 失天下也 居者 居其所 雖失天下 莫敢有也”.

52) 豊田 久는 금문 중 ‘成’의 용례를 광범위하게 검토하여 ‘成周’의 의미를 잘 해석하고 있다(豊田 久, 「周王朝と‘成’の構造について－‘成周’はなぜ成’周と呼ばれたか」 『東洋文化研究所紀要』 세109책, 1988).

53) 『漢書』 권22, 禮樂志, “世祖受命中興……改定京師于土中”.

54) 『史記』 권53, 蕭相國世家, “沛公至咸陽 諸將皆爭走金帛財物之府 分之 (蕭)何獨先入收秦丞相御史律令圖書 藏之……漢王所以具知天下厄塞 戶口多少 强弱之處 民所疾苦者 以何具得秦圖書也”.

대단히 발전된 기술에 의해서 치밀하고 정확하게 제작되었음을 입증하고 있다. 특히 산천·각종 지형지물·성읍과 군사배치 상황은 물론 인구 상황과 縣城에서의 거리까지 표시된 촌락도 포함된 馬王堆 漢墓 출토 駐軍圖, 성읍·하천·계곡·關所뿐 아니라 삼림의 분포와 그 주요 樹種까지 명기한 甘肅省 天水縣 放馬灘 戰國 秦墓 출토의 秦 邦縣圖는 군사·행정상의 실용성을 실감시켜 준다.[55] 燕의 督亢 지도가 천하통일을 꿈꾸는 진시황에게 최고의 선물이 될 수 있었던 것[56]도 바로 이와 같은 당시 지도의 실용성을 전제할 때 비로소 이해될 수 있지만, 전국시대의 국가들이 周王에게 이런 圖籍을 바칠 리는 만무하다.

따라서 張儀가 말한 '周王의 圖籍'은 周王이 실질적으로 천하를 공제할 수 있었던 시기에 제후들이 바친 것으로 이해하지 않을 수 없는데, 周初 成王의 宜侯 冊命을 기념한 銅器 銘文 중 宜侯에게 사여된 토지와 民의 내역이 대단히 구체적이고 상세한 것이나[57] 矢이 散邑을 침해한 보상으로 散氏에게 토지를 양도하는 내용의 散氏盤 명문이 양측 관원이 공동으로 산천·도로 등을 표지로 치밀한 경계측정을 한 후 지도를 작성하여 수수하는 과정을 상세히 묘사한 예[58]를 보면 적어도 서주의 왕들도 비교적 상세한 토지·인민의 圖籍을 장악하고 있었던 것은 거의 확실하다. 물론 이것이 전국시대까지 보존되었을 가능성도 거의

---

55) 이들 지도에 관한 논문은 많지만 曹婉如 외 5인 共編,『中國古代地圖集 戰國 - 元』, 文物出版社, 1990의 도판과 관련 해설논문들을 참고하면 족하다. 다만 이 책에는 放馬灘 출토지도에 관한 글이 없기 때문에 何雙全,「天水放馬灘秦墓出土地圖初探」『文物』1989 - 2를 아울러 참조하라.

56)『史記』권86, 刺客列傳, "荊軻曰……今行而毋信 則秦未可親也 夫樊將軍 秦王求之金千斤 邑萬家 誠得樊將軍首與燕督亢之地圖 奉獻秦王 秦王必說見臣 臣乃得有以報……秦王謂軻曰 取舞陽所持地圖 軻旣取圖奏之 秦王發圖 圖窮而匕首見".

57) 陳夢家,「西周銅器斷代(一)」『考古學報』제9책, 1955, 165쪽. "……易土 厥川二百□ 乎□百又□ 乎小邑卅又五 [乎]□百又卅 易才宜王人□□又七里 易奠七白 人□□又五十夫 易宜庶人六百又□[又]六夫……".

58) 郭沫若,『兩周金文辭大系』上篇, 1931, 137~138쪽. 너무 길고 벽자도 많아 인용은 생략하겠다.

없고, 설혹 부분적으로 남았다고 해도 이미 실용성은 없었을 것이다. 그러나 전국시대 圖籍에 기초한 군사·행정의 정밀화로 王者와 圖籍의 상관 관념은 더욱 강화되었을 것이다.59) 이것은 현실적으로 아무도 보유하지 못한 天下 圖籍은 과거의 명실상부한 천자의 후예 주왕이 당연히 보존하였을 것이라는 믿음을 자극하였을 것이며 여기에 다시 고대 圖籍에 대한 일반적인 신비감이 결합되었다면 장차 王者가 되는 데 불가결한 ‘고대의 신성한 天下 圖籍을 보유한 周王’이란 관념이 자연스럽게 형성될 수 있었을 것이다. 즉 ‘周王의 大卜 圖籍’은 현재 그에게는 무용지물일지라도 王者의 꿈을 가진 실력자에게는 王者의 상징이었다면, 전국의 군주들이 그에게 장식적 기능을 ‘허용’하고 있는 것도 이해할 수 있는 일이다.

한편 張儀의 ‘挾天子’論이 전제한 또 하나의 조건, 즉 九鼎·寶器의 입수는 더욱 상징적이고 관념적인 문제였다. 周代의 靑銅彝器는 단순한 실용품이 아니라 정치·사회규범을 규제하는 제사·의례의 불가결한 신성한 禮器요 왕과 제후, 제후와 卿大夫 간을 결합하는 정치적 具象物로서 신분적인 특권과 등급을 보증하는 징표였다. 그러므로 종묘에 영구 보존되는 ‘重器’의 상실은 ‘亡國滅族’과 동의어가 되기도 하였으며, 신분에 따라 사용할 수 있는 동기의 종류와 수량이 엄격히 규제되어 특히 九鼎의 사용은 원칙상 천자만의 특권이었다는 문헌상의 禮制도 최근 고고학의 성과를 통하여 입증되었다.60) 더욱이 九鼎은 단순히 천자가 사용하는 9개의 鼎만이 아니라 9는 천하 9주에 대응하는 수, 그리고 張光直이 주장한 바와 같이 靑銅 彝器는 巫覡의 通天 手段, 그

---

59) 진말 함양에 진공하자 金帛 수집에 급급한 諸將과 달리 蕭何가 丞相·御史府의 圖書를 먼저 접수한 것은(주 53 참조) 劉邦을 王者로 만들려면 天下 圖書가 불가결하다는 것을 인식하였기 때문일 것이다.

60) 兪偉超,「周代用鼎制度硏究」『先秦兩漢考古學論集』, 文物出版社, 1985 ; 松丸道雄,「西周靑銅器製作의背景 - 金文硏究·序章」『西周靑銅器とその國家』(松丸道雄 編), 126~128쪽 ; 馬承源,『中國古代靑銅器』, 上海人民出版社, 1982, 18~28쪽 참조.

표면에 새긴 동물 문양은 그의 通天 행위를 보좌하는 神物이었다면[61] 九鼎은 곧 천하의 祭政的 지배권을 상징하는 神器였다고 해도 과언이 아니다. 이것이 다시 夏·殷·周 3대의 天命 繼起의 傳承과 결합되었다면 夏王朝의 개창자 禹가 9州牧이 바친 銅으로 주조한 9개의 鼎이 마치 秦 이후의 傳國 玉璽처럼 天命의 移轉에 따라 殷을 거쳐 周初 洛陽에 안치되었다는 전승이 전국시대에 이미 광범위하게 流轉된 것[62]도 별로 특이한 일은 아니다. 그 중 『左傳』宣公 3년에 보이는 설화는 九鼎의 상징적 의미를 가장 선명하게 보여 준다. 즉 주왕조를 대체할 야심에 가득찬 楚子가(莊王) ‘鼎의 대소경중을 묻자’(鼎의 양도 요구) 주왕을 대표한 王孫滿이 夏王朝가 九牧의 貢金으로 鼎을 제조한 목적은 ‘각 지역의 神物을 새겨 백성들로 하여금 이롭고 해로운 神物을 분별하여 上下가 協和하여 天의 크고 아름다운 德을 받드는 것’이었다며, ‘天命이 未改된 상황에서 鼎의 輕重을 물을 수 없다’고 그 요구를 일축하였다는 것이다.[63]

　漢 武帝 時 汾陰에서 고대의 ‘神鼎’이 습득되자 주 멸망과 함께 淪伏하였던 九鼎의 재출현으로 인정하여 종묘에 바치고 帝庭에 寶藏하였으며 연호도 元鼎으로 개원하였을 뿐 아니라 이것을 계기로 封禪의식도 단행하였던 것, 그리고 宣帝는 ‘武帝의 故事’를 답습하여 隨侯·寶劍·玉寶璧과 함께 周 康王期의 鼎으로 추측되는 周康寶鼎을 4종의 神器로 未央宮에서 제사한 예를(『漢書』郊祀志) 참고하면[64] 九鼎에 대한 전국시대인의 관념도 충분히 짐작할 수 있을 것이다. 더욱이 九鼎은 ‘불을 때지 않아도 저절로 끓고 들지 않아도 스스로 숨으며 옮기지 않아도

---

61) 張光直,「商周靑銅器上的動物文樣」『中國靑銅時代』, 香港, 1982 참조.

62) 『左傳』桓公 2年, 宣公 3년 ;『墨子』耕柱篇 ;『逸周書』克殷解篇 ;『戰國策』東周策 등 참조. 이 자료들을 잘 소개하고 있는 것으로는 好並隆司,「鼎のゆくえ‐周から漢へ‐」『商君書硏究』, 東京, 1992.

63) “楚子問鼎之輕重 對曰 在德不在鼎 昔 夏之方有德也 遠方圖物 貢金九牧 鑄鼎象物 百物而爲之備 使民知神姦 故民入川澤山林 不逢不若 莫能逢之 用能協于上下 以承天休……周德雖衰 天命未改 鼎之輕重 未可聞也”.

64) 이 문제 역시 好並隆司, 앞의 글이 잘 정리하고 있다.

저절로 움직이고'[65] 晉을 3분한 韓·魏·趙의 제후 승인을 예고하듯이
스스로 진동하였으며,[66] 鼎 1개를 운반하려면 9만 인이 필요할 정도로
엄청난 무게[67]라는 따위의 신비한 소문까지 무성하였다면 鼎을 입수한
자가 王者가 될 수 있다는 발상도 결코 엉뚱하지 않은 것 같다. 『戰國
策』 중 九鼎의 획득을 둘러싼 상호견제를 전하는 일화들이 많은 것[68]
도 결코 우연히 아닐 것이다. 周王이 이런 神器를 세습, 보유하고 있다
면 권력의 의례적인 장식을 원하는 군주들을 만족시킬 만한 상징적 권
위는 충분히 갖춘 셈이라 하겠다.

<h2 style="text-align:center">IV</h2>

　이와 같이 주왕의 '몸'보다는 그가 보유하였다는 圖籍과 九鼎이 그
장식적 기능의 근거였다면, 張儀는 무엇 때문에 圖籍과 九鼎의 입수 후
또 '협천자'란 절차를 상정하였는가? 적어도 九鼎의 획득이 곧 천명의
획득을 의미하며, 受命한 王者에게 '挾天子'란 있을 수 없지 않은가? 물
론 전승에 의하면 은·주는 천하를 얻은 후 즉 克夏·克殷 후에 비로
소 九鼎을 얻었고 따라서 九鼎은 受命의 상징에 불과하다면, 九鼎과
함께 아직도 천명이 완전 끊기지 않은 주왕을 동시에 장악할 필요가 있
었기 때문일 수도 있다. 그러나 秦의 九鼎 요구를 거절하기 위하여 동
주가 齊에게 九鼎 양도를 조건으로 진의 견제를 요청한 후 九鼎의 엄
청난 무게를 들먹임으로써 齊로 하여금 九鼎 운반을 포기시켰다는 설
화(『戰國策』 東周1)와, 周가 가진 珍器寶物은 秦을 이롭게 할 만한 것이

---

65) 『墨子』 耕柱篇, "昔者 夏后開使飛廉採金於山川 而陶鑄之於昆吾……鼎成
　　三足而方 不炊而自烹 不擧而自藏 不遷而自行 以祭於昆吾之墟".
66) 『史記』 周本紀 威烈王 23년, "九鼎震 命韓魏趙爲諸侯".
67) 『戰國策』 東周1, "昔周人伐殷 得九鼎 凡一鼎而九萬人挽之 九九八十一萬
　　人".
68) 『戰國策』 東周 1, 3, 4, 西周 7, 8, 13은 모두 東·西周가 보유하였다는 九
　　鼎 및 寶器에 대한 욕구와 상호견제를 둘러싼 비화들이다.

못 된다는 周最의 秦王 설득69)도 실제 전국시대 '周의 九鼎'설을 의심
케 하지만, 周亡 이후 九鼎의 행방은 이 의문을 더욱 증폭시킨다.

Ⅱ장 첫머리에 소개한 바와 같이 『史記』 周本紀는 西周君과 赧王이
사망하자 秦이 九鼎과 寶器를 모두 차지한 것으로 전하고 있으며, 秦本
紀 昭襄王 52년의 "周民東亡 其器九鼎入秦 周初亡"도 이것을 재확인
하고 있다. 그러나 秦이 이 획득을 특별히 경축, 기념하였다거나(예컨대
宗廟에 헌납과 같은) 이것을 적극 홍보하여 자신의 위상을 제고한 흔적
도 없지만, 특히 泰山 封禪을 마치고 琅邪에서 3개월 머물며 즐긴 秦始
皇이 자신의 공업을 찬양하는 琅邪 刻石을 세우는 한편 동해의 신선을
구하기 위하여 徐市을 파견한 후 귀로에서 彭城을 지날 때 "齋戒하고
제사를 지내며 泗水에서 周鼎을 건지려고 천 명을 잠수시켰으나 얻지
못하였다"는 『史記』 秦始皇本紀 28년의 구절은 秦이 周를 멸하고 九鼎
을 입수하였다면 도저히 있을 수 없는 사건이다. 그러나 A.D. 145년에
사망한 武班의 祠 左石室 第3石 우측에도 "秦始皇泗水升鼎" 石刻畵가
있는 것을 보면70) 이것은 단순한 소문만도 아닌 것 같다.

司馬遷이 封禪書에서 "宋의 太丘社가 망하자 鼎이 泗水 彭城 아래
빠졌다"는 '或曰'을 전한 것은 이 모순을 설명하지 않을 수 없었기 때문
으로 해석되는데, 『漢書』 郊祀志도 이 일설을 '周 顯王 42년'(B.C. 327)
이란 연대까지 추가하여 답습하자71) "9정 중 8개는 入秦되었으나 1개
는 날아가 泗水에 빠졌다"는 절충적인 설명72)과 泗水에서 찾으려는 鼎

---

69) 『史記』 周本紀 赧王 45년, "秦攻周 而周最謂秦王曰 爲王計者 不攻周 攻
　　周 實不足以利 聲外天下". 『戰國策』은 이것을 西周 13에 수록하고 있는
　　데, 『史記正義』의 다음과 같은 해설을 보면 이 의미가 보다 분명하다. 즉
　　"秦欲攻周 周最說秦曰 周 天子之國 雖有重器名寶 土地狹小 不足利秦國
　　王若攻之 乃有攻天子之國 而令天下以攻天子之聲畏秦".
70) 朱錫祿 編著, 『武氏祠漢畫像石』, 山東美術出版社, 1986, 3, 49쪽 참조.
71) 『漢書』 권25 郊祀志, "周赧王卒 九鼎入於晉 或曰 周顯王之四十二年 宋大
　　丘社亡 而鼎淪沒於泗水彭城下".
72) 『史記正義』 秦本紀 昭襄王 52년條, "禹貢金九牧 鑄鼎於荊山下 各象九州
　　之物 故言九鼎……秦昭王取九鼎 其一飛入泗水中 餘八入於秦中". 이것은

은 禹王 이래의 九鼎이 아니며 九鼎은 실제 秦이 가져갔으나 진말 項羽가 지른 함양의 대화재로 소실되어 후세에 전하지 않을 뿐이라는 해명73)도 나왔는데, 이것은 결국 周王의 九鼎 보유와 周亡 후의 入秦 자체는 인정하는 입장이다.

　이에 비해 泗水에 빠졌다는 황당한 설을 믿지 못하나 始皇이 泗水에서 九鼎을 찾은 것은 '事實'로 인정하여 '周가 망하기 이전, 九鼎을 탐하는 나라가 많아 오히려 禍를 입을 것을 두려워한 周의 君臣들이 스스로 毀滅시키고 泗水에 빠졌다고 거짓말한 것을 사람들이 믿게 되었을 뿐'이라는 추측,74) 그리고 이에 덧붙여 재정 역시 궁핍한 周가 九鼎

　『墨子』 耕柱篇 중 九鼎이 "不擧而自臧 不遷而自行"하다는 것을 근거로 조작되었을 것이다.

73) 龍川龜太郎,『史記會注考證』封禪書, "鼎沒于泗水彭城下"의 考證, "……俞樾曰 秦이 九鼎을 취한 것은 周本紀에 분명하고 九鼎이 秦으로 들어갔다는 것은 秦本紀에 뚜렷하니 太史公의 말은 본래 심히 분명하다. 始皇 26년 사람을 泗水에 잠수시켜 鼎을 구하였다고 하나 鼎이라고 했지 九鼎이라고 말하지 않은 것은 禹王의 鼎이 아니기 때문이다. 禹王의 鼎은 秦에 그대로 있었으나 후세에 보이지 않게 된 것은 (항우가 지른) 함양 3개월 간의 화재에서 소실되었기 때문이다. 封禪書가 '周의 九鼎이 入秦하였다'고 하고 또 或曰로 '宋 太丘社가 망하자 鼎이 泗水 팽성 아래에 빠졌다'는 것을 전하고 있으나, 이것은 方士 新垣平 등의 망설이다. 周鼎이 洛邑에 그대로 있는데 어떻게 泗水로 들어가겠으며 宋의 社가 망한 것이 또 周鼎과 무슨 상관이 있는가?……그 이십 년 후는 秦 惠文王 後 9년인데 張儀가 韓을 공벌하려 하면서 그 때도 '周가 구원할 수 없다는 것을 스스로 알면 九鼎과 寶器를 반드시 내놓을 것'이라는 말을 하고 있다.……그러므로 九鼎의 入秦은 太史公의 實錄이며 九鼎이 泗水에 빠졌다는 것은 方士의 空談임을 알겠다. 秦이 泗水에서 찾으려는 鼎과 漢이 汾陰에서 얻은 鼎은 모두 禹의 鼎이 아니다."

74)『史記會注考證』秦本紀 昭襄王 52년, "其器九鼎入秦"의 考證, "陳霆曰……周末 七雄이 왕을 참칭하고 鼎을 얻으면 천하를 얻을 수 있다고 은밀히 헤아렸으니 마치 후세 傳國璽를 얻으려는 것과 같았다. 이에 다투어 일어나 과분한 욕심을 도모하니 周의 君臣은 두려워 鼎이 있으면 禍가 뒤따른다며 몰래 계획을 세워 그것을 훼멸하였다. 泗水에 빠졌다는 것은 한때의 거짓말이었는데 후세가 전하여 믿은 것뿐이다."

을 녹여 화폐를 만들었을 것이라는 그럴싸한 추측[75]은 모두 그 이유야
어쨌든 周가 망하기 전에 이미 九鼎은 존재하지 않았음을 인정하지 않
을 수 없었기 때문에 제기된 것 같다.

  여기서 필자는 九鼎의 행방과 관련된 이상과 같은 논의의 당부를 따
질 생각도 없지만, 始皇이 泗水에서 九鼎을 건지려고 하였다는 것의 사
실 여부도 그리 중요한 것도 아닌 것 같다. 好竝隆司는 '九鼎의 秦 不
入'설은 법치를 강행한 시황에게 천명이 없었다는 것을 강조하기 위하
여 儒家들이 제기한 것으로 해석하고 있다.[76] 그러나 秦의 九鼎 보유
가 실제 명백한 상황에서 始皇의 '泗水 수색'이란 '날조'의 발상도 불가
능하지만, 漢 武帝 時 汾陰에서 출토된 鼎을 九鼎으로 판정한 것도 그
당부야 어쨌든 秦의 九鼎 입수가 '상식'이었다면 있을 수 없는 발상인
것도 분명하다. 이처럼 秦의 九鼎 입수를 굳이 긍정할 이유가 없다면,
전국시대 주왕의 九鼎 보유를 인정하는 것 역시 부자연스럽다. 아무리
전통적인 禮制와 彝器文化가 파괴된 전국시대일지라도 祖先 전래의
靑銅彝器 특히 '重器'의 자진 파괴전략이나 화폐 전환[77] 같은 비상식적
인 발상은 불가능하였다면, 이러한 추론에 의지하여 '周王의 九鼎 保

----

75) 王先謙, 『漢書補注』 郊祀志 上, "而淪沒於泗水彭城之下" 補注, "沈欽韓曰
    ……내가 생각하기에는 九鼎이 없어진 것은 周가 스스로 없앴던 것이다.
    대국들이 여러 번 탐을 내니 宗社의 재앙이 될 것을 걱정하였고 또 곤핍
    한 시기를 당하였기 때문에 녹여 화폐로 만들고 鼎이 없어졌다고 거짓말
    을 한 것뿐이다". 王先謙도 이 추론을 '至隱한 것을 推見한' 것으로 극찬하
    고 "鼎은 실제 入秦하지 않았으며 泗水에 빠졌다는 것은 秦人이 그렇게
    들은 것이고, 이 때문에 始皇이 제사를 올리며 鼎을 꺼내려고 한 일이 있
    었던 것이다"라고 해설하였는데, 『史記會注考證』 封禪書의 考證은 "沈·
    王 2설이 실정을 얻은 것 같다"고 판정하였다.
76) 好竝隆司, 앞의 글, 169쪽, 주 33.
77) '東周'·'西周' 명문을 가진 전국시대의 圓錢은 東·西周의 동전 주조를
    입증한다. 汪慶正主 編, 『中國歷代貨幣大系 1 先秦貨幣』, 上海人民出版
    社, 1988, 總論 31쪽, 1032쪽의 圖 4077(東周), 圖 4080, 1033쪽의 圖 4081
    (西周) 원전을 참조하라. 그러나 그들이 祖上 전래의 靑銅彝器 특히 九鼎
    같은 寶器를 녹여 동전을 주조하였다는 것은 상상할 수도 없는 일이다.

有'란 전제를 탈피하지 못할 이유는 없기 때문이다.

　　결국 주왕의 장식적 기능의 근거의 양대 표지, 즉 圖籍과 九鼎이 실재하지 않는 관념상의 허구였다면 九鼎의 획득을 둘러싼 일화나 張儀의 '挾天子'論도 모두 가상에 불과하였는가? 아니면 정말 있었던 것을 周王이 은밀히 파괴하였기 때문에 외부인은 그 실재를 믿었던 것인가? 또는 그것이 당시 국제정치상 모두가 필요한 허구였고, 따라서 조작이 '공인된 허구'를 필요한 때 서로 적당히 이용한 것인가? 그렇다면 이러한 '허구의 놀음'이 과연 실제적인 의미가 있었던 것인가? 이 문제를 위하여 우선 『戰國策』에 나타난 東·西周君의 位相을 주목해 보자.

　　앞서 지적한 대로 東·西周君의 영읍은 모두 합하여 낙양 부근의 7개 현, 그 중 西周의 최후 인구는 3만에 불과하였다고 한다. 게다가 2周는 서로 반목하는 일도 많았고,[78] 강국 간의 전쟁에서 식량과 군사의 징발 또는 假道의 강요로 계속 시달리기도 하였으며,[79] 太子 책립도 강국의 간섭을 받았고[80] 강국의 중요한 회동 및 戰勝에는 축하사절을 파견하지 않을 수 없었으며,[81] 강국의 사절은 극진히 모셨고[82] 심지어 秦

---

[78] 『戰國策』東周3, 4, 5, 26, 27장은 모두 2周 간의 전쟁과 불화에 관한 일화들이다.

[79] 『戰國策』東周7은 秦이 伐韓을 위해 假道를 요구한 것, 8은 楚가 韓의 雍氏를 공격할 때 周가 韓·秦에게 양식을 제공한 사건에 관한 것이다. 또 西周1은 薛·韓·魏가 秦을 공격하며 군사와 양식의 차용을 요구한 문제, 4는 雍氏之役에서 韓이 西周에게 군사와 양식을 징발한 사건, 7은 韓·魏를 공격하려는 楚가 2周 간의 假道를 요구한 것, 16은 秦을 공격한 후 돌아가는 魏가 假道를 청할 것을 걱정하는 문제를 각각 언급하고 있다.

[80] 『戰國策』東周24는 楚가 태자 책립에 간여한 것, 西周9는 태자 책립과 관련하여 西周가 齊의 눈치를 보고, 15는 齊가 이 문제에 간여한 것을 각각 전한다.

[81] 『戰國策』東周6은 楚王·魏王이 會同하자 楚·魏에 각각 사신을 보내고, 韓·楚王의 회동시에도 韓·楚에 각각 사신을 보낸 것, 25는 秦의 邯鄲 攻圍時 相을 秦에 파견한 것, 西周17은 伊闕에서 魏가 대패하자 相 周足을 秦에 파견한 것을 각각 전한다.

[82] 『戰國策』西周3은 秦使 樗里子를 너무 환대하여 楚의 항의를 받은 사건을 전한다.

은 그 君을 소환하는 일도 적지 않았던 것 같다.83) 또 趙는 東周의 祭
地마저 빼앗았고(『戰國策』 東周3) 秦·楚도 부단히 2周의 안전을 위협
하였다.84) 과연 예상대로 강국에 둘러싸인 약소국의 초라하고 고달픈
모습이 약여하지만, 이들이 周王이 아니라 그 王畿 內의 小封君에 불
과하다면 오히려 당연한 위상이기도 한 것 같다.

『戰國策』의 2周 관계기사는 대체로 그들이 변설이 능한 유세객을 활
용하여 위기를 잘 넘기는 사례들인데, 특히 右行秦이 秦에게 覇王의 업
을 이루려면 2周의 '辯知之士'에 잘 대비하라고 충고하는 한편 東周君
에게는 '辯知之士'를 동원하여 秦을 집중 공략할 것을 권하였다는 일
화85)는 외교에 생존을 걸지 않을 수 없는 2周의 사정을 단적으로 말해
주는 것 같다. 약소국 외교의 요체란 결국 강대국의 상호견제를 이용하
는 것이 최선이지만, 이 점은 2周도 모를 리가 없었다.86) 물론 이 설득

---

83) 『戰國策』 西周5는 西周君이 入秦할 때 秦 太后의 養地를 바친다는 계획
   을, 10은 秦王이 西周君을 소환한 것을 각각 전한다.
84) 『戰國策』 東周1은 秦이 九鼎을 요구한 것, 2는 秦의 宜陽攻擊에 불안을
   느낀 東周의 대처를, 8은 韓·魏에게 양식을 제공하였다는 이유로 격노한
   楚를 무마한 것, 西周 2·11·13은 伊闕에서 魏을 대파한 秦의 周 침공을
   중지시킨 것, 8은 楚의 周 공격을 중지시킨 것을 각각 전한다.
85) 『戰國策』 東周15, "右行秦謂大良造曰 欲決覇王之名 不如備兩周辯知之士
   謂周君曰 君不如令辯知之士爲君爭于秦". 또 東周 昭文君이 秦으로 가는
   張儀를 후대하여 훗날 크게 덕을 보았다는 일화(주 12 참조), 杜赫이 周君
   에게 장래가 유망한 窮士를 미리 후대하여 훗날 활용한 것을 권한 東周3
   의 기사는 모두 유능한 변사를 사전에 포섭하여 親周派를 형성하려는 東
   周의 적극성을 시사한다.
86) 齊를 이용하여 秦의 九鼎 요구를 피한 것(『戰國策』 東周1), 秦·楚의 宜
   陽 공격시 楚의 배신을 설득, 秦·楚의 반목을 이용하여 秦·楚로부터 모
   두 이득을 취할 수 있었다는 것(東周2), 秦의 假道 요구를 韓을 이용하여
   포기케 한 것(東周7), 楚의 예상된 공격을 秦·韓을 이용하여 방지한 것
   (東周8), 薛·韓·魏의 군사 및 식량 요구를 楚·秦·齊 3국의 이해득실
   을 이용하여 면한 것(西周1), 伊闕戰 이후 秦의 공격을 趙의 이해를 이용
   하여 중단시킨 것(西周3), 韓의 군사·식량 징발을 楚·韓의 관계를 이용
   하여 면한 것(西周4), 楚의 假道 요구를 齊·秦을 이용하여 면하려 한 것
   (西周8), 진의 서주군 소환을 위를 이용하여 피한 것(西周10), 秦의 공격을

의 논리는 관련국들의 구체적인 이해득실에 대한 정확한 계산에 기초하지 않으면 효과가 없었을 것이다. 그러나 2周에게는 강대국의 상호견제를 보다 쉽게 유도할 수 있었던 무기가 있었다. 즉 九鼎·寶器와 ‘天子之國’이란 특수한 위상이 바로 그것이다.

秦의 九鼎 요구를 齊의 견제로 피할 수 있었던 것도 齊 역시 九鼎을 탐하였기 때문이었지만(東周1), 楚가 韓·魏를 공격하기 위하여 2周 간의 道를 청하였을 때 齊·秦이 楚의 九鼎 취득을 원치 않기 때문에 韓·魏를 지원, 楚를 공격할 것이라는 蘇秦의 예측,[87] 韓·魏가 周에게 불리한 영토 교환에 합의하자 魏가 2縣을 손해 보는 영토 교환에 동의한 것은 九鼎이 있는 2周를 사실상 병탄할 목적이므로 방치할 수 없다고 초왕을 설득한 樊餘의 주장[88] 등은 2周에게 九鼎이 중요한 안전판이었음을 잘 보여 준다. 또 周를 원망하는 楚將의 제거를 위하여 寶器를 제공하는 척하여 楚王과 楚將의 불화를 조성하자는 계책,[89] 東周君이 “國이 작아 重寶·珠玉을 다하여 제후를 섬기고 있다”는 杜赫의 지적(東周23) 등은 九鼎은 아닐지라도 2周가 가진 것으로 알려진 寶器가 중요한 외교수단의 하나로 이용된 사정을 시사한다.

근래 발굴된 춘추·전국시대의 묘들이(예컨대 춘추 말 曾侯墓나 전국시대 中山王墓) 대규모 보물창고를 방불케 할 정도로 寶器가 대거 부장된 것도 주지의 사실이지만, 특히 西周 史官에 불과한 微氏 일족이 서주

齊 중심의 反秦 合從 가능성으로 설득하여 중단시킨 것(西周13), 魏의 假道 요구를 楚·宋을 이용하여 면하려 한 것(西周16) 등을 보라.
87) 『戰國策』 西周8, “楚請道于二周之間 以臨韓魏 周君患之 蘇秦謂周君曰 除道屬之于河 韓魏必惡之 齊秦恐楚之取九鼎也 必救韓魏而攻楚 楚不能守方城之外 安能道二周之間”.
88) 『戰國策』 西周12, “韓魏易之 西周不利 樊餘謂楚王曰 周必亡 韓魏之易之 韓得＿縣 魏亡二縣 所以爲之者 盡包二周 多于二縣 九鼎存焉 此魏有南陽 鄭地三川 而包二周 則方城之外危矣……楚王恐 因趙以止易也”.
89) 『戰國策』 西周, “楚兵在山南 吾得將爲楚王屬怒于王 或謂周君曰 不如令太子將軍正迎吾得于境 而君自郊迎 令天下皆知君之重吾得也 因泄之楚曰 周君所以事吾得者器 必名曰某 楚王必求之 而吾得无效也 王匹罪之”.

말의 전란을 피하면서 창망간에 매장한 것으로 추정되는 窖藏(陝西省
扶風縣 莊白大隊)에서 주초 이래 그 일족이 보유한 靑銅彝器 103점이 일
괄 출토된 예나[90] 역시 비슷한 상황에서 매장된 것으로 보이는 섬서성
岐山縣 董家村의 한 窖藏에서 서주 司裘(피혁품 관장관)로 추정되는 裘
衛 일족의 靑銅彝器 37건이 일괄 출토된 것[91]을 보면 2周君이 보유한
寶器 역시 상당한 규모로 추정된다. 그러나 그들 영읍의 규모나 封君으
로서의 日淺함[92]을 고려하면 그들의 寶器가 외교수단이 될 정도로 대
단한 수준으로는 생각하기 어렵다. 따라서 상기 일화들이 전혀 근거 없
는 가상이 아니라면 무언가 특수한 이유가 있어야 한다. 東·西周가 전
쟁할 때 서주를 구원하려는 韓王에게 "西周는 옛 天子의 나라이므로
名器·重寶가 많다"며 그것을 얻으려면 구원하지 않는 것이 오히려 상
책이라고 충고하였다는 일화(東周3)는 바로 이 이유를 설명해 준다. 즉
西周君은 바로 유서 깊은 주왕조의 寶器를 차지한 것으로 알려졌던 것
이다. 이 기사 이외에도 東周는 西周가 寶器로 韓·楚를 매수하여 자
기의 영읍으로 빼앗을지도 모른다고 우려하였다는 전승[93]이 있는 것을
보면, 西周가 東周에 비해 먼저 분봉되었고 赧王도 西周에 기식한 때
문인지 중요한 주왕조의 寶器는 西周로 넘어간 것으로 알려진 것 같다.
　그러나 秦이 東周에게 九鼎을 요구하였다는 것은 일화(東周1)는 적어
도 九鼎은 東周에게 넘어간 것으로 알려졌음을 시사하는데, 이것은 東
周君의 실제 居所가 전통적으로 九鼎이 위치한 것으로 전승된 洛陽 즉
成周였기 때문이었던 것 같다.[94] 어쨌든 2周가 강대국이 탐하였고, 따

---

90) 唐蘭, 「略論西周微史家族窖藏銅器群的重要意義 - 陝西扶風新出墻盤銘文
　　解釋 - 」『文物』1978 - 3, 19쪽.
91) 周瑗, 「矩伯,裘衛兩家族的消長與周禮的崩壞 - 試論董家村靑銅器群」『文
　　物』1976 - 6 참조.
92) 앞에서 지적한 대로 西周는 기원전 5세기 말, 東周는 기원전 4세기 초엽
　　에 비로소 분봉되었다.
93)『戰國策』東周4, "東周與西周爭 西周欲和于楚韓 齊明謂東周君曰 臣恐西
　　周之與楚韓寶 令之爲其求之于東周也".
94) 趙翼,『陔餘叢攷』東西周는 洛陽의 西 王城에 분봉된 西周와 鞏에 분봉된

라서 외교의 수단으로 사용할 수 있었다는 寶器나 九鼎은 그들 스스로 구비한 것이 아니라 본래 周王의 傳世物이었던 것이다. 周王이 九鼎을 비롯한 대단한 傳世의 寶器를 가졌을 것으로 믿는 것도 결코 무리가 아니었고, 2周가 周王을 空洞化하면서 그 유산도 고스란히 분할하였다면, 그 실제야 어쨌든 주왕조 寶器가 결국 2주로 넘어갔을 것이라는 추정은 지극히 '상식'적이다. 이것은 결국 2주가 비록 작은 封君이었지만 주왕조의 전통적인 왕도 成周 또는 王城(平王 東遷 이후 敬王 이전의 왕도)에서 주왕을 차지하고 있있을 뿐 아니라 그 권위의 상징 九鼎·寶器 및 圖籍을 장악하고 있다는 것을 의미한다. 즉 그들은 바로 張儀가 秦王에게 건의한 "據九鼎 按圖籍 挾天子"를 하고 있는 셈이다. 다만 그들은 이것으로써 '令天下'는 못할 뿐이었다.

그러나 적어도 2周가 保有한 것으로 알려진 九鼎·寶器가 외교수단으로 상당한 효용성을 발휘하였지만, 이들이 어느 정도 '천자의 국'으로 행세할 수 있었던 것도 바로 그들이 "據九鼎 按圖籍 挾天子"한 것으로 인식되지 않았다면 이해하기 어려운 문제인 것 같다. 東周를 방문한 溫人이 주왕은 '天下의 君主'이며 자신은 '天子의 臣'이므로 자신도 客이 아닌 주인이라고 강변하였다는 희화적인 일화95)도 東周에 천자가 없었

東周란 東·西周 개념 이외에 敬王 이후 成周 낙양에 거주한 주왕을 또 하나의 '東周'로 이해하면서 『戰國策』이 東周를 첫머리에 위치시킨 것도 이것이 鞏縣의 東周가 아니라 成周에 거처한 周王의 東周이기 때문이며, 바로 여기에 九鼎이 있기 때문에 秦이 東周에게 九鼎을 요구한 것이었다는 설명을 붙이고 있다. 그러나 『戰國策』 東周策은 周王이 아닌 東周君에 관한 것이 분명할 뿐 아니라 洛陽의 東鞏에 분봉된 東周 惠公의 실제 居所는 낙양이었다는 世本의 기사를 신용한다면(주 16 참조) 이처럼 궁색한 설명은 불필요하다. 楊寬이 지적한 바와 같이 당시 낙양이 동주에 속한 것은 바로 이 때문이다(楊寬, 앞의 책, 275쪽 주 2 참조). 즉 赧王이 西周에 기식하게 된 사정은 불명하나 楚의 '東周之客'의 대사기년 B.C. 317년까지는 적어도 주왕이 東周에 있었던 것이 확실하며, B.C. 281년 西周 武公이 赧王의 명의로 楚를 설득한(후술) 시점에는 西周에 기식한 것 같다. 따라서 周王의 이동은 이 사이로 추정된다.

95) 『戰國策』 東周, "溫人之周 周不納 問曰 客耶 對曰 主人也 問其巷而不知

다면 있을 수 없는 촌극이지만, 2周의 침공을 반대한 논자들이 항상 거론하는 '劫天子' 또는 '攻天子'의 악명과 이에 따른 국제적 고립 우려[96]의 근거도 바로 여기에 있었다. B.C. 281년(楚 頃襄王 18, 周 赧王 34) 秦이 趙를 집중 공격하고 있을 때[97] 楚가 齊·韓과 연합하여 秦을 공격하며 周를 침공하려 하자 西周가 赧王의 이름을 내세워 楚에게 침공 중단을 설득하였다는 다음과 같은 『史記』 楚世家의 구절은 2周 位相에 대한 보다 분명한 단서를 제공하는 것 같다. 즉

周王 赧은 武公(西周 惠公의 子)을 시켜[98] 楚相 昭子를 설득하였다.……共主를 시해하고 世君(周의 자칭)[99]을 臣屬시키면 대국이 친하지 않으며…… 周 하나가 20개의 晉과 같다는 것은 公도 알 것이다.……兩周에게 원한을 맺음으로써 (禮義를 아는) 騶·魯 같은 나라의 마음을 막히게 하고 齊와 절교하여 천하에 명예를 실추하는 것은 그 일을 도모함이 위험한 것이다.……西周의 땅은 긴 곳을 떼어 내 짧은 곳을 이어도 불과 100리이지만 그 명색은 天下의 共主이니……비록 공격하지 않아도 (잘못하면) 弒君한다는 악명을 얻게 된다. 그럼에도 好事의 군주와 침공을 좋아하는 신하들이 호령을 내려 군사를 동원하면 周와 관련시키지(以周爲終始) 않은 일이 없는 것은 무슨 까닭인가? 祭器가 있다고 생각하기 때문이다. 祭器를 차지할 생각으로 弒君의 亂을 잊은 것이다.……그대는 지금 천하의 共主를 죽여 없애고 三代의 傳器를 차지하고 천하를 병탄하여 세상의 군주들을 고압하려고 하니 탐욕이 아니고 무엇인가?

물론 '1개의 周가 20개의 晉에 해당한다'는 것은 과장일 것이다. 그러

吏因囚之 君使人問之 子非周人 而子謂非客 何也 對曰 臣少而誦詩 詩曰 普天之下 莫非王土 率土之濱 莫非王臣 今周君天下 則我天子之臣 而又爲 客哉 故曰 主人 君乃使吏出之".
96) 앞서 인용한 張儀의 '挾天子'論을 반대한 司馬錯의 주장 및 주 68 참조.
97) 졸고, 앞의 글, 51쪽.
98) 그러나 당시 赧王이 西周君에 기식한 존재에 불과하였던 만큼 西周君이 그의 명의를 앞세운 것으로 보는 것이 타당하다.
99) 『史記索隱』, "共主 世君 俱是周自謂也 共主 言周爲天下共所宗主也 世君 言周室代代君於天下也".

나 이 말은 2周가 그 규모에 비해 특수한 비중으로 인식된 사정을 반영한 것은 분명하며, 이것은 결국 주왕이 '天下의 共主'이며 그가 곧 2周의 실제 君王이란 주장이 동시에 모두 통용된 것을 의미한다.[100] 물론 당시 이것이 모두 사실이 아니라는 것을 모르는 사람은 없었을 것이다. 그러나 이것을 형식적으로 '인정'할 경우 편리한 점은 많다. 우선 앞에서 지적한 바와 같이 필요한 경우 '天子'의 장식이 제공될 수 있을 것이다. 그러나 보다 중요한 것은 이 '天子'의 존재가 경쟁자의 '天子 僭稱'을 저지할 수 있는 안전판이 될 수 있다는 점이다.

전국시대 각국의 기본 입장은 어느 한 나라의 강성을 저지하는 것이었고, 이 때문에 부상한 강국을 약화시키기 위하여 '천자놀음'을 부추김으로써 국제적 고아로 만든 후 공동 공격을 취하는 전략이 상당한 효과를 거두었지만, 당시 강국들은 비록 자기가 천자가 될 가능성이 없다고 판단해도 명실공히 臣屬해야 할 천자의 출현은 당연히 원치 않았다.[101] B.C. 288년 秦·齊가 각각 西·東帝를 칭하기로 합의하였으나 결국 모두 포기하였던 것도 누가 '帝號'를 칭하는 것조차 원치 않는 분위기를 잘 말해 준다.[102] 이런 상황에서 실제 臣屬할 필요가 없는 '天下共主'가 존재한다면 이 정서는 더욱 명분을 얻을 수 있었을 것이다. 뿐만 아니라 이 '천자'의 존재로써 천자가 되려는 야심가도 쉽게 노출되어 조속한 견제가 가능한 것도 장점이었을 것이다. 누군가 천자가 되려면 그래

---

100) 『史記正義』는 이것을 다음과 같이 해설하였다. 즉 "주왕의 나라는 그 땅은 비록 작아도 제후가 존중하기 때문에 20개의 邑에 필적한다고 한 것이다."

101) 졸고, 앞의 글, 49~57쪽 참조.

102) 『史記』 권46, 田敬仲完世家 湣王 36년, "(蘇代)왈……秦과 함께 帝가 되면 천하가 秦만 존중하고 齊를 경시하지만, (齊가) 帝號를 버리면 천하는 齊를 사랑하고 秦을 미워할 것입니다.……그러므로 王은 帝號를 버린 것을 밝혀 천하를 거두시고……秦을 존경한다는 명분을 세운 후 천하로 하여금 秦을 증오하게 하십시오. 이것이 소위 낮은 것으로 높은 자가 된다는 것입니다(以卑爲尊者也). 왕은 숙려하시기 바랍니다. 이에 齊는 帝號를 버리고 다시 王이 되니 秦 역시 帝位를 버렸다."

도 일단 이 '천자'의 제거가 필요하였을 것이고, 따라서 이 '천자'의 납치 또는 제거 기도는 곧 천자의 야망을 의미하기 때문이다. 앞에서 인용한 楚 설득의 논리 중 "共主를 시해하고 世君을 신속시키면 대국이 친하지 않는다"는 것은 바로 이 상황을 정확히 지적한 것이었다. 이 '천자'에 대한 침해를 '弑害'의 죄명으로 공동 응징한다는 것은 결국 누구도 천자가 되는 것을 허용할 수 없다는 열국의 '합의'로 해석해도 대과는 없을 것이다.

물론 이와 같은 필요에 의해서 인정된 명목상의 '천자'도 엉뚱하게 '과욕'을 부리거나 특정 국가에 이용될 위험도 적지 않으며, 실제 2周가 周王을 앞세우며 '20개의 晉' 노릇을 하려는 것도 이 위험성을 경고하는 것이기도 하다. 그러나 2周가 이로써 '천하를 호령'할 실력은 결코 못 되었다면, 2周의 '작태'는 오히려 '바람직한' 것일 수도 있다. 이것은 적어도 '天下共主'가 현실적인 의미를 가질 수 있다는 것을 입증함으로써 그 '虛像'의 실용성을 제고할 수 있기 때문이다. 그렇다면 張儀가 千乘의 東周 昭文君을 국제사회에서 萬乘 諸侯의 대접을 받게 하였다는 설화(주 12 참조)도 바로 '天下共主'가 전혀 무의미한 허상만은 아닐 수 있다는 의식의 반영일 수도 있는 것이다. 그러나 '天下共主'의 현실적 의미가 '號令天下'로 작동하는 것을 원치 않는다면 어떤 권위를 부여해도 실제 '호령천하'할 능력이 없는 2周의 공간에 이 '천하공주'를 고착시킬 필요가 있었을 것이다. 이 경우 '천자'의 권위가 얼마든지 이동할 수 있는 단순한 '혈통'이어서는 곤란하다.

앞에서 이미 지적한 '王都와 遊離된 천자'의 무의성은 바로 이러한 논리적 요구에서 비롯된 것으로 이해된다. 그러나 필요시의 遷都 자체는 논리적으로 불가능한 것도 아니라면, 왕도를 특정한 지역에 고정시키기 위해서는 王都가 왕도인 所以 역시 그 지역에 고정될 필요가 있을 것이다. '成周의 九鼎' 신화는 바로 이 때문에 '조작'되었을 가능성이 농후하다. 九鼎이 곧 受命의 상징으로서 九鼎 없는 천자는 천자가 아니고, 九鼎은 바로 成周에 있다면 '천자'를 成周에 묶어 놓을 수 있는 조건은 충분하기 때문이다. 물론 九鼎이 쉽게 이동될 수 있다면 이 '조작'

은 무의미하다. 九鼎을 옮기려면 81만 인이 필요할 정도로 그 무게가 엄청나 齊가 그 수송을 포기하였다는 설화(東周1)는 바로 九鼎의 成周 固定을 근거로 ‘天子’의 成周 고착론을 물리적인 측면에서 강조한 것이었다. 이에 비해 周 武王이 克殷 후 九鼎을 洛邑으로 옮겼을 때도 義士들은 비난하였다는 전승103)은 ‘九鼎 이동 절대불가’를 당위적 이념으로 정립하려는 것이었으며, 또 楚 莊王의 ‘問鼎’ 설화는(주 62 참조) 天命 없는 ‘九鼎 이동 불능’을 강조한 것이었다. 그러나 實在하는 9개 鼎의 ‘이동 불가’란 어떤 이유로선 설득력이 없다면, 九鼎은 존재하지 않은 허구일 때 오히려 그 의미를 가질 수 있었을 것이다.

　물론 ‘成周 九鼎’의 신화는 주초에 受命의 표징으로 조작되었을 가능성이 농후하며, 춘추 또는 전국시대의 강국들이 세력균형을 유지하기 위하여 비로소 ‘조작’한 것은 아닐 것이다. 그러나 전국시대의 국가들이 굳이 이 신화를 ‘믿고’ 상호 九鼎 획득을 적극 견제한 것은 그들에게 이 신화가 ‘편리한 허구’였기 때문이었을 것이다. 실제 ‘天子’・九鼎・成周가 분리되지 않는다면 九鼎의 허구도 폭로되지 않을 수 있었을 것이다. 다시 말해 이 3자가 분리되지 않는 한 ‘天子’의 권위가 일정한 선에서 실제적인 의미를 가질 수 있다면, 2周 이외의 국가가 그 권위를 이용하여 ‘호령천하’를 원한다면 張儀의 ‘挾天子’論이 주장한 바와 같이 韓을 정벌, 2周를 사실상 점령한 후 그들이 누리고 있는 “據九鼎 按圖籍 挾天子” 권리를 현지에서 대체하는 것뿐이었을 것이다.

　열국의 세력균형이 유지되는 한 張儀의 ‘挾天子’論은 격렬한 국제적 견제가 명약관화하다면, 비슷한 주장이 공연히 분분하지 않는 것은 오히려 당연한 것 같다. 이에 비해 B.C. 256년 秦이 西周를 점령하였을 때 秦이 원하였다면 ‘挾天子’도 가능한 상황이었다. 그러나 秦은 이 문제에 전혀 관심을 보이지 않았다. 때는 B.C. 285년 사실상 强齊가 몰락한 이후 그나마 秦을 견제하던 趙도 B.C. 261・260년의 長平人戰, B.C. 257년의 邯鄲攻圍에서 秦에게 궤멸적인 타격을 받은 직후였고, 그 후

---

103)『左傳』桓公 2년, “武王克殷 遷九鼎于雒邑 義士猶或非之”.

秦과 6국의 관계는 가장 이상적인 천하통일의 조건을 조성하려는 秦의 '六國 平均弱體化' 과정에 불과하였다면[104] 秦이 '挾天子'에 관심을 가질 이유는 없었을 것이다. 결국 張儀의 '挾天子'論은 열국이 필요한 허구에 기초한 것이었기 때문에 열국의 균형이 유지되는 한 실현될 수도 없었지만, 열국의 균형이 깨지면서 그 허구의 실용성도 사라졌기 때문에 역시 불필요한 전략이 되고 만 것이다.

사실 당시 상황에서 최강 秦에 의한 '挾天子'도 曹操의 그것과는 동론할 성질은 본래 아니었다. 曹操의 경쟁자들은 비록 할거 독립의 형세를 갖추어도 漢의 지방관 또는 장군을 자칭하면서 한 제국의 군현 행정조직과 그 요원을 그대로 접수하였고, 대부분의 후한인들에게는 적어도 진제국의 멸망 이후 400년 간 漢 이외의 왕조란 관념도 없었던 만큼 누구도 한 왕조의 부흥을 명분상 외면하기 어려웠을 것이다. 당시 '협천자'가 실로 대단한 위력을 발휘할 수 있었던 것은 바로 이 때문이지만, 曹操의 경쟁자들은 황제의 명에 의해서 수시로 임면이 가능한 관료에 불과하였던 점을 잊어서는 안된다. 이에 비해 전국 국가들은 비록 그 정통성의 근거는 주왕조의 승인에서 시작되었지만, 이미 그들은 周王이 취소할 수 없는 정통성을 국내에서 확립하고 있었다. 군현·관료 조직도 처음부터 그들에게 직속된 것이었고 관료나 일반민에게도 국가를 넘어선 '천하'의 의식은 있어도 周王의 臣民이란 관념은 거의 확인되지 않는다. 이런 상황에서의 '협천자'란 장식적 기능 이외에는 의미가 있기도 어렵지만, 秦은 이미 그 장식도 불필요한 초강자였다. 결국 秦의 '협천자' 포기는 현명한 현실적 판단이었지만, 東·西周의 병합과 함께 '논리적'으로 秦이 입수한 虛構의 九鼎이 여기서 사라진 것도 당연하였다. 만약 秦이 '挾天子'를 원하였다면 九鼎의 虛構를 더욱 증폭시켜 선전하였을지도 모른다. 그러나 '挾天子'가 불필요한 상황에서 그 전제조건인 虛構의 九鼎도 잔존할 이유가 없다면, 實在하지 않은 九鼎이 入秦할 리가 없었던 것이다.

---

104) 졸고, 앞의 글, 40~57쪽 참조.

北魏末 汎階 頻發의 배경과 그 實態

金 鐸 敏

머리말

北魏末 肅宗 武泰 원년(528)부터 高歡이 완전히 정권을 장악하는 孝靜帝 興和 2년(540)까지 10여 년 동안에는, 官階 혹은 官級을 考課에 의하지 않고 일괄적으로 승진시키는 이른바 ‘汎階’ 혹은 ‘汎級’이라고 하는 조치가 십수차에 걸쳐 시행된 것을 볼 수 있다.1) ‘汎階’는 普汎, 普加, 普加汎級, 普進, 竝加, 優階라고도 되어 있는데, 이러한 일괄승진 제도가 이전에도 몇 차례 시행된 것을 볼 수 있으나 빈도수가 많고 대상범위도 매우 포괄적이었다는 점에서 이 때 시행된 汎階는 매우 주목된다. 다시 말하면 西晉과 東晉시대에 여러 차례에 걸쳐 일괄승진 제도가 시행되었고,2) 北魏시대에도 이미 世宗 正始 4년(507)과 延昌 4년

---

1) 이 때의 汎階에 대해서는 『魏書』 권9, 肅宗紀 武泰 원년 2월 癸丑條, 249 쪽에서부터 권12, 孝靜紀 興和 2년 정월 丁丑條, 304쪽에 기재되어 있는 데, 같은 기사가 『冊府元龜』 권79, 慶賜1, 919쪽 ; 권83, 赦宥2, 976~977쪽 에도 정리되어 모아져 있다.

(515), 그리고 肅宗 正光 원년(520)에 시행된 바가 있어 새삼스러운 것이라고는 할 수 없으나 이 모두가 "增文武二等" 혹은 "內外百官進位一等"이라고 한 것에서 보듯이 문무 관인을 그 대상으로 하고 있는 것이다. 그러나 北魏 말기의 汎階는 官人들의 階나 級을 일괄적으로 승진시키는 것은 물론이고, 일정 대상의 職人과 軍人 및 백성들에게 官의 階나 級이 일괄적으로 수여되었으며, 특히 그 가운데에서도 군인 혹은 武人이 주된 수여의 대상이었다.

　그런데 別稿3)에서 정리한 바와 같이 北魏末에서 東魏·北齊, 西魏·北周시대에는 官爵이 극히 高品化되고 아울러 관작의 소유가 보편화되는 총체적 官爵 범람현상이 나타나는데, 이러한 현상이 빚어지게 된 가장 중요한 계기는 北魏末부터 폭넓은 계층을 대상으로 빈번하게 汎階가 시행되는 데에서 비롯되었다. 물론 이와 같은 汎階의 시행은 當時人들, 특히 그 가운데에서도 武人들의 관작에 대한 욕구가 매우 높은 상황하에서 권력기반이 불안정한 위정자들이 그들을 회유하기 위해 이루어진 것이다. 그리고 이러한 사정은 隋代에도 이어져, 통일제국의 질서를 확립하기 위해 前朝의 濫官을 정리하는 노력을 기울였던 文帝도 "六品已下 又有翊軍等四十三號將軍 品凡十六等 爲散號將軍 以加汎授"라고 하여 汎階로서 除授하는 官銜을 따로 설정하여,4) 武人들의 관직 요구를 반영할 정도였다. 그러나 煬帝는 범계로써 除授하는 관직을 폐지하였을 뿐만 아니라 勳官으로는 職事官으로의 입사를 금지하는 것과 같이 무인들의 입사를 억제하였는데, 오히려 제국의 멸망을 재촉하는 결과를 가져왔다고 할 수 있다. 唐初에는 무인들에 대한 入仕 억제가 隋 멸망의 중요한 원인이었다는 점을 교훈삼아 폭넓게 관작을 수여하였는데, 그러나 범람한 관작을 방치하고서는 제국이 유지될 수 없었기 때문에 정리하지 않으면 안되었다. 그리하여 무인들을 포함하여 폭넓게 훈관을 수여하였지만 훈관 출신이 入仕하는 데는 부담을 무겁게

---

2) 『冊府元龜』 권79, 慶賜1, 914~915쪽 ; 권83, 赦宥2, 970쪽.
3) 拙稿, 「隋 煬帝의 勳官 폐지와 唐代의 勳官 濫授」 『歷史學報』 149, 1996.
4) 『隋書』 권28, 百官下, 781쪽.

하는 방법으로 入仕路를 봉쇄하였다. 敦煌에서 출토된 당대의 差科簿
文書에서는 勳官이 일반 백성들에게까지 폭넓게 수여된 현상을 볼 수
있는데, 이같이 훈관을 남발한 것은 교묘한 방법으로 입사로를 봉쇄함
으로써 가능했던 것이며, 그 근원은 역시 멀리 북위 말기 이후의 무인
들에 대한 汎階로부터 찾을 수 있다.

　따라서 북위 말기에 빈발된 汎階는 당시의 일과적인 현상으로서가
아니라 이후의 역사 전개에 중요한 변수로 작용하였다는 점에서 의미
가 있는 것으로 생각된다. 이것이 본고에서 汎階의 배경과 그 내용을
정리하고자 한 까닭이다.

Ⅰ. 北魏末 汎階 頻發의 배경

1. 姓·族詳定과 下層武人의 疏外

　北魏 孝文帝 太和 12년(487) 高祐는 "지금의 선거는 治에 대한 識見
의 優劣을 가리지 않고 오로지 年功의 多少만으로 선발하는데, 이것은
人才를 極盡하게 선발하는 제도라고 할 수 없습니다. 마땅히 이같이 薄
藝만을 가진 자의 入仕를 막고 쓸모 없이 年功만을 채운 자(朽勞)를 폐
기하여 다만 才識이 있는 자만을 취해야 官方이 맑아질 것입니다. 또
勳舊之臣은 그들의 年勤은 표창할 수 있으나 才識은 人民을 어루만질
수 없으니, 爵으로 賞주는 것은 옳지만 地方행정을 위임해서는 안 됩니
다. 이른바 王된 사람은 사사로이 다른 사람에게 재물은 줄 수 있지만
사사로이 관직을 줄 수는 없는 것입니다"[5]라고 상소한 바와 같이, 효문
제가 親政하여 선거제도를 개혁하기 전까지의 북위의 선거방법은 연공
을 위주로 하는 것이며, 특히 北族 계열의 勳舊之臣이 內外의 고위관

---

　5) 『魏書』 권57, 高祐傳, 1261쪽 ; 『資治通鑑』 권136, 齊紀2 武帝 永明 5년
　　(487) 12월, 4278쪽 ; 『通典』 권16, 選擧4, 390쪽. 『通典』의 기사는 나머지
　　둘과 약간 차이가 있다.

직을 독점하고 있는 실정이었다.6) 그러나 대부분 행정능력이 결여되어 있는 北族系 武人을 중심으로 하는 관료조직으로서는 행정의 實效를 거두기 어려웠으므로 관제개혁은 불가피한 것이었는데, 이러한 시대적 요구에 부응하여 孝文帝가 개혁을 단행한 것이다.

孝文帝의 개혁정치는 太和 14년(492) 太后의 死後 친정을 하면서부터 보다 적극적으로 추진되었다. 특히 太和 17년 낙양으로 천도한 후에는 律令을 정하여 관제를 정비하고 또 考課를 시행하였다. 그리고 30세 이상인 자가 朝廷에서 北族語를 쓰는 것을 금지하고, 북족의 複姓을 單姓으로 바꾸도록 하였으며, 胡服 착용을 금지하는 등 이른바 漢化政策을 시행하였고, 아울러 漢族 四姓의 女를 후궁으로 받아들임과 동시에 諸州의 漢人 士族을 정하고 아울러 북족도 八姓과 함께 姓人과 族人을 정하여 門地를 제도화한 것은 널리 알려진 바와 같기 때문에 贅言을 더하지 않는다. 다만 北族의 姓·族制度와 考課制度는 本稿와 관련하여 몇 가지 주목되는 바가 있는데, 여기서는 먼저 姓·族詳定에 관해서 살펴보기로 한다.

姓·族詳定에 관해서는『魏書』권113, 官氏志에 太和 19년의 詔勅의 형태로 실려 있는데 그 내용은 다음과 같다.

代人의 여러 후예는 앞서 姓·族이 없었기 때문에 비록 功賢의 후손이라도 섞여 구분되지 못하였다. 그러므로 官位가 公卿에 이르더라도 功이 쇠미한 親屬은 그대로 濁職에 취임한다. 지금 姓·族을 제정하려고 하지만 경우에 따라서는 이에 포함되지 못하는 것도 많을 것이다. 마땅히 가려 뽑아 수시로 점차 銓選하라. 穆·陸·賀·劉·樓·于·嵇·尉의 八姓은 모두 太祖 이래 勳功이 當世에 드러나 位가 王公에 이르렀다. 확실하게 (그 후손임을)

---

6) 宮崎市定은 따로 근거를 제시하지 않고 고위관직은 왕실과 北族귀족이 독점하였고 中下의 관에는 한인이 진출하였다고 하였는데(『九品官人法の研究』, 同朋社, 1956, 468쪽), 사실『魏書』권14에서 22까지의 帝子 列傳에 등재된 諸王은 모두 실권이 있는 고위관직을 역임하였으며, 그 외에 각 열전에 등재된 북족계 인물들도 대부분 고위관직에 오른 것을 볼 수 있어, 비록 정확한 통계를 제시할 수 없지만 크게 틀리지 않을 것으로 생각된다.

알 수 있는 자는 司州와 吏部에 하달하여 (漢族) 四姓과 같이 濁官에 充員
치 못하게 하라. 원래 朔土 출신의 舊部落大人으로서 皇始(396~397) 이래
三世의 官이 給事 이상이거나 州刺史・鎭大將 및 品이 王公에 이른 자를 姓
으로 한다. 만약 본래 大人이 아닌 자로서 皇始 이래 三世의 職官이 尙書 이
상이거나 品이 王公에 이르고 중간에 官緒가 강등되지 않은 경우에도 역시
姓으로 한다. 部落大人의 후예로서 皇始 이래의 官이 전례에 미치지 못하지
만 三世의 관이 中散・監 이상인 자와 外官이 太守・子都督인 자, 그리고
品이 子・男에 오른 자는 族으로 한다. 만약 본래 部落大人이 아닌 자로서
三世의 官이 令 이상이거나, 外官이 副將・子都督・太守인 자와, 品이 侯
이상인 자도 역시 族으로 한다. 이 성족의 支親으로서 總麻親 이내인 자가
一・二世의 官이 閑微한 경우는 비록 충분히 美例라고는 할 수 없지만 역시
姓・族에 포함한다. 그러나 五世 이외는 각각 스스로 계산하여 宗人의 蔭을
입을 수 없도록 한다. 비록 總麻이면서 三世의 관이 姓班에 이르지 못하였
더라도 族官이 있으면 族官에 포함하고 族官이 없으면 姓・族에 포함하지
않는다. 이 외에 의심스러운 것이 있어 呈聞하면 朕이 직접 결정한다.

이상과 같이 北族系 귀족의 범주를 姓과 族, 그리고 姓・族의 五等
親 내의 支親 가운데 父祖가 官이 있는 것으로 한정하는 門地를 정하
였다.7) 그런데 姓・族을 제정한 직후 門地를 기준으로 인재를 등용하
려는 효문제와 그것을 비판하는 漢人 문벌 출신의 조신들 사이에는 논
쟁이 있었는데 그 내용이 매우 구체적으로 전한다.8) 즉 韓顯宗은 "州
郡의 貢察은 헛되이 이름만 있을 뿐 秀才・孝廉의 實은 없고, 조정은
단지 그 門望만을 검사하고 (貢擧를 잘못한 것에 대하여는) 탄핵하여 처
벌하지 않습니다.9) 이와 같이 하려면 따로 門望을 貢士케 하여 士人을

---

7) 宮崎市定은 '北族의 第一階級은 姓, 二는 族, 三은 姓族의 支親 五世 이
　　내, 四는 總麻服親內에 一二世의 微官이 있는 것으로 나누어 漢人의 四姓
　　에 대응했다'라고 하였는데(위의 책, 435쪽), 詔文의 내용과 비교해 보면
　　취할 바가 못 된다.
8) 『魏書』 권60, 韓麒麟傳附 顯宗傳, 1339~1340쪽 ; 『資治通鑑』 권139, 齊紀
　　5 明帝 建元 원년(494) 정월, 4348~4349쪽 ; 『通典』 권16, 選擧4, 390쪽.
9) 北魏律은 남아 있지 않아 그 내용을 정확히 알 수 없으나 唐律에 의하면
　　貢擧를 잘못한 것이 1人이면 徒刑 1년이고 2인에 一等을 더하는 것으로

敍用하면 되지 어찌 거짓으로 수재·효렴의 이름을 빕니까? 무릇 문망이라는 것은 그 父祖의 遺烈일 뿐인데 皇家에 무슨 이익이 되겠습니까? 時政에 이익이 되는 것은 賢才일 뿐입니다. 참으로 인재라면 비록 소 잡고 낚시하던 사람이나 노예로 잡혀 있던 사람도 성왕은 그를 신하로 삼는 것을 부끄러워하지 않았고, 참으로 인재가 아니라면 하·은·주의 후예라도 하속 관리로 전락시켰습니다. 혹자는 말하기를 '奇才가 없으니 門地에 따라 관인을 취하는 것만 못하다'라고 하는데, 이것 역시 옳지 않습니다. 어찌 周公이나 邵公이 없다고 하여 재상을 폐하고 두지 않을 수 있습니까? 단지 마땅히 조금이라도 장점이 있는 자를 먼저 敍用하면 賢才를 빠뜨리지 않을 것입니다"라고 하였다. 한현종의 이러한 주장은 年功 위주의 선거제도를 개혁해야 한다는 太和 12년의 高佑의 주장과는 달리 門望 중심의 선거를 혁파해야 한다는 것인데, 이것은 그간 개혁은 시도되었지만 그것이 문망 위주의 왜곡된 형태로 나타난 것에 대해 비판한 것으로 보인다. 계속해서 또 李沖 및 李彪와 韓顯宗 등이 "폐하는 왜 오로지 門品만을 취하고 재능 있는 자를 발탁하지 않습니까?" 혹은 "傅說과 呂望 같은 사람을 어찌 門地로써 얻을 수 있겠습니까"라고 힐문한 데 대하여 효문제는 "진실로 過人한 인재라면 알지 못할 것을 근심할 필요가 없다. 그러나 군자의 가문 출신이라면 설령 행정 능력은 없을지라도 대체로 덕행이 있고 純篤할 것이므로 등용하는 것이다"라고 하고 "꼭 高明卓然하여 出類拔萃할 자가 있다면 짐은 이 제도에 구애되지 않을 것이지만", 역시 "비상한 사람은 오랜 역사 속에 하나둘 있을 뿐이다"라고 하여 문벌주의에 대한 강한 신념을 피력하였다.

　그런데 이상의 논쟁을 표면적으로 보면 효문제는 위진 이래의 문벌제도를 신봉하여 그것을 완강하게 유지하고자 하는 것처럼 보이고, 그에 비하여 조신들은 문벌주의 대신에 능력 위주의 현재주의를 시행할 것을 주장한 것처럼 보이며, 많은 연구자들도 이 점을 의심하지 않고

되어 있다(『唐律疏議』 92조, 職制律 2조).

있다.[10] 그러나 이러한 단순한 이해로서는 충분하다고 보기 어려운 점이 있다. 즉 예를 들면 효문제가 南朝에서 망명하여 그의 자문에 응하고 있던 劉昶에게 "혹자는 오직 능한 자만이 의지할 수 있으며 문지는 구애될 바가 아니라고 하는데 짐은 그렇게 생각하지 않는다. 왜냐하면 淸濁을 同流로 하여 한 가지로 혼재하면 君子小人의 구별이 없게 되는데 이것은 옳지 못하다. 지금 우리의 八族 이상의 士人은 九品이 있고 구품 이외에 다시 소인의 관에 七等이 있는데 만약 정말 좋은 인재라면 三公에 오를 수 있다. 참으로 賢才를 얻기 어려울까 두렵지만 一人을 위하여 나의 典制를 혼탁하게 할 수 없다"[11]라고 하였다, 그런데 여기서 八族이란 北族貴族을 의미하는 것이기 때문에 결국 漢人 朝臣들이 門閥 위주라고 비판한 것은 北族의 문벌을 우선하여 인재를 등용하는 것에 대해 비판한 것으로 보아야 한다.

여하튼 孝文帝는 姓·族을 정하고 그것을 기준으로 인재를 등용하려 했기 때문에 성족에 오르는 것은 곧 入仕 자격을 얻는 것을 의미하였고, 그 때문에 世宗代에는 姓·族을 둘러싸고 辭訟이 일어났다. 이때 尙書 于忠과 元匡, 侍中 穆紹와 尙書 元長 등으로 하여금 商量하여 정하도록 하였는데,[12] 그러나 오히려 혼란을 가중시키는 결과를 낳았던 것으로 보인다. 그러한 사정이 延昌年間(512~515)에 孫紹가 宣武帝

---

10) 예를 들면 谷川道雄은 이 때의 선거제도에서 문벌을 중시할 것인가 아니면 현재를 중시할 것인가가 논의의 초점이었고, 이것은 위진남북조시대의 문벌주의 사회가 수당 이래의 과거제를 통한 관료제사회로 나아가는 중요한 전환점이 되는 것으로 파악하고 있다(「北魏官系における門閥主義と賢才主義」『隋唐帝國形成史論』, 筑摩書房, 1971, 145~157쪽). 물론 이러한 의미를 무시할 수는 없겠지만 북위 후기의 선거에서 보다 중요한 것은 북족계 무인들을 배제하여 漢的인 士族 중심으로 정국을 이끌어 가려고 하는 한인 사대부와 북족과 한족을 포함하여 새로 편성된 문벌을 중심으로 정국을 이끌어 가려고 한 효문제의 대립으로 이해하여야 할 것으로 생각된다.

11) 『資治通鑑』 권140, 齊紀2 明帝 建武 3년 정월, 4396쪽 ; 『魏書』 권59, 劉昶傳, 1311쪽.

12) 『魏書』 권113, 官氏志, 3015쪽.

에게 올린 아래의 表文에 잘 나타나 있다.

　　법이 淸濁을 갈라놓았으나 청탁이 공평하지 못하고 (그로 인해 訴願을) 上
申하여 계류중이면(滯理望) 卑寒이라도 역시 免하니 士庶가 같이 슬퍼하며,
兵徒가 원망을 품고 있습니다. 中正은 下里에서 賣望하고 主案은 上臺에서
붓을 멋대로 놀려 眞僞가 섞임으로써 알고도 糾告하지 않으며 얻은 자도 기
뻐하지 않고 잃은 자는 배로 원망합니다. (이와 같이) 門第와 出身을 齊等하
게 하니 涇渭가 구별이 없어지고 同役해야 할 무리들의 苦樂이 현격하게 다
르게 되었으므로 士人이 관직에 있어도 영광스러워하지 않고 兵士는 役이
고달퍼서 마음으로는 亂을 잊지 않고 있습니다. 그러므로 다투어서 본래 출
신을 버리고 他地에 숨어 버리며 혹 이름을 숨기고 양자를 假託하여 人間에
흩어지거나, 혹은 山林藪澤에 망명하여 漁獵으로 연명하며, 혹은 强豪에게
무기를 바치고 의지하여 의식을 얻습니다. 또 應遷之戶는 멋대로 諸州로 가
고 應留之徒는 추위를 피해서 따뜻한 곳으로 돌아옵니다. 아울러 職人의 子
弟는 동서남북으로 浮遊하여 일정한 거처가 없으며, 關禁이 不修하여 임의
로 나아가는데, 이러한 무리들을 셀 수도 없습니다.

　　姓·族詳定에 대한 孫紹가 지적한 위의 문제점 가운데 가장 주목되
는 바는 "兵徒가 원망을 품고 있다"든가, "兵士는 役이 고달퍼서 마음
으로는 亂을 잊지 않고 있다"는 것인데, 여기서 말하는 兵徒나 兵士는
姓·族에 포함되지 못한 北族系 병사들을 가리키는 것으로 보아야 할
것 같다. 이어서 "應遷之戶는 멋대로 諸州로 가고 應留之徒는 추위를
피해서 따뜻한 곳으로 돌아온다"라고 하였는데 이것은 舊都 平城이 이
미 기피 지역이 되었을 뿐만 아니라 그 지역에 殘留하고 있던 北人들
이 姓·族詳定에서 불리한 처분을 받았다는 것을 시사하는 것으로 보
아도 좋을 것이다. 더구나 北方의 六鎭에 주둔하는 北人들은 보다 더
소외되었던 것으로 보이는데, 孫紹는 결론적으로 "지금 강적이 때를 엿
보고 있고 변경의 백성들이 틈을 엿보고 있으며 內民이 불평하며 오래
원망하고 있어 戰國之勢라고 말할 수 있다. 반드시 禍根을 만들 자는
北邊 鎭戍의 사람들이다"라고 하여 소외된 六鎭의 北人들에 의하여 北
魏政權이 멸망할 수도 있다고 단정하였다. 그리고 孫紹는 正光 初(520)

이후 孝明帝에게 올린 表에서 "漠北이 叛亂을 일으키고 隴右가 반역을 꾀하며 中州가 소란스럽고 民庶가 竊議하는 것은 무슨 까닭입니까? 그것은 모두 옛날 代都에 있을 때는 武質하여 治安했으나 中京 이래로는 文華로써 정치가 어지러워졌습니다. 그러므로 옛날 太和年間에 신이 득실을 極陳하여 사방의 華夷의 心態를 갖추어 논하였던 바 高祖가 받아들여 이루어진 바가 있습니다. 그러나 延昌·正光에는 그렇지 못하여 지금 동남에는 官銜을 도둑질하는 자들이 있고 서북에는 反逆하는 도둑들이 있게 되었는데, 이는 하늘을 원망할 수 없는 것으로서 진실로 사람에게 허물이 있을 뿐입니다. 신은 지금 荒外를 근심하는 것이 아니라 바로 中畿를 염려합니다. 그러니 반드시 改張하여야 합니다"13)라고 하여, 중앙의 소수 귀족들이 관직을 독점하고 있는 상황에서 姓·族으로부터 소외된 北族系 下層 武人들의 불만으로 인하여 북위 정권이 심각한 위기에 직면하고 있다는 것을 지적하고 있다.

2. 考績 및 汎階의 시행과 武人의 疏外

孝文帝가 관료제도의 정비를 위하여 심혈을 기울인 것은 姓·族詳定과 더불어 시행한 고과제도였다. 물론 外官에 대한 考課를 시행하여 吏治를 肅整하고자 한 詔勅이 北魏 前期부터 보이므로 북위왕조는 관리들에 대한 고과에 대해 일찍부터 관심을 가져 왔다는 것을 알 수 있다. 그러나 보다 본격적인 고과제도의 시행은 효문제 친정기부터 시행된 것으로 보이며, 특히 본고와 관련하여 볼 때 고과의 시행을 통하여 관료집단 내에 갈등이 심화되어 마침내는 뒤에서 보는 바와 같이 汎階가 일반화되는 사태의 단서는 효문제가 친청하여 보다 엄밀한 고과제도를 시행한 데에서 나타났다고 할 수 있다.

孝文帝는 太和 18년(494) 9월 기왕의 三載考績과 三考黜陟이 賢愚의 衡平이 이루어지지 못하므로 이를 개혁하여 三載一考하고 考課하면

---

13) 『魏書』 권78, 孫紹傳, 1724~1726쪽.

곧 黜陟하도록 고과제도를 개정하였다.14) 이것은 3년에 한 번 관리의
치적을 고과하고 세 번의 고과 즉 9년이 경과한 뒤 비로소 黜陟하게 되
면 치적이 있는 자와 그렇지 못한 자 사이에 형평이 어긋나므로 3년에
한 번 고과하고 고과와 동시에 그것에 따라 출척함으로써 관료행정에
활력을 불어넣겠다는 뜻으로 이해된다. 그러나 延興 2년(472)의 詔에는
"書經에 '三年에 一考하고 三考하여 幽明을 黜陟한다'고 하였다. (그런
데도) 근래 官이 年勞로써 승진하여 오래지 않아 遞代함으로써 牧守들
이 民을 矜恤하는 마음이 없어 다투어 聚斂하여 送故迎新하는 것이 길
을 잇고 있는데, 이것은 民志를 굳게 하여 治를 융성케 하는 方道가 아
니다. 지금부터는 牧守가 溫仁淸儉을 지켜 克己奉公하면 그 職任에 장
기간 근무하게 하되 매년 실적에 이룸이 있다면 一級을 승진케 한
다"15)고 하여, 관직에 대한 지나치게 기계적인 遞職이 폐해가 크므로
같은 職에 장기간 근무토록 하는 것이 바람직하며 이상적인 복무기간
은『書經』에 있는 말을 빌어 "一考하고 三考 즉 9년에 黜陟케 하는 것
이다"라는 원칙으로 제시하였을 뿐이어서 과연 三載考績과 三考黜陟
을 시행하였는지는 알 수 없다. 그리고 廣陵王 羽가 태화 18년 孝文帝
에게 올린 奏文에 보면 "매년 州鎭의 牧守의 治績을 조사하고 再考 즉
6년마다 그 品第에 따라 黜陟합니다"16) 하였으므로, 적어도 太和 18년
이전에는 매년 치적을 조사하되 6년마다 黜陟하였음을 알 수 있다.

　물론 이와 같은 考課에 대한 사료는 모두 外官에 대한 것으로서 京
官에 대한 것은 찾아보기 어렵다. 다만 廣陵王 羽가 "外考의 令文에 의
하면 매년 州鎭의 牧守의 治績을 조사하고 再考 즉 6년마다 그 品第에
따라 黜陟합니다. 지난 (太和) 15년에 在京의 百官에 대하여 모두 三等
으로 고과하였고, 올해가 3년째인데도 外考에 대한 令은 이루어졌으나
內考에 대한 令은 아직 반포되지 못했습니다. 內外의 考察은 응당 동
등해야 합니다. 臣은 外考에 준하여 京官의 治行을 정해야 할 것으로

---

14)『魏書』권7下, 高祖紀 太和 18년 9월, 175쪽.
15)『魏書』권7上, 高祖紀, 138쪽.
16)『魏書』권21上, 廣陵王 羽傳, 546쪽.

생각합니다”17)라고 한 것으로 보아 새로운 考課令이 정해진 태화 18년에도 京官에 대한 考課令은 아직 준비되지 않은 것 같다. 그러나 이 奏文에 대한 詔勅에 “비록 內考는 아직 宣布되지 않았으나 治績이 이미 오래 드러나 있다면 『明堂』과 『月令』에 ‘公卿大夫는 그 屬官의 治績과 職分을 論考하여 드러낸다’고 하였으므로 三公과 尙書의 殿最가 京官을 考課하는 것임이 분명하다”18)라고 하여 內考는 外考와 별도로 三公이나 尙書와 같은 고위관리가 그 속관에 대하여 고과하는 것이 상례로 되어 있던 것 같다. 그러나 “內外考簿”라고 병칭한 것에서 보듯이19) 京官에 대해서도 考課에 의한 黜陟이 시행된 것은 의심의 여지가 없다.

孝文帝가 고과출척을 엄격히 시행하려고 하였지만 그의 사후에는 三年一考 黜陟의 원칙이 지켜지지 못하여 태화 18년(494)으로부터 5년이 지난 世宗 景明 원년(500)에 비로소 실시되었는데, 대신 편법으로 5년에 一階半을 승진하도록 하였다.20) 그리고 이후에는 계속 考課가 시행되지 않다가 世宗 永平 2년(511)에 비로소 景明 2년 이래 치적을 통틀어 고과하라는 조칙이 내렸다.21) 그러나 이 때의 通考는 正始 4년(507)에 시행된 이른바 汎階로 인하여 심한 혼란이 빚어졌고 또 관료집단 내의 갈등이 표면화되었다.

우선 正始 4년의 汎階는 “百官悉進位一級”22)이라고 한 바와 같이 考課의 上下에 관계없이 모든 관리들을 一級씩 승진시킨 것으로 보이며, 원래는 朝臣과 刺史를 포함하여 모든 관리에게 미치는 것이었으나23) 실제로는 刺史나 守令은 배제되어24) 주로 京官을 대상으로 하였다.25) 이후로도 이미 肅宗이 즉위한 延昌 4년(515)과 正光 원년(520)의

---

17) 위와 같음.

18) 위와 같음.

19) 『魏書』 권19中, 任城王 澄傳, 477쪽.

20) 『魏書』 권64, 郭祚傳, 1424쪽

21) 『魏書』 권8, 世宗紀 永平 4년 12월, 211쪽.

22) 『魏書』 권8, 世宗紀 正始 4년 9월, 204쪽.

23) 『魏書』 권78, 張普惠傳, 1744쪽.

24) 『魏書』 권19中, 任城王 澄傳, 474쪽.

2차에 걸쳐 汎階가 시행되는데,[26) 모두 刺史와 같은 外官이나 散官과 武人들이 불리한 대접을 받는 것에 대해 항의하는 소리가 높았다.

즉 高陽王 雍은 世宗이 通考를 시행하자 표를 올렸는데 그 내용의 대강을 정리하면 다음과 같다. 이번 考課에서 職事官으로서 上中인 자는 3년에 一階를 올려 주고 散官으로서 上第者는 4년에 一級을 올려 주는데 이것은 옳지 않다. 왜냐하면 散官도 본래 헛되어 두어진 것이 아니어서 능히 朝臣으로 昇進할 수 있으며, 外戍에 任官되거나 멀리 絶域에 사절로 파견되거나 밀린 세금을 독촉하거나 州鎭을 검찰하는 자는 산관으로서 번잡한 일의 사신(劇使)에 충당되고 있다. 따라서 차등을 두는 것은 매우 공평치 못하다. 심지어는 散官의 품급을 빼앗자는 주장도 있는데 이것은 직사관인 담당관의 뜻일 것이다. 또 考課가 職事官의 손에 위임되어 있어 散官들은 관여할 수 없게 됨으로써, 職事官은 승진할 기회를 얻을 기회가 많지만 散官들은 호소할 길이 없을 뿐만 아니라 上下 職事官이 모두 散官을 억누르고자 하기 때문에 散官인 近侍하는 武官들은 소외된 한을 품었고 禁衛武夫는 품은 한을 펼 수 없게 되었다. 더구나 散官이 당직함에 있어서는 조그만 허물이 있어도 죄를 얻는데 용서하지 않는다. 武人은 본래 무술이 上格인 者를 羽林으로 하고 次格者를 虎賁으로 하며, 下格者를 直從으로 한다. 그러나 여러 해 동안 전쟁에 참가하여 갖은 고초를 겪어서 損傷을 입고 年老하여 쇠잔해 있다. 그런데도 지금 本格으로 시험하여 처음과 같이 요구하여 앞서보다 못한 바가 있으면 階를 강등하고 級을 박탈한다. 이것은 退步하지 않도록 하기 위한 것이지만 이치가 통하지 않는다.[27)

또 肅宗 正光年間(520~524)에 張普惠가 올린 표문에는 "遷都의 초창기에 모든 사람들에게 汎階의 惠澤이 내려 陪臣이나 皂隸에게까지 미쳤고, 지방관들인 刺史·縣令·縣尉·治中·別駕·諸軍幢도 당연히

---

25) 福島繁次郎, 「北魏世宗宣武帝の考課と考格」 『中國南北朝史研究』, 東京 : 名著出版, 1972, 46쪽.
26) 『魏書』 권78, 張普惠傳, 1745쪽.
27) 『魏書』 권21上, 高陽王 雍傳, 552~554쪽.

그 대상에 포함되었다. 世宗代의 汎階도 '百官普進一級'이라고 하였고
또 朝臣·刺史는 즉시 授與하라고 하였으므로 內外의 貴賤이 모두 惠
澤을 입었다. 그 후 의논이 분분하여 延平 2년(511)에 通考를 시행하였
는데 汎階 시행을 전후로 각각 고과출척을 달리하였다. 그런데 6년 上
第者는 汎階를 얻지 못하고 3년 上第者는 半階를 얻는 경우도 있는데
無考者는 모두 얻은 경우도 있어 매우 公平하지 못하다. 더구나 지방관
은 汎階를 수여하지 않았으며, 산관은 고쳐서 4년을 一考로 하고 汎前
의 8년에 一階를 주었디. 게다가 侍衛武官은 이유 없이 죄를 가하고 비
방하고 항의하는 자는 무조건 그 말을 억누르기만 하니 이 때문에 불평
과 반발이 일어난다. 따라서 지금까지 汎階는 正始 4년과 延昌 4년(515)
과 正光 원년(520)의 3회에 걸쳐 시행되었는데 백관과 散官에게 일률적
으로 시행해야 한다. 만일 그럴 수 없다면 汎階를 회수해 버려야 한다.
그리고 고과를 시행함에는 從軍하는 무인들을 우대하여야 한다."[28]

　이상에서 世宗代에 高陽王 雍이 올린 表文와 肅宗代에 張普惠가 올
린 表文을 요약해 보았는데 그 내용의 핵심은 地方官과 散官 및 武官
들이 모두 考課와 汎階에서 소외되고 있으며, 그것이 국가사회적인 불
안 요소로 작용하고 있다는 점이다. 더구나 지방장관은 대개 北人 出身
武官들이고 散官도 대개는 역시 북인 출신 무관들이 대부분이었던 당
시의 상황[29]에서 이들의 불만은 뒤에서 언급할 羽林의 變과 같은 유혈
극이 일어날 소지를 충분히 배태하고 있었던 것이다. 그러나 山偉가
"北魏末에는 入仕路가 어려워서 代遷之人은 대부분 入仕하지 못했다.
六鎭과 隴西 二方이 逆을 일으킴에 領軍 元叉가 代來 閑人을 등용하
고자 傳詔로써 慰悅하니 牧守의 子孫이 投狀해서 관직을 求한 자가 백
여 인이었다. 또 이를 막으려고(杜) 하자 상주하여 勳附隊를 세워 각각
資品에 따른 출신에 의하도록 하였다. 이로부터 北人이 모두 서용되었
다"[30]라고 한 바와 같이 北方의 六鎭과 隴西에서 보다 더 소외되이 있

---

28)『魏書』권78, 張普惠傳, 1744~1746쪽.
29) 宮崎市定, 앞의 책, 381~383쪽.
30)『魏書』권81, 山偉傳, 1793쪽.

던 세력이 반기를 들자 武人들을 서용하였는데, 이로써 중앙의 관료를 중심으로 이루어졌던 고과나 범계는 의미를 상실하게 되고 범계가 보편화되는 상황을 맞게 되었다.

3. 武人들의 반발과 停年格

무인들이 배제되는 인사정책은 마침내 流血暴動을 야기하였을 뿐만 아니라 그 결과 그들의 요구에 의하여 입사로가 확대되고 또 아울러 停年格이라고 하는 독특한 관료임용제도가 시행되었는데 그 사건의 始末은 다음과 같다.

우선 孝明帝(515~527) 初 靈太后가 섭정할 때에 征西將軍 冀州大中正 張彝의 子 仲瑀가 奉事를 올려, 銓選에 選格을 달리하여 武夫를 배제하고 억제하여 淸品에 취임하지 못하도록 하자고 청한 일이 있었다. 이에 武人들이 원망하고 분노하여 소란하게 떠들며 길에 榜文을 붙여 놓고 屠害할 기회를 기다리니, 彝의 父子가 더 이상 추진할 마음을 품지 못하였다. 그런데 뒤이어 神龜 2년(519)에는 羽林 · 虎賁 1000여 명이 尙書省에 몰려와 꾸짖고 욕하며 彝의 長子인 尙書郎 始均을 찾았으나 잡지 못하자 기와와 돌을 臺門에 던져 그 소리가 뇌성과 같아 京師가 진동하였으나 감히 토벌하여 막지 못하였다. 마침내 그 집을 불태우고 彝를 뜰로 끌어내 방자하게 모욕을 주는 큰 소동이 일어났으며, 그 소동 가운데 張彝의 3父子가 살해되었다. 그러나 사건의 결말은 주동자 8人을 제외하고 나머지는 모두 사면하여 위무하는 것이었으므로 듣는 사람들이 놀라고 원통해하였으나, 영태후는 오히려 武人은 武功의 資品에 의하여 入選할 수 있도록 명했다.31) 이상이 停年格이 시행되기 직전 하층 무인들의 집요한 관직 요구와 그것을 억제하려는 朝廷 관리들과의 갈등의 일단이다.

羽林 · 虎賁은 孝文帝 太和 19년(495) 8월의 조칙에 "천하의 武勇之

---

31) 『通典』 권14, 選擧2, 337쪽.

士 15만을 선발하여 羽林·虎賁으로 하라"[32]라고 하였고, 다시 20년 10월의 조칙에 "代京(平城)에서 遷徙한 武士들은 모두 羽林·虎賁으로 하라"[33]라고 한 것으로 미루어 보면 대개 北族系를 중심으로 한 武人集團임을 알 수 있다.[34] 그리고 世宗 景明 2년 2월의 조칙에 "宿衛之官은 그 位를 一級 昇進하라"[35]라고 한 것에서 보듯이 官이 수여되고 특별히 官位를 승진시킨 예도 있다. 그러나 앞에서 언급한 바와 같이 考課에서 소외되었을 뿐만 아니라 職事官으로의 入選에서도 억제되었기 때문에 마침내 유혈폭동으로 저항한 것이다.

　물론 이들의 불만은 武功의 資品에 의한 武官 入仕라는 임시조치로 진정되었지만 원래 관인의 정원은 적고 應調者는 많았기 때문에 選曹가 처치할 수 없는 문제는 여전히 남았다.[36] 이 문제를 해결하기 위하여 吏部尙書인 崔亮이 停年格을 시행하였는데 그 내용은 官은 賢愚를 불문하고 停解의 日月로 결정하여,[37] 비록 官에서 다시 이 사람을 필요

---

32) 『魏書』 권7下, 高祖紀下 太和 19년 8월 乙巳, 178쪽.
33) 『魏書』 권7下, 高祖紀下 太和 20년 冬10월 戊戌, 180쪽.
34) 唐長孺, 「拓跋族的漢化過程」 『魏晉南北朝史論叢 續編』, 三聯書店, 1959, 143쪽.
35) 『魏書』 권8, 世宗紀 景明 2년 2월 更午, 193쪽.
36) 『通典』 권14, 選擧2, 337쪽.
37) 原文은 "……官不問賢愚 以停解日月爲斷……"으로 되어 있는데 분명한 뜻을 알기 어렵다. 『漢語大辭典』에는 年資의 多寡라고 풀이하였는데, 이 같은 해석은 顧炎武가 『日知錄』에 수집해 놓은 諸史料를 바탕으로 한 것 같다(권8, 停年格). 일시 停職으로 해석한 연구도 있는데(福島繁次郞, 「北魏의 停年格과 吏部權의 發展」 『中國南北朝史硏究』, 260쪽), 대응되는 사료도 제시되어(『魏書』 권9, 肅宗紀 正光 4년 7월 辛亥條의 "或新解郡縣 或外佐始停 已滿七十 方求更綏者 吏部可依令") 상당히 설득력이 있지만, 이 경우 기존의 관인에 대해서는 적절한 해석이 되지만 출신은 포함되지 못한다. 그러므로 상자를 질충하여 보면, 年資라고 하더라도 年資에는 出身으로부터 가산된 것도 있을 수 있고 임기가 만료된 시점부터 가산된 것도 있을 수 있는데, 停에는 保留라는 뜻도 있기 때문에 出身이나 解職된 자의 임용 보류 기간이라는 뜻으로 해석될 수 있을 것으로 추정할 수 있을 것이다.

로 하더라도 停日이 지난 자는 끝내 다시 취임할 수 없도록 하고, 庸才
下品도 년월이 오래 되었으면 먼저 擢用하는 것이다. 이 제도가 시행되
자 入仕 자격을 가지고도 임용되지 못해 積滯된 자들이 그 有能함을
칭찬하였다고 한다.[38] 이에 대하여 杜佑는 崔亮의 外甥인 司空諮議 劉
景安이 崔亮을 규탄한 글을 細字로 인용하여 停年格制를 평가하고 또
그 불가피성을 은근히 드러내고 있는데 그 내용은 다음과 같다. 劉景安
이 崔亮을 힐난하여 "외삼촌이 銓衡을 담당하게 되었으면 마땅히 改革
해야지 어찌 도리어 정년격으로 제한합니까? 이렇게 하면 천하의 士들
이 누가 다시 이름과 행실을 힘써 닦겠습니까?"라고 하였는데, 이에 대
하여 최량은 "지금 勳人은 매우 많고 羽林들이 入選하였으며 武夫는
들고일어나서, 武人은 지극히 많고 官人의 定員은 지극히 적으니 두루
넓게 미칠 수 없다. 설령 10人이 1官을 공유해도 오히려 관직을 줄 수
가 없는데 하물며 1인이 1관을 바란다면 어찌 원망하지 않게 하겠는
가? 내가 최근 무인은 入選해서는 안 된다는 것을 爭論하여 爵을 賜하
고 그 祿을 후하게 할 것을 청하였다. 그러나 이미 그것을 따르지 않으
므로 이 때문에 임시로 이 격을 만들어 정년으로써 제한한 것이다"라고
대답하였다.[39] 결국 杜佑는 劉景安의 힐난을 통해서 停年格이 人才를
평가할 수 없고 그 때문에 유능한 인재를 選用할 수 없는 좋지 못한 제
도임을 드러내고 있지만, 그러면서도 崔亮의 대답을 통하여 政情이 불
안했던 北魏 후기에 무인들의 강렬한 관직 요구는 거스를 수 없는 현
실의 대세여서, 당시로서는 정년격의 시행이 불가피하였다는 것도 아울
러 강조하고 있는 것이다.

  또 이후에도 孝明帝 후기에 辛雄이 尚書右丞이 되었다가 이부랑중
이 되어 정년격을 폐지하고 고과출척할 것을 상소하였지만 황제가 죽
는 바람에 더 이상 논의되지 못하였다.[40] 곧 이어 변방에서 반란이 일
어나 北魏 정권 자체를 위협하였기 때문에 이 문제는 더 이상 논의되

---

38)『通典』권14, 選擧2, 338쪽.
39)『通典』권14, 選擧2, 338쪽.
40)『魏書』권77, 辛雄傳, 1695쪽 ;『通典』권14, 選擧2, 339쪽.

지 못하였을 뿐만 아니라 汎階가 빈발하는 새로운 국면으로 전환되게
되었다.

Ⅱ. 汎階 頻發의 實態

　　孝明帝 正光 4년(523) 沃野鎭民으로 匈奴 출신인 破六韓拔陵이 鎭將
을 죽이고 빈기를 들자 호응하는 자들이 많았다. 孝昌 2년(525) 破六韓
拔陵이 黃河를 건너 진격하면서는 그 무리가 30만이었는데, 이들은 북
위에 의해 진압되었지만 華北은 이미 전란의 소용돌이에 휘말리게 되
었다. 武泰 원년(528)경에는 葛榮의 세력이 가장 강성하여 한때 洛陽을
위협하는 정도여서 낙양 정부는 大恐慌에 빠졌는데, 그 때 秀容 地方
의 契胡部落 출신의 爾朱榮이 洛陽에 진격하여 정권을 장악하였다. 이
어서 爾朱兆와 爾朱天光 등이 차례로 정권을 장악하면서 官僚들과 武
人, 심지어는 백성에 이르기까지 그들의 환심을 사기 위하여 이른바
'汎階'를 남발하였는데, 그 대강을 정리해 보면 아래와 같다.

　　위에서 말한 바와 같은 말기적인 汎階 조치가 최초로 시행되는 것은
肅宗 孝明帝 武泰 원년(528) 2월이다. 이 때 효명제와 靈太后가 권력다
툼 끝에 효명제가 폭붕하는데 皇太后인 靈太后는 불안한 인심을 수습
하기 위한 조칙을 내렸고, 그 가운데 중요한 것이 汎階의 시행이다. 그
내용은 "……지금 임금이 죽고 다시 섰지만 사직은 오히려 공고하니 마
땅히 卿士에게 후한 賞을 내리고 모든 제후에게는 그들의 지위를 竝加
해서 陟用한다. 內外 文武百官과 督將 및 征人이 艱難을 만나 軍府에
파견된 경우에는 軍功 二階를 普加하며, 禁衛의 武官 가운데 直閤 이
하로부터 直從 이상 및 主帥는 軍功 三階를 加한다. 官爵을 亡失한 자
는 封爵과 官位의 회복을 허락한다. 謀反 大逆으로 삭제된 자는 이 범
위에 두지 않는다. 淸議로서 禁錮에 처해진 자는 해제한다. 만약 二品
이상으로서 본인이 받을 수 없는 자는 子弟에게 수여한다"[41)는 것이다.
즉 문무백관을 비롯하여 무인들에게 일괄적으로 二階를 더해 주고 특

히 그 동안 소외되었던 羽林·虎賁과 같은 禁衛의 武官들에게는 보다
우대하여 일관적으로 三階를 더해 주었으며, 관작을 상실한 자는 그것
을 회복해 주었다. 물론 이 조치는 軍功의 階를 더하는 것이므로 職事
官의 품계를 승진시키는 것은 아니지만 일단 무인들을 포함하는 포괄
적인 汎階의 단서가 열리게 되었다.

이어 爾朱榮이 洛陽으로 진격하여 使持節 侍中 都督中外諸軍事 大
將軍 尙書令 領軍將軍 領左右의 官銜과 太原王의 爵을 획득하여 전권
을 장악한 뒤, 洛陽 부근의 河陽에서 靈太后를 비롯하여 북위의 王公
및 백관 2000여 인을 죽임으로써 절대권을 장악하였다. 이 때 그의 휘
하의 督將과 軍士에게는 五階를 普加하였고, 在京의 文官은 兩階, 武
官은 三級을 普加하였는데,[42] 이것은 그가 권력을 장악한 것을 기회로
그의 휘하의 군사들에게 특전을 베풀고 아울러 관인들에게도 선심공세
를 편 것으로 이해해도 좋을 것이다. 또한 그 때 河陽에서의 학살을 孝
莊帝에게 사죄하고 아울러 피살자들의 관작을 추증하여 그 자손들에게
수여하도록 上表하여 허락을 받기도 하였는데, 이러한 행위는 그들의
원망을 최소화하기 위한 제스처임은 말할 것도 없다.[43]

그러나 그 해 5월에는 "예전에 내린 軍勳은 征虜(戰爭)를 거치지 않
은 것이므로 지금 이후는 마땅히 前式 이상의 남는 階는 모아서 品으
로 한다"라고 하였는데, 여기서 前式의 내용은 알 수 없지만 일단 軍勳

---

41) 『魏書』 권9, 肅宗紀, 249쪽, "今喪君有君 宗祐惟固 宜崇賞卿士 爰及百辟
凡厥在位 竝加陟敍 內外百官文武 督將征人 遭艱解府 普加軍功二階 其禁
衛武官 直閤以下及直從以上及主帥 加軍功三階 其亡官失爵 聽復封位 謀
反大逆削除者 不在斯限 淸議禁固 亦悉蠲除 若二品以上不能自受者 任授
兒弟".
42) 『魏書』 권10, 孝莊紀 武泰 원년(528) 4월, 256쪽, "從太原王督將軍士 普加
五階 在京文官兩階 武官三級". 위의 武泰 원년 2월의 조칙에서는 '軍功
二階'라고 한 바와 같이 관위의 等差를 '階'로 표기하였고, 여기서는 '文官
兩階 武官 三級'으로 표기하여 階와 級을 구분하여 쓴 것으로 보이기도
하나, 혼용한 것으로 보아도 좋을 것 같다(福島繁次郎, 「北魏世宗宣武帝
の考課と考格」, 52쪽).
43) 『魏書』 권10, 孝莊紀 武泰 원년(528) 4월, 256쪽.

에 의해 얻은 官階에 대하여 제한을 가하려고 한 것으로 이해된다. 그러나 이 경우에도 "輿駕를 따라 북으로부터 온 자들에 대해서는 이 조치를 적용하지 않는다"고 하여 그의 휘하 將士들은 계속 우대하였다.[44]

그 해 6월 幽州 平北府 主簿인 河間人 邢杲가 河北 流民 10여만을 이끌고 반란을 일으키자, 이를 토벌하기 위하여 新免의 牧戶를 招募하도록 하였는데 이에 응하여 功이 있는 자는 9品官을 수여하도록 조칙을 내렸다. 곧 이어 또 조칙을 내려 "개인의 馬나 병기를 가지고 출정한 자는 職人의 경우 優兩大階하여 역시 實官을 수여하노록 하고, 白民 出身은 外優兩階하여 역시 實官을 수여하며, 만약 武藝가 뛰어난 자는 비록 私馬가 없더라도 역시 앞의 조치에 따르며, 비록 뛰어난 자가 아니더라도 단지 활과 창을 들고 당길 수 있고 담략이 있는 자이면 依第出身 外에 一大階를 特優하여 實官을 수여하고, 만약 姓第가 없는 자는 從八品出身으로 하되 階는 앞의 조치에 의해 주며 특별히 實官을 수여한다"[45]고 하였다. 이러한 조치는 이제까지의 汎階가 주로 관인이나 군인을 대상으로 한 것과도 매우 달리 職人과 百姓에게까지 확대되었다는 데에 의미가 있으며, 또 이들에게 단지 虛號가 아닌 實官을 수여하고 또 姓·族에 포함되지 못한 자에게도 八品으로 起家할 수 있도록 하여 姓·族制가 유명무실하게 되었다.

대개 위의 汎階 약속을 통한 募兵이 효과를 발휘한 것으로 생각되는데 같은 달에 葛榮의 무리가 相州의 北으로 퇴각하여 머물게 되어 葛榮의 위협이 약간 진정되었다. 이에 秋七月에 詔勅을 내려, "從四品 이상으로 전쟁에 참가하고도 優階를 얻지 못한 자 가운데 正四品인 자는

---

44) 『魏書』 권10, 孝莊紀 武泰 원년(528) 4월, 258쪽, "又以舊敍軍勳不過征虜 自今以後宜依前式以上 餘階積而爲品 其從輿駕北來之徒 不在此限".

45) 『魏書』 권10, 孝莊紀 武泰 원년(528) 6월, 259쪽, "詔直寢紀業持節募新免 牧戶 有投名效力者授九品官 乙酉 詔諸有私馬仗從戎者 職人優兩大階 亦 授實官 白民出身 外優兩階 亦授實官 若武藝超倫者 雖無私馬 亦依前條 雖不超倫 但射槊翹關一藝而膽略有施者 依第出身外 特優一大階 實授官 若無姓第者 從八品出身 階依前加 特授實官". 여기서 大階는 兩階와 같은 의미이다(宮崎市定, 앞의 책, 410쪽).

優一階하고. 軍級이 從三品 이상인 자로서 전쟁에 참가한 자 가운데 四品인 자는 優一階하며. 正五品 이하인 자는 前格에 의하여 만약 征階가 十 이상이면 計算하여 四品과 三品으로 하되, 五階를 수여하는 것으로 한정한다"[46]라고 하여 從四品 이상인 자에게도 汎階를 시행하고 있다.

8월에 들어서 葛榮의 무리가 相州를 포위하자 9월 爾朱榮이 葛榮의 무리를 평정하고 그를 체포하여 京師로 압송하여 처형하였으며, 이 功으로 爾朱榮의 官은 柱國大將軍 太原王 위에 大丞相 都督河北畿外諸軍事를 加官하였으며, 그의 두 아들도 王으로 進爵하였다. 그리고 다음 해(永安 2, 529) 2월에는 燕州民 王慶祖가 무리를 모아 王을 자칭하였는데 이주영이 토벌하여 사로잡았으며, 4월에는 肅宗과 그 皇后의 神主를 太廟에 모시는 것을 계기로 "內外百僚에게 一級을 普汎加하였고", 아울러 "太原王 爾朱榮 휘하의 將士에게 二級을 竝汎加하도록" 하였다.[47] 같은 달 邢杲는 사로잡혀 斬首되었으나 元顥가 考城을 함락하고 5월에는 梁國을 점령하자 楊昱과 爾朱榮의 從父弟인 爾朱世隆 등이 토벌에 나섰다. 이 때 "개인의 말과 병기를 가지고 토벌에 참가하는 자는 優階하여 官을 수여하도록" 하였고, "募士하는 것은 모두 葛榮을 征討하는 것과 같게 하고", "職人 및 民이 馬를 供出하면 각각 차등 있게 優階하도록" 하였다.[48]

그러나 洛陽이 元顥에게 함락되고 孝莊帝가 북으로 피난하는 사태가 전개되었는데 다만 7월에 元顥가 爾朱榮의 從子인 爾朱兆에게 패퇴하여 皇帝가 낙양으로 귀환함으로써 위기는 일단 수습되었다. 이 때

---

46) 『魏書』 권10, 孝莊紀 武泰 원년(528) 7월, 259쪽, "秋七月丁巳 詔從四品以上從征者不得優階　正四品者優一階　軍級從三品以上從征　四品者優一階 正五品以下　還依前格 若有征階十餘 計入四品三品".
47) 『魏書』 권10, 孝莊紀 武泰 2년(529) 4월, 261쪽, "內外百僚普汎加一級 太原王爾朱榮下將士 竝汎加二級".
48) 『魏書』 권10, 孝莊紀 武泰 2년(529) 5월, 262쪽, "辛酉 詔私馬仗從戎優階授官 壬戌 又詔募士一依征葛榮 甲子 詔職人及民出馬 優階各有差".

"前朝의 勳書는 대부분 竊冒한 것이니, 마땅히 一切 그것을 焚棄하라. ……北來의 軍士 및 御駕를 隨從한 文武官과 馬渚에서 공을 세운 자는 五級을 加汎하고, 河北의 執事之官은 二級, 河南에서 공을 세운 자 및 迎駕한 官과 아울러 中途에서 扈從한 자는 역시 二級을 加汎하라.……또 諸州郡에서 遣使 奉表 行宮한 자는 大一階를 竝加하라"는 조칙을 내렸다.49) 이 조칙에서 주목되는 바는 전조의 훈서가 竊冒한 것이니 모두 불태워 파기하라고 한 점이다. 즉 이것은 이전에도 누차 문제가 되었던 것으로서 새삼스리운 것은 아니지만, 이 때의 이러한 소지가 관작을 실제와 부합되도록 정리하기 위한 것이었다기보다는 爾朱榮과 그의 동조세력이 그들에게 협조하는 자들에게 관작을 수여할 수 있는 여지를 확보하기 위해 취해진 것으로 보인다는 점이다. 그리고 "元顥로부터 받은 爵賞과 階級은 모두 追奪한다"라고 하였는데, 이로써 일시 수도에 입성하여 정권을 장악한 자가 관작으로 인심을 회유하고자 하지만 권력을 상실하게 되면 그것은 즉시 파기되는 것을 알 수 있고, 이것이 또한 정변의 시대에 무상한 세태를 반영하는 것으로 보아도 좋을 것이다.

永安 3년(530) 9월 爾朱榮과 그의 親黨 일부가 살해되자 爾朱世隆 등이 河橋를 근거로 낙양을 위협하였다. 10월에 孝莊帝는 "募兵하여 河橋를 공격하라는 格을 반포하고 각각 차등 있게 帛을 賞주고 官을 수여하도록" 하였으며, 皇子가 탄생하자 "천하에 大赦令을 내리고 文武 百僚에게 二級을 汎階하였다."50) 또 爾朱世隆의 공격에 河內城을 고수한 것에 대하여 "在城의 督將과 文武官에게 二級을 普加하라"고 조칙을 내렸다.51) 그러나 爾朱世隆과 爾朱兆가 함께 長廣王 曄을 황제

---

49) 『魏書』 권10, 孝莊紀 武泰 2년(529) 7월, 262~263쪽, "以前朝勳書多竊冒 宜一切焚棄之 若立效灼然時所知者 別加糾賞……北來軍士及隨駕文武 馬 渚立義 加汎五級 河北執事之官 二級 河南立義及迎駕之官 幷中途扈從 亦 二級……又諸州郡遣使奉表行宮者 竝加大一階".

50) 『魏書』 권10, 孝莊紀 武泰 3년(530) 10월, 267쪽, "丁未 班募攻河橋格 賞 帛授官各有差 戊申 皇子生 大赦天下 文武百僚汎二級".

로 추대하고, 이들도 역시 "관할지역에 大赦令을 내리고 年號를 建明
이라고 정하였으며, 四級을 普汎하였다."52)

12월 爾朱兆는 京城을 攻襲하여 孝莊帝를 죽이고 元曄을 晉陽에서
즉위시켰다. 그러나 爾朱世隆 등이 元曄과 疏遠하였기 때문에 다음 해
인 普泰 원년(531) 2월 廣陵王 恭을 황제로 추대하였는데 이가 前廢帝
이다. 그 즉위의 조칙에는 "內外文武에게 四階를 普加汎級한다. 마땅히
敍品되어야 하는데 第가 정해지지 않은 자에게는 역시 品級을 준다. 除
名免官된 자는 특히 本資를 회복케 하여 官品은 옛 것에 따라 封한다.
潁川王 爾朱兆, 彭城王 爾朱仲遠, 隴西王 爾朱天光, 樂平王 爾朱世隆,
常山王 爾朱度律, 車騎大將軍 儀同三司 齊獻武王, 都督 斛斯椿 下의
軍士에게는 六級을 普加汎級한다"53)라고 하여 文武官에게 普加汎級하
였을 뿐만 아니라, 門地에 따라 等第를 정하여 起家하는 특전의 폭을
크게 확대하였다. 또 당시 실권자들의 휘하 군사들에게는 일거에 6급을
일괄승진하는 특단의 조치를 취하고 있다. 이에 대하여 史書는 "(爾朱
兆가) 이미 朝廷을 總裁하자 生殺을 마음대로 하였으며 淫佚을 공공연
히 행하였고, 뭇 소인을 신임하여 (官爵을) 與奪하는 것이 그의 신임에
달렸다. 또 군인들의 호의를 사고자 汎階로써 除授하였는데 모두 장군
으로써 散職을 兼帶하게 함으로써 督將·兵·吏(의 官銜이) 虛號인 것
이 없었다. 이로부터 五等大夫는 마침내 濫授되었고 定員이 없게 됨으
로써 천하가 천하게 여겼다. 武定年間(543~549)에 齊(東魏)의 文襄帝(高
澄)가 상주하여 혁파함으로써 이에 그 폐단이 개혁되었다"54)라고 하여,

---

51) 『魏書』 권10, 孝莊紀 武泰 3년(530) 10월, 267쪽, "其在城督將文武普加二
級……普汎四級".

52) 『魏書』 권10, 孝莊紀 武泰 3년(530) 10월, 267쪽, "大赦所部 號年建明 普
汎四級".

53) 『魏書』 권11, 廢出三帝紀 普泰 원년(531) 2월, 274쪽, "內外文武 普汎四階
合敍未定第者 亦沾級 除名免官者 特復本資 品封依舊 潁川王 爾朱兆 彭
城王 爾朱仲遠 隴西王 爾朱天光 樂平王 爾朱世隆 常山王 爾朱度律 車騎
大將軍 儀同三司 齊獻武王 都督斛斯椿下軍士 普汎六級".

54) 『魏書』 권75, 爾朱彦伯傳 附世隆傳, 1669쪽 ; 宮崎市定, 앞의 책, 404~405

군인들의 관직 요구에 영합하여 형식적인 官銜이었던 將軍職 외에도
文散官을 겸대케 함으로써 이제 文官과 武官의 구분도 없게 되었다고
당시의 관직이 범람한 상황을 설명하고 있다.

　3월에는 爾朱兆가 天柱大將軍의 官銜을 얻는 등 실권자들의 관함이
전반적으로 승진되었는데 "伎作戶 및 雜戶로 모집되어 전쟁에 참가한
자는 正式으로 出身 자격을 주어 모두 實官을 수여하고, 私馬를 가지
고 온 자는 優一大階하라"라고 하여, 伎作戶 및 雜戶에게도 汎階를 시
행하고 있는 것을 볼 수 있다.55) 그러면서도 3월 乙酉에는 "北來 및 在
京二官 가운데 員外로 剩置한 자는 簡選하라"56)는 조칙을 내리고 있는
데, 이것은 일단 그간 지나치게 남수된 관직을 정리하려는 일단의 의지
가 표출된 것으로 보아도 좋을 듯하다. 그러나 곧 이어 "근래 官方이
질서를 잃어 沙汰하도록 하고, 定員을 정하여 剩員을 가려내어 이미 判
決을 마쳤으나 退下한 무리 역시 가엾다. 무릇 簡選에서 退下된 자는
特優一級하여 모두 將軍을 수여하고, 選擧에 참여할 수 있게 하여 能
力에 따라 補用하라"57)라고 함으로써 일단 정리된 자들의 입사 자격만
은 그대로 보유할 수 있게 하였다. 4월에는 高歡이 使持節 侍中 都督
冀州諸軍事 驃騎大將軍 開府儀同三司 大都督 東道大行臺 冀州刺史로
제수되는 것으로 보아 고환이 실권을 장악한 것으로 보이는데, 위 3월
의 簡剩의 조치도 그의 뜻에 따른 것이 아닌가 생각된다. 왜냐하면 뒤
에 언급하겠지만 고환이 爾朱兆 軍을 大破하고 완전히 정권을 장악한
後廢帝 中興 원년(532) 11월 이후에는 대대적으로 관작을 정리하였기
때문이다. 그러나 爾朱氏와 高歡이 공존하는 사이에는 여전히 汎階가

　　쪽.

55)『魏書』권11, 廢出三帝紀 普泰 원년(531) 3월, 275쪽, "募伎作及雜戶從征
　　者 正入出身 皆授實官 私馬者優一大階".

56)『魏書』권11, 廢出三帝紀 普泰 원년(531) 3월, 275쪽, "詔簡北來及在京二
　　官員外剩置者".

57)『魏書』권11, 廢出三帝紀 普泰 원년(531) 3월, 276쪽, "頃官方失序 仍令沙
　　汰 定員簡剩 已有判決 退下之徒 微亦可愍 諸在簡下 可特優一級 皆授將
　　軍 預參選限 隨能補用".

계속 시행되었는데, 普泰 원년(531) 4월에는 "前의 員外의 簡退優階者
는 追之하여 稱事簡下者는 그대로 優一級하라"58)고 하였고, 8월에는
"隴西王 爾朱天光 下의 文武로서 宿勤明達을 토벌한 자는 三級을 汎
階하라"59)고 하였으며, 後廢帝가 즉위한 中興 원년(531) 10월에는 "文
武百官에게 四級을 普加汎級하라"60)고 하였고, 같은 달 고환이 爾朱兆
를 廣河에서 大破하고 그 卒 5천여 인을 포로로 하였을 때 "將士에게
五級을 汎級하고 留守者에게는 二級을 汎級하라"는 조칙을 내렸다.61)

그러나 고환이 정권을 완전히 장악한 11월에는 "왕조의 법도가 개창
되어 법이 바야흐로 始作될 때에는 班賜된 官秩은 옛 것을 바꾸지 않
는다. 그리하여 無識한 무리들이 이것을 기화로 삼아 僥倖을 노리고 거
짓으로 軍級을 더하고, 虛名顯位가 모두 前朝로부터 받은 바라고 말하
니 참으로 따져서 억제하기 어렵다. 그러므로 법조문과 제도를 엄히 적
용하지 않으면 그 僞濫과 竊冒를 방지하기 어렵다. 무릇 거짓으로 더한
官號가 다른 사람에 의하여 發覺되거나 糾告된 경우 罪는 軍法에 따른
다. 만약 格에 의해 檢覈하여 名單이 없는 자는 平民으로 退黜하고 終
身禁錮刑에 처한다"62)는 엄격한 조칙을 반포하여 정권교체기에 일어날
수 있는 官爵의 僞濫과 竊冒를 방지하고자 하였다. 그러나 물론 고환
자신도 휘하 장사들의 관작 욕구를 외면할 수는 없었던 것으로 보인다.
왜냐하면 中興 2년(532) 정월 鄴을 점령하고 刺史 劉誕을 사로잡은 뒤

---

58)『魏書』권11, 廢出三帝紀 普泰 원년(531) 4월, 277쪽, "前員外簡退優階者
　　追之 稱事簡下者 仍優一級".
59)『魏書』권11, 廢出三帝紀 普泰 원년(531) 8월, 277쪽, "隴西王 爾朱天光下
　　文武討宿勤明達者 汎三級".
60)『魏書』권11, 廢出三帝紀 中興 원년(531) 10월, 279쪽, "文武百官普汎四
　　級".
61)『魏書』권11, 廢出三帝紀 後廢帝 中興 원년(531) 10월, 279쪽, "齊獻武王
　　大破爾朱兆於廣河 虜其卒五千餘人 詔將士汎五級 留守者二級".
62)『魏書』권11, 廢出三帝紀 後廢帝 中興 원년(531) 11월, 279쪽, "王度創開
　　彝倫方始 所班官秩 不改舊章 而無識之徒 因玆僥倖 謬增軍級 虛名顯位
　　皆言前朝所授 理難推抑 自非嚴爲條制 無以防其僞竊 諸有虛增官號 爲人
　　發糾 罪從軍法 若入格檢覈無名者 退爲平民 終身禁錮".

에 "諸將士에게 四級을 汎加하고, 97人에게 封侯增邑하였는데 각각 차등이 있었다"[63]고 하며, 6월에는 "內外百司에게 六級을 普加汎級하고, 在京의 百僚에게는 中興의 (階級에) 四級을 더하며, 義師將士에게는 軍級을 汎六級으로 竝加하며, 在鄴의 百官에게는 三級, 河北은 (高歡에 동조한 州) 義州와 같이 兩級, 河橋에서 공을 세운 자는 五級, 關西는 二級을 加한" 포괄적인 汎級조치가 그것을 말해 준다. 다만 "建明(530)·普泰(531) 年間에 받은 封爵과 汎級, 그리고 優特된 官階는 모두 追奪한다"[64]고 하여, 爾朱氏 정권으로부터 받은 모든 관작을 박탈하는 조치를 취하고 있다. 그러나 대신에 7월에는 "근래 永安年間(528~529)에 皇儲께서 통치하면서 마침내 汎階를 내려 나라의 慶事를 申長하였는데 곧 普泰년간을 거치면서 멋대로 중간에 追奪되었다. 지금 罪人들이 이미 絶滅되었으므로 舊章은 이에 회복한다. 마땅히 往旨를 받들어 前恩으로써 皇子가 二級을 汎加하니 모두 돌려준다"고 하였다. 그러나 같은 조칙에서 "孝莊帝가 내린 汎階는 이미 폐기되었으므로 이미 받은 것은 例에 따라 追奪한다"[65]고 하여 爾朱氏에 의해 수여된 汎階는 무효화하였다. 또 다음 해인 永熙 2년(533) 5월에는 "大夫의 職은 官位와 祿秩이 귀하고 높으며. 員外의 官 또한 匪賤하지 않다. 그런데도 아래로 胥吏들까지도 (大夫의 職과 員外의 官을) 가진 자가 많아 높고 낮은 것이 渾雜됨으로써 법제가 毁損되었다. 지금 이후로 京官으로서 일에 걸맞는 小職이 되고자 하는 자는 곧바로 散號將軍을 加官하고 卑官을

---

63) 『魏書』권11, 廢出三帝紀 後廢帝 中興 2년(532) 정월, 279쪽, "拔鄴 擒刺史劉誕 詔諸將士汎四級 封侯增邑九十七人 各有差".

64) 『魏書』권11, 廢出三帝紀 出帝 中興 2년(533) 6월, 284쪽, "戊寅 詔內外百司普汎六級 在京百僚加中興四級 義師將士竝加軍汎六級 在鄴百官三級 河北同義之州兩級 河橋建義者加五級 關西二級 諸受建明普泰封爵汎級優特之階 悉追".

65) 『魏書』권11, 廢出三帝紀 出帝 中興 2년(533) 7월, 284쪽, "乙未 詔曰 頃永安馭運 載育皇儲 逐錫汎階 以申國慶 近經普泰 便爾中追 今罪人既殄 舊章斯復 宜述往旨 用卒前恩 皇子汎二級 悉可還授 文穆廟汎 故宜停寢 若已受者 依例追之".

罷하는 것을 원하는 자는 大夫 및 員外의 散官을 갖는 것을 허용하되, 전과 같이 散官과 實職을 동시에 가질 수 없도록 한다. 그러나 특별히 加官된 자는 例外로 한다"[66]라고 하여, 하위직이 고위의 문산관을 兼帶하는 것을 금하였다. 그러나 將軍號를 갖는 것은 그대로 허용하였다.[67]

이상과 같이 무태 원년으로부터 십여 년 간 십수차에 걸쳐 汎階가 시행됨으로써 官銜이 폭발적으로 범람하는 사태를 빚었다. 게다가 東魏 초 高隆之가 "魏 孝昌(525~527) 이후 천하에 難이 많아 刺史·太守가 모두 當部의 都督이 되어 비록 兵事가 없어도 모두 佐僚를 세워 그 지방(所在)을 자못 煩擾케 하였다. 또 朝廷의 貴臣들이 많이 常侍를 假託하여 貂蟬之飾을 취하자 隆之가 스스로 侍中을 해면해 주도록 上表하고 아울러 侍中을 가탁하여 服用하는 자는 역시 罷할 것을 청하였는데, 表와 같이 하도록 조서를 내렸다. 또 軍國에 일이 많아 冒名하고 竊官하는 자가 셀 수 없이 많아서 隆之가 檢括할 것을 奏請하여 (검괄한 것이) 거의 5만여 인에 달했는데, 뭇 小人들이 시끄럽게 떠들므로 隆之가 두려워하여 중지하였다"[68]라고 한 바와 같이, 그 위에 지방장관들이 수여하거나 반란군 수령들이 수여한 것, 그리고 사칭한 것을 포함하여 그야말로 극단적으로 관함이 범람하는 사태가 전개되었다.

뿐만 아니고 북제[69]와 북주[70]에서도 汎階의 관행은 종식되지 못하

---

66)『魏書』권11, 廢出三帝紀 出帝 永熙 2년(533) 5월, 287쪽, "乙巳 詔曰 大夫之職 位秩貴顯 員外之官 亦爲匪賤 而下及胥吏 帶領非一 高卑渾雜 有損彝章 自今已後 京官樂爲稱事小職者 直加散號將軍 願罷卑官者聽爲大夫及員外之職 不宜仍前散實參領 其中特加者 不在此例".

67) 宮崎市定, 앞의 책, 405쪽.

68)『北齊書』권18, 高隆之, 236쪽.

69) 北齊시대에 시행된 汎階의 내용과 그 시행 시기는 다음과 같다. 북제의 범계 내용 가운데 주목되는 바는 文武官과 職人을 대상으로 한 것이고 武人에 대한 것은 없는 점이다. 그러나 그렇다고 해서 무인들이 汎階의 대상에서 제외되었다고 보기는 어렵다.『北齊書』권4, 文宣紀 천보 8년(557), 65쪽, "大赦 內外文武普汎一大階"; 권5, 천보 10년(559), 74쪽, "大赦 內外百官普加汎級 亡官失爵 聽復資品"; 권7, 武成紀 河淸 원년(562), 90쪽,

고 부단히 정변이 반복되는 가운데 새로 정권을 장악하는 자들이 관인
이나 무인들을 회유하기 위하여 범계를 시행함으로써 범계에 의한 관
함의 범람은 정리되지 못하였으며, 정상적인 관료체계로 복귀하는 것은
隋의 文帝와 煬帝의 결단을 기다려 이루어지게 되었다.

맺음말

북위는 원래 武的 성격이 강한 유목민 출신의 鮮卑 拓跋族이 중심이
되어 여러 유목족을 통합하여 성립된 국가이다. 따라서 국가를 운영하
는 관리들도 무장들이 중심을 이루었으며, 따라서 漢的 사회에서 볼 수
있는 문벌의 개념도 미약하였고 관료의 치적을 평가하여 출척하기 위
한 定型의 고과제도도 없었다. 그러나 주민의 대대수가 漢人인 화북 전
체를 지배하기에 이르러서는 漢的 국가의 지배구조를 수용하지 않을

“大赦 內外百官普加汎級 諸爲父後者賜爵一級”; 권8, 後主幼主紀 天統 3
년(567) 2월, 99쪽, “大赦 九州職人各進四級 內外百官普進二級”; 권8, 後
主幼主紀 天統 3년(567) 11월, 100쪽, “大赦 文武百官進二級”; 권8, 後主
幼主紀 天統 3년(567) 12월, 101쪽, “大赦 九州職人普加四級 內外百官竝
加兩級”; 권8, 後主幼主紀 武平 원년(570) 夏6월, 103쪽, “大赦 內外百官
普進二級”.

70) 北周시대에 시행된 범계의 내용과 시행 시기는 다음과 같다. 北周의 범계
　　에서는 북제의 범계에서 보이지 않는 武人 대상의 것도 있다.『周書』권3,
　　孝閔帝 원년(557) 9월, 49쪽, “今文武之官及諸軍人不霑封爵者 宜各授兩大
　　階”; 권4, 明帝紀 2년(558) 8월, 55쪽, “大赦天下 文武官普進二級”; 권5,
　　武帝上 保定 원년(562), 64쪽, “嘉號旣新 惠澤宜布 文武百官 各增四級”;
　　권5, 武帝上 保定 2년(562) 5월, 67쪽, “大赦天下 百官及軍人 普汎二級”;
　　권5, 武帝上 保定 3년(562) 2월, 68쪽, “魏大統九年(543)以前 都督以上身
　　亡子孫未齒敍者 節級授官”; 권5, 武帝上 天和 원년(566), 72쪽, “大赦改元
　　百官普加四階”; 권5, 武帝上 天和 3년(566) 3월, 75쪽, “大赦天下 亡官失
　　爵 竝聽復舊”; 권5, 武帝上 建德 원년(572) 4월, 80쪽, “大赦天下 百官加
　　封級”; 권5, 武帝上 建德 2년(573) 6월, 82쪽, “皇孫衍生, 文武百官普加一
　　階.”

수 없었기 때문에 점차 한인 관료들을 등용하였고, 또 왕조의 계속성을 확보하기 위해서는 漢的인 관료체계를 확립하지 않을 수 없었다.

　이러한 작업이 본격적으로 추진되는 것은 효문제가 平城에서 洛陽으로 천도한 이후부터인데, 이 때에 한인사회의 문벌제도를 모방하여 北族도 조상의 관직의 고하를 기준으로 姓과 族을 정했으며, 아울러 모든 관료들의 치적을 고과하고 그 성적에 따라 출척하였다. 그런데 새로운 관료체계 내에서 姓과 族에 포함되면 여러 가지 이익이 약속되어 있는 것은 당연한데, 그러나 姓·族은 三世 이상 高位 官이 있는 자와 그 支親만이 얻을 수 있는 것으로서, 이로부터 소외된 북족계 무인들의 불만이 컸다. 그러나 보다 더 문제가 되었던 것은 이들이 羽林·虎賁과 같은 禁衛職과 武功에 의해 산관을 획득하였지만 관료조직 내에서 보다 유리한 직사관을 얻는 것은 매우 어려웠다는 것이다. 게다가 고과나 沈階에서도 소외되어 관품의 승진이 어려웠으므로 불만이 가중되었음은 물론이다.

　이들의 이러한 불만은 마침내 羽林들이 人事를 관장하는 상서성을 습격하여 고위 담당관원을 살해하는 유혈극을 연출하는 것으로 폭발하였다. 그러나 이와 같이 국가의 법질서를 폭력으로 항거하는 사태가 벌어졌음에도 불구하고 당시의 정권은 오히려 그들의 요구를 수용하는 선에서 마무리하였는데, 이것은 당시에 북족계 무인들의 세력을 무시할 수 없었던 것을 반증하는 것이기도 하거니와, 아울러 무인들의 관직 요구가 매우 강렬하였다는 것을 말해 주는 것이기도 하다.

　더구나 이들보다 더 소외된 변방의 六鎭과 隴西의 무인집단이 정권에 도전하는 반기를 들게 되자, 북위 정권은 백관과 무인들을 회유하기 위해서 포괄적인 범계를 시행하였으며 혼란한 틈을 타서 낙양에 입성하여 정권을 농락하던 爾朱榮 등 무장들도 한결같이 그의 휘하의 將士들에게 범계를 수여하였다. 물론 범계가 빈발된 것은 관직에 대한 선호도가 극히 높은 당시의 상황에서, 그것이 추종자들을 회유하는 데 매우 유용한 것이었기 때문이지만, 이를 계기로 소수의 독점물이었던 官銜을 하층 무인이나 百姓들도 획득할 수 있는 기회가 제공되어 관함이 범람하는 상황이 전개되었다. 北魏末부터 관함이 범람하기 시작하여 北齊와 北周에 걸쳐 오히려 확대되기에 이르렀고, 그것이 隋의 文帝와 煬帝에 의하여 비로소 정리되게 되지만 그러한 정리작업이 隋가 멸망하는 원인으로서 작용하였다.

황제를 정점으로 하는 전통시대 중국의 지배구조 내에서 황제의 조력자인 官人들에게는 많은 이익이 보장되어 있었다. 그 때문에 관직을 획득하고자 하는 욕구가 높은 것은 모든 사람에게 동일했을 것이다. 그러나 황제와 소수의 관료집단은 다수의 일반 백성 위에 군림하고 그 지위를 독점하기 위해서 여러 가지 장치를 동원하여 그들이 동참할 수 있는 길을 봉쇄하는 것이 항례였으며, 그리하여 이론이 있을 수 있지만 적어도 위진남북조와 隋唐代에는 관인집단과 비관인집단이라는 이원적 구조가 형성된 것처럼 보인다. 그럼에도 불구하고 북위말에서 隋의 통일 전까지는 이 경계가 무너진 것으로 보이는데, 그 계기가 된 것이 포괄적이고 빈번한 범계의 시행이라고 할 수 있다. 본고는 이러한 특수한 역사적 상황을 점검해 보고자 하였다.

唐代의 '南選'과 藩鎭의 州縣官 任用

鄭 炳 俊

머리말

당대의 주현관은 원칙적으로 상서성의 이부에 의해 선임되었고 또한 본적지 회피제가 시행되었으나, 嶺南과 黔中 지방 등은 임시로 파견된 南選使가 현지 토착인을 그 지역의 주현관에 선임하는 '南選制'가 시행되었다.[1] 이러한 특수한 주현관 임명제도인 남선제의 시행은 이 지역 (이하 남선지역)이 다른 지역에 비해 중앙권력의 침투가 완전하지 못하고 있다는 것을 의미하나, 한편으로 高宗 상원 3년(676) 8월에 이 제도가 시행되기 이전에 이 지역을 관할하는 도독이 관하 주현관을 선임하

---

1) 여기서 영남과 검중 지방이란 태종 정관 원년(627)에 주로 산천의 형편에 따라 전국을 10道로 나눈 것을 기준으로 한다면 각각 嶺南道와 黔中道에 해당한다. 이 중 영남도는 현종 개원 22년(734)에 10道가 행정적으로 15道로 세분되면서 嶺南東道와 西道로 나누어져 採訪使에 의해 통할되다가, 당 후기가 되면 영남서도는 다시 桂管觀察使·邕管經略使·容管經略使에 의해 분할되고 영남동도는 영남절도사에 의해 통할된다. 이들 지역에는 여러 소수민족들이 잡거하고 있었으며 또한 경제적·문화적으로 중원 지역과는 많은 차이가 있었다.

고 있었다는 사실을 고려한다면 중앙권력의 침투가 강화되었다는 성격
도 지닌다. 이 남선제는 당 전기에는 어느 정도 정상적으로 시행되나
안사의 난을 거쳐 후기에 이르면 중앙권력이 약화되고 번진이 대두하
면서 제대로 시행되지 않는다.

남선에 대한 종래의 연구를 보면 中村裕一과 張澤咸에 의한 전론이
나와 있으며 그 외에도 여러 학자들의 논문이 있다[2]. 그러나 당 후기에
대해서는 아직 자세한 고찰이 이루어지지 않고 있으며, 또 당 전기의
그것에 대해서도 학자들 간의 일치를 보지 못하거나 아직 보충을 요하
는 부분이 적지 않게 남아 있다. 단 이것은 사료의 제약에 의한 바가 크
다[3].

필자는 앞서 「당대 번진의 주현관 임용」이라는 논문을 발표하였다.[4]
이 논문(이하 前稿)에서는 다소 막연하게 당 후기의 번진이 거의 대부분
의 주현관을 임용하고 있다는 종래의 견해를 비판하고 구체적인 사료
의 분석을 통해 주현관은 그 주요 부분이 여전히 당조에 의해 임명되었
다는 견해를 발표하였다. 그러나 前稿에서는 '번진의 주현관 임용'의 전
체적인 틀의 분석에 초점을 맞추고 다양하게 나타나는 지역적인 차이

---

2) 中村裕一, 「唐代の南選制と嶺南地方に就いて」『武庫川女子大學紀要』(教
   育學科編) 30, 1982 ; 張澤咸, 「唐代'南選'及其産生的社會前提」『文史』22,
   1985(『魏晋南北朝隋唐史』 1985 - 6, 復印復刊資料 K22, 中國人民大學에
   재록) ; 任育才, 「唐代銓選制度述論」『唐史研究論集』, 鼎文書局, 1975,
   143~148쪽 ; 劉海峰, 「唐後期銓選制度的演進」『唐代教育與選擧制度綜
   論』, 文津出版社, 1991, 141~143쪽(원래는 『廈門大學學報』 1991 - 1에 발
   표) ; 曾華滿, 『唐代嶺南發展的核心性』, 香港中文大學, 1973, 48~54쪽 ;
   陶希聖, 『中國政治制度史 4 - 隋唐五代 - 』, 啓業書局, 1944/1974, 444~451
   쪽 ; 張國剛, 『唐代官制』, 三秦出版社, 1987, 144~145쪽 등. 이들 논문은
   주로 남선의 제도사적인 내용을 분석하거나 강남 혹은 영남의 개발과정과
   남선제도의 변화와의 관계 등을 고찰한 것들이다.
3) 남선에 대해서는 『唐會要』 권75에 유일하게 '南選'이라는 항목이 설정되
   어 정리된 사료가 전하고 있으나 그 전모를 파악하기에는 매우 미흡하며
   기타 사서에는 단편적인 기사만이 전하고 있다.
4) 현재 탈고가 끝난 상태에서 『東洋史學研究』 54에 公刊을 기다리고 있다.

에 대해서는 자세히 다루지 못했다. 당 후기의 남선지역은 다른 지역에 비해 특히 번진의 주현관 임용이 많이 행해졌는데, 그것은 당 전기부터 남선제도가 시행되었던 것과 관련이 있다고 생각된다.

본고는 이러한 생각을 출발점으로 하여 작성된 것으로서 그 주목적은 ‘번진의 주현관 임용’에 관한 문제를 남선지역이라는 다소 특수한 지역에 초점을 맞추어 살펴보는 데 있다. 말하자면 해당 주제에 관한 일종의 사례연구라고도 할 수 있으며 필자가 구상하는 번진의 지역적 연구를 위한 하나의 기초자료가 되기를 기대한다. 아울러 그 과정에서 전고를 보충하여 번진의 주현관 임용에 관한 종래의 연구가 근거로 삼은 남선지역 관련 사료를 재검토하게 될 것이다.5) 그러나 남선에 대해서도 그것이 설령 남선지역에서의 번진의 주현관 임용을 고찰하기 위한 전제로서 설정되었다고 하더라도, 새로운 사료의 제시 및 기존 사료에 대한 새로운 논점의 제시 등을 통해 종래의 연구를 보충하고 또한 경우에 따라서는 그 내용을 수정하도록 하겠다. 단 본고의 성격상 남선에 대해서는 번진의 주현관 임용과 관련된 부분을 중심으로 기술한다.6)

Ⅰ. 南選의 施行

高宗 上元 3년(676) 8월에 남선이 처음 시행되었으나 먼저 그 때의

---

5) 종래의 연구에서는 번진이 대부분의 주현관을 임용하였다고 보고 있는데, 그 근거는 ① 하북삼진 등의 ‘叛逆의 藩鎭’과 ② 南選地域에 관한 사료이다. 그러나 이들 지역은 전체적으로 본다면 모두 특수한 지역에 속하며 이 지역에서 보이는 상황을 그대로 일반화시킬 수 없다. 이 중 ①의 사료가 지닌 特殊性에 대해서는 前稿에서 논하였으나 ②의 사료에 대해서는 논하지 못했다.

6) 남선에 대해서는 황제를 정점으로 한 律令體制의 성격이나 영남의 經濟 開發과 관련된 문제 등 여러 각도에서 접근이 가능하나 본고에서는 모두 논외로 한다.

상황에 대해 살펴보자. 즉 『唐會要』 권75, 南選의 상원 3년 8월조(사료 A)를 보면

　　상원 3년 8월 7일에 勅이 내렸다. "桂・廣・交・黔州 등의 都督府가 근래에 주청을 통해 (주현관에) 임명한 土人首領을 보면 그 任官簡擇이 심히 적당치 않다. 지금부터는 마땅히 舊制에 준하여 4년에 한 번 强明淸正한 5품 이상의 官을 뽑아 選補使에 임명하도록 한다. 그리고 御史로 하여금 함께 가서 注擬하도록 한다. 그러나 5품 이상의 州縣官을 선임할 경우에는 使人은 소관 도독부와 함께 선보를 행하여 그 사람의 景行・藝能・政術과 그 職에 적합한 狀을 적어 奏聞하도록 하라."

　　영남의 桂州・廣州・交州 및 검중의 黔州 都督府 등지에서는 도독이 주청을 통해 그 지방의 토착수령들을 주현관에 선임하고 있었으나, 상원 3년 8월부터 중앙에서 4년에 한 번씩 정기적으로 파견되는 選補使가 그 선임권을 행사하게 되었다.7) 단 5품 이상의 주현관을 선임하는 경우에는 선보사가 조정에 주청하도록 규정되었다. 상원 3년 8월 이전에 도독이 주현관을 임용하는 형식은 당 후기에 나타나는 번진의 주현관 주청의 그것과 거의 같으나, 후술하는 바와 같이 번진의 주현관 주청의 경우에는 그 숫자가 제한적이다. 그리고 인용 사료에는 영남과 검중 등에 처음 남선이 시행되었다고 하나 『資治通鑑』 권201, 總章 二年(669) 末의 條를 보면 남선이 시행되는 상원 3년 8월 이전의 상황을 전하여,

---

　　7) 단 인용기사에 보이는 바와 같이 남선의 시행은 '舊制'에 준한다고 하는데 이 때 舊制가 언제 시행된 것인가는 분명치 않다. 이에 대해 中村裕一은 隋 양제 대업 원년(605)에 각지의 총관부를 폐지하고 병권을 회수하여 중앙집권을 꾀하면서 당시 총관부에 의해 행해지던 선보가 폐지되고 남선이 시행되고 당초에 다시 도독이 선보를 행하다가 상원 3년 8월에 다시 남선이 시행된 것으로 보고 있다(中村裕一, 앞의 글, 19~20쪽). 그리고 張澤咸은 고조 후기나 태종 정관년간에 남선이 이미 시행되었을 것으로 추정하고 있다(張澤咸, 앞의 글, 83~84쪽). 모두 추정에 머물고 있으나 본고에서는 잠정적으로 中村의 견해에 따른다.

　그 黔中·嶺南·閩中의 州縣官은 吏部에 의하지 않고 都督이 土人을 選擇하여 補授한다.

　즉 검중·영남·민중(현종대에 福建으로 개칭) 지역에서 도독이 토착인을 주현관에 선임하고 있었다고 하는 바, 남선이 시행된 지역은 일단 검중·영남·복건 지역으로 볼 수 있다.[8]

　이러한 사실을 바탕으로 먼저 상원 3년 8월 이후 남선이 시행된 지역을 살펴보자. 武則天 大足 원년(701) 7월에 이르면 다음과 같은 조치가 내려진다.

　　(大足 원년) 7월 29일에 勅이 내렸다. "桂·廣·泉·建·連·賀·福·韶 등의 州縣은 이미 好處이다. 모든 闕官은 마땅히 選例에 따라 省에서 補하라."(『冊府元龜』 권629, 銓選部 條制一)

　즉 영남의 桂州·廣州·連州·賀州·韶州와 민중의 泉州·建州·福州라는 비교적 선진지역인 8州에 대해서는 남선을 행하지 않고 상서성의 吏部에서 직접 주현관을 선임하게 하였다. 당시 민중에는 지금 열거한 3개의 州만 있었으므로 이후 민중은 남선에서 제외되었고 이후 실질적으로 남선이 행해진 곳은 桂州·廣州·連州·賀州·韶州을 제외한 영남과 검중 지역이라고 볼 수 있다.[9] 이렇게 남선지역 안에 이부에서 직접 주현관을 임명하는 특정한 州가 설정되었다는 것은 한편으로 그만큼 이 지역에 대한 중앙의 지배력이 강화되었다는 것을 의미한다. 그 후 德宗 貞元 12년(796)에 이르면 대족 원년(701) 7월에 나온 칙령과 거의 같은 내용의 명령이 내려지는데,[10] 이것은 안사의 난으로 이

---

8) 『通典』 권15, 選擧3 歷代制下에도 "其黔中·嶺南·閩中郡縣之官 不由吏部 以京官五品以上　人 尤使就補 御史一人監之 四歲一往 謂之南選"이라고 보인다.

9) 中村裕一, 앞의 글, 3~4쪽 참조.

10) 『唐會要』 권75, 南選에 "貞元十二年十一月十日勅……其福建選補使宜停. 其桂·廣·泉·建·賀·福·韶等州 宜依選例省補"가 보인다.

부권이 크게 위축되면서 일시 이 지역에 대한 이부의 전선을 거의 방치하고 있다가 당조가 다시 이부로 하여금 그 권한을 행사하도록 하여 나온 조치로 생각된다.[11]

현종 개원 8년(720) 9월에 나온 칙문을 보면 남선이 영남과 검중 외에 '嶺北'에서도 시행되었다는 것이 보이는데,[12] 이로써 본다면 이 시기에 남선이 반드시 영남과 검중에서만 행해졌다고 보기 어려운 면이 있으나 항례적으로 시행되거나 그 지역이 넓었다고는 생각되지 않는다.

선보사에 대해 보자. 사료 A를 통해 알 수 있는 바와 같이 선보를 행하는 임시 기구인 選補司는 직접 인선을 행하는 選補使와 그것을 감찰하는 御史 즉 監選使로 구성되었다.[13] 그리고 각기 책임을 맡은 지역의 명칭을 앞에 붙여 각각 예를 들면 '嶺南選補使'·'福建選補使' 또는 '嶺南監選使'·'黔中監選使' 그리고 '嶺南選補司'·'福建選補司' 등이라 칭하였다.[14]

그리고 選補使에는 원칙적으로 '强明淸正'한 5품 이상의 郎官이 임명되었으나[15] 당 후기가 되면 같은 郎官이나 종6품상인 員外郎이 많이 임명되었다.[16] 그리고 『唐六典』 권2, 吏部郎中 員外郎條에 보이는 '行

---

11) 안사의 난으로 이부권이 크게 위축된 것은 주지의 사실이나 前稿에서도 필자의 관점에서 간단하게 논한 바 있다.

12) 『唐會要』 권75, 南選, "應南選人 嶺南每府同一解 嶺北州及黔府管內州 每州同一解".

13) 選補使를 총칭하여 '南選使'라고 부르기도 했다. 예를 들면 『舊唐書』 권5, 高宗紀의 상원 3년 8월조에 "壬寅 置南選使 簡補廣·交·黔等州官吏" 등이 보인다. 그리고 『新唐書』 권45, 選擧志下에는 지금 말한 선보사와 감선사를 함께 '選補使'라 부르는 것이 보이기도 하나, 이하 본고에서는 양자를 분리하여 기술하겠다.

14) 예를 들면 각각 『唐會要』 권75, 南選, "元和二年八月 命職方員外郎王潔充 嶺南選補使 監察御史崔元方監焉";『冊府元龜』 권546, 諫諍部 直諫2, "柳澤 開元二年 爲殿中侍御史·嶺南監選使" 등 참조.

15) 즉 尙書省의 郎中이 주로 임명되었는데, 郎中은 종5품상에 해당한다.

16) 간단한 것이기는 하나 中村裕一, 앞의 글, 5쪽에 실려 있는 '選補使表' 참조.

李之命’ 즉 使臣의 구성에 대한 일반 규정에 따라,

　　무릇 別勅으로 使臣을 差遣할 때 事務가 繁劇하고 要重한 경우는 判官 2
인을 給하고, 매 判官과 使 및 副使에게 각각 典 2인을 給한다. 繁劇하지 않
은 경우에는 判官 1인에 典 1인 그리고 使 및 副使에게 각각 典 1인을 給한
다.……무릇 吏部에서 使臣을 差遣하는 경우에도 각각 그 節次에 따른다.

　　선보사는 부사 1인과 판관 2인 그리고 이들에게 각각 2인씩 지급된
실무계원(典)을 거느리고 남선에 임했다고 보인다.
　　감선사에는 주로 감찰어사가 임명되었으나 경우에 따라서는 殿中侍
御史가 임명되었다.17) 그리고 안사의 난 이후인 代宗 대력 14년(779) 2
월에 監選使制가 폐지되고 이후 선보사만 파견된다.

　　大曆 14년 12월 2일에 勅이 내렸다. “南選은 이미 郎官을 差하므로 마땅히
傳達하라. 지금부터는 다시 굳이 御史를 差하여 監臨하는 일이 없도록 하
라.” (『唐會要』 권75, 南選).

　　여기서 ‘傳達’이란 어느 기구의 간섭을 받지 않고 필요한 경우에 조
정의 명령을 받으면서 전권을 행사하는 것을 말하는데,18) 이전에는 사
료 A에 보이는 바와 같이 선보사가 5품 이상의 州縣官을 선임하는 경
우에는 도독부와 함께 선보를 하도록 되어 있었다. 당시 번진들은 주현
관 인사에 대해 큰 권한을 행사하고 있었는데 이러한 조치의 배경에는
주현관에 대한 번진의 영향력을 배제하려는 의도도 있었다고 보인다.
그러나 그 후 덕종 정원 20년(804) 3월에 영남선보사가 파견되나 선보
사가 규정을 어기고 자의적인 선임을 행하다가 어사대의 탄핵을 받은

---

17) 『唐六典』 권13, 御史臺 監察御史條에 보이는 “凡嶺南及黔府選補 小令一
　　人監其得失”과 주 14에 인용한 『冊府元龜』 권546, 諫諍部 直諫2의 기사를
　　참조.
18) 選補使는 율령관제와는 다른 이른바 ‘使職’인데, 사직은 원래 각각 황제의
　　명령을 받는 것이 원칙이었다.

사건이 발생하였다.19) 이 사건을 계기로 감선사제에 대한 재검토가 이루어져 다음 선보사가 파견되는 헌종 원화 2년(807)에는 영남선보사가 파견되면서 감선사도 함께 파견된다.20) 여기서 정원 20년에 남선이 행해지고 그 3년 후인 원화 2년에 다시 남선이 행해진 사실을 확인해 두고 싶은데, 이것은 사료 A에 보이는 '4년에 한 번'이라는 규정과 다른 것이다. 이 문제는 조금 후에 다시 살펴보겠다. 어쨌든 원화 2년 8월 이후 감선사제는 다시 부활하여 남선이 행해질 때에는 감선사도 함께 파견된 것으로 보인다.

그리고 남선이 행해지는 과정에 대해 살펴보자.『唐會要』권75, 南選에 실려 있는 현종 개원 8년(720) 9월의 칙문을 보면,21)

南選에 응하는 사람은 嶺南은 都督府별로 하나의 解를 만들고 嶺北의 州 및 黔府 관내의 州는 州별로 하나의 解를 만들도록 하라. 그리고 각각 소관 도독부로 하여금 出身由歷·選數·考課優勞等級을 勘責하고 簿書를 만들어 먼저 尙書省에 申하도록 하라. 省司는 應選人의 曹名과 考第를 勘하고 一事 이상으로 하여 분명하게 歷子를 만들도록 하라. 그리고 選使와 本司는 對勘하여 확정되면 곧 階를 結하고 品을 定하여 署印한 후에 選使에게 牒付하도록 하라. 그리고 選補할 때에 이르러서는 항상 모름지기 먼저 擬할 바의 官을 정하고 使司가 團奏한 後에 所司는 다만 覆同하고 證憑에 따라 進畫하도록 하라. 나누어 줄 籤告는 所司가 베끼는데 그 작업은 使가 奏하여 勅이 내려온 날로부터 60일 안에 마치도록 하라. 그리고 傳使를 보내 黔·桂州 등에 送付하고 다시 州司가 각각 本州府에 보내 分付하도록 하라.

즉 때가 되면 먼저 영남은 각 도독부별로, 그리고 '嶺北'과 검중도독

---

19)『唐會要』권75, 南選, "(貞元)二(二十?)年三月 考功員外郎陣歸爲嶺南選補使 選人留放 注官美惡 違背令文 惟意出入 復供求無厭 郵傳患之. 監察御史韓參奏劾 得罪 配流恩州". 해당 조문에 대한 연대의 고증은 岑仲勉이 校記한『元和姓纂』권3, 172항의 D(中華書局, 1994, 346쪽)를 참조하였다.
20) 주 14에 인용한『唐會要』권75, 南選의 기사 참조.
21) 이 칙문에 대해서는 中村裕一에 의해 이미 자세한 분석이 이루어져 있다 (中村裕一, 앞의 글, 7~8쪽 참조).

부 지역은 주 단위로 남선에 응하는 사람(應選人)의 ‘解狀’을 하나로 만들고 해장에 적혀 있는 ‘出身由歷·選數·考課’의 내용이 맞는지를 조사한 후 ‘簿書’를 만들어 상서성에 올린다. 부서를 받은 상서성의 이부는 응선인의 관직·고과 등을 조사하여 ‘歷子’를 만든다. 이어 선보사와 吏部郎中이 함께 그 내용을 조사하여 品·階를 정한 후 서명하고 선보사에게 보낸다. 그리고 인용사료에는 보이지 않으나 선보사가 현지에 내려가 선보를 행하는데 그 방법은 이부의 ‘銓注’와 비슷했을 것으로 생각된다.22) 전주가 끝나면 선보사는 다시 장안으로 돌아온다. 그리고 선보사와 吏部司의 이름으로 황제에게 ‘團奏’하고 문하성의 심의를 거쳐 이의가 없으면 정식으로 황제의 재가를 얻어 관리임명장 즉 告身을 발급한다. 이어 전임사신을 파견하여 검주·계주 등의 都督州에 고신을 전달하면 도독주가 다시 각 州를 통해 본인에게 고신을 전달한다.

　남선이 몇 년에 한번 시행되었는가에 대해 살펴보자. 사료 A에서는 남선이 4년에 한 번 시행되는 것으로 되어 있었으나, 덕종 정원 20년에 남선이 행해진 후에는 그 3년 만인 원화 2년에 다시 남선이 행해지고 있었다(前述). 그렇다면 남선은 과연 몇 년에 한 번씩 행해졌는가. 中村裕一은 『唐會要』 권75, 南選의 상원 3년 8월조(사료 A)에는 ‘四年一度’라고 되어 있으나 『唐六典』 권2, 吏部·郎中員外郎條에 ‘三年一置’라고 되어 있는 것을 근거로, 『唐六典』이 주요 편찬대상으로 삼기 시작하는 開元 7년까지는 ‘3년에 한 번’으로 바뀌었다고 한다.23) 한편 張澤咸은 관련 기사를 상세히 조사한 후 어떤 사서에는 ‘4년에 한 번’, 어떤 사서에는 ‘3년에 한 번’이라고 기록되어 있는 것을 바탕으로, 남선이 어떤 때는 ‘4년에 한 번’, 어떤 때는 ‘3년에 한 번’ 시행되었을 것으로 추정하

---

22) 이부의 銓注法은 『通典』 권15, 選擧3 歷代制下, “凡選 始集而試 觀其書判 已試而銓 察其身言 已銓而注 詢其便利 而擬其官. 已注而唱示之 不厭者 得反通其辭 他日 更其官而告之如初. 不厭者 亦如之. 三唱而不服 聽冬集. 服者以類相從 攢之爲甲 先簡僕射 乃上門下省 給事中讀之 黃門侍郎省之 侍中審之 不審者 皆得駁下”와 같이 보인다.

23) 中村裕一, 앞의 글, 29쪽의 주 7.

고 있다.24) 역시 추측의 범위를 넘지 못하나 이 중 필자는 덕종 정원
20년에 남선이 행해진 후에는 그 3년 만인 원화 2년에 다시 남선이 행
해지고 있었다는 사실을 바탕으로 일단 中村의 견해에 따른다. 단 덕종
대에 쓰여진 『通典』 권15, 選擧3에 '4년에 한 번'으로 적혀 있는 것으로
본다면 그 제도가 '3년에 한 번'으로 바뀐 뒤에도 경우에 따라서는 '4년
에 한 번'씩 시행되기도 했다고 보는 것이 좋을 듯하다. 그리고 『冊府元
龜』 권631, 銓選部 條制三의 開成 四年 正月條에 실려 있는 吏部의 上
奏文을 보면 '5년에 한 번'으로 규정되는 것이 보인다.25) 이것은 그만큼
남선이 유동적으로 시행되었으며 또 그만큼 남선이 시행될 조건이 나
빠졌다는 것을 말하는 것으로 생각된다.

남선이 시행된 지역에서는 주현관이 모두 남선에 의해 임명된 것일
까.26) 이 문제와 관련하여 현종 개원 4년(716) 7월에 나온 칙문을 보자.

들건대 黔州 관내의 州縣官員은 闕員이 많으나 吏部가 선임을 해도 많은
경우 기꺼이 가려 하지 않는다. 成任한 후에도 혹은 假解 혹은 從征을 하다
가 考가 차면 資를 얻어 다시 銓選을 받는다. 蠻獠를 관장하는 나머지 州도
대개는 모두 이와 같다. 마땅히 所司로 하여금 諸色의 選人 중에서 곧 召補
하고 아울러 驛을 달려 發遣하도록 하라. 이리하여 州에 이르면 都督府는
도착한 날을 살펴 所司에 보고하도록 하라. 만약 늦거나 위반한 것이 있으면
관내 都督에게 牒을 내려 杖 60대에 처하고 告身을 追毁하도록 하며 또 모
름지기 다시는 官을 수여하지 않도록 하라. (『唐會要』 권75, 選部下 雜處置)

---

24) 張澤咸, 앞의 글, 84쪽. 인용한 기사를 보면 『舊唐書』 권43, 職官志2 ; 『冊
府元龜』 권629, 唐制凡選條 ; 『通典』 권15, 選擧3에는 '4년에 한 번'으로
되어 있으며, 『冊府元龜』 권632, 後唐 天成四年十月條 ; 『舊五代史』 권
148, 選擧志에는 '3년에 한 번'으로 되어 있다.

25) "嶺南五管及黔中道選補 准元和十年九月二十九日格 五年一集 至選前一
年 南曹先牒五管等道 催索文解".

26) 이에 대해서는 아직 아무도 문제를 제기하고 있지 않으나, 이것은 앞에서
본 영남의 계주·광주나 민중의 천주·복주 등의 특정한 州 이외의 남선
지역에 대해서는 이부의 銓選이 행해지지 않은 것으로 이해한 때문으로
생각된다.

즉 검주도독부 관내의 주현관에 결원이 많이 발생하나 이부가 선임을 해도 많은 경우 피선임자가 부임을 원하지 않으며 또 부임을 하더라도 제대로 근무를 하지 않다가 임기를 채운 후에 다시 이부의 전선을 받는다. 이것은 이 지역이 장안에서 멀리 떨어지고 또 문화가 다른 소수민족들이 잡거하고 있기 때문에 관리들이 생활이나 정치상의 어려움을 회피하는 데서 나온 현상일 것이다.[27] 그리고 이러한 현상은 당시 검주뿐 아니라 소수민족을 관장하는 다른 대부분의 州에서 나타나고 있다고 하는데, 이 때 소수민족을 관장하는 다른 대부분의 州란 '羈縻州'나 이 기미주를 관장하는 도독부를 말하며[28] 남선지역에는 많은 기미주와 이들을 관장하는 여러 도독부들이 있다.[29] 검주는 당시 이부가 직접 주현관를 임명하는 州 즉 전술한 桂·廣·泉·建·連·賀·福·韶州 등에는 포함되지 않은 것으로 보이는데 이것은 당시 남선지역에서도 이부의 전선이 행해지고 있었다는 것을 말한다. 그러나 이부가 남선지역의 주현관을 구체적으로 어느 정도 임명하고 있었는가는 확인되지 않는다. 단 추측하면 그 숫자가 아무리 많아도 남선에 의해 선임되는 숫자보다 많았다고 보기는 어려우며 아마 전체 주현관의 일부를 임명하고 있었다고 생각된다. 그런데 남선지역에 대한 이부의 직접 임명이 가지는 문제점을 해결하기 위해 당조가 이부로 하여금 '選人'[30] 중

---

27) 이 지방의 지역적 문화적 상황에 대해서는 曾華滿, 앞의 책 등을 참조.

28) 남선지역에 많은 기미주가 있었다는 사실 자체는 張澤咸도 앞의 글, 80~81쪽 등에서 지적하고 있다.

29) 『新唐書』 권43下, 地理志7下에는 黔州도독부에 51州, 영남 지역에 92州의 기미주가 있었다고 하며 기미주를 관할하는 도독부의 명칭과 기미주의 명칭을 기록하고 있다. 기미주에 대한 기초적인 내용은 程志·韓濱娜, 『唐代的道與州』, 三秦出版社, 1987, 66~74쪽 등을 참조.

30) 選人이란 待選人이라고도 하는데 이부의 전선을 받아 實職을 가진 '職事官'이 되기 위해 일정기간 동안 대기하는 사람들을 말하며 여기에는 前資官과 出身人 등이 포함된다. 이 때 前資官이란 이전에 職事官이 된 적이 있는 사람을 말하며, 出身人(또는 出身)이란 새로이 과거 등에 합격하여 流內官이 된 사람을 말한다. 그리고 選人들이 전선을 기다리는 기간을 待選期間이라고 한다.

에서 적임자를 뽑아 바로 임지에 보내되 기일 내에 부임하지 않는 자는 杖刑 60대에 처하는 동시에 告身을 박탈하고 이후 다시는 官을 임명하지 말라는 명령을 내리고 있는데, 이것은 일반 규정에 비해 매우 가혹한 처벌이라고 할 수 있다.[31] 처벌이 가혹하다는 것은 그만큼 이 지역에 대한 이부의 전선이 많은 문제점을 내포하고 있다는 의미한다. 이러한 것은 당시 이 지역의 주현관에 결원이 많이 발생하고 있다는 사실과 함께, 후술할 당 후기의 상황을 미리 예견케 하기도 하는 것으로서 주목된다.

남선에 대한 이해를 돕기 위해 남선지역의 文人이나 前資官 또는 選人 등이 중앙으로 진출할 수 있는 기회에 대해 간단하게 살펴보자. 영남에 한정되는 내용이기는 하나 현종 천보 13년(754) 7월 이후 儒學을 익힌 영남의 선비들은 선보가 시행되는 해에 선보사가 주관하는 鄕貢試驗에 응시하고 또 남선 출신의 전자관이나 선인 등은 이부시에 참가할 수 있게 되었다.

天寶 13년 7월에 勅이 내렸다. "듣건대 嶺南의 州縣은 근래에 자못 文儒를 익히고 있다. 지금부터 그 嶺南五管 관내의 白身 중에 문장이 뛰어난 자가 있으면 選補를 행할 때에 諸色의 鄕貢에 응하도록 하라. 또 選補使가 그 考試에 준하여 능히 及第한 자가 있으면 狀을 갖추어 聞奏하도록 하라. 장안으로 오기를 원하는 자가 있으면 또한 그렇게 하도록 하라. 그 前資官과 常選人 등 중에 詞·理가 모두 통하거나 재능이 뛰어난 자가 있으면 또한 北選에 임하도록 하고 北官을 수여하겠다." (『唐會要』 권75, 南選)

---

31) 일반 규정의 경우는 『唐律疏議』 권9, 職制6의 율문에 "諸之官限滿不赴者 一日笞十 十一加一等 罪止徒一年"라고 되어 있다. 지방관에 임명되면 부임하기까지 일정한 휴가를 얻는데 이것을 '裝束假'라고 하며 임지가 천 리 이내인 경우는 40일, 2천 리 이내는 50일, 3천 리 이내는 60일, 4천 리 이내는 70일, 4천 리 이상은 80일이다. 단 부임하는 데 걸리는 일수는 여기서 제외된다(八重津洋平 等, 『譯註日本律令 6』, 東京堂出版, 1984, 121~122쪽 참조).

즉 남선지역 사람들은 이후 남선을 통해 그 지역의 주현관에 임명될 뿐만 아니라 과거나 이부전선을 통해 중앙이나 다른 지역의 관리로 임명될 수 있는 길이 열리게 되었다. 이전에 반드시 그러한 행위가 금지되어 있었는지 어떤지는 확인되지 않으나 과거의 경우는 영남의 학술적인 수준이 과거에 응시할 만한 단계에 이르지 못한 것으로 보아도 좋을 것이다.32) 어쨌든 천보 13년 7월 이후 남선에 의해 임명된 주현관의 일부를 이부의 전선에 참가할 수 있도록 한 것은 부분적으로나마 제도적으로 남선을 이부 전선의 틀 안에 편재하려 한 것으로서 주목된다. 그러나 당 후기의 남선은 많은 곡절을 겪게 된다.

Ⅱ. 南選의 弛緩과 藩鎭

당대는 안사의 난을 거치면서 후기로 접어드는데 당 후기의 남선에 관한 기사는 전기의 그것보다 해당 사료의 撰者가 당시 발견되는 기록을 가능한 한 모두 채록하고 있다는 특징을 가지고 있다. 즉 실제 관련 사료를 보면 선보사가 파견되었다는 사실만을 전하는 단편적인 기사가 많이 보이게 되는데, 이것은 그만큼 당 후기에 이르러 남선이 제대로 시행되지 못했음을 전하는 것이라고 하겠다.

안사의 난중이나 난의 직후에 선보사가 파견되었음을 전하는 기사는 보이지 않는다. 그러다가 대종 대력 14년(779) 2월에 남선사로 하여금 '傳達'케 하면서 일시 감선사제를 폐지하는 앞에서 인용한 기사가 보이는데, 이것으로 본다면 적어도 덕종 대력 14년에는 선보사가 파견되고 있었고 그 전에도 이미 남선이 시행되었을 가능성은 있다. 그러나 당시의 정황으로 볼 때 설령 남선이 시행되었다고 하더라도 이 시기에 남선이 제대로 시행되었다고 보기는 어렵다.33) 그리고 덕종대(779~805)에

---

32) 中村裕一은 앞의 글, 27~28쪽에서 지금 인용한 기사 등을 인용하면서 현종 때부터 영남의 학술수준이 높아져 과거급제자를 낳을 정도가 되고 당 후기에는 보다 많은 과거급제자들을 배출하였다고 한다.

이르면 간단한 제도의 정비나 개정이 이루어진다.

> 그 (興元 원년) 11월에 嶺南選補使・右司郎中 獨孤愐이 奏하여 "엎드려 建中 4년 9월의 勅을 받들어, 選補함에 注擬할 바의 官을 條件하고 곧 牒을 給하여 放上하고 上都에 이르러 吏部로 가서 團奏한 후에 告身을 給하겠습니다"라고 하였다. 勅旨가 내려와 勅에 准하여 處分토록 하였다. (『唐會要』 권75, 南選)

> 貞元 12년 11월에 勅이 내렸다. "嶺南・黔中의 選은 舊例에 따라 補注한 후에 票를 給하여 放上하고 그 俸은 手力・紙筆・團除雜給을 제외한 나머지는 모두 奏申하여 勅이 내려온 뒤에 출근한 날짜로부터 계산하여 給付하도록 하라." (『唐會要』 권75, 南選)

이러한 것은 덕종이 제도의 정비 등을 통해 남선을 당 전기와 같이 다시 시행하려고 한 것을 나타낸다고 보아도 좋을 것이다. 어쨌든 정원 20년 3월에 영남선보사가 파견되는 것이 보이는데 이것에 대해서는 전술하였다. 그러나 덕종대에 덕종이 의도한 대로 남선이 다시 정상적으로 시행되었는가에 대해서는 다소 의문이 든다. 그것은 실제 남선이 시행된 것을 전하는 사료가 지금 별로 보이지 않는다는 점과 덕종이 여러 분야에 걸쳐 당 전기의 제도를 부활하려 하였으나 대부분 실패에 그친 점을 고려할 때 남선도 역시 당 전기와 같이 부활되었다고는 보기 어렵기 때문이다.[34] 그리고 헌종대(805~820)에는 반역의 번진에 대한 토벌이 성공을 거둠에 따라 당조의 권위가 어느 정도 회복되고 남선이 시행될 수 있는 여건도 좋아졌으나, 실제 남선이 시행되었음을 전하는 기사는 원화 8월에 영남선보사가 파견되면서 감선사가 부활되어 함께 파견

---

33) 이 시기에는 안사의 난에 의한 혼란이 아직 수습되지 못하였으며 이러한 가운데 吏部의 銓選조차 제대로 시행되지 못하고 있었다.

34) 덕종이 당 전기의 제도를 부활하려 하였으나 실패한 것과 그 성격에 대해서는 拙稿, 「唐代の採訪處置使について-藩鎭體制の一考察」『史林』 77-5, 1994, 54~56쪽 참조.

되었다는 것(앞에서 인용)이 보일 뿐이다. 기록이 누락되었을 가능성도 없지는 않으나 남선의 일시 정지에 관한 간단한 기사(후술)조차 귀중하게 전하고 있는 점 등을 고려한다면 헌종대에도 남선이 정상적으로 시행되었다고 보기는 어렵다.

헌종대가 지나면 남선을 일시 중지한다는 기사가 자주 보이는데 그 것을 열거하면 다음과 같다.

　　ⓐ (長慶 2년 성월) 嶺南·黔中의 올해 選補를 權停한다. (『舊唐書』 권16, 穆宗本紀)

　　ⓑ 大和 3年에 勅이 내렸다. “嶺南의 選補는 비록 舊例라고 하더라도 사신들이 먼 길을 가기 때문에 사람들의 수고를 면할 수 없다. 當處에 만약 才能이 있다면 廉使가 마땅히 推擇하도록 하라. 兵이 息하고 일이 정돈되면 이어 舊章 대로 하라. 그 南選使는 가히 다시 1년 내지 2년 동안 정지하도록 하라.”(『唐會要』 권75, 南選)

　　ⓒ (大和) 7년 정월에 嶺南五管 및 黔中道 등의 選補使는 마땅히 다시 1년 내지 2년 동안 權停하도록 하였다. (『唐會要』 권75, 南選)

　　ⓓ 開成 2년 정월에 또 3년 간 權停하도록 하였다. (『唐會要』 권75, 南選)

　　ⓔ 嶺南五管 및 黔中道의 選補는……또 太和 5년 3월 18일자의 勅에 准하여 權停하되 格에 准하여 簡擧하고자 하여, 排比하여 엎드려 裁下를 請하니 詔가 내려와 “兩道의 選補가 停罷함이 많을 때는 매우 利便하였는데 隔年으로 擧奏하여 遠情을 撓動하니 마땅히 다시 5년 간 停한다”고 하였습니다. (『冊府元龜』 권631, 銓選部 開成 4년 정월조에 보이는 吏部의 上奏文에서 인용)

즉 穆宗代에서 文宗代에 걸쳐 계속하여 남선이 정지된다는 기사가 보이는데 연대순으로 보면 장경 2년(822), 대화 3년(829), 대화 5년(831), 대화 7년(833), 개성 2년(837), 개성 4년(839)으로 평균하여 약 3년 여에 한 번 남선이 정지된 셈이다. 그러나 이러한 남선의 일시정지 기사의 대부분은 문종대(826~840)에 집중되어 있으며 평균하면 약 2년 여의 간격이다. 결국 문종대에는 거의 남선이 행해지지 않은 것으로 보아도 좋을 것이다.

그런데 여기서 주목되는 것은 사료 ⓑ와 ⓔ이다. 먼저 사료 ⓑ를 보면 남선이 정지된 이유로서 '兵事'를 들고 있는데, 이 때 兵事란 시기적으로 橫海軍節度使 李全略의 사후에 그 아들 李同捷이 父의 권력을 세습하기 위해 일으킨 반란과 그에 따른 당조의 군사행동을 가리킨다고 볼 수 있다. 당 후기는 거의 지속적으로 크고 작은 병사가 발생하였으며 문종대도 예외는 아니다. 따라서 남선이 정지된 다른 경우에 있어서도 직접·간접으로 병사의 영향이 있었다고 볼 수 있다.

그리고 사료 ⓑ에서 더욱 중요한 것은 남선이 정지된 때에는 주현관에 대한 선임권이 정식으로 관찰사(즉 번진)에게 위임되고 있다는 사실이다. 이것은 다른 경우에도 적용이 되었을 것이라고 볼 수 있는데, 실제 그러한 사실을 전하는 좋은 예가 있다. 즉『舊唐書』권101, 韓佽傳이 그것이다. 즉 한차가 대화 9년(833)에 관찰사로 부임하기 이전의 桂管(嶺南에 속함)의 상황을 전하는 것을 보면,

> 給事中이 되었다. 외지로 나가 桂管觀察使가 되었다. 桂管의 20여 郡에는 州의 속관에서 邑長에 이르기까지 300명의 官員이 있는데 그 중 吏部에 의해 補任된 자는 10의 1이고 나머지는 모두 廉吏(使?)가 그 재능을 헤아려 보임하였다.

전체 주현관의 약 9/10가 관찰사에 의해 선임되고 나머지 1/10이 이부에 의해 임명되고 있었다고 한다. 이것으로 계관지역은 물론 나아가 남선지역도 남선이 정지된 때에는 주현관에 대한 선임권이 번진에게 위임되었으며 또 실제 번진이 거의 대부분의 주현관을 선임하고 있었다고 보아도 좋을 것이다. 그런데 여기서 계관관찰사가 어떠한 방식으로 주현관을 임용하고 있었는가 하는 것이 문제가 된다. 말하자면 번진이 모든 州에 대해 주현관을 일률적으로 9/10씩을 선임하였는가 아니면 정해진 州가 있어 그 특정한 州의 주현관을 주로 선임하였는가라고 하는 것이다. 왜냐하면 전술한 바와 같이 당시 남선지역에는 이부에서 직접 주현관을 임명하는 특정한 州가 있었으며 계관관찰사의 관할하에

있는 桂州와 賀州가 여기에 해당하는데 한차전에는 이러한 계주와 하주에 대해서는 전혀 언급이 없기 때문이다. 과연 당시 계관관찰사는 계주와 하주를 제외한 나머지 주의 주현관을 모두 선임하고 있었는가, 아니면 관하에 있는 20여 개의 주에 대해 일률적으로 그 주현관의 9/10를 선임하고 있었는가. 이것은 이후 번진의 주현관 임용을 고찰함에 있어서도 중요한 문제이나 정확한 사정을 전하는 기사는 보이지 않는다.

그러나 뒤에 자세히 살펴보겠으나 영남절도사 노균이 무종 개성 5년(840) 11월에 올린 상소문 등을 통해 보면 남선지역에 있어서 특정한 주에 대해서는 이부의 전선이 여전히 행해지는 것을 확인할 수 있음에 반해 그러한 특정한 주를 제외한 나머지 州에 대해서는 이부의 전선이 행해진 듯한 흔적은 거의 보이지 않는다. 요컨대 계주와 하주를 제외한 나머지 주에 대해 이부의 전선이 전혀 행해지지 않았다고 단정하기는 어렵다고 하더라도 적어도 계관관찰사가 계주와 하주를 제외한 나머지 주의 거의 모든 주현관을 선임하고 있었다고 보인다. 계관관찰사 관하에 20여 개의 주가 있었는데 당시 이부가 전체 주현관의 1/10을 임명하였으며 또 계주·하주라는 두 개의 州가 전체 20여 개 州의 1/10에 해당한다는 수치상의 대체적인 일치 또한 그러한 추측을 뒷받침하는 것이라고 생각된다.[35] 이러한 것은 당 전기에 이부가 남선지역 안에 있는 특정한 州는 물론이고 기타 주에 대해서도 일부 주현관을 임명하고 있었던 것과는 다른 상황이다. 한차전에는 앞에서 인용한 기사에 이어 또 다음과 같은 기사가 보인다.[36]

---

35) 물론 都督州의 관리의 숫자가 일반 州의 그것보다 많음은 말할 것도 없다. 그러나 전체 州의 숫자가 20개가 넘었다고 하는 바, 이 20보다 많을 부분과, 도독주의 주현관의 숫자가 다른 주의 주현관보다 많을 부분을 함께 고려하여 대체적으로 일치한다고 보았다.

36) 『新唐書』권118, 韓佽傳에는 "累遷桂管觀察使 部二十餘州 自參軍至縣令 無慮三百員 吏部所補纔十一 餘皆觀察使商才補職 佽下車 悉來謁 一吏持籍請補缺員 佽下敎日 '居官治 吾不奪 其不奉法 無望縱舍 缺者 須按籍取 可任任之' 會春服使至 鄕有豪猾厚進賄使者 求爲縣令 使者請佽 佽許之 旣去 召鄕豪責以撓法 笞其背 以令部中 自是豪右畏戢"이라고 보인다.

한차가 桂州에 이르렀다. 吏로서 항상 官이 된 자 수백 인을 引謁하였다. 한 吏가 籍을 들고 앞으로 나와 말하기를 "인원을 갖추어 그 빈자리에 보임해 주기를 청합니다"라고 하였다. 한차가 훈계하여 "재임하여 치적이 있는 자는 다스리는 바를 빼앗지 않을 것이나 허물이 있는 자는 반드시 법으로 다스리겠다. 결원은 마땅히 故籍을 헤아려 그 可한 자를 취한 연후에 보임하겠다"라고 하였다. 마침 春衣使인 內官이 이르러 郵吏에게 뇌물을 구하니 두 豪家가 그 資를 후하게 주면서 邑宰가 되기를 구하였으나 한차는 모두 허락하였다. 그러나 춘의사가 돌아가자 撓法으로 처벌하여 각각 그 등에 태형을 때렸다. 이로부터 豪猾이 모습을 감추고 모두 淸廉한 吏를 얻어 백성들을 蘇活케 하였다.

즉 한차가 새로 부임한 후에도 그가 관찰사의 자격으로 계속하여 토착호족들을 주현관에 선임하였는데, 이들 호족들은 여전히 대대로 그 지위를 보전한 자들이었다. 그런데 관찰사가 이들 호족에 대해 큰 재량권을 행사하고 또 호족들이 주현관이 되기 위해 뇌물을 주는 방법 등을 이용하고 있는 것으로 본다면 호족들의 세력이 이전에 비해 크게 약화되었다는 인상이 든다.

한편 한차전의 기사를 인용하여 당 후기에 널리 보이는 번진의 주현관 임용의 일반적인 상황을 설명하는 유력한 견해가 나와 있다.[37) 즉 당시 번진들이 한차전에 보이는 정도로 거의 대부분의 주현관을 임용하고 있었다고 보기도 하나 이 한차전은 어디까지나 남선지역인 계관지방 그것도 남선이 정지된 시기에 번진이 주현관을 임용하던 때의 상황을 전하는 것이라고 하겠다. 전고에서 논한 바와 같이 당 후기에 있어서 남선지역과 하북삼진 등의 특정한 지역을 제외한 거의 대부분의

---

37) 礪波護, 「中世貴族制の崩壞と辟召制 ― 牛李の黨爭を手がかりに ― 」 『唐代政治社會史研究』, 同朋舍, 1986, 63쪽. 여기서는 『新唐書』 권118, 韓佽傳을 인용하고 있다. 한편 中村裕一도 앞의 글, 21쪽에서 『舊唐書』 한차전을 인용하여 분석을 하고 있으나 사료 해석에 그치고 있다. 부언하면 두 학자의 분석은 모두 당시 번진이 전체 주현관의 9/10를 임용하고 있었다는 것만을 강조하고 있으며 이부의 직접임명 등에 대해서는 언급하지 않고 있다.

지역에서는 이부가 주현관을 임명하는 경우가 많았다.

Ⅲ. 藩鎭의 州縣官 任用

이후 당조가 남선지역에 선보사를 파견하는 기사는 보이지 않는다. 이것으로 볼 때 설령 제도적으로 남선이 폐지되지는 않았다고 하더라도 사실상 폐지된 것으로 보인다.[38) 이에 대해 관찰사가 주현관을 선임하였다는 사실은 여러 기사를 통해 확인된다. 먼저 다음 기사를 보자.

(開成) 5년 7월에 潮州刺史 林郇陽이 奏하여 "(本州의) 州縣官은 漳・汀・廣・韶・桂・賀州 등과 같이 吏曹에서 注官하기를 청합니다"라고 하였다. 勅旨가 내려 "潮州는 嶺南의 大郡으로서 韶州와 상황이 거의 동일하니 마땅히 이부에 지시하여 韶州의 例에 准하여 闕을 거두어 注擬하도록 하고 나머지도 이에 따르도록 하라."(『唐會要』 권75, 南選)

즉 무종 개성 5년(840) 7월에 潮州刺史 임순양이 상소를 올려 조주의 주현관 계・하・장・정・광・소주 등과 같이 이부에서 직접 임명할 것을 청하여 허가를 받았다. 조주는 영남에 속하며 영남절도사의 관할하에 있었다. 그렇다면 당시 조주의 주현관은 누구에 의해 임명되고 있었는가라는 것이 문제가 되나 그것은 이러한 조치와 관련하여 영남절도사 노균이 그 4개월 후인 같은 해 11월에 올린 상소문을 보면 알 수 있다.

---

38) 여기서 설령 제도적으로 남선이 폐지되지는 않았다는 것은 張澤咸이 앞의 글, 84쪽에서 지적하는 바와 같이『冊府元龜』권632, 後唐天成四年 Ｉ月條와『舊五代史』권148, 選擧志에 남선에 대해 언급하는 것이 보이고 있기 때문이다. 張澤咸은 이러한 사료를 의식해서인지 당 후기에 남선이 자주 정지되었음에도 불구하고 남선이 여전히 시행된 듯이 기술하고 있다. 남선에 관한 다른 연구의 경우에는 남선의 폐지에 관한 명확한 언급이 없다.

그 (개성 5)년 11월에 嶺南節度使 盧均이 奏하여 "엎드려 생각건대 當道 는 海嶠에 위치하여 관리의 선임이 江淮 지방과는 다릅니다. 만약 관리가 이 지방의 風土을 익히 알지 못하면 즉 백성의 어려움을 구하기 어렵습니다. 또 嶺中의 지난날의 병폐는 南選에 의해 생겼으나 오늘날의 병폐는 北選에 의 해 생기고 있습니다. 臣이 25개의 州를 관할하면서 다만 韶州와 廣州 2주의 官寮만 매년 吏部로부터 選授받고 있으나 길이 멀고 풍토병에 걸리기 쉬워, 選人들이 만약 家事를 책임지고 또 身名이 眞實하다면 누가 스스로 일을 맡 지 않겠습니까마는 굳이 오려고 하지 않습니다. 더욱이 俸入이 單微하고 매 년 比遠으로 불리고 있습니다. 만약 下司의 貧弱한 令史가 아니면 즉 遠處 의 무능한 무리들이 임관해 와서는 모두 부채를 가지고 있으나 10명 중 한 명도 제대로 염치를 아는 사람이 없습니다. 臣은 부임한 지 4년이 되어 이러 한 情狀을 자세히 알고 있습니다. 그 潮州의 官吏는 엎드려 바라건대 특히 往例에 따라, 吏部로 하여금 注擬케 하지 않고 本道가 才를 구하게 하십시 오. 만약 官을 攝하여 廉愼하고 평판이 좋으면 前과 같이 觀察使로 하여금 정식으로 주청하도록 허락해 주십시오. 이러한 것은 이미 오랫동안 행해진 것으로서 본받아 가히 시행할 만합니다"라고 하였다. 勅旨가 내려와 奏에 따 르게 하였다. (『唐會要』 권75, 南選)

즉 조주의 주현관은 개성 5년에 이르기까지 번진이 선임하고 있었으 며 그것이 이미 관례가 되어 있었다고 하는데, 이것은 사실상 번진이 선보사를 대신하여 관하에 있는 특정한 州를 제외한 거의 모든 주현관 을 선임하고 있었다는 것을 말한다. 그리고 이 노균의 상소에 의해, 앞 서 임순양의 상소에 따라 이부가 직접 주현관을 임명하는 범위에 조주 를 넣도록 한 조치는 철회되었다. 그런데 이 기사를 통해 이 외에도 몇 가지 중요한 사실을 확인할 수 있다. 첫째 영남 지방의 주현관을 선임 함에 예전에는 南選에 폐해가 있었으나 당시에 이르러서는 특정한 주 에 시행된 '北選' 즉 이부의 직접임명이 오히려 많은 폐해를 낳고 있다 는 점이다. 둘째 번진이 적임자를 선임하여 먼저 임시로 '官을 攝하 게'39) 하고 인정을 받으면 정식으로 황제에 주청하여 주현관에 임명하

---

39) 임시관인 '攝官'에 임명하여 업무를 보게 하는 것을 말한다. 이 섭관에 대 해서는 前稿 참조.

는 형식이 이전부터 시행되고 있다는 점이다. 한편 노균의 상소문에 이부가 직접 임명하는 특정한 주인 韶州와 廣州가 매년 '比遠'으로 분류되었다는 것이 보이는데, 後述을 위해 간단하게 설명하면 즉 比遠이란 변방 등 주로 서울과 멀리 떨어진 지역을 가리키며 헌종대를 기준으로 보면 약 75개의 州가 이 比遠 지역으로 지정되어 있었다.[40] 그 구체적인 州의 명칭은 확인되지 않으나 廣州와 賀州가 比遠으로 불리고 있었던 만큼 적어도 남선지역에 속하면서도 이부가 직접 주현관을 임명하는 특정한 州는 모두 이 比遠에 속했다고 생각된다.

그렇다면 당시 남선지역의 번진들은 구체적으로 어떻게 주현관을 선임하고 있었으며 그 내역은 어떠한가. 안사의 난을 계기로 번진이 전국에 설치되어 많은 주현관을 선임하게 되었으나 문종 때부터 번진의 주현관 임용에 대한 규제를 가하는 동시에 제도적으로 관련 규정을 정비하게 된다. 그리고 이후에도 관련 규정은 몇 차례 개정된다. 그 중에 남선지역과 관련되는 것을 몇 가지 살펴보면 지금 제기한 문제에 대한 답이 어느 정도 구해질 것이다. 먼저 문종 大和 원년(827) 9월에 중서문하가 번진의 주현관 임용을 전면적으로 규제할 것을 청하여 올린 상소문을 보자.

> 兩畿 및 諸道가 長史·司馬·縣令·錄事參軍·主簿·縣尉 등을 주청하는 등등,……지금부터 모두 금지시킬 것을 청합니다. 山南·三川·硤內 및 諸道比遠은, 비록 이부가 注擬해도 부임을 원하지 않거나 원래 이부가 주의하지 않는 지역으로서……이 지역의 縣令·參軍·長吏(史?)는……前資·見任 및 有出身人 중에서 특별히 주청할 수 있도록 허락하되 각각 道가 3~5人을 넘지 않도록 하십시오. (『冊府元龜』 권631, 銓選部 條制三)

이 상소문은 황제의 재가를 얻어 그대로 시행된다. 즉 번진이 정식으로 주현관을 주청하는 행위가 원칙적으로 금지되나 三川(즉 劍南西川,

---

40) 뒤에 인용할 『唐會要』 권74, 論選事에 실려 있는 元和 8년 12월조의 기사 참조.

劍南東川, 山南西道)과 '諸道比遠' 지방 등은 예외지역으로 인정되어, 번
진이 前資官이나 見任 또는 有出身人 중에서 각각 3~5명을 넘지 않는
범위 내에서 주청을 통해 縣令·參軍·長史 등을 정식으로 임명할 수
있게 되었다. 이것은 중서문하의 상소문에 보이는 바와 같이 이부가 임
명을 해도 피임명자가 부임을 원하지 않거나 원래 이부가 주의하지 않
는다는 사정에 따른 것이다. 그리고 이러한 규정의 개정과 관련하여 대
화 4년 5월에 중서문하가 올린 상소문을 보자.

> 지금부터 山劍(南?)과 三川과 硤內 및 諸道比遠의 주현관은 有出身 및 前
> 資正員官人 중에서 각 道마다 錄事參軍 이외의 3~5人을 주청하도록 허가
> 하시기 바랍니다. 河北諸道의 滄景과 德棣와 같이 破傷을 경험한, 또는 靈夏
> ·邠寧·麟坊·涇原·振武·豊州라는 俸料가 전혀 지급되지 않는 지역은
> 有出身人과 正員官이 모두 부임을 원하지 않으며 이부도 관례에 따라 대개
> 注擬를 하지 않는데, 만약 假攝하여 공로가 있으면 諸色人 중에서 일을 헤
> 아려 3~5人을 주청하도록 하고, 그 나머지 제한이나 기간에 관한 사항은 모
> 두 대화 원년 9월 19일의 勅에 따라 처분케 하시기 바랍니다. (『冊府元龜』
> 권631, 銓選部 條制三)

이 또한 황제의 재가를 얻어 그대로 시행된다. 즉 三川과 '諸道比遠'
지역의 경우 번진이 주청할 수 있는 주현관과 피주청자의 자격에 약간
의 변동이 있으나 기본적인 내용은 종래와 같다. 그리고 하북의 滄景·
德棣와 서북변방의 靈夏·麟坊·涇原·振武·豊州 등이 '이부가 임명
을 해도 부임을 원하지 않거나 원래 이부가 주의하지 않는 지역' 안에
들어 있으며 결국 이들 지역의 번진으로 하여금 임시로 주현관을 '攝'
하게 하고 공로가 있으면 정식으로 3~5人을 주청하도록 하고 있다. 번
진이 주현관을 임시로 攝하게 하는 것은 9년 후인 개성 4년 11월에 영
남절도사 노균이 올린 상소문에도 보이나(전술), 번진의 '攝官' 임명은
이부의 임명이 제대로 행해지지 않는 比遠 또는 변방지역에서 널리 행
해지고 있었다고 하겠다. 그리고 의종 함통 12년(871) 7월에 이르면

懿宗 咸通 12년 7월에 중서문하가 상주하여 "河東·潞府·邠寧·涇原·靈武·監(鹽?)夏·振武·天德·麟坊·滄德·易定·三川 등 道의 觀察·防禦使 등 및 영남의 五管은 각 道마다 매년 현령과 司錄·錄事參軍을 제외하고 主簿와 縣尉 및 中下州의 判司 및 縣丞을 모두 3인 量奏할 수 있도록 하십시오.…… 黔中이 奏하는 바의 주현관 및 大將과 管內는 즉 舊例에 준하여 처분하게 하십시오.……"라 하였다. 勅旨가 내려와 이에 따랐다. (『冊府元龜』 권632, 銓選部 條制四)

종래의 규정을 바꾸어 이부의 전선이 제대로 행해지지 않는 嶺南·河東·涇原 등에 대해서는 번진이 각각 주청을 통해 주현관을 임용할 수 있도록 하였다. 즉 각 번진은 매년 현령과 錄事參軍 이외의 主簿·縣尉 또는 中下州의 判司 및 縣丞 중에서 모두 3인을 주청할 수 있게 되었다.

지금 살펴본 것을 요약해 보자. 즉 첫째, 남선지역 등 주로 변방에 위치하는 특정한 지역은 다른 일반 지역과는 달리 이부가 임명을 해도 부임을 원하지 않거나 원래 이부가 주의하지 않는 경우가 많았다. 둘째, 이러한 문제점을 개선하기 위한 방도로서 정식 주현관을 임명하기 전에 먼저 번진이 임시로 官을 攝하게 하여 실제 능력을 확인해 보도록 하였다. 그리고 셋째, 이리하여 능력이 인정된 사람은 번진의 주청을 거쳐 정식으로 주현관에 임명되나 번진이 주청할 수 있는 숫자는 각 번진이 약 3~5인 이내였으며 관직에 따라 약간의 제약이 있었다.41) 이렇게 본다면 남선지역 등 특정한 지역에서는 결국 번진이 대부분의 주현관을 임명하였으며 그 형식은 '攝官'이었다고 할 수 있다. 단 이러한 특정한 지역 안에서도 남선지역과 기타 지역과는 서로 다른 면이 있는데 그것은 남선지역에는 원래 이부가 직접 임명하는 특정한 주가 있었으며 기타 지역에는 그것이 따로 존재하지 않았다는 점이다.42) 이것이 당

---

41) 前稿에서 "당시 번진의 주현관 주청에 관한 규정이 반드시 그대로 지켜졌다고는 보기 어려우나 최종적으로 당조의 승인에 의해 완성되는 만큼 어느 정도의 효력은 발휘되었다"는 결론을 내린 바 있다.

42) '기타 지역'의 모든 주현관은 원래 이부가 임명하도록 되어 있었으나 당

시 남선지역만이 가진 특수한 성격이며 이 지역의 번진에게 허용된 주현관 주청권은 주로 이러한 특정한 주를 대상으로 행사되었을 것으로 생각된다.

그런데 번진의 攝官 임명은 많은 문제점을 드러내고 있었다. 즉 문종 개성 4년(839) 정월에 이부가 올린 상소문을 보면,

> 嶺南五管 및 黔中道의 選補는 元和 10년 9월 29일의 勅에 准하건대 "5년에 1集하는데 選이 있기 1년 전에 南曹가 먼저 五管 등의 道에 牒을 보내 文解를 催索"합니다. 또 太和 5년 3월 18일의 勅에 준하여 權停하되 格에 准하여 簡擧하고자 하여, 排比하여 엎드려 裁下를 請하니 詔가 내려와 "兩道의 選補가 停罷함이 많을 때는 매우 利便하였는데 隔年으로 擧奏하여 遠情을 撓動하니 마땅히 다시 5년 간 停한다"고 하였습니다. 이에 議者들이 말하기를 "사람은 멀어도 땅이 편안하니 염려할 필요가 없다. 일찍이 舊制를 알지 못하나 인재를 버려둠이 없으니 일이 가히 오래 갈 수 있다. 한 지방을 다스림에 적임자을 얻으면 그 지방이 복을 받고, 적임자가 아니면 즉 고장사람들에게 假攝의 官을 주나 서리와 상인이 있어 뇌물로 本州의 縣令이나 錄事參軍을 구하여 수탈을 하고 또 그 喜怒를 마음대로 하여 사욕을 채운다. 選補使를 罷한 이후 지금은 藩方이 官을 差하는데 선비들이 한탄을 하고 南人은 더욱 곤궁해진다"고 합니다. (『冊府元龜』 권631, 銓選部 條制三)

선보사가 파견되지 않으면서 대신 번진이 섭관을 임명하나 서리와 상인들이 뇌물로 주고 임시로 주현관이 된 뒤 마음대로 수탈을 자행하며 사욕을 채우는 등 많은 폐해가 발생하고 있다고 한다. 앞서 한차전을 통해 당시 호족들이 주현관이 되기 위해 뇌물을 주는 것 등을 보았으나, 모두 같은 맥락으로 이해된다. 인용문에서 "일찍이 舊制를 알지 못했다"고 할 때의 '舊制'는 물론 남선을 가리킨다.

이부가 '注擬'해도 부임을 원하지 않거나 원래 이부가 주의하지 않는

후기에 들어와 주변 민족이나 반역의 번진과의 전쟁이 자주 일어나면서 選人들이 이 지역에 대한 부임을 꺼리고 또 이부도 전선을 제대로 시행하지 못하게 된 것이다. 이에 대해 남선지역은 현종대부터 선인들이 부임을 꺼려 한 것이 보이는데 이것에 대해서는 앞에서 논한 대로이다.

지역이라고 하더라도 예를 들면 『舊唐書』 한차전이나 영남절도사 노균의 상소문 등 지금까지 인용한 기사를 통해 본다면 이러한 지역에 대해 이부가 여전히 '注擬'를 행하고 있었다는 것은 사실이다. 단 그것이 어느 정도로 시행되고 있었느냐는 것이 문제가 되나 마지막으로 이부의 전선이 제대로 행해지지 않는 지역에 대한 당조의 대책을 보면서 이 문제에 대해 생각해 보자. 다음 기사를 보자.

元和 8년(813) 12월에 吏部가 奏하였다. "比遠의 州縣官은 헤아려 減選하기를 청합니다. 즉 4選·5選·6選은 1選을 減하고, 7選·8選은 兩選을 감하고, 10選·11選·12選의 경우는 각각 3選을 감하기를 청합니다. 엎드려 생각건대 比遠의 處는 모두 75州가 있습니다. 選人이 吏部試를 본 후 범위에 들지 못할까 두려운 자는 즉 (이 지역에 대한) 注擬를 狀請합니다. 비록 이러한 例가 있다고 하나 매년 100餘 人에 지나지 않습니다. 그 比遠의 州縣은 開元·天寶 중에는 모두 仁風樂土하였으나 지금은 혹 俸錢이 감소하였기 때문에 아니면 멀리 떨어진 지역이라고 하여 무릇 平流이며 종전부터 注하지 않고 있습니다. 勸課·耕種하나 결국 逃亡을 생각하는데 관리의 임명은 가까운 지역을 우선하고 있습니다. 有司가 만약 注授하지 않는다면 그 지역에는 다만 假攝만이 행해져 백성들은 더욱 어려워지고 田土는 더욱 황폐해질 것입니다. 청컨대 前件의 選을 감하기 바랍니다." 勅旨가 내려와 마땅히 따르도록 하였다. (『唐會要』 권74, 論選事)

이부가 '比遠地域'에 대한 選人들의 志願을 장려하기 위해 이 지역에 부임하는 선인에 대한 우대책으로서 '待選期間'[43]을 줄일 것을 청하여 그대로 시행되고 있다.[44] 또 이부가 比遠지역에 대해 注擬를 행하지 않으면 않는 만큼 번진이 攝官을 많이 임명하였으며 또 이러한 섭관으로 말미암아 백성들이 더욱 어려움을 겪고 있다고 한다. 단 비원지역의 주

---

43) 주 31 침조.

44) 이와 비슷한 조치는 일시적이기는 하나 당 전기에 해당하는 玄宗代에도 시행된 바 있다. 즉 『冊府元龜』 권630, 銓選部 條制3에 "(開元)十七年三月 詔曰 邊遠判官多有老弱 宜令吏部每年於選人內 簡擇强幹堪邊任者 隨闕補受 秩滿 量減三兩選與留 仍加優獎"이라고 보인다.

현관에 대한 우대책이 어느 정도 효력을 발휘하였는지에 대해서는 의
문의 여지가 있으며 달리 다른 대책을 내놓는 것이 보이지도 않는다.
그리고 당시 比遠에 해당하는 州가 75개가 있었는데 이들 州에 대해
매년 이부가 주의하는 주현관의 숫자는 겨우 100여 명에 지나지 않았
다고 한다. 편의상 앞에서 살펴본 한차전에 보이는 수치로 그 숫자를
계산하면 각 주에는 평균 15명의 주현관이 있었고 75개의 비원의 주에
는 모두 1,125명이 있은 셈이 되므로 전체적으로 볼 때 이부가 비원의
주의 주현관을 주의한 것은 전체의 약 1/10에도 미치지 못한 것이 된
다.45) 그것도 吏部 전선에서의 탈락을 두려워하는 선인들이 주로 부임
하고 있었다고 한다. 그리고 무종 개성 5년 11월에 영남절도사 노균이
올린 상소문을 보면 전술한 바와 같이 시간이 흐르면서 남선지역에 대
한 이부의 전선이 오히려 많은 폐해를 낳고 있었다고 하므로 이부의 전
선은 시간이 흐르면서 점점 많은 한계를 드러내면서 위축되고 동시에
그 의미도 점점 축소되었다고 생각된다. 그만큼 남선지역을 포함한 지
역의 번진의 주현관 선임이 확대되었음은 두말 할 나위가 없다.

맺음말

　이상의 고찰을 요약해 보자. 고종 상원 3년 8월에 남선이 시행된 후
武則天 대족 원년(701) 7월에 이르면 남선지역 안의 특정한 州를 선정
하여 그 주의 주현관은 이부가 직접 임명하는 제도가 마련되었다. 즉
桂·廣·泉·建·連·賀·福·韶州 등에 대한 이부의 전선이 그것인

---

45) 그러나 실제로는 比遠의 주에 官員의 숫자가 많은 도독주 등이 포함되어
　　있기 때문에 훨씬 많은 수의 주현관이 있었을 것이다. 당대의 州와 縣은
　　여러 등급으로 나누어지고 각 등급별로 관원의 숫자가 규정되어 있었는
　　데, 한차전에 보이는 주와 현은 대부분 등급이 낮았다. 주현의 등급에 대
　　해서는 『元和郡縣圖志』나 『舊唐書』 권38~41의 地理志를 참고하고, 등급
　　에 따른 주현관의 定員에 대해서는 『唐六典』 권30이나 『舊唐書』 권44, 職
　　官志의 州縣官員의 항 등을 참고하라.

데 이들 특정한 州만을 본다면 이들 지역의 주현관을 임명한 주체는 도독 → 남선사 → 吏部 순으로 바뀌었다. 그리고 현종 개원 4년에 나온 칙문을 기준으로 보면 이러한 특정한 주 이외의 지역에 대해서도 이부의 전선이 시행되는 것이 보인다. 그러나 이들 지역은 소수민족을 많이 거느리고 또 장안과 멀리 떨어져 있기 때문에 選人들이 부임을 꺼려 이부에서 주현관을 충원하는 데 어려움을 겪는다. 현종 천보 13년(754) 7월부터 儒學을 익힌 선비는 선보사가 주관하는 鄕貢試驗에 응시하고 또 남선 출신의 前資官이나 選人 등은 이부 전선에 참가할 수 있는 자격을 얻게 되는데, 이것은 이 지역 사람들이 이것을 통해 중앙이나 다른 지역으로 나아갈 수 있게 된 것을 의미한다.

그러나 안사의 난을 거치면서 남선제는 크게 이완된다. 즉 안사의 난으로 말미암아 남선이 중지되었다가 대종 대력 14년(779)에 다시 시행되나 이미 이전과 같이 정상적으로 시행되지는 못한다. 단 덕종과 헌종 대에는 일부 관련 규정을 고치는 등 남선을 다시 시행하려는 의지를 보이기도 한다. 그러나 헌종 이후가 되면 남선을 일시 정지하는 일이 자주 생기게 되는데 특히 문종대에는 사실상 남선이 거의 시행되지 않는다. 남선이 일시 중지되었을 때에는 공식적으로 남선지역의 주현관 선임권이 번진에게 위임되었는데,『구당서』또는『신당서』의 한차전은 그러한 상황을 전하는 좋은 예가 된다. 즉 당시 계관관찰사는 이부가 직접 주현관을 임명하는 일부 州를 제외한 나머지 주의 주현관을 거의 모두 선임하고 있었다. 그런데 이러한 것은 어디까지나 남선지역인 계관지방 그것도 남선이 정지된 시기에 번진이 임용하던 때의 상황을 전하는 것이라고 하겠다.

그 후 남선이 완전히 폐지되었다고 단정하기는 어려우나 사실상 폐지되고 대신 번진이 특정한 주를 제외한 나머지 주의 거의 모든 주현관을 선임하게 된다. 이것은 반드시 남선지역에 한정되는 것은 아니었는데 당시의 상황을 보면 남선지역이나 사천 등 주로 변방에 위치하는 특정한 지역은 다른 일반지역과는 달리 이부가 임명을 해도 부임을 원하지 않거나 원래 이부가 주의하지 않는 경우가 많았다. 이러한 문제점을 개선하기 위한 방도로서 정식 주현관을 임명하기 전에 먼저 번진이 임시 주현관에 임명(攝官)하여 실제 능력을 확인하고 능력이 인정되면 번진의 주청을 통해 정식으로 주현관에 임명하는 방식이 많이 채택되었다. 이에 따라 번진이 대부분의 주현관을 임명하였으나 그 형식은 주로 攝官이었다.[46] 번진은 각각 약 3~5인의 주현관을 주청할 수 있었으며 관직에 따라 약간의 제약이 있었다. 그리고 이러한 특정한 지역 안에서도 남선지역과 기타 지역은 서로 다른 면이 있는데 그것은 남선지역에는 원래 이부가 직접 임명하는 특정한 주가 있었으며 기타 지역에는 그것이 따로 존재하지 않았다는 점이다. 이것이 당시 남선지역만이 가진 특수한 성격으로서 이 지역의 번진에게 허용된 주현관 주청권은 주로 이러한 특정한 주를 대상으로 행사되었다.

　한편 남선지역 안에 있는 특정한 주에 대한 選人들의 지원을 장려하기 위해 헌종대에 이 지역에 부임하는 선인에 대한 우대책으로서 ‘待選期間’을 줄이는 등 약간의 노력을 기울이나 그다지 효과를 보지 못한다. 남선지역에 대한 이러한 이부의 전선은 시간이 흐르면서 오히려 폐해를 낳게 되고 또한 점점 위축되었으며 그만큼 번진의 주현관 선임이 확대되었다.

---

46) 이러한 제도는 약간의 형태를 바꾸면서 송대에도 계승된다. 사천 등에 시행된 송대의 상황에 대해서는 梅原郁, 『宋代官僚制度研究』, 同朋舍, 1985, 239~246쪽 참조.

織田信長 政權과 將軍·大名의 關係

이 계 황

머리말

　일본사에 있어서 戰國時代는 역사적 다양성과 가능성, 역동성이 있었던 시기였다. 따라서 일반인들은 어느 시기보다도 이 시기에 흥미를 갖고 있으며, 이러한 성향을 반영하여 소설이나 드라마에서 수없이 소재로 택해져 왔다. 그렇기 때문에 일반인들이 갖고 있는 오다 노부나가(織田信長)에 대한 이미지도 군략가, 정치인, 권모술수가, 기존질서의 파괴자, 강한 호기심의 소유자, 강한 집념의 소유자 등등으로 다양하다. 이러한 노부나가에 대한 이미지는 결코 잘못된 것은 아니다. 다만 한 인간이 이렇듯 다양한 모습으로 살아야 했던 현실이 존재했었다는 점을 강조하고 싶다.

　노부나가에 대한 역사학적 연구는 일본사에서 가장 많이 연구된 분야 중의 하나이다. 그 이유는 이 시기가 중세와 근세의 과도기 또는 근세의 형성기로 자리매김되기 때문이다. 이 문제는 노부나가 정권기의 제 정책을 종합·분석함으로써 가능할 것이다. 노부나가 정권기의 연구는 그러한 시각에서 진행되어 왔다. 그럼에도 불구하고 분열로부터 통일의 기초를 마련했다는 지극히 당연한 사실을 간과하여 諸勢力과의 역학관계의 변화 등을 충분히 검토하지 않은 것도 사실이다.

본고는 노부나가가 제세력과 어떠한 관계를 유지하면서 통일을 지향했는가, 노부나가 정권의 발전과 더불어 그것이 어떻게 변화하였는가, 그리고 그 과정에서 노부나가는 자신을 어떻게 자리매김하고자 했는가 등을 살펴보고자 한다. 이것은 노부나가 정권의 역사적 성격을 결정하는 중요한 지표를 제공하리라 생각한다.

Ⅰ. 將軍과의 關係

1. 織田信長 上京期

노부나가가 처음 上京하여 將軍 요시테루(義輝)를 만난 것은 1559년의 일이다.[1] 이것은 이 무렵 오와리노쿠니(尾張國)를 거의 통일한 상태에서 노부나가의 오와리노쿠니에 대한 지배권을 將軍에게 인정받으려는 의도에서였을 것이다. 노부나가가 戰國大名로서 중앙 혹은 다른 大名들에게 주목받게 되는 계기는 1560년 5월 19일의 오케하자마(桶狹間)의 싸움에서 이마카와 요시모토(今川義元)를 물리쳤을 때부터이다. 이것을 계기로 도쿠가와 이에야스(德川家康)는 이마카와 씨의 지배에서 벗어나 노부나가와 동맹관계에 들어간다. 이로써 노부나가는 서쪽으로, 이에야스는 동쪽으로 진출하게 된다. 한편 1564년 9월 28일 오오기마치(正親町) 天皇은 御料所의 회복과 御所의 수리 등을 명하는 勅命을 노부나가에게 내린다.[2] 그리고 3개월 후 將軍 요시테루는 위의 칙명과 동일한 내용의 御內書를 노부나가에게 보냈다. 이에 대한 노부나가의

---

1) 「信長公記」『改定史籍集覽』第十九冊(新加通記類), 臨川書店, 1984.
2) 「道家祖看記」『改定史籍集覽』第十三冊(別記類), 臨川書店, 1984.

태도는 "이번 御內書를 내리심을 감사하게 생각합니다. 이것은 生前의 대사로 이보다 더한 것은 없습니다"3)라 하고 있는 것에서 알 수 있듯이 매우 만족해하고 있다. 將軍의 御內書가 大名들에 보내는 명령서라는 점을 감안하면, 將軍이 노부나가에게 御內書를 보낸 것은 將軍이 노부나가의 領國支配의 정당성을 인정한 것이라 평가할 수 있다. 따라서 이것은 노부나가 정권의 발전과정에서 중요한 의의를 갖는다고 하겠다.

당시의 중앙정국은 급변해 간다. 1565년 5월 19일 미요시 요시쓰구(三好義繼)·마쓰나가 히사미쓰(松永久通) 등은 무로마치(室町) 邸를 습격하려 將軍 요시테루를 자살하게 했다. 이에 대해서 이치죠인(一條院)의 가쿠케이(覺慶)는 오오미노쿠니(近江國)의 와다 히데모리(和田秀盛)에게 의탁하고 8월 5일에는 우에스기 데루토라(上杉輝虎 : 謙信)에게 幕府의 재흥을 명했다. 이치죠인의 가쿠케이는 1566년 2월 17일에 환속하여 요시아키(義秋)라 개명하고, 8월 29일에는 오오미노쿠니에서 와카사노쿠니(若狹國)로, 곧이어 에치젠노쿠니(越前國)로 옮겨가 아사쿠라 요시카게(朝倉義景)에게 의탁하였다. 이러한 상황에서 요시아키는 우에스기 데루토라에게 幕府 재흥을 위한 上京('上洛')을 재촉하고 있다.

한편 노부나가는 미노노쿠니(美濃國)를 공략하여 1567년 이를 제압하였다. 또 이세(伊勢) 北部로도 진격했다. 이러한 상황에서 오오기마치 天皇은 노부나가에게 "이번에 여러 지역[伊勢北部地域]이 [노부나가의] 의도대로 평정된 것은 [노부나가가] 武勇의 長上이며, 天道의 感應함이며, 古今無雙의 名將[이기 때문이다]. 마침내 승리를 이룰 것은 물론이다. 특히 양국[伊勢와 美濃國]의 御料所와 그 목록을 제출할 것을 엄중히 명한다……"4)라는 내용의 綸旨를 보냈다.

---

3) 奧野高廣, 『織田信長文書の研究』上, 吉川弘文館, 1969, 93쪽. 이하 奧野高廣, 『織田信長文書の研究』上, 下에서 인용하는 문서들은 문서 ○○○와 같이 문서 번호만을 표시한다. 그리고 위의 책의 참고에서 인용할 경우에는 奧野高廣, 『織田信長文書の研究』上,下, ○쪽만을 표시한다.

4) 『織田信長文書の研究』上, 126쪽.

이 단계에서 노부나가는 ‘天下布武’ 印을 사용하고 있다. 또 이나바야마 (稻葉山) 城을 기후(岐阜)라 개명했다. 이나바야마 성을 기후라 개명한 것은 중국 周 王朝의 수도였던 岐山을 본떠 승려 타쿠안(澤彦)이 명명했다고 한다. ‘天下布武’印의 ‘天下’는 당시의 용례를 근거로 교토(京都)를 가리키고 있다고 한다.5) 그러나 위의 기후라 명명했던 것과 ‘天下布武’ 印의 사용이 거의 동시였던 것은 전국 통일을 꿈꾸는 노부나가의 의도·포부를 나타내고 있다 할 수 있다. 그렇다면 위의 ‘天下’는 교토만을 지칭한다고 보기보다는 일본 전체를 의미한다고 보아야 할 것이다.

그러나 당시의 상황은 노부나가의 주관적 사고가 통하지 않는 상황이었다. 노부나가가 전국통일을 전제로 한 上京은 諸大名들의 협력이 필요했다. 또 자신의 행동에 반대하는 세력의 정벌을 정당화할 필요도 있었다. 때문에 노부나가는 1568년 7월 22일 요시아키(義昭 : 義秋의 改名)를 미노노쿠니(美濃國)의 니시노쇼(西莊)의 릿세이지(立政寺)로 부르고 에치고(越後)의 우에스기 데루토라와 접촉하여 노부나가의 上京에 협력하라고 요구하고 있다.6) 그리고 9월에는 아사이 나가마사(淺井長政)·롯카쿠 요시타가(六角義賢)와 자신의 入京에 협력하도록 교섭하고 있다. 롯카쿠 요시타카와의 교섭은 실패로 끝났지만, 노부나가는 같은 해 9월 7일 군사를 이끌고 기후(岐阜)를 출발하여 교토를 향해 上京길에 올랐다. 그 도정중에 롯카쿠 요시타카를 정벌하고 있다. 이와 같은 과정을 통해 노부나가는 9월 26일 드디어 上京에 성공했다. 곧이어 노부나가는 기나이(畿內)의 반노부나가·요시아키 세력 공략에 착수한다. 마침내 10월경 기나이는 거의 평정되었다.

이 단계에서 아시카가 요시아키는 征夷大將軍에 취임하고 무로마치 막부(室町幕府)는 재흥되었다. 幕府再興은 노부나가 정권의 발전에 어떤 의미를 가지고 있는가. 또 再興된 幕府는 어떤 구조를 가지고 있었

---

5) 脇田修, 『織田信長』, 中央公論社, 1987, 19~20쪽.
6) 文書 92.

는가. 將軍과 노부나가와의 관계는 어떠한 것이었는가 등등의 의문이 생긴다.

노부나가가 추구하고 있는 '天下', 즉 全國統一의 의도는 幕府나 기나이에 대한 이 시기의 노부나가의 행동을 결정하는 중요한 요소이다. 노부나가는 요시아키를 대동한 上京을 통해 기나이 지역으로 진출하는 계기를 만들었고, 將軍을 껴안음으로써 오는 반노부나가 세력에 대한 공략 명분을 확보할 수 있었으며, 중앙정계를 장악함으로써 他大名들보다 유리한 정치적 위치를 확보할 수 있었다. 이러한 측면에서 노부나가의 幕府再興은 전국통일의 전략임과 동시에, 요시아키를 대동한 上京과 기나이 지역의 군사적 역학관계에서 오는 제약이기도 했다. 또 그것은 전국에 산재해 있는 大名들에 대한 노부나가의 군사적 역량부족에서 기인하고 있던 것으로 생각할 수 있다. 즉 노부나가는 자신의 기나이 지배권을 유지하기 위해서는 將軍의 통치권적 지배권을 부활시켜야만 했던 것이다. 이것은 노부나가가 將軍 - 幕府에 기본적으로 제약을 받고 있음을 나타낸다.

현실적으로 將軍에게 제약을 받고 있는 노부나가지만, 將軍도 역시 노부나가에게 제약을 받고 있었다. 幕府를 지탱시켜 주는 군사력과 경제력은 노부나가의 협력 없이는 불가능하다. 따라서 將軍은 가능한 한 노부나가를 幕府體制 안으로 끌어들이려 노력함과 동시에, 將軍 자신의 독자적인 권력기반을 만들려고 노력하였다. 반대로 노부나가는 자신을 제약하는 幕府體制에 깊숙이 관여하려 하지 않았다. 그리고 노부나가는 將軍의 권력기반이 親寺社·將軍的 性格이 강한 기나이(畿內) 지역7)에서 강대해지는 것도 당연히 원하지 않았다. 따라서 노부나가는 將軍으로부터 제도에도 없는 副將軍에 취임하라는 제안과 관위에 오르라는 제안, 그리고 기나이 五個國 중 원하는 國을 주겠다는 제안을 모

---

7) 畿內地域의 親將軍的·寺社的 성격은 생산력 발전의 결과로 형성된 在地의 總村구조의 자립성, 그로 인한 武士階級에 대한 배타성이 寺社勢力에 경사시키는 경향성, 이 寺社勢力이 將軍에의 경사성을 갖고 있었던 것을 의미한다.

두 거절하고, 구사쓰(草津)·오쓰(大津)·사카이(堺)에 代官을 두겠다고 했다.[8] 이와 같은 행동의 배경에는 戰國大名로서 일정 지역을 지배하기 위해서는 실질적인 군사력과 그것을 기초로 한 실질적인 장악력이 없을 경우에는 언제라도 下克上이 발생할 위험성이 있다는 현실 인식이 있었다.

당시 將軍과 노부나가의 관계는 將軍 요시아키는 통치권적 지배권을 이용해 노부나가를 규제하려고 했고, 노부나가는 현실적인 경제력과 군사력으로 將軍을 규제하려는 미묘한 것이었다. 이와 같은 상황 속에서 노부나가는 將軍의 지배권을 규제하고자 했다.

1569년 5월 16일에 발표된 「展中御掟」과 그 「追加」[9]는 당시의 將軍과 노부나가의 관계를 아주 잘 드러내고 있다. 이 문서의 주요 내용은 제1조부터 제4조까지는 將軍 개인과 관계가 있는 기구의 유지와 운용에 관한 부분, 제5조에서 제9조까지는 幕府의 공적인 행정권 행사에 관한 부분, 그리고 幕府의 권력행사와 관련해서 파생될 제 문제에 대한 禁制 또는 제한사항으로 된 「追加」부분으로 이루어져 있다. 여기서 문제가 되는 부분은 제5조에서 제9조까지의 부분과 「追加」부분이다.

이것을 내용면에서 자세히 보면, 幕府 재판권에 관한 규제(제5·7조, 「追加」의 제5·6조), 幕府 행정의 운용에 관한 규제(제6·8조, 「追加」의 제2·4·7조), 寺社에 관한 규정(제9조, 「追加」의 제1조), (大名들의) 싸움 금지 조항 등으로 되어 있다. 노부나가가 이것들을 정한 목적의 요지는, ① 막부권력을 지지하는 將軍 측근이나 친위군단이 요시아키(義昭)와 사적인 주종관계를 강화해 가는 것을 억제하고, ② 將軍의 재판권이나 幕府의 소송제도가 공정하게 운용될 수 있도록 감시하려 함에 있었다.[10]

이 문서에서 주의해야만 할 것은 "寺社의 本所領과 그 知行地에 대

---

8) 「信長公記」.
9) 文書 142.
10) 藤木久志,「織田信長の政治的地位」『戰國大名の權力構造』, 吉川弘文館, 1987, 91쪽.

한 押領은 엄중히 금지한다"11)라는 寺社에 관한 규정이다. 노부나가가 將軍權力의 확대를 규제할 수 있는 군사력과 경제력, 즉 당시의 현실적인 군사력이 충분했는지의 여부는 제쳐 두고라도, 그것을 직접 행사하면 다른 大名와의 관계가 악화되고 명분도 잃을 염려가 있었다. 한편 將軍이 자신의 권력기반을 확대할 수 있는 지역은 기나이 지역이다. 그리고 기나이 지역은 전통적으로 寺社勢力이 강하게 뿌리내리고 있었다. 이와 같은 현실 때문에 노부나가는 寺社勢力이 갖고 있는 제 권리를 보장함으로써 寺社勢力의 將軍과의 접촉을 방지·제한해 將軍權力의 강화·확대를 막으려고 했던 것이다.

「展中御掟」과 그 「追加」에 의한 將軍權力의 규제가 將軍의 독자적인 판단으로 행해질 수 있는 형식을 통해서 공표되었다고 해도, 將軍 요시아키와 노부나가 사이의 근본적인 문제가 해결될 리 없음은 말할 나위도 없다. 이 문서에서 규제한 것은 幕府의 행정권으로, 將軍이 갖고 있던 大名에 대한 통솔권에 관해서는 언급되어 있지 않다. 將軍 요시아키는 이 문서에 의해 규제받고 있으면서도 노부나가가 명분에 구속되어 있음을 이용하여, 다른 大名들을 통해 노부나가를 견제함과 동시에 將軍權力의 기반과 幕府의 전국에 걸친 영향력을 확대하려 했다. 將軍 요시아키는 上京 전에도 가끔 御內書를 보내 자신의 上京과 幕府의 재흥에 협력하도록 권유하기도 하고, 大名들에게 停戰을 권하기도 하고, 잇코슈(一向衆)와 大名의 조정을 맡기도 했다. 이에 대해 大名들이 어느 정도 규정되었는지는 알 수 없지만, 大名 나름대로의 정치·군사적인 상황에 따른 상호 규정적 성격이 있었음도 부정할 수 없는 사실이다.

이 단계에 있어서도 將軍 요시아키의 행동에는 변함이 없다. 將軍 요시아키는 1569년 2월 8일 에치고(越後)의 우에스기 데루토라(上杉輝虎)에게 "이번 凶徒 等이 峰起한 바, 織田彈正忠가 출정하여 모두 평정하고 [지금] 교토에 머물고 있습니다. 越·甲도 이 시절에 和與(和解)하

---

11) 文書 142.

여 마침내 天下의 화평에 노력하시오. 그것에 대해 노부나가와 相談하는 것은 중요합니다"12)라는 내용의 御內書를 보냈다. 이러한 將軍의 행동에 대한 노부나가의 태도도 "越·甲의 和與에 관한 일로 御內書가 내려졌습니다. 이 시절에 (將軍의 제안을) 받아들여 公儀에 노력하는 것이 중요합니다"13)라는 것에서 알 수 있듯이 將軍의 의견을 존중하는 태도를 취하고 있다. 이것은 4월 7일의 將軍의 御內書14)와 에치고(越後)의 나오에 가게쓰나(直江景綱) 앞으로 된 判物15)로도 알 수 있다.

이상에서 알 수 있듯이 上京 전후의 노부나가는 將軍의 전국에 걸친 통치권적 지배권의 부활을 통해 자신을 他大名들 위에 자리매김하려 하고 있다. 또 幕府를 재흥시킴으로써 幕府內에 자신의 영향력을 강화함과 동시에 반노부나가 세력에 대한 정벌의 명분을 확보해서 자신의 지배권을 확대했던 것이다. 將軍 요시아키는 노부나가의 군사력과 자신의 통치권적 지배권을 이용해서 기나이와 그 주변지역에서 戰國大名와 같은 실질적이고 현실적인 권력기반을 만들려 하고 있었다. 그런 의미에서 당시의 將軍과 노부나가의 관계는 상호 규제·보완 관계였다고 할 수 있다. 그러나 이것은 당시의 정황에서 오는 일시적인 협력관계에 지나지 않았다. 양 정권은 물과 기름 같이 서로 섞일 수 없는 본질적인 대항관계가 존재하고 있었다 하겠다.

2. '將軍·信長體制'의 갈등

노부나가 上京 前後의 將軍과 노부나가와의 관계는 위에서 보았듯이 상호 규제·보완 관계였으나, 1569년 말경 크게 변화하기 시작했다. 즉 기나이 지역에 대한 노부나가 세력의 군사적 우위, 이세(伊勢) 지역에 대한 군사정벌의 완료 등으로 인한 긴키(近畿) 지역에서의 노부나가

---

12)『織田信長文書の研究』上, 250쪽.
13) 文書 148.
14)『織田信長文書の研究』上, 270쪽.
15) 文書 160.

지배기반은 강고해졌다. 이에 노부나가는 긴키 지역에 대한 노부나가 지배의 공인작업을 시작했다. 그것은 將軍의 권력행사에 대한 제한과 그 지역 大名들의 공인으로 끝날 성질의 것이었다.

　노부나가의 將軍의 권력 행사에 대한 제한을 보고자 할 경우 주목되는 것이 1570년 1월 23일에 발표된 「條條」라 불리는 문서이다. 이 문서의 내용을 인용하기로 한다.16)

　　하나(제1조), [將軍이] 諸國에 御內書를 통해 명령할 사정이 있을 경우 노부나가에게 통보하고 [노부나가의] 서장(副狀)을 첨부하도록 할 것.
　　하나(제2조), [종래의] 下地(下地之儀)는 모두 파기하고 [將軍이 다시 생각하여] 思案을 정하여야 할 것.
　　하나(제3조), 公儀[將軍·幕府]에 奉公하여 忠節을 다하는 사람(忠節之輩)들에게 은상과 포상을 주고 싶으나 [將軍의] 영내에 [토지 등이] 없다면 노부나가의 영내[의 토지]에라도 將軍의 뜻에 따라 명령을 내릴 것.
　　하나(제4조), 天下之儀는 어떤 事案이라도 노부나가에게 맡겨져 있기 때문에 누구를 막론하고 將軍의 의견을 묻지 않고서도 [노부나가의] 분별에 의해 처단할 수 있음.
　　하나(제5조), 天下의 화평에 대한 것, 禁中(조정, 천황)에 관한 일은 매사에 방심하지 말 것.

　위 문서의 내용은 將軍의 御內書 발급의 제한, 이미 발급된 '下知之儀'의 파기, '忠節之輩'에 대한 은상 및 포상에 관한 조항, '天下之儀'를 행사하는 주체가 노부나가라는 사실의 명기, 將軍이 행해야만 할 조항 등으로 되어 있다. 특히 '御內書'와 '天下之儀'가 구별되어 있는 점에 주목하고 싶다. '御內書'가 諸國에 보내지는 문서였던 점을 감안하면, 御內書 발급의 제한은 諸大名와 將軍의 관계에 대한 제한임을 쉽게 알 수 있다. '下知之儀'는 주종관계에 의한 知行給與權을 의미한다고 생각된다. 이 조항들은 將軍의 자신의 권력 기반을 구축하려는 자의적이고 독단적인 정치 - 幕府體制의 강화 - 를 배제하려는 노부나가의 의도를

―――――――――――

16) 文書 207.

나타내고 있다. 이러한 규제에 대한 반노부나가 세력＝將軍勢力의 반발을 노부나가는 예상하고 있다.

　때문에 노부나가는 제3조를 제시하고 있다. 幕府體制를 완전히 부정할 수 없는 단계에서 幕府와 관계 있는 사람들에 대해 '忠節'을 기준으로 한 은상과 포상을 인정한 것은 幕府의 내부분열을 조장할 가능성이 잠재해 있다. 또 將軍이 인정하는 은상·포상의 대상지가 노부나가의 領內에 있을 경우, 당사자는 將軍과 노부나가 양쪽에 모두 속하게 될 것이다. 더욱 중요한 것은 '忠節'의 전제이다. '奉對公儀 忠節之輩'라고 할 때 公儀가 將軍을 가리킴은 당연한 것이나, '忠節'은 將軍 개인에 대한 사적 주종관계에서 유래하는 '忠節'이라고 할 수는 없다. 여기에 말하는 '忠節'은 노부나가가 인정한 '將軍·信長體制' - 幕府體制의 정점에 있는 將軍이 제1, 2조로써 노부나가에게 규제된 체제 - 에 대한 것이다. 결국 이 조항에 따라 은상과 포상을 받는 사람은 원칙적으로는 將軍과 주종관계에 있으나 노부나가에 의해 규제받지 않으면 안 되는 것이다. "[將軍의] 영내에 [토지 등이] 없다면 노부나가의 영내[의 토지]에라도"라는 부분은 이 문서의 공표로 인해 將軍이 사적 주종관계를 기본으로 하는 武門의 棟梁으로서 武家世界를 지배할 자격도 능력도 없음을 나타내는 효과가 있었다고 생각된다. 또 상대적으로 노부나가의 지배력이 더 강함을 武家階級에게 선전하는 것이기도 했다.

　이렇게 해서 노부나가는 將軍權力의 전부를 장악함과 동시에, 幕府關係者 즉 將軍과 주종관계에 있는 사람들까지도 규제할 수 있게 되었다. 이 논리선상에 제4조가 위치한다. 제4조는 幕府의 모든 권한이 노부나가에게 일임되어 있다는 것, 즉 將軍權力의 대행자로서 자신을 자리매김하고 있다. 특히 주목되는 것은 "누구를 막론하고 將軍의 의견을 묻지 않고서도 [노부나가의] 분별에 의해 처단할 수 있음"이라는 부분이다. 이것은 노부나가의 將軍權力 독점에 반발하는 세력에 대한 경고임과 동시에, 반노부나가 세력의 반발을 예측하고 그 정벌에 대한 정당성을 확보하는 법적 근거를 만들려고 했음을 시사하고 있다. 이런 측면에서 보면 노부나가는 이 단계에서 반노부나가 세력 大名들이 자신의 휘하에 들어오기를 거부할 경우, 이를 군사력으로 제압하려는 정책을 세웠다고 할 수 있겠다.

따라서 노부나가는 제5조에 "天下御靜謐之事"라는 규정을 두었다. 이 조항은 將軍이 반노부나가 세력과 결탁하여 행동할 가능성을 제약하기 위해 만들어 둔 것임과 동시에, 노부나가와 他大名 간에 싸움이 생길 경우나 停戰할 경우에 將軍의 통치권적 지배권을 이용하여 유리한 정치적 입장을 확보하고자 한 것으로 보인다.

'禁中之儀'는 將軍의 天皇에 대한 의무 규정을 강조한 것으로 후에 將軍에 대한 비판 기준이 된다. 무로마치(室町) 幕府의 재흥은 위에서 기술한 요인으로 제약·규제될 수밖에 없었지만, 일단 재흥된 幕府는 將軍의 통치권적 지배권을 기초로 將軍을 정점으로 기나이와 그 주변 지역에 대한 지배를 강화하기 시작했다. 그리고 幕府는 반노부나가 세력의 구심적 상징성을 띄고 있었다. 이러한 경향은 물론 他大名들의 움직임과 서로 얽혀 있다. 이와 같은 상황 속에서 노부나가는 將軍이 반노부나가 세력에 가담할 가능성을 생각하고 將軍의 통치권적 지배권을 제약할 수 있는 天皇을 병치시킴으로써 將軍을 상대화하고자 하고 있다 하겠다. 한편 노부나가는 궁궐의 중수(수리)와 公家의 권익보장을 통해 朝廷에 접근하여 親將軍權力=반노부나가 세력을 견제하고 있다.

결국 이 단계에서 노부나가가 만든 '將軍·信長體制'는 논리적으로 보면 將軍의 통치권적 지배권을 통해 노부나가가 일본 전역에 권력을 행사하는 체제였다. 그러나 그것은 기나이 지역에서의 반노부나가 세력을 결집시키는 계기가 되었다. 그것은 우선 1570년 4월 아사쿠라 요시카게(朝倉義景)의 공공연한 반노부나가 행동으로 시작되었다. 이에 대해 노부나가는 4월 20일 아사쿠라 요시카게를 토벌하기 위해 교토를 출발해 엣츄(越中)로 향했다. 그러나 노부나가로서는 생각하지 못했던 아사이 나가마사(淺井長政)의 모반과 롯카쿠(六角) 씨의 거병 등으로 사태는 심각해졌다. 이에 대해 노부나가는 아네노가와(姉川)의 싸움에서 아사이(淺井)·아사쿠라(朝倉)·롯카쿠(六角) 씨에게 결정적인 타격을 주었지만 그들을 완전히 제압할 수는 없었다. 더욱이 8월에는 미요시

산닌슈(三好三人衆 : 三好長綠·三好政康·石成友通)가 거병하고, 9월에는 혼간지(本願寺)가 미요시 산닌슈에 호응해서 거병했다. 또 농민들도 혼간지에 호응해서 11월에 이세에서 나가시마잇키(長島一揆)를 일으켰다. 이와 같은 상황의 전개는 1571년 다케다 신겐(武田信玄)과 寺社勢力이 반노부나가 세력에 가담함으로써 절정에 이른다. 이러한 정세를 이용해서 將軍은 자신의 권력기반을 공고히 하려 함과 동시에 각지의 大名에 대한 영향력을 강화·확대하려 했다. 將軍의 반노부나가 활동이 표면화되는 이 시점에서 노부나가는 「義昭宛異見書」(소위 異見十七個條)를 將軍에게 보냈다.

  이 문서의 全篇의 내용은 幕府가 將軍의 私權力化함을 비판하고 있다. 노부나가는 將軍을 '公'的 存在로 인정했고 그 將軍을 장악함으로써 자신의 전국 지배를 정당화해 갔다. 그러나 위에서 기술한 정세 변화는 將軍에게 독자적인 권력기반을 만들 수 있는 좋은 계기를 제공함과 동시에 諸大名들에게 영향력을 미칠 수 있는 절호의 기회이기도 했다. 이와 같은 상황 속에서 노부나가가 취할 수 있는 방법은 將軍을 '公'的 存在로 강조하고 이에 상응하는 행동을 취해야만 할 것을 전제로, 將軍 요시아키(義昭)의 행동에 불공평성이 있음을 선전하는 것, 말하자면 將軍 요시아키가 '公'的 存在로서의 자격이 없음을 폭로하는 것이었다. 이것은 현실에 있어서는 將軍의 독자적인 권력기반을 만드는 과정에서 탈락한 불평세력을 친노부나가 세력으로 포섭하는 효과도 있다 하겠다.

  따라서 「義昭宛異見書」는 將軍의 공적 의무 불이행에서부터 시작되고 있다. 즉 "內裏之儀(조정·천황에 관한 일)를 光源院殿様(요시테루)가 등한히 했기 때문에 마침내 가호(冥加)가 없었던 것입니다. 이로 인해 當代之儀에는 매사 [조정·천황에] 태만하지 말도록 入洛의 때부터 아뢰었던 바, 빨리도 망각하시고 近年 게을리함은 애석합니다"17)라 했다. 이것은 위에서 본 「條條」의 제5조 '禁中之儀'와 관계가 있다. 즉 將軍을

---

17) 文書 341.

이용·규제하기 위해서 남겨 둔 조항이 將軍의 공적 의무 불이행이라는 판단 기준이 되고 있다. 이에 더해서 "元龜라는 年號는 不吉하여 改元하여야 한다고 하는 것이 天下의 세론입니다. [때문에] 조정도 그것(改元)을 [幕府에] 명하셨습니다. [그럼에도 불구하고 개원의 의례를 집행하기 위해 필요한] 많지도 않은 비용을 [조정에] 헌상하지 않고 지금까지 지연시켰습니다. 이(개원)는 天下를 위한 것인 바, 이렇듯 마음을 쓰지 않아서는 안 될 것입니다"[18]라고 將軍을 비난하고 있다.

이어서 제3조에서 노부나가는 將軍의 御內書 발급에 대해 언급하고 「條條」의 제1조 위반임을 지적하고 있다. 즉 "諸國에 御內書를 보내시어 말 등 그 외의 것을 소망하는 것은 어떠한가라고 생각하심에 遠慮하시는 것은 좋습니다. 단 분부하시어 이루어지지 않는 사정은 노부나가에 분부하시어 [노부나가의] 副狀을 첨부하도록 여러 번 말씀 올렸으나 [將軍께서는 그것을] 주의하지 않고 諸國에 御內書를 보내시어 御用을 분부하신 것이 이전의 약속과 틀리기 때문입니다……"[19]라 하고 있다. 이어 제4조에서는 "大名들 중에 [將軍의] 수행을 하고 忠節에 힘쓰는 사람들에게 [그에] 상응하는 知行을 행하지 않고 [知行을] 하지 않을 자에게 扶助(知行)를 행하십니다. 그렇게 忠·不忠을 생각하시지 않으시니 諸人의 생각은 그렇지 않습니다"라 하고 있다. 이것은 "숙직을 한 와카슈(若衆)에게 扶持를 증가해 주시고 싶으시다면 저(노부나가)에게 무엇이든 있을 것인 바, 혹은 代官職을 주고 혹은 이치에도 맞지 않는 재판을 하게 하는 것[은 있을 수 없는 일], 天下의 褒貶은 세론에 따라야 한다고 생각합니다"[20]라는 것과 대조해서 보는 것이 좋다. 또 「條條」 제3조의 "公儀(將軍·幕府)에 奉公하여 忠節을 다하는 사람들(忠節之輩)에게 은상과 포상을 주고 싶으나 [將軍의] 영내에 [토지 등이] 없다면 노부나가의 영내[의 토지]에라도 將軍의 뜻에 따라 명령을 내릴 것……"중의 '忠節之輩'와 관계가 있다. 이 세 가지를 대조해서 생각해 보면 사석

---

18) 文書 341.
19) 文書 341.
20) 文書 341.

주종관계의 강화를 통해 將軍 자신의 독자적인 권력기반을 강화하려는 경향에 대해 '忠節'을 基準으로 諸人이 납득할 수 있는 공평성을 강조함으로써 무사계급이 將軍 쪽으로 기우는 것을 노부나가는 저지하려 했던 것을 알 수 있다. 또 여기에는 무사계급의 행동 논리로써 '忠節'을 강조함으로써 하극상을 억제하려 함과 동시에 將軍의 독자적인 권력기반을 만드는 과정에서 탈락된 무사계층을 친노부나가 세력에 결집시키려는 목적도 있었다 하겠다.

이러한 將軍의 행동으로 인해 파생된 예로서 제7조가 위치하고 있다.21) 그 밖에 재판에 관한 비판, 將軍의 개인행동에 관한 비판, 그리고 친노부나가 사람들에 대한 배척과 노부나가 배척의 준비활동을 하는 將軍의 행동에 대한 비판 등이 있다. 이와 같은 노부나가의 將軍 비판은 결론적으로 "모든 일에 있어서 욕심을 부리시어 도리도 세론도 무시하신다는 풍문이 있습니다. 그런 까닭에 儀를 생각하지 않는 土民·百姓마저도 못된 將軍이라고 하고 있습니다……"22)라 하고 있다.

노부나가의 將軍 비판 기준은 朝廷에 대한 의무 불이행, 노부나가와의 약속 위반, 將軍의 제멋대로 하는 행동 등이다. 이러한 행동에 대해서 朝廷에서나 노부나가에게나 무사계급에게나 土民·百姓에게도 비판받고 있다고 함으로써 노부나가는 자신의 정당성을 강조하고 있다. 이 정당성의 근거는 將軍 비판의 對極에 존재한다. 즉 노부나가 자신의 朝廷에 대한 충실한 봉임, 將軍과 한 약속의 충실한 이행, 私人으로서가 아니라 '天下人'으로서의 공평한 '天下之儀'를 수행해 왔다는 것이다. 이러한 자신의 행동은 朝廷에게나 武士階級에게나 土民·百姓에게도 지지받고 있다는 논리다. 將軍과의 관계가 악화된 당시 노부나가는 '天下之儀'의 주체로서 자신의 전국지배 정당성을 天下萬民에 대한 공평성에서 찾고 있다. 이러한 의미에서 이 시기는 노부나가 권력의 발전 과정에서 중요한 의의를 가지고 있다 하겠다.

---

21) 文書 341.
22) 文書 341.

이상에서 알 수 있듯이 노부나가・요시아키의 上京에 따른 무로마치 막부(室町幕府)의 재흥 이후의 노부나가와 將軍의 관계는 현실적인 군사력을 기초로 將軍의 권력을 제한함과 동시에 將軍權力을 노부나가가 행사하는 방향으로 전개되었다. 그것은 일단 성공한 것처럼 보인다. 그러나 이에 수반하여 반노부나가 세력의 활동도 활발해졌다. 또 將軍 요시아키는 이 시기에 전통적인 통치권적 지배권의 권위를 십분 발휘하여 자신의 권력기반 강화에 노력하고 있다. 將軍과 반노부나가 세력의 움직임은 상호 연동되어 반노부나가 세력의 핵심에 將軍이 위치할 수 있게 되었던 것이다. 이러한 역학관계로 말미암아 '將軍・信長體制'는 파탄되었다. 이 시점에서 노부나가 정권에 남겨진 과제는 반노부나가 세력에 대한 철저한 정벌과 통치권적 지배권을 인정하는 朝廷의 그늘로부터 탈출하여 독자의 지배 논리를 구축하는 것이었다. 이 문제들은 서로 얽혀 있기 때문에 시기에 따라 다양한 전개를 보이고 있다.

II. 諸大名와의 관계

1. 職田信長 上京前後期

오케하자마 싸움의 승리, 오와리의 통일, 도쿠가와 이에야스(德川家康)와의 동맹에 따른 東國(關東) 지역에 있어서의 전략 등은 노부나가가 西國(關西) 지역에 대한 공략정책을 추진함에 유리한 조건이 되었다. 이와 같은 상황 속에서 노부나가는 1563년 미노노쿠니 공략에 편리한 오마키야마(小牧山)로 본거지를 옮기고 西國 공략을 적극적으로 추진하였다. 이 단계에서 노부나가는 1564년 에치고(越後)의 우에스기(上杉) 씨와 접촉을 시작하였다. 1564년 노부나가는 우에스기 씨와 4회에 걸친 서신연락을 하고 있는 바, "先月 노슈(濃州 : 美濃國)에 출병하여 이쿠치(井口) 근처에 성채를 건설하도록 명하였고……그 위에 세이슈(勢州 : 伊勢)에까지 출진했습니다"23)라는 것에서 알 수 있듯이 노부나가와 우에스기 씨의 우호관계는 노부나가의 활발한 西國政策과 관련되어 있다. 노부나가와 우에스기 씨의 관계는 더욱 진척되어 "특히 養子로서 (나의) 어리석은 자식을 받아들이려 하는 것은 면목에 합당한 일입니다……향후 지시에 따라 상의하도록 하겠습니다"24)라는 것에서 알 수 있듯이 人質을 파견하는 정책 - 비록 실패로 끝났지만 - 으로까지 진전된다. 노부나가의 西國에 대한 功略은 東國에 대한 우에스기 씨·도쿠가와 씨의 동맹관계에 의거하여 더욱 적극적으로 이루어지게 되었다. 이러한 노부나가의 군사행동은 노부나가가 범상치 않은 존재임을 朝廷·幕府·諸大名에게 각인시켰다. 그 결과 위에서 보았듯이 1564년 9월 28일 朝廷은 노부나가에게 칙사를 파견하여 御料所의 회복과 御所의 수리를 명하고 將軍 요시테루도 御內書를 발급하여 上京할 것을 권해 왔다. 따라서 이 시기에 노부나가가 우에스기 씨와 접촉을 시도했던 것은 西國에 대한 군사행동을 안정적으로 추구하기 위한 東國政策과 上京 의도가 서로 얽혀 있었다고 할 수 있다 하겠다.

한편 1565年 5월 19일 將軍 요시테루가 미요시 요시쓰구(三好義繼)·마쓰나가 히사미쓰(松永久通)에게 패해 할복하자 중앙정국은 대혼란을 맞는다. 위에서 보았듯이 이치죠인의 가쿠케이는 우에스기 데루토라에게 將軍家의 재흥을 요청했다.25) 이러한 상황은 천하통일을 꿈꾸는 노부나가에게 유리하다고는 할 수 없다. 將軍家의 재흥을 위해서는 우에스기 겐신의 상경이 필연적이기 때문이다. 따라서 우에스기 씨와의 우호·동맹관계를 변화시킬 필요가 있었다. 그런 연유에서 노부나가는 다케다 신겐(武田信玄)에게 접근한다. 1565년 5월 10일경에 있었던 노부나가와 다케다 씨의 결혼정책26) - 이것도 실패로 끝났지만 - 은 이러한 정국의 변화와 밀접한 관련 속에서 진행되었다고 생각된다.

이렇듯 大名들과의 관계를 통해서 노부나가는 자신의 上京길을 준비

---

23) 文書 48.
24) 文書 50.
25) 「上杉家文書」.
26) 「甲陽軍鑑」.

함과 동시에 미노노쿠니 공격에 착수했다. 1566년 9월 24일 노부나가는 기노시타 히데요시(木下秀吉)에게 미노노쿠니의 구로스미(墨股)에 축성토록 하여 사이토 다쓰오키(齋藤龍興)의 군사를 물리쳤다. 이것으로 미노노쿠니 침공의 전진기지가 마련되었던 것이다. 노부나가의 미노노쿠니 공략은 더욱 거세져서 마침내 1567년 8월 미노노쿠니 정벌을 이룩하였다. 또 1568년 2월 이세노쿠니(伊勢國) 북부로 진격, 이를 공략하여 지배하에 넣었다. 이것으로 일단 上京의 길이 열리고 상경은 시간의 문제가 되었다. 이와 같이 상경 준비가 척척 진행되어 가던 중에 1568년 7월 요시아키(義秋)를 맞이하면서 상경의 명분을 획득하고, 9월에 상경길에 올랐던 것이다.

1567년 2월 우에스기 겐신에게 보내진 서장[27]은 1564년 이후의 우에스기 겐신과의 연락 재개라는 점에서 주목되는 바, 이것은 노부나가의 이세 진격과 그로 인한 상경길의 확보, 상경을 위한 상호관계 조정이 필요한 단계에서 나온 노부나가의 전략이라 하겠다. 이 연장선상에 1568년 6월과 7월의 우에스기 씨와 다케다 씨의 화해를 주선하는 서장[28]이 위치한다. 이것에서 보면 노부나가는 자신을 大名들과 평등한 관계에 두면서도 越·甲의 조정자로서 자리매김하고 있음을 알 수 있다. 특히 노부나가가 요시아키를 대동하여 上京함에 있어서 신겐(信玄)과 이에야스(家康)가 不戰條約을 맺고 있으므로, 신겐과 겐신도 平和를 維持하여 서로 '天下之儀'를 위해 노력하라고 권유하고 있다. 이것은 노부나가가 자신의 上京을 구실로 자신을 '天下之儀'를 수행하는 주체로 他大名에게 인식시키려 함과 동시에 자신을 大名들의 조정자로 위치지으려는 의지를 강하게 나타내고 있다.

그러나 상대방의 大名들도 '天下之儀'의 주체로 인정하고 있음에 유의하여야 한다. 이러한 경향은 1569년 정월 16일의 「殿中掟」이 발표된 이후에도 계속되고 있다. 예를 들넌 1569년 2월과 3월에 나오에 가게쓰

---

27) 文書 85.
28) 文書 90, 92.

나에게 보낸 서장[29] 등은 그것을 잘 표현하고 있다. 이러한 경향은 노부나가가 요시아키와 함께 상경했으나 현실적으로는 他大名들을 군사적 힘으로 완전히 제압할 수는 없는 상황에 규제되어 있기 때문이다. 그리고 위에서 보았듯이 노부나가 上京 전후의 將軍과 노부나가의 관계는 상호 규제·보완 관계였다. 노부나가와 大名들의 관계도 원칙적으로는 평등한 관계였다. 다만 將軍을 감싸안고 있었기 때문에 자신의 유리한 입장 - 중앙정국의 장악 - 을 이용해서 자신의 위치를 높이려 했을 뿐이었다.

기나이 지역의 안정화와 기나이 지역에서 노부나가 세력이 강대해짐에 따라서 그의 大名들에 대한 태도도 변해 간다. 즉 1568년 말경 기나이 지역에 대한 노부나가 세력의 군사적 우위, 이세 지역에 대한 군사 정벌의 완료 등으로 긴키 지역에서의 노부나가 지배기반은 강고해져 갔다. 때문에 노부나가는 긴키 지역에 대한 노부나가 지배의 공인작업을 시작했다. 이것은 將軍의 권력행사 제한과 그 지역 大名들의 공인에서 끝날 성질의 것이다. 將軍권력의 제한에 대해서는 앞에서 언급했거니와 여기서는 1570년에 노부나가가 보인 大名들에 대한 태도를 보기로 한다.

2. '將軍·信長體制'期

1570년 월일 미상의 이세 북부의 기타바타케 도모노리(北畠具敎) 등 등 앞으로 보낸 서장의 사본에는 "禁中의 수리, 武家의 御用(재정), 그 외의 천하 화평을 위해 來月 중순경에 上京하려 합니다. 각각 상경하시어 예를 취하시기 바랍니다……"[30]라는 內容이 있다. 이 서장 사본의 수신자는 三河, 飛驒, 大和, 攝津, 和泉, 播磨, 丹波, 丹後, 若狹, 近江, 遠江, 紀伊, 越中, 能登, 甲裵, 美濃, 稻葉, 備前 등의 大名들이다. 이는 기나이 지역은 물론 노부나가가 지배하고 있는 지역을 훨씬 넘어선 지

---

29) 文書 148, 160.
30) 文書 210.

역의 大名들을 포함하고 있다. 물론 將軍은 위에서 언급한「條條」에 따라 노부나가에게 제약받고 있다. 위의 '禁中御修理 武家御用'은 大名들의 협력이 불가피한 조건이다. 그리고 '天下靜謐'은 將軍이 지닌 조정권에 의거해서 大名들이 將軍의 조정 명령에 따름으로써 유지될 수 있는 일본 전역의 평화를 의미하고 있다. 이렇게 보면 위의 서장을 보낸 목적은 將軍의 통치권적 지배권을 전면에 내세워 大名들을 將軍 밑에 편성하고, 자신을 將軍을 장악한 '天下之儀'의 수행자로 자리매김하여 다른 大名보다 한 단계 더 높이 위치시키고자 하는 의도를 나타내고 있다. 또 노부나가는 당시 將軍의 통치권적 지배권을 이용해서 자신의 권력을 기나이와 그 주변 지역에까지 확대하려 했던 것을 짐작할 수 있다. 이 때 노부나가가 將軍의 통치권적 지배권을 중요하게 여긴 이유는 그것이 大名들에 대한 대의명분이고, 자신의 전국지배에 대한 정당성을 선전하는 데 유효한 수단이었기 때문이다.

　그러나 위의 서장을 통해 노부나가의 또 하나의 현실적인 의도를 간취해 볼 수 있다. 위의 서장 사본은,「條條」에 의해 將軍權力이 규제받고 있었다고는 해도 현실적으로 그것이 어느 정도 전국의 大名들에게 통할 것인지는 미지수였다. 따라서 노부나가는 그것을 시험해 봄과 동시에 敵性의 大名들이 누구인지를 확인할 필요가 있었다. 그리고 더욱 중요한 것은 위의 서장을 통해 반노부나가 세력을 정벌할 명분을 찾는 것이었다. 위의 서장 사본이 전국의 大名들에게 어느 정도 전달됐는지는 확인할 수 없으나, 위의 서장 사본의 의미는 그 후에 있은 아사쿠라 요시카게(朝倉義景) 토벌전과 아사이 나가마사(淺井長政)·롯카쿠(六角) 씨의 거병 등을 고려하여 생각해 볼 필요가 있다. 노부나가는 당시 자신이 구축하고자 하는 체제, 즉 將軍·信長體制에 반발하는 기나이 주변의 세력들을 철저히 괴멸시킬 필요가 있었다. 때문에 노부나가는 위의 서장을 諸國의 大名에게 보내 그 동태를 파악하고자 했을 것이다.

　1570년 6월 아네노가와의 싸움(姉川激戰)에서 노부나가는 아사쿠라(朝倉)·아사이(淺井) 씨에게 결정적인 타격을 주었다. 그러나 東國地方에서는 다케다 신겐이 노부나가의 기나이 석권에 강하게 반발하여 군사행동을 개시했다. 또 기나이 지역에서도 미요시 산닌슈(三好三人衆)가 거병하고 혼간지(本願寺)에 호응한 잇코잇키(一向一揆)가 일어났다. 의외로 반노부나가 세력의 결집은 강했다. 그리고 寺社勢力도 반노부나가 세력에 가세하게 되었다.

이와 같은 상황 속에서 노부나가가 將軍·大名들에게 고압적인 태도를 취할 수는 없었다. 이에 노부나가가 취한 행동은 將軍을 자신의 손아귀에 장악하고 이것을 이용해서 반노부나가 세력으로부터 명분을 빼앗음과 동시에 遠國의 大名들과 동맹관계를 맺는 것, 그럼으로써 大名들 사이의 힘의 균형을 꾀하는 것이었다. 또 遠國 大名들과 동맹관계를 맺음으로써 반노부나가 세력과의 결속을 막으려 했다. 노부나가로서는 반노부나가 세력의 반발은 사전에 예상되었던 것이기 때문에 위에서 기술한 방향의 大名政策은 1570년 초부터 볼 수 있다.

즉 1570년 3월 아키(安藝)의 고바야카와 다카카게(小早川隆景) 앞으로 보내는 서장에서 "하리마(播磨)에의 출병 날짜는 추후에 말씀드리겠습니다. [결코] 마음쓰지 않는 것은 아닙니다. 비젠(備前)의 싸움에 대한 준비는 그 때에 가서 시일을 미루지 말아야 합니다. 따라서 藝·豊의 화평은 이루어져야 합니다. [이 일에 대해] 上意(將軍의 뜻)가 가해지도록 노력하겠습니다. 이에 대해 호슈(豊州)의 사자에게서 이야기를 들었습니다……아무튼 노부나가에게는 [隆景에 대한] 疏略함이 없습니다……"[31]라 했다. 이 서장의 배경에는 1569년 8월 모리 모토나리(毛利元就)의 의뢰로 기노시타 히데요시(木下秀吉)를 다지마(但馬)와 하리마로 출병시킨 것이 있다. 모리(毛利) 씨의 숙적인 아마코(尼子) 씨를 견제함과 동시에 다지마 은산(但馬銀山)을 손에 넣기 위해서였다. 노부나가가 8월에 철병했기 때문에 모토나리(元就)는 노부나가에게 재출병을 요구하였다. 이에 노부나가는 하리마로 出兵했고 이에 대해 모리 씨와 오토모(大友) 씨의 平和가 바람직한 것이라 생각하고 將軍의 의견을 덧붙여 공작을 진행시킨다. 노부나가로서는 오토모 씨도 중요하기 때문에 오

---

31) 文書 213.

토모 씨가 보낸 사자의 변명을 들었다. 그 변명은 모리 씨와의 관계에 아무런 변화도 없을 것이니, 안심해도 좋다는 내용이다. 약육강식의 戰國時代를 살아가기 위한 방법으로 合從連橫하는 장면이다.

　大名들이 노부나가와 군사적 동맹관계에 있음을 나타내고 있는 것은, 1570년 7월 모리 모토나리 앞으로 보내는 서장에서 "이즈모(出雲)·호키(伯耆)는 마침내 평정되어야 할 것입니다. 備·播의 싸움에 출병할 시기를 정해 이쪽(노부나가)에서 알려 드릴 것인 바, 방심하지 마십시요"32)와, 동년 동일 고바야카와 다카카게(小早川隆景) 앞으로 보낸 서장에서 "이즈모·호키의 싸움은 [小早川隆景의] 마음에 맡깁니다"33)라 한 것과, 1571년 3월 우에스기 겐신 앞으로 보내는 서장에서 "지난 해 기나이의 여러 곳의 在陣에 대해 여쭈었습니다. 진실로 바라던 바입니다. 天下의 儀는 별다름이 없습니다……따라서 귀하의 隣國에 대해서는 마음대로 하십시요"34)라는 것에서 보아도 분명하다.

　또 戰國大名의 중앙 지향성을 이용한 적도 있다. 1570년 3월 모리 데루모토(毛利輝元) 앞으로 보낸 서신에서 "官途之儀는 右衛門督에 임명되어 御內書가 내려질 것입니다……더욱더욱 충절을 다하는 것이 중요합니다"35)라 했다. 이에 대한 모리 데루모토의 태도는 "우리의 官途에 대해 [將軍이] 御內書를 내리신 것은 참말로 있기 어려운 일입니다. 면목을 세웠습니다. 노부나가 님께서 애써 주신 때문에 가능했습니다"36)라는 것에서 알 수 있듯이, 將軍과 노부나가에 대한 감사의 뜻으로 넘쳐흐른다. 위의 노부나가의 副狀에 "더욱더욱 충절을 다하는 것이 중요합니다"라는 것은 모리 데루모토의 將軍에 대한 충절이지만 將軍을 지탱하고 있는 것은 노부나가 자신이므로 간접적으로는 노부나가에 대한 충절이기도 하다고 할 수 있겠다.

---

32) 文書 243.
33) 文書 244.
34) 文書 276.
35) 文書 216.
36) 『織田信長文書の硏究』上, 360쪽.

이와 같은 논리조작을 통해 노부나가는 자신을 他大名들보다 한 단계 위에 자리매김하려 했다. 이는 戰國大名가 將軍이나 天皇 - 관위에의 서임을 통해 - 으로부터 領國 지배의 정당성을 보장받으려는 논리와는 다르다. 그렇지만 노부나가는 戰國大名의 지위를 부정하지는 않았다. 1570년 7월 모리 데루모토 앞으로 보낸 覺書에서 "……이와 같이 빨리 목적[小谷 城의 함락]을 달성한 것은 천하를 위해, 오다 家를 위해 대단히 기쁜 일입니다. 賢察하시기 바랍니다"37)라는 부분에서 보면, "오다 家를 위해"라는 것은 '모리(毛利) 家'를 전제로 사용한 상대적인 말로 大名家와 오다(織田) 家는 기본적으로 평등함을 나타내고 있다.

將軍의 통치권적 지배권을 이용한 혼적은 將軍 요시아키의 반노부나가 활동이 활발해지는 1572년 말까지 계속된다. 그것은 1571년 2월 오토모 소린(大友宗麟)에게 보낸 서장에서 "藝·豊 間에 있어서 無事의 儀는 거듭해서 上意가 내려졌습니다. 愚庵(久我宗入)을 내려보냅니다. 만단을 버리시고 화해하시어 天下之儀에 노력하심이 중요합니다……"38)라든가 동년 4월 고바야카와 다카카게(小早川隆景)에게 보낸 서장에서 "……단고(丹後)·다지마(但馬)의 적선(해적선)이 이즈모(出雲)와 호키(伯耆)의 싸움에 이르러 출몰시키는 것은 어불성설입니다. 따라서 上意를 가하시어 下知하도록 奏達하겠습니다. 저(노부나가)도 또한 명령을 내리겠습니다"39)라는 부분에서도 명확하다.

將軍의 통치권적 지배권을 이용할 때 항상 사용하고 있는 문구는 '被加上意'와 '就上意之趣'라는 것이었다. 他大名의 요청을 거절할 때도 논리는 똑같다. 즉 모리 모토나리(毛利元就)·데루모토(輝元) 앞으로 보내는 1571년 6월의 서장에서 "……아슈(阿州)의 시노하라(篠原)의 일은 ……이(篠原長房가 요시테루를 암살한 三好三人衆의 일당)로 인하여 公儀(將軍)는 용서하지 않을 것입니다. [篠原와 노부나가는 화해했지만]……[將軍에게] 절대로 시노하라의 下知를 요청하여도 뜻을 이루지 못할 것입

---

37) 文書 245.
38) 文書 275.
39) 文書 277.

니다……본래부터 上意에는 변함이 없습니다"[40]라 하고 있다.

　그러나 노부나가가 자신이 將軍 밑에서 將軍의 명령에 따라 행동했던 것은 아니다. 이 상황을 잘 표현하고 있는 것은 1572년 5월 고바야카와 다카카게 앞으로 보내는 서장의 "天下之儀는 노부나가가 의견을 가하여 [처리하는] 때에 遠國의 인물이 상경하는 일은 교토를 위해, 또 노부나가를 위해 좋은 일입니다. [大友宗麟이] 분별하여 [上京의 뜻을] 나타내시면 호슈(豊州)에 [허락을] 말하겠습니다. 그렇다고 귀하에게 다른 뜻이 있는 것은 아닙니다……"[41]라는 부분이다. 이것은 오토모 소린(大友宗麟)이 노부나가에게 교토로 올라가고 싶다고 누차 표명한 것에 대해서 오토모 씨와 대적관계에 있는 모리(毛利) 씨에게 보낸 서장이다. 이 서장은 노부나가가 정권의 이중적인 성격, 즉 전국지배의 권력자로서의 성격과 戰國大名로서의 성격을 잘 나타내고 있다. 노부나가는 '天下之儀'를 맡고 있는 입장이기 때문에 오토모 소린의 上京을 인정하지 않을 수 없으므로 모리 씨도 협력해 달라는 部分은 전국지배의 권력자의 입장이고, "그렇다고 귀하에게 다른 뜻이 있는 것은 아닙니다"라는 부분은 현실적인 정국에 규제받고 있는 戰國大名로서의 성격을 나타내고 있다. 또 이것은 大名들의 대립관계를 이용해서 자신의 위치를 높이려고 하고 있는 것을 나타내고 있다. 이것은 西國의 모리 씨와 오토모 씨를 상호 견제시킴으로써 양자를 자신에게 협력하도록 하려는 의도에서 창출된 大名관계이다.

　이 경향은 東國의 경우에도 마찬가지이다. 1572년 7월 우에스기 겐신 앞으로 보내는 서장에서 "越・甲 間은 화해해야 할 것입니다. 지난 봄 上意를 가하시어 그 조리에 따라 사자를 파견합니다……上意를 그대로 지나치기 어렵습니다……만사를 버리시고 화해하는 것이 좋습니다. 越・甲 모두 公儀에 대해 疏略함이 없게 하시고 마찬가지로 내외에 純熟함이 있어 天下之儀에 노력하시기를 바랍니다"[42]라 하고 있다.

---

40) 文書 284.
41) 文書 322.
42) 文書 332.

노부나가의 기나이에 대한 세력강화는 반노부나가 세력의 반발을 초래함과 동시에 將軍을 반노부나가 경향으로 기울게 했다. 전국적 체제로서의 幕府, 즉 將軍의 영향력은 결코 무시할 수 없었다. 한편 전국에 산재해 있는 大名들의 상호 대립구조는 將軍에게 幕府의 지배력을 확대할 좋은 조건을 제공했다. 1550~60년대의 戰國大名의 발전단계가 일정지역을 완전히 장악하고 타지역의 大名와 상호대립에 들어가는 시기였다. 따라서 이 시기의 戰國大名들의 대립은 당사자들의 범위를 넘어 다자간의 상호 쟁패와 관련되어 있었다. 이러한 상황에서 大名들은 자신의 영역지배와 대립의 정당성을 將軍을 통해 구하고 있다. 이러한 상황은 將軍의 움직임과 결합되어 將軍이 반노부나가 세력의 핵심이 되는 것을 촉진시키고 있다.

1572년 9월에 이르자 將軍과 노부나가의 관계가 악화되어 '將軍·信長體制'에 대한 아사이 나가마사·롯카쿠 씨 등의 반발과 다케다 신겐의 강력한 군사행동을 동반한 반발로 노부나가가 의도하고 있던 '將軍·信長體制'는 위기를 맞게 된다. 이것은 노부나가가 將軍을 매개로 諸大名들을 통솔해 온 토대를 무너뜨리는 것이었다. 이러한 상황 속에서 위에서 보았듯이 노부나가는 將軍의 행위를 강하게 비판하는 「義昭宛異見書」를 발표했다.

한편 노부나가는 다케다 신겐에 대항한 군사적 동맹관계 형성에 노력하고 있다. 우에스기 겐신(上杉謙信)은 전통적으로 東國(關東) 지방의 이해관계에서 다케다 신겐과 대립하고 있다. 따라서 노부나가와 겐신은 이해가 일치하고 있다. 將軍을 매개로 한 체제는 명분을 소실해 버렸으나 군사적인 관계에서 양자의 관계는 변함이 없다. 한가지 더 주목해야 할 것은 "신겐(信玄)을 무찌르면 賀·越의 잇키(一揆)를 정벌하기는 언제라도 어렵지 않을 것입니다"[43]라는 부분에서 알 수 있듯이 잇코잇키(一向一揆)의 반노부나가 활동이 활발해지고 있다는 점이다. 잇코잇키의 반노부나가 활동은 단순한 반노부나가 세력의 결속을 의미하

---

43) 文書 350.

는 것이 아니라 당시 武家를 지배층으로 하는 노부나가의 '天下'에 대
한 반발이었던 것이다.

　노부나가의 우에스기 겐신과의 군사적 동맹관계 형성은 1572년 11월
에 들어서 더욱 활발해진다. 다케다 신겐(武田信玄)의 군사행동에 수반
하여 1572년 11월 우에스기 겐신 앞으로 보내는 書狀案은 그것을 잘
나타낸다.44) 또 이와 같은 전제에서 노부나가는 위의 우에스기 겐신에
게 보낸 서장에서 향후 자신의 행동에 대한 결의 표명을 "신겐(信玄)이
이미 이와 같은 바(노부나가에 敵性을 나타내고 있는 바), 山崎專柳齋를
통해 서약했듯이 영원히 [信玄과] 義絶할 것은 물론입니다. 귀하(謙信)
로부터 보내온 두 통의 起請文을 보았습니다. 이에 대한 답서는 자타
불요합니다……노부나가와 신겐 간의 일은 心底의 외에 수십 배의 遺
恨이 있어 더욱 커지고 있습니다. 때문에 영겁을 지난다 해도 다시 相
通하지 않을 것입니다……귀하도 노부나가와 연합하면 신겐 퇴치에 年
月을 보내지 않을 것입니다……"45)라고 하고 있다. 즉 노부나가는 우에
스기 겐신과 起請文을 교환하여 군사동맹을 맺고 다케다 신겐과의 결
전에 대비하고 있다.

　한편 위의 書狀案의 前文에는 "越··甲의 화해의 일로 上意가 가하
여져 이 일로 작년 가을 사자를 보내 사정했던 바, 신겐의 소행은 진실
로 전대미문의 無道, 사무라이의 義理를 모르는 것이었습니다. 지금은
都鄙의 嘲弄을 돌아보지 않는 是非에도 미치지 않는 상태입니다"46)라
는 것에서 알 수 있듯이 다케다 신겐의 행동에 대한 비판점은 "전대미
문의 無道, 사무라이의 義理를 모르는 것"이었다. '無道'라든지 '侍之義
理'가 다케다 신겐의 행동에 대한 비판의 기준이 되었다는 것은 무조건
적인 사적 주종관계에 의한 무사의 행동논리를 부정하는 것임과 동시
에 무사의 행동논리로서 '武士道'='道'를 제시한 것이라 볼 수 있다. 이
러한 의미에서 노부나가는 이 시기에 중세적 시배실서를 부성하고 새

---

44) 文書 350.
45) 文書 350.
46) 文書 350.

로운 근세적 지배질서의 원리를 제시·창출하기 시작했다고 볼 수 있다.

1572년 말 다케다 신겐의 군사행동은 활발해져 11월에는 미노노쿠니(美濃國)를 침입했고 12월에는 도쿠가와 이에야스와 미카타하라(三方原)에서 전투를 벌이고 있다. 東國의 상황 변화는 기나이와 그 주변 지역의 반노부나가 세력의 단결을 자극했다. 이러한 정세 속에서 將軍 요시아키는 1573년 2월 다케다 신겐·혼간지의 겐뇨(顯如)·아사쿠라 요시카게·아사이 나가마사 등과 노부나가의 토벌을 꾀했다. 이에 대해 노부나가는 재빨리 행동하여 4월 上京해서 가미교(上京)를 불태우고 요시아키를 니조조(二條城)에서 포위했다.

이에 대해 조정은 칙명을 내려 요시아키와 노부나가의 화합을 주선하고, 이에 양자는 화합하게 되었다. 그러나 요시아키는 바로 교토를 떠났다. 將軍 요시아키가 반노부나가 세력의 중핵이 되어 교토를 떠나 우지(宇治)의 마키시마(槇島) 城에 들어갔다.[47] 노부나가로서는 절대절명의 순간이었다. 그러나 다케다 신겐은 교토를 향해 진군하던 도중 사망하고 만다. 노부나가로서는 다케다 신겐의 사망은 노부나가가 상대해야 했던 난적 중의 난적이 사라진 것이고 將軍 요시아키측으로서는 노부나가에 대항할 실질적이고 강력한 군사력의 상실을 의미했다.

이상의 과정에서 알 수 있듯이 노부나가와 大名의 관계는 기본적으로는 대립관계에 있었으나 그때그때의 상황변화에 따라서 바뀐다. 그것을 시기적으로 보면 上京 前後에 있어서 노부나가는 將軍의 지배권위를 빌어 大名들의 위에 위치할 입장 확보에 노력하고 있고 반노부나가 세력 大名들에게는 그 大名와 대립관계에 있는 大名와 동맹관계를 만들어 대응하고 있다. 上京 以後에도 이러한 경향은 동일한 바, 노부나가는 將軍·天皇의 權威를 독점하여 他大名보다 위에 설 명분을 확보했고 자신에게 거역하는 大名에게는 將軍·天皇으로부터 싸움의 명분을 확보하여 군사적인 공격을 실행해 철저한 타격을 주었다. 그럴 때

---

47) 「兼見卿記」, 天正 元年 四月條.

에도 노부나가가 우위라는 입장을 아주 잘 살리고 있으며 노부나가와 大名의 관계는 將軍의 支配權威를 이용한 자신의 우위를 전제로 했고 대립관계에 있는 大名 이용책, 동맹관계의 결성, 군사적인 대립관계 등으로 보인다. 그러나 반노부나가 세력의 총공격, 특히 다케다 신겐의 군사행동이 개시되자 노부나가는 동맹관계에 있는 大名들과 평등한 입장에서 입각한 군사동맹 관계로 전환하는 일면도 보이고 있다. 이 때는 將軍의 支配權威를 빌리는 것이 아니라 군사적인 관계에서의 우위를 차지하고 있다.

3. 將軍 없는 '天下'

위와 같은 상황에서 노부나가가 將軍에 대한 자신의 결의를 보인 것으로서 1573년 7월 모리 데루모토(毛利輝元) 앞으로 보내는 書狀案에서는 "더구나 [將軍 요시아키가] 천하를 버린 바에야 노부나가는 上洛하여 진정시키겠습니다. 將軍家의 일은 諸事를 議定하여 그것에 따르겠습니다"48)라 하여 將軍家에 대해 냉엄한 태도로 임할 것을 분명히 했다.

將軍에 대한 냉엄한 처벌 태도는 두 가지 목적을 가지고 있다. 하나는 반노부나가 세력에 대한 철저한 군사공략의 의미, 또 하나는 將軍과 접촉할 가능성이 있는 세력에 대한 경고의 목적이다. 그러나 반노부나가 세력에 대한 철저한 공략에는 명분이 필요했다. 노부나가는 이 명분을 將軍과 將軍과 협력 관계에 있는 大名들을 분리하여 大名들의 불의를 강조하고, 지금까지의 將軍에 대한 자신의 충절을 강조함으로써 만들려 했다.

1573년 9월 모리 데루모토(毛利輝元)·고바야카와 다카카게(小早川隆景) 앞으로 보낸 書狀 사본에서 "교토의 儀는 전의 서장에서 말한 바와 같습니다. 公儀(將軍)는 槇島로 [서처를] 옮겼습니다. 에슈(江州) 北郡의 아사이(淺井)가 근년 노부나가에 대항하는 것은 不義로, 즉시 퇴치해야

---

48) 文書 378.

할 바, 天下之儀로 세월을 보내 버렸습니다. 근년의 그들의 소행, 고슈
(甲州)의 다케다(武田)와 에치젠(越前)의 아사쿠라(朝倉) 등은 敵이 되었
습니다. 公儀의 造意(모략)도 이런 연유입니다(이러한 까닭에 생긴 것입니
다)……모두 쳐부수겠습니다"[49]라는 부분에서 알 수 있듯이, 반노부나
가 大名와 將軍을 분리하여 반노부나가 세력으로부터 명분을 빼앗고
반노부나가 大名들에 대한 공략의 정당성을 확보하려 하고 있다. 또
1573년 12월 데와노쿠니(出羽國)의 다테 데루무네(伊達輝宗) 앞으로 보
낸 朱印狀에서 "天下之儀는 들으신 바대로 입니다. 公儀가 上洛함에
[노부나가가] 供奉하여 城都에 안좌시켜 수년간 평화롭던 바, 고슈(甲州)
다케다(武田)·에치젠(越前) 아사쿠라(朝倉) 이하의 諸侯의 侫人들이 상
담하여 公儀를 방해하여(꾀어) 逆心을 기도하게 되었습니다"[50]라는 것
도 위와 같은 의도를 나타내고 있다.

한편 노부나가는 大名들에게 자신의 군사력의 막강함을 보여서 경고
하는 일도 잊지 않았다. 위에서 본 모리·고바야카와 앞으로 보낸 書狀
사본에서 "가가(加賀)·노토(能登)는 노부나가의 分國이 되었습니다. 에
치고(越後)의 우에스기 데루토라(上杉輝虎)와는 多年의 知音(우호)의 관
계에 있습니다"[51]라는 부분이 있다. 여기서 눈에 띄는 것은 노부나가와
우에스기 겐신과의 관계가 적혀 있는 부분이다. 이 서장은 아사이 나가
마사(淺井長政)와 아사쿠라 요시카게(朝倉義景)를 완전히 토벌한 후 기
후(岐阜)로 돌아가는 1573년 9월 7일에 송부한 것이다. 將軍 요시아키와
노부나가의 대립관계가 계속되고 있는 단계에서 將軍 요시아키가 모리
데루토라에게 출병을 요청했는지의 여부는 알 수 없으나, 모리 씨가 반
노부나가 세력에 가담할 가능성을 노부나가는 인식하고 있었을 것이다.
이러한 인식하에 모리 씨가 반노부나가 세력에 가담할 것을 방지·경
고할 목적으로 노부나가와 우에스기 겐신의 결속을 일부러 적은 것은
아닐까. 군사력이 막강함을 강조하는 경향은 1573년 12월 다테 데루무

---

49) 文書 402.
50) 文書 431.
51) 文書 402.

네(伊達輝宗) 앞으로 보낸 朱印狀에서도 확인할 수 있다.[52)]

한편 호소가와 후지타카(細川藤孝) 앞으로 보낸 黑印狀에서 "公方(將軍)의 소행은 是非에도 미치지 못하는 것입니다. 그래도 君臣之儀이기 때문에 愁訴하여 아뢰었던 바 생각을 바꾸시어 實子를 [인질로] 진상하시었습니다"[53)]라 했다. 그리고 도쿠가와 이에야스 앞으로 보낸 黑印狀에서는 "이번 將軍의 不慮의 의도……군신의 사이라고 하여 前의 충절을 헛되게 할 수 없다고 생각하여 여러 번 사리를 밝히었지만 승낙을 받지 못했습니다. 이러하다면 되는대로 놔두는 수밖에 다른 도리가 없습니다"[54)]라 하고 있다. 이것은 당시의 자신의 행동에 대한 정당성을 선전하고 있는 것으로 볼 수 있다.

그런데 이들 서장의 수신인이 호소카와 후지타카, 도쿠가와 이에야스인 것에 주의했으면 한다. 이들은 모두 노부나가의 영향권 내에 있는 사람들이다. 그렇다면 위의 표현들은 노부나가에 의한 將軍 추방으로 자신의 영향권 내에 있는 사람들이 하극상을 일으킬 가능성에 대해 우려하고 있었음을 나타낸다. 이것은 더욱 나아가 자신의 편에 있는 사람들이 자신과 君臣關係로 충절을 다해야만 한다는 것을 강조하는 것이기도 하다. 즉 위의 서장은 '君臣之儀', '君臣御間'을 강조하여 하극상의 가능성을 원천적으로 봉쇄하고자 하는 의도가 깔려 있다 하겠다.[55)]

將軍의 반노부나가 활동은 將軍이 교토를 떠난 후에도 계속되었고, 1573년 8월에도 모리 데루테라에게 출병을 요청하고 있다. 그러나 노부

---

52) 文書 431.
53) 文書 365.
54) 文書 368.
55) 佐佐木潤之介는 「信長に於ける'外聞'と'天下'について」『新潟史學』8, 1975 에서 위의 '君臣之儀'와 '君臣御間'을 근거로, 信長을 포함한 諸侯들과 義昭의 관계는 군신의 관계에 있었으며 忠節을 기초로 하고 있다고 했다. 또한 信長에게 將軍의 권한이 위임되어 있던 것을 전제로 하고 있다고 하고 있다. 물론 문자대로 해석하면 그러하다. 그러나 위의 표현이 이 시기에만 사용되고 또 자신의 배하의 大名에게만 사용되었던 점을 감안해야 할 것이다.

나가의 군세는 다케다 신겐 군세의 철병으로 기나이와 그 주변지역에서 유리해졌다. 8월 20일에는 아사쿠라 요시카게를 멸하고 8월 27일에는 오오미(近江)의 오타니(小谷) 城에서 아사이 나가마사도 멸할 수 있었다. 그리하여 1573년 말까지는 기나이와 그 주변지역의 반노부나가 大名세력은 거의 평정되었다. 그렇지만 혼간지 세력의 활동은 아직 활발했다. 이 단계의 반노부나가 세력은 혼간지의 잇코잇키, 반노부나가 大名세력인 가이(甲斐)의 다케다 가쓰요리(武田勝賴), 將軍과 將軍을 지지하는 諸大名 勢力 등으로 볼 수 있다. 將軍에게 출병을 요청받은 모리 씨는 아직 움직이지 않았다. 이것은 단바(丹波) 지역에 있어서 공동 출병 작전이 있었기 때문이다. 戰局은 혼간지의 잇코잇키 세력과의 싸움을 중심으로 전개되었다. 노부나가는 잇코잇키에 대해서 몰살(皆殺) 작전으로 임했고, 1574년 9월에 이세 나가시마잇키를 괴멸시켰다. 당시의 전황에 대해 1573년 10월 노부나가는 고바야카와 다카카게 앞으로 보내는 서장에서 아사쿠라 요시카게·아사이 나가마사의 정벌에 대해 기술한 뒤 "세이슈잇키(勢州一揆) 등을 정벌하여 평정하고 근일간에 上洛할 것입니다"56)라 했다.

　그러나 이 서장의 발신 날짜는 1573년 10월 12일이다. 이 때는 아직 나가시마잇키를 제압하지 못했던 시기이다. 어째서 이와 같은 내용을 쓴 것인가. 노부나가가 1573년 11월 7일에 고바야카와 앞으로 보낸 서장의 "아사쿠라 요시카게·아사이 父子를 무찔러 北國은 평정되었습니다"57)라는 내용을 위의 고바야카와 앞으로 보낸 서장에서도 중복해서 쓰고 있다. 이것을 고려하면 위의 서장은 당시 모리 씨와 將軍의 관계 또는 모리 씨와 혼간지의 잇코잇키 세력과의 관계를 노부나가가 경계하고 있음을 나타내고 있다. 즉 노부나가와 모리 씨가 예전과는 달리 무언가 불편한 관계에 있는 것이다. 이것은 모리 씨의 東進政策과 관련되어 있다.

---

56) 文書 414.
57) 文書 420.

西國의 모리 씨와는 관계가 미묘하게 진행되기 시작했지만 東國에 대해서는 우에스기 겐신과의 동맹관계는 잘 유지되었다. 그것은 1574년 6월 우에스기 겐신 앞으로 보낸 각서의 "시나노(信濃)·가이의 전투에 노부나가의 군세를 파견하지 않습니다. [그것은 그 곳의 전투를] 가볍게 보기 때문은 아닙니다. 근년 五畿內 및 江北·越前의 전투에 휘말려 있기 때문입니다"58)라든가 "五畿內를 소홀히 하고 고슈(甲州)에 군세를 투입하도록 하라는 말씀은 훌륭한 제안입니다. [그러나] 오사카(大阪)의 싸움에는 기나이의 병력을 투입하고 있습니다. 東國의 싸움에는 江· 尾·勢·三·遠의 병력으로 대처할 것이기 때문에 교토의 작전이 나아 가 東國에의 작전과 연동할 수는 없습니다"59)라든가 "노부나가와 겐신 의 사이를 방해하는 자가 있는 듯하다는 의심은 절대로 그렇지 않습니 다. 그러한 사람이 있다 하더라도 노부나가는 결코 허용하지 않을 것입 니다"60)라 하는 것에서 알 수 있다. 즉 東國에 대한 전략은 노부나가· 도쿠가와 이에야스·우에스기 겐신의 동맹을 바탕으로 가이의 다케다 가쓰요리(武田勝賴)에 대처하고 있다. 이 싸움의 결정타는 1575년 5월의 나가시노(長篠)의 전투에서였다.

東國의 大名와의 관계에서 주목되는 것은 이 시기에 다테 데루무네 (伊達輝宗)와 접촉한 사실이다. 1573년 12월 28일에 보낸 다테 데루무네 앞으로 된 朱印狀은 위에서 본 바 있다. 이어 1574년 9월 2일 다테 데 루무네 앞으로 "이후 특별히 相通할 수 있기를 원하는 바입니다"61)라 는 내용의 서장을 보내고 있다.

이상에서 생각해 본 것은 上京 前後부터 元龜年間까지 노부나가가 이용해 온 將軍과 노부나가 정권의 상호 의존·보완의 관계가 將軍이 교토를 벗어남으로써 완전히 파탄되어 버린 후의 노부나가의 大名대책 이었다. 이전의 大名대책은 將軍 권위를 이용해서 자신을 '天下之儀'의

---

58) 文書 456.
59) 文書 456.
60) 文書 456.
61) 文書 472.

책임자로 위치시키고 大名들의 이익관계를 이용해서 자신에게 유리한 조건을 만들었던 것이다. 또 반노부나가 세력의 공세가 강해지자 평등한 입장에 있는 군사동맹 관계도 성립된다. 그러나 노부나가의 군사력이 막강해짐에 따라 노부나가 우위라는 관계가 현실적으로 성립되었으며 반노부나가 세력의 제압에 따라서 노부나가의 군사력을 기초로 하는 현실적인 우위관계는 정착되기 시작한다. 將軍의 교토 이탈 이후에는 지금까지 이용해 온 將軍과의 관계를 청산하고 친노부나가 大名 및 중립을 지키는 大名들이 반노부나가 세력으로 기우는 것을 방지하는 大名대책이 필요했다. 특히 將軍과의 관계 파탄은 기존의 將軍權威에 의존해 온 大名對策에서 戰國大名 고유의 현실적인 역관계에 의한 협력 및 대립관계로의 전환을 이룩했다. 다시 말하면 반노부나가 세력과의 싸움중에 전통적인 將軍權威가 부정되었고, 中央과 地方을 불문하고 현실적인 힘을 기초로 한 우열관계로 전환되었다 할 수 있다. 반노부나가 세력의 제압은 이런 경향을 한층 더 진전시켜 우열관계에서 상하관계로 전환시키는 계기가 된다.

4. 織田信長의 '天下'

1575년 5월 나가시노 합전(長篠合戰)에서 다케다 씨를 제압하는 데 성공했고, 8월 에치젠의 잇코잇키를 궤멸시킨 것은 지금까지 펼쳐 오던 大名들에 대한 노부나가의 태도에 변화가 예상된다. 모리(毛利) 씨와의 관계는 위에서 모리 씨의 동진책이 적극적으로 진행되자 악화되어 갔다고 했는데, 이것은 1575년에 들어서부터 나타나기 시작했다. 즉 1575년 7월 고바야카와 다카카게 앞으로 보낸 서장의 "藝·但 間의 화해에 있어서 보상에 관한 案內(의견)를 들어 알았습니다. 단슈(但州)에 대해서는 예전에 말했듯이 이 편(노부나가)의 分國이 되어야 할 것은 서로 약속했던 바입니다. 근년 不通하고 있음은 유감이지만……"[62]이라고

---

62) 文書 523.

하고 있는 것에서 알 수 있다. 또 위의 서장을 보내고 이틀 후인 7월 8일에 보낸 서장의 "聖護院의 道澄이 [모리 씨와 노부나가의 관계개선을 위해] 上京한 것은 경사스러운 일입니다……노부나가에 별다른 疎意 없다는 것에 感悅합니다. 데루모토(輝元)가 변하지 않도록 말씀하시는 것이 제일 중요합니다"[63]라는 것에서도 그것은 명확하다.

모리 씨의 관계가 미묘해진 이 시기에 노부나가는 모리 씨와 대항관계에 있는 오토모 소린을 이용해서 모리 씨를 견제하려 하고 있다. 이것은 모리 데루모토 앞으로 보낸 편지에서 "오토모 소린이 상락하고자 하는 뜻을 비밀리에 알려 왔습니다. 그 간의 의도가 무엇인지 가늠하기 어려워 시험해 본 바 별다른 이유가 없음을 알았습니다……소린(宗麟)이 上洛한다 하더라도 귀하와의 관계에는 조금도 疎意하지 않을 것이므로 안심하십시오"[64]라 한 것에서 알 수 있다. 이 서장이 발급된 날짜는 1575년 10월 20일이고, 이 날은 혼간지(本願寺)의 겐뇨(顯如)와 노부나가가 화해한 날이기도 하다.

나가시노(長篠) 싸움의 승리는 東國지역에 있어서 우에스기 겐신과 맺은 동맹관계의 의미를 상실시켜 버렸다. 東國의 전국이 일단락되자 모리 씨와의 관계는 더욱더 불편해진다. 기나이와 그 주변지역에서 다년간의 싸움을 통해 노부나가의 기나이와 그 주변지역에 대한 지배는 공고해져 갔다. 이와 같은 정세변화는 노부나가와 우에스기 겐신·모리 씨의 직접대결의 단계에 들어감을 의미한다. 幕府 멸망 이후에 만든 大名들과의 상호평등 및 변경에 있는 특정 大名와의 군사적 동맹관계는 파탄된다.

한편 노부나가의 통일에 대한 의지도 강해진다. 당연한 이야기이지만 노부나가의 大名와의 관계도 더욱 遠境의 大名들에게 편중되어 우에스기 씨와 모리 씨와의 관계는 소홀해져 버린다. 노부나가는 1575년 10월 디테 데루무네 앞으로 보낸 시징에는 "五畿內의 일은 물론이러니

---

63) 文書 534.
64) 文書 569.

와 西國에 이르러 下知를 했다. 그런데 고슈(甲州)의 다케다(武田) 씨가 불의로 [노부나가에] 대항하여 지난 5월 三・信의 경계를 침입하였다. 이에 즉시 출병하여 전투를 하여 쳐부수었다. 甲・信・駿의 제병을 무찔러 울분을 씻었다. [그리고] 8월 越・賀의 凶徒 數萬을 무찔러 즉시 평정하였다……東八州의 일은 필경 [나의] 마음대로 될 것이다"65)라 했다. 여기서 알 수 있듯이, 노부나가의 통일에 대한 의지는 이 단계가 되자 안팎으로 선명하게 표명되고 있다.

아시카가 요시아키(足利義昭)는 모리 씨・우에스기 겐신과 노부나가와의 관계악화라는 정세를 이용해서 幕府의 회복을 시도해 간다. 요시아키는 1576년 2월 기이노쿠니(紀伊國)의 유라(由良)에서 빈고노쿠니(備後國)로 옮겨 모리 데루모토에게 幕府의 회복을 명령했다. 6월에는 우에스기 겐신에게 서장을 보내 모리 데루모토와 함께 노부나가를 치도록 권유하고 있다. 한편 혼간지의 겐뇨도 셋쓰노쿠니(攝津國)의 이시야마(石山) 城을 본거지로 하여 거병했다. 모리 씨는 그러한 정세 속에서 노부나가와 관계를 청산했고, 1576년 7월 노부나가의 수군을 물리치고 兵糧을 이시야마 성으로 보냈다. 전국은 혼간지・요시아키・모리 씨의 연합세력과 노부나가의 싸움으로 변했다. 그리고 1577년 7월에 들어 우에스기 겐신이 노부나가에게 반기를 들고 노토노쿠니(能登國)로 침공해 오자 노부나가는 다테 데루무네에게 "겐신(謙信)의 惡逆은 반드시 誅伐하여야 할 것이다. 本庄雨順齋(繁長)와 상담하여 특별히 남다른 軍忠을 다하는 것이 중요하다"66)라 하여 우에스기 겐신을 토벌하도록 권하고 있다.

그러나 이 싸움에서 노부나가는 前段階와 같은 對大名態度를 취하고 있지는 않다. 遠國의 大名에 대해서도 평등한 입장에 있는 군사적 동맹 등은 보이지 않는다. 위의 다테 데루무네 앞으로 보낸 朱印狀에서는 '軍忠'이라는 말을 사용하고 있으며, 1578년 정월 다지마(但馬)의 야

---

65) 文書 571.
66) 文書 728.

마나 도요쿠니(山名豊國) 앞으로 보낸 朱印狀에서도 "[노부나가가] 다지마에 출병할 때 그 싸움에서 충절을 다할 것이라는 뜻은……"67)이라 했다. '軍忠'이라든지 '忠節'이라는 말은 이 이전 단계에서는 大名들에게는 쓰지 않았던 것이다. 이런 경향은 후에도 계속되어 간다. 그것은 1579년 11월 오토모 요시무네(大友義統)에게 보낸 朱印狀의 "스오우(周防)·나가토(長門)의 양국을 모두 進止할 것이다"68)라고 한 것에서도 확인할 수 있다.

특히 규슈(九州) 지역에서 강력한 지배권을 형성해 온 사쓰마(薩摩)의 시마즈 요시히사(島津義久) 앞으로 보낸 1580년 8월의 서장에서는 "아직 상통하지는 않았다고 하지만……오토모(大友) 씨와 전투를 하지 말고 화합하여야 할 것이다……기나이는 모두 평화롭게 되고 내년에는 게이슈(藝州)에 출병하려 한다. 그 때에 특별히 마음을 써서 天下에 대하여 大忠을 하여야 할 것이다"69)라 하고 있다. 이것은 평등한 군사동맹 관계를 나타내는 것이 아니라 군신관계를 나타내고 있다. 즉 노부나가는 일본 국가를 통치하는 주군의 입장에서 大名 상호간의 私戰의 금지를 명하고 있는 것이다. 소위 노부나가의 '總無事令'이라 하겠다. 1582년 4월 히타치노쿠니(常陸國)의 오타 스케마사(太田資正)·가지와라 마사카게(梶原政景)에게 보낸 朱印狀에서 "향후 直參하고자 하는 것은 대단히 훌륭한 일이다. 目付로서 다키가와 가즈마스(瀧川一益)가 在國하고 있으니 그와 상의하여 분골의 노력을 경주하여 天下에 대해 大忠을 다해야 한다. 만일 위반하는 자가 있다면 朝敵으로 체포할 것이다"라고 하고 있다. 위의 두 사람이 노부나가에게 복속하고자 했다고는 하나 자신의 정권을 天下로 표현하고 있고 자신의 명령에 어기는 자를 朝敵으로 처벌하겠다는 것이다. 이 때 朝敵은 日本國의 의미이다.70)

---

67) 文書 757.

68) 文書 847.

69) 文書 886.

70) 졸고, 「職田信長의 '天下觀'」『黃元九교수정년기념논총 동아시아의 인간상』, 혜안, 1995.

이상으로 나가시노 합전의 승리와 에치젠의 잇코잇키(一向一揆)를 괴멸시킨 이후부터 혼노지(本能寺)의 變이 있기까지 노부나가의 大名對策을 검토해 왔다. 나가시노 싸움의 승리는 에치고의 우에스기 씨와 맺은 동맹관계의 의미를 희박하게 해버렸다. 또 모리 씨의 동진이 진행됨에 따라서 노부나가와 모리 씨의 대립도 깊어지기 시작했다. 그러한 상태를 반영하여 우에스기 씨와의 연락 서장은 1575년 6월, 모리 씨와의 연락관계는 1576년 3월을 끝으로 중단된다. 모리 씨는 혼간지의 잇코잇키 勢力이 거병하자 곧바로 혼간지에 가담한다. 또 아시카가 요시아키는 우에스기 겐신에게 편지를 보내 모리 씨와 함께 노부나가를 치도록 명하고 있다. 즉 반노부나가 세력은 혼간지를 중핵으로 하는 농민세력, 요시아키를 섬기고 있는 모리 씨, 우에스기 겐신 등의 戰國大名勢力이다.

그에 맞서 노부나가는 현실적인 군사력을 기반으로 대처하면서 그들과 이익관계에 있는 大名들, 즉 遠國의 大名들과 관계를 맺어 대처했다. 이 때 주의해야만 하는 것은 상하관계가 전제되고 있는 점이다. 이것은 1573년 이후에 반노부나가 세력을 군사적으로 제압하는 과정에서 생긴 현실적인 힘의 우열관계에 근거한 것이며 특히 1578년 4월에 사직한 이후에는 노부나가의 '天下'觀에 근거한 大名關係라 해도 좋을 것이다.

맺음말

이상에서 노부나가 정권과 將軍·大名의 관계를 노부나가 上京前後期, '將軍·信長體制'期, 將軍 없는 '天下'期, 노부나가의 '天下'期로 나누어 살펴보았다. 그것을 정리하면 다음과 같다.

우선 將軍과 노부나가의 관계를 보면, 上京전후기의 노부나가는 幕府를 재흥시킴으로써 幕府內에 자신의 영향력을 강화함과 동시에 반노부나가 세력에 대한 정벌의 명분을 확보해서 支配圈을 확대했다. 한편

將軍 요시아키(義昭)는 노부나가의 군사력·경제력과 자신의 통치권적 지배권을 이용해서 戰國大名와 같은 실질적이고 현실적인 권력기반을 만들려고 했다. 그런 의미에서 당시의 將軍과 노부나가의 관계는 상호 규제·보완의 관계였다고 할 수 있다.

위의 관계를 근저에서 규정하고 있는 것은 당시의 노부나가 군사력의 한계성이었다. 그것은 노부나가와 大名의 관계도 기본적으로 규정하고 있다. 그것을 시기적으로 보면 上京前後期에 있어서 노부나가는 將軍의 支配權威를 빌어 諸大名의 위에 자신을 자리매김하고자 노력하고 있고, 大名들의 대립관계를 이용하여 친노부나가 大名들과 동맹관계를 유지하여 반노부나가 大名들에 대응하고 있다.

室町幕府 재흥 이후 노부나가는 현실적인 군사력을 기초로 將軍의 권력을 제한하여 將軍權力을 자신이 행사하는 방향으로 밀고 나갔다. 그러나 이에 수반하여 반노부나가 세력의 활동도 활발해지고 그에 따라 반노부나가 세력의 핵심에 將軍이 위치하게 되었다. 이러한 역학관계로 말미암아 '將軍·信長體制'는 파탄되었다. 한편 이 시기를 통하여 將軍 요시아키는 전통적인 통치권적 지배권의 권위를 십분 발휘하여 자신의 권력기반 강화에 노력하였으나 실패하였다.

上京 이후에도 노부나가와 諸大名와의 관계는 前時期와 동일하다. 그러나 노부나가는 자신에게 거역하는 大名들을 將軍·天皇으로부터 싸움의 명분을 확보하여 군사적인 공격을 통해 철저한 타격을 주었다. 이것은 반노부나가 세력의 총공세를 촉발시켰다. 이에, 특히 다케다 신겐(武田信玄)의 군사행동이 개시되자, 노부나가는 동맹관계에 있는 大名들과 평등한 입장에 입각한 군사동맹 관계로 전환하는 일면도 보이고 있다. 그러나 이 때의 노부나가는 將軍의 지배권위를 빌리지 않고 오로지 군사적인 관계에서 자신의 우위를 관철하고 있다는 점을 유의하여야 한다. 즉 노부나가의 군사력이 막강해짐에 따라 諸大名와의 관계에서 노부나가 우위가 성립되었으며, 반노부나가 세력을 제압함에 따라 노부나가의 실질적인 우위 관계는 정착되기 시작한다.

將軍의 京都 이탈 이후에는 노부나가는 친노부나가 大名와 중립을 지키는 大名들이 반노부나가 세력으로 기우는 것을 방지하고, 나아가 친노부나가 大名로 확보하는 등의 大名對策을 실시한다. 한편 반노부나가 세력과의 싸움중에 전통적인 將軍권위가 부정되었고, 중앙과 지방을 불문하고 군사력을 기초로 한 우열관계로 전환되었다.

나가시노(長篠)의 전투에서의 승리는 우에스기(上杉) 씨와 맺은 동맹관계의 의미를 희박하게 해 버렸다. 또 모리(毛利) 씨의 동진이 진행됨에 따라 노부나가와 모리 씨와의 대립도 깊어지기 시작했다. 그러한 상태를 반영하여 우에스기 씨와의 연락서장은 1575년 6월, 모리 씨와의 연락관계는 1576년 3월을 끝으로 중단된다. 노부나가는 모리 씨와 우에스기 씨와 맞서 오로지 군사력으로 대처하면서 그들과 이익관계에 있는 大名들, 즉 遠國의 大名들과 관계를 맺어 대처했다. 이 때 주의해야 할 것은 상하의 군신관계가 전제되고 있는 점이다. 이것은 1573년 이후에 반노부나가 세력을 군사적으로 제압하는 과정에서 생긴 힘의 우열관계에 근거한 것이며, 1578년 4월 辭官한 이후의 諸大名 관계는 노부나가의 '天下'관에 근거한 것이었다. 이러한 경향은 1580년 이후 일본 '국가'의 통치자로서 자신을 자리매김하게 된다.

이상과 같이 노부나가 정권과 將軍·大名의 관계는 노부나가 정권의 발전과 더불어 변화를 보이고 있으며, 1578년 4월 이후의 諸大名와의 관계는 이전의 그것과 질적 차이를 나타내고 있다. 즉 이 시기 이후의 노부나가 권력은 근세권력으로 평가해야 하며, 1580년 이후 노부나가의 근세권력이 마침내 근세 '국가화'의 과정으로 나아가기 시작했다고 하겠다. 이에 대한 연구는 天皇과의 관계가 중요한 실마리를 제공해 주리라 생각된다. 이 문제에 대해서 후고를 기약하고자 한다.

20세기 초기 아르 몽골 王公들의 新政에 대한 인식
- 1911년 러시아 皇帝와 外務部에 보낸 書信 분석 -

이 평 래

머리말

이 논문은 1911년 여름 아르 몽골(Ar Mongol)[1] 왕공들이 帝政러시아

---

[1] 몽골인들의 전통적인 地域區分에 따르면 알타이(Altai) 산맥을 기준으로 그 서쪽지역을 西몽골(Baruun Mongol) 혹은 衛拉特(Oirat) 몽골, 그 동쪽 지역을 東몽골(Züün Mongol)이라 했다. 그리고 동몽골을 다시 고비(Govi) 사막을 기준으로 구분하여 그 북쪽지역을 아르 몽골(Ar Mongol : 漠北), 그 남쪽 및 萬里長城 以北地域을 어버르 몽골(Övör Mongol : 漠南)이라 했다. 그런데 아르(Ar)는 북쪽, 여버르(Övör)는 남쪽이라는 뜻이기 때문에, 굳이 번역하자면 아르 몽골은 北몽골, 어버르 몽골은 南몽골이 된다. 현재 널리 통용되고 있는 外蒙古, 內蒙古는 17세기 초 淸朝가 어버르 몽골을 정복하고 나서 이 지역을 內蒙古(Dotood Mongol) 혹은 內札薩克 蒙古(Dotood zasgiin Mongolchuud), 淸朝 입장에서 아직 정복되지 않은 아르 몽골을 外蒙古(Gadaad Mongol) 혹은 外札薩克 蒙古(Gadaad zasgiin Mongolchuud)이라 부른 데서 유래한다. 따라서 外蒙古, 內蒙古는 몽골인들이 원래부터 사용한 용어는 아니고, 淸朝가 정치적인 의도에서 사용한 용어임을 알 수 있다. 현재 몽골에서 공식적으로 사용하고 있는 용어는 外蒙古를 몽골國(Mongol Uls), 중국의 內蒙古自治區를 어버르 몽골(Övör

황제와 외무부에 보낸 서신2) 속에 나타나 있는 당시 몽골 왕공들의 新
政에 대한 인식을 살펴보는 데 그 목적이 있다. 주지하듯이 1901년 1월
29일 西安 避難處에서 있은 新政上諭로 시작된 新政(辛丑新政)은 1911
년 辛亥革命으로 淸朝가 멸망할 때까지 계속된 淸朝의 마지막 개혁운

Mongol)이라 한다. 이 논문에서는 몽골국 관례를 따랐다. 한편 이 논문에
서 자주 언급되는 할하(Khalkha)는 일반적으로 아르 몽골을 지칭한다. L.
Jamsran, *Mongolyn sergen mandaltyn ekhen 1911~1913*(몽골부흥의 초
기 1911~1913), Ulaanbaatar(이하 UB), 1992, 184~185쪽 ; 이평래, 「민족
해방운동기 다리강가 지역의 동향」『한몽공동학술연구』3, 서울, 1994, 87
쪽.

2) 1911년 7월 아르 몽골 왕공들은 할하 4아이막 전체 왕공회의를 개최하여
淸朝로부터 독립을 최종적으로 결정하고, 독립에 대한 지원을 러시아에
요청하기 위해서 대표단을 파견한다. 이 대표단은 할하지역 라마교 수장
제브준담바 호타크트(Jebzundamba Khutagt) 및 할하 4아이막 왕공들이
러시아 황제와 외무부에 보낸 두 통의 서신을 가지고 쌍트·뻬쩨르부르크
로 떠났다. 이 서신에는 17세기 말 아르 왕공들이 淸朝에 歸附한 來歷에
서부터, 淸朝지배하에서 자신들이 겪었던 영욕, 그리고 몽골이 淸朝로부
터 독립할 수밖에 없었던 這間의 사정, 독립 후 독립국가의 政體 및 국정
운영에 관한 왕공들의 政局構想이 체계적으로 정리되어 있다. 한 마디로
두 서신은 독립 직전 아르 몽골 왕공들이 몽골 및 주변정세와 관련하여
과거 및 현재를 어떻게 이해하고, 어떠한 정국구상을 가지고 있었나를 알
수 있는 귀중한 자료이다. 두 서신은 '國立歷史記錄保管所'(archives)에 所
藏되어 있으며 지금까지 황제에게 보낸 서신은 L. Jamsran 편집·주해,
Mongolyn tüükhiin deej bichig(몽골사자료선집 : 이하 『자료선집』) 4,
UB, 1992, 4쪽에, 외무부에 보낸 서신은 A. Ochir·G. Pürvee 編,
*Mongolyn ard tümnii 1911 ony ündesnii erkh chölöö, tusgaar togtnolyn
tölöö temchel, Barimt bichig emkhetgel 1900~1914*(몽골인민의 1911년
민족해방, 독립투쟁 자료집 : 이하『해방운동자료집』), UB, 1982, 169~170
쪽에 公刊되었다. 필자는 '國立歷史記錄保管所'의 원자료를 이용하였으며
(文書番號, 自治時期 - 4, 保管番號 - 22), 아울러 위 공간된 자료도 참고하
였다. 원래 외무부에 보낸 서신은 황제에게 보낸 서신의 부속자료 형태로
남아 있으며, 원자료에는 총론과 이하 '하나, 하나' 등등으로 21개 조항으
로 되어 있다. 이 글에서 필자는 편의상 '하나, 하나' 대신 차례에 따라서
1조, 2조 등등으로 했다. 또 편의상 황제에게 보낸 서신을 '기본자료 1'로,
외무부에 보낸 서신을 '기본자료 2'라 명명했음을 밝혀 둔다.

동이었다. 義和團 사건을 계기로 北京이 8개국 연합군에게 유린되고, 굴욕적인 辛丑和約을 맺는 등 內外危機에 직면한 淸朝는 어떤 식으로든 舊制를 개혁하지 않고는 더 이상 나라를 지킬 수 없다는 것을 자각하고 군사, 교육, 재정, 군제, 산업진흥 등 19세기 중엽 이후 제기되어 온 각종 개혁적 요소를 망라한 광범위한 개혁을 시도하였다.

　淸帝國의 범위로 실시된 이 개혁운동은 당연히 제국의 영역 내에 있던 변경지역에까지 그 영향을 미쳐, 몽골지역에서도 주로 邊境防衛란 측면에서 각종 새로운 정책이 시행되었다. 內地에 비해 약간 늦게 시작된 몽골지역의 新政은 초기에는 邊境防衛의 일환으로 추진된 移民實邊이 주류를 이루었다. 淸朝는 1906년에 들어와서야 몽골지역에서 新政을 공식적으로 선포하고, 북경 및 몽골 각지에 移民局을 설립하는 등 漢人農民 移住와 함께 몽골지역 개발에 착수했다. 그러나 몽골지역 특히 아르 몽골지역에서는 이흐 후레(Ikh Khüree)[3] 駐在 淸朝의 마지막 辦事大臣(Amban)인 三多(San-do)의 부임 이후 新政이 본격화되었다고 말할 수 있다. 열렬한 新政 주창자인 三多는 부임 직후부터 兵備處, 巡防營, 墾務局, 憲政籌備處, 木捐總分局, 商務調査局, 男女小學堂 등 20여 기관을 신설하고 개혁작업에 열을 올렸다. 개혁작업은 정치, 경제, 문화, 교육, 재정, 군사 등 전 분야에 걸쳐 추진되었으며, 주로 邊境防衛에 중점이 두어졌다. 따라서 내지의 新政이 淸朝의 中央集權體制와 統治體制를 강화하는 데에 그 목적이 있었다고 한다면, 몽골지역의 新政은 이와 동시에 邊境防衛라는 또 다른 목적이 있었다.

---

3) 현재의 울란바타르를 가리킨다. 후레는 淸代 몽골지역에서 불교 중심지 혹은 사원을 가리킨다. 일부 지역에서는 폐허된 옛 성을 후레라고도 한다. 이는 원래 周圍, 담장, 빙둘러침, 住居地, 건물 등을 가리키는 개념으로 옛날 몽골인들이 유목생활을 하는 과정에서 일정한 지역에서 둥글게 集落地(Khot Khüree)를 이루어 이동했던 데서 생겨난 말인 듯하다(Kh. Perlee, *Mongol ard ulsyn ert, dundad üyeiin khot suuriny tovchoon*[몽골 古, 中世 城邑史], UB, 1961, 12쪽). 한편 이흐는 '크다'(大)를 가리키는 뜻이기 때문에 이흐 후레를 굳이 번역하면 '大 후레'가 된다. 이하 이흐 후레의 성립과 그 후 발전과정에 대해서는 주 83 참고.

이렇게 하여 추진된 新政은 몽골 舊社會에 대한 전면적인 再編으로 이어져 이 시기 몽골사 전개에 적지 않은 영향을 미쳤다. 원래 新政은 청 지배 시기 몽골의 閉鎖狀態를 바꾸어 유럽식의 근대적 개혁을 모방한, 당시로서는 상당히 혁신적인 정책이었다. 하지만 개혁 자체가 몽골의 특수한 상황을 전혀 고려하지 않고 사실상 강제적으로 입안, 시행됨으로써 처음부터 많은 폐해를 초래하고 몽골인들의 거센 반발을 불러일으켰다. 특히 지배층인 聖俗王公들이 新政에 거세게 반발하였다. 신정의 많은 부분이 자신들의 이해관계와 相衝되었기 때문이다. 이 과정에서 지금까지 淸朝의 협력자였던 몽골 왕공들이 자연히 反淸으로 돌아서고, 결국은 그들의 주도로 몽골은 200여 년에 걸친 청 지배를 타파하고 독립국가를 건설하게 되었다. 따라서 新政은 비록 外的 要因이기는 하지만, 몽골이 淸朝로부터 독립을 모색하는 결정적인 계기가 되었다고 할 수 있으며, 그만큼 20세기 초기 몽골사 전개과정에서 중요한 의미를 갖는 사건이었다.

그 결과 新政 문제는 20세기 초기 몽골사 연구에서 중요한 主題의 하나로 인식되어, 이 시기를 연구하는 학자들은 거의 모두가 이 문제에 대해 所見을 제시하였다. 물론 몽골국 내의 L. Jamsran[4)]의 연구를 제외하고는 대부분의 연구가 新政 자체에 대한 연구라기보다는 독립문제를 다루는 과정에서 이 문제를 부수적으로 다루고 있는 실정이다. 즉 연구자들은 너 나 할 것 없이 新政을 몽골 독립을 촉발시킨 직접적인 계기로서 이해하고, 이 문제를 민족해방운동사 연구의 일부로서 취급하고 있다. 더구나 Jamsran까지 포함해서 모든 연구자들은 新政이 몽골 독립의 전제조건이었다는 문제를 해명하는 데에 급급한 나머지, 구체적인 논증 없이 新政이 일반 목민들에게 피해를 주고 또한 왕공들의 특권을 침해해서 몽골인들이 여기에 반대하고 결국 독립국가를 수립하게

---

4) L. Jamsran, ″Manj tsin uls shine bodlogo gegchee mongold kheregjüülekh gesen n″(淸朝에 의한 몽골지역의 新政), *Tüükhiin sudral* (역사연구) 10집, UB, 1974, 83~103쪽 ; L. Jamsran, 『몽골부흥의 초기 1911~1913』.

되었다는 식으로 논리를 전개하고 있다. 말하자면 당시 몽골인들이 구체적으로 新政의 어떤 부분을 어떻게 이해하고, 이에 반대했는가라는 문제에 대한 해명 없이 단지 몽골인들의 반발을 초래한 新政의 부정적인 요소만을 언급함으로써 이 시기 몽골인들이 반청투쟁에 나서게 되었던 근거로 삼으려 하였다.

이러한 연구는 新政 자체에 대한 이해는 물론이고, 나아가 독립문제를 올바로 해명하는 데에도 많은 지장을 초래하였다. 그래서 필자는 일단 기존 연구자들처럼 新政문제를 독립문제의 한 範疇로서 취급하되, 다만 독립을 주도한 왕공들이 新政이라는 문제를 전체적으로 어떻게 바라보고, 구체적으로 新政의 어떤 부분을 어떻게 인식하였는가에 초점을 맞추어 新政 問題에 접근해 보려고 한다. 이렇게 함으로써 新政을 계기로 몽골인들이 결국 독립으로 방향을 선회할 수밖에 없었던 구체적인 이유를 해명해 보려고 한다. 논의는 위에서 언급한 두 서신을 기본적인 분석자료로 삼되, 이와 관련이 있는 同時期 몽골 왕공들 사이에 주고받은 書信, 各地에 보낸 宣傳文, 淸朝에 보낸 電信文들을 보조자료로 활용하였다. 논의 자체가 전적으로 몽골 왕공들의 政局 認識을 검토하는 문제이기 때문에 불가피한 경우를 제외하고는 가능한 한 중국측 자료를 배제하고, 몽골측 자료를 이용하려고 노력하였다.

Ⅰ. 漢人官吏의 政權掌握

1911년 독립 직전 아르 몽골 왕공들은 러시아 황제와 외무부에 보낸 서신에서 淸末 전통적인 對蒙政策의 改變, 특히 移民實邊, 新政과 관련해서 매우 흥미로운 주장을 펴고 있다. 그들은 서신에서 19세기 말엽부터 본격화된 移民實邊과 新政으로 대표되는 淸朝의 새로운 對蒙政策을 淸廷內에서 漢人官吏가 정권을 장악한 데서 비롯되었다고 이해하고 있다. 그리고 이러한 對蒙政策으로 일반 목민들뿐만 아니라 왕공 자신들까지도 고통과 어려움에 처하게 되었다고 주장하고 있다. 그리

니까 漢人官吏가 滿洲政權을 장악한 다음 새로운 對蒙政策이 추진되
었는데, 이 새로운 몽골정책은 몽골인들의 이해에 모순되는 것으로서,
그들에게 고통을 안겨 주었다는 논리이다. 왕공들의 이러한 인식은 이
글의 자료인 기본자료 1, 2에 명확히 부각되어 있으며, 독립 이전에 전
개된 反新政鬪爭 과정이나, 독립 후 여러 지역에 보낸 書信, 電信文에
서도 왕공들은 특별히 이 점을 강조하고 있다.

　　먼저 新政 問題에 관한 왕공들의 이와 같은 인식을 가장 분명히 알
수 있는 기본자료부터 검토해 보도록 하자.

　　우리 할하 4 아이막(Aimag)의 몽골 사람들은 예로부터 喇嘛敎를 信奉하
고, 자신의 헤브 소르탈(Khev Surtal : 慣行, 慣習)을 지키며 살아 왔는데, 나
중에 淸 皇帝가 興起하여 喇嘛敎를 崇尙하고, 智慧와 慈悲의 美德을 널리
베푼 까닭에, 우리의 스승 제1대 보그뜨 라마(Bogd Lama),[5] 몽골의 한
(Khan : 汗), 왕(Wang : 王), 자사크(Zasag : 札薩克)[6]들은 200여 년 간 喇嘛

---

5) 제1대 Jebzundamba Khutakht Öndör Gegen(1635~1723)을 말한다. 제브
　　준담바 호타크트(Jebzundamba Khutakht)는 서열상 티베트의 달라이 라
　　마(Dalai Lama), 판첸 라마(Banchen Lama) 다음 가는 라마교의 高位職으
　　로서 흔히 보그뜨(Bogd : 神聖)라고도 불린다. 이 제브준담바 호타크트는
　　원칙적으로 淸代 할하 라마교의 수장이었지만, 歷代(제1~8대) 제브준담
　　바 호타크트는 전체 몽골인들의 정신적인 지도자로서 추앙되었으며, 종교
　　뿐 아니라 정치적으로도 큰 영향력을 미쳤다. 제브준담바 호타크트가 몽
　　골인들 사이에서 갖는 이러한 영향력 때문에 몽골이 1911년 淸朝로부터
　　독립하고 나서 몽골 왕공들은 제8대 제브준담바 호타크트를 新生 몽골국
　　皇帝로 추대하였다. Kh. Nyambuu, *Mongolyn ugsaatny züi udirtgal*(몽
　　골민족학서설), UB, 1992, 93쪽 ; 유원수, 「잠차라노의 다리강가(Dari ɤ
　　ang ɤ-a)」『한몽공동학술연구』3, 서울, 1994, 301쪽의 주 15.
6) 일반적으로 淸代 몽골사에서 汗은 두 가지 의미로 사용되었다. 하나는
　　khaan 혹은 QaGan(Chingis Khaan, Bogd Khaan 등)으로, 이는 전체 몽골
　　의 지배자를 의미하며, 다른 하나는 Khan 혹은 Qan(Sain noyon Khan 등)
　　으로, 이는 일개 아이막(Aimag)의 지배자를 의미한다. 물론 몽골어에서는
　　이를 엄격히 구분하였으나 漢字 표기는 둘 다 '汗'으로 표기하였다. 굳이
　　구분하자면 전자는 중국식의 皇帝 개념, 후자는 그 아래의 王 개념으로 이
　　해해도 무방할 듯하다. 또한 이 시기에는 왕(Wang : 王)이라는 별개의 '官

教를 尊崇하며 淸 皇帝를 믿고, 隸下 牧民의 主人이 되어, (자기) 隸下 領域
에서 나는 모든 産物을 스스로 처분하고 이용하면서 아주 평안하게 살아오
다가, 최근 들어 漢人官吏들이 정권을 장악하고 여러 가지로 國事를 혼란스
럽게 했던 바, 그 가운데에서도 특히 新政을 한다는 구실로 몽골 초원을 농
경지로 개간하여 곡식을 심는 등으로 (목초지를) 약탈하고, 과거 (우리 몽골
사람들이 지켜 온) 傳統과 慣習을 강제로 깎아 내리고 파괴하고 있어서 진
심으로 가슴이 아픕니다. (기본자료 1)

　다소 장황하기는 하지만 위 기본자료에는 몽골 왕공들이 淸朝에 귀
부하게 된 來歷, 그 후 淸 皇帝의 보호하에 자신들이 목민들을 다스리
면서 아주 평안하게 살아 왔다는 점, 그리고 漢人官吏들이 淸 政權을
장악한 이후부터 그들이 나라 일을 어지럽히고, 몽골지역에서 新政을
추진하면서부터 몽골인들이 여러 가지로 피해를 입게 되었다는 점 등
이 잘 나타나 있다. 여기에서 왕공들은 그 당시 몽골인들이 피해를 입
게 된 가장 큰 이유를 淸朝의 新政으로 보고, 나아가 이 新政이 시행되
게 된 근본적인 동기를 漢人官吏들이 청 정권을 장악한 데서 찾고 있
음을 알 수 있다.
　또한 왕공들은 외무부에 보낸 21개 조에 달하는 서신에서도 다음과
같이 자신들이 당하고 있는 고통의 원인을 漢人官吏에게 돌리고 있다.

　漢人官吏들이 淸朝의 정권을 장악하고 나서부터 지금까지 우리 몽골인들
을 부당하게 탄압하고 괴롭게 했던 這間의 모든 사정을 현재 우리들이 알고,
경험한 범위 내에서 간략하게 말씀드리면 (아래와 같습니다). (기본자료 2의
총론)

　爵이 있었다. 이 왕은 다시 和碩親王(Khoshoi chin wang), 親王
(Chinwang), 郡王(Zün wang) 등 3등급이 있었다(Urgunge Onon and
Derrick Pritchatt, *Asia's first revolution*, Leiden, New York,
København, Köln, 1989, 187쪽). 자사크(Zasag)는 일반적으로 旗
(Khoshuu)의 통치자를 말하는데, 일정 領域과 隸屬民이 있었다. 이들 官
位와 官職은 원칙적으로 세습되었다. 자사크에 대해서는 주 96에서 다시
언급된다.

위 기본자료는 러시아 외무부에 보낸 서신(21개 조)의 總論 部分이다. 여기에서도 역시 왕공들은 몽골인들이 그 동안 당해 온 고통과 현재의 모순을 모두 漢人官吏가 淸 정권을 장악한 데에서 비롯되었다고 설명하고 있다.

왕공들의 이러한 생각은 21개 조의 各論에서도 구체적으로 확인되는 바, 예컨대 1조에서 몽골 왕공들은 법률 규정에 따라서 자동적으로 (아버지의) 官位와 官職을 계승하게 되어 있음에도 불구하고, 漢人官吏들이 爵位世襲을 빙자하여 부당하게 금품을 수수하고, 돈이 없는 사람은 자격이 있는 사람임에도 불구하고 여태까지 爵位世襲을 못한다거나, 2조에서는 淸 皇帝가 매년 정해진 법규에 따라서 왕공들에게 주는 祿俸을 한인관리들이 중간에서 떼어먹어도 어디에 하소연할 곳이 없다거나, 5조에서는 한인관리들이 몽골인들이 유일하게 信奉하는 라마교의 聖地 라사(Lhasa : 拉薩)를 부당하게 점령하고, 달라이 라마를 핍박해서 그를 티베트에서 도망하게 하는 등 라마교를 탄압한다거나, 9조에서는 한인관리들이 부당하게 喇嘛僧들에게 군사훈련을 시키고, 寺院 재산을 몰수하여 軍需物資에 충당하고 있다고 비판하고 있다.

한인관리에 대한 이러한 인식은 동시기 다른 여러 자료에서도 똑같이 지적되고 있다. 즉 當代人이 쓴 것으로 추정되는 한 기록에 의하면 "단지 남쪽 淸朝의 11대 황제 宣統帝 시기에 권력을 잡은 大·小 文武官吏, 貴族들이 (지켜야 할) 규범과 도덕을 잃고, 사악한 전횡을 일삼고, 탐욕스럽게 국가를 혼란하게 하여, 淸朝 지배하의 滿洲族, 蒙古族, 漢族, 藏族, 回子(Khoton) 등 五族 민중들이 정말로 견디기 힘들고 생활하기가 어렵게 되었기 때문에, 중국 남부에서 革命黨이 일어나 滿洲政權에 직접 대항하고 있다"[7]고 하여 역시 그 당시의 모든 부정과 혼란의

---

7) Bügd nairamdakh Mongol ard ulsyn zasgiin gazaryn arkhivaas erkhlen khevlüülev(몽골인민공화국 정부문서보관소 출판), *Mongol ulsyn avtonomi khemeekh öörtö ezerkhen zasakh erkht zasgiin üyeiin ünenkhüü yavdal chukham baidal, chukhal uchirig temdeglesen tovchi ögüülel khemeekh Tüükh Bichig*(몽골 自治時期의 眞事, 眞常, 중요한 의

원인을 한인관리의 권력장악과 부패에서 찾고 있다. 물론 여기에서는 大·小 官吏라고만 하고 명확히 한인관리라고는 하지 않았다. 하지만 이 記事는 위의 기본자료 1과 시기가 일치할 뿐 아니라 동일한 내용을 전하고 있는 점으로 미루어 같은 사실을 이와 같이 표현했다고 보아야 할 것이다. 마치 위에서 인용한 기본자료 1, 2의 내용을 종합해 놓은 듯한 기사이다.

또한 1913년 초 어버르 몽골 해방전쟁 기간에[8] 몽골 新政府에서 어버르 몽골 49 호쇼(Khoshuu : 旗)에 보낸 서신에 의하면 "최근 들어 탐욕스럽고 약삭빠른 (漢人)官吏들이 정권을 장악하고, 몽골지역에 漢人들을 移住시켜 농사를 짓게 하여, 땅에서 나는 이익을 강제로 빼앗을 뿐만 아니라, 라마교를 卑下하고, 몽골의 옛 요스 소르탈(Yos Surtal : 옛 관행, 관습)을 바꾸려고 하여, 보그뜨 게겐을 황제로 추대하고 독립국가를 건설했다"[9]고 하여 移民實邊, 新政, 라마교 폄하를 모두 漢人官吏의 정권장악이라는 견지에서 이해하고 있다. 앞의 기본자료들이 독립 이전에 독립의 당위성을 역설한 것이었다고 한다면, 이 기본자료는 그 후 독립 선포의 당위성을 선전하는 기사이다. 내용은 역시 기본자료 1, 2와 동일한 사실을 전해 주고 있다.

그런데 이 문제와 관련지어 한 가지 흥미로운 사실은 그 당시 왕공들은 漢人官吏의 정권장악을 滿洲政權의 쇠퇴, 구체적으로는 淸 宗室의 쇠망이라는 문제와 연결시키고 있었다는 점이다. 즉 그들은 자신들

　　미를 기록한 簡史라는 역사기록), UB, 1992, 6쪽.

8) 몽골 독립 후 淸朝와 그 뒤를 이은 北京政府는 처음부터 독립을 취소하고, 新 몽골정부에 歸附한 어버르 몽골 각 지역을 다시 중국에 合倂시키기 위해 갖은 방법을 동원하지만, 이러한 노력이 실패로 돌아가자 1912년 여름부터 張家口, 多倫諾爾(Dolon Nuur), 歸化城(Khökhkhot) 등지에 군대를 파견히여 무력침공을 시작했다. 이에 몽골 新政府에서도 Damdinsuren을 총 사령관으로 하는 5개 군대를 파견하여 중국군에 맞서 싸우게 하였다. 이평래, 「민족해방운동기 다리 강가 지역의 동향」, 99쪽.

9) Ts. Nasanbaljir · Sh. Natsagdorj 編, *Dörvön aimgiin alba tegshitgesen dans*(4 아이막 課稅帳簿), UB, 1962, 59~62쪽.

의 고통이 漢人官吏가 정권을 장악한 데서 비롯되었지만, 그들이 그렇게 할 수 있었던 것은 후술하는 바와 같이 자신들의 보호자 혹은 자신들과 聯盟關係에 있는 滿洲政權의 몰락에 그 원인이 있다는 것이다. 기본자료 1에서 왕공들은 이 문제에 대해 단지 자신들이 淸 皇帝의 보호하에 편안히 지낼 수 있었는데, 漢人官吏가 등장함으로써 피해를 입었다고 하여 淸 皇帝와 자신들의 관계만을 언급하고 있다. 그러나 똑같은 사실을 전하는 동시기 여러 자료에서는 이 두 부분을 동일한 맥락에서 다루고 있어 주목된다.

예컨대 독립을 선포한 후 1911년 12월 29일에 몽골 신정부에서 淸朝의 理藩部,[10] 資政院에 보낸 電信文에 의하면, 그 당시 몽골 왕공들은 몽골인들의 모든 고통의 원인을 淸朝 集權體制의 약화와 그로 인한 漢人官吏들의 횡포에서 비롯되었다고 인식하고 있었음을 알 수 있다.

즉 "(우리) 몽골 사람들은 淸朝에 귀부한 이후 200여 년 동안, 보그뜨(Bogd)[11]의 은혜를 입었기 때문에, (그를) 하늘같이 받들어 왔습니다.……그러나 몇 십여 년 전부터 淸朝의 勢力(집권체제)이 약화되어서 매우 恨이 됩니다. 邊方官吏들과 理藩部 관리들이 법규를 위반하고 자기 마음대로 탐욕스럽게 금품을 착취한 결과, 몽골을 전 세계에서 가장 폐쇄적이고 미개한 지역으로 만들었습니다. 올바르고 그름을 판단하는 기준을 자기네 마음대로 뒤바꾸고, 특히 新政을 시행한다는 명목으로 우리의 국토, (거기에서 나는) 이익, 권리를 강제로 빼앗고, 사람들을 용서하는 것을 잊어 버렸을 뿐만 아니라, 우리 몽골 사람들을 잔인하게 짓밟고 억압하여 견디기가 어렵게 되었습니다. (이와 같이) 민족을 절멸시

---

10) 淸朝는 몽골지역의 新政 시행과 관련하여 1906년(光緒 36)에 理藩院을 理藩部로 개칭하였다.

11) 여기에서 보그뜨(Bogd)는 淸 皇帝를 말한다. 보그뜨는 '신성한, 최고의'라는 뜻으로 몽골에서는 일반적으로 Khaan의 칭호로 쓰이고 있다. 예컨대 Bogd Chingis Khaan이라고 하는 데서도 알 수 있듯이 至高의 존재, 聖人을 가리키는 말에 사용된다. 앞에서 살펴본 제브준담바 호타크트를 보그뜨라 한 것은 그의 존재가 Khaan처럼 至高하다는 의미에서 비롯되었다.

키고, 종교(라마교)를 파멸시키는 정책(新政)은 자신들의 肝과 肺를 보는 것처럼 분명해졌습니다"12)라 하여 당시 왕공들이 문제로 삼았던 관리들의 부정, 新政, 종교문제 등 몽골인들에게 고통을 안겨 준 근본적인 동기를 모두 滿洲政權의 쇠락과 漢人官吏의 등장이라는 관점에서 파악하고 있다.

물론 여기에서도 역시 부정을 자행하고, 新政을 시행한 주체를 단지 변방관리, 이번부 관리라고 하였을 뿐 직접 漢人官吏라고는 하지 않았다. 그래서 이들의 행위를 흔히 있을 수 있는 王朝 末期 관리들의 부정부패라고도 볼 수 있다. 그러나 앞에서도 언급한 바와 같이 이 자료의 내용은 당시 新政을 반대하고 독립을 주장했던 여타 모든 文件과 똑같은 사실을 전하고 있는 점으로 미루어 이 자료에서 말하는 邊方官吏, 理藩部 관리는 곧 기본자료 1의 漢人官吏라고 보아야 할 것이다. 적어도 당시 왕공들은 사실의 眞僞 여부와는 관계 없이 부정을 자행하는 관리가 곧 新政을 주도했고, 이들을 모두 漢人官吏라고 이해하고 있었던 듯하다. 그리고 이들 漢人官吏가 등장할 수 있었던 조건으로서 滿洲政權의 쇠망을 상정하였다. 그 결과 滿洲政權의 쇠망, 漢人官吏의 등장, 新政, 몽골인들의 피해를 일종의 因果關係에서 파악하고 있다.

예컨대 1911년 여름 친왕(Chin Wang : 親王) 한드도르찌(Khanddorj), 다 라마(Da Lama : 大喇嘛) 체렌치메드(Tserenchimed)의 주도하에 18명13)의 왕공들이 보그드 산에서 비밀리에 모임을 갖고 淸朝로부터 독립하기로 최종적으로 결정하였는데, 여기에서 그들은 "淸朝의 정권이 쇠약해지고, (관리들이) 매우 탐욕스럽게 착취하고, 몽골의 모든 利權을 모조리 강탈하는 것은 진정으로 견딜 수 없기 때문에"14) 淸朝로부터 독립해야 한다고 하여, 독립의 명분을 역시 지금까지 논의한 바와 같이

---

12) 『해방운동자료집』 109 -170쪽 ; L. Dendev, *Mongolyn tovch tuukh*(몽골사 개략), UB, 1934, 28~29쪽.

13) A. V. Burdukov, *V staroi i novoi Mongolii*(舊몽골과 新몽골), Moscow, 1969(E. Bazarjav 譯, *Khuuchin ba shine mongol*, UB, 1987, 30쪽).

14) L. Dendev, 『몽골사 개략』, 3~4쪽.

滿洲政權의 쇠락, 漢人官吏의 등장, 新政에 의한 몽골인의 고통에서 구하고 있다. 여기에서도 위 세 부분을 일련의 과정으로 인식하고 있음을 알 수 있다.

이와 같이 漢人官吏에 의한 新政을 경계한 만큼이나 몽골 王公들은 漢族에 대해서도 극도로 불신감을 가지고 있었다. 먼저 이 시기 몽골 王公들의 對漢族觀을 엿볼 수 있는 기본자료부터 검토해 보도록 하자.

우리 몽골이 淸朝에 편입된 이후에 많은 교활한 漢人들이 (장사를 핑계로 몽골에 들어 와서), 자신들의 물건은 매우 비싼 값에 (몽골인들에게) 팔고, 우리 몽골의 가축이나 물건은 (유통과정을) 여러 가지로 毁謗을 놓아 싼값에 사고, 돈을 빌려주고 利子에 利子를 증식시켜, 우리 몽골인들을 이미 骨髓에 이르기까지 가난하게 만들었습니다. (기본자료 2의 11조)

위 기본자료는 漢人商人들의 불법적인 商行爲와 高利貸業으로 인한 몽골인들의 피해를 고발한 내용이다. 이 시기 한인상인 - 고리대업자들의 보편적인 불법행위에 대한 설명이다. 그러나 적어도 자료에서는 이렇게 불법을 자행하는 사람들을 교활한 漢人이라고 하여 漢人 자체에 대한 불신을 보여 주고 있다. 이와 같이 일개 민족으로서 漢族 자체에 대한 불신감은 다음 기본자료에서도 확인되고 있다. 즉 王公들은 辛亥革命 전 革命派들을

뿐만 아니라 淸朝 지배하에 있는 內地에서는 革命黨이라고 하는 나쁜 漢人들이 여기저기서 들고일어나 騷擾를 일으키고 있습니다. (기본자료 2의 16조)

라 하여 나쁜 漢人이라 하고, 그들의 행위를 소요라고 인식하였다. 뿐만 아니라 왕공들은 다음 기본자료에서 보듯이 漢人을 본질적으로 질이 나쁜 민족으로 몰아붙이고 있다.

漢人들로 말하자면 선천적으로 질이 나빠 배반하기를 좋아합니다. 재작

년15)부터 내지 (여러 곳에서) 자주 (국가를) 離反하고, (叛亂을 일으켜) 국가의 군대에 괴로움을 주고, (국가에) 물질적인 손실을 끼쳤습니다. 또한 中國영토 내에 있는 모든 외국인들을 쫓아내어 (나라를) 깨끗이 한다고 하여 대규모의 騷擾를 일으켜, 이전에 없었던 크나큰 재앙과 고난을 가져왔으며, 외국의 여러 나라들에 엄청난 전쟁 賠償金을 지불하여 國庫가 일시에 텅 비게 만들었습니다. (기본자료 2의 17조)

위 기본자료는 辛亥革命 前夜의 간헐적인 민중운동과 제국주의 열강의 침략에 반대하여 일어선 仇敎運動, 義和團에 관한 기사이다. 왕공들은 이 운동들을 모두 국가(淸朝)에 대한 離反으로 간주함과 동시에 한인들의 所行으로 돌리고 있다. 즉 한인들은 선천적으로 질이 나쁘기 때문에 배반하기를 좋아하고 그리하여 국가에 재앙과 재난을 가져왔다는 것이다. 한 마디로 한인에 대한 극도의 불신감을 엿볼 수 있는데, 왕공들의 이와 같은 對漢族觀은 동시기 다른 자료에서도 확인되고 있다.

예를 들면 러시아에 갔던 대표단 가운데 한 사람인 하이산(Khaisan : 海山)이 러시아에서 되돌아오는 길에 이르쿠츠크에서 쌍트·뻬쩨르부르크에 있는 몽골 연구자 코트비치(V. Kotvich)16)에게 보낸 서신에 의하면 "뜻하지 않게 현재 內地에서는 革命黨이라는 나쁜 한인들이 淸朝에서 이반하여 華北, 湖南, 四川 등 몇 지역을 점령하였습니다,"17) "현재

____

15) 이 자료가 1911년에 쓰여진 것이기 때문에 1909년을 가리킨다.

16) 코트비치(V. Kotvich : 1872~1944)는 폴란드 출신 몽골학자로서 쌍트·뻬쩨르부르크 대학 교수를 지냈다. 그는 비록 몽골 독립기(1911~1913)에 帝政러시아 정부(상공부 산하 중앙아시아 및 동아시아 연구위원회)에서 일하기도 했지만, 몽골인들의 독립운동에 공감하여 가능한 한 지원을 아끼지 않았다. 당시 독립을 주도한 몽골 왕공들은 독립문제, 또는 독립 후 장래문제에 대해서 모든 사항을 코트비치와 상의할 정도로 그는 몽골인들 사이에서 신망이 높았다(Urgunge Onon·Derrick Pritchatt, 앞의 책, 78쪽).

17) B. Shirendev·Sh. Natsagdorj 編, *V. Kotvichiin khuviin arkhivaas oldson Mongolyn tüükhend kholbogdokh zarim bichig*(코트비치의 個人 書齋에서 발굴된 몽골사 관련 자료 : 이하『몽골사관련자료』), UB, 1972, 63쪽.

남쪽의 한인들이 淸朝에 배반하여 만주정권이 무너질 지경에 이르고, 政勢가 매우 불안합니다"[18]라 하여 역시 혁명파들의 활동을 만주정권을 어지럽히는 나쁜 한인들의 반역행위로 인식하고 있음을 알 수 있다.

또한 위의 하이산과 함께 러시아에 갔던 다 라마 체렌치메드가 귀국 후 이흐 후레에서 코트비치에게 보낸 편지에 의하면 "우리 몽골 사람들은 본래부터 無知하고 정직하고 온순한 데 비해서, 中國 사람들은 원래부터 사악하고 교활합니다"[19]라 하여 위 자료 11의 17조에 나타난 바와 같이 漢人들의 특성을 본질적으로 질이 나쁜 민족으로 폄하하고 있다. 특히 여기에서는 몽골족과 漢族을 비교함으로써 漢人들이 나쁜 민족이라는 점을 강조하고 있다.

그런데 위 자료들에서 한 가지 주목해야 할 부분은 王公들은 漢人들을 질이 나쁜 민족으로 깎아 내리는 데 그치지 않고, 한 걸음 더 나아가 그들의 혁명운동을 淸朝에 대한 반역행위 혹은 淸 朝廷과 국가를 어지럽히는 행위로 인식하고 있다는 점이다. 한 마디로 王公들은 위에서 인용한 모든 자료에서 보듯이 漢人들의 혁명운동을 국가를 어지럽히는 혼란 내지는 소요로 몰아붙이고 있음을 알 수 있다.

그러면 王公들은 왜 新政을 시행하여 자신들에게 고통을 안겨 준 淸朝를 이렇게 옹호하고, 滿洲族 정권이라는 관점에서 보면 자기들과 똑같이 피지배민족인 漢族, 漢人官吏를 이렇게 몰아붙이고 있는 것일까? 사실 이 문제는 이 글의 핵심부분의 하나로서 淸 宗室과 몽골 王公들의 특수한 관계를 기반으로 한 淸朝의 초기 對蒙政策 특히 對王公政策과 깊은 관련이 있다.

즉 漢族을 비롯한 많은 異民族을 통치해야 했던 淸朝로서는 무엇보다도 수적으로 열세인 滿洲族 정권을 지켜 줄 무력기반으로서 군사적 동맹자가 필요하였다. 여기에서 자기들과 出自가 비슷한 몽골 王公들과의 연대가 모색되고, 그들을 帝國秩序를 유지하고, 北邊을 경계하는

---

18) 『몽골사관련자료』, 73쪽
19) 『몽골사관련지료』, 60쪽.

무력기반으로 활용하려고 하였다. 그 대신 淸朝는 그들을 모두 淸朝 貴族으로 편입시켜 각종 특권을 주어 우대하는 한편, 遊牧社會의 지배자로서 그들이 향유하였던 원래의 지위를 인정해 줌으로써 淸朝에 협조하도록 하였다.[20] 이와 동시에 淸 皇帝가 몽골 皇帝를 계승하고 따라서 몽골 王公들은 淸 皇帝의 臣下라는 관념으로 치장하고, 몽골족과 만주족의 민족적 親連性을 강조하고, 그들을 모두 淸 귀족으로 편입시켰다.[21] 이는 곧 淸 皇帝는 몽골 王公들을 보호하고, 반대로 몽골 王公들은 淸 皇帝에게 충성해야 된다는 이념적 근거가 되었다. 여기에서 淸 皇帝(淸朝)와 몽골 王公 간의 충성과 보호를 매개로 한 이른바 滿·蒙協助體制가 성립되고, 이 관계는 대몽정책이 변화하기 시작하는 19세기 중엽까지도 그대로 유지되었다.

몽골 王公들이 서두에서 인용한 기본자료 1에서 보듯이 자기들의 存在意義를 淸 皇帝와의 관계에서 파악하고 있는 이유도 여기에서 찾을 수 있다. 즉 자기들은 淸 皇帝가 라마교를 숭상했기 때문에 淸朝에 귀부했고, 그리고 皇帝의 보호하에 예하 목민들을 다스리면서 아무 탈없이 지내 왔다고 하여 淸 皇帝와의 관계를 강조하고 있다. 淸 皇帝 - 王公 - 牧民으로 이어지는 지배질서 속에서 목민에 대한 통치권을 위임받아 그들의 주인 노릇을 해 왔다는 뜻이다. 그런데 漢人官吏들이 정권을 잡으면서 이 관계에 균열이 가기 시작했고, 바로 이 때문에 자기들을 비롯한 모든 몽골인들이 어려움에 처하게 되었다는 것이다.

바꿔 말하면 몽골 王公들은 滿·蒙 間의 협조체제가 누군가의 개입에 의해 와해되면서 자기들이 어려움에 처하게 되었다고 이해하였는데, 여기에서 그들은 滿·蒙 聯盟關係를 방해한 세력으로서 漢族을 상정

---

20) Sh. Natsagdorj · N. Ishjamts 編, *Bügd nairamdakh Mongol ard ulsyn tüükh Ded bot' 1604~1917*(이하 몽골인민공화국사 中), UB, 1968, 115쪽 ; 中見立夫, 「蒙古の獨立と國際關係」『周緣からの歷史』, 東京, 1994, 82~83쪽.

21) 盧明輝, 『淸代蒙古史』, 天津, 1990, 95쪽 ; 烏云畢力格·成崇德·張永江, 『蒙古民族通史』第4卷, 呼和浩特, 1993, 297쪽.

하고, 新政, 구체적으로는 자신들을 우대한 초기의 대몽정책을 改變시
킨 세력으로서 漢人官吏를 지목하였다. 따라서 몽골 王公들의 입장에
서는 淸廷 내에서 漢人官吏의 발언권 증대나, 일부 漢人들의 혁명운동
을 당연히 기존질서에 대한 도전 혹은 국가를 어지럽히는 혼란으로 인
식할 수밖에 없었다. 결국 漢人들은 선천적으로 질이 나쁘기 때문에 移
民實邊과 新政 같은 것을 시행하여 몽골인들에게 고통을 안겨 주고, 혁
명을 일으켜 지배질서를 어지럽게 한다는 논리이다.

당시 몽골 王公들이 진행되고 있던 사태를 이와 같이 철저하게 滿洲
族, 蒙古族, 漢族이라고 하는 民族的 관점에서 파악한 구체적인 이유는
무엇인가? 이 문제를 해결하기 위해서는 먼저 19세기 말엽 淸朝의 전
반적인 邊疆政策과 그 안에서의 대몽정책의 특성을 검토해 볼 필요가
있다.

주지하는 바와 같이 19세기 중엽 이래 계속된 제국주의 열강의 침략
과 국내의 大叛亂으로 인해 淸朝의 邊境地域에 대한 지배력은 현저히
약화되었다. 그 결과 지금까지 淸朝의 직접지배 혹은 간접지배하에 있
었던 邊境 各地에서는 반란과 함께 淸朝로부터 이탈하려는 움직임이
가속화되었다. 특히 西北邊境의 回民叛亂은 이 지역에서 淸朝의 지배
력을 현저히 약화시켰던 바, 1870~80년대 카쉬가르(Kashgar)를 據點으
로 큰 세력을 형성한 야쿱 벡(Ya'qūb Beg)의 반란과 러시아의 伊犁 점
령, 그리고 러시아의 南進을 저지하기 위한 영국의 진출은 이 지역에서
淸朝의 변경위기를 더욱 가중시켰다.[22]

이에 淸朝 내에서 鴉片戰爭 이후 발언권이 강화된 漢人官吏를 중심
으로 中華秩序 재편이 활발하게 논의되고, 종래의 周邊諸國에 대한 느
슨한 통치를 지양하고, 주변제국에 적극적인 권력을 행사하여 末端에
이르기까지 권력을 침투시켜 內地와의 一體化를 시도한다.[23] 그리하여

---

22) 金浩東, 「1864년 新疆 무슬림反亂의 初期經過」『東洋史學硏究』24, 서울,
　　168~171쪽 ; 崔熙在, 「中華秩序의 動搖」『講座中國史』5, 서울, 1989, 212
　　~215쪽.
23) 茂木敏夫, 「中華秩序の近代的再編と日本」『岩波講座 近代日本と植民地』

서북지역에서는 新疆收復을 위한 군사작전이 시작되어 1884년에는 이 지역을 완전히 평정하고 新疆省을 설치하였으며, 티베트에 대해서도 1906년에는 영국에게 종주권을 확인시키고 10년 뒤에는 西康省을 건설했다. 내몽골 동부, 東三省 지역에로의 漢人農民의 이주와 장려 즉 移民實邊도 같은 맥락에서 이루어졌다.24)

대개 이 시기를 기점으로 하여 기존의 몽골정책도 邊境防衛라는 관점에서 재검토되기 시작했다. 주로 러시아의 침략으로부터 北邊을 방위하기 정책이었다. 17세기 이래 계속된 러시아의 南進은 淸朝의 서북변경뿐만 아니라, 동북 변경지역에도 커다란 위협이 되었다. 1860년 中·俄北京條約이 체결된 이듬해에는 그 동안 국가의 藩屛25)으로 인식되어 왔던 몽골 지역에 러시아 영사관이 개설되고, 러시아인들의 진출이 본격화되는 등 동 지역에서 淸朝의 이익을 현저히 위협하였다. 러시아는 淸朝와 몇 차례의 條約을 통해서 몽골 각지에서 그들의 商權을 구축해 가는데,26) 19세기 말기로 갈수록 漢人상인과 러시아상인들 사이에 商權掌握을 위한 각축이 치열해 갔다.27)

또한 신식무기의 등장으로 군사동맹자로서 몽골 왕공들이 이끄는 騎兵은 淸朝의 무력기반으로서의 현실적 의미를 잃게 되고, 러시아의 진출로 인해 몽골은 더 이상 국가의 번병이 될 수 없었다. 오히려 러시아는 몽골 왕공들을 회유하여 자신들의 정치, 경제적 영향력을 확대해 가는 추세였다.28) 여기에서 大淸帝國의 再編이라고 하는 큰 틀 속에서

　　1, 東京, 1992, 72쪽.

24) 中見立夫, 앞의 글, 83~84, 101~102쪽.

25)『宣統政記』卷61, 癸丑 理藩部奏(那亦塵 編,『淸季蒙古實錄』下輯, 呼和浩特, 1981, 466쪽).

26) 그 결과 몽·러간의 貿易額은 1861년의 20여 만 루블이었던 것이 20세기 초두인 1900년에는 1599여만 루블이 되어 19세기 후반기에 약 80배 가량이 증가하였다(中國社會科學院近代史硏究所,『沙俄侵華史』第4卷下, 北京, 1990, 637~638쪽).

27) Sh. Sandag, *Mongol ulsyn töriin gadaad khariltsaa 1850~1919*(몽골외교관계 1850~1919), UB, 1971, 170~171쪽.

러시아의 진출에 대응해 어떻게 몽골 경영을 쇄신할 것인가 하는 문제
가 등장한다. 이에 淸廷內에서 초기 이래 200여 년 간 유지되어 온 몽
골지역에 대한 封禁政策 解除 등 전반적인 대몽정책의 改變이 논의된
다. 즉 내지의 과잉인구를 몽골지역으로 이주시켜 농경지를 개발하는
한편, 漢商의 자유로운 상업활동을 허용하여 實業을 진흥시키고, 이 곳
에 새로운 行政·軍事 機構를 설치하여 변경방위를 튼튼히 함으로써
러시아의 진출을 저지하려고 하였다.[29]

　　淸廷內의 많은 大臣, 邊方官吏들 사이에서 이미 1880년대 초기부터
邊境防衛를 위한 移民實邊策이 논의되었지만, 이는 몽골정책을 전면적
으로 개변해야 하는 문제와 관련이 있고, 또한 일부 몽골 王公들의 반
대로 인해 시행되지 못하다가[30] 1906년 新政의 시행과 함께 본격화되
었다. 물론 新政은 淸 帝國 全 범위 내에서 시행된 정치, 경제, 군사, 문
화 등 전 부문에 걸친 내정개혁으로서 원래부터 移民實邊과는 성격을
달리하였다.[31] 그러나 몽골지역의 경우 移民實邊과 新政은 시기를 같
이할 뿐만 아니라 移民實邊과 군사력 증강이 新政의 주요 부분을 이루
고 있어서 이 두 부문은 똑같이 邊境防衛의 일환으로 추진되었다. 이는
열렬한 新政 주창자로서 이흐 후레 마지막 淸朝 암반인 三多의 다음과
같은 발언으로도 입증된다. 그는 몽골지역에서 개혁(新政)을 실시하는
목적을 "安中夏而御强鄰"[32]이라 하여 러시아의 침략을 막는 데에 있음
을 분명히 하고 있다.[33]

---

28) B. Gur'ev, *Politicheskie otnosheniya Rossii i Mongolii*(몽·러정치관계),
　　St. Petersburg, 1911, 15쪽.
29) 中見立夫, 앞의 글, 84쪽.
30) 黃時鑒, 「論淸末淸政府對內蒙古的'移民實邊'政策」『內蒙古近代史論叢』,
　　呼和浩特, 1982, 107~108쪽 ; 那亦塵, 「略論淸末蒙古地區的新政」『內蒙古
　　社會科學』1986年 第3期, 呼和浩特, 1986, 40~41쪽 ; 汪炳明, 「淸末新政與
　　北部邊疆開發」『淸代邊疆開發研究』, 北京, 1988, 57~58쪽.
31) 那亦塵, 「略論淸末蒙古地區的新政」, 40~41쪽
32)『宣統政紀』第16卷(『淸季蒙古實錄』下輯, 436쪽).
33) 呂一燃, 「沙俄與1911年外蒙古獨立」『中國北部邊疆史研究』, 哈爾濱, 1991,

移民實邊, 新政의 시행과 함께 몽골 각지에는 州, 縣 등 中國式의 行政機構가 신설되고, 內地人의 주도하에 兵備處, 巡防營 등 각종 기구가 설치되었다.[34] 淸朝는 이렇게 신설된 치소에 淸朝官吏를 파견하여 당해 지역을 통치하게 하였다.[35] 이렇게 하여 淸朝는 몽골 왕공들에게 통치권을 위임해서 이들 지역을 간접적으로 통치했던 정책을 개변하여 중앙정부의 직접지배를 지향했던 것이다.

그런데 몽골 왕공들은 淸朝의 이러한 일련의 조치들을 淸 政權의 성격변화라는 측면으로 받아들이고 있다. 즉 자신들의 이해를 보장하였던 滿·蒙 聯合的 성격의 淸 政權이 滿·漢 聯合的 성격으로 바뀐 데서 비롯된 것으로 이해하였다.[36] 그리고 淸 政權의 성격을 이렇게 만든 장본인으로서 漢族, 漢人官吏를 지목하였다. 몽골 王公들이 변화하는 사태를 民族問題로 처리하고 민감하게 대응했던 근본적인 이유를 여기에서 찾을 수 있다.

그러면 초기의 滿·蒙 聯盟이 정말로 그들의 주장대로 漢人들의 개입에 의해서 와해되었는가? 만약 그렇다고 한다면, 그들이 그렇게 생각한 근거는 무엇인가? 이 문제는 19세기 이래 진행되어 온 滿洲族의 漢化, 19세기 중엽 이후 국내외 정세의 변화에 따른 淸朝 자체의 變容과 깊은 관련이 있다. 이렇게 滿洲族의 漢化가 진행되고, 淸朝가 變容됨에 따라 淸廷內에서 漢人官吏의 입지가 강화되고 자연히 대몽골 정책 또한 변질되기 시작했다.

앞에서도 잠시 언급한 바와 같이 淸朝는 몽골지역을 정복한 후 처음부터 몽골족을 군사동맹자로 인식하여, 漢族을 통치하고 북쪽변경을 안정시키기 위한 군사력으로 활용하려고 하였다. 그리하여 淸朝는 몽골지역을 滿洲族 발상지와 동일시하여, 외부인의 출입을 엄격히 규제

188　190쪽.

34) 陳崇祖, 『外蒙古近世史』, 上海(吉川圓重利　譯, 『外蒙古獨立史』, 東京, 1926/1939, 7~8쪽).
35) A. V. Burdkov, 『舊몽골과 新몽골』, 28쪽.
36) 盧明輝, 앞의 책, 223~225쪽.

하였다.37) 한 마디로 말해서 몽골족과 외부인의 접촉을 차단하여 그들을 원시상태로 남아 있게 함으로써 자신들의 군사, 경찰의 수요에 충당하려고 했던 것이다.38) 그 대가로 淸朝는 몽골 王公들에게 각종 특권을 부여하고, 牧民·牧草地에 대한 지배권을 인정하여 우대했다.

그러나 18세기 중엽 准喝爾(Züüngar)의 멸망으로 북방의 유목민이 완전히 제압되고, 滿洲 정복자들이 점점 漢族의 고급문화에 동화되어 감에 따라 그들의 對몽골 정책 또한 위의 滿洲族 고유의 특성이 사라지고 점점 漢族의 특성을 띠게 되었다. 그 결과 淸朝의 무력기반으로서 몽골족과의 연대가 퇴색되고, 淸朝는 옛날의 동맹자인 몽골족을 변방의 異民族으로 보기 시작했다. 이렇게 하여 몽골족은 더 이상 滿洲政權의 조력자가 아니라, 帝國 영역내의 일개 피지배민족으로 전락해 버렸다.39)

또한 이 문제는 양차의 鴉片戰爭과 太平天國 이후에 진행된 淸朝 자체의 變容과 밀접한 관련이 있다. 주지하는 바와 같이 19세기 중엽 이래 계속된 제국주의 열강의 침략과 국내의 각종 반란을 겪으면서 淸廷 內에서는 漢人官吏의 발언권이 점점 증대되어 갔다. 이는 곧 滿洲政權 입장에서 보면 漢族에 대한 양보이며 淸朝의 명맥을 유지하기 위한 일종의 타협책으로서, 滿洲政權의 쇠락이나 마찬가지였다. 그 후 이들 漢人官吏의 주도로 邊疆强化 논의가 이루어지고, 이와 함께 몽골 문제도 이전과는 달리 邊境防衛라는 측면에서 재검토되었다. 移民實邊, 新政은 그 과정의 하나였다.

결론적으로 滿洲族의 漢化가 진행되고, 또 漢人官吏들의 입지가 강

---

37) 札奇斯欽, 「外蒙古的獨立自治和撤治」『中國現代史叢刊』 第4冊, 臺北, 1954, 48~49쪽.

38) Ya. B. Vladimirtsov, *Obshestvenyi stroi Mongolov*, Leningrad, 1934(주채혁 옮김, 『몽골사회제도사』, 서울, 1990, 316쪽).

39) A. Kalinikov, *Natsional'no-revolyutsionnoe dvizhenie v Mongolii*(몽골민족해방운동), Moscow-Leningrad, 1926, 18~19쪽 ; Joseph Fletcher, "Ch'ing Inner Asia, 1800", *The Cambridge history of China*, Vol. 10, London, New York, Melbourne, 1978, 52쪽.

화되어 감에 따라 滿洲政權 또한 滿·蒙 聯合政權에서 滿·漢 聯合政權으로 그 성격이 바뀌어 갔다고 말할 수 있다. 몽골 王公들이 淸朝의 移民實邊, 新政을 민족이라는 관점에서 이해했던 이유도 여기에 있다. 그리하여 그들은 滿洲政權의 쇠락 곧 淸朝의 성격변화, 漢人官吏의 입지강화, 몽골정책의 改變 즉 移民實邊, 新政을 일련의 과정으로 파악하고 모든 책임을 漢族, 漢人官吏에게 돌리고 있다. 따라서 몽골 王公들이 新政을 거세게 반대한 것은 滿洲族의 對蒙政策이 아닌 정치·경제·사상·문화 등 모든 면에서 융합될 수 없는 漢族의 對蒙政策에 대한 반대라고 볼 수 있다.

Ⅱ. 蒙古族의 抹殺과 中國化政策

서신에 나타나 있는 아르 몽골 王公들의 現實認識 가운데에서 또 하나 흥미로운 점은 그들이 당시 진행되고 있던 일련의 사태(新政)를 몽골족의 死活問題와 관련지어 이해하고 있다는 것이다. 즉 그들은 新政의 궁극적인 목표가 몽골인들이 예로부터 지켜 온 야즈고린 요스(Yazguuryn Yos)의 變改를 통한 몽골족의 말살, 나아가 몽골지역의 內地化 - 中國化에 있다고 이해하였다.

'야즈고린 요스'[40]라는 것은 몽골인들이 과거부터 지켜 온 삶의 방식을 말하는 것으로서 生計方式, 언어, 문화, 관습, 민족의 고유성, 라마교, 政治體制 등을 가리키는 포괄적인 개념이다.[41] 구체적으로는 생계방식에 있어서 農業經濟에 대비되는 遊牧經濟, 사상적인 측면에 있어서 儒敎秩序에 대비되는 喇嘛敎秩序, 정치체제에 있어서 中央集權制

---

40) 「1910년 3월 17일 사인 노욘한 아이막(Sain Noyon Khan Aimag) 왕공들이 투시에트한, 체첸한 아이막, 에르덴 샨주드바(Erdene Shanzudba : 商卓特巴)의 왕공들에게 보낸 서신」『해방운동자료집』, 82~83쪽.

41) M. Sanjdorj 編, *Khoridugaar zuuny Mongol*(20세기 몽골), UB, 1995, 8쪽.

에 대비되는 왕공들을 중심으로 하는 封建的 自治體制를 말한다. 한마디로 定着生活을 전제로 하는 中原의 定住文化와는 이질적인 移動生活을 전제로 하는 몽골의 遊牧文化를 가리키는 개념이다.[42]

따라서 이 '야즈고린 요스'의 變改는 지금까지 몽골인들이 지켜 온 이러한 삶의 방식을 바꾸는 것이다.[43] 예컨대 이 무렵 新政의 일환으로 추진되었던 목초지 개간, 라마교 탄압과 漢文化 전파, 蒙·漢 間의 通婚 허용, 郡縣制 실시 등은 적어도 몽골족 입장에서는 '야즈고린 요스'의 변개에 해당된다. 몽골 왕공들은 이러한 과정을 하나의 국가로서 몽골, 하나의 민족으로서 몽골족의 멸망으로 받아들였다.

즉 몽골 王公들은 "바로 이 (목초지를) 개간하여 농사를 짓는 문제는 원래부터 우리 몽골인들의 (생계방식)과 모순되기 때문에, 옛날부터 지금까지 금지되어 왔고……그런데 지금 갑자기 이렇게 (초지를) 파헤치면 우리 몽골 사람들이 생계를 꾸려 나가는 데에 여러 가지로 모순될 뿐만 아니라, 여러 지역에 나쁜 漢人들이 모여들어, 종국에는 종교·국가·민족에 크게 모순되고 혼란스러워 그러한 피해로부터 빠져나가기가 매우 어렵습니다"[44]라 하여 목초지 개간을 민족의 생계방식(야즈고린 요스)에 모순되는 것으로 이해하고, 나아가 漢人들에 의한 이러한 행위를 국가와 민족에 대한 말살로 인식하였다.

또한 "淸 光緖朝 末, 宣統朝 때 몽골인들에게 中華思想을 불어넣고 漢人들을 이주시켜 몽골의 개발되지 않은 처녀지를 개간하여 농작지로 만들려고 하는 등 국토와 민족을 일시에 파멸시키는 쪽으로 향하고 수

---

42) 1911년 12월 1일 독립을 알리는 宣傳文에서 몽골 왕공들이 "이에 우리 몽골은 원래부터 하나의 독립국이기 때문에, 현재 Khuuchin juram(옛 규범 혹은 법규)에 따라 독립을 이루어 자신의 권리를 남에게 빼앗기지 않고, 신정부를 수립하기로 결정했습니다"라 했던 데서 알 수 있듯이 왕공들은 독립의 주목적이 (지금까지 몽골인들이 지켜 온) 옛 규범을 회복하는 데 있음을 강조하고 있다, 『해방운동자료집』, 110쪽.

43) 『자료선집』 4, 4쪽.

44) 「1910년 말 親王 한드도르찌가 투시에트한의 여러 왕공들에게 新政을 반대하여 보낸 서신」 『자료선집』 4, 4쪽.

많은 인민대중과 몽골 지배층들의 의욕을 직접적으로 꺾이게 하는 일
이 여러 번 있었다"45)라 하거나, "특히 新政을 시행한다는 명목으로 우
리의 국토, (거기에서 나는) 이익, 권리를 강제로 빼앗고……우리 몽골
사람들을 잔인하게 짓밟고 억압하여 견디기가 어렵게 되었습니다. (이
와 같이) 민족을 절멸시키고, 종교(라마교)를 파멸시키는 정책(新政)은 자
신들의 肝과 肺를 보는 것처럼 분명해졌습니다"46)라 하여 新政의 일환
으로 추진된 농경지 개간, 중화사상의 전파를 국가, 민족, 종교를 말살
시키는 조치로 받아들였다.

즉 그들은 漢人官吏의 주도하에 실시된 新政을 경제적으로 몽골족
의 생계방식을 바꾸어 內地에의 의존도를 심화시키고, 사상적으로 중
화사상을 불어넣어 몽골족의 정체성을 말살하고, 행정적으로는 몽골지
역을 內地 각 省과 동일하게 편제함으로써 內地의 일부분으로 만들려
고 하는 시도로 이해하였다. 그러면 기본자료를 분석함으로써 이에 관
한 王公들의 인식을 구체적으로 분석해 보도록 하자.

1. 民族經濟, 生存權의 抹殺

적어도 서신에 나타나 있는 사항을 토대로 하여 살펴보면, 그 무렵
몽골 王公들은 新政의 한 부분인 목초지 개간을 生態界를 파괴시키는
행위로 인식하고, 이를 몽골인들의 生存問題와 관련시키고 있다. 즉 몽
골인들은 내지의 농경민들과는 달리 예로부터 사계절 내내 좋은 목초
지를 따라 유목생활을 하고 있기 때문에, 만약 한인농민들이 이주하여
목초지를 개간한다면 몽골인들은 삶의 터전을 잃게 될 것이라고 하여
목초지 개간 문제를 몽골인들의 생계문제와 관련시키고 있다. 한 마디
로 이들은 목초지 개간을 단순히 생계방식의 변화로 이해하지 않고, 몽
골족의 삶의 터전을 빼앗는 것으로 받아들이고 있음을 알 수 있나. 목
초지 개간에 대한 왕공들의 이러한 인식은 기본자료에 명확히 부각되

---

45) L. Dendev, 『몽골사 개략』, 1~2쪽.
46) 『해방운농자료집』, 169~170쪽 ; L. Dendev, 『몽골사 개략』, 28~29쪽.

어 있다.

> 몽골지역에 新政을 확산시킨다는 명목으로 漢人들을 집단으로 끌어모아,
> 할하(Khalkha)의 북쪽 변경 몇몇 호쇼(旗)의 목초지를 대대적으로 개간하여
> 곡식을 심고, (농민들을) 그 지역에 정착시키려고 결정한 것은 몽골인들의
> 삶을 일시에 끊어 버리고, 북쪽 변경을 튼튼히 하려는 계획이 분명하기 때문
> 에 매우 매우 화가 치밀고 분통이 터집니다. (기본자료 2의 6조)

위 기본자료는 移民實邊의 전형적인 사례를 보여주고 있다. 즉 북쪽
변경지역에 한인들을 집단으로 이주시켜 농경지를 개간하고, 이렇게 함
으로써 변강방위를 튼튼히 한다는 말이다. 그런데 위 기본자료에서 보
는 바와 같이 몽골 王公들은 漢人農民에 의한 목초지 개간을 몽골인들
의 삶을 끊어 버리는 것으로 받아들여, 몽골인들의 生存問題와 관련시
키고 있음을 알 수 있다. 또한 다음 기본자료에서도 王公들은

> 현재 우리 몽골인들이 祖上 대대로 자리잡고 살아온 (우리의) 재산이나
> (한가지인) 목초지를 강제로 빼앗아, 우리의 삶을 끊어 버리고, 목초지를 (농
> 토로) 개간하는 한편, 돈을 한인관리들이 나누어 갖습니다. (기본자료 2의 17
> 조)

라 하여 漢人에 의한 목초지 개간을 역시 재산을 강탈하고 삶을 끊어
버리는 행위로 받아들이고 있다. 동시기 다른 여러 자료들에는 漢人農
民의 이주와 개간으로 인한 피해가 보다 구체적으로 나타나 있다.

예컨대 1906년 6월 28일 체첸한 아이막 盟長이 목초지 개간에 반대
하여 이흐 후레의 암반에게 보낸 편지와 同年 8월 투시에트한 아이막
盟長, 將軍이 역시 이흐 후레의 암반에게 똑같은 목적으로 보낸 서신에
의하면 "(우리 몽골인들은) 목축을 하고 거기에서 축산물을 생산하기 위
해서, 계절의 변화를 따라 물 좋고 풀 좋은 지역을 찾아서 (4계절 내내)
이동하면서 살아가고 있는데, 우리 고장은 나무와 돌이 많고 地帶가 높
고 (또) 황량한 고비지대가 많아 물 좋고 풀 좋은 지역이 매우 적습니

다. (그런데 이렇게 목초지가 좁은) 이 곳에 여러 지역의 漢人들이 동시에 몰려 와서 마음대로 목초지를 개간하여 농사를 짓고 가옥과 건물을 짓고 가족을 거느리고 와서 장사를 하게 되면, 목초지가 더욱 좁아져서 이전처럼 계절의 변화를 따라서 자기 마음대로 목초지를 골라서 목축을 하고 국가에 貢納을 바치면서 생계를 꾸려 나가는 데에 정말로 아무런 보탬이 되지 않습니다"47)라 하여 농경지 개발과 漢人의 이민을 생활의 원천인 목초지의 감소라는 측면에서 이해하여, 궁극적으로는 몽골인들의 생계문제와 연결시키고 있음을 알 수 있다.

또한 1911년 3월 8일 체첸한, 투시에트한 아이막 王公들이 목초지 개간에 반대하여 이호 후레의 암반에게 보낸 서신에 의하면 "현재 우리 할하 몽골에서 목초지를 개간하여 농사를 지으면……반드시 여러 지역의 사람들이 모여들어 농사를 지을 것입니다. (이렇게) 많은 사람들이 모여들어 농사를 짓게 되면, 현지 몽골 사람들의 옥 운데스(Ug Ündes)48)에 여러 가지로 모순이 생겨 오랫동안 지켜 온 옛날의 生業을 모두 빼앗겨 버리고 가축들의 목초지가 없어지고 여기에서 계속하여 혼란이 생길 것이므로, 그 후로도 (우리 몽골 사람들은) 안정을 찾지 못해 이곳저곳으로 흩어져 죽음과 멸망에 이를 것입니다"49)라 하여 목초지 개간을 몽골인들이 오랫동안 지켜 온 옛날의 생업을 파괴하는, 즉 몽골인들의 생존을 위협하는 것으로 받아들이고 있다.

그러면 왕공들은 왜 죽음, 파멸, 생을 끊어 버리는 등 극단적인 용어까지 동원해 가면서 이처럼 한인농민의 이주와 목초지 개간을 반대했는가? 이러한 데에는 사료상에서 보는 바와 같이 '목초지 감소에 따른 생활터전의 상실'이라는 외면적인 이유 말고도 보다 근본적인 이유가 있었다. 본절 서두에서도 언급한 것처럼 왕공들은 '야즈고린 요스'의 변

---

47) 『해빙운동자료집』, 32~37, 38~41쪽.
48) 옥 운데스(Ug Ündes)는 직역하면 원래의 뿌리 혹은 근원. 따라서 몽골인들의 '옥 운데스'는 몽골인들이 지금까지 지켜 온 생계방식, 관습, 문화, 언어 등 '야즈고린 요스'를 가리킨다.
49) 『해방운동자료집』, 94~95쪽.

개를 곧 하나의 민족으로서 몽골족의 멸망으로 인식하였다.

즉 유목은 自古 以來로 몽골족이 지켜 온 생업으로서 하나의 민족으로서의 몽골족의 정체성을 담보해 주는 産業이다. 몽골인들의 머리 속에는 농경이라는 산업은 존재하지 않았으며,[50] 이는 유목에 대비되는 漢人들의 生業이었다. 바로 이러한 이유에서 몽골인들은 농경을 자신들의 삶과 모순되는 것으로 여겨 왔다. 때문에 그들은 舊來의 생계방식을 바꾸어[51] 농경에 종사하는 것을 유목경제의 파멸로 이해하였으며, 나아가 몽골이 中國化하는 것으로 받아들였다. 이 무렵 王公들이 新政의 일차적인 폐해를 목초지 개간으로 보았던 이유를 여기에서 찾을 수 있다. 즉 王公들은

> 특히 新政이라고 하는 것을 핑계삼아 몽골 초원을 이용하여 곡식을 심는다고 하는 등으로 침략하고, 예전의 헤브 소르탈(Khev surtal)을 강제로 깎아 내리고 파괴하는 것은 진심으로 가슴이 아프다. (기본자료 1)

라 하여 新政을 논하면서 목초지 개간 문제를 맨 먼저 거론하고 있다. 뿐만 아니라 新政을 반대하고, 독립을 역설한 이 시기 거의 모든 자료에서 王公들은 목초지 개간의 폐해를 지적하고 있다. 그만큼 유목은 몽골인들에게 있어서 중요한 위치를 점하고 있었다는 뜻이겠다.

일례로 독립 직전에 몽골 王公들이 그 당시 이흐 후레 駐在 러시아 領事 라브도브스키(Lavdovskii)에게 러시아의 도움을 요청하면서, "만약 淸朝로부터 독립하고, 또 內部自治와 遊牧生活이 침해받지 않으면, 그 나머지 모든 것은 러시아가 마음대로 하십시오"[52]라 했던 이유도 여기에서 찾을 수 있다. 어떠한 형태로든지 옛 질서가 유지되고, 유목이라는 고유의 생계방식이 지켜질 수만 있다면 그 밖의 모든 부분을 러시아에게 양보할 수 있다는 것이다. 사실 이 문제는 후술하듯이 內地化의

---

50) 『해방운동자료집』, 94~95쪽.
51) 『자료선집』 4, 4쪽.
52) 陳春華, 『俄國外交文書選譯關于蒙古問題』, 哈爾濱, 1991, 6~7쪽.

進展에 따른 기득권의 상실을 우려한 발언이기는 하지만, 유목경제의 쇠퇴에 의한 몽골의 內地化에 대한 우려를 동시에 말해 주고 있다.

2. 蒙古族의 正體性 抹殺政策

한편 몽골 王公들은 新政의 일환으로 추진된 宗敎·文化 方面의 제반 조치들을 몽골족의 정체성이라는 문제와 관련지어 이해하고 있다. 즉 王公들은 그 동안 금지되었던 몽골지역으로의 이주 허용과 蒙·漢 間의 通婚 허용으로 몽골인들이 漢人들과 混居하게 되면, 몽골인들이 지켜 온 고유성을 상실하고 결국에 가서는 中國化되어 버릴 것으로 생각하였다. 몽골인들에게 漢文을 배우고 사용할 수 있도록 허용한 조치 역시 동일한 차원에서 이해하였다. 특히 淸朝는 新政을 한다는 명목으로 초기의 라마교 보호정책을 철회하고 라마교에 대해서 일정한 통제를 가하는데, 이 또한 사상적으로 몽골인들이 단결할 수 있는 구심점을 없애기 위한 조치로 받아들였다.

어떻든 이 시기 몽골 王公들은 종교·문화 방면의 新政[53]을 사상적으로 儒敎秩序를 전파함으로써 몽골족의 정체성을 약화시켜, 결국에 가서는 하나의 민족으로서의 몽골족의 존재 자체를 말살시키려는 정책으로 받아들였다.

종교·문화 방면의 新政은 여러 분야에서 시행되었지만 이 글의 일차적인 목적이 '기본자료'의 분석에 있으므로, 여기에서는 기본자료에서 언급된 사항 즉 蒙·漢族의 雜居, 蒙·漢 間의 通婚, 라마교 폄하 등 세 가지 문제를 중심으로 고찰해 보려고 한다. 또한 이 세 가지 문제를 모두 몽골족의 정체성이라는 문제에 초점을 맞추어 고찰해 보려고 한다. 먼저 몽골 王公들이 漢人들의 이주 허용 문제를 어떻게 이해하고 있었는지를 살펴보도록 하자.

최근 몇 년 동안 漢人들은 여러 길로서 隊를 나누어, 수많은 사람들이 집

---

53) 종교, 문화 방면의 新政에 대해서는 L. Jamsran, 『몽골부흥의 초기 1911~1913』, 30~34쪽 참고.

단적으로 차례를 지어, 후레와 그 밖의 이곳 저곳에 이주해 온 事例가 매우 많습니다. (그래서) 만일 과거 光緖帝 17년 (당시) 우리 어버르 몽골의 卓素圖(Jost), 昭烏達(Juu‐Ud) 두 盟(Chuulgan) 지역에서 농사를 지으면서 살고 있던 漢人들이 갑자기 合心해서 (몽골에) 離反해서, 몽골의 하르(Khar), 샤르(Shar),54) 男女老少 구분없이 살고 있는 집에 불을 질러 파괴했던 것과 같은 사태가 (다시) 일어난다면, 고통은 정말로 극에 다다를 것입니다. (기본자료 2의 10조)

위 기본자료에는 표면적으로는 漢人들이 이주해 올 경우 일어날지도 모르는 騷亂에 대한 우려를 보여 주고 있다. 과거의 사례를 들어 혹시 있을지도 모르는 자신들의 피해에 대해서 우려를 표현한 것이라고 하겠다. 하지만 王公들이 정말로 우려하는 것은 이러한 표면적인 이유가 아니다. 이주 허용으로 漢人들의 이주가 점점 늘어나, 만약에 漢人들이 몽골인들보다 수적으로 우세하게 되면,55) 몽골인들이 지금까지 지켜 온 '야즈고린 요스'를 침해당할지도 모른다는 보다 근본적인 우려를 나타내고 있다고 보아야 할 것이다. 이 점은 같은 문제를 언급하고 있는 동시기 다른 자료에서 구체적으로 입증되고 있다.

예컨대 1906년 6월 28일 체첸한 아이막 盟長과 동년 6월 투시에트한 盟長이 漢人들의 이주에 반대하여 이흐 후레의 암반에게 보낸 서신에 의하면 "이에 이 곳에 여러 지역의 漢人들이 동시에 몰려 와서 마음대로 목초지를 개간하여 농사를 짓고 가옥과 건물을 짓고 가족을 거느리고 와서 장사를 하면서……言語가 안 통하는 남녀 한인들이 몽골인들과 초원에서 섞여 살게 되면, 규범을 어기고 어떠한 소요를 일으킬지 모릅니다"56)라 하여 한인들이 몽골인들과 雜居할 경우 일어날지도 모

---

54) 하르(Khar : 黑), 샤르(Shar : 黃)는 곧 聖, 俗의 여러 사람을 가리킨다. 이
　　는 라마교 즉 黃敎(Sharyn shashin)에서 유래한 말로서, 일반적으로 몽골
　　에서는 喇嘛僧을 '샤르', 일반인을 '하르'라 한다.
55) 비교적 일찍부터 한인들의 이주가 행해진 어버르 몽골에는 이미 20세기
　　초기가 되면 漢族 인구가 蒙古族의 2배가 되었다(『몽골인민공화국사』中,
　　393쪽).
56) 『해방운동자료집』, 33, 36, 41쪽.

르는 여러 가지 문제에 대해서 언급하고 있다.

여기에서 蒙·漢 間에는 언어가 안 통한다는 점을 거론한 이유는 이들의 相互共存이 불가능한 것을 강조하기 위해서였다. 그 이유는 "할하 몽골 (사람들은) 자신들의 재산인 4種 家畜57)을 이끌고 계절의 변화를 따라서 좋은 풀, 좋은 물을 찾아 이리저리 이동하면서 목축을 하기 (때문에) 예전부터 마을을 이루어 정착해서 사는 內地 사람들과는 삶의 방식이 다르고, 규범과 관습 또한 전혀 다르기" 때문이었다.58) 결국 遊牧과 農耕이라는 각각 相異한 생업을 營爲하고 있는 몽골족과 漢族은 遊牧文化와 農耕文化라는 이질적인 문화배경으로 인해 어떤 식으로든 同居할 수 없다는 논리이다. 王公들이 漢人들과 몽골인들이 雜居할 경우에 소요와 혼란이 일어날 것이라고 언급한 것은 漢人들의 이주를 반대하는 표면적인 명분에 불과하다. 그들이 진짜로 우려하는 바는 그렇게 함으로써 몽골족의 '야즈고린 요스', 나아가서는 몽골족의 정체성을 상실하지나 않을까 하는 우려 때문이다.

예컨대 앞에서 인용했던 1911년 3월 8일자의 서신에서 체첸한 아이막, 투시에트한 아이막 王公들은 "(이렇게) 많은 사람들이 모여들어 농사를 짓게 되면, 현지 몽골 사람들의 '옥 운데스'에 여러 가지 矛盾이 생겨 오랫동안 지켜 온 옛날의 생업을 모두 빼앗겨 버리고 가축들의 목초지가 없어지고 여기에서 계속하여 혼란이 생길 것이므로, 그 후로도 (우리 몽골 사람들은) 안정을 찾지 못해 이곳 저곳으로 흩어져 죽음과 멸망에 이를 것입니다"59)라 하여 역시 漢人들의 이주, 목초지 개간으로 몽골인들이 지금껏 지켜 온 '야즈고린 요스'의 상실을 우려하고 있다.

---

57) 몽골사람들은 일반적으로 양, 말, 염소, 소, 낙타를 5종 가축(Tavan züiliin mal 혹은 Tavan khoshuu mal)이라 하여 가장 귀하게 여겼다. 몽골사람들이 가축이라 하면 늘 이 5종 가축을 가리킨다. 이 자료에서 4종 가축(Dörvön züiliin mal)이라 한 것은 양·염소를 1종으로 간주하여 이렇게 표현한 것이다.

58) 1909년 5월 5일 투시에트한, 체첸한의 盟長, 將軍들이 新政에 반대하여 이흐 후레의 만주 암반에게 보낸 서신(『해방운동자료집』, 71쪽).

59) 『해방운동자료집』, 94~95쪽.

여기에서 '옥 운데스'는 곧 '야즈고린 요스'를 말한다.

바로 이러한 이유에서 1910년 8월 24일 체첸한 아이막 왕공들이 이흐 후레의 암반에게 新政을 반대하는 서신을 보내어 "(우리) 몽골 사람들을 각각 (자기) 지역에서 漢人들과 섞여 살게 하지 말고, 예로부터 (지금까지) 지켜 온 규범을 영구히 바꾸지 않고 생활하게 해주시기를 진심으로 바랍니다"[60]라고 했던 것이다. 自古 以來의 옛 규범을 지킴으로써 몽골족의 정체성을 유지하려는 노력이라고 할 수 있다.

한편 몽골 王公들은 그 동안 금지되었던 蒙·漢 間의 通婚을 허용한 조치 역시 몽골족의 存立에 위해가 되는 것으로 받아들였다. 즉 그들은 수적으로 열세인 몽골족과 漢族 사이에 통혼이 늘어나면 몽골족은 스스로의 정체성을 상실함은 말할 것도 없고, 머지 않아 민족 자체가 소멸해 버릴 것으로 판단하였던 듯하다. 그래서 몽골 王公들은 서신에서 蒙·漢 間의 통혼을 허용한 조치를 다음과 같이 新政의 폐해의 하나로서 특별히 거론하고 있다.

> 원래 정해진 법규에는 蒙古族·漢族 間에 婚姻關係를 맺는 것이 금지되어 있는데, 최근 新政을 구실로 옛 법규를 바꾸어 작년에 蒙古族·漢族 間의 결혼을 허용하기로 공표한 것은 정말로 (우리 몽골에) 害로운 계획입니다. (그런데) 이와 같은 無知한 政權을 우리 몽골이 어떻게 따를 수 있겠습니까. (기본자료 2의 12조)

주지하는 바와 같이 淸朝는 1910년 8월 丁亥에 理藩部의 上奏에 따라 지금까지 금지되었던 蒙·漢 間의 통혼을 전면적으로 허용한다.[61] 물론 이 기본자료상으로는 "變通禁止民人取蒙古婦女之條"라 하여 民人 즉 漢人이 몽골 여자를 아내로 맞이할 수 없는 규정을 變通한 것으로 되어 있지만, 그 반대의 경우도 통혼을 허용한다는 뜻으로 보아야 할 것이다. 이 무렵 淸朝는 蒙·漢 間의 결혼을 蒙漢 두 민족을 융합시

---

60) 『해방운동자료집』, 94쪽.
61) 『宣統政記』 卷41(『淸季蒙古實錄』 下輯, 451쪽).

키고 두 민족 간의 경계를 없앨 수 있는 新政의 要務로 판단하여 적극 장려하였다.[62] 말하자면 민족융합을 통해서 몽골족의 정체성을 말살시키려는 시도였다고 할 수 있다. 그러나 몽골족 입장에서는 이 蒙·漢 間의 융합은 곧 민족 소멸이나 마찬가지였다. 위 자료에서는 다만 몽골에 危害가 된다고만 하였지만 其實은 人的인 측면에서의 中國化에 대한 경계라고 보아야 할 것이다.

동시기 다른 자료는 蒙·漢 間의 통혼으로 일어날지도 모르는 폐해를 보다 구체적으로 보여 주고 있다. 예컨대 1910년 말 투시에트한 아이막 왕공들이 同 아이막 장군 한드도르찌에게 보낸 서신에 의하면 "또한 이 문제(新政) 가운데에서 蒙·漢 間의 통혼을 금지한 (이전의 규정을) 바꾸려고 하는 (계획이 들어 있는데), 만약 이와 같이 (蒙·漢 間에) 통혼이 이루어지게 된다면……몽골인, 漢人이 서로 共謀하여, 가난한 몽골인들을 이용하고 (몽골인들이) 이전부터 살아 온 방식을 바꾸어 (이들에게) 고통을 가져다 줄 것입니다. 정말 어떻게 하면 우리에게 혼란과 모순이 없이, 우리의 옛 생활방식을 지키며 살아갈 수 있겠습니까"[63]라고 하여 蒙·漢 間의 통혼 문제를 역시 '야즈고린 요스'라는 관점에서 이해하고 있다. 통혼으로 인해서 발생할 수 있는 피해를 구체적으로 지적하면서도, 王公들이 이 문제를 본질적으로 어떤 관점에서 이해하고 있었나를 잘 설명해 주고 있다.

한편 淸朝는 시간이 지나면서 초기의 라마교 優待政策을 버리고, 대체로 19세기 중엽부터 라마교의 영향력을 일정한 선에서 제한하기 시작했다.[64] 원래 淸朝는 라마교를 이용하여 몽골지역을 지배 통치하였다. 즉 정치적으로는 王公들을 분열시킴으로써 단결을 막고(分而治之),

---

62) 矢野仁一, 『近代蒙古史硏究』, 東京, 大正 6(初版)/昭和 15(6版), 309쪽.

63) 『사료선집』 4, 4쪽.

64) 淸代 對 몽골 시기별 라마교 정책에 대해서는 S. Pürevjav, *Mongol dakh' sharyn shashiny khurangui tüükh*(蒙古喇嘛敎略史), UB, 1978 ; 陳國干, 「淸朝利用喇嘛敎統治蒙古政策」 『中國蒙古史學會論文選集』, 呼和浩特, 1986 참고.

종교적으로는 라마교를 적정한 범위 내에서 지원함으로써 喇嘛僧을 통하여 목민들을 지배 통제해 나갔다. 물론 이 과정에서 라마교의 수장이 정치적 권한을 갖는 것은 철저히 통제되었다. 이른바 政敎分離의 원칙에 따라 몽골지역을 통치하였다. 이러한 라마교 정책은 시기와 정치적 상황에 따라 약간의 변화는 있었지만 그 기본 골격은 淸朝가 물러날 때까지 일관되게 견지되었다.65) 그러나 19세기를 지나면서부터는 라마교의 隆盛이 오히려 몽골지역을 지배, 통제하는 데에 沮害가 되었기 때문에 라마교의 영향력을 일정한 선에서 제한하기 시작하였다. 그리하여 1840년부터는 제브준담바 호타크트가 淸 皇帝를 알현하는 특권을 중지하고,66) 1874년에 이흐 후레의 암반으로 부임한 英奎는 신임 암반이 제브준담바 호타크트를 謁見할 때 엎드려 三拜하는 前例를 무시하고 앉아서 하다그(Khadag : 哈達)67)를 교환하는 등 라마교를 폄하하기 시작했다.68) 특히 新政을 시행한다는 명목으로 고위 승려들의 제반 특권을 박탈하고, 라마교의 영향력을 줄이기 위한 여러 가지 조치를 취했다. 라마교에 대한 탄압은 라마승들뿐만 아니라 전체 몽골인들의 반발을 불러일으키는 계기가 되었다.69) 몽골인들에 있어서 라마교는 유목만큼이나 중요한 가치를 지니는 것이었다. 육체적인 삶을 뒷받침해 주는 것이 유목이라면, 정신적인 삶을 뒷받침해 주는 것은 라마교였다.

일례로 17세기 말 준가르 간단 보쇼그트(Galdan Boshogt : 噶爾丹 博碩

---

65) 이평래, 「1911년 몽골 독립문제 연구시론」 『한몽공동학술연구』 3, 1994,
187쪽.
66) S. Pürevjav, 앞의 책, 100~101쪽.
67) 몽골사람들이 존경의 마음을 표현할 때 바치는 가늘고(細) 긴(長) 緋緞.
하다그(Khadag)는 지금까지도 몽골사람들 사이에서 널리 사용되고 있으
며, 귀한 손님에게 바치는 선물을 하다그로 싸서 준다.
68) A. M. Pozdneyev, *Mongoliya i Mongoly*, Tom 1, St. Petersburg, 1896
(劉漢明・張蒙玲・盧龍 譯, 『蒙古及蒙古人』 第1卷, 呼和浩特, 1989, 563
쪽).
69) S. Pürvjav, 앞의 책, 105쪽 ; L. Jamsran, 『몽골부흥의 초기 1911~1913』,
32쪽.

克圖)의 침공으로 위기에 처한 할하 왕공들은 러시아에 보호를 요청하지 않고 淸朝에 귀부했던 이유도 청 황제가 라마교를 신봉하고 지원했기 때문이었으며,[70] 1911년 독립 당시 몽골 왕공들이 러시아로부터 도움을 요청한 중요한 이유가 러시아의 라마교 지원정책 때문이었다.[71] 그만큼 라마교는 몽골인들의 정신적인 支柱로서 일상생활에 이르기까지 절대적인 영향을 미치고 있었다.[72]

그래서 몽골 王公들은 민족종교에 대한 탄압을 목초지 개간 이상으로 민족의 존폐가 걸린 문제로 받아들였다. 목초지 개간을 몽골인들의 생존을 위협하는 조치로 이해했다고 한다면, 라마교 탄압은 몽골인들의 정신적인 구심점을 파괴하려는 조치로 받아들였다.

기본자료를 보면서 몽골 王公들이 이 문제를 구체적으로 어떻게 인식하고 있었나를 살펴보도록 하자.

滿洲 皇帝가 喇嘛敎를 숭상하고, 智慧와 慈悲의 美德을 매우 널리 베푼 까닭에, 以前에 우리들은 그를 믿고 따랐다. 그러나 현재는 喇嘛敎에 대한 지원과 보호정책은 有名無實하고 (몽골인들의) 고통과 고난은 날이 갈수록 더해 간다는 것을 어느 누구라도 알 수 있다. (기본자료 1)

---

70) *Bogd gegen beer Khalkh Mongolyn orond ankh khuvilj shashinyg delgerüülen tör dagaj saitar üzüülen amitanyg jarguulan aildsan tsadig orushibai*(제1대 보그뜨 게겐 전기), Ulsyn Nomyn San, bichimel(국립도서관 手稿) (『몽골인민공화국사』 中, 92쪽에서 재인용).

71) "대 러시아 帝國은 강대국일 뿐만 아니라 大帝는 지혜와 자비로서 충만하고, 라마교를 흥릉시키고 행운과 은혜를 끝없이 모으기 때문에 이전에 왕공들이 懇願한 대로 큰 나라를 믿고 의지하는 작은 나라의 道理에 따라 서로서로 돕는다면, 우리들의 옛 전통과 관습을 잃지 않고 라마교가 더욱 흥기하여 영원히 평안하게 살 수 있을 것입니다." (기본자료 1)

72) 이러한 라마교의 영향력은 20세기에 들어와서도 변함이 없었다. 20세기 초기에 몽골을 방문했던 마이스키도 "라마 사원(라마승)은 현대 몽골사회에서 가장 크고, 가장 영향력 있는 사회계층이라고 말할 수 있다"(I. M. Maiskii. *Mongoliya nakanune revolyutsii*(혁명前 몽골), Moscow, 1960, 40쪽)고 하여 이를 입증해 주고 있다.

위 기본자료에서 王公들은 조금 전에 언급했듯이 몽골이 淸朝에 귀
부했던 이유를 설명하고 있다. 淸 皇帝가 라마교를 지원하고 보호했기
때문이었다. 그러나 지금은 라마교에 대한 지원과 보호는 껍데기만 남
고, 몽골인들의 고통은 날이 갈수록 더해 간다고 하여 라마교 탄압을
간접적으로 비판하고 있다. 다음 자료는 이 문제를 보다 구체적으로 설
명해 주고 있다.

　교활한 漢人官吏들이 우리의 단 하나 숭상하는 喇嘛敎의 뿌리이자 근본인
바론 조(Baruun Zuu)73)를 점령하기 위한 방책을 모색하여 달라이 라마를
火急하게 하고 困窮하게 하는 한편, 위협하여 도망가게 하여서 현재 (거기에
살고 있는 사람들을) 여러 가지로 탄압하고, (자기들) 마음 내키는 대로 하고
있는 것은 우리 라마교가 정말로 값이 없고 가볍게 되었다는 것을 말해 준
다. 또한 (그들은 몽골의) 한(Khan)들을 아랑곳하지 않고, 우리 '몽골의 여러
지역을 티베트와 똑같이 만들겠다'라고 하는 사악한 생각이 (그들 가운데에)
분명하기 때문에, 정말 분통이 터지고 (한편으로는) 두려움마저 듭니다. (기
본자료 2의 5조)

위 기본자료는 1910년 청군의 티베트 수도 拉薩 침공과 달라이 라마
의 도망에 관한 자료이다. 몽골 王公들은 이 사건을 라마교에 대한 탄
압으로 인식하고, 나아가 이를 라마교를 신봉하는 몽골족에 대한 탄압
으로 받아들이고 있다. 이는 곧 라마교에 대한 탄압을 자신에 대한 탄
압과 일치시키는 것으로서, 몽골인들의 일상생활에서 라마교가 얼마나
큰 비중을 차지하고 있었는지를 짐작해 볼 수 있다.

　漢人官吏들은 喇嘛敎를 전혀 필요 없는 것으로 보고, 나이가 젊은 喇嘛僧
侶들에게 군사훈련을 시키고 禮拜를 보는 寺院을 군대막사로 사용하는 한
편, 燭臺, 香 등 (사원의) 재산을 軍需에 충당하도록 승인한 것은 진정으로
사악하고 가장 잔악한 행위라고 할 수 있습니다. (기본자료 2의 9조)

---

73) 티벳의 수도 라사(Lhasa : 拉薩)를 말한다.

위 기본자료는 新政 이후 漢人官吏들에 의한 라마교 탄압 사례들이다. 특히 이와 같은 라마교 탄압은 淸朝의 마지막 암반 三多의 부임 이래 가속화되었다. 그는 암반으로 부임하자 라마교 律法을 어기면서 라마승들을 軍隊,[74) 警察力[75)으로 충당하는 등 라마교를 탄압하였다. 왕공들은 三多의 이러한 행위를 사악하고 가장 잔악한 행위라고 규탄하고 있다. 당시 그들이 라마교 탄압을 얼마나 심각하게 받아들였는지를 알 수 있다.

> 모든 衆生의 구원자 喇嘛敎를 가치 없게 하고 잔인하게 (탄압하여) 극도로 부당하게 된 것을 정말로 견디기가 힘듭니다. (기본자료 2의 17조)

위 기본자료에는 몽골인들이 숭상하는 유일한 종교이자 모든 衆生들의 구원자로 여기는 라마교 탄압을 더 이상 용인하지 않겠다는 王公들의 의지가 반영되어 있다. 라마교 탄압은 王公들뿐만 아니라 전 몽골인들의 반발을 불러일으켰다. 제브준담바 호타크트를 비롯한 할하 王公들은 理藩部에 上訴하여 라마교 탄압을 주도한 三多를 그의 失政을 명분으로 소환하라고 요청하고,[76) 일반 市井에서도 아무런 이유 없이 몽골인들과 漢人들의 충돌이 자주 일어나는 등[77) 라마교 탄압에 대해 항거하였다.

특히 제브준담바 호타크트는 하루 속히 三多를 소환하고, 公明正大한 암반을 파견하여 이흐 후레의 모든 事案을 '야즈고린 요스'에 맞추어 처리할 수 있도록 해 달라고 요청하고 있는 데에서도[78) 알 수 있듯이, 당시 王公들은 라마교 탄압을 '야즈고린 요스'라는 문제와 연결시켜 이해하였다. 즉 몽골 王公들은 生業에 있어서 '야즈고린 요스'를 遊牧

---

74) 『해방운동자료집』, 95쪽.
75) Ts. Damdinsüren 記錄, *Övgön Jambalyn yaria*(삼발 翁의 이야기), UB, 1959, 56쪽.
76) 『해방운동자료집』, 88쪽.
77) Ts. Damdinsüren 記錄, 앞의 책, 56쪽.
78) 『해방운동자료집』, 89쪽.

으로 이해하였듯이 思想的인 측면에서 '야즈고린 요스'를 라마교로 이
해하였다. 따라서 이들은 라마교 탄압을 몽골인들의 사상적인 구심점
을 없애고 이들에게 중화사상을 불어넣기 위한 조치, 궁극적으로는 몽
골인들의 정체성을 약화시켜 사상적으로 중국화시키려는 의도로 받아
들였다.[79] 이 시기 몽골인들이 라마교 탄압에 반대했던 근본적인 이유
를 여기에서 찾을 수 있다.

Ⅲ. 王公의 旣得權 剝奪

기본자료인 두 서신에는 1911년 당시 몽골 독립을 주도한 王公들이
자신들의 이해관계와 관련하여 新政을 어떻게 인식하고 있었는가가 잘
나타나 있다. 그래서 이 절에서는 몽골사회의 지배층으로서 계급적 측
면에서 그들이 新政을 어떻게 바라보고 있었나를 검토해 보려고 한다.
결론부터 말하자면 그들은 淸朝의 新政을 지금까지 유지되어 온 몽
골 王公들을 중심으로 하여 偏在된 봉건질서를 해체하고, 新秩序를 수
립하려는 조치로 이해하였다. 여기에서 봉건질서라는 것은 淸 皇帝의
보호하에 유지된 淸朝·王公 聯合體制, 즉 몽골 王公들을 중심으로 한
封建的 自治體制를 말한다. 따라서 봉건질서를 해체하고 신질서를 수
립한다는 것은 그 동안 王公들에게 委任되었던 牧民·牧草地에 대한
지배권을 회수하고, 淸 官吏에 의한 직접통치를 실현한다는 의미이다.
이는 곧 몽골사회의 지배층으로서 王公들이 향유해 온 기득권의 박탈
에 다름 아니다. 이러한 인식하에서 王公들은 기득권 수호라는 측면에
서 淸朝의 新政을 거세게 반대했던 것이다.

우리의 스승 제1대 보그뜨는 喇嘛教를 숭상하고 淸 皇帝를 의지하여, 200
여 년 동안, 몽골의 한(Khan), 왕(Wang), 자사크(Zasag)들은 자신들 隷下

---

79) 陳崇祖, 앞의 책, 6쪽 ; 矢野仁一, 앞의 책, 305~306쪽 ; L. Jamsran, 『몽골
부흥의 초기 1911~1913』, 42~46쪽.

牧民의 主人이 되어 이 땅에서 나는 모든 産物을 스스로 처분하고 이용하면서 아주 평안하게 살아오다가, 최근 들어 漢人官吏들이 정권을 잡고 여러 가지로 國事를 어지럽혔던 바, 특히 新政이라고 하는 것을 핑계삼아 몽골 초원을 이용하여 곡식을 심는다고 하는 등으로 빼앗고, 옛 規範과 慣習을 강제로 깎아 내리고 파괴하는 것은 진심으로 가슴이 아프다. (기본자료 1)

위 기본자료에서 왕공들은 그 동안 淸 皇帝의 보호하에서 목민들의 주인 노릇을 하면서 잘 지내 왔지만, 최근 들어 漢人官吏들이 정권을 장악하고 新政을 시행하면서부터 자신들이 어려움에 처하게 되었던 這間의 사정을 설명하고 있다. 그리고 新政에 의한 구체적인 피해로서 목초지 개간, 옛 규범과 관습의 파괴 등 두 가지를 열거하고 있다.

그러면 王公들이 新政의 구체적인 피해로서 목초지 개간과 옛 규범의 파괴를 들고 있는 이유는 무엇인가. 이는 일차적으로 생존의 터전인 목초지의 감소와 전통의 파괴에 대한 거부라고 할 수 있겠다. 하지만 그들이 이렇게 주장한 데에는 그럴 만한 보다 근본적인 이유가 있었다. 旣存秩序(봉건질서) 즉 淸 皇帝의 보호하에 유지되었던 王公 - 牧民이라는 지배질서의 해체에 대한 염려 때문이었다. 사실 유목과 옛 규범은 몽골인들의 전통적인 '야즈고린 요스'로서 지금까지 유지되어 온 王公 - 牧民이라는 지배체제를 지탱해 준 경제적, 이념적 토대였다. 따라서 王公들 입장에서는 자신들의 이해를 보장해 주는 지배질서 즉 봉건질서를 뒷받침해 주는 物的, 理念的 토대의 해체는 곧 當該 지배질서의 해체나 마찬가지였다. 이는 곧 몽골 지배층들이 여태까지 향유해 왔던 목민에 대한 통치권을 포함한 제반 특권의 박탈을 뜻한다.

이에 몽골 王公들은 新政을 자신들의 이해에 반하여 淸朝 - 王公 - 牧民이라는 기존의 지배질서(間接統治)를 깨고 淸朝 - 牧民이라는 새로운 지배질서(直接統治)를 짜려는 계획으로 이해하고, 자신들의 기득권 수호라는 차원에서 반대했던 것이다. 新政에 대한 王公들의 이러한 생각은 同時期 다른 자료에 의해서도 확인되고 있다. 예컨대 新政期에 생존하여 이 과정을 직접 지켜보았던 나방남질(G. Navaannamjil)에 의하면

"滿洲 - 漢人(官吏들은) 이전에 비해 더 포악하고, 약탈적이고, 특히 新
政을 시행한다는 명목으로 옛 봉건질서를 해체하는 노력이 매일, 매달
증가되었다"[80]고 하여 新政을 舊秩序의 해체과정으로 이해하였으며,
또한 "이 무렵 三多라는 암반이 후레에 새로이 부임해 와서, 新政을 시
행한다고 매일 새로운 事業을 벌이고, (이어서) 兵備處의 總辦 唐在禮
가 부임해 와서, 舊 滿蒙大臣衙門 건너편의 小 附屬建物에서 滿洲, 漢
人官吏들이 몽골 관리, 갈라이 - 다(Galai - Da)[81] 등의 권한을 빼앗아 모
든 업무를 처리하였으며, 公文書의 收發에 관한 규정도 바뀌었다"[82]라
한 데에서 알 수 있듯이 新政의 궁극적인 목표는 舊질서의 해체를 통
한 몽골 王公들의 기득권 박탈에 있었다.

이 문제에 관한 王公들의 생각을 보다 명확히 하기 위해서는 관련
기본자료와 아울러 청말 邊疆問題의 핵심으로 부각된 移民實邊에 대
해서 알아볼 필요가 있다.

> 몽골지역에 漢人들을 집단으로 이주시켜, 州, 縣 등 行政機構를 설치하여
> 淸朝 官吏로 하여금 다스리게 하고, 많은 몽골 자사크들의 권한을 삭감하려
> 고 하는 것은 정말로 견딜 수 없습니다. (기본자료 2의 8조)

위 기본자료에서 王公들은 淸朝의 移民實邊, 그 가운데에서도 이주
지역에 中國式의 行政機構 설치와 자신들의 지배권 박탈에 대해서 호
소하고 있다. 간결하지만 王公들이 新政 문제를 기득권 박탈이라는 측
면에서 접근하고 있음을 알 수 있다.

말하자면 王公들은 "(이제 막) 잠에서 깨어나 自主的 삶을 모색하는
몽골인들의 (바람)에 逆行해서, 漢人들의 침략은 점점 심해져 어버르

---

80) G. Navaannamjil, *Övgön bicheechin Ügüülel*(老書記의 記錄), UB, 1956,
   178-179쪽.
81) 만주어 갈라이 다(gala-i da)에서 나온 말로 뜻은 날개의 우두머리. 漢官
   名은 翼長(田村實造 · 今西春秋 · 佐藤長 共編, 『五體淸文鑑譯解』上, 京
   都, 1966, 84쪽 ; 유원수, 앞의 글, 303쪽의 주 30).
82) G. Navaannamjil, 『老書記의 記錄』, 173쪽.

몽골 각지에 퍼져 있는 漢人移民의 물결은 할하 동부, 보그뜨의 어르거 (Örgöö)[83]에 이르고, 나아가 몽골 서북부의 자그마한 집락지에까지 밀려들었다. 그들은 淸朝 행정기관의 庇護하에 몽골에서 가장 기름지고 좋은 땅을 소유하였다. (또한 그 곳에서는) 몽골 王公들의 職位를 漢人官吏들로 대체"[84]하였던 移民實邊과 州縣設置를 자신들의 기득권 박탈로 이해하였던 것이다.

전술한 바와 같이 淸朝는 移民實邊과 함께 몽골 各地에 州, 縣 등 治所를 신설하여 이 지역에 대한 직접지배를 지향하였다.[85] 중국식 治所

---

83) 몽골어로 '어르거'는 '거(ger : 몽골의 전통가옥, 천막)가 많이 모여 있는' 혹은 '궁전'을 가리키는 말로서, 淸代 몽골에서는 일반적으로 보그뜨 즉 제브준담바 호타크트의 거주처 혹은 그의 궁전을 의미했다. 여기에서 한 걸음 더 나아가 當代 몽골인들은 보그뜨가 머무는 곳(도시)을 '어르거'라 하였다. '어르거'는 처음 생긴 이래(1639년) 일정한 곳에 있지 않고 100여 년 간 장소가 옮겨졌으며 1778년에 톨(Tuul) 강변으로 옮겨와 영구히 한 곳에 정착하게 되었다. 또한 '어르거'는 18세기 초기(1706년)에 '이흐 후레'로 개칭되었으며, 그 후 1911년에 이흐 후레는 '니스렐 후레'(Niislel Khüree' : 首都)로 개칭되고, 1924년에 '울란바타르(UlanBaataar : 붉은 영웅)'로 다시 개칭되었다. 한편 '어르거'가 '이흐 후레'로 개칭되기 이전 즉 1639~ 1706년에 서양인들에 의해 '우르가(ürga)'로 알려져, 그 후 20세기 초기까지도 그들 사이에서는 '우르가'로 통용되었다. The Academy of sciences MPR 編, *Information Mongolia*, Oxford etc., 1990, 71쪽 ; O. Pürev 編, *Bügd nairamdakh Mongol ard ulsyn tüükhiin zarim ner tom'yo, on tsagiin tailbar tol'*(몽골인민공화국사의 일부 용어, 연표 해설사전), UB, 1991, 44, 59쪽.

84) A. V. Burdukov, 『舊몽골과 新몽골』, 28쪽.

85) 북부 邊境地域의 行省論議는 新政 시행 직후부터 제기되었지만 본격적인 논의는 1905년 이후이다. 특히 熱河 都統, 察哈爾(Chakhar) 都統, 綏遠城 將軍, 歸化城 都統, 兩廣 總督 등은 어버르 몽골을 3개 省, 아르 몽골을 2 개 省으로 나누는 案을 제출하는 등 몽골시억을 완선히 郡縣으로 편제하려는 움직임이 있었다. 이리하여 청말 변경지역의 농경지 개발과 함께 대 대적인 漢族의 이주가 이루어지고, 몽골 지역에 새로운 주현의 신설이 날이 갈수록 늘어나는 추세였다. 『德宗實錄』 卷550, 575, 577 ;『宣統政記』 卷16(『淸季蒙古實錄』 下輯, 386, 408, 410, 436쪽).

가 신설됨에 따라 淸朝 관리가 몽골 王公들을 대신하여 당해 지역을 통치하게 되고, 결과적으로 몽골 王公들은 여태까지 향유해 왔던 舊來의 행정통치권을 잃게 되었다. 이는 몽골이 淸朝에 편입된 이후 해당 지역의 王公들에게 통치권을 위임해서 이들 지역을 간접적으로 통치했던 정책을 改變하여 중앙정부의 직접지배를 지향한 것으로, 몽골을 사실상 내지의 省으로 만드는 작업이었다.[86]

이러한 과정은 몽골 王公들을 매개로 한 封建的 支配秩序를 타파하고 郡縣制的 支配秩序를 수립하려는 노력으로서,[87] 기존질서에 대한 전면적인 재편을 의미한다. 이 목적을 달성하기 위해서 淸朝는 기존질서의 物的, 理念的인 기반인 몽골인들의 '야즈고린 요스'를 變改하려고 하였다. 이렇게 함으로써 淸朝 - 王公 - 牧民이라는 舊支配秩序를 해체하고, 궁극적으로는 淸朝 - 牧民이라는 새로운 지배질서를 구축하려 하였다. 따라서 王公들이 新政에 반대했던 이유는 漢人農民의 이주와 이로 인한 州縣 設置 그 자체에 있었던 것이 아니다. 그들이 新政에 반대했던 보다 근본적인 이유는 이러한 일련의 과정을 통해서 이 지역들이 郡縣制的 지배질서로 편제되어 내지 各省과 동등한 지위에 놓이게 되면, 자신들이 원래부터 가지고 있던 목민에 대한 통치권과 경제상의 각종 특권이 침해받지나 않을까 하는 염려 때문이었다.[88]

바꾸어 말하면 王公들은 "만약 淸朝로부터 독립하고, 또 內部自治와 遊牧生活이 침해받지 않으면, 그 나머지 모든 것은 러시아가 마음대로 하십시오"[89]라고 한 데서도 알 수 있듯이 "스스로 隸屬民을 다스리고,

---

86) 盧明輝, 앞의 책, 223~225쪽 ; 汪炳明, 앞의 글, 59~60쪽.

87) 姚錫光,『籌蒙芻議』卷上, 蒙古部落處置(內藤虎次郞 輯,『滿蒙叢書』第5卷, 東京, 大正 10, 45~46쪽, 民俗苑 影印本), "我朝撫綏蒙古 分建札薩克臺吉 塔布囊 以掌旗務 劃疆而理 實卽封建之制也……竊惟封建與郡縣 二者不能竝在 而封建之法 尤不宜于今日之世界 勢分力薄 不相統一 不足捍禦外侮 其勢不能久存 自非易封建而郡縣 不能爲治".

88) 呂一燃, 앞의 글, 192쪽.

89) 1911년 8월 3일 당시 후레 주재 러시아 領事 Lavdovskii의 보고(陳春華,『俄國外交文書選譯關于蒙古問題』, 6~7쪽).

거기에서 생산되는 물자를 마음대로 처리했던"90) 封建的 自治의 改變
에 의한 기득권의 침해에 대해서 우려하고 있었던 것이다.

　사실 王公들이 淸朝로부터 독립하려고 했던 가장 근본적인 동기는
新政에 의한 기득권 침해에 대한 우려 때문이었다. 위에서 언급한 나방
남질이 新政 시기 이흐 후레의 상황을 "新政 시행에 즈음해서 이흐 후
레의 많은 사람들, 특히 大小의 聖俗 王公들이 거세게 반발하여 (淸朝
에 대한) 그들의 생각이 바뀐 듯한 여러 가지 소문이 난무하였다"91)고
증언하고 있듯이 당시 이흐 후레의 많은 사람들이 新政을 반대했지만,
그 가운데에서도 특히 聖俗 王公들이 이에 거세게 반대했던 이유는 新
政으로 자신들의 특권이 침해받지나 않을까 하는 염려 때문이었다.

　그리하여 王公들은 가능한 한 新政을 중단시키는 방향에서 淸朝와
의 타협을 모색했던 것이다. 이는 독립을 논의하기 위해서 개최된 1911
년 여름의 전체 할하 王公會議에서조차 자신들의 이권과는 별 상관이
없는 語學堂, 軍事學校 설립 등 新政의 일부는 수용하고, 나머지는 거
부하자92)고 했던 王公들이 많았던 데에서도 분명히 알 수 있듯이, 당시
王公들은 자기들의 기득권이 보장되기만 한다면 어떻게 해서든지 淸朝
와 타협해 보려고 하였다. 또한 일부 王公들은 독립을 최종적으로 결정
하고, 러시아로부터 도움을 요청하기 위한 대표단이 떠난 후까지도 新
政 중지를 조건으로 淸朝와의 화해를 모색하였다.

　예컨대 제브준담바 호타크트는 淸朝가 新政을 전면적으로 취소하고,
러시아에 간 대표단을 처벌하지 않는다면 淸朝로부터 독립하는 문제를
다시 한 번 검토해 볼 여지가 있다고 하였으며,93) 이흐 후레의 일부 王
公들은 러시아 領事館을 방문하여 대표단이 쌍트·뻬쩨르부르크에 가

---

90) 기본자료 1.
91) G. Navaannamjil, 『老書記의 記錄』, 174쪽.
92) N. Magsarjav, *Mongol ulsyn shine tüükh*(新몽골사), UB, 1925~1927, 7
　　~8쪽(원래 Mongol bichig 즉 蒙古文語로 전해 오던 것을 1994년에 O.
　　Batsaikhan, Z. Lonjid 등이 現代蒙古語로 출판 간행).
93) 陳崇祖, 앞의 책, 9쪽.

서 러시아 정부로부터 독립이나 무기 지원을 요청한 사실을 전면 부인 하는[94] 등 新政을 중단시키는 방향에서 清朝와 화해를 모색했다. 200 여 년 동안 清朝의 庇護 아래 향유하여 왔던 기득권을 포기하기가 그 렇게 쉬운 일이 아니었다.[95] 당시로서는 몽골 독립에 대한 확실한 전망 도 보이지 않았고, 그렇다고 新政을 전면 수용하자니 기득권을 포기해 야 할 입장이었다. 그래서 王公들은 어떻게 해서든지 新政을 중지시키 는 선에서 清朝와의 공존을 모색하려고 하였다.

그러면 다음에는 특권 침해의 구체적인 사례를 검토해 봄으로써 王 公들이 이 문제를 어떻게 받아들이고 있었는지를 확인해 보도록 하자.

우리 몽골의 왕(Wang), 한(Khan) 가운데에 자사크(Zasag) 王公이나 자사 크 보스(Zasag bus : 閑散) 王公[96]들을 정해진 순서에 따라 官位와 官職을 잇게 하는 등 진짜 법에 따라 해야 마땅한 일들을 漢人官吏들이 수천 냥의 金錢을 강제로 받아 낸 다음에야 곧 (청 황제에게) 아뢰어 官位와 官職을 잇 게 하는 상황이 되었다. 만약에 많은 돈을 내지 못한 사람들은 (官位와 官職 을 잇는 것을) 여러 가지로 방해하고 뒤로 미루어, 현재까지도 爵位를 잇지 못하고 수년을 기다려 온 大小의 札薩克 및 閑散王公들이 매우 많다. (기본 자료 2의 1)

清 皇帝께서 매년 우리 몽골의 여러 王이나 자사크(札薩克)들에게 법에 따라 마땅히 주어야 할 緋緞, 穀食 등 수효가 정해진 하사품들을 수년 간 주 지 않고 滿洲, 漢人官吏들이 중간에서 갈취하여 (자신들의) 권리와 위세로써 위협하여도 통상 (그들의 부정을) 고소할 곳이 없게 되었다. (기본자료 2의 2)

---

94) 『몽골사관련자료』 32, 46, 55, 60~61쪽.

95) L. Jamsran, 『몽골부흥의 초기 1911~1913』, 47쪽.

96) 札薩克王公은 各 盟旗에서 札薩克으로 現職에 있는 왕공 즉 실제로 旗分 을 통치하는 몽골왕공을 말하며, 閑散(Zasag bus)王公은 現職이 없는 왕 공 즉 爵位만 있고 封土격인 旗分이 없는 왕공을 말한다(유원수, 「오르도 스의 五百戶 샤르 다르하드」 『한국민족학연구』, 단국대 한국민족학연구 소, 1993, 101쪽의 주 22).

　　두 자료는 모두 과거에 자신들이 향유하였던 특권들이 어떤 식으로 침해받고 있는지를 상당히 사실적으로 기술하고 있다. 즉 기본자료 1은 법이 정한 원칙에 따라 王公들이 세습적으로 향유하였던 작위 繼承權이 침해받고, 기본자료 2는 법률로 규정되어 있는 祿俸이[97] 지급되지 않는 데에 대한 불만을 나타내고 있다.[98]

　　주지하는 바와 같이 淸朝 지배 시기에 몽골 王公들은 정해진 법에 따라서 특별한 瑕疵가 없는 한 아버지의 官位와 官職을 그 아들이 계승했다. 물론 한 집안에서 계승자가 없는 경우 가장 가까운 친척 가운데서 한 사람이 그 位를 계승하기도 했지만, 대부분 자식이 父親의 位를 계승하고 理藩院이 이를 승인하는 정도였다.[99] 따라서 官位 계승자는 부친이 사망하면 자동적으로 그의 位를 계승할 수 있었다. 그러나 漢人官吏들이 법으로 정해진 과거의 관행을 무시하고 금품을 수수하는 등 부정한 방법으로 금품이 없는 사람은 자격이 있음에도 불구하고 官爵을 계승하지 못한다고 호소하고 있다.

　　또한 淸 皇帝는 모든 王公들에게 매년 적지 않은 양의 祿俸을 지급하여 우대했다. 일종의 職務手當으로서 爵位에 따라 차등 지급되었으며, 그 액수도 법으로 규정되어 있었다.[100] 그러나 漢人官吏들이 자신들에게 지급되어야 할 祿俸을 중간에서 갈취하여 피해를 입고 있다는 호소이다.

　　물론 위 기본자료는 1장에서도 지적하였듯이 新政 이전부터 자행된 漢人官吏들의 일반적인 부정부패일 수도 있다. 그러나 王公들은 이 문제를 단지 부정부패로 이해하는 데서 그치지 않고, 이를 자신들의 권리

---

97) 『大淸會典理藩院事例』(『西藏學漢文文獻彙刻』第2輯), 北京, 1991, 225쪽.

98) Ts. Puntsagnorov, *Mongolyn avtonomit uyiin tüükh 1911~1919*(자치시기몽골사 1911~1919), UB, 1955, 18~19, 24~26쪽 ; 陳崇祖, 앞의 책 3~4쪽 ; 那亦塵, 앞의 글, 37~38쪽.

99) 『몽골인민공화국사』中, 175~176쪽.

100) 예컨대 최고의 和碩親王은 매년 銀 2500兩, 緋緞 44匹, 一般 親王은 銀 200兩, 緋緞 25匹, 최저 4등 臺吉(Taij)은 銀 40兩을 각각 祿俸으로 받았다 (『大淸會典理藩院事例』, 225쪽).

를 삭감하고 제한하려는 조치의 일환으로 받아들이고 있다. 즉 그들은 漢人官吏들이 官位와 官職을 원래의 법에 따라 자동적으로 계승시키지 않는 데에는 부정부패의 차원을 넘어 官吏選拔 방식을 改變하는 등 舊秩序를 해체하려는 淸朝의 음모가 담겨 있는 것으로 이해하였다.[101] 王公들의 이러한 인식은 同時期 다른 자료에서도 확인되고 있다.

　　예컨대 1909년 5월 5일 투시에트한, 체첸한 아이막 盟長, 將軍 등이 新政을 반대하여 이흐 후레의 암반에게 보낸 서신에 의하면 "다만 우리 몽골 사람들은 일정한 지역에 마을을 이루고 사는 內地人들과 생활방식이 다르고 관습과 규범 역시 완전히 다릅니다. 만약에 選擧를 통해서 官吏를 선발하면 몽골 사람들은 일정한 지역에 정착하여 살지 않기 때문에, (선발과정에서) 많은 부정이 자행될 뿐만 아니라 다른 종류의 범죄도 일어날 것입니다"[102]고 하여 역시 選擧를 통한 관리선발을 반대하였다. 물론 위 자료는 諮議局 의원 선발을 문제로 삼고 있는 듯하지만, 여기에서 어떠한 형태든 간에 관리를 선발하는 자체를 반대하는 王公들의 입장을 읽을 수 있다. 그들은 이 역시 법에 따라 官位와 官職을 자동적으로 계승하도록 하는 자신들의 특권 침해로 간주하였던 것이다.

　　이 무렵 王公들이 新政을 반대하면서 立憲制에 대해서 언급하여 이 제도가 몽골의 실정에 맞지 않다고 했던 것도 이 때문이었다.[103] 이러한 制度 즉 選擧에 의한 官吏選拔 제도는 과거에는 없었던 것으로서 어떤 식으로든 기존질서의 타파를 전제로 하기 때문이었다. 라마교 탄압도 이러한 측면에서 이해할 필요가 있다. 당시 王公들이 이를 民族宗敎에 대한 탄압으로 규정하고 이에 반대했지만, 한편으로는 舊秩序를 지키기 위한 노력의 일환이었다는 점도 부정할 수 없다. 왜냐하면 라마교는 곧 舊秩序를 지탱시켜 준 지배 이데올로기 구실을 했기 때문이다.

---

101) M. Sanjdorj 編, 『20세기 몽골』, 121쪽.
102) 『해방운동자료집』, 71쪽.
103) 『해방운동자료집』, 71, 82~83쪽.

맺음말

지금까지 1911년 러시아 皇帝와 外務部에 보낸 書信에 나타난 아르 몽골 王公들의 現實認識, 그 가운데에서 그들이 新政을 어떻게 이해했는가에 대해서 살펴보았다. 논의 과정에서 당시 몽골 王公들은 新政을 일단 漢人, 漢人官吏의 對蒙政策으로 규정하고, 이 문제를 民族的·階級的 利害關係에서 접근하고 있었음을 밝혀 보려고 노력했다. 이하 앞에서 논의된 사항을 정리하고 여기에 필자의 所見을 덧붙임으로써 맺음말에 대신하고자 한다.

첫째 몽골 王公들은 淸末 新政策을 滿洲族의 蒙古政策에 대비되는 漢族의 蒙古政策으로 규정하였다. 나아가 그들은 淸朝가 이렇게 滿洲族 중심의 對蒙政策을 철회하고 漢族 중심의 對蒙政策을 채택하게 된 원인을 淸 政權의 성격변화와 滿洲族 政權의 쇠락에서 찾고 있다. 즉 滿·蒙 聯合的인 성격의 淸 政權이 漢人官吏의 등장에 의해 滿·漢 聯合的으로 그 성격이 변화한 결과로 이해하였다. 이렇게 淸朝의 성격이 변화함에 따라 滿·蒙 聯合에 기초한 對蒙政策이 철회되고, 漢人官吏의 주도로 滿·漢 聯合에 기초한 對蒙政策이 추진되었는데 이것이 바로 新政이라는 것이다. 이와 같이 新政을 漢人官吏의 所行으로 몰아붙이는 데서도 알 수 있듯이, 몽골 王公들은 처음부터 新政 문제를 滿洲族, 蒙古族, 漢族 사이의 民族問題로 이해하였다.

둘째 몽골 王公들은 新政을 몽골인들이 지켜 온 '야즈고린 요스'의 變改과정으로 이해하였다. 그리고 이 '야즈고린 요스'의 變改를 곧 하나의 민족으로서 蒙古族, 하나의 國家로서 몽골의 멸망으로 이해하였다. 그들은 '야즈고린 요스'의 變改 過程을 세 방향에서 접근하였다. 먼저 목초지 개간을 몽골인들의 生存權을 압박하는 것으로 이해하는 한편, 蒙·漢 通婚 허용과 라마교 탄압을 몽골족의 정체성을 약화시키기 위한 조치로, 그리고 移民實邊과 州縣 등 中國式 行政機構 설치를 封建的 自治制를 해체시키려는 조치로 이해하였다. 王公들은 이를 경제·사상·정치·문화 방면의 中國化 과정으로 이해하고, 新政의 궁극적인 목표를 여기에서 찾고 있다. 이렇게 하여 몽골족을 말살하고, 몽골을 內地의 일부분으로 편입시키려는 조치로 이해하였다.

셋째 몽골 王公들은 淸末 新政을 몽골사회의 지배층인 자기들의 旣得權을 박탈하려는 조치로 이해하였다. 즉 당시까지 유지되어 온 封建自治制를 해체하고, 新秩序(中央集權體制)를 수립함으로써 왕공들의 牧民·牧草地에 대한 통치권을 회수하고 淸 官吏에 의한 직접통치를 실현하려는 시도로 이해하였다. 왕공들은 移民實邊, 中國式 行政機構 설치를 淸朝의 신질서 수립의 외형적인 과정으로 규정하고, 이와 동시에 封建自治制의 物的·理念的인 토대를 무너뜨림으로써 舊秩序를 타파하려 하였다고 이해하였다. 여기에서 王公들은 舊秩序의 물적·이념적 토대로서 유목, 옛 규범과 관습, 관행을 指目하고 이것들을 變改시킴으로써 舊秩序를 무너뜨리려 하였다고 이해하였다. 그리하여 그들은 목초지 개간, 라마교 탄압, 選擧에 의한 관리선발을 자기들의 계급적 이해를 보장해 주는 封建自治制에 모순되는 것으로 이해하고, 이에 반대했던 것이다.

이상에서 당시 몽골 王公들은 新政을 일단 漢人官吏의 주도로 시행되었다고 이해하는 한편, 이를 민족적, 계급적 위기로 받아들이고 있었음을 알 수 있다. 그러나 지금까지의 연구는 모두 두 서신을 단편적으로 분석하여 여기에 王公들의 계급적 이해관계만이 반영되어 있다고 하였다. 즉 王公들은 新政을 순전히 자기들의 이해관계라는 차원에서 바라보고, 두 서신을 보내게 된 근본적인 동기도 모두 기득권을 지키기 위해서였다고 하였다. 그 근거로서 연구자들은 두 서신에서 王公들이 자기들의 特權侵害와 관련이 있는 新政에 대해서 집중적으로 논의했다는 점, 그리고 이 글에서는 인용되지 않았지만 王公들이 독립에 대한 원조를 조건으로 러시아에 많은 利權을 양보하고 있다[104]는 점 두 가지를 들고 있다. 따라서 그들은 적어도 서신을 토대로 하여 분석해 보면 20세기 초기 몽골 王公들이 反淸鬪爭에 나서게 된 근본적인 동기까

---

104) 기본자료 2의 제20, 21조.

지도 본질적으로 反民族的인 동기 즉 私利私慾에서 출발했다고 결론 지었다.105)

　그러나 앞에서 살펴보았듯이 두 서신에는 王公들의 이해관계 보호라는 측면보다도 몽골, 몽골족의 보호라는 측면이 더욱 분명하게 부각되어 있다. 물론 몽골 王公들은 기본적으로 新政으로 자신들의 立地喪失이라는 위기에 직면하여 이에 반대하고 나아가 反淸鬪爭을 벌이게 되었던 것만은 틀림이 없지만, 적어도 서신만을 놓고 보면 민족의 生存權問題와 정제성 문제를 전면에 부각시키고 있다. 다시 말하면 당시 王公들은 新政을 반대하면서 민족과 계급적 측면에서 접근함으로써, 名分과 實利를 가능한 범위에서 일치시키려 하였다고 말할 수 있다. 따라서 서신에서 보이는 王公들의 이해와 관련이 있는 부분을 가지고서 당시 王公들이 민족보다는 순전히 자신들의 이해관계 때문에 新政을 반대하고 反淸鬪爭에 나섰다고 평가절하해서는 곤란하다. 특히 러시아에 대한 利權의 양보도 당면의 과제(獨立)를 실현하기 위한 戰術的 차원에서 이해해야지106) 이를 두고서 反民族的인 처사로 몰아붙여서는 곤란하다.

---

105) I.Ya. Zlatkin, "Natsionalino-osvoboditelinaoe dvizhenie v Mongolii 1911 ~1912"(1911~1912 몽골민족해방운동), *Pervaya russkaya revolyutsiya 1905~1907 i mezhdunarodnoe revolyutsionnoe dvizhenie*(1905~1907 제 1차 러시아혁명과 국제혁명운동) 2, Moscow, 1956, 486~487쪽 ;『몽골인민공학국사』 中, 416~417쪽 ; 中國社會科學院近代史硏究所, 『沙俄侵華史』 第4卷 下, 732쪽.

106) 이 문제에 대해서는 똑같이 서신 분석을 토대로 작성한 후속 논문 「20세기 초기 Ar(北) 몽골 王公들의 政局認識과 獨立構想」『한국민족학연구』 3, 1995에서 자세히 인급하였다.

제2부
支配의 樣相

殷周 支配構造의 一面
－ 圖象에 나타나는 殷·周國家의 氏族支配 －

金　正　烈

머리말

　殷·周의 국가형태는 '邑制國家'로 규정된다. '읍제국가'란 秦漢시대에 성립된 중앙집권적 專制國家에 대비되는 개념이다. 그것은 氏族的 유대를 기반으로 하여 공동체적 생활을 영위한 개개의 취락, 즉 '邑'이 다수 존재하고, 이 다수의 읍이 일련의 지배·예속 질서로 조직된 국가형태를 의미한다. 도식적으로 말하면, 각 지역의 소규모 읍은 그 지역의 중심이 되는 읍에, 지역의 중심이 되는 읍은 주변의 小邑을 통솔하여 국가 질서의 정점에 위치한 읍에 예속되었다. 殷과 周도 원래 취락이란 의미에서 하나의 '邑'이었으나 국가 질서의 정점에 위치한 읍이었다[1].

　殷·周 지배하의 개개 읍은 씨족적 질서 속에서 자율적으로 기능하고 있었으며, 아직 국가권력은 이들을 직접 지배할 만큼 성장하지 못하

---

1) 松丸道雄,「殷周國家の支配構造」『岩波講座世界歷史』4, 岩波書店, 1970.

였다.[2] 그렇다면 殷·周는 이러한 국가 질서를 어떠한 방법으로 유지
했을까? 바꾸어 말해서 어떻게 자율적 씨족공동체를 국가 질서 안에
편입시키고, 그들의 이탈을 방지할 수 있었을까? 이 문제는 中國에서
발생한 초기 국가의 성격을 설명하기 위한 중요한 과제의 하나이며, 그
만큼 많은 연구가 축적된 분야이기도 하다.

이 문제에 대한 지금까지의 연구는 諸侯와 관련된 것이 많았다. 즉
殷·周 왕실은 諸侯를 封建하여 이들을 통해서 각 지역의 邑에 지배권
을 행사했다는 설명이다.[3] 이와 함께 殷의 경우에는 族神에 대한 검토
를 통해 이 문제에 접근한 연구도 상당수 있다. 殷王室은 각 읍에서 신
봉하는 고유의 氏族神을 公的 제사체계에 포함시켜 이를 직접 제사함
으로써, 그 신을 奉祀하는 씨족에 대해 종교적 우위를 확보하는 한편
그 씨족과 종교적인 유대관계를 구축하였다는 견해이다.[4]

그런데 殷·周 국가에서는 이 이외에도 국가 질서 유지를 위한 또

---

2) 增淵龍夫, 「先秦時代の封建と郡縣」『中國古代の社會と國家』, 弘文堂,
   1960. 이외에 白川靜,『詩經研究』, 朋友書店, 1981, 283~336쪽 ; 谷口義介,
   「豳風七月の社會」『中國古代社會史研究』, 朋友書店, 1989 참조.
3) 諸侯의 性格을 어떻게 규정할 것인가 하는 데에는 약간의 異見이 있다.
   그러나 王을 대리하여 '王土'를 분할 통치한 領主, 왕실의 방패로서 변경
   수비를 담당한 자, 개척지로 이주한 무장 식민 집단의 영도자로 이해하는
   견해 등이 일반적이다. 그러나 殷·周 國家가 각 지역에 지배력을 관철할
   수 있었던 매개로 諸侯를 이해하는 데에는 이견이 없다. 諸侯에 대해서는
   다음의 글이 참고된다. 胡厚宣, 「殷代封建制度考」『甲骨學商史論叢』初
   集上, 齊魯大學國學研究所專刊, 1944, 1~41쪽 ; 島邦男,『殷墟卜辭研究』,
   中國學研究會, 1958, 424~461쪽 ; 貝塚茂樹,『中國の古代國家』(貝塚茂樹
   著作集 1), 中央公論社, 1976, 162~253쪽 ; 伊藤道治,『中國古代國家の支
   配構造 - 西周封建制度と金文 - 』, 中央公論社, 1987, 77~153쪽.
4) 赤塚忠, 「殷王朝における河の祭祀とその起源」,『中國古代の宗教と文化』,
   角川書店, 1977, 27~73쪽 ; 「殷王朝における'舌'の祭祀」, 같은 책, 75~176
   쪽 참조. 赤塚의 논문은 각각 1956, 58년에 처음 발표되었는데, 그의 견해
   는 伊藤道治, 「宗教の政治的意義」『中國古代王朝の形成』, 創文社, 1976,
   55~85쪽 ; 武者章, 「卜辭に見える咸戊と咸」『史學』47 - 4, 25~34쪽 등에
   서 계승되었다.

다른 방법이 활용되었다고 생각한다. 단적으로 말하면, 각 씨족의 지배층 일부를 殷·周 국가의 정치적 중심지로 이주시키고 이들로 하여금 왕조의 정책 결정과 집행에 참여시킴으로써, 한편으로는 각 씨족과의 유대를 강화하고 다른 한편으로는 이들 씨족을 직접적으로 통제할 수 있는 계기를 만든 것이다. 본고는 이러한 시각에서 작성되는 것이다.

　필자가 본고를 작성하기 위해 사용할 자료는 주로 殷末周初의 청동기에 새겨진 한 독특한 양식의 金文,5) 즉 圖象6)이다. 우선 Ⅰ장에서는 圖象의 성격을 검토하여, 우선 그것이 '氏'의 표지였음을 밝히고, 나아가 도상이 새겨진 청동기의 출토 상황을 검토하여, 그것을 통해 殷·周 국가의 씨족지배의 한 단면을 추적할 수 있을지 여부를 가늠해 보고자 한다. Ⅱ장과 Ⅲ장에서는 Ⅰ장에서 얻은 결론을 토대로 殷·周 국가의 씨족지배의 한 단면을 구체적으로 탐구할 것이다.

Ⅰ. 氏族 標識로서의 圖象

---

5) 金文은 청동기나 철기 등 금속류의 기물에 주조된 글자, 혹은 그 글자로 구성된 銘文을 말한다. 殷周時代 金文은 주로 靑銅製의 祭器(彝器)나 武器類에서 발견되며, 그 가운데에서도 祭器가 質量 모두 대종을 이룬다(貝塚茂樹, 『中國古代史學の發展』, 中央公論社, 1986, 34～35쪽).

6) 郭沫若은 圖象을 씨족의 표지라고 보고, 그것을 '族徽'라 불렀다. 중국학계에서는 대체로 이 용어를 사용하고 있다. 白川靜과 林巳奈夫는 그것을 각각 '圖象標識', '圖象記號'라 부르고 있다. 그림에 가까운 형태라는 의미에서 모두 '圖象'이라는 명칭을 사용하고, 그것을 글자로 보기 어렵다는 의미에서 각각 '標識', '記號'라는 용어를 사용한 것이다. 이들의 용어 설정은 그 의미하는 범주가 각각 다르므로, 어떤 용어가 가장 적절할지는 더 논의해 보아야 할 것이나. 본고에서 필자는 우선 그것이 그림에 가깝다는 외형적인 특징만을 선택하여 '圖象'이라는 명칭으로 부르고자 한다. 郭沫若, 「長安縣張家坡銅器群銘文彙釋」『考古學報』1962-1, 1쪽 ; 白川靜, 『金文の世界』(東洋文庫 184), 平凡社, 1971, 21～28쪽 ; 林巳奈夫, 「殷周時代の圖象記號」『東方學報』39, 京都, 1968, 1～116쪽.

殷·周 시대 金文의 내용은 퍽 다양하다. 가장 발전된 형태의 금문은 西周 중기경의 靑銅祭器에 나타난다. 이것은 보통 누가 누구를 위하여 이 동기를 제작하였는가, 왜 이 동기를 만들게 되었는가 등 동기 제작에 관련된 내용과 作器者의 長壽와 자손의 번창을 기원하는 祝辭로 구성된다. 그러나 보다 간략한 금문은 작기자와 作器對象 등만 기록한 것도 있고, 가장 간단한 것은 문자라기보다 그림에 가까운 圖象 한두 개만으로 완결된 것도 있다.[7] 예컨대 그림 1-①은『商周金文錄遺』(이하 錄遺) 265 史伐卣의 銘文인데, "史伐이 父壬을 위한 祭器를 만든다"는 내용이다. 명문은 동기를 제작하는 사람이 史伐이며, 동기는 父壬을 위해 제작되었다는, 작기자와 작기대상만으로 구성되어 있다. 그림 1-②는『錄遺』24의, 河南 安陽에서 출토되었다고 전하는 鼎에 새겨진 명문이다. 명문은 아무런 다른 내용 없이 도상 하나만으로 완결되었다.

그렇지만 圖象이 항상 그림 1-②처럼 고립적으로 사용된 것은 아니다. 도상은 보다 발전된 형태의 금문에도 나타난다. 이 때 도상은 작기대상의 이름과 함께, 혹은 전체 금문의 내용과는 관계없이 문장의 처음이나 끝에 附加하여 사용된다. 그림 1-③은『三代吉金文存』(이하 三代) 4.5에 등재된 員鼎의 명문이다. 내용은 "正月 旣望 癸酉일 王께서는 㽙𢼸에서 사냥하셨다. 王께서는 員에게 執犬하도록 하셨다. 일이 잘 마무리되어 그것을 기념하기 위해 父甲의 祭器를 만든다"는 것이다. 명문은 누가, 왜, 누구를 위해 동기를 제작하는가의 내용으로 구성되었지만, 이것으로 그치지 않고 그 끝에 이른바 "折子孫" 도상이 附記되어

---

7) 그러나 간단한 형태의 금문은 모두 이른 시기의 것이고 발전된 형태의 금문은 늦은 시기의 것이라는 의미는 아니다. 예컨대 西周 초기에 臣辰이 제작한 臣辰盉에는 作器者와 作器對象, 그리고 이 동기를 제작하게 된 경위 등이 비교적 자세히 기록되어 있으나, 臣辰이 盉와 함께 제작한 簋와 鼎에는 盉에 있는 금문이 대부분 생략되고 단지 作器者와 作器對象만이 기록되어 있을 뿐이다(貝塚茂樹,『中國古代史學の發展』, 102~117쪽). 그러나 대체적인 경향을 보면, 수십 글자에 달하는 긴 금문은 西周 전기 이후에 일반화되며, 殷代의 금문은 대체로 作器者와 作器對象, 혹은 圖象만으로 구성되어 있다(白川靜,『金文の世界』, 15~16쪽).

있다. 이것은 명문의 전체 내용과는 아무런 관계없이 단지 부기되어 있
는 것이다.

지금까지 알려진 도상의 모습은 매우 다양하여 그 종류는 약 600 여
종에 달한다.8) 도상은 대체로 殷 말기부터 西周 초기의 금문에 주로 나
타나며, 그 이후에는 점차 사라져 간다.9)

도상이 무엇을 의미하는지에 대해서 여러 가지 견해가 있다. 郭沫若
은 도상이 각 씨족의 토템에서 기원한 것으로서, 각 씨족은 그것을 자
신의 휘장(族徽)으로 사용했다고 보았다. 아울러 그는 그것이 청동기에
주조된 이유는, 청동기의 소유를 표시하기 위한 것이라 주장했다.10) 그
렇지만 도상이 토템에서 기원하였다는 생각은 고대 중국에 토테미즘
체계가 존재하였는지를 실증하는 일 자체가 어렵고, 도상 가운데에는
그림 2 - ①(『三代』 2.2), 2 - ②(『三代』 2.17)처럼 토템을 표시한다고 생각
되는 날짐승이나 들짐승의 모습이 보이긴 하지만, 그것은 소수에 불과
하다는 점에서 반론의 여지가 있다.

白川靜은 도상이 씨족의 표지라는 郭沫若의 견해에 동의하면서도,
두 가지 점에서 입장의 차이를 보인다. 첫째 그것은 씨족의 토템이 아
니라 職能에서 기원한 것으로서, 둘째 그것은 씨족의 상징으로 사용되
었을 뿐만 아니라 특정한 직능 집단이나 신분을 표시하는 데도 사용되
었다는 것이다. 그에 의하면 도상은 사람의 어떤 행위나 물건을 상징하
는 것이 대부분이다. 이것은 그 도상을 가지는 씨족이나 집단이 특정한
역할을 담당하거나 혹은 도상에 그려진 특정한 물건을 제작한 데서 말
미암은 것이다.11)

---

8) 高明, 『古文字類編』, 中華書局, 1980, 557~658쪽. 이 책에 登載된 圖象은
모두 598종에 달하지만, 여기에 빠진 것도 있고 새로 발굴된 殷·周 器物
에 처음 보이는 圖象도 있어 그 수는 『古文字類編』에 실린 598종을 훨씬
상회할 전망이다.

9) 林巳奈夫, 앞의 글, 94~100쪽.

10) 郭沫若, 「殷彝中圖形文字之一解」 『殷周靑銅器銘文硏究』, 1954, 11~20쪽.

11) 白川靜, 「殷の基礎社會」 『立命館創立五十周年記念論文集(文學篇)』, 1951,
260~296쪽.

白川의 지적대로 도상 중에는 사람의 행위나 물건을 나타내는 것이 상당수에 달한다. 그림 ②-3(『三代』 2.5), ②-4(『三代』 2.3)는 그 예이다. 그러나 도상에 나타나는 행위나 물건이 반드시 그것을 상징으로 사용하는 씨족 혹은 집단의 직능과 연관되어 있다고 본 것은 다분히 자의적이라고 생각한다. 대표적인 예로 그림 3-①의 戈형 도상을 들 수 있다. 戈형 도상은 白川의 견해대로라면 전문적으로 戈를 제작하거나 戈와 연관된 어떤 행위를 하는 집단 혹은 씨족을 의미할 것이다. 그러나 戈는 갑골문에서 地名 혹은 方名으로 사용되기도 한다.[12] 물론 戈 제작을 직능으로 하는 씨족이 거주하는 곳을 戈라는 地名으로 불렀을 가능성도 없지 않으나, 戈는 II장에서 적는 것처럼 단순히 地名일 수도 있는 것이다.

林巳奈夫는 郭沫若과 白川靜의 견해를 흡수하면서, 도상을 어떻게 이해할지에 대해 보다 폭넓은 지평을 제시하였다. 그는, 도상과 甲骨文·金文을 비교하여 보면, 도상의 모습이 좀더 그림에 가깝지만, 양자는 일치하는 경우가 많다는 점을 밝혔다. 그는 도상과 대응하는 甲骨文·金文이 대부분 地名이며,[13] 그 이외에 소수이긴 하지만 官職名이나 각

---

12) 島邦男, 앞의 책, 285, 357쪽.

13) 地名에서 기원한 圖象 가운데는 圖象이 나타내는 地名과 그 도상이 새겨진 청동기의 발견 지점을 연계해서 생각할 수 있는 경우도 있다. 1979년부터 1980년까지 河南 羅山縣 蟒張鄕 天湖村에서 商代 晩期의 무덤 22기가 발견되었다. 여기에서는 모두 40건의 동기가 발견되었는데, 그 중 9기의 무덤에서 발견된 26건의 동기에 息자형의 도상이 새겨져 있었다. 동기가 발견된 羅山縣은 息縣과 인접하여 있으며, 息縣은 春秋時代 息國이 소재한 지역이다. 즉 息國의 소재지에서 息 도상이 출토된 것이다. 息은 姬姓國이며 魯 莊公 14년에 楚에게 병탄되었다고 하나 자세하지 않다. 『殷墟書契續編』[이하 續] 6.9.4에 婦息이 점복에 쓸 卜骨을 整治한 예가 있으므로 息族이 殷에 服事한 것을 알 수 있고, 『三代』 13.36.3에는 西周 成王代에 息白, 즉 息의 族長이 王姜의 賜與를 기념하여 제작한 卣가 있으므로 역시 周에도 臣從하였음을 알 수 있다. 『三代』 13.36.3 명문에 보이는 息白의 息자는 그 글자형이 天湖村에서 발견된 圖象과 완전히 같다(信陽地區文管會·羅山縣文化館, 「河南羅山縣蟒張商代墓地第一次發掘簡報」 『考

씨족이 섬기는 神名 혹은 祖上名 등과 일치하는 것도 있다는 사실을 입증하였다. 그는 나아가 다양한 기원을 가진 도상 전체를 일관된 맥락으로 이해할 수 있다고 보았다. 그에 의하면, 도상은 春秋 이후에 깃발이나 의복 등에 부착된 기호인 '物'과 같은 것인데, '物'은 氏族 표지에서 기원하였다.[14] 그러므로 그에 따르면, 도상은 모두 氏族 標識인 것이다.

필자는, 비슷한 결론이기 하지만, 약간 다른 방식으로도 설명할 수 있다고 생각한다. 現代에 이르기까지 中國에서는 물론 우리 나라에서도 개인의 혈통을 표시하기 위해 姓氏를 사용한다. 그렇지만 '姓氏'가 하나의 의미로 인식된 것은 漢代 이후의 일이며, 그 이전에는 '姓'과 '氏'가 각각 별개의 의미로 사용되었다. 姓은 비교적 커다란 규모의 혈연 집단을 의미하는 것이며, 氏는 姓 집단의 分族을 나타낸다. 즉 하나의 姓이 여러 개의 氏로 갈라지는 것이다. 그런데 分族된 氏名의 중요한 來源이 되는 것은 地名, 官名, 神名, 그리고 祖上名이다.[15] 이렇게 보면 도상은 氏명과 동일한 기원을 가진 것으로서, 氏를 표시하는 것이다.

그러므로 도상의 기원이나 성격에 대한 논의를 통해 우선 확인할 수 있는 것은 도상이 氏의 표지라는 점이다. 그런데 도상의 성격을 이렇게 단정하는 데에는 해결해야 할 약간의 문제가 있다.

殷·周 청동기, 특히 祭器는 대체로 무덤이나 청동기를 보관하기 위해 만든 구덩이에서 출토된다. 정식으로 조사되지 않은, 성격 불명의

古』1981 - 2 ; 同, 「羅山天湖商周墓地」『考古學報』1986 - 2 ; 李學勤, 「考古發現與古代姓氏制度」『考古』1987 - 3 ; 楊伯峻, 『春秋左傳注』, 中華書局, 1990(2판), 78쪽 ; 白川靜, 「臮白卣」『金文通釋』[이하 通釋] 1, 1964, 248~254쪽 참조).

14) 林巳奈夫, 앞의 글, 17~34쪽.

15) '氏'명의 기원이 되는 것으로 國, 諡, 官, 爵, 字, 居, 志, 事 등이 있다. 國과 居는 거주지 즉 地名이며, 官과 事는 官名, 字와 爵, 諡는 祖上名 혹은 그 尊稱, 志는 神名이다(張聯芳 主編, 『中國人的姓名』, 中國社會科學出版社, 1992, 39~41쪽).

유지에서 출토된 것도 약간 있으나 대개는 이 둘 중의 하나에서 출토된다. 무덤에는 副葬品으로서, 구덩이에는 다른 이유에 의해 청동기가 매장되었다.

　무덤에 부장품으로 매장된 청동기는 특별히 부장품으로 사용하기 위해 제작된 것도 있지만, 실제 사용되던 것을 매장하는 경우가 많다. 이들 부장품은 아마도 죽은자가 속한 一家에서 마련하였을 것이라 추측된다. 祖上神의 세계로 들어가는 死者에게 제공되는 것으로서, 그것도 조상에 대한 祭禮에서 늘 사용되어 오던 것이라면 그럴 가능성이 높다.

　청동기 보관 구덩이에 매장된 동기도 一家의 것이라 여겨진다. 구덩이에서 靑銅祭器가 발견되는 경우는 특히 陝西省 周原·灃·鎬 地區 등 西周의 정치적 중심지로 알려진 곳에 많다.16) 청동기가 매장된 구덩이는 대개 잘 다듬어지지 않은 것일 뿐더러 西周 초기부터 말기까지의 동기가 함께 매장되어 있는 경우가 많다. 그러므로 郭沫若은 이들 구덩이는 西周 말 귀중품인 청동제기를 무언가의 재난으로부터 보호하기 위해 황급히 만든 것인데, 그 주인이 다시 이 곳으로 돌아와 꺼내지 못하였으므로 지금에 와서야 발견되는 것이라고 생각했다. 그는 周王室이 犬戎의 침입을 받아 동쪽으로 피난 갈 때, 지배층들이 무거운 청동제기를 가져가지 못하여 임시로 그것을 보관하기 위해 이 구덩이를 팠

---

16) 周原 地區는 아래 Ⅲ장에서 설명하듯이 陝西省 鳳翔, 岐山, 扶風, 武功 4현을 중심으로 한 渭水 북부지역을 말한다. 이 곳에서 발견된 청동기에 대해서는 陳全方, 『周原與周文化』, 上海人民出版社, 1988, 14~16쪽에 자세하다. 특히 주원 지역의 窖藏靑銅器에 대해서는 丁乙, 「周原的建築遺存和銅器窖藏」 『考古』 1982 - 4, 398~401쪽을 참조할 수 있다. 灃鎬 地區는 文·武 두 왕의 도읍지로 알려진 豊京, 鎬京 지역으로, 灃水를 사이에 둔 長安縣 일대를 말한다. 이 곳에서 발견된 청동기 窖藏에 대해서는 다음의 여러 報告를 참고할 수 있다. 西安市文物管理處, 「陝西長安新旺村馬王村出土的西周銅器」 『考古』 1974 - 1 ; 盧連成·羅英杰, 「陝西武功縣出土楚簋諸器」 『考古』 1981 - 2 ; 中國社會科學院考古硏究所灃西發掘隊, 「陝西長安新旺村新出西周銅鼎」 『考古』 1983 - 3 ; 麟遊市博物館, 「陝西省麟遊縣出土商周靑銅器」 『考古』 1990 - 10.

을 것이라고 보았다.[17] 더욱이 근년에는, 周原 지역에서 발견된 구덩이가 대체로 주거유적 부근에서 발견되었으므로, 청동기를 소유하던 일가가 그것을 보관하기 위해 자신의 집 주변에 구덩이를 판 것이라는 견해도 제시되었다.[18]

도상은 씨를 상징하는 것이며, 무덤이나 구덩이에 매장된 靑銅祭器가 같은 一族의 것이라면, 같은 무덤이나 같은 구덩이에서 함께 발견되는 청동기에는 동일한 도상이 나타나 있어야 마땅하다. 그런데 그런 경우가 많긴 하지만, 그렇지 않은 경우도 상당하다. 이런 현상은 무덤의 경우에 특히 심한데, 심지어 하나의 무덤에서 7가지의 도상이 함께 출토되는 경우도 있다.[19] 도상을 씨 표지로 단정하는 데 주저하게 되는 이유는 여기에 있다.

이런 현상에 대해 혹자는 이들 청동기가 우연한 계기로 이 곳에 매장되었기 때문이라고 주장한다. 예컨대 다른 씨족을 공격하여 약탈한 청동제기를 무덤에 함께 매장하였다던지 혹은 피지배 씨족에게서 貢物로 받은 것을 매장하였다고 보는 견해이다.[20] 그러나 이런 생각은 청동제기에 대한 전통적인 견해와는 자못 배치되는 것이다. 白川靜의 말을 빌면, "殷周를 통해 祭祀儀禮는 氏族의 祖靈과 氏族員이 교섭하는 場이었고, 祭器는 제사 지내는 자와 제사 받는 자 사이의 媒介物이라는 기본적 성격에는 커다란 변화가 없었다." 더욱이 "彝器는 본래 祭器이며 家廟에서 사용하는 것이었다. 神은 異類를 흠향하지 않으므로 祭器는 멋대로 다른 곳으로 옮겨서는 안 될 것"[21]이었다.[22]

---

17) 郭沫若, 「長安縣張家坡銅器群銘文彙釋」, 1쪽.
18) 丁乙, 앞의 글, 398~401쪽.
19) 1976년 河南 安陽 殷墟에서 발견된 5號墓(76AXTM5)는 일반적으로 武丁의 부인 가운데 하나인 婦好의 무덤으로 간주되는데, 이 무덤에서 7가지의 서로 다른 圖象을 가진 청동기가 함께 발견되었다(中國社會科學院考古研究所安陽工作隊, 「安陽殷墟五號墓的發掘」『考古學報』1977‐2).
20) 예컨대 中國社會科學院考古研究所安陽工作隊, 「安陽小屯村北的兩座殷代墓」『考古學報』1981‐4, 512~517쪽.
21) 白川靜, 「金文學史その一」『通釋』5, 1975, 10, 12쪽.

그럼에도 불구하고 하나의 무덤이나 구덩이에서 각기 다른 도상을 가진 청동기가 발견되는 이유는 무엇일까? 이들은 정말 우연한 계기로 함께 매장된 것일까?

1971년 陝西省 涇陽縣 高家堡에서 西周 무덤 1기가 발견되었다. 이곳에서는 모두 14건의 靑銅祭器가 발견되었다. 그 중 명문이 새겨져 있는 동기는 尊, 卣, 盉, 觶 등 모두 5건이며, 이들 명문에는 모두 도상이 있다.[23] 그림 3을 보자.

盉(3 - ①)와 觶에는 모두 戈 도상이 있다. 그런데 尊(3 - ②)에는 이와는 다른 도상 ♪이 새겨져 있다. 이 두 가지 도상은 확실히 별개의 것이다. 각기 다른 도상을 가진 두 청동기가 한 무덤에서 발견된 것이다. 그러나 서로 다른 도상을 가진 두 청동기가 같은 무덤에 매장된 것은 결코 혹자가 주장하듯이 우연한 일을 계기로 한 것이 아니었던 것으로 생각된다. 왜냐하면 I 式卣의 뚜껑과 그릇 밑바닥에는 각기 다른 도상이 있는데, 그것이 바로 ♪와 戈이기 때문이다. 즉 ♪와 戈 도상 사이에는 무언가 연관관계가 있는 것이다.

다음으로 殷墟 西區의 경우를 보자. 殷墟 西區는 安陽 小屯村에서 약 1.5km 가량 떨어진 白家墳, 梅園莊, 北辛莊, 孝民屯 일대를 가리킨다. 여기에서 1969년부터 1977년에 걸쳐 939기의 殷代 무덤과 車馬坑이 발굴되었다.[24] 이들 무덤 중 일부에서는 상당수의 有銘靑銅器가 발

---

22) 『左傳』에는 傳世되는 宗廟의 祭器를 강대국에 賂物로 바치는 일이 종종 나타난다. 이러한 일은 和平을 구하거나 服從을 서약하는 이를테면 항복 의례로서의 의미를 가지는 것이라 생각된다(白川靜, 「金文學史その一」, 14~15쪽 ; 齋藤道子, 「春秋時代における統治權と宗廟」 『中國の歷史と民俗』, 第一書房, 1991, 246~250쪽). 王權의 상징으로서 三代에 걸쳐 寶器가 遞傳되었다는 설화도 이러한 배경에서 나왔을 것이다. 傳世의 器를 神聖視하는 『左傳』의 意識은 당시의 靑銅器文化가 점차로 조상과 후손을 이어주는 靈的 매개물로서의 彝器(祭器)的인 본질에서 벗어나서 實用的인 성질을 더해 간 것에 대한 반작용이었던 것이라 생각된다(白川靜, 위의 글, 16쪽).

23) 葛今, 「涇陽高家堡早周墓葬發掘記」 『文物』 1972 - 7.

24) 中國社會科學院考古硏究所安陽工作隊, 「1969~1977年殷墟西區墓葬發掘

견되었는데, 어떤 묘장에서는 涇陽 高家堡의 경우와 마찬가지로 서로 다른 도상이 새겨져 있는 청동기 수건이 共伴하는 현상이 나타났다. 그런데 이들 도상을 관찰한 Noel Barnard는 각각의 무덤에서 발견된 서로 다른 수개의 도상들 사이에는 무언가의 연관관계가 있다고 결론지었다.[25] 그림 4는 殷墟 西區의 각 무덤에서 발견된 도상 사이의 관계를 보여 주는 것이다.

그림에서 볼 수 있는 것처럼 무덤 M271에서는, 한 손에는 戈 다른 한 손에는 방패를 들고 있는 사람 모습의 도상과, 세 방향으로 갈라진 화살표 모양의 이른바 '束' 도상[26]이 함께 발견되었다. 서로 다른 도상이 새겨진 청동기가 하나의 무덤에서 출토된 것이다. 그런데 전자는 M1125와 M284에서도, 후자는 M1116에서도 각각 발견되었다. 한편 M152에서는 두 손으로 그릇을 받치는 모습의 도상이 발견되었는데, 같은 모습의 도상이 M907에서도 발견되었다. 또 그릇을 받치고 있는 모습의 도상은 M907에서 발견된 또 다른 亞字形의 複合圖象[27]에서 그것

　　簡報」『考古學報』1979 - 1, 27~146쪽.

25) Noel Barnard, "The Study of Clan‐Sign Inscriptions of Shang", *Studies of Shang Archaeology*, Yale Univ. Press, 1986, 150~152쪽.

26) 鍾柏生, 「釋'束'及其相關問題」『中央研究院歷史語言研究所集刊』58 - 1, 1987, 83~103쪽.

27) 複合圖象은 개별적으로 사용되는 단위도상 수개가 조합되어 하나의 복합적인 도상을 구성한 것을 말한다. 복합도상에 관련되어 파생되는 문제는 복잡하다. 복합도상을 구성하는 단위도상 가운데는 여러 개의 복합도상에서 공통적으로 사용되는 것들이 있다. 이른바 '子形' '折子孫形' '冊形' '亞字形' 등으로 불려지는 것들이 대표적이다. 복합도상 가운데는 그처럼 공통요소로는 사용되지 않는 단순한 도상들 몇 개가 모여 하나의 복합도상을 구성하는 경우도 있지만, 상당수는 이 같은 공통요소를 가지고 있다. 白川靜은, 이들 공통요소가 殷王朝하에서의 특수한 身分 혹은 職能을 상징한다고 생각했다. 예컨대 '子形'은 왕자의 신분을, '折子孫形' 도상은 軍事的인 직능을, '亞形' 도상은 政治的 · 儀禮的인 직능을 담당하였다는 것이다. 그러므로 공통된 구성요소를 갖는 복합도상은 각각의 도상을 가지고 있던 - 그는 도상이 각 씨족의 직능을 상징하는 것이라 보았다 - 씨족의 일부가 어떤 다른 직무에 종사하게 됨에 따라 새로운 직능의 씨족으로 전

을 구성하는 한 요소가 되어 있다. M271은 M1125·M284·M1116과, M907은 M152과 서로 인접해 있다. 즉 M271과 M907에서는 서로 다른 도상이 새겨진 청동기가 함께 발견되었지만, 그 각각의 도상은 인근 무덤에서 개별적으로 발견되는 것이기도 하다. 이와 같은 현상은 약탈이나 공납 같은 우연한 계기로는 설명할 수 없다.

涇陽 高家堡의 西周 무덤이나 安陽 殷墟 西區의 殷 무덤에서는 서로 다른 수개의 도상이 동일한 유구에서 발견되었다. 그러나 그렇다고 해서 이들이 우연한 이유로 이 곳에 함께 매장되었다고 보는 것은 마땅하지 않다. 도상이 출토된 상황은 이들 사이에 무언가의 연관관계가 있음을 추측하게 한다.

우선, 무엇보다도 하나의 유구에서 발견된 여러 가지의 도상은 그 무덤을 조성한 어떤 한 씨족의 것과 그 씨족에 인접하여 거주한 또 다른 씨족의 것이었다고 생각한다. 이것은 陝西省 寶鷄市 부근에서 발견된 夨族과 强族의 경우를 통해 알 수 있다.

夨族은 古籍에는 보이지 않지만, 대대로 전해진 西周 청동기 가운데 夨族의 유물이 많다.28) 근래에 夨族의 유물이 考古學的으로 발굴되기

화하거나 아니면 어떤 씨족이나 그 씨족의 일부가 다른 직무에 종사하던 씨족과 결합함으로써 그 양자를 상징하는 각각의 도상을 결합하여 만들어 내기에 이르렀다고 白川은 생각하였다(白川靜, 「殷の基礎社會」). 그러나 도상이 地名, 官名, 神名 등에서 기원한 '氏'의 상징이라는 筆者의 견해는 복합도상에 대한 설명에도 유용하게 적용될 수 있다. 예컨대 地名을 상징하는 도상과 官名을 상징하는 도상이 결합하여 하나의 복합도상을 구성하였다면, 그것은 어떤 지역에 살던 씨족 혹은 씨족의 일부가 어떤 직무를 맡게 되면서 자신들을 상징하는 새로운 도상으로 고안한 것이다. 또 두 개 이상의 地名을 표시하는 도상이 조합되어 하나의 복합도상이 완성되었다면, 이것은 어떤 한 씨족이 分族되어 그 일부가 다른 지역에 정착함으로써 본래의 도상과 새로 정착한 곳의 地名을 상징하는 도상을 결합하여 새로운 도상을 만들었거나 혹은 서로 다른 도상을 가진 여러 씨족이 결합하여 하나의 새로운 씨족이 구성된 것이다. 이 점에 대해서는 林巳奈夫, 앞의 글, 82~94쪽 참조.
28) 저명한 散氏盤에는 夨과 散 兩族 사이의 도지분쟁에 관한 기록이 있으며,

시작하면서 그들의 거주지가 알려지게 되었다. 矢族의 유물은 陝西 隴縣과 寶鷄縣 부근에서 주로 출토되었다. 1974년 7월 隴縣 曹家灣 南坡에서 西周 무덤 4기가 발굴되었다. 그 중 LNM6에서 발견된 戈에는 '矢中'이라는 명문이 있으며, LNM2에서 발견된 當盧에는 '矢'이라는 명문이 있다. 같은 해 寶鷄縣 賈村公社 上官村에서 '矢王이 奠姜을 위해' 作器한 矢王簋蓋가 발견되었다. 1974년 10월에는 같은 지점에서 또 一群의 車馬器가 발견되었는데, 여기에서도 '矢'자가 새겨져 있는 銅泡가 발견되었다. 또 上官村에서 약 10리 가량 떨어진 寶鷄縣 鬪鷄臺 溝東區 무덤 B3에서 '矢'자가 새겨져 있는 西周 早期의 當盧가 출토되었다.[29]

弭族도 史書에는 보이지 않지만, 역시 근래에 들어 그 기물이 출토되기 시작하였다. 1974년 12월 陝西 寶鷄市 益門 茹家莊에서 西周 중기의 무덤 2기와 馬坑・車馬坑 각 1기가 발굴되었다. 발굴된 무덤 BRM1은 목판을 사이에 두고 다시 2개의 墓室로 분리되었는데, 각 묘실에 死者가 1인씩 매장되었다. 이것을 각각 M1甲, M1乙이라 한다. M1乙에서 출토된 동기 중 8건에는 弭白이 스스로 만든 그릇이라는 요지의 명문이 있다. 또 BRM2에서 출토된 圓鼎 등 동기 6건에도 弭白이 井姬를 위해 만든 그릇이라는 내용의 명문이 있다.[30] 한편 1980년 寶鷄市博物館은 寶鷄市 益門公社 竹園溝村에서 무덤 18기와 馬坑 3기를 발굴하

散白簋에는 散白이 자신의 처인 矢姬를 위해 작기한 사실이 기록되어 있다.『周金文存』권5, 尊部19에 등재된 尊銘에는 "矢王이 보배로운 彝器를 만든다"는 명문이 있고,『美帝國主義劫掠的我國殷周銅器集錄』(이하 美帝) 46에는 矢人尊과 矢人盤이 올라 있다. 이들 기물은 모두 淸代에 鳳翔府에서 발견되었다고 한다. 隴縣, 寶鷄市, 寶鷄縣, 岐山縣, 扶風縣, 鳳翔縣 등은 淸代에 모두 鳳翔府 관할지역이었다. 그러므로 이들 傳世器들의 출토지역도 모두 후술하는 矢族의 器物이 출토된 지역과 대체로 일치한다.

29) 發掘된 矢族의 器物에 대해서는 盧連成・尹盛平,「古矢國遺址墓地調査記」『文物』1982 - 2 ; 王光永,「寶鷄縣賈村塬發現矢王簋蓋等靑銅器」『文物』1984 - 6 참조.

30) 寶鷄茹家莊西周墓發掘隊,「陝西省寶鷄市茹家莊西周墓發掘簡報」『文物』1976 - 4.

였는데, 그 중 무덤 BZM4에서 여러 건의 靑銅祭器가 발견되었다. BMZ4에서 발견된 청동제기들은 여러 사람들에 의해 제작되었다. 甗(4.14)은 白이, 尊(4.2)과 卣(4.1)는 弜季가, 鬲(4.75)은 𣄰中이, 爵(4.6)과 盤(4.7)은 季가, 그리고 觶(4.3)는 㚔伯이 제작하였다.31) 이 중 弜季와 季는 동일인일 가능성이 높다. BMZ4에서 발견된 전체 동기 가운데 弜季와 季가 제작한 동기가 큰 비중을 차지하는 것으로 보아 BMZ4는 弜季, 즉 弜族의 것이라 생각된다.

矢·弜 양족의 동기가 출토되는 지점을 보아, 西周시대 矢族과 弜族은 현재의 寶鷄市를 사이에 두고 渭水 양안에 인접하여 거주한 것으로 보인다. 그런데 1981년 9월에는 陝西 寶鷄市 紙坊頭에서 서주 조기의 무덤 1기가 발견되었다. 이 무덤에서 銘文이 있는 청동기 6건이 발견되었다. 그 중 1호 鼎에는 "白이 만든다"는 명문이 있을 뿐이어서 作器者가 분명하지 않지만, 11·12호 鬲에는 "矢白이 旅鼎을 만든다"는 명문이 있고, 6·7호 簋에는 "弜白이 보배로운 祭器를 만든다"는 명문이 있다. 즉 鬲과 簋는 각각 矢白과 弜白에 의해 제작된 것인데, 제작자가 다른 청동기가 한 무덤에서 발견된 것이다.32)

紙坊頭의 무덤에서도 殷墟 西區의 무덤에서처럼 양 씨족의 동기가 하나의 묘장에서 함께 출토되는 현상이 나타났다. 紙坊頭의 무덤이 적족의 것인지 아니면 어족의 것인지는 분명히 알 수 없지만, 寶鷄市에서 발견된 것으로 보아 양 씨족 가운데 어느 하나의 것일 가능성이 높다.33) 寶鷄市 紙坊頭 무덤의 경우, 그 墓主가 어느 씨족에 속하였던지 간에 무덤에서 그 씨족의 것과 함께 출토된 동기는 인근에 거주하는 다른 한 씨족의 것이다.

紙坊頭 무덤에서는 서로 다른 복수의 씨족에 의해 제작된 청동기가 함께 발견되었지만, 이들 동기는 인접한 씨족 사이의 무언가 교류를 통

---

31) 寶鷄市博物館, 「寶鷄竹園溝西周墓地發掘簡報」 『文物』 1983 - 2.
32) 胡智生 等, 「寶鷄紙坊頭西周墓」 『文物』 1988 - 3.
33) 보고자는 이 무덤을 弜族의 것으로 보고 있다. 그 이유는 이 紙坊頭村이 弜族의 居住구역에 가깝기 때문이다(胡智生 等, 위의 글).

하여 함께 매장되기에 이르렀다고 보는 것이 타당할 것이다.[34] 앞서 적은 殷墟 西區의 경우도 마찬가지였을 것이다. 殷墟 西區에는 중소형 무덤이 집중적으로 분포하고 있어, 인근에 거주하던 씨족들이 공동묘지로 사용한 곳이었으리라 추측된다. 氏 표지로서 고유한 도상을 가지고 近隣에서 생활하던 여러 씨족들은 무언가의 교류를 통해 서로의 동기를 공유하게 되고, 그로 말미암아 다양한 도상을 가진 청동기가 하나의 무덤에서 같이 출토되기에 이르렀다고 필자는 생각한다.

그렇다면 이들 씨족 사이의 교류는 무엇을 매개로 이루어졌을까? 이 문제를 검토하기 위해 散氏盤의 명문을 검토해 보기로 하자. 散氏盤은 西周 中期경에 제작된 것으로서 350자에 달하는 긴 명문을 가지고 있다. 그 가운데 필요한 부분만을 소개하면 다음과 같다.

> 적이 散邑을 침탈했기 때문에 散에게 耕作地로 배상한다. (배상하는 토지의 영역은 다음과 같다. 우선) 瀍으로부터……邧莫까지를 경계로 한다. (다음) 井(邢)邑의 田은 根木道로부터 왼쪽으로 井邑道에 이르러 여기에 경계표시를 하고……[35]

---

34) 寶鷄縣 益門公社 竹園溝村의 弓族무덤 BZM4에서 여러 명의 작기자에 의해 제작된 청동제기가 출토되었다는 사실은 이미 적었지만, BMZ4에서도 이런 현상이 발견된다. BMZ4에서 발견된 銅器의 대부분은 弓族의 일원인 弓季가 만든 것이지만, 그 가운데에는 夌族의 長인 夌白이 제작한 것도 섞여 있다. 그런데 이 夌族의 일원으로 보이는 子夌이 제작한 靑銅器가 甘肅省 靈臺縣 白草坡의 서주 초기 무덤 M1에서도 발견되었다(1 : 15尊). M1에서는 潶白이 제작한 청동기가 많이 출토되어, 潶族의 무덤으로 생각된다. 靈臺는 弓族의 유물이 발견된 寶鷄縣에서 가까운 곳이므로, 夌族은 弓族·潶族과 인접한 곳에 거주하였던 씨족이었을 것으로 생각된다. 弓·潶·夌族이 서로 인접한 곳에 거주하면서, 상호교류를 통해 서로의 동기를 교환하였을 것이다(甘肅省博物館文物隊,「甘肅靈臺白草坡西周墓」『考古學報』1977 - 2, 99~129쪽 참고).

35) 解釋은 白川靜,『通釋』3上, 1969, 191~228쪽에 따른다. 다만 白川은 본문에 "瀍으로부터……邧莫까지를 경계로 한다. (다음) 井(邢)邑의 田은 根木道로부터 왼쪽으로 井邑道에 이르러 여기에 경계표시를 하고……"라고 쓴 부분을 "眉 지역은 □으로부터……邧莫까지이다. (다음) 眉에 있는 井(邢)

散氏盤의 내용은, 夨이 散의 田을 침해한 사건이 있었으므로, 夨이 소유한 眉地의 일부 및 邢邑의 토지를 散氏에게 변상하는 것을 밝히고, 변상하는 토지의 구획을 명시한 것이다. 명문에는 "夨이 散邑을 침탈했기 때문에 散에게 耕作地로 배상한다"고 하므로 散은 단순한 個人名이 아니라 邑名에서 유래한 이름이다. Ⅱ장에서 적겠지만, 殷代의 경우와 마찬가지로 地名이 개인의 이름으로 사용된 것이다. 이런 경우 散은 地名이면서 씨족명, 동시에 개인명으로 사용된 것이다. 그렇다면 夨 역시 氏族의 이름이었으리라 생각된다. 명문에는 夨이 散邑을 침탈했다고 하므로 夨과 散은 서로 인접하여 거주한 氏族이었던 것으로 생각된다. 1960년 陝西 扶風縣 法門鄕 莊白에서 발견된 청동기 저장구덩이에서 모두 19기에 달하는 西周 후기의 청동기가 출토되었다. 그 중 14건에 명문이 있는데, 그 내용을 보면 발굴된 청동기들은 모두 散의 白, 즉 族長[36]인 車父가 자신의 가족을 위해 제작한 것이다.[37] 散白의 청동기가 저장된 구덩이가 扶風縣 法門鄕에서 출토되었으므로, 散族은 이 근처에 거주하였을 것이다.

앞서 이야기한 바와 같이 夨族의 동기는 寶鷄縣 부근에서 주로 출토된다. 寶鷄縣과 扶風縣은 渭水를 사이에 두고 서로 인접해 있으므로 역시 散族은 夨族과 인접하여 거주한 씨족임을 알 수 있다. 요컨대 散

邑의 田은 根木道로부터 왼쪽으로 井邑道에 이르러 여기에 경계표시를 하고……"라고 읽는다. 白川의 해석은 '眉'를 地名으로 해석한 것이나, 李學勤은 '眉'는 '履'로 '步'와 同義이며, 토지를 양도할 때 측량을 하고 그 경계를 표시하는 행위라 해석하였다. 李學勤의 해석이 좀 더 문맥에 맞으므로 그에 따라 약간 수정한다(李學勤, 「西周金文中的土地轉讓」『新出靑銅器硏究』, 文物出版社, 1990, 106~109쪽).

36) 白은 伯의 本字이다. 『說文解字』8上에는 "伯 長也"라 하고, 주석에 "伯 長子也"라 해설되어 있다. 西周시기의 金文에도 '某＋白・中(仲)・叔・季'라 하여 族名인 '某'와 白・中・叔・季로 구성된 칭호를 가진 자가 많다. 이들 칭호는 모두 輩行에서 유래한 것인데, 이 칭호를 가진 사람은 모두 '某'族과 그 分族의 當主이다(吉本道雅, 「西周冊命金文考」『史林』74 - 5, 1991).

37) 史言, 「扶風莊白大隊出土的一批西周銅器」『文物』1972 - 6, 30~32쪽.

族과 矢族은 서로 인접해 있으면서 경지 문제로 무언가 다툼이 생겨, 급기야 矢이 散에게 경지의 일부분을 변상하는 일이 생겼던 것이다.

한편 散氏盤의 명문에 矢이 散에게 양도하는 토지의 경계를 표시하면서 그 표지로 '邢邑道', 즉 '邢邑으로 향하는 길'을 들고 있다. 그렇다면 그 邢邑도 矢邑, 散邑에 인접한 곳에 위치하였을 것이다. 이 邢邑에는 散邑에 散族이 거주한 것과 마찬가지로 邢族이 거주하였을 것이므로, 矢族과 散族 부근에 邢族이 거주하고 있었음을 안 수 있다. 또한, 이미 언급하였듯이, 矢族과 인접한 씨족으로 弦族이 있으므로, 矢・弦・散・邢 族은 지금의 陝西 寶鷄, 扶風 양 현 일대에 함께 거주하고 있었던 셈이다.

그런데, 앞에서도 말한 것처럼, 寶鷄市 益門 茹家莊의 어족 무덤 BRM2에서 발견된 청동기 가운데 6건에는 "弦白이 邢姬를 위해 만든 그릇"이라는 명문이 있다. 邢姬는 邢邑 출신의 여자를 말하므로 弦伯이 邢族의 딸과 혼인한 일이 있었던 것이다. 한편 『三代』 7.25의 散白簋에는 "散白이 矢姬를 위해 寶簋를 만든다. 만년토록 영원히 사용하라"라는 명문이 있다. 이것은 散白이 자신의 처인 矢姬를 위해 제작한 것이므로, 散白이 矢族의 딸과 혼인하였던 것이다. 즉 弦族과 邢族, 散族과 矢族은 서로 인접해 거주하면서 인척관계를 맺고 있었던 것이다.

하나의 무덤이나 청동기 저장구덩이에서 각각 다른 도상이 새겨진 청동기가 함께 출토되는 현상은, 도상이 씨족 표지이며 무덤이나 구덩이에 부장된 청동기는 一家의 것이어야 한다는 점을 감안하면, 잘 납득되지 않는 일이다. 그러나 이미 설명한 것처럼 같은 유구에서 여러 씨족의 청동기가 함께 출토된다고 해도, 그것은 서로 인접한 여러 씨족들의 청동기가 함께 매장된 것이며, 이들 인접하여 거주한 씨족들은 弦族과 邢族, 散族과 矢族처럼 통혼관계를 맺고 있었다. 이러한 사실을 고려하면, 인접한 여러 씨족이 혼인을 계기로 서로의 청동기를 교환하게 되었고, 그것이 하나의 무덤이나 청동기 저장구덩이에 함께 매장되기에 이르렀다고 판단할 수 있는 것이다.

이제 이 장에서 취급한 도상의 성격과 그 출토 상황을 정리하면 다음과 같다. 첫째 圖象은, 甲骨文과 비교해 보면 地名이나 官名, 혹은 神名이나 祖上名과 일치하는 경우가 많다. 地名, 官名, 神名, 祖上名은 모두 '氏'명이 유래한 기원이므로, 도상은 '氏'를 상징한 기호라 생각된다. 둘째 靑銅器 저장구덩이나 무덤에서는 서로 다른 도상이 새겨진 청동기가 함께 출토되는 경우가 있다. 무덤이나 구덩이에는 一家의 청동기가 매장되므로, 이 같은 출토 상황은 圖象이 과연 씨족의 표시인가 하는 데 의구심을 품게 한다. 그러나 이들 상이한 도상이 새겨진 청동기가 함께 매장된 것은 인접한 씨족이 혼인을 계기로 서로의 동기를 교환하였기 때문에 생겨난 현상이라 생각된다.

이상과 같이 도상의 성격을 정리하면 다음과 같은 추론이 성립된다. 우선 특정한 도상이 새겨진 청동기는 특정한 씨족에 속하는 사람이 만들었을 것이다. 특정한 도상이 새겨진 청동기가 어떤 지점에서 출토된다면, 그 도상을 사용한 씨족 혹은 그 일부가 그 곳에 거주하였거나 적어도 거기에서 가까운 곳에 거주하였을 것이다. 나아가 특정한 도상을 사용한 씨족의 原住地가 어딘지 알 수 있다면, 그 도상을 가진 동기가 그 씨족의 원주지와는 다른 곳에서 출토될 경우, 그 도상을 사용하는 씨족 혹은 그 일부가 그 청동기가 발굴된 지점으로 이동하였을 것이다. 이제 Ⅱ·Ⅲ장에서는 이러한 추론을 바탕으로 殷·周 국가의 씨족지배책의 한 단면을 살펴보도록 한다.

Ⅱ. 殷의 씨족지배

河南省 安陽市 小屯村 일대에서 甲骨과 宮殿 유지 그리고 殷王의 것으로 생각되는 大型 무덤이 발견되어 은의 '首都'로 알려지게 된 이후, 이 곳에 대해 집중적인 조사 발굴이 진행되었다. 그 결과 이 곳에서 陶器, 玉器, 靑銅器 등 殷代의 유물이 풍부하게 출토되었다.[38] 발굴된

---

38) 安陽市 小屯村과 그 부근의 殷 유적에 대해서는 張光直 저, 尹乃鉉 역, 『商文明』(대우학술총서 번역 21), 民音社, 1989, 111~174쪽 참조. 한편 宮

青銅器 가운데는 圖象이 새겨진 것이 상당수 포함되어 있어 그 양은 다른 지역에서 유례를 볼 수 없을 정도이다. 殷墟는 殷代의 핵심 유적이며 다른 지역보다 많은 조사가 진행되었으므로 발굴된 청동기의 양이 다른 지역보다 풍부하다는 사실은 그리 놀랄 만한 일이 못 된다. 그러나 보다 주목되는 것은 발견된 도상의 종류 또한 다른 지역과는 비교될 수 없을 정도로 다양하다는 점이다. 殷墟에서 출토된 圖象의 종류는 필자가 검색할 수 있었던 것만 해도 72종에 달한다.39) 앞서 말한 바와 같이 圖象이 氏의 표지라는 점을 상기하면, 殷都에는 상당한 수에 달하는 씨족 출신의 사람이 함께 모여 살고 있었다는 뜻이다.

殷國家를 구성한 기본 단위는 邑이다. 邑은 甲骨文이나 金文에서 邑이라 쓰여진다. 이 글자는 일정한 구역을 상징하는 사각형과 그 곳에 거주하는 사람을 표시하는 巴으로 구성된다.40) 邑은 사람이 거주하는

崎市定은 지금의 安陽 小屯村은 '殷都'가 아니며 다만 殷都에 부속된 墓地일 것이라 추측하고, 殷都는 이 곳의 東南에 위치하였을 것이라고 주장한 바 있다(宮崎市定, 「中國上代の都市國家とその墓地 - 商邑は何處にあったか - 」『東洋史研究』28 - 4, 1970).

39) 本考를 작성하기 위해 필자는 다음과 같은 발굴 보고자료를 검색하였다. 『文物』 1950~1990년(『文物參考資料』 포함) ; 『考古』 1956~1991년 ; 『考古學報』 1936~1991년(『田野考古報告』, 『中國考古學報』 포함). 위의 정기 간행물에 실린 報告書類 외에 다음의 論考類도 참조하였다. 殷瑋璋·曹淑琴, 「光族銅器群初探」『考古』 1990 - 5 ; 同, 「靈石商墓與丙國銅器」『考古』 1990 - 7 ; 殷之彝, 「山東益都蘇埠屯墓地和'亞醜'銅器」『考古學報』 1977 - 2, 23~33쪽 ; 鄒衡, 「論先周文化」『夏商周考古學論文集』, 文物出版社, 1980.

40) 邑자를 구성하는 상부의 사각형이 성을 상징한다고 이해하여 읍은 통상 城을 갖추고 있었다고 보는 견해가 있다(Kwangchih Chang, *Early Chinese Civilization : Anthropological Perspective*, Cambridge : Harvard Univ. Press, 1976, 61~71쪽). 그러나 殷墟로 알려진 安陽 小屯村에서도, 周의 중심 지역이었던 周原·澧·鎬 일대에서도 城의 흔적은 발견되지 않았다. 따라서 邑자의 한 구성요소인 사각형은 일정한 '구역'을 의미하는 것으로 이해해야 할 것이라는 또 다른 견해가 오히려 설득력이 있다(David N. Keightley, "Shang China is Coming of Age - A Review

일정한 구역, 곧 聚落을 말하는 것이다. 그런데 읍의 규모가 일정하지
않았을 것이므로 邑들 사이에는 그 규모에 따라 자연스럽게 상하관계
가 생겨나고, 이러한 기초 위에서 지배·예속의 관계가 성립되어 간 것
으로 짐작된다. 서론에 적었듯이 지방의 소규모 읍은 그 지역의 중심이
되는 읍에 예속되었고, 지역의 중심이 되는 읍은 주변의 소읍을 통솔하
여 小屯村에 자리한 殷邑에 종속되었다. 殷邑도 은의 '首都'라기보다는
그 질서의 정점에 위치한 하나의 읍이었다[41](아래에서는 편의상 小屯村에
자리하였던 殷邑을 '殷都'라 부르기로 한다). 이렇게 邑 사이에 설정된 지배
와 예속의 관계가 은국가의 통치 질서를 이루고 있었다.

　　읍 사이의 지배·예속 관계는 軍事的, 經濟的인 권리와 의무를 매개
로 실현되었다. 하위의 읍은 상위의 읍에 군사력과 노동력, 곡물, 점복
용의 龜甲·牛骨 등을 공납물로 제공하였고, 상위의 읍은 이에 대응하
여 그들에게 군사적인 보호를 베풀었다.[42]

　　殷王室은 이러한 권리와 의무로 구성된 지배·예속의 국가 질서를
유지하기 위해 서론에서 말한 것처럼 몇 가지 정책을 구사하였다. 각
지역의 읍에 諸侯를 파견하여 지배거점을 확보하였으며,[43] 각 읍에서

　　Article", *JAS*, 41 - 3, 1982, 553~554쪽).

41) '天邑商'은 제4기와 제5기 갑골문에서 사용된다. 같은 시기에 '大邑' 혹은
　　'大邑商'이라는 용어도 사용되었는데, 이 용어들은 당시 세계의 중심이라
　　할 小屯村 지역을 특별히 가리키는 용어였다. 그러나 제1기 갑골문에서
　　大邑은 규모가 큰 읍을 가리키는 일반적인 용어였다. 제1기의 갑골문에서
　　殷都는 '玆邑'이라는 용어로 표기되었다(伊藤道治, 「邑の構造とその支配」
　　『中國古代王朝の形成』, 173~176쪽).

42) 胡厚宣, 앞의 글, 30~33쪽 ; 松丸道雄, 앞의 글, 55~60쪽.

43) 주 3 참조. 한편 이 문제와 연관하여 가장 활발하게 논의가 진척된 문제는
　　'子某'에 관한 것이다. 갑골문에는 子商, 子漁, 子央 등 子+某로 구성된,
　　'子某' 형식의 인명이 있다. 이들은 전쟁과 제사에 참여하는 등 은왕실에서
　　중요한 역할을 담당하였다. 周의 封建 諸侯에 公·侯·伯·子·男 등 다
　　섯 등급이 있었다는 전통적인 견해(『孟子』萬章下)를 연역하여 子를 제후
　　외 한 '등급'으로 이해하는 견해가 있었으나, 지금에 와서는 그렇게 생각하
　　는 사람은 드물다. 子某의 子는 문자 그대로 해석하면 '아들'이기 때문에

신봉하는 고유의 族神을 은왕실의 제사체계 안에 포함시키고, 이를 奉祀하여 그들과 종교적인 유대관계를 구축하였다. 그런데 필자는 한편으로 殷王室이 국가의 정책을 결정하고 이를 실행하는 과정에서 중원의 제 씨족을 참여시킨 것에 주목하고자 한다. 그러한 사례는 貞人집단과 기타의 官僚집단에게서 확인된다.

우선 貞人의 경우부터 살펴보자. 貞人은 王을 대신하여 점을 치고 점복의 결과를 기록하는 직무를 수행하였다. 殷에서는 중요한 國事가 모두 占卜에 의해 결정되었다. 따라서, 占卜의 길흉을 판정할 권리는 왕에게 있었지만,[44] 점복의 실행자인 貞人 또한 정책결정 과정에서 영향력을 행사하였을 것이다. 饒宗頤는 殷代의 貞人에 대한 그의 종합적 연구에서 殷 全期에 걸쳐 모두 118인의 貞人이 있었다고 하지만, 실제로는 이보다 더 많은 수의 貞人이 있었을 것이다.[45]

殷王室의 왕자로 해석되기도 한다(董作賓, 「五等爵在殷商」『中央研究院歷史語言研究所集刊』6, 1936, 420~429쪽). 그러나 子가 과연 은왕의 實子를 의미하였는지에 대해 다른 견해도 있다. 그렇게 해석할 경우, 은왕武丁에게는 적어도 71명의 아들이 있었다고 보아야 한다. 島邦男이 검색한 바, 1기 갑골문에 나타나는 子某의 호칭은 71개에 달하기 때문이다(島邦男, 앞의 책, 442~446쪽). 그러나 이것은 상식적으로 잘 납득되지 않는다. 뿐만 아니라 子某라는 호칭은 개인의 이름이 아니라 氏族의 이름으로 사용되는 경우도 있다(林巳奈夫, 앞의 글, 50~66쪽). 그러므로 子는 殷王의 실제 아들인 '子'가 아니라 은왕실의 族姓인 '子'를 표시한 것이며, 子某는 은왕실과 동일한 혈연의 사람들을 지칭한다는 견해가 제시되었다(島邦男, 위의 책, 442~452쪽 ; 張光直 저, 尹乃鉉 역, 앞의 책, 249~250쪽). 은왕실의 姓은 子로 알려져 있기 때문에 이 견해에는 수긍할 만한 점이 있다고 생각된다. 이와는 달리 각 씨족의 족장이 殷王과 擬制的 父子관계를 맺음으로써 子某라는 칭호를 사용하게 되었다는 견해도 있다(松丸道雄, 앞의 글, 60~80쪽).

44) 卜兆의 吉凶을 판정한 내용이 甲骨에 새겨진 경우가 있다. 이것을 繇辭라 하는데, 繇辭를 기록할 때에는 "王이 (卜兆를) 해독하여 云云"이라는 형식을 취한다.

45) 饒宗頤,『殷代貞卜人物通考』上·下, 香港大學出版社, 1959. 그러니 자료로 이용할 수 있는 갑골은 아마도 전체의 일부에 지나지 않을 것이므로,

　주목되는 것은 이들 정인의 이름 상당수가 청동기에 새겨진 도상과
그 형태가 일치하는 것이다. 1장에서 설명한 바와 같이 圖象은 地名에
서 기원한 경우가 많다. 그렇다면 貞人 가운데 상당수는 地名과 동일한
이름으로 불렸을 것인데, 饒宗頤 역시 貞人의 이름 가운데는 邑의 이
름, 즉 地名과 같은 것이 많다는 점을 지적하고 있다.[46] 貞人名과 圖象,
그리고 地名 사이에 상당한 연관관계가 발견되는 것이다. 林巳奈夫는
貞人의 이름과 일치하는 도상으로 62개의 사례를 들었다. 그 중 甲骨文
에 地名의 용례가 있는 것은, 확인할 수 있는 것만 해도 28례에 달했
다.[47]

　殷代에는 — 그리고 앞서 1장에서 언급한 散의 경우에서 볼 수 있는
것처럼 西周時代에도 — 邑과 邑에 거주한 씨족, 그리고 그 씨족의 성
원이 동일한 이름으로 불려졌다. 대체로 邑名과 일치하는 이름을 가진
貞人들은 그 이름이 표시하는 읍 출신이었던 것으로 생각된다. 물론 이
들은 각 氏族의 지배층이었을 것이다. 바꾸어 말하면 殷王朝의 정인 가
운데 상당수는 중원 여러 읍의 지배층이었던 것이다.[48]

　다음으로 官僚의 경우를 보자. 殷代의 관료기구를 자세하게 전하는
資料는 없다.[49] 殷史를 연구하는 데 가장 중요한 1차 사료가 되는 甲骨

　　이보다 더 많은 수의 貞人이 있었을 것이라 생각된다.
46) 饒宗頤, 위의 책, 下(특히 1198~1290쪽).
47) 林巳奈夫, 앞의 글, 44~45쪽, 도표 21·22 참조.
48) 주 4의 논문 ; 張秉權, 「卜辭中所見殷商政治統一的力量及其達到的範圍」
　　『中央研究院歷史語言研究所集刊』50 - 1, 1979, 199~206쪽 참조.
49) 殷의 경우에는 불분명하지만, 吉本道雅가 西周의 官職 임명 사례를 보여
　　주는 冊命金文을 분석하여 西周에 官僚 '組織'이라고 할 만한 것이 있었는
　　지에 대해 이의를 제기한 것은 참고할 만하다. 그는 서주의 관직에는 조직
　　편성 이념으로서 分業이라는 발상이 적잖이 보이긴 하지만, 수명자가 어
　　떤 관직에 임명됨으로써 그 관직에 一義的으로 부여되는 직무를 수행하는
　　일은 없었으며 오히려 官職에 임명되는 시점에서 개개 受命者에 대해 매
　　우 개별적이며 구체적인 직무가 결정되고 있는 사실을 지적하였다. 그에
　　의하면 이러한 현상은 春秋時代까지 계속된다. 따라서 殷의 경우에도 관
　　료 '조직'을 적극적으로 인정하기는 어렵다고 생각한다(吉本道雅, 앞의 글,

文도 대부분 점복 내용을 기록한 간단한 것이기 때문에, 은의 관료기구 전체를 복원하기란 매우 어려운 일이다. 현재로서는 갑골문에 기록된 官名과 그 관명을 가진 사람이 수행한 역할 등 단편적인 사실만을 확인할 수 있을 뿐이다. 陳夢家는 은대의 관료를 臣正系列과 武官系列, 史官系列로 나누고, 臣正系列로 臣, 正, 小臣 등을, 武官系列로 馬, 亞, 箙, 射, 衛, 犬, 戍 등을, 그리고 史官系列로 尹, 作冊, 卜, 工, 史 등을 들었다.50)

甲骨文에 官僚의 이름은 '官名＋個人名'의 양식으로 기록되는 것이 정식이었다. 예컨대 '小臣'의 직위를 가진 이름이 '中'인 자는 '小臣中'(『殷墟書契前編』[이하 前] 4.27.6)으로, '亞'의 직위에 있는 이름이 '雀'인 자는 '亞雀'(『前』 8.9.3)으로 기록된다. 한편 甲骨文에는 관명을 붙이지 않고 개인명만 기록된 사람도 많다. 이들도, 그 직책은 분명하지 않지만 대체로 殷의 관료였을 것이라 생각된다. 甲骨文의 내용은 주로 殷王에 관련된 것으로서, 여기에 등장하는 사람들은 대개 殷王의 명령을 받들어 王朝의 직무를 수행한 자이기 때문이다.51)

그런데, 관명과 함께 기록된 것이든 혹은 그렇지 않든 간에, 개인명으로 사용된 글자는 貞人의 경우와 마찬가지로 단순한 개인의 이름으로만 보기 어려운 경우가 많다. 하나의 이름이 여러 시대에 걸쳐 장기간 사용되기도 하고, 인명과 地名과 일치하는 경우도 적지 않다.52) 그

참조).

50) 陳夢家, 『殷墟卜辭綜述』(考古學專刊甲種第2號), 中華書局, 1956/88, 503~
   522쪽. 島邦男은 殷의 官僚를 크게 內服・外服의 官으로 나누고 외복의
   관으로 侯・白・服을, 內服의 관으로 亞・尹・君・臣 등 24개의 官名을
   들고 있다(島邦男, 앞의 책, 461~475쪽).

51) 甲骨文은 殷王室에 관련된 것으로서 占卜의 내용은 王을 중심으로 한 것
   이다. 甲骨文의 주요한 내용은 邊境의 안전에 대한 것, 農耕에 관련된 것,
   土의 狩獵, 祖上神 혹은 自然神의 崇拜 儀禮에 관련된 것이다(陳夢家, 위
   의 책, 42~43쪽).

52) 손쉽게 찾아볼 수 있는 예로 雀, 牵, 京, 止 등을 들 수 있다. 이들은 1기와
   4기의 甲骨文에 모두 보이며, 地名으로도 사용되었다(島邦男, 앞의 책,
   461~475쪽 ; 陳夢家, 앞의 책, 503~522쪽).

러므로 이러한 경우, 그것은 단순한 인명이 아니라 출신 씨족명에서 유
래한 인명이라 생각된다. 각 씨족 출신 사람들이 관료로서 왕실에 臣事
하고 있었던 것이다. 아래에서 몇 가지 사례를 살펴보자.

　우선 醜族의 경우를 보자. 1965년과 66년 두 해에 걸쳐 山東省博物
館은 益都縣 동북 20km 지점에 위치한 蘇阜屯에서 殷代 묘지를 조사
하고, 무덤 4기를 발굴하였다.[53] 이 중 1호 묘는 사방에 墓道를 갖춘 亞
字形의 대형 무덤으로 그 규모도 규모려니와 48인에 달하는 순장인이
인상적이다. 이 대형 무덤은 殷墟 武官村에서 발견된 '王陵'을 제외하
면 동시대의 가장 큰 무덤이다. 보고자는 이 무덤을 '方白'의 것이라 추
측했다.[54] 그 규모로 보아 아마도 이 지역에서 중심이 되는 읍의 首長
을 위해 조성된 무덤일 것이다.

　1호 묘는 도굴되어 발견된 유물은 매우 적지만, 그 가운데 이른바 '亞
醜形' 도상이 새겨진 청동도끼가 출토되었다. 蘇阜屯은 1931년에도 발
굴 조사된 바 있다. 그 때 蘇阜屯 동쪽 窪地와 동북쪽 斷崖에서 발견된
무덤에서 각각 동기가 출토되었는데, 특히 후자에서 발견된 銅觶에서
도 亞醜形 도상이 발견되었다.[55] 그러므로 이 지역에는 亞醜形 도상을
씨족의 표지로 하는 지역적 세력이 거주하고 있었던 것으로 판단된다.
亞醜形의 도상은 亞자와 醜자가 합성된 複合圖象으로, 이 중 亞자는
특정한 職能을 표시하는 것이라 생각되기 때문에,[56] 蘇阜屯에 거주한

---

53) 山東省博物館, 「山東益都蘇埠屯第一號奴隸殉葬墓」『文物』 1972 - 8.

54) 보고자가 생각하는 '方伯'은 『禮記』 王制에 나오는 方伯을 의미한다고 생
　　각된다. 『禮記』 王制에는 "凡四海之內九州 州方千里"라 하여 '天下'를 아
　　홉 구역으로 나누고, 그 중 한 州가 '天子之縣'으로서 천자가 통치하는 구
　　역이며, 천자가 다스리는 '千里之外'의 나머지 八州에 "設方伯"하여, 八州
　　에 모두 여덟 명의 (方)伯이 있었다고 하였다. 甲骨文에도 盂方白이라 하
　　여 方伯으로 볼 만한 것이 있으나(『殷墟書契後編』 上 18.6 ; 18.9 ; 20.7 ;
　　『殷墟文字甲編』 2416 ; 3939) 그것이 '盂의 方伯'을 의미하는 것인지, 아니
　　면 '盂方의 伯'을 의미하는 것인지에는 아직 논란의 여지가 있다.

55) 祁延霈, 「山東益都蘇埠屯出土銅器調査記」『中國考古學報』 2, 1948.

56) 주 27 참조.

씨족의 원래 이름은 醜일 것이다.

甲骨文에 '醜'(『前』5.30.1)라는 地名과 '小臣醜'(『龜甲獸骨文字』2.25.10)라는 인명이 있다. 『前』5.30.1의 醜는 蘇阜屯에서 발견된 도상과 그 자형이 같으므로 그 지역을 가리키는 地名이었을 것이다. 물론 이것은 그곳에 거주한 씨족의 이름이며 동시에 그 씨족의 사람을 의미하기도 하였을 것이다. 그러므로 小臣醜는 小臣의 직무를 담당한 醜 출신의 사람이라는 의미이다. 바꾸어 말하면 醜族 출신의 사람이 小臣으로서 殷에 臣事하고 있었던 것이다. 陳夢家에 의히면 小臣은 臣正 계열의 관료로 왕의 명령을 받들어 정벌에 종사하고 車馬를 장만하며 卜事를 담당하기도 한 관직이다.57)

亞醜形 도상이 새겨진 청동기는 지금까지 모두 56건이 알려져 있다. 그 가운데 출토지점을 알 수 있는 것은 9기인데, 7기는 小阜屯村에서 발견되었고, 1기는 河南에서 출토되었다 전해진다. 그리고 나머지 1기 '亞醜方鼎'은 殷墟에서 출토된 것으로 알려진다.58)

두번째로 沚族의 경우를 보자. 다음의 사료는 沚族과 관련된 『殷墟書契菁華』2의 갑골문이다.

> 5일째가 되는 丁酉日에 정말로 재앙이 생겼다. (재앙은) 서쪽으로부터 왔다. 沚馘가 와서 "土方이 우리 東鄙를 쳐서 2邑에 재앙을 입혔으며, 呂方도 우리 西鄙의 농토에 와서 가축에게 풀을 뜯게 했다"고 알렸다.

甲骨文의 내용은 沚馘라는 자가 殷都로 와서, 呂方과 土方이 자신의 거주지 부근 小邑을 침략한 사실을 알린 것이다. 沚馘는 白馘라 불려지기도 하는데(『天壤閣甲骨文存』90), 白은 앞서 말한 바와 같이 族長을 의미한다.59) 沚 역시 地名으로 사용된 甲骨文例가 있기 때문에(『甲骨文錄』685 ; 『戩壽堂所藏殷墟文字』48.3 ; 『戰後京津新獲甲骨文』1479), 族名일

---

57) 陳夢家, 앞의 책, 504~507쪽.
58) 殷之彝, 앞의 글, 23~33쪽.
59) 주 36과 같음.

것이다. 즉 沚馘는 '沚族의 長인 馘'를 뜻하는 말이다.[60] 위의 기사는 沚의 족장이 殷都에 舌方과 土方의 침략을 보고한 사실을 기록한 것이다.

島邦男에 의하면 沚는 지금의 陝西 혹은 山西 북부에 위치하였다고 한다.[61] 異族인 舌方·土方의 침입을 殷都에 보고한 것으로 보아 沚에 거주한 氏族은 殷에 복속한 씨족이라 생각된다. 甲骨文에는 '臣沚'라는 자가 보인다 (『殷墟文字乙編』[이하 乙] 696 ;『前』6.36.1). 沚에 거주한 氏族의 구성원은 모두 '沚'로 불렸을 것이므로, 臣沚는 沚族 출신으로 왕조에서 臣職을 담당한 자이다. 臣의 직무는 분명치 않으나 대체로 小臣의 그것과 유사하였을 것이다.[62]

마지막으로 丙族의 경우를 보자. 丙族에 관계된 갑골문은 많지 않다.[63] 『殷契粹編』1127에는 丙에서 婦好를 위해 御제사를 지낼지 여부를 점복한 기사가 있다.

묻습니다. 丙에서 婦好를 위해 御제사를 지낼까요?

丙은 地名으로 사용되었다. 婦好는 武丁의 부인이다. 근래에 婦好의 것으로 생각되는 무덤이 도굴되지 않은 상태로 발견되었는데,[64] 무덤

---

60) 島邦男, 앞의 책, 437쪽.

61) 島邦男에 의하면 舌方은 殷都의 서북에 해당되는 지역에 있으며 대략 陝西의 북부 내지는 河套의 땅에 있었다고 생각되고, 土方은 舌方의 東, 殷都의 북쪽에 위치하였다. 이들에게 침입당한 沚의 위치는 대개 그 부근이었을 것으로 짐작된다(島邦男, 위의 책, 385~388쪽 참조).

62) 주 57과 같음.

63) 丙族에 관한 갑골문은 殷瑋璋·曹淑琴, 「靈石商墓與丙國銅器」, 630쪽 참조.

64) 1976년 殷墟 C구 집터 남쪽 약 200m 지점에서 길이 5.6m, 폭 4m 규모의 중형 무덤이 발견되었다. 殷墟의 무덤은 대개 도굴되었지만, 이 무덤은 殷代의 집터 F1 아래에 위치하여 다행히 도굴을 피할 수 있었다. 이 무덤에서는 적어도 16인의 殉人을 비롯하여 銅器 450여 건, 玉器 590여 건, 骨器 560여 건, 石器 70여 건 등 총 1600여 건의 隨葬品이 발견되었다(中國社會

에서는 정교하게 제작된 200여 건의 靑銅祭器가 발견되어 婦好가 상당한 지위에 있었음을 추측하게 한다. ‘御’는 禁禦한다는 뜻으로, 질병 등 신상의 해악을 막기 위한 제사의 이름이다.[65] 그녀는 13,000여 병사를 이끌고 羌方을 정벌하는 전쟁에 참가한 바 있는데(『庫方二氏藏甲卜辭』[이하 庫] 130), 그녀를 위한 제사가 丙에서 행해진 것은 羌方을 정벌하는 과정에서 그녀가 이 곳에 주둔하였기 때문일 것이다.[66] 또 『前』3.24.3에는 ‘子丙’이란 이름도 있다. 즉 殷王室은 이 곳에 同姓혈연자를 파견하여 지배거짐을 확보하고 있었던 것이나.[67] 아울러 『乙』4256에는 “庚申일에 점쳐서 峀이 묻습니다. 王이 丙에게……하도록 할까요”라 하여 王이 丙에게 모종의 명령을 수행하게 할지를 점치고 있다. 이 경우, 丙은 인명으로 사용되었는데 역시 丙族 출신의 사람일 것이다. 峀은 1기 武丁대의 貞人이므로, 丙族 출신의 사람이, 그 직위는 분명하지 않지만 殷王 武丁의 명령을 수행하고 있었던 것이다.

　丙族의 행적은 殷代 金文을 통해서도 확인된다. 安陽에서 출토된 兄癸卣와 洛陽에서 출토한 咎卣는 아래에 적는 것처럼 殷 晩期에 제작된 것이다. 명문은 다음과 같다.

　㉮ 兄癸卣 : 丁子(巳)일. 王께서는 雋歯에게 貝를 하사하셨다. 寢에서 하셨다. 그리하여 兄癸를 제사하기 위한 제기를 만든다. 王 9년 啓日. 丙. (『考古圖』 4.5)

　㉯ 咎卣 : 辛亥일 왕께서는 行宮에 계셨다. 명을 내려 말씀하시길 “나의 여러 高祖에게 祭肉을 바치라” 하셨다. 咎는 釐를 하사받았다. 그리하여 后祖丁의 祭器를 만든다. 丙. (『三代』 18.38.5)[68]

　科學院考古研究所安陽工作隊,「安陽殷墟五號墓的發掘」, 57~96쪽).

65) 鳥邦男, 앞의 책, 331~333쪽.

66) 주 63과 같음.

67) 주 43 참조.

68) 銘文은 다음과 같다. “辛亥 王才(在)廙 降令曰 歸福于我多高 咎易(錫)釐 用作毓(后)祖丁尊 丙”. 杜迺松은 本器의 이름을 后祖丁卣라고 하나, 다음

청동제기에 수십자에 달하는 비교적 긴 명문이 등장하는 것은 殷 말기부터의 일이다. 특히 ㉮처럼 동기를 제작한 일자를 명문 뒷부분에 啻日이라는 祭祀日로 기록한 것은 殷代 청동기 명문의 독특한 紀年法이다.[69] 두 명문의 맨 뒤에는 각각 丙 도상이 있어, 동기를 제작한 雋齒과 昝는 丙族의 일원인 것을 알 수 있다. ㉮는 雋齒가 王으로부터 貝를 하사받은 것을 기념하여 제작한 것이다. 그가 貝를 하사받게 된 경위는 알 길이 없으나 왕조에 어떤 공로가 있었기 때문이었을 것이다. ㉯도 역시 殷 말기의 동기이다.[70] 이것은 丙族의 일원인 昝가 왕의 명령하에 왕실의 여러 高祖에게 제사를 올리고, 그 공로를 인정받아 王에게 釐를 하사받은 것을 기념하여 제작한 것이다. 釐가 무엇인지는 알 수 없다.

丙族의 소재지는 山西省 靈石縣에 비정되는데, 그 근거는 두 가지이다. 첫째, 이 곳에서 발견된 3기의 무덤에서 丙 도상을 가진 청동기가 집중적으로 출토된 바 있다. 둘째, 위에서 언급한 『庫』130의 갑골문은 婦好가 羌方을 정벌하는 도중 丙에서 御제사를 지낼지 점친 것이다. 이

에 적는 것처럼 昝卣라 해야 옳을 것이다. 杜迺松은 廣을 異라는 곳에 조영된 行宮, 福을 '신에게 제물로 바치는 고기', 高를 '高祖', 昝를 '處'로 읽어 '머물러 의지하는 곳', 釐를 '福', 后祖丁을 '文丁'이라 이해하여 본문을 "辛亥日 王은 廣에 차려진 行宮에서 명령을 내리셔서 말씀하셨다. 나의 여러 高祖가 계신 곳에 제육을 바치라. (이로 인해) 神이 내린 福을 얻을 수 있었다. (이를 기념하기 위해) 先君인 文丁의 祭器를 만든다"고 해석하였다(杜迺松, 「談毓祖丁等三件商代長銘銅器」『文物』 1984-10, 47~49쪽). 그러나 廣은 廣에 있는 행궁이 아니라 일반적으로 왕의 행궁을 의미하는 보통명사이다. 뿐만 아니라 제사의 대상은 신의 처소가 아니라 신 그 자체가 되어야 하므로 신의 처소에 제육을 바친다는 해석은 무리이다. "누구누구의 처소에 제육을 바친다"는 용례를 다른 곳에서도 볼 수 없다. 따라서 本文에서 處를 '머물러 의지하는 곳'으로 해석할 수 없다. 金文에는 賞賜를 기록할 경우 일반적으로 賜與者와 被賜與者가 明記되는 것이 관례이므로 昝(處) 앞에서 구독하고, 昝(處)를 인명으로 보아야 할 것이다. 본기의 작기자는 昝(處)이고, 작기자의 이름을 따서 器名을 붙이는 것이 관례인 만큼 器名도 昝(處)卣라 하여야 할 것이다(『通釋』1, 365쪽 참조).
69) 貝塚茂樹, 『中國古代史學の發展』, 102~117쪽.
70) 위와 같음.

기사를 보면 丙과 羌方은 서로 인접한 곳에 위치한 것으로 추측된다. 그런데 靈石縣 1호 묘에서 羌方의 圖象이 새겨진 爵이 丙族 동기가 새겨진 청동기와 함께 출토된 바 있다.71) Ⅰ장에서 언급하였듯이, 인접한 씨족이 통혼을 통해 서로의 동기를 공유한 경우가 많았을 것으로 생각되므로 이것을 보아도 丙과 羌方은 서로 인접한 씨족이었으리라 생각된다. 羌方은 殷都의 서북방에 자리한 것으로 알려지고 있다. 丙이 羌方과 인접해 있었다면 丙 또한 殷都의 서북방에 자리하였을 것이다. 靈石縣은 이에 부합되는 위치이다.72)

위에서 살펴본 것처럼 중원 각지에서 파견된 각 氏族 출신자들이 殷王朝에서 貞人 혹은 官僚로서 각자의 직무를 수행하고 있었다. 그런데 이들 가운데 상당수는 그것을 계기로 殷都에 이주하게 되었을 것이다.73) 앞서 필자는 貞人名 중에 地名에서 유래한 것이 적지 않다고 썼

---

71) 山西省 靈石縣 旌介村에서 1976년에 1기, 1985년에 2기 등 도합 3기의 殷代 무덤이 발견되었다. 旌介村은 晉中盆地의 남부, 汾河의 동측에 위치한다. 3기의 무덤에서는 모두 118기의 靑銅器가 발견되었다. 銘文이 있는 것은 52건인데, 그 중 34건에는 丙 도상이 새겨져 있다(발굴보고는 戴尊德, 「山西靈石縣旌介村商代墓和靑銅器」『文物資料叢刊』3 ; 山西省考古硏究所・靈石縣文化局, 「山西靈石旌介村商墓」『文物』1986 - 11). 이것을 근거로 殷瑋璋・曹淑琴은 이 곳이 바로 丙族의 소재지였을 것이라 추측하였다(殷瑋璋・曹淑琴, 「靈石商墓與丙國銅器」).

72) 殷瑋璋・曹淑琴, 「靈石商墓與丙國銅器」, 630쪽.

73) 이러한 경우로 본문에서 언급한 醜, 沚, 丙族 이외에 光族의 경우도 들 수 있다. 光族의 光은 地名으로 사용된 용례가 있으며(『殷契遺珠』[이하 遺] 620 ;『殷墟文字甲編』391), 光이 羌을 포획할 수 있을 것인지를 묻는 사례도 있다(『前』3.33.5 ;『續』3.42.6 ;『甲骨文合集』182 - 185). 한편 1기의 卜人 가운데 光이라는 이름을 가진 자가 있으며(『遺』620反),『殷契卜辭』597에는 侯光, 즉 '諸侯인 光'이라는 이름이 있다. 이 두 경우에 光은 個人名으로 사용된 것이지만, 光族 출신의 사람이 있을 것이다. 이들 갑골문은 대부분 1기의 것이므로 武丁期에 光族은 羌族 포획에 가담하였으며, 卜人으로서 점복에 참여하기도 하고, 혹은 諸侯職도 담당하였다. 光族의 도상을 가진 청동기는 다음 <표 1>에서 보듯이 殷都에서 출토된 사례가 많다. 光族에 대해서는 殷瑋璋・曹淑琴, 「光族銅器群初探」참조.

거니와, 그 地名에서 유래한 貞人名에 대응하는 몇몇 도상이 殷墟에서 출토된 청동기에서 발견되었다. 亞는 安陽 郭家莊 殷代 무덤 M274에서,[74] 束는 殷墟 西區의 殷代 무덤 M271과 M1116에서 출토된 청동기에 새겨져 있었다.[75] 그리고 醜族의 도상이 새겨진 亞醜方鼎이나 丙族의 도상을 가진 兄癸卣가 殷墟에서 발견된 것은 지금 적은 대로이다. 이것은, Ⅰ장의 결론에 따르면 亞족, 束족, 醜族 그리고 丙族 출신의 자가 殷都에 거주한 것을 의미한다.[76] 즉 중원 각지에 거주한 여러 씨족 출신의 자들이 殷都에 거주하면서 貞人 혹은 官僚로서 王朝에 臣事하고 있었던 것이다.

　본 장의 첫머리에서 필자는, 殷墟에서 다양한 도상이 새겨진 청동기가 출토된 현상을 지적하고, 이것은 殷都에 여러 씨족 출신의 사람이 함께 거주하였음을 알려 주는 것이라 생각하였다. 이들 도상은 위의 여러 씨족처럼 殷都에 거주하면서 王朝에 臣事한 각 씨족 출신의 자들이 소지하고 있었던 청동기에 새겨진 것이라 판단된다. 필자가 殷墟에서 출토된 것으로 확인할 수 있었던 72개의 도상은 이렇게 해서 殷都에 모인 각 씨족 고유의 씨족 표지였을 것이다.

　이들 72개의 도상 가운데 地名과 일치하는 것으로 확인할 수 있는 것은 21례이다. 이들을, 그들 도상을 가진 청동기를 출토 지점과 함께 정리하면 다음의 <표 1>과 같다. 이들 가운데, 그 위치를 추측할 수 있는 것에는, 앞서 언급한 바 醜와 丙 이외에 戈도 있다.

---

74) 安陽市博物館, 「安陽郭家莊的一座殷墓」 『考古』 1986 - 8.
75) 中國社會科學院考古硏究所, 「1969~1977年殷墟西區墓葬發掘簡報」 『考古學報』 1979 - 1.
76) 沚族의 경우, 『三代』 15.8에 沚族의 것으로 보이는 圖象이 있으나 그 출토 지점을 알 수 없어, 圖象을 통해 沚族이 殷都에 거주하였는지 여부를 밝힐 수 없다. 그러나 本文에서 말한 것처럼 甲骨文에 '臣沚'라는 이름이 있으므로 沚族의 일부도 殷都에 거주하였을 가능성은 충분하다.

<표 1> 은허에서 발견된 地名과 일치하는 도상

圖象	甲骨文用例	器名	時期	出土地點	報告
1	方名	爵		河南 安陽 大司空村 M304	考古學報 9, 48쪽
2	方名·地名	罍		陝西 長安 普渡村 鬪門鎭	考古學報 1957-1, 79쪽
		簋		陝西 武功 柴家咀	文物 1963-4
		卣	殷墟 晚期	湖南 寧鄉 黃材公社	文物 1972-1, 72쪽
		盉·觶·卣	西周 早期	陝西 涇陽 高家堡	文物 1972-7, 6쪽
		簋		陝西 銅川 紅土鎭	考古 1982-1, 107쪽
		觶	殷墟 4期	河南 安陽 郭家莊 M1	考古 1988-10, 877쪽
3	侯名	戈		河南 安陽 殷墟西區 M727	考古學報 1979-1, 83쪽
		戈		山西 石樓 義牒公社 褚家谷	文物 1981-8, 50쪽
4	地名·人名·侯名	觶	殷墟 2期	河南 安陽 (傳)	使華 14
		爵	殷墟 晚期	河南 安陽 (傳)	巖窟吉金圖錄 上.26
		簋	殷墟 晚期	河南 安陽 (傳)	巖窟吉金圖錄 上.62
		卣	殷墟 晚期	河南 安陽 (傳)	巖窟吉金圖錄 上.22
		爵	殷墟 晚期	河南 安陽 (傳)	鄴中片羽 二集 上.32
		卣	西周 早期	河南 洛陽 (傳)	善齋彝器圖錄 22
		簋	西周 早期	河南 洛陽 (傳)	頌齋吉金圖錄 續錄 29
		簋	西周 早期	河南 洛陽 (傳)	頌齋吉金圖錄 續錄 30
		觶	西周 早期	河南 洛陽 (傳)	善齋彝器圖錄 137
		爵	西周 早期	河南 洛陽 (傳)	善齋彝器圖錄 6.13
		爵	西周 早期	河南 洛陽 (傳)	善齋彝器圖錄 6.14
		爵	西周 早期	河南 洛陽 (傳)	善齋彝器圖錄 158
		爵	西周 早期	河南 洛陽 (傳)	善齋吉金錄 7.30
		方鼎	西周 早期	河南 孟縣 (傳)	博古圖錄 3.5
		方鼎	西周 早期	河南 孟縣 (傳)	考古圖 4.9
		甗	西周 早期	河南 孟縣 (傳)	考古圖 4.13
		簋	西周 早期	河南 孟縣 (傳)	考古圖 4.11
		盉	西周 早期	河南 孟縣 (傳)	考古圖 4.12

4	地名· 人名· 侯名	盉	西周 早期	河南 孟縣 (傳)	博古圖錄 19.34
		觚	西周 早期	河南 孟縣 (傳)	考古圖 4.10
		鼎	西周 早期	甘肅 靈臺 百里公社 M2	考古 1981-6, 558쪽
		卣	殷墟 晚期	河南 安陽 梅園莊 M92	考古 1991-2, 133쪽
		?		陝西 鳳翔 郭店 丁家溝	考古 1990-5, 457쪽
5	白名· 貞人名 ·人名	觚, 鐃 3	殷墟 2期	河南 安陽 大司空村 M663	考古 1988-10, 871쪽
6	地名· 人名	觶	殷末周初	河南 魯山 倉頭村	文物 1958-5, 73쪽
		爵		河南 安陽 殷墟西區 M697	考古學報 1979-1, 83쪽
7	地名· 人名	觶		河南 安陽 殷墟西區 M793	考古學報 1979-1, 83쪽
8	地名· 人名· 貞人名	簋		湖北 京山 蘇家壟	文物 1972-2, 48쪽
		爵		河南 安陽 殷墟西區 M271	考古學報 1979-1, 81쪽
		觚		河南 安陽 殷墟西區 M1116	考古學報 1979-1, 81쪽
		鼎· 方鼎	西周 早期	陝西 長安 鬪門鎭 長花 M3	文物 1986-1, 11쪽
		壺, 方壺, 郾	西周 早期	陝西 長安 鬪門鎭 長花 M17	文物 1986-1, 13~15쪽
9	地名	戈		河南 安陽 武官村大墓 副葬坑 N4	中國考古學報 5
10	地名	卣	殷墟 晚期	河南 安陽 (傳)	鄴中片羽 初集 上.19
		尊	殷墟 2期	河南 安陽 (傳)	鄴中片羽 三集 上.18
		爵	西周 早期	陝西 輝縣	文物 1956-11, 封底
		爵	殷墟 晚期	安徽 潁上 王崗	文物 1985-10, 38쪽
11	地名· 人名	爵	殷墟 晚期	河南 安陽 梅園莊 M59	考古 1991-2, 133쪽
12	地名	爵	殷墟 3期	河南 安陽 豫北紡織廠	文物 1986-8, 79쪽
13	地名	戈		河南 安陽 (傳)	巖窟吉金圖錄 下.32
		甗		陝西 涇陽 (傳)	論先周文化, 316쪽
		罍		陝西 寶鷄 (傳)	美帝國主義劫略的我國殷周青銅器集錄 (이하 美帝) A785
		甗		山西 益城 城關公社	文物 1963-4, 51쪽

14	國名	爵		河南 安陽 四盤磨 SPM8	中國考古學報 5, 도판 45
15	地名	觚	殷墟 晚期	河北 磁縣 下七垣村	文物 1974-11, 93~94쪽
		方彝	殷墟 2期	河北 安陽 小屯村 M5	考古學報 1977-2, 66쪽
16	地名·人名	鼎·鐃	殷墟 2期	安陽 小屯村 M5	考古學報 1977-2, 66쪽
17	國名	觚	殷墟 晚期	河南 安陽 梅園莊 M92	考古 1991-2, 133쪽
18	地名	觚	殷墟 晚期	河南 安陽 梅園莊 M20	考古 1991-2, 133쪽
19	地名·人名	爵	殷墟 晚期	河南 安陽 (傳)	鄴中片羽 三集 上.45
		爵	殷墟 晚期	河南 安陽	全國基本建設工程中出土文物展覽圖錄 140左
		卣	殷墟 晚期	河南 安陽	日本蒐儲支那古銅精華 1.38
		卣		河南 洛陽 (傳)	三代 13.38.5 - 6
		卣	西周 早期	河南 安陽 (傳)	考古圖 4.5
		爵	西周 早期	陝西 長安 灃西公社 馬王村	考古 1963-8, 413쪽
		罍	殷末周初	陝西 扶風 建和公社 東橋	文物 1974-11, 89쪽
		爵	殷墟 4期	河南 安陽 殷墟 西區 M613	考古學報 1979-1, 83쪽
		爵	西周 早期	陝西 長安 張家坡 M80	考古學報 1980-4, 468쪽
		鼎	殷墟 2期	河南 安陽 殷墟 M17	考古學報 1981-4, 512쪽
		觚		陝西 長安 張家坡 M106	考古 1984-9, 786쪽
		罍·鼎·爵	殷墟 晚期	山西 靈石 旌介村 M1	文物 1986-11, 7쪽
		鼎·簋·罍·觚·爵	殷墟 晚期	山西 靈石 旌介村 M2	文物 1986-11, 14쪽
20	子某	爵	殷墟 4期	河南 安陽 郭家莊 M274	考古 1986-8, 715쪽
21	地名·人名	觶		山東 益都 蘇阜屯	考古學報 2
		鉞		山東 益都 蘇阜屯	文物 1972-8, 21쪽

1. 圖象란에 기재된 번호는 그림 5에 대응하는 것이다

2. 某侯나 某伯으로 표기되는 侯·伯名의 某와 子某로 표기되는 子名의 某는 대
부분 지명으로 사용되므로 그러한 용례가 있는 경우 지명으로 사용된 것으로
간주하였다
3. 時期란에 표기된 동기의 제작 시기는 보고자의 견해에 따랐으며, 연대가 추정
되지 않은 것은 공란으로 두었다

『春秋左氏傳』 襄公 4년과 哀公 1년 기사에 戈라는 국명이 등장한다.
杜豫는 戈가 宋과 鄭 兩國 사이에 위치한다는 주석을 달았다. 춘추시
대의 宋은 商丘, 鄭은 新鄭에 도읍하였다. 商丘는 현재의 河南省 商丘
縣에, 新鄭은 河南省 新鄭縣에 비정된다. 이렇게 보면 宋과 鄭 사이에
위치하였다고 하는 戈는 대체로 河南省 中東部에 위치하였을 것이다.
『春秋左氏傳』 哀公 12년에는 "宋과 鄭 사이에 空地가 있는데, 彌作, 頃
丘, 玉暢, 嵒, 戈, 錫이다"라는 기사가 있다. 이 기사의 戈가 바로 國名
으로 사용된 戈와 동일한 곳을 가리키는 것으로 보인다. 楊伯峻은 玉暢
을 河南省 杞縣 동북 30리의 玉帳에 비정하고, 나머지 다섯 곳도 杞縣,
通許, 陳留의 삼각지역 내에 위치한다고 하였다.77) 이 곳 이외에 戈라
는 地名은 古籍에 보이지 않으므로, 갑골문의 戈는 바로 이 곳이었을
가능성이 높다.

요컨대 殷王室은 여러 씨족의 지배층을 정인이나 관료로서 왕조의
정책결정과 수행에 참여시켰다. 이들은 다양한 직무를 수행하면서 왕
조에 봉사하였고, 이를 계기로 하여 殷都에 거주하게 되었다. 이렇게
하여 은도에 모인 여러 氏族은 그들 자신의 祭禮에 사용할 靑銅제기를
만들고, 거기에 부족 표지인 도상을 새겨 넣었다. 이들 씨족 가운데 전
통적으로 殷都 부근에 자리한 씨족이 있었을 가능성도 있다. 그러나 앞
서 살펴본 醜나 丙, 그리고 戈처럼 그들의 소재지가 殷都에서 멀리 떨
어진 경우도 있었다.

그렇다면 殷王室이 중원 제 씨족의 지배층 일부를 殷都로 이주시켜
거주하게 하면서 王朝의 貞人이나 官僚로서 臣事하게 한 이유는 어디
에 있을까? 필자는 이 문제에 대해 직접 답해 주는 자료를 구할 수 없

---

77) 楊伯峻, 앞의 책, 1673쪽.

었다. 다만 이러한 정책을 통해서 殷王室은 두 가지의 효과를 얻을 수 있었을 것이라 생각한다. 첫째, 殷王室은 그 정책의 결정이나 실행에 복속 제 씨족을 참여시킴으로써 정책의 결정이나 수행에 정당성을 부여하고, 각 씨족이 그것에 동참하도록 유도할 수 있었을 것이다. 둘째, 殷王室은 제 씨족의 지배층 일부를 殷都로 이주시켜 그들을 직접 통제 하에 둠으로써, 각 씨족이 殷邑을 중심으로 형성된 지배와 예속의 관계에서 이탈하지 못하도록 할 수 있었을 것이다.

Ⅲ. 周의 씨족지배

대체로 기원전 11세기를 전후하여 周는 殷을 대신하여 중원의 패권을 장악했다.[78] 周가 殷都를 정벌함으로써 殷邑을 중심으로 구축되었던 씨족 사이의 지배·예속 관계는 파탄을 맞이하고, 이제 그것은 周를 중심으로 재편되어야 했다.

周族이 어느 곳에서 기원하였는지는 분명하지 않다.[79] 周族의 행적이 분명하게 나타나기 시작하는 것은 文王의 조부인 古公亶父 때부터인데, 그는 씨족을 이끌고 岐山 남쪽의 이른바 '周原'에 정착하였다 한다.[80] 古公亶父가 도래한 '周原'이 지금의 어느 곳인지에 대해서 여러

---

78) 周 武王의 殷都 정벌이 정확히 몇 년에 일어난 사건인지에 대해서는 십수 개의 견해가 있는데, 가장 이르게 비정하는 것은 B.C. 1122년, 가장 늦은 것은 B.C. 1018년이다. 각각의 견해는 許倬雲, 『西周史』, 聯經出版社業公社, 1984, Ⅲ쪽 圖1에 표로 정리되어 있다.

79) 周族의 기원지가 어디인지에 대해서는 두 가지 견해가 대립되어 있다. 전통적으로는 周族의 기원지로 알려진 地名들이 陝西省의 涇水와 渭水 부근에 존재하였다고 생각되었으나, 錢穆은 이들 地名을 黃河의 동쪽, 汾水의 님쪽 지방에서 찾았다(근래 鄒衡은 考古學的인 견지에서 錢穆의 견해에 동의하였다. 鄒衡, 앞의 글).

80) 『詩經』 大雅 綿, "……古公亶父 來朝走馬 率西水滸 至于岐下 爰及姜女 聿來胥宇 周原膴膴 菫荼如飴 爰始爰謀 爰契我龜 曰止曰時 築室于玆……". 鄭玄은 『毛詩正義』에서 "廣平曰原"이라 하였으니, '原'은 지세를 설

가지 견해가 있으나, 대개 북으로 岐山, 남으로 渭河, 서로 汧河, 동으로 漆水河에 둘러싸인 지역, 즉 鳳翔, 岐山, 扶風, 武功 네 縣 대부분과 寶鷄, 眉縣, 乾縣 일부분을 포괄하는 지역으로 추정된다.[81]

　文王 이후, 周族은 점차 세력을 확장하여 주변 부족을 정복하면서 동쪽으로 진출하였다.[82] 그에 따라 文王은 周族의 본거지를 灃水 서편의 豊京으로 옮겼으며 이어 武王代에는 灃水를 건너 동쪽에 鎬京을 건설하였다.[83] 豊京과 鎬京의 정확한 위치도 분명하지 않다. 漢・唐 이래의 기록은 豊京과 鎬京의 위치를 灃水・鄗水・滈池・昆明池 등 부근 지형이나 漢・唐의 長安城・鄠縣 등 주변 주요 도시를 기준하여 설명하였다. 그러나 이 곳의 지형은 漢代 이후 심하게 변형되어, 宋代에 이르러서는 이미 豊・鎬의 위치를 정확히 알 수 없게 되었다.

　考古學 자료에 의하면 灃水의 서쪽, 客省莊과 張家坡에 걸친 약 6만㎡ 범위에 西周 유적이 밀집 분포되어 있다. 또 灃水의 동쪽, 昆明池 서북쪽의 洛水村, 上泉村, 普渡村, 花園村과 鬪門鎭 일대 약 4만㎡ 범위에서도 西周 유적이 집중 출토되고 있다. 이 두 곳은 기록으로 전하는 豊京・鎬京의 위치와 대체로 일치하므로, 바로 이 곳이 豊・鎬京이 있었던 자리라 생각된다.[84] 이 곳은 西安 西南部 灃水 중류지역, 현재의 長安縣 일대이다.

　武王은 殷都를 정벌한 이후 지금의 洛陽市 부근에 새로운 도시 成周

명하는 말이다. 따라서 周原은 '周'邑과 주위의 광평한 지대를 일컫는 말일 것이다. 古公亶父가 정착한 곳은 엄밀하게 말하면 '周'라는 이름을 가진 邑일 것이나, 國名으로 사용되는 '周'와의 혼동을 피하기 위해 周原이라 쓴다.

81) 陳全方, 앞의 책, 5~20쪽.

82) 許倬雲, 앞의 책, 82~88쪽.

83)『詩經』大雅 文王有聲, "……文王受命 有此武功 既伐于崇 作邑于豊 文王烝哉……考卜維王 宅是鎬京 維龜正之 武王成之 武王烝哉……".

84) 豊京과 鎬京의 현재 위치에 대해서는 胡謙盈,「豊鎬地區諸水道的踏察 - 兼論周都豊鎬位置 - 」『考古』1963 - 4, 188~197쪽 ; 保全,「西周都城豊鎬遺址」『文物』1979 - 10, 68~70쪽.

를 건설하여 중원 통치에 임하려 하였고, 후계자인 成王은 武王의 뜻을 이어 잠시 成周로 근거를 옮겼다.85) 그러나 成王은 다시 鎬京으로 되돌아왔다. 그 이유는 분명치 않으나, 결국 西周期 내내 宗周, 즉 鎬京은 왕의 居城으로서 정치적인 중심지, 灃水의 대안에 위치한 豊京은 조상을 奉祀하는 제사의 중심지로 기능하였다.86) 아울러 古公亶父가 정착했었던 周原도 여전히 번성하였다. 이 곳에서 발견된 구덩이나 무덤에서는 淸代 이후만 해도 천 여 건에 달하는 周代의 청동기가 발굴되었다.87) 또한 청동기를 제작한 자들 중에는 王朝의 관료를 역임하거나 왕에게서 賞賜를 받은 경우가 적지 않아,88) 周原에는 상당수의 '貴族'들이 거주하였다고 여겨진다. 王이 이 곳에서 의례를 행한 사실을 전하는 금문도 드물지 않으며,89) 근래에는 대규모 지상 건축물 유적이 발견되

---

85) 武王이 克殷 후에 成周로 그 근거를 옮기려는 의지를 갖고 있었음은 다음 何尊의 명문에 잘 나타난다. "……四月 丙戌日 (成)王께서는 京室에서 宗小子에게 誥命을 내리셔서 말씀하셨다. 옛날 □에서 너의 조상인 公氏는 文王을 잘 보필하여 文王은 이 大(天)命을 받을 수 있었다. 武王께서는 大邑商에 이기고 나서 天에서 廷告하여 말씀하시기를 '나는 이 中國에 宅하여 百姓을 다스릴 것입니다' 하셨다. 아아……." 명문의 中國은 洛邑, 즉 成周이다(白川靜, 『通釋』 6, 1980, 171~184쪽).

86) 白川靜, 「西周史略」 『通釋』 6, 50~55쪽.

87) 陳全方, 앞의 책, 14쪽.

88) 1949년 新中國 성립 이후 발굴된 것만 해도 다음과 같은 것을 들 수 있다. 師𩷙鼎・師�鐘・卽簋・恒簋蓋(吳鎭烽・雒忠如, 「陝西省扶風縣强家村出土的西周銅器」 『文物』 1975 - 8) ; 衛簋・此鼎・旅白鼎(龐懷淸 外, 「陝西省岐山縣董家村西周銅器窖穴發掘簡報」 『文物』 1976 - 5) ; 駒父盨蓋(吳大焱 外, 「陝西武功縣出土駒父盨蓋」 『文物』 1976 - 5) ; 白威鼎1・2・白威簋1(羅西章 外, 「陝西扶風出土白威諸器」 『文物』 1976 - 6) ; 胡簋(羅西章, 「陝西扶風發現西周厲王胡簋」 『文物』 1979 - 4) ; 楚簋(盧連成 外, 「陝西武功縣出土楚簋諸器」 『考古』 1981 - 2) ; 師同鼎(陝西周原扶風文管所, 「周原發現師同鼎」 『文物』 1982 - 12).

89) 매거할 수 없으나, 약간의 사례를 들면 다음과 같다. 小盂鼎, "隹八月既望辰才甲申昧喪 三左三右多君 入服酉 明 王各周廟 □□□賓征……"(『通釋』 1下, 1964, 685~689쪽) ; 敔簋, "隹四月初吉丁亥 王才周 各于大室 王蔑敔曆 易玄衣赤表 敔對揚王休 用作文考父丙䵼彝 其萬年寶"(『通釋』 2,

기도 하였다.[90]

　그러므로 周原·豊·鎬 지역은 幽王이 洛陽으로 쫓겨갈 때까지 西周 왕조의 정치적 중심지였다고 생각된다. 이 곳에서는, 西周 왕조의 중심지였던 만큼, 상당한 양의 청동기가 출토되었다. 그리고 殷墟의 경우와 마찬가지로 발견된 청동기 중에는 圖象이 새겨진 것이 적지 않고 그 종류 또한 다양하다. 필자가 이 지역에서 출토된 청동기에서 볼 수 있었던 도상은 36종에 달한다.[91] 각각의 도상과 출토지점을 정리하면 다음과 같다.

1968, 243쪽）; 師酉簋, "隹三年三月初吉甲戌　王才周師彔宮　旦　王各大室　卽位……"（『通釋』3上, 9~12쪽）; 師晨鼎, "隹三年三月初吉甲戌　王才周師彔宮　旦……"（『通釋』3上, 18~21쪽）; 諫簋, "隹五年三月初吉庚寅　王才周師彔宮　王各大室……"（『通釋』3上, 56쪽）; 克鎛, "隹十又六年初吉庚寅　王才周康烈宮　王乎士舀召克　王親令克……"（陳邦懷, 「克鎛簡介」『文物』1972 - 6）; 應侯鐘, "唯正二月初吉　王歸自成周　應侯見工遺王于周……"（靭松 外, 「陝西藍田縣新出土的應侯鐘」『文物』1975 - 10）; 裘衛鼎, "隹九年正月既死覇庚辛　王才周駒宮　各墓　眉敖者膚爲吏　見于王　王大黹……"（「陝西省岐山縣董家村西周銅器窖穴發掘簡報」『文物』1976 - 5）.

90) 1976년부터 시작된 岐山 鳳雛村, 扶風 召陳村·雲塘村의 西周文化遺跡에 대한 발굴을 통해, 鳳雛村에서는 대형 建築遺址 한 곳이, 召陳村에서는 서로 연관을 맺고 있는 것으로 보이는 建築 遺址 열다섯 곳이 발굴되었다. 전자는 克殷 이전에 건립되어 西周 만기까지 사용된 것으로 보이며, 후자는 그 지층에 따라 다시 하층(F7, F9)·상층(F1 - 6, F8, F10 - 15)으로 나뉘어지는데, 하층은 西周 전기, 상층은 西周 中期에 사용되었다. 遺址의 성격에 대해서는 여러 견해가 있다. 鳳雛村의 것을 貴族의 宗廟, 召陳村의 곳을 王宮이라 보는 견해가 있는가 하면, 두 유적 모두 다 貴族의 宅院으로 보는 견해도 있다. 발굴보고는 陝西周原考古隊, 「陝西岐山鳳雛村西周建築基址發掘簡報」『文物』1979 - 10 ; 同, 「扶風召陳西周建築群基址發掘簡報」『文物』1981 - 3이며, 유지의 성격에 대해서는 陳全方, 앞의 책, 63~67쪽 참조.

91) 주 39와 같음.

<표 2> 周原·豊·鎬에서 발견된 圖象

圖象	器名	時期	出土地點	報告
1	爵	殷墟 晚期	河南 安陽 梅園莊 M92	考古 1991-2, 133쪽
	鼎		陝西 乾縣	商周彝器通考 38
2	瓶	西周 早期	河南 濬縣 辛村 M60	田野考古報告 1, 187쪽
	瓶, 鼎	西周 早期	湖北 江陵縣	文物 1963-2, 54쪽
	卣	殷末周初	湖南 寧鄕 黃材公社	考古 1963-12, 646쪽
	鼎	殷末周初	湖南 寧鄕 黃材公社	考古 1963-12, 646쪽
	鼎	殷末周初	遼寧 喀左縣 北洞村	考古 1974-6, 366쪽
	爵	殷末周初	山東 膠縣 張家屯公社 西菴	文物 1977-4, 69
	尊		陝西 長安 張家坡 M87	考古學報 1980-4, 468쪽
	爵	殷墟 2期	河南 安陽 小屯 76AXTM17	考古學報 1981-4, 512쪽
	爵	殷墟 晚期	陝西 寶鷄 上王公社 强家莊	文物 1981-12, 88쪽
	爵	殷墟 2期	湖北 鄂城縣 沙窩公社	考古 1982-3, 210쪽
	卣	西周 早期	河南 信陽縣 溮河港鄕	考古 1989-1, 18쪽
3	枓		河南 安陽(傳)	鄴中片羽 初集 上.31
	爵	殷墟 晚期	山東 靑州	三代 15.36.2
	觚	西周 早期	陝西 耀縣	文物 1956-11, 封底
	罍	殷末周初	遼寧 喀左縣 山灣子村	文物 1977-12, 29쪽
	觚	殷墟 晚期	山東 泗水縣 張莊公社	考古 1986-12, 1139쪽
4	簋		陝西 長安 普渡村 無量廟	考古學報 8, 도판 15
	爵		山東 蒼山縣 層山公社	文物 1965-7, 27쪽
	鼎		河南 安陽 殷墟西區 M284	考古學報 1979-1, 81쪽
	爵		河南 安陽 殷墟西區 M1125	考古學報 1979-1, 81쪽
	觚		河南 安陽 殷墟西區 M271	考古學報 1979-1, 81쪽
5	觚		河南 安陽 (傳)	美帝 A473 - R77
	斝		河南 安陽 (傳)	鄴中片羽 三集 上.35
	罍	殷墟 晚期	河南 安陽 (傳)	鄴中片羽 二集 上.37
	匕		河南 安陽 (傳)	鄴中片羽 二集 上.39
	簋		陝西 武功 游鳳鎭	論先周文化, 317쪽
	觶	殷末周初	四川 彭縣 竹瓦街	文物 1961-11, 5쪽

6	爵	殷墟 3期	山西 太原 東壽陽縣 紫金山	考古圖 5.4
	鼎	西周 早期	河南 洛陽	河南吉金圖志賸稿(이하 賸稿) 3
	鼎	西周 早期	河南 洛陽	賸稿 4
	卣	西周 早期	陝西	靑銅器圖釋 51
	卣	西周 早期	河南 濬縣	美帝 A615 - R254
	簋	西周 早期	遼寧 喀左縣 山灣子	文物 1977-12, 29쪽
	甑	西周 穆共期	陝西 扶風 法門公社 黃堆村	文物 1979-11, 3쪽
	觶		陝西 寶鷄市 益門公社 竹園溝村 BMZ4	文物 1983-2, 5쪽
7	方鼎, 盉, 觶, 觚, 角		山東 益都 蘇阜屯	中國考古學報 2
	卣		陝西 寶鷄市 峪泉公社	文物 1975-5
8	爵		甘肅 慶陽縣 溫泉公社	考古 1985-9, 854쪽
	觶		陝西 麟游縣 九成官鎭	考古 1990-10, 881쪽
9	觥		陝西 扶風 法門公社 黃堆村	文物 1972-7, 11쪽
10	壺	西周 早期	陝西 扶風 法門公社 召李村	文物 1976-6, 65쪽
	角	西周 康王期	甘肅 靈臺 白草坡 M1	考古學報 1977-2
11	簋		陝西 長安縣 灃西公社 馬王村	考古 1984-9, 789쪽
12	鬲	西周 晚期	陝西 扶風 齊家村	文物 1959-11, 73쪽
	盉	西周 晚期	陝西 長安 灃西公社 齊家村	考古 1963-8, 414쪽
	盤	西周 晚期	陝西 扶風 齊家村	文物 1963-9, 65쪽
13	簋		陝西 長安 普渡村 無量廟 M2	考古學報 8, 삽도 14
	爵	西周 成康期	陝西 寶鷄市 竹園溝村 BMZ1	考古 1978-5, 292쪽
14	爵		陝西 長安 張家坡 M106	考古 1984-9, 786쪽
15	卣		陝西 長安 張家坡 M87	考古學報 1980-4, 468쪽
	鼎	西周 早期	陝西 長安 新旺村	考古 1983-3, 245쪽
16	鼎		陝西 長安 張家坡 M54	考古學報 1980-4, 468쪽
	鼎		陝西 麟游縣 九成官鎭	考古 1990 - 10, 881쪽
17			陝西 麟游縣 九成官鎭	考古 1990 - 10, 881쪽

18	鼎, 尊	西周 早期	北京市 房山縣 琉璃河鎭 M52	考古 1974-5, 314쪽
	尊	西周 康王期	甘肅 靈臺 白草坡 M1	考古學報 1977-2
	鼎 등 28건	殷墟 晚期	山東 費縣	文物 1982-9, 39~42쪽
	尊	西周 早期	陝西 長安 灃西公社 太原村	文物 1986-1, 45쪽
19	角	殷墟 晚期	陝西	十六長樂堂古器款識考 1.9
	鼎	殷末周初	陝西 扶風 任家村	靑銅器圖釋 71
	瓿	西周 早期	陝西 岐山 賀家村 M1	考古 1976-1, 34쪽
	卣	西周 康王期	甘肅 靈臺 白草坡 M1	考古學報 1977-2
	甗	殷末周初	陝西 扶風 法門公社 楊家堡	文物 1977-12, 84쪽
	簋	殷末周初	遼寧 喀左縣 山灣子	文物 1977-12, 29쪽
20	觶	西周 成康期	陝西 長安 灃西公社 張家坡	考古 1986-3, 199쪽
21	圓泡	西周 早期	陝西 寶鷄市 益門公社 BZM1	考古 1978-5, 292쪽
22	鼎	西周 晚期	陝西 長安 新旺村	考古 1983-3, 218쪽
23	觶		陝西 長安 張家坡 M28	考古學報 1980-4, 468쪽
24	簋	西周 早期	陝西 寶鷄 淸姜河 桑園村	文物 1959-11, 72쪽
	盤		陝西 寶鷄 益門公社 竹園溝村	文物 1983-2, 5쪽
25	鼎	張家坡 1期	陝西 長安 灃西公社	考古 1984-9, 782쪽
26	觥		河南(傳)	美帝 A657
	尊		陝西 涇陽 高家堡	文物 1972-7, 6쪽
27	尊	西周 早期	河南	賸稿 31
	爵	先周 2期	山西 靈石 旌介村	論先周文化, 339쪽
	簋	西周 武王期	陝西 岐山	論先周文化, 338쪽
	觶	殷末周初	陝西 寶鷄 戴家溝	美帝 A532 - R94
	方彝, 方尊, 觥	西周 早期	陝西 扶風 法門公社 齊家村	考古 1963-8, 414쪽
	鼎	殷墟 3期	陝西 綏德 義合公社 焉頭村	文物 1975-2, 86쪽
	簋	西周 早期	陝西 長武縣 丁家公社	文物 1975-5, 90쪽

	卣	殷墟 晚期	廣西 興安縣 土産公社	文物 1978 - 10, 94쪽
	爵		陝西 長安 張家坡 M16	考古學報 1980 - 4, 468쪽
27	卣	殷墟 3·4期	河南 羅山縣 蟒張公社 M1	考古 1981 - 2, 114쪽
	爵	殷墟 3·4期	河南 羅山縣 蟒張公社 M5	考古 1981 - 2, 114쪽
	爵	殷墟 3·4期	河南 羅山縣 蟒張公社 M6	考古 1981 - 2, 114쪽
28	鼎		陝西 長安 張家坡 M106	考古 1984 - 9, 786쪽
29	觥·尊	成康期	陝西 扶風縣 法門鄕	文物 1978 - 3, 10~11쪽
	簋		陝西 岐山(傳)	美帝 A147
30	簋		陝西 岐山 賀家村 M1	考古 1976 - 1, 34쪽
	爵		陝西 長安 張家坡 M86	考古學報 1980 - 4, 468쪽
31	표 1 - 2와 같음			
32	표 1 - 4와 같음			
33	표 1 - 8과 같음			
34	표 1 - 10과 같음			
35	표 1 - 13과 같음			
36	표 1 - 19와 같음			

1. 도상란의 번호는 그림 6에 대응하는 것이다
2. 시기란에 표시된 동기의 제작시기는 <표 1>과 마찬가지로 보고자의 견해
   에 따랐다

　필자는 앞장에서 殷墟에서 다양한 종류의 도상이 발견되는 점에 주
목하고, 그것이 殷의 씨족 지배 질서의 한 면을 보여 주는 것이라 주장
했다. 그 주장의 요지는 다음과 같다. 殷王室은 그 지배질서에 편입된
각 씨족을 貞人이나 官僚로서 王朝의 정책 결정과 실행에 참여시킴으
로써 한편으로 그들과의 유대관계를 공고히 하고 다른 한편으로는 그
들을 통제하려 하였다. 그리하여 각 씨족의 지배층 일부는 殷都에 이주
하여 거주하게 되었고, 다양한 도상이 새겨진 청동기를 그 곳에 남겨
놓게 되었다.

　그런데 周原·豊·鎬 지역에서도 다양한 종류의 도상이 발견되었다.
역시 여러 씨족이 西周의 중심지에 함께 거주하고 있었다는 뜻이다. 그

렇다면 이러한 현상을 통해 西周에서도 殷과 유사한 지배 구조를 유추해 볼 수 있을까? 우선 다음에서 史牆 가문의 경우를 살펴보자.

1. 史牆家의 경우

1976년 12월 陝西省 扶風縣 法門鄉에서 청동기 저장구덩이 한 곳이 발견되었다. 이 곳에서는 모두 103건의 청동기가 출토되었다. 청동기는 한 가문에 속하는 여러 세대의 사람들이 제작한 것이나. 이들 청동기 가운데 가장 인상적인 것은 단연 284자에 달하는 긴 명문을 가진 史牆盤이다.

傳統을 잘 계승하신 文王께서는 비로소 지극히 훌륭하고 화합된 정치를 행하시니, 上帝께서는 커다란 德과 도움을 주시었다. (文王께서는) 上下를 잘 어루만져 다스리셨으며, 萬邦을 會受하시었다. 곧고 굳세신 武王께서는 四方을 遹征하시며 殷의 畯民을 정벌하시어 영원토록 두려움이 없게 하시었다. 虘와 散를 치시었으며 夷와 東을 정벌하시었다. 審思聖達하신 成王께서는 왼편으로 오른편으로 暴戾한 자들을 잘 길들이시어 비로소 周邦을 다스리셨다. 깊고 밝으신 康王께서는 나라의 紀綱을 잘 계승하여 바로잡으셨다. 넓고 큰 昭王께서는 멀리 楚荊을 치셨으며 南道를 개척하시었다. 神意를 삼가 잘 살피신 穆王께서는 (先王의) 宏謨를 본받으셔서 (지금의) 天子를 거듭 平安하게 하시었다. (지금의) 天子(共王)께서는 文王과 武王의 성대한 功業을 삼가 계승하셨다. 天子께서는 힘써 그침이 없으시며 上下를 寋祁하며 桓謀를 크게 밝히시니 넓고 빛나 허물이 없으시다. 上帝께서도 편안히 여기셔서 天子의 永命을 지켜 주시니 두터운 福이 함께하며 蠻夷도 䚦見하지 않는 자 없다.

조용하고 그윽하신 高祖께서는 微땅의 신령스런 곳에 사셨다. 武王께서 殷을 정벌하시자 微의 史였던 剌(烈)祖께서는 武王께 來見하시었다. 武王께서는 周公으로 하여금 周(原)에 거처를 내려주게 하사 그 곳에 머물도록 하시었다. 勵惠한 乙祖(祖乙)께시는 天子를 보필하시며 遠謀를 도와 心腹의 臣下가 되시었다. 譱明하신 亞祖 祖辛께서는 자손을 훌륭히 기르시어 多子多福하시며 繁馼多犛(의미불명)하시니, 마땅히 帝에 配祀될 만하시다. 㰉遲하신 文考 乙公께서는 조상의 功業을 본받아 純함을 얻으시며, 農穡을 가혹

하게 거두어들이지 않으시며 戈替하는 자를 辟治하시었다. 효성스러우며 우
애로운 나 史牆은 아침저녁으로 제사를 폐하지 않아 날마다 蔑曆받노라. 나
牆(作器者)은 감히 廢하지 못하고, 天子의 크고 빛나는 休命에 對揚하여 寶
尊彝를 만드니, 剌祖와 文考께서는 반드시 갸륵하게 여기시어 커다란 복을
내려주실 것이다. 福懷敄彔(의미불명)하고 길이 長壽하여 임금을 잘 섬길 수
있게 되기를 바라노라. (後孫들은 이 그릇을) 만년토록 寶用토록 하라.[92]

史牆은 史로서 이름이 牆이다. 史牆이 무엇을 기념하기 위해 이 동
기를 제작하였는지는 분명하지 않지만, 명문의 내용만큼은 다른 동기에
서 유례를 찾아볼 수 없는 이채로운 것이다. 앞부분에서는 文·武·成
·康·昭·穆王과 당대의 왕인 共王의 대표적인 공적을 각각 서술하
고, 뒷부분에서는 이에 대응하는 형식으로 조상의 행적을 기록하였다.
　명문에는 史牆의 高祖가 원래 微 땅에 살았다 한다. 周가 殷都를 정
벌하여 중원의 지배자가 된 이후, 高祖의 아들인 剌祖는 무왕에 '來見'
하였다. 來見의 '見'은 謁見을 뜻하는 것으로 복종의 의사를 표시하는
것이다.[93] 이에 武王은 周公으로 하여금 剌祖에게 周, 즉 周原에 거처

---

92) 釋文은 李學勤, 「略論微氏家族窖藏靑銅器群的重要意義」 『文物』 1978 - 3
　　과 白川靜, 「史牆盤」 『通釋』을 근간으로 하고 기타의 것을 참조하여 작성
　　한 것이다. 본론에서 史牆盤과 같은 구덩이에서 출토된 기타 靑銅器의 銘
　　文은 주로 白川靜, 『通釋』 6, 369~397쪽에 의거하였다. 이런 경우 특별히
　　注記하지 않는다.

93) 見이 謁見이며, 복종을 의미하는 것임은 다음의 몇 가지 사례에서 확인된
　　다. 우선, 宗周鐘에는 "王께서는 비로소 文王·成王께서 개척하신 疆土를
　　시찰하셨다. 南國服子는 감히 그 땅(周의 영역)을 침범하였다. 王께서는
　　(그들을) 크게 정벌하시어 그들의 都를 공격하셨다. 服子 곧 사자를 파견
　　하여 와서 昭王을 맞이하였다. 南夷·東夷 가운데 具見하는 자 26邦이었
　　다.……"라는 명문이 있다. 宗周鐘의 '具見'은 문맥을 보아 26邦의 投降禮
　　인 것으로 생각된다. 다음, 1965년 陝西 長安縣 灃西公社에서 출토된, 西
　　周 초기의 子尊 - 명문으로 보아 姒員尊이라 명명하는 것이 옳겠지만 - 에
　　는 "乙卯일 子(黃)는 大室에서 見하였다. 白□ 하나, 耴琅 하나, 百牢를 바
　　쳤다. 王께서는 子黃에게 鬲 하나와 貝 100朋을 하사하셨다. 子(黃)께서는
　　姒員에게 크게 상을 내리셨다. 그것을 기념하여 己□盤을 만든다. 折子孫
　　形圖象"이라는 銘文이 있다. 명문에는 子黃이 大室에서 王을 '見'한 사실

를 내려주어 그 곳에 거주하게 하였다. 史牆의 乙祖는 이어 천자를 보
필하여 그 심복이 되었다고 하나, 그가 王을 위하여 구체적으로 어떠한
일을 하였는지는 명문에 기록되지 않았다.

史牆盤이 출토된 구덩이에서 함께 출토된 청동기 가운데 명문이 있
는 것은 77건이다. 동기를 제작한 사람은 史牆 이외에도 商, 折, 陵, 豊,
癲, 白先父 등 여러 명이 있다. 그런데 史牆盤을 포함하여 이들이 제작
한 동기의 명문을 비교해 보면, 이들은 대체로 한 家系에 속하는 사람
들이었음을 알 수 있으며, 그들 상호간의 혈연적 계승관계 그리고 각자
가 활동한 시기도 파악할 수 있다. 이들 문제에 대해서는 이미 여러 논
고에서 취급하였으므로94) 여기에서 다시 설명할 필요가 없겠다. 다만
그들 연구 결과에 따라 그 家譜와 활동시기를 소개하면 다음과 같다.

```
高祖 ── 剌祖 ── 乙祖 ┬─ 陵
        (武王)          │
                       └─ 祖辛(折) ── 乙公 ── 丁公(史牆) ── 癲
                          (成·康)     (豊)     (共王)       (懿王)
```

剌祖가 武王에게 來見, 복종의 뜻을 표시하고, 그의 아들인 乙祖가
周에 臣事한 것은 史牆盤의 명문에 보인다. 그러나 史牆盤에는 乙祖의

이 기록되어 있다. 子黃 같은 子某 호칭은 殷王室의 동성혈연자로서 祭祀
나 軍事에 참여한 殷의 유력자이므로, 銘文의 見은 알현을 통한 복종의
의례였을 것이다(陳賢芳, 「父癸尊與子尊」『文物』1986 - 1 참조).

94) 史牆家器群에 관한 중국학계의 연구는 비교적 활발한 편이어서 상당한
양의 論考가 발표되어 있다. 앞에 든 李學勤의 글을 비롯하여 모두 15편의
논문이 尹盛平 主編,『西周微氏家族靑銅器群研究』, 文物出版社, 1992, 附
錄에 수록되어 있다. 日本學界에서도 많은 연구가 이루어졌으나, 史牆家
器群을 전론한 것은 앞에 든 白川靜,『通釋』6의 글 이외에 잘 보이지 않
는다. 白川의 글 이외에는 伊藤道治,『中國古代國家の支配構造』2장 3절
‘王畿と采邑’; 武者章,「三式癲鐘銘より見た西周中期社會の一動向」『中
國の歷史と民俗』(伊藤淸司先生退官記念論文集), 第一書房, 1991 등이 참
고할 만하다.

아들이며 史牆의 할아버지인 祖辛 이래의 행적에 대해서는 수사적인 어휘만이 구사되어 있을 뿐이어서 史牆家의 활동을 분명히 알 수 없다. 그러나 그들의 행적은 같은 구덩이에서 출토된 기타 청동기의 명문을 통해 보충할 수 있다. 아래에 그 중 몇 가지를 인용해 보자.

　㉲ 折觥 : 五月 王께서는 行宮에 머물고 계셨다. 戊子日에 나 作冊 折로 하여금 相侯에게 望땅을 내려주게 하셨다. (相侯는 그 노고에 보답하여) 金과 신을 (나에게) 내려주셨다. (이것은 왕의 명령을 계기로 이루어진 것이므로 그러한) 王의 은혜를 널리 알리노라. 王이 즉위하신 지 19년째 되는 해의 일이다. (그것을) 기념하기 위해 父乙을 제사하기 위한 尊을 만든다. 영원히 寶用토록 하라. 木羊兩冊形圖象.

　㉳ 豊尊 : 六月 旣生覇 乙卯日, 王께서는 成周에 계셨다. (王께서는) 豊으로 하여금 大矩에게 殷禮를 베풀게 하셨다. (그 일이 훌륭하게 완수된 것을 기념하기 위해) 父辛을 기리기 위한 祭器를 만드노라. 木羊兩冊形圖象.

　㉴ 瘋盨 : (今王이 즉위하신 지) 4년, 二月 旣生覇 戊戌日, 王께서는 周에 있는 師彔의 宮에 계셨다. (王께서는) 大室로 나오셔서 (王의 자리에) 임석하셨다. 司馬인 共이 나 瘋을 인도하였다. 王께서는 史인 年을 불러 (나에게) 冊命을 내리게 하고 □裘과 虢市와 攸勒을 사여토록 하셨다. (나 瘋은) 감히 天子의 은혜를 널리 알려 文考를 기념하기 위한 寶簋를 만든다. 瘋이여, 앞으로 만년토록, 자자손손 영원히 寶用토록 하라.

　㉵ 瘋壺 : (今王이 즉위하신 지) 13년, 九月 初吉 戊寅日, 王께서는 成周에 있는 司土 淲의 宮에 계셨다. (왕께서는) 大室로 나오셔서 (王의 자리에) 임석하셨다. 倝父가 瘋을 인도하였다. 王께서는 作冊尹을 불러 나 瘋에게 冊命을 내리고 畵裘와 □鑾, 그리고 赤舄을 하사하도록 하셨다. (나 瘋은) 머리 숙여 절하고 감히 王의 은혜를 널리 알리노라. 瘋이여, 앞으로 만년토록, 영원히 寶用하도록 하라.

　㉲는 乙祖의 아들, 史牆의 조부인 折(祖辛)이, ㉳는 折의 아들이자 史牆의 아버지인 豊(乙公)이, ㉴·㉵는 史牆의 아들인 瘋이 만든 것이다.

명문을 보면 折은 作冊으로서 相侯에게 영토 수여의 책명을 내리라는 왕명을 수행하였으며, 豊은 大矩에게 殷禮를 베풀었다. ㉪의 첫머리에 "王께서는 成周에 계셨다"고 밝혀 놓은 것으로 보아, 豊은 成周에서 행해진 殷禮에 참여하였을 것이다. 殷禮는 『周禮』 大宗伯에서 "殷見曰同"이라 하는 殷同의 예로, 일정한 연차를 두고 행해지는 會同의 의례이다.[95] 大矩는 개인 혹은 씨족의 이름일 것이다.

㉰에서 折은 스스로 "作冊 折"이라 부르고 있다. 作冊은 神官이다.[96] 作冊의 冊은 祝禱의 글을 의미하는 것으로, 作冊은 널리 제사나 의례에 관한 일을 관장하였다. 作冊과 유사한 직무를 수행한 것이 史이다. 史의 글자형은 祝禱의 글을 담은 그릇을 들고 있는 모습에서 나온 것이다. 이것으로 미루어 보면 史도 역시 神官이었을 것이다. 作冊과 史의 직무가 어떻게 구별되는지는 분명하지 않지만, 西周 중기 이후에는 作冊이라는 직명이 사라지고 그 직무는 史에게로 통합되어 간다. 이것을 보면 양자의 직무는 서로 유사한 것이었으리라 추측된다.

作冊과 史직은 대대로 세습되었다. 史牆盤의 명문에 의하면 折의 조상인 高祖도 微의 史였다. 한편 折의 아들인 豊은 成周에서 거행된 殷禮에 참여하였는데, 作冊과 史의 직무 가운데 하나가 殷禮에 참여하는 것이었으므로 豊도 作冊이거나 史였을 가능성이 높다.[97] 史牆盤의 작

---

95) 『周禮』 春官上 大宗伯, "以賓禮親邦國 春見曰朝 夏見曰宗 秋見曰勤 冬見曰遇 時見曰會 殷見曰同". 鄭玄은 注에서 "殷은 衆의 뜻이다. 12년 동안 王이 巡狩하지 않으면 六服이 모두 朝會한다. 조회의 禮가 끝나면 王은 (특별한 일이 생기면 제후를 소집하는 時見 때와 마찬가지로) 역시 壇을 만들어 諸侯를 모아 命을 내린다. 명령하는 施政의 내용은 巡狩 때와 같다. 殷見은 四方의 제후가 각각 四時로 나뉘어져 오므로 일 년이 소요된다"고 한다.

96) 이하 作冊과 史에 대해서는 白川靜, 「作冊考」 『甲骨金文學論叢』 2, 1955.

97) 예컨대 臣辰卣에 "王이 宗周에서 大禴을 행차시고 이어 豊京에서 祼禮를 행하신 해. 五月 旣望 辛酉일. 王께서는 士上과 史矢에게 成周에서 殷禮를 행하게 하셨다"고 하여 史矢가 殷禮에 참여하였음을 알 수 있다. 또 作冊䰞卣에 "明保께서 成周에서 殷禮를 행하신 해. 公께서는 作冊䰞에게 鬯酒와 貝를 내려주셨다. 䰞은 公의 은혜를 널리 알려 父乙을 제사하기 위

기자는 史牆으로, 그 역시 史를 칭하고 있다. 이렇게 보면 史牆의 가문도 대대로 作冊 혹은 史 등 神官의 직무를 수행한 것으로 보인다. ㉰와 ㉱ 명문의 끝에는 이른바 "木羊兩冊形" 도상이 있다. 이 도상의 구성요소 가운데 '冊'이 들어 있다. 이 도상은 아마도 折과 豊의 직무, 즉 作冊에서 유래하였을 것이다.

史牆의 아들인 痶의 경우는 약간 다르다. ㉲와 ㉳는 모두 痶이 제작한 것이다. 이들 청동기는, 懿王 4년과 13년에, 痶이 모종의 책명을 받고 그것을 기념하기 위해 제작한 것이다. 각각의 책명을 통해 痶이 어떤 직무를 수행하게 되었는지 명문에는 기록되지 않았다. 그러나 4년에 행해진 책명은 師彔의 집에서 司馬共을 右者(피책명자를 의례장소로 인도하는 자)로 하여, 13년에 행해진 冊命은 司土인 淲의 집에서 행해진 것이 주목된다.

원래 冊命儀禮는 王의 宗廟에서 행해지는 것이 원칙이었다. 그런데 西周 중기경에 이르면 책명의 내용에 따라 책명 장소나 右者가 변경되는 일이 빈번하다. 즉 冊命儀禮가 거행되는 장소나 右者는 被冊命者와 유사한 직무를 수행한 자의 집이나 사람으로 선정된다.[98] 4년에 거행된 책명의례가 師, 즉 軍職을 담당한 彔의 집에서, 司馬 共을 右者로 하여 이루어진 것을 보면, 4년의 책명에서 痶은 軍職을 맡게 되었을 것으로 짐작된다. 사실 師彔의 집에서 司馬共을 우자로 하여 거행된 책명은 痶의 경우 이외에도 세 가지 사례가 더 있는데, 被冊命者 3인 가운데 2인은 스스로 師를 칭하고 있다.[99] 13년의 冊命은 司土의 집에서 거행되었다. 이 경우에도 痶은 司土나 그에 관련된 직무를 수행하게 되었을 것으로 추측된다.

한 제기를 만든다"고 하는데, 作冊䰠은 殷禮에 무언가의 공로가 있어 明保에게서 표창받았을 것이다.

98) 伊藤道治, 『中國古代王朝의 形成』, 147~160쪽.

99) 師彔의 집에서 司馬共을 右者로 하여 거행된 冊命例는 三年師酉簋, 三年師晨鼎, 五年諫簋 등이 있다. 이 중 三年師酉簋의 師酉, 三年師晨鼎의 師晨은 모두 이름 앞에 '師'를 붙이고 있다(白川靜, 「西周史略」, 380쪽).

　　史牆家의 청동기 명문을 종합하여 살펴보면 다음과 같이 史牆家의 역사를 정리할 수 있겠다. 史牆의 가문은 원래 微 출신이었다. 史牆의 高祖는 微에 거주하였으며, 高祖의 아들 剌祖는 微의 史였다. 殷·周는 아직 祭政이 분리되지 않은 사회였고, 神官의 지위가 세습되었음을 감안하면 高祖와 剌祖는 微의 支配層에 속하였을 것이다. 微에 거주한 씨족이 殷王朝에서 어떤 활동을 하였는지는 알 수 없으나, 剌祖 때에 중원의 정치적 환경에 커다란 변화가 생겼다. 바로 周가 殷을 대신하여 중원의 지배자가 된 것이다. 이에 대응하여 剌祖는 武王을 謁見하여 복종의 뜻을 표시하였다. 武王은 周原에 거처를 마련하여 그 곳에 剌祖를 거주하게 하였다. 史牆家의 청동기가 扶風縣 法門鄕, 즉 周原에서 출토된 것을 보면, 剌祖 이래 周, 즉 周原에 거주하게 된 史牆家는 剌祖 이래 西周 末까지 계속하여 이 곳에 살았다고 생각된다. 剌祖의 後孫은 周에서 神官의 직무를 계승하였다. 折·豊·史牆은 作冊이거나 혹은 史였다. 그러나 사장의 아들인 㝬은, 그 직무가 분명하지 않지만, 대개 軍事나 土地 관리에 관한 일을 수행하게 된 것으로 짐작된다.

　　史牆家는 周原으로 이주하게 되었지만, 여전히 微 지역과 유대를 가지고 있었던 것으로 생각된다. 史牆家器群 가운데는 史牆의 아들인 㝬이 제작한 청동기가 41건으로, 전체 有銘器의 반 이상을 차지한다.[100] 그 중 微白㝬斗에는 "微白㝬이 簠를 만드노라. 만년토록 영원히 寶用하라"는 명문이, 微白㝬匕에는 "微白㝬이 匕를 만드노라"는 명문이 있다. 㝬은 자신 스스로를 '微白', 즉 微의 族長이라 부르고 있다. 史牆盤에는 史牆의 高祖가 微에 거처하였다고 하고, 剌祖는 微의 史였다고 한다. 剌祖가 微의 史였다면, 祭政未分離의 사회적 환경에서, 그 역시 微白이었을 가능성이 있다. 그리고 剌祖보다 다섯 세대 뒤 懿王代의 㝬도 여전히 微의 족장이었다.[101]

---

100) 㝬대에 이르러 靑銅器 製作이 현저하게 증가한 배경에 대해서는 武者章, 「三式㝬鐘名より見た西周中期社會の一動向」, 335〜337쪽 참조.

101) 史牆家器群에는 이외에도 "微白이 齋鬲을 만든다"는 명문을 가진 微白鬲 7건이 있다. 명문의 내용이 간략하기 때문에, 여기에서 微白을 칭한 자가

微가 지금의 어느 곳인지는 분명하게 알 수 없다. 李學勤은 殷周之際에 두 곳의 微가 있었다고 한다. 殷의 末帝인 紂, 즉 帝辛의 형, 微子啓가 통치하던 곳으로 전해지는 微와 周 武王을 도와 殷 정벌에 참여한 微가 그것이다. 전자는 지금의 山西省 潞城縣 일대로 추정되며,[102] 후자는 白川靜에 따르면 지금의 湖北省 부근에 비정된다.[103] 丁山의 地理 고증에 의하면 이 이외에 또 한 곳의 微가 있다.『春秋左氏傳』莊公 28년에 "冬築郿"란 기사가 있다. 公羊傳에는 郿를 微라 적고 있어, 이 곳도 微라 불렸을 가능성이 있다. 이 곳은 山東省 壽張縣 부근이다.[104]

2. 圖象에 나타나는 周의 氏族 支配

본장의 서두에서 필자는 周原·豊·鎬 등 周의 중심지에서 36종에 달하는 다양한 종류의 圖象이 발견된 것을 지적하고, 그러한 현상이 殷都에서 나타난 현상과 유사하다는 점에 주목하였다. 필자는 그러한 유사성이, 중원 제 씨족의 지배층 일부를 정치적 중심지로 이주시켜 王朝의 통치에 참여하게 함으로써 각 씨족에 대한 統制와 紐帶를 도모한 殷王室의 씨족지배책이 周에서도 계승되었기 때문에 나타나는 것은 아닐까 추측하였다.

앞 절에서 살펴본 史牆家의 역사는 그 경위를 비교적 자세히 전하는 같은 유형의 한 사례이다. 克殷을 계기로 微에 거주하였던 史牆의 剌祖는 周原으로 이주하였다. 이래 史牆家는 周原에 거주하면서 周王朝에서 神官職이나 軍職, 行政職을 수행하였다. 武王은 來附한 史牆의 剌祖에게 土地를 수여하여 周原에 거처하게 하였다. 史牆의 高祖와 剌祖

史牆家의 누구였는지는 분명하지 않다. 史牆家器群을 취급한 여러 論考에서는 역시 대체로 癲의 것이었으리라 보고 있다.

102) 李學勤,「論史牆盤及其意義」『考古學報』1978 - 2, 81~82쪽.
103)『通釋』6, 341~348쪽.
104) 丁山,『甲骨文所見氏族及其制度』, 中華書局, 1988(重版), 87~89쪽.

는 微의 族長이었으며, 그 지위는 史牆의 아들인 癲에게도 계승되었다.

　필자는 史牆家와 같은 경우가 그 이외에도 상당수 존재하였을 것이라고 생각한다. 西周의 정치적 중심지에서 발견되는 다양한 도상은 역시, 史牆家의 경우와 마찬가지로, 그렇게 해서 西周의 중심지로 이주한 여러 씨족 출신의 자들이 남겨 놓은 것이라 판단된다. 이 절에서는 그들 가운데 束·丙·戈 등 세 씨족의 경우를 구체적으로 살펴보고자 한다.

　우선 束族의 경우부터 보자. 束族은 앞 장에서 貞人의 사례를 검토하면서 이미 언급한 바 있다. 束는 갑골문에서 地名으로 사용된 용례가 있다(『殷墟書契後編』上 12.10 ;『前』1.52.5). 4기 甲骨文에는 束族의 성원이 王의 행차를 수행한 例(『京都大學人文科學硏究所藏甲骨文字』2154), 이족 정벌에 참여한 예(『續』6.9.7), 南鄙를 시찰한 예(『前』4.11.5) 등이 있다. 이들 사례를 보면 束族은 殷王朝의 貞人職을 담당하기도 하였을 뿐만 아니라 武乙·文丁기에는 王朝의 對外征伐이나 內政에 참여하기도 한 顯族이었다.[105] 앞서 적은 바와 같이, 安陽 殷墟 西區의 은대 무덤 M271과 M1116에서 束族의 爵과 觚가 각각 출토된 것을 보면[106] 그들 씨족의 일부가 殷都에 거주하였음을 알 수 있으나 그 故地가 어디인지는 알 수 없다. 한편 周代에 들어서도 束族은 그들에 관한 비교적 많은 정보를 남겨 놓았다. 다음에 드는 두 청동기 명문은 西周 초기 束族의 활동을 알 수 있는 자료이다.

　㉂ 厚趠方鼎 : 王이 成周에 臨御하신 해. 厚趠은 濂公에게서 償를 받았다. 趠은 그것을 기념하기 위해 아버지 父辛을 제사하기 위한 鼎을 만든다. 子子孫孫 영원히 보배로 사용하라. 束.(『三代』4.16.2)[107]

　㉃ 歸妞方鼎 : 八月 乙亥日. 王께서는 豊京에 계셨다. 王께서는 歸妞에게

---

105) 束族에 대해서는 鍾柏生, 앞의 글, 83~103쪽 참조.
106) 주 75와 같음.
107) 명문 해독은 『通釋』1上, 357~361쪽에 따랐다.

進金을 내리셨다. 이에 王의 은혜를 드러내어 아버지 父辛을 제사하기 위한 ……를 만든다. 束.(文物 1986 - 1)

㉝는 厚趠이 제작한 것이다. 方鼎의 명문 이외에는 그에 관련된 다른 자료가 없기 때문에, 그에 대해서는 더 이상 자세히 알 수 없다. 그러나 명문의 끝에 있는 도상으로 미루어 보아 그는 束族 출신이었음이 분명하다. ㉝에서 厚趠에게 상을 내린 溓公은 寧鼎과 嗣鼎에도 보이는 인물인데, 嗣鼎은 成王 때에 제작된 것이기 때문에[108] 厚趠方鼎도 成王기에 만들어진 것이다. 償은 무엇을 의미하는 글자인지 알 수 없다. 郭沫若은 償를 '遺', 즉 賜與品이라 이해하여 "사여품을 받았다"고 해석하였으나, 白川靜은 그것이 軍禮에 관계된 일종의 행위였을 것이라 추측하여 溓公의 인도하에 償라는 의례를 치른 것이라 보았다.[109] 그렇게 본다면 ㉝의 명문은 厚趠이 成周에서 행해진 軍禮에 참여하여 溓公에게 표창받은 사실을 기록한 것이다.

㉞는 長安縣 鬪門鎭에서 발견된 서주 무덤 長花M15에서 출토된 동기 가운데 하나이다. 歸妖方鼎의 정확한 제작시기는 알 수 없으나, 方鼎의 형태로 보아 서주 초기의 것이라 추측된다. 명문의 '王'이 정확히 어떤 왕인지는 알 수 없다. 豊京은 이미 적은 대로 灃水 西岸에 위치한 邑으로, 武王이 강 맞은편의 鎬京으로 근거지를 옮긴 이후에도, 王室의 주요 의례가 여기에서 행해졌다. 명문에 따르면 方鼎은 王이 進金을 사여한 것을 기념하여 제작된 것이다. 豊京에서 어떤 의례가 행해졌을 때 歸妖에게 공로가 있어 王이 進金을 하사했을 것이다. 進金이 어떤 물건인지는 분명하지 않지만, 金의 일종이라 생각된다. 金은 西周 초기에서 中期에 걸쳐 자주 하사되었는데, '金', '赤金', '白金' 등이 하사된 사례가 있다.[110] 長花M15에서는 方鼎 이외에도 같은 도상을 가진 鼎 2건

---

108) 陳夢家, 「西周銅器斷代(一)」, 『考古學報』 9, 1955, 174쪽.
109) 주 107과 같음.
110) 白金이 하사된 예로는 叔隋器(陳夢家, 「西周銅器斷代(三)」 『考古學報』 1956 - 1, 66쪽)이 있으며, 赤金이 사여된 예로는 麥方鼎(『錄遺』 91)과 彔

이 출토되었으며, 인접하여 발견된 서주 무덤 長花M17에서도 같은 도 상을 가진 壺 2건과 甀 1건이 발견되었다.

束族의 한 성원인 厚趠이나 歸娸은 각각 成周와 豊京에서 행해진 儀 禮에 참여하여 각각 溓公과 王으로부터 표창을 받거나 혹은 進金을 하 사받았다. 厚趠方鼎이 출토된 곳은 분명하지 않지만, 歸娸方鼎은 鎬京 의 故地로 생각되는 陝西省 長安縣 鬪門鎭에서 출토되었다.

다음으로 丙族을 보자. 丙族은 앞 장에서 밝힌 것처럼 山西省 靈石 縣 부근을 그 원주지로 하였다. 西周期 丙族의 동향은 아래에 적는 嗣 鼎을 통해 그 일단을 추측할 수 있다. 嗣鼎 역시 成王대에 제작된 것으 로 생각된다.

> 王께서 처음으로 成周에서……하였다. 溓公이 嗣를 蔑曆하고……를 내려 주었다. 嗣는 公의 은혜를 드러내어 父申의 祭器를 만든다. 丙.[111]

명문의 일부는 그 글자를 확인할 수 없다. 溓公은 앞의 ㉑에도 나타 나며, 成王대의 인물이다. 따라서 명문의 '王'은 成王을 가리킬 것이다. 蔑歷은 일반적으로 軍功을 표창하는 행위[112]이나, 군사에 관한 일만이 아니라 제사 등에 관련된 공을 표창할 때도 행해졌다.[113] 王이 成周에 서 어떤 의례를 행하는 과정에서 嗣에게 공이 있었으므로 溓公이 그를 표창하였으므로, 嗣가 그것을 기념하기 위해 이 鼎을 만든 것이다. 嗣

簋(『三代』8.35.3)가 있다. 金이 사여된 경우는 많은데 대표적인 것으로 令 彝(『三代』6.56.2)와 麥盉(『三代』14.11), 小子生尊(斷代 [3] 42) 등이 있다. 金과 白金, 그리고 赤金에 대해서 陳夢家는 다음과 같이 말한다. "史記 平 準書에 '金에는 세 등급이 있으니 黃金이 상등, 白金이 중등, 赤金이 하등 이다'라 한다. 集解에는 '내가 살피건대 漢書音義에 白金은 銀이며, 赤金 은 丹陽銅이다'라 한다. 그러므로 三等의 金은 黃金과 銀, 그리고 銅을 말 하는 것이다"(陳夢家, 위의 글, 66쪽).

111) 嗣鼎에 대해서는『通釋』1上, 362~365쪽 참조.
112) 白川靜,「再論蔑曆」『中央研究院歷史語言研究所集刊』51 - 3, 1980, 337~ 347쪽.
113)『通釋』1上, 364쪽.

鼎은 1929년 洛陽에서 출토되었다 전한다. 嗣는 成周에 거주한 丙族의 일원이었을 것이다.

丙族의 도상이 새겨진 청동기는, 成周에서 발견된 嗣鼎 외에, 長安縣 灃西 馬王村과 張家坡 서주 무덤 M80·M106에서 발견된 爵과 觚, 그리고 扶風縣 建和公社 東橋에서 발견된 罍가 있다. 丙族 도상의 청동기가 출토된 지점을 보면 丙族 중에는 嗣처럼 成周에 거주한 자 이외에도 豊京, 鎬京, 그리고 周原 지역으로 이주한 사람도 있었다.

마지막으로 戈族의 경우를 보자. 2장에서 언급한 것처럼 戈族의 원주지는 河南省 中東部에 비정된다. 西周時期 戈族의 행적을 분명히 알려 주는 자료는 없다. 그러나 다음의 자료를 통해 약간의 추측은 해 볼 만하다. 1954년 長安縣 普渡村에서 西周 무덤이 발견 조사되었다. 이 무덤에서는 다수의 陶器와 玉石器 이외에 靑銅器 27건이 발견되었는데, 그 중 9건에는 銘文이 있다.[114] 이 가운데 하나인 繁罍는 西周 초기에 제작된 것인데,[115]

> 繁은 祖乙에게 제사 지내기 위한 尊彝(祭器)를 만든다. 子子孫孫 영원히 寶用하라. 戈.

는 명문이 새겨져 있다. 명문의 맨 뒤에는 戈形 도상이 부기되어, 繁이 戈族의 일원이었음을 알 수 있다. 그러므로 繁을 통해서 戈族의 동정을 살펴볼 수도 있겠지만, 繁에 관계된 다른 자료도 없을 뿐더러, 繁罍의 명문 자체는 지나치게 간략하다.

그런데 이 무덤에서는 罍의 작기자인 繁 이외에 長囟(盉, 簋 2건, 盤), 白憲父(卣)가 제작한 청동기도 함께 출토되었다. 그 중 長囟가 제작한 盉는 穆王期에 제작된 것으로서 비교적 긴 銘文을 가지고 있다.

---

114) 동기 출토상황과 명문에 대해서는 陝西省文物管理委員會, 「長安普渡村西周墓的發掘」 『考古學報』 1957 - 1, 75~85쪽.

115) 陳夢家, 「西周銅器斷代(五)」, 『考古學報』 1956 - 3, 121~127쪽 참조.

　　三月 初吉 丁亥日 穆王께서는 下淢의 行宮에 계셨다. 穆王께서는 饗醴를
베푸셨다. 大祝이 井白에게 나아가서 활쏘기 하였다. 穆王께서는 長甶의 공
을 蔑歷(旌表)하시고 井白에게 나아가서 (大祝과) 함께 활쏘기 하게 하셨다.
井白이 그 활쏘기 의례를 관장하여 어긋남이 없었다. 長甶는 (그 의례에 참
여한 공으로 王에게서) 蔑歷 받았다. 감히 天子의 크고 빛나는 은혜에 보답
하여 처음으로 尊彝를 만든다.116)

　　盉는, 長甶가 穆王이 직접 임석한 饗禮에 참여하여 그 공로로 왕에
게서 蔑歷을 받고 그것을 기념하여 제작한 것이다. 繁, 長甶, 白憲父 등
여러 명이 제작한 청동기가 무엇을 계기로 같은 무덤에 함께 부장되었
는지 분명치 않으나, 이들의 동기가 같은 무덤에서 발견된 것으로 보아
작기자들은 동일한 가계에 속한 사람들이었을 가능성이 있다.
　　戈族의 靑銅器는 長安縣에서 출토된 繁罍 이외에 陝西 武功縣, 涇陽
縣, 銅川市에서도 출토된 사례가 있다. 長安縣 普渡村은 鎬京, 武功縣
은 周原에 해당한다. 戈族의 일부가 鎬京과 周原으로 이주하였음을 알
수 있다.
　　이상에서 살펴본 바와 같이 束·丙·戈 세 씨족은, 束·亞·醜·沚
·丙族이 殷에서 그러했던 것처럼 西周에 다양한 職務로 臣事하였으
며, 그 지배층 일부는 西周의 중심지에 거주하였다. 이들은 西周의 지
배에 복종하면서 한편으로 그 統治에 참여하기도 하였다. 여기에서, 각
씨족의 지배층 일부를 정치적 중심지로 이주시켜 王朝의 통치에 참여
시킴으로써, 각 씨족의 협력을 유도하는 한편 그들을 통제하고자 한 殷
王室의 씨족지배책이 周에 그대로 계승되었음이 확인된다. 西周의 중
심지에서 발견된 다양한 도상은 역시 그러한 이유로 이 곳에 이주된 각
씨족이 남겨 놓은 것이라 판단된다.
　　물론 각각의 圖象을 가진 각 씨족의 일부가 殷周交替 이전에 周原·
豊·鎬로 이주하였을 가능성이 없는 것도 아니며, 그들 가운데는 周族
과 함께 周原·豊·鎬 지역을 원주지로 한 씨족이 있었을 가능성도 있

---

116) 위의 보고. 명문 해독은 『通釋』 2, 339~346쪽 참조.

다. 周는 殷의 武丁시기부터 殷에 복속하였고,[117] 西周의 靑銅器文化
가 殷의 그것에 기반을 두고 성장한 것이었던 만큼,[118] 周가 殷의 문화
적 영향하에 있었던 것도 분명하다. 따라서 일찍부터 殷문화의 영향을
입은 어떤 씨족이 이 지역으로 이동하고, 이들이 그 문화를 周族에게
전파했을 가능성도 있다. 어쩌면 그들 씨족의 도상이 서주의 중심지에
서 발견된 것일지도 모른다. 그러나 史牆의 刺祖와 마찬가지로 이들이
西周의 중심지에 이주하게 된 가장 중요한 계기로는 역시 殷周交替라
는 정치적 변화를 꼽아야 할 것이다.

맺음말

　殷·周 국가는 혈연 공동체의 씨족적 질서를 바탕으로 하여 자율적
으로 기능한 개개의 취락이 일련의 지배·예속 질서로 묶여진 특수한
국가형태를 가지고 있었다. 殷·周의 국가 권력은 아직 이들 취락을 직
접 지배할 만큼 성장하지 못하였으므로, 지배·예속의 질서를 유지하기
위한 여러 가지 독특한 기제가 발전하였을 것으로 예측된다. 本考는 그
가운데 한 단면을 圖象 金文을 통해 추적한 것이다.
　圖象은 마치 그림처럼 표현되지만, 대부분 地名이나, 祖上名 혹은 官
名에 대응한다. 地名, 祖上名, 官名 등은 모두 ‘氏’名의 주요한 기원이
되는 것이므로, 필자는 圖象이 ‘氏’를 표시하는 것이라 생각한다. 그런
데 개개의 圖象이 새겨진 청동기가 출토되는 상황은 이러한 생각에 부
합되지 않는 경우가 적지 않다. 一家의 청동기가 매장되었을 것으로 생
각되는 무덤이나 청동기 저장구덩이에서 각기 다른 도상이 새겨진 청
동기가 함께 출토되는 경우가 많기 때문이다. 그러나 이런 현상은 서로
인접한 씨족들이 婚姻을 통해 서로의 동기를 교환한 데서 비롯된 것이

---

117) 張光直, 「殷周關係之再檢討」『中央研究院歷史語言研究所集刊』 51‑3,
　　 1980, 210~212쪽.
118) 鄒衡, 앞의 글, 316~335쪽.

다.

　필자는 이상과 같은 도상의 성격에 입각하여 다음의 가설을 세울 수 있었다. 즉 어떤 도상을 가진 청동기가 어떤 지점에서 출토된다면, 그 도상을 사용한 氏族 혹은 그 일부가 그 곳에 거주하였거나 적어도 그 인근에 거주하였을 것이며, 특정한 도상을 사용한 씨족의 原住地가 어딘지 알 수 있다면, 그 씨족 혹은 그 일부의 이동 상황을 파악할 수 있을 것이라는 판단이다.

　이러한 가설을 염두에 두고 각각의 도상이 새겨신 청동기의 출토 지점을 검색한 결과, 우선 殷墟나 周原·豊·鎬 등 殷·周의 정치적 중심지에서 다양한 도상이 출토되는 것에 주목할 수 있었다. 바꾸어 말하면 殷·周의 政治的 중심지에는 수많은 씨족이 함께 거주하고 있었던 것이다. 이어 필자는 殷·周의 정치적 중심지에서 발견된 도상을 표지로 하는 씨족들 가운데 殷代의 醜·沚·丙族, 周代의 束·丙·戈族 등의 활동을 살펴보았다. 그 결과 이들 각 씨족의 지배층 일부는 殷·周에서 각각 왕조에 貞人 혹은 기타의 관료로서 臣事하고 있었음을 확인할 수 있었다.

　요컨대 각 씨족의 지배층 일부가 殷·周의 정치적 중심지에 거주하여 각 王朝에 臣事하고 있었던 것이다. 필자는 殷·周의 정치적 중심지에서 발견된 도상을 사용한 씨족 가운데 상당수는 원래 이 지역에 거주한 씨족이었을 가능성이 없지 않다고 생각한다. 그러나 상당수의 씨족은 먼 곳에서 이주하였음이 분명하다. 본고에서 취급한 씨족들 가운데 그 원주지를 알 수 있는 씨족은 醜·沚·丙·戈族인데, 이들은 각각 山東省 益都縣, 山西省 北部, 山西省 靈石縣, 그리고 河南省 中東部를 그들의 원주지로 하였다.

　이들 씨족의 일부가 이렇게 이주하게 된 계기는 역시 정치적인 이유 때문이었을 것이다. 이상에서 취급한 醜·沚·丙·戈族 이외에도 周代의 史牆家는 역시 서주의 중심지로 이주된 한 씨족이었는데, 史牆의 刺祖는 微의 族長으로서 殷周交替라는 정치적 변화에 대응하여 周 武王을 알현하여 服從을 표시하였고, 그 이래 史牆家는 周에 神官 혹은 行

政官으로 臣事하면서 周原에 거주하였다. 武王이 史牆의 刺祖에게 周原에 거처를 주어 거주하게 한 것이다. 遠方에서 이주하여 殷·周 왕조에 신사한 다른 씨족들도 대개는 이러한 경로를 거쳐 兩朝의 정치적 중심지에 거주하였을 것이다.

그리하여 이주된 각 씨족의 지배층은 여전히 그들의 원주지에 대해 일정한 영향력을 행사하고 있었다. 史牆의 아들인 癏은 자신의 6대조로서 처음으로 周原에 이주한 史牆의 刺祖처럼 微의 족장, 微白을 자칭하였다.

이상의 사실에 입각하여 필자는 다음과 같이 추론한다. 殷·周 王室은 각 씨족의 지배층 일부를 그 정치적 중심지로 이주시키고, 이들을 王朝의 정책 결정과 집행에 참여시킴으로써, 한편으로는 각 씨족과의 유대를 강화하고, 다른 한편으로는 그들을 직접적으로 통제할 수 있는 계기를 만들었다. 물론 이것은 혈연 공동체적 질서하에서 자율적으로 기능한 각 씨족을 왕조의 지배·예속 질서 속에 편입시키고, 나아가 그들의 이탈을 방지하는 데 기여했을 것임에 분명하다.

그림 1-①

그림 1-②

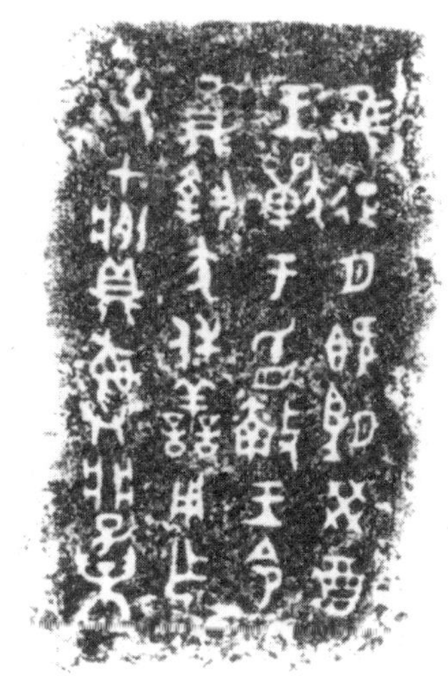

그림 1-③

그림 2-①

그림 2-②

그림 2-③

그림 2-④

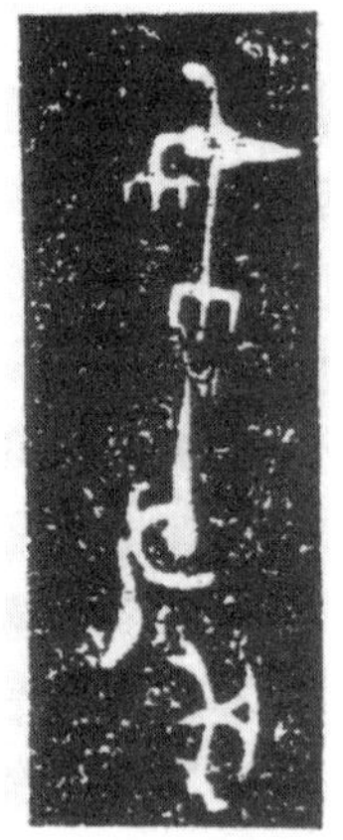

그림 3-①

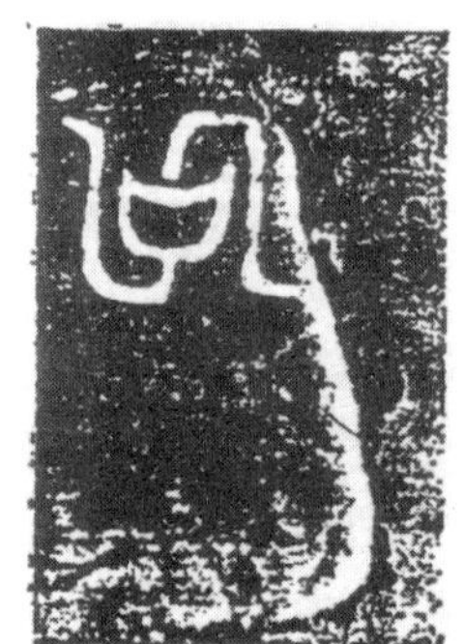

그림 3-②

그림 3. 涇陽 高家堡 무덤의 圖象

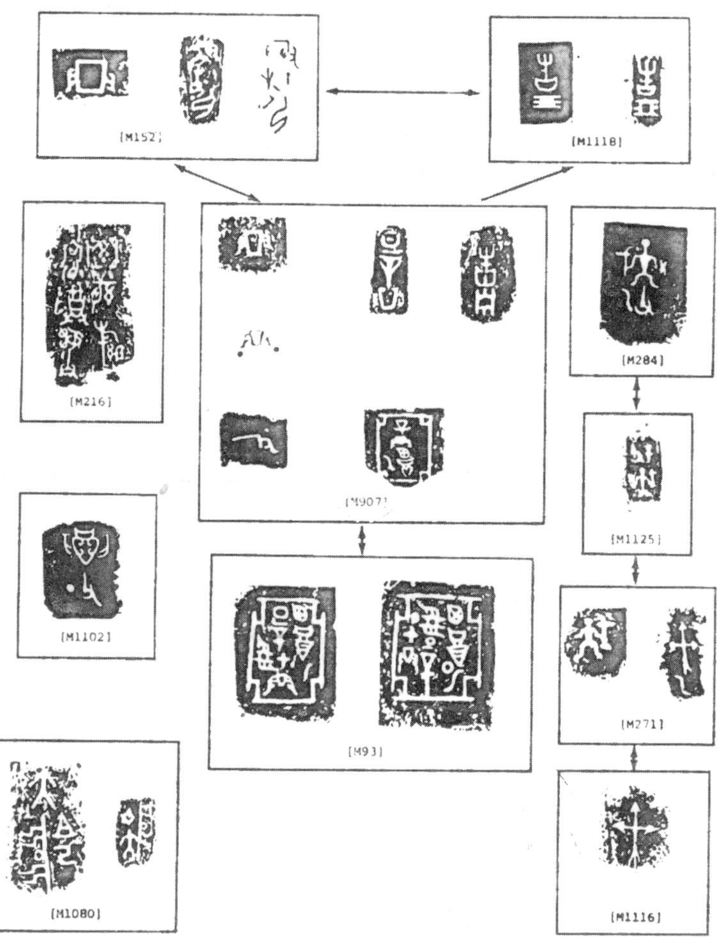

그림 4. 殷墟 西區 무덤의 圖象
　　그림은 주)25 논문의 143쪽에서 그대로 옮긴 것임.

그림 5. 殷墟에서 출토된 地名과 일치하는 圖象

그림 6. 周原, 豊, 鎬에서 발견된 圖象

西晉의 占田·課田과 조세제도

金 民 壽

머리말

　전근대 국가의 성격을 논할 때 토지제도와 조세제도는 그 사회체제를 파악하는 중요한 요소가 된다. 秦漢제국과 隋唐제국의 성격을 어떻게 이해할 것인가 하는 문제를 놓고 벌어진 시대구분 논쟁에서 거대한 두 통일왕조 사이에 끼어 있는 분열시대인 六朝時代는 논쟁의 초점이 되었다. 육조시대의 성격을 어떻게 파악할 것인가 하는 문제는 구체적으로는 귀족제와 균전제의 성격 규정과도 깊은 연관을 갖는다. 귀족의 성격에 관해서는 황제권을 강조하여 귀족은 거기에 기생하는 관료에 불과한 존재로 보는 설과 황제는 엄존하나 정치·사회의 실제적인 지배세력은 귀족이라고 하여 귀족의 독자적인 세력을 강조하는 설이 있다. 또 균전제 연구는 현재 매우 세분화되고 전문화되어 있기는 하나 크게 볼 때는 균전제가 율령 규정 그대로 실시되었는가, 즉 당시 황제에게 田의 환수를 실시할 정도의 권력이 있었는가 하는 것이 논란이 되어 있다. 여기서도 황제권과 거기에 대응하는 귀족집단의 세력관계를 어떻게 보느냐 하는 것이 문제였다.

분열시기인 육조시대에 비록 단명으로 끝나긴 했지만 통일왕조였던 西晉에서 실시되었던 占田·課田制는 위의 두 문제와 깊은 연관을 가진 문제이다. 서진의 토지제도인 점전·과전제는 그것과 表裏관계를 이루는 조세제도인 戶調式과 함께 이 시대 이해의 중요한 열쇠가 되기 때문에 수많은 연구성과가 나와 있다. 그러나 西晉·南朝의 토지제도와 賦稅제도의 연구에 있어서 최대의 난점은 무엇보다도 그 실태를 전해 주는 관련사료가 零星한 점이다.

점전·과전에 대한 연구는 魏의 屯田制와 唐의 均田制와의 관련 여부, 占田·課田에 나타난 국가권력의 문제 등을 둘러싸고 주로 논의되어 왔다. 대표적인 논문인 宮崎市定과 堀敏一의 연구는 당시의 정치·경제 등의 제 상황을 종합적으로 고찰하고 있다. 중국 중세사상의 토지제도를 屯田制 → 占田·課田制 → 均田制로의 발전으로 체계화시킨 宮崎市定의 연구와, 중국고대의 전제군주에 의한 일원적인 소농민 지배체제 즉 개별인신 지배체제의 일환으로서의 토지제 연구인 堀敏一의 연구는 한에서 당에 이르는 장기간에 걸친 토지제도의 변화 속에서 占田·課田을 고찰한 것이므로 시사하는 바가 크다. 이 두 연구는 단편적인 사료해석에만 그치지 않고 통시적인 관점에서 관련 사료를 해석하고 있기 때문에 약간의 문제점이 있음에도 불구하고 아직도 그 영향력은 지대하다. 또 중국사 연구의 대가인 唐長孺의 일련의 占田·課田制 및 賦稅 연구는 또다른 봉건제론에 입각한 치밀한 고찰로 이 방면의 연구수준을 한 차원 끌어올려 놓은 卓論이다.

上記의 연구를 포함하여 占田·課田制에 대한 연구성과는 이제는 연구사 정리가 다시 연구과제가 될 만큼 엄청난 분량에 이르고 있다. 이러한 방대한 연구축적이 곧 점전·과전제 연구의 중요성을 대변해 주고 있는 것이기도 하다. 당시 국가가 인민을 어떻게 파악하고 있었고, 이 시대가 전후 시대에 대하여 어떠한 성격을 갖고 있는가 등을 밝혀 이 시대의 역사적 성격을 구명해 보려고 할 때 점전·과전제는 반드시 짚고 넘어가야 할 관건인 것이다.

　　그러나 그러한 엄청난 연구축적에도 불구하고 점전·과전제에 대해서는 아직 定論이 없다. 점전·과전제에 대한 규정을 합리적·정합적으로 설명할 만한 연구가 아직도 나와 있지 않기 때문이다. 이제 그러한 수많은 연구성과에 또 하나의 논문을 더하려고 한다. 그러나 물론 새로운 사료는 없다. 단지 종래의 연구가 소홀히 했던 점, 즉 사료에 대한 보다 철저한 해석, 중앙재정과 지방재정의 문제 등을 중심으로 새롭게 조명해 보고자 한다. 물론 본고가 그 동안 다양한 각도에서 검토되어 온 기존의 연구성과에 크게 의존하고 있음은 말할 나위가 없다. 또 한정된 관련 사료를 이용해 西晉의 占田·課田制만을 단편적으로 다루어서는 사료 짜맞추기식의 연구로 끝나 버릴 위험이 없지 않기 때문에, 그러한 한계를 조금이라도 극복하기 위해서 魏에서 南朝 末에 이르는 약 400년 간을 고찰대상으로 삼아 다소나마 사료부족의 한계를 덜어 보고자 한다. 그러한 일련의 작업의 하나로서 본고에서는 우선 占田·課田制에 대해 고찰한다. 이어서 남조의 조세제도와 토지제도를 고찰하고 아울러 남조의 국가재정에 대해 논할 예정이다. 이상의 제 논고를 통해 육조시대의 토지제도, 조세제도 그리고 재정운용의 실태를 밝혀 육조시대의 국가권력의 성격을 구명해 보고자 한다.

Ⅰ. 종래의 연구와 그 문제점

　　占田·課田制에 대한 종래의 연구성과를 살피기에 앞서 먼저 『晉書』권26, 食貨志의 占田·課田에 대한 관련기사를 게재해 둔다.

　　及平吳之後……又制戶調之式 丁男之戶 歲輸絹三匹 綿三斤 (丁)女及次丁男爲戶者半輸 其諸邊郡 或三分之二 遠者三分之一 夷人輸賨布 戶一匹 遠者或一丈 男子一人占田七十畝 女子三十畝 其外丁男課田五十畝 丁女二十畝 次丁男半之 女則不課 男女年十六已上至六十爲正丁 十五已下至十三 六十一已上至六十五爲次丁 十二已下六十六已上爲老小 不事 遠夷不課田者輸義米 戶三斛 遠者五斗 極遠者輸算錢 人二十八文 其官品第一至于第九 各以貴

賤占田　品第一者占五十頃　第二品四十五頃　第三品四十頃　第四品三十五頃　第五品三十頃　第六品二十五頃　第七品二十頃　第八品十五頃　第九品十頃……

종래의 占田・課田制에 대한 연구[1]를 간략히 기술하고 그 문제점을 살펴보기로 하자. 기존의 占田・課田制에 대한 연구사 정리[2]에서도 알 수 있는 것처럼 점전・과전에 대한 연구는 크게 두 가지 설로 나누어 볼 수 있다.

---

1) 占田・課田制 및 戶調之式에 대한 대표적인 연구만 들어보자. 宮崎市定, 「晉武帝の戶調式に就いて」『東亞經濟研究』 19 - 4, 1935(후에 『アジア史研究』 1, 東洋史研究會, 1957에 재록) ; 吉田虎雄, 「田租及び戶調」『魏晉南北朝租稅の研究』, 大阪屋號書店, 1943 ; 唐長孺, 「西晉田制試釋」・「魏晉戶調制及其演變」 『魏晉南北朝史論叢』, 生活・讀書・新知三聯書店, 1955 ; 唐長孺, 「西晉戶調式的意義」『魏晉南北朝史論叢續編』, 生活・讀書・新知三聯書店, 1959 ; 古賀登, 「南朝租調攷」『史學雜誌』 68 - 9, 1959 ; 越智重明, 「晉の政治と社會」『魏晉南朝の政治と社會』, 吉川弘文館, 1963 ; 米田賢次郎, 「漢魏の屯田と晉の占田・課田」『東洋史研究』 21 - 4, 1963 ; 堀敏一, 「魏晉の占・課田と給客制の意義」『均田制の研究』, 岩波書店, 1975 ; 藤家禮之助, 「西晉の田制と稅制」『史觀』 73, 1966 ; 藤家禮之助, 「西晉諸侯の秩奉 -『初學記』所引『晉故事』の解釋をめぐって-」 『東洋史研究』 27 - 2, 1968(후에 『漢三國兩晉南朝の田制と稅制』, 東海大學出版會, 1989에 재록) ; 李公範, 「兩晉 南朝의 租調制」『大東文化研究』 11, 1971 ; 高敏, 「關于西晉占田課田制的幾個問題」・「兩晉南朝租調制度考辨」『魏晉南北朝社會經濟史探討』, 人民出版社, 1987. 이상이 주요한 연구이나 이 밖에도 수많은 연구가 나와 있다.

2) 占田・課田에 대한 연구사 정리로는 越智重明, 「西晉の田制, 賦稅に關する近年の諸研究」『東洋學報』 43 - 1, 1960 ; 閔斗基, 「西晉의 占・課田制研究에 대하여」『歷史學報』 15, 1961 ; 米田賢次郎, 「晉の占田・課田 - その學說の整理 - 」『歷史敎育』 12 - 5, 1964 ; 藤家禮之助, 「西晉の田制と稅制」 ; 伊藤敏雄, 「占田・課田制に關する諸研究」『東洋史論』 3, 1982 ; 伊藤敏雄, 「西晉の占田・課田制の再檢討」『中國古代史研究』 5, 1985 ; 高志辛, 「西晉課田研究的剖析」『魏晉隋唐史論集』 2, 中國社會科學出版社, 1982 등이 있는데 伊藤敏雄의 논문이 비교적 자세하기 때문에 본고에서도 이 논문을 참고하면서 설명한나.

하나는 점전과 과전은 다른 계통의 토지이며 각각 다른 농민호를 대상으로 했다는 설이고, 또 하나는 점전과 과전이 동일 농민호를 대상으로 했다는 설이다.

그러면 우선 점전과 과전이 각각 다른 농민호를 대상으로 했다는 연구부터 살펴보기로 하자. 이 설은 宮崎市定이 제창한 것이다.3) 宮崎市定은 占田과 課田은 각각 다른 계통의 토지이며, 다른 戶에 분배된 토지로 본다. 그는 魏의 屯田을 폐지한 서진에서 舊屯田民에게 할당한 것이 課田이고 이는 국유지이며 丁男에게는 50畝, 丁女에게는 20무, 次丁男에게는 25무를 할당했다고 한다. 둔전이 과전으로 발전했다는 설이다. 과전은 田租를 5할 이상을 내는 토지라고 했다. 한편 占田은 舊郡縣民을 대상으로 토지의 소유한계를 정한 사유지라고 한다. 점전은 稅를 내는 토지인데 田稅는 『晉書』食貨志에 나오는 "遠夷不課田者輸義米戶三斛"을 『通典』의 기사와 비교하여 '遠夷'를 衍字로 보고 '不課田者'는 곧 占田者이므로 占田은 田稅를 戶當 義米 3斛을 내는 토지라고 한다.

이 설은 이미 지적되어 있는 것처럼 몇 가지 문제점을 안고 있다. 우선 '其外丁男課田'을 '其'(즉 占田)를 받은 이외의 課田者로 보고, 또 뒤 문장 중의 '遠夷不課田者'는 『通典』의 기사와 같이 '遠夷'를 衍字로 보아 不課田者는 곧 占田者라고 해석한다. 氏의 해석에 따르면 전국의 토지는 점전과 과전으로 나누어져 不課田者는 존재할 여지가 없다. 법률조항인 戶調式 중에서 '占田'을 '不課田'이라고 다르게 표현하고 있다고는 생각하기 어렵다. 때문에 占田, 課田, 不課田은 각각 다른 규정이라고 보아야 옳을 것이다.4) 또 일반 군현민의 田稅를 義米라고 부르는 것도 무리인 듯하다.5) 한편 이 연구는 『初學記』의 『晉故事』佚文이 발견되기 이전에 발표된 것이기 때문에, 후에 『晉故事』佚文 속에 課田의

---

3) 宮崎市定, 앞의 글.
4) 米田賢次郎, 「晉の占田·課田 – その學說の整理 – 」.
5) 伊藤敏雄, 「'遠吏不課田者'를めぐって – 占田課田制の一考察」『東洋史論』 1, 1980.

田租 규정이 명시되어 있어 이 설은 수정이 불가피하게 되었다.

그러나 宮崎市定說은 이러한 문제점이 있기는 하나 중국 중세 토지제도의 발달계보를 정리하여 自作制와 小作制가 어떻게 서로 얽혀 균전제라는 통일형태에 이를 수 있었는가를 논하고, 그 과도기적 형태로서 점전·과전제를 파악한 것이다. 특히 課 중에는 租가 포함되고, 이에 대하여 稅가 대립적인 개념으로 사용되었다고 한 지적은 중요한 것이다.

한편 西嶋定生도 魏의 둔전제를 검토하여 魏의 屯田에는 民屯田과 軍屯田이 있었는데 魏末·晉初의 둔전폐지령은 민둔전에 대한 것으로 군둔전은 그대로 남아 있다가 그것이 과전으로 연결된다고 하여 宮崎市定의 설을 받아들이고 있다.6) 또 越智重明도 비슷한 설을 주장하나 다만 '遠夷'는 夷民 중의 遠者라고 하고 또 세제의 해석에도 다소 차이가 있는 설을 주장하였다.7) 또 米田賢次郎은 民屯田의 폐지로 농민에게 개방된 토지를 占田, 平吳 후에 호조식의 시행으로 새롭게 개방된 토지를 課田, 그리고 종래의 일반 사유지를 不課田의 세 종류로 나누어 고찰하여8) 宮崎市定의 설을 계승 보완하고 있다. 이상이 占田과 課田을 다른 계통의 토지로 보는 설이다. 이들 설은 '均政役' 조치 후에도 조세부담에 있어 課田民과 占田民 사이에 과연 차이가 있었을까 하는 의문을 남긴다.

이어서 占田과 課田이 동일한 호를 대상으로 한 것이라는 설을 검토해 보자. 이 설은 대략 세 가지로 나누어 볼 수 있다. 첫째는 점전과 과전이 동일한 戶內의 다른 民을 대상으로 한다는 설이다.9) 이 설은 曾我部靜雄가 唐代의 課의 의미를 雜徭 즉 力役이라고 주장하여 그것을 통

---

6) 西嶋定生,「魏の屯田制 - 特にその廢止問題をめぐって -」『中國經濟史研究』, 東京大學出版會, 1966.
7) 越智重明,「晉の政治と社會」;「晉南朝の稅制をめぐって - 晉故事の稅制を論じて均政役の解釋に及ぶ -」『史淵』102, 1970.
8) 米田賢次郎,「漢魏の屯田と晉の占田·課田」.
9) 鈴木俊의 연구도 이 설에 속한다(「占田課田と均田制」·「晉の戶調式と田租」『均田, 租庸調制度の研究』, 刀水書房, 1980).

해 占田·課田制를 해석한 것이다.[10] 점전은 一戶가 소유하는 田이란 뜻으로 호주 정남에게는 70畝, 그의 처에게는 30畝를 급전한다. 과전은 課 즉 力役의 반대급부로 제공되는 전토로 호주 부부 이외에 미혼의 동거하는 丁男에게 50무, 丁女에게 20무, 次丁男에게 25무를 지급한 것이라고 해석한다. 稅制는 점전에 대해서는 戶調와 田租와 力役을, 과전에 대해서는 田租와 力役을 부과했다고 한다. 그러나 課를 力役이라고 보는 설에 대해서는 이미 비판이 제시되어 있고[11] 또한 力役 부담이 없는 丁女에게 과전을 부과한다는 것은 이해하기 어렵다.

둘째는 課田을 占田 속에 포함시키는 설인데 天野元之助의 연구부터 살펴보자.[12] 휴한지 농업이 당시의 耕種慣行이라는 전제하에서 점전은 限田의 의미이며 남녀의 연령에 관계 없이 각각 남자 70畝, 여자 30畝의 점유를 승인하고, 그 중 정남 50무, 정녀 20무, 차정남 25무의 督課耕田의 과전의 의무를 규정한 것인데 이는 현재 경작하는 畝數에 상관없이 과전 면적에 따라 일률적으로 전조액을 호 단위로 징수했다는 것이다. 이 때 점전 면적과 과전 면적의 차이는 休閑地라고 생각한다. 田租는『晉故事』佚文에 따라 정남의 전조는 50畝에 4斛, 정녀는 20무에 1斛 6斗, 차정남은 25무에 2斛이며 戶調는 과전에 대한 부과라고 주장했다.

曾我部靜雄의 연구에 영향을 받은 堀敏一은 특히 급객제도에 주목한다.[13] 그는 占田과 課田은 모두 동일한 농민호를 대상으로 한 것이며, 점전은 연령에 관계 없이 戶內의 모든 남녀를 대상으로 한 것이고, 과전은 戶內의 丁男, 丁女, 次丁男을 연령에 따라 규정한 것으로, 과전은 세역부담과 관계가 있고 점전은 세역부담과 직접 관계가 없다고 한다. 과전은 占田額 내에 속하는 것으로, 점전으로 일정 면적의 토지 점

---

10) 曾我部靜雄,「唐令及び養老の令に見ゆる課口と不課口」·「晉武帝の田制研究」『均田法と稅役制度』, 講談社, 1953.
11) 仁井田陞,「唐律令上課役制度」『史學雜誌』56 - 3, 1946.
12) 天野元之助,「西晉の占田課田制についての試論」『人文研究』8 - 9, 1957.
13) 堀敏一, 앞의 글.

유를 인정하고 그 중 일정 면적의 토지를 과전으로서 경작 책임을 지게 하여 토지의 개간을 촉진하게 한 것이다. 그리고 課田에 대해 丁男은 50畝에 田租 4斛, 丁女는 20畝에 1斛 6斗, 次丁男은 25畝에 2斛을 징세했다고 한다. 또 일반 농민을 대상으로 하는 이러한 토지제도와 함께, 官人占田과 官人의 親屬 및 客에 대한 課役면제의 규정을 검토하여 官人占田도 서민의 경우와 마찬가지로 사유지로 사실상 토지소유의 최고 한도를 정한 것이며, 給客制는 원래 王公, 貴人, 大姓의 私客이 되어 있던 자를 일정 범위 내에서 追認하여 종래의 개별인신적 지배체제를 재건하려고 했던 것이라고 주장한다.

그러나 이 설은 占田이 비과세 토지라면 官人占田의 규정을 설정한 의미가 설명되지 않고, 또 세역부담이 없는 占田 중에서 세역 부담이 있는 課田을 제외한 나머지 전토가 無稅인 채로 방치되었다는 것은 역시 이해하기 어렵다. 즉 점전을 규정한 의미가 무엇인지 명확하지 않다.

셋째는 점전과 과전이 동일한 호를 대상으로 하나 과전을 점전의 바깥에 설정하는 설인데 吉田虎雄의 연구부터 살펴보자.14) 그의 연구는 『晉故事』佚文을 처음으로 이용했다는 데 의의가 있다. 그는 점전은 소유를 제한한 한전의 의미로 남자는 70畝, 여자는 30畝의 소유를 허락하고, 그 외에 정남에게는 50무, 차정남에게는 25무, 정녀에게는 20무의 官有田의 경작이 課해졌는데, 이 과전은 강제성을 띤 경작지로 전조는 50무에 4斛이며, 점전의 전조는 魏制를 답습하여 畝當 4升이라고 한다. 그는 屯田이 폐지되고 課田이 실시되었다는 宮崎市定의 설에 반대한다. 또 '遠夷不課田者'는 夷人에 대한 규정이며 그들은 戶調와 畝當 4升의 田租와 義米 3斛을 부담해야 했다고 주장하나 그러한 과중한 부담은 과전을 점전의 바깥에 설정한 데서 온 무리한 해석으로 보인다.

또 藤家禮之助의 설도 이 세번째에 속한다.15) 占田의 占이란 신고의

---

14) 吉田虎雄, 앞의 책.
15) 藤家禮之助, 「西晉の田制と税制」 ; 「西晉諸侯の秩奉 -『初學記』所引『晉故事』の解釋をめぐって -」.

뜻으로 관인은 관품에 의해, 서민은 1戶당 100畝의 점유 표준액에 준하여 旣有田을 신고하여 공인받는 것이고, 課田은 舊屯田地 등의 官有地의 경작을 의무화한 일종의 徭役地租로 그 할당액은 丁男, 丁女, 次丁男에 대하여 각각 50무, 20무, 10무를 원칙으로 모든 民丁을 대상으로 한다. 세제는 점전 100畝를 납세의 기초로 하여 田租 4斛, 戶調 絹 3匹・綿 3斤을 징수하고, 다시 과전에 대해서는 '與官中分' 혹은 '6官 4民'을 受取率로 하는 佃料를 징수하고 예외적인 不課田者로부터는 義米를 징수했다고 한다. 즉 編戶 중에 점전호나 과전호의 구별이 있는 것이 아니라, 占田戶에 의해 자작농을 육성하고 그것을 기초로 하여 과전제를 수행하려고 한 것으로, 국가의 편호는 점전호인 동시에 과전호로 국가는 이들에 대한 일원적 지배를 의도했다고 한다. 또 종래에 田租기사만을 단편적으로 이용하여 왔던『晉故事』佚文에 대해 諸侯 秩俸의 징수방법을 본격적으로 고찰하여 점전과전제를 보완한다. 이 설이 갖는 문제점은 지역적으로 偏在해 있었을 舊屯田地 혹은 官田을 어떻게 서진정부가 모든 編戶에게 골고루 할당할 수 있었는지, 점유지가 100畝 이내의 호에 대해서도 획일적인 징세가 가능하였을지, 또 서민의 부담이 너무 과중하지 않는가 하는 점 등을 들 수 있다.

　이 밖에도 占田・課田制에 대해서는 많은 중요한 논문이 있으나 여기서는 생략한다.16) 이상에서 占田・課田에 대한 현재까지의 주요한

---

16) 이상에서 일본의 연구를 중심으로 살펴보았는데, 중국의 연구논문도 위의 분류에 따라 간략하게 소개해 보자. 먼저 점전과 과전을 각각 다른 농민호를 대상으로 한다는 설은 高志辛, 「西晉課田考釋」『魏晉隋唐史論集』1, 中國社會科學出版社, 1981 ;「西晉課田研究的剖析」의 연구를 들 수 있다. 중국의 연구는 점전과 과전이 동일한 민을 대상으로 하고 과전이 점전 내에 포함된다는 설이 많다. 예를 들면 呂思勉,『兩晉南北朝史』, 開明書店, 1948 ; 唐長孺, 「西晉田制試釋」・「魏晉戶調制及其演變」;「西晉戶調式的意義」 ; 李劍農,『魏晉南北朝隋唐經濟史稿』, 三聯書店, 1959 ; 王仲犖,『魏晉南北朝史』, 上海人民出版社, 1979 등. 한편 高敏, 「關于西晉占田課田制的幾個問題」・「兩晉南朝租調制度考辨」은 占田은 사유토지이고 課田은 課稅之田이라고 주장하며 이 설을 지지하고 있다. 또 과전과 점전이 동

연구를 살펴보았다. 결국 문제점은 1) 무엇이 점전이고 무엇이 과전이며 점전과 과전은 어떠한 연관이 있는가, 2) 課田과 占田에 田租가 있느냐 없느냐, 3) 戶調之式과 占田·課田制는 어떠한 관계가 있으며 戶調에 田租는 포함되느냐 별개이냐 등등 모든 것이 문제점이라고 할 수 있다. 결국 占田·課田制와 戶調式에 대한 기존의 연구는 다양한 관점에서 고찰되어 왔으나 아직도 문제가 충분히 해결된 것 같지는 않다.

Ⅱ. 占田·課田과 戶調에 관한 사료

우선 戶調와 占田·課田에 대한 사료를 살펴보자. 먼저 『晉書』 권26, 食貨志 관련 기사인데, 『晉書』의 記述이 얼마나 문제점이 많은가에 대해서는 재론할 필요가 없을 것이다. '戶調之式'이라는 용어부터가 문제이다.[17] 그런 사실을 염두에 두면서 관련 기사를 조목별로 나누어 정리

일인을 대상으로 하나 과전을 점전의 바깥에 설정하는 尙鉞, 『中國歷史綱要』, 人民出版社, 1980 등의 입장이 있다. 아울러 한국의 연구 閔斗基, 앞의 글 ; 李公範, 앞의 글은 과전이 점전 내에 포함된다고 주장한다. 이상이 주요한 연구이나 이 밖에도 수많은 연구가 나와 있고 세부적인 문제에 이르면 많은 차이가 있는데, 구체적인 내용에 대해서는 필요에 따라 인용한다.

17) '戶調之式'이라고 되어 있으나 '式'은 晉代의 용어가 아니다. 『大唐六典』 권6, 刑部尙書條에 "晉命賈充等 撰令四十篇 一戶 二學 三貢士 四官品 五吏員 六俸廩 七服制 八祠 九戶調 十佃 十一復除 十二關市……"라고 있어, 泰始 3년(267)에 완성된 율령에 戶調令이 보인다. 食貨志 중의 '戶調之式'의 '式'이란 용어는 北周 이후에 나타난 북조 계열의 용어이므로 晉代에는 '戶調令'이었을 것이다(程樹德, 『九朝律考』 권3, 晉律考下, 中華書局, 1963 ; 仁井田陞, 『唐令拾遺』 賦役令 第23, 東京大學出版會, 1933 참조). 때문에 『晉書』 식화지 중의 戶調 관련 기술은 唐代의 법체계를 의식하여 기술된 것임을 알 수 있다. 아울러 어디까지가 戶調之式의 내용인가 하는 것도 문제가 되는데 다음에 인용한 『晉書』 관련기사의 1 - ①까지로 보는 설과 전체로 보는 설 등 의견이 분분하다. 한편 程樹德은 1 - ①은 戶調令, 1 - ②와 ③은 佃令, 1 - ④는 戶令으로 분류하고 있다.

해 둔다. 참고로 '外'와 '遠夷'는 『通典』의 관련 기사와 차이가 나는 부
분이다.18)

　　『晉書』 권26, 食貨志 관련 기사
　　及平吳之後……
　　又制戶調之式　丁男之戶　歲輸絹三匹　綿三斤　(丁)女及次丁男爲戶者半輸
其諸邊郡或三分之二　遠者三分之一　夷人輸賨布　戶一匹　遠者或一丈(1 - ①
戶調 규정)
　　男子一人占田七十畝　女子三十畝(1 - ② 占田 규정)
　　其[外] 丁男課田五十畝　丁女二十畝　次丁男半之　女則不課(1 - ③ 課田 규
정)
　　男女年十六已上至六十爲正丁　十五已下至十三　六十一已上至六十五爲次
丁　十二已下六十六已上爲老小　不事(1 - ④ 丁中制 규정)
　　[遠夷]不課田者輸義米　戶三斛　遠者五斗　極遠者輸算錢　人二十八文(1 - ⑤
遠夷不課田者稅負擔 규정)
　　其官品第一至于第九　各以貴賤占田　品第一者占五十頃　第二品四十五頃　第
三品四十頃　第四品三十五頃　第五品三十頃　第六品二十五頃　第七品二十頃
第八品十五頃　第九品十頃(1 - ⑥ 官人占田 규정)
　　而又各以品之高卑　蔭其親屬　多者及九族　少者三世　宗室·國賓·先賢之後
及士人子孫亦如之(1 - ⑦ 資蔭 규정)
　　而又得蔭人以爲衣食客及佃客　品第六已上得衣食客三人　第七第八品二人
第九品……一人　其應有佃客者　官品第一第二者佃客無過五十(十五?)戶　第三
品十戶　第四品七戶　第五品五戶　第六品三戶　第七品二戶　第八品第九品一戶
(1 - ⑧ 給客 규정)

---

18)　『通典』 권1, 食貨典 田制上, "男子一人占田七十畝　女子三十畝　其丁男課
　　田五十畝　丁女二十畝　次丁 男半之　女則不課　其官第一品五十頃　每品減五
　　頃以爲差　第九品十頃　而又各以品之高卑蔭其親屬　多者及九族　少者三代
　　宗室　國賓　先賢之後　士人子孫亦如之　而又得蔭人以爲衣食客及佃客　量其
　　官品以爲差降";『通典』 권4, 食貨典 賦稅上, "晉武帝平吳之後　制戶調之
　　式　丁男之戶　歲輸絹三匹　綿三斤　女及次丁男爲戶者半輸　其諸邊郡或三分
　　之二　遠者三分之一　夷人輸賨　戶一匹　遠者或一丈　不課田者輸義米　戶三斛
　　遠者五斗　極遠者輸算錢　人二十八文".

『隋書』권24, 食貨志 관련 기사

　官品第一第二 佃客無過四十戶 第三品三十五戶 第四品三十戶 第五品二十五戶 第六品二十戶 第七品十五戶 第八品十戶 第九品五戶 其佃穀 皆與大家量分 其典計 官品第一第二 置三人 第三第四 置二人 第五第六及公府參軍 殿中監 監軍 長史 司馬 部曲督 關外侯 材官 議郎已上 一人 皆通在佃客數中 官品第六已上 幷得衣食客三人 第七第八二人 第九品……一人 客皆注家籍(2 - ⑧ 給客 규정)

　其課 丁男調布絹各二丈 絲三兩 綿八兩 祿絹八尺 祿綿三兩二分 租米五石 祿米二石 丁女竝半之(2 - ① 課 규정)

　男女年十六已上六十爲丁 男年十六亦半課 年十八正課 六十六免課 女以嫁者爲丁 若在室者 年二十乃爲丁(2 - ④ 丁中制 규정)

　其男丁 每歲役不過二十日 又率十八人出一運丁役之(2 - ⑨ 役 규정)

　其田畝稅米二斗(2 - ⑩ 田稅 규정)

　이상이 기본자료인데, 이 중『隋書』食貨志에 기재된 내용이 남조 어느 왕조의 제도인가에 대해 논란이 되어 왔다. 東晉代의 것이라는 설도 있고 梁代의 것이라는 설도 있다. 주지하듯이『隋書』는 本紀와 列傳은 隋朝史에 직접 관련된 것이지만 그것이 완성된 후에 별도로 만들어진 志 30권은 남조의 梁・陳과 북조의 北齊・北周 그리고 隋의 5대사에 관한 志인『五代史志』로 편찬된 것이다. 때문에『隋書』食貨志 중의 남조 기사는 원 사료의 성격상 梁・陳代의 것임을 미리 밝혀둔다.19) 때문에 上記의 西晉과 梁・陳에 대한 두 사료를 통해 우리는 기본적으로 다음 사실을 확인할 수 있다.

　먼저 서진에서 실시된 占田・課田은 梁・陳朝에서는 이미 실시되지 않았다는 사실이다.20) 그렇기 때문에『隋書』에는 점전에 대한 규정인

---

19) 古賀登, 앞의 글.

20)『大唐六典』권6, 刑部尙書條에 "晉命賈充等 撰令四十篇 一戶 二學 三貢士 四官品 五吏員 六俸廩 七服制 八祠 九戶調 十佃 十一復除 十二關市……"라고 되어 있어 戶調令과 佃令이 보이나, 이어서 "宋齊略同晉氏 梁初命蔡法度等撰梁令三十篇 一戶 二學 三貢士贈官 四官品 五吏員 六服制 七祠 八戶調 九公田公用儀迎 十醫藥疾病 十一復除 十二關市……"로 되

②의 일반민 점전 규정과 ⑥의 官人 점전 규정이 보이지 않는다. 또 과전에 대한 규정인 ③의 일반민 과전 규정과 ⑤의 遠夷不課田者에 대한 규정도 없다. 그러나 그 밖의 대부분의 규정은 계속하여 시행된 것을 알 수 있다. ①의 戶調 혹은 課 규정, ④의 丁中制 규정, ⑧의 給客 규정은 서진에서와 마찬가지로 梁·陳代에서도 계속 시행되었다. 문제는 『晉書』에는 보이지 않는 ⑨의 役 규정과 ⑩의 전세 규정이다. 서진대에 요역이 실시되었다는 것은 말한 나위도 없는 사실이므로 『晉書』의 기재가 누락된 것이 확실하다.

한편 西晉의 占田·課田과 戶調에 대해 고찰할 때 중요한 또 하나의 사료가 『初學記』 所引의 『晉故事』 佚文이다.21)

　凡民丁課田夫五十畝 收租四斛 絹三疋綿三斤(課田租 및 戶調 규정)
　凡屬諸侯 皆減租穀畝一斗 計所減以增諸侯 絹戶一疋 以其絹爲諸侯秩 又分民租戶二斛 以爲侯奉(제후의 질봉 규정)
　其餘租及舊調絹二戶三疋綿三斤 書(盡?)爲公賦 九品相通 皆輸入於官 自如舊制(제후 질봉 이외의 上供 규정)

해석에 문제가 많은 사료이나 田租 규정이 분명히 있어 『晉書』 食貨志가 관련 조항을 여기저기서 적당히 발췌한 얼마나 소략한 記述인가 하는 것을 다시금 확인할 수 있다. 그러면 이들 사료를 참조하면서 서진의 토지·조세제도에 대해 차례대로 살펴보기로 하자.

III. 占田·課田과 조세제도

중국 조세제도사에 있어서 戶調 徵收는 커다란 변화이다. 戶調는 魏에서 처음으로 실시한 세법이다. 魏에서 호조를 부과한 사료를 다음에

어 있어 戶調는 계속되었으나 田制에 변화가 있는 것을 알 수 있다.
21) 『初學記』 권27, 寶器部 絹條 所引 『晉故事』. 吉田虎雄, 앞의 책에서 처음으로 이용한 사료이다.

제시한다.

　　九月 令曰 河北罹袁氏之難 其令無出今年租賦 重豪彊兼幷之法 百姓喜悅
天子以公領冀州牧 公讓還兗州
　　魏書載公令曰……袁氏之治也 使豪彊擅恣 親戚兼幷 下民貧弱 代出租賦
衒鬻家財 不足應命……欲望百姓親附 甲兵强盛 豈可得邪 其收田租畝四
斗[22] 戶出絹二匹綿二斤而已 他不得擅興發 (『三國志』 권1, 武帝紀 建安 九
年[204]條)

　　9월 令을 내려 하북지방은 袁氏의 난으로 피해를 입었기 때문에 금년의
租賦를 내지 말도록 했다. 또 세력 있는 자의 겸병의 법을 엄하게 하자 백성
들은 기뻐하였다. 천자는 公(=曹操)에게 冀州牧을 맡도록 했으나 公은 사양
하고 연주로 돌아갔다.
　　魏書에 公의 令을 실었는데, 袁氏의 정치는 豪彊이 방자하고 친척이 겸병
하여 백성은 가난하고 힘이 없어 租賦를 내기 위해 가산을 팔아도 명령을
이행할 수가 없었다.……그렇게 해서야 백성이 따르고 군대가 강성하기를
바래도 어떻게 이루어질 수가 있겠는가. (이제부터는) 토지에 대한 租稅 1畝
당 4두씩과 1호당 견 2필·면 2근만을 징수하고 그 외는 함부로 징발하지 말
도록 하라.

　　이것이 魏에서 戶調를 부과한 규정이다. 상기의 문장 중에서 '田租와
戶調'가 '租賦'로 달리 표현되고 있는 것에 유의해 두자. 이러한 표현은
占田·課田制가 실시된 280년 이전의 서진에서도 마찬가지이다.

---

22) 田租가 원문에는 四升으로 되어 있으나 이는 四斗의 잘못이다. 升과 斗는
　　글자가 비슷하여 종종 혼동된다. 이에 대해서는 뒤에서 자세히 설명하겠
　　지만 참고로 전국시대 魏의 李悝의 개혁 때 그는 당시의 수확고를 다음과
　　같이 주장한다. 『漢書』 권24, 食貨志에 "今一夫挾五口 治田百畮 歲收畮一
　　石半 爲粟百五十石 除十一之稅十五石 餘百三十五石"이라 하여 전국시대
　　에 1畝당 수확고는 1.5석이라 하였다. 또 『後漢書』 仲長統傳 第39에 "今通
　　肥饒之率 計稼穡之入 令畝收三斛 斛取一斗 未爲甚多……可爲法制 劃一
　　定科 租稅十一 更賦如舊"이라 하여 후한 말에는 3석이라 하였다. 조조 때
　　田租도 역시 10분의 1이므로 4升이 아니라 4斗로 봄이 옳을 것이다.

冬十二月丙寅 復天下租賦及關市之稅一年 逋債宿負皆勿收23) (『晉書』권
3, 武帝紀 泰始 元年[265]條)
　閏五月 詔交趾三郡南中諸郡 無出今年戶調(同 泰始 七年[271]條)
　六月丙申 詔復隴右四郡遇寇害者田租(同 泰始 八年[272]條)

　맨 위의 265년의 것은 田租와 戶調의 면제, 271년의 것은 戶調의 면
제, 272년의 것은 田租의 면제를 명한 내용이다. 그렇다면 265년의 '租
賦'의 면제는 戶調와 田租의 년제이나. 그 후 西晉은 吳를 평정하고
280년에 占田・課田制를 실시한다. 戶調는 서진에서도 실시되었고(1 -
①), 梁・陳代에도 계속하여 시행되었다(2 - ①). 魏와 西晉 그리고 梁・
陳代의 戶調를 알기 쉽게 정리해 보자.

　魏의 戶調 : 戶調 絹二匹・綿二斤
　西晉의 戶調 : 戶調 歲輸絹三匹 綿三斤 (丁)女及次丁男爲戶者半輸 其諸
邊郡或三分之二 遠者三分之一 夷人輸賨布 戶一匹 遠者或一丈
　梁・陳의 課 : 其課 丁男調布絹各二丈 絲三兩 綿八兩 祿絹八尺 祿綿三兩
二分 租米五石 祿米二石 丁女竝半之

　戶調는 魏에서 처음 실시되었으며 1戶당 絹 2匹・綿 2斤이었는데 西
晉에서는 絹 3匹・綿 3斤으로 증가되었다. 그 후 梁・陳에 이르러 丁
단위로 바뀌고 명칭도 '戶調'가 아니라 織物로 징수하는 '調'와 穀物로
징수하는 租米와 祿米가 합쳐져 '課'로 불려지고 있다. 이러한 변화는
중요한 사실이다. 이것은 戶調가 課로 발전했다는 것을 말해 주고 있
다. 이 '課'가 바로 唐代에서 논란이 되는 '課'이다.24) 이러한 변화가 서
진의 課田 실시에서 비롯된 것임은 말할 나위가 없다.
　한편 田에 대한 租稅에 대해 살펴보자. 魏의 田租는 畝당 4斗였다.25)

---

23)『晉書』권3, 武帝紀 泰始 6년(270)조, "秋七月丁酉 復隴右五郡遇寇害者租
　　賦 不能自存者稟貸之"라는 기사도 있다.
24) 礪波護,「課と稅に關する諸研究」『東洋史研究』20 - 4, 1962.
25)『三國志』권1, 武帝紀 建安 9年(204)條, "九月 令曰 河北罹袁氏之難 其令

東晉의 경우는 畝당 3斗이다.26) 梁陳의 경우는 畝당 稅米 2斗이다(2-
⑩). 결국 魏에서 梁·陳에 걸쳐 일관해서 田稅는 있었다. 그러면 점전
·과전제가 실시된 서진의 경우는 어떠했을까. 결론부터 말하면 필자
는 서진에서도 이 1畝당 징수하는 按畝 징세의 田稅는 실시되었다고
생각한다. 그것이 무엇에 근거한 것이며, 또한 占田·課田과 어떻게 연
관되어 있는지 다음에서 살펴보기로 하자.

1. 占田

그러면 田稅와 관련하여 占田에 대해 먼저 고찰해 보기로 하자.『晉
書』식화지의 占田 규정에는 다음과 같이 기재되어 있다.

　　　男子一人占田七十畝 女子三十畝(1-② 占田 규정)

남자와 여자의 연령에 제한을 두지 않고 다만 남자 한 사람은 田 70
畝를 점유할 수 있고 여자는 30畝까지 점유할 수 있다고 규정되어 있
다. 토지를 점유한 자는, 이어서 나오는 “其[外] 丁男課田五十畝 丁女
二十畝 次丁男半之 女則不課”라는 규정에 의해 그 점유한 토지의 일부
를 경작할 의무 즉 課田의 의무가 부과되어 있다. 때문에 점전 대상자
는 곧 과전 대상자일 것으로 생각된다. 과전 대상자가 戶內의 정남과
정녀와 차정남, 차정녀이기 때문에 점전 대상자도 이들 정남, 정녀, 차
정남, 차정녀였다고 생각한다. 즉 토지를 경작할 의무가 있는 자가 원
칙적으로 토지를 점유할 수도 있다고 보기 때문이다.
　이는 後漢 이후 호족의 토지겸병을 막기 위해 일반민의 토지점유를

　　　無出今年租賦 重豪彊兼幷之法 百姓喜悅 天子以公領冀州牧 公讓還兗州
　　　魏書載公令曰……袁氏之治也 使豪彊擅恣 親戚兼幷 下民貧弱 代出租賦
　　　銜鬻家財 不足應命……欲望百姓親附 甲兵强盛 豈可得邪 其收田租畝四
　　　斗 戶出絹二匹綿二斤而已 他不得擅興發”.
26)『晉書』권26, 食貨志, “咸和 元年(330) 成帝始度百姓田 取十分之一 率畝
　　稅米三斗”.

일정한 한도 내에서 제한하려는 의도를 가진 제도라고 생각한다. 즉 점
전제는 限田制이다. 호족의 성장을 억제하고 농민을 보호하며,[27] 이른
바 '土廣民稀'[28]의 상황하에서 토지의 개간을 촉진하고 농경을 독려하
려고 한 제도일 것이다.

　일반적으로 漢代까지 5口의 1家에선 100畝를 경작하는 것을 이상적
이라고 여겨 왔다.[29] 그러나 北朝·隋唐의 균전제하에서는 이미 丁男
에게 100畝, 부인에게 40畝를 할당하고 있다. 서진의 점전은 한 가족이
100무 이상의 토지를 소유하게 되니 그 중간형태로 볼 수 있다.[30] 당시
無力한 서진 정부는 법령상 규정한 바의 田畝를 인민이 점유할 권리가
있음을 准許한 것이지, 실제로 그 토지의 점유 여부, 耕種 여부는 문제
삼지 않았을 것이다. 바로 환수 규정도, 연령제한도 없이 男女라는 막
연한 표현을 사용한 점은 점전이 실제로 급여하는 토지가 아니기 때문
일 것이다. 아울러 官人의 관품에 따라 특권을 인정하여 점유한도를 규
정한 것도 마찬가지이다.[31] 점유한도를 초과한 토지소유에 대해서는
정부에서 규제를 가했을 것이다. 물론 강력한 규제가 행해졌다고 생각
하기는 어렵지만 원칙은 그랬을 것이며, 많은 귀족들은 그러한 규제에
대해 온갖 불법과 실력으로 저항했을 것이다. 또한 占田 규정액에 미치
지 못하는 농민에 대해서도 따로 授田이 행해지지는 않았을 것이다.

　이러한 점전에 대해서 田稅가 징수되었다고 여겨진다. 점전의 전세
는 당연히 토지의 소유면적에 따라 징수되었을 것이다. 그것이 『晉故

---

27) 堀敏一, 「均田思想と均田制度の源流」 『均田制の研究』.
28) 『後漢書』 권49, 仲長統傳 『昌言』 損益篇.
29) 『孟子』 梁惠王篇上, "百畝之田 無奪其時 八口之家 可以無飢矣"; 『漢書』
　　권24, 食貨志上, "李悝爲魏文侯作盡地力之敎……今一夫挾五口 治田百畝
　　歲收畝一石半 爲粟百五十石 除十一之稅十五石 餘百三十五石", "鼂錯復
　　說上日……今農夫五口之家 其服役者不下二人 其能耕者不過百畝 百畝之
　　收不過百石".
30) 堀敏一, 「魏晉の占田·課田と給客制の意義」 『均田制の研究』, 岩波書店,
　　1975.
31) 唐長孺, 「西晉田制試釋」·「魏晉戶調制及其演變」.

事』에 기재되어 있다. 설명의 편의를 위해 다시 한 번『晉故事』를 인용해 보자.

> 凡民丁課田夫五十畝 收租四斛 絹三疋 綿三斤
> 凡屬諸侯 皆減租穀畝一斗 計所減以增諸侯絹戶一疋 以其絹爲諸侯秩 又分民租戶二斛 以爲侯奉
> 其餘租及舊調絹二戶三疋綿三斤 書(盡?)爲公賦 九品相通 皆輸入於官 自如舊制

이『晉故事』는 제후의 封戶 內의 租調를 어떻게 배분할 것인가를 규정한 것이다. 여기에 나오는 課田과 戶調額이『晉書』食貨志의 규정과 일치하기 때문에 비슷한 시기의 것으로 보고 있다.[32]『晉書』식화지의 관련 기사와 보완해 가며 전제와 세제를 고찰해 보자.『晉故事』의 全文에 대한 해석은 뒤로 미루고 우선은 당면의 과제에 대해 검토한다.

여기에는 두 종류의 田에 대한 租稅가 명시되어 있다. 하나는 "凡民丁課田夫五十畝"에 대해 '租四斛'이라는 定額租를 徵收하는 규정이다. 그 중 戶當 2斛은 제후분으로 공제하도록 명시되어 있다. 그러면 이 과전의 田租는 1畝당 0.8斗가 된다. 그렇다면 이 田租는 "凡屬諸侯 皆減租穀畝一斗"의 1畝당 1斗를 감한다는 계산과 모순된다. "分民租戶二斛以爲侯奉"라는 규정과도 모순된다. 또 종래의 해석처럼 一斗가 一升의 잘못이라고 해도 계산이 석연치 않다. 역시 50畝에 대해 4斛을 징수하는 定額租와는 별도로, "凡屬諸侯 皆減租穀畝一斗"라는 규정에서 알

---

32)『晉故事』에 대해『晉書』권30, 刑法志에 "於是令賈充定法律……其常事品式章程 各還其府 爲故事……凡律令合二千九百二十六條 十二萬六千三百言 六十卷 故事三十卷 事畢 表上"이라고 전한다. 西晉 泰始 3년(267)의『晉故事』30권본은 占田·課田이 실시되기 전에 나온 것이므로,『初學記』所引『晉故事』는『隋書』經籍志,『新唐書』經籍志에 著錄되어 있는『晉故事』43권본으로, 이는 賈充本 30권본에 補加한 平吳 직후에 찬수된『太康故事』의 일부일 것으로 추정한다(守屋美都雄,「晉故事について」『中國古代の家族と國家』, 東洋史研究會, 1968).

수 있는 것처럼 1畝당 얼마씩을 수취하는 按畝徵收의 전세가 따로 존재했다고 보는 것이 합리적인 해석일 것이다. 즉 1畝당 몇 斗씩 수취하는 租穀 중에서 1畝當 1斗를 제후분으로 공제하도록 규정하고 있는 것이다. 다시 말하면 정남의 과전 50畝에 대해 4斛이라는 정액을 거두는 田租가 있고, 그것과는 별도로 점유 토지의 면적에 따라 1畝當 몇 斛씩을 징수하는 田稅가 명기되어 있는 것이다. 즉 田에 대한 과세는 정남의 課田에 대해 부과하는 課田田租 즉 按丁田租와, 점유한 면적에 따라 1畝당 과세하는 占田田租 즉 按畝田租의 두 종류의 규정이 있다는 사실을 명확히 해 둘 필요가 있다. 다만『晉書』식화지에는 이 규정이 빠져 있었던 것이다. 그러면 占田 1畝당 세율이 서진에서 얼마였던가를 추정해 보기로 하자.

　전통적인 세법인 田稅는 한대에 이어서 앞에서 살펴본 대로 魏에서도 있었고 梁·陳에서도 있었다. 중국의 전통적인 田租는 수확고의 10분의 1이었다.[33] 한대의 田租는 漢初에 수확고의 15분의 1에서 景帝 이래로 30분의 1을 수취하던 것을 계승하여 토지의 肥瘠과 그 해의 풍흉에 따라 징수하였다.[34] 魏에서는 단위면적에 대한 정액으로 바뀌어 1畝當 4斗씩 수취하게 된다. 이것은 전통적인 세율인 수확량의 10분의 1을 수취한 것임을 다음 사료를 통해 알 수 있다. 後漢 말 曹操집정기에 쓰여진 仲長統의『昌言』에 다음과 같은 내용이 있다.

　　今通肥饒之率 計稼穡之入 令畝收三斛 斛取一斗 未爲甚多……可爲法制 劃一定科 租稅十一 更賦如舊 (『後漢書』仲長統傳 第39)
　　지금 비옥한 토지를 평균하여 수확 수입을 계산하면 1畝당 三斛을 거두어들이므로 1斛에 1斗 즉 1畝당 3斗를 징수하여도 그렇게 많다고는 하지 않을

---

33)『孟子』滕文公篇上, "夏后氏五十而貢 殷人七十而助 周人百畝而徹 其實 皆什一也";『漢書』권24, 食貨志上, "有稅有賦 稅謂公田什一及工商衡虞 之入也".

34) 宮崎市定,「中國古代賦稅制度」『アジア史硏究』1, 同朋舍, 1957 ; 吉田虎 雄,『兩漢租稅の硏究』, 大安書店, 1966 ; 平中苓次,『中國古代の田制と稅 法』, 同朋舍, 1967.

것입니다.……法制로 삼아 定科로 통일하여 租稅는 10분의 1로 하고 更賦는
예전과 같이 하십시오.

당시 1畝당 수확량은 3斛이며 田稅는 10분의 1이었음을 알 수 있다.
또

　　近魏初課田 不務多其頃畝 但務修其功力 故白田收至十餘斛 水田收數十斛
(『晉書』 권47, 傅玄傳)[35]
　　근래 魏初에 田土를 경작함에 있어서는 그 경지면적을 확대함에 힘쓰지
않고 단지 그 단위 면적당 수확량을 증가하는 것에 힘썼기 때문에 白田은 (1
畝당) 수확이 10여 斛에 이르고, 水田은 數十斛에 이르렀다.

당시 白田 즉 陸田은 1畝당 10여 斛, 水田은 數十斛이 생산되었다고
한다. 결국 당시의 畝當 수확량은 3~10斛이었다고 추정해도 좋을 것이
다. 東晉代에도 田稅는 여전히 10분의 1이 징수되었다.

　　咸和 元年 成帝始度百姓田 取十分之一 率畝稅米三升(斗의 잘못) (『晉書』
권26, 食貨志)
　　咸和 원년(330)에 成帝는 처음으로 百姓의 田을 측량하여 10분의 1을 징
수하여 평균 1畝當 3斗를 稅徵하였다.

이상에서 살펴본 것처럼 魏와 東晉에서 田稅는 수확고의 10분의 1을
징수했다는 것을 알 수 있다. 따라서 西晉의 田稅는 1畝당 생산량의 10
분의 1인 3斗 내지는 4斗였을 것인데 호조가 전반적으로 魏에 비해 증
액되어 있기 때문에 전세의 비율은 상대적으로 낮아졌다고 보이므로 3
斗였을 것으로 추정된다.
　　1畝당 3斗씩을 田稅로서 징수한 占田은 일반민뿐만 아니라 官人에
게도 적용되었다. 官人占田은 국가가 신분의 특권을 인정하여 점유토
지의 한계를 규정한 것으로 물론 이들 토지에도 원칙적으로 田稅는 부

---

35) 西嶋定生, 앞의 글.

과된다. 다시 말하면 占田이란 官人에서 일반민에 이르기까지 토지의 점유한도를 규정해 놓은 限田이다. 가장 전통적인 조세인 田稅는 西晉에서는 占田 한도내의 점유토지에 대해 부과되었고, 이후 占田이 폐지된 남조에서도 계속 시행되어『隋書』식화지에 梁·陳의 田稅는 "其田畝稅米二斗"로 규정되어 있는 것이다.

이상의 내용을 정리하면, 고대 漢의 제도를 계승한 田租(=田稅)는 戶調를 신설한 魏에서도, 占田·課田制를 실시한 서진에서도 계속되었다. 魏에서는 1畝당 4斗, 서진에서는 3斗, 동진에서는 3斗, 梁·陳에서는 2斗씩이었다.

2. 課田

다음은 課田에 대해 설명할 차례이다. 西晉에서는 왜 課田制를 실시한 것일까. 이는 魏의 둔전제를 폐지하고 실시한 토지제도라고 생각된다.

是歲 罷屯田官以均政役 諸典農皆爲太守 都尉皆爲令長 (『三國志』 권4, 魏書 陳留王紀 咸熙 元年[264]條)
이 해 둔전관을 폐지하고 政役을 균일하게 하였다. 전농관을 모두 태수로 삼고 도위는 모두 현령·현장으로 삼았다.

그러나 屯田은 이 때 완전히 폐지되지는 않아 西晉 武帝 때 다시 조칙이 발표된다.

罷農官爲郡縣 (『晉書』 권3, 武帝紀 泰始 2年[266] 12月條)
(전)농관을 파하여 군현의 장관으로 삼았다.

이 조처에 의해 전농관은 일반 군현의 장관이 되고 둔전민은 일반 군현민과 같은 부담을 지게 되었고 舊屯田 중 民屯田이 해체되었다. 이어서 280년 吳를 평정하고 남아 있던 軍屯田을 해체하고 시행한 제도가 占田·課田制이다.

　이 경우 전농관이 폐지되고 둔전민이 郡縣民으로 개편되어도 그 토
지는 여전히 국유지이다. 따라서 그들은 군현민이 되어도 국유지인 公
田을 경작할 것이고 그 때문에 일반 군현민과는 다른 취급을 받을 것이
라고 하여 그들이 課田民이 되었다고 주장한다.[36] 그러나 '均政役' 후
에도 郡縣民과 구 둔전민 사이에 여전히 차별이 남아 있었을까,[37] 私田
에 비해 公田의 무거운 조세부담이 권농정책일 수 있을까. 그리고 田土
의 給田과 환수에 대한 규정이 전혀 보이지 않는 점[38] 등으로 미루어
군현민과 구 둔전민 사이에 구별이 있었다고는 생각하기 어렵다. 또 중
요한 반증의 하나로 課田이 실시된 후 내려진 減稅조치를 들 수 있다.
280년에 점전·과전제를 실시한 지 4년 후인 太康 5년(284) 7월조에

　　減天下戶課三分之一 (『晉書』 권3, 武帝紀)
　　천하의 戶課(즉 戶調와 課田田租)를 3분의 1로 減한다.

고 했는데 이 내용은 천하의 民戶를 대상으로 한 것이지 결코 占田民
을 제외한 課田民에 대한 감세 혜택이라고는 볼 수 없다. 이 감면조치
는 280년 吳를 멸하고 占田·課田制를 시행하여 재정수입이 증가하자
내려진 감세조치라고 생각된다. 점전민과 과전민의 구별은 없었을 것
이며 占田과 課田은 동일한 民戶를 대상으로 하였으며 점전의 규정과
마찬가지로 과전도 일반민뿐만 아니라 官人에게도 해당되었다고 여겨
진다.

　즉 魏의 田租와 戶調 규정이 둔전제와는 별개였던 것처럼, 서진의
戶調와 占田·課田도 屯田과는 별개의 문제였다고 생각된다. 西晉에서
占田·課田制를 실시한 계기는 물론 魏末의 둔전제 폐지와 깊은 연관

---

36) 宮崎市定,「晉武帝の戶調式に就いて」; 西嶋定生, 앞의 글.
37) 堀敏一,「魏晉の占田·課田と給客制の意義」『均田制の研究』, 岩波書店,
　　1975.
38) 唐長孺,「西晉田制試釋」·「魏晉戶調制及其演變」;「西晉戶調式的意義」.

이 있을 것이다. 남아도는 국유지의 문제와 또 둔전의 폐지로 인해 줄어든 租穀 수입을 확보하기 위해 새로 채택된 제도였다고 생각한다. 이른바 경작을 독려하기 위해 최소한 경작해야 할 의무가 課해진 경작의무 토지가 課田이며 이 제도는 특정한 지역에만 한정하여 실시된 것이 아니라 전국적으로 실시된 제도였다.

그러면 이 課田의 대상자가 누구인지 살펴보기로 하자.

男子一人占田七十畝 女子三十畝(1 - ② 占田 규정)
其[外] 丁男課田五十畝 丁女二十畝 次丁男半之 女則不課(1 - ③ 課田 규정)
남자 한 사람은 田 70畝, 여자는 30畝를 점유할 수 있다. 그 외에, 丁男은 田 50畝, 丁女는 20畝, 次丁男은 25畝를 경작할 의무를 課하나 (次丁)女는 課하지 않는다.

이 조문에서 '[外]'는 『晉書』에는 있으나 『通典』에는 없기 때문에 문제가 되어 왔다. 이를 '占田者 이외의 課田者'로 해석하는 것은 앞서 설명한 대로 문제가 있다. '其[外]'란 점전 규정 이외에 과전 규정이 있다는 뜻으로 해석해야 옳을 것으로 생각된다. 즉 정남의 경우 田을 70畝까지 점유할 수 있으며 그 중 田 50畝는 반드시 경작해야 한다는 뜻이다. 또 정녀는 30무까지 점유할 수 있으며 그 중 20무는 반드시 경작해야 한다. 차정남은 70무까지 점유할 수 있고 25무는 의무경작지이고, 次丁女는 30무까지 점유할 수 있고 경작의 의무는 없다.

즉 課田 대상자는 정남과 정녀와 차정남이며, 정남은 50무, 정녀는 20무, 차정남은 25무가 그들이 경작해야 할 의무가 課해진 토지 課田이다. 그들이 경작해야 할 의무가 있는 최소한의 토지이다. 『晉書』 식화지에는 이 과전의 세액이 명시되어 있지 않으나 앞서 살펴보았듯이 『晉故事』에 그 규정이 있었다. 정남의 경우 課田 50畝에 내한 田租가 4斛이니 즉 1畝당 세액이 8升씩이므로 정녀는 20무에 1斛 6斗, 차정남은 25무에 2斛이다.

그러면 점전과 과전의 관계는 어떠한가. 점전 한도액 속에 과전이 포함되어 있다고 본다. 구체적으로 70畝를 점유한 정남의 田稅를 살펴보자. 70畝 중 50畝는 반드시 경작해야 하는 課田이며 課田田租는 『晉故事』佚文에 나와 있는 대로 4斛이고, 課田 50畝를 제외한 20畝에 대해서는 앞서 살펴본 대로 1畝당 3斗의 田稅가 부과된다. 즉 일반 占田의 田稅가 1畝당 3斗씩인 것에 비해 課田의 田租는 1畝당 0.8斗이다. 課田의 田租가 占田의 田稅에 비해 4분의 1 정도로 가벼운 것은 권농정책 때문일 것이다.39) 과전은 의무경작지이기 때문에 田租를 占田에 비해 훨씬 가볍게 정하여 경지의 개간도 장려하고 농경의 의욕도 북돋우려는 의도였을 것이다. 그 토지는 公田이든 私田이든 관계없다.40) 경작의무 토지인 課田에 대한 田租는 일정한 연령에 달하면 경작 여부에 관계 없이 반드시 납부해야 하는 세액의 성질을 띠고 있다. 때문에 1畝당 얼마씩으로 규정되어 있지 않고, 戶調와 함께 정액과세로 명기되어 있는 것이다. 즉 課田은 처음부터 토지에 대한 세액이라기보다는 인두세적인 세액의 성격을 갖고 있었다고 할 수 있다. 西晉의 제도를 답습한 五胡의 하나인 成漢에 다음과 같은 규정이 보인다. 成漢의 李雄(304~333) 집권기는 西晉에선 惠帝 재위기이다.

　　其賦男丁歲穀三斛 女丁半之 戶調絹不過數丈 綿數兩 (『晉書』 권121, 李雄載記)
　　賦는 男丁은 해마다 穀 3斛, 女丁은 그 반이고 戶調는 絹 數丈, 綿 數兩에 지나지 않았다.

賦(課田租＋戶租) 중에서 課田租穀이 丁男은 해마다 3斛, 丁女는 1.5

---

39) 西嶋定生, 앞의 글에서 課田民의 田租는 1畝당 8升, 州郡民(=占田民)의 田租는 魏의 田租 1畝당 4升이라고 주장하나 漢代에 公田은 民田에 비해 결코 부담이 무겁지 않았다. 둔전과의 관계는 접어 두고라도 세율로만 볼 경우 公田의 성격을 띤 課田은 畝당 8升, 일반 점전은 畝당 4斗 혹은 3斗로 보아야 합리적인 해석이 아닐까. 여기서 일반 占田의 田稅가 '升'이 아니라 '斗'이어야 함을 재확인할 수 있다(閔斗基, 앞의 글 참조).

40) 唐長孺, 「西晉田制試釋」·「魏晉戶調制及其演變」; 「西晉戶調式的意義」.

斛으로 일정액의 인두세처럼 부과되어 있다. 이는 서진의 제도를 충실히 계승하고 있는 것이라고 여겨진다. 西晉의 課田田租도 이런 식으로 부과되었을 것이다. 즉 처음에는 丁男의 경우 課田 50畝에 4斛, 丁女 20畝에 1.6斛, 次丁男 25畝에 2斛으로 課田 면적이 중요한 의미를 가졌겠지만 시간이 경과되면서 반드시 경작해야 하며 또 경작 여부에 관계없이 반드시 납부해야 하는 田租였기 때문에 점차 課田 면적은 의미가 없어지고 丁男은 4斛, 丁女는 1.6斛, 次丁男은 2斛이라는 식으로 課田租만 남았을 것이다. 바로 그 遺制가 成漢에 전해졌넌 것이다.

　한편 課田과 관련하여 논란이 많은 것이 '[遠夷]不課田' 규정이다. 『晉書』食貨志에는 이 '遠夷'라는 字가 있으나 『通典』에는 없기 때문에 생긴 논란이다.

　　又制戶調之式　丁男之戶　歲輸絹三匹　綿三斤　(丁)女及次丁男爲戶者半輸 其諸邊郡或三分之二　遠者三分之一　夷人輸賨布　戶一匹　遠者或一丈(1 - ① 戶調　규정)
　　其[外]　丁男課田五十畝　丁女二十畝　次丁男半之　女則不課(1 - ③ 課田　규정)
　　男女年十六已上至六十爲正丁　十五已下至十三　六十一已上至六十五爲次 丁　十二已下六十六已上爲老小　不事(1 - ④ 丁中制규정)
　　[遠夷]不課田者輸義米　戶三斛　遠者五斗　極遠者輸算錢　人二十八文(1 - ⑤ 遠夷不課田者稅負擔규정)

　그 동안 어느 것이 옳으냐를 놓고 양설이 팽팽히 맞서 왔지만, 역시 『通典』의 문장을 면밀히 분석하여 보면 『通典』 기사는 『晉書』 食貨志 기사를 재료로 하여 재정리한 것이라고 보는 것이 타당한 듯하다.[41] 때문에 '遠夷'를 衍字로 보기는 어렵다. 물론 遠夷를 그대로 해석해도 자연스럽지 않은 것은 사실이다. 그러나 夷民이 과세대상이었던 것은 다음 사료로 보아 확실하다. 예를 몇 가지 들어보자.

─────────────────
41) 鈴木俊,「占田·課田と均田制」·「晉の戶調式と田租」.

吳錄地理志曰　武陵臨沅縣多并閭木　生山中
晉令曰　其夷民守護椶皮者　一身不輸[42] (『藝文類聚』 권89, 木部下　并閭條)
吳錄地理志에　武陵郡　臨沅縣에　并閭木이 산중에 많이 자라고 있다고 한
다.
晉令에 夷民 중에서 椶皮를 수호할 경우 한 사람은 免稅한다고 한다.

『藝文類聚』 所引의 『晉令』에서 一身을 면제해 주는 것은, 戶당 부과
가 아니라 頭당 부과이므로 『晉書』 食貨志의 遠夷 규정 중 "極遠者輸
算錢 人二十八文"에 해당할 것이다. 그렇다면 極遠者는 '夷民 중 極遠
者'일 것이며 그들이 按丁徵收의 대상이었던 것은 이 晉令에 의해 입증
되었을 것이다. 좀더 살펴보자.

世祖初……蠻民順附者　一戶輸穀數斛　其餘無雜調　而宋民賦役嚴苦　貧者不
復敢命　多逃亡入蠻 (『宋書』 권97, 夷蠻　荊雍州蠻傳)
세조 초,……蠻人 중에서 宋朝에 順附하는 자에게는 한 戶에 穀 數斛을
내도록 하고 그 나머지 雜調는 없애도록 했다. 그러나 宋의 인민은 부역이
혹독하여 빈한한 자는 또다시 감히 令을 어기고 다수가 도망하여 蠻族 속으
로 들어갔다.

이는 劉宋代의 일이나 남조에서도 서진에서 실시한 課田租는 계속
징수되었다고 생각한다. 때문에 領內 이민족들은 직물로 징수하는 戶
調 외에 穀 數斛의 課田租를 내고 있는 것이다. 또 義米가 夷民을 대상
으로 한 과세였다는 것에 대해 살펴보자.

初南鄭沒於魏　乃於益州西置南梁州　州鎭草創　皆仰益州取足　(張)齊上夷獠
義租　得米二十萬斛 (『梁書』 권17, 張齊傳)
처음 南鄭이 魏에 함락되자 益州의 西쪽에 南梁州를 두었다. 州鎭이 처음
설치되었기 때문에 모두 益州에서 도움을 받았다. (張)齊는 夷獠의 義租 米
二十萬斛을 얻어 올렸다.

---

42) 程樹德, 앞의 책에서는 本令을 戶調令에 넣고 있다.

　이는 梁代의 사례인데 夷人이 내는 租를 義租라 부르고 있다. 이상의 여러 사례로 보아 夷人이 조세대상이었음은 확실해졌을 것이다. 夷民의 경우, 按戶 징세와 按丁 징세의 두 종류가 있고 穀物 징세분이 있었다는 것이 증명되었다.

　그렇다면 '遠夷'에 대한 규정이 夷人(=夷民)을 가리키는 것이 확실한 이상[43] 衍字로 보는 설에는 찬성할 수 없다. 이는 夷民에 대한 규정이므로 '遠夷'는 본래 '夷民'이었을 것이라고 여겨진다.[44] 과전의 의무규정이 없던 夷民에게는 특별규정이 적용되었는데, 課田의 出租를 기술하지 않은 『晉書』 식화지에 不課田의 夷民에 대한 세액 규정은 기술하고 있어 우리를 더욱 혼란스럽게 만들어 왔다. 『晉故事』의 課田田租 기사를 식화지에 보충해 넣음으로써 식화지 기사를 비로소 제대로 이해할 수 있게 된다. 그것을 정리하면 아래와 같다.

	거리규정	課田租	戶調
漢人	一般郡	정남50畝/4斛, 정녀20畝/1斛6斗, 차정남25畝/2斛	정남호 絹3匹綿3斤, 정녀차정남호 絹1.5匹綿1.5斤
	邊郡	上同	(일반군의 ⅔) 정남호 絹2匹綿2斤
	遠郡	上同	(일반군의 ⅓) 정남호 絹1匹綿1斤
夷人	夷人	不課田 1戶당 義米3斛	1호당 賨布1匹
	夷人遠者	不課田 1戶당 義米5斗	1호당 賨布1丈
	夷人極遠者	不課田 1人당 算錢28文	0

　위의 표에서 西晉의 戶調와 課田田租에는 거리에 따른 차등과 漢人

---

43) 伊藤敏雄, 「'遠夷不課田者'をめぐって」. 그러나 楠山修作, 「晉書食貨志記載の遠夷の二字について」 『東方學』 71, 1986에서는 伊藤說에 반박하며 宮崎市定의 '遠夷' 衍字說에 동의하고 있다.

44) 堀敏一, 「魏晉の占田·課田と給客制の意義」 『均田制の研究』, 岩波書店, 1975.

과 夷人에 대한 구별이 있었던 것을 알 수 있다. 아마도 漢人의 課田田租에도 夷人이나 戶調와 마찬가지로 거리에 따른 차등세율이 있었을 것이라고 생각되지만 다만 현재로선 사료가 없기 때문에 그랬을 것이라고 추정해 볼 따름이다.

3. 점전·과전과 戶調

이상의 논증을 근거로『晉故事』佚文을 해석해 보자. 먼저『晉故事』중의 "九品相通 皆輸入於官 自如舊制"의 '九品相通'에 대해 잠시 살펴보자. 戶調는『晉故事』에 의하면 戶마다 일정액을 일률적으로 징수하는 듯이 규정되어 있다. 그러나 실은 그렇지 않은 사료가 산견된다. 예를 들어보자.

常年賦税 主者常自四出結評百姓家貲 至超但作大函 村別付之 使各自書家産 投函中訖 送還縣 百姓依實投上 課輸所入 有踰常年 (『晉書』권70, 劉超傳)

매년 賦税는 담당자가 언제나 직접 네 번 나가서 백성의 재산을 조사하여 등급을 정하여 부과하였다. 그러나 劉超가 (句容令이) 되자 단지 큰 함을 만들어 村別로 나눠주고 각자 스스로 家産을 적어 函 속에 넣게 하여 縣으로 보내게 했다. 百姓이 적어 넣은 자산에 따라 부과하였더니 課輸의 들어온 바가 평년을 넘었다.

이 사료를 통해 과세가 자산에 의해 부과된 것을 알 수 있지만, 이 과세가 戶調였는지는 확실하지 않다. 그러나 다음 사료를 보면 호조와 자산평가가 서로 연관이 있음을 알 수 있다.

初太祖爲司空時 以己率下 每歲發調 使本縣平貲 于時譙令平洪貲財與公家等 太祖曰 我家貲那得如子廉耶 (『三國志』권9, 曹洪傳 所引『魏略』)

처음 태조가 司空이었을 때 스스로 아래의 모범이 되기 위해 매년의 戶調를 징발함에 있어 本縣으로 하여금 자산을 평가하게 하였다. 당시 譙令이 曹洪의 貲財를 평기하여 조조의 집안과 같은 등급을 매겼다. 그러자 태조가 나의 집 자산이 어찌 子廉(=曹洪)과 같을 수가 있겠는가 하였다.

이는 호조가 자산에 따라 부과되었다는 것을 전해 주는 사료이다. 위의 두 사료에서 살펴본 것처럼 戶調는 지방관인 縣令이 직접 各戶의 資産 정도에 따라 9등급으로 평가하여 차등적으로 부과했다. 그렇다면 정남의 戶調 絹 3필·綿 3근이라고 규정한 것은 무엇일까. 그것은 한 縣에서 戶調를 평균하여 정부에 보고할 때의 호당 기준액이라고 생각한다. 바로 자산에 따라 부과한 戶調의 평균액이 戶당 絹 3匹, 綿 3斤이다.45) 이러한 자산 즉 戶等에 따라 차등적으로 조세를 부과하는 제도는 이미 후한 때부터 있었다.

　　拜全椒長 政有恩惠 百姓懷感 人或增貲就賦 或減年從役 (『後漢書』 권39, 劉平傳)
　　劉平이 全椒縣長이 되자 정치는 恩惠가 있고 百姓은 懷感하여 사람들은 자산을 늘려서 賦를 내고 혹은 나이를 줄여서 役에 종사하였다.

즉 자산에 따라 賦를 부과했기 때문에 劉平을 숭앙하여 스스로 자산을 높여 신고했다는 것이다. ‘九品相通’ ‘九品混通’이란 용어가 散見되는 것으로46) 미루어 당시에는 자주 사용되었던 용어인 듯하다. 그러면 호조의 평균액은 무엇 때문에 필요했던 것일까. 이 점에 대해서는 별고에서 설명하기로 한다.

　　이상의 설명에 근거하여 이제 『晉故事』 佚文를 해석해 보자.

　　凡民丁課田夫五十畝 收租四斛 絹三疋·綿三斤(課田租 및 戶調 규정)
　　凡屬諸侯 皆減租穀畝一斗 計所減 以增諸侯 絹戶一疋 以其絹爲諸侯秩

---

45) 唐長孺, 「魏晉戶調制及其演變」 『魏晉南北朝史論叢』 참소.
46) 『魏書』 권110, 食貨志, "先是 天下戶以九品混通 戶調帛二匹·絮二斤·絲一斤·粟二十石 又入帛一匹二丈 委之州庫 以供調外之費"; 『魏書』 권4 上, 世祖紀 太延 원년(435) 12월條, "若有發調 縣宰集鄕邑三老計貲定課 裒多益寡 九品混通 不得從富督貧 避彊侵弱" 등 여러 곳에 보인다.

又分民租戶二斛 以爲侯奉(諸侯秩奉 규정)

其餘租及舊調絹二戶三(三之二?)[47]疋綿三斤 書(盡?)爲公賦 九品相通 皆
輸入於官 自如舊制(제후 질봉 외의 上供 규정)

무릇 民丁[48]은 課田 1夫 50畝에 대해 田租 4斛과 (호조) 견 3필과 면 3근
을 징수한다.

제후의 봉국에 속하는 자는 모두 (占有田에서 課田 50畝를 제외한 전토에
대한) 租穀 1畝당 (3斗 중에서) 1斗를 감하여, 감한 바를 계산하여 제후의 絹
戶당 1필에 더하여 제후의 秩로 삼는다.

또 民租(＝課田租 4斛) 중 1호당 2斛을 덜어서 그것을 제후의 奉으로 삼는
다.

그 나머지 租(課田租 2斛과 占有田에서 課田 50畝를 제외한 田土에 대한
租穀 1畝당 3斗중 2斗) 및 원래 戶調인 戶當 絹 3필 중 2필과 綿 3근은 전부
公賦로 한다. 9품을 평균하여 전부 官에 보내는 것은 舊制와 같다.

西晉의 제후는 封戶의 3분의 1을 食하였다.[49] 이상과 같이 해석하면
조세수입 중에서 제후분은 占田의 田稅 1畝당 3斗 중 1斗를 제후 질봉
으로 하기 때문에 1/3이 된다. 또 정남의 경우 課田의 田租 4斛 중 2斛,
戶調 絹 3필과 綿 3근 중 絹 1필을 제후의 질봉으로 하기 때문에 대략
전체의 1/3에 해당된다.[50]

이상과 같이 점전은 점유 한도를 규정한 限田이며, 과전은 경작을 장
려하기 위한 강제적 의무 경작지였다. 때문에 과전과 점전은 동일한 사

---

47) '二戶三'에 대해서는 종래 여러 설이 제시되어 있으나 藤家禮之助, 「西晉
   諸侯の秩奉 -『初學記』所引『晉故事』の解釋をめぐって-」 참조. 『晉故事』
   등 漢文原文이 세로쓰기임을 감안할 때 '三之二'일 가능성이 클 것으로 생
   각된다.

48) 堀敏一, 「魏晉の占田・課田と給客制の意義」에서 民丁에게 부과한 課田
   은 일반 서민을 대상으로 한 토지제도라고 한다. 그러나 '民丁'이 士人을
   제외한 일반 서민만을 지칭한다는 설은 따르기 어렵다. 다음 사료『南齊
   書』권26, 王敬則傳의 "會土邊帶湖海 民丁無士庶 皆保塘役"은 그 반증이
   된다.

49)『宋書』권40, 百官志, "晉江左諸國 竝三分食一 元帝太興元年(318) 始制九
   分食一".

50) 당시 穀 1斛은 100錢, 絹 1匹은 500錢, 綿 3斤은 絹 1匹이었다.

람을 대상으로 하는 토지이며 점전 중에는 당연히 과전이 포함되어 있
다. 이렇게 본다면 占田도 課田도 결국은 실제로 존재하는 토지가 아니
라 '田을 占할 수 있고' '田을 課해야 한다'는 의미였던 것이다.

　결국 경작 여부에 관계 없이 부과되는 課田田租는 서진의 혼란과 더
불어 점차 課田의 원래 목적은 사라지고 의무과세로서 남게 되어 호조
와 결부되어 정액 과세화되어 갔다고 여겨진다. 서진의 멸망 후 점전·
과전제는 사료에 더 이상 나타나지 않기 때문에 폐지된 것으로 보인다.
그러나 占田·課田制의 폐지에도 불구하고 課田田租와 戶調를 묶어
징수하는 방식은 서진에 이어 그 이후에도 계속 시행되었다. 5호16국
왕조에 계승된 이 제도가 後趙의 石勒代(319~332)에 보인다.

　　　勒以幽冀漸平 始下州郡閱實人戶 戶貲二匹 租二斛 (『晉書』 권104, 石勒載
　　記)
　　　석륵은 유주와 기주를 평정하자 처음으로 州郡에 명하여 人戶를 조사하고
　　자산을 평가하여 (1호당) 戶貲 2필과 租 2곡을 징수토록 하였다.

　戶貲는 戶調의 다른 표현으로 資産에 의해 차등 징수했다는 의미에
서 나온 용어로 때로는 貲·貲調·貲賦로도 불려졌다. 앞서 살펴본
304년에 巴蜀을 평정한 李雄이 丁을 헤아려 課租를 징수했던 것에 대
해 319년에 石勒은 戶를 단위로 租를 징수하고 있다. 이 租는 말할 나
위도 없이 課田租이다. 여기서 우리는 석륵이 시행한 이 호조가 曹操가
시행한 호조와 달라진 것을 쉽게 알 수 있다. 즉 조조가 시행한 호조는
絹綿만을 징수하였다. 물론 점유한 토지에 대해 畝당 과세하는 田稅는
별개이다. 서진에서 과전제를 실시했을 때는 『晉書』 식화지와 成漢에
서 본 것처럼 課田租는 丁단위로, 戶調는 戶단위로 수취되더니, 서진
멸망 후의 後趙에선 戶단위의 田租가 戶調와 함께 징수되고 있는 것이
다. 그 제도가 그대로 남조의 梁·陳에까지 답습되고 그것이 課로 발전
한다. 바로 『隋書』 식화지의 課 규정에 絹綿 등과 함께 米가 포함되어
있는 것이 그것이다. 이러한 관행은 북위에도 전해진다.

　詔河南六州之民 戶收絹一匹 綿一斤 租三十石 (『魏書』 권7上, 高祖紀 延興 三年[473] 7月條)

　조를 내려 하남 6주의 민에게 호마다 견 1필, 면 1근, 조 30석을 수취하였다.[51]

　이처럼 五胡·남북조 시대는 서진시대의 戶調와 課田租를 합하여 호마다 부과하는 課를 시행하는데 이에 대해서는 별고에서 상세히 논하겠지만, 이는 西晉의 課田制 실시 후의 제도를 계승한 것이다. 이상과 같이 해석한다면 기존의 사료를 크게 수정하지 않고 점전·과전·호조제가 이해되지 않을까 하고 생각한다.

맺음말

　본고에서는 서진에서 실시된 占田·課田과 조세제도에 대해 고찰했다. 西晉에서 처음 시행된 占田은 점유토지를 제한한 限田이고 그 중에는 課田이 포함되어 있었다. 課田의 田租는 경농을 장려하기 위하여 占田의 田稅 1畝당 3斗에 비해 훨씬 가벼운 1畝당 8升이었다. 과전의 田租는 처음에는 畝를 계산하여 시행했지만 연령에 따라 일정 면적의 경작이 정해져 있었기 때문에 처음부터 인두세적인 성격을 띠고 있었다. '課'에는 강제, 독려, 할당의 의미가 있었는데, 일정액이 부과된 課田租는 田稅라기보다는 인두세의 성격을 띠고 있어, 戶調와 함께 징수되다가 훗날 균전제시대에 課는 租와 調를 의미하게끔 된다.[52] 課가 이러한 의미로 처음 사용되게 된 것은 역시 서진의 課田 실시에서 비롯되었다고 볼 수밖에 없을 것이다. 그렇다면 占田·課田은 새로운 토지제도라

---

51) 또 『魏書』 권110, 食貨志 太和 8년(484)조, "先是 天下戶以九品混通 戶調帛二匹·絮二斤·絲一斤·粟二十石".

52) 西村元佑, 「西魏·西周の均田制度」 『中國經濟史研究 - 均田制度篇 - 』, 東洋史研究會, 1968 ; 勵波護, 앞의 글.

고 하기보다는 오히려 결과적으로 조세제도에 일대 변혁을 초래한 제
도라고 할 수 있을 것이다.

　권농정책의 일환으로 실시된 課田은 처음에는 1丁男 50畝, 1丁女 20
畝, 1次丁男 25畝라는 규정을 두고 기존의 田稅에 비해 월등히 가벼운
田租를 부과하였다. 그러나 魏에서 실시한 戶調가 이미 戶 단위로 징수
되고 있었던 것처럼 국가권력이 각 개인에까지 침투하지 못한 채 경농
장려라는 본래의 의도는 상실되고 戶 단위로 수취하던 호조와 묶여져
의무과세로 변해갔다고 생각된다.

　이상에서 살펴본 것처럼 漢에서 魏·西晉으로의 교체는 조세체제에
있어서도 算賦와 田租에서 戶調와 두 종류의 田租로 바뀌고, 또 錢納
과 人頭課稅라는 고대적 조세체제에서 物納과 戶當課稅라는 중세적
조세체제로 바뀌었다. 漢代의 田租가 田稅와 課田租로 나누어진 사실
은 정치적인 혼란기의 지배자는 토지를 지배하는 것보다는 인민의 신
체를 지배하는 것에 더욱 관심을 두었다는 것을 알 수 있는 흥미로운
점이다.

　이러한 변화의 의미와 남조의 토지제도와 조세제도에 대해서는 별고
를 참조해 주기 바란다.

西晉의 占田·課田制와 戶調制

金 聖 翰

머리말

　西晉王朝는 吳의 평정에 따른 천하통일을 계기로 戶調制와 占田·
課田制 및 蔭客制를 그 내용으로 하는 '戶調之式'을 제정·반포하였다.
그 중에서도 占田·課田制는 曹魏의 屯田制가 폐지된 뒤에 실시되었
고, 이것이 바로 2세기 뒤 北魏 均田制의 선구가 된다고 하는 점에 그
것의 역사적인 의의가 있다고 간주되어[1] 많은 학자들의 주목을 받아

---

1) 池田溫은 均田制를 시행한 北魏의 爲政者가 占田·課田制를 전혀 언급하
　지 않고 있는 점, 占田·課田에 관한 현존 사료는 後世의 史官에 의해 均
　田制를 모델로 하여 재구성되었다고 여겨지는 점 등을 들어 占田·課田
　制가 均田制의 선구가 된다고 하는 제도적 의의를 그다지 높이 평가하지
　않고　있다(池田溫,「均田制－六世紀中葉における均田制をめぐって－」
　『古代史講座』8, 學生社, 1963). 그러나 堀敏一은 井田制를 모델로 하여

상당한 연구성과가 축적되었다. 또한 이러한 연구성과에 대한 이해의 편의를 위해 연구사를 정리한 여러 편의 논문이 나와 있다.[2] 그러나 이와 같은 연구성과의 축적에도 불구하고 사료의 부족과 해당사료의 구문 자체가 애매한 것으로 인해 학계에 異說이 가장 많은 분야의 하나가 되었다.

　이들 연구성과를 간략히 정리해 보면, 占田·課田制의 연구는 크게 두 계통으로 나눌 수 있다. 하나는 占田이 舊來의 郡縣民을 대상으로 한 것이고 課田은 주로 舊 屯田民을 대상으로 한 것이라고 하여, 課田이 바로 屯田의 계통을 이은 것으로 보는 說(ⓐ說)이다. 다른 하나는 占田과 課田이 모두 일반 郡縣民을 대상으로 한 것이라고 하여, 課田이 漢代 이래의 勸農政策의 일환으로 보는 說(ⓑ說)이다. ⓑ說은 또한 郡縣民의 戶內에서 課田과 占田의 대상자가 각기 달리 설정되어 있다고 보는 說(ⓑ - 1說)과 그렇지 않고 동일하다고 보는 說(ⓑ - 2說)로 나누어져 있다. ⓑ - 2說은 또 占田과 課田이 모두 私有地를 대상으로 한다고 보는 說과 占田은 사유지를 대상으로 하였지만 課田은 官有地를 대상

　　국가가 인민의 지배를 실현하고자 하는 고래부터의 일련의 토지정책 가운데에 占田·課田制도 均田制도 위치지워지는 것이기 때문에 占田·課田制가 가지는 의의는 크다고 하고 있다(堀敏一,『均田制の研究』, 岩波書店, 1975, 44~45쪽). 가령 池田溫의 지적대로 占田·課田制가 均田制를 모델로 하여 후세의 史家들에 의해 재구성되었다고 한다면, 占田·課田制에 관한 규정상에 보이는 占田과 課田의 성격은 均田制下의 永業田·口分田의 성격을 구명하는 데 직접적인 관련을 가지는 것이라고 생각된다.

　2) 西晉 占田課田制의 研究史 정리에 관한 논문은 다음과 같다. 閔斗基,「西晉의 占·課田制研究에 대하여」『歷史學報』15, 1961 ; 越智重明,「西晉の田制·賦稅に關する近年の諸研究」『東洋學報』43 - 1, 1960 ; 米田賢次郎,「晉の占田·課田 - その學說の整理 - 」『歷史敎育』 12 - 5, 1964 ; 藤家禮之助,「西晉の田制と稅制」『史觀』73, 1966[『漢三國兩晉南朝の田制と稅制』, 東海大學出版會, 1989에 재수록] ; 伊藤敏雄,「占田·課田制に關する諸研究」『東洋史論』3, 1982 ; 高志辛,「西晉課田研究的剖析」『魏晉隋唐史論集』第2輯, 1983 ; 童超,「三國兩晉南北朝史」『中國古代史研究綜述』, 1987.

으로 한 것이라고 보는 說로 나누어져 있다.3)

이상 諸說의 성립 여부를 검토하기 위해 본고에서는 다음의 세 가지 점에 주의하여 살펴보고자 한다. 첫째로 屯田 폐지의 목적과 課田制의 성립을 관련지어 고찰함으로써 舊 屯田民이 課田民으로 되었는가의 여부를 밝히고자 한다. 둘째로 課田과 占田에 대한 규정을 포함하고 있는 '戶調之式'의 法的 성격과 그 내용의 범위를 고찰함으로써 占田과 課田이 각기 다른 民戶와 土地를 대상으로 하고 있는가의 여부를 밝히고자 한다. 셋째로 占田에 田租의 부담이 있는가의 여부를 고찰함으로써 占田과 課田의 관계 및 占田과 課田의 성격을 밝히고자 한다. 끝으로 占田·課田制와 밀접한 관계가 있는 戶調制의 성격에 대해서도 더불어 고찰함으로써, 占田·課田과 戶調의 관계를 보다 명확히 하고자 한다.

이와 같은 占田·課田의 성격에 대한 고찰은 均田制하에서 永業田과 口分田의 구분을 이해하는 데 도움이 될 수 있을 것이라고 생각한다. 즉 占田·課田制는 여러 방면에서 均田制와 유사한 점이 있는데, 그 중에서도 특히 주목할 만한 것은 均田制에서 田土를 永業田(桑田)과 口分田(露田)으로 구분한 것처럼 占田·課田制에서 토지를 '占田'과 '課田'으로 나누어 규정하고 있는 것이다. 근래 均田制에서 永業田과 口分田의 성격상의 차이가 애매해진 상황4)하에서 占田·課田制에서 占田

---

3) 이상의 諸見解에 관한 자세한 것에 대해서는 주 2의 논문들 참조.

4) 均田制하에서 口分田과 永業田의 성격상의 차이점은 크게 두 가지를 들 수 있는데, 첫째가 還受와 不還受의 차이, 둘째가 재배작물상의 차이이다. 이 가운데 첫번째 차이점은 均田令에 不還受田이라고 규정되어 있는 永業田이 吐魯番에서 출토된 退田文書 속에서 還受된 예가 있는 것에 의해 무의미해졌고(西嶋定生, 「吐魯番出土文書より見たる均田制の施行狀態」 『西域文化硏究』 2, 3, 1959, 60[『中國經濟史硏究』, 東京大學出版會, 1966 에 재수록]), 두번째 차이점은 永業田에서도 뽕나무의 間作栽培에 의해 口分田에서와 같이 穀物의 재배가 행해지고 있었다고 하는 연구성과에 의해 그 의미를 상실하였다고 생각된다(米田賢次郎, 「華北乾地農法より見た北魏均田法規の一解釋」 『鷹陵史學』 5, 1979[『中國農業技術史硏究』에 재수록]). 그러므로 이상의 연구성과에 근거하여 볼 때, 均田制하에서 永業田과 口分田의 구분기준을 단지 還受와 不還受의 문제와 재배작물의 차이

과 課田의 성격상의 차이가 永業田과 口分田의 성격상의 차이로도 될 수 있는 것이 아닌가 하는 생각이 든다.

따라서 均田制하에서 永業田과 口分田의 성격상의 차이를 구명하기 위한 방법의 일환으로서 占田·課田制하에서 占田과 課田의 성격을 명확하게 하는 것은 중요한 의미를 가진다고 생각한다.

Ⅰ. '戶調之式'의 法的 性格과 占田·課田制의 규정

1. '戶調之式'의 法的 性格

'戶調之式'은 西晉의 武帝가 吳를 평정한 것을 계기로 太康年間(280~289)에 반포되었는데, 그 내용은 『晉書』 卷26 食貨志에 다음과 같이 실려 있다.

> 又制戶調之式 : ⓐ-1 丁男之戶 歲輸絹三匹 綿三斤 女及次丁男爲戶者半輸 ⓐ-2 其諸邊郡或三分之二 遠者三分之一 夷人輸賨布 戶一匹 遠者或一丈 ⓑ-1 男子一人占田七十畝 女子三十畝 其外丁男課田五十畝 丁女二十畝 次丁男半之 女則不課 男女年十六已上至六十爲正丁 十五已下至十三·六十一已上至六十五爲次丁 十二已下六十六已上爲老小 不事 遠夷不課田者輸義米 戶三斛 遠者五斗 極遠者輸算錢 人二十八文 ⓑ-2 其官品第一至于第九 各以貴賤占田 品第一者占五十頃 第二品四十五頃 第三品四十頃 第四品三十五頃 第五品三十頃 第六品二十五頃 第七品二十頃 第八品十五頃 第九品十頃 而又各以品之高卑蔭其親屬 多者及九族 少者三世 宗室·國賓·先賢之後及士人子孫亦如之 而又得蔭人以爲衣食客及佃客 品第六已上得衣食客三人 第七第八品二人 第九品及擧輦·跡禽·前驅·由基·强弩·司馬·羽林郎·殿中冗從武賁·殿中武賁·持椎斧武騎武賁·持鈒冗從武賁·命中武賁武騎一人 其應有佃客者 官品第一第二者佃客無過五十(十五?)戶 第三品十戶 第四品七戶 第五品五戶 第六品三戶 第七品二戶 第八品第九品一戶

에 두는 것은 재고의 여지가 있음은 분명하다.

위의 기사에 보이는 '戶調之式'의 규정은 크게 戶調에 관한 규정(ⓐ)과 占田 및 賦役에 관한 규정(ⓑ)으로 나누어져 있고, 더욱 세분하면 ⓐ 규정은 일반의 郡縣民의 戶調에 관한 규정(ⓐ-1)과 변방의 郡縣 및 夷人의 戶調에 관한 규정(ⓐ-2)으로 나누어지고, ⓑ 규정은 일반 郡縣民의 占田·課田 및 力役의 부담에 관한 규정(ⓑ-1)과 官人의 占田 및 蔭庇에 관한 규정(ⓑ-2)으로 나누어져 있다.5) 이 '戶調之式'에 대해서는 그것의 法的 性格을 둘러싼 문제와 '戶調之式'이 단지 ⓐ만을 그 내용으로 하는가, 그렇지 않으면 ⓑ도 포괄하는 것인가의 문제가 논의의 초점이 되고 있다.

　우선 '戶調之式'의 法的 성격에 대해서는 唐의 律令格式 중에서 '戶調之式'의 '戶調'에 초점을 맞추어 '令'에 해당한다고 보는 仁井田陞의 說6)과 '式'에 초점을 맞추어 '式'에 해당한다고 보는 曾我部靜雄의 說7)이 있다. 『唐六典』卷6 刑部郎中·員外郎의 조에,

　　　晉命賈充等撰令四十篇 : ……九 戶調 ; 十 佃 ; ……

라고 되어 있는 것을 보면, '戶調之式'의 '戶調'가 바로 晉令 중의 戶調令을 가리키고 있음은 분명하다. 그러므로 '戶調之式'은 '戶調令之式'이 된다.

　그런데 여기에서 문제가 되는 것은 曾我部靜雄의 지적과 같이 '戶調之式'의 法的 성격이 律令의 시행에 대한 細則을 정한 규정인 '式'에 해당하는가의 여부이다. 堀敏一도 지적한 바와 같이8) '戶調之式'의 내용은 간략하기 때문에, 唐의 律令格式 중에 '式'이라고 하기보다는 '令' 그

---

5) '戶調之式'의 내용을 분류하는 방법에 대하여, 高志辛은 '其' 자가 단락을 바꾸는 의미가 있다고 하여 "其外丁男……"과 "其官品第一……"로써 문단을 나누고 있다(高志辛, 「西晉課田考釋」『魏晉隋唐史論集』第1輯, 1981).

6) 仁井田陞, 『唐令拾遺』, 東京大學出版會, 1964, 664, 613, 227쪽.

7) 曾我部靜雄, 『中國律令史の研究』, 吉川弘文館, 1971, 355쪽.

8) 堀敏一, 앞의 책, 49쪽.

자체라고 보아야 할 것이 아닌가 생각된다. 이 문제를 좀더 구체적으로
살펴보면,『初學記』27 寶器部絹九에 다음과 같은 기사가 있다.

晉故事 凡民丁課田 夫五十畝 收租四斛・絹三疋・綿三斤

　　위의 기사를 보면, ‘戶調之式’ 중에 課田에 관한 기사와 戶調에 관한
기사가 晉故事로서 실려 있으므로, ‘戶調之式’은 그 법적 성격이 故事
에 해당되는 것임을 알 수 있다.
　　그런데 故事의 法的 성격을 살펴보면,『晉書』卷30 刑法志에 律과
令의 관계를 설명한 바로 다음에 아래와 같이 기재하고 있다.

其常事品式章程 各還其府 爲故事……凡律令合二千九百二十六條 十二萬
六千三百言 六十卷 故事三十卷

　　위의 기사에 따르면, 故事는 律令 중 일상적인 일에 관한 品式과 章
程을 각기 그 해당 府에 돌려보내는 것이다. 또『唐六典』卷6 刑部郎中
・員外郎 職掌條 李林甫의 注에,

蓋編錄當時制勅 永爲法則 以爲故事 漢建武有律令故事上中下三篇 皆刑法
制度也 晉賈充等撰律令 兼刪定當時制詔之條 爲故事三十卷 與律令竝行 梁
易故事 爲梁科三十卷 蔡法度所刪定 陳依梁 後魏以格代科 於麟趾殿刪定 名
爲麟趾格

이라고 되어 있어, 故事는 당시의 制勅을 모아 적어 영원히 法則으로
한 것으로, 西晉 때에 賈充 등이 律令을 편찬할 때 함께 당시의 制詔의
조목을 刪定하여 故事 30권을 만들어서 律令과 병행하였음을 알 수 있
다. 그리고 晉의 故事는 南朝 梁에서는 科로 명칭이 바뀌었고, 後魏에
서는 格으로 바뀌었다. 이를 통해 晉의 故事는 唐代의 格에 해당됨을
알 수 있다. 그런데 格이란 隨時의 命令을 집대성한 法典으로, 式과는
그 성격이 다른 것이다.[9]

　이상의 두 기사를 함께 고찰해 볼 때, 故事의 法的 성격은 첫째로 律令과 병행할 수 있는 것이다. 둘째로 律令 중 일상적인 일에 관한 品式과 章程을 모아 놓은 것이다.10) 셋째로 唐代의 律令格式 중에 格에 해당하는 것이다. 따라서 '戶調之式'의 법적 성격은 唐代 律令格式 중의 式이 아니라 格에 해당하는 것으로 보든지 그렇지 않으면 戶調令에 해당한다고 보아야 할 것이다. 이 '戶調之式'은 泰始 4년에 律令이 반포된 이후에 나온 것이므로 바로 戶調令으로서 당시에는 시행된 것이 아니라, 이후 律令의 반포에 의해 '戶調之式'이 戶調令으로 되기까지는 戶調令에 준하는 故事로서 당시의 戶調令과 더불어 시행되었다고 보아야 할 것이다.11)

　다음 문제는 '戶調之式'의 내용 중에 일부가 戶調令의 내용에 포함되지 않는다고 하는 견해이다. 曾我部靜雄은 占田·課田 이하의 제도는

---

9) 松本善海는 『魏書』 卷7下, 高祖紀 太和 14년 12월 壬午詔에 "依準丘井之式 遣使與州郡宣行條制 隱口漏丁 卽聽附實"에 '丘井之式'이라는 용어가 보이는데, 이것이 바로 北魏 太和 9년에 반포된 均田法을 지칭하는 것이 아닌가 생각하고 있다(松本善海, 「北魏における均田·三長兩制の制定をめぐる諸問題」 『東洋文化研究所紀要』 10, 1956). 만약 北魏 太和 9년에 반포된 均田法을 '丘井之式'이라고 하였다면, 여기에서 말하는 '式'이 唐代의 律令格式 중에 시행세칙인 '式'을 의미한다고 볼 수는 없기 때문에, '戶調之式'도 '丘井之式'과 마찬가지로 唐代 律令格式 중의 '式'으로 간주할 수는 없을 것이다.

10) 守屋美都雄은 晉故事의 성격 중에 하나가 令으로서 발포된 것 중에서 官府의 현장에서 갖추어야 할 施行細則을 뽑아 수록한 것이라고 하고 있다(守屋美都雄, 「晉故事について」 『和田博士古稀記念東洋史論叢』, 1960 [『中國古代の家族と國家』에 재수록]).

11) 程樹德은 『九朝律考』 卷3, 晉律考下에서 '戶調之式' 중 ⓑ의 내용 가운데 '其官品' 이전까지를 戶調令이라고 하여, 泰始 4년에 반포된 戶調令의 내용으로 간주하고 있는 듯하다. 또한 仁井田陞은 ⓑ의 내용 가운데 "遠夷不課田" 이전까지를 泰始 4년에 반포된 戶調令의 내용으로 간주하고 있다. 그러나 '戶調之式'의 내용 가운데 "遠夷不課田" 이전까지의 기사가 위의 두 사람이 지적하고 있는 것처럼, 단순히 泰始 4년에 반포된 戶調令을 되풀이해서 반포한 것인지는 의심스럽다.

‘戶調之式’과는 별도이고,12) 『唐六典』 刑部郎中・員外郎條에 보이는 晉令 40篇 중 열번째의 佃令은 田令의 잘못이라고 하였다.13) 그 근거는 아홉번째는 租稅에 관한 戶調令이고 열한번째는 아마 力役制度가 규정된 復除令14)이기 때문에 열번째의 佃令은 晉의 토지법을 규정한 것이어야 하므로, 佃令은 田令의 잘못이라고 하였다. 程樹德은 ‘戶調之式’ 중에 “其應有佃客者……”라고 하는 부분이 佃客에 관한 규정으로 晉의 佃令의 逸文일 것이라고 하였다.15) 또한 堀敏一은 “男女年十六已上至六十爲正丁……老小不事”까지를 戶令에 속하는 것이라고 보았다.16)

『晉書』 食貨志에 보이는 ‘戶調之式’의 내용은 모든 庶民戶와 官人戶의 賦稅負擔과 관계되어 있다. 그러므로 佃客에 관한 규정은 佃客 자체의 문제를 언급한 것이 아니라 官人戶가 웅유할 수 있는 佃客의 수를 규정한 것이기 때문에, 程樹德과 같이 이 규정을 佃令에 포함시키기보다는 官人도 그 대상으로 하는 戶調令에 포함시키는 것이 더 타당할 것이다. 그리고 占田과 課田에 관한 규정을 田令이라고 한다면,『晉故事』에 “凡民丁課田 夫五十畝 收租四斛・絹三疋・綿三斤”이라고 되어 있는 기사는 田令과 戶調令이 뒤섞여 있는 것이 되어 占田과 課田에 관한 규정을 田令이라고 보기 곤란하며, 또한 南朝 梁의 令을 보면 晉令 중의 ‘佃令’이 사라지고 새로 “公田公用儀迎令”이 등장하고 있는 것을 볼 때, 晉令 중의 ‘佃令’은 ‘田令’의 잘못이 아니라 그대로 ‘佃令’ 즉 官有地의 佃作에 관한 令이 아닌가 생각된다.17) 따라서 占田과 課田에

---

12) 曾我部靜雄,「井田法と均田法」, 앞의 책, 145쪽. 이에 대해서는 堀敏一도 동의하고 있다(앞의 책, 49쪽).
13) 曾我部靜雄,「養老令の田租の條文について」, 위의 책, 354~356쪽.
14) 復除令은 力役制度가 규정된 것이 아니라, 稅役의 減免問題를 규정한 것이다.
15) 程樹德, 앞의 책 권3, 晉律考下. 仁井田陞도 앞의 책(226, 613, 664쪽)에서 이에 따르고 있다.
16) 堀敏一, 앞의 책, 50쪽.
17) 高志辛은 「西晉課田考釋」에서 佃令은 公田의 경영에 관한 令으로 課田을

관한 규정도 모두 '戶調之式'에 포함되는 것으로 戶調令의 일부분이라
고 보는 것이 타당하다고 생각한다. 또한 丁中老小의 구분도 課役의 부
과와 밀접한 관련이 있는 것이기 때문에, 戶調令에 속하는 것이라고 보
여진다.

  이상에서 살펴본 바와 같이 '戶調之式'은 戶調令에 준하는 것으로
『晉書』食貨志에 보이는 규정들을 모두 포괄하는 것임에 틀림없다. 따
라서 이러한 戶調令으로 간주할 수 있는 '戶調之式'에 포함된 占田·課
田制는 그 법직 성격이나 형식에 있이서 특정의 民戶를 대상으로 히였
거나 國有地를 그 대상으로 하였다는 혼적을 엿볼 수 없다. 즉 占田·
課田制는 王公·貴族을 제외한 모든 民戶를 그 대상으로 하였다고 보
는 것이 타당할 것이다.18)

2. 占田·課田制의 규정에 대한 분석

  앞에서 살펴본 '戶調之式'에 포함된 占田·課田制에 대한 규정을 다

    課佃과 같은 것으로 간주하여, 課田에 관한 규정이 佃令에 속하는 것으로
    보고 있다.
18) 西晉王朝가 吳를 평정한 직후에 '戶調之式'의 반포보다 이전이거나 동시
    에 王公·貴族에 대한 經濟制裁措置가 취해졌는데,『晉書』卷26, 食貨志
    에 '戶調之式' 앞에 다음과 같은 기사가 실려 있다. "及平吳之後 有司又奏
    詔書 王公以國爲家 京城不宜復有田宅 今未暇作諸國邸 當使城中有往來
    處 近郊有芻藁之田 今可限之 國王公侯 京城得有一宅之處 近郊田 大國田
    十五頃 次國十頃 小國七頃 城內無宅城外有者 皆聽留之". 위의 기사를 요
    약하면 諸王公侯가 京城 부근에 경제상의 목적으로 田宅을 소유하는 일
    을 단속하고, 다만 朝觀할 때 숙박하는 그들의 邸宅을 한 곳에 한정하고
    그것에 필요한 芻藁을 공급하는 郊外의 田의 소유를 제한하여 인정한 것
    이다. 즉 國王·公·侯는 모두 皇親으로 "王公以國爲家"라고 되어 있는
    바와 같이 國을 家로 삼는 계층인데, 이들은 일반 州郡에서 戶籍에 편성
    된 일반민과는 다른 籍에 등재되었을 것이다. 위의 규정은 일반민이 아닌
    王·公·侯라고 하는 특수계층을 대상으로 한 것이다. 따라서 위의 규정
    다음에 나오는 '戶調之式'은 이들을 제외한 모든 民戶를 그 대상으로 하고
    있는 것이라고 보여진다.

시 게재하여 보면 다음과 같다.

　　ⓐ 男子一人占田七十畝 女子三十畝
　　ⓑ 其外丁男課田五十畝 丁女二十畝 次丁男半之 女則不課

　　위의 기사에 보이는 용어 하나하나에 대하여 고찰하여 보자.
　　첫째로 ⓐ 기사에 '男子'와 '女子'라는 용어가 보이는데, 이것들이 각각 누구를 지칭하는가 하는 문제에 대해서는 여러 가지 견해가 있다. '男子'와 '女子'가 각각 戶主인 男과 女를 가리킨다고 보는 설,[19] 戶主인 丁男의 夫婦를 가리킨다고 보는 說,[20] 男子는 戶主, 女子는 戶主인 丁女 혹은 戶主인 丁男의 妻를 가리킨다고 보는 說,[21] 戶內의 연장자인 男女 각각 1인을 가리킨다고 보는 說,[22] 戶內의 모든 男女를 가리킨다고 보는 說[23] 등이 있다.
　　이 문제는 占田制과 課田制의 관계를 살피는 데 있어 중요한 문제로, 우선 ⓑ 기사에 보이는 "女則不課"의 '女'가 누구를 지칭하는가 하는 문제를 살펴보도록 하자. ⓑ 기사에서 丁男→ 丁女→ 次丁男→ 女의 순으로 기재되어 있으므로, '女'가 가리키는 것은 대부분의 학자들이 지적하고 있는 바와 같이 당연히 次丁女일 것이라고 생각된다. 그런데 曾我部靜雄은 '不課'란 力役을 부담하지 않는 의미로 "女則不課"는 女에게 力役의 부담이 없다고 이해하여 그 女는 次丁女가 아니라 字意 그대로 '女'라고 하고 있다.[24] 그러나 曾我部靜雄 자신은 課田이 力役의 대가로서 지급된 것이라고 간주하고 있으므로, 그에 견해에 따른다면 丁女에게 20畝를 課田하는 의미가 없게 된다. 또한 鈴木俊은 위의

---

19) 志田不動麿,『東洋歷史大辭典』 제4권 晉條, 平凡社, 1937, 448쪽.

20) 加藤繁,『支那經濟史槪說』, 弘文堂書房, 1944, 26쪽.

21) 曾我部靜雄,「晉武帝の田制硏究」『文化』 11 - 4, 1944 ;『均田法とその稅役制度』, 講談社, 1953, 46~47쪽 ;『中國律令史の硏究』, 147쪽.

22) 吉田虎雄,『魏晉南北朝租稅の硏究』, 大阪屋號書店, 1943.

23) 堀敏一, 앞의 책, 61쪽.

24) 曾我部靜雄,『均田法とその稅役制度』, 22, 52~53쪽.

‘女’는 丁女 이외의 女子를 가리킨다고 이해하여, 丁女 이외의 여자에게는 토지를 할당하지 않는다고 이해하였다.[25] 그러나 鈴木俊의 견해에 따라 ‘女’가 丁女 이외의 모든 (次丁女 및 老女와 小女를 포함한) 女子를 가리켜 그들에게 토지를 할당하지 않음을 보여 주는 기사라고 한다면, 위의 기사에는 유독 老男과 小男에게 토지를 할당하지 않는다고 하는 내용만이 빠져 있는 것이 된다. 그리고 ‘戶調之式’에 “老小不事”라고 되어 있는 규정과 女性에 관한 한 중복되기도 한다. 따라서 曾我部靜雄과 鈴木俊의 ‘女’에 대한 해석은 받아들이기 어렵고, ‘女’는 즉 次丁女를 가리킨다고 해야 할 것이다.

“女則不課”에 대한 고찰을 통해 ⓑ 기사에서 丁男→ 丁女→ 次丁男→ 次丁女의 순으로 課田의 대상자에 대하여 규정하고 있음을 알 수 있다. 다시 앞의 문제로 돌아가서, 필자는 ‘男子’가 丁男과 次丁男, ‘女子’가 丁女와 次丁女를 가리킨다고 보고 싶다. 그 이유로는 두 가지 사실을 지적할 수 있는데, 하나는 ‘戶調之式’의 “老小不事”라고 하는 기사이다. 위의 기사는 바로 연령이 ‘老’나 ‘小’에 해당하는 사람은 노동력이 없다고 간주하여 사역시키지 않는다고 하는 의미이다. 그렇다면 이와 같이 노동력이 없다고 간주되는 ‘老’나 ‘小’가 占田의 대상이 될 수 있을까 의문이 든다. 따라서 占田에 관한 규정인 ⓑ 기사에서는 ‘老’와 ‘小’를 제외한 사람 즉 ‘丁’과 ‘次丁’을 그 대상으로 하였을 것이라고 생각된다. 다른 하나는 占田에 관한 규정인 ⓐ 기사 바로 다음에 나오는 課田에 관한 규정인 ⓑ 기사에 ‘次丁女’에 대한 규정이 나오는 것이다. ‘戶調之式’에 포함되어 있는 戶調에 관한 기사에서 “丁男之戶 歲輸絹三匹 綿三斤 女及次丁男爲戶者半輸”라고 규정하여 “次丁女爲戶者不輸”라고 하는 내용을 생략한 것과 같이 課田에 관한 규정인 ⓑ 기사에서 “其外 丁男課田五十畝 丁女二十畝 次丁男半之”라고 규정하여 “(次丁)女則不課”의 내용을 생략하면 될 것을 굳이 “女則不課”라고 하는 내용을

---

25) 鈴木俊,「占田·課田と均田制」『中央大學七十周年記念論文集』, 1955(후에『均田·租庸調制度の硏究』, 刀水書房, 1980에 재수록).

삽입하였는가 하는 점이다. 次丁女가 課田의 대상이 되지 않음에도 불구하고 課田의 기사에 그 규정이 들어 있는 것은 占田의 대상이 되었기 때문일 것이라고 생각된다. 즉 次丁女가 課田의 규정에 丁男·次丁男·丁女와 함께 규정되어 있으므로 해서 占田의 대상이 모두 課田의 규정에 보이는 것이라고 생각된다. 따라서 占田의 규정에 보이는 '男子'와 '女子'는 각각 丁男·次丁男과 丁女·次丁女를 가리키는 것이라고 할 수 있을 것이다. 그런데 占田 기사에서 '男子'와 '女子'라고 부른 것은 丁男과 次丁男을, 丁女와 次丁女를 합하여 부를 적당한 용어가 없었기 때문에 각각 '男子'와 '女子'라는 용어를 사용한 것이 아닌가 생각된다.

둘째로 '占田'과 '課田'이란 용어가 보이는데, 여기에서의 '占田'과 '課田'은 토지 명칭을 의미하는 것이 아니라 "田을 占한다"와 "田을(에) 課한다"고 하는 의미이다. 우선 '占田'의 경우를 살펴보면, 이 '占田'의 占은 배타적·독점적으로 점유(점거)하는 것을 의미하는 현실 지배적 용어라고 한 平中苓次의 說[26]과 占은 '신고한다'고 하는 의미로 신고에 의해 점유를 공인받는 것이라고 한 西嶋定生의 說[27]이 대표적이다. 이 두 說의 차이는 占田은 반드시 신고가 前提되어야 하는가의 여부인데, 원래 占田이란 백성이 자유로이 土地를 점유하는 것을 말하는 것이지만, 占田制에서와 같이 국가가 일정 액수를 규정한 占田은 限田의 의미로 국가에서 이미 파악하고 있는 田土의 점유를 말하는 것이라고 보아야 할 것이다. 그러므로 이 占田制의 규정에 보이는 占田은 신고의 의미가 포함되어야 할 것이다.

다음으로 '課田'의 경우를 살펴보면, '課田'의 課의 어의는 '강제한다'

---

26) 平中苓次, 「漢代の營業と'占租'に就いて」『立命館文學』86, 1952 ; 「漢代のいわゆる'名田'·'田'に就いて」『和田博士還曆記念東洋史論叢』, 講談社, 1951(모두 『中國古代の田制と稅法 - 秦漢經濟史研究 - 』, 東洋史研究會, 1961에 재수록).

27) 西嶋定生, 「漢代の土地所有制 - 特に名田と占田について - 」『史學雜誌』 58 - 1, 1949.

·'할당한다'는 뜻이라고 이해하는 것이 일반적이다.28) 그런데『釋名釋
典藝』에 "科 課也 課 其不如法者 罪責之也"라고 한 것을 보면, '課'는
국가가 법으로 무엇인가를 강제하는 것으로, 그것을 법대로 하지 않으
면 처벌되는 것을 의미한다. 즉 '課'라고 하는 용어는 국가에 대하여 의
무관계가 발생하는 것을 말하며 그 의무를 이행하지 않을 경우에는 처
벌이 전제되는 것임을 말하고 있다.

　그런데 여기에서 주목해야 할 것은 課田이 國有地의 경작을 강제하
거나 할당한 것으로 볼 수 있는가 하는 점이다. 예를 들어『晉書』卷47
傅玄傳에

　　근래 魏初에는 田에(을) '課'하는데 田土의 면적을 늘리는 데 힘쓰지 않고
　　단지 그 생산력을 높이는 데 힘썼기 때문에, 白田에서의 수확은 (畝당) 10여
　　斛에 이르렀고 水田에서의 수확은 數十斛에 이르렀다. 근자 이래로 토지의
　　면적에 대한 '課'를 날로 늘렸으며 田兵(屯田兵)의 경우는 더욱 심하여 제대
　　로 경작할 수 없어, 畝당 數斛을 이미 내면 種子를 배상하기도 부족하였다.

라고 되어 있다. 위의 기사에서 두 번 나오는 '課'를 토지를 강제로 경
작하게 하거나 할당한 것으로 이해할 수도 있고, 또한 세금을 부과한
것으로 볼 수도 있다.29) 첫번째의 田에(을) '課'한 경우는 魏初에 田土

────────────

28) '課'의 어의에 대해서는 曾我部靜雄이 南北朝·隋·唐의 용례를 검토하여
　　'課'를 '事'와 같은 뜻으로 '力役'의 의미라고 이해하였는데(『均田法とその
　　稅役制度』), 仁井田陞·鈴木俊 두 사람이 가한 비판과 같이 일률적으로
　　'力役'이라고 이해하는 것은 무리가 있을 것이다(仁井田陞,「唐律令上の課
　　役制度 - 曾我部教授の新說を讀みて-」『中國法制史硏究(2) - 土地法·取
　　引法 -』, 東京大學出版會, 1960 ; 鈴木俊, 앞의 글). 또한 西村元佑는 兩漢
　　·魏晉에서의 '課'의 用語例를 자세히 조사한 결과 동사로 사용되는 경우
　　'割當·强制·督勵·評價'의 의미를 가진다고 시석하고 있나(西村元佑,
　　「西魏·北周の均田制度」『中國經濟史硏究 - 均田制度篇 -』, 東洋史硏究
　　會, 1968에 수록).
29) 萬國鼎과 岡崎文夫는 '課田'을 '課稅하는 田'의 뜻으로 이해하였다(萬國
　　鼎,『中國出制史』, 南京書店, 1933 ; 岡崎文夫,「魏晉南北朝を通じ北支那

의 면적을 늘리는 데 힘쓰지 않고 단지 그 생산력을 높이는 데 힘썼다고 하는 것이므로, 뒤에서 살펴보겠지만 曹魏 때는 畝당 4升(4斗의 잘못)의 田租를 징수한 사실을 말하는 것이다. 즉 魏初의 課田은 占田·課田制하에서의 課田이 일정 면적의 토지를 할당한 것과 달리 田土의 수량에 근거하여 畝당 4升(斗)이라고 하는 定額의 田租를 징수하였던 것이다. 두번째 경우의 토지의 면적에 대한 '課'라고 하는 것은 魏初와는 달리 田土의 수량에 근거하여 畝당 4升(斗)이라고 하는 定額의 田租를 징수한 것이 아니라, 占田·課田制하에서 課田의 경우에 50畝에 4斛이라고 하는 것과 같이 몇 畝에 몇 斛이라고 하는 형식으로 田租의 징수방식을 바꾸었으며 또한 그 징수액을 날로 늘렸음을 말하는 것이다. 따라서 위의 기사에 보이는 '課'의 의미는 田土에 대한 강제적인 할당이나 경작을 가리키기보다는 田土에 대한 田租의 징수를 가리킨다고 보여지기 때문에, 위의 기사를 가지고 課田이 官有地를 대상으로 한 것이라고 단정할 수는 없다.

또한 앞에서 고찰한 바와 같이 占田·課田制의 규정이 晉令 중에 公田에 관한 규정이라고 여겨지는 佃令에 포함된 것이 아니라 戶調令에 포함되는 것이기 때문에, 課田 역시 國有地에 대한 강제경작을 의미한다고 하기보다는 私有地에 대한 田租의 賦課를 의미한다고 보는 것이 타당하지 않을까 생각된다.

셋째로 '其外'라고 하는 구절에 대한 이해인데, 여기에는 두 가지의 문제가 있다. 하나는 '其外'의 '外'자를 衍字로 간주하는가의 여부이고, 다른 하나는 '其外'의 해석이다. 우선 첫번째 문제를 살펴보면, 이 문제는 『通典』에 근거하여 '其外'의 '外'자를 衍字로 간주하는 데서 비롯된 것인데, 衍字라고 보는 說은 『通典』의 사료적 가치로부터 취하는 宮崎市定의 說[30]과 자신의 占田과 課田에 대한 연구에 의거하여 '外'자를

に於ける田土問題綱要」『支那學』6 - 3, 1932[『南北朝における社會經濟制度』, 弘文堂, 1935에 재수록]).

30) 宮崎市定, 「晉武帝の戶調式に就て」『東亞經濟研究』19 - 4, 1935(『アジア史研究』에 재수록).

衍字로 보아야 한다는 說[31] 등이 있다.[32] 그러나 '外'자를 衍字로 간주하지 않아도 충분히 고찰할 수 있기 때문에 衍字로 간주할 필요가 없으며,[33] 이후의 均田制하에서 桑田(永業田)과 露田(口分田)의 관계 속에서도 쌍방간의 포함관계는 없기 때문에 '外'자를 반드시 衍字로 간주해야 할 당위성은 없다고 생각한다.

다음으로 두번째 문제를 살펴보면, 대부분의 일본학자들은 '其外'를 '그 밖의'라고 해석하여 바로 다음에 오는 丁男에 연결하여 해석하고 있다.[34] 그러나 陳煥章[35]·楊聯陞[36] 등은 '그 밖에'라고 해석하여, 예를 들어 丁男의 경우는 70畝의 占田 외에 50畝의 課田이 추가된다고 보고 있다.[37] 여기에서 주목해야 할 것은 '其'가 가리키는 것이 무엇인

---

31) 堀敏一은 "占田 밖에 課田이 있는 경우 課田은 稅役을 부담하는 田土인데, 그 課田 이상으로 큰 私有地가 占田으로서 세금이 없는 채로 방치되게 되는 것이다"고 하였다(앞의 책, 63쪽). 그러나 이와 같이 국가가 占田의 소유를 용인한 것은 戶內에 새로운 進丁受田者가 생기게 될 때를 대비한 것이고, 또한 이를 통하여 황무지 개간을 장려한 것이라고 이해할 수도 있을 것이다.

32) 天野元之助, 「西晉の占田·課田制についての試論」 『人文研究』 8 - 9, 1957 ; 楠山修作, 「晉書食貨志一考察」 『東方學』 51, 1975 ; 高志辛, 「西晉課田考釋」 등이 衍字說에 동조하고 있다.

33) 伊藤敏雄, 「西晉の占田·課田制の再檢討」 『中國古代史研究』 5, 1985.

34) 伊藤敏雄, 앞에서 든 주 2의 글에서 '그 밖에'라고 해석하고 있다.

35) Chen Huang - chang, *The Economic Principle of Confucius and School*, 1911, 509쪽. 萬國鼎도 『中國田制史』 上(上海南京書店, 1933)에서 이에 따르고 있다.

36) Lien - sheng Yang, "Notes on the Economic History of Chin Dynasty", *Harvard Journal of Asiatic Studies*, Vol. 9 No. 2, 1946.

37) 이 밖에도 余遜, 「由占田課田制看西晉的土地與農民」 『大公報(瀘)』 1951. 1. 16/『進步日報』 1951. 2. 16(『中國歷代土地制度問題討論集』에 재수록) ; 金家瑞, 「西晉的占田制」(『新史學通訊』 1955.11) 등이 이 설에 따르고 있다. 그러나 唐長孺, 「西晉田制試釋」(『魏晉南北朝史論叢』, 1955) ; 柳春藩, 「關於西晉田賦制度問題」(『史學集刊』 1956 - 2) ; 王天獎, 「西晉的土地和賦稅制度」(『歷史研究』 1956 - 7) ; 張維華, 「試論曹魏屯田與西晉占田上的某些問題」(『歷史研究』 1956 - 9) 등은 占田 내에 課田을 두고 있다.

가 하는 것이다. ‘其’가 ⓐ 기사의 ‘男子’와 ‘女子’를 가리킨다고 한다면, 앞에서 살펴본 바와 같이 ‘男子’와 ‘女子’는 각기 丁男・次丁男과 丁女・次丁女를 가리키고 있기 때문에 ‘其’가 가리키는 것이 ⓑ 기사의 丁男・次丁男・丁女・次丁女와 중복되게 된다. 가령 ⓐ 기사의 ‘男子’・‘女子’와 ⓑ 기사의 丁男・次丁男・丁女・次丁女가 일치되지 않는다고 한다면 중복은 피할 수 있지만, 또한 뒤에서 살펴보듯이 ⓐ 기사의 ‘男子’・‘女子’는 田租의 부담이 없고 ⓑ 기사의 丁男・次丁男・丁女・次丁女은 田租의 부담이 있다고 하는 차이가 생기게 된다. 이와 달리 ‘其’가 ‘占田’을 가리킨다고 한다면 ⓐ 기사와 ⓑ 기사 사이에 아무런 모순도 발생하지 않는다. 따라서 ⓐ와 ⓑ 두 기사는 “男子 1인은 70畝를 占田하고, 女子는 30畝를 占田한다. 占田 외에 丁男은 50畝를 課田하고, 丁女는 20畝를 課田하며, 次丁男은 丁男의 半인 25畝를 課田하고,[38] 次丁女는 課田하지 않는다”[39]라고 해석해야 할 것이다.

  이상을 종합하여 보면, 다음과 같은 사실을 지적할 수 있다. 첫째로 占田과 課田의 대상은 동일하다. 둘째로 課田은 占田 밖에 존재한다.

---

38) “次丁男半之”에서 ‘之’는 일반적으로 丁男의 課田 50畝를 가리켜, 次丁男의 課田은 25畝라고 여겨져 왔다. 이에 대해 藤家禮之助와 童超는 “半之”의 ‘之’는 바로 앞의 丁女의 課田 20畝를 가리킨다고 하여 次丁男의 課田은 10畝라고 주장하고 있다(藤家禮之助, 앞의 글 ; 童超, 「論西晉土地・田賦・勞動人口管理體制的改革」『中國史研究』1987 - 3). 그러나 첫째로 戶調의 규정에 “女及次丁男爲戶者半輸”라고 되어 있어 戶主가 次丁男인 戶의 戶調가 戶主가 丁男인 戶의 戶調의 半인 점, 둘째로『宋書』卷42, 王弘傳에 “舊制 民年十三半役 十六全役”이라고 되어 있어 次丁男의 役이 丁男의 半인 점, 셋째로 비록 北魏시기의 일이지만『魏書』卷7, 高祖紀 太和元年(477) 3월 丙午의 詔에 “一夫制治田四十畝 中男二十畝 無令人有餘力 地有遺利”라고 되어 있어 治田의 경우 中男이 夫(丁男)의 半인 점을 통해 볼 때 丁男의 課田은 丁男 課田의 半인 25畝라고 보는 것이 더 타당할 것이다.

39) 岡崎文夫는 次丁女에게는 不課田을 지급한다고 하였다(앞의 글). 그러나 만약 不課田을 지급한다고 할 때 구체적인 畝數가 언급되어 있지 않는 문제점이 있고, 또한 次丁女만을 그 대상으로 하였을까 하는 의문이 생긴다.

셋째로 占田과 課田은 모두 國有地가 아닌 私有地를 그 대상으로 한다. 즉 占田과 課田의 대상이 되는 人民과 田土는 동일한 郡縣民과 그들의 私有地이고, 課田만이 국가에 대하여 의무관계가 있는 것이다.

II. 占田·課田制의 성립

1. 曹魏 典農部 屯田의 폐지에 따른 課田制의 성립

西晉의 占田·課田制가 曹魏의 典農部 屯田이 폐지된 이후에 실시되었음은 주지의 사실인데, 典農部 屯田의 폐지 목적을 보여주는 기사는 다음과 같다.

    ⓐ 咸熙元年(264) 是歲罷屯田官 以均政役 諸農官 皆爲太守 都尉皆爲令長 (『三國志』魏志 卷4, 陳留王紀)
    ⓑ 泰始二年(266) 十二月 罷農官 爲郡縣 (『晉書』卷3, 武帝紀)

ⓐ·ⓑ 두 기사에는 2년의 연도차가 보이는데, 西嶋定生의 견해대로 農官이 사실상 폐지되어 郡縣制에 흡수된 것은 咸熙 元年(264)이 아니라 泰始 2년(266)의 일이라고 보아야 할 것이다.[40] 위의 두 기사를 종합하여 보면, 그 내용은 "農官(屯田官)을 없애 政役을 균등하게 하고, 農官은 모두 太守로 하고 都尉는 모두 令長으로 한다"고 하는 것이다. 다시 말해서 屯田官을 없애고 郡縣官으로 한 목적은 農官에 소속된 屯田民의 政役을 郡縣民의 政役과 균등하게 하려고 한 것이다. 그러므로 ⓐ·ⓑ 기사는 農官의 폐지만을 언급한 것이 아니라, 이 農官이 관할하는 屯田民에 대해서도 언급한 것이다.[41] 위의 기사를 보면 모든 屯田

---

40) 西嶋定生, 「魏の屯田制 - 特に廢止問題をめぐって -」『東洋文化研究所紀要』10(『中國經濟史研究』, 東京大學出版會, 1983에 재수록).
41) 吉田虎雄은 위의 屯田廢止令은 農官의 폐지만을 의미한다고 하였는데(앞의 책), 이에 대해서는 西嶋定生의 '均政役'이라고 하는 구절을 무시한 것

이 廢止된 것처럼 보이는데, 泰始 4년에도 屯田이 존재하고 있었음을 알 수 있으므로,[42] 泰始 2년의 屯田 廢止令에 의해서는 魏의 屯田 중에 일부만이 폐지되었다고 보아야 할 것이다.[43]

이러한 泰始 2년 典農部 屯田의 폐지는 農官이 郡縣官으로 되었으므로 그 휘하의 屯田民도 郡縣民이 되었고, '均政役'에 의해 屯田民의 국가에 대한 부담이 郡縣民의 것과 완전히 같게 되었음을 의미하고 있다. 이 문제는 두 가지 방면에서 고찰하여야 하는데, 하나는 '政役'이 지칭하는 것이 무엇인가 하는 점이고, 다른 하나는 '均政役'으로 인해 구래의 屯田民의 부담이 어떻게 변화하였는가 하는 점이다.

첫번째 문제에 대하여 살펴보면, 이 '政役'이 각각 力役 또는 稅役 또는 兵役을 지칭한다고 하는 여러 견해가 있다.[44] 米田賢次郎의 견해대로 『文選』 卷2 張平子의 南都賦에 "賦政任役 畏人力之盡"이라고 되어 있으므로, 政＝稅라고 이해해야 할 것이다.[45] 따라서 藤家禮之助의 지적과 같이 '政役'은 모든 賦稅와 繇役을 가리키는 것이라고 보아야 할 것이다.[46]

두번째 문제에 대하여 살펴보면, 이 '均政役'이 屯田民의 부담이 가중되는 것을 의미하는가 그렇지 않으면 경감되는 것을 의미하는가 하는 의문이 있다.[47] 우선 '均政役'에 의해 屯田民의 부담이 경감된 측면

으로 받아들이기 어렵다고 하는 비판이 있다.

42) 『晉書』 卷47, 傅玄傳의 "(泰始四年)其一曰 ……今一朝減持官牛者 官得八分 士得二分 持私牛及無牛者 官得七分 士得三分 人失其所 必不歡樂"에 의하면 泰始 4년 이후에도 軍屯은 여전히 존재하고 있었다.

43) 岡崎文夫는 모든 屯田이 폐지된 것으로 보았다(앞의 글 ; 「魏の屯田制」 『支那學』 5 - 2, 1932[『南北朝に於ける社會經濟制度』, 1935에 재수록]).

44) 井上晃, 「曹魏の屯田に就て」(『史觀』 16, 1938)는 力役을, 宮崎市定은 稅役을(앞의 글), 西嶋定生은 兵役을 지칭한다(「魏の屯田制 - 特に廢止問題をめぐって - 」)고 보았다.

45) 米田賢次郎, 「漢魏の屯田と晉の占田・課田」 『東洋史研究』 21 - 4, 1963.

46) 藤家禮之助, 앞의 글.

47) 井上晃은 典農部의 力役이 일반에 비해 무거웠던 것을 경감한 것이었을 것이라고 하였고(앞의 글), 西嶋定生은 典農部 屯田民노 일반 郡縣民과

은 田租를 통해 살펴볼 수 있을 것이다. 즉 屯田民이었을 때 수확량의 半을 田租로 납부하였던 것이 郡縣民이 됨으로써 曹魏時期와 같이 畝당 4斗의 田租만을 납부하거나[48] 課田制에서와 같이 단지 丁당 4斛만을 부담하는 것으로 바뀌었다.[49] 그런데 원래 屯田民에게 있어서 田租의 부담이 일반민보다 훨씬 무거웠던 것은 일반민들이 부담하고 있던 雜繇 등의 의무를 면제받았기 때문이다.[50] 그렇다면 ‘均政役’에 의한 田租 부담의 경감에 따른 반대 급부로서 무엇이 증가되었을까 하는 문제가 나타난다. 이에 대해 일부 학자들이 役의 加重이라고 언급하고 있는데, 이러한 役의 加重 이외에도 다른 부담이 증가되었다고 보아야 할 것이다. 그것이 바로 曹魏時期부터 시행되어 온 戶調의 부담이 아닐까 생각된다. 典農部 屯田民은 戶로 파악된 것이 아니라 口로 파악되고 있었다고 생각되기 때문에, 이들에게는 본래 戶調의 부담이 없었을 것이라고 생각된다.[51] 따라서 이들이 郡縣民으로 됨으로써 일반 郡縣民과 똑같이 戶調의 부담을 지게 되었을 것이다.[52]

똑같이 兵役을 부담하게 되었다고 하였으며(「魏の屯田制 - 特に廢止問題をめぐって -」), 藤家禮之助는 役이 가중된 것이라고 하였다(앞의 글).

48) 『三國志』魏志 卷1, 武帝紀 建安 9년(204) 9월조의 注에 인용된 『魏書』. 이 기사에 보이는 ‘升’은 ‘斗’의 誤字일 것이다. 이 문제에 대해서는 뒤에서 구체적으로 언급한다.

49) 『初學記』卷27, 寶器部 絹 제9에 인용된 『晉故事』.

50) 비록 北魏 太和 12년의 屯田에 관한 기사이지만, 『魏書』卷110, 食貨志에 “又別立農官 取州郡戶十分之一 以爲屯民……一夫之田 歲責六十斛 甄其正課幷征戍雜役”이라고 되어 있어, 屯田民에게는 正課와 아울러 征戍·雜繇 등이 모두 면제되고 있음을 알 수 있다. 따라서 民屯의 경우에는 屯田民에게는 일반민이 지고 있는 役의 의무는 원칙적으로 면제되고 있었다고 보아야 할 것이다.

51) 『晉書』卷26, 食貨志 正始 4년(243)조에 “五里置一營 營六十人”이라고 하는 典農部 屯田에 관한 기사가 보인다. 이 屯田이 典農部의 屯田인가의 여부에 대해서는 別稿에서 다루고 싶다.

52) 野中敬은 “西晉의 高額의 戶調는 ‘均政役’에 의한 粟의 減額에 대신하여 布帛을 증액한 결과라고 이해하는 것이 자연스럽다”고 하였다(野中敬, 「魏晉戶調成立攷」『早稻田大學大學院文學研究科紀要·別冊』14集).

　　이상의 고찰을 종합하면 '均政役'에 의해 구래의 典農部 屯田民은 郡縣民으로 되어 일반 郡縣民과 똑같이 田租와 戶調의 부담을 지게 되었다고 하는 것이다. 따라서 이상에서 살펴본 바와 같이 典農部 屯田을 폐지한 목적이 屯田民을 郡縣民으로 하여 일반 郡縣民과 똑같은 부담을 지게 하기 위한 것이라고 한다면, 典農部 屯田의 폐지 이후에 본래부터 郡縣에 속해 있던 郡縣民과 이전에 典農部 屯田에 속해 있던 郡縣民을 차별하여 하나는 占田의 대상으로, 다른 하나는 課田의 대상으로 하는 조치는 취해지지 않았다고 보아야 할 것이다.

　　국가재정에 상당한 비중을 차지하는 典農部 屯田에 상응하는 재정 확보를 위한 조치가 西晉政府에 의해 취해졌을 것임은 쉽게 상상할 수 있다. 이것이 바로 占田·課田制와 戶調制의 실시라고 생각된다. 그런데 占田·課田制의 시행은 吳를 평정한 다음에 반포된 '戶調之式'에 보이기 때문에, 典農部 屯田을 폐지한 泰始 2년(266)과 '戶調之式'이 반포된 太康年間(280~289) 사이에는 15년 이상의 공백이 있다. 따라서 여러 학자들이 『初學記』에 보이는 課田과 諸侯의 俸秩에 관한 기사에 근거하여 占田·課田制가 泰始 중에 이미 존재하였다고 추정하고 있다.[53]

---

53) 鈴木俊은 『初學記』에 보이는 晉故事와 晉令과의 관계 속에서(鈴木俊, 『均田·租庸調制度の硏究』, 38~39쪽), 藤家禮之助는 『初學記』에 보이는 諸侯의 秩俸과 戶調의 분배에 대한 연구를 통하여(藤家禮之助, 「西晉諸侯の秩俸 -『初學記』所引『晉故事』の解釋をめぐって-」 『東洋史硏究』 27-2, 1968[『漢三國兩晉南朝の田制と稅制』, 東海大學出版會, 1989에 재수록]), 占田·課田制는 泰始 2년에 典農部 屯田이 폐지된 바로 다음에 시행되었다고 여겼다. 鄭欣은 『初學記』에 보이는 課田과 諸侯의 俸秩과의 관계를 통하여 魏末晉初에 이미 課田制가 존재하고 있었다고 여겼다(鄭欣, 「魏晉之際土地賦稅制度的變化」 『歷史論叢』 第3輯, 齊魯書社, 1983[『魏晉南北朝史探索』, 山東大學出版社, 1985에 재수록]). 그러나 米田賢次郎은 『晉故事』의 문장은 占田·課田도 붕괴되고, 최초의 균등한 배분으로부터 겸병이 행해졌으며 게다가 국가의 통제력의 퇴보와 함께 公益의 制가 불가능하게 되었기 때문에, 최초의 할당액 "丁男五十畝"를 전제로 두고 실제의 소유면적에 관계 없이 戶당 4斛을 租稅로서 징수하는 것으로 되었던 것이라고 보고 있다(「漢魏の屯田と晉の占田·課田」).

　필자도 '戶調之式'이 반포되기 이전에 이미 課田制가 성립되어 있었다고 하는 견해에 동의하는데, 그 근거가 되는 사료는『初學記』의 기사보다는 다음의 기사가 더 유력한 것이 아닌가 생각된다. 泰始 2년에 典農部의 屯田이 폐지된 지 얼마 안 된 시기의 것으로,『晉書』卷47 傅玄傳 泰始 4년(268)에

　　　近魏初課田 不務多其頃畝 但務修其功力 故白田收至十餘斛 水田收數十斛 自頃以來 日增田頃畝之課 而田兵益甚 功不能修理 至畝數斛 已還 或不足以償種

이라고 하는 중요한 기사가 있다.54) 우선 주의하여 두어야 할 것으로, '戶調之式'에 보이는 課田의 특징이 丁男은 50畝, 丁女는 20畝, 次丁男은 25畝라고 규정되어 있는 것처럼 丁中의 구분에 따라 일정액의 부과액이 설정되어 있다는 것이다. 그런데 위의 기사에 보이는 魏初의 '課田'의 성격은 이상과 같은 특징이 보이지 않는다. 다시 말해서 魏初의 課田은 그 頃畝(토지의 면적)를 많게 하는 데 힘쓰지 않고 단지 그 생산성을 높이는 데 힘썼던 것이다. 그러므로 魏初에 행해진 課田은 '戶調之式'에 보이는 課田과는 그 성격이 달랐음을 알 수 있다.
　그러나 위의 기사에서 중요한 구절은 "自頃以來 日增田頃畝之課"라고 하는 기사이다. 이 구절은 "근래 날로 田의 면적에 대한 課를 늘렸다"고 해석해야 하는 것으로, 泰始初에는 魏初와 달리 課田할 때 일정

---

54) 대부분의 학자들은 이 기사를 屯田에 관한 것으로 간주하고 있는데, 鄭欣이 지적하고 있는 것처럼 屯田뿐만 아니라 일반 郡縣民도 그 대상으로 하는 것이라고 보아야 할 것이다(앞의 글). 그 근거는 첫째로 위의 기사 중에 "自頃以來 日增田頃畝之課 而田兵益甚"이라고 하는 구절에서 "근자 이래로 날로 田의 면적에 대한 課를 늘렸는데, 田兵(屯田兵)은 더욱 심하였다"고 한 점, 둘째로 위의 기사는 傅玄이 泰始 4년(268)에 御史中丞의 職에 있을 때 올린 便宜五事 중의 네번째 기사로 이 便宜五事의 내용은 民政 전반에 관한 것이지 屯田에 관한 것만을 언급한 것이 아닌 점을 들 수 있다.

면적의 田土를 설정하였음을 보여 주고 있다. 다시 말해서 泰始初의 課田은 魏初에 畝당 생산량을 증가시키기 위한 것과는 달리 일정 면적의 토지에 일정액의 田租를 부과한 것이다. 이것은 바로 吳를 평정한 다음에 반포한 '戶調之式' 중에 課田에 관한 기사와 그 의미를 같이하는 것이다. 그렇지만 위의 구절에서 田土의 면적에 대한 課가 날로 증가되고 있다고 언급하고 있는 바와 같이 아직 '戶調之式'에 보이는 課田制처럼 완전히 그 뿌리를 내리고 있었다고는 보이지 않는다.[55]

따라서 吳를 평정하기 이전인 泰始 4년에 이미 '戶調之式'에 보이는 課田制와 반드시 일치하지는 않는다고 할지라도 그와 같은 형식의 課田制가 존재하고 있었으며, 이것은 典農部 屯田의 폐지에 따라 새로 만들어진 것이라고 보아야 할 것이다. 그렇지만 課田制가 典農部 屯田의 폐지를 이은 것임은 분명하지만, 舊 屯田民만을 그 대상으로 한 것이 아니라고 보여진다.

2. '戶調之式'의 반포에 따른 占田制의 성립

앞에서 살펴보았듯이 課田制는 泰始 4년 이전에 이미 시행되고 있었다. 그렇다면 占田制는 課田制와 함께 泰始 4년 이전부터 시행되고 있었는가 그렇지 않으면 '戶調之式'의 반포로 인해 太康年間에 처음으로 시행된 것인가 하는 문제가 남는다.

이 문제는 占田의 성격과 직접 관련된 것으로, 우선 占田制가 授田制인가 限田制인가, 그렇지 않으면 授田制도 아니고 限田制도 아닌 土地登記管理制度인가 하는 것이다. 占田制가 授田制라고 하는 견해는 중국과 일본에서 오래 전에 유행한 것으로,[56] 현재에는 授田制라고 주장하는 학자들은 없는 듯하다. 占田制가 限田制라고 주장하는 說은 占田制가 授田制라고 하는 전통적인 견해를 부정하면서 나온 견해로 많

---

55) 閔斗基, 앞의 글.
56) 占田制가 授田制라고 하는 說의 鼻祖는 『文獻通考』의 著者 馬端臨이다. 岡崎文夫·志田不動麿 등이 따르고 있다.

은 학자들이 이 說을 지지하고 있다. 이 占田制＝限田制說을 부정하는
것으로 占田制가 授田制도 아니고 限田制도 아닌 土地登記管理制度라
고 하는 說57)이 제기되고 있다.

　占田制＝限田制說을 부정하는 견해는 첫째로 "人之田宅 旣無定限"
이라고 하는 구절이 포함된 李重의 上奏文이 占田制 시행 이후의 것이
라고 하는 것과, 둘째로 官品占田이 限田 규정이 아니라고 하는 것에
그 근거를 두고 있다.

　첫번째 수장 근거인 李重의 上奏文의 연대에 대하여 살펴보자.58) 李
重의 上奏文이 대체로 太康 6년(285), 적어도 284년에서 286년 사이라
고 하는 주장59)과 太康 9년(288)에서 10년 사이의 것이라고 하는 주
장60)이 있다. 이 上奏文의 연대 결정은 占田의 성격을 구명하는 데 중
요한 문제이므로 구체적으로 분석할 필요가 있다. 이 문제의 上奏는
『晉書』卷46 李重傳에 실려 있는데,

　　弱冠爲本國中正 遜讓不行 後爲始平王文學……遷太子舍人 轉尙書郎 時大
中大夫恬和表陳便宜 稱漢孔光·魏徐幹等議 使王公已下制奴婢限數 及禁百
姓賣田宅 中書啓可 屬主者爲條制 重奏曰：……八年己巳詔書申命律令……
人之田宅旣無定限 則奴婢不宜偏制其數……
　　又司隷校尉石鑒奏 鬱林太守介登役使所監 求召還：尙書荀愷以爲遠郡非
人情所樂 奏登貶秩居官 重駁曰……詔從之 太熙(290)初 遷廷尉平

이라고 되어 있다. 위의 上奏가 있었던 연도는 기재되어 있지 않기 때
문에 연도의 확정을 위해서 李重 자신의 官職 경력을 통하여 上奏의

----

57) 童超,「論西晉土地·田賦·勞動人口管理體制的改革」.
58) 西村元佑는 上奏文의 연대를 비록 西晉 占田課田制 이후로 파악하고 있
　　으나, 占田이 限田的인 성격을 가지고 있음을 인정하고 있다(「魏晉の勸農
　　政策と占田課田」『史林』41 2, 1958[『中國經濟史硏究 均田制度篇 』에
　　재수록]).
59) 洪序,「西晉李重駁恬和一事發生時期的商榷」『歷史硏究』1958 - 6.
60) 張尙謙,「讀史札記：李重反對'制奴婢限數'的上奏在哪一年」『雲南敎育學
　　院學報』1986 - 1.

연도를 살펴보자. 위의 기사를 통해 李重 자신의 官職 경력을 살펴보면, 李重이 처음 官職에 임명된 것은 始平王文學이다. 皇子 裕가 始平王에 봉해진 것은 咸寧 3년(277) 정월 丙子일이고 같은 해 정월 庚寅일에 始平王 裕가 죽었으므로[61] 李重은 咸寧 3년(277) 정월에 始平王文學이 되었다가, 얼마 안 되어 277년 초에 太子舍人이 되었을 것이라고 생각된다. 그리고 어느 시점에서인가 太子舍人에서 尙書郞으로 되었을 것인데, 위의 기사에서 "遷太子舍人 轉尙書郞"이라고 太子舍人에 임명된 다음 아무런 기재없이 尙書郞에 임명된 것을 보면, 太子舍人의 職에 있었던 기간은 짧았다고 보여진다.[62] 그 후 太熙初(290)에 廷尉平이 되었다. 李重이 上奏를 한 시기는 그가 尙書郞의 職에 있었을 때의 일로, 咸寧 3년(277)에서 太熙初(290) 이전까지의 일이다. 즉 이상으로부터 李重의 上奏 연대를 277년에서 290년 이전까지로 한정할 수 있다.

그런데 李重의 上奏 다음에 보이는 石鑒의 上奏는 대략 284~289년 사이에 행해진 것이므로,[63] 李重의 上奏는 284년 이전에 행해졌을 가능성도 있다. 다시 말해서 李重의 上奏는 石鑒의 上奏 이전에 행하여진 것이므로, 石鑒의 上奏에 근거하여 李重의 上奏가 행하여진 시기의 下限을 언급할 수 있을지라도 그 上限은 언급해서는 안될 것이다. 또한 '戶調之式'이 반포된 연대는 吳를 평정한 太康 元年 이후인 것은 분명하지만, 『晉書』食貨志에도 이 '戶調之式'의 기사 다음에 惠帝 때의 일을 언급하고 있기 때문에, '戶調之式'이 吳를 평정한 것을 계기로 하여

---

61) 『晉書』卷3, 武帝本紀.

62) 張尙謙은 李重이 太子舍人에 임명되었다가 尙書郞으로 官職을 옮긴 것은 아주 뒤의 일일 것이라고 지적하고 있으나(앞의 글) 근거는 없다.

63) 『晉書』卷44, 石鑒傳에 따르면 石鑒은 司隷校尉 → 尙書 → (免官) → 光祿勳 → 司隷校尉 → 右光祿大夫 → 司空의 직을 거쳤다. 石鑒은 同書 卷26, 食貨志와 卷3, 武帝本紀에 따르면 泰始 5년에 司隷校尉였다가 6년에 尙書가 되었으므로 이 시기는 李重이 上奏를 하기 훨씬 이전이다. 또 同書 卷45, 劉毅傳 ; 卷28, 五行志 ; 卷3, 武帝本紀에 따르면, 石鑒은 太康 5년(284)에 光祿勳이었다가, 太熙 元年(290)에 右光祿大夫에서 司空이 되었다. 따라서 石鑒이 두번째 司隷校尉였을 때는 284~290년이다.

반포된 것이긴 하지만 太康 초에 바로 반포되었다고 하는 확증도 없다. 따라서 李重의 上奏文에 보이는 "人之田宅旣無定限　則奴婢不宜偏制其數"라고 하는 기사가 戶調之式이 반포된 뒤의 것이라고 단정하기 어려우므로, 이 기사에 근거하여 占田에 限田的 성격이 없었다고 단정할 수 없을 것이다.

　두번째 근거인 官品占田에는 限田의 성격이 없다고 하는 것에 대하여 살펴보자. 官品占田에 限田의 성격이 없었음을 주장하는 근거는 두 가지인데, 그 중 하나는 河地重造64)가 '戶調之式' 중의 蔭客制는 "官品에 따라 일정수의 客의 課役을 면제하는 것으로, 客의 수를 제한하는 것이 아니다"고 하는 說에 근거한 것이다. 이와 같은 蔭客制에 대한 해석은 필자도 동의하는데, 그렇다면 官品占田의 규정에 의해 官人들은 어떠한 혜택이 주어졌는가 하는 것이다. 藤家禮之助의 견해처럼 官品占田이 授田도 아니고 限田도 아니라고 하면서 官人이 점유하는 田畝의 상황을 官에 신고하여 그 소유를 인정받는 것이라고 한다면, 占田의 소유자인 官人들에게 어떠한 혜택이 주어졌는가. 뒤에서 살펴보듯이 占田에는 田租의 부담이 없기 때문에 蔭客制에서와 같이 課役을 면제받는 것과 같은 혜택도 없는 것이 된다. 다시 말한다면 단지 신고에 의해 규정액까지만 국가로부터 그 소유권을 인정받는 것이 되고, 규정액을 초과하는 부분에 대해서는 그 소유권을 인정받지 못하는 것이 된다. 이렇게 본다면 官品占田은 바로 限田의 의미를 지니는 것이 아닌가 생각된다.

　다른 하나는 占田의 범위를 벗어난 토지 소유가 행하여지고 있었다고 하는 사실이다.『晉書』卷60 張輔傳에

　　時彊弩將軍龐宗 西州大姓……(輔)又奪宗田二百餘頃以給貧戶

---

64) 河地重造,「晉の限客法にかんする若干の考察」『經濟學雜誌』35 - 1, 2, 1956.

라고 되어 있는 것처럼, 제4품관[65]으로 官品占田의 규정에 따르면 35頃의 토지만을 占田할 수 있는 彊弩將軍 寵宗이 200여 頃을 점유하고 있다. 여기에서 고려해야 할 문제는 첫째가 이 기사가 '戶調之式'이 반포되기 이후의 것인지 이전의 것인지 불분명한 점이다. 둘째가 寵宗이 第4品官으로 官品占田의 규정을 초과하였으나 西州의 大姓이라고 되어 있으므로 그들의 一家 또한 상당한 지위에 있었다고 본다면, 이 200여 頃의 토지는 寵宗 일개인의 田土라기보다는 寵宗 一家의 토지라고 볼 수 있을 것이기 때문에 반드시 官品占田의 규정을 어겼다고는 단정지을 수 없다.

이상의 고찰을 통해 占田에 限田의 의미가 없다고 하는 주장에 대해 그 근거가 불충분함을 지적하였다. 後漢末 曹操가 정권을 장악하였을 때의 사람인 荀悅이 "旣未悉備井田之法 宜以口數占田 爲之立限"이라고 한 바와 같이,[66] 西晉의 占田制는 限田의 의미를 지니고 있다고 보아야 할 것이다.

위의 문제와 관련하여 占田制가 課田制와 같이 '戶調之式'이 반포되기 이전에 이미 시행되고 있었는가 하는 문제를 살펴보자. 이 문제를 고찰하는 데 주목할 만한 것으로, 李重의 문제의 上奏 바로 앞에 恬和의 上表에 "使王公已下制奴婢限數 及禁百姓賣田宅"이라고 한 기사가 있다. 이 기사는『晉書』卷26 食貨志에 실린 吳를 평정한 뒤에 시행한 王公에 대하여 京城에서의 주택 소유와 近郊에서의 田地 소유를 제한한 것과 一般民과 官人에 대하여 '戶調之式'을 시행한 것과 다소 유사한 점이 있다. 비록 食貨志 기사에는 노비의 수량을 제한한다거나 田宅의 매매를 금지하는 규정은 없으나, 王公에 대하여 田宅의 소유를 제한한 것과 '戶調之式'을 제정하여 占田과 課田에 대한 규정을 하고 蔭庇의 수를 규정한 것은 그 의미가 상통하고 있는 것이라고 할 수 있다. 그러므로 恬和의 上表는 吳를 평정한 뒤에 王公에 대한 田宅 소유의 제

---

65)『通典』卷37, 職官19 晉官品의 항.
66)『通典』卷1, 食貨 田制上.

한 및 '戶調之式'이 제정되기 이전에 올린 것이라고 생각할 수 있는데, 그렇다면 李重의 문제의 上奏도 恬和의 上表가 나온 다음에 바로 한 것이므로 吳를 평정한 뒤에 두 가지 정책이 제정되기 이전에 올린 것이라고 할 수 있다. 다시 말해서 "使王公已下制奴婢限數 及禁百姓賣田宅"하자고 한 恬和의 上表가 비록 "人之田宅旣無定限 則奴婢不宜偏制其數"하다고 한 李重의 反對上奏가 있었지만, 恬和의 上表가 받아들여져 王公에 대한 田宅 소유의 제한 및 '戶調之式'이 제정되었다고 할 수 있지 않을까. 이렇게 볼 수 있다면 占田制는 '戶調之式'의 반포에 의해 처음으로 시행되게 되는데, 이러한 사실은 '戶調之式'이 반포되기 이전에는 占田制와 유사한 제도가 제정된 흔적을 찾아볼 수 없는 점과 '戶調之式'과 거의 동시에 王公에 대하여 그들의 京城과 그 近郊에서의 田宅의 소유를 제한하는 조치가 취해진 것 등에 의해 뒷받침되는 것이 아닐까 생각된다. 다시 말해서 課田制가 '戶調之式'의 제정 반포 이전인 泰始 3년에 이미 시행되고 있었던 것과는 달리, 占田制는 '戶調之式'의 반포로 인해 創制된 것이라고 생각한다.

이상의 고찰을 종합하여 보면, 占田制는 課田制가 泰始 4년 이전에 이미 존재한 것과는 달리 '戶調之式'의 반포와 함께 처음으로 太康年間에 시행되었으며, 限田적인 성격을 지닌 田制임을 알 수 있다.

Ⅲ. 占田·課田制와 戶調制

1. 戶調制의 내용

西晉의 武帝가 吳를 평정한 다음에 반포한 '戶調之式'의 중요한 내용 중의 하나가 바로 戶調制이다. 이 戶調制는 주지하다시피 이 당시에 처음 만들어진 것이 아니라, 曹魏 建安 9년부터 이미 시행되고 있었다. 『三國志』魏志 卷1 武帝紀 建安 9년 9월의 조의 注에 인용된 『魏書』에

其收田租畝四升　戶出絹二匹·綿二斤而已

라고 되어 있어, 曹魏 때의 戶調는 絹 2匹·綿 2斤이었고, 田租는 畝당 4升이었다. 曹魏時期의 田租의 특징은 漢代의 1/10稅이거나 1/30稅와 같이 定率課稅가 아니라, 畝당 4升이라고 하는 定額課稅인 점이다. 그런데 이렇게 田租를 畝당 4升으로 정한 것은 아무렇게나 정한 것인 아닌 듯하다. 바로 曹操가 정권을 장악한 시기의 것으로,『後漢書』卷39 仲長統傳에

　　今通肥饒之率　計稼穡之入　令畝收三斛　斛取一斗　未爲甚多……可爲法制 劃一定科　租稅十一　更賦如舊

라고 되어 있다. 위의 기사에 따르면 田租로 1/10의 租稅가 바람직하다고 하고 있다. 또한 東晉時代에도『晉書』卷26 食貨志에 따르면,

　　咸和元年(330) 成帝始度百姓田　取十分之一　率畝稅米三升

이라고 되어 있어, 1/10의 田租를 징수하고 있었다. 따라서 魏晉時代에는 田租의 징수에 있어서 1/10의 租稅가 일반적이었다고 할 수 있다.
　그렇다면 曹魏時期의 田租는 당시의 畝당 생산량에 근거하여 설정하였을 것인데,『三國志』吳志 卷60 鍾離牧傳에

　　少爰居永興　躬自墾田　種稻二十餘畝　臨熟　縣民有識認之　牧曰：本以田荒 故墾之耳　遂以稻與縣人……春所取稻得六十斛米　送還牧

이라고 되어 있어, 위의 기사는 稻田 20여 畝를 경작하여 60斛의 米를 얻었다고 하는 사실을 말하고 있다. 稻의 出米率이 米 1石에 稻 2.14石인 것[67)]에 비추어 보면, 20여 畝에서 稻 128.4石을 수확한 것으로 畝당

---

67)『夏侯陽算經』卷上, 變米穀 조에 인용된 唐의 倉庫令에는 "其折糙米者,

稻穀 생산량이 6.4石이 된다.[68) 또한 기존의 연구 결과에 따르면 漢代에는 畝당 4斛이라고 하고 있으므로[69) 曹魏時期의 畝당 생산량을 4斛으로 추정해도 무리는 없을 것이다.

따라서 曹魏 때의 "其收田租畝四升"은 "其收田租畝四斗"의 잘못일 것이고,[70) 또한 東晉 때의 "稅米三升"도 "稅米三斗"의 잘못이라고 보아야 할 것이다.

이러한 曹魏時期의 戶당 絹 2匹·綿 2斤이었던 戶調가 '戶調之式'의 반포로 바뀌게 되는데, 西晉 戶調制의 내용은 다음과 같다.

ⓐ 丁男之戶 歲輸絹三匹 綿三斤 女及次丁男爲戶者半輸 ⓑ 其諸邊郡或三分之二 遠者三分之一 夷人輸賨布 戶一匹 遠者或一丈

'戶調之式'의 반포에 의해 戶調額이 戶당 絹 3匹·綿 3斤이 됨으로써, 曹魏에 비해 각각 1匹·1斤이 늘어났다. 이와 같은 戶調額의 증가는 '戶調之式'의 반포에 의해 이루어진 것이 아니라,『初學記』卷27 寶器部 絹에 "晉故事 凡民丁課田 夫五十畝 收租四斛·絹三疋·綿三斤"이라고 되어 있는 기사가 泰始年間의 것이라고 하는 지적이 있는 것처럼, 課田制의 성립과 함께 이루어졌다고 보여진다. 따라서 '戶調之式'의 반포로 인해 丁女와 次丁男이 戶主인 경우와 邊郡과 遠夷에 대한 규정

稻三斛, 折納糙米一斛四斗"라고 되어 있어, 稻의 出米率은 米 1石에 稻 2.14石이 된다.

68) 1畝당 稻 6.4石이라고 하는 것은 20여 畝에서 총 米 60斛을 생산한 것을 唐代 稻의 出米率로써 稻 128.4石을 수확한 것으로 해석하였는데, 실제로는 당시의 稻의 出米率이 唐代보다 높지 않았을 것이기 때문에 稻의 생산량은 이 수치보다 많았을 것이다. 그러나 위에서 추출한 稻 128.4石을 20여 畝가 아닌 20畝로 나누었기 때문에 본래는 稻의 생산량이 이 수치보다는 낮았을 것이다. 이상의 두 가지 상황을 서로 상쇄시켜 1畝당 6.4石이라고 추정한 것이다.

69) 宇都宮清吉,「僮約研究」(『漢代社會經濟史研究』 제9장)에 의하면, 畝당 생산량은 4斛이라고 하고 있다.

70) 周國林,「曹魏'畝收租四升'辨誤」『江漢論壇』 1982 - 1.

이 더하여져, 戶調制가 더욱 완비되었다고 보아야 할 것이다.

다시 위의 기사를 살펴보면, 먼저 戶調에 대한 일반적인 규정(ⓐ)을 하고 그 다음에 예외적인 규정(ⓑ)을 하였는데, 여기에서 문제가 되는 것은 戶調에 관한 일반적인 규정을 어떻게 해석하는가이다. 언뜻 보면 다음과 같이 상당히 쉽게 해석이 된다. "丁男의 戶는 해마다 絹 3匹·綿 3斤을 내고, 女 및 次丁男으로 戶主가 된 자는 半을 낸다"라고 해석된다. 우선 위의 기사에서 '女'가 누구를 지칭하는가 하면, 課田의 기사에서 女가 次丁女를 가리키는 것과는 달리 여기에서는 丁女를 가리키는 것이다. 이에 대해서는 異論의 여지가 없는데, 이 丁女는 未婚의 丁女도 戶主가 되는 경우가 존재할 수 있기 때문에 반드시 寡婦만을 가리킨다고 한정해서는 안 될 것이다. 또 "女及次丁男爲戶者半輸"라고 하는 기사에 대한 해석인데, 이 기사는 "丁女 및 次丁男으로 戶主인 자는 '丁男之戶'의 戶調의 半을 낸다"라고 해석되어, 戶主가 아닌 丁女와 次丁男은 戶調를 내지 않는다고 하는 사실과 老小 및 次丁女가 戶主가 되는 경우에도 戶調를 부담하지 않는다고 하는 사실을 의미하고 있다.

기존의 연구에서는 위의 기사를 문맥 그대로 "丁男이 戶主인 戶는 매년 絹 3匹과 綿 3斤을 내고, 丁女 및 次丁男이 戶主인 戶는 丁男의 半을 낸다"라고 해석하여 왔다. 이에 대해 처음으로 의문을 제기한 것은 西村元佑로, 그는 '丁男之戶'의 해석을 '丁男이 있는 戶'로 해석해야 한다고 주장하였다. 또한 戶調는 丁男의 경우는 戶主이든 아니든 모두 戶調의 부담을 지고, 丁女와 次丁男은 戶主인 경우에만 戶調의 부담을 진다고 하였다.71)

우선 西村元佑의 첫번째 견해를 살펴보면, '丁男之戶'의 해석은 '丁男이 戶主인 戶'가 아니라 '丁男이 있는 戶'이므로, 이것은 다음의 "女及次丁男爲戶者"의 해석에도 영향을 준다. 다시 말해서 "女及次丁男爲戶者"는 '丁女와 次丁男이 戶主로 戶內에 丁男이 없는 戶'라고 하는 것

---

71) 西村元佑, 「均田法における二系列」『龍谷史壇』 56·57合倂號, 1966(『中國經濟史硏究』에 재수록).

으로 해석된다. 좀더 구체적으로 살펴보면 '丁男之戶'에는 戶主가 비록 丁男이 아니더라도 그 戶에 丁男이 있는 戶, 즉 老男(66세 이상)이나 次丁男(61~65세)이 戶主인 戶에 丁男이 동거하고 있는 戶도 포함하고 있는 것이다. 중국 古代의 戶籍法에 따르면 戶內에 丁男이 있는데도 丁女가 戶主가 되는 경우는 있을 수 없지만, 부모가 살아 있을 때는 別籍異財하는 것이 금지되어 있으므로 戶內에 丁男이 있는데도 61~65세의 次丁男이나 66세 이상의 老男이 戶主가 되는 경우도 있을 수 있다.

　그렇다면 '丁男之戶'를 丁男이 戶主인 戶이고 "女及次丁男爲戶者"를 戶內에 丁男의 유무에 관계 없이 丁女 및 次丁男이 戶主인 戶의 경우를 'A의 경우'라고 하고, '丁男之戶'를 丁男이 있는 戶이고 "女及次丁男爲戶者"를 戶內에 丁男이 없고 丁女 및 次丁男이 戶主인 戶의 경우를 'B의 경우'라고 하여, 이 두 가지 경우에 戶調의 부담은 어떠한가를 도표를 그려 살펴보면 다음과 같다.

<table>
<tr><th rowspan="4" colspan="2">戶의 분류</th><th colspan="2">A의 경우</th><th colspan="4">B의 경우</th></tr>
<tr><th colspan="2" rowspan="2">戶調負擔</th><th colspan="4">戶調負擔</th></tr>
<tr><th colspan="2">戶당</th><th colspan="2">丁당</th></tr>
<tr><th>絹</th><th>綿</th><th>絹</th><th>綿</th><th>絹</th><th>綿</th></tr>
<tr><td rowspan="3">次丁男이
戶主인 戶</td><td>丁男 無</td><td rowspan="3">1.5匹</td><td rowspan="3">1.5斤</td><td>1.5匹</td><td>1.5斤</td><td>1.5匹</td><td>1.5斤</td></tr>
<tr><td>丁男 1인</td><td rowspan="2">3匹</td><td rowspan="2">3斤</td><td>3匹</td><td>3斤</td></tr>
<tr><td>丁男 2인</td><td>6匹</td><td>6斤</td></tr>
<tr><td rowspan="3">老男이
戶主인 戶</td><td>丁男 無</td><td rowspan="3">無</td><td rowspan="3">無</td><td>無</td><td>無</td><td>無</td><td>無</td></tr>
<tr><td>丁男 1인</td><td rowspan="2">3匹</td><td rowspan="2">3斤</td><td>3匹</td><td>3斤</td></tr>
<tr><td>丁男 2인</td><td>6匹</td><td>6斤</td></tr>
<tr><td colspan="2">丁女가 戶主인 戶</td><td>1.5匹</td><td>1.5斤</td><td>1.5匹</td><td>1.5斤</td><td>1.5匹</td><td>1.5斤</td></tr>
<tr><td colspan="2">丁男이 戶主인 戶</td><td>3匹</td><td>3斤</td><td>3匹</td><td>3斤</td><td>3匹</td><td>3斤</td></tr>
</table>

　위의 표를 보면 A의 경우는 戶調의 부담이 戶內 노동력의 다소와는 거의 무관함을 알 수 있다. 특히 老男이 戶主인 戶는 戶內에 丁男이 얼마나 있는가와 관계 없이 戶調의 부담이 전혀 없는 데 반하여 丁女가 戶主인 戶는 戶內에 丁男이 없는데도 戶內에 丁男이 있는 老男의 戶보다 많은 戶調의 부담을 지게 되는 賦稅부담의 불균형이 보인다. 그렇지

만 B의 경우는 戶調의 부담이 戶內의 丁男의 有無에 따라 차이가 있기 때문에 A의 경우보다는 다소 불균형이 줄어든다. 그러므로 '戶調之式' 시행 이후의 사회상황을 서술한 "是時天下無事 賦稅平均 人咸安其業而樂其事"라고 하는 기사는 A의 경우와 부합되지 않고, B의 경우와는 대체로 부합한다고 할 수 있다.

또한 비록 後代인 唐代의 것이기는 하지만,『通典』卷7 正中조에

按開元二十五年戶令云 : 諸戶主皆以家長爲之　戶內有課口者爲課戶　無課口者爲不課戶

라고 되어 있는 기사에서, 戶主가 不課口일지라도 戶內에 課口가 있다면 課戶가 되는 사실을 통해 볼 때, '戶調之式'에 보이는 '丁男之戶'도 戶內에 丁男이 있는 경우라고 하는 것이 타당하다고 생각한다. 따라서 B의 경우가 타당하다고 생각되므로, "丁男之戶 歲輸絹三匹 綿三斤 女及次丁男爲戶者半輸"라고 하는 기사를 西村元佑의 견해와 같이 "丁男이 있는 戶는 해마다 絹 3匹・綿 3斤을 내고, 戶內에 丁男이 없어 丁女 및 次丁男이 戶主인 경우는 丁男이 있는 戶의 戶調額의 半을 낸다"라고 해석해야 할 것이다.

두번째 견해를 살펴보면, 戶調의 징수를 丁男의 경우 戶를 단위로 한 것인가 아니면 丁을 단위로 한 것인가 하는 문제이다. 이 문제는 한 戶에 丁男이 2인 이상일 경우에 해당하는데, 이러한 경우는 적지 않다고 할 수 있다. 예를 들어 100년 이상 뒤의 문서이긴 하지만『敦煌社會經濟文獻眞蹟釋錄』第1輯에 실려 있는 西凉建初十二年(416)敦煌郡敦煌縣西宕鄕高昌里籍殘卷을 보면, 戶口의 내용을 판별할 수 있는 戶가 8戶 있는데 그 중에 戶內에 1인의 丁男이 있는 戶가 3戶, 2인의 丁男이 있는 戶가 5戶로, 戶內에 丁男이 1인인 戶보다 2인인 戶가 더 많다. 그리고『晉書』卷14 地理志에 武帝가 천하를 통일한 太康 元年(280)의 조사에 戶가 2,459,840, 口가 16,163,863였다고 되어 있어 戶當 人口가 6.57명인데 丁男의 연령이 16~60세이므로, 戶內에 丁男이 2인 이상인

경우가 상당수 존재하였다고 보여진다. 이와 같은 상황하에서 ‘丁男之
戶’를 일률적으로 파악하여 丁男이 多少에 관계 없이 똑같이 絹 3匹・
綿 3斤을 부담하게 하는 것은 賦稅의 형평에 위배되는 것이 된다. 그리
고 위의 표를 통해 알 수 있듯이 戶調의 부담을 戶를 단위로 하는 것보
다는 丁을 단위로 하는 것이 戶內의 노동력과 戶調의 부담이 서로 비
례하여 부합된다. 또한『初學記』卷27 寶器部 絹에,

晉故事 凡民丁課田 夫五十畝 收租四斛・絹三疋・綿三斤

이라고 되어 있어, 1丁당 50畝를 課田하여 租 4斛・絹 3疋・綿 3斤을
거두는 것을 봐도 戶調의 징수가 丁을 단위로 하였다고 볼 수도 있을
것이다.

　　그러나 兩漢・魏晉時期 1戶의 평균 口數는 5~6인으로 대개 1인의
丁男이 家長으로 있는 핵가족이 일반적인 점,72) 諸侯王公 등에 대한
食邑이 戶를 단위로 하고 있는 점,73) 국가에서 一夫一婦를 중심으로
하는 戶를 육성하고 있는 점,74) 그리고 西晉 이후의 戶調도 모두 戶를
단위로 하고 있었다고 보여지는 점75) 등을 통해 볼 때, 戶調制가 丁을
단위로 하였다고 하기보다는 戶를 단위로 하였다고 보는 것이 타당할
것이다. 그러므로 이상의 고찰을 통하여 국가가 파악하고자 한 戶는 丁

---

72)　古賀登,『漢長安城と阡陌・縣鄕亭里制度』, 雄山閣, 1980, 제5장「阡陌制
　　　下の家族・什伍・閭里」; 野中敬, 앞의 글 참조.
73)『晉書』卷24, 職官志.
74)『晉書』卷3, 武帝紀 泰始 9년(273) 冬10월 癸巳조에 “制女年十七父母不嫁
　　　者 使長吏配之”라고 되어 있는 것이 그 일례일 것이다.
75)『晉書』卷104, 石勒載記, “勒以幽・冀漸平 始下州郡 閱實人戶 戶貲二匹
　　　・租二斛”;『晉書』卷121, 李雄載記, “其賦男子歲穀三斛 女丁半之 戶調
　　　絹不過數丈 綿數兩”; 北魏時期의 것으로『魏書』卷110, 食貨志 太和八
　　　年, “…… 先是 天下戶以九品混通 戶調帛二匹・絮二斤・絲一斤 粟二十
　　　石”;『魏書』7上, 高祖紀 延興 3년(473) 가을 7월, “詔河南六州之民 戶收
　　　絹一匹・綿一斤・租三十石” 및 “太上皇帝 親將南討 詔州郡之民 十丁取
　　　一 以充行 戶收租五十石 以備軍糧”이라는 기사 등이 그 예이다.

男 夫婦의 一夫一婦의 戶임에 틀림없고, 또한 戶調額의 설정도 一夫一婦가 한 戶를 이루는 것을 전제로 하여 설정되었음을 알 수 있을 것이다.

2. 占田·課田과 戶調의 관계

占田·課田制에 대한 연구에서 가장 중요한 문제는 占田·課田과 稅役의 관계이다. 이 가운데 占田에 田租의 부담이 있었는가의 여부는 課田＝舊 屯田地로 이해할 수 있는가 없는가 하는 문제와 직접 관련이 있는 것으로, 학자들의 논의의 초점이 되어 왔다. 특히 課田＝舊 屯田地로 이해하는 학자들은 史書에 명확하게 기재되어 있지 않는 占田의 田租에 대하여 여러 가지 추측을 제시하고 있는데, 占田의 田租는 戶당 3斛이라고 하는 견해, 畝당 4升이라고 하는 견해, 畝당 3斗 6升이라고 하는 견해, 課田의 租와 동일한 4斛이라고 하는 견해, 屯田의 租額과 같이 '與官中分' 즉 수확량의 半分이거나 6할이라고 하는 견해가 있다.76) 그러나 課田＝舊屯田地說을 주장하는 학자들의 견해에 대하여 堀敏一은 네 가지 점을 들어 課田은 稅役負擔과 관계가 있으나 占田은 직접 관계하지 않는다고 하였다.77) 첫째로 占田의 대상은 연령에 관계없이 규정되어 있는 데 반해 課田의 경우는 丁中의 구별이 있는 것, 둘째로 官品占田의 규정이 있어 占田은 일반庶民뿐만 아니라 官人도 대상으로 하고 있는 데 반해 課田은 庶民만을 대상으로 하고 있는 점, 셋째로 異民族에 대해서 占田에는 전혀 언급되어 있지 않는 데 반해 課田의 규정에 언급되고 있는 점, 넷째로『晉故事』逸文도 課田과 田租·戶調를 倂記하여 기재하였으나 占田을 언급하고 있지 않는 점이다.

堀敏一은 占田이 稅役負擔과 관계하지 않음을 '戶調之式'의 내용상의 대비를 통하여 입증하였는데, 이 문제를 다른 각도에서 살펴보도록

---

76) 위의 제 견해의 자세한 것에 대해서는 주 2에서 든 伊藤敏雄의 글 참조.
77) 堀敏一, 앞의 책, 59~60쪽. 萬國鼎도 앞의 책에서 占田에 租의 부담이 없다고 여겼다.

하자. '戶調之式'이 반포되기 이전까지의 西晉代의 田租에 대해서는 이미 앞에서 고찰한 바와 같이 曹魏의 畝당 4斗의 田租는 西晉 泰始 4년(268) 이전에 이미 課田制 즉 丁男 50畝에 4斛으로 변해 있었고, '戶調之式'의 課田制는 이를 계승한 것에 불과하였다.

그렇다면 西晉代에는 曹魏의 畝당 4斗와 같이 畝당 田租를 징수하는 稅制와 課田制와 같이 일정의 토지에 대해 일정한 田租額을 설정하여 징수하는 稅制가 동시에 병행하였는가의 문제에 대하여 살펴보자. 『晉書』 卷26 食貨志에는

今天下千城 人多遊食 廢業占空 無田課之實 率畝稅米三升(斗의 誤字) 六年 以海賊寇抄 運漕不繼 發王公以下餘丁 各運米六斛……咸康初 算度田稅米 空懸五十餘萬斛……哀帝卽位 乃減田租 畝收二升 孝武太元二年 除度田收租之制 王公以下口稅三斛 唯見在役之身 八年又增稅米 口五石

咸和五年 成帝始度百姓田 取十分之一

이라고 되어 있다. 위의 기사를 통해 두 가지의 중요한 사실을 알 수 있다. 하나는 東晉 成帝 咸和 5년(330)에 처음으로 百姓의 田土를 측량하여 畝당 米 3斗를 稅로 거둔 사실이다. 다른 하나는 東晉 咸和 5년 이후에는 田租가 畝당 징수이거나 口당 징수였던 것으로, 이 두 방법 중에 하나가 교대로 시행된 사실이다. 이러한 두 가지 사실로부터 田租를 畝당 징수하는 방식과 口당 징수하는 방식이 동시에 시행된 적이 없으며, 東晉 咸和 5년(330) 이전에는 畝당 징수하는 방식을 채택하지 않았음을 알 수 있다. 그리고 占田課田制가 실시된 惠帝 때의 上議로『晉書』 卷51 束皙傳에

今天下千城 人多遊食 廢業占空 無田課之實

이라고 되어 있다.[78] 만약 占田에 대하여 曹魏와 東晉과 같이 畝당 4斗

---

78) 이 기사에 대하여 堀敏一은 "占田이 없어 田課의 實이 올려지지 않는다고 하는 것으로, 占田이 田課의 전제임을 보여주고 있다"고 이해하고 있다

내지 3斗의 田租를 거두었다면, 농사짓지 않고 빈 땅을 가지고 있어도 田租는 징수되었을 것이다. 그렇지만 위의 기사는 占田·課田制가 실시된 太康 이후의 상황을 서술한 것으로, 田租를 畝당 징수하는 방식이 적용되지 않았기 때문에, 위의 기사에서 말하는 '田課之實'이 없었던 것이다. 이상의 고찰을 통하여 西晉代에는 曹魏와 東晉과 같은 田租의 畝당 징수 방식은 채용되지 않았으며, 課田制와 같이 田租를 口당 징수하는 방식이 채용되었기 때문에 占田에는 田租의 부담이 없었다고 단정할 수 있을 것이다.

다음으로 課田과 田租의 관계에 대하여 살펴보자. 課田에 관한 기사만을 다시 한 번 기재하여 보면 다음과 같다.

> 丁男課田五十畝 丁女二十畝 次丁男半之 女則不課 (『晉書』食貨志)
> 凡民丁課田 夫五十畝 收租四斛·絹三疋·綿三斤 (『初學記』晉故事)

위의 두 기사로부터 丁男의 課田은 50畝, 丁女는 20畝, 次丁男은 25畝임을 알 수 있다. 대부분 학자들의 견해와 같이 『晉故事』에 보이는 바와 같이 丁男의 경우 課田 50畝에 田租가 4斛인 것을 근거로 하여, 丁女는 20畝이므로 그 田租가 1.6斛, 次丁男은 25畝이므로 그 田租가 2斛이 된다고 보는 것이 일견 타당한 것처럼 보인다. 그러나 鄭欣의 지적과 같이 西晉에서 분리된 成漢政權에서 『華陽國志』卷9 李特雄期壽勢志에

> 男丁一歲穀三斛 女丁一斛五斗

라고 되어,[79] 女丁은 1斛 5斗라고 규정하고 있는 것을 통해 西晉의 課

____

(앞의 책, 64쪽).

79)『晉書』卷121, 李雄載記에 "其賦男子歲穀三斛 女丁半之 戶調絹不過數丈 綿數兩 事少役稀 百姓富實"이라고 되어 있어, 똑같은 기사를 전하고 있다.

田制에 규정액 丁女의 田租도 1.6斛이 아니라 丁男의 半인 2斛이라고
보는 것이 타당할 것이다. 따라서 西晉 課田制하에서 丁女와 次丁男의
課田額에 다소 차이가 있지만, 그 田租는 丁男은 4斛이고 丁女와 次丁
男은 그 半인 2斛이라고 보아야 할 것이다.

 끝으로 課田과 戶調와의 관계에 대하여 살펴보자. 이 문제는 課田의
負擔인 田租가 戶를 단위로 하였는가 하지 않았는가의 문제이다. 기존
의 대부분 연구에서는 課田의 대상이 되는 丁男·丁女·次丁男은 戶
主이든 戶主가 아니든 관계 없는 것으로 간주하여 왔고, 또한 戶調의
부담도 丁을 단위로 부과된 것이 아니고 戶를 단위로 부과된 것으로
간주되어 왔다. 따라서 이전에는 課田은 戶調와 직접적인 관계는 없어,
田租를 戶를 단위로 하지 않았다고 하는 것이 일반적인 說이었다. 그
근거는 첫째가 ‘戶調之式’에서 丁男·丁女·次丁男의 戶主에 대하여
戶調額을 기재하고 있는 곳에서 絹과 綿에 대한 기재는 보이지만, 田租
의 기재가 보이지 않는 것이다. 둘째가 曹魏時期의 戶調制에서 絹과
綿의 稅額은 일정하게 2匹·2斤으로 고정되어 있었던 반면에, 田租는
畝당 4斗를 징수하고 있었기 때문에 戶를 단위로 하는 戶調속에 田租
가 포함되어 있다고 보기 어려운 것이다. 셋째가『晉書』卷121 李雄載
記에 "其賦男子歲穀三斛 女丁半之 戶調絹不過數丈 綿數兩"이라고 되
어 있는 것처럼, 西晉 戶調制의 영향을 받았다고 보여지는 蜀에 건국한
成의 李雄의 경우도 田租와 戶調가 분리되어 있다고 보이는 것이다.
이상의 사실만을 보면 당연히 課田과 戶調는 직접적인 관계가 없다고
보아야 옳을 것이다.

 그러나 王天奬[80]·韓國磐[81] 등은 課田의 田租가 戶를 단위로 하였
다고 주장하고 있는데, 그 근거는 첫째가 앞에서 인용한『晉故事』의 기
사를 통해 볼 수 있듯이, 民丁의 경우 課田 50畝에 대하여 4斛의 田租
뿐만 아니라 絹 3匹·綿 3斤의 戶調도 함께 그 부담으로 되고 있는 것

---

80) 王天奬, 앞의 글.
81) 韓國磐,『南北朝經濟史略』, 厦門大學出版社, 1990, 89쪽.

이다. 둘째는 ‘戶調之式’ 가운데 戶調와 課田에 관한 규정에서 丁男·丁女·次丁男·次丁女 중에 똑같이 丁男·丁女·次丁男을 戶調와 課田의 대상으로 하고, 次丁女만이 그 대상에서 제외된 것이다. 셋째는 『晉書』104 石勒載記에 “勒以幽·冀漸平 始下州郡 閱實人戶 戶貲二匹·租二斛”라고 되어 있는 것처럼, 西晉 이후 後趙의 石勒의 경우에는 田租가 戶당으로 부과되고 있는 것이다. 넷째는 비록 北魏의 것이기는 하지만, 『魏書』食貨志에 “太和八年……先是 天下戶以九品混通 戶調帛二匹·絮二斤·絲一斤 粟二十石”이라고 되어 있는 것처럼 田租도 戶調 안에 포함되어 있는 것이다.[82] 또한 이상의 사실만 보면 課田이 戶調와 직접적인 관계를 가지고 있다고 볼 수 있을 것이다.

　이상의 고찰을 통해 볼 때, 課田이 戶調와 직접적인 관계가 있는지 없는지를 섣불리 추단할 수 없다. 만약에 課田이 戶調와 직접적인 관계를 가지고 있다고 한다면, 戶主가 아닌 丁女와 次丁男은 戶調의 대상에서 제외되기 때문에 課田制에 관한 기사에 보이는 丁男·丁女·次丁男은 모두 戶主가 되어야 한다. 따라서 이 문제는 課田制의 受田對象을 구명하는 데 있어서 중요한 문제이다. 그런데 앞에서 인용한 東晉 咸和 5년 이후에는 戶調의 변화는 보이지 않고 단지 田租가 畝당 징수 또는 口당 징수로 반복해서 바뀌는 것을 볼 때, 課田은 戶調와는 직접적인 관계는 없고 단지 田租에만 직접적으로 관계한다고 보아야 할 것이다.

맺음말

　이상의 고찰을 통해 명확하게 된 사실을 정리하여 보면 다음과 같다.

---

82) 이 밖에도 北魏時期의 것으로 田租를 戶를 단위로 부과하고 있는 예가 있는데, 『魏書』7上, 高祖紀 延興 3년(473) 가을 7월의 기사로 “詔河南六州之民 戶收絹一匹·綿一斤·租三十石”과 “太上皇帝 親將南討 詔州郡之民 十丁取一 以允行 戶收租五十石 以備軍糧”이 있다.

　첫째로 晉初에 典農部 屯田을 폐지한 것은 '均政役'하기 위한 것, 즉 典農部 屯田하에 있던 屯田民을 일반 郡縣에 속하게 하여 종래의 郡縣民과 동일한 稅役의 부담을 지게 하는 것이었다. 그러므로 屯田 폐지의 목적이 舊 屯田民과 종래의 郡縣民 사이의 稅役 부담을 고르게 하기 위한 것인 이상, 西晉政府가 占田과 課田의 대상을 종래의 郡縣民과 舊 屯田民으로 나누어 설정하였다고는 생각되지 않는다.

　둘째로 占田과 課田에 관한 규정이 '戶調之式'의 내용의 일부로서 반포되었으며, 이 '戶調之式'이 법적 성격상 戶調令에 속하는 것이므로, 占田과 課田에 관한 규정은 모두 國有地 즉 公田에 대하여 규정한 佃令과는 관계가 없는 것이었다. 따라서 課田이 國有地 위에 설정된 것이 아니라 私有地 위에 설정된 것이라고 보아야 할 것이다.

　셋째로 占田의 규정에 보이는 '男子'와 '女子'가 각각 丁男·次丁男과 丁女·次丁女를 가리키고 있어, 課田의 규정에 보이는 丁男·丁女·次丁男·次丁女와 그 대상이 일치하고 있다. 따라서 동일 戶內에서 占田과 課田의 대상이 구분되어 있었던 것이 아니라, 占田의 대상자가 동시에 課田의 대상자가 되었던 것이다.

　넷째로 占田이 田租의 부담과는 관계가 없는 것으로 限田의 성격을 지니고 있는 데 반해, 課田은 田租의 부담과 직접적인 관계가 있는 것으로 田租 징수의 근거가 되는 것이었다. 또한 西晉王朝는 占田·課田制하에서 戶를 단위로 하는 戶調와 丁을 단위로 하는 田租을 징수하는 收取體制를 운영하고 있었다. 따라서 丁을 단위로 하는 課田制는 戶를 단위로 하는 戶調制와 전혀 관계가 없지는 않지만, 직접 관계가 있는 것은 아니다.

　한 마디로 말해서 占田·課田制는 일반 郡縣民을 그 대상으로 한 것으로, 占田은 대상자의 토지 소유의 한도를 정한 것이고, 課田은 대상자에게 田租를 賦課한 것이다. 예를 들이 丁男은 국가에 田租를 내는 50畝의 課田 외에 70畝까지 더 占田할 수 있는 것이다. 이와 같은 占田과 課田의 성격상의 차이가 바로 均田制하에서 口分田과 永業田의 성격상의 차이로도 될 수 있는 것이 아닐까. 다시 말해서 口分田이 限田

적인 성격을 지니는 것이고, 永業田이 田租 징수의 근거가 되는 것이
아닌가 하는 것이다.

敦煌吐魯番文獻所見唐代軍府偶拾

沙　知

敦煌吐魯番所出文獻, 涉及不少學科的許多方面, 因而被譽爲"百科全書"式的資料寶藏. 多年來, 人們從各自的研究領域進行探索, 不斷取得新的成績. 學術探索一般離不開資料的蒐集和整理, 於是有了相應的專題資料彙輯. 比較系統集中的資料, 其有助於研究工作的開展, 自不待言.

筆者在閱讀敦煌吐魯番文獻過程中, 偶爾接觸到唐代的軍府資料. 隨手抄錄, 日積月累, 不下百數十條. 這說明敦煌吐魯番文獻亦有可資唐代府兵研究的素材. 茲爲檢出具折衝府名者, 佐以有關資料及考述, 依『新唐書・地理志』道州順序, 畧加編次, 呈請讀者指教.

清人勞經原始著『唐代折衝府考』, 羅振玉繼爲『唐折衝府考補』及『拾遺』, 谷霽光更作『唐折衝府校補』, 年來又有李方『唐折衝府增考』(『文史』第三十六輯, 1992), 於折衝府名數, 地域多有發見. 考訂精審. 徵引廣博. 羅・谷二氏兼及敦煌文獻, 李氏涉足吐魯番文書. 諸家主要目標, 在考補折衝府名數及地域等問題, 貢獻甚大.

茲篇形式與上述諸家所爲者相似, 惟主旨不盡相同. 所列折衝府概以見於敦煌吐魯番文獻者爲限(包括莫高窟題記和吐魯番所出墓誌), 并以此爲綱, 網羅其他已知例證, 庶幾到用時便於檢核. 所列74府, 計關內道29：

眞化, 太淸, 永樂, 原城, 恒王, 歸政, 三時, 懷舊, 崇仁, 淸義, 秦城, 望雲, 邵吉, 良社, 源洴, 大候, 四門, 肅淸, 仁賢, 安善, 彭池, 五丈, 杏城, 永平, 通化, 長松, 長從, 武曽, 黃石 ; 河南道 : 懷音, 圍谷 ; 河東道9 : 汾陰, 安信, 桐鄕, 正平, 長祚, 雙池, 六壁, 沁水, 高平 ; 山南西道2 : 夏集, 〔陰〕平 ; 隴右道20 : 成紀, 淸德, 渭源, 金城, 廣武, 臨洮, 和政, 常吉, 麗水, 龍勒, 効穀, 懸泉, 大黃, 甘峻, 弱水, 前庭, 交河, 岸頭, 蒲昌, 天山 ; 道州未詳12 : 弘敎, 大池, □道, 育善, 大順, 靜福, 武昌, 崇信, 白石, 風安, □昌, □黎. 此乃筆者所見, 非敢謂卽敦煌吐魯番文獻蘊含軍府全數也.

以上74府, 明白屬於十二衛者33府, 計關內道10 : 原城(右衛), 源洴(左金吾衛), 四門(左武衛), 肅淸(左衛), 仁賢(左金吾衛), 彭池(右衛), 通化(左威衛), 長松(左領軍衛), 武曽(右金吾衛), 黃石(左金吾衛) ; 河南道2 : 懷音(右武衛), 圍谷(左衛) ; 河東道6 : 安信(左武威衛·右驍衛), 長祚(右衛), 雙池(右驍衛), 六壁(左衛), 沁水(右驍衛), 高平(右驍衛) ; 山南西道1 : 夏集(左威衛) ; 隴右道12 : 淸德(左武衛), 渭源(左武衛), 金城(鷹揚衛), 臨洮(右屯衛), 麗水(左領軍衛), 龍勒(右領軍衛), 効穀(左玉鈐衛), 弱水(左豹韜衛), 前庭(左領軍衛·右玉鈐衛·左玉鈐衛), 岸頭(右領軍衛·右戎衛), 蒲昌(右玉鈐衛), 天山(右玉鈐衛) ; 道州未詳2 : 大順(左驍衛), 靜福(左衛).

74府之中不見於『新唐書·地理志』者35府, 其中包括7府僅見於敦煌吐魯番文獻, 尙未發見別有史證. 此7府是 : 夏集, 弘敎, 武昌, 大池, 育善, 白石, 風安. 別外, 有□道, □昌, □黎三殘名府. 凡此皆待考.

敦煌吐魯番文獻所含唐折衝府信息以及相關的官私文書, 爲硏究唐代府兵制提供了寶貴資料, 同時有助於瞭解唐代西北邊防和軍情, 似不容忽視. 唐府兵制盛時, 據谷霽光氏統計, 隴右道有府不足四十. 今初步檢自敦煌吐魯番文獻者殆已過半, 其中明白屬十二衛者凡十二府. 止此一端, 似亦堪注目.

拙稿引文間有與諸家不盡相同者, 未及注出, 乞諒.

關內道
　　京兆府

眞化府

P.2640　永徽六年常何墓碑："(武德九年), 凶(匈)奴至便橋, 授馬軍副總管. 賊退, 除眞化府折衝都尉, 特令長上.""公所任之府, 卽在京師." 又永徽五年祖夫人(隴)墓誌："父宜生, 隋雍州眞化府鷹揚."(千唐誌齋藏誌) 太和七年魯國車府君墓誌："公諱□, 字益", "授公游擊將軍. 京兆眞化府折衝都尉."(『陝西金石誌補遺』)『新唐書‧地理誌一』關內道京兆府京兆郡條, 眞化府爲殘存十一府名之一.

太淸府

68TAM100：4, 5　永淳元年氾德達飛騎尉告身："……太淸府左果……"(『吐魯番出土文書』第七冊) 又天寶三載元振墓誌："祖叔明, 太府統軍." 天寶四載元景墓誌："(父)叔明, 皇太淸府統軍."(『北京圖書館藏拓』)『新唐書‧宰相世系一下』："(寶)令琰, 太淸府別將."『新唐書‧地理志一』京兆府京兆郡條, 存十一府名, 太淸府爲其一.

永樂府

S.2136　大般涅槃經卷第十題記："維大唐景龍二年歲次戊申五月壬辰朔二十六日丁巳, 弟子朝議郎成州同谷縣令上柱國薛崇徽敬寫.""弟雍州永樂府左果毅上柱國崇暕供養."『敦煌劫餘錄續編』新1149大般涅槃經卷第五, 日本三井八郎右衛門藏大般涅槃經卷第七題記同.『新唐書‧地理志一』關內道京兆府京兆郡條, 京兆府有府一百三十一, 存名者十一, 餘皆逸. 此可補缺.

原城府(右衛)

敦煌莫高窟第199窟西壁龕外北壇南壁供養人像列西向第一身題名："昭武校尉守右衛京兆原城府折衝都尉上柱國王人忠."(『敦煌莫高窟供養人題記』) 又天寶十三載裵銑墓誌："詔授衛原城府別將."(千唐誌齋藏誌)『新唐書‧地理志一』關內道京兆府京兆郡條, 有府一百三十一, 存十一府名, 無原城.『新唐書‧地理志二』河南道河南郡條, 有府三十九, 原城列名其中. 不知題名是否有誤, 或唐時竝置二原城府而唐志京兆府條缺載, 待考.

恒王府

P.4638　右軍衛十將使孔公浮圖功德銘幷序：“列考諱含先,　京兆恒王府折衝都尉上柱國.” 又天寶七載冠洋墓誌：“晚加衰疾, 屢表懇辭, 由是除恒王府長史.”(千唐誌齋藏誌)　大曆十一年王景秀墓誌：“授恒王府典軍賜紫魚袋.”(『北京圖書館藏拓』)　大曆十三年李休墓誌：“皇朝寧遠將軍守恒王府典軍賜紫金魚袋上柱國.”(同上引)　貞元十四年宋遏墓誌題：“試恒王府長史.”(『京畿冢墓遺文』)　貞元十九年鄭玉墓誌：“時表奏授宣義郎試恒王府司馬權充本州孔目判官.”(『古誌石華』)　元和十四年崔載墓誌：“列考季, 試恒王府司馬.”(『八瓊室金石補證』)『新唐書·地理志』缺載.

歸政府

72TAM150：29；30, 31；32　唐諸府衛士配官馬馱殘文書一, 二, 三, 歸政府凡三見.(『吐魯番出土文書』第六冊)　又麟德元年鄭廣墓誌：“(貞觀)七年, 遷歸政府統軍.”(陝西昭陵博物館藏石及拓)　開元二十三年邢思賢墓誌：“初任趙王府執仗, 遷左衛長上, 除歸政府左果毅長上.”(『芒洛冢墓遺文四編』)　大歷十三年張(暈)府君夫人姚氏墓誌：“祖克恭, 皇朝游擊將軍雍州歸政府折衝都尉.”(『北京圖書館藏拓』)『新唐書·地理志』缺載.

三時府

72TAM150：30, 31　唐諸府衛士配官馬馱殘文書二載三時府.(『吐魯番出土文書』第六冊)『新唐書·地理志』缺載.『元和郡縣圖志·關內道二』雍州武功縣條：三時原, 在縣西南二十里, 西入扶風縣界. 三時府或因三時原而名, 待考.

懷舊府

66TAM44：11/6　唐疊布袋帳歷：“八月卅日, 付懷舊府……”(『吐魯番出土文書』第六冊)　又萬歲通天二年處士張信墓誌：“祖德, 隋任雍州懷舊府折衝."(『北京圖書館藏拓』)『新唐書・宰相世系四下』："(唐)世進，懷舊府別將龍支縣男." 懷舊府，『新唐書・地理志』缺載.

崇仁府

大唐都督楊公紀德頌："公以溫淸左右，文藝箕裘，出將冠關西之雄，舉秀才，□□□□□高平郡沁水府果毅，絳郡桐鄉，京兆崇仁二府折衝."(『隴右金石錄』)　又大曆中臧懷恪碑："(長子)游擊將軍崇仁府折衝希崇."(『金石萃編』)　永貞元年米繼芬墓誌："公有二男，長曰國進，任右神威軍散將寧遠將軍守京兆府崇仁府折衝都尉同正."　(西安碑林藏石及拓)崇仁府，『新唐書・地理志』缺載.

華州

淸義府

P.2620　常何墓碑："援淸義府驃騎將軍上柱國雷澤公".『新唐書・地理志一』關內道華州華陰郡條，有府二十，淸義府爲其一.

同州

秦城府

72TAM150：30, 31；32 唐諸府衛士配官馬駄殘文書二，三，秦城府二見.(『吐魯番出土文書』第六冊) 又王□墓誌："同州秦城府果毅."(『北京圖書館藏拓』)　天寶七載張去逸墓誌："曾祖玄德，皇秦城府左果毅."(引同上)『新唐書・地理志一』關內道馮翊郡條，有府二十六，秦城府爲其一.

鳳翔府

望雲府

P.2625　敦煌名族志："(陰)業子庭蘊，唐見任岐州望雲府別將上柱國."『新唐書・地理志一』關內道鳳翔府扶風郡條，"本岐州，全德元載改郡曰鳳翔，二載復郡故名"，有府十三，府名全，有望苑府，無望雲府，"雲"或"苑"之音訛.

邵吉府

P.2625 敦煌名族志：“(陰)嗣懷, 志氣驍雄, 情素多謀略, 超閑秘術, 明達孫吳. 唐任昭武校尉岐州邵吉府別將上柱國.” 又寶應元年程府君墓誌：“(上缺)州長史讓之曾孫岐州邵吉府折衝滿之孫右威衛(下缺).”(『北京圖書館藏拓』) 『新唐書·地理志一』關內道鳳翔府扶風郡條, 邵吉府爲該州十三府之一. 據歐陽裴氏墓誌, 天興縣有邵吉原, 則是府或因地而名.(『北京圖書館藏拓』)

邠州

良社府

P.4638 右軍衛十將使孔公浮圖功德銘幷序：“曾祖皇唐彔(邠)州良社府折衝都尉上柱國.” 又久視元年柳乙弗氏墓誌題：“故壯武將軍幽州良社府統軍廣州都督府番禺府折衝都尉上柱國柳府軍夫人永壽郡君河南乙弗氏墓誌銘幷序.”(山西博物館藏石) “幽”“邠”同, 開元十三年以“幽”類“幽”改. 『新唐書·地理志一』關內道邠州新平郡條, 有十三府, 良社爲其一.

隴州

源汧府(左金吾衛)

P.2625 敦煌名族志：陰仁希“次子嗣瑗, 素蘊忠貞, 志存仁孝, 孫吳秘術, 上崇有聞, 處代名超, 元緒逯之. 見任昭武校尉左金吾衛隴州源汧府左果毅都尉賞緋上柱國盧軍子總管.” 『新唐書·地理志一』關內道隴州汧陽郡條：“有府四, 曰大堆, 龍盤, 開川, 臨汧.” 無源汧府. 羅振玉疑源汧乃汧源之譌. 谷霽光據『史記·夏本紀』『正義』引『括地志·汧山』條, 謂源汧府當別爲一府. 筆者頗疑源汧卽臨汧, “源”·“臨”當有一誤. 待考.

大候府

72TAM150：30, 31 唐諸府衛士配官馬駄殘文書二：“大候府馮法靜.”(『吐魯番出土文書』第六冊) 又開元十一年茹守福墓誌：“授隴州大候府果毅.”(『古誌石華』) 『新唐書·地理志一』關內道隴州汧陽郡條：“有四府,

曰大堆, 龍盤, 開川, 臨洮." 無大候府. 大堆府又見『新唐書·段秀實傳』,
"堆""候"形近. 頗疑大堆卽大候, 待考.

　　涇州
　四門府(左武衛)
　敦煌莫高窟第199窟："涇州四門府別將上柱國白□(土)通供養."　見伯
希和筆記053B窟.　又『新唐書·宰相世系一下』:"(寶)晉知四門府別將."
『新唐書·南蠻下·訶陵』:"元和八年(『舊唐書·南蠻傳』,『冊府元龜·外臣
部』作十年),　獻僧祇奴四·五色鸚鵡·頻伽鳥等.　憲宗拜內四門府左果
毅." 張賁然忠武將軍茹公神道碑:"開元中以良家子戰功居右, 補涇州四
門府別將."(『文苑英華』)　貞元九年蔡崇敏墓誌:"嗣子涇州四門府別將賜
上護軍庭倩."(『山右冢墓遺文』)　貞元十九年鄭玉墓誌:"祖備, 涇州四門府
折衝."(『古誌石華』)　長慶二年劉明德墓誌題:"唐故校尉守左武衛涇州四
門府折衝都尉員外置同正員賜紫金魚袋上柱國劉府君墓誌銘幷序."(『北
京圖書館藏拓』)『新唐書·地理志一』關內道涇州保定郡條, 有六府, 四門
爲其一.

　肅淸府(左衛)
　P.3479背:"聖曆二年昭武校尉行左衛涇州肅淸府別將員外置同正員上
柱國氾承儼奉到詔書告."『新唐書·地理志一』關內道涇州保定郡條, 有
六府, 肅淸爲其一.

　仁賢府(左金五衛)
　敦煌莫高窟第199窟西壁龕外北壇東壁供養人像列南向第二身題名:"
陪戎副尉左金吾衛涇州仁賢府別將彭元興."　又元和十年李輔光墓誌:
"父思翌, 皇涇州仁賢府左果毅賞緋魚袋."(『北京圖書館藏拓』)『新唐書·
地理志一』關內道涇州保定郡條, 有涇陽, 四門, 興敎, 純德, 肅淸, 仁賢
六府, 此其一.

原州

安善府

P.2625　敦煌名族志：“(陰)思諫, 唐任昭武校尉原州安善府左果毅都尉上柱國.”『新唐書・地理志一』關內道原州平涼郡條, 有彭陽, 安善二府, 此其一.

寧州

彭池府(右衛)

S.5357　妙法蓮華經卷第一題記：“乾元二年七月十五日, 玉門軍副使昭武校尉守右衛寧州彭池府折衝員外置同正員賜紫金魚袋上柱國皇甫鳴鸞爲亡妻尙氏自寫記.”　又李嶠授張元福勝州都督府長史制：“鸞臺寧遠將軍守右衛彭池府右果毅都尉張元福.”(『文苑英華』)　天寶十二載劉感墓誌：“解褐授翊麾副尉行興州大桃戍主, 遷右衛寧州彭池府左果毅.”(『金石萃編』)『新唐書・地理志一』關內道寧州彭原郡條, 彭池爲該州十一府之一. 據『元和郡縣圖志・關內道三』, 寧州彭原縣, 因彭池爲名. 彭池府當亦以地名.

鄜州

五丈府

72TAM188：1　開元三年張公夫人鞠娘墓誌：“祖悅, 游擊將軍五丈府果毅.”(新疆維吾爾自治區博物館藏石)　『新唐書・地理志一』關內道鄜州有五交府, 無五丈府.『太平寰宇記・關西道十一』鄜州條：“隋大業三年罷州置鄜城郡. 其年自杏城移於五交城, 卽今理所.”五交府蓋因地而名. 疑“五丈”卽“五交”, “丈”, “交”形同致誤. 姑置此, 俟更考.

坊州

杏城府

72TAM188：1　開元三年張公夫人麴娘墓誌：“父達, 游擊將軍, 杏城府長上果毅.”(新疆維吾爾自治區博物館藏石)　『新唐書・地理志一』關內道坊州中部郡條, 有五府, 杏城爲其一.『元和郡縣圖志‧關內道三』, 坊州中部縣西南五里有杏城, 杏城府蓋因地而名.

永平府

72TAM225：36(b)　唐軍府衛士名籍："㶚平府衛士胡外生, 貫坊□田部縣安平鄉神安里."(『吐魯番出土文書』第七冊)　于邵田司馬傳："驟改永平府左果毅, 長松府折衝."(『文苑英華』)『新唐書‧地理志一』關內道坊州中部郡條, 有府五, 永平爲其一.

丹州

通化府(左威衛)

S.514　唐大曆四年沙州燉煌縣懸泉鄉宜禾里手實："男遊鸞年三十七歲, 丹州通化府折衝上柱國." 又元和五年袁秀巖墓誌："遷左威衛丹州通化府折衝上柱國賜紫金魚袋."(『北京圖書館藏拓』)『新唐書‧地理志一』關內道丹州咸寧郡條, 有宜城, 通天, 同化, 丹陽, 長松五部, 無通化. "通", "同"韻同, 疑"通化"卽"同化". 待考.

長松府(左領軍衛)

敦煌莫高窟第231窟東壁門上方中央中唐供養人題名："亡娉君唐丹州長松府左果毅都尉改……."　P.4638　大番故燉煌郡莫高窟陰處士公修功記："皇考君諱伯倫, 唐朝游擊將軍丹州長松府左果毅都尉賜緋袋上柱國開國男."　又『新唐書‧宗室世系下』江王房, "丹州長松府折衝都尉尚容." 天寶十一載張德墓誌："有子三人, 長曰榮琮, 任左領軍衛咸寧郡長松府左果毅."(『北京圖書館藏拓』) 元和十四年雀蕚墓誌："父志, 丹州長松府折衝."(『北京圖書館藏拓』)　于邵田司馬傳："改永平府左果毅長松府折衝."(『文苑英華』)『新唐書‧地理志一』關內道丹州咸寧郡條, 有五府, 長松爲其一. 據『舊唐書‧地理志一』丹州咸寧縣, 景龍二年移治長松川, 長松府似因地而名.

長從府

P.4638 右軍衛十將使孔公浮圖功德銘幷序：“祖諱崇雲 丹州長從府折
衝都尉上柱國.”『新唐書·地理志一』關內道丹州咸寧郡，有長松府，無
長從府.“松”,“從”同韻，長從府，當卽長松府.

　靈州

武䣌府(右金吾衛)

S.514 唐大曆四年沙州燉煌縣懸泉鄕宜禾里手實：“戶主索思禮，年六
十五歲，老男. 昭武校尉前行右金吾衛靈州武䣌府別將上柱國.”『新唐書
·地理志一』關內道靈州靈武郡條，有五府，武䣌爲其一.

　會州

黃石府(左金吾衛)

P.4640 沙州釋門索法律窟銘：“皇祖，左金吾衛會州黃石府折衝都尉，
諱奉珍.” S.530, P.2021 沙州釋門索法律修功德記碑同. S.514 唐大曆十
四年沙州燉煌縣懸泉鄕宜禾里手實：“男(趙)明鶴，年三十六歲. 會州黃
石府別將.” 又智悟墓誌：“長子會州黃石府別將賜紫緋魚袋光歸.”(『北京
圖書館藏拓』)『新唐書·地理志一』關內道會州會寧郡條缺載.

河南道
　河南府
懷音府(右武衛)

73TAM221：1　永徽四年張團貌墓誌：“授洛州懷音府隊正.”(新疆考古
研究所藏石)　又麟德二年侯僧達墓誌題：“大唐故懷音府隊正飛騎尉侯君
墓誌銘.”(『北京圖書館藏拓』)　咸亨元年程碩墓誌：“嗣子上柱國右武衛懷
音府隊正□基.”(『北京圖書館藏拓』) 永隆二年張相歡墓誌：“爲上赤誠，蒙
補懷音府隊正.”(*Innermost Asia*, Vol. Ⅳ, Plate LXXIV, Ast. 010) 開元八年
孫思觀墓誌：“(神龍)二年四月十六日，　制授明威將軍守右武衛洛州懷音
府折衝都尉.”(千唐誌齋藏誌)　開元十二年樊庭觀墓誌：“次應擧及第，　授

河南府懷音府右果毅都尉."(千唐誌齋藏誌)　開元十八年劉庭訓墓誌："遷
崇信, 懷音二府長上折衝都尉."(『北京圖書館藏拓』)　開元二十一年蕭浮丘
墓誌："歷洛州懷音府別將."(千唐誌齋藏誌)　『新唐書・地理志二』河南道
河南府河南郡條, 有府三十九, 懷音爲其一.

圍谷府(左衛)

P.4508『溫泉銘』拓本裱紙上墨書："永徽四年八月五日圍谷府果毅貌"
一行.　又楊炯唐右將軍魏哲神道碑："(顯慶)三年詔除左衛淸宮府左果毅
都尉, 尋圍谷府折衝都尉幷長上如故." 圍谷府,『新唐書・地理志』缺載.
『隋書・地理志中』梁郡圍城條："舊曰圍, 後齊廢. 開皇六年復置, 曰圍
城. 有谷水." 谷霽光據此謂當在汴州.

河東道
　　晉州
汾陰府

60TAM337：11/8, 11/5 貞觀二十三年西州高昌縣范歡進買馬契："…
…鄕衛士犯(范)歡□……於蒲州汾陰……"(『吐魯番出土文書』第五冊)　『新
唐書・地理志三』河東道河中府河東郡條："本蒲州. 義寧元年治桑泉, 武
德三年徙治河東. 開元八年置中都, 爲府, 是年罷都, 復爲州. 乾元三年復
爲府." 有府三十三, 汾陰爲其一. 有縣名寶鼎, 本漢汾陰縣. 汾陰府蓋因
地而名.

安信府(左武威衛, 右驍衛)

甘肅省博物館029　　大般涅槃經機感茶毘品聖軀廓閏品題記："久視元
年六月三十日, 寧遠將軍守右武威衛晉州安信府左果毅都尉上柱國鄧守
璡在府寫涅槃經一部." 又天寶十三載劉玄豹夫人高氏墓誌："(嗣子)叔曰
崇暉, 右驍衛平陽郡安信府別將."(千唐誌齋藏誌)『新唐書・地理志三』河
東道晉州平陽郡條, 有府十六, 府名十六, 安信爲其一.

桐鄕府

大唐都督楊公紀德頌：“擧秀才, □□□□□, 高平郡沁水府果毅, 絳郡桐鄕, 京兆崇仁府折衝.”(『隴右金石錄』) 又咸享四年朱遠墓誌：“俄而擢拜絳州同(桐)鄕府果毅.”(『北京圖書館藏拓』) 神龍元年竂思眞墓誌：“父信厚, 唐任游擊將軍絳州桐鄕府左果毅都尉上柱國開國男.”(『芒洛冢墓遺文』) 『新唐書·地理志三』河東道絳州絳郡條, 有府三十三, 桐鄕爲其一. 據 『元和郡縣圖志·河東道一』絳州條, 是府乃因地名.

正平府

72TAM150：31, 31　唐諸府衛士配官馬馱殘文書二, 載正平府.(『吐魯番出土文書』第六冊) 又天寶元年高德墓誌：“遷陝州之萬歲, 絳州之長平, 正平, 懷州之懷仁, 同州之洪泉等五府折衝.”(千唐誌齋藏誌) 『新唐書·地理志三』河東道絳州絳郡條, 有府三十三, 正平爲其一. 因地爲名.

長祚府(右衛)

73TAM506：05/1　天寶十載制授張無價游擊將軍官告：“行官昭武校尉守右衛絳(郡)長祚左果毅都尉員外置同正員上柱國賜金魚袋許光景等.”(『吐魯番出土文書』第十冊) 又開元九年王元墓誌：“受游擊將軍右衛長祚府左果毅都尉.”(千唐誌齋藏誌) 開元九年薛義墓誌：“解褐授絳郡長祚府左果毅.”(『陶齋藏石記』) 開元二十三年白知禮墓誌：“(嗣子)奇玉, 絳州長祚府別將.”(千唐誌齋藏誌) 『新唐書·地理志三』河東道絳州絳郡條, 有府三十三, 無長祚, 此可補缺.

隰州

雙池府(右驍衛)

P.3265　報思寺開溫室浴僧記：“孤子令狐義忠奉謂(爲)考君右驍(驍)衛濕州雙池苻(府)左果毅都慰(尉)賜紫金魚袋上柱國燉煌都水太原令公之達.” 又景龍三年逸府君墓誌：“授濕州雙池府折衝.”(千唐誌齋藏誌) 『新唐書·地理志三』河東道濕州大寧郡條, 有府六, 無雙池府, 此可補逸.

　　汾州

六壁府(左衛)

　　羅振玉舊藏敦煌寫本觀世音經般若心經題記：“至德三載十一月十三日，攝豆盧軍倉曹參軍宣節副尉守左衛西河郡六壁府別將長孫顏妻清河路氏爲亡姚遠忌敬寫觀音多心經同一卷.”(錄文見『後丁戊稿』) 又天寶十一載齊子墓誌：“次子景俊，任西河郡陸壁府別將.”(千唐誌齋藏誌)『新唐書‧地理志三』河東道汾州西河郡條，六壁爲該郡十二府之一. 『太平御覽‧居處部二十一』引『郡國誌』曰：“六壁府，後魏太平眞君五年討胡於六壁，卽此城. 俗以城有六面，因以爲名.”

　　澤州

沁水府(右驍衛)

　　大唐都督楊公紀德頌：“舉秀才，□□□□□，高平郡沁水府果毅，絳郡桐鄉，京兆崇仁府折衝.”(『隴右金石錄』) 又開元十年董虔運墓誌：“解褐授澤州沁水府左果毅.”(『芒洛冢墓遺文』) 天寶十一年齊子墓誌：“次子景之，任右驍衛高平沁水府別將右龍武將軍宿衛.”(千唐誌齋藏誌) 崔祐甫上宰相牋：“謹因洪州奏事官沁水府果毅徐冕奉牋.”(『文苑英華』)『新唐書‧地理志三』河東道澤州高平郡條，有五府，沁水爲其一. 沁水爲所屬六縣之一，縣東北五十二里有沁水. 是府亦以地爲名.(『元和郡縣圖志‧河東道四‧澤州』)

高平府(右驍騎)

　　P.4638　大番故敦煌郡莫高窟陰處士公修功德記：“皇祖諱庭誠，唐朝右驍騎守高平府左果毅都尉賜紫金魚袋前沙州鄉貢明經.” 又天寶九年李經墓誌：“祖諱仁，游擊將軍右騎衛澤州高平府折衝都尉賞紫金魚袋.”(『北京圖書館藏拓』) 高平府不見於『新唐書‧地理志三』河東道澤州高平郡，可補史缺. 亦因地爲名.

　　山南西道

成州

夏集府(左威衛)

73TAM506：5/1 天寶十載制授張無價游擊將軍官告："右可游擊將軍守左威衛同谷郡夏集府折衝都尉員外置同正員, 餘如故."(『吐魯番出土文書』第十冊) 『新唐書·地理志四』山南西道成州同谷郡條不見夏集, 亦未見著錄, 此可補缺.

文州

陰平府

P.2625 敦煌名族志："陰循義, 見任文州平府別將."『新唐書·地理志四』山南西道文州陰平郡條不見軍府. 谷霽光疑"平府"上有脫字, 文州本前代陰平郡, 平府或卽陰平府, 當是.

隴右道

秦州

成紀府

P.2625 敦煌名族志："(陰)思言, 唐任昭武校尉秦州成紀府別將上柱國." 又貞元元年張希超墓誌題："成紀府左果毅張公墓誌銘."(『古誌石華』)『新唐書·地理志四』隴右道秦州天水郡條, 有府六, 成紀爲其一. 蓋因地而名.

淸德府(左武衛)

敦煌莫高窟第199窟西壁龕外北壇南壁供養人像列西向第二身題名："節度副將左武衛秦州淸德府果毅都尉李崇翼."『新唐書·地理志四』隴右道秦州天水郡條, 有府六, 淸德爲其一.

渭州

渭源府(左威衛)

65TAM346：1 乾封二年郭昶醜勳告："東臺, 右威衛渭源府果毅都尉

朱小安等，竝志懷壯果，業苞戎藝."(『吐魯番出土文書』第六冊)『新唐書·
地理志四』隴右道渭州隴西郡條，有府四，渭源爲其一. 蓋因地而名.

蘭州

金城府(鷹揚府)

S.514　唐大曆四年沙州敦煌縣懸泉鄉宜禾里手實："戶主索如玉，年四
十四歲　蘭州金城府別將上柱國." 又『舊唐書·薛舉傳』："初爲(『新唐書』
傳作'大業末')金城府校尉." 武周龜符有"鷹揚衛金城府."(吳縣吳氏藏，引自
『唐折衝府考補』)　貞元十年王崇術神道碑："一命昭武校尉蘭州金城府別
將."(『文苑英華』) 金城府，『權載之文集』作金城縣. 彭叔夏謂："唐地理志
蘭州有金城府. 又有五泉縣，咸亨二年改名金城，天寶元年復舊. 又有廣
武縣，乾元二年，更名金城. 今云別將，則府爲是."(『文苑英華辨證』) 彭說
甚的. 金城府蓋因地而名.

廣武府

73TAM214：1　麟德二年張君妻麴勝墓誌："諱勝，西州高昌人也. 卽
蘭州廣武府折衝麴仲第二□(女)."(新疆考古研究所藏石) 又元和八年，高承
金墓誌："有子懷彬，蘭州廣武府果毅."(『北京圖書館藏拓』)『新唐書·地
理志四』隴右道蘭州金城郡條，有府二，廣武爲其一. 原有廣武縣，乾元二
年更名金城. 是府蓋因地而名.

岷州

臨洮府(右屯衛)

P.2005　沙州都督府圖經："壯武將軍行右屯衛岷州臨洮府折衝都尉上
柱國張燕容(一釋'客')."　又開元十五年張說河西安忠敬碑："解褐授游擊
將軍臨洮府右果毅."(『文苑英華』)　『新唐書·地理志四』隴右道岷州和政
郡條，有三府，臨洮爲其一. 有溢樂縣，本臨洮，義寧二年更名. 是府蓋因
地而名.

和政府

72TAM226：83/1, 83/2, 83/3 開元十一年狀上北庭都護所屬諸守捉斷
田頃畝牒：“……州和政府折衝䨾…….”(『吐魯番出土文書』第八冊) 又楊烔
曹通神道碑：“長子游擊將軍和政府右果毅都尉上柱國永雄.”(『楊盈川集』
)『新唐書·地理志四』隴右道岷州和政郡條, 有府三, 和政爲其一. 有和
政縣. “和政府, 在縣西北七里.” 蓋因地而名.(『元和郡縣圖志·隴右道上·
岷州』)

宕州

常吉府

S.514 唐大曆四年沙州燉煌縣懸泉鄉宜禾里手實：“戶主索仁亮, 年三
十八歲. 守右領軍衛宕州常吉府別將.”『新唐書·地理志四』隴右道宕州
懷道郡條, 有府二, 常吉爲其一.

涼州

麗水府(左領軍衛)

P.2625 敦煌各族志：“(陰)守忠, 改授忠武將軍行左領軍衛涼州麗水府
折衝都尉.” 84TKM338：1 永泰二年高耀墓誌：“辭褐授昭武校尉涼州
麗水府別將.”(吐魯番文管所藏石及拓) 又『新唐書·宰相世系一下』：“(竇)
仙期, 麗水府別將.”『新唐書·地理志四』隴右道涼州武威郡條, 有六府,
麗水爲其一.『元和郡縣圖志·隴右道下』：涼州昌松縣, 有“金山, 在縣
南一百八十里. 麗水出焉.” “麗水府, 在縣城中.” 是府蓋因麗水爲名. 案
梁州亦有麗水府. (『新唐書·地理志四』山南西道興元府漢中郡條) 竇仙期任
別將之麗水府, 屬地未明, 俟考. 勞經源疑梁州麗水府誤, 無證.

沙州

龍勒府(右領軍衛)

P.4010+P.4615 索崇恩和尙修功德記：“高皇祖哲, 隨(隋)朝散大夫[大]
黃府校尉守龍勒府長…….” 73TAM506：5/1 天寶十載制授張无價游擊

將軍官告：“行官昭武校尉行左領軍衛燉煌郡龍勒府右果毅都尉員外置同正員上柱國賜金魚袋張無價.”（『吐魯番出土文書』第十冊）又長安三年關儉墓誌：“祖達, 明威將軍沙州龍勒府折衝.”（『北京圖書館藏拓』）開元五年張方墓誌 “解褐任右軍衛沙州龍勒府果毅都尉.”（千唐誌齋藏誌）開元十年郭知運神道碑：“以敗狄（敵）北庭, 加游擊將軍沙州龍勒府折衝兼右金吾郎將瀚海軍副使.”（『文苑英華』）天寶元年苑玄亮墓誌：“遷龍勒府折衝新泉郡大使.”（『北京圖書館藏拓』）『新唐書・地理志四』隴右道沙州燉煌郡條, 有三府, 龍勒爲其一. 『元和郡縣圖志・隴右道下』沙州壽昌縣條：“本漢龍勒縣, 因山爲名, 屬敦煌郡. 周武帝省入鳴沙縣. 隋大業十一年, 於城內置龍勒府, 武德二年改置壽昌, 因縣南壽昌澤爲名.”“龍勒水, 在縣南一百八十里龍勒山上.”（『史記・大宛列傳』『正義』引『括地志』云：“龍勒山在沙州壽昌縣南一百六十五里.”）是府蓋因山而名, 唐承隋舊.

效穀府(左玉鈐衛)

P.2551　聖曆元年李君莫高窟佛龕碑竝序：“考達, 左玉鈐衛效穀府旅帥上護軍.”“君諱義, 字克讓. 任左玉鈐衛穀府校尉上柱國.” P.2005 沙州都督府圖經：嘉納堂. “其地在子城東北羅城中, 今爲效穀府.”又『新唐書・哥舒翰傳』：“少補效轂（穀）府果毅.”『新唐書・地理志四』隴右道沙州燉煌郡條, 有三府, 效穀爲其一.

懸泉府

P.3899　　開元十四年二月至四月沙州燉煌縣勾征開元九年懸泉府馬社錢案：“燉煌縣主者. 得府牒稱：前校尉張袁成經州陳牒稱懸泉府校尉遣判兵曹事.”『新唐書・地理志四』隴右道沙州燉煌縣條, 有三府, 懸泉爲其一. 『元和郡縣圖志・隴右道下』沙州燉煌縣條：“懸泉水, 在縣東一百三十里.”是府蓋因水爲名

瓜州
大黃府

P.2205 大般涅槃經卷第八尾題：“大業四年四月十五日敦煌郡大黃府旅帥王海, 奉爲亡妣敬造涅槃法華方廣各一部, 以玆勝業, 奉福尊靈. 願超越三途, 登臨七淨, 世世生生, 還爲眷屬, 六道含識, 皆霑願海.”P.2117 大般涅槃經卷第三十三尾題同. P.3608 大唐隴西李氏莫高窟修功記：“王父操, 皇大黃府車騎將軍.”P.2551 大周□□□□□校尉上柱國李君莫高窟佛龕碑竝序同. P.4010+P.4615 索崇恩和尚修功德記：“高皇祖哲. 隨(隋)朝散大夫[大]黃府校尉守龍勒府長…….” 又開元十年郭知運神道碑：“曾祖欽, 瓜州大黃府統軍上柱國.”(『張燕公集』) 『新唐書・地理志四』隴右道瓜州晉昌郡條：“武德五年折沙州之尙樂置.”“有府一, 曰大黃.” 蓋承隋之舊.

甘州

甘峻府

P.2625 敦煌名族志：“陰稠, 次子仁果, 志慕三軍, 情敦八陣, 遠除戎醜, 拓定邊疆. 唐任遊騎將軍甘州甘峻府左果毅都尉上柱國.”『新唐書・地理志四』隴右道甘州張掖郡條不見軍府設置, 此可補闕. 『舊唐書・地理志三』隴右道甘州張掖縣條：“尋改爲甘州, 取州東甘峻爲名.”『元和郡縣圖志・隴右道下』甘州張掖縣條：“甘峻山, 在縣東北四十五里.”『太平寰宇記』甘州張掖縣條引 『水經注』云：“弱水歷紺峻山, 南與張掖河合, 卽鮮水也.” 是甘峻亦名紺峻. 甘峻府蓋因山而名.

弱水府(左豹韜衛)

北圖新1161 摩訶般若婆羅蜜經卷第一題記：“弱水府折衝都尉錢塘縣開國男菩薩戒弟子鄧元穆謹爲七世父母敬寫大品經一部, 願法界衆生同登正覺.”(『敦煌劫餘錄續編』) 檢校長行使上西州都督府牒鈐有“左豹韜衛弱水府之印”一方(Ast.Ⅲ.4.092 OR.8219/529)又楊炎楊楷神道碑：“始自弱水府別將, 至執金吾.”(『文苑英華』) 弱水府, 『新唐書・地理志』缺載.『元和郡縣圖志・隴右道下』甘州刪丹縣條, 縣南山下有弱水. 疑弱水府以此而名. 置此待考.

西州

前庭府(左領軍衛, 右玉鈐衛, 左玉鈐衛)

北圖新0698　金剛般若婆羅蜜經尾題：“大唐永隆元年四月三十日，武舉任左領軍衛前庭府左果毅上柱[國]陰仁協敬造.”(『敦煌劫餘錄續編』)　據『新唐書·地理志四』西州交河郡條, 轄前庭, 柳中, 交河, 蒲昌, 天山五縣.　前庭寶應元年(『元和郡縣圖志·隴右道下』西州前庭縣條作　“天寶元年”)前本名高昌.　題記表明高昌縣與前庭府並存.　前庭縣名後出.『新唐書·地理志』缺載.　此府累見於吐魯番出土墓誌及文書, 如：“垂拱二年西州高昌縣前庭府隊正上騎都尉氾達□銘諱□.”(『高昌磚集』) 73TAM206：75永昌元年張雄夫人麴氏墓誌：“長子定和,　前庭府折衝都尉.”(新疆維吾爾自治區博物館藏石) 68TAM100：1 久視元年氾德達墓誌：“女適右玉鈐衛前庭府旅帥曹氏之門.”(同上博物館藏磚)　氾大師墓誌題：“西州前庭府校尉上柱國氾大師墓誌”.　(吐魯番文管所藏磚及拓)　60TAM338：32/4－1, 32/4－2,　顯慶三年西州范歡進雇人上烽契：“前庭府衛士白憙歡.”(『吐魯番出土文書』第五冊)　64TAM4：44龍朔元年高昌縣崇化鄉前庭府衛士左憧憙買奴契.(同上書第六冊) 64TAM4：53 麟德二年前庭府衛士張海歡及白懷洛貸銀錢契.(同上書第六冊) 64TAM35：21　咸亨四年西州前庭府社隊正買駝契.(同上書第七冊) 72TAM209：85/6(a), 85/5(a)武周牒爲請處分前庭府請折留衛士事：“得前庭府主帥劉行感狀.”(同上書第七冊)　66TAM358：9/1　開元某年西州前庭府牒爲申府史氾嘉慶訴迎送趙內侍事(有“左玉鈐衛前庭府之印”一方). (同上書第八冊) 73TAM221：64前庭府員外果毅沙鉢□文書(同上書第七冊).　大谷3988西州高昌縣役簿：“氾海伎　前庭府.”(『大谷文書集成』貳)

交河府

60TAM338：32/4－1, 32/4－2 顯慶三年西州交河府衛士范歡進雇人上烽契.(『吐魯番出土文書』第五冊) 交河府不見於『新唐書·地理志』, 爲岸頭府別稱, 似僅此一例.

岸頭府(右領軍衛, 右戎衛)

P.2625　　　敦煌名族志：“游擊將軍上柱國西州岸頭府果毅都尉張端.” “(陰)守忠, 唐任壯武將軍行西州岸頭府折衝兼充豆盧軍副使.” P.2005 沙州都督府圖經：“昭武校尉前行西州岸頭府果毅都尉上柱國張懷立.” “昭武校尉前西州岸頭府左果毅都尉攝本府折衝充墨離軍子將張履古.” 貞觀十八年唐神護磚誌：“西州交河縣民岸頭府旅帥唐神護.”(『高昌磚集』) 顯慶五年劉住隆妻王氏墓誌：“岸頭府校尉劉住隆妻王氏之墓.”(同上書) 龍朔二年氾武歡墓誌：“右戎衛岸□(頭)府隊副氾武歡.” (吐魯番文管所藏磚及拓) 73TAM214 麟德二年張君妻麴盛磚誌：“大唐西州岸頭府果毅息張君妻鞠氏磚誌.”(新疆考古硏究所藏磚) 59TAM304：1 垂拱四年王遮駔磚誌：“〔岸〕頭府隊正王遮駔慕(墓)舍.” 64TAM36：12 開元二年成達墓誌：“大唐西州高昌縣故岸頭府旅帥成府君神道墓誌.”(新疆維吾爾自治區博物館藏磚) 72TAM218：1 張彦墓表：“游擊將軍伊吾軍副使西州岸頭府折衝都尉賞賜紫魚袋上柱國張彦之墓.” (同上藏塼及拓) 73TAM221：62(6) 永徽三年賢得失馬賠徵牒：“依祿(錄), 牒岸頭府.”(『吐魯番出土文書』第七冊) 60TAM330：14/1‐4(a) 趙須章等貌定簿：“……年五十一岸頭府衛士.”(同上書 第六冊) 72TAM209：85/16(a) 武周兵曹牒爲申報前庭等府逃兵名事：“岸頭府兵楊銘□.”(同上書 第七冊) 73TAM509：19/6(a) 武周君住牒爲岸頭府差府兵向礌石及補史符事.(同上書 第九冊) 73TAM509：8/8(a), 8/16(a), 8/14(a), 8/21(a), 8/15(a) 開元二十一年西州都督府案卷爲勘給過所事：“岸頭府界都遊弈所, 狀上狀.”(同上書 第九冊) 大谷3477+3472+3475 開元十九年西州高昌縣抄目鈐有 “右領軍衛岸頭府之印.”(『大谷文書集成』貳) 岸頭府, 『新唐書·地理志』缺載. 顯慶三年, 一度稱交河. 參交河府.

蒲昌府(右玉鈐衛)

P.2005 沙州都督府圖經：“游擊將軍守右玉鈐衛西州蒲昌府折衝都尉攝本衛中郎將充于闐錄(鎭)守使敦煌郡開國公張懷福.” 69TAM117：57/4 唐殘辭爲買馬柳中報蒲昌府馬疋事.(『吐魯番出土文書』第五冊) 64TAM

4：44　龍朔元年左憧憙買奴契：“柳中縣五道鄉蒲昌府衛士張慶住邊買奴壹人.”(同上書 第六冊) 72TAM209：85/16(a) 武周兵曹牒爲申報前庭等府逃兵名事：“高大信，蒲昌囨.”(同上書 第七冊) 日本寧樂館藏開元西州蒲昌府文書.(日比野丈夫『唐代蒲昌府文書の研究』；『新獲の唐代蒲昌府文書について』，『東方學報』33・45，1963・1973) 蒲昌府不見於『新唐書・地理志』.『元和郡縣圖志・隴右道下』西州條：“蒲昌縣，貞觀十四年置.”是府蓋因縣而名.

天山府(右玉鈐衛)

長安二年敦煌寫本妙法蓮華經卷第二尾題：“大周長安二年歲次壬寅六月丁酉朔，天山府右果毅男宋知古爲亡父敬寫法華經一部.”(東京書道博物館藏) 73TAM509：1 載初元年張運感妻磚誌：“維大周歲次庚寅朔□□□□二日天山府都尉張運感故妻墓銘.”(新疆考古研究所藏磚) 73TAM508：1 長安三年張詮墓誌：“大周西州天山縣前天山府校尉上柱國張府君磚誌.”(藏同上) 73TAM191：74(a) 唐軍府名簿：“……年四十七，傔，前天山府果毅麴善行入京使未廻，申州請申省，未報.”(『吐魯番出土文書』第六冊) 72TAM209：85/10(a)，85/9(a) 武周天山府索進達辭爲白水鎮上番事.(同上書 第七冊) 73TAM509：19/14 武周天山府符爲追校尉已下竝團佐等分番到府事，此件有朱印二，文謂“右玉鈐衛天山府之印.”73TAM509：19/15(a) 武周天山府下張父師團帖爲勘問右果毅闕識地子事，此件鈐有“右玉鈐衛天山府之印”朱印二. 73TAM509：19/2 武周天山府下張父團帖爲新兵造幕事一，此件多處鈐有“右玉鈐衛天山府之印”朱印. 73TAM509：19/11(a) 武周天山府下張父團帖爲公廨地子文抄事.(以上 509 墓文書均見『吐魯番出土文書』第九冊) 大谷1038 天山府下高堅隆團帖爲馬事.(『大谷文書集成』壹) 大谷3472(2) 開元十九年西州天山縣抄目：“……符，爲天山府將屯坊作馬坊…….”(同上書 貳) 天山府，『新唐書・地理志』缺載. 此府應在天山縣.

道州未詳

弘敎府

P.3813V 唐判集：“弘敎府隊正李陵, 往者從駕征遼, 當在蹕駐陣, 臨戰遂失馬亡弓. 賊來相逼, 陵乃以石亂投, 賊徒大潰. 惣營以陵陣功, 遂與第一勳.”

大池府

72TAM150：29 ; 30, 31 唐諸府衛士配官馬馱殘文書一・二：“大池府寶中万□赤.”(『吐魯番出土文書』第六冊)

□道府

72TAM150：30, 31 唐諸府衛士配官馬馱殘文書二(同上書). 『新唐書・地理志一』關內道京兆府京兆郡條有匡正府, 爲現知以“道”爲名的唯一府名, 與此殘名府是否一事, 待考.

育善府

72TAM150：30, 31 ; 32 唐諸府衛士配官馬馱殘文書二・三：“[育][善]囲吳弘軌馬驗.”(同上書)

大順府(左驍衛)

72TAM150：30, 31 唐諸府衛士配官馬馱殘文書二：“大順…….”(同上書) 又貞觀二十三年侯雲墓誌：“二十二年詔授左驍衛大順府左果毅都尉.”(『北京圖書館藏拓』) 『太平御覽・資産部十一』引『唐書』：“高宗狩於陸渾縣(中畧) 於山南布圍. 大順府果毅王萬興以輒先促圍集衆, 欲斬之.”

靜福府(左衛)

66TAM44：11/8, 13 貞觀十四年靜福府領袋帳歷. 又駱賓王姚州道破逆賊柳諾設弄楊虔露布：“遣副總管兼安撫使守銀州刺史李大志率前左衛 (『文苑英華』作 “前左武衛”)靜福府果毅陳弘義等, 率犀象之卒, 乘地軸以右廻.”(『駱賓王文集』)

武昌府

73TAM518：3/3　唐西州某縣抄目(一)："……爲武昌府衛士龍住德差人頌□事, 八日付鄯則."(『吐魯番出土文書』第七冊)

崇信府

72TAM224：83/1, 83/2, 83/3 開元十一年狀上北庭都護所屬諸守捉斷田頃畝牒："……府崇信府折……." (同上書　第八冊)　又開元十八年劉庭訓墓誌："遷崇信, 懷音二府長上折衝都尉."(『北京圖書館藏拓』)

白石府

73TAM208：1　　永徽四年張元峻墓誌："復蒙西州白石府校尉田□弘之白職, 勿爾翔生."(新疆考古研究所藏石)

風安府(?)

72TAM234：1 唐刀柱柱墓誌："大唐故右戎衛□□副刀住……君諱柱柱, 姓……忠誠, 竭□□志于弋□□友……危定, 當禍□□武勇過人……聲聞朝野. 拜僞武牙……風安府幕於車師置軍……." (新疆考古研究所藏磚1))

□昌府

72TAM234：1 唐刀柱柱墓誌："……昌府旅帥□□西 …… 颿海道□□□營."(同上藏) 現知唐軍府以"昌"爲名者有"蒲昌"(見蒲昌府條), "吉昌"·"平昌"(均見『新唐書·地理志三』河東道慈州文成郡條), "武昌"(見武昌府條), "安昌"(盧虔高武充碑："有職洛交郡安昌府別將"『文苑英華』), "宜昌"(駱賓王姚州破逆賊柳諾設弄楊虔露布："守金吾衛(『文苑英華』作 "右金吾衛") 宜昌府果毅都尉."(『駱賓工文集』) 等府, 檢列資考.

---

1) 72TAM234 墓號不見於『吐魯番出土文書』一至十冊. 所引唐刀柱柱墓誌錄文見 矦煥,『解放後新出吐魯番墓誌錄』, 載 『敦煌吐魯番文獻研究論集』第五輯.

□黎府

64TAM29：128　唐果毅高運達等請過所(?)殘文書："……黎府果毅高
運達家部曲范小奴."(『吐魯番出土文書』第七冊) 現知唐軍府以"黎"爲名者
有"戡黎"(『新唐書·地理志三』 河東道潞州上黨郡條), "合黎"(錢大昕, 勞經
原, 谷霽光均謂當在隴右道甘州境), 檢列資考.

　　　　　　　　　　　　　　　　　　　一九八九年　初稿
　　　　　　　　　　　　　　　　　　　一九九五年　修訂

淸 康熙朝의 鄕村社會와 鄕村支配 硏究
− 鄕約·保甲制의 制度的 確立過程을 중심으로 −

송 정 수

머리말

1644년 5월 2일 淸朝가 北京을 점령함으로써 明淸 王朝의 교체가 이루어졌다. 그렇지만 中原의 상황은 여전히 권력의 공백상태에 있었으며 향촌사회의 혼란은 계속 이어졌다. 때문에 청조로서는 각처에 군대를 파견하여 반란세력 및 항청세력을 제거하는 한편 점령지역의 향촌사회 질서를 확립해 나가야만 했다. 이를 위해 청조는 지방통치의 核이라 할 수 있는 지방관을 조속히 확보해 나갔고, 기존 향촌질서의 담당자였던 紳士層을 적극 우대·포섭해 나아갔으며[1] 恤民政策으로서 租稅減免策과 流民의 復業 및 荒田開墾事業 등도 적극적으로 추진시켜

---

[1] 入關 직후인 睿親王 攝政期(1644~50)에는 오로지 漢人紳士를 懷柔·包攝하는 데 급급하였지만 順治 親政期부터는 淸朝의 統治基盤을 좀더 굳히기 위하여 紳士에 대한 통제도 강화하였다. 吳金成,「順治親政期의 淸朝權力과 江南紳士」『歷史學報』122, 1989.

나갔다.[2]

그러는 한편 유동적인 상황 속에서 形勢를 관망하고 있는 자들을 보다 확고하게 체제 내에 安住케 하기 위하여 향촌조직으로서 總甲制를 편성했는가 하면 명대 이래 행해져 온 기존의 鄕約·保甲制를 시행하여 향촌질서를 안정시켜 나가고자 했다. 그러나 入關 초기의 상황은 여전히 불안정하였고, 또한 이민족인 청조에게 있어서 무기를 수반한 민간 자위집단을 용인한다는 것은 매우 위협적인 것이었기 때문에 기존 鄕約·保甲制의 기능 가운데 향촌방위의 기능은 閑却시킨 채 주로 연대책임에 입각한 逃人의 追捕 및 投降人을 歸農安揷시키는 데에만 이용하였으며, 조직에 있어서도 이에 필요한 10家로 편성된 하위조직만을 강조했던 것이다.[3]

그런데 강희년간에 들어와 청조는 중원의 거의 전 지역을 석권하였으며, 南明政權이 붕괴됨으로 해서 중원 정복은 사실상 완결된 것이나 다름없었다. 따라서 청조는 독자적이고 항구적인 왕조지배체제를 구축해 나갈 수 있는 좋은 기회를 맞이했거니와 향촌지배를 위한 鄕約·保甲制 역시도 順治年間과는 달리 체제적 정비를 이루어 나갈 수 있었다. 그러나 康熙年間의 안정이라는 것도 入關 初 순치년간에 비해 조금 나아진 것이었을 뿐 순탄한 것만은 아니었다. 鄭氏 抗淸勢力이 여전히 상존하여 항청운동을 전개하고 있었으며, 새로이 삼번의 난이 일어남으로 해서 또 한 차례의 고비를 넘겨야만 했던 것이다. 본고는 바로 이러한 강희년간의 사회 전개과정에서 어떻게 향촌지배를 관철시켜 나갔는가를 鄕約·保甲制의 운용과 그 확립과정을 통해서 살펴보려는 것이다. 이는 입관 초기 순치년간의 불안정한 상황과 대비해서 분명 다른 면모를 보였을 것으로 생각되거니와 청조의 지배체제 구축과정을 보다 선명하게 보여 줄 것으로 기대되며, 또한 그 과정에서 청조의 이민족 정권으로서의 특수성도 엿볼 수 있지 않을까 한다.

---

2) 拙稿,「淸 入關初 鄕村社會와 鄕村支配 硏究 - 鄕約·保甲制의 形成過程을 중심으로 - 」『東洋史學硏究』49, 1994, 91~96쪽.
3) 위의 글 참조.

그러면 먼저 강희년간의 향촌사회 상황을 살펴보고, 향약·보갑제의 시행상황과 그 제도적 확립과정을 살펴보도록 하겠다.

Ⅰ. 康熙朝의 社會狀況

入關 初부터 지속적으로 전개해 온 淸朝의 中原征服은 順治 18년(1661)에 永曆帝가 버마에서 붙잡혀 南明政權이 붕괴됨으로로써 사실상 완결되었다. 그럼으로써 청조는 중국 전역에 대한 지배력을 관철시킬 수가 있었다. 그렇다고 해서 모든 불안 요소가 제거된 것은 아니었다. 그것은 南明勢力과 함께 抗淸運動을 계속 전개해 온 鄭成功勢力이 비록 康熙 元年(1662)에 그가 병을 얻어 죽지만 그의 아들 鄭經이 代를 이어 계속 활동을 전개했기 때문이다.

鄭成功의 海上勢力은 順治 3년(1646)에 厦門과 金門을 근거지로 삼아 자립한 이후 그 세력을 신장시켜 왔거니와 殘存 農民反亂 勢力과 永曆帝의 南明政權과도 연결을 맺어 抗淸活動을 지속적으로 전개하였다. 이들 세력은 결국 실패로 끝나기는 했지만 順治 16년(1659)에는 南京을 공격하여 江南地域을 크게 진동시켰으며, 이 때 東南沿海地域의 많은 紳·民으로부터 큰 호응을 얻었을 만큼 강세를 계속 유지하였다.4) 淸朝가 順治 18년(1661)에 遷界令을 내려 東南海岸地帶를 봉쇄한 것은 이들의 强勢를 꺾기 위한 직접적인 조치로 취해진 것이며,5) 역시 이 무렵 金壇獄案·蘇州哭廟案·江南奏銷案·莊氏史案 등 일련의 사

---

4) 『世祖實錄』 卷127, 順治 16년 6월 己丑條, 1508쪽(以下 『淸實錄』은 臺北 : 新文豊出版公社印行本) ; 吳金成, 앞의 글, 89~94쪽.

5) 遷界令은 東南沿海地域의 居民을 海岸으로부터 30里 이상 內地로 강제 이주케 하고, 貿易·魚業活動은 물론이고 모든 백성들이 海上으로 나가는 것을 전면 금지한 명령이다. 이것은 특히 福建에 엄격히 시행되어 海上에서 30里 이내의 모든 家屋은 전부 불태웠는데, 이 조치로 沿海住民들은 큰 타격을 입었다. 浦廉一, 「淸初遷界令の硏究」 『廣島大學文學部紀要』 5, 1954.

건을 일으켜 江南紳士를 탄압한 것도 淸朝의 財政確保와 統治基盤을 確立키 위한 것이 그 직접적인 원인이라고는 하지만6) 그 裏面에는 이들을 鄭氏勢力으로부터 분리시킴으로써 抗淸勢力을 약화시키기 위한 것이었다.7) 이러한 淸朝의 강력한 대응 때문에 鄭氏勢力은 거점을 臺灣으로 옮기게 되었는데, 鄭成功을 이은 鄭經은 天興·萬年 2縣을 州로 승격시키고, 南北 兩路 및 彭湖에 綏撫司를 설치하였을 뿐만 아니라 學校의 설치와 科擧의 실시 및 他國과의 通商貿易에 노력하는 등 사회경제적 발전을 이루면서 장기적인 할거를 진행시켜 나갔다.

이에 대해 康熙帝는 親政 初期부터 孔元章·慕天順 등을 파견하여 2차례에 걸친 剿撫를 행하였으나 실패하였다. 康熙 13년(1674)에 三藩의 亂이 일어났을 때, 이들 세력은 耿精忠의 구원요청도 있었지만 이를 기회로 大陸에 대한 反攻作戰도 개시하였다. 이 때 厦門을 탈환하고, 이어 福建의 泉州·漳州, 廣東의 潮州를 취한 후 다시 南下하여 惠州까지 석권하여 다시 一大 해상세력을 재건하기도 했다. 그러나 耿精忠이 淸朝에 투항하고 三藩의 亂이 점차 평정되어 가면서 淸朝의 반격으로 康熙 19년(1680)에 金門·厦門이 공략당하므로 臺灣으로 다시 퇴각하였다. 이듬해(1681)에 鄭經은 病死하고, 그 아들 鄭克塽이 代를 이었으나 相續과 관련하여 內分이 일어나 분열하게 되었다. 이 때 淸朝는 鄭成功의 부하장수로 투항한 施琅으로 하여금 康熙21년(1682)에 彭湖島를 점령케 하였거니와 이를 계기로 鄭氏勢力은 와해되었고, 마침내

---

6) 특히, 江南奏銷案이 일어난 것은, 財政確保가 그 주된 動因이었다고 하고 있지만 思想彈壓 및 紳士層의 彈壓側面도 강조되고 있다. 이에 대해서는 小野和子, 「淸初の思想統制をめぐって」『東洋史研究』 18 - 3, 1959 ; Robert Oxnam, "Policies and Institutions of the Obei Regency, 1661~ 1669", *JAS*, 32 - 2, 1973 ; Hsiao, Kung - chuan, *Rural China : imperial Control in Nineteenth Century*, Seattle, 1960, 127쪽 ; Chu, Tung - tsu, *Local Government in China under the Ch'ing*, HUP, 1962, 185쪽 ; Lawrence D. Kessler, "Chinese Scholars and the Early Manchu State", *HJAS*, 31, 1971.

7) 吳金成, 앞의 글, 95~106쪽.

鄭克塽은 康熙 22년(1683)에 淸朝에 투항하게 되었다.[8]

　한편 康熙朝의 社會를 불안케 한 또 하나의 세력은 三藩이었다.[9] 入關 直後부터 淸朝는 投降한 漢人武將을 이용하여 中原征服을 이루어 나갔다. 따라서 淸朝는 이들 부대에 대한 보급을 지원하였고, 이를 이끄는 武將을 優待하여 王爵을 부여하기도 하였다. 平西王 吳三桂, 定南王 孔有德, 靖南王 耿仲明, 平南王 尙可喜가 바로 中原征服의 功으로 淸朝로부터 王爵을 부여받은 漢人武將들이다. 이들 가운데 定南王 孔有德은 順治 9년(1652)에 桂林에서 敗死함으로 定南王은 廢絶되었지만 나머지 三王의 軍隊는 中原征服이 사실상 마무리 된 뒤에도 抗淸 殘存勢力이 南方 各地에 계속 활동하였기 때문에 각지에 배치되었다. 즉, 平西王은 雲南에, 平南王은 廣東에, 靖南王은 四川(후에 福建으로 移動)에 각기 鎭守토록 하였다. 이들을 이른바 三藩이라 부르는데, 이들이 鎭守한 지역이 封地로 부여된 것은 아니었지만 이들은 각기 막강한 군사력을 보유하여 주둔지역의 軍·民政 모든 사무를 장악하여, 독자적인 세력을 이루었던 것으로 사실상 封建諸侯와 같았다. 특히 吳三桂는 貴州 邊境地域까지 討伐하여 종래 중국의 통치가 미치지 않은 少數民族 自治地域까지 統制했을 뿐 아니라 礦山의 채굴, 銅錢의 鑄造, 貿易의 管理까지 행하는 등 獨立國的인 형세를 취하고 있었다. 그런데도 이들은 형식상으로는 淸朝의 軍隊였기 때문에 이들에 대한 급여는 淸朝가 지급하여야 했는데, 그 額數는 '天下의 財富의 半이 三藩에 소모된다'고 하리만큼 막대한 것이었다.

　아무튼 이 같은 三藩의 존재는 國家 財政上에서도 큰 문제였지만 중

---

8) 이상의 내용은 蕭一山, 『淸代通史』 上卷, 上海 : 商務印書館, 1931, 439~446쪽 ; 『淸史紀事本末』 卷9, 明朱成功之事跡에 의함. 鄭氏勢力의 內分은 사실상 鄭經이 鄭成功을 계승하면서부터 일어난다. John E. Wills Jr., "Maritime China from Wang Chih to Shih Lang : Themes in Peripheral History", *From Ming to Ch'ing*, 1979, 228~229쪽.

9) 三藩에 대해서는 다음의 글 참조. 蕭一山, 『淸代通史』 上卷, 3編 17章 ; 神田信夫, 「康熙帝 - 三藩の亂について -」『世界の歷史』 11, 東京 : 筑摩書房, 1961.

앙집권적 통일정치를 이루어 나가는 데 큰 장애였으며, 더구나 이민족인 淸朝의 支配를 관철해 가는 데에 크나큰 문제였다. 이러던 차에 康熙 12년(1673)에 尙可喜는 遼東으로의 歸鄕과 자기 대신 아들 尙之信에게 平南王 繼位를 원한다는 奏請을 올렸고, 곧 이어 이에 대한 淸朝의 분명한 의향을 탐문키 위해 吳三桂 역시도 撤兵하겠다는 上奏를 올렸다. 이에 대하여 淸 朝廷에서는 많은 의논이 있었지만 결국 撤藩令을 결정하게 되었다. 청조의 의향을 확실히 파악한 吳三桂는 이에 곧 반기를 들고 擧兵을 하였다. 그는 四川, 湖南을 점령하는 한편 각지에 復明을 名分으로 한 檄文을 보내 호응을 호소하였다. 이 때 湖北總兵 楊采嘉, 廣西提督 孫延齡, 四川巡撫 羅森 등이 應하였으며 靖南王 耿精忠도 이에 가담하였고, 康熙 15년(1676)에는 平南王 尙之信도 이에 가세하였다. 이로써 반란군은 十數萬의 大勢力을 이루게 되었고,[10] 곧 揚子江 유역으로 진출하여 여러 地域을 점령하기에 이르렀다.

이 같은 三藩의 亂은 淸朝에게 있어 중국지배를 판가름하는 일대 위기적 사건이었다. 淸朝는 곧 각지의 兵力을 동원하여 防戰에 노력하였지만 入關 以來 30년이 지난 당시 實戰經驗이 있는 유력한 武將이 거의 없는 淸軍으로써는 사실상 정예의 군사력을 보유한 三藩의 勢力을 간단히 진압할 수 없었다. 이에 대처하기 위해 淸朝는 종래 취해 오던 綠旗兵의 裁汰를 중지시켰을 뿐만 아니라 이를 添設·增强시켜 三藩戰의 平戰에 임하였다.[11] 특히, 三藩의 亂은 南方의 저습한 지역에서 일어났고 이 곳은 風土病이 많았던 곳이어서 北方에서만 생활을 한, 그리고 山岳戰에 익숙지 못한 淸朝의 騎馬兵만으로는 이를 진압하기가

---

10) 『聖武記』卷2上, "耿尙二藩所屬 各十五佐領 綠旗兵各六七千 丁口各二萬　　　三桂所屬 五十三佐領 綠旗兵萬有二千 丁口計數萬 是爲三藩倂之始……"　　　라는 내용에서 볼 때 설립 당초 三藩의 軍隊는 모두 합하여 3萬도 채 되　　　지 못하였다. 그러나 이들이 反旗를 들면서 각지의 많은 漢軍이 가담함으　　　로써 당시 10여 만의 八旗軍에 크게 뒤지지 않은 兵力을 이루었던 것으로　　　보인다.

11) 拙稿,「淸初期 綠營制의 理念과 그 機能」『全北史學』7, 1983, 186쪽.

어려웠다. 때문에 步兵 위주로 구성된 綠營兵이 절대적으로 필요했던 것이다.12) 이러한 군사적 보강조처와 아울러 한편으로 淸朝는 江南紳士에 대한 撫摩策도 병행하였다. 그것은 이전의 奏銷案에 의해 처벌된 많은 紳士들이 三藩의 亂에 가담할 것을 염려했기 때문이다. 淸朝는 奏銷案 이후 수많은 처벌자에 대해 有力官僚들의 여러 차례에 걸친 權利回復 奏請에도 불구하고 거부하였던 종래의 방침13)을 바꾸어 康熙 14년(1675)경 江南紳士의 구제를 허락하였는데, 그것은 바로 위와 같은 이유에서였다.14)

三藩의 亂은 吳三桂의 老齡, 復明의 名分上의 弱點도 있었기 때문에 교착상태에 들어갔지만 淸朝의 충실한 戰力增强과 恩賞招撫로 인해 점차 진압되어 갔다. 康熙 15년(1676)에 淸朝는 총공세를 취하여 諸方의 反亂軍을 각개 격파해 갔으며, 이듬해(1677)에는 耿精忠, 尙之信도 淸朝에 투항하였다. 고립된 吳三桂는 康熙 17년(1678) 봄에 湖南 衡州에서 稱帝를 하고 필사적인 抗爭을 전개했지만 그 해 가을에 病死하고, 그를 이은 孫子 吳世璠도 康熙 20년(1681)에 淸軍의 攻勢에 敗死하였다. 이로써 9年, 10省에 걸친 大亂은 평정되었다.

이상과 같이 入關 初부터 시작된 淸朝의 중원정복은 順治朝까지 거의 全域을 석권하지만 鄭成功의 抗淸運動은 康熙朝까지 계속 이어졌으며, 새로이 三藩의 亂이 촉발되어 康熙朝의 사회를 뒤흔들었다. 결국 이들 세력은 康熙 中半에 들어 각기 평정되었고, 그럼으로써 淸朝의 실

---

12) 栖木野宣,「戰時の綠營兵制」『淸代重要職官の硏究』附編, 東京 : 風間書房, 1975, 407～408쪽.

13) 당시 兵部尙書 龔鼎孶 외에 蘇松常守備道 安世鼎, 巡撫 韓世琦, 松江知府 張羽明 등이 이러한 奏請을 했었다.『閱世編』卷6, 賦稅.

14) 물론 이 때 권리회복이 무조건 이루어진 것은 아니고 進士는 1,500兩, 擧人은 800兩, 貢·監生은 200兩, 生員은 120兩의 納銀을 바쳐야만 되었다(川勝守,『中國封建國家の支配構造』, 東京大學出版會, 1980, 565쪽). 그러나 그것은, 물론 兵餉의 確保策일 수도 있지만 그보다는 紳士層이 三藩의 亂에 가담할 것을 막기 위한 조처의 측면이 강한 것으로 보인다(吳金成, 앞의 글, 104쪽).

질적인 統治가 中原 全域에 미치게 되었다.

그런데 三藩의 亂과 鄭成功의 抗淸勢力을 진압하여 淸朝의 중원지배가 관철되었다고는 하지만 향촌사회 내부의 문제는 前時代를 이어 계속 상존해 있었다. 淸朝는 中原에 들어와 그들 왕조지배를 지속적이고 확고히 관철해 나가기 위해 紳士層을 포섭해 나갔거니와[15] 점차 地主政權化해 갔다.[16] 이 때문에 토지소유의 불균형은 明末을 이어 淸初에도 계속 이어졌으며, 이미 順治년간부터 각지에서 副租의 폐지, 度量衡의 是正, 田租의 輕減 등을 내세우며 抗租運動이 크게 일어났던 것이다.[17] 이러한 토지소유의 모순은 康熙帝가 大學士 등에게 내린

田畝가 縉紳豪富에게로 많이 돌아가서 小民들이 소유하고 있는 토지는 얼

---

15) 주 1 참조

16) 淸朝의 地主政權的 입장은 이후 乾隆年間에 들어와 보다 확실하게 표명된다. 즉, 明代부터 田租減免令이 오히려 佃戶들에게 抗租의 구실로 이용되는 사태가 많이 일어났는데, 淸代 乾隆帝에 들어와 稅糧을 완전히 면제하는 흉년에도 田租의 징수 여부를 모두 지주에게 맡기는 조치를 취함으로써 地主·佃戶의 等次的인 身分關係를 용인하는 데까지는 이르지 않았다 할지라도 地主 편에 서게 되었다(近藤秀樹,「淸朝權力의 性格」『岩波講座 世界歷史』12, 1971, 171~175쪽 ; 崔甲洵,「淸朝前期 對農民政策의 一面」『東洋史學硏究』10, 1976 참조). 또한 이보다 앞서 雍正年間에 이미 국가권력은 地主의 佃戶支配를 방임한 地主制的 權力化의 지향도 있었음이 지적되고 있다(重田德,「淸朝農民支配의 歷史的特質」『淸代社會經濟史硏究』, 岩波書店, 1975 ; 小島晉治,「農民と革命」『中國文化叢書』8, 大修館書店, 1968 ; 宮崎一市,「淸代初期の租稅減免について」『釧路論集』9, 1977 등 참조).

17) 抗租에 대해서는 傅衣凌,「明淸之際'奴變'和佃農解放運動」『明淸農村社會經濟』, 北京 : 三聯書店, 1980 ; 傅衣凌,「明末淸初閩贛毗鄰地區的社會經濟與佃農抗租風潮」『明淸社會經濟史論文集』, 北京 : 人民出版社, 1982 ; 田中正俊,「民變·抗租奴變」『世界の歷史』11, 1961 ; 森正夫,「十七世紀福建寧化縣における黃通の抗租反亂」(1·2·3)『名古屋大學文學部硏究論集』49·52·74, 1973·74·78 ; 森正夫,「明淸時代の土地制度」『岩波講座 世界歷史』12, 1971 ; 森正夫,「抗租」『民衆叛亂史硏究』4, 1983 ; 三木聰,「淸代前期福建の抗租と國家權力」『史學雜誌』91 - 8, 1982 등 참조.

마 되지 않는다. 종전에 누차에 걸쳐 蠲租를 반포했지만 전토가 없이 백성들은 곤궁하며 아직 반드시 골고루 혜택을 입지 못하였다. 대략 계산해서 小民 가운데 恒産으로서 자신의 토지를 가진 자는 10 가운데 3, 4에 불과하며, 나머지는 모두 땅을 빌려 租를 내고 있다.[18]

라는 諭旨에서도 확인할 수 있듯이 계속 이어졌으며, 康熙帝는 地主에 의한 토지의 집적이라든가 貧民의 困窮을 모두 어쩔 수 없는 필연적인 事勢로 간주하였다. 이러한 상황에서 順治년간을 이어 康熙년간에 들어와서도 각지에서 佃戶들의 투쟁이 계속 전개되었다.

예컨대 順治 初年에 福建 汀州府 寧化縣과 인접한 江西 贛州府 石城縣에서 黃通과 吳万乾 등을 중심으로 한 抗租투쟁이 일어났었지만, 이후 康熙 13년(1674)에도 黃通의 일족인 黃冬生이 汀州府 長汀縣 출신인 吳八十의 협력을 얻어 萬餘 농민을 규합하여 寧化縣과 石城縣城을 포위·공격하는 일이 발생하였다.[19] 이들은 長關[20]이라는 자체 군사조직을 결성하여 鄕紳을 살해하고 富豪를 약탈하였으며 官軍과 조직

---

18) 『聖祖實錄』 卷215, 康熙 43년 正月 辛酉條, 2888쪽. 이와 비슷한 내용은 『聖祖實錄』 卷213, 康熙 42년 8월 甲申條, 2860쪽에서도 山東 지방의 예이지만 小民들은 대부분 富室의 田을 빌려 경작하고 小民, 즉 佃戶는 그 소득이 매우 적어 흉년이 드는 경우 생계가 어려워 他地로 流亡하는 상태를 볼 수 있다.

19) 黃通과 黃冬生 등이 寧化縣과 石城縣 및 瑞金縣에서 일으킨 抗租運動에 대한 상세한 내용은 森正夫, 「十七世紀の福建寧化縣における黃通の抗租反亂」(1·2·3) 참조.

20) 長關은 數十鄕을 연결해서 조직된 農民武裝集團이었다. 이것은 順治 3년 黃通에 의해 조직된 것이지만 일찍이 明末 廣東 博羅縣에서도 長興이라는 이와 비슷한 조직이 있었다. 淸代에 들어와 농민들이 수십 년에 걸쳐 투쟁을 견지할 수 있었던 것은 농민의 기초 조직을 이룬 長關이 大衆을 동원하고 조직화했기 때문이다. 이 長關은 실로 농민이 정치권력을 조직하는 형식이었거니와 농민군이 명령을 발하고 동원을 행하는 中樞였다. 森正夫, 「十七世紀の福建寧化縣における黃通の抗租反亂(1)」, 4~5쪽 ; 傅衣凌, 「明淸之際'奴變'和佃農解放運動」 『明淸農村社會經濟』, 北京 : 三聯書店, 1961 등 참조.

적으로 전투를 벌이기도 하였다. 이를 일명 佃變이라고도 부르는데[21]
이러한 佃變은 이 무렵 항상적으로 일어나는 抗租와도 밀접한 관련을
가지고 일어났다. 抗租는 어디까지나 생산관계에 결부된 경제투쟁이요
조건투쟁으로서 처음부터 왕조권력에 정면으로 대항하여 국가권력을
타도하려는 무장반란이 아니라 佃戶의 이익을 확실하게 신장시키기 위
한 현실적이고 일상적인 투쟁이었다. 그러나 왕조가 교체되는 明末·
淸初期에는 일상적인 투쟁을 벗어나 집단적이고 조직적인 佃變이라는
무장봉기를 통해 抗租鬪爭을 관철시키려 했던 것이다. 이러한 형태의
농민투쟁은 이 시기에 들어와서의 새로운 특징으로 들려지고 있다.[22]

　아무튼 이러한 佃戶들의 반란은 康熙 32년(1693)에도 羅七禾, 羅遂
등의 선동에 의해 수십 村이 結黨을 해서 역시 寧化縣에서 지속적으로
일어났으며, 康熙 41년(1702) 汀州府 上杭縣에서 鬪關을 중심으로 한
투쟁, 康熙 41년에서 43년에 걸쳐 江西 瑞金縣에서도 같은 형태의 조직
적인 항조가 일어났고, 興國縣 및 長江 下流 델타지대에서도 佃戶들의
지대착취에 대한 투쟁이 恒常化되어 갔다.[23]

　물론 이러한 抗租투쟁은 토지소유의 불균형 속에서 地主·佃戶間
대립에서 나타나는 것이 보통이었다. 그렇지만 한편 官僚體系의 弛緩
속에서 관료들, 특히 지방관들의 일반 백성들에 대한 압력도 그 한 요
소로 주목하지 않을 수 없다. 중국 역대 왕조는 官僚制의 기초하에 지

---

21) 佃變이란 佃戶가 田租를 바치지 않으려고 저항하며 地主의 집을 습격하
　　여 살상과 약탈을 저지르거나 진압을 위해 파견된 官軍과 조직적으로 전
　　투를 벌이기도 하는 무장봉기를 일컫는다. 이 佃變이라는 용어를 처음 발
　　굴하여 사용한 것은 傅衣凌이며, 이후 濱島敦俊은 무장봉기의 투쟁을 佃
　　變으로, 田租를 내지 않음으로써 일상적으로 존재하는 地主·佃戶間의 긴
　　장관계를 抗租로 불러 양자를 구별하였다(朴元熇, 「明末·淸初의 民衆反
　　亂」『明末·淸初社會의 照明』, 한울 아카데미, 1990, 113~117쪽).
22) 물론 康熙年間의 抗租鬪爭은 三藩의 反亂勢力, 특히 福建의 경우 靖南王
　　耿精忠의 蜂起의 영향하에서 지속적으로 전개된 면도 많았다(森正夫, 앞
　　의 글 참조).
23) 이들 여러 지역에서 일어난 抗租鬪爭의 내용에 대해서는 森正夫과 傅衣
　　凌의 앞의 글 참조.

배를 관철해 왔다. 그런데 이들 관료제는 新陳代謝가 이루어진다고는
하지만 대체로 각 지역의 名族, 地主 및 豪商들이 관료사회의 기층을
이루고 있었다. 때문에 이들은 자기들의 신분과 이익을 유지하려는 습
성이 강하여 간혹 경직되는 경향이 있었다. 이러한 경향은 대체로 왕조
말기에 자주 나타나거니와 전제정치의 구조는 물론이고 모든 사회의
경직화를 불러일으키는 것이다. 이미 명조 중기 이후부터 관료제의 경
직성이 심화되어 각지에서 反地方官運動을 야기시키기도 했지만[24] 이
러한 경향은 淸朝에 들어와서도 여전히 계속되어 나타났다. 入關 初부
터 청조는 지방통치의 확보라는 절박성에서 前非의 有無를 따질 겨를
도 없이 졸속으로 現地任官을 행해 나갔다. 이에 따라 지방관 선택에
있어 愼重論도 계속해서 대두되었던 것이지만[25] 淸初의 지방관 素質
低下는 다른 시대에 비해 최저 수준이었다고 할 것이다.

　아무튼 이로 인해 官吏들의 부정은 물론이고 胥吏와 衙役의 부정이
淸初 順治년간부터 다양하게 나타났다. 즉, 錢糧을 받고서도 滯納으로
처리하거나 陋規의 비율을 높여 징수하였으며, 錢糧의 額外 徵收에 있
어 지방관의 恣意的 경향과도 관련해서 규정된 火耗의 비율을 높여 징
수하기도 하였고, 鄕紳層과 결탁하여 갖가지 부정행위를 저지르기도
하였다.[26] 이에 대해 청조는 地方官 考成法을 강화하여 錢糧의 完徵을
기하고자 하였지만[27] 이러한 의지에도 불구하고 지방관의 부정은 강희
년간에도 계속 이어졌다.

---

24) 趙翼은 嘉靖·隆慶 年間 이후에 吏部의 考察法이 具文化하면서 明朝 官
　　界는 문란해졌으며 백성들의 생활도 어렵게 되어 갔다고 지적하고 있다
　　(趙翼, 『二十二史箚記』 卷33, 明初吏治). 明末期 反地方官運動에 대해서
　　는 夫馬進,「明末反地方官士變」『東方學報』52, 京都, 1980 참조.
25) 拙稿,「淸 入關初 鄕村社會와 鄕村支配 硏究 - 鄕約·保甲制의 形成過程
　　을 중심으로 - 」, 84～91쪽.
26) 吳金成, 앞의 글, 85～86쪽.
27) 順治 7년부터 官吏考成은 10分考成, 즉 完徵을 원칙으로 정하였으며 考成
　　을 布政使 이하뿐 아니라 司·道·巡撫에게까지 적용해 갔다(吳金成, 앞
　　의 글, 86～87쪽).

康熙 5년에 황제는 吏部 등 衙門에 諭旨를 내리기를, 直隷 및 各 省의 백성들이 失業하고 疾苦하여 의지할 곳이 없게 된 것을 관리들의 貪酷 때문이라고 지목했거니와[28] 이후 이러한 민간의 疾苦는 구체적으로 각 지방 巡撫의 貪酷 때문이라 하여[29] 巡撫 및 在京 2품 이상의 고급관료에 대해 중점적으로 고찰을 행한 것[30]은 그러한 실상을 보여 준다.

이에 대해 康熙帝는 淸廉을 장려하는 한편 관리들의 貪汚에 대해서 엄중하게 징계해 나갔지만[31] 소기의 목적을 달성하지는 못하였다. 그것은 관료들이 일상생활을 꾸려 나가는 데 절대적으로 부족한 俸祿을 늘리지 않고서는 해결할 수 없는 것이었다.[32] 명대 이래 관리들의 祿俸

---

28) 『聖祖實錄』 卷22, 康熙 6年 5月 丙午條, 319쪽, "近聞直隷各省 民多失所 疾苦顚連 深可憫念 或係官吏貪酷 朘削窮黎 抑或法制未便……". 이와 같은 내용은 『聖祖實錄』 卷22, 康熙 6年 6月 甲戌條, 322쪽에도 보인다.

29) 『聖祖實錄』 卷22, 康熙 6年 6月 戊寅條, 325쪽, "前因民間之疾苦 諭大小 各官 各陳所見 據各官奏稱民間之疾苦 皆由督撫之貪酷".

30) 康熙帝의 高級官僚들에 대한 重點的 考察에 대해서는 孟昭信, 「略論康熙 察吏安民」 『淸史國際學術討論會論文集』(白壽彛 主編), 遼寧人民出版社, 1990, 194~196쪽 참조.

31) 康熙帝의 淸官奬勵로 淸官을 배출하는 데 상당한 효과도 거두었지만(魏 象樞, 湯斌, 陸隴其, 于成龍, 趙廷臣, 趙申喬, 張伯行 등의 대표적인 淸官 을 배출하였다), 官이 革職되거나 降等되는 예도 많았다. 康熙 8년 5월에 서 9월 사이에 在京 3品 以上의 官吏와 巡撫로 83人이 革職되거나 降等 및 休職이 되었다(孟昭信, 앞의 글, 203~206쪽 참조).

32) 강희년간 官員의 1년 간 俸祿은 總督이 155兩, 巡撫가 130兩, 知州는 80 兩, 知縣은 45兩으로 이 액수로만 생활할 경우 知縣의 생활은 겨우 5, 6일 정도밖에 유지할 수 없었다(蔣良騏, 『東華錄』 卷9, 康熙 8년 6월 御史 趙 璟邊의 上疏, 151쪽 참조). 淸初의 官吏에 대한 보다 상세한 급여 체계는 安部健夫, 「耗羨提解の硏究 - 雍正史の一章としてみた - 」 『淸代史の硏 究』, 創文社, 1971, 601~606쪽 참조. 이와 관련해서 그 한계성으로 孟昭信 도 考察의 重點을 고급관리에 두었던 데에도 있지만 무엇보다도 寬大한 정책을 취한 데 있고 또한 근본적으로는 官吏腐敗의 원인인 극히 낮은 官 吏俸銀을 해결하지 못한 데 있다고 지적하고 있다(孟昭信, 앞의 글, 206~ 209쪽 참조).

수준은 역대 왕조 가운데 최저수준이었지만, 특히 康熙년간에 들어서서는 三藩의 亂으로 인해 국가의 財政難이 심각해졌기 때문에 관리들의 급여는 더욱 악화되고 또한 賣官行爲가 대대적으로 시행됨으로써 관리들의 素質은 더욱 악화되어 갔던 것이다.[33]

이러한 상황에서 淸 朝廷에서 火耗에 대한 禁斷의 令을 내렸음에도 불구하고 火耗銀糧에 대한 유혹을 관리들이 뿌리친다는 것은 매우 어려웠다. 이후 火耗 또는 耗羨은 명실공히 州縣官들의 私的인 수입원으로 되어 갔거니와 모든 陋規는 상식화되었으며, 청조에서도 어쩔 수 없이 공인하는 단계에까지 이르게 되었다.[34] 이러한 현실 상황에서 康熙帝가 시행한 田租減免政策[35]은 사회문제를 완화시키는 데 어느 정도는 기여했을지 모르나 근본적인 문제를 해결하는 데에는 한계성을 가질 수밖에 없었다.

이상에서와 같이 康熙朝에 들어와 淸朝의 지배는 입관 초기의 상황에 비해서는 안정을 이루긴 했으나 鄭氏勢力의 계속된 抗淸活動과 이어 일어난 三藩의 亂으로 인하여 불안정한 상태가 계속 이어졌던 것이다. 물론 이들 세력도 강희 23년에 들어 결국 평정되지만 만성적인 官界의 부패상황은 여전하였으며, 이에 연유한 토지 소유의 불균등에서 초래되는 抗租運動은 이후에도 계속 이어졌던 것이다.

Ⅱ. 鄕約·保甲制의 施行과 制度的 確立

앞에서 살핀 바와 같이 順治時代를 이어 康熙朝에 들어와서도 사회 불안은 여전하였다. 이 때문에 향촌사회의 안정을 위한 鄕約·保甲制의 시행은 필요하였으며, 이에 대한 시행 논의는 康熙年間에 들어와서

---

33) 安部健夫, 앞의 글, 573~583쪽.
34) 위의 글, 583~595쪽.
35) 周藤吉之, 「淸代前期に於ける佃戶の田租減免政策」 『淸代東アジア史硏究』, 東京 : 日本學術振興會, 1972, 425~426쪽.

도 順治朝를 이어 계속되었다. 즉, 康熙 元年에 逃人의 발생이 여전히 많아 兩隣·十家長·地方으로 하여금 이를 取締하도록 했는가 하면,[36] 康熙 4년(1665)에는 廣東巡撫 盧崇峻에 의해 "沿海地域에서 貿易을 함에 있어 通賊妄行을 地方·保甲으로 하여금 取締하도록 해야 한다"[37] 라는 건의도 있었다. 이것은 이미 順治年間에도 鄭成功의 활동에 대한 沿海地域의 船舶出港을 살피는 데 保甲을 이용한 것을 거의 그대로 이어받아 시행하려는 것이었다.

1. 鄕約의 施行狀況

그러나 康熙朝에 들어와 鄕約·保甲制의 시행 논의는 順治朝의 수준에 머문 것만은 아니다. 먼저 鄕約에 대해서 살펴보도록 하자. 順治 3년(1646) 5월과 7월에 兵部에 내린 諭旨의 내용에서도 확인되거니와[38] 입관 초 청조는 명말에 시행된 향약을 그대로 이어받아 향촌사회 안정에 노력하였다. 특히 향약은 민간에 무기 수반을 인정해야만 하는 보갑과는 달리 청조에 부담이 적었을 뿐 아니라 오히려 도움이 되는 바가 컸기 때문에 별다른 조처 없이 명대의 향약을 그대로 시행했던 것이다. 이후 청조는 중원의 정복을 이루어 가면서 향약에 대한 보다 적극적인

---

36) 『欽定大淸會典事例』 卷858, 刑部 督捕例 康熙元年題准. 이와 같은 내용은 康熙 2년 正月 兵部에 내린 諭旨에도 보인다(『聖祖實錄』 卷8, 康熙 2年 正月 壬午, 141쪽).

37) 『聖祖實錄』 卷15, 康熙 4年 4月 戊寅條, 236쪽.

38) 淸初 鄕約의 施行은 『淸朝文獻通考』 卷21, 職役考1 順治 3年條, "其以鄕人治其鄕之事者 鄕約地方等役 類由本鄕本里之民 保送僉充 而地方一役 最重……"에서도 확인되거니와 地方 등과 함께 향촌의 일을 맡았다. 이외에도 보갑과 아울러 鄕約이 향촌질서 안정에 이용되고 있는 예도 『世祖實錄』 卷26, 順治 3年 5月 庚戌條 306쪽 ; 『世祖實錄』 卷27, 順治 3年 7月 壬子條 320쪽 ; 『世祖實錄』 卷43, 順治 6年 3月 壬子條 509쪽 등 여러 곳에 散見된다. 地方에 대해서는 佐伯富, 「淸代の鄕約·地保について」 『東方學』 28, 1964 ; 荒川淸, 「淸代の鄕村に關する 一考察 - 淸代の總甲·地方, 就中,順治元年の總甲制について - 」 『史流』 11, 1970 등 참조.

정책을 수립해 나갔던 것이며, 順治 9년에 八旗 및 直隷 各省에 太祖의 '六諭'를 臥碑文의 이름으로 頒行하였고,[39] 특히 順治 16년에는 향약의 시행을 종래 兵部의 관할하에서 禮部의 관할하로 이관시켜 각 地方官으로 하여금 적극적으로 시행케 하였다.[40] 이러한 향약의 시행은 康熙朝에 들어와서는 보다 발전되었다. 즉, 康熙 9년(1670)에 聖祖는 敎化를 우선으로 하여 다스리면 人心은 醇良해지고 風俗이 樸實해져 刑은 필요없게 된다고 하여, 옛 先王들이 德을 숭상하고 刑을 완화하여 和民成俗한 것을 본받아 다음과 같은 16개 조의 '聖諭'를 禮部에 내렸던 것이다.[41]

敦孝弟以重人倫	篤宗族以昭雍睦	和鄕黨以息爭訟
重農桑以足衣食	尙節儉以惜財用	隆學校以端士習
黜異端以崇正學	講法律以儆愚頑	明禮讓以厚風俗
務本業以定民志	訓子弟以察非爲	息誣告以全善良
誡窩逃以免株連	完錢糧以省催科	聯保甲以弭盜賊
解讐念以重身命		

　　이것은 백성들의 생활규범으로서 '康熙聖諭'라는 이름하에 행해졌으며, 鄕約의 형식으로 宣講되어졌다. 즉, 각 直省督撫로 하여금 소속 地方官 및 土司官을 통해 每月 朔望에 鄕村民을 대상으로 '聖諭'를 講解하도록 했던 것인데,[42] 이 '聖諭'는 명 태조의 '六諭'를 보다 확충한 것이거니와 이를 향약의 중심내용으로 宣講했다는 것은 청조 나름의 교

---

39) 『欽定大淸會典事例』卷397, 禮部 風敎 講約1 順治 9年條.

40) 『欽定大淸會典事例』卷397, 禮部 風敎 講約1 順治 16年條. 鄕約의 시행이 兵部에서 禮部의 관할로 이관해 온 것은 청조의 중원정복이 어느 정도 달성되었고, 관료체제의 정비가 나름대로 이루어지고 있음을 의미하거니와 鄕約의 시행도 敎化라는 본래의 모습대로 행해져 가고 있음을 의미한다.

41) 『欽定大淸會典事例』卷397, 禮部 風敎 講約1 康熙 9年諭 ;『聖祖實錄』卷 34, 康熙 9年 10月 癸巳條, 485~486쪽.

42) 『欽定大淸會典事例』卷397, 禮部 風敎 講約1 康熙 25年 議准, 康熙 52年 諭.

화정책을 국가 주도하에 보다 확고히 펼쳐 나갔음을 의미하는 것이다. 이러한 '聖諭'를 중심내용으로 한 향약은 이후에도 계속 행하여졌으며, 保甲을 대대적으로 시행한 于成龍이 '愼選鄕約諭'[43]를 올린 것도 이를 바탕으로 한 것이다.

그런데 講解를 함에 있어 '聖諭'의 내용을 鄕村民들에게 효과적으로 주입시키기 위해서는 쉽고도 상세한 訓釋도 필요했다. 따라서 康熙 18년(1679)에 浙江巡撫 李本晟이 그 필요성에서 「鄕約全書」를 刊刻하여 各 府·州·縣·鄕村에 배포하였고,[44] 그 이래로 각지에서도 나름의 '聖諭'에 대한 註解가 이루어지기 시작했다. 康熙 23년(1684)에 山東省 章丘縣 鍾運泰가 刊刻한 『鄕約書』, 都察院右副都御史 陳謹의 『上諭合律鄕約全書』, 廣東省 連山縣 知縣인 李來章의 「聖諭圖像衍義」, 陝西 『光緖城固縣志』에 수록되어 있는 「上諭十六條約解」 등이 바로 그러한 것들이다.[45] 이러한 註解는 이후 雍正 2년(1724)에 世宗에 의해 '聖諭廣訓'으로 欽定되어 '聖諭' 解析에 대한 官定의 規準이 세워지게 되는데,[46] 아무튼 康熙 9년(1670)에 제정된 16개 조의 '聖諭'는 明 太祖의 '六諭'를 대신하여 淸 一代를 통해서 鄕約의 새로운 내용을 이루게 되었고, 天下民이 생활하는 데 지켜야 할 綱領으로 정착되었다.[47]

2. 保甲의 論議와 施行狀況

한편 康熙朝에 들어와 保甲制 역시도 그 논의가 활발히 이루어지거니와 보다 적극적으로 시행되었고, 鄕約보다는 늦었지만 전국적으로

---

43) 『皇朝經世文編』 卷74, 兵政.

44) 『欽定大淸會典事例』 卷397, 禮部 風敎 講約1 康熙 18年條.

45) 淸水盛光, 『中國鄕村社會論』, 東京 : 岩波書店, 1951, 378쪽.

46) 『世宗實錄』 卷16, 雍正 2年 2月 丙午條 247~248쪽 ; 『欽定大淸會典事例』 卷397, 禮部 風敎 講約1 雍正 2年御製.

47) 淸代의 여러 地方志의 記事에도 聖諭를 講解한 내용이 많이 보인다(前田司, 「淸初期の鄕約 - とくに黃州府を中心として - 」 『史觀』 90, 1975, 40쪽 참소).

제도적 확립이 이루어졌다. 앞에서 예시한 바, 康熙年間에 들어와 그 초기에 동남 연해지역에 保甲을 시행하여 通賊妄行을 取締해야 한다는 건의도 있었고, 또한 16개조로 된 '聖諭' 가운데에도 "(鄕約은) 保甲과 聯하여 盜賊을 없애야 한다"는 내용도 있다. 이것은 順治 시기 이래 각지에서 행해져 온 保甲의 연장선상에서 그 시행이 계속되고 있음을 말해 주고 있는 것이지만 이후 여러 사람에 의해 保甲에 대한 論議가 활발하게 이루어졌다.

康熙년간의 대표적인 淸官으로 알려진 張伯行은 "保甲의 설치는 진실로 姦宄를 稽査하기 위함이요 실로 勸勉良善하기 위함으로 참으로 길이 편안하게 다스리기 위한 길"이라고 논하여 보갑 시행을 讚賞하고 있다.[48] 역시 康熙년간 按察使, 巡撫를 역임한 彭鵬도 그의 「保甲示」[49]에서 "保甲을 행하여 도적을 없애고, 도망인을 잡고, 賭博을 적발하고, 姦宄를 경계하고, 力役을 均等히 하고, 武斷을 단절하고, 鄕里를 和睦케 하고, 耕桑을 課하고, 善惡의 식별을 의탁하면 一善도 不備함이 없다. (다만) 이를 올바르게 행하지 않으면 民弊만을 더할 따름이다"라고 하여 保甲의 폐해도 없는 것은 아니지만 이를 잘 시행하면 더할 나위 없는 유익한 제도라고 논하고 있다. 이외에도 陶元淳,[50] 于成龍 등이 保甲法의 優點을 논했을 뿐만 아니라 黃六鴻에 의한 保甲制의 理想案이 제시되기도 하였다. 이처럼 보갑제에 대한 논의가 활발하게 이루어진 것은 이 당시 보갑제의 필요성이 절실했기 때문이고, 또한 실제로 활발하게 시행되었다는 것을 방증해 주는 것이기도 하다. 『大淸會典事例』刑部의 戶律戶役・督捕例・刑律賊盜, 戶部의 錢法禁令, 吏部의 處分例 등의 내용에도 總甲 및 十家長의 활동, 즉 保甲制를 통한 逃亡人의 방지, 盜賊追捕, 私鑄嚴禁 등에 대한 수많은 事例가 보이는데, 이를

---

48) 張伯行, 「通飭淸釐保甲檄」 『皇朝經世文編』 卷74, 兵政.
49) 彭鵬, 「保甲示」 『皇朝經世文編』 卷74, 兵政.
50) 陶元淳은 常熟人으로 康熙 27年 進士가 된 후 康熙 33년 廣東 昌化縣 知縣을 지냈던 인물이며, 淸朝의 循吏로 알려져 있다. 그의 保甲에 대한 논의 내용은 『皇朝經世文編』 卷74, 兵政 條陳四政議에 있다.

보면 順治년간을 이어 康熙년간에도 향촌질서 유지에 保甲이 크게 활
용되었던 것을 짐작할 수 있다.

그러면 이 시기에 保甲制는 보다 구체적으로 어떻게 시행되어졌는
가? 이에 대해서는, 특히 이 시기에 시행된 保甲制 가운데 于成龍의 保
甲施行事例가 비교적 자세히 나타날 뿐 아니라 시행 범위도 넓고, 또
『會典』에도 採錄되어 있기 때문에 이를 통해 그 施行狀況을 살펴보도
록 하겠고,[51] 아울러 비록 理想案이라고는 하지만 淸代 保甲의 典型的
인 形態를 보여 주는 한편, 그 制度的 確立에도 상당한 영향을 준 것으
로 보이는 黃六鴻의 保甲에 대해서 살펴본 후, 청대 보갑의 제도적 확
립에 대해 편의상 항을 나누어 살펴보도록 하겠다.

1) 于成龍의 保甲

于成龍[52]은 順治 18년(1661) 그의 나이 44세에 廣西省 羅城縣 知縣
으로 官界에 진출하였다. 당시 羅城縣은 永曆政權 以來의 反淸運動이
그가 부임할 무렵까지 지속되어 왔거니와 猺獞이 雜處하여 治安狀態
가 매우 불안하였다. 이러한 때에 이 곳 지현으로 부임한 그는 이 곳 鄕
村民에 대한 賑恤에 힘쓰는 한편, 그 구체적인 내용은 보이지 않지만
保甲制를 시행하고 鄕兵을 조직하여 盜賊을 물리침으로써 향촌사회를
안정시키는 데 크게 공헌하였다.[53] 이 때의 治績이 인정되어 總督인 盧
興祖의 薦擧를 받아 康熙 6년(1667)에 四川省 合州府 知州로 발탁되었
다. 그런데 이 곳 合州府 역시 明末·淸初의 動亂을 거치면서, 특히 張

---

51) 이 때문에 于成龍의 保甲은 일찍부터 주목을 받아 왔으며 상세한 분석도
    있다. 谷口規矩雄, 「于成龍の保甲法について」『東洋史研究』34‒3, 1975
    ; 前田司, 「淸初の保甲」『鹿兒島短期大學研究紀要』14, 1974 ; 和田淸編,
    『支那地方自治發達史』第5章 淸代 第3節.
52) 于成龍의 傳記에 대해서는 『淸史列傳』卷8 ; 『淸史稿』卷282, 于成龍傳
    참조.
53) 『于淸端政書』卷1, 羅城書 治羅自紀倂貽友人荊雪濤 ; 『淸史稿』卷282, 于
    成龍傳.

獻忠의 반란세력에 의해 유린되었으며 대다수의 住民이 流亡하여 향촌사회는 매우 피폐해 있었다. 때문에 그는 이 곳에 부임해서도 향촌사회를 안정시켜야만 했고, 이를 위해 적극적으로 流民을 招撫하는 한편, 荒田의 개발을 장려함과 동시에 民心을 수렴하기 위해 鄕約을 설립하여 '聖諭'의 講解를 행하기도 하였다.[54] 이후 그는 康熙 8년(1669)에 湖廣 黃州府의 同知로 전임하였지만, 이 때에도 그는 黃岡과 麻城의 縣境에 위치한 岐亭에 盜賊들이 白晝에도 횡행하였기 때문에 이 곳에 駐留하여 治安秩序 回復에 진력함과 아울러, 이를 위해 保甲制 編成을 추진하였다.[55]

그런데 康熙 13년(1674)에 三藩의 亂이 일어났거니와 吳三桂의 軍이 岳州·長沙를 점령하고 湖南方面으로 진출해 왔다. 이 때 吳三桂의 반란세력이 僞箚를 湖北의 각 州縣에 散布하여 선동하므로 이에 대해 麻城縣을 비롯해 大冶縣·黃岡縣·黃安縣 등지의 山寨가 이에 호응해 반기를 들고 나왔다. 이것이 이른바 '東山의 亂'[56]으로 불리는 사건이다. 이 당시 于成龍은 武昌知府로 있다가 咸寧縣에 建造한 浮橋가 流失된 책임으로 革職되어 관직에서 물러나 있었는데, 이전 黃州府 同知로서 實績이 인정되어 이 反亂平定의 책임자로 다시 임명되었다. 그는 그 해 6월 劉靑藜 등의 亂을 鎭壓한 뒤 이 지역에 대한 善後策으로 保甲을 編置하였으며,[57] 이를 바탕으로 이후 反亂을 완전히 진압하는 데 성공을 거두었다.

于成龍이 편성한 이 당시의 保甲組織은, 그 내용이 『政書』 卷1의 淸理保甲諭, 申飭區堡諭, 申飭保甲諭 등에 보이거니와 이를 종합해 보면 다음과 같다. 子弟의 敎訓을 주로 하는 戶를 기초단위로 해서 그 위에 近隣 若干戶를 統率하는 甲長을 두었으며, 그 위에 甲長을 통솔하는

---

54) 『于淸端政書』 卷1, 合州書 規畫銅梁條議 中, "一風俗宜整也".
55) 『于淸端政書』 卷2, 黃州書 到黃州任申飭諭.
56) 이 亂의 槪略은 谷口規矩雄, 앞의 글, 69~70쪽 ; 前田司, 「淸初の保甲」 참조.
57) 『于淸端政書』 卷1, 武昌書 東山就撫後飭行保甲諭 淸理保甲諭.

堡長을 두었다. 즉, 戶長 - 甲長 - 堡長의 統屬關係를 基軸으로 한 保甲 組織을 편성하였다.58) 그런데 그가 編한 保甲은 대개의 保甲組織이 戶 數編成 原則에 입각해서 편성 조직된 것에 비해 전혀 어떠한 구체적인 숫자가 명시되어 있지 않다. 그것은 당시 이 지방이 明末 以來 극심하 게 황폐되었거니와 아직 流離農民이 많은 流動的인 상황이었기 때문이 기도 하지만59) 그보다는 기존의 自然村을 바탕으로 편성되었기 때문으 로 보인다. 바로 이것은 于成龍의 保甲이 단순히 소극적인 鄕村秩序를 維持하는 데 종래의 相互覺察만이 아니라 적극적인 鄕村防衛의 역할 을 하는 鄕兵組織으로서의 역할을 가졌던 것과도 관련이 있는 것이다. 왜냐하면 鄕村防衛를 위해서는 강력한 團結力이 필요하고, 단결력은 人爲的인 編成組織보다는 自然村의 공동체의 힘에서 더욱 크게 발휘 되기 때문이다.

東山의 亂의 예봉을 꺾은 후 于成龍은 保甲을 編成하라는 諭示를 각지에 내리는데, 그 내용 가운데 "協力擒解 或殲滅",60) "一方有警 隣 堡同心堵剿",61) "家自爲守 人自爲戰"62)이라는 것을 보면, 于成龍의 保 甲은 明末의 鄕兵組織으로서의 성격을 가지고 있음을 짐작할 수 있다. 실제로 7월부터 이 곳에 다시 일어난 黃金龍·鄒君升의 亂과 이어 일 어난 何士榮의 亂을 토벌하는 데 있어, 이 때 설립한 保甲을 기초로 한 鄕兵의 효과는 매우 컸다. 이 亂을 진압한 이후, 黃州府下에 告示된 '申 飭保甲諭'에 "編査保甲과 團練鄕勇의 法은 일이 없으면 盜賊을 稽察하 고 亂을 미연에 방지하는 것이며, 일이 있으면 서로 궐기하여 救援하고

---

58) 『于淸端政書』 卷1, 武昌書 上張撫臺善後事宜稟에 보면 區長을 설치하여
　　 殷實의 良善者를 推擧해야 한다는 내용이 있다. 谷口規矩雄은 堡長 위의
　　 조직으로 區를 설정하고 있지만 실제로 1區＝1堡의 경우가 많은 것으로
　　 區는 堡와 거의 同等의 조직이었던 것으로 보인다(谷口規矩雄, 앞의 글,
　　 72~73쪽).
59) 谷口規矩雄, 앞의 글, 71쪽.
60) 『于淸端政書』 卷1, 武昌書 東山就撫後飭行保甲諭.
61) 『于淸端政書』 卷1, 武昌書 申飭區堡諭.
62) 『于淸端政書』 卷1, 武昌書 上張撫臺善後事宜稟.

防禦堵剿한다"라고 하여 保甲과 함께 鄕兵을 설치케 한 것은 바로 이전의 성과를 바탕으로 한 것이다. 물론 이와 같은 鄕兵을 조직하기 위한 保甲編成은 鄕村民의 徵發을 전제로 하는 것이다. 때문에 鄕村民은 戶口를 隱漏하여 保甲冊에 登錄을 하지 않음으로써 保甲 編成에 저항을 하기도 하였다. 그렇지만 于成龍은 이들 향촌민에 대해 꾸준한 설득을 하였거니와 범위를 확대하여 보갑을 계속 시행해 나갔던 것이다.63) 아무튼 그의 이와 같은 保甲 編成은 鄕村防衛를 위해 鄕兵育成을 전제로 한 것인데, 이는 明末 動亂期에 각지에 행해진 保甲의 성격과 똑같은 것으로서 入關 初 이래 줄곧 連帶責任을 위주로 한 保甲 施行만을 고집해 온 淸初의 위기적인 상황에서 하나의 시금석이라 할 수 있을 것이다.

于成龍은 이후 康熙 17년(1678)에 福建按察使, 同布政使를 거쳐 康熙 19년(1680)에 直隷巡撫로 발탁되었다. 이 때 逃人・盜賊이 백성들에게 큰 害를 미칠 것을 우려하여 '弭盜條約' 13개 조를 제정하였다.64) 이는 黃州府 時節에 시행한 保甲을 기초로 보다 상세하게 정비한 것인데, 그 內容을 要約하면 다음과 같다.

① 10家를 1甲으로 編하여 殷實老成者 1인을 甲長으로 公擧하여 官에 承認을 얻으며, 9家는 그의 統轄을 받는다.

② 10家는 그 職業, 同一世代(家族은 물론 奴僕에 이르기까지)에 居住하는 者의 姓名과 年齡을 門單에 列記하여 甲長에 제출, 稽査에 備한다.

③, ④ 1甲의 人戶는 相互保結하여 窩盜, 蓄盜, 交結匪類, 出入旗下, 句連生事, 遊手賭飮, 撒潑凶惡, 結黨刁訟, 起滅是非 등을 取締한다.

⑤ 甲內의 人戶는 鄕의 出入을 甲長에 보고하여 甲簿에 記入토록 하며, 보고없이 不在할 경우 남은 8家는 이를 甲長에 보고하고, 甲長은 官에 이를 通達해야 한다.

---

63)『于淸端政書』卷1, 武昌書 中飭保甲諭.
64)『于淸端政書』卷5, 畿輔書 弭盜條約.

⑥ 甲長이 無識하거나 他出할 경우 甲長을 대신하여 9家가 공히 甲簿를 관리한다.

⑦ 市鎭의 接客業所는 宿簿를 갖추게 하여 매일 밤 客寓의 住所, 姓名, 職業, 往來場所, 同行人數를 기입하여 甲長에 査閱을 받고, 만일 來歷과 踪跡이 의심스러운 자는 甲長, 保長에게 알린다.

⑧ 鄕村에 거주하는 鄕紳, 文武兩榜, 貢監生員으로서 庶民과 同例編査를 불편하다고 하는 자는 別冊으로 編査케 한다.

⑨ 農閑期에 各村의 垣牆과 柵欄을 修理하며, 各家로 하여금 順番으로 巡夜케 하고, 그 實行에 따라 賞罰을 내린다.

⑩, ⑪ 同一 村莊 혹은 近村의 數十甲을 連合하여 賢能한 자를 公擧하여 保長으로 삼아 그 통솔하에 허가된 武器를 가지고 賊盜의 來襲에 대비한다.

⑫ 旗莊에 거주하는 자도 부근 村民의 甲에 編하여 保結토록 한다.

⑬ 甲內에 窮苦한 民戶가 있어 이를 養濟해야 할 필요가 있을 경우 甲長은 이들을 冊으로 작성하여 地方官에게 보고해야 한다.

于成龍은 이후 이를 보강하기 위해 '續增條約' 5개 조[65]를 부가시켰거니와 康熙 20년(1681)에 兩江總督으로 轉任하여서는 이를 더욱 보강하여 '弭盜安民條約' 38개 조[66]를 發令하여 이 곳에서도 保甲을 시행하였다.

그러나 그는 鄭氏抗淸運動이 진압된 직후인 康熙 23년(1684)에 임지에서 죽는데, 그의 保甲은 위에서 본 바와 같이 향촌방위와 향촌질서를 바로잡는 데 상당한 성과를 거두었으며, 諸抗淸勢力이 진압되어 어느 정도 안정을 회복한 후에는 더욱 여러 지역에 확대, 시행되게 되었다.

---

65) 『于淸端政書』 卷5, 畿輔書 續增條約.
66) 『丁淸端政書』 卷7, 兩江書 弭盜安民條約.

2) 黄六鴻의 保甲

한편 이 무렵 保甲 施行의 理想案이 黄六鴻에 의해 제시되기도 하였는데, 이 역시 于成龍의 保甲과 함께 淸朝가 保甲制를 定制化하는 데 중요한 역할을 했던 것으로 보이거니와, 따라서 이에 대한 내용을 살펴보도록 하겠다.

黄六鴻[67]은 江西省 新昌縣 天德鄕人으로 順治 8년(1651)에 舉人이 되어 처음으로 山東省 郯城縣 知縣이 되어 官途에 나아갔으며, 康熙 14년(1675)에는 直隷 東光縣의 知縣이 되었다. 知縣으로 있었을 때 그는 특히 賑恤, 救荒에 힘쓰고, 謁盜를 잘하여 監獄은 항상 비어 있는 상태였으며 訴訟事件도 전혀 없었다고 한다. 그 후 그는 行人에 발탁되어 山西, 陝西, 四川 등지를 거쳐 長江 밑으로 湖北·河南 地方에까지 나아가 각지의 사정을 몸소 體得하였다. 후에 그는 御試에 1等으로 합격하여 禮科 給事中에 등용되어 중앙정계에서 활약하였고 康熙 30년(1691)에는 會試의 同考官이 되었는데, 이 때 그는 매사에 공정하기로 평판이 높았다고 한다. 이어서 그는 工科 給事中이 되어 康熙 32년(1693)에 관직을 사임할 때까지 이 職에 있었다.

黄六鴻은 官職을 사임한 후 鄕里에 돌아와서는 著作에 힘썼는데, 그가 사임한 翌年에 保甲制의 理想案을 담은 『福惠全書』가 완성되어 간행되었다. 『福惠全書』는 淸代의 대표적인 官箴書의 하나로 꼽힌다.[68] 그런데 官箴書는 公牌나 政書처럼 官吏 自身의 統治體驗과 政績을 그대로 기록한 것은 아니고 다만 그의 政治理想을 서술한 것이다. 때문에 그 史料的 價置는 비교적 떨어진다고 한다.[69] 그렇지만 政治理想은 현

---

67) 黄六鴻의 傳記는 同治 『新昌縣志』 卷12, 人物志 舉人條에 있지만 여기서는 山根幸夫의 『福惠全書』 解題를 참고로 했다.

68) 官箴이라는 것은 官吏가 집무를 할 때 준수해야 하는 것으로, 실제 政事에 임할 때 이를 휴대할 경우 매우 귀중한 지침이 되는 것이다. 淸代의 官箴書로는 이 외에도 汪輝祖의 『佐治藥言』, 『學治臆說』 등이 유명하다.

69) 仁井田陞은 '官箴'을 官吏의 독단적인 프로그램이기 때문에 매우 경계해야 한다고까지 했다(『アジア歷史事典』, 東京 : 平凡社, 1967, 296쪽).

실을 바탕으로 하지 않을 수 없는 것이고 보면, 官箴書는 비록 政治理想을 담고 있지만 現實政治를 바탕으로 서술되지 않을 수 없다. 사실 黃六鴻도 郯城 및 東光縣의 知縣으로 재임했을 당시의 體驗과 그가 行人으로서, 또 中央官職에 在任時에 얻었던 경험을 바탕으로 『福惠全書』를 저작한 것이기 때문에 그 자신 나름의 정치이상뿐 아니라 당시의 실제 사회사정도 어느 정도 반영하였음은 틀림없다고 본다.[70]

　아무튼 『福惠全書』의 내용은 당시 불안정한 사회사정과 관련해서 백성들의 생명과 직접 연관되어 있는 刑名에 보다 중점을 두고 서술되었거니와[71] 현실사회를 바탕으로 이루어졌으며 이후 많은 官吏들에게 읽혀졌다. 따라서 당시 정치에도 상당한 영향을 미친 것으로 보이며, 그가 제시한 保甲 역시 현실사회에 적용되어 이후 保甲制를 定制하는 데 상당한 영향을 주었을 것으로 보인다. 그것은 이 내용이 많은 官吏에게 읽혔다는 점 외에도 시기적으로 保甲制 論議가 한창 진행중일 때 理想案으로 제시되었던 것이며, 黃六鴻이 鄕里에 은거하고 있을 때에 康熙帝가 친히 그를 召見할 정도로 厚遇하였다는 점에서도[72] 짐작할 수 있다. 後述하겠지만 사실 내용면에 있어서도 黃六鴻의 保甲은 康熙 47년

---

70) 또한 『福惠全書』의 완성 시기가 그의 辭任 직후임을 감안할 때 그 내용은 다분히 그가 官職에 있으면서 실제 정치에서 얻은 경험과 평가를 토대로 이루어졌던 것으로 판단된다.

71) 『福惠全書』는 아래와 같이 총 32卷의 내용으로 구성되어 있다.

筮仕部 - 1권	蒞任部 - 4권	錢穀部 - 2.5권	雜課部 - 0.5권
編審部 - 1권	淸丈部 - 1권	刑名部 - 10권	保甲部 - 3권
典禮部 - 1권	敎養部 - 2권	荒政部 - 1권	郵政部 - 2권
庶政部 - 2권	陞遷部 - 1권		

이상에서처럼 刑名部는 이와 관련되는 保甲部를 포함해서 13권으로 전체의 2/5 정도의 분량을 차지하고 있다. 이와 같이 刑名을 강조한 것은 당시 사회사정의 불안정을 반영한 것으로 볼 수 있다.

72) 康熙帝는 康熙 44년(1705) 南巡하는 도중에 당시 鄕里에 은거하고 있던 黃六鴻을 親히 召見하였으며 歐陽守의 '晩過水北詩'를 御書해서 下賜하였다.

에 定制된 保甲과 많은 유사점이 보이는데, 이 역시 이를 방증해 주는 것이다.

그러면 黃六鴻의 保甲制는 어떠한 내용을 담고 있는가에 대하여 살펴보도록 하겠다.73)

먼저 黃六鴻이 保甲制를 구상했던 것은 盜賊과 逃人을 弭하고 奸宄를 엄히 다스려 法을 善하게 하기 위함이었다.74) 물론, 이 같은 목적으로 당시에도 保甲이 여러 지역에서 행해지고 있었다. 그러나 당시의 保甲은 "惟行之者 不得其要 且視爲具文 而又紛紛焉"이라든가 "今之州邑 惟快壯數人 供奔走而已"75)와 같은 상태였기 때문에 黃六鴻은 나름의 理想案을 구상하게 되었던 것이다.

먼저 그는 保甲制의 근원을 周代의 六鄕·六遂制에 두고 寓兵於農, 즉 兵農一致制를 바탕으로 保甲制를 시행해야 한다고 했다. 그의 이러한 理念은, 宋代 王安石의 保甲이 백성들을 民兵으로 徵集하여 遠方의 征伐에 보내고 백성들을 軍裝시키고 餱糧을 自備시킴으로써 農稼를 방해하고 백성들을 困窮케 한다고 극렬히 비판하면서, 그런 반면 寓兵於農의 精神에 입각하여 시행한 王陽明의 保甲을 극구 찬상하고 있음에서도 볼 수 있다.76) 이것은 한편으로 黃六鴻의 保甲이 明代에 시행된 陽明 以來의 保甲을 계승하고 있음을 보여 준다. 사실 黃六鴻의 保甲制는 治安維持의 임무를 주로 하면서도, 德行을 相規하고, 患難을 相恤하고, 死喪을 相助하며, 孝弟·謙和·好禮 등의 風俗習慣까지도 導致하는, 즉 鄕約의 기능도 포함하고 있는데,77) 이것은 明末 以來 鄕約

---

73) 拙稿,「淸初 鄕村統治의 理想 - 黃六鴻의 保甲制를 中心으로 - 」『慶尙大 論文集』22, 1983 참조.

74)『福惠全書』卷21, 保甲部 總論 241쪽, "夫保甲之設 所以弭盜逃 而嚴奸宄 法至善也".

75)『福惠全書』卷21, 保甲部 總論, 241쪽.

76)『福惠全書』卷21, 保甲部 總論, 242쪽. 宋代 保甲制에 반대하는 비판은 黃中堅, 陸曾禹 등에 의해서, 또『天台治略』에서도 피력되고 있지만 黃六鴻은 그 대표적인 인물이다.

77)『福惠全書』卷21, 保甲部 總論, 242쪽.

과 保甲이 결합된 양태에서 나타나는 기능과 맥을 같이하는 것이다.

그의 保甲制 編成은 10家를 1甲, 10甲(100家)을 1保, 몇 개의 保를 1鄕으로 편성하고 각 조직에 각기 甲長, 保正, 保長을 두어 각 조직의 사무를 관장토록 했다. 여기에서 黃六鴻의 保甲은 10진법의 戶數編成 原則에 입각해서 편성하도록 했음을 알 수 있다. 그러나 그는 戶數編成에 입각하고 있으면서도 편성 후 여분의 戶, 여분의 甲을 畸零戶, 畸零甲으로 하여 末甲·末保의 甲長·保正에 附統시키는 등 융통성을 부여하고 있다.[78] 이러한 예는 이후 淸代 保甲 編成에 있어 많이 보이는데,[79] 黃六鴻의 保甲 編成이 그 先例가 아닌가 한다. 또한 그의 保甲組織은 甲(10家) - 保(10甲) - 鄕(數保)의 三級制로 편성되었다.[80] 여기에서 上級組織인 鄕은 그 확실한 戶數는 명시되어 있지는 않지만 明末에 보편적으로 행해진 二級制의 조직에 비해서 그 조직이 확대되었으며, 이후 康熙 47년(1708)에 定制化된 保甲組織이 牌(10家) - 甲(10牌) - 保(10甲)의 三級制로 이루어졌고 보면, 黃六鴻의 保甲은 조직과 형태면에서 明代의 保甲에서 淸代의 定制된 保甲制로 移行하는 과도기적 중간형태로 보여진다.

黃六鴻이 保甲制의 理想案을 제시하게 된 것은, 당시 시행되고 있는 保甲制의 弊害가 많았기 때문이다. 특히, 그는 保甲의 興廢는 이를 담당하는 사람에게 있고, 사람을 잘 얻지 못하면 保甲은 有名無實해진다고 지적하고 있다.[81] 여기에서 알 수 있듯이 黃六鴻은 保甲을 시행함에 있어 役員의 選出을 매우 중요시하였다. 그의 役員選出 方式은 高

---

78)『福惠全書』卷21, 保甲部 保甲之制, 244쪽.

79)『同治戶部則例』卷3, 戶口에 "十戶爲牌(畸零散處·通融編列)立牌長 十牌爲甲 立甲長……"이라 규정되었거니와 이러한 예는 葉佩蓀의 飭行保甲, 王鳳生의 保甲事宜(이들 내용은 同治 10年刊 徐棟·丁日昌 輯,『保甲書集要』所收) 등에도 보인다.

80) 黃六鴻의 이러한 保甲編制는 앞에 예시했던 臨安縣의 保甲體制와 유사하다.

81)『福惠全書』卷21, 保甲部 總論 242쪽, "保甲之興廢 視乎其人 蓋法之不善 有搖而無安 人之不得 名存而實亡……".

年·有德한 자를 鄕長(保長)으로 선출하고 선출된 保長이 保甲을 編成
한 후, 여러 村長·鎭長·莊頭 등과 協議하여 精健한 자 가운데에서
保正과 甲長을 선출해야 한다고 하였다.82) 그러면서 그는

　　十家之長·保正長은 모두 庶民 중에서 선출하고, 靑衿·衙役은 미치지 못
　하게 한다. 靑衿은 肄業을 어지럽히며, 衙役은 作奸을 좋아하기 때문이다.
　鄕紳 및 擧·貢·監·文武生員으로 本甲에 거주하는 자는 반드시 10家의
　내에 編하지 않아도 되며, 門牌를 걸기 불편함으로써 十甲長에게 稽査하도
　록 한다. 다만 一戶에 관계되는 鄕紳 및 擧·貢·監·衿은 그의 姓名, 籍貫,
　官職 등을 밝혀 本甲 10家의 뒤에 附記하며, 城鄕 모두 이와 같이 한다.83)

라 하고 있는데, 여기에서 黃六鴻은 保甲의 役員을 모두 庶民層에서
충당하려 했음을 알 수 있거니와 紳士層에게는 그들의 편의에 따라 保
甲編成에 있어 자유성을 부여하고 있음을 볼 수 있다. 이는 保甲의 役
을 職役으로 보고 紳士層에게는 이를 優免해 주려는 것이었다. 그러면
서도 한편 靑衿·衙役을 保甲의 役에서 배제하려 했던 것은 당시 이들
階層의 弊害도 심각했음을 보여 주는 것이기도 하다.
　이러한 保甲制 編成上 鄕紳層의 위치 설정에 대한 黃六鴻의 입장은
康熙 19년에 제정한 于成龍의 '弭盜條約' 8조의 내용과 거의 일치한다.
물론 于成龍은 이듬해에 '弭盜安民條約'을 제정하면서 이를 개정하여
鄕紳 및 進士, 擧人을 제외한 微官 및 貢·監, 生員을 일반서민과 同列
로 保甲制에 편입하도록 했지만,84) 黃六鴻은 이 개정 내용보다 오히려
이전의 案에 입각하여 보갑을 편성하고자 했다. 그러면 당시 保甲制에
대한 관심이 누구보다도 많았던 黃六鴻이 于成龍의 保甲 施行과는 逆

---

82) 『福惠全書』 卷21, 保甲部 選保甲長, 244쪽. 여기에서 볼 때 黃六鴻의 保甲
　　은 다분히 自然村을 바탕으로 해서 行政村과의 一體化를 도모하고자 했
　　던 것으로 보인다. 따라서 黃의 保甲에는 자연촌의 長들이 가지고 있는 敎
　　化的인 요소도 다분히 포함하고 있는 것으로 보인다(拙稿,「淸初 鄕村統
　　治의 理想」, 147쪽).
83) 『福惠全書』 卷21, 保甲部 選保甲長, 245쪽.
84) 『于淸端政書』 卷5, 畿輔書 弭盜安民條約 第7條.

行하여 개정 이전의 案과 같은 내용을 채택한 것은 무엇 때문일까? 그
것은 이미 臨安縣에서도 于成龍의 改正案에 따라 士人들을 일반서민
과 같이 보갑에 편입시켜서 편성 시행하였거니와[85] 이 때 이들에 의한
保甲 운용상 많은 폐해가 나타났기 때문으로 보이며, 앞서 예시한 사례
에서 靑衿과 衙役을 保甲의 役員에서 극력 배제해야 한다는 주장도 이
러한 폐해 현상에서 비롯된 것이다. 사실 이후 保甲施行令이 전국적으
로 반포된 이후에도 줄곧 保甲의 유명무실함이 많이 지적되거니와 그
이유로 保長, 甲長의 不善함이 언급되는 것을 보면,[86] 黃六鴻의 이러한
주장에도 불구하고 각지에서의 실제 保甲 施行은 鄕紳層의 主導에 의
해 이루어졌으며[87] 이들, 특히 士人들의 폐해가 매우 심했던 것을 알
수 있다.

　　다음 黃六鴻은 保甲制의 役員을 조직 내의 人員으로 輪充하지 않고
조직 외의 殷實老成하고 人力이 많은 자를 定充하고자 했다. 그것은
輪充을 할 경우 혹시 늙고 병약한 자 및 과부 등도 업무를 맡을 우려가
있으므로 폐해가 예상되었기 때문이다.[88] 이로 볼 때 黃六鴻의 保甲制

---

85) 紳衿은 保甲의 役을 면제받기는 했지만 일반백성과 함께 士人들도 保甲
　　編査의 대상이 되고 있다(目黑克彦,「淸朝初期의 保甲法에 關하는一考察－
　　浙江省臨安縣의 場合－」『愛知敎育大學硏究報告』25, 1976, 135쪽).

86)『皇朝政典類纂』卷30, 戶役1에 "自康熙四十七年 整飭保甲之後 奉行旣久
　　往往有名無實"이라고 하고 있거니와 雍正 4년에 새로운 保甲條令을 반포
　　하여 保甲力行을 강조하였다. 이런 사정은 乾隆年間에 들어와서도 마찬가
　　지였으며, 沈彤은 그의 保甲示에서 "今之州縣官 奉大吏之令 擧行保甲 而
　　卒無其效　非保甲之法之不善　爲保長甲長之人之未善也"(『皇朝經世文編』
　　卷74, 兵政)라고 지적하여 牌頭는 庶民 가운데 올바른 자를 선택해야 하
　　고 保長과 甲長은 반드시 士人 가운데 어질고 능력 있는 자를 선출해야
　　한다고 하였다.

87) 각 鄕村에서 鄕紳들은 一般 民戶와 같이 거주하면서 同一 保甲에 편성되
　　었던 것으로 보인다. 그러나 保甲長의 役은 회피하면서도 그들의 권위에
　　의해 保甲內에 군림하여 일반민에 대한 監視統制를 행함으로써 자신의
　　지배를 보다 확고히 하려 했던 것이 일반적인 情況이었다(目黑克彦, 앞의
　　글, 135쪽).

88)『福惠全書』卷21, 保甲部 選保甲長, 243쪽.

에 있어서 長의 임기는 제한이 없었던 것으로 보인다. 그런데 한편으로
役員을 輪充하지 않는다는 것은 전통적인 均分均役의 원칙을 벗어난
다고 생각되는데, 이러한 원칙을 벗어나 黃六鴻이 役員을 定充하려 한
것은 당시의 사정이 균분균역보다는 현실적 조건에 대응해서 보갑제를
운용하는 것이 더욱 실효성이 있다고 판단했기 때문이며, 이것 역시 당
시 사회의 급박한 상황을 암시해 주는 것이라 할 수 있는 것이다.[89]

　이들 役員의 任務는 향촌사회의 治安秩序 維持와 敎化를 주요 임무
로 하고 있는데, 이를 보다 구체적으로 보면 다음과 같다.

　① 稽察의 임무[90]

　甲長은 稽簿를 가지고 관할구역에 대해 매일 저녁 남자의 有無, 왕
래했던 곳, 돌아오지 않을 때에는 어느 곳에서 묵었는지의 여부, 묵었
던 곳이 연고지가 아닐 경우에는 이를 자세히 물어 기록한다. 또한 잘
알지 못하는 자가 오랫동안 묵을 경우 이를 자세히 묻고, 이상한 일이
발생할 경우에는 保正에 보고한다. 保甲의 役員은 조직 내의 안전을 매
일 확인하고 이를 편케 하기 위해 循環簿를 사용한다.

　② 保甲冊의 編造[91]

　평상시에도 州·縣에서는 鄕長이 戶口를 列記하여 煙戶冊을 編造했
으나, 이를 더욱 확실하게 하기 위해 保長의 책임하에 城·鄕의 保甲의
數 및 甲長, 保正長, 壯伍 등의 姓名을 상세히 기재한 保甲冊을 작성토
록 하여, 일이 없을 때는 防弭에 힘쓰도록 하고 일이 생기면 相互救援
을 하도록 했다. 保甲冊 編造의 책임은 오로지 保長에 있지만 保長은
鎭集村長 및 莊頭와 서로 협의해서 작성하도록 했다.

　③ 壯丁의 簡驗[92]과 訓練[93]

　鄕村을 盜賊으로부터 防護하고 救援하기 위해 각 조직의 役員은 그

---

89) 拙稿,「淸初 鄕村統治의 理想」, 147쪽.
90)『福惠全書』卷21, 保甲部 保甲稽査, 246～247쪽.
91)『福惠全書』卷21, 保甲部 造保甲冊, 248쪽.
92)『福惠全書』卷21, 保甲部 簡驗壯丁, 250～253쪽.
93)『福惠全書』卷21, 保甲部 訓練伍壯, 253～257쪽.

지역의 居住人員의 2/5의 숫자를 壯丁으로 선발하여, 保正의 관할하에 技藝를 敎練하도록 했다. 保正은 敎官을 초빙하여 敎鍊에 힘쓸 뿐 아니라 매년 농사일에 바쁠 때인 3월을 제외하고는 매월 한 차례씩 技藝를 시험하고, 매년 9월에는 城鄕의 전체 保伍壯이 모여 査閱을 받도록 했다.

④ 建築柵濠[94]

향촌을 안전하게 하기 위한 적극적인 방책으로서 鎭, 集, 村莊에 柵門을 建立하고, 墻濠를 築造해서 盜寇를 막으며 더욱 견고하게 守禦토록 했다. 이 일은 鎭集長 및 莊頭의 책임으로 되어 있지만 保正으로 하여금 이를 돕도록 하였다.

⑤ 朔望甘結[95]

매월 朔望에 甲長, 保正, 保長은 縣署에 나와 15일 동안 각 조직 내에서 행한 일에 대해서 만일 허물이 있으면 그 죄를 달게 받고 증서를 묶어 제출케 한다. 이 때 甲長은 保正에게, 保正은 保長에게, 保長은 縣廳에 모든 서류를 묶어 제출한다.

⑥ 기타

鄕村에 일이 생기면 壯丁을 집합시켜 符信케 하여 盜黨과 구별시키고,[96] 또 保甲의 役員들은 도적을 잡고 奸宄를 막는 역할뿐 아니라 相助, 相恤을 勸하고 勸善을 행하여 惡을 제거함으로써 風俗을 교정하게 했다.[97] 그리고 保甲을 오래 유지하기 위해 지방의 騷擾가 일어나지 않게 해야 하고, 保甲 施行에 드는 비용을 役員들이 부담케 하였다.[98]

이 밖에도 鄕村民의 賭博을 嚴禁하고,[99] 娼妓를 驅逐하며,[100] 淸査界址[101] 및 防救失火[102]에 힘을 써야 하는 등의 임무가 부여되었다.

---

94) 『福惠全書』 卷21, 保甲部 建築柵濠, 257~259쪽.
95) 『福惠全書』 卷21, 保甲部 朔望甘結, 263~264쪽.
96) 『福惠全書』 卷21, 保甲部 調集符信, 264~265쪽.
97) 『福惠全書』 卷21, 保甲部 功禁賞罰, 266~268쪽.
98) 『福惠全書』 卷21, 保甲部 嚴罪搔搖, 269쪽.
99) 『福惠全書』 卷21, 保甲部 嚴禁賭博, 269~270쪽.
100) 『福惠全書』 卷21, 保甲部 驅逐娼妓, 270쪽.

3) 保甲制의 制度的 確立

이상에서와 같이 강희년간에 들어와서도 보갑제의 필요성은 증대되
었고, 많은 논의와 함께 폭넓게 시행되었다. 특히 于成龍에 의해 連帶
責任뿐 아니라 保甲의 원래 기능이라 할 수 있는 鄕兵으로서의 기능도
갖추어지게 되었으며, 편성조직에 있어서도 戶長 - 甲長 - 堡長이라는 3
級制의 형식이 갖추어지는 등 入關 초기에 시행된 보갑에 비해 그 형
태나 기능면에서 보갑의 原形을 이루어 갔거니와 보갑의 여러 가지 내
용도 갖추게 되었다. 이러한 于成龍의 보갑 시행으로 인해 抗淸運動
및 각지에서의 반란을 진압하고 향촌을 안정시키는 데 상당한 성과를
거두었고, 이에 힘입어 여러 사람에 의해 보갑을 시행하자는 건의가 계
속 이어졌거니와 청조 역시 각지에 보갑을 편성해 나갔다. 즉, 康熙 24
년(1685)에 廣西道御史인 錢珏이 秦·蜀·浙·閩·滇·黔·楚·粤 等
地에 投誠한 자들을 安揷시켜 이들을 확실히 파악하기 위해 保甲을 시
행할 것을 請하였으며,103) 康熙 25년(1686)에 直隷巡撫인 于成龍(于淸端
과는 同名異人, 그의 諡는 襄勤)은 당시 直隷地域의 順天, 永平, 保定, 何
間 等地에 旗民이 雜處하여 盜賊이 많으므로 旗丁·民戶를 保甲에 같
이 編하여 이를 稽察할 것을 請하였는데,104) 이것은 바로 이전 于成龍
(淸端)의 성과를 바탕으로 한 것이다. 淸 朝廷은 이들의 의견에 따라 이
를 시행토록 하였고, 이 때 浙江巡撫 金憲은 이 保甲令을 받아 浙江 各
縣에 그 시행을 命하였거니와 知縣인 施宏에 의해 臨安縣에서 행해진
保甲制 역시도 이 명을 받아 시행된 것이다.105)

---

101) 『福惠全書』 卷21, 保甲部 淸査界址, 270~271쪽.
102) 『福惠全書』 卷21, 保甲部 防救失火, 271~272쪽.
103) 『聖祖實錄』 卷119, 康熙 24年 正月 丁酉條, 1596~1597쪽.
104) 『聖祖實錄』 卷125, 康熙 25年 4月 辛亥條, 1681~1682쪽.
105) 臨安縣에서의 保甲 시행은 이전부터도 시행되었던 것이지만 실효를 거두
　　 지는 못하여 施宏에 의해 다시 개혁이 이루어져 시행되었던 것이다. 臨安
　　 縣의 保甲內容은 潘杓燦의 『未信編二集』에 수록되어 있는데, 施宏이 시
　　 행한 臨安縣의 保甲制는 十家를 一甲으로 하여 甲長을 두고, 一村을 단위

또한 康熙 33년경에는 黃六鴻에 의해 이상적인 보갑제의 案이 제시되어 보갑제를 시행하는 데 많은 영향을 주었다. 특히 黃六鴻의 보갑은 비록 이상안이라고는 하지만 知縣으로 재임했을 당시 그의 체험과 여러 지역에서 행해지고 있던 보갑제를 바탕으로 하여 만들어진 것이다. 그의 보갑제 내용이 于成龍이 시행한 保甲制 내용과도 크게 다르지 않음에서도 이를 알 수 있다. 아무튼 그의 保甲制의 理想案이 담긴『福惠全書』는 당시 많은 관리들에게 읽혀졌거니와 또한 그는 康熙帝로부터도 厚待를 받고 있던 점으로 미루어 보아 청 조정에서 보갑제를 시행함에 많은 참고가 되었음은 분명하다 할 것이다.

三藩의 亂과 鄭氏의 抗淸勢力을 제거하고 어느 정도 자신감을 얻은 淸朝는 이제 청조 나름의 확고한 향촌통치제도를 마련해야 했거니와 지금까지 시행되고 제시된 여러 保甲制의 내용을 바탕으로 해서 康熙 47년(1708)에 전국에 걸쳐 保甲制 施行令을 반포하였다.

무릇 州·縣城에 10戶에 1牌頭를 세우고, 10牌에 1甲頭를 세우며, 10甲에

로 村保長을 두어 甲長을 감독했으며, 十數村落으로 형성되는 一啚에 啚保長을 두는, 즉 啚 - 村 - 甲의 三級制의 편성으로 이루어졌다. 이런 보갑 편성하에 甲長과 村保長은 循·環 2冊으로 된 烟戶冊을 작성하여 이를 바탕으로 향촌 내의 주민의 이동과 동태를 파악하고 감시하는 보갑의 주된 임무인 치안경찰 임무를 담당케 하였다. 이러한 취지와 형태의 保甲은 기본적으로 앞의 于成龍의 保甲을 근거로 해서 시행된 것으로 보인다. 그런데 啚保長下에서 甲長은 별개로 설치된 戶催와 함께 향촌민에 대한 錢糧徵收의 임무를 烟戶冊을 이용하여 수행하고 있음을 볼 수 있는데, 이것은 淸 初期에 시행된 保甲의 기본임무에 새로이 부가된 임무로 보인다(이에 대한 자세한 분석은 目黑克彦, 앞의 글 참조). 물론 보갑을 부역징수의 하나의 방책으로 이용한 것은 明 萬曆년간 蘇州府 吳江縣의 知縣인 劉時俊이 시행한 保甲의 예에서도 살필 수 있지만 이후 청초까지의 保甲制 施行事例에서는 보이질 않으며, 다만 雍正년간에 들어와서 광범위하게 이용되고 있는 사례가 나타나고 있다(拙稿,「明末·淸初 賦役徵收와 保甲制」『宋俊浩敎授停年紀念論叢』, 1987, 545~546쪽 ; 川勝守, 앞의 책, 1980, 321~323쪽 참조). 이로 볼 때 臨安縣의 保甲은 康熙에서 雍正년간으로 이어지는 과도기적 보갑제의 성격을 가졌던 것으로도 볼 수 있다.

保長을 세운다. 각 戶에 印牌 1張씩을 지급하여 (여기에) 姓名과 丁數를 기입하고, 사람이 나가면 갈 곳을 명기하고, 들어오면 어디에서 왔는가를 기입하도록 한다. 客店 역시 각기 冊簿를 준비하여, 매일 밤 숙박하는 손님의 이름과 사람의 수, 그리고 데리고 온 家族의 수가 몇이고, 하는 일이 무엇이며 往來하는 곳이 어디인가를 적어 확실히 밝힌다. 또 寺觀에 이르기까지 역시 印牌를 나누어 지급하고, 僧道의 숫자와 姓名을 여기에 기입하여 그 出入을 조사한다. 만일 이를 虛僞로 기재하는 자가 있으면 輔官·胥吏로 하여금 擾害者를 索出케 하고, 해당 上官이 이를 살펴 治罪한다.106)

라는 것이 그 내용인데, 10戶 1牌, 10牌 1甲, 10甲 1保의 戶數編成 原則에 입각한 三級制의 保甲組織이 정식의 淸代 鄕村統治制로서 전국적인 규모로 확립되었던 것이다. 이 내용에서는 保甲에 관한 여타의 세부규정은 보이지 않는다. 그러나 이후 雍正·乾隆 간의 保甲의 내용 및 『同治戶部則例』의 세부적인 규정은 기본적으로 康熙年間에 制定된 保甲을 바탕으로 하고 있고, 또 이 규정은 于成龍과 黃六鴻의 保甲內容과 大同小異한 것으로 보면, 이 때 制定된 保甲의 세부적인 내용은 于成龍, 黃六鴻의 保甲規定에 準하여 마련되었던 것으로 보인다.

맺음말

이상에서 康熙年間의 鄕約·保甲制에 대한 논의와 그 시행 및 제도적 확립과정에 대해 살펴보았다. 청조는 입관 초기에도 향약·보갑제를 시행했던 것이지만 당시의 불안정한 상황에서 제한적으로밖에 시행할 수가 없었다. 물론 康熙年間에 들어와서도 鄭氏의 抗淸運動 및 三藩의 亂 그리고 각종의 抗租運動 등으로 사회적 불안요소가 여전하였지만 입관 초기에 비해서는 상당히 호전되었다. 이에 청조는 그 나름의 향촌통치책을 확고히 세울 필요가 있었거니와 입관 초기에 시행해 온 향약·보갑제를 보다 폭넓게 시행할 수 있었다.

---

106)『大淸會典』卷138, 兵部28 保甲 ;『淸朝文獻通考』卷22, 職役考2, 5051쪽.

　　먼저 향촌교화를 주 목적으로 한 鄕約은 이민족 청조에게는 그다지 부담이 없었던 관계로 이미 順治年間에 成文化되었지만, 康熙年間에 들어와서는 종래 ‘六諭’를 대신하여 ‘聖諭’ 16개 조를 발하여 중심 강령으로 삼아 나갔고, 또한 禮部의 관할하에 官部로 하여금 적극적으로 시행해 나갔다. 즉, 청조는 그들 왕조의 주체적인 자세에서 鄕約을 시행해 나갔거니와 그 체제적인 틀을 마련했던 것이다. 특히 이 때 ‘聖諭’에 대한 많은 註釋書도 刊刻되었다. 한편 保甲制 역시 順治年間에 시행된 保甲을 이어받아 시행하였고, 이를 적극적으로 시행하자는 많은 논의도 있었다. 그러나 鄕村防衛의 기능까지를 포함한 보갑 시행은 여전히 淸朝에게 부담을 주었다. 그런데 直隷巡撫인 于成龍이 향촌방위의 기능을 수반한 보갑을 시행하여 각지의 반란을 진압하는 데 성공함으로써 이제 鄕兵 育成을 전제로 한 보갑편성이 폭넓게 시행되었으며, 청조 역시도 지금까지의 소극적인 자세에서 벗어나 자신감을 가지게 되었다. 于成龍은 보갑을 시행하면서 ‘弭盜安民條約’ 등을 제정하여 보갑의 세부적인 규정도 마련하였는데, 특히 편성조직에 있어서 종래 연대책임에 적합한 10家 단위의 운용을 벗어나 향촌방위에 적합한 3級制라는 보갑의 본래적인 형태도 갖추었으며, 보갑을 편성하는 데 鄕紳을 別冊에 編査케 하는 등 배려를 하였다.

　　이후 于成龍의 保甲을 모범으로 해서 여러 지역에 보갑이 행해졌는데, 특히 鄭氏의 항청세력 및 삼번의 난을 진압함으로써 청조는 국정운영에서도 자신감을 얻었거니와 보갑제를 향촌통치의 근간으로서 부담 없이 시행해 나갈 수 있게 되었다. 이럴 즈음 黃六鴻에 의해 보갑제의 理想案이 제시되기도 했는데, 黃六鴻의 保甲案은 于成龍의 保甲을 비롯해서 여러 지역에 시행되고 있던 보갑을 바탕으로 마련된 것이다. 또한 당시 많은 지방관들이 보갑을 시행함에 있어 그의 案을 참고로 했었다. 때문에 청 조정에서 보갑을 시행하는 데 이를 참조하지 않을 수 없던 것이며, 더구나 黃六鴻이 당시 康熙帝로부터 厚待를 받은 인물이었음을 감안하면 확실하다 할 것이다. 이러한 바탕에서 청조는 康熙 47년 전국에 걸쳐 보갑제 시행령을 반포했던 것이며, 이로써 保甲制는 鄕約

과 함께 청조 향촌통치에 있어 주된 제도로 자리를 잡게 되었다.

　이상에서 볼 수 있듯이 康熙年間에 들어와서도, 특히 保甲制의 시행 과정 역시 順治年間 못지않게 순조로운 것만은 아니었고 많은 우려 속에서 시행되어졌다. 물론 어느 왕조에서건 제한적일지라도 民間에 武器所持를 허용한다는 것은 쉬운 일은 아니지만, 특히 異民族 王朝인 淸朝에게 있어서는 매우 주저스러운 일이었던 것으로 여기에서도 이민속으로서의 정조의 특징적인 점을 엿볼 수 있는 것이다. 또한 康熙년간에 들어와 淸朝는 鄕約의 시행과 아울러 전국적으로 保甲制 시행을 반포함으로써 국가적 차원에서 확고한 향촌지배체제를 확립하게 되었는데, 이로써 청조는 명 중기 이후부터의 격변해 온 사회에 대한 일단의 대책으로서 이념적으로 里甲制 體制에서 鄕約·保甲制로의 支配形態의 변화를 이루었으며, 나름대로의 독자적인 향촌통치에 임하게 되었음을 볼 수 있다.

제3부

東亞와 韓民族

崔氏樂浪國 興亡考 / 尹乃鉉

略論唐代揚州城址與新羅文化遺迹 / 朱　江

'15·16세기 朝鮮支配層의 琉球 認識 / 河政植

1930년대 재만 국민부계열의 활동에 관한 연구 / 황민호

崔氏樂浪國 興亡考

尹 乃 鉉

머리말

고조선의 뒤를 이은 列國時代에 지금의 대동강 유역에는 崔理王이 다스리던 樂浪國이 있었다. 이 나라는 好童王子와 樂浪公主의 사랑이 야기로 널리 알려져 있는 낙랑공주의 조국이다. 이 나라를 필자는 漢四郡의 樂浪郡과 구별하기 위하여 편의상 崔氏樂浪國이라 부르고자 한다.[1]

---

1) 종래에 일부 학자들은 문헌에 보이는 樂浪에 관한 모든 기록을 漢四郡의 樂浪郡에 관한 것으로만 인식하였다. 그러나 일찍이 李翼은 樂浪을 樂浪郡과 樂浪國 두 개로 나누어 보고 樂浪郡은 遼東 지역에, 樂浪國은 대동강 유역에 있었다고 보았다. 李翼의 樂浪에 대한 이해 전반에 문제가 없는 것은 아니지만 樂浪을 두 개의 樂浪으로 나누어 본 것은 뛰어난 발상이다. 申采浩도 樂浪을 北樂浪과 南樂浪으로 나누어 보고 北樂浪은 漢四郡의 樂浪郡이고 南樂浪은 대동강 유역의 樂浪國으로서 崔理王이 다스린 나라였다고 주장하였다. 리지린도 漢四郡의 樂浪郡 위치에 대해서는 말하지 않았지만 대동강 유역에 있었던 樂浪은 漢四郡의 樂浪郡이 아니라 崔理王이 다스리던 樂浪國이었다고 주장하였다. 이 글을 구성하는 데 있어서

이 논문은 이 최씨낙랑국의 위치를 고증하고 그 홍망과정을 추적하는 데 목적이 있다. 그간 필자는 이미 발표된 저서나 논문의 여러 곳에서 최씨낙랑국에 대해 언급한 바가 있다. 그러나 그것들은 다른 사건이나 사실을 설명하는 과정에서 보조자료로서 제시했을 뿐이다. 따라서 그 내용은 단편적이고 충분하지 못하였다. 이를 보완하고 체계적으로 정리하는 것이 이 논문의 목적인 것이다.

호동왕자와 낙랑공주의 사랑이야기는 잘 알려져 있는데도 낙랑공주의 조국인 최씨낙랑국이 언제, 어느 곳에 있었는지에 대해서는 한국사에서 전혀 언급하지 않고 있다. 그뿐만 아니라 최씨낙랑국을 漢四郡의 樂浪郡으로 잘못 인식하고 있기까지 한다.[2] 그러므로 최씨낙랑국에 대한 고찰은 최씨낙랑국의 正體 그 자체를 밝히는 작업이 될 뿐만 아니라 漢四郡의 樂浪郡 위치를 분명히 하는 작업이 되기도 하는 것이다.

왜냐하면 종래에 일본인들을 비롯한 일부 학자들은 漢四郡의 樂浪郡은 지금의 대동강 유역에 있었다고 주장해 왔는데[3] 대동강 유역에 있었던 낙랑은 漢四郡의 樂浪郡이 아니라 최씨낙랑국이었음이 문헌에서 확인되기 때문이다. 최씨낙랑국과 漢四郡은 같은 기간에 병존했으

아래의 「삼국사기를 통해 본 고조선의 위치」에 정리된 자료가 크게 도움이 되었음을 밝혀 둔다. 李翼, 『星湖僿說類選』 卷1下, 天地篇下 地理門 '四郡'條 ; 申采浩, 「朝鮮上古史」 『丹齋申采浩全集』 上, 丹齋申采浩先生記念事業會, 1978, 141쪽 ; 리지린, 「삼국사기를 통해 본 고조선의 위치」 『력사과학』 1966 - 3, 20~29쪽 참조.

2) 李弘稙, 『國史大事典』, 百萬社, 1973, 357쪽의 樂浪公主. 낙랑공주를 樂浪太守 崔理의 딸로서 고구려 大武神王의 왕자 好童과의 사랑 때문에 武器庫에 들어 있던 自鳴鼓를 찢었다고 설명하고 있다. 그런데 太守는 郡을 다스리는 관직이었다. 그러므로 위의 설명은 樂浪國의 왕 崔理가 漢四郡의 樂浪郡 太守로, 樂浪公主가 樂浪國의 공주가 아닌 樂浪郡 太守의 딸로 잘못되어 있는 것이다.

3) 최근에 발간된 『한국민족문화대백과사전』에도 漢四郡의 樂浪郡의 위치는 지금의 평안남도 일대와 황해도 북단이었다고 기록되어 있다(한국정신문화연구원, 『한국민족문화대백과사전 5』, 한국정신문화연구원, 1991, 308쪽).

므로 최씨낙랑국이 대동강 유역에 있었다면 漢四郡의 樂浪郡은 대동강 유역에 있었을 수 없는 것이다.

필자는 漢四郡의 樂浪郡은 北京에서 가까운 지금의 灤河 동부유역에 있었음을 고증한 바 있다. 그리고 일본인들이 樂浪郡遺蹟으로 발표한 대동강 유역의 유적은 樂浪郡遺蹟이 될 수 없음을 이미 밝힌 바 있다. 이 논문은 필자의 그러한 주장을 뒷받침하는 역할도 하게 될 것이다.

I. 崔氏樂浪國의 位置

종래에는 漢四郡의 樂浪郡이 대동강 유역에 있었던 것으로 잘못 인식하였다. 그렇게 된 것은 문헌 사료와 고고학 자료를 잘못 해석한 데서 기인되었다. 종래에는 漢四郡의 樂浪郡 이외의 다른 낙랑을 생각하지 않았기 때문에 한국과 중국의 문헌이나 고고학 자료에 낙랑에 관한 것이 보이면 그것들을 모두 漢四郡의 樂浪郡에 관한 것으로 잘못 인식하였던 것이다.

한국이나 중국의 문헌에서 낙랑이 평양 지역 또는 대동강 유역에 있었던 것으로 보이는 기록이 확인되면 그것들은 漢四郡의 樂浪郡이 지금의 평양 지역 즉 대동강 유역에 있었음을 말해 주는 것이라고 생각하였다. 그리고 일본인들이 대동강 유역에서 발굴한 유적에서 낙랑과의 관계를 보여주는 유물이 출토되자 그것을 모두 漢四郡의 樂浪郡에 관한 것으로 해석하였다. 그러나 그러한 생각과 해석은 잘못된 것이다.

고대 문헌에서 漢四郡의 樂浪郡과 연관되어 나타난 平壤은 대동강 유역에 있는 지금의 평양이 아니었다. 그리고 대동강 유역에 위치한 낙랑은 漢四郡의 樂浪郡이 아니라 그와는 다른 최씨낙랑국이었던 것이다. 그리고 일본인들이 발굴한 이른바 樂浪郡遺蹟이라는 것도 漢四郡의 樂浪郡유적이 아니라 최씨낙랑국 시대의 유적인 것이다.

漢四郡의 樂浪郡은 대동강 유역에 있었던 것이 아니라 北京에서 가까운 지금의 灤河 동부유역에 있었음을 필자는 이미 밝힌 바 있다. 그러나 종래의 잘못된 인식을 바로잡기 위하여 樂浪郡 위치를 대동강 유역으로 보도록 만든 사료의 문제점을 지적해 두고자 한다. 樂浪郡의 위치가 대동강 유역이었다는 근거로 제시되었던 문헌은 『唐書』와 『括地志』·『通典』·『水經注』 등이다.4) 그 근거가 되었던 기록을 차례로 검토해 보자.

『舊唐書』 東夷列傳 高(句)麗傳에는,

高(句)麗는 平壤城에 도읍하였는데 바로 漢의 樂浪郡 옛 땅이다.5)

라고 하였고 『新唐書』 東夷列傳 高(句)麗傳에는,

(高句麗의) 군주는 平壤城에 거주하는데 또한 長安城이라고도 부르며 漢의 樂浪郡이었다.6)

고 하였다. 종래에 일부 학자들은 위의 인용문에 고구려 도읍으로 기록된 平壤城을 대동강 유역에 있는 지금의 평양으로 보고 漢四郡의 樂浪郡은 대동강 유역에 있었다고 주장하였다. 그러나 위의 인용문에 나오는 平壤城은 대동강 유역의 평양이 아니었다.

위의 인용문을 근거로 제시한 학자들은 위 인용문 전후의 문장을 제시하지 않음으로써 독자들을 오도하였다. 위 인용문에 연속된 전후의 문장을 보면 平壤城과 樂浪郡의 위치가 대동강 유역이 아니었음을 분명하게 알 수 있다.

『舊唐書』 東夷列傳 高(句)麗傳에는 위 인용문과 접속된 문장으로,

---

4) 關野貞 等, 『樂浪郡時代の遺蹟』(古蹟調査特別報告 第4冊), 朝鮮總督府, 昭和 2(1927), 13~15쪽.
5) 『舊唐書』 卷199上, 東夷列傳 高(句)麗傳, "高(句)麗者……其國都於平壤城 卽漢樂浪郡之故地".
6) 『新唐書』 卷220, 東夷列傳 高(句)麗傳, "其君居平壤城 亦謂長安城 漢樂浪郡也".

(高句麗의 도읍으로부터) 동쪽으로 바다를 건너 新羅에 이르고 서북으로
는 遼水를 건너 營州에 이르며 남쪽으로는 바다를 건너 百濟에 이르고 북쪽
으로는 靺鞨에 이른다.7)

고 하였으며,『新唐書』東夷列傳 高(句)麗傳에는,

　　그 땅은 동쪽으로 바다를 넘어 신라에 이르고 남쪽으로도 바다를 넘어 백
　제에 이르고 서북은 遼水를 건너 營州와 접하였고 북쪽은 靺鞨이다.8)

라고 하였다. 대동강 유역의 평양과 신라·백제 사이에는 바다가 없다.
그러므로 앞의 인용문에 나오는 平壤城이나 樂浪郡의 위치가 대동강
유역이 아님은 분명하다.

　『舊唐書』와『新唐書』에서는 고구려의 平壤城으로부터 동쪽으로 바
다를 건너면 신라에 이르고 남쪽으로 바다를 건너면 백제에 이른다고
했다. 이 내용을 만족시킬 수 있는 위치는 발해 서북부밖에 없다. 그 지
역은 지금의 遼西 서부 변경으로서 灤河 유역이 된다.

　필자는 고조선시대에 고구려가 고조선의 거수국으로서 灤河 유역에
있었으며 漢四郡의 樂浪郡도 그 지역에 있었음을 고증한 바 있다.9) 그
리고 열국시대에 이르러 고구려는 지금의 遼東 지역에서 독립국이 되
었는데 그 이후에도 여러 차례에 걸쳐 灤河 유역에 있었던 고대의 遼
東郡을 친 바 있으며10) 그 영토가 때로는 灤河 유역까지 이르렀다.11)

---

　7)『舊唐書』卷199上, 東夷列傳 高(句)麗傳, “其國都於平壤城 卽漢樂浪郡之
　　故地……東渡海至於新羅　西北渡遼水至于營州　南渡海至于百濟　北至靺
　　鞨”.
　8)『新唐書』卷220, 東夷列傳 高(句)麗傳, “地東跨海距新羅　南亦跨海距百濟
　　西北度遼水與營州接　北靺鞨”
　9) 윤내현,「고조선의 국가구조」『고조선 연구』, 일지사, 1994, 446~451쪽 ;
　　「위만조선과 한사군의 위치」, 같은 책, 358~395쪽.
　10)『後漢書』卷85, 東夷列傳 高句麗傳에 보이는 다음 기록은 고구려가 遼東
　　을 쳤음을 알게 히는 하나의 예이다. “宮(太祖王)은 嗣子 遂成으로 하여금
　　2천여 명을 거느리고 가서 (姚)光 등을 맞아 싸우게 하고 사신을 보내 거

따라서 고구려의 도읍인 平壤城이 灤河 유역에 있었을 수 있는 것이다.
『括地志』와 『通典』의 기록을 보면,

　　고구려의 治所인 平壤城은 본래 漢의 樂浪郡 王險城인데 바로 古朝鮮이
　　었다.12)

　　고구려는 본래 朝鮮의 땅이었는데 漢나라의 武帝가 縣을 설치하여 樂浪郡
　　에 속하게 하였다.……도읍인 平壤城은 바로 옛 朝鮮國의 王儉城이었다.13)

라고 하였는데 일부 학자들은 여기에 나오는 平壤城을 대동강 유역의
평양으로 잘못 인식함으로써 衛滿朝鮮의 王儉城과 樂浪郡은 대동강
유역에 있었다고 믿었던 것이다.

　　그러나 고대에 平壤城은 고유명사가 아니라 도읍이나 큰 도시를 말
하는 보통명사로서14) 여러 곳에 존재하였는데15) 앞에서 확인된 바와
같이 이 平壤城은 대동강 유역에 있었던 것이 아니라 灤河 유역에 있
었다. 그러므로 위의 인용문은 衛滿朝鮮의 王儉城이 灤河 유역에 있었

　　짓으로 항복하였는데 (姚)光 등은 그것을 믿었다. 遂成은 험하고 좁은 곳
　　에 의거하여 대군을 막고서 3천 명을 몰래 보내어 玄菟와 遼東을 공격하
　　여 성곽을 불태우고 2천여 명을 살상하였다"(宮乃遣嗣子遂成將二千餘人
　　逆光等　遣使詐降　光等信之　遂成因據險阨以遮大軍　而潛遣三千人攻玄菟
　　遼東　焚城郭　殺傷二千餘人).
11) 漢시대의 遼東郡은 지금의 灤河 하류유역에 있었다. 그러므로 고구려가
　　遼東 지역에서 전쟁을 했다는 사실은 당시에 고구려가 灤河 유역까지 진
　　출했음을 알게 해 주는 것이다.
12)『史記』卷6, 秦始皇本紀 秦始皇 26年條의 朝鮮에 대한 주석으로 실린『史
　　記正義』, "括地志云　高麗(高句麗)治平壤城　本漢樂浪郡王險城　卽古朝鮮
　　也".
13)『通典』卷185, 邊防1 東夷上 序略, "高麗本朝鮮地　漢武置縣屬樂浪郡……
　　都平壤城　則故朝鮮國王險城也".
14) 李炳銑,『韓國古代國名地名硏究』, 螢雪出版社, 1982, 36・132쪽.
15) 평양이 여러 곳에 있었음은 일찍이 朴趾源에 의해서도 지적되었다(朴趾
　　源,『熱河日記』渡江錄 6月 28日 참조).

음을 말해 주고 있다.16)

　필자는 고대 중국의 여러 문헌 기록을 통하여 衛滿朝鮮과 漢四郡은 지금의 遼西 지역에 있었고 漢四郡 가운데 樂浪郡은 가장 서쪽인 灤河 동부유역에 위치했음을 고증한 바 있는데17) 위에서 든 인용문은 필자의 고증 결과와 일치하는 것이다.

　이제『水經注』의 기록을 보자. 樂浪郡이 대동강 유역에 있었다고 주장하는 학자들은『水經注』浿水條의 다음 기록을 그 근거로 들고 있다.18) 즉,

　　내가 고구려 사신을 방문했더니 말하기를 城(平壤城)은 浿水의 북쪽에 있다. 그 강은 서쪽으로 흘러 옛 樂浪의 朝鮮縣을 지나는데 바로 樂浪郡의 郡治로서 漢 武帝가 설치한 것이다. 그리고 서북쪽으로 흐른다.19)

는 기록이 그것이다. 이 내용은『水經注』의 저자인 酈道元이 浿水에 대해서 알아보기 위하여 고구려 사신을 찾아가 얻은 대답이라는 것이다. 그런데 酈道元이 살았던 시기에 고구려는 대동강 유역의 평양에 도읍하고 있었고 당시에 대동강은 浿江(浿水)이라고 불려졌으므로 고구려 사신이 말한 위의 내용으로 보아 樂浪郡과 樂浪郡에 속해 있었던 朝鮮縣은 대동강 유역에 있었음이 분명하다는 것이다.

　그런데 위의『水經注』내용은 읽기에 따라 다른 뜻으로 해석될 수 있는 여지가 있으므로 전문을 구체적으로 검토해 볼 필요가 있다. 우선 위의『水經注』내용은 樂浪郡이나 朝鮮縣의 위치를 말하기 위한 것이

---

16) 필자는 衛滿朝鮮이 지금의 灤河 동부유역에 있었음을 이미 고증한 바 있는데 이 기록은 필자의 고증 결과와 일치하는 것이다(윤내현,「위만조선과 한사군의 위치」『고조선 연구』, 358∼395쪽 참조).
17) 위와 같음.
18) 關野貞 等, 앞의 책, 15쪽.
19) "余訪蕃使 言城(平壤城)在浿水之陽 其水西流 逕故樂浪朝鮮縣 卽樂浪郡治 漢武帝置 而西北流". 이 문장은 朝鮮總督府에서 출간한 關野貞 等, 앞의 책에 실린 내용을 그대로 轉載한 것이다.

아니라 浿水의 위치를 말하기 위한 기록이라는 점을 먼저 알아 둘 필요가 있다.

『水經注』는 『水經』이라는 책에 酈道元이 주석을 단 것이다. 그러므로 『水經』은 『水經注』보다 오래 된 책이다. 酈道元은 『水經』에 실려 있는 浿水에 관한 기록에 의심을 품고 고구려 사신을 만나 浿水의 위치를 확인하고자 했던 것이다. 이로 보아 酈道元은 고구려에 浿水(또는 浿江)가 있다는 사실을 알고 있었던 것으로 생각된다.

먼저 浿水에 관한 『水經』의 기록을 보면,

> 浿水는 樂浪의 鏤方縣을 나와 동남에서 臨浿縣을 통과하여 동쪽에서 바다로 들어간다.[20]

고 하였는데 이에 대해서 酈道元은 주석하기를,

> 許愼은 말하기를 浿水는 鏤方(縣)을 나와 동쪽에서 바다로 들어간다고 하였는데 우선 (浿水는) 浿水縣에서 나온다. 『十三州志』에 이르기를 浿水縣은 樂浪의 동북에 있고 鏤方縣은 郡의 동부에 있다 하였으니 아마도 그 縣의 남쪽을 나와 鏤方을 지났을 것이다. 옛날에 燕人 衛滿이 浿水 서쪽으로부터 朝鮮에 이르렀는데 朝鮮은 옛날 箕子國이다. 주민들을 義로써 가르치니 농사짓고 길쌈하며 믿음이 두터웠고 八法으로 단속하니 금지하는 것을 알지 못하여 마침내 禮俗이 바로 이루어졌다. 戰國時代에 (衛)滿이 그 곳의 왕이 되어 王險城에 도읍하니 땅이 사방 수천 리였다. 그 손자 右渠에 이르러 漢 武帝 元封 2년에 樓船將軍 楊僕과 左將軍 荀彘를 보내어 右渠를 토벌하였는데 (右)渠를 浿水에서 격파하고 마침내 그 곳을 멸하였다. 만약 浿水가 동쪽으로 흘렀다면 浿(水)를 건넜다는 것은 이치에 맞지 않다. 그 땅은 지금 고구려의 도읍이므로 내가 番使(고구려 사신)를 방문해 (물었더니 그는) 말하기를 城이 浿水의 북쪽에 있다고 하였다. 그 강은 서쪽으로 흘러 옛 樂浪의 朝鮮縣을 지나는데 바로 樂浪郡의 治所로서 漢 武帝가 설치한 것이다. 그런데 서북으로 흐르므로 옛 『地理志』에 이르기를 浿水는 서쪽으로 增地縣

---

20) 酈道元, 『水經注』 卷14, 浿水條, "浿水出樂浪鏤方縣 東南過臨浿縣 東人于海".

에 이르러 바다로 들어간다고 하였고 또 漢이 일어났으나 朝鮮이 멀기 때문
에 遼東의 옛 要塞를 수리하여 浿水에 이르러 경계로 삼았다로 하였다. 지
금의 (상황과) 옛 (기록을) 고찰해 볼 때 이 일에 관해서는 차이와 잘못이 있
는데 아마도 『水經』이 잘못 고증한 것 같다.[21)

고 하였다.

첫번째로 등장하는 문제는 酈道元은 樂浪郡에 있었던 浿水에 대한
『水經』의 기록과 許愼이 한 말을 불신했다는 점이다. 許愼이 한 말이란
그의 저서『說文解字』浿部의 浿水에 관한 기록을 의미한다. 그가『水
經』과『說文解字』의 기록을 불신한 이유는 위의 내용에서 알 수 있듯
이 衛滿朝鮮과 漢四郡이 있었던 곳은 고구려의 도읍과 같은 지역이라
고 생각했기 때문이었다.

『水經』과『說文解字』의 기록처럼 浿水가 동쪽으로 흘렀다면 衛滿朝
鮮을 치러 간 漢나라 군사가 浿水를 건넜다는 것은 이치에 맞지 않는
다는 것이다. 왜냐하면 당시 고구려 도읍은 지금의 평양이었는데 그 위
치는 한반도의 서부 해안이므로 浿水가 동쪽으로 흘렀다면 그 곳에 도
달하는 데 浿水를 건넜을 리가 없다는 것이다. 그러므로 그는 浿水는
서쪽으로 흐르는 강이어야 한다고 생각했던 것이다.

이러한 酈道元의 생각에는 문제가 있다. 아무런 근거 없이『水經』과
『說文解字』의 기록을 부인하면서 衛滿朝鮮과 漢四郡은 한반도에 있었
다고 단정한 것부터가 잘못이다. 오늘날 衛滿朝鮮이나 漢四郡의 위치

---

21)『水經注』卷14, 浿水條, "許愼云 浿水出鏤方 東入海 一曰 出浿水縣 十三
　　州志曰 浿水縣在樂浪東北 鏤方縣在郡東 蓋出其縣南逕鏤方也 昔燕人衛
　　滿 自浿水西至朝鮮 朝鮮 故箕子國也 箕子教民以義 田織信厚 約以八法
　　而不知禁 遂成禮俗 戰國時 滿乃王之 都王險城 地方數千里 至其孫右渠
　　漢武帝元封二年 遣樓船將軍楊僕 左將軍荀彘討右渠 破渠于浿水 遂滅之
　　若浿水東流 無渡浿之理 其地今高句麗之國治 余訪番使 言城在浿水之陽
　　其水西流 逕故樂浪朝鮮縣 即樂浪郡治 漢武帝置 而西北流 故地理志曰 浿
　　水西至增地縣入海 又漢興 以朝鮮爲遠 脩遼東故塞 至浿水爲界 考之今古
　　于事差謬 蓋經誤證也".

를 논하는 학자들 가운데 浿水에 관한 酈道元의 주석은 인용하면서도 그 본문인『水經』의 기록이나『說文解字』내용은 인용하지 않는 학자들이 있는데 그것은 사료를 바르게 이용하는 방법이 아니다. 고대 문헌에 浿水로 불린 강이 여러 개 등장한다는 점도 알아 둘 필요가 있다.[22]

두번째로 등장하는 문제는 酈道元의 주석 가운데 어디까지가 고구려 사신이 한 말인가 하는 점이다. 樂浪郡이 대동강 유역에 있었다고 주장하는 학자들은 "城(平壤城)은 浿水의 북쪽에 있다. 그 강은 서쪽으로 흘러 옛 樂浪의 朝鮮縣을 지나는데 바로 樂浪郡의 郡治로서 漢 武帝가 설치한 것이다. 그리고 서북쪽으로 흐른다"[23]라는 내용이 모두 고구려 사신이 한 말이라고 주장한다.

그러나 위의『水經注』내용에서 고구려 사신이 한 말은 "城이 浿水의 북쪽에 있다"고 한 것이 전부인 것으로 보아야 문맥상 자연스럽다. 酈道元이 고구려 사신에게 浿水가 어디에 있느냐고 물으니 고구려 사신은 고구려의 도성인 平壤城이 浿水(浿江)의 북쪽에 있다고 대답했을 것이다. 고구려 사신이 질문과 직접 관계도 없는 漢四郡의 위치까지 언급했다는 것은 자연스럽지 못하며 고구려 사신이 역사에 그렇게 밝은 사람이었을는지도 의심스럽다. 그리고 문맥상으로도 그 다음 부분은 酈道元의 주석이 끝나는 부분까지 전체가 연속되는 것으로 보는 것이 자연스럽다.

설사 고구려 사신이 漢四郡의 위치를 浿水와 연관시켜 설명했다고 하더라도 그가 말한 浿水인 대동강은 평양의 남쪽에 있으므로 衛滿이나 西漢 武帝의 군사가 평양에 이르기 위하여 대동강을 건넜다는 것은

---

22) 윤내현,「고조선시대의 패수」, 앞의 책, 212~219쪽 참조.
23) 關野貞 等, 앞의 책, 15쪽에는 다음과 같이 서술되어 있다. "余訪蕃使 言 城(平壤城)在浿水之陽 其水西流 逕故樂浪朝鮮縣 卽樂浪郡治 漢武帝置 而西北流". 이에 따르면 蕃使 즉 高句麗의 使臣으로부터 친히 들은 平壤城은 浿水의 북쪽에 있고 그 강은 서쪽으로 흘러 옛날의 朝鮮縣 즉 樂浪郡治를 지나 서북으로 흐른다고 말했다고 씌어 있으므로 저어도 樂浪郡治는 高句麗의 平壤城의 下流가 되지 않으면 안 된다.

논리상 맞지 않다. 그리고 『史記』 朝鮮列傳이나 『魏略』 등의 기록에 의하면 衛滿은 동쪽으로 浿水를 건너 망명했던 것으로 기록되어 있는데 만약 衛滿이 지금의 평양 지역으로 망명하였고 浿水가 한반도에 있는 강이었다면 위만은 남쪽으로 패수를 건너야 하므로 동쪽으로 패수를 건넜다는 『史記』·『魏略』 등의 기록과 일치하지 않게 된다.

셋째로 浿水에 대한 酈道元의 견해이다. 酈道元은 "옛 『地理志』에 이르기를 浿水는 서쪽으로 增地縣에 이르러 바다로 들어간다"고 하였다고 말하였는데 이것은 『漢書』 地理志의 내용을 말한 것이다. 『漢書』 地理志 樂浪郡 浿水縣條에는 "강이 서쪽으로 增地에 이르러 바다로 들어간다"24)는 설명이 있다. 浿水縣條의 원문에는 강 이름이 밝혀져 있지 않으나 그 縣의 명칭이 浿水縣이었으므로 그 곳을 흐르는 강명은 浿水였을 것으로 학자들은 보고 있다. 酈道元도 그러한 시각에서 浿水縣의 강명을 浿水라고 부른 것이다.

그러나 엄격하게 말한다면 浿水縣을 흐르는 강의 이름이 무엇이었는지 정확하게 알 수 없는 것이다. 그럼에도 불구하고 酈道元은 樂浪郡 내를 흘렀던 浿水로 분명하게 기록된 『水經』과 『說文解字』의 기록은 부인하고 그의 선입관에 맞추어 강명도 분명하지 않은 浿水縣의 강을 유일한 浿水인 것처럼 설명한 것은 옳지 않은 것이다. 浿水縣을 흘렀던 강이 浿水였을 가능성은 인정되지만 균형 있는 시각으로 다른 浿水에 대한 기록도 동등한 가치를 인정했어야 할 것이다.

고대에 浿水 또는 浿江으로 불려진 강이 중국의 동북부로부터 한반도에 이르는 지역에 여러 개 존재했다는 사실을 알 필요가 있다.25) 酈道元이 찾고자 한 浿水는 서쪽으로 흐르는 강이었는데 그러한 강은 한반도에만 있는 것이 아니다. 樂浪郡이 있었던 곳으로 중국 문헌에 기록된 지금의 灤河 동부유역에는 靑龍河와 瀑河 등 서쪽으로 흐르는 강이 여러 개 있다.

---

24) 『漢書』 卷28下, 地理志下 樂浪郡 浿水縣條, "水西至增地入海".
25) 주 22와 같음.

이상과 같이 樂浪郡에 관한『水經注』의 기록은 많은 문제를 지니고 있다. 반면 樂浪郡에 관한 고대 중국 문헌의 기록들을 살펴보면 그 위치가 지금의 灤河 유역으로 나타난다. 그러한 분명한 기록들을 무시하고 불확실한『水經注』의 기록만을 채택하여 樂浪郡 위치를 대동강 유역으로 볼 수는 없을 것이다.

지금까지의 고찰을 종합해 볼 때 漢四郡의 樂浪郡은 지금의 灤河 유역에 있었고 대동강 유역에는 그와는 다른 정치세력이 있었던 것으로 보아야 한다.

대동강 유역에 있었던 정치세력은 최씨낙랑국이었다. 최씨낙랑국이 대동강 유역에 있었음은 최씨낙랑국의 통치자였던 崔理王과 고구려의 왕자 好童의 대화를 통해서 확인된다.『三國史記』高句麗本紀 大武神王條를 보면,

　　여름 4월에 왕자 好童은 沃沮 지방을 유람하고 있었는데 樂浪王 崔理가 그 곳에 出行하여 그를 보고 묻기를 그대의 안색을 보니 보통 사람은 아닌 듯한데 혹시 북쪽의 나라 (大武)神王의 아들이 아닌가? 하고는 드디어 그를 데리고 돌아와 딸로써 그의 처를 삼도록 하였다.[26)]

는 기록이 있다. 고구려 大武神王의 왕자 好童이 沃沮 지방을 여행하다가 樂浪王 崔理를 만났는데 崔理王은 好童에게 당신은 북쪽의 나라 大武神王의 아들이 아니냐고 물었다는 것이다. 崔理王이 고구려를 북쪽의 나라라고 말한 것으로 보아 최씨낙랑국은 고구려의 남쪽에 있었음을 알 수 있다.

그런데 당시에 고구려 영토는 남쪽으로 청천강에 이르렀다.『三國史記』太祖大王條를 보면,

---

26)『三國史記』卷14, 高句麗本紀 大武神王 15年條, “夏四月 王子好童 游於 沃沮 樂浪王崔理 出行因見之 問曰 觀君顔色 非常人 豈北國神王之子乎 遂同歸以女妻之”.

4년 가을 7월에 東沃沮를 정벌하고 그 토지를 취하여 城邑을 삼고 동쪽의 경계를 개척하여 滄海에 이르고 남쪽으로는 薩水에 이르렀다.[27]

고 하였는데 학자들은 薩水를 지금의 청천강으로 보고 있다.[28] 大武神王과 太祖王 사이는 閔中王과 慕本王 2대뿐인데 그 사이에 고구려의 남쪽 국경에 변화가 있었다는 기록은 보이지 않는다. 따라서 大武神王 때의 남쪽 국경도 지금의 청천강으로 보아 문제가 없을 것이다.

그러므로 최씨낙랑국은 청천강 남쪽의 대동강 유역에 있었을 것임을 알 수 있다. 최씨낙랑국이 대동강 유역에 있었음을 분명하게 해 주는 기록이 『後漢書』 東夷列傳의 濊傳·韓傳 등에 보인다. 즉,

濊는 북쪽은 高句麗·沃沮, 남쪽은 辰韓과 접하였고, 동쪽은 큰 바다에서 끝나며 서쪽으로는 樂浪에 이른다.[29]

韓에는 세 종족이 있는데 첫째는 馬韓, 둘째는 辰韓, 셋째는 弁辰이다. 馬韓은 서쪽에 있는데 54國이 있다. 그 북쪽은 樂浪, 남쪽은 倭와 접하였다.[30]

는 기록이 그것이다. 濊는 일반적으로 東濊라 불리는데 지금의 강원도 지역에 있었고 馬韓은 당시에 북쪽으로 황해도 지역에 이르렀으므로[31] 위의 인용문에 등장한 樂浪은 지금의 대동강 유역에 있었음을 알 수 있다.

종래에 일부 학자들은 『後漢書』 東夷列傳에 등장하는 위의 낙랑을 漢四郡의 樂浪郡으로 잘못 인식하였다. 그러나 漢四郡의 樂浪郡은 지

---

27) 『三國史記』 卷15, 高句麗本紀 太祖大王 4年條, "四年 秋七月 伐東沃沮 取其土地爲城邑 拓境東至滄海 南至薩水".

28) 李丙燾, 『國譯三國史記』, 乙酉文化社, 1980, 238쪽.

29) 『後漢書』 卷85, 東夷列傳 濊傳, "濊北與高句麗·沃沮 南與辰韓接 東窮大海 西至樂浪".

30) 『後漢書』 卷85, 東夷列傳 韓傳, "韓有三種 一曰馬韓 二曰辰韓 三曰弁辰 馬韓在西 其北與樂浪 南與倭接".

31) 윤내현, 「고조선과 한의 관계」, 앞의 책, 512~524쪽 참조.

금의 遼西 서부 灤河 유역에 있었음이 이미 확인되었으므로 위의 낙랑
이 漢四郡의 樂浪郡일 수는 없다.

『後漢書』 東夷列傳에 등장하는 낙랑의 위치는 앞에서 확인된 최씨
낙랑국의 위치와 일치한다. 그러므로 이 낙랑은 최씨낙랑국을 말함을
알 수 있는 것이다. 『後漢書』 東夷列傳에는 당시에 樂浪郡과 함께 존
재했던 玄菟郡의 위치에 대해서는 언급이 없고 낙랑의 위치에 대해서
만 언급되어 있는데 이것은 여기에 등장하는 낙랑이 漢四郡의 樂浪郡
이 아니었음을 알게 해 주는 것이다. 고대 문헌에서는 樂浪郡과 樂浪國
을 구분하지 않고 낙랑이라고만 기록함으로써 후대의 학자들로 하여금
이들을 혼동하도록 만들었음을 알 수 있다.

Ⅱ. 崔氏樂浪國의 盛衰

대동강 유역에 있었던 최씨낙랑국의 건국연대를 전해 주는 기록은
발견되지 않는다. 그런데 최씨낙랑국은 지금의 遼西 지역에 衛滿朝鮮
이 건국되자 그 곳의 낙랑 지역 주민들이 이동하여 세운 나라였으므로
그 건국연대가 衛滿朝鮮 건국보다는 빠르지 않았을 것이다.

그런데 지금의 遼西 지역에서 이동한 세력들이 지금의 遼河 동쪽의
만주와 한반도 및 연해주 지역에서 독립된 국가로 출발한 것은 이동과
동시에 이루어진 것은 아니었고 고조선이 붕괴된 이후였던 것으로 보
인다. 그 가운데 최씨낙랑국은 고조선이 붕괴된 후 일찍이 독립국으로
출발한 扶餘·高句麗·挹婁·東沃沮·東濊·韓 등과 함께 등장한 것
으로 보아 그 건국은 이들 여러 나라의 독립과 비슷한 시기였을 것이
다.

다음에 확인되듯이 최씨낙랑국에 관한 가장 이른 기록은 서기전 28
년에 보이므로 이보다 앞서 건국되었음은 분명하다. 그런데 고조선이
붕괴된 후 건국된 여러 나라 가운데 건국연대가 확인되는 것은 高句麗
와 新羅로서 서기전 37년과 서기전 57년이다. 이로 보아 최씨낙랑국의

건국연대도 이와 비슷할 것이다.

　『後漢書』 東夷列傳에 부여·고구려·읍루·동옥저·동예·한 등은 각각 독립된 항목으로 서술되어 있다. 그러나 최씨낙랑국은 동예와 한의 위치를 설명하는 과정에서 그 명칭만 거론되었을 뿐 더 이상 자세한 내용을 전하지 않고 있다. 이로 보아 위의 여러 나라에 비하여 큰 세력은 아니었을 가능성이 있다.

　그러나 『三國史記』의 기록을 보면 아주 미약한 세력은 아니었다. 『三國史記』에 보이는 낙랑에 관한 기록에는 漢四郡의 樂浪郡과 최씨낙랑국에 관한 것이 섞여 있으므로 주의를 요하는데 최씨낙랑국에 관한 것만을 뽑아 정리하면 최씨낙랑국의 국력과 그 성쇠과정을 어느 정도 알 수가 있다.

　『三國史記』 新羅本紀에 의하면 신라는 그 초기에 여러 차례 樂浪의 침략을 받았던 것으로 기록되어 있다. 始祖 赫居世居西干 30年(서기전 28)條에는,

　　樂浪 사람들이 군사를 거느리고 침략해 왔는데 변방 사람들이 밤에 문을 닫지 않고 들에 露積이 가득함을 보고 서로 말하기를 이 지방 사람들은 서로 도적질을 하지 아니하니 道가 있는 나라라고 말할 수 있다. 우리가 몰래 군사를 거느리고 와서 그들을 습격하는 것은 도적과 다름이 없으니 어찌 부끄럽지 않으냐 하고는 곧 군사를 이끌고 돌아갔다.[32]

는 기록이 있다. 이로 보아 최씨낙랑국은 서기전 28년 이전에 건국되었음을 알 수 있다. 이 시기에 신라를 칠 정도의 국력을 가지고 있었다면 그 건국은 이보다 훨씬 오래 되었을 것이다.

　『三國史記』 百濟本紀에는 始祖 溫祖王 4年(서기전 15)條에,

---

32) 『三國史記』 卷1, 新羅本紀 始祖 赫居世居西干 30年條, "樂浪人將兵來侵 見邊人夜戶不扃 露積被野 相謂曰 此方民不相盜 可謂有道之國 吾儕潛師 而襲之 無異於盜 得不愧乎 乃引還".

　　가을 8월에 사신을 樂浪에 보내어 修好하였다.[33]

고 하였는데 始祖 溫祚王 8年(서기전 11)條에는,

　　가을 7월에 馬首城을 쌓고 瓶山柵을 세웠다. 樂浪太守가 사신을 보내 고
하기를 "근자에 使聘을 보내어 우호를 맺었기에 一家처럼 여기었는데 지금
우리 강역 가까이 성책을 만드는 것은 혹시 잠식할 계책이 있어서가 아닌
가? 만약 이전의 좋은 관계를 저버리지 않고 성책을 헐어 버린다면 시기하
거나 의심할 바가 없겠지만 혹시 그렇게 하지 않는다면 싸워서 승부를 결정
하자"고 하였다. 왕이 회답하기를 "요새를 설치하여 나라를 지키는 것은 古
今의 常道이거늘 어찌 이로써 和好에 변함이 있을 것인가? 조금도 執事(그
대)가 의심할 바가 아닌 것 같다. 만약 執事가 강함을 믿고 출병한다면 우리
도 이에 대응할 수밖에 없다"고 하였다. 이로 인하여 樂浪과 화친을 잃게 되
었다.[34]

고 하였다.

　　위의 인용문에서는 앞의 溫祚王 4년조에 보이는 백제와 낙랑 사이에
맺은 화친을 거론하고 있다. 그리고 백제가 낙랑과의 경계에 馬首城을
쌓고 瓶山柵을 세웠던 것으로 보아 여기에 등장하는 낙랑은 백제와 육
지로 경계를 접하고 있었던 낙랑이었음을 알 수 있다. 당시에 백제는
韓의 북단에 위치했으므로 백제와 경계를 접하고 있었던 낙랑은 최씨
낙랑국이어야 한다.

　　그런데 위의 인용문에는 樂浪太守라는 칭호가 보인다. 太守는 秦·
漢시대에 郡을 다스렸던 지방장관의 관직이다. 그러므로 이 기록은 漢
四郡의 樂浪郡과 백제의 관계를 말하는 것처럼 보인다. 이 점을 어떻게

---

33)『三國史記』卷23, 百濟本紀 始祖 溫祚王 4年條, "秋八月 遣使樂浪修好".
34)『三國史記』卷23, 百濟本紀 始祖 溫祚王 8年條, "秋七月 築馬首城 豎瓶山
　　柵 樂浪太守使告曰 頃者 聘問結好 意同一家 今逼我疆 造立城柵 或者其
　　有蠶食之謀乎 若不渝舊好 墮城破柵 則無所猜疑 苟或不然 請一戰以決勝
　　負 王報曰 設險守國 古今常道 豈敢以此有渝於和好 宜若執事之所不疑也
　　若執事恃强出師 則小國亦有以恃之耳 由是 與樂浪失和".

설명해야 할 것인지가 문제로 등장하는 것이다. 지금으로서는 이 문제를 명확하게 설명할 수 없지만 다음 두 가지 가운데 하나였을 것으로 생각된다.

하나는 『三國史記』의 편찬자 또는 후세에 『三國史記』를 베낀 사람들에 의해서 樂浪王이 樂浪太守로 잘못 기록되었을 가능성이 있다는 것이다. 다른 하나는 최씨낙랑국은 지금의 遼西 지역에 있었던 낙랑 사람들이 이주하여 건국하였으므로 나라를 세우기 이전이나 이후에도 그들의 고향인 樂浪郡 지역과는 밀접한 관계를 가지고 있었을 것이다. 따라서 이 때 樂浪郡 太守가 사신을 백제에 보내어 최씨낙랑국 편을 들었을 가능성이 있는 것이다.

始祖 溫祚王 11年(서기전 8)條에는,

여름 4월에 樂浪은 靺鞨을 시켜 甁山柵을 습격하여 파하고 1백여 명을 죽이거나 사로잡았다. 가을 7월에 禿山과 狗川의 두 柵을 세워 樂浪과의 통로를 막았다.35)

고 하였고 또 始祖 溫祚王 13年(서기전 10)條에는,

여름 5월에 왕이 신하들에게 이르기를 "우리 나라의 동쪽에는 樂浪이 있고 북쪽에는 靺鞨이 있어 영토를 번갈아 침략하므로 편안한 날이 적다"고 하였다.36)

고 기록되어 있다. 위의 인용문에서 낙랑이 백제의 동쪽에 있다고 표현된 것으로 보아 백제의 북쪽에 있던 최씨낙랑국은 이 시기에 동쪽으로 영토를 넓혀 지금의 춘천 지역까지 진출했던 것으로 생각된다. 최씨낙랑국이 지금의 춘천 지역까지 진출했음은 다음에 언급될 始祖 溫祚王

---

35) 『三國史記』 卷23, 百濟本紀 始祖 溫祚王 11年條, "夏四月 樂浪使靺鞨襲破甁山柵 殺掠一百餘人 秋七月 設禿山 狗川兩柵 以塞樂浪之路".
36) 『三國史記』 卷23, 百濟本紀 始祖 溫祚王 13年條, "夏五月 王謂臣下曰 國家東有樂浪 北有靺鞨 侵軼疆境 少有寧日".

18年條의 기록에 낙랑이 牛頭山城을 소유하고 있었다고 말한 것과 연결시켜 볼 때 그 가능성이 높다.

始祖 溫祖王 17年(서기전 6)條에는,

봄에 樂浪이 내침하여 慰禮城을 불태웠다.[37]

고 하였고 始祖 溫祖王 18年(서기전 5)條에는,

11월에 왕이 樂浪의 牛頭山城을 습격하려고 臼谷까지 이르렀으나 큰눈을 만나 돌아왔다.[38]

고 하였다.『三國史記』地理志에는 牛首州가 보이는데 首는 頭라고도 기록된다고 하였으므로[39] 牛首州는 牛頭州로도 불렸음을 알 수 있는데 牛首州는 지금의 춘천으로 추정된다.[40] 따라서 앞의 溫祖王 13년조에 백제의 동쪽에 낙랑이 있었다고 말한 것과 연결시켜 생각해 볼 때 牛頭山城은 지금의 춘천에 있는 牛頭山 지역의 山城일 것으로 추정된다.

『三國史記』新羅本紀 南解次次雄 元年(서기 3)條에는,

가을 7월에 樂浪의 군사가 와서 金城을 여러 겹으로 포위하였다. 왕은 좌우에 일러 말하기를 "두 聖人이 돌아가시고 내가 國人의 추대로 외람되이 왕위에 있어 위태로움과 두려움이 마치 강물을 건너는 것과 같은데 지금 이웃 나라(鄰國)가 침략해 오니 이는 내가 부덕한 까닭이다. 이를 어찌하면 좋으냐."[41]

---

37)『三國史記』卷23, 百濟本紀 始祖 溫祖王 17年條, "春 樂浪來侵 焚慰禮城".

38)『三國史記』卷23, 百濟本紀 始祖 溫祖王 18年條, "王欲襲樂浪牛頭山城 至臼谷 遇大雪乃還".

39)『三國史記』卷37, 志6 地理4 牛首州 참조.

40) 李丙燾, 앞의 책, 560쪽의 牛首州 참조.

41)『三國史記』卷1, 新羅本紀 南解次次雄 元年條, "元年 秋七月 樂浪兵至

고 하였다는 기록이 있으며 南解次次雄 11年(서기 13)條에는,

> 樂浪이 우리의 내부가 빈 것을 알고 와서 金城을 공격하여 심히 급하였는데 밤에 流星이 적의 진영에 떨어지니 적의 무리가 두려워 퇴각하였다. 關川가에서 屯을 치고 돌무더기 20개를 쌓아놓고는 가 버렸다. 6部의 병사 1천명이 그들을 쫓아 吐含山 동쪽으로부터 關川에 이르러 돌무더기를 보고 적의 무리가 많음을 알고 곧 멈추었다.[42]

는 기록이 있다. 그리고 儒理尼師今 13年(서기 36)條에는,

> 가을에 樂浪이 北邊을 침범하여 朶山城을 공격하고 함락하였다.[43]

는 기록이 있다. 위의 기록들에 나오는 낙랑은 신라와 가까운 곳에 있었어야 하므로 바다 건너에 있는 漢四郡의 樂浪郡이라고 보기는 어려우며 신라의 북쪽에 있었던 최씨낙랑국으로 보아야 할 것이다. 南解次次雄 원년조의 내용 가운데 낙랑을 이웃 나라(鄰國)라고 표현한 것은 이 낙랑이 漢四郡의 樂浪郡이 아니라 최씨낙랑국이었음을 분명하게 해준다.

　지금까지 고찰한 바와 같이 최씨낙랑국은 신라와 백제를 두렵게 하는 나라로서 그 영토는 한때 대동강 유역으로부터 춘천지역까지 확장되었던 것으로 보인다. 그런데『三國史記』의 이 시기 기록에서 최씨낙랑국과 고구려의 관계는 전혀 보이지 않는다. 이로 보아 고구려와는 화평을 유지하고 있었을 가능성이 있다.

　최씨낙랑국과 고구려는 원래 灤河 동부유역으로부터 이동해 온 사람

　　圍金城數重　王謂左右曰　二聖棄國　孤以國人推戴　謬居於位　危懼若涉川水　今鄰國來侵　是孤之不德也　爲之若何".

42)『三國史記』卷1, 新羅本紀 南解次次雄 11年條, "樂浪謂內虛　來攻金城甚急　夜有流星　墜於賊營　衆懼而退　屯於關川之上　造石堆二十而去　六部兵一千人追之　自吐含山東至關川　見石堆知賊衆　乃止".

43)『三國史記』卷1, 新羅本紀 儒理尼師今 13年條, "十三年　秋八月　樂浪犯北邊　攻陷朶山城".

들에 의해서 건국되었는데[44] 고조선시대에 그들은 지금의 灤河 동부유
역에 서로 가까이 있었던 고조선의 渠帥國이었다.[45] 그러한 이웃 관계
가 이 시기에 화평을 유지하도록 만들었을 가능성이 있다.

그러나 최씨낙랑국은 고구려에 의해 멸망되었다. 이에 관한『三國史
記』의 기록을 보면 高句麗本紀 大武神王 15년(서기 32)條에,

그 후 好童은 귀국하여 비밀리에 사람을 보내어 崔氏(崔理王)의 딸에게
이르기를 "만약 당신이 당신 나라의 무기고에 들어가 鼓角을 찢어 부수면
나는 당신을 예로써 맞을 것이지만 그렇지 않으면 맞지 않겠다"고 하였다.
앞서 낙랑에는 鼓角이 있었는데 만약 적병이 나타나면 스스로 소리를 내었
으므로 그것을 부수도록 명령한 것이었다. 이에 崔女는 날카로운 칼을 가지
고 몰래 무기고에 들어가 북의 皮面과 吹角의 주둥아리를 찢고서 好童에게
알리었다. 好童이 왕을 권하여 낙랑을 습격하였는데 崔理는 鼓角이 울지 않
으므로 방비를 하지 않고 있다가 우리의 병사들이 갑자기 城 아래에 이른
후에야 鼓角이 모두 부서진 것을 알았다. 마침내 그의 딸을 죽이고 나와서
항복하였다.[46]

고 되어 있다. 樂浪王 崔理의 공주가 고구려 大武神王의 왕자인 好童
의 지시를 받고 적군이 나타나면 자동으로 알리는 鼓角을 부수어 버림
으로써 고구려군이 승리할 수 있었다는 것이다. 최씨낙랑국은 그간 화
평관계를 맺고 있어 침략하리라고는 예상하지 않았던 고구려의 침략을
받아 멸망의 길을 걷게 되었던 것이다.

이러한 과정을 거쳐 국력이 약화된 최씨낙랑국은 그로부터 5년 후인

---

44) 윤내현,「列國時代의 개시와 그 변천」『傳統과 現實』第6號, 高峰學術院,
   1995, 239~290쪽.
45) 윤내현,「고조선의 국가구조」, 441~474쪽 참조.
46)『三國史記』卷14, 高句麗本紀 大武神王 15年條, "後好童還國 潛遣人 告
   崔氏女曰 若能入而國武庫 割破鼓角 則我以禮迎 不然則否 先是 樂浪有鼓
   角 若有敵兵則自鳴 故令破之 於是 崔女將利刀 潛入庫中 割鼓面角口 以
   報好童 好童勸王 襲樂浪 崔理以鼓角不鳴 不備 我兵掩至城下 然後知鼓角
   皆破 逐殺女子 出降".

서기 37년에 고구려에 의하여 멸망되었다. 『三國史記』 高句麗本紀 大武神王 20年(서기 37)條에는,

　　왕이 樂浪을 습격하여 그것을 멸하였다.[47)]

고 기록되어 있다. 그러나 이 기록만으로는 고구려가 최씨낙랑국을 멸망시킨 것인지 漢四郡의 樂浪郡을 멸망시킨 것인지가 분명하지 않다. 그런데 『三國史記』 新羅本紀 儒理尼師今 14年(서기 37)條를 보면,

　　高句麗의 왕 無恤(大武神王)은 樂浪을 습격하여 그것을 멸하였다. 그 나라 사람 5천 명이 투항하여 오므로 6部에 나누어 살게 하였다.[48)]

고 기록되어 있다. 고구려가 낙랑을 멸망시키자 그 나라 사람 5천 명이 신라로 투항해 왔다는 것이다. 이로 보아 고구려 大武神王이 멸망시킨 낙랑은 고구려와 신라 사이에 있었던 최씨낙랑국이었음을 알 수 있다.

　최씨낙랑국은 중국의 東漢 光武帝의 도움으로 재건되었다. 최씨낙랑국이 고구려에 의하여 멸망된 후 7년이 지난 서기 44년(大武神王 27)에 東漢의 光武帝가 이 지역을 쳤던 것으로 기록에 나타난다. 이에 관한 『三國史記』 高句麗本紀 大武神王 27年(서기 44)條의 기록을 보면,

　　가을 9월에 (東)漢의 光武帝가 병사를 파견하여 바다를 건너 낙랑을 정벌하고 그 땅을 취하여 郡縣을 만드니 薩水 이남은 (東)漢에 속하게 되었다.[49)]

---

47) 『三國史記』 卷14, 高句麗本紀 大武神王 20年條, "王襲樂浪滅之".
48) 『三國史記』 卷1, 新羅本紀 儒理尼師今 14年條, "高句麗王無恤 襲樂浪滅之 其國人五千來投 分居六部".
49) 『三國史記』 卷14, 高句麗本紀 大武神王 27年條, "秋九月 漢光武帝 遣兵渡海伐樂浪 取其地爲郡縣 薩水已南 屬漢". 이 사건에 대해서 『後漢書』 卷1下, 光武帝紀下에는 "20년……가을에 東夷 韓國人이 무리를 거느리고 樂浪에 와서 內附했다(二十年……秋 東夷韓國人率衆詣樂浪內附)"고 기록되어 있다.

고 하였다. 일부 학자들은 이 기록을 東漢의 光武帝가 樂浪郡을 쳤음을 말한 것으로 보고 있다. 그러나 당시의 薩水는 지금의 청천강이었으므로[50] 光武帝가 친 곳은 청천강 남쪽의 대동강 유역이었음을 알 수 있다.

그리고 이 기록을 樂浪郡을 친 기록으로 보기에는 논리상 모순이 있다. 東漢 光武帝 때는 漢四郡이 설치된 지 이미 오래였고 그 곳은 東漢의 영토였다. 그런데 자신들의 영토를 치면서 征伐이라는 용어를 사용했다는 것도 표현상 맞지 않고 樂浪郡에는 이미 郡縣이 설치되어 있었는데 그러한 자신들의 영토를 정벌하고 그 곳에 郡縣을 설치했다는 것도 논리에 맞지 않는다.

그리고 漢四郡의 樂浪郡은 지금의 遼西 지역에 있었으므로 光武帝가 그 곳을 쳤다면 육로를 이용할 것이지 굳이 바다를 건널 필요가 없었을 것이다. 이러한 점들을 종합해 볼 때 위 기록은 東漢의 光武帝가 崔氏樂浪國이 있었던 지금의 대동강 유역을 침략했음을 알 수 있다. 최씨낙랑국은 이미 고구려에 의하여 멸망되었지만 그 곳은 낙랑국이 있었던 지역이므로 여전히 낙랑이라 불리워지고 있었던 것이다.

생각건대 고구려에 의하여 멸망된 최씨낙랑국 주민들은 자신들의 나라를 재건하고자 東漢의 힘을 빌렸을 가능성이 있다. 東漢 光武帝로서는 동쪽에서 강한 세력으로 성장하고 있는 고구려를 견제할 필요를 느꼈을 것이다. 따라서 고구려 배후에 東漢의 세력을 심어 고구려를 견제하고자 하였을 것이다. 이러한 최씨낙랑국 주민들과 東漢 光武帝의 생각은 서로 맞아떨어져 東漢이 대동강 유역의 낙랑 지역을 침략하게 되었을 것이다.

光武帝는 대동강 유역 일부에 그들의 행정 연락처를 만들었던 것으로 보인다. 郡縣을 만들었다는 것은 행정구역을 설치했다는 뜻이다. 이 시기에 상당히 많은 중국인들이 대동강 유역으로 이주하여 살았을 것으로 생각된다. 왜냐하면 당시에 한반도가 중국보다는 평화로웠고 살

---

50) 주 28 참조.

기에 좋은 조건을 갖추고 있었기 때문이다. 따라서 최씨낙랑국의 영토 안에 東漢人들의 거주촌이 만들어졌을 가능성이 있다. 그 곳은 중국과 한반도의 무역기지로서, 東漢이 고구려를 견제하는 전략기지로서의 역할을 했을 것이다.

그러나 최씨낙랑국에 대한 東漢의 영향력은 오래 지속되지 못하였을 것이다. 왜냐하면 東漢이 멸망된 후 중국은 三國·兩晉·南北朝時代의 분열과 혼란이 계속되었으므로 외부로 눈을 돌릴 겨를이 없었기 때문이다.

이후 최씨낙랑국은 정권을 유지하는 정도였고 크게 활동하지는 못했던 것같다. 최씨낙랑국은 재건된 후 완전히 멸망할 때까지『三國史記』에서 그 활동기록을 찾아 볼 수 없는 것은 그러한 사실을 알게 해 준다. 최씨낙랑국은 서기 300년에 신라에 귀복함으로써 완전히 멸망되었다. 『三國史記』新羅本紀 基臨尼師今 3年(서기 300)條에,

　　3월에 牛頭州에 이르러 太白山에 望祭를 지냈다. 樂浪과 帶方 兩國이 귀복하였다.51)

고 기록된 것에서 그러한 사실을 알 수 있다. 이후『三國史記』에서는 漢四郡의 樂浪郡에 관한 기록만 보일 뿐이며 최씨낙랑국에 관한 기록은 보이지 않는다.

위의 인용문에 나타난 낙랑과 대방은 漢四郡의 樂浪郡과 帶方郡이 아니었다. 그 이유는 다음과 같다.

첫째로 이들을 兩郡이라 부르지 않고 兩國이라 표현한 것은 이들이 漢四郡에 속해 있었던 郡名이 아니라 國名이었음을 알게 한다.

둘째로 漢四郡의 樂浪郡과 帶方郡은 서기 313년부터 315년까지 사이에 고구려 美川王에 의해서 축출되었는데52) 위의 낙랑과 대방이 신

---

51)『三國史記』卷2, 新羅本紀 基臨尼師今 3年條, “三月 至牛頭州 望祭太白山 樂浪·帶方兩國歸服”.
52)『三國史記』卷17, 高句麗本紀 美川王 14年～16年條 참조.

라에 투항한 연대는 서기 300년으로 서로 일치하지 않는다.

셋째로 위의 낙랑과 대방이 漢四郡의 樂浪郡과 帶方郡이었다면 그들은 중국 세력이었으므로 신라에 귀복했을 리가 없다. 중국으로 돌아갔어야 옳을 것이다. 따라서 위의 낙랑과 대방은 신라와 동질성을 가진 고조선의 후계세력이었을 것임을 알 수 있다.

넷째로 근래의 연구 결과에 의하면 樂浪郡과 帶方郡을 포함한 漢四郡은 지금의 遼西 지역에 위치해 있었는데[53] 지리적으로 보더라도 이들이 그 곳으로부터 바다 건너에 위치한 신라에 귀복했을 리는 없는 것이다.

다섯째로 帶方에 관한 다음 기록은 백제 북쪽에 있었던 帶方이 帶方郡이 아니라 帶方國이었음을 분명하게 해 준다. 『三國史記』百濟本紀 責稽王條에,

> 고구려가 帶方을 쳐들어오자 帶方은 우리에게 구원을 청하였다. 이에 앞서 왕은 帶方王의 딸 寶菓에게 장가들어 부인을 삼았으므로, 이로 인하여 이르기를 "帶方은 나의 장인과 장모의 나라이니 그 청에 응하지 않을 수 없다" 하고 드디어 군사를 내어 그들을 구원하니 고구려가 원망하였다.[54]

는 기록이 보이는데 위의 내용에서 帶方王이라는 표현은 이 帶方이 郡이 아니라 國이었음을 알게 해 준다.

이상과 같은 점들을 생각해 볼 때 서기 300년에 신라에 귀복한 낙랑은 지금의 대동강 유역에 있었던 최씨낙랑국이었음을 알 수 있다. 최씨낙랑국은 고구려 大武神王에 의하여 서기 37년에 멸망하였다가 서기 44년에 東漢 光武帝의 도움으로 재건되어 서기 300년까지 존속했던 것이다.

---

53) 주 16과 같음.
54) 『三國史記』卷24, 百濟本紀 責稽王 元年條, "高句麗伐帶方 帶方請救於我 先是 王娶帶方王女寶菓爲夫人 故曰 帶方我舅甥之國 不可不副其請 遂出師救之 高句麗怨".

　　그러나 지금까지 살펴본 낙랑에 관한 기록들을 漢四郡의 樂浪郡에 관한 기록으로 보고 이러한 기록들은 漢四郡의 樂浪郡이 한반도에 있었음을 알게 해 주는 증거라고 말하는 학자가 있을 수 있다. 그러나 그렇게 보려면 다음과 같은 의문들을 해결해야 한다.

　　첫째로 고대 중국의 모든 기록에는 漢四郡의 樂浪郡은 지금의 灤河 유역에 있었던 것으로 되어 있다. 그러므로 漢四郡의 樂浪郡이 한반도에 있었다고 주장하기 위해서는 그러한 기록들을 모두 뒤집을 수 있는 분명한 근거를 제시해야 할 것이다.

　　둘째로 앞에 인용된 기록들에 나오는 낙랑이 漢四郡의 樂浪郡이었다면 樂浪郡이 신라와 백제를 친 것은 중국의 漢나라로서는 매우 중요한 의미를 지닌 사건이 아닐 수 없다. 특히 낙랑이 서기전 6년에 백제의 慰禮城을 치고 불태운 것, 서기 3년과 13년에 신라의 金城을 친 것, 서기 32년에 고구려와의 전쟁에서 패한 것, 서기 36년에 신라의 朶山城을 함락시킨 것, 서기 37년에 멸망한 것 등은 매우 중요한 사건이다. 이 정도의 사건이라면 史書에 반드시 기록되어야 하는데 중국 문헌에서는 이러한 사건에 관한 기록이 보이지 않는다. 이러한 사실은 이 낙랑이 漢四郡의 樂浪郡이 아니라 최씨낙랑국에 관한 기록임을 알게 해 준다.

　　셋째로 서기전 6년은 西漢의 哀帝 원년이며 서기 3년은 哀帝의 뒤를 이어 東漢의 마지막 황제가 된 平帝 3년이다. 이 시기는 西漢이 멸망하기 직전으로 다른 나라를 칠 수 있는 상황이 아니었다. 따라서 이 시기에 西漢의 樂浪郡이 백제와 신라를 쳤다는 것은 당시의 상황으로 보아 불가능하다. 이러한 사실은 앞의 기록에 나오는 낙랑이 漢四郡의 樂浪郡이 아니라 최씨낙랑국이었음을 알게 해 주는 것이다.

　　넷째로 『三國史記』 新羅本紀에는 樂浪이 帶方과 더불어 서기 300년에 신라에 귀복하여 멸망한 것으로 기록되어 있다.[55] 그런데 同書 高句麗本紀에는 고구려가 美川王시대인 서기 313년에 樂浪郡을 치고 남녀 2천여 명을 사로잡았다고 기록되어 있다.[56] 이것은 서기 300년에 멸망

---

55) 주 51과 같음.

한 樂浪과 서기 313년에 고구려의 침략을 받은 樂浪郡이 다른 낙랑이 었음을 알게 하여 준다.

Ⅲ. 疑問史料의 檢討

그런데 漢四郡의 樂浪郡이 한반도에 있었던 것처럼 잘못 인식할 수 있는 문헌 사료와 고고학 자료들이 있다. 문헌사료는『三國史記』의 일부 기록들이고 고고학 자료는 일본인들이 발굴한 대동강 유역의 유적과 유물들이다. 이러한 자료들을 하나 하나 검토해 보기로 하겠다.

『三國史記』에는 漢四郡의 樂浪郡이 한반도에 있었던 것으로 오해할 수 있는 기록들이 있다. 漢四郡의 樂浪郡이 한반도에 있지 않았다는 것을 분명히 하기 위해서는 그러한 기록들에 대한 해명이 필요할 것이다.

『三國史記』百濟本紀 古尒王 13年(서기 246)條에는,

　가을 8월에 魏나라의 幽州刺史 毌丘儉이 樂浪太守 劉茂, 朔方太守 王遵과 더불어 고구려를 정벌하였는데 왕은 (樂浪이) 비어 있는 틈을 이용하여 左將 眞忠을 파견하여 樂浪의 변경을 습격하고 그 곳 주민을 빼앗았다. (劉)茂가 그 소식을 듣고 화를 내니 왕은 침략이 있을까 염려하여 그 주민들을 돌려보냈다.57)

는 기록이 있고 汾西王 7年(서기 304)條에는,

　봄 2월에 몰래 군사를 보내어 樂浪의 서부 縣을 공격하여 빼앗았다. 겨울 10월에는 왕이 樂浪太守가 보낸 자객으로부터 해를 입어 돌아가셨다.58)

---

56)『三國史記』卷17, 高句麗本紀 美川王 14年條, “十四年 冬十月 侵樂浪郡
　　虜獲男女二千餘口”.
57)『三國史記』卷24, 百濟本紀 古尒王 13年條, “秋八月 魏幽州刺史毌丘儉與
　　樂浪太守劉茂 朔方太守王遵伐高句麗 王乘虛遣左將眞忠 襲取樂浪邊民
　　茂聞之怒 王恐見侵討 還其民口”.
58)『三國史記』卷24, 百濟本紀 汾西王 7年條, “春二月 潛師襲取樂浪西縣 冬

는 기록이 있다. 위의 두 기록에 보이는 낙랑은 漢四郡의 樂浪郡이다. 郡 아래 있었던 縣이라는 행정구역 명칭과 郡을 다스렸던 지방장관인 太守가 등장한 것에서 그것을 알 수 있다. 그런데 위의 기록들은 백제가 樂浪郡을 친 사실을 말하고 있으므로 樂浪郡이 백제 근처 한반도 내에 위치했던 것처럼 보인다.

그러나 그렇지 않다. 위의 기록이 말하는 서기 304년은 중국 晉나라 愍帝 때로서 당시에 백제는 바다를 건너 遼西 지역을 차지하고 있었다.59) 이보다 앞선 서기 246년(古尒王 13)에도 앞에 인용된 기록의 내용으로 보아 백제가 이미 遼西 지역에 진출해 있었음을 알 수 있다. 그러했기 때문에 樂浪郡이 비어 있는 틈을 이용하여 그 서부 縣을 칠 수 있었을 것이다. 당시의 遼西는 지금의 灤河 서부유역이었다.60)

당시에 백제가 遼西 지역에 진출한 사실은『宋書』夷蠻列傳 百濟國傳에,

　　백제국은 본디 고(구)려와 더불어 遼東의 동쪽 1천여 리에 함께 있었는데 그 후 고(구)려는 遼東을 침략하여 소유하게 되었고 백제는 遼西를 침략하여 소유하게 되었는데 백제가 다스리는 곳을 이르기를 晉平郡 晉平縣이라 하였다.61)

고 하였고『梁書』諸夷列傳 百濟傳에,

　　그 나라는 본디 고(구)려와 더불어 遼東의 동쪽에 있었는데 晉나라 때에 고구려가 이미 遼東을 침략하여 소유하였고 백제 또한 遼西·晉平 두 郡의 땅에 웅거하면서 소유하여 스스로 백제의 郡을 설치하였다.62)

　　十月　王爲樂浪太守所遣刺客賊害薨".
59) 백제의 遼西 진출에 관해서는 다음 논문을 참조. 金庠基,「百濟의 遼西經略에 對하여」『東方史論叢』, 서울대학교출판부, 1984, 426~433쪽 ; 方善柱,「百濟軍의 華北進出과 그 背景」『白山學報』第11號, 1971, 1~28쪽.
60) 윤내현, 앞의 책, 180~188쪽 참조.
61)『宋書』卷97, 夷蠻列傳 百濟國傳, "百濟國 本與高驪俱在遼東之東千餘里 其後 高驪略有遼東 百濟略有遼西 百濟所治謂之晉平郡晉平縣".

고 하였다. 이와 동일한 내용이 『南史』와 『通典』 등에도 실려 있는데 『通典』 百濟條에는 遼西와 晉平의 위치에 대해서 주석하기를 唐시대의 柳城과 安平 사이라고 하였는 바63) 그 곳은 바로 지금의 灤河 유역으로부터 河北省 중부지역까지였다.64)

漢四郡의 樂浪郡은 지금의 灤河 동부유역에 있었는데 당시에 백제는 灤河 서부유역을 차지하고 있었으므로 백제는 그의 영역에서 가까운 樂浪郡의 서부를 쳤던 것이다. 그러므로 위의 古尒王 13년조와 汾西王 7년조의 기록은 한반도에서 일어난 사건이 아니라 지금의 灤河 유역에서 일어났던 사건을 말하고 있는 것이다.

『三國史記』 新羅本紀 儒理尼師今 17年(서기 40)條에는,

> 가을 9월에 華麗·不耐의 두 縣 사람들이 공모 연합하여 기병을 거느리고 북쪽 경계를 침범하였는데 貊國의 渠帥가 군사로써 曲河 서쪽에서 가로막아 그들을 깨뜨리니 왕은 기뻐하여 貊國과 好誼를 맺었다.65)

는 기록이 있다. 이 시기에 최씨낙랑국은 고구려에 병합되어 있었다. 앞에서 확인된 바와 같이 최씨낙랑국은 서기 37년에 고구려 大武神王에 의하여 멸망되었고 서기 44년에 東漢 光武帝의 도움으로 재건되었다. 그러므로 위의 기록에 나타난 사건은 최씨낙랑국이 고구려에 병합되어 있었던 기간에 일어났던 것이다.

『漢書』 地理志 樂浪郡條를 보면 華麗라는 縣名은 보이지만 不耐는

---

62) 『梁書』 卷54, 諸夷列傳 百濟傳, "其國本與句驪在遼東之東 晉世句驪既略有遼東 百濟亦據有遼西 晉平二郡地矣 自置百濟郡".

63) 『通典』 卷185, 邊防1 百濟條의 遼西·晉平에 대한 주석, "今柳城·安平之間". 『文獻通考』 卷326, 四裔考3 百濟條에는 遼西·晉平 두 郡의 위치를 "唐柳城·北平之間"이라 하였는데 北平은 『通典』에서 말한 安平보다는 다소 북쪽에 위치하여 지금의 北京 지역이다.

64) 譚其驤 主編, 『中國歷史地圖集』 第5冊(隋·唐·五代·十國時期), 地圖出版社, 1982, 38~39쪽 참조.

65) 『三國史記』 卷1, 新羅本紀 儒理尼師今 17年條, "秋九月 華麗·不耐二縣人 連謀率騎兵犯北境 貊國渠帥以兵 要曲河西敗之 王喜 與貊國結好".

보이지 않고 不而라는 縣名이 보인다.66) 그런데 不而는 不耐라고도 불렀던 것 같다.『三國史記』地理志에는 國內州가 보이는데 이에 대해서 주석하기를 "不耐라고도 부르고 尉那嵓城이라고도 한다"67)고 하였고 琉璃王이 천도한 國內城에 대해서 주석하기를 "혹은 尉那巖城이라고도 부르고 혹은 不而城이라고도 한다"68)고 기록되어 있다. 이로 보아 不耐城과 不而城 그리고 尉那嵓(巖)城은 서로 통하는 명칭이었음을 알 수 있다.

그런데 漢四郡의 樂浪郡은 지금의 遼西 서부 灤河 하류유역에 있었으므로 樂浪郡에 속해 있었던 華麗縣과 不而縣은 마땅히 그 지역에 있어야 한다. 그러한 사실은 다음 기록에서 확인된다.『三國史記』高句麗 本紀 太祖大王 66年(서기 118)條에는,

여름 6월에 왕은 濊貊과 더불어 漢나라의 玄菟郡을 습격하고 華麗城을 공격하였다.69)

는 기록이 있다. 이와 동일한 내용이『後漢書』東夷列傳 高句麗傳에도 실려 있다.70) 고구려 太祖王은 玄菟郡을 습격한 후 계속해서 樂浪郡의 華麗城을 공격했던 것이다. 고구려와 예맥의 연합군이 漢나라를 향해 계속해서 서쪽으로 진격하고 있었음을 이 기록은 말해 주고 있다. 玄菟 郡은 지금의 遼河 서부유역에 있었으므로 華麗城은 그보다는 서쪽인 지금의 遼西 서부에 있었을 것임을 알 수 있다. 華麗가 지금의 遼西 서

---

66)『漢書』卷28下, 地理志下 樂浪郡條 참조.

67)『三國史記』卷37, 志6 地理4 鴨淥水以北已降城十一, "國內州 一云不耐 或云尉那嵓城".

68)『三國史記』卷37, 志6 地理4 高句麗 序文, "……移都國內城 或云尉那巖 城 或云不而城".

69)『三國史記』卷15, 高句麗本紀 太祖大王 66年條, "夏六月 王與濊貊襲漢玄 菟 攻華麗城".

70)『後漢書』卷85, 東夷列傳 高句麗傳, "元(永)初 5년에 (고구려는) 다시 濊 貊과 더불어 玄菟를 치고 華麗城을 공격하였다(元[永]初五年 復與濊貊寇 玄菟 攻華麗城)."

부에 있었다면 華麗와 함께 樂浪郡에 속해 있었던 不而는 당연히 지금
의 遼西 서부에 있었어야 하는 것이다.

그러나 安鼎福은 華麗와 不耐를 樂浪郡의 縣名으로 인식하면서 그
들이 신라를 쳐들어 온 것은 그들이 신라 북쪽 가까이에 있었음을 알게
하는 것이라고 보았다. 따라서 위에 인용된 고구려의 太祖王이 玄菟郡
과 華麗城을 친 기록은 같은 방향으로 계속된 전쟁이 아니고 고구려의
서쪽에 있었던 玄菟郡을 치고 동시에 고구려의 남쪽(신라의 북쪽)에 있
었던 華麗城을 친 것으로 인식하였다.71)

그러나 그렇게 보기에는 문맥상 자연스럽지 못할 뿐만 아니라 太祖
王이 서쪽과 남쪽 두 곳에서 동시에 전쟁을 벌였을 것으로는 생각되지
않는다. 왜냐하면 그러한 전쟁은 전력을 양쪽에서 소모시켜 전략상 지
극히 불리하기 때문이다. 그러한 불리한 전쟁을 고구려가 감행했다고
보기는 어려운 것이다. 따라서 樂浪郡에 속해 있었던 華麗縣과 不而縣
은 지금의 遼西 서부에 있었다고 보아야 할 것이다.

그렇다면 서기 40년에 신라의 북변을 쳐들어 온 華麗와 不耐 사람들
은 어떤 사람들이었을까? 樂浪郡이 있었던 灤河 유역으로부터 바다를
건너온 사람들이었을까? 그것이 전혀 불가능한 것은 아니지만 그렇게
보기는 어렵다. 그들은 기병이었기 때문이다.

그러므로 필자는 다음과 같이 생각한다. 대동강 유역에 있었던 최씨
낙랑국을 건국한 사람들은 灤河 유역의 樂浪 지역에서 이주해 온 사람
들이었다. 그렇기 때문에 樂浪이라는 동일한 명칭이 灤河 유역과 대동
강 유역 두 곳에 존재했던 것이다. 이러한 현상은 樂浪이라는 명칭에만
국한된 현상은 아니었을 것이다.

최씨낙랑국 내의 지명에도 동일한 현상이 일어났을 것이다. 灤河 유
역의 華麗와 不而 지역에서 대동강 유역으로 이주해 온 사람들은 그들
의 새로운 거주지를 華麗와 不耐라 불렀을 것이다. 이와 같은 사정으로
인하여 대동강 유역의 최씨낙랑국 안에는 漢四郡의 樂浪郡에 속해 있

---

71) 安鼎福, 『東史綱目』 附錄 下卷 地理考 不耐華麗考.

었던 縣名과 동일한 지명이 많이 존재하게 되었을 것이다.

　그러한 사실은 대동강 유역에서 발견된 秥蟬平山君神祠碑[72]를 통해서 알 수 있다. 이 비문의 서두에 "秥蟬長勃興"이란 문구가 보인다. 樂浪郡에는 黏蟬이라는 縣이 있었는데 西漢에서는 縣을 다스리는 관리를 令이나 長이라 하였다. 그리고 西漢시대의 黏蟬縣[73]은 東漢시대에는 占蟬縣이 되었다.[74] 黏·秥·占은 통용되었던 문자이므로 이 비가 발견된 곳은 樂浪郡의 黏蟬縣일 깃이라고 발굴자들은 말하였다.

　그러나 이 곳이 黏蟬縣이었다면 왜 黏자나 占자를 사용하지 않고 秥자를 사용하였는지 의심하지 않을 수 없다. 이는 아마도 서로 구분할 필요가 있었기 때문이었을 것으로 필자는 생각한다. 鄭寅普는 黏蟬縣長이 자신의 관할구역에 비를 세울 경우에는 자신의 관직명을 새겨 넣지 않는 것이 漢시대의 비문양식임을 들어 이 비문에는 黏蟬長이라는 문구가 들어 있으므로 이 곳은 黏蟬縣이 될 수 없다고 주장하였다.[75]

　그러므로 위의 비문 내용과 양식은 灤河 유역의 黏蟬로부터 이주한 사람들이 그들의 새로운 거주지인 이 곳을 秥蟬라 불렀을 것임을 알게 해 준다. 주민들의 이주를 따라 지명이 이동하는 것은 고대사회에서 흔히 볼 수 있는 것이다.

　신라를 쳐들어 온 華麗와 不耐 사람들은 이렇게 해서 명칭이 붙여진 대동강 유역의 華麗와 不耐 사람들이었을 것으로 생각된다. 華麗와 不耐가 신라를 친 서기 40년은 최씨낙랑국이 고구려에 의하여 멸망된 직후였다. 그러므로 고구려가 그들을 동원했을 수도 있고 華麗와 不耐 사람들이 신라의 북변을 차지하여 그들의 조국을 재건하고자 했을 가능성도 있다.

　『三國史記』地理志에는,

---

72) 關野貞 等, 앞의 책, 240~245쪽.
73) 『漢書』卷28下, 地理志下 樂浪郡條 참조.
74) 『後漢書』志第23, 郡國5 樂浪郡條.
75) 鄭寅普, 『朝鮮史硏究』, 서울신문사, 1946, 197쪽.

平壤은 지금의 西京인 것 같고 浿水는 대동강이다. 어떻게 그것을 아는가
하면 『唐書』에 이르기를 "平壤城은 漢의 樂浪郡이다. 산을 따라 둘러쳐서
성곽을 만들었고 남쪽으로 浿水에서 끝났다"고 하였다.[76]

는 기록이 있다. 『三國史記』가 편찬된 고려시대의 西京은 지금의 평양
이다. 그러므로 위 인용문의 내용을 따르면 漢四郡의 樂浪郡은 대동강
유역에 있었다는 것이 된다. 그러나 『三國史記』의 편찬자는 『唐書』의
기록을 잘못 이해하고 있는 것이다.

위의 인용문에서 말한 『唐書』는 『舊唐書』와 『新唐書』를 말하는데
그 내용을 보면 『舊唐書』에는,

고(구)려는 부여로부터 나온 別種이다. 그 나라의 도읍은 平壤城인데 바로
漢 樂浪郡의 옛 땅으로서 (唐의) 京師로부터 동쪽으로 5천 1백 리에 있다.
동쪽으로 바다를 건너 新羅에 이르고 서북으로는 遼水를 건너 營州에 이르
며 남쪽으로는 바다를 건너 百濟에 이르고 북쪽으로는 靺鞨에 이른다.[77]

고 하였고 『新唐書』에는,

고(구)려는 본디 부여의 別種이다. 그 땅은 동쪽으로 바다를 넘어 신라에
이르고 남쪽으로도 바다를 넘어 백제에 이르고 서북은 遼水를 건너 營州와
접하였고 북쪽은 靺鞨이다. 그 군주는 平壤城에 거주하는데 또한 長安城이
라고 이르는 것으로서 漢의 樂浪郡이었다. (唐의) 京師로부터 5천 리가 조금
넘는다. 산을 따라 둘러쳐서 성곽을 만들었고 남쪽으로 浿水에서 끝났는데
왕은 그 왼쪽에 궁궐을 건축하였다.[78]

---

76) 『三國史記』卷37, 志6 地理4 高句麗 序文, "平壤城似今西京 而浿水則大
　　同江是也 何以知之 唐書云 平壤城漢樂浪郡也 隨山屈繚爲郛 南涯浿水".
77) 『舊唐書』卷199上, 東夷列傳 高麗(高句麗)傳, "其國都於平壤城 卽漢樂浪
　　郡之故地……東渡海至於新羅 西北渡遼水至于營州 南渡海至于百濟 北至
　　靺鞨".
78) 『新唐書』卷220, 東夷列傳 高(句)麗, "高(句)麗本扶餘別種也 地東跨海距
　　新羅 南亦跨海距百濟 西北度遼水與營州接 北靺鞨 其君居平壤城 亦謂長
　　安城 漢樂浪郡也 去京師五千里而贏 隨山屈繚爲郛 南涯浿水 王築宮其

고 하였다. 위의 내용에서 알 수 있듯이『唐書』에서 말한 平壤城과 浿水는 지금의 평양과 대동강이 아니다. 그 곳으로부터 동쪽으로 바다를 건너 신라에 이르고 남쪽으로 바다를 건너 백제에 이른다고 했는데 지금의 평양으로부터는 신라와 백제에 이르는 데 바다를 건너지 않기 때문이다. 위에 인용된『唐書』의 내용으로 보아 平壤城은 灤河 유역이어야 하는 것이다. 따라서『唐書』는 漢의 樂浪郡이 灤河 유역에 있었음을 말하고 있는 것이다.

이제 일본인들이 漢四郡의 樂浪郡 유적으로 발표한 대동강 유역의 유적과 유물을 검토해 보자. 필자는 일본인들이 漢四郡의 樂浪郡 유적과 유물로 발표한 대동강 유역의 유적과 유물을 세밀하게 검토하고 그것이 漢四郡의 樂浪郡 유적과 유물이 될 수 없음을 이미 논한 바 있다.79) 그러므로 여기서는 반복된 논의를 피하기로 하고 이 논문의 논리 전개와 직접 관계가 있는 유적의 연대문제에 대해서만 언급하기로 하겠다.

일본인들은 대동강 유역에서 여러 자리의 古墳을 발굴하였는데 발굴자들은 말하기를,

　　제1호분은 제2, 3호분 등과 한 무리를 이루어 낙랑시대의 고분 가운데 가장 地勢가 뛰어난 위치를 차지한 구릉 위에 있고 그 규모도 가장 커서 그 구릉 위에 있는 이것(제1호분) 등 古墳의 배치로 보아 제1호분은 가장 먼저 축조되었던 것 같다.80)

고 하였다. 이 기록은 그들이 대동강 유역에서 樂浪郡의 古墳이라고 발굴한 유적들은 그 조성연대가 제1호분보다는 늦다는 것을 의미한다. 그런데 제1호분에서는 貨泉이 출토되었다. 貨泉은 王莽시대에 주조된 청

左".

79) 윤내현, 「위만조선과 한사군의 위치」, 388~393 ; 윤내현, 「漢四郡의 樂浪郡과 平壤의 樂浪」『韓國古代史新論』, 일지사, 1986, 331~340쪽.
80) 關野貞 等, 앞의 책, 172쪽.

동화폐이다. 따라서 이 고분의 연대는 王莽시대 이전으로 올라갈 수 없
다.[81] 王莽은 西漢의 정권을 찬탈하여 新을 건국하였으나 불과 15년 만
에 멸망되고 東漢이 건국되었다. 따라서 貨泉이 한반도에 유입되어 무
덤에 들어가기까지의 시간을 고려한다면 제1호분이 만들어진 시기는
東漢 이후로 보아야 할 것이다.

대동강 유역의 土城 지역에서는 '大晉元康'·'樂浪禮官'·'樂浪富貴'
등의 문자가 새겨져 있는 기와가 출토되었다.[82] '大晉元康'은 西晉 惠
帝의 연호로서 서기 291년부터 서기 299년까지였다. 그러므로 이 연대
를 따른다면 이 유적은 漢四郡이 설치된 연대보다 무려 400여 년이 지
난 다음에 만들어진 것이다. '樂浪禮官'·'樂浪富貴' 등은 이 곳에 崔氏
樂浪國이 있었기 때문에 그러한 명문이 나오는 것은 당연한 것이다.

王光墓·王旴墓·夫租薉君墓·夫租長墓 등에서는 印章이 출토되었
다. 王光墓에서는 '樂浪太守掾王光之印'·'臣光'·'王光私印', 王旴墓에
서도 '五官掾王旴'·'王旴印信' 등의 목제 인장이 출토되었다.[83] 그리고
夫租薉君墓와 夫租長墓에서는 '夫租薉君'·'夫租長' 등의 銀印이 출토
되었다.[84]

印章의 서체로 보아 이 인장들은 西漢시대보다 늦은 시대의 것임을
알 수 있는데 王旴墓에서 출토된 칠기에는 '永平 12년'이라는 명문이
있었다.[85] 永平 12년은 東漢 明帝시대로서 서기 69년이다. 따라서 이
고분이 조성된 연대는 이보다 앞설 수는 없다. 그리고 이 고분의 방사
성탄소측정연대는 서기 133년(1850±250 B.P.)으로 나타났다.[86] 이것은
대동강 유역의 이른바 樂浪遺蹟에서 얻어진 유일한 과학연대로 중요한

---

81) 위의 책, 179쪽.

82) 위의 책, 22~23·43쪽.

83) 小場恒吉·榧本龜次郎, 『樂浪王光墓』, 朝鮮古蹟硏究會, 昭和 10(1935) ;
　　駒井和愛, 『樂浪』, 中央公論社, 昭和 47(1972), 114~115쪽.

84) 백련행, 「부조예군의 도장에 대하여」『문화유산』1962 - 4, 61쪽 ;『고조선
　　문제 연구』, 사회과학출판사, 1973, 150~151쪽.

85) 駒井和愛, 앞의 책, 123쪽.

86) 위의 책, 5쪽.

의미를 갖는다. 이 연대는 이 지역 古墳들이 東漢시대 이후에 만들어진 것임을 말해 준다.

대동강 유역에서는 秥蟬平山君神祠碑가 발굴되었는데[87] 비문의 내용은 "□和二年四月戊午 秥蟬長勃興"으로 시작된다. 이 비문 가운데 연호의 첫 자는 읽을 수가 없으나 둘째 자는 和자이므로 和자가 들어간 연호를 보면 元和·章和·永和·光和·太和 등이 있는데 元和가 가장 빠른 것이다. 元和 2년은 東漢 章帝시대로서 서기 85년이다. 그러므로 연호를 가장 빠른 것으로 계산하더라도 이 비는 東漢시대에 만들어졌다.

대동강 유역의 출토유물 가운데는 孝文廟銅鐘이 있다.[88] 이 銅鐘의 명문은 "孝文廟銅鐘用十斤 重卅斤 永光三年六月造"라고 되어 있다. 孝文은 西漢 文帝인데 명문에 의하면 이 銅鐘은 永光 3년에 만들어졌다. 永光 3年은 西漢 元帝시대로서 서기전 41년이다. 그런데 이 銅鐘이 출토된 9호분에서는 西漢시대 이후에 제조된 銅鏡이 출토되었다.[89] 그러므로 이 銅鐘은 西漢 元帝시대에 만들어진 후 오랜 세월이 지나 東漢보다 늦은 시기에 9호분에 부장되었음을 알 수 있다.

이상의 고찰로서 확인되었듯이 일본인들이 樂浪郡유적이라고 발표한 대동강 유역의 유적은 모두가 東漢 이후에 만들어진 것들이다. 漢四郡은 西漢 武帝 때 설치되었는데 왜 西漢시대의 유적은 하나도 없는 것일까? 그것은 이 유적들이 漢四郡의 樂浪郡유적이 아님을 말해 주는 것이다. 그렇다면 이 유적들을 어떻게 해석해야 할까?

이 유적들은 東漢 光武帝의 도움으로 최씨낙랑국이 재건된 이후의 것으로 보아야 하는 것이다. 그래야만 연대가 일치된다. 앞에서 확인된 바와 같이 東漢 光武帝의 도움으로 재건된 최씨낙랑국은 東漢과 밀접한 관계를 맺고 있었다. 최씨낙랑국이 東漢과 밀접한 관계를 맺고 있었음은 대동강 유역의 토성 내에서 발견된 樂浪太守章·朝鮮右尉·詞邯

---

87) 關野貞 等, 앞의 책, 240~245쪽.
88) 위의 책, 219~225쪽.
89) 위의 책, 76~77쪽.

長印 등의 封泥가 잘 말하여 준다.

封泥는 공문서를 보낼 때 봉함을 하는 데 사용되었던 것이므로 일반적으로 공문서를 받아 본 곳에서 출토된다. 그러므로 樂浪太守章·朝鮮右尉·詻邯章印 등의 封泥가 대동강 유역에서 출토되었다고 하는 것은 樂浪郡의 太守와 樂浪郡에 속해 있었던 朝鮮縣의 右尉, 詻邯縣의 長 등이 최씨낙랑국에 공문을 보냈음을 알게 하여 주는 것이다.[90]

이 시기에 상당히 많은 중국인들이 최씨낙랑국에 거주하고 있었을 것이다. 그러므로 대동강 유역에서 출토된 유물은 중국과 교류를 가졌던 최씨낙랑국의 지배귀족과 東漢 이후에 그 곳에 거주했던 중국인들이 남긴 것으로 보아야 할 것이다.[91]

최근에 姜炅求는 대동강 유역에서 출토된 칠기를 西漢墓와 匈奴墓 등에서 출토된 칠기들과 비교 검토하고 대동강 유역의 칠기는 皇室用으로서 樂浪郡의 관리나 일반인들이 사용할 수 있는 물건이 아니었다고 주장하고 있다.[92] 이러한 주장이 옳다면 그 칠기는 최씨낙랑국의 왕실에서 사용했던 것이라고 보아야 할 것이다.

이상과 같이 대동강 유역을 西漢의 樂浪郡으로 입증하기 위하여 일본인들이 제시한 유적들은 그 연대가 漢四郡 설치시기와는 일치하지 않는다. 그보다는 東漢 光武帝의 도움으로 최씨낙랑국이 재건된 이후의 시기와 일치한다. 그러므로 대동강 유역의 유적들은 최씨낙랑국이 재건된 이후에 남겨진 것으로 보아야 하는 것이다.

끝으로 한 가지 주의해야 할 것은 중국 유물이라고 하여 모조리 중국인들이 남긴 것으로 보아서는 안 된다는 것이다. 당시에 최씨낙랑국

---

90) 朝鮮縣과 詻邯縣은 樂浪郡에 속해 있었던 縣名이다(『漢書』 卷28下, 地理志 樂浪郡條 참조).

91) 申采浩는 대동강 유역에 崔理王이 다스린 樂浪國이 있었음을 상기시키고 그 지역에서 일본인들에 의하여 발굴된 중국의 유물은 樂浪國이 漢나라와의 교역으로 수입한 물건들이거나 고구려가 漢나라와의 전쟁에서 노획한 물건들일 것이라고 하였다(申采浩, 앞의 책, 141쪽 참조).

92) 姜炅求, 「樂浪漆器의 問題點」 『韓國上古史學報』 第14號, 韓國上古史學會, 1993, 409~414쪽.

은 東漢과 긴밀한 관계에 있었고 東漢으로서는 고구려를 견제하기 위
하여 최씨낙랑국이 필요했었다. 그러므로 東漢은 최씨낙랑국을 매우
후하게 대우했을 것이다. 그에 따라 최씨낙랑국에는 東漢의 황실과 정
부로부터 고급 물품들이 예물로 보내졌을 것이다. 대동강 유역에서 출
토된 유물들은 그러한 것들일 가능성이 높다.

　일부 학자들은 문헌의 기록을 무시하고 대동강 유역에서는 漢四郡의
樂浪郡 유적과 유물이 확인되었으므로 그 곳은 樂浪郡이 있었던 곳임
에 틀림없다고 말하기도 한다. 그러나 그러한 생각은 잘못된 것이다.
유적과 유물에 대동강 유역은 漢四郡의 樂浪郡이 있었던 곳이라고 기
록되어 있는 것은 없다. 그 곳이 漢四郡의 樂浪郡이었으면 그 곳에서
발견된 유적과 유물은 漢四郡의 樂浪郡의 것이 되는 것이고 그 곳에
漢四郡의 樂浪郡이 있지 않았다면 그 곳에서 발견된 유적과 유물은 漢
四郡의 樂浪郡 유적과 유물이 될 수 없다는 점을 알아야 한다.

맺음말

　지금까지 살펴본 바와 같이 대동강 유역에 있었던 낙랑은 漢四郡의
樂浪郡이 아니었고 최씨낙랑국이었다.

　대동강 유역의 낙랑을 漢四郡의 樂浪郡으로 보는 일부 학자들은 고
대 중국 문헌에 平壤城은 漢의 樂浪郡이었다고 기록되어 있는 점과
『水經注』에서 고구려의 도성은 浿水의 북쪽에 있다는 고구려 사신의
말을 인용하면서 이 浿水를 樂浪郡 浿水縣에 있었던 浿水로 단정한 기
록 등을 들고 있다.

　그러나 고대 중국 문헌에 樂浪郡 지역에 있었던 것으로 기록된 平壤
城은 대동강 유역의 평양이 아니라 灤河 유역에 있었던 平壤이었다. 원
래 평양은 고유명사가 아니라 大邑 또는 도읍을 의미하기 때문에 평양
이라는 지명이 여러 곳에 있었던 것이다. 그리고 『水經注』에서는 고구
려의 도성인 평양은 漢四郡의 樂浪郡 땅이었다는 전제에서 樂浪郡 내

에 있었던 浿水를 찾음으로써 당시에 浿江으로 불려진 대동강을 樂浪
郡의 浿水로 단정했다. 그러나 浿水는 여러 곳에 있었던 강명이었다.
그러므로 고구려의 도읍이 樂浪郡 땅이었다는 선입관을 가지고 樂浪郡
의 浿水를 찾은 것은 잘못된 것이었다.

  고대 중국의 기록들은 한결같이 漢四郡의 樂浪郡은 지금의 灤河 동
부유역에 있었다고 기록하고 있다. 반면에 『三國史記』에서는 대동강
유역에 최리왕이 다스리던 낙랑국이 있었다고 기록하고 있다. 따라서
당시에 두 개의 다른 낙랑이 병존하고 있었음을 알 수 있다. 하나는 灤
河 유역에 있었던 漢四郡의 樂浪郡이고 다른 하나는 대동강 유역에 있
었던 최씨낙랑국이었던 것이다. 그러나 지난날 일부 학자들은 한국 문
헌과 중국 문헌에 보이는 낙랑을 모두 漢四郡의 樂浪郡으로 잘못 인식
하고 그 위치가 대동강 유역에 있었던 것으로 믿었던 것이다. 그러나
그것은 잘못된 것임이 이 논문을 통해서 분명하게 밝혀졌다.

  최씨낙랑국은 灤河 유역에 있었던 낙랑 지역 사람들이 그 지역에 衛
滿朝鮮이 서자 동쪽의 대동강 유역으로 이주하여 세운 나라였다. 그런
데 衛滿朝鮮이 西漢에 의하여 멸망되고 灤河 유역의 낙랑 지역에 漢四
郡의 樂浪郡이 설치됨에 따라 漢四郡의 樂浪郡과 최씨낙랑국이 낙랑
이라는 동일한 명칭을 가지고 병존하게 되었던 것이다.

  최씨낙랑국은 건국 초에 고구려와는 화평한 관계를 유지하면서 신라
와 백제의 북변을 여러 번 침략하였다. 일시적으로는 그 영토를 지금의
춘천 지역까지 확장하기도 하였다. 그러나 최씨낙랑국은 서기 32년에
예상하지 못했던 고구려의 공격을 받고 약화되어 서기 37년에는 일시
나라를 잃는 고충을 겪었다.

  그러나 그들은 나라를 잃은 지 7년 후인 서기 44년에 東漢 光武帝의
도움으로 국가를 재건할 수 있었다. 당시에 東漢은 동쪽에서 성장하는
고구려의 세력을 견제할 필요가 있었으므로 최씨낙랑국의 재건을 도와
고구려를 견제하는 세력으로 삼고자 했던 것이다. 東漢은 최씨낙랑국
의 재건을 도운 후 아마도 그 곳에 행정연락처와 무역활동의 근거지를
마련했을 가능성이 있다. 그 곳은 주로 漢四郡의 樂浪郡과 행정연락을

하였던 것 같다. 樂浪郡에서 보내 온 공문을 봉인했던 것으로 보이는 봉니들이 대동강 유역에서 많이 출토된 것은 그러한 사실을 알게 해 준다.

일본인들이 이른바 漢四郡의 樂浪郡 유적과 유물로 발표한 대동강 유역에서 발굴된 유적과 유물들은 최씨낙랑국이 남긴 것들이다. 그 곳에서 출토된 중국 유물은 최씨낙랑국이 재건된 후 그 지배귀족들이 중국으로부터 예물로 받은 것들과 당시에 그 곳에서 거주했던 중국인들이 가지고 있었던 것들일 것이다.

그런데 東漢에서 최씨낙랑국 영토 안에 설치했던 행정연락처나 무역기지는 오래 유지되지 못했을 것이다. 왜냐하면 東漢이 멸망한 이후 중국은 三國·兩晉·南北朝時代로 이어지는 분열과 혼란이 계속되었기 때문에 밖으로 눈을 돌릴 겨를이 없었기 때문이다.

최씨낙랑국은 재건된 후 국력이 약화되어 그 활동이 미약했던 것 같다. 서기 300년에 신라에 귀복하여 완전히 멸망하기까지 그 활동에 대한 기록이 보이지 않는 것에서 그러한 사실을 알 수 있다.

그런데 『三國史記』에는 樂浪郡이 대동강 유역에 있었던 것으로 잘못 인식하도록 만들 수 있는 기록들이 보인다.

첫째는 『三國史記』百濟本紀 古尒王 13年條의 백제가 樂浪郡의 변경을 습격했다는 기록과 同書 汾西王 7年條에 백제가 樂浪의 서부 縣을 빼앗았다는 기록이다. 이 기록들은 樂浪郡이 한반도에 있었던 것처럼 잘못 인식하도록 만들 수 있다. 그러나 당시에 백제는 지금의 灤河 서부유역인 北京과 天津 지역을 차지하고 있었다. 그러므로 그 곳에서 灤河 동부유역에 있었던 낙랑군을 쳤던 것이다.

둘째는 『三國史記』 新羅本紀 儒理尼師今 17年條의 華麗·不耐의 두 縣 사람들이 신라를 쳐들어 왔다는 기록이다. 樂浪郡에는 華麗와 不而라는 縣이 있었는데 不而는 不耐와 통하므로 이 기록은 樂浪郡이 한반도에 신라와 가까이 있었던 것처럼 잘못 인식하도록 만들 수 있다. 그러나 華麗와 不耐는 최씨낙랑국에 있었던 지명이었다. 최씨낙랑국은 灤河 유역에서 이주해 온 사람들이 건국했기 때문에 원래 그들이 살던 곳의 지명을 그대로 사용하는 곳이 많았다. 낙랑이라는 국명부터가 그 러했다. 華麗·不而도 灤河 유역에 있었던 지명이었는데 그 곳에 樂浪郡이 설치되면서 그 곳은 縣의 명칭이 되었고 그 곳에서 최씨낙랑국으로 이주해 온 사람들은 최씨낙랑국 안에서 華麗와 不耐라는 지명을 사용하고 있었던 것이다.

『三國史記』地理志에서는 樂浪郡에 있었던 浿水를 대동강으로 보고 있다. 그 이유는『唐書』에 平壤城은 漢의 樂浪郡인데 그 남쪽이 浿水에서 끝났다고 했기 때문이라는 것이다. 그러나『三國史記』地理志의 편찬자는『唐書』에 나오는 平壤城을 대동강 유역의 평양으로 잘못 인식하였다.『唐書』에 나오는 平壤城은 대동강 유역에 있는 지금의 평양이 아니라 灤河 유역에 있었던 平壤城이었던 것이다. 그러므로 樂浪郡이나 그 안에 있었던 浿水는 灤河 유역에 있어야 하는 것이다.

대동강 유역에서는 漢四郡의 樂浪郡 유적과 유물이 발견되었으므로 그 곳은 樂浪郡이 있었던 곳임에 틀림없다고 믿는 학자들이 있다. 그러나 그러한 생각은 잘못된 것이다. 유적과 유물에 대동강 유역이 漢四郡의 樂浪郡이었다고 기록된 것은 없다. 대동강 유역에 漢四郡의 樂浪郡이 위치했었느냐 그렇지 않았느냐에 따라서 그 지역에서 발견된 유적과 유물들이 漢四郡의 樂浪郡 유적과 유물이냐 그렇지 않으냐 하는 것이 결정된다는 점을 알아야 할 것이다.

略論唐代揚州城址與新羅文化遺蹟

朱　江(ZHU JIANG)

序　言

　　中古世的唐朝(618～907 A.D.), 乃是中國封建王朝的盛世. 唐代的揚州, 更是盛世中的勝地, 亨有"揚(州第)一, 益(州第)二"的聲譽, 卽謂"天下之盛, 揚(州)爲(第)一, 而蜀(之益州)次之也." 唐代揚州之所以 "富庶甲天下", 正如北宋學者沈括所云:

　　自淮南之西, 大江之東, 南至五岭(閩粤)蜀漢(川陝), 十一路百(餘)州(郡)之遷徙貿易之人, 往還皆出揚州之下, 舟車日夜灌輸京師(長安與洛陽)者, 居天下十之七.

　　這一形勢是與"揚州位于橫有長江, 縱有運河之交叉點, 實當天下(之)要衝, 又爲國都長安之咽喉"的地理位置分不開的, 故而范文蘭先生在其所著『中國通史·唐朝經濟』部分寫道:

　　揚州是南北交通的樞紐, 江淮(一帶的海)鹽, 茶(葉), 漕(運之)米和輕貨, 先匯集在這裏, 然後轉運到關中和北方各地. (加之)揚州有大食, 波斯賈人(和日本學問僧, 新羅僑民)居住, 多以買賣珠寶(香料, 葯物)爲業,(以及經營海上交通和入唐求學), 朝廷在廣, 揚二州特置市舶使(司), 足見揚州也是一個對外(交通和)貿易的重要(國際)商埠. 詩人張祜『縱游淮南』詩, 有"十里長街市井連"句, 商業大槪比廣州更(加)繁盛.

根據余之研究, 唐代的揚州, 不僅有一個繁榮昌盛的內河運輸業, 而且還有一個興旺發達的海外運輸業, 業已成爲海上絲綢之路的終端和起點. 因之, 通過海上絲路來到揚州的外國人, 除掉西亞的大食國(卽阿拉伯), 波斯(卽伊朗)人而外, 還有南亞的婆羅門(卽印度)人和東南亞的昆侖(卽緬甸)人, 占婆國(卽越南)人, 以及東北亞的日本人, 新羅和高麗等國人. 但在整個唐代, 最先來到揚州, 而且來往頻繁的外國人, 還當首推新羅國人；居留最多的外國人, 當是波斯和阿拉伯的商人

因此說, 對唐代揚州的研究, 乃是探討中古世中國與海上絲路諸國, 卽亞洲和北非諸國經濟和貿易關係, 以及文化和宗敎關係史硏究的需要, 也是發展現代經濟和文化交流與合作的需要,　這是一個較大的歷史課題. 因是,　此次僅涉及唐代揚州和新羅的文化遺蹟,　及其與之有關的友好往來和文化交流諸問題的考證,　其它方面和其它問題,　還得留待于今後的探討.

唐代揚州城址論證

記載揚州唐代城址的文獻,　當以唐朝編修的『元和(806~820　A.D.)郡縣圖志』爲最早, 由于其中"淮南道卷"的遺失, 唐代揚州的『圖』與『志』, 遂成了歷史的懸案. 因之, 日本請益僧圓仁所撰『入唐求法巡禮行記』就成了揚州城址及其規模的較早的文獻記載. 據『行記』中云：

(駐節在)揚州(的淮南)節度使, 領(有)七州, (卽)揚州, 楚州, 廬州, 壽州, 滁州, 和州 (舒州)也. 揚州(領)有七縣, (卽)江陽縣, 天長縣, 六合縣, 高邱(郵)縣, 海陵縣, 揚子縣也.

揚(州大都督)府(所在的揚州城), 南北(長)十一里, 東西(寬)七里, (城的一)周(有)四十里

圓仁和尙是于唐代開成三年(838　A.D.)七月二十六日, 經由揚州東郭水

門, 到達揚州羅城郭內, 宿在"江南官店". 所記揚州城址及其規模的時間, 是在其年九月十三日, 于開元寺聽"二十一郎來語."

在圓仁之後, 載述揚州唐城範圍的文獻, 當推沈括所著『夢溪筆談』, 據其在『補筆談』中云：

揚州在唐時最爲富盛, 舊城南北十五里一百一十步, 東西七里三十步.

別在圓仁與沈括撰述前後, 尚有『新唐書·高駢傳』, 及北宋時期(11世紀前後)所修『太平寰宇記』等書, 也有所記載. 後此之撰, 尚有元初(13世紀初葉)盛如梓所著『庶齋老學叢談』一書, 據其中云：

今之揚州, 秦爲廣陵縣, 漢爲廣陵郡. 揚州治所, 或在歷陽, 或在壽春, 或在建康, 廣陵皆非所統. (直至)隋開皇初(年), 方改爲揚州, (治于廣陵), 其(時唐)城卽今寶佑城(也), 周三十六里.

在此之後的明淸兩代揚州府縣之書, 幾乎在『城池志』裏, 對唐代揚州城池的載述, 大體上沿用的沈括所云 "南北十五里一百一十步, 東西七里三十步." 及盛如梓所云之"周三十六里"的復合之說. 尤其爲淸代嘉慶年間編纂的『重修揚州府志』收入『城池志』後, 這一復合之說, 其已就成了近二百年來中外史學家們著述的依據.

因此, 遂爲日本早稻田大學教授安藤更生所著『唐(鑒眞)大和尙東征傳之研究』一書, 作爲唐代揚州城池考證的依據, 并使之與今揚州城池, 及其街坊鄕里結合. 得出古今揚州城池的廢墟與現實的復合, 卽是唐代揚州城池位置和範圍的結論, 并爲一些歷史和考古學人奉以爲圭臬, 從而形成『安藤說』新舊兩派. 但是據余自西曆1963～1975年以來的實地考察, 并結合文獻研究, 終于發現唐代牙城的三重城郭的斷壁, 和一重羅城的殘垣, 以及被明代初年廢棄的宋代揚州大城的北郭和夾城的全址. 因而可以說：唐代的揚州城, 是一個座落在蜀崗上下, 周邊不規則形的遺址 (附『唐代揚州城池位置圖』) 以地面遺蹟, 按 1：50,000的實測地圖, 結合公制來計算, 周長爲 12,200米, 卽 12.2公里. 再按 1：2華里的里制來換算, 周長爲二十四華里多一點. 它的東西對徑, 從地面遺蹟來看, 城池東西走向的最大寬度, 是在蜀崗下的羅城部分, 按1：50,000的實測地圖, 以公制換算成華里計算, 爲六里四十餘步. 這個寬度, 加上今制與古制數值上的差異, 記載或繪圖時的錯誤, 可以認爲是"七里"與"七里三十步"的近似值.

至于揚州唐城規模的文獻記載, 這在唐人詩文和後世著述中, 大致有以下比較具體一些的載述:

一是在杜牧所著『揚州三首』五言詩中, 有"街垂千步柳, 霞映兩重城"的吟咏.

二是在『太平廣記·杜牧條』, 有"揚州勝地也, 每重城向夕, 倡樓之上, 常有絳紗燈萬數, 輝羅耀列空中"的記載.

三是在『嘉慶重修揚州府志·城池志』中, 有"唐乾符六年(879　A.D.)高駢自鎭海節度使, 徙淮南節度副大使, 繪完城壘, 時有大城, 又有牙城"的刊載.

以上所擧三例, 均皆說明唐代的揚州城是"重城", 而不是 "單城". 至于到底是幾重城的問題? 杜牧說是"兩重城", 這與"時有大城, 又有牙城"說相合. 但"大城"或"牙城"又是"幾重"的問題? 這在古今中外的典籍上, 缺乏明確而又具體的記載. 惟鄕人耿鑒庭醫生在硏究了安藤更生博士的唐代揚州城池論著, 與南宋時期(13世紀中葉前後)揚州城磚的銘文以後, 已經意識到了這一點. 他在西曆1963年『文物』9期17頁所刊文章『注一』中說:"有人以寶佑城之東壁線爲唐城之東壁線, 恐不盡然, 因知其東尙有古城崗的記載". 幷在附圖的『圖例』中說明:"唐牙城(子城), 其東壁線, 恐尙在東." 子城的東壁線, 雖然確在更東一些, 可是它已是別一重城的東壁殘垣. 因此, 這就必然牽涉到子城到底是幾重的問題. 從總的方面說來, 唐代揚州城池有兩重, 卽大城和子城, 或稱作羅城和牙城. 但是, 從這兩重城的具體情況來說:子城, 却是三重城, 可分爲內城, 外城和附郭東城. 這是"由春秋迄唐, 雖遞有興築, 而未嘗易地"的那個部分. 大城祇有一重城, 這是自隋唐"聯蜀崗上下以爲城", 于蜀崗下增築起來的那個部分.(見『唐代揚州城址位置圖』) 至于在蜀崗下所築之城的沿革, 乃是上自隋代煬帝于大業十二年(616　A.D.), "分江陽縣置本化縣于郡南, 半邏合瀆渠"開始, 下于唐朝淮南節度副大使高駢, 于乾符六年(879　A.D.)在揚州"繕完城壘"時止的羅城部分. 由于余之所述, 是以考古所得資料爲主, 以文獻所載資料爲輔之說，直接冲擊到古今不一的揚州唐城說，特別是以安藤更生敎授爲代表的言論，因而引起了軒然大波，遂有人在『文物』月刊上，以『揚州古城址變遷初探』爲題，對唐代揚州城址的不同論爭，提出了"一種以日本學者安藤更生的意見爲代表……，別一種意見以揚州博物館的朱江同志爲代表的"兩種不同的看法，卽『安藤說』與『朱江說』.『兩說』的主要分岐：一是在"子城"方面，主要是在城垣幾重的問題上，隨着近幾年來的考古發現，業已漸趨一致. 二是在"羅城"方面，焦點集中在城的範圍問題上. 這也是所有揚州唐城論爭中，分岐最大的一個問題，它牽涉到揚州唐城的總體規模及其總體布局，一個帶有根本性的問題. 因此，本文將就安藤新舊兩『說』的觀點中，與羅城範圍相關的一些問題，先加以一些概述，以便展開討論證.

對于羅城的範圍，『安藤舊說』認爲：自其西北垣之觀音山脚下，經二十四橋，雙橋，向南延伸到荷花池西側的小高莊，成90度角，折向正東，與今城南垣相接. 然後向東延至康山，再成90度角，折向正北. 以後經高橋，黃巾壩，向北延伸到今東風磚瓦廠附近，又成90度角. 再折向西北，延伸至桑樹脚附近，與子城南垣連接. 南北最大長度爲4200米，東西最大寬度爲3100米. 而『安藤新說』認爲："北起平山堂之下，向南迤邐一公里許，至念四橋附近，轉向正東約一公里，至小金山處，又轉向正南，經牛大汪外城河，荷花池，而進入揚州城南的運河. 我們懷疑它原來應爲羅城西部城濠的舊址." 至于羅城的南界，東界與北界，則與『舊說』相一致. 其南北最大長度爲4200米，東西最大寬度3100米，最小寬度爲2300米.

『朱江說』的調查發現，揚州唐代羅城的範圍，卽北起觀音山以南牙城的外城西南角，向南延伸至二十四橋對岸，成直角轉向正東；經風凰橋，抵黃巾壩，成直角轉向正北；延伸至沈家山南，成直角轉向西北；經丁家冲南沿，與牙城附郭東城東南角十垣接連. 其南北最大長度爲1450米，東西最大寬度約合3100米. 由此可見，『安藤說』與『朱江說』的最大分岐點，是在于羅城的南北對徑的長度. 卽『安藤說』把羅城的南界，劃在"今渡江橋略向北處"；而『朱江說』則把"其南牆劃在從保障河經風凰橋到高橋一線."

兩家之說各自的依據是什麽? 『朱江說』的主要依據已很淸楚, 而『安藤說』主要依據 : 一是沈括的『補筆談』; 二是揚州近年的考古發現, 卽西曆 “1973~1974年揚州市內汶河路一帶, 陸續發現和出土了非常精美的唐三彩器, 還有湖南長沙窯瓷和‘羅城務官’城磚, 以及居住區的木樁, 水缸等遺物. 這說明唐代‘羅城’是當時相當繁榮的商業區和居民區”的說法; 三是 “在五亭橋南面, 有一塊半圓形的地面, 面積約2萬平方米, 保障河至此有一支流繞其南緣而過. 參照牙城東, 西, 北三門外的甕城遺蹟來看, 這裏可能是古代甕城的遺蹟. 其上有法海寺, 此寺‘建于元(代)至元(年)間’(1335~1340 A.D.), 故北城門應早于元, 而宋三城的位置均不在此,(附『宋代揚州城池位置圖』) 故極有可能是唐代羅城的城門遺蹟”; 四是 “位于漕河以南的雙橋公社新莊所在, 還發現了甕城遺蹟……據嘉靖時所繪宋三城圖, 其他城均未達這裏. 證之以往考古發現, 如唐代手工業作坊遺址, 唐代寺廟遺址, ‘七八·二工地’的, 唐代文化堆積, 均在漕河之南, 且和唐代寺廟遺址出土的惠照寺石刻碑記所云 : 惠照寺 ‘在揚外城內’的記述, 及開成年間(838 A.D.)來中國學習的日本僧人圓仁(所)記唐城 ‘在南北十一里’, 及宋人沈括, 歐陽修, 洪邁, 樓鑰等, 關于唐城規模比宋揚州城的規模爲大的表述相一致, 據此認爲那種唐城南界劃到今渡江橋偏北東西一線還是可信的”的理論. 因之『安藤說』新舊兩說論證的依據, 基本上是以文獻記載爲主, 雖然也注意到考古學資料的運用, 而是以文獻來套考古學的資料, 因而有許多地方不能成立. 例如, 揚州博物館 “七八·二工程” 工地淸理小組則認爲 :

(1) “這一地區內唐代文化層, 一般都在離地表深3至4米以下, 但幷未能連接成片, 更未形成一個相近的平面, 而是高低參差不齊的, 最大高差近一米左右……這裏不象是一個人口居住的稠密地區.”

(2) “在這項工程中, 于1號橋址的東側, 發現一座唐代甕棺葬, 另外在(西曆)1974年發掘的汶河西路(卽今廣陵區政府內)和工人文化官(地下)唐代遺存中, 有土坑墓葬群出現, 幷有靑瓷等隨葬器物(出土)……此地區應屬唐城之郊.”

因此, 以考古學結合歷史學資料來探討唐代揚州城址的『朱江說』, 論定漕河以南不是揚州唐城所在的基本觀點和具體理由，　將作爲本文論證的重點．　爲了論證的方便，　試以考古學上經常采用的座標測量法，(卽第一象限) 以1：10,000米的揚州地圖爲藍本，按照『安藤說』的羅城範圍，劃爲若干平方面積爲一厘米的方格，以城東南角上的"康山"爲基點，向北向西測算.(卽第二象限)　并把文獻與考古學資料中，與揚州唐代羅城有關的記載與發現，逐一表示出來，并加以說明.(附『揚州唐城論爭示意圖』)　爲了敍述上的方便，現先從城東南角上的"康山"開始如下：

論證之一：

康山，　卽在地圖上可以看到的宋大城的東南角上的一座小土崗，名曰康山，已于本世紀五十年代初被平毀．據耿鑒庭醫生所云：當時他"在土崗內發現淸晰的夯土層，"　認爲"是唐羅城和宋大城的東南角遺蹟的可能性是非常大."　可是，這在史籍中却是別一種說法．據『兩淮鹽法志・恩幸五』載："康山……在揚州新城東南隅，明永樂時,(1403～1424 A.D.)　平江伯陳瑄浚治運河，　改其道由城之東南，委土于側，隆然成山．嘉靖(1521 A.D.)中，增築新城，循其麓爲址．(天)啓(崇)楨間(1621～1644 A.D.)大理寺卿姚思孝葺爲山館，　先是修撰武功康海嘗寓于此，　禮部尙書董其昌置其楣曰："康山草堂，"　名由是著．後寢廢爲民居，布政使衛江春盡購其房屋，大加修建，以復思孝之舊而增廓焉．"　這不僅是康山的沿革，更重要的是說明了"康山"名稱的由來，既然是"委土于側，""隆然成山"的"土崗，"　不可能有"淸晰的夯土層"可辯．在這一點上，淸代乾隆皇帝倒比今人還要精于鑑別，并有所批判．他在『游康山卽事』詩注中云：

"康山在新城門內，高三丈許，無石骨，蓋昔人浚運河時積土所成，因築山館．志書未詳所始，亦弗深考耳."

總而言之，見于著錄的康山，當然不是"唐城和宋大城的東南角城垣遺址."

論證之二：

再說康山城外東南一隅的城河，　乃是後世京杭大運河中的淮南運河中的一段. 開鑿的時間, 據徐庭曾在『邗溝故道歷代變遷圖說・自序』中云：“揚州城南運河, 宋新河故道也, 眞宗宋天禧(年間 1017~1021 A.D.)始開之.” 再從近世揚州考古發現來看, 如于西曆1958年發現的唐代長慶元年(821 A.D.)揚州大都督府法曹參軍韋署夫婦合葬墓的位置, 卽在運河的東岸, 被埋在高約6米左右的土阜之下. 土阜之上, 葬有南宋德佑元年(1275 A.D.)阿拉伯傳敎士普哈丁的墳墓. 沿此運河線向北不遠, 在今五臺山及其附近, 發現有唐人墓葬群, 也是被壓在這道土阜之下. 因之所謂的五臺山, 是和唐人韋署墓上的土阜一樣, 它十分明確地說明, 乃是開河積土而成, 當是唐代以後的堆積. 也就必然是北宋時代人爲的土崗.

因此可以肯定, 康山乃是明代開河時委土成山的遺蹟. 至于流經城東城南的河道, 亦當是北宋時期開鑿的運河故道. 而這道運河及其兩岸, 原系唐代揚州江陽縣嘉寧鄉連成一片的土地. 那麼, “羅城東墙在今高橋附近南北一線”的『安藤說』, 也就顯得蒼白無力了. 因此, 爲把討論證引向深入, 有必要把問題引向『安藤說』所謂的“羅城”內來進行.

論證之三：

卽在『揚州唐城論爭示意圖』座標1200×230米(卽12×2.3厘米, 下同)的地方, 卽瓊花觀街上的蕃釐觀所在, 據嘉靖『惟揚志・寺觀志』載云：

蕃釐觀, 卽古之后土祠, 瓊花産焉. 在府城(卽舊城)大東門外. 漢成帝元延二年(11 B.C.)建, 宣德年間(1426~1434 A.D.) 郡守韓弘增修, 吏部尙書魏驥有記.

別據『讀史方輿紀要』載云：

蕃釐觀：在舊城東南隅, 五代以前在城外, 謂之后土廟, 俗所謂瓊花觀也. 唐中和二年(882 A.D.)妖人呂用之說高駢崇大其廟, 極江南工材之選, 名唐昌觀, 後廢, 明正德年間(1506~1520 A.D.)建.

幷據宋代學者司馬光所修『資治通鑑・唐紀十七』載云：

(呂)用之微時, 依止江陽后土廟.(胡三省注云：“后土廟, 今揚州城東南隅蕃釐觀是也. 然揚州古城在蜀崗之上, 北連雷塘. 今城周世宗(954~960 A.D.)所徙, 則此時后土廟在揚州城外也.”

這些記載, 是否准確可靠? 再來看看以下旁證：

(1)『資治通鑑·唐紀』所云之 "江陽后土廟," 卽江陽縣后土廟. 此地東距唐代揚州大都督府法曹參軍韋署墓葬所在的"江陽縣嘉寧鄉五柞村," 僅450米；西距開成五年(840　A.D.) "陳少公亡太夫人蔣氏墓志"出土的 "江陽縣嘉寧鄉五柞村之原," 卽舊城"大東門之南," 只有1100米. 這座"后土廟," 地處江陽縣嘉寧鄉五柞村的腹地, 足證上述諸家記載不謬, 證明此地確是揚州唐代羅城的東南郊野.

(2) 唐代揚州的江陽縣, 乃是唐"貞觀十八年(644 A.D.)由揚州大都督府"長史李藻奏割江都縣合瀆渠以東九鄉而立"的附郭縣. "合瀆渠"自是江都與江陽兩縣的分界線.

合瀆渠『舊志』皆云其爲古邗沟也. 『漕運志』作漕河；『一統志』作官河, 又名運河. 可見"合瀆渠," 卽是唐代早期的運河. 關于這條運河的具体位置, 『試述揚州水道的變遷和唐城』一文的作者說：西曆"1978年3月揚州石塔寺路附近唐代古河道的發現, 爲我們提供了重要的線索." 并說："很可能就是寶曆二年(826　A.D.), 被王播所廢棄的'揚州城內舊漕河'中的一段." 雖然這種認識還難說是定論, 但他恰好證明了 "蕃釐觀"的具体位置, 就在這條"官河"以東的地方. 從而證明妖人呂用之所依止的"后土廟," 確在唐代揚州江陽縣境內. 它與這條官河相距, 大約1700米左右. 正好處在『朱江說』的揚州羅城南界"漕河"以南, 約1600米的地方.

論證之四：

卽在座標1460×1320米的地方, 卽舊城大東門之南, 于清代光緒八年(1882 A.D.)二月二十四日, 出土了由進士呂眞儉撰記的唐代『陳少公亡太夫人蔣氏墓志』石·据其所載："卜兆于嘉寧鄉北五柞村之平原"；并在座標1250×1260米的地方, 卽今新城務本橋之南, 于光緒二十年(1894　A.D.)三月, 出土有唐大中八年(854　A.D.)『唐故彭城洪府君夫人張氏墓志』磚, 据其所載："安厝于江陽縣郡城址東嘉寧鄉五柞村, 啓故先歿府君之塋, 同歸合付, 并棺千載." 并據民國『江都縣續志』編修者云：與洪夫人張氏墓志"相同時間出土的尚有『毛夫人鄒氏墓志』," 也"葬于嘉寧鄉之原." 別在座標0×1250米的地方, 卽今龍頭關舊城根, 與"洪夫人墓志"同年出土的, 有唐元和五年(810 A.D.)『唐故彭夫人墓志』磚, 載云："窆于清寧鄉嘉禾村," 幷據民國『江都縣續志』編修者按曰：

"然則當是今(之舊城)大東門南段, 爲嘉寧鄉五柞村, 小東門南段, 爲清寧鄉嘉禾村矣!"

此外, 在光緒三十三年(1907 A.D.)編印的『國粹學報』第七冊內, 鄉人劉師培考云：

"意唐代之時, 今揚州郡城之西半, 分屬江陽, 揚子二邑. 在北者屬江陽縣, 在南者屬揚子縣, 卽以"五柞村"爲二邑之界."

以上述及的這些唐人墓志, 基本上在今之新舊城交界的市河沿線出土, 劉師培說這些墓志, 是因"揚州舊城浚河"而被發現. 若把這個情況和近幾年揚州唐城考古的規律結合起來看, 唐代文化遺存的層位, 平均自地表以下4米至5.5米處, 個別灰坑深可達到地表以下7米, 再下均爲黃沙生土層. 從而證明, 『安藤說』所謂的"羅城"南界, 已是一個不容置疑的錯覺.

論證之五：

卽在座標1500×1670米的地方, 卽今舊城北門街南首西側, 于本世紀六十年代上半葉, 有一唐代瓮棺拾骨葬發現；別在座標980×1680米左右的地方, 卽今揚州工人文化官內, 于西曆1974年, 在其工程工地, 又有唐代"土坑墓葬群出現"；幷在座標1100×1850米左右的地方, 卽今揚州市廣陵區人民政府禮堂後身, "發現了唐代的土坑葬群," 出土了許多唐代文化遺物；幷在座標1050×1970米的地方, 卽今石塔南沿, 于西曆1978年2月, 在離地表6.9米深的唐代木橋遺址一側, 復有一個唐代瓮棺葬被清理出土.

綜合『論證三, 四, 五』三點列舉的考古學發現來看, 在『安藤新舊兩說』所謂的羅城南半, 不僅在今日之前的歷史上, 陸續有唐人紀年墓發現, 而且在今之時不斷有唐人墓葬群發現, 這怎麼可能構成"十里長街, 八方通達, 帆墙如林, 燈火燭天"般的唐代揚州羅城景象呢?

再從唐代行政區劃的制度來看, 据『舊唐書·職官志』記載：唐代"兩京及州縣之郭內分爲坊, 郊外爲村." 結合實際情況來看, 有唐一代, 大都實

行的郡縣制, 卽在中央政府之下, 設道, 設州(郡), 設縣. 在縣之下, 設鄉,
設村或里. 只在州或縣城之內, 設坊里, 而不設鄉或村. 可是, 從本文『論
證之三, 四』所列擧的唐人紀年墓志, 其所載的地名, 均屬城郊之鄉村行
政設置. 如在宋代大城之北, 卽今舊城大東門向南一段, 爲江陽縣的嘉寧
鄉, 與今東關城外的回回堂及其附近同屬一鄉. 這兩地的距離, 僅三華里
多一點, 還未超出一個鄉的區劃極限. 如在宋代大城之南, 卽今舊城小東
門向南一段, 則爲江陽縣的淸寧鄉. 由此可知, 那種把宋大城說成是唐代
的羅城的論點? 不能是合乎邏輯的解釋.

　　論證之六 :

　　卽在座標1050×1300米/ 1050×2190米的地方, 揚州市人民政府于西曆
1978年2月,　在這裏興筑一項工程, “由揚州西郊掃垢山向東,　經淮海路,
汶河路, 仁豐里至萃園橋止, 全長達3華里, 寬5~10米, 深度6米, 總面積
約8500平方米.”　今按1：10000比例實測的揚州地圖測算,　全長爲930餘
米, 約合二華里弱一點. 在這段工程中, 除在“工程的西段石塔寺前右側,”
發現一座“水面跨度近30米”的唐代木橋遺蹟和“淤塞的河道”而外,　還在
工程中段,　卽今揚州市廣陵區人民政府門口的“主幹道上,”　“發現了一條
南北向的河流,　河床寬約30米.”　并在通向區人民政府內的“支幹道中,”
“發現了2號橋址和獨木舟”的遺蹟. 在這次工程中最大的收穫, 据揚州博
物館考古副主任, “七八 · 二”工程工地淸理小組成員印志華(副研究館員)
執筆的報告中云：

　　“出土了大量的多色彩的陶瓷器殘件和幾十件完整器,”(給他留下最深的
印象是) “這一地區內的唐代文化層, 一般都在離地表深3至4米以下, 但并
未能相互連接成片, 更未形成一個相近的平面, 而是高低參差不齊的”區
域.

　　他認爲：“由此看來,　此地區應屬唐城之郊,”　卽宋代州城與明淸以來
的舊城所在.

　　幾乎與此同時,　市人民政府還在座標1850×790/　252×1080米的地方,
興築了一條地下道.　此項工程南從廣儲門外街河邊開始,　由史公祠紀念

館與梅嶺小學之間穿過, 北至環城馬路爲止, 全長約700米, 寬與深度, 均與前項工程相等, 一直挖至生土層, 沒有發現一處唐代文化堆積, 也罕有唐代文化遺物出土.

別在座標480×1220米的地方, 卽明淸以來的新城邗江路(原多子街)西首街南, 興建共和春餃面店時；幷在座標480×1070米的地方, 今渡江路北口西側, 興建五金交電大樓時；在座標480×730米的地方, 今廣陵路(原左衛街)中段南沿, 興建廣陵區人民法院大樓時；以及在座標0×360米的地方, 卽南河下街, 建築七二三硏究所大樓等項工程時, 其基礎工程的挖土深度, 雖已達到4米或4米以下, 但未發現唐代文化遺址, 卽便連唐代文化遺蹟, 也較少見. 難怪工地淸理小組要在『揚州"七八·二"工程工地唐代文化遺存淸理記略』中云："七八·二"工程的挖掘, 在今揚州城區, 恰似開了一條大探溝, 使這一地區內的地層, 地貌情況, 明晰在展示我們面前……這裏不象是一個人口居住的稠密地區." 這無疑對『安藤新說』的"1973～1974年在揚州市內汶河路一帶, 陸續發現和出土了非常精美的唐三彩器, 還有湖南長沙窯瓷器和'羅城務官'城磚, 以及居住區的木樁, 水缸等遺物. 這說明唐代揚州羅城是相當繁榮的商業區和居民區"的立論. 是一個無情的反駁.

論證之七：

卽在座標1820×2530米的地方, 原爲掃垢山, 今爲揚州大學師範學院地下會堂工程工地, 此項工程在距地表6米深的層位興建, 于西曆1980年6月, 出土一方唐代貞元十九年(803 A.D.) "□府君墓志"刻石；幷在其西南約20米的地方, 發現一截開成三年(838　A.D.)的『大唐揚州惠照寺新修佛殿志』殘石；別在其西北約30餘米的地方, 卽師院工會樓西側"唐代寺廟遺址"所在, 于西曆1977年5月, 出有一方紀年爲"壬午歲二月"的"姚夫人合付"磚刻殘志；別在其西南約50米的地方, 卽師院敎學大樓南沿唐代手工業作坊遺址東南, 約10米的左右的地方, 出土一座形制完備的唐人土坑墓. 幷在這座土坑墓裏, 發現一件銅官窯瓷罐, 它的形制大小, 花紋, 釉彩, 基本上與其東北相距約730米的顧莊唐墓出土物相似. 由于這一地區,出現了作坊, 寺廟和墓葬雜處的狀況, 又出現了早期被破壞的狀況, 特別是『大唐惠照寺新修佛殿志』的出土, 格外加深了『安藤說』與『朱江說』在唐代揚州羅城西垣的分岐. 例如：

『安藤說』者認爲：

(1) "這次發掘範圍, 均在揚州市西門外雙橋附近的'掃垢山', 當時應爲唐'羅城'之西緣." 但是,『安藤說·發掘簡報』却只字不談在位于掃垢山北段的師院教學大樓南面, 發現唐人土坑墓和唐人墓志的事實.

(2) "從這處寺廟遺址的範圍和所在位置觀察, 它是一座設在唐代揚州羅城城內, 規模相當宏大的寺廟." 但是,『發掘簡報』并沒有交待"姚夫人合付"磚志出土的層位, 也未提及在其西南50米, 那座唐代土坑墓出土的情況.

(3)『安藤說』者依據『大唐惠照寺新修佛殿志』殘石上, 有"惠照寺, 在揚州外城內"的文字, 斷定"此地確屬羅城西沿無疑." 并且認爲與此殘碑同時出土的唐代貞元十九年(803 A.D.)墓志, 是由別的地方移來. 但是,『發掘簡報』的這一穿鑿附會之詞, 只是『安藤說』者的主觀想像和願望, 并不符合客觀實際.

僅從以上三點推敲『安藤說』的新論點, 卽便不和羅城東部情況關係起來, 也就不攻自破了.

因之,『朱江說』者認爲：

(1) 寺廟設在城外的情形, 歷代都有實例存在. 如唐代揚州的大明寺, 卽在牙城的西側 ; 再如禪智寺, 卽在牙城的東郊.

(2) 寺廟附近有墓葬的問題, 也有實例可考. 如唐故淮南節度討擊副使兼泗州長史田俛夫婦等唐人合葬墓和單葬墓, 就發現在禪智寺與山光寺南向平原上. 所以說, 在這惠照寺的附近, 發現唐人的墓葬, 正是這座寺廟處在郊外的徵象. 因是, 在這座寺廟遺址的左近, 發現了"姚夫人合付"墓志 ; 在遺址的東南隅, 發現了貞元十九年 "□府君"墓志 ; 在遺址的西南方, 發現了唐人土坑墓, 無一不是說明此地確屬唐代揚州羅城的西郊.

(3) 至于那截『大唐揚州惠照寺新修佛殿志』殘碑的出土, 它雖是唐, 宋以來惠照寺遺址研究的重要物證, 但不是唐代惠照寺址的確證. "物證"的價値, 由于它是在寺廟遺址, 已知面積的東南不遠的地方出土遺物, 因其只剩下半截殘碑, 只能作爲惠照寺變遷的參考. "確證"的價値, 是由于此類碑石, 常在歷史上因寺廟的遷徙而被移置, 甚至于喪失. 僅從此通碑刻上的 "惠照寺, 在揚州外城內"的記載來判斷, 惠照寺址確曾設在唐代揚州城內. 但是, 『安藤說』此地是"羅城內," 也就驢頭不對馬嘴了.

　再說, 此通碑刻所記的惠照寺的具體方位時 : "當揚之理所午未." 此句中的"理," 在這裏應作方位講. 據『漢書 · 天文志』云 : "房南衆星曰騎官, 左角(曰)理, 右角(曰)將." 因此說 : "當揚之理所"應釋爲 : "當揚州城址左角." "左"在方位學上, 屬于東方. 或應釋爲 : "當揚外城之東." 至于"午未"一詞, 它和"子午線," "子午道"同屬一個意思, 在這裏應作位置解. 按中國古代十二辰的順序順轉, 它的位置, 確在此方位角上. 這和嘉靖『惟揚志 · 寺觀志』所載惠照寺舊址, 在"縣北三里大儀鄕," 卽今城北郊桑樹脚附近的地理位置相一致. 再說, 這通殘碑所載"明帝先天元年改爲東大安國寺"的"東"字的方位, 也是與『朱江說』的唐代揚州子城之外城的"左角"相應的, 卽"理所"之"午未." 此"理所"或曲作"治所"講, 也是這個道理.

　(4)　至于唐代揚州惠照寺的沿革, 據嘉慶重修『揚州府志 · 寺觀志』引南宋『寶佑志』云 : "古木蘭院(在)縣治西, 卽石塔禪寺……舊爲蒙因顯慶禪院, 本惠照寺. 劉宋元嘉十七年(440 A.D.)爲高公寺, 唐先天元年(712 A.D.)爲安國寺, 乾元中爲木蘭院, 及至開成三年(838 A.D.)建石塔, 葬古佛舍利, 因改爲石塔寺. 僧請以慧照舊額, 更創于甘泉山, 亦名甘泉寺. 石塔舊在西門外, 宋紹定(1228 A.D.)中 塔圮後, 僧從舊址重建, 至嘉熙(1237 A.D.)中, 始移創于城內(卽今舊城)浮山觀之西. 寶佑中(1253 A.D.), 賈似道重修." 由上述記載可以看出, 古木蘭院, 卽惠照寺. 在此之前, 爲高公寺, 爲安國寺, 在此以後, 爲石塔寺. 至于"寺名惠與慧異"的問題, 據嘉慶重修『揚州府志』云 : "或亦因以傳誤也." 若把『府志』記載和『大唐揚州惠照寺新修佛殿志』碑文對照起來讀, 就知道南宋『寶佑志』的記載無誤了. 今將殘碑刻文節錄如下 :

　　"惠照寺, 在揚州外城內, 當揚之理所午未……, 明帝先天元年(712 A.D.)改爲東大安國寺, 宣帝乾元二年(759 A.D.)改爲惠照

寺, 年圯漸遠……章帝元和十二年(817 A.D.) 有僧鄣人梁氏子
廣……, 開疏理建佛室……, 是佛殿軒敞, 三門兩廊……"
綜合『寶佑志』所載及『開成碑』所記, 不難從中得知, 其異同點在于:
(一) 志載：劉宋元嘉十七年(440 A.D.)爲高公寺；
　　　碑文無記述.
(二) 志載：唐先天元年改爲安國寺；
　　　碑云：明帝先天元年改爲東大安國寺.
(三) 志載：乾元中改爲木蘭院；
　　　碑云：乾元二年改爲惠照寺.

兩相對照下來, 可謂何等相似乃爾. 由此可見, 『大唐揚州惠照寺新修
佛殿志』殘碑, 是和"古木蘭院"同屬一個寺廟, 卽爲劉宋元嘉十七年(440
A.D.)創建的"高公寺." 當其時, 廣陵郡城址, 卽在唐代揚州牙城所在的蜀
岡上, 卽碑志所云："外城(以)內"的地方. 寺的原址, 亦當在此. 後在唐代
先天元年改爲"東大安國寺," 乾元二年又改"惠照寺." 約在六十年後的唐
代寶曆年(825~827 A.D.)間, 始有王播所撰"二十年前此院游, 木蘭花發院
新修"的詩傳世, 因知寺有木蘭院, "蓋因此以木蘭院著名"于時, 其時此
寺尙未移離舊址. 及至宋代紹定年間(1228~1233 A.D.), 寺已移置州城西
門外, 卽今師院工會大樓所在的西側. 後又于嘉熙年間(1237~1240 A.D.),
移創于州城內浮山館之西, 卽今石塔賓館所在之域. 足見惠照寺殘碑, 本
來與開成三年(838 A.D.)建造的石塔, 同屬一個惠照寺的遺物. 可見此殘
碑是由舊址移來新寺的刻石. 因此說, 殘碑只是歷史的物證, 而不是寺址
的確證.

(5) 至于在師院工地揭露出來的寺廟遺址的年代, 沒有理由以出土的
咸通十四年(837 A.D.)石刻經幢, 碑記, 及石造像爲確證, 而斷定爲"唐代
寺院遺址." 認爲在後代寺廟裏, 有前代造象或碑記的事例, 并不少見. 所
以說, 對一所寺廟年代的鑑定, 首先要看到它的建築物及其結構而定. 而
這個磚石結構所在的地層, 卽是『發掘報告』所說的"第一層." 這個"第一
層"所處的時代, 『報告』定爲"宋代." 這一判斷, 應當說是比較可靠的. 認
爲在這一層的鋪地磚上, 緊貼着地面出土了"宋錢," 卽『報告』在第二大段

『遺物』一節裏所列擧的"天聖","明道","治平","熙寧"等年號的銅錢, 爲
這座寺廟遺址的時代鑑定, 給以有力的佐證. 再從已出土的建築材料形
制諸多方面來推敲, 也不具有唐代的特征, 因而可信爲宋代寺廟的遺址.

至于第二, 第三層的唐代文化堆積, 基本上是被壓在這座磚結構寺廟
基礎之下的層次. 甚至在遺築這座寺廟的時候, 還有一些唐人墓葬遭到
了破壞, 以至有"姚夫人合付"殘志出土. 這從別一側面說明, 這座寺廟的
年代, 亦當屬在宋代.

此外, 在這座寺廟遺址的發掘過程中, 幷未在第二, 第三層堆積裏, 發
現屬于建築基礎部分的遺蹟, 更可說明這座寺廟遺址, 幷不是唐代寺廟
的遺存.

(6) 更何況還在這裏出土了唐代貞元十九年(803 A.D.)的"□府君墓志."
據這方墓志上講："遠祖因官而遷, 今爲江都人……以貞元十九年六月十
六日, 寢疾而終……以其年七月十八日葬于彭城鄕之先塋." 這不僅說明
這裏有唐人墓地, 而且說明這裏屬于"彭城鄕"的地域. 據明代嘉靖『惟揚
志』記載, 宋代揚州城郊有"彭城鄕"和"善應鄕"等二十鄕, 後劃爲二十五
鄕. 其中的"善應鄕," 在民國十一年(1922 A.D.)繪制的『江都縣全圖』上尙
存. 不過, 在其北部已改爲"善應鄕," 南部已改爲"善里市." 這在大中四
年(850 A.D.)『唐故文林郎試左武衛率府兵曹參軍鄭公墓志』上, 有"以其年
十月十七日, 　將葬于江都善膺里之原"的記載 ; 幷在"□府君墓志銘"中,
有"善膺坊西, 亭亭月孤"的描述. 若說唐宋之間, 及墓志與文獻之間的差
別, 只是以"膺"爲"應"音轉方面的差異而已. 這些唐人墓葬所在的附近,
乃是民國時代及其以前的"善應鄕"和"善里市"的地域. 按唐代鄕里行政
區劃的規制推斷, 這裏屬在"彭城鄕"的"善應里". 這不僅從『鄭公墓志』中
得到證明, 而且從其位置在運河(卽合瀆)以西地界來判斷, 也應屬在唐代
揚州江都縣境.

綜合以上各點來說, 今揚州大學師院及其附近, 不僅是唐代揚州江都
縣的彭城鄕, 而且還有不少唐人的墓志, 它旣不可能是羅城的"西緣," 也
決不如『安藤說』者想象的那樣, 是由它處移來的唐人墓志. 如果墓志能
從異地移來, 那麼碑刻更能由甲地移置乙地了.

論證之八：

自日本學者安藤更生把揚州唐代羅城西垣線，　劃在北自觀音山脚下，經二十四橋，雙橋，向南延伸到荷花池西側的小高莊附近以來，先後被北京，南京和揚州的一些『安藤說』者所接受，幷以西曆1975年和1973年發現唐代作坊遺址，寺廟遺址等考古發掘資料爲依據，而加以論定. 後又經揚州唐城遺址發掘工作隊，以西曆1980年以來所作考古調查所得可以確認，幷說在"雙橋公社新莊還發現了甕城遺址," 在其以南還發現了下水道，似乎『安藤說』之羅城西垣說，而是無可置疑的了. 其實，他們又把問題搞錯，今從以下兩點加以論正：

(1)『安藤說』中的這條"土垣"遺址，雖然明代"嘉靖時(1522~1566 A.D.)所繪宋三城圖，其地域(確)未達及這裏," 但不等于不是宋代土垣遺蹟. 據『齊東野語』記載：叛將李全進圍揚州，"合諸項軍馬，幷驅鄉民二十餘萬，一夕築長圍數十里，圍合揚(州)之三城，爲必取之計. 會元夕欲示閑，(趙范)于(州)城中張燈大宴，(李)全亦張燈于平山堂. 中夜，(李)全乘醉同馬步極力薄城，趙范命其弟(趙)葵領兵出城迎戰. 至三更，勝負未決. (趙)葵先命朱虎，丁勝同持兵塞其甕門. 至是(李)全欲還而門已塞，進退失據，遂陷于新塘，由是各散去. 次日于沮如亂尸中，得一紅袍(將尸)而無一手指，乃(李)全也. 時紹定四年(1231 A.D.)正月後三日." 從這段記載裏得知，李全駐在平山堂，必然被北起雷塘，南至運河的宋代三座城池，卽州城，夾城，堡城，以及他所築長土圍子，阻隔在城的西郊. 當時駐守揚州的制置等使衙門，就設在州城(卽大城)內. 而李全乘醉連夜攻城，必然是攻打的州城，李全要攻打州城，必然先要越過自己築的土圍子. 因此，趙葵出城迎戰，必然是出州城的西門；所以趙葵和李全這一仗，也就必然是在大城以西，土圍子以東地域進行. 一當趙葵派人把李全所築土圍子的"甕門"堵塞起來，李全就成了進不得，退不出的"甕中之鱉." 由是而知『安藤說』者發現的"甕門遺蹟," 只能是南宋紹定三年(1230 A.D.)李全所築的土城.

(2) 再把這個土城，與在這一地域發現的唐代作坊，寺廟遺址，以及唐人墓志等等結合起來判斷，"那種把唐城西界劃在今天"雙橋公社新莊所在一線的看法，和"那種把唐城南界劃到今渡江橋偏北東西一線"的論點.

無論從考古發現或文獻記載那個方面出發，　均皆難以得到較爲合理的解
釋.

　　論證之九：
　　在整個『安藤說』者論及的羅城西壁遺址的立論中，　惟獨『初探』一文的
作者，比較客觀地說了以下一段話：
　　"在北河道從平山堂而下第一道向東拐彎處的河道內側，卽今五亭橋北
向西約400餘米處，據當地群衆反映，原來這裏沿河有一道曲尺形的土崗，
今已被平. 這樣，唐羅城西墻至此一度屈曲向東的可能性是很大的."
　　這段論述，應當說是可取的. 其實，這裏就是羅城的西南角. 余于西曆
1963年9月7日，在『揚州日報』所刊『揚州唐城遺址踏訪小記』一文中，業已
作了如下報導：
　　⑴ 確實在這裏發現了比較顯著的土垣遺蹟，幷在土垣地表，采集到一
種圓形的，以粘土燒成的，與擂石相類似的遺物. 那道隆然埋起的曲尺形
的土崗，還保留着相當的高度與出自人工的痕蹟.
　　⑵ 在這條"曲尺形的土崗"外沿流過的河流，自古以來，一直被人們稱
做"保障河". 今之所謂"保障河"，卽古之所謂的"堡障河". 這個"堡障"的
含義，卽是"以土(所)築之(城)". 這種以土築城的必然結果，及其實際需要，
必然要形成"旁河相險"的城濠，故而城濠有"堡障河"之稱. 所以辭學家釋
之爲：堡，城也. 障，濠也. 既然今之瘦西湖，卽是古之保障河，那麼，它
究竟是那個時代城垣的保障河呢？　據『初探』所云："從平山堂而下第一
道向東拐彎處的河道，和宋代三城，確豪無關係. 如果說它不是唐代羅城
西南的城濠，那麼，又能說它是那個時代的城濠呢？"　由此觀之，『安藤
說』及的羅城北半應爲南半，確有一條橫向東西的"保障河"，才是一個難
得的合理的解釋.

　　論證之十：
　　至于『安藤說・初探』一文，所談揚州羅城閶門的位置，這和羅城南界
密切相關，　不能不把它考證淸楚. 『初探』作者認爲："在五亭橋的南面，

有一塊半圓形的地面, 面積約2萬平方米, 保障河至此有一支流繞其而過.
照2號城垣東, 西, 北三門外的甕城遺蹟來看, 這裏也可能是古代甕城的
遺蹟." 幷說"極有可能是唐代羅城的城門遺蹟." 幷說"其上有法海寺, 建
于元代至元間(1335~1340 A.D.), 故此城門應早于元, 而宋三城的位置均
不在此."『初探』作者不談　自明淸(1368~1911 A.D.)以來, 這一地帶因大
肆建築園林, 所引起的地貌地形的變化, 僅從法海寺的歷史下結論, 也就
不能不失誤了. 法海寺, 又名蓮性寺, 據淸代嘉慶『揚州府志』記載:

寺爲"(元)正統元年(1333 A.D.)僧福宏修, 而寺中所存經幢石刻, 題(唐)
天祐三年(906 A.D.)法海僧惠恩建立. 又明嘉靖四年甓(1525 A.D.)碑載, 廢
井中得甓石, 有庚戌開皇十年(1590 A.D.)僧志德肇記十一字, 則寺創自隋
唐, (乃)宋元時重修也."

由此來看, 早在隋唐時代, 就有了法海寺, 這裏已沒有成爲"甕城"或
"城門"遺蹟的可能.

至于『初探』作者把這裏看成唐代揚州羅城的"閶門",　幷以"閶闔風"所
做解釋, 幷是以蘇州閶門爲西門的論點引以爲據, 顯然也是失誤. 這個問
題, 本來因爲"甕城"論被否定, 無需再作過多的分析. 但爲了能把問題說
得更加透徹一些, 仍有必要作如下考證. 如"閶闔風"和"閶門", 旣不是同
義詞, 也不是一碼事. 唐人王播所說的揚州"城南閶門", 是從唐代揚州城
池方位出發: 淸人顧祖禹所說的"府北閶門",　是從淸代揚州城池方位出
發. 如果把這座閶門的位置, 移在法海寺所在地, 它旣不是唐的"城南",
而是"西南隅"; 又不是淸代的"府北", 而是"西南郊". 其實, 唐代揚州羅
城的閶門, 除『王播傳』說在城南而外, 唐代詩人韋應物所寫『喜于廣陵拜
觀家兄奉送發還池州』詩中, 也有"南出登閶門, 驚飆左右吹"的說法. 可
見唐代揚州羅城的閶門, 確是羅城的南門.

再說, 雖然蘇州的閶門在城西, 揚州的閶門在城南, 但都不是千古不易
的兩條定律, 如成都的閶門, 卽在城東. 總而言之, 凡論史者, 都不能離開
當時當地的事實, 去奢談甚麼歷史的遺蹟.

論證十一:

若以唐代全盛時期的人口來說, 揚州及其所屬七縣, 僅七萬七千一百零五戶, 四十六萬七千八百五十七口. 它低于潤州, 常州和蘇州. 當其時, 住在揚州城裏的戶口, 除掉大都督府, 節度使司, 州衙和江都, 江陽兩縣衙, 以及駐軍而外, 就要數到江都, 江陽兩縣的士農工商和僑寄衣冠等色人等. 如果把這個四十六萬七千八百五十七口人, 用來除以七, 那麼每縣平均人口, 只有六萬六千八百三十六人左右. 卽便把全州人口總數的二分之一, 算做郡城所在的人口, 也不過是二十三萬三千六百二十八人多一點, 祇趕上今日揚州市區人口總和. 但是, 今日揚州城之占地面積, 只有4.4平方公里, 若和『安藤說』中的揚州唐城占地“面積達20平方公里左右”來比較, 祇占它的五分之一. 那麼, 每平方公里, 也只有11681.4人. 這樣的人口密度, 構不成唐代揚州“相當繁榮的商業區和居民區.” 再從客觀實際出發, 以文獻記載爲準, 唐代揚州江陽縣的範圍, 起始只有“九鄕.” 按照唐代的法令規定：“凡百戶爲一里, 里置里正一人, 五里爲一鄕, 鄕置耆老一人.” 卽便以盛唐時期的揚州人口總數, 除以戶口總數, 每戶人口的平均數, 只有六口多一點. 仍以這個戶口平均人數來計算, 唐代揚州江陽縣的每個里爲六百多人, 每個鄕爲三千多人. 全縣九個鄕只有二萬七千多人. 如果以此來合計唐代揚州附郭兩縣的戶口, 不會有太大的突破. 那種把唐代揚州城池擴得越大越好的想法, 未必切合唐代揚州的實際. 因此　余依然認爲：唐代揚州羅城的南界除掉城垣遺址的因素以外, 也不會越過漕河, 卽今之瘦西湖東西走向一線.

至于在西曆1984年, 于今舊城南門故址, 揭示出來的古城遺址的年代, 它始終與余所撰『揚州唐城論爭』所考之宋代揚州大城的年代上限吻合, 幷不能以此來－古城遺址來假說, 而改變本文所論各點的基本事實. 正如『安藤說』的“羅城論”, 幷不能推翻胡三省等名家疏注的“后土廟在(羅)城址外”一樣, 而不能成立.

論證十二：
關于唐代揚州城垣的周邊總和的問題, 早自公元九世紀以來, 已衆說紛雲, 時至『安藤說』新舊兩種論點相繼出現以後, 更是各執一是. 在這一千多年中, 由北宋『沈括說』, 與元初『盛如梓說』, 逐漸演變到現在的『安藤說』. 從這三說來分析, 沈括說的只是對徑. 如果這兩個對徑相對的兩個邊長相等的話, 對徑本身卽是邊長. 四邊相加. 求得的周長是四十七里二百八十步. 盛如梓說的恰是周長, 但只是專指的宋代『寶祐城』那個部分的周長. 按這個周長求四邊均等的邊長來看, 各邊均達到九里. 別據嘉靖『惟揚志·軍政志·城池』裏的記載來看："寶祐城, 一名新城, 俗號爲堡城者非是. 在府城西北七里江都大儀鄉, 周圍一千七百丈. 宋寶祐三年 (1255 A.D.)二月, 敕賈似道築." 按宋代里制三百步爲一里計算, 周長只有十一里三十六步, 而不是三十六里. 而『安藤說』恰以『沈括說』的長寬度, 與『盛如梓說』的周長相結合, 而成一家之言. 若再加上日本僧人『圓仁說』的"揚府南北十一里, 東西七里, 周四十里"的話, 就更加令人撲朔迷離了. 『圓仁說』雖有對徑, 又有周長. 但是, 如果把對徑看成是相對兩邊均等的邊長, 再四邊相加, 求得的周長而是三十六里, 又不是"四十里", 也不是『行記』國本卷一所說的"三十里".

綜合以上十二點考證, 以及余之實地考古調查所知：唐代揚州城址的位置, 應在今市區西北五里的蜀崗上下. 究其規模而言, 共分兩個組成部分：一是座落在蜀崗上的"牙城"；一是座落在蜀崗下的"羅城". 牙城亦名"子城", 卽"小城"的意思, 是唐代自揚州大都督府以下官衙集中的地方, 亦是原先隋煬帝的"宮城"所在. "羅城" 亦名"大城", 是在牙城東南平原上, 增築起來的民居和工商雲集的區域. 在牙城內, 曾經設過"都牢城使", 領有"牢城兵"；在羅城部分, 曾經設有"都羅城使", 直到南唐時期 (937~975 A.D.), 這一職守還有其人可考.(附『唐代揚州城示意圖』).

揚州的唐城, 從遺址來看, 城垣仍是版築的土墻, 但門闕已使用磚瓦版石建築. 從在遺址及其附近發現與採集到的文物來看, 常見的磚塊, 爲比漢代磚略小, 比現代磚稍大一些的素面無紋磚. 還有一種特制的"羅城官磚", 長39.5, 寬19.5, 厚5釐米, 幾乎已與漢磚的尺寸相埒. 常在磚的頂頭, 模印有凸體的銘文, 字數不等, 有"羅城" "羅城官磚"和"羅城務官"等文字. 常見的瓦, 以蓮瓣瓦當最爲習見, 次爲獸面紋瓦當, 以及素面無紋的半筒瓦和板瓦數種. 牙城的遺隍斷塹, 雖已過逾千年, 至今還有一定的規模可見. 板築的土垣, 露在地面的部分, 一般約在十米上下. 羅城的遺隍斷塹, 除去舊日的城河而外, 露在地表的土垣, 已很隱約了. 比較高的地方, 也只存下五米左右. 總而言之, 唐代揚州城址遺址的方位是："西踞蜀崗", "北抱雷陂", 南界保障湖, 東臨黃巾壩. 揚州唐城的地理位置, 卽在"淮河以南, 長江之北, 東海的西頭", 卽在東經119° 27′, 北緯32° 24′的地方.

新羅文化遺蹟疏記

唐代的揚州, 不僅是"八方輻輳, 五達如坻"的交通樞紐, 而且是"夜市千燈, 笙歌徹曉"的繁華城市, 同時還是"隔海城通舶, 連河市響樓"的國際商埠. 因此, 唐朝不僅在揚州設置大都督府, 而且還把統領十二州, 五十三縣的淮南道設在揚州, 以親王遙領大都督和節度大使銜, 以大都督府長史, 兼領節度副大使和揚州刺史職事, 幷存問"通使", "商賈"和"僑寄衣冠"等方面的市舶事務. 可以說富甲天下, 權傾中外, 成爲唐代東南一大都會, 國際通商大港. 因此, 唐代揚州盛況, 及與海外交通的情況, 不僅在新舊兩『唐書』,『唐人說薈』和唐人詩文集中, 常有所載, 幷在中世紀日本眞人元開所撰『唐(鑑眞)大和尙東征傳』, 請益僧圓仁所著『入唐求法巡禮行記』和阿拉伯地理家伊本·胡爾達玆比赫所寫『道程及郡國志』等著述中, 屢有印證. 同時, 還在新羅翰林學士崔致遠所著『桂苑筆耕集』等文獻中, 屢有所述. 例如, 日本圓仁在『入唐求法巡禮行記』中寫道：

(唐代開成三年[838 A.D.])十二月二十九日暮際, 俗家後夜, 燒竹與爆, 聲道萬歲, 街店之內, 百種飯食, 異常珍滿.

再如新羅崔致遠在『桂花筆耕集·請巡幸江淮表』中寫道：

況江淮爲富庶之鄕, 吳楚乃繁華之地, …… 四夷之賓易朝天, 九牧之貢無虛日.

此"四夷"之謂, 出于『書·大禹謨』之"無息無荒, 四夷來王"的典故.『辭海·四夷條』將之釋爲"東夷, 西戎, 南蠻, 北狄也." 中國新舊兩『唐書』的

『外國列傳』, 也是以此分卷的, 因將林邑(今越南)等十五國, 列在『南蠻列傳』; 將波斯等十四國, 列在『西戎列傳』; 將新羅等五國, 列在『東夷列傳』; 將契丹等八國, 列在『北狄列傳』. 由此不難看出, 『筆耕集』所云"四夷之賓", 卽是沿着絲綢之路來到揚州的外國賓客. 在這"四夷之賓"中, 最早來到唐朝淮南首府揚州者, 當是朝鮮半島前三國時期和統一新羅時期的新羅國人, 這從日本遣唐使來中國, 時常搭乘新羅使船返國, 以及日本遣唐使船, 經常雇用新羅水手和新羅譯語的記載中, 卽已得到證實. 認爲早在中國南朝陳廢帝伯宗光大二年(568　A.D.)七月, 新羅獨自遣使時, 卽由朝鮮漢江口渡海, 沿中國東部海岸, 航行到揚子江, 而至南朝首都建康(卽今南京). 正如余在『海和韓國人的生活·韓國的海外交通』一篇中所云: "雖說這條由今韓國渡海, 遠航中國江南的航道, 不是從新羅開始的, 但沿用這條上航線時間最長的, 當數新羅國人." 日本史學家木宮泰彦在其所著『日中文化交流史』中亦云:

　　自楚州沿海岸北行到登州文登縣赤山莫邪口, 然後向正東橫渡黃海, 沿新羅西岸南下(的航路), 是楚州和新羅的(海上)交通線.

　　[幷注云]: 唐代多由淮水通往海外, 楚州是唐和新羅交通的門戶, 有新羅坊, 僑居的新羅人很多.

　　因之, 日本在遣唐使初期, 基本上沿用的是這條由新羅唐恩浦到唐朝楚州的海上航路. 後在統一新羅時期, 雖因海道被梗, 改由唐津橫渡東中國海, 直接航行到揚子江口, 但在遣唐使返國時, 仍有租用新羅船, 沿近海航線, 回到日本的事例.

　　爰此, 新羅國人在唐朝揚州的事績和遺蹟記載, 不斷出現在日本飛鳥, 奈良和平安時代(6~11世紀)的官方和私人著作裏, 也就成了歷史的必然. 但這不等于在中國官方和私人撰述裏沒有記載. 例如, 『日本書紀·推古天皇十五年(607　A.D.)七月庚戌條』, 所載"聖德太子派遣大禮小野妹子和通事鞍作福利前往隋朝"之事, 在『隋書·煬帝記大業四年(608　A.D.)三月壬戌條』, 就有倭國遣使貢方物之記, 對新羅國遣使隋朝事蹟, 起到映證作用. 因爲在『日本書紀·推古紀－舒明紀』中, 時有日本遣隋的留學生和學問僧, 在返國的時候, 搭乘新羅使船的記事. 那麼, 新羅遣隋使必然

在使隋次數方面, 較諸日本頻繁, 這在『隋書・新羅傳』裏, 就有如下記載
：“(自隋)大業以來(605~618　A.D.)歲遣朝貢.”　這就是說：“(自煬帝)大業
(紀元)以來, (新羅國)每歲遣(使)朝貢(不絶).”日本使隋之人, 因有可能搭
乘新羅使船返國. 這又對『日本書紀』, 與『三國史記』起到補充作用. 更爲
重要的一點是, 隋煬帝曾于大業六年(610　A.D.)六月巡幸揚州, 并曾于此
接受百濟等國使臣朝貢. 雖在此次朝貢中, 『煬帝記』沒有提到新羅遣隋
使事. 但不等于在大業七年六月之前, 或之後的日字裏, 沒有在揚州接受
過新羅等國使節的朝貢, 否則同爲『隋書』篇章的『新羅傳』所記之事, 就
沒有史料價値可言了. 因爲煬帝巡幸揚州, 不僅此次逾年未返, 而且在此
次之前與之後, 據『揚州圖經・隋朝事志』刊載, 煬帝曾“數幸江都”, 并自
大業十二年(616　A.D.)七月“幸江都宮”後, 兩年未返京師, 且于大業十四
年(618 A.D.)三月, 死葬于揚州“江都宮西吳公台下”. 由此推及『隋書・新
羅傳』所云：

自大梁(卽今河南開封)之東, 引汴水入泗(水)達于淮(河). 又發淮南民(衆)
十餘萬(人), 開邗溝(故道), 自山陽(卽今江蘇淮安)至揚子(津, 卽今江蘇邗江)
入江.

首次鑿通了中國歷史上貫通南北, 而又聞名世界的大運河, 掀開了由
淮南運河, 北上洛陽, 南下杭州的內河航運歷史的開篇. 同時, 也掀開了
直接由淮河入海, 航行到朝鮮半島和日本列島的新紀元. 因而這條海上
北路航線的開通, 至統一新羅時期, 處在淮南運河北端與淮河入海口上
的楚州, 就成了新羅入唐交通的門戶. 所以說, 最早來到唐朝淮南首府揚
州的外國人, 就非新羅國人莫屬了. 不然的話, 就沒有可能在山東和江蘇
沿海地區, 出現那麼多的新羅坊, 新羅村和新羅館, 也就不會有楚州山陽
和漣水新羅人的聚居區出現. 因此說, 自唐朝淮南道楚州近海北上, 船行
于新羅海岸, 與日本北九州的海上航線, 新羅國人作出了歷史性的貢獻,
對于溝通中國與新羅與日本三國的文化交流的渠道, 功不可沒. 因此, 留
在揚州及其所轄州縣境內的新羅文化遺蹟, 無任在數量上, 或是價値上,
都是不容忽視的一頁. 今僅就唐代揚州大都督府及淮南節度使, 亦卽九
世紀阿拉伯人伊本和日本人圓仁所提到的“揚府”地域內的, 與新羅人文

化遺蹟有關的載述, 疏記如下:

疏記之一

據後晉劉昫所撰『舊唐書・新羅傳』云:

(元和)十一年(816 A.D.)十一月, 其入朝(新羅)王子金士信等, 遇惡風飄至楚州鹽城縣界, 淮南節度使李鄘以聞.

李鄘其人, 『新唐書・表第二・宰相中』, 于『元和十二年(817 A.D.)十月甲戌條』記云: 以"淮南節度使, 檢校尙書右僕射李鄘, 爲門下侍郎, 同中書門下平章事." 而李鄘爲淮南節度使事, 却在『揚州圖經・唐朝事志』中無載. 惟見『舊唐書・李鄘傳』, 據云:

(元和)五年(810 A.D.)冬, (李鄘)出爲揚州大都督府長史, 淮南節度使⋯⋯至淮南數歲, (就加)檢校左僕射(銜), 政嚴事理, 府廩充積.

因知李鄘自元和五年冬至十二年冬, 確在淮南節度使任所. 別據『新唐書・方鎭五』表云: "元和二年(807　A.D.)淮南節度罷領楚州,　尋復領楚州", 終元和之朝未改. 因知其時楚州, 確在淮南節度轄下. 其所領鹽城縣, 自武德七年(624 A.D.)廢隋射州置縣以來, 終唐之世, 屬在楚州未變.

綜合以上所述, 卽知以下幾點:

(1) 新羅王子金士信等入唐, 仍然走的由新羅西海岸, 橫渡黃海, 沿山東半島, 航行到楚州, 改由運河船行, 北上京都的路線.

(2) 淮南節度將之申報朝廷一事, 說明揚州大都督府長史, 淮南節度使李鄘, 負有外國事務和市舶事務的職責. 這一情況, 在唐朝方鎭職事中, 還有以下幾例可考:

一例是『續日本紀・寶龜九年(778 A.D.)十月乙未條』載: 第十五次遣唐使團正六位上,　判官小野滋野奏云: "揚州都督府觀察使兼長史陳少游稱, 因有安祿山之亂, 入京人數仰限六十人."

又『十一月乙卯條』載: 從六位上, 判官大伴繼人奏云: 陳少游只許"放六十五人入京."

但日本『續記』所記陳少游爲"揚州都督府觀察使兼長史"有誤, 應爲"揚州大都督府長史, 淮南節度觀察使."

二例是日本滋賀縣園城寺所藏唐代大中九年(885 A.D.)三月, 越州都督府簽發給日本學問僧圓珍的"往還過所", 類似今日由主管機構核發的旅行簽證.

三例是『入唐求法巡禮行記』所載：開成三年(838 A.D.) "八月一日, (日本遣唐)大使(藤原常嗣), 到(揚)州衙(城), (拜)見揚(州大都督)府都督(應爲長史)李相公(德裕), 事畢歸來(江南官店)."

類似今日的"報關", 亦如大曆十三年(778 A.D.)故事, 卽"入京官人(僅限)大使一人, 長岑判官, 菅原判官, 高岳錄事, 大宅通事, 別請基生伴須賀雄, 眞言請益圓行等, 并雜職已(以)下三十五人." 別據『日中文化交流史・遣唐使一覽表』云：此次遣唐使團六百五十一人, 除"第三舶(所)載一百四十人未往"唐土而外, 共計五百一十一人至揚州, 但北上朝貢者, 只許三十五人. 連圓仁呈請"往台州國淸寺尋師決疑," 均未獲揚州大都督府批准.

以上幾點說明

(1) 自隋代大業年間(605 A.D.)以來, 淮南沿海的楚州, 及其所屬的鹽城縣；揚州, 及其所屬的海陵縣和揚子縣的口岸, 至唐代天祐(~907 A.D.)末年, 始終是新羅遣唐朝貢, 入唐求學, 發展海上交通, 經營對口貿易的傳統港口.

(2) 淮南沿海和沿江的對外交通口岸, 終唐朝之歲, 始終有揚州大都督府管轄, 不僅日本使團或私人旅行, 須由大都督簽發"過所", 勘驗"過所", 而且連新羅等國使節, 留學生, 商賈, 及其僑寄衣冠出入唐土, 同樣要由大都督府批准和簽證.

(3) 揚州大都督府早在唐朝文宗大和八年(834 A.D.)頒布『上諭』, 責成嶺南, 福建, 揚州節度使"存問"蕃舶, 優待"蕃客"之前, 及在文宗大和八年頒布『上諭』之後, 始終執行着準市舶職能的對外事務管理職權.

(4) 淮南道楚州屬下的鹽城, 漣水(數度劃屬泗州)和山陽縣, 及揚州屬下的海陵和揚子縣的沿海, 沿江口岸, 曾是新羅和唐朝交通門戶. 因此, "僑居的新羅人很多."

疏記之二：

據圓仁所撰『入唐求法巡禮行記·卷第二』云：

(開成五年[840 A.D.]二月)二十五日巳時, 入(文登)縣(衙)辭(別)長官, (事)却入(惠聚)寺(北院住處). 齋後(出)發, (寺)綱維典座等, (俱)到縣西(郊)野中辭別. (向)縣(西)行三十里, 到招賢館宿. 知館人高怒, 在館中住, 作主人殷勤.

由此而知, 唐朝除在河南道設置"押新羅勃海兩蕃使", 及 "新羅館"和"勃海館"而外, 并在登州"傍北海行"至青州的沿途, 還設有 "芙蓉驛"和"芝陽館"等接待外國"蕃客"的驛館. 似也由此得知, 卽新羅館(院)和勃海館(院), 并用來款待別國"蕃客"與日本請益僧圓仁及其弟子維正, 維曉和行者丁雄滿等人, 卽曾多次宿在新羅館(院), 由此而知新羅館(院)和勃海館(驛)的名稱, 只能是一種俗稱, 而不是專門的名稱. 但, 河南道既設"押新羅勃海兩蕃使", 由是可知：

(1) 唐朝由登州入海道, 從統一新羅時代開始, 幾乎成了新羅對唐朝交通的海上主航道. 因此, 在圓仁『入唐求法巡禮行記』四卷本中, 幾乎每卷都有新羅國人的記事. 唐朝設在河南道接待外國使節和留學生, 求法僧, 商客的館所, 自然被看做或被稱做"新羅館", 或"新羅院"了.

(2) "招賢館"在河南道登州的出現, 當是這類接待外國賓客館所的官定名稱. 例如, 在『大唐六典·鴻臚寺 典客署』裏載有：

隋鴻臚(寺)卿, 統典客署令丞. 煬帝改曰"典蕃署", 又于建國門外, 置四方館, 以待四方使客, 各掌其方國及互市事. 皇(卽唐)朝以四方館, 隷中書(省), 改"典蕃"曰"典客署."

因之, 隋唐兩代曾于京都設過四方館, "以待四方賓客". 那麼, 負有"存問蕃客"使命的嶺南, 福建, 揚州三都督府所在, 及其所轄沿海州縣, 以及負有"押新羅勃海兩蕃"使命的登州都督府所在, 及其所轄沿海州縣, 也就必然要有類同于四方館的設置, 圓仁在『入唐求法巡禮行記』中, 所云的"招賢館", 當是這類"以待四方賓客"的館所. 至于『行記』中, 多處提到的"新羅館"或"新羅院", 亦當是"招賢館"的別名或俗稱.

(3) 因是, 招賢館之設, 也曾在淮南道的首府揚州出現過. 例如, 在明代『嘉靖惟揚志』和清代『嘉慶重修揚州府志』裏的『公署志』或『都里志』裏, 就有招賢館的記載. 只不過是從宋代開始, 已就招賢館舊址設鄉, 而名其爲"招賢鄉". 宋代揚州境內, 不僅附廓的江都縣有"招賢鄉", 而且泰州也有"招賢鄉", 幷見于宋代墓志. 考諸揚州的歷史地理, 如泰州的招賢鄉, 位于唐代揚州海陵縣宜陵以東的運鹽河南, 沿運鹽河西向船行, 可至揚州郡城東郭水門 : 東向船行, 經海陵縣城, 可由堀港入海, 卽日本遣唐大使藤原常嗣, 及請益僧圓仁一行入唐時的路線. 再者, 在招賢鄉以南, 據『江都縣續志 · 名蹟考』云 : 有"雙槐堂在波斯莊." 在波斯莊更南, 爲揚子江滑子口. 此地自隋唐以來, 卽是通江入海的口岸. 所謂 "波斯莊", 猶如楚州的"新羅坊", 乃是波斯(卽今伊朗)人的聚居區. 由此可見, 于運鹽河南, 置"招賢館", 以待遠方使客, 也是意料中事. 別一招賢鄉, 設在宋代江都縣, 卽唐代揚州附郭而置的江陽縣境, 臨近運河的地方, 猶如『入唐求法巡禮行記』卷一所載的那樣 :"(開成三年[838 A.D.]) 七月二十六日晡時(于揚州東郭水門內官河岸邊)下船, 宿住于江南官店." 所謂"官店", 或卽與"招賢館"類同的"以待四方使客"的驛館. 這一官店的位置在唐代揚州羅城內官河南岸, 卽今城北螺絲灣橋以東, 邗溝故道以南的地段. 由于邗溝又名邗江, 乃唐代官河前身, 因又名之爲"江".

綜合以上幾點分析, 淮南道于揚州轄境, 旣設專屬西戎蕃客的"波斯邸"和"波斯莊"之類的"蕃坊"或"蕃邸", 必然設有接待新羅使客的坊邸和館所. 最爲相宜不過的, 莫過于與登州招賢館類同的"官店"或"驛館"了. 因是而知宋明兩代于揚州江都和泰州縣境所設"招賢鄉", 當是援用唐朝"招賢館"的名稱而來.

這種因前朝故事, 而爲後世坊里, 鄉村或街巷名稱的做法, 繼唐朝之後, 宋代于州城址南, 運河之側, 設有接待高麗使客的館驛, 宋朝人稱之爲"高麗館", 明朝因稱之爲"高麗亭", 名其地爲"館驛前", 卽今揚州南門外街的一個地名. 由此而知, 先新羅入唐, 大都由楚州鹽城, 漣水和山陽縣境 ; 或有揚州海陵, 江陽縣境登陸, 而至淮南首府揚州 ; 或沿運河北上京都. 因在新羅國人經常使用的口岸, 卽楚州的漣水, 山陽縣境, 揚州的海陵, 江陽縣境, 設置"以待使客"的館驛. 後因高麗入宋, 大都改由明州登陸, 沿江南運河船行, 而至揚州北上, 而在州城之南設置"以待使客"的館驛, 均以航道而定. 據明朝『嘉靖惟揚志・公署志・南麗亭』條載:

南麗亭, 在(州城)南門外, (乃北宋)元豊七年(1084 A.D.), 詔京東(與)淮南築"高麗館", 以待朝貢之使. 南宋建炎(時)事廢, 紹興三十一年(1161 A.D.)子固重建, 匾其門曰"南浦", 亭曰"瞻雲", 爲迎餞(使客)之所.

揚州南宋(960~1279 A.D.)時期, 沿海上絲路來中國, 而至揚州的使客, 除高麗外, 日本遣宋使團, 與入宋求學和求法的學牛和僧徒, 及經營貿易的商賈, 其頻繁的程度, 不減當年遣唐和入唐之盛. 此外, 大食國人來揚州經商貿易之人, 與傳播伊斯蘭教的穆斯林, 可以說是絡繹不絕. 但是, 未見朝廷別築"日本館"或"大食諸官"的記載. 由此可見, 京東和淮南所築的"高麗館", 也只是俗稱. 它與唐朝所設置的"以待四方使客"的館驛, 如京都的"四方館", 地方的"招賢館", 既接待新羅使客, 又接待日本等國使客的情形相同, 而不是專爲一國使客而設的"官店". 但是, 既被稱之爲"新羅館", 亦當是新羅或高麗使客, 往還頻繁, 經常寄宿之所.

疏記之三

據『舊唐書・新羅傳』所載, 新羅遣使入唐朝貢, 有以下數記:

(1) 武德四年(621 A.D.), 新羅遣使朝貢. 高祖(李淵)親勞問之, (并)遣通直散騎侍郎庾文素往使(新羅)焉.

(2) 貞觀五年(631 A.D.), (新羅)遣使獻女樂, 皆鬒髮美色. (太宗李世民)愍其遠來, 必思親戚, 悉付(新羅)使者, 聽(其)遣(送)回家.

(3) 貞觀十七年(643 A.D.), (新羅)遣使上言:"高麗, 百濟, 累相攻襲, 亡數十城", "乞(唐朝)偏師救助."

(4) 貞觀二十二年(648 A.D.), (新羅)眞德(王)遣其弟國相, 伊贊干金春秋, 及其子文王來朝, (太宗)詔授(金)春秋爲特進(勛職), 文王爲左武衛將軍.

(5) 永徽元年(650 A.D.), (新羅)眞德(王)大破百濟, 遣其弟(金)法敏以聞(于唐).

(6) 垂拱二年(686 A.D.), (新羅王金)政明遣使來(唐)朝, (武)則天令所司勅成『吉凶要禮』, 并『文館詞林』五十卷以賜之.

(7) 開元十六年(728 A.D.), (新羅)遣使來獻方物.

(8) 大曆二年(767 A.D.), (新羅王)乾運遣其大臣金隱居奉表入(唐)朝, 貢方物.

(9) 大曆七年(772 A.D.), (新羅王)乾運遣使來(唐)賀正, (代宗)授(以)衛尉員外少卿(之銜).

(10) 大曆八年(773 A.D.), 九年至十二年(774~777 A.D.), (新羅)比歲遣使來(唐)朝(貢), 或一歲再至(唐朝)

(11) 元和三年(808 A.D.), (新羅王重興)遣使金力奇來(唐)朝.

(12) 元和四年(809 A.D.), (新羅)遣使金陸珍等來(唐)朝.

(13) 元和五年(810 A.D.), (新羅)王子金(憲)章來(唐)朝.

(14) 元和七年(812 A.D.), (新羅王)重興卒, 立其相金彦升爲王, 遣使金昌南等來(唐)告哀.

(15) 元和十一年(816 A.D.)十一月, (新羅)入(唐)朝王子金士信等遇惡風, 飄至楚州鹽城縣界, 淮南節度使李鄘以聞(朝廷).

(16) 元和十五年(820 A.D.), (新羅)遣使(入唐)朝.

(17) 長慶二年(822 A.D.)十二月, (新羅)遣使金弻柱(入唐)朝.

(18) 寶歷元年(825 A.D.), (新羅)王子金昕來(唐)朝.

(19) 大和元年(827 A.D.)四月, (新羅)遣使(入唐)朝.

(20) 開成元年(836 A.D.), (新羅)王子金義恩來(唐)謝恩, 兼宿衛.

別據『新唐書·新羅傳』載, 除『舊唐書·新羅傳』所記而外, 新羅遣使入唐之事, 尙有以下幾例:

(1) 永徽六年(655 A.D.), 百濟, 高麗, 靺鞨共伐(新羅), 取其三十城, (新羅)遣使來(唐)請救. (高宗李治)令蘇定方討之, 遂平百濟.

(2) 開耀元年(681 A.D.), (新羅)遣使者(來唐)朝.

(3) 開元中(713~741 A.D.), (新羅)數(次遣使來唐)朝.

自開元以後, 至開成之初, 『新唐書·新羅傳』所記新羅遣唐使事, 皆語焉不詳, 大體如『舊唐書·新羅傳』所載. 惟在張保皐, 鄭年事蹟之末, 載有"會昌(841~846 A.D.)後, 朝貢不復至"一語. 但據圓仁『入唐求法巡禮行記』載, 新羅國王曾于開成三年(838 A.D.), 遣使入唐朝貢, 卽『行記』卷一所云:"今日州使來, 始宛生料. 從先導新羅國使, 而與本國一處." 這一記載, 補充了『舊唐書・新羅傳』的記載不詳.

　　幷據崔致遠『桂苑筆耕集』所記, 新羅遣唐使在會昌(841~846　A.D.)以後, 曾經兩次遣使至淮南探堠和通問:

　　一見『筆耕集』卷十『別紙』所云, 新羅探堠使朴仁範員外, 于唐朝中和二年(882　A.D.)持新羅國書, 乘船泛海, 而至淮南楚州, 探堠黃巢兵亂消息, 幷書狀以聞揚州大都督府長史, 淮南節度副大使高駢.

　　二見『筆耕集』卷二十『祭文』所云, 新羅檢校倉部員外郞金仁圭, 于唐朝中和三年(883 A.D.), 奉使乘船泛海, 入淮南通問, 遂至揚州大都督府, 拜會淮南節度副大使高駢.

　　綜合以上所述,, 在新羅自唐朝武德四年至中和三年(621~883　A.D.)的二百六十二年中, 有具體記載的遣使入唐的次數, 多達三十餘次, 而籠統記載的遣使入唐的次數, 如『新唐書』所云:"開元中數(次來)朝"等語, 就很難說得一淸二楚了. 因爲開元長達二十九年, 若以每兩三年來朝貢一次, 而不是史書所述的"歲遣朝貢", 或"比歲再至", 那麼, 僅唐朝開元年間, 新羅就可能遣使入唐十次以上. 因是而知, 新羅國使桴海而至淮南楚州, 遂至揚州的使客, 可以說是居于四方使客之首. 那麼, 揚州大都督府所在的揚州牙城, 必然是新羅國使多次到過的地方. 更何況還是新羅翰林學士崔致遠, 在淮南節度副大使高駢幕府, 任都統巡官職事的故址. 這對新羅和唐朝及淮南友好往來與文化交流史的研究, 有着密切相關的聯系.

　　唐代揚州的牙城, 正如余在『文博通訊・對揚州唐城遺址及有關問題的管見』之『踏訪紀略』中所云:

　　揚州唐城遺址, 在今市區西北五里的蜀崗上下, 共分兩個組成部分: 一是座落在蜀崗上的"子城"; 一是座落在蜀崗下的"羅城", 子城, 亦名"牙城", 卽"衙城"的意思, 是唐代自揚州大都督府以下官衙集中的地方, 淮南節度使司就設在這裏, 亦是原先隋煬帝的宮城所在.

　　這座唐代揚州牙城, 不僅有地面斷垣殘壁爲證, 而且有文獻記載可考.

據『新唐書·高騈傳』記載：

(光啓三年[887 A.D.]四月, 淮南節度副大使高)騈, 召梁纘謝曰：“初不用子計以及此, 庸何追?” (遂)授(梁)以兵, 使(之)保(衛)子城.

『新唐書』所謂之“子城”, 卽唐代揚州的“牙城”. 別據『舊唐書·高騈傳』記載：

(揚州大都督)府第有隋煬帝所造門屋數間, 俗號中書門, 最爲宏壯. 光啓元年(885 A.D.), 無故自壞.

可知唐代揚州的牙城, 卽是隋煬帝的宮城. 又知自隋大業(605 A.D.)以來, 迄至唐中和三年(883 A.D.)期間, 新羅遣隋和遣唐的王子和使節或賓客, 凡是由淮南入唐者, 大都要到揚州大都督府投牒. 也就是說, 大都有緣見過隋煬帝于江都宮城所造的“中書門”. 那麼, 從唐代乾符末年(879 A.D.)來揚州, 于中和四年(884 A.D.)東歸的新羅人崔致遠, 在揚州牙城生活長達五年之久, 對隋代中書門遺蹟, 更是朝有所聞, 夕有所見了. 因知其所著『桂苑筆耕集』二十卷, 不能不是晚唐時期淮南政治, 軍事等形勢研究的重要文獻資料. 那麼, 揚州唐代牙城遺址, 也就成了唐朝淮南與新羅友好往來和文化交流的歷史見證.

疏記之四

據日本圓仁所著『入唐求法巡禮行記·開成四年(839 A.D.)四月五日』載云：

船人等云：吾等從密州來, 船裏載炭, 向楚州去. (吾等)本是新羅人, 人數十有餘.

幷據『行記·會昌七年(847 A.D.)閏三月十七日』載云：

朝到密州諸城縣界大珠山駁馬浦, 遇新羅人陳忠船, 載炭欲往楚州.

這幾則記載說明新羅人在唐朝經營炭業, 當是無可疑問的事實. 至于“炭”的含義, 『辭海·山部·炭條』釋云：

(一是)木炭, 由木材燃燒而成的一種黑色燃料. (而是)煤炭, (卽)煤塊, 如泥炭, 陽泉(所出)大炭等.

但在中國古代史上, 自秦漢兩朝迄明淸兩代, 所燒之炭, 皆爲木炭. 直至清代下半葉, 就全國而言, 始有開礦掘煤, 用作燃料, 以爲營業的行業和市場出現. 在此之前的兩三千年中, 除普遍以草木爲燃料而外, 上自朝廷, 下至民間, 大都使用木炭. 就木炭而言, 大體上也有兩種 : 一種是以木材爲燃料, 將其未曾燃盡的炭化部分, 儲入瓦甕, 蓋嚴使滅, 而成爲炭, 民間稱之爲"敷炭", 卽燃燒值低之炭. 一種是以木材爲燃料, 專門燒制成炭, 民間名其爲"鋼炭", 卽燃料值高之炭. "鋼炭"大都爲長10cm, 徑2.5cm左右的條形, 保持着剝皮後的樹幹原狀. 或將對徑10cm樹幹, 斫成四開形, 而後燒制成炭, 裝仕用竹筬編成的大網眼長筒形的簍子裏, 以簍爲單位銷售. 并以裝運過程中形成的碎屑, 加工成圓餅狀的"炭基", 供應市場烹調或取暖之用. 因此, 市場上出現了"炭行"和"炭基作." 炭行以運銷木炭爲業, 炭基作坊以加工和銷售爲業. 這個燃料行業, 僅從淮南及其首府揚州來看, 直到淸代末年和民國初年方才衰微. 但是, 揚州并不出産鋼炭, 歷史上都是從淮陰地區運來銷售. 今日的淮陰地區, 卽是唐代的楚州之域. 而楚州的木炭, 大都是由新羅人從密州, 用船海運而來的商品炭. 其質量之高, 銷量之廣, 可以說是無以比倂.

但新羅人産銷的木炭, 從海路運至楚州, 并不是最終目的地, 而是要通過楚州運河航道, 北上銷售到京洛, 南下銷售到揚州, 這是中國當時兩個最大的消費市場. 由此可見, 在揚州出現以運銷爲業的炭行, 以加工爲業的炭基作坊, 當和新羅木炭銷售于淮南的傳統市場有關, 因之, 在揚州以往的街巷等地名裏, 就有幾處"炭基作." 揚州新城的炭基作, 卽在東圈門和通運街之間.

這一新羅人在河南道和淮南道沿海地區, 經營木炭的生産, 運輸和銷售的情況, 日本也有曾應唐朝所請, 將大量的牛角運至揚州的情形. 據日本木宮泰彦所著『日中文化交流史 · 遺唐使一覽表』載云 :

淳仁天皇天平寶字五年(唐寶應元年[761 A.D.])十月, 命安藝國造使舶四艘, 又命東海, 東山, 北陸, 山陰, 南海各道貢牛角七千八百只, 任命仲石伴爲遺唐大使, 石上宅嗣(後改藤原田麻呂)運送入唐.

日本之所以命東海等五道貢牛角, 『一覽表』又云 :

這是因爲迎(淳仁天平寶字三年, 　外從五位下)入唐史高元度返日時, 　唐

(朝)因安祿山之亂, (損)失兵器很多, 要求日本贈送牛角, 用作制弓(箭)的
材料. 所以這次(遣唐使的)任命, 是爲了送給唐(朝)牛角, 兼送回(淳仁天平
寶字五年八月來日本的)唐使沈惟岳等(而定的).

　復因"使舶造成後, 開至難波時, 其中一艘破壞"而"中止." 後來, 雖曾
"準備(于淳仁)天平寶字六年(762 A.D.)七月出發" 又 "因無便風"而"中止".

　但是, 余在西曆1975年間, 曾與南京博物院, 揚州博物館和揚州師範學
院一道, 在今城西掃垢山唐代手工業作坊遺址的考古發掘過程中, 發現
了大量的牛角, 而且皆爲水牛角. 這處唐代作坊遺址的年代, 屬于中唐時
期. 這不能不令人聯想到日本運送牛角入唐之事. 加之此時日本遣使入
唐, 大都走的海上南路, 卽由北九州的博多灣, 橫渡東中國海, 直達揚州
的航線. 因此說, 大批牛角在揚州的出土, 不僅證明了日本確曾把牛角運
到唐朝的歷史. 而且證明了唐朝的楚州, 原是新羅木炭的集散地, 淮南的
首府揚州, 當是新羅木炭的傳統市場. 那麼, 在揚州唐代文化遺址裏出土
的木炭, 應有相當一部分, 爲新羅人運銷而來的商品炭, 這爲揚州往事越
千年的木炭和炭基行業史, 以及中韓兩國文化交流事蹟, 找到了相宜的
而又珍貴的佐證.

　疏記之五:
　據唐代詩人張祜在『縱游淮南』七言絶詩中云:"十里長街市井連, 月明
橋上望神仙", 因是而知唐代的揚州有條"十里長街", 而且與東郭水門外
的月明橋相連. 并據『太平廣記·杜牧』條, 所收『唐闕文』載云:
　揚州勝地也, 每重城向夕, 倡樓之上, 常有絳紗燈萬數, 輝羅耀列空中.
(其)九里三十步街中, 珠翠塡咽, 邈若仙境.
　從而證明"十里長街"的存在, 及其繁榮似景的境界. 因是推知:這九
里三十步街, 卽橫亘羅城, 而與月明橋相連的東西向的長街. 月明橋, 卽
圓仁『行記』卷一所云的"禪智(寺前)橋", 橋下運河乃唐代揚州的官河. 河
由禪智寺前月明橋, 流入羅城東郭水門, 出羅城西郭水門, 折向南去, 流
向揚子江津. 據『舊唐書·王播傳』載云:
　時揚州城內官河水淺, 遇旱卽滯漕船. (王播)乃奏(朝廷)自城南閶門(以)

西(之)七里港開河, 向東屈曲, 取禪智寺(前)橋通舊官河, 開鑿稍深, 舟航易濟.

由此而知:

(1) 唐代揚州羅"城內官河", 與禪智寺橋下的"舊官河", 皆是隋煬帝時開通的大運河. 唐以前名之爲"合瀆渠", 卽邗溝故道, 因又名"邗江". 圓仁『行記』卷一所云之"江中充滿大舫船, 積蘆舡小船等, 不可勝計"的一段, 卽指禪智寺前"舊官河"而言. 以及"酉時到(羅)城(內)北江停留"的一段, 與"二十六日晡時卜船, 宿十山南官店"的一段, 卽指"城內官河"而言.

(2) 這條橫貫唐代揚州羅城東西的運河, 無論是唐代官書, 或私人筆記, 皆說是條運輸繁忙, 流量很大的河道, 而且是與國際通航的內河. 這不僅是日本使客, 入唐至淮南的交通要道, 而且是大食, 波斯, 印度, 越南使客入唐的交通要道, 更是新羅使客紛至沓來淮南的交通要道.

(3) 加上與之平行的東西長街, 唐代揚州羅城內外, 也是波斯邸等蕃坊, 胡店集聚的走廊. 因此說, 在揚州唐代文化遺址中, 有新羅靑瓷和波斯綠陶, 及琉璃器的出土, 也就理所當然的了. 加之這條十里長街中的一段磚路遺址, 已于最近被考古發掘揭露.

綜合以上幾點來看, 唐代揚州羅城內外的"十里長街"與"官河"一帶, 應當說是與新羅客商密切相關的地段, 發現新羅文化遺址或遺存, 也是可以期望的事.

疏記之末:

新羅與唐朝淮南及其首府揚州, 在友好往來和文化交流中, 究竟留有多少文化遺蹟, 除去以上五點『疏記』所述, 至今還是一塊有待于"開墾的處女地". 例如日本請益僧圓仁在『入唐求法巡禮行記』裏, 一再提示到的下列幾點:

卷二載云:

(1) 會昌五年(845 A.D.)七月三日, 得到楚州(山陽縣), 先入新羅坊.

(2) 七月九日, 到漣水縣, 先入新羅坊(等語).

因知在唐代楚州山陽縣和漣水縣城址內, 有稱之爲"新羅坊"的遺蹟, 還有待于考證和發現.

再如新羅翰林學士崔致遠在『桂苑筆耕集』裏, 多處提示到下列幾點:

卷十八載云:

(1) "前件(海東人形參)藥物, 採從日(出之)城, 來涉天池. 雖微三椏五葉之名, 漸無異質：而過萬水千山之險, 貴有餘香."

(2) "凡荷獎延之賜, 合申獻賀之儀, 前件(海東)人參并(海東實心)琴等, 形稟天成, 韻含風雅. 具體而旣非假貌, 全材而免有虛聲. 皆採自仙峰, 携來遠地."

因之揚州除有新羅靑瓷出土和木炭銷售而外, 尙有新羅特産"海東人形參"和"海東實心琴"等名貴商品運銷于揚州. 緣此, 淮南節度副大使高駢, 得以"海東人參三斤"貢獻于朝廷.

又如在『新唐書·新羅傳』和『入唐求法巡禮行記』裏,　均提示到下列兩點:

(1) 『新羅傳』載云："(鄭)年飢寒客漣水(戍), 一日謂戍主馮元規曰：我欲東歸(新羅), 乞食于張保皐."

(2) 『行記』載云："(崔暈第十二郎)其人又歸到新羅, 遇國難, 逃至漣水住, 今見便識情分不疏."

因是, 唐代的故址漣水戍, 當是與出任過"淸海鎭兵馬使", 及"武寧軍小將"的新羅人的踪迹有關.

又如在『高僧傳合集』裏,　載有自陳隋而迄于唐的新羅高僧來到中國, 涉足江淮的事迹. 例如:

(1) 新羅國僧玄光, "迨夫成長, 原越滄溟, 求中土禪法, 于是觀光陳國."

(2) 新羅國黃隆寺僧圓光, 自"二十五(歲)乘舶, 造于金陵", 故得"咨考先疑"于"有陳之世".

(3) 新羅國大僧統慈藏, 俗姓金氏, "以(唐)貞觀十二年(638 A.D.), 將領門人僧實等十有餘人", 東辭入唐, 遂于"終南(山)雲際寺東, 懸鄂之上, 架室居焉."

(4) 新羅國僧順景, 于唐朝"乾封年中(667 A.D.), 因使臣入貢", 而至唐土.

　(5) 池州九花山化城寺地藏金喬覺, 乃"新羅國王之支屬", 于時落髮涉海(入唐), 舍舟而徒, 振錫觀方, 邂逅(而)至池陽, 觀九子山焉.

　觀諸以上記載, 早在統一新羅時代之前, 新羅國僧即已遠涉滄海, 而至中國陳朝(560~589 A.D.). 陳朝定都于金陵(即今南京), 由新羅至陳朝, 例循海上北路, 作近海航行, 于揚子江口, 西行入于陳都. 其時廣陵(即隋唐以來的揚州), 位置江口北岸, 舟輯往還, 必經其域. 及至隋唐, 新羅國僧, 或附使臣之舶, 或乘商賈之舟, 例由朝鮮半島漢江及其附近港口, 船行渡海而至山東半島上的登州, 或由密州附近口岸, 南下海州, 以至楚州. 或沿淮水北上京洛, 或由運河以下江南, 但皆須向揚州大都督府牒報簽證. 因是而知, 自隋大業(605~618 A.D.)以來, 新羅使節, 客商, 留學生, 求法僧衆人等入唐, 大都由淮南道的楚州或揚州沿海口岸入京. 大都督府和淮南節度使司所在的揚州, 也就必然在新羅與唐朝海外交通史上, 以及友好往來和文化交流, 雙邊貿易史上, 寫下廣博而又不可磨滅的篇章. 雖因年代久遠, 湮沒無聞, 但有遺蹟留在人間. 不過, 無論形諸于文的書籍, 或是形諸于物的史迹, 皆須人們去探索和求證, 纔會不斷有所發現, 而有所收獲. 近四十餘年來的揚州考古調查和發掘, 以及文獻整理, 無一不是證明了這一點.

結　語

　唐朝和新羅王朝的友好關係, 可以說是中國與韓國關係史上, 最爲光彩奪目的一頁. 而在這一歷史時期中, 唐朝河南道的登州, 淮南道的楚州, 在新羅與唐朝, 唐朝與新羅的海上交通方面, 起着門戶的作用. 尤其是唐朝的東南重鎮, 淮南首府的揚州, 更是門戶的總管, 猶如新羅王朝中期設于莞島的淸海鎭, 日本奈良王朝設在北九州的太宰府, 起到涉外事務和市舶事務的雙重作用. 因有唐朝文宗皇帝勅嶺南, 福建, 揚州三節度使, 存問蕃客『上諭』的頒行, 這不能不是中古世紀史上的盛事. 那麼, 在國際

亞洲和北部非洲人文科學研究課題中, 唐朝和新羅和日本的海上關係的
研究, 就顯得特別重要了. 可以說是世界東方人文科學領域裏的一個重
要組成部分, 它對于促進和發展當代東方國家友好往來, 及文化交流和
多邊貿易關係來說, 無疑是歷史的借鑑. 有鑑于此, 余自本世紀六十年代
以來, 一直致力于唐朝和新羅海上交通史的研究, 先後著有『揚州和朝鮮
半島的海上交通』等論著, 以及應韓國"國際張保皐與大唐－新羅－日本
海上關係學術討論會"之請, 撰有『唐朝與新羅的海上交通』論文, 應韓國
亞洲大學史學科"卞麟錫博士還曆紀念『唐史研究論叢』刊行委員會"之請,
撰有『略論新羅王朝與唐朝淮南的海上交通關係』論文；應韓國中央大學
東北亞研究所『海和韓國人的生活』主編金成勳教授之請, 撰有『韓國的海
外交通』專著. 雖然從表面來看, 這幾篇著述有着相近相似之處, 但是從
內容來看, 恰有相兼相容相異的千秋. 連同本篇匯總起來, 無異一部十數
萬言的『韓國與海上絲綢之路』的專門著作, 願其能爲中韓兩國人民的友
好事業, 作點微薄的貢獻. 并寄厚望于韓國學術界諸同仁, 共爲21世紀的
中韓兩國國家關系和海上交通, 雙邊貿易, 以及文化交流史的研究, 展示
出良好的合作前景.

　　最後, 謹以此向韓國崇實大學校史學科名譽教授金文經先生停年紀念,
表示一點由衷的敬意

　　西曆 1995年11月 9日 稿于中國揚州大學商業學院研究所之值廬
　　西曆 1996年 5月12日 校于韓國崇實大學校外賓樓202室

唐代揚州城池位置圖
1:100000
隋煬帝陵
雷塘橋
雷塘
槐子橋
小新塘
運
牙城
東城
神智寺
大明寺
月明橋
城
羅
河
官
念四橋
運
河

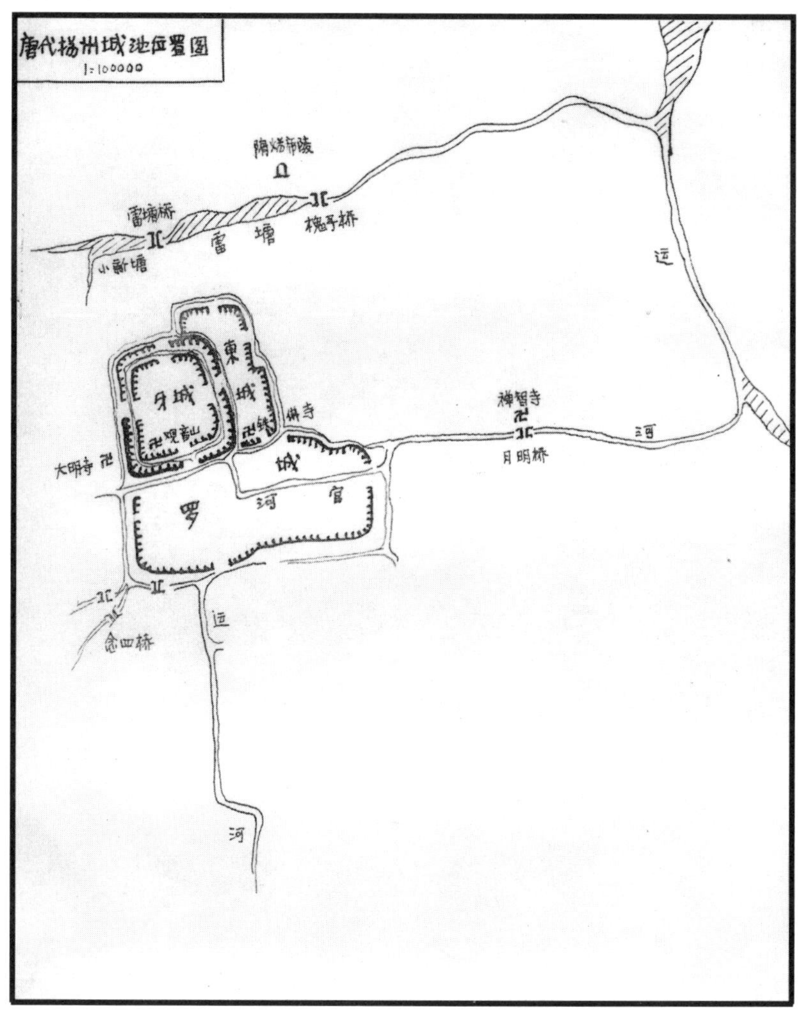

唐代揚州城池位置圖

唐代揚州城示意圖

唐代揚州城池示意圖試稿

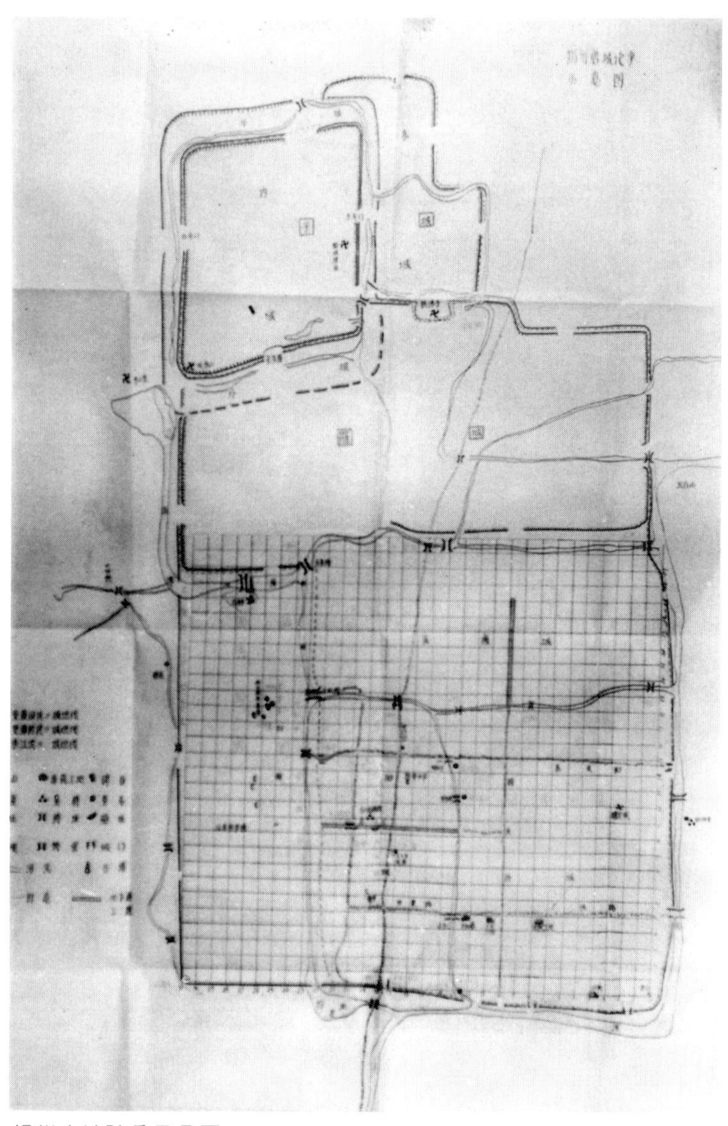

揚州唐城論爭示意圖

15·16세기 朝鮮支配層의 琉球 認識

河　政　植

머리말

멀고 험난한 바다길을 통하여 교통하였던 琉球王國에 대하여 朝鮮王朝의 지배층은 어느 정도의 知見을 갖고 있었으며 또 어떻게 認識하고 있었는가. 이를 살펴보는 일은 조선과 유구의 통교는 물론 동아시아의 국제질서를 이해하는 데 도움이 되리라 믿어진다. 관견으로는 이에 관한 專論은 보이지 않는다. 유구의 역사에 문외한인 필자에게 朝·琉關係를 생각해야 할 과제가 주어진 것을 계기로 나름대로의 정리를 시도하게 되었다.[*]

고찰의 시기는 15세기와 16세기를 대상으로 한다. 이 시기는 琉球王國의 歷史에서 古琉球로 時代區分되는[1] 시기이다. 그 중에서도 15세기

---

[*] 이 글은 1994년 6월 오키나와 국제대학 남도문화연구소 주최의 국제세미나에서 '朝鮮官人의 琉球王國觀'이란 제목으로 발표한 내용의 전반부를 고쳐 쓴 것이다.

1) 高良倉吉,「琉球·沖繩の歷史と日本社會」『日本の社會史 1 - 列島內外の

에 중점을 두는 것은 이 때 유구왕국이 왕성한 해상활동으로 전성기를 구가했고 조선과 유구의 접촉도 가장 활발하였기 때문에 조선지배층의 琉球觀이 형성된 시기라 할 수 있기 때문이다.

　한국과 유구와의 최초의 통교는 고려 말에 시작되고 있다.[2] 조선시대의 대유구정책은 교린정책으로 일관되었고, 양국의 교류는 우호적으로 전개되었다. 유구의 교류 목적은 무역에 있었고 부수적으로 大藏經의 입수 등 문화적 욕구가 있었다. 조선은 왜구의 견제, 표류민의 송환 등 정치적 목적을 주로 하였으며 부수적으로 유구의 조선술과 벼의 품종 및 그 경작법, 약품으로서의 후추 등에 관심을 가지고 있었다.

　조선왕조와 유구국의 교류는 유구쪽의 사절 파견에서 시작되고 있듯이 교류의 전개 과정 역시 유구쪽이 언제나 적극적이었다고 할 수 있다. 그러나 조선쪽의 琉球國使에 대한 대우는 日本國使와 동등하게 法制化되어 있었다. 그래서 동아시아 국제질서 안에서는 유구를 베트남·일본과 동렬에 위치시키고 있다.

　조선지배층의 유구왕국에 대한 인식을 알아볼 수 있는 주된 사료는 申叔舟의 『海東諸國記』에 붙은 琉球國紀와 『朝鮮王朝實錄』의 유구와의 통교에 관련된 기록이다. 신숙주의 琉球國紀는 朝鮮官人의 琉球國에 대한 거의 최초의 專論이자 유일한 전론이라 할 수 있다. 이는 고려 말기에 유구국과 접촉을 시작한 이래 『海東諸國記』가 찬술되는 成宗 2년(1471)까지의 약 80여 년 간 축적된 조선인의 유구에 대한 지식과 그 인식의 集成이라 할 수 있으며 당대 제일의 학자이자 대관료에 의해서 저술된 것이다. 그럼에도 불구하고 琉球國紀는 직접 견문을 바탕으로 저술된 것이 아니라 古事를 참고해 편찬한 것이라 내용에 한계가 있었고 이 사실은 이미 책이 나온 성종 때부터 인식되고 있었다.[3] 또 琉球

　　交通と國家 -』, 東京 : 岩波書店, 1987, 362쪽.

　2) 高麗 昌王 元年(1388) 琉球國 中山王 察度가 使臣 玉之를 통해 國書를 보내 稱臣하며 倭寇에게 잡혀간 高麗人을 送還해 왔던 것을 계기로 國交가 열렸고 이후 곧 朝鮮王朝로 바뀐 후에도 交涉은 계속되었다. 李鉉淙, 「琉球·南蠻關係」『한국사 9』(국사편찬위원회 편), 탐구당, 1974 참조.

國紀는 독립된 서적이 아니라 日本國紀의 부록 형식으로 되어 있다는 점, 훗날 琉球國紀에 대한 증보가 시도되지만 별다른 내용의 증보가 없었던 점, 이후 유구국에 대한 전론이 나오지 않았다는 점 역시 조선과 유구의 거리나 조선인의 유구에 대한 관심의 척도를 나타내는 것이라 할 수 있다.

『朝鮮王朝實錄』에는 유구와 통교 경과, 이에 관련된 지배층의 논의, 유구국의 사신에게 물어서 알아 낸 유구국에 대한 정보, 유구에 표착했다가 돌아온 조선인의 유구 견문, 조선에 표착한 유구인에게서 조사한 유구에 대한 정보 등이 비교적 잘 정리되어 있다. 이러한 실록의 유구 관계 기사를 통해 조선지배층의 유구에 대한 인식과 그 대응을 고찰하는 데 큰 어려움은 없다. 다만 그러한 사료 속의 유구 정보는 모두 간접적인 견문이고 일방적인 정보였으며, 이를 다시 확인하거나 사실을 보완하기 어려웠다. 따라서 조선지배층의 유구에 대한 지식이 일정한 한계를 지닐 수밖에 없었다. 바로 이 한계도 조선지배층의 유구 인식의 바탕을 이루고 있는 요소이다.

위의 기록들을 통하여 朝鮮王朝는 琉球國을 대체로 ① 지리적으로는 멀고 잘 알 수 없는 小國 ② 정치·문화적으로는 友好的인 禮義의 나라 ③ 경제적으로는 배로 장사하는 나라로 인식하고 유구와의 통교에 대응하고 있었음을 확인해 보고자 한다.

I. 멀고 작은 나라

유구는 조선이 통교하는 나라 가운데 가장 먼 나라였다. 지리적으로 멀 뿐만 아니라 조선인의 의식 가운데서도 먼 나라였다. 申叔舟의 琉球國紀는 "琉球國은 我國과 기리기 가장 멀어서 그 詳細한 것을 究明할 수 없으므로 朝聘과 名號의 차례만을 기록하여 後日의 考證을 기다린

---

3) 『成宗實錄』25年 6月 7日 甲子.

다"[4]라고 서문에서 적고 있다. 당대 제일의 학자가 80여 년의 교류 실적을 바탕으로 집성한 유구국에 대한 전론이 이렇게 시작되는 것은 조선과 유구의 거리, 유구국에 대한 최초의 전론이 갖는 한계를 실감하게 한다.

琉球國紀는 조선과 유구의 거리를 朝鮮 里數로 5,430리라고 쓰고 있다. 富山浦 - 對馬島 - 壹岐島 - 上松浦 - 大島 - 與論島 - 琉球國島를 잇는 거리다. 해양 진출에 소극적이었던 조선인의 조선술과 항해술로는 너무 먼 거리였다. 조선 초기에는 몇 차례 유구국에 사신을 파견하고 있지만 유구국 선박을 이용하고 있다. 유구 사신의 귀국편을 이용했던 것이다. 나중에 사절 파견이 중단되고 만 것은 거리 문제는 물론이고 유구나 일본의 선박과 선원을 빌어오는 데 드는 막대한 비용 때문으로 보인다. 물론 막대한 비용을 들여서라도 얻는 것이 더 많았다면 그 비용과 노력은 문제가 되지 않겠지만 그럴 만한 이익이 없었다. 그래서 유구는 먼 나라였고 또 잘 알지 못하는 나라로 남게 된다.

또 琉球國의 言語를 구사할 수 있는 譯官이 없었던 점도 조선과 유구 사이에 커다란 장벽이 되었다. 유구와의 먼 거리가 이 언어 장벽으로 더욱 멀어질 수밖에 없었다. 조선 정부는 유구문자 해독자를 널리 구해 司譯院訓導로 임명하고 倭學生이 倭語와 겸하여 학습하도록 조치하고 있으나[5] 성과는 없었던 듯하다. 조선의 외교에서 유능한 통역을 갖지 못했던 것은 늘 현안이었다. 가장 중요시되던 한어마저도 유능한 통역관이 절실히 요구되었음에도 불구하고 현실은 이를 충족시키지 못하였기 때문에 우수한 역관 양성이 늘 문제가 되었다. 중종대에는 漢語 능력을 향상시키기 위한 방법으로 遼東鄕學으로 유학시키는 일이 진지하게 논의되기도 했다.[6] 이처럼 역관의 자질이 늘 문제시되고 개선책도 강구되었지만 유능한 역관은 드문 실정이었다. 漢語의 경우가 이러한지라 琉球語의 경우는 문제가 더욱 심각하였다. 조선 정부는 琉

---

4) 申叔舟, 『海東諸國記』 琉球國紀 國王代序.
5) 『世宗實錄』 19年 11月 27日.
6) 『中宗實錄』 32年 3月 辛亥 ; 34年 10月 13日 辛未 ; 37年 7月 14日 壬戌.

球國의 使臣이 오면 漢語通事와 倭語通事를 동원하여 의사를 소통하
였다. 이 경우 역시 유구국의 사절에 일본어나 漢語에 능한 자가 있기
때문에 가능했다. 실제로 上使가 漢語에 능했고 副使가 倭語에 능했기
때문에 의사 소통이 가능하였다는 기록도 있다.7) 또 나중에는 일본 상
인이 유구국왕의 위임을 받아 사절로 오게 되어 倭語에 의존하게 되었
다. 역관이 없는 터라 표류민이라도 생기면 문제는 매우 심각했다. 결
국 倭館에서 유구어를 아는 왜인을 데려다 의사소통을 기도했지만 많
은 불편이 따랐다. 심지어는 조선 해안에 표류해 온 이들이 정말 유구
인인지의 여부를 식별하는 것조차 힘든 실정이었다.8)

　조선 지배층이 아는 유구는 아주 작은 나라였다. 琉球國紀는 유구를
"極히 小國"이라고 하면서 이렇게 설명하고 있다.

　　琉球는 南海에 있는데, 南北은 길고 東西는 짧으며 36개 섬으로 구성된 나
　라이다. 硫黃이 土産物이어서 中國에 歲貢으로 硫黃 6만 근을 보낸다.9)

　작은 나라인데다 멀리 떨어져 있다는 사실은 琉球쪽이 朝鮮에 아무
런 被害를 주지 않았다는 사실과 합쳐져 유구와 지속적으로 우호를 유
지할 수 있는 안도감을 줄 수 있었다. 작고 먼 나라, 그것은 우호를 보
증하는 이미지를 만들어 낸 것이다.

　그러나 이처럼 멀고 작은 나라라는 인식은 부정적인 琉球觀을 낳기
도 했다. 15세기 중엽에 조선의 한 고위 관료는 멀고 작은 나라가 갖는
부정적인 의미를 다음과 같이 명쾌하게 지적하고 있다.

　　琉球國은 본래 작은 나라이고 먼 나라입니다. 바다가 萬里에 막혀서 風馬

---

7)『中宗實錄』25年 6月 19日.
8) 하나의 예로서 1530년(중종 25) 유구국 표류민 7인의 송환문제를 두고 논
　의가 장기화된 것도 정확한 의사 소통이 되지 않았던 데 한 원인이 있었
　다(『中宗實錄』25年 10月의 해당 기사 참조).
9) 申叔舟,『海東諸國記』琉球國紀 國都.

牛처럼 서로 미치지 못하니 비록 緩急이 있어도 서로 미치지 못하니 그 不可함의 첫째요, 저들이 비록 감사하게 여길지라도 능히 우리의 恩私를 갚지 못할 것이며 저들이 바록 원망하고 怒할지라도 능히 우리의 邊方 땅을 엿보지 못할 것이니 불가함의 둘째요, 우리가 비록 絶交할지라도 방해될 것이 없고 우리가 報聘하려 해도 길이 없으므로 또한 有益함이 없을 것이니 불가함의 셋째요, 훗날 비록 우리에게 無禮할지라도 능히 바다를 건너가 꾸짖을 수 없으니 불가함의 넷째요, 이제 그 禮物이 軍國에 별로 필요한 것도 없으니 불가함의 다섯째요,……琉球는 본래 장사하는 나라인데 이제 그 下賜의 많음을 이롭게 여기고 後年에 다시 올 것이므로, 이리하면 그 無窮한 慾望을 응하기가 어려우니 그 불가함의 일곱째요,…… 이제 저 琉球 使臣은 본래 九州 사람인데 眞僞를 알 수 없으니 그 불가함의 열 여덟째요,……10)

이는 琉球國王使 편에 유구국이 요구한 木棉 1만 필과 綿紬 5천 필을 보내는 것이 불가함을 20개 조로 역설한 내용 가운데 일부이다. 여기에는 국내의 재정 문제, 일본과의 형평성, 대여진 관계 등도 함께 거론되고 있다. 사절에 대한 回賜라는 구체적인 하나의 사안에 대한 이러한 비판을 통해 우리는 멀고 작은 나라의 의미와 적극적인 교류가 전개되지 못한 사실을 잘 알 수 있다.

먼 나라라는 이 인식은 오는 자는 받아들인다는 조선의 소극적인 유구정책으로 나타난다. 멀리서 온 자를 받아들인다는 정책은 野人과 倭의 경우에도 적용되었는데 후환을 우려했기 때문이다. 이에 비해 유구는 멀리서 의리를 흠모하여 험한 길을 왔는데 후대하지 않으면 교린의 도리가 아니라는 인식이었다. 교역에 목적을 두었다 하더라도 멀고 험한 길을 마다하지 않는 유구의 성의는 교린 관계를 지속시키는 바탕이 되었던 것이다. 그런데 바로 이 틈을 뚫고 僞使가 성행하게 된다.11) 아래에 열거하는 기사는 멀리서 온 자에 대한 후대와 이를 이용하는 위사가 어떤 존재인지를 알게 해 준다.

---

10) 『世祖實錄』 13年 8月 6日 己亥 大司憲 梁誠之의 上書.
11) 僞使의 성행에 대해서는 河宇鳳, 「유구와의 관계」 『한국사 22』(국사편찬위원회 편), 1995 참조.

　　① (우찬성 黃守身) 琉球國은 멀리 海外에 居하여 우리 나라와 더불어 서로 連境하지 않았고, 또 이제 國用이 다했으니 바치는 물건을 받지 않더라도 가합니다. (禮判 李承孫) 먼 나라에서 바치는 물건은 모름지기 거절하지 못합니다. (世祖) 유구국이 바치는 물건은 받지 않을 수 없다. 호조로 하여금 答賜할 것을 의논해 아뢰라 했다.12)

　　② (同知中樞府事 成健)……琉球國에서 처음으로 사신을 보냈을 때 국가에서 그 義理를 사모하여 멀리 온 것을 아름답게 여겨 특별히 후하게 대우하였는데, 그 뒤로 후한 이익을 얻으려는 여러 곳의 倭人들이 반드시 저들의 圖書를 빌어 그 사신이라 하고 오니, 그 나라의 사신이라도 낱낱이 후하게 대우할 수 없는데 하물며 빌린 것이겠습니까.13)

　　③ (成宗) 먼 곳의 사람이 大海를 무릅쓰고 고생하며 來朝하였으니, 비록 國王의 사신으로 대우하지는 못하나 또한 館待하여 보내지 않을 수 없다.14)

　　④ (尹弼商) 유구국왕의 書契에 의심나는 일이 하도 많아 믿을 수가 없습니다. 다만 먼 나라 사람이 와서 조회하는데 거절하고 받아들이지 않는다면 義理에 온당치 못합니다.……15)

　　⑤ (中宗) 유구국은 우리 나라와 거리가 요원하여 서로 通使하지 않았다. 그러니 일부러 그 거짓을 모르는 체하고 접대하여 王者가 먼 데 사람을 懷柔하는 뜻을 보일 것이요, 그 眞僞를 가려서 怨怒하는 마음을 품게 할 필요가 있겠는가.16)

이처럼 멀어서 잘 모르겠다는 소극적 태도와 멀리서 왔으니 후대한다는 방침은 앞에서도 지적했듯이 僞使, 즉 일본 상인들이 유구국 사신을 사칭하는 가짜 사절의 성행을 부르는 요인이 되기도 하였다. 이는 僞使 처리를 둘러싸고 君臣 間에 행해진 아래의 논의를 통해서도 다시 확인할 수 있다.

　　琉球國은 우리와 하도 멀어 名聲이나 威勢를 서로 接하지 못하였으므로

---

12) 『世祖實錄』 4年 閏2月 13日 辛未.
13) 『成宗實錄』 24年 閏5月 28日 辛酉.
14) 『成宗實錄』 24年 6月 14日 丙子.
15) 『成宗實錄』 25年 3月 22日 辛亥.
16) 『中宗實錄』 22年 7月 28日 癸卯.

비록 유구국의 使臣이라고 일컫더라도 그 거짓이 용납될 수 있었습니다. (盧思愼)17)

　……사실 의심스러우니, 진실로 사절해 보내는 것이 마땅하지만 먼 곳의 사람이 험한 것을 무릅쓰고 왔으니 우선 접대하도록 하되 다만 사신으로 대접할 수 없으며……(成宗)18)

　위사의 성행은 조선과 유구의 교류 의욕을 감퇴시키고, 교류 관계를 왜곡시켜 조선·유구 통교체제를 무너뜨리는 한 요소로 작용하였다.

　조선왕조의 관료들은 멀리 있는 소국인 유구에 사신으로 가려고 하지 않았다. 한 번은 左代言 卓愼이 유구국에 사신을 보내 倭寇가 轉賣한 被擄人을 데려와야 한다고 상주했다. 태종은 族屬과 헤어져 있으니 그 정상이 애석하다 하고 데려오는 이에게 마땅히 벼슬로써 상을 주겠다 하고 日人을 불러 바닷길의 險易한 것을 물었다. 그러나 바다가 험하고 멀기 때문에 아무도 가려 하지 않았다. 그래서 태종은 죄 지은 사람 중에서 능히 임금의 명령을 욕되게 하지 않을 사람을 가려 뽑아서 상주할 것을 명령하였다.19) 태종 15년(1415) 8월의 일이었다. 결국 前護軍 李藝가 사신으로 유구국에 파견되었다. 이 때도 호조판서 黃喜가 "琉球國은 水路가 험하고 멀며, 또 이제 사람을 보내면 번거롭고 비용도 대단히 많이 드니 파견하지 않는 게 좋겠다"고 반대했다. 태조는 이에 "고향 땅을 그리는 정은 貴賤이 따로 없다. 가령 貴戚의 집에서 이같이 피로된 자가 있으면 어찌 번거롭고 비용 드는 것을 따지겠는가"20) 하고 사신을 파견하였다.

　조선 관인에게 있어서 유구국은 너무나 멀어 자세히 알 수 없는 나라였고 또 작은 나라였다. 특히 말이 잘 통하지 않아 더 멀었고 관심도 차츰 적어졌다. 멀리 떨어져 있어서 잘 알 수 없다는 것은 반드시 거리상의 문제만은 아니었고 보다 중요한 요인은 유구에 대한 조선쪽의 의

---

17)『成宗實錄』25年 3月 22日 辛亥.
18)『成宗實錄』25年 3月 24日 癸丑.
19)『太宗實錄』15年 8月 5日 己巳.
20)『太宗實錄』16年 1月 27日 庚申.

존도가 정치나 문화, 경제면에서 절실하지 않았다는 점도 크게 작용했
을 것이다. 멀다는 것은 잘 알 수 없는 것과 통하고 하나의 고정된 이미
지를 만들 수 있다. 琉球王國을 직접 見聞한 朝鮮의 高官은 보이지 않
는다. 조선왕조는 국초에 세 차례 유구에 사절을 파견하였다. 태종 16
년(1416)에 李藝를 通信官으로 파견한 것이 그나마 격식을 차린 사절
이라 할 수 있고 두 차례는 통사를 파견하였다. 따라서 조선 관인의 琉
球國에 대한 見聞은 서적이나 琉球國人 또는 日人을 통하여 얻은 간접
견문이었다.

Ⅱ. 禮義의 나라

조선은 정치·문화적으로 유구국을 예의의 나라로 인식하였다. 그
배경은 유구가 明의 冊封을 받아 동아시아의 세계질서에 편입된 데 있
었다. 책봉을 받으면 예의의 나라였다. 책봉을 받았으면 漢文으로 外交
를 행하고 있다는 데서 일단 琉球國을 더불어 통교할 만한 禮義의 나
라로 인식하였던 것이다. 유구에서도 朝·琉 교섭의 초기에는 교역을
요청해 오면서 외교문서에 이 사실을 알리기를 잊지 않았다. 한 예를
보자.

> 지금 大明皇帝의 먼 곳 사람을 懷柔하는 은혜를 입어 영광스럽게 王爵을
> 封해 이 지방을 管掌하게 되었으니, 欽遵하여 朝貢하는 외에, 隣國의 義交에
> 대한 一節을 생각건대 또한 마땅히 使臣을 보내 서로 소식을 통하는 것이,
> 곧 四海가 한 집이 되고 거의 允當할 듯하기에 이 때문에 正使 阿乃佳結制
> 등을 보내어……21)

유구를 敵禮交隣의 상대국으로 인정하게 되는 것도 유구가 밍나라의
책봉을 받아 동아시아 국제질서 속에 들어와 있다는 인식에서였다. "琉

---

21) 『太宗實錄』 9年 9月 21日 庚寅.

球國은 中朝에 교통하여 爵命까지 받았으니 倭人에게 비할 것이 아니다. 중조에서 반드시 본국의 답한 글을 볼 것이니 예절에 합당하지 않으면 안 될 것이다"라는 세종의 말에 申商은 "유구국은 지극히 작은 나라로서 衣裳의 제도와 禮義의 일도 없으니……"[22]라고 답하고 있는 데서도 유구를 예의의 나라로 인식한 바탕에는 책봉 문제가 제일 크게 자리하고 있었음을 알 수 있다.

유구가 책봉을 받은 사실이 확인되자 유구국사에 대한 접대가 격상되어 일본국왕사와 동등해졌다.[23] 세종 13년 11월에 유구국왕의 사절 夏禮久 일행이 오자 조정에서 접대방식에 대한 논의를 거쳐 敵禮國의 사신으로 인정하여 행례하도록 한 것이다.[24] 이 때의 유구국 사신에 대한 접대는 이후 유구 사신 접대의 선례가 되었다. 端宗 元年 유구국왕사 道安의 경우도 이 예에 따랐다.[25] 이어서『經國大典』에도 유구국왕사의 지위가 일본국왕사의 그것과 동등하게 규정되었다.[26]

申叔舟는 琉球國이 동아시아의 국제질서 안에 있음을 이렇게 정리하였다.

中國의 冊封을 받아 每年 使臣을 보낸다. 中國 使臣이 오면 王과 群臣이 衣冠을 整齊하고 맞이한다. 官僚는 品階에 따라 官服을 입는데 中國의 衣服 制度를 模倣하고 있다.[27]

유구를 明의 冊封을 받은 예의의 나라로 인식했다는 것은 朝·琉 間

---

22)『世宗實錄』13年 11月 15日.
23) 조선과 유구의 통교 관계에 대해서는 아래의 논고 참조. 楊秀芝,『朝鮮·琉球關係 研究』, 한국정신문화연구원 박사학위논문, 1993 ; 孫承喆,「朝·琉 교린체제의 구조와 성격」『朝鮮時代韓日關係史硏究』, 지성의 샘, 1994 ; 河宇鳳, 앞의 글.
24)『世宗實錄』13年 11月 9日.
25)『端宗實錄』元年 3月 戊辰.
26)『經國大典』卷3, 禮典 待使客.
27) 申叔舟,『海東諸國記』琉球國紀.

의 구체적인 교류 과정, 즉 표류민의 송환 논의에서도 확인된다.

　　유구국에서 대대로 中國의 正朔을 받들고 있다 하오니, 지금 표류되어 온 사람들도 명년 聖節使가 갈 때 奏狀을 갖추어 함께 보낸다면, 비단 보내는 데 편리할 뿐만 아니라, 중국 조정에서 우리 나라가 일찍이 私交를 하지 않는 義를 알게 될 것입니다.[28]

　　이러한 인식은 중국을 다녀온 조선 사신을 통하여 중국인도 같은 인식을 하고 있다는 사실이 다시 확인된다.

　　① 朝鮮과 琉球 두 나라는 자못 禮義를 알고 있으니, 마음대로 물건을 매매하도록 함이 진실로 이익이 될 것입니다.[29]
　　② 朝鮮과 安南, 琉球 등의 나라는 (明)朝廷이 禮義國으로 대우하는데, 안남과 유구는 지방이 아주 멀지만 조선은 국경이 상국과 연접해 있어 그리 멀지 않으니 진하해도 무방하다.[30]

　　이상에서 보듯 유구가 책봉을 받은 예의의 나라라고 하는 사실 인식은 유구인에 의하여 전해지고 중국인에 의하여 확인되어 가는 가운데 조선지배층의 확실한 인식으로 자리잡게 되었다.
　　16세기가 되면 유구는 예의의 나라로서 평소 조선과 선후를 다툴 정도라는 인식에까지 도달한다.

　　중국은 예의의 나라라 호칭하면서 평소 우리 나라와 선후를 다투어 왔는데 이번에는 진하하지 않았고 본국만이 조공을 폐하지 않았으니, 이는 중국 조정에 綱紀가 없어 그런 것 아니겠습니까.[31]

　　이러한 인식은 물론 조선의 우위를 바탕에 깔고, 자신감에서 나온 것

---

28)『燕山君日記』3年 10月 18日 丙戌.
29)『燕山君日記』7年 3月 28日 丙子.
30)『中宗實錄』22年 12月 4日 丁未.
31)『中宗實錄』38年 1月 28日 癸酉.

이었다. 중국의 사신은 조선에서 견문한 것을 이렇게 표현하였다.

> '동국은 예의의 나라'라 하더니 이번에 보니 과연 그러하여 단지 語音이 같지 않을 뿐이고 나머지 禮貌와 文物, 制度 등은 모두 중국과 같았다. 安南이나 琉球 같은 나라들은 비록 글을 해독한다 하지만 禮樂이나 법도야 어찌 여기와 방불하겠는가.[32]

그리하여 유구가 예의의 나라라고 하는 인식은 유구와의 통교 과정에서 僞使 문제가 발생하면 使臣의 眞僞를 가리는 방법을 제공하게 되었다. 제대로 예를 갖춘 國書를 소지하고 왔는가의 여부에 따라 유구국사의 진위를 판명하게 된 것이다. 그래서 외교문서의 형식을 두고 "琉球는 中國의 泉南과 가까운 거리에 있어 時俗이 文風을 崇尙했을 것인데 이번 書啓는 文章을 이루지 못했으니 가짜다"라고 하고 있다.[33] 이는 가짜 사신을 가려 내는 기준을 중국화의 여부에 두었음을 보여 주는 것으로, 유구가 예를 아는 나라라는 사실을 전제로 한다.

이처럼 유구국의 외교문서 형식이나 내용, 외교 절차의 이행 등에 대한 비판, 그리고 使臣의 眞僞를 가리는 기준이 문서 형식이나 문장의 우열에 두고 있는 점 등을 종합하여 보아도 평소에 조선이 유구국을 禮義의 나라로 보고 있었다는 反證이라고 할 수 있을 것이다. 즉 위사 여부는 그들이 소지한 외교문서를 보면 알 수 있는데 문서가 가짜라면 예를 아는 琉球國이 그런 문서를 보낼 리 없으니 사신이 가짜라는 것이다.

申叔舟는 『海東諸國記』 序文에서 禮로써 交聘해야 진실한 외교가 성립됨을 강조하고 있다. 상대국가의 특수한 풍속을 잘 알아야만 禮를 다할 수 있다는 것이다.[34] 그래서 직접 견문이 없는 유구국에 대하여 기술하면서 交聘 往來의 연혁과 접대의 예를 상술하려고 애쓰고 있다.

---

32) 『中宗實錄』 32年 4月 3日 辛亥.
33) 『成宗實錄』 25年 3月 20日 己酉.
34) 申叔舟, 『海東諸國記』 序, "夫交隣聘問 撫接殊俗 必知其情 然後可以盡其 禮 然後可以盡其心矣".

이 책을 찬술하는 이유로 예를 다하기 위해서라고 한 데서도 이를 알 수 있다. 유구는 멀고 작은 나라인데다 경제적으로도 크게 절실한 요소가 없었고, 倭나 野人의 경우처럼 위협이 되어 방심할 수 없는 상대도 아니었다. 무시해도 좋을 멀고 작은 상대에 대하여 왜 지속적인 관심을 갖고 교류를 계속하였는가. 그것은 오는 자를 厚待한다는 조선왕조의 외교정책에 입각해 있음은 물론이려니와, 한 걸음 더 나아가 멀고 작은 나라에 대한 우호적 이미지, 明의 冊封을 받았다는 사실이 함께 어우러져 유구는 더불어 예로 통교할 만하다고 여긴 것이다. 유구국이 교역을 청해 오면서 被擄人과 漂流民을 지성으로 송환한 것35)도 유구국을 예의의 나라로 보는 데 매우 긍정적으로 작용하였다.

유구국을 예의의 나라로 인식하고 후히 접대하면서 통교를 계속한 배경에는 국내의 정치적인 사정도 있었다. 많은 나라와 통교함으로써 국제적으로 王者의 풍모를 과시하여 국왕의 권위를 높이고, 이를 통하여 국내에서 왕권의 안정과 강화를 도모하자는 의도였다. 새로운 왕조를 연 太祖 李成桂에게 절실한 것은 帝王의 權威였다. 1392년 7월, 태조가 즉위하고 나서 8월에 유구국 中山王이 사신을 보내와 칭신했다. 이듬해 6월에는 暹羅國에서 사신을 보냈다. 말을 맞춘 듯 시의적절했다. 이들이 새 임금의 즉위를 알고 사신을 보낸 것은 아니었지만 태조정권은 이를 더없는 호재로 삼아 제왕의 권위 높이기를 할 수 있었을 것이다. 조선왕조가 개창되고 나서 유구와의 교류는 이처럼 시작부터 좋았다.

외교를 통하여 국왕의 권위를 높이고 국내왕권을 강화하려는 의도가 가장 명확하게 나타나는 시기는 世祖朝이다. 왕위를 찬탈한 군주로서 왕권의 정당성을 결여하고 있던 세조는 여러 외국 사절을 후대함은 물론 자신이 외국 사신을 유치하는 적극적인 방법으로 유례 없는 遣使붐을 조성했다는 연구36)는 이를 잘 입증해 준다. 王位를 찬탈하여 정통성

---

35) 피로인과 표민의 송환에 대해서는 주 22에 든 논고와 李薰, 「朝鮮後期 漂民의 송환을 통해서 본 朝鮮·琉球關係」『史學志』 27, 단국대사학회, 1994 참조.

을 결여한 권력이 대대적인 정복 활동과 적극적인 해외 활동을 통해 제왕의 권위를 높이고 국내 체제를 강화하고 있는 예는 明 世祖 永樂帝의 漠北親征과 南海遠征에서 볼 수 있다. 세조의 遣使붐 조성 노력은 바로 이 永樂帝의 南海遠征을 연상시킨다. 이러한 각도에서 왕권의 안정을 위한 노력은 세조의 후계자들에게서도 보여진다. 예종은 殿講에 나온 성균관 유생을 思政殿에 모이게 하여 세 가지 제목을 내어 表文을 짓게 했는데 그 하나가 '의정부에서 琉球國의 來朝를 하례하다'였다.37) 그가 굳이 이 제목을 내건 것은 父王의 왕권강화 노력을 계승한 것으로 볼 소지가 있지 않을까 한다. 세조와 성종이 적극적인 표민 송환을 통하여 왕권 안정에 노력했음도 지적되고 있다.38) 성종대에 유구국의 위사가 가장 많았다는 점도 왕권 안정 노력과 관련하여 시사적이다.

倭寇의 存在는 조선왕조에게 있어서는 늘 중요한 현안이 되어 있었다. 유구를 왜구의 견제 세력으로 인식하였고 또 왜의 상인이 왜구화되는 것을 방지하려는 의도에서 질서 속에서 교역을 요구해 오는 유구를 우호적으로 대함으로써 왜의 상인에게 敎訓을 주고자 하는 의도가 있었다. 유구는 늘 멀리 떨어져 있는 소국이었으며, 구체적으로 조선을 괴롭힌 적도 없었다. 가까운 이웃 日本이 언제나 경계의 대상이 되고 있었기 때문에 멀리 있는 琉球는 상대적으로 늘 우호적으로 보일 수 있었던 것이다. 귀찮은 이웃 때문에 멀리 있는 손님은 설사 아무런 이익을 가져다 주지 못해도 늘 고마운 존재였고 상대적으로 높이 평가되었던 것이다. 특히 자국의 표류민을 지극한 정성으로 송환해 오는 유구는 막연한 호의를 확실한 우호로 변모시키는 존재였다.

---

36) 高橋公明, 「朝鮮遣使ブームと世祖の王權」 『日本前近代の國家と對外關係』 (田中健夫 編), 東京 : 吉川弘文館, 1987.
37) 『睿宗實錄』 元年 6月 11日 癸亥.
38) 李薰, 앞의 글, 153~156쪽.

Ⅲ. 배(船)로 장사하는 나라

유구왕국은 14 · 15세기에 돌연 아시아의 국제무대에 등장하여 활발한 해상활동으로 남방무역을 주도했다. 通稱 '萬國津梁의 鐘'(1458년 주조)의 銘文은 중계무역국가로서 아시아의 해양에 펼쳐진 유국왕국의 자부심이 훌륭하게 나타나 있다고 일컬어진다.39) 그 근거는 이 梵鐘이 寺刹이 아닌 首里城의 正殿에 걸렸던 鐘이라는 데서 찾을 수 있다. 이 종의 명문을 보기로 하자.

　　琉球國은 南海의 勝地에 있어서 三韓의 뛰어남을 모아다가 大明으로써 輔車를 이루고 日域으로써 脣齒를 이룬다. 이 둘의 中間에 있으면서 湧出하는 蓬萊島를 이룬다. 舟楫으로써 萬國의 津梁을 이루고 異産至寶는 十方刹에 充滿하리.

조선은 이러한 유구왕국의 실체를 인식하고 있었다. 그런데 유구가 무역국가로 될 수밖에 없는 이유와 무역의 실태를 이렇게 파악하고 있다.

　　땅은 좁고 사람이 많아 海上貿易을 業으로 삼는다. 西로 南蠻과 中國에 交通하고 東으로 日本과 我國과 교통한다. 일본과 南蠻의 商船이 國都와 海邊 浦口에 모이므로 國人이 浦口에 酒店을 설치하여 서로 交易한다.40)

조선은 이처럼 유구가 무역국가임을 잘 알고 있었지만, 실제 朝 · 琉 간의 교역에서는 유구쪽이 언제나 적극적이었다. 유구가 중국의 상품과 동남아시아산 물품을 팔아 넘기는 시장으로서, 또 중국과 동남아시아에 수출할 상품의 조달시장으로서 조선을 중시했기 때문이다.41) 유구가 진상해 오거나 교역품으로 조선에 가저 오는 물품은 香辛料와 染

---

39) 高良倉吉, 『琉球王國』, 東京 : 岩波書店, 1993, 86쪽.
40) 申叔舟, 『海東諸國記』 琉球國紀.
41) 高良倉吉, 『琉球王國』, 99쪽.

料, 광산물, 기호품이나 남방의 특산물 등 대부분이 남방물자였다.

조선 사회는 15세기의 생산력 발전을 배경으로[42] 16세기에 상업이 발달하고 사치풍조가 유행했던 점[43]을 감안하면, 이러한 남방물자가 지배층과 부상 대고들의 기호품이나 사치품으로서 상당한 수요가 있었을 것으로 보인다. 그러나 생활필수품이 아니었기 때문에 조선의 경제활동이 朝·琉 무역에 의존하는 바도 없었고 조선인의 경제활동을 보완해 주는 측면도 없었다. 세조 때 大司憲 梁誠之가 "그 禮物이 軍國에 별로 필요한 것도 없다"[44]고 설파한 것은 그 때문이다. 그리고 유구가 들여 오는 물자는 기호품이나 사치품이라 나라의 기반을 허물고 사치풍조를 만연시킨다는 비판을 받기도 했다.[45]

다만 무역품 가운데 조선쪽의 관심을 끈 것은 약재로서의 후추(胡椒)였다. 그러나 후추가 琉球에서 생산되는 물자가 아님이 밝혀진데다가 조선쪽의 후추 수요 역시 그들의 중개무역을 통해서까지 채워야 할 만큼 크지 않았고 또 후추는 九州와 對馬島 상인을 통해서도 조달이 가능했기 때문에, 후추도 조선과 유구를 연결하는 매개물이 되지 못했고 문제시되지도 않았다. 더욱이 후추에 대한 조선의 요구도 후추 그 자체에 있지 않았고 이를 국내에서 재배하여 약재로서 안정적으로 공급하기 위한 종자를 요구한 것이었으므로 지속적인 교역으로 발전할 가능성을 애초부터 갖고 있지 않았다. 이 점은 1년에 두 번 수확이 가능하다고 알려진 유구의 벼도 마찬가지여서 조선이 원하는 것은 그 종자였다.

이처럼 남방물자에 대한 조선의 수요가 지극히 한정되어 있었고, 일본과 중국의 물자는 각기 당사국과 조선이 직접 교역을 하고 있는 상황

---

42) 李泰鎭,『韓國社會史硏究』, 지식산업사, 1986 ;『朝鮮儒敎社會史論』, 지식산업사, 1989의 해당 논고 참조.
43) 韓相權,「十六世紀 對中國 私貿易의 展開」『金哲埈博士華甲紀念 史學論叢』, 1983 참조.
44)『世祖實錄』13年 8月 6日 己亥.
45)『中宗實錄』36年 11月 庚戌.

에서, 조선이 필요로 하는 자국의 상품을 갖지 못하고 중계무역에 의존하는 유구로서는 조선과의 교역에서 경쟁력을 가질 수 없었다. 따라서 국제환경의 변화에 따라 언제든지 민감하게 해상활동을 제약받을 수 있는 소지를 안고 있었다. 실제로 鄭和의 南海遠征 기간에 유구의 무역활동은 제약을 받았으며, 明 · 日 관계가 회복되고 일본 상인의 활동이 활발해지자 역시 유구의 무역활동은 제약을 받고 있다. 또 16세기가 되면 유럽 세력의 아시아 진출과 그들의 중계무역 활동으로 유구의 무역활동은 설 자리를 잃게 되고 이것은 결국 유구왕국의 쇠약으로 이어졌다. 그리고 이러한 시대적 상황의 변화는 朝 · 琉 관계에도 그대로 투영되고 있었다.46)

그런데 무역국가 유구라는 인식을 바탕으로 하여 조선 정부는 교역이 아닌 다른 분야로까지 관심을 넓혔다. 아시아의 해양을 주름잡으면서 무역을 업으로 하는 나라이니 만큼 조선술이 발달할 것은 자명하다고 인식의 확대를 보이고 있는 것이다. 世宗朝에 가서 이러한 인식은 유구의 조선술 도입이라는 구체적인 대응으로 확실하게 나타난다. 세종조에서는 과학기술의 발전과 국방 강화를 위한 많은 노력이 보이는데 유구의 조선술 도입도 그 노력 중 하나였다. 세종조에 유구의 조선술 도입을 위한 구체적인 노력은 단편적이기는 하나 다음의 사실을 통하여 알 수 있다.

유구의 조선 기술자를 데려오겠다는 日人에게 쌀과 콩 50석을 주었다.47) 또 琉球國의 船匠을 데려다가 이들에게 정기적으로 급료를 주면서 厚하게 대접하고 있는 예가 세종 15년부터 17년 사이에 산견된다.48)

---

46) 楊秀芝, 앞의 논문 참조.

47) 『世宗實錄』 15年 7月 22日 癸酉.

48) 『世宗實錄』 15年 閏8月 18日 戊辰, "琉球國 船匠 吾甫也古 등을 장가들게 하다"; 16年 3月 20日 丁酉, "琉球國 船匠 2명과 그의 아내에게 月料를 주다"; 16年 9月 26日 庚子, "琉球國 船匠 三甫羅에게 쌀과 콩 10섬을 내리고 호조로 하여금 매월 料를 주도록 하다"; 17年 10月 24日 壬戌, "琉球國 선장 吾夫沙豆가 고향에 다녀 오겠다 하여 綿紬 10필과 돗자리 10장을 주다".

유구국 선장이 만든 작은 모형배를 司水色에 보내 참고하도록 하기도
한다.49) 또 세종 16년 3월에는 이들이 만든 戰艦을 西江에 띄우고 朝鮮
의 전함과 성능을 비교하는 試驗을 하였는데 새 전함이 약간 빨랐을
뿐 큰 차이를 보이지 않았다.50) 성과는 반드시 컸다고 하기 어려웠다.
서강에서의 전함 성능 비교 시험과 시험 후 관계 관원과 전함을 건조한
유구의 선장에 대한 노고 치하의 자리에는 세종이 직접 참석하였다. 같
은 해 9월에는 의정부와 육조가 3월에 유구인이 만든 月字甲船, 가을에
만든 往字甲船, 신해년에 만든 冬字甲船에 대하여 각각 快鈍의 정도와
쇠의 사용량에 따른 堅固性을 비교하여 보고하였다. 이에 세종은 각 浦
가 전함을 만들 때, 국내 기술진이 제작한 두 시험선을 모델로 삼되, 유
구 기술자가 만든 선박도 견실성을 본받을 만하니 역시 견양으로 삼으
라고 병조에 지시하고 있다.51)

　조선 정부가 모처럼 시도했던 유구 조선술의 도입은 그 성과가 왜
이처럼 극히 제한적이었을까. 두 가지 요인을 생각할 수 있겠다. 그 하
나는 조선에 오게 된 유구 船匠의 기술력이다. 이들이 과연 당시 유구
의 조선술을 대표할 수 있는 일급 장인이었다고는 보이지 않는다. 유구
국의 선장이 조선에 오게 된 정확한 경위는 기록에서 보이지 않는다.
그런데 유구의 선장을 데려올 수 있다는 日人에게 쌀과 콩 50석을 내
렸다는 앞서의 기록으로 보아 조선에 오는 선장을 구하는 데는 한계가
있었다고 보인다. 만약 조선 정부가 琉球王國에게 공식으로 요청하여
선장이 파견되었다면 일정 수준의 장인이 보내졌을 것이요, 그 경위에
대해서도 보다 상세한 기록이 있을 것이기 때문이다. 유구 조선술의 도
입이 큰 성과를 거두지 못한 또 하나의 요인은 유구의 조선술과 선박의
정비술이 유구인의 자체 기술이라기보다는 久米村이라는 차이나 타운
의 중국인들에게 크게 의존하고 있었다는 사실52)이 간과되었던 데서

---

49) 『世宗實錄』 15年 7月 19日 庚午.
50) 『世宗實錄』 16年 3月 18日 乙未.
51) 『世宗實錄』 16年 9月 23日 丁酉.
52) 高良倉吉, 『琉球王國』, 90～92쪽.

찾아질 수 있겠다.

유구의 조선술을 도입함에 있어서 조선 정부는 미리 당시 동아시아 제국의 조선술을 비교, 검토하는 논의를 거치고 있다. 그래서 중국의 조선술이 가장 우수하다는 것도 알고 있었다. 하나의 예를 보자.

江南·琉球·南蠻·日本 등 여러 나라의 배는 모두 쇠못을 써서 꾸민데다가 또 많은 시간을 들여 만들었기 때문에 견실하고 정밀하며 가볍고 빨라서 비록 여러 딜을 떠 있어도 신실로 물이 새는 일이 없고, 비록 큰 바람을 만나도 허물어지거나 상하지 않아서 20~30년은 갈 수 있다. 그런데 우리 나라 병선은 나무 못을 써서 만든데다가 짧은 시간에 급히 만들어서 견고하지도, 빠르지도 못하며 8~9년이 못 가 허물어지고 상하게 되므로 상하는 대로 보수하는 데 소용되는 소나무 재목도 이어가기 어려운지라 그 폐단이 적지 않습니다.[53]

조선 정부는 당시 중국의 조선술이 유구의 그것보다 훨씬 앞서 있음을 잘 알고 있었다. 중국의 조선술이 가장 앞서 있다는 이러한 조선 정부의 인식은 정확한 것이었다. 永樂帝에 의한 남해원정은 조선술이나 항해술, 그리고 원정 함대의 규모나 실적에서 세계 최고라고 할 수 있기 때문이다. 그렇다면 왜 유구를 선택했을까. 이는 훗날 중국으로부터 병선과 화포를 도입하려는 시도 과정의 논의를 통하여 미루어 알 수 있다.

세종은 1444년(세종 26), 중국의 화포와 화약, 兵船을 도입하는 일에 대하여 의정부에서 논의를 하라고 승정원에 명하였다. 그 요지는 다음과 같다. 예조판서 김종서가 조사한 바로는 兵船의 성능은 중국, 유구, 조선의 순이라 한다. 明太祖가 보내 준 화약도 요즘은 성능이 많이 떨어져 있다. 요즘 우리 나라가 명나라에 倭人 포로를 잡아 바쳤고, 마침 명의 英宗도 倭寇를 마으리는 칙서를 보내 왔기 때문에 화포와 화약, 병선을 도입하기에는 시의적절하다. 다만 이를 요구하는 방법은 신중

---

53) 『世宗實錄』 12年 5月 19日 戊午.

을 기해야 하므로 내가 단계적 방법을 제시하니 참고하라.

이에 대해 영의정 황희는 사람을 보내어 기술을 배워 오자고 했다. 그런데 우의정 신개, 좌찬성 하연, 좌참찬 권제, 우참찬 이숙치 등은 아래와 같은 이유를 들어 반대하였다.

> 지금 중국 황제가 우리를 비록 한 집안같이 보고 있다 하나, 어찌 해외에 있는 나라를 다 믿겠습니까. 중국 조정이 우리를 의심이나 하지 않겠습니까. 또 다행히 우리 청을 들어 준다 해도 만약 倭賊이 明나라를 침범하게 되었을 때 明이 勅書를 내려 "너희 나라에서 兵船과 火砲에 대한 기술을 배워 갔으니 이 두 가지를 갖추고 또 軍糧을 많이 준비하여 대기하라. 朕이 장차 너희에게 장수를 명하여 일본을 치게 하겠다" 하면 우리가 무슨 말로 이에 對處하겠습니까. 또 근자에 와서 奏請한 일도 자주 있었으니 너무 성가신 일이 되지 않겠습니까. 지금 이를 청하였다가 또 청해야만 될 일이 있으면 어떻게 하시겠습니까. 신 등의 의견으로는 청하지 않는 것이 낫겠습니다.

명나라에서 조선술과 화포술 등의 기술을 받아들일 경우 의심을 살 수 있고, 훗날 明朝가 왜적 토벌을 내걸고 동원령을 내리면 일이 오히려 곤란해질 것이라는 주장이었다. 세종은 이러한 반대 의견에 따라 明으로부터의 병선과 화포, 화약의 도입을 그만두게 된다.[54] 明의 海禁政策과 '人臣無外交'라는 원칙의 제약을 받아야 하는 상황에서, 멀고 작은 나라 그러면서도 선박으로 만국의 교량을 이루노라고 자부하고 있는 나라 유구로부터 조선술을 도입하는 것이 보안 유지가 쉬워 정치·외교적으로 부담을 줄일 수 있다고 보았음을 알 수 있다. 그러나 앞에서 본 대로 유구의 조선술이 만족할 만한 것이 되지 못하여 중국 병선의 도입을 고려하게 되었다고 볼 수 있겠다.

무역의 나라라는 조선의 유구 인식은 한 걸음 더 나아가 조선술과 항해술이 발달한 나라라고 인식이 확대되었다. 그러나 조선이 유구의 조선술을 도입하는 과정에서 별다른 성과를 거두지 못함으로써 그 인식은 반드시 정확하지 못했음이 판명되고 있다.

---

54) 『世宗實錄』 26年 10月 12日 丁巳.

맺음말

　조선과 유구의 교류는 정치와 경제의 만남이었다. 즉 유구의 경제적 수요가 먼저 교류를 요청하게 하고 조선의 정치적 의도가 이를 수용하는 형태로 교류가 시작되었고 그 전개과정 역시 변함이 없었다. 조선쪽에서는 경제적으로 구체적인 성과가 보이지 않는다. 그럼에도 불구하고 교류가 우호적으로 지속될 수 있었던 데는 역시 조선쪽이 정치적 필요성을 인식하고 있었다는 데 있다. 그 이유는 몇 가지로 들 수 있으리라 보인다.

　琉球가 中國의 冊封體制 안에 있었다는 점이다. 중국적 세계질서 안에서 우등생을 자처했던 조선은 이 체제의 질서를 잘 지키고, 피로인과 표류민을 송환해 오면서 무역의 이를 취하고 있는 유구를 매우 우호적으로 평가하고 있었고 자신보다 못한 유구에 대하여 王者의 풍모를 과시했던 것이다. 또 많은 나라와 통교하여 군주의 국제적 위상을 높이고, 이를 통하여 국내에서 왕권의 안정과 강화를 도모하였다.

　倭寇의 存在는 조선왕조에게 있어서는 늘 중요한 현안이 되어 있었다. 유구를 왜구의 견제 세력으로 인식하였고 또 왜의 상인이 왜구화되는 것을 방지하려는 의도에서 질서 속에서 교역을 요구해 오는 유구를 우호적으로 대함으로써 왜의 상인에게 敎訓을 주자고 하는 의도가 있었다.

　조선과 유구는 늘 일정한 거리를 두고 있었다. 조선에서 유구는 항상 먼 나라였다. 잦은 접촉은 먼 거리를 좁혀 준다. 멀어도 관심이 크면 적극적으로 알고자 하는 노력이 행해진다. 그러나 멀고 접촉이 적으면 그 거리는 계속 유지될 수밖에 없다. 우선 정치적인 접촉이 적었다. 유구국의 규모는 정치적으로 적대적이거나 위협적인 것이 되지 못하였다. 또 유구왕국의 발전은 해외무역 특히 중계무역을 통한 것이었고 약탈을 수반하지 않았기 때문에, 그들의 발전과 팽창이 조선에 위기감을 주지는 않았다. 倭寇의 경우처럼 현실적인 위험이 되지 않았기 때문에 보통의 경우 정치적으로 큰 주의의 대상이 되지 않았던 것이다.

　조선쪽이 유구쪽에 대하여 관심을 보인 분야는 造船術과 벼 품종 및 그 경작법, 약품으로서의 후추 등이었다. 그러나 이처럼 관심을 갖고 있는 분야는 이미 검증되어서 지속적인 관심의 표적이 되지는 못했다. 조선술의 도입은 시도되었지만 그 결과가 시원치 않았다. 거기다 조선은 해양 진출에 대한 의지를 별로 보이지 않게 되어 이 부분에서도 교류의 필요성은 끊어지고 만다. 벼의 품종과 그 경작법에 대한 관심 역시 기후와 풍토가 판이함이 밝혀져 관심의 대상이 되지 않았다.

　조선지배층에게 유구는 무역의 나라, 예의의 나라, 멀고 작은 나라였다. 이러한 인식은 실상과 허상이 함께하여 이루어졌다. 그리고 교류도 이루어졌다. 그러나 먼 거리는 좁혀지지 못한 채 끝내 멀고 작은 나라로 남았다.

1930년대 재만 국민부계열의 활동에 관한 연구

황 민 호

머리말

　만주지역의 독립운동사에 있어서 민족진영의 국민부와 조선혁명당·조선혁명군의 항일무장투쟁은 일제시대 전 기간을 통하여 가장 치열하게 전개되었던 투쟁의 하나라고 할 수 있다. 이들의 활동은 만주사변 이전에는 주로 친일세력에 대한 숙청과 사회주의진영의 공격으로부터의 조직의 보호, 그리고 중국 당국과의 교섭을 통한 재만한인의 권익보호를 위한 투쟁을 전개하고 있었다. 또한 만주사변 이후에는 중국의 항일의용군이나 사회주의진영의 항일유격대인 동북인민혁명군과의 연합작전을 비롯하여, 국내로부터의 군자금 획득투쟁이나 국내와의 연계조직 확보를 위해 노력하는 등 다양한 형태의 항일투쟁을 1938년 9월까지 줄기차게 전개해 왔다.

　그런데 국민부 계열의 항일무장투쟁에 대해서는 남·북한, 그리고 연변에서의 연구가 다양한 시각에서 전개되고 있어서, 특히 조선혁명군에 대해서는 분명한 이해를 방해하고 있는 느낌마저 들고 있다. 남한에서의 연구는 조선혁명군 초기의 반공적 이념의 활동이나 양세봉의 활동을 중심으로 한 중국의용군과의 연합작전을 강조하는 연구가 대부분을 차지하고 있다.[1]

　북한에서의 연구는 대부분의 출판물에서 김일성이 1930년 7월 이통현 고유수에서 공청 및 반제청년동맹의 핵심을 중심으로 조선혁명군을 조직하였다고만 함으로써 국민부 계열의 무장조직인 조선혁명군과 김일성이 조직했다고 하는 조선혁명군의 실체나 연관관계에 있어서 오해나 혼동의 여지를 남겨 두고 있다. 북한은 1930년 7월에 조직된 조선혁명군에 대하여 맑스·레닌주의적인 조선공산주의자들의 첫 무장소조였으며, 혁명적 무장조직이었다고 하여 그 역사적 성격을 높이 평가하고 있다.[2] 그러나 북한의 이러한 평가는 1958년판 『조선통사』(하)에서는 김일성이 1932년에 선진적 노동자 농민 및 애국청년을 중심으로 항일유격대를 조직하였으며 이 조직이 '맑스·레닌주의의 이론에 의해 조직된 진정한 혁명무력의 첫 대오였다'고 평가하고 있어 앞의 주장과는 차이가 있음을 알 수 있다.[3] 또한 최근에 들어서야 1930년 7월 김일성에 의해 조직되었다고 하는 조선혁명군과 민족진영의 조선혁명군과의 관계에 대해 언급하고 기록이 보인다.[4] 뿐만 아니라 북한에서는 남만에

---

1) 李命英, 「日帝의 滿洲侵略과 反滿抗日運動」 『成大論文集』 18, 1973 ; 「1930年代 在滿韓人의 抗日武裝鬪爭」 『亞細亞學報』 11, 1975 ; 『在滿韓人 共産主義運動研究』, 성대 박사학위논문, 1975 ; 「民族主義者와 共産主義者의 抗日武力鬪爭 比較」 『成大論文集』 25, 1979 ; 丁原鈺, 「在滿國民府의 抗日獨立運動 - 國民府·朝鮮革命黨·朝鮮革命軍의 活動을 中心으로 -」 『亞細亞學報』 11, 1975 ; 「梁世奉 : 朝鮮革命軍 總司令의 研究」 『國史館論叢』 8. 1989.
2) 조선로동당 중앙위원회 당력사연구소 지음, 『조선로동당략사』 1, 평양, 1979, 68~69쪽 ; 과학백과사전출판사, 『조선전사』 16, 181쪽 ; 김한길, 『조선현대역사』, 일송정, 1988, 52~55쪽.
3) 사회과학원 역사연구소, 『조선통사』 하, 오월, 1988, 204쪽.
4) 김일성, 『세기와 더불어』 2, 평양 : 조선로동당출판사, 1992. 1961년에 간행

서 활동하던 민족진영의 독립군들이 1938년 조국광복회의 강령을 이해
하고 조선인민혁명군에 통합되었다고 주장하고 있다.5)

조선혁명군에 대한 북한의 이러한 주장은 만주지역의 항일무장투쟁
에 대한 그들의 역사인식과 관련이 있겠지만, 적어도 민족진영의 항일
무장조직의 하나였던 조선혁명군에 대한 정확한 이해나 연구에 방해가
되어 왔던 것이 사실이다.

한편 조선혁명군에 대한 연변에서의 연구는 조선혁명군의 항일무장
투쟁에 관한 연구를 중심으로 근거지 문제 등 다양한 연구가 이루어지
고 있다. 특히 조선혁명군이 1930년대 중반 楊靖宇가 이끄는 東北人民
革命軍과 연합작전을 벌인 것을 강조하고 있으며, 1930년대 말 조선혁
명군의 잔여부대가 東北抗日聯軍에 합류한 것을 중국공산당의 영도하
에 이루어진 반제민족통일전선의 형성으로 보아 그 의의를 대단히 중
시하고 있다.6)

그러나 연변에서의 연구는 조선혁명군이 양세봉 총사령의 활동시기
에 양정우의 동북인민혁명군과의 연합작전이 이루어졌다고 보는 견
해7)와 그렇지 않다는 견해가 엇갈리고 있다.8) 남한의 연구에서도 양세
봉과 공산주의자들과의 관계에 대해서는 대체로 투쟁적인 관계가 유지
되고 있었다는 인식이 보편적인 것으로 생각된다.9) 따라서 이러한 견

　　된『조선근대혁명운동사』에서도 조선혁명군이 민족주의자들에 의해 조직
　　된 단체임을 밝히고 있다.
　5) 사회과학원 역사연구소, 앞의 책, 256~257쪽.
　6) 黃龍國,「朝鮮革命軍 歷史에 대하여」『國史館論叢』9, 1990 ;「朝鮮革命
　　軍의 根據地問題에 관하여」『박영석교수화갑기념논총』, 1992 ; 朴昌昱,
　　「朝鮮革命軍과 遼寧民衆抗日自衛軍과의 聯合作戰」『박영석교수화갑기념
　　논총』.
　7) 黃龍國,「朝鮮革命軍 歷史에 대하여」, 10~11쪽 ; 曹文奇,『鴨綠江邊抗日
　　名將梁世奉』, 遼寧人民出版社, 1990, 174~176쪽.
　8) 황용국 외,『조선족혁명투쟁사』, 遼寧人民出版社, 1988, 354쪽 ; 왕건,「조
　　선혁명군 총사령 양세봉」『봉화』(중국조선민족발자취총서 3), 민족출판사,
　　1989. 3, 293~294쪽 ; 현용순 외,『조선족백년사화』1, 遼寧人民出版社,
　　1985, 326쪽.

해 차이는 당시 조선혁명군이 처해 있던 상황과 활동에 대한 객관적인 검토가 이루어지는 과정에서 일정한 결론에 도달해야 할 것으로 보인다.

따라서 본고에서는 이러한 점을 염두에 두면서 첫째, 만주사변 이전에 야기되고 있었던 국민부 계열 조직과 한인공산주의자들 간의 대립관계에 대해서 살펴보고자 한다. 특히 국민부 내의 좌경세력인 반국민부파의 활동에 대해 살펴봄으로써 북한에서 김일성에 의해 창건되었다고 주장하는 조선혁명군의 성격이나, 조선혁명군에 대해 북한의 공식기록들이 시기별로 다른 서술을 하고 있는 원인에 대하여 지적해 보고자 한다.

둘째, 조선혁명군의 친일세력에 대한 인식이나 친일단체인 韓僑同鄕會에 대한 숙청활동에 대해서 살펴보고자 한다.

셋째, 국민부 계열에 의해서 추진되었던 국내로의 진공작전이나 군자금 모집투쟁, 그리고 국내공작위원회의 설치활동 등에 대해서 살펴봄으로써 이들의 항일무장투쟁에 대한 이해의 폭을 넓히고자 한다. 그리고 조선혁명군의 한중연합작전에 대해서도 언급해 보고자 한다.

넷째, 만주사변 이후 1933~34년 사이에 조선혁명군과 동북인민혁명군이 연합작전을 전개할 수 있었던 배경이나 가능성에 대해 조선혁명군의 활동을 중심으로 살펴보고자 한다.

이러한 연구는 1930대 만주지역에서 가장 활발한 항일무장투쟁을 전개했던 민족진영의 단체인 조선혁명군을 중심으로 한 국민부 계열의 항일무장투쟁의 성격을 보다 분명히 이해하고자 하는 노력의 하나가 될 수 있을 것이다.

---

9) 金學奎, 「白波自敍傳」 『한국독립운동사연구』 2, 한국독립운동사연구소, 1988, 588~590쪽.

Ⅰ. 反國民府運動에 대한 대응과 朝鮮革命軍 吉江省指揮部

1. 한인공산주의자들의 반국민부운동에 대한 대응

1920년대에 들어서 만주지역에서는 민족진영과 공산진영 간의 대립이 표면화되기 시작하였으며, 국민부 계열의 조직들은 1920년대 후반 이후 한인공산주의자들로부터 국민부의 와해를 목표로 하는 반국민부운동에 직면하고 있었다. 이 운동은 주로 ML파와 서울·상해파에 의해 적극적으로 전개되고 있었다. ML파의 공작은 正義府 시절부터 계속되고 있었는데 정의부가 청년들을 교육하기 위해 건립한 南滿學院이 좌경화되기도 하였으며, 길림성 반석현에 대한 ML파의 영향력이 강화됨으로써 정의부의 세력권이 홍경·통화 이남으로 줄어들기도 하였다.10)

국민부가 조직된 후 1929년에 이르면 양측은 선언서의 배포를 통한 상호비난이나 무력의 상용이라는 극단적인 대립 양상을 보이기 시작하였다. 1929년 10월 16일 국민부에서는 산하조직인 南滿韓人靑年總同盟(이하 남한청총)의 간부 중 일부가 ML파와 비밀리에 연락을 취하고 국민부에 대해 파괴공작을 하고 있다는 혐의를 잡고, 崔峰(鳳)·李泰熙·池雲山·李光先·韓義哲 등 6명을 체포하여 新賓縣 北王淸 부근에서 총살하였는데 이 사건을 계기로 국민부와 ML파의 대립은 격화되었다.11)

사건이 발생하자 ML파에서는 11월 11일 고려공산청년회 만주간부의 명의로 총살 전후의 상황 및 피해자 6명의 약력과 애도의 뜻을 나타

---

10) 桂基華, 「三府·國民府·朝鮮革命軍의 獨立運動 回顧」『한국독립운동사연구』 1, 한국독립운동사연구소, 1988, 405쪽.

11) 『독립운동사사료집』 10, 476～477쪽. 남만한인정년종동맹은 재중한인청년동맹 및 재만농민동맹에 대항하려고 국민부의 전신인 정의부의 청년단체를 통합하여 1929년 2월에 조직하였다. 이 사건은 조선혁명군 간부 金輔安, 金門擧에 의해서 주도되었다(독립운동사편찬위원회 편, 『독립운동사』 5, 1973, 594쪽).

내는 글을 발표하였다. 같은 날 재만농민동맹 길림지부와 재중한인청
년동맹 제3구의 공동추도회의 명의로 '제국주의 전초대인 살인강도단
국민부의 죄악을 들어 재만 노력대중에게 격함'이라는 선언서를 발표하
였으며, 10일에는 남한청총 집행부의 명의로 '광적인 파시스트단인 살
인강도 국민부에서 홍경현 일대 전위투사 대학살'이라는 제목의 글을
배포함으로써 반국민부운동의 기세를 고조시켰다.[12] 또한 12월 20일
길림성 내에서는 在滿韓人靑年團體協議會에 참석하기 위해 와 있던
珠河靑盟, 敦化靑盟, 在中靑盟 남한청총의 발의로 '南滿慘變' 추모대회
를 개최하고 '統治式 團體를 撲滅하라'는 등의 구호를 외침으로써 반국
민부운동의 분위기를 이어나갔다.[13]

한편 국민부에서는 사건 직후인 1929년 11월 2일 남한청총 수습대회
를 열고 조직을 재정비하였다. 이 대회에서는 중앙상무 간부 최봉·高
園·金順基·韓一光 등을 국민부를 파괴시키고자 운동선 파괴에 본 동
맹의 간판을 이용하여 본 동맹을 자기들의 도구로 사용하였다고 성토
하였으며, 이들을 出盟시킬 것을 승인하였다. 그리고 반동분자에 관한
토의에서는 ML파의 단체인 在滿農民同盟·在中靑盟의 惡分子를 운동
선으로부터 제거하고 놈들에게 현혹당한 군중을 구출하여 革命正軌로
진출하고자 한다고 함으로써 ML파를 정면으로 비난하였다.[14]

그런데 남만참변이라고 불리는 이 사건을 계기로 국민부와 ML파 간
의 대립이 심각해지고 있었지만 국민부가 출맹 대상으로 지목하고 있
었던 인물들은 최봉을 제외하고는 실제로는 서울·상해파 계열에 속하
는 사람들이었던 것으로 보인다.[15] 이것은 국민부에 대한 파괴공작이
서울·상해파에 의해서도 이루어지고 있었음을 의미하는 것이라고 하
겠다.

남한청총에 대한 수습대회의 개최를 통해 문제를 일단락지은 국민부

---

12) 『독립운동사자료집』 10, 676~677쪽.
13) 『現代史資料』 29, 638쪽.
14) 『現代史資料』 29, 652~654쪽.
15) 『現代史資料』 29, 559~560쪽.

는 이후 ML파에 대한 대중적 선전을 강화해 나갔다. 1929년 12월 국민부에서는 재만 ML파에 대한 비판군중대회를 개최하고 ML파에 대한 성토문을 발표하였다. 이 성토문에서는 ML파의 반국민부 공작의 내용을 다음과 같이 열거하였다. 첫째, 통화의 한교동향회와 연락하여 혁명자들을 학살 체포하고 民財·民血을 劫掠한 것. 둘째, 길림·액목 등에서 麗新靑年會員 31명을 무장한 공산당원이라 하여 중국경찰에게 무고한 일. 셋째, 최봉·이태희 등을 파견하여 국민부 간부를 살해하려 했다는 것 등을 주요 내용으로 하고 있었다. 그리고 성토문 말미에 "우리는 우선 이론 삐라로써 반혁명적 사실을 지적하여 대중에게 인식시키는 동시에 호미·낫·괭이·몽둥이를 들고 나와, 그것도 없으면 맨주먹으로라도 ML파의 괴수들을 타살 박멸하자"고 주장하였다.16)

또한 1930년 1월 20일에는 'ML파란 무엇인가'라는 글을 통하여 ML파가 대중들에게 국민부에 대한 義務金 不納을 사주하고 국민부원을 중국군경에게 무고하라는 지령을 내렸으며, 국민부가 살인강도단이라고 선전하는 등의 비난을 하고 있으므로 혁명군을 무장 동원하여 모두 죽여야 한다고 주장하였다.17)

따라서 이상의 내용을 통해서 보면 1920년대 후반에 이르면 국민부와 한인공산주의 진영의 대립은 격화되는 양상을 나타내고 있었으며, 국민부에서는 공산진영의 반국민부운동에 대하여 무력적 대응도 불사하는 한편, ML파의 반국민부 활동을 중심으로 그들의 적대행위를 대중들에게 알리는 형태의 선전활동을 강화해 갔던 것으로 보인다.

공산진영의 반국민부활동도 계속되고 있었다. 앞에서 언급한 바와 같이 남만참변에 대한 추도대회의 발의에 국민부 계열의 단체인 남한청총의 대표가 참가하였으며, 돈화청년동맹의 경우는 남만청총의 가맹단체였는데 이러한 상황은 ML의 공작에 따른 결과였을 것으로 생각된

---

16) 『現代史資料』 29, 641~644쪽. 성토문의 제목은 '日本帝國主義의 走狗 役割을 하고 있는 在滿 ML파 魁首들을 狗逐 撲滅하여 놈들의 姦巧策으로 欺瞞追隨된 群衆을 救出하자'이다.
17) 『現代史資料』 29, 645~646쪽.

다.18) 국민부에서는 ML파의 이러한 공작에 대해 ML파는 北韓靑과 北靑盟의 대립, 拉法靑盟의 細胞 탈취, 남한청총의 분리, 在滿農民의 詐欺戰取19) 등의 해악을 저지르고 있다고 비난하였다.20)

또한 국민부에서는 1930년 3월 남한청총과 南滿農民同盟, 南滿女子敎育會를 통합하여 東省韓人靑年總同盟의 조직을 하고 규약의 제정과 임원 등을 선출함으로써 새로운 조직으로의 확대 개편을 단행하였다.21) 즉 국민부에서는 공산진영의 조직 와해 공작에 직면하자 기존조직의 확대개편을 통해 조직의 역량을 강화할 필요를 느끼고 있었던 것으로 생각된다.

국민부와 ML파 사이의 투쟁은 계속되고 있었다. 1930년 3월 14일 국민부에서는 柳河縣 三源堡에 있는 明東學校를 습격하고 ML파 소속의 인물인 韓淸玉과 崔重熙(일명 朴基柱)를 총살하였는데 이에 대해 ML파에서는 소속 기관지인『공산청년』의 호외를 통해 사건을 보도하고 애도의 뜻을 표하였다.22) ML파의 경우도 중국공산당과 합동한 후인 1930년 8월 17일에 국민부세력 내에 거주하고 있는 농민이나 병사에 대해 탈퇴를 종용하는 선전문을 뿌리기도 하였다.23)

1930년 3월 서울·상해파의 조직인 조선공산당 재건설 만주부(이하 재건설만주부)에서는 東省韓人農民總同盟의 창립대회에 조직원을 파견하여 대회를 방해함으로써 국민부의 상황을 여의치 않게 만들었다.24)

---

18) 와다 하루끼,『김일성과 만주항일전쟁』, 창비신서, 1992, 51쪽.

19) 在滿農民同盟에 대해서는 황민호,「滿洲地域民族唯一黨運動에 대한 硏究」『崇實史學』5, 168~169쪽 참조.

20)『現代史資料』29, 645~646쪽.

21)『現代史資料』29, 558~565쪽.

22)『독립운동사자료집』10, 482~483쪽. 이 사건은 현익철에 의해서 주도되었다고 한다. 1930년 5월 27일에는 국민부원이 유하현 삼원포 부근의 ML파와 관련 있는 농가를 습격하여 중국인 1명에게 중상을 입히고 崔龍雲·朴容信·全承學의 집에 방화한 사건이 있었다고 한다(『現代史資料』29, 725~729쪽).

23)『現代史資料』29, 725~729쪽. '國民府의 壓迫下에 있는 革命的 農民 및 兵士同志에게 檄함'.

서울·상해파의 반국민부 운동은 국민부의 무장세력에 대한 포섭공작에 주력하였던 것으로 생각되는데 1930년 6월 6일에 개최된 재건설만주부의 지방대회에서는 이 문제가 구체적으로 논의되었던 것으로 보인다.

　우선 재건설만주부에서는 軍事委員會를 긴급 조직하고 이를 통해 국민부와의 관계를 해결하고자 하였다. 회의를 통하여 서울·상해파에서는 재건설만주부를 在滿共産主義者同盟으로 전환하고 중국공산당에 가입하는 것을 최후의 목적으로 하여 중국공산당과의 교섭을 추진할 것을 결정하였다. 이후 6월 27일과 28일 양일에 걸쳐서 개최된 재만공산주의자동맹 제1차 대회에는 尹滋英·崔東旭·李雄·高割信·韓一光·張宗弼·宋尙夏·朴振·崔煥 등이 참석하였으며, 중국공산당과의 교섭은 朴振·崔煥·安鵬이 담당할 것 등을 결정하였다. 25) 주목되는 것은 이웅·고할신은 국민부에서 활동하고 있는 유력인사들이었다는 점이다. 이웅은 국민부의 軍事委員長과 사령관을 겸임한 바 있으며, 고할신은 조선혁명단의 선전부 위원장으로 활동하고 있는 인물이었다.26) 그리고 1930년 6월 초 적군 군사위원회를 조직한 재건설만주부에서는 張宗弼·李雄·崔東益·安鵬·李鍾洛를 위원으로 임명하고 6월 16일 이종락이 도착하지 않은 채 吉林 江南에서 군사위원회를 개최하였다. 이 회의에서는 홍경지방에 이웅을 파견하여 국민부의 조선혁명군 책임자 李振卓·金松溪를 지도하여 소속군인을 전취하며 복종하지 않는 자는 무장을 해제할 것과 우선 이종락의 자위대를 편입하여 길림·액목·蛟河·高楡 地方에서 국민부 탈퇴를 선언하게 할 것 등을 결정하였다.27)

　따라서 이상의 내용을 통해서 보면 서울·상해파는 국민부의 무장조

---

24) 『現代史資料』 29, 558~565쪽.
25) 『現代史資料』 29, 555~556쪽.
26) 『독립운동사』 5, 583~591쪽 ; 국사편찬위원회 편, 『한국독립운동사』 5, 583~591쪽.
27) 『現代史資料』 29, 567~568쪽.

직인 조선혁명군에 대해 포섭공작을 전개하고 있었으며 이것은 국민부 내에 반국민부파를 형성하게 하는 요인으로 작용하고 있었던 것으로 생각된다.

2. 반국민부파의 활동과 조선혁명군 길강성지휘부

반국민부파는 국민부 내에서 국민부의 기존정책에 반대하면서 국민부를 타도하고 새로운 조직을 만들려고 시도했던 세력들을 말한다. 이들은 국민부에 대해 기존의 공산주의세력과 연합하여 공세를 취하기도 하는 등 일종의 좌경화된 세력으로서의 경향을 보이기도 하였다.[28]

국민부 내에서 반국민부파의 활동이 본격적인 대립의 양상을 띠기 시작한 것은 1930년 8월 8일에 개최된 조선혁명당 집행위원회 개최 이후였을 것으로 생각된다. 이 회의에서 반국민부파의 고할신·이진탁·이웅·金碩夏·玄正卿·李成根·李東林·李丈靑 등은 국민부와 조선혁명당을 해체시키고 그 소속 군대는 적위군에 편입시키며 농민은 농민협회를 조직하여 유력한 투쟁을 전개해야 한다고 주장하였다.[29] 그러나 반국민부파의 이러한 주장은 玄益哲·梁世鳳·高而虛·金文擧·梁山河 등의 강력한 반대에 부딪치게 되고 양자는 결정적으로 분열하는 상황에 이르게 되었다.[30]

이러한 상황에서 반국민부파는 1930년 8월 15일 국민부에 대항하기 위한 대책을 협의하는 회의를 개최하고, 寬東·寬西·撫本 등의 농민과 군대를 국민부에서 이탈시킬 것과 홍경 일부의 농민을 선동하여 반국민부 폭동을 일으킬 것을 결정하였다. 그리고 중국공산당 만주성위원회와 연락을 취하면서 9월 중순에는 반국민부 위원회를 결성하기도 하였다.[31] 특히 무본 지방에서의 활동은 車光洙에게 맡겨졌는데 그는

---

28)『독립운동사자료집』10, 476쪽.
29)『독립운동사자료집』10, 475쪽.
30)『독립운동사자료집』10, 475쪽.
31)『독립운동사자료집』10, 484~486쪽.

金成柱·崔昌傑 등과 함께 국민부의 동성조선인농민총동맹과 남한청총에서 활동하였던 인물이었다.[32] 김성주는 동성조선인농민총동맹에서 安圖·撫松의 지방지부 동맹 조직위원으로 선출되기도 하였다.[33] 차광수와 최창걸은 만주에서 김일성과 행동을 같이했던 인물로 북한에서는 특히 차광수를 김일성이 조직했다는 조선혁명군의 준비를 완료한 인물로 서술하고 있다.[34]

반국민부파에서는 8월 22일 이후에는 通化·輯安·寬甸 등에서 民衆大會를 열고 국민부는 대중을 착취·압박·학살하는 단체이며 계급투쟁적이 아니고 민족적 당파이며, 무정견하게 增奉하고 군대를 확장하여 난폭한 행동을 허용한다는 등의 격문을 발표하였다.[35] 또한 玄河得·金振澤·金昌龍·金東昇 등은 국민부가 의무금 부과를 가혹하게 한다는 이유로 재만동성조선인농민동맹을 탈퇴한다는 성명을 발표하고 국민부 각 세포단체에 탈퇴성명서를 발송하는 등[36] 조직적인 저항을 시도하였던 것으로 생각된다.

이러한 가운데 1930년 9월 20일 반국민부파의 金昌龍·朱河範·金利澤이 국민부측의 습격을 받아 사살되었으며, 10월 4일에는 국민부파의 간부 金文擧가 총살을 당하였다. 또한 10월 23일에는 반국민부파의 이진탁이 국민부 간부와 중국군경의 습격을 받아 부하 2명과 함께 총살당했으며, 현정경이 체포되는 사건이 발생하기도 하였다고 한다.[37]

---

32) 와다 하루끼, 앞의 책, 44~45쪽.

33) 『現代史資料』 29, 560쪽.

34) 김일성, 앞의 책, 72쪽. 이 책에는 차광수와 최창걸의 기록이 여러 곳에서 보인다. 그러나 북한의 사회과학출판사에서 발행된 『역사사전』에서는 차광수는 1930년 여름 창춘현 카륜과 이통현 고유수에서 3개월 여에 걸쳐 혁명활동을 진행하던 시기에 김일성을 도와 삼광학교 2년제 고등과 교원으로 활동했다고만 하고 있다.

35) 『中外日報』 1930. 9. 20, 9. 30.

36) 『中外日報』 1930. 9. 22.

37) 『독립운동사자료집』 10, 484~486쪽. 이진탁의 죽음에 대해서는 다른 견해들이 있다. 첫번째는 이진탁이 1932년 음력 1월경에 興京縣 英陵街에 위치한 大漏라는 山谷에 약 60명의 무장대원을 거느리고 있다가 중국군 양

국민부에 대한 반국민부파의 도전은 결과적으로 국민부의 권위와 역량을 약화시키는 것이었다. 그러나 1930년 10월 하순 新賓에서 국민부의 張世湧·梁世奉·全雲學·文時亨·姜玉成·金保安·李英熙 등이 모여 현익철을 총사령관으로 임명함으로써 조직을 재정비하였다.[38] 이로써 국민부는 내부의 이념적 갈등을 해소하게 되고, 이것은 만주사변 이후 국민부가 조선혁명군을 중심으로 줄기차게 항일투쟁에 전념할 수 있는 중요한 정치적 요인이 되었을 것이다.

한편 반국민부파의 이종락은 1930년 7월 6일 東亞革命軍의 金光烈과 연합하여 조선혁명군 길강성지휘부(이하 길강성지휘부)를 조직하고,[39] 9월 10일에 '조선혁명군 길강성지휘부 선언문'을 발표하였다.

선언문에서는 우리들은 전 중국의 계급적 통일적 赤軍 軍事機關에 편입되고자 하며 그 때까지 엄연히 본부를 지지코자 한다는 주장과 함께 '중국공산당의 지방폭동에 참가하자', '중국공산당군 - 赤軍으로 편성하자', '全滿的 遊擊戰을 개시하자', '우리는 勞農革命의 武裝隊다'라는 등의 구호를 채택함으로써 중국공산당과의 연계를 원하고 있음을 강력하게 나타내었다.[40]

그런데 길강성지휘부의 이러한 발표는 당시 전개되고 있던 간도폭동에 대해 지지와 참가의사를 분명히 함으로써 중국공산당과의 관계를 염두에 둔 입장 표명이었던 것으로 보인다.

길강성지휘부는 1930년 11월에 그 명칭을 조선혁명군사령부로 변경하였다. 그러나 조직은 여전히 이종락과 김광렬에 의해 주도되고 있었던 것으로 보이며, 중국공산당에 입당하려 했던 그들의 의도에도 별다른 변화는 없었지만 오성륜과 논의하고 있던 중국공산당으로의 입당문

세봉과 李春潤 부대의 연합작전에 의해 사살되었다는 견해가 있다(桂基華, 앞의 책, 405쪽). 둘째는 이진탁이 1930년 7월 신의주에 있는 일본 창고를 공격할 때 평양에서 처형되었다는 설이 있다(曺文奇, 앞의 책, 87쪽).
38) 『한국독립운동사』 5, 760쪽.
39) 崔衡宇, 『海外朝鮮革命運動小史』 1, 동방문화사, 1946, 25쪽.
40) 『現代史資料』 29, 729--739쪽.

제는 매듭지어지지 않고 있었다.[41]

　조선혁명군사령부의 상황은 1931년 1월 28일 장춘에서 이종락, 김광렬, 朴雲碩 등이 일본경찰에게 체포됨으로써 변화를 맞게 되었다.

　　수령을 잃은 조선혁명군사령부원들은 어찌할 바를 몰라 재기의 가망이 보이지 않았으나 잔당 朴源根 등은 길림에서 高割信 및 유하 지방에서 활동중인 최창걸 일파와 기맥을 통하고 다시 제3세력 단체 수립 계획을 세워 1931년 3월 23일 박원근·韓昌國·張哲·최창걸 등이 집합하여 世火軍을 조직하고 부서 역원을 선임하여 다시 활동을 개시하였으나……[42]

　위의 내용은 일제가 이종락이 체포된 후 조선혁명군사령부가 세화군으로 개편되는 상황에 대해서 서술하고 있는 것이다. 주목되는 것은 세화군으로의 개편을 주도한 고할신·최창걸·박원근 등이 '다시 제3세력 단체 수립'을 계획하고 있었다고 설명하고 있는 점이다. 1930년 당시의 만주지역 상황에서 제3세력의 단체란 공산주의나 민족주의가 아닌 새로운 성격의 단체를 지향하고 있었음을 의미하는 말로 이해할 수 있을 것이다. 실제로 김일성의 회고록에 의하면 반국민부파에 대해 일본제국주의자들은 그들을 '제3세력'의 단체라고 규정하였으며, 그것은 민족주의자도 아니고 공산주의자도 아닌 새로운 중도세력이었다는 뜻이었다고 기술하고 있다. 그리고 민족운동 내부에서 반국민부파와 같은 제3세력이 대두했다는 것은 이 운동의 방향을 공산주의운동에로 전환시키기 위한 지향이 실천단계에 들어섰다는 것을 실증하는 것이었다라고 부언하고 있다.[43]

　따라서 이상의 내용을 통해서 보면 길강성지휘부에서 세화군으로 이

---

41) 와다 하루끼, 앞의 책, 63~64쪽 참조. 오성륜은 조선혁명군사령부의 해체를 요구하고 중국공산당의 정치방략에 따를 것을 요구하였으며, 이에 대해 이종락은 아직은 조선혁명의 간판을 내걸고 내면에서 중국공산당의 지시를 받아 행동하고 싶다는 주장을 되풀이하였다고 한다.
42) 『독립운동사자료집』 10, 602~603쪽.
43) 심일성, 앞의 책, 41쪽.

어지는 동안에 보여지는 반국민부파 무장세력의 이념적 지향은 완전한 공산주의적 조직으로 전환을 목표로 하고 있었다고 보기보다는 민족진영이나 공산진영과 일정 정도 거리를 유지하면서 독자적인 세력으로서의 성장을 모색하고 있던 그룹으로 보아야 할 것이다. 따라서 이 부대의 활동은 길강성지휘부나 조선혁명군사령부 단계에서는 조직의 독자성을 유지하면서 중국공산당과의 연계를 모색하였으나 이루어지지 않았으며, 이종락 등의 간부가 체포된 후에는 제3세력 단체임을 표방하는 약간 모호한 성격의 무장세력으로서의 경향을 나타내고 있었던 것으로 보인다.

구성원의 성격에서 볼 때도 이들은 반국민부파를 주축으로 하여 일부의 사회주의자들이 가세한 조직이었던 것으로 보인다. 조직의 활동에 중심이 되고 있는 이종락·고할신·최창걸·박원근·김원근은 물론 김성주·차광수 등은 모두 반국민부파의 일원이었으며,44) 장소봉은 ML파였다.45) 박진은 서울·상해파였으며, 이우는 前 화요파 출신이었고,46) 동아혁명군의 김광렬은 코민테른의 연락원으로 1930년 6월 김일성은 장소봉과 이종락의 소개로 그와 접촉한 바 있었다고 한다.47)

한편 세화군은 이후 명칭이 활동상 매우 좋지 않다는 논의가 일어나 東方革命軍으로 개칭되었고 1931년 5월 3일에 이러한 취지를 각군 책임자에게 통지하였으며, 중앙 근거지를 하얼빈으로 이전하였다. 동방혁명군은 최창걸을 중심으로 공산당원과 연락하고 국민부를 타도하기 위해 진공을 서둘렀으나 이후 최창걸의 소식도 알려지지 않는 상황에 이르는 등 구체적인 활동을 전개하지는 못했던 것으로 보인다.48)

그런데 길강성지휘부가 관심의 대상이 되고 있는 것은 북한의 다음

---

44) 와다 하루끼, 앞의 책, 52~66쪽 참조.
45) 桂基華, 앞의 책, 405쪽. 장소봉은 1929년 12월에 신민부의 지반을 확보하기 위해 파견되었던 이종락을 좌경화시킨 인물이었다고 하고 있다.
46) 와다 하루끼, 앞의 책, 58~59쪽.
47) 김일성, 앞의 책, 58~59쪽.
48) 『독립운동사자료집』 10, 602~603쪽.

과 같은 주장 때문이다.

　　김일성 수령은 카륜회의 직후인 1930년 7월 6일 이통현 고유수에서 공청 및 반제청년 핵심들로 조선혁명군을 창시하였다. 조선혁명군은 조선인 공산주의자들의 첫 무장소조였다.[49]

위에서 말하는 조선혁명군은 길강성지휘부를 지칭하는 것이며 이종락 · 장소봉 · 김성주 · 차광수 · 심혁 · 최효을 등의 청년들을 중심으로 吉林省 伊通縣을 중심으로 활동을 시작하였던 것으로 보인다.[50] 현재 북한에서는 이 조직을 조선인 공산주의자들의 첫번째 무장소조였다고 하여 그 역사적 의의를 높이 평가하고 있으며, "조선혁명군은 우리 나라에서 처음으로 되는 맑스 · 레닌주의적 무장조직이었다"고 하고 있다.[51] 이 밖에도 "우리가 만든 조선혁명군은 공산주의 이념에 의해 지도되며 군중 정치사업도 하고 군사활동도 하는 정치 및 반군사조직이었다"라고 언급하고도 있다.[52] 그러나 앞에서 살펴본 바와 같이 이 조직이 반국민부파를 주축으로 하고 있었으며, 세화군으로 개편되는 시점까지 그 이념적 지향을 제3세력 단체의 수립에 두고 있는 점에서 볼 때 이 조직의 성격을 완전한 의미에서의 공산주의적 조직이었다고 보기는 어려운 한계를 갖는 것으로 생각된다.

　　특히 중국공산당에서도 이들에 대해 부정적인 평가를 내리고 있었

---

49) 과학백과사전출판사, 앞의 책, 108쪽.
50) 崔衡宇, 앞의 책, 25쪽. 이들의 조직에 대해서는 다음과 같은 기록도 있다. "(조선혁명군은 : 필자) 1926년경 길림성 이통현을 중심으로 이종락 · 장소봉 · 김성주 · 차광수 · 김혁 · 최효을 등 청년투사를 맘라하여 조직한 청년중의 단결로서 그 운동은 대단히 용감하였다." 이 기록을 통해서 보면 연대에 문제가 있기는 하나 김성주와 그의 동지들이 이 조직에 주도적으로 참여하였음을 보여주고 있다(金承學, 『韓國獨立史』, 1965, 364쪽).
51) 조선로동당 중앙위원회 당력사연구소 지음, 앞의 책, 68쪽.
52) 김일성, 앞의 책, 76쪽.

다. 중공 남만특위에서는 반국민부세력들을 자신들이 직면한 '최대의 장애물'의 하나라고 지목하고 있었으며, 만주성위에서는 국민부 등의 민족주의 단체와 다를 것이 없는 반혁명조직으로 규정하였다. 따라서 이러한 점에서 볼때도 앞에서 언급한 북한측의 주장에는 문제가 있는 것으로 생각된다.[53]

그런데 조선혁명군을 최초의 맑스·레닌주의적 무장조직이었다고 보는 북한의 주장은 1958년 9월에 발행한『조선통사』(하)에서 다음과 같이 다른 입장으로 나타나고 있다.

> 김일성은……1932년 조선인민의 민족적 독립과 사회적 해방을 위하여 일제에 반대하는 선진 노동자 농민 및 애국청년들로써 항일유격대를 조직하였다. 이 때로부터 조선인민은 자기 역사에서 처음으로 맑스·레닌주의의 이론에 의하여 지도되는 진정한 혁명적 인민무력의 첫 대오를 가지게 되었다.[54]

위의 주장에서는 김일성이 1932년에 조직한 항일유격대가 맑스·레닌주의에 의해 지도되는 혁명적 인민무력의 첫 대오라고 함으로써 앞의 주장들과는 다른 것을 확인할 수 있다. 그리고 1961년에 발행된『조선근대혁명운동사』에서는 "김일성 동지는 무력건설에 관련하여 맑스·레닌주의 원리를 지침으로 하여 공산당과 공산청년동맹 및 다른 많은 혁명단체들을 통틀어 李英培, 金哲熙 등의 청년을 중심으로 하여 1932년 초에 安圖縣에서 항일유격대의 최초의 부대를 결성하였다"고 하고 있다.[55] 따라서 이상의 내용을 통해서 보면 북한에서는 1950년대와 60년대에는 김일성이 1932년에 安圖에서 조직했다고 하는 항일유격대를 최초의 맑스·레닌주의적 무장조직이었다고 하였던 것을, 1970년대에 들어서는 김일성이 가담했던 것으로 보이는 조선혁명군을 최초의 맑스

---

53) 楊昭全·李鐵環,『東北地區朝鮮人革命鬪爭資料匯編』, 遼寧人民出版社, 1990, 727~728쪽.
54) 사회과학원 역사연구소, 앞의 책, 204쪽.
55) 사회과학원 역사연구소,『조선근대혁명운동사』, 1961, 302쪽.

·레닌주의적 무장조직이었다고 하는 입장의 변화를 보이고 있음을 알 수 있다.

그러나 앞의 내용에서 살펴본 바와 같이 1930년에 조직된 조선혁명군(조선혁명군 길강성지휘부 : 필자)는 그 성격이 '제3세력' 단체를 지향하는 모호한 이념적 입장을 취하는 단체로서 적어도 완전한 의미의 맑스·레닌주의적 조직이었다고 하는 것은 김일성의 경력과 관련하여 이루어진 과장된 표현인 것으로 생각된다.

따라서 이 조직은 민족진영에서 이탈하여 새로운 진로의 모색을 고민하던 좌경화된 조직 정도로 이해하는 것이 타당할 것으로 생각되며, 이러한 조직의 성격 때문에 1960년대 말까지는 북한에도 김일성이 1932년에 조직한 항일유격대를 최초의 맑스·레닌주의적 무장대오였다고 했던 것으로 보인다.

또한 북한에서는 조선혁명군이 조직된 후 1930년 8월 김일성의 지도에 따라서 무장소조 金亨權·崔孝一·朴且石 등을 국내로 파견하였으며, 이들은 풍산에서 일제의 순사부장 마쓰야마를 사살하는 등의 활동을 벌이다가 체포되어 최효일은 사형이 확정되고 나머지 인원들도 투옥되는 사건이 있었다고 주장하고 있다.[56] 그런데 당시 국내의 언론은 이 사건을 '국민부 결사대원'에 의해 이루어진 사건으로 보도하고 있어서 이들이 자신들의 조직이 갖는 성격을 분명하게 부각시키지 못했던 것으로 여겨진다.[57]

II. 抗日武裝鬪爭의 展開

1. 韓僑同鄕會와의 鬪爭

1920년내 후반에 늘어서면서 일제의 만주침략 의도가 분명하게 드러

---

56) 과학백과사전출판사, 앞의 책, 184~207쪽 ; 김일성, 앞의 책, 80~92쪽.
57)『朝鮮日報』1932. 3. 8, 4. 5.

나고 있는 상황에서 친일세력의 확대가 가속화되자 국민부는 이들과의 본격적인 투쟁을 전개하였다.

조선혁명군은 1929년 12월 20일에 발표한 선언문에서 "국내외에서 일본제국주의에 대한 정치적, 경제적 건설을 파괴하며 그 주구배를 청소하고 용감하게 전진하여 대중의 당면이익을 옹호하여 강력한 투쟁을 전개하고자 한다"고 주장함으로써 조선혁명군의 중요한 임무가 일본제국주의와 친일주구기관의 숙청에 있음을 분명히 밝혔다.[58]

또한 1931년의 제13회 3·1운동 기념일에 발표한 선언문에서는 친일세력에 대한 국민부의 인식이 보다 분명하게 나타나 있다.

> 그들은(일본제국주의 : 필자)　保民會·朝鮮人民會·鮮民府·擁護團·東亞保民會·滿蒙開發隊 등 주구의 소굴로 만들어 조선인의 혁명전선을 교란하고 혁명자와 순량한 농민들을 암살하고 三矢協約 등 불법적 협약을 체결하여 중국인으로 하여금 조선인을 억압·체포·구금하게 하고 있다.[59]

이 글을 통해서 보면 국민부에서는 보민회·조선인민회·선민부 등 각종 친일단체에 대해 독립운동전선을 분열시키고 독립운동자나 선량한 농민들을 암살하는 등 일본제국주의의 주구 역할을 충실히 수행하는 적대세력으로 규정하고 있음을 볼 수 있다.[60] 따라서 친일세력에 대한 국민부의 이 같은 인식은 국민부가 그들과의 투쟁을 적극적으로 전개하게 되는 중요한 요인으로 작용했을 것이다.

국민부의 친일세력과의 투쟁은 만주사변 이전에는 주로 韓僑同鄉會를 대상으로 이루어졌다. 한교동향회는 通化의 일본영사관에 의해 직접 조종되고 있는 남만에서 가장 큰 친일단체로 鮮民府 혹은 韓民同鄉會로도 불리고 있었으며,[61] 樺甸의 高麗同鄉會를 비롯하여 額穆, 淸源,

---

58) 『독립운동사자료집』 10, 459~460쪽.
59) 『독립운동사자료집』 10, 626쪽.
60) 1920년대 후반부터 만주사변 이전의 재만한인에 대한 중국당국의 정책에 대해서는 「1920년대 후반 在滿韓人에 대한 中國當局의 政策과 韓人社會의 對應」이라는 별도의 주제로 발표할 예정이다.

桓仁, 通化 등지에도 조직이 있었다.62)

통화현의 한교동향회의 경우는 통화의 민회회장 李東成이 중심이 되어 조직되었는데,63) 이들은 무력단체를 배격하고 자치단체를 조직한다는 명목으로 선민부를 조직하였던 것으로 보인다. 이후 선민부는 친일단체인 것이 알려지자 합법적인 조직으로 인정받아 중국당국으로부터 보호를 받음으로써 국민부의 공격을 피하기 위해 1929년 8월경에 한교동향회로 명칭을 변경하였다.64)

그런데 선민부에는 과거 참의부에 가담했던 金仙奉·金永哉·宋雲峰 등이 가담하고 있었기 때문에 독립운동자들과 면식이 있다는 점과 독립운동의 근거지에 대해서 알고 있다는 점에서, 그리고 일반 민중들에게 信望이 남아 있는 점과, 독립운동자에 대한 反對工作을 잘 한다는 점에서 독립운동진영에는 심각한 문제가 되고 있었다.65) 이들은 일본 영사관 경찰의 지휘 아래 독립운동자들에 대한 수사에 협조하거나 중국관헌에게 독립운동자들에 대한 단속을 요청하는 청원서를 제출하는 등의 활동을 전개하였다.66)

또한 이들은 통화의 일본영사관과 조선총독부 외사과 특무원 福島義一 등의 적극적인 후원을 받아 통화성 내 일본영사관에서 멀지 않은 곳에 사무실을 두고 활동하였으며,67) 자체 무장력도 소유하고 있었던 것으로 보인다.68)

국민부의 한교동향회에 대한 공세는 1929년 6월경부터 구체화되었

---

61) 『봉화』, 288쪽.
62) 『現代史資料』 29, 654쪽.
63) 『現代史資料』 29, 654쪽. 李東成은 獨孤岳·吳慶洙·文秉善·盧昌國 등과 함께 국민부로부터 친일주구배로 주목받고 있던 인물이었다.
64) 『독립운동사자료집』 10, 415~417쪽. 이 한교동향회는 李東成·韓義濟·李己述·獨孤旭·高東浩·梁東遼·金鳥·金永哉·金旋風 등이 주요 간부로 있었다.
65) 蔡根植, 『武裝獨立運動秘史』, 大韓民國公報處, 150쪽.
66) 『독립운동사자료집』 10, 425~426, 428쪽.
67) 蔡根植, 앞의 책, 150쪽.
68) 曺文奇, 앞의 책, 83쪽.

다.69) 조선혁명당에서는 한교동향회에 대한 단호한 공격을 결정하고 조선혁명군의 李雄을 총사령관으로, 양세봉을 부사령관으로 임명하여 임무를 수행하게 하였다. 이들은 우선 각 지역에서 발생한 한교동향회에 의한 피해 상황을 조사하게 하였으며, 이 조사를 바탕으로 桓仁·輯安·寬甸의 한교동향회를 토벌하기로 결정하였다.70)

또한 국민부 중앙집행위원회에서는 1929년 7월 만몽침략의 전통적 주구기관인 한교동향회를 박멸하여 주구배에 유린·압박·유혹되는 군중을 구출하자는 내용의 선언문을 발표하기도 하였다.71) 이 선언문에서는 한교동향회의 간부로 지목되는 獨孤旭·李起(己)述·金東星(成)·宋雲峰·李永濟(哉)·韓義濟·金施(旋)風을 총살할 것을 주장하였다.72)

1929년 10월경에는 李雄의 명의로 安東 擁護團·東亞保民會, 興京縣에 있는 同鄕會, 만주 각지에 있는 朝鮮人會 등 반동단체를 토벌한다는 취지의 선언서를 발표하여 친일세력과의 투쟁의지를 천명하였던 것으로 보인다.73)

이와 같이 국민부가 1920년대 말에 이르러 친일파와의 전면적 투쟁을 적극적으로 선언했던 것은 1920년대 후반 이후 일제의 만주침략이 노골화되고 있는 상황에서 그들의 주구 역할을 하고 있는 친일세력을 우선적으로 토벌함으로써 독립운동전선 내부의 동요를 막고, 이들에 의해 야기되는 각종의 피해를 최소화함으로써 민족진영 최대의 조직인 국민부의 위상을 강화해 나갈 필요를 느끼고 있었기 때문인 것으로 생각된다.

---

69) 『봉화』, 83쪽.

70) 曹文奇, 앞의 책, 83쪽.

71) 金正明, 『朝鮮獨立運動』 2, 東京 : 原書房, 1967, 344쪽 ; 在上海日本領事館 警察部 第二課 編, 『朝鮮民族運動年監』, 서울 : 東文社, 1946, 248쪽(金俊燁·金昌順, 『韓國共産主義運動史』 4, 183쪽에서 재인용).

72) 자료마다 이름에 약간의 차이를 보이고 있어서 『독립운동사자료집』 10에 나오는 이름과 대조하여 적었다. 괄호 안에 있는 것이 수정한 것이다.

73) 『朝鮮日報』 1929. 10. 8.

　그리고 이 과정을 통해 강화된 위상을 바탕으로 하여 1927년 이후 본격화된 중국당국의 한인 구축정책에 대해서도 적극적으로 대처해 나가고자 했을 것이다.

　국민부의 친일세력에 대한 공격은 다양한 형태로 전개되었다.

　국민부에서는 한교동향회 회원들에 대해 협박문을 보냈으며,[74] 환인·신빈·통화의 한인농민들에게는 한교동향회의 일에 대해서 매사 반대하게 하거나 폭동을 일으키게 하였다. 특히 환인현에서는 약 200명의 농민을 동원하여 한교동향회에 반대하는 폭동을 3차례나 일으키게 함으로써 큰 충격을 주었던 것으로 보인다.[75]

　이 폭동에서 양세봉은 환인현 소재지에 거주하는 조선농민을 동원하여 '환인현 일본영사관 파출소를 철소하라', '한교동향회를 해산시켜라'라는 등의 구호를 외치는 등의 주도적 역할을 했던 것으로 보인다.[76]

　뿐만 아니라 국민부의 한교동향회에 대한 공격은 보다 과단성 있는 형태로도 전개되었다.

　1929년 11월 4일 국민부에서는 무장대원을 파견하여 한교동향회의 간부인 獨孤桓의 가족을 사살하고 반동단체인 한교동향회의 가족에 대한 토벌을 단행한 것임을 천명하였다.[77]

　특히 양세봉은 휘하의 강옥성과 장도백에게 한교동향회의 총본부를 습격하게 하여 한교동향회에 결정적 타격을 가하는 데 성공하는 한편 자신의 존재를 부각시키는 계기가 되기도 하였다.[78]

　이러한 국민부의 한교동향회에 대한 적극적인 공세는 국내에도 알려져서 국내의 신문에 의해 국민부 무장단이 '한교동향회와 최후의 결말을 짓고자 활동'하고 있다는 내용으로 기사화되기도 하였다. 그런데 이러한 투쟁에서 국민부가 동원한 무장조직은 국민부 산하의 조선혁명군

---

74) 『독립운동사자료집』 10, 414쪽.

75) 『독립운동사자료집』 10, 471~479쪽 ;『봉화』, 289쪽.

76) 『봉화』, 289쪽.

77) 『독립운동사자료집』 10, 428쪽.

78) 曹文奇, 앞의 책, 85쪽.

이었을 것이다.[79]

국민부의 공격이 계속되자 한교동향회에서는 1930년 2월 '통화현 동부지방 주민대회' 명의로 일본경찰의 양해하에 '외적의 주구기관인 선민부를 탈퇴하고 따라서 그 박멸을 기한다'는 내용의 반일선전문을 허위로 배포하는 苦肉之策을 써야 하는 지경에 이르렀으며,[80] 일제도 한교동향회가 비참한 결과로 끝나면 필연적으로 그 여파는 각 지방에 영향을 끼쳐 수습할 수 없는 경우를 가져올 것이라고 분석하였다.[81]

국민부의 친일세력과의 투쟁은 한교동향회와의 전면적 투쟁 이외에도 일본경찰이나 친일분자에 대한 개별적인 공격 형태로도 이루어지고 있었다.

1929년 11월 30일 延吉縣 옹성라자에서는 간도 일본영사관 경찰서에 근무하는 警部補 坪井三代治가 조선혁명군 募捐隊에 의해 살해되었으며,[82] 1930년 4월 6일에는 독립운동에 관한 일을 일본경찰에 자주 밀고해 오던 延吉縣 龍井市外에 사는 沈容海 父子가 사형장을 갖고 찾아온 조선혁명군 대원에게 총살되었다.[83]

한편 국민부에서는 만주지역에서 친일세력을 철저하게 제거하고 나아가서는 독립운동의 효과적인 수행을 위해서는 중국당국과의 협조가 필수적이라고 생각하고 金履大와 金炳洙로 하여금 중국당국과 접촉케 하여 긴밀한 협조를 약속하는 다음과 같은 밀약을 체결하게 하였다.

첫째, 국민부는 중국관헌과 협력하여 만몽지역에서 일본세력의 구축을 꾀한다.

둘째, 국민부는 만철연선에서 친일주구 조선인을 박멸함과 함께 그 기관을 파괴한다.

---

79) 『中外日報』 1929. 10. 30.

80) 『독립운동사자료집』 10, 453～454쪽.

81) 『독립운동사자료집』 10, 417～429쪽. 일제의 분석에 따르면 한교동향회의 사활은 이들에게 5,000원의 자금을 보조해 주느냐 하는 문제에 달려 있다고 하고 있는데, 돈이 지급되었는지는 확인하지 못하였다.

82) 『中外日報』 1929. 2. 23.

83) 『中外日報』 1930. 4. 8.

셋째, 국민부는 재만조선인의 책모를 엄중 조사, 보고하여 공산당의 소탕을 기한다.

넷째, 중국관헌은 국민부를 적극적으로 원조하여 조선혁명을 달성시킨다.[84]

그런데 국민부와 중국관헌이 이러한 밀약을 체결할 수 있었던 것은 첫째는 만주지역에서 점차 증가되고 있는 일제의 침략에 대해 적극적으로 대응하기 위해서는 양자의 협력이 필요하다는 데 인식을 같이하고 있었기 때문으로 생각된다. 둘째는 중국당국의 입장에서 보면 한인들의 공산주의운동을 비롯하여 만주에서 활동하고 있는 공산진영의 세력확장을 막는 데 국민부의 도움이 긴요했기 때문이었던 것으로 생각된다.

이렇게 보면 국민부와 그 산하의 조선혁명군은 한교동향회와의 투쟁에서 보는 바와 같이 친일세력과의 투쟁에 있어서 큰 성과를 거두고 있었던 것으로 보이는데 국민부의 이러한 성과는 재만한인의 항일의지를 고취시키면서 국민부의 대중적 지지 획득에 크게 기여했을 것으로 생각된다.[85]

2. 朝鮮革命軍·黨의 국내공작활동

국민부 계열의 조선 국내에 대한 활동은 주로 조선혁명군과 당의 이름으로 이루어졌다. 국경지대나 국내 각지에서의 군자금 모집 활동이나 일제에 대한 치안교란을 목적으로 한 각종의 무장투쟁이나 국내와의 연결기관 설치를 목적으로 한 대원의 파견 등 독립투쟁을 위한 다양

---

84) 『독립운동사료집』 10, 591쪽.

85) 예를 들이 당시 신문을 통해서 보면 일본영사관 경찰 通化分館의 近藤巡査에게 체포되어 가던 4명의 조선혁명군 대원이 현지 농민들의 도움으로 구출되기도 하였는데 이러한 농민들의 태도는 국민부의 활동에 대한 한인 농민들의 지지를 단적으로 나타내는 것이라고 하겠다(『朝鮮日報』 1929. 9. 24).

한 활동을 전개하였다. 조선혁명군이나 당의 이러한 활동은 항일독립 투쟁의 적극적 표현이기도 하였다.

우선 국경지대에서의 군자금 모집 활동에 대해서 살펴보면 1929년 11월 평북 渭源郡 西寺面 宋宅柱의 집에 4명의 국민부 별대원이 찾아와 자금을 요구하고 200원을 약속하는 증서를 받아 갔으며,[86] 1930년 9월 5일에는 함남 甲山郡 普惠面 普天堡 부근에서 군자금 모집을 위해 활동하던 3명의 조선혁명군 대원 중에 邊昌祐가 체포되는 사건이 있었다.[87] 1933년 2월에는 渭源郡 密山面에 거주했던 국민부 소속의 康春三이 군자금 모집의 임무를 띠고 자기가 살던 고장에 잠입하였다가 체포되었으며,[88] 1934년 3월 8일에는 조선혁명군 7명이 평북 楚山郡에서 잡화상을 하는 崔德成을 납치하고 현금 3,000원을 요구하는 사건이 있기도 하였다.[89]

이상의 사실은 조선혁명군의 군자금 모집 활동에 대한 신문 자료들의 내용들이다. 따라서 당시의 활동에 대한 정확한 실상을 파악하는 데는 한계가 있겠으나 적어도 1929년부터 1934년 사이에 조선혁명군은 국경지대를 중심으로 계속해서 군자금 모집 활동을 전개해 왔으며, 조선혁명군이 가장 쉽게 접촉할 수 있는 국내의 사람들이 국경지대의 주민들이었다는 점에서 이들로부터 장기간에 걸쳐 일정 정도 도움을 받았을 것으로 생각된다.

또한 조선혁명군은 국경지대에서 일제의 경찰서를 습격하거나 각종의 선전활동들도 전개하였다. 1929년 6월 함경북도 惠山鎮에서는 조선혁명당 조직부원들의 지도공작하에 독립시위운동을 전개하였다.[90] 조선혁명당원들은 혜산진 지역의 전선을 절단하고 전 시가지에 반일반제의 전단을 뿌렸으며, 특히 총독정치를 반대하는 테제는 인근의 여러 지

---

86) 『朝鮮日報』 1929. 11. 21.
87) 『中外日報』 1930. 9. 18.
88) 『朝鮮日報』 1933. 3. 17.
89) 『朝鮮中央日報』 1934. 3. 10.
90) 蔡根植, 앞의 책, 153쪽.

역으로 옮겨져서 關北地域의 政治鬪爭과 爭議에 영향을 끼치는 성과를 거두었다.[91)

1933년 8월에는 양세봉 장군의 지도 아래 한일합방일에 즈음하여 압록강 철교를 폭파하려는 계획을 추진하였으나 폭약이 일본군에게 발견되어 실패하였던 것으로 보인다.[92)

또한 1936년 10월 9일 조선혁명군은 鄭雲俊 외 5명을 국내로 파견하여 경찰서를 습격하는 대담한 공작을 성공시켰다. 국내로 파견된 조선혁명군 대원들은 평안북도 碧潼郡 吾北面에 있는 벽동경찰서 소속의 魯章警察官出所를 습격하였다. 부상당한 광산노동자가 施藥을 구하러 온 것으로 위장한 이들은 출장소 내에 있던 순사 등 4명을 사살하고 기병이 사용하는 소총 1정을 노획하여 돌아감으로써 일제의 국경치안의 허점에 타격을 가하였다.[93)

이 밖에도 조선의 독립에 대한 격렬한 내용이 담긴 격문을 인쇄하여 만주는 물론이고 국내에도 우송함으로써 국내의 대중들에게 독립의식을 고취하였던 것으로 보인다.[94)

이상의 사건들을 통해서 보면 조선혁명군과 당은 일제의 경찰서를 습격하거나 철도 등의 시설을 파괴하려는 활동을 전개하는 한편, 독립을 고취하는 시위를 지도하거나 일제의 조선 지배를 비판하는 격문을 배포하는 활동을 전개함으로써 군자금 모집 활동과 함께 국경치안을 교란시키는 다양한 활동을 전개하였던 것으로 보인다.[95) 그리고 조선

---

91) 崔衡宇, 앞의 책 2, 24쪽.
92) 조선일보의 보도에 따르면 양세봉은 압록강 철교의 폭파를 위해 金保國·金在明 외 5명을 파견하였으며, 폭약은 중국의 항일군 소속인 李春潤 부대로부터 받았다고 보도하고 있다(『朝鮮日報』1933. 8. 22, 8. 25, 9. 2). 그러나 연변측의 기록은 압록강 철교 폭파공작이 鄧鐵每 부대와의 연합으로 이루어졌다고 하고 있다(『봉화』, 291쪽).
93) 朝鮮總督府 高等法院檢事局, 『思想彙報』 10, 31쪽.
94) 『朝鮮中央日報』 1934. 3. 26.
95) 일제측의 통계로만 보더라도 조선혁명군의 국내 진격은 1932년에 16회, 1934년에 10회에 142명에 이르고 있다고 하고 있다(朝鮮總督府警務局,

혁명군과 당의 이러한 활동은 만주사변 이후에는 만주지역의 반만군의 활동과 중첩되면서 국경 치안의 안정이 日滿當局의 중요한 현안이 되었던 것으로 보인다.[96]

한편 조선혁명군과 당에서는 국내의 깊숙한 지역까지 무장대원을 파견하여 군자금 모집 활동을 전개하거나 국내와의 연락기관을 설치하고 국내운동과의 연계를 도모하려는 시도를 추진하였던 것으로 보인다.

1930년 1월경에 조선혁명군에서는 양세봉의 지휘하에 조선혁명군 대원인 李善容을 국내로 파견하여 군자금을 모집케 하였다. 그는 충북 長湖院에 살던 사람으로 친척집 방문을 위해 만주지역의 흥경현에 왔다가 조선혁명군에 입당한 인물이었다. 권총을 휴대하고 국내로 침투한 이선용은 4월경에 장호원이 있는 東一銀行을 습격하여 13,000원을 탈취하는 데는 성공하였으나 충청·경기·강원도에 걸쳐 펼쳐진 일제의 경계망을 뚫지 못하고 1개월 여 간 피신하다가 안성 부근에서 체포되었다.[97]

1933년 2월에는 약 20명으로 구성된 조선혁명군의 소부대가 邊洛奎를 대장으로 하여 군자금 모집을 목적으로 국내로 침투하였다. 이들은 평안남도 碧潼郡과 德川郡 등에 파견되어 부호들에게 군자금을 얻고, 민간의 무기를 수집하고, 반일 포스터를 붙이는 등의 대대적인 항일운동을 전개하고자 했던 것으로 보인다.[98]

『最近朝鮮の治安狀況』, 1938, 213~224쪽).

96) 예를 들어 1934년 3월의 한 신문보도에 의하면 1934년 1월과 2월 사이에 압록강과 두만강에서 反滿軍과 ○○團의 출현 횟수는 130회에 250명이었으며, 이로 인해 54명의 사망자와 155명의 부상자를 내었으며 납치된 사람이 65명이고 피해금액은 17,193원이어서 일만당국은 크게 고민중이었다고 한다. 그런데 이 기사에서 ○○團은 독립단이었던 것으로 보인다(『朝鮮中央日報』 1934. 3. 24).

97) 桂基華, 앞의 글, 405~406쪽.

98) 『봉화』, 291~292쪽. 池中世, 『조선사상범 검거실화집』, 돌베개, 1984, 190~191쪽. 김일봉을 심문하는 과정에서 권총 1정, 실탄 28발, 다이나마이트 4본, 뇌관 11개, 도화선 6척, 현금 40원을 찾아냈으며, 장인준은 영변군 백령면의 改良書堂의 교사로 만주로 망명하기 위한 자금마련을 위해 권총사

　　이들의 활동은 평남 덕천군에 사는 王澤淳의 집에서 벽에 권총을 발사하고 110원을 받아 간 金一鳳과 張仁濬이 체포되면서 일경에게 노출되었다. 사건 직후 체포된 김일봉은 폭약을 깨물고 폭사하였으나 장인준을 심문하는 과정에서 金俊弼·柳永奎 등이 체포됨으로써 국민부의 모험대에 의해서 이루어진 사건임이 밝혀지게 되었다.

　　변락규는 양세봉 예하의 유격대 제3소대장으로 조선상황의 시찰·군자금 모집 등의 지령을 받고 20명의 대원을 이끌고 국내로 들어왔으며, 그 중에 3명과 함께 덕천군·영변군에 잠입하여 군자금 모집과 청년대원의 모집활동을 전개하였다. 그는 1920~21년경 덕천·영변 양군에 大韓獨立靑年團을 조직하고, 특히 영변지방에서는 유영규·김일봉 등과 함께 大韓獨立自由會를 조직하였는데 이 조직들은 모두 국외의 독립운동단체와 연락을 취하면서 자금모집활동을 전개하였다.[99] 변락규는 1921년 3월 18일 덕천군 월하면에서 발생한 五十嵐 순사 살해사건의 공범이기도 하였다. 국내에 들어온 변락규는 과거에 동지였던 유영규와 김일봉을 만나 자금모집에 대해 의논하고 이를 위해 창성·벽동·삭주 등지에 2~3명의 대원을 파견하였다.[100]

　　또한 1933년 6월 23일 신의주 지방법원에서는 변락규사건에 대한 공판이 개최되었는데『東亞日報』는 변락규의 활동을 다음과 같이 보도하고 있다. 변락규는 1932년 6월 金光海·金弓民과 함께 국내로 들어와 귀성 지방의 부호 崔昌學을 납치하여 거액의 군자금을 요구할 계획이었으나 실행에 옮기지 못하고 일단 만주로 되돌아갔다. 1932년 9월 3명은 다시 국내로 들어와 최창학 이외의 평안남북도의 부호들을 만주로 납치하려는 계획을 세웠으나 실행하지 못한 것으로 보인다. 그러나 朔州郡 外南面에 사는 金允根과 永邊郡 高城面에 사는 金斗運 등 수명

　　건을 일으켰던 것으로 조사되었다.

　99) 池中世, 앞의 책, 191~192쪽.

100) 위의 책, 191~192쪽. 이들은 자금모집을 위한 조직을 다음과 같이 선정하였다. 직접행동주임 金一鳳, 부원 회계책임 張仁濬, 동지규합책임 劉永奎, 유산자조사책임 劉雲奎.

의 동지를 규합하는 데는 성공했던 것으로 보인다.

이 밖에도 삭주군에서 李允根 등 6인으로부터 현금 150원을 획득하는 등 자금 모집 활동을 하였던 것으로 보인다. 이후 김일봉이 체포된 후에도 조선은행권 위조계획 등을 추진하다가 1933년 4월 12일에 체포된 것으로 보인다.[101] 이상의 내용을 통해서 보면 변락규사건은 대담하고 조직적이었으며, 비교적 규모가 큰 조선혁명군의 국내공작이었던 것으로 보인다.

또한 비슷한 시기에 조선혁명당에서는 국내로부터 군자금을 모집하고 당연락기관을 설치할 목적으로 대원을 파견하였다. 1932년 11월 조선혁명당 중앙집행위원장 高而虛와 조선혁명군 부사령 양세봉은 당 자금 5만 圓 이상의 획득과 당연락기관의 설치를 목적으로 하여 徐元俊을 국내로 파견한 것이 그것이다.[102]

그런데 서원준은 평양에서 포목상 점원으로 일하면서 1928년 1월 平壤勞動靑年會를 조직한 일로 실형을 선고받고 복역한 일이 있으며, 출옥 후인 1930년 2월 만주로 망명한 것으로 보인다.[103] 만주로 망명한 후 조선혁명당에 가입한 서원준은 약 2년 반 동안 被服製造廠·自治部·地方政勢調査部 등에서 일하면서 주로 당원의 획득과 지방정세 조사의 일 등에 종사하였던 것으로 보인다.[104]

국내로 파견된 서원준은 正義府 第3區의 書記로 활동한 바 있으며, 평안북도 龍川郡에 살고 있는 韓信玉의 도움으로 1933년 1월 15일 宣川郡에서 수금하여 돌아오던 포목상의 점원 小松信一을 습격하여 현금 1,600여 원을 탈취하여 활동자금과 약간의 당자금을 확보하는 데 성공하고 일단 만주로 돌아갔다.[105]

---

101) 『東亞日報』 1933. 6. 26.
102) 『思想彙報』 1, 90쪽.
103) 『思想彙報』 1, 92쪽. 이 밖에도 만주로 망명하기 이전의 서원준의 활동에 대해서는 店員相助會 幹事長으로 활동하였으며, 출옥 후 얼마 되지 않아 제3차 공산당사건의 李英과의 연락관계가 발각되어 만주로 망명하였다는 기록이 있다(『朝鮮中央日報』 1933. 6. 18).
104) 『思想彙報』 1, 92-93쪽.

　서원준은 1933년 2월에 다시 국내로 잠입하여 계속해서 조선혁명당으로부터 부여받은 임무를 수행하고자 하였다. 그는 평양에 있는 朝鮮銀行 支店을 비롯하여 주요 금융기관을 습격할 것을 결정하고 평양에서 함께 노동운동을 전개한 바 있는 安永俊을 포섭하는 데 성공하였다.106) 서원준은 금융기관에 대한 습격이 성공할 경우 안영준을 당연락기관으로 지명하게 하여 수천 원의 자금을 지원해 줄 것임을 약속하였다.107)

　그러나 금융기관 습격계획은 성공하지 못하였으며,108) 서원준은 경찰의 습격을 받고 도주하는 중에 沙里院 警察署 巡査部長 富田吉五郎을 권총으로 사살하는 등의 투쟁을 계속하다가 6월 16일에 체포되고 말았다.109)

　그런데 안영준을 당연락기관으로 지명할 경우 그의 임무가 무엇이었는가에 대해서는 구체적인 언급이 없다. 다만 우리가 추측할 수 있는 것으로는 변락규사건에서 보이는 바와 같이 조선혁명당에서는 조선의 정세에 대해 조선혁명당에게 보고하고, 군자금을 모집하거나 독립운동자를 포섭하여 조선혁명당의 국내기반을 확충하는 활동을 목표로 하였을 것이라는 점이다.

　이상의 사건들을 통해서 보면 조선혁명군과 당에서는 일제의 금융기관이나 부호들에 대한 습격을 통하여 일거에 대규모의 자금을 획득할 목적으로 국내에서 거주하다 독립군이 된 사람들을 중심으로 국내의

---

105) 『思想彙報』 1, 92~93쪽. 서원준은 탈취한 돈 중에서 국내와 만주에서 자신의 일을 돕던 한신옥과 金炳模에게 각각 400원과 700원씩을 교부하고 230원을 당자금으로 탁송하였다.
106) 『朝鮮中央日報』 1933. 6. 18. 이 신문에서는 안영준은 서원준과 함께 점원상조회의 간사로 활동했다고 보도하고 있다.
107) 『思想彙報』 1, 93~96쪽.
108) 『思想彙報』 1, 93~96쪽. 조선은행 평양지점의 현금 수송차량을 습격하기 위해 기다리고 있던 서원준과 안영준은 근처 운송점의 인부를 변장한 경찰관으로 오인하고 계획을 취소하고 돌아갔다.
109) 『봉화』, 291~292쪽 ; 『朝鮮中央日報』 1933. 6. 18 ; 『思想彙報』 1, 96쪽.

깊숙한 지역까지 대원을 파견하는 적극적인 국내공작을 전개했던 것으로 보인다. 그리고 조선혁명군이나 당에서 군자금 모집투쟁에 적극성을 보이고 있었던 것은 만주사변 이후 일제와의 직접적인 항일무장투쟁이 전개되는 상황에서 보다 많은 활동자금의 동원이 필요했기 때문으로 생각된다.

또한 조선혁명군이나 당에서 파견된 대원들의 활동이 서원준사건에서 보는 바와 같이 단순히 군자금을 모집하는 수준에 머무는 것이 아니라 국내와의 조직적인 연계를 시도하고 있다는 것은 이들의 투쟁전략이 구체적·장기적인 계획하에 수행되는 경향으로 전환되고 있었음을 의미하는 것이라고 하겠다.

또한 조선혁명당에서는 당을 조직하면서 평안도·황해도·경기도·강원도·충청도·전라도·경상도 등에 지부를 설치할 것을 결정하였던 것으로 보아,110) 당 연락기관을 설치하고자 했던 서원준의 활동은 조선혁명당의 주요정책의 연장선상에서 이루어진 일이라고 생각된다.

조선혁명당에서 국내와의 연계조직을 통해 어떠한 활동을 하고자 했는가에 대해서는 1935~36년 사이에 추진되었던 '國內工作委員會'의 설치활동을 통해서 짐작할 수 있을 것이다.

당시 조선혁명당 중앙부에서는 최근의 국제정세하에서는 일본과의 전쟁이 불가피한 것으로 단정하고 조선의 독립을 달성하기 위해서 국내에서도 동지를 규합하고 南京·上海의 민족주의자들과도 연락을 취해 과감한 전술로 나가야 한다고 파악하였던 것으로 보인다. 그리고 이를 위해 국내공작위원회를 설치하기로 하고 당원 柳光浩를 파견하였다. 1935년 7월에 서울에 들어온 유광호는 수명의 당원을 포섭하고 1936년 3월에는 당으로부터 1,000원의 자금을 지원받아 가옥을 매입하여 본부로 사용하면서 학생층과 운수노동자층으로 조직을 확대하기 위해 노력하던 중에 체포되었다.111)

---

110) 蔡根植, 앞의 책, 152쪽.
111) 『思想彙報』 10, 1939. 3, 29쪽.

또한 유광호가 체포된 후 조선혁명당에서는 1936년 10월에 政治部 秘書課長 尹永配를 국내공작을 위해 파견하였는데 평양으로 들어오던 윤영배는 다음과 같은 내용의 공작 실천계획서를 갖고 있었다.

一. 노동자 농민 都市小市民의 혁명적 인텔리겐차를 규합할 것.
一. 노동자 농민으로 組合을 조직시켜 그 세력의 확대를 도모할 것.
一. 도시 소시민의 혁명적 인텔리겐차는 지도적 계급으로서 하층군집을 지도하고 시기에 따라서는 하층노동자로서 각종 爭議를 일으켜 투쟁역량을 배양할 것[112]

이 두 사건의 내용을 통해서 보면 조선혁명당에서는 국내공작위원회의 활동을 통하여 구체적으로는 운수노동자를 비롯하여 국내의 노동자 농민 및 도시 소시민의 혁명적 인텔리겐차를 규합한 조직의 결성을 추진하는 한편, 시기에 따라서는 노동자들에 의한 '爭議'도 계획하고 있었던 것으로 보인다.

따라서 국내공작위원회의 이러한 활동계획은 그 운동 형태가 좌익적 요소를 강하게 가미하고 있다는 특징과 함께 그 성격이 변화되고 있었음을 나타내고 있다고 하겠다. 즉 이 시기에 이르면 조선혁명당의 독립운동 전략이 지역적으로 광범위하게 확대되어지고 있었으며, 내용적으로도 1회적인 국내 진공작전이나 군자금 모집투쟁에서 발전하여 각지에 산재해 있는, 특히 국내의 독립운동 역량을 활용하려는 구체적인 행동에 착수하였음을 보여 주고 있었다는 것이다.

따라서 이상의 내용을 종합해 보면 조선혁명군과 당의 국내에 대한 공작활동은 여러 가지 다양한 형태로 적극성을 띠면서 전개되었으며, 국내에 대한 끊임없는 관심과 다양한 형태의 독립운동 전개는 같은 시기 만주지역 한인공산주의자들의 활동과 비교하여 보면 민족진영단체로서의 조선혁명당이나 조선혁명군이 갖고 있던 성격을 특징적으로 말해 주는 것이라고 하겠다.

---

112) 『思想彙報』 10, 29쪽.

3. 朝鮮革命軍의 韓·中聯合作戰

만주사변이 발발하자 만주지역에서 일제와의 직접 대결이 가능해진 상황이 되자 조선혁명군은 중국인들에 의해서 조직된 抗日義勇軍 세력과 연합을 통한 적극적인 항일무장투쟁을 전개하였다. 이는 조선혁명군 간부의 대부분이 일제에 의해 체포되는 '新賓縣 事件' 이후 조선혁명군 총사령이 된 양세봉에 의해서 적극적으로 추진되었다.

1932년 1월 18일 조선혁명당과 군의 간부들은 신빈현 河北에서 중앙간부회의를 개최하던 중 이를 탐지한 일경의 습격을 받고 간부의 대부분이 체포되는 위기를 맞게 되었다. 이 사건으로 조선혁명당 중앙집행위원장 李浩源, 조선혁명군 사령관 金寬雄(金保安 또는 金輔安), 군 부사령 張世湧, 국민부 公安部 집행위원장 李鍾建, 조혁군 사령부 副官長 朴致化, 군사령부 警衛隊 李奎星 등 10여 명이 체포되었으며,[113] 이후 3월 초까지 83명의 국민부와 조선혁명군과 당의 관계자들이 체포되었다.[114]

그러나 국민부와 조선혁명군과 당은 곧바로 조직의 재정비에 착수하였으며, 국민부 집행위원장에 梁荷山, 조선혁명당 중앙집행위원장에 高而虛, 조선혁명군 총사령관에 梁世奉이 각각 임명됨으로써 사태를 수습하고 조직의 안정을 되찾는 데 성공하였다.

조선혁명군 총사령으로 임명된 양세봉은 만주사변 이후 중국인들에 의해 조직된 각종 항일의용군과의 연합작전을 통해 항일무장투쟁활동을 전개하였다. 먼저 양세봉은 왕동헌의 遼寧農民自衛團(이하 자위단)과 연합하였다. 양세봉이 자위단의 군사훈련과 조직을 도와 주고 있는 상황에서 양측의 연합은 쉽게 이루어질 수 있었던 것으로 보이며, 자위단으로서는 오랜 실전 경험과 조직력을 갖춘 조선혁명군과 연합함으로써 조직에 활력을 줄 수 있었을 것이다. 또한 양세봉은 大刀會의 法師 출신인 梁錫福 部隊와의 연합을 추진하였으며, 각지에 10여 명의 군관을

---

113) 金學奎, 「三十年來韓國革命運動在東北」 『光復』 第1卷 第4期, 28쪽.
114) 『독립운동사자료집』 10, 591쪽.

파견하여 대도회가 요구하는 大刀와 槍을 공급해 주었다.

　이들과 연합한 조선혁명군은 1932년 3월 중국의 공안부대와 연합한 일본군이 공격해 온다는 정보를 입수하고 '일제를 타도하고 失地를 회복할 것'을 선언한 후 永陵街로 진격, 전투를 성공적으로 전개함으로써 한중연합작전에서 승리를 이끌어 내었다.115)

　그런데 조선혁명군의 주도로 한중연합작전이 수행되어 일제에게 큰 타격을 줄 수 있었다는 것은 단순히 전투에서 승리했다는 것 외에 양 민족의 정신적 유대를 강화해 주는 데 크게 기여했다는 의의도 함께 내포하고 있었다. 이것은 일제의 만주진출이 강화되면서 재만한인들을 일제의 前衛로 오해하고 있던 일부 중국인들의 인식을 바꾸는 데 크게 기여하였다. 이외에도 조선혁명군의 이 전투에서의 승리는 보다 본격적인 항일연합전선 구축의 실마리가 되기도 하였다.116)

　1932년 4월 20일 중국의용군의 영수 唐聚吾·王育文·孫秀岩·張宗周·이춘윤·王鳳閣·徐大山 등은 환인현에서 遼寧救國會를 조직하고 항일무장투쟁을 전개할 것을 결의하였다. 요녕구국회는 정치위원회와 군사위원회를 설치하고 상무위원회 위원장 겸 정치위원회 위원장은 왕육문이, 군사위원회 위원장 겸 요녕민중자위군 총사령에는 당취오가 선임되었다.117)

　4월 25일에는 만주사변 이후 국제연맹 조사단이 요녕성으로 오는 것을 기회로 요녕성 환인현 사범학교 교정에서 요녕민중자위군의 抗日誓師大會를 개최하였다.118) 요녕민중자위군은 총사령부 아래 52개의 사령부를 두어 환인·통화·신빈·집안·臨江·유하·本溪·輝南·海龍·東豊·西豊·安東·鳳城·淸源·蒙江·安圖·金川·盤石·西安·

---

115) 朴昌昱, 「朝鮮革命軍과 遼寧民衆自衛軍의 聯合作戰」『박영석교수화갑기념논총』 참조. 조선혁명군의 1932년의 전투상황에 대해 상세하게 수록되어 있음.
116) 申載洪, 「抗日獨立軍의 編成과 脈絡」『汕耘史學』 5, 1991, 123～128쪽.
117) 蔡根植, 앞의 책, 166쪽.
118) 朴昌昱, 앞의 글, 174～176쪽.

寬甸·開原 등 20여 개 현을 관장하며 20만 대군을 거느리는 군단으로
의 체계를 갖추었다.[119]

　1932년 4월 조선혁명당과 군에서는 이들과의 연합전선 구축을 계획
하고 대표로 金學奎를 파견하였다.[120] 이 때 양측이 합의한 내용은 다
음과 같다.[121]

　　중국과 한국의 軍民은 절실히 연합하여 일치 항전하고 人力과 物力을 서
　로 통용하며, 합작의 원칙하에 국적에 관계 없이 그 능력에 따라 항일공작을
　나누어 맡는다.

　김학규의 교섭으로 조선혁명군과 요녕민중자위군의 연합은 성공적
으로 이루어진 것으로 생각된다.

　그런데 김학규가 1950년에 쓴 자서전[122]에서는 협정의 내용에 대해
서 약간 다르게 서술하고 있다. 중요하게 차이를 보이고 있는 부분은
"조선혁명군이 일단 압록강을 건너 한국 本土 作戰을 전개할 때 중국
군은 그 전력을 기울여 조선독립전쟁을 원조 할 것"이라는 내용이다.

　이상의 내용을 종합해 보면 만주지역에서 활동하던 조선혁명군은 중
국의 의용군과 연합하는 과정에서 항상 조직의 대표성과 독자성을 유
지하면서 궁극적으로 조국의 독립을 위해 싸운다는 일관된 목표와 의
식을 견지하고 있었음을 알 수 있다.

　조선혁명군이 요녕민중자위군과 연합할 수 있었던 것은 중국군에 비
해 부대의 규모는 작지만 조선혁명군의 뛰어난 전투력 때문이었을 것
이다.[123] 조선혁명군은 요녕민중자위군과의 연합을 위하여 特務隊와

---

119) 채근식, 앞의 책, 166쪽.
120) 金學奎, 「白波自敍傳」, 586쪽 ; 채근식, 앞의 책, 166쪽에서는 김학규를 파
　　견한 것이 1933년 2월로 되어 있다.
121) 金學奎, 「三十年來韓國革命運動在中國東北」, 29쪽.
122) 金學奎, 「白波自敍傳」, 583쪽에서 "나는 지금부터 50년전, 1900년 11월 24
　　일에 출생"하였다고 한 것으로 보아 이 자서전은 1950년에 쓰여진 것으로
　　생각된다.

宣傳隊를 편성하고 특무대 사령에는 양세봉이, 선전대 대대장에는 金光玉이 취임하였다. 이 협정을 맺은 후 조선혁명군과 민중자위군은 일본군과 거의 200여 차례의 대소전투를 치루었다.[124]

선전대에서는 구국회 선전부내에 한인선전과를 설치하고 한어출판물을 간행하였는데 한어신문『合作』을 비롯하여 각종 만화, 벽보, 표어, 전단 등은 재만한인의 항일의식을 고취시키는 데 기여하였다. 특무대는 사령부하에 8개의 특무대를 설치하여 동삼성 및 한국내의 특무공작을 분담하였다.[125] 앞에서 살펴본 바와 같이 이 기간중에 양세봉의 주도로 국내공작활동이 활발하게 전개된 것도 이러한 분위기의 반영이었을 것이다.

그러나 1934년 9월 양세봉이 일본군의 체포공작에 의해 피살된 후 조선혁명군은 새로운 상황을 맞게 되었다. 조선혁명군은 1934년 11월 국민부와 조선혁명군·조선혁명당을 통합하여 조선혁명군정부로 조직을 개편하였다. 이것은 일만군경의 계속되는 대공세 속에서 군의 비중이 점점 커지고 있었기 때문이었다.

1935년 일본군의 춘계 대토벌작전이 시작되자 조선혁명군은 다른 부대와의 연합을 통해 전투력을 강화시키는 것이 무엇보다 중요하게 되었다. 그리하여 1935년 9월 조선혁명군 제1사 사령 韓劍秋는 요녕민중자위군의 王鳳閣部隊와 연합하여 韓中抗日同盟會를 조직하였다.

한중항일동맹 선언서에서는 "일본제국주의를 타도하고 東北의 失地를 회복하며 조선독립을 목적으로 한다"고 하였으며, 중한 양국의 항일 동포는 "누구라도 회원이 될 수 있다"고 되어 있다. 한중항일동맹회의 정치위원회 위원장은 고이허이며, 군사위원장은 왕봉각, 총사령은 한검추였다.[126]

그런데 1936년 4월경의 왕봉각부대의 방침에 따르면 "紅軍 또는 기

---

123) 張世胤, 「朝鮮革命軍研究」『한국독립운동사연구』 4, 1990, 328쪽.

124) 金學奎, 「三十年來韓國革命運動在中國東北」, 30쪽.

125) 채근식, 앞의 책, 167쪽.

126) 滿洲國軍政府顧問部 編, 『滿洲共産匪の研究』 1, 1937, 414쪽.

타의 匪團과 제휴 반일 항일전을 통일함”이라고 하고 있다.127) 따라서 왕복각의 이러한 태도는 만주지역 항일무장투쟁세력들이 일제와의 투쟁을 위해 연합의 범위를 확대해 가고 있음을 반영하는 것이라고 하겠다. 이러한 상황은 조선혁명군에게도 영향을 주었을 것으로 여겨지며 1938년 조선혁명군의 일부 잔류부대가 楊靖宇가 인솔하는 중국공산당 소속의 항일유격대인 동북항일연군과 합류할 수 있게 되는 배경이 되었을 것으로 여겨진다.

조선혁명군은 이미 1936년에 양정우부대와 연합작전을 전개하였다. 紅軍의 楊司令과 조선혁명군 제4중대장 金允杰이 인솔하는 약 200명의 연합부대는 이동중이던 40명의 일본군 桓仁縣 警備隊 소속의 부대에 대해 기습공격을 가하는 실제적인 군사작전을 전개하였다.128)

이상의 내용을 통해서 보면 조선혁명군의 활동은 만주사변 이후 1930년대 후반까지 줄기차게 전개된 항일무장투쟁과 더불어 앞 절에서 살펴본 친일분자에 대한 숙청이나 국내공작활동은 모두가 일제의 치안당국에게는 상당히 심각한 타격을 주는 것이었다고 할 수 있다.

조선혁명군과 중국 항일의용군의 활동이 계속되자 일제는 1936년 2월 이후 ‘제3기 치안계획’을 수립하였다. 관동군의 계획에 따라 만주군 측에서도 軍政府 주도로 1936년 4월 ‘치안숙정 3개년계획 요강’을 수립하고 동변도지역을 대상으로 1936년 10월부터 1937년 3월까지 ‘東邊道治本計劃’을 수립하였다. 이 때 조선혁명군과 왕봉각부대 그리고 동북항일연군 등이 일대 타격을 입었던 것으로 보인다.

특히 조선혁명군은 1937년 3월 중순 관동군과 경비연락기까지 동원한 만주국 경찰 그리고 조선에서 파견된 경찰부대의 연합공격에 의해 커다란 타격을 입게 되었던 것으로 보이며, 조선총독부 경무국에서는 “20有年의 오랜 동안 조선독립을 꿈꾸며, 용맹무쌍하게 활동 治安의 암이라고 일컬었던 조선혁명군도 드디어 再起不能 상태에 빠지게 되었

---

127) 司法省刑事局, 『思想政勢視察報告書』, 87쪽. 이 정보는 일제의 밀정이 匪賊으로 위장하여 왕봉각에게 접근하여 입수한 것이라고 한다.
128) 滿洲國軍政府顧問部 編, 앞의 책, 424쪽.

다”라고 하였다.[129]

　　이후에도 조선혁명군의 투쟁은 계속되었으나 일제로부터 심각한 타격을 입은 후여서 전투역량에 막대한 손실을 입게 되자 동북항일연군과 연합할 것을 주장하는 논의가 일어나게 되고, 이에 반대하는 세력들이 이탈한 가운데 朴大浩·崔允龜 등이 약 60여 명의 대원을 이끌고 양정우가 이끄는 동북항일연군 제1로군에 참여하게 되었다.[130]

　　이상을 통해서 보면 조선혁명군은 만주사변 이후 보다 효과적인 항일무장투쟁을 전개하기 위해 다양한 세력들과 연합작전을 전개했던 것으로 보인다. 그리고 이러한 연합작전은 조선혁명군의 독자성이 충분히 확보되는 가운데 이루어졌다. 따라서 조선혁명군의 활동은 1930년대 후반까지 일제에게 가장 오랜 기간 동안 가장 심각하게 타격을 주는 민족진영의 항일무장투쟁으로 평가할 수 있을 것이다.

Ⅲ. 朝鮮革命軍과 中國共産黨勢力과의 제휴

　　만주사변 이전에 극단적인 대립 양상을 보이던 조선혁명군과 한인공산주의자들의 관계가 언제부터 어떠한 이유에 의해서 변화되어 양측의 연합이 이루어지는 상황에 이르게 되었는가에 대해서는 앞에서도 언급한 바와 같이 연구자나 지역에 따라서 다양한 견해가 제시되고 있다.

　　특히 조선혁명군의 공산진영에 대한 입장 변화가 언제 어떠한 이유에 의해서 이루어졌는지 분명하지 않다. 다만 일제측의 기록에 의하면 1933년 7월경 “조선혁명군은 종래 氷炭間이었던 공산당과 제휴하여 그 세력의 확대를 도모하고 있는데”라고 하고 있는 것으로 보아 1933년 중반을 전후하여 조선혁명군과 공산진영과의 관계가 개선되고 있는 것으로 파악하고 있음을 볼 수 있다.[131]

---

129) 張世胤, 앞의 글, 332~333쪽을 참조.
130) 黃龍國, 앞의 글, 16쪽.
131) 『독립운동사자료집』 10, 662쪽.

또한 조선혁명군과 공산진영의 관계 변화에 대해서는 국내의 언론에 의해서도 보도되고 있는데 각 신문의 기사 중에 중요한 부분을 열거하여 보면 다음과 같다.

첫째, 『東亞日報』에 따르면 1933년 2월 5일 국민부에서 장교회의를 개최하고 "日滿軍의 경비 상태를 탐색할 것과 간도공산당과 중국공산당과 밀접한 정보 교환을 하여 서로 행동을 원조할 것을 결의하여 일만군의 후방 교란을 더욱 격화시킬 것을 협의하였다"는 내용을 보도하고 있다.132) 이 내용에 따르면 간도공산당이 구체적으로 무엇을 가리키는지 분명치 않지만 어쨌든 조선혁명군이 공산진영과 협력하려는 움직임을 보이고 있음을 알리고 있음을 볼 수 있다.

둘째, 『朝鮮日報』에 따르면 1934년 1월 16일에 길림공산당 회의에 출석했던 양세봉이 돌아와 집안·환인을 무대로 적화를 획책하고자 길림에서 공산당원 40명을 데려와 각곳에 파견하여 대대적인 선전을 하고 있다는 내용을 보도하고 있다.133)

이 기사의 내용은 국민부가 공산주의진영과 제휴하는 수준을 넘어서 국민부의 양세봉이 공산주의 선전에 주력하고 있는 듯한 인상을 주고 있어서 민족주의자로 알려진 양세봉의 활동과 관련하여 그 신빙성에 대한 검토가 필요한 것으로 생각된다.134)

셋째, 『朝鮮中央日報』에서는 1934년 10월경에 민족주의자 양세봉 일파와 공산주의자들 수령 간의 감정적 문제를 무조건 청산하고 공산주의파와 제휴키로 했다고 보고하고 있다.135) 이 밖에도 1934년 3월과 10월 사이에 조선혁명군과 공산주의자들의 연합 움직임에 대해서 알리는 기사는 몇 가지가 더 있다.136)

---

132) 『東亞日報』 1933. 2. 9. ‘日滿警備狀態探索 共産黨과 合勢行動’이라는 제목의 기사이다.

133) 『朝鮮日報』 1934. 1 .22. ‘國民府 武裝活動 强制로 軍人募集, 梁瑞鳳은 赤化宣傳中’.

134) 張世胤, 「朝鮮革命軍研究」 『한국독립운동사연구』 4, 335~336쪽.

135) 『朝鮮中央日報』 1934. 1. 22. ‘梁瑞鳳一派 共産黨에 合流, 多年間 感情問題를 淸算코 大同團結에 邁進’.

이상의 내용을 종합해 보면 국내의 언론들은 1933년 초부터 1934년 말 사이에 양세봉을 중심으로 조선혁명군이 공산진영과 연합하고자 하는 태도를 취하고 있었던 것으로 보도하고 있다. 따라서 국내언론의 이 같은 보도 내용과 일제의 기록, 그리고 뒤에서 살펴보겠지만 연변에서의 연구를 종합해 본다면 만주사변 이후 1930년대 전반기에 이르면 조선혁명군과 공산진영과의 관계는 과거의 극단적 적대관계에서 벗어나 양자의 관계가 상당히 개선된 것으로 생각된다.

그런데 이 시기에 조선혁명군이 공산진영과의 관계 개선에 긍정적인 태도를 보이고 있었다면 다음과 같은 이유에서 그 가능성을 추측할 수 있을 것이다.

첫째, 효과적인 항일투쟁을 전개하기 위해서는 반일역량의 집결이 무엇보다 필요했기 때문일 것이며, 이 경우 공산진영과의 연합투쟁도 고려 대상의 하나였을 것이다.

둘째, 일제에 의해 만주사변이 도발되자 만주 각지에서는 다양한 성격의 항일부대가 조직되었으며 이들은 각자가 처한 입장에 따라서 제휴하고 있는 형편이었고 조선혁명군도 이 같은 상황에 영향을 받고 있었다. 앞에서 살펴본 바와 같이 1931년 1월 이홍광과 양정우의 부대는 구국군과 大刀會 등과 연합하여 반석, 이통, 쌍양, 화전 등지에서 유격전을 전개하였는데137) 조선혁명군의 양세봉 등은 대도회와 밀접한 관계를 맺고 있어서 양자는 서로의 존재를 인식하고 있었을 가능성이 높다.

또한 조선혁명군이 적극적으로 가담하여 활동하였던 요녕민중자위

---

136) 기사의 내용 중에 중요한 부분만 간추리면 다음과 같다. 『東亞日報』 1934. 3. 7(梁世奉은 '일변으로는 중국공산당과 연락을 취하야 모종의 운동을 적극적으로 책동 중') ; 『東亞日報』 1934. 3. 14(국민부는 '이주 조선인의 자치단체다운 새캐가 혼합된 것인데 민주사변을 게기로 점차 그 특색을 잃고 반만항일군 공산주의 단체 등과 합류하여 직접행동을 취함에 이른 모양') ; 『朝鮮中央日報』 1934. 1. 17('梁瑞鳳 紅軍과 合勢 軍事會議을 開催'라는 제목으로 보도됨 - 기사 내용은 판독 불능).

137) 조선족약사 편찬조, 『조선족약사』, 백산서당, 1989, 135쪽.

군에는 중국공산당의 지도를 받는 海柳農工義勇軍인 王仁齊 등의 통솔하에 요녕민중자위군 9로군으로 참가하고 있었다.[138]

셋째, 만주사변 이후 항일유격전을 전개하는 과정에서 중국공산당 소속의 항일유격대가 성장해 가면서 전투력을 확대시켜 가고 있었던 것도 조선혁명군이 중국공산당 조직과의 제휴에 관심을 갖게 된 이유였을 것이다.

한편 연변에서의 연구는 1934년에 조선혁명군이 공산진영과의 제휴를 구체적으로 모색하고 있었던 것으로 파악하고 있다. 1934년 3월 양세봉은 홍경현 홍모자에서 개최된 조선혁명군 간부회의에서 '일체의 힘을 합하여 연합반일의 범위를 확대할 것'을 결의하였으며, 회의 후 동북인민혁명군과의 연합을 위해 4명의 간부를 파견하였다고 한다.[139]

그리고 1934년 4월 몽강현 진천라자에서 반일 무장통일전선단체인 '항일연합군지휘부'를 건립한 양정우는 홍경현으로 가서 사도구와 대황구에서 두 차례에 걸쳐 양세봉 등 조선혁명군 간부를 회견하고, 조선혁명군의 반일연합전선에 찬성하며 동북인민혁명군 제1군은 최대의 힘을 다하여 조선혁명군의 반일무장활동을 적극적으로 지지 원조할 것을 표시함으로써 양자 간의 우호적인 관계를 정식으로 결성하였다고 보고 있다.[140] 뿐만 아니라 양세봉은 대체로 공산진영과의 제휴에 반대하지 않는 태도를 견지했던 것으로 기술하고 있다.[141]

---

138) 李鴻文, 『만주현대사』, 대륙연구소출판부, 1992, 44쪽.

139) 황용국 외, 앞의 책, 335쪽.

140) 위의 책, 335~336쪽 ; 曹文奇, 앞의 책, 170~175쪽.

141) 현용순 외, 앞의 책, 326~327쪽. 이 책에서는 공산진영과 연합을 도모하려는 양세봉의 태도에 대해서 다음과 같이 기술하고 있다. 첫째, 양세봉은 양정우의 동북인민혁명군과 연합하여 반일무장투쟁을 전개하려 하였으나 조선혁명군 참모장인 김활석이 찬동하지 않아 실행하지 못하였다고 하고 있다. 그러나 당시 참모장은 김학규였던 것으로 보아 기록의 신빙성에 문제가 있는 것으로 보인다(金學奎, 「白波自敍傳」, 589쪽). 둘째, 양세봉은 소련과의 연계를 맺기 위해 李青山 등 5명을 소련에 파견하여 방문하게 했다고 한다. 그런데 『朝鮮中央日報』(1934. 1. 1)의 보도에 따르면 국민부는 소련연방으로부터 ○○군에 대한 자금 신청을 하여 마침내 그 보조를

한편 중국공산당의 정책도 변하고 있었다. 1933년 1월 26일 중국공산당 중앙에서는 코민테른 중앙집행위원회 제12차 전원회의의 결정에 따라 '중앙이 만주 각급 당부 및 전체 당원에게 보내는 서한'이라는 이른바 1월 서한을 만주성위원회에 보냈다.[142] 그 중요 내용은 다음과 같다. "우리 당의 전략방침은 한편으로는 전 민족의 반제통일전선을 구성함으로써 가능한 한 모든 것을 결집하고 연합하는 데 있다. 가령 그것이 신뢰할 수 없는 동요성을 갖는 역량이라 하더라도 그것이 합동하여 공동의 적인 일본제국주의와 그 앞잡이 세력들과 투쟁하게 해야 한다"라고 하여 만주지역에서 모든 반일세력과의 반제 통일전선의 형성을 강조하였다.[143]

따라서 1월 서한은 만주에서의 중국공산당의 정책이 반제민족통일전선의 형성에 있음을 분명히 하는 것이었으며, 만주지역의 당조직과 항일유격대가 범하고 있던 '북방회의' 이래의 좌경적 오류를 시정하는 것이었다.[144]

1월 서한이 전달된 후 만주성위원회에서는 1933년 5월 양정우를 소환하여 1월 서한의 의도와 성위원회의 결의를 전달하였다. 7월에 부대로 돌아온 양정우는 반석현 이북의 항일의용대와 산림대의 수뇌들을 불러 회의를 개최하고 '抗日聯合軍總指揮部'를 설치하였으며, 8월 18일에는 반석현 서파리하투에서 대회를 열고 홍군 32군 남만유격대를 동북인민혁명군 제1군 독립사로 개편하고 그 성립을 선포하였다.[145]

이들은 회의에서 '만주 반석인민혁명군 제1군 독립 제1사 성립 선언'

받게 되었다고 보도하고 있다.

142) 李鴻文, 앞의 책, 77쪽.

143) 滿洲國軍政府顧問部 編, 앞의 책, 20쪽.

144) 조선족약사 편찬조, 앞의 책, 143~144쪽. 1933년 5월 15일 만주성위원회에서는 만주에서의 좌경적 오류는 "북방회의에서는 만주에 대한 구체적인 전망 없이 민족혁명전쟁에서의 통일전선에 대한 평가가 부족하여 조급하게 만주에서 소비에트와 홍군을 건립하고 地主와 豪紳의 토지를 차별 없이 몰수하는 좌경적 노선을 제출하였다"라고 비판하고 있다.

145) 姜在彦, 「南滿韓人의 抗日武裝鬪爭」 『박영석교수화갑기념논총』, 723쪽.

을 발표하여 첫째, 투항하지 않고 매국하지 않으며, 끝까지 항일한다. 둘째, 민중의 언론, 출판, 집회, 결사의 자유를 인정한다. 셋째, 민중이 무장하여 공동으로 항일전쟁을 수행할 것을 인정한다는 3가지 조건하에서는 어떠한 항일무장조직과도 항일작전 동맹을 맺고 싶다는 의사를 밝혔다.146)

　따라서 이상의 내용을 통해서 보면 만주지역에서 민족진영의 군사조직인 조선혁명군과 공산진영과의 관계는 1933년과 1934년을 거치면서 적어도 과거의 극단적인 적대관계에서 벗어나 보다 효과적인 항일투쟁을 위해 효과적인 연합을 지향할 수 있는 단계에 이르고 있었던 것으로 보인다.

맺음말

　지금까지 본고에서는 1930년대 전반기를 중심으로 만주지역 민족진영의 항일무장 단체인 국민부 계열의 활동에 대해서 살펴보았다. 이를 요약하면 다음과 같다.

　(1) 만주사변이 일어나기 전까지 국민부와 그 계열조직들은 한인공산주의자들에 의한 반국민부운동과 조직 내부의 좌경화 경향에 의한 갈등이라는 저항에 직면하고 있었다. 조직 내부의 갈등에 있어서 국민부는 1930년 10월 민족진영의 장세용, 양세봉, 전운학 등이 회의를 통해 현익철을 조선혁명군 총사령관에 선임하고 좌경화 경향을 보이는 세력에 대한 축출에 성공함으로써 민족진영의 조직으로서의 근간을 유지하는 데 성공하였다. 그리고 이러한 상황은 결국 민족진영단체로서의 국민부의 위상에 타격을 주는 것이기는 하였으나 결과적으로는 이후 국민부의 항일투쟁이 조직을 효과적으로 유지하면서 장기간 동안 강력한 항일투쟁에 전력할 수 있었던 밑거름이 되었을 것이다.

---

146) 李鴻文, 앞의 책, 81쪽.

(2) 조선혁명군 길강성지휘부가 김일성에 의해 조직된 한인공산주의 자들의 첫번째 항일무장조직이었다는 북한의 주장은 과장된 표현인 것으로 생각된다. 이종락이 체포된 후 세화군이 조직되는 과정을 통해서 보면 이들 조직은 과거 국민부 내에서 반국민부파로 활동하던 고활신, 박원근, 최창걸 등을 중심으로 제3세력의 단체 수립을 계획하고 있었다. 그런데 당시의 상황에서 제3세력이라는 말의 의미는 민족주의도 아니고 공산주의도 아닌 중도적 성격의 조직을 나타내는 말로 여겨진다. 따라서 반국민부파가 민족주의자로 출발하여 좌경화된 인물들이었다는 한계와 이들이 제3세력의 단체를 조직하고자 했다는 이념적 지향을 나타내고 있었다면 이 조직을 순수한 의미에서 한인공산주의자들에 의해 조직된 첫 무장조직이었다고 보기는 어려울 것이다.

그리고 북한에서도 이러한 이념적 지향의 문제점 때문에 정권 초기의 저술이라고 할 수 있는 1958년도 판『조선통사』(하)에서는 조선혁명군 길강성지휘부에 대해서 언급하지 않고, 1932년에 김일성에 의해 조직된 항일유격대를 맑스·레닌주의의 이론에 의해 조직된 진정한 혁명무력의 첫 대오였다고 기술하는 태도를 취했던 것으로 생각된다.

(3) 만주사변 이전의 국민부의 항일투쟁은 친일단체인 한교동향회와의 투쟁에서 커다란 성과를 올리고 있었다. 한교동향회와의 투쟁은 주로 조선혁명군에 의해 수행되어졌던 것으로 보이며, 이들을 배후 조정하고 있던 일본영사관 경찰도 한교동향회가 비참한 결과로 끝나면 그 여파는 수습할 수 없는 경우를 가져올지도 모른다고 염려할 정도로 큰 성과를 거두었던 것으로 보인다. 조선혁명군의 한교동향회에 대한 토벌이나 이후 계속 추진되었던 친일세력에 대한 공격은 재만한인의 항일정신을 고취시켰으며, 국민부의 대중적 지지 획득에 크게 기여했던 것으로 생각된다.

(4) 주로 조신혁명군과 당에 의해서 추진되었던 것으로 보이는 국내공작은 다양한 형태를 띠면서 1930년대 후반까지 지속되었다. 국경지대에서는 일제의 중요기관이나 철도 등에 대한 공격이 이루어지거나 계획되었으며, 독립의식을 고취하는 항일시위나 군자금 모집을 위한 활동

이 이루어지고 있었다.

또한 거액의 군자금을 일거에 획득할 목적으로 국내의 금융기관에 대한 습격이나 부호들을 통한 자금의 모집 활동이 전개되기도 하였으며, 이선용, 서원준을 비롯하여 변락규를 대장으로 한 20명의 무장대원을 국내로 파견하는 등 대담성을 보였다. 그런데 국경지대에서의 군자금 모집활동을 포함해 국내를 통한 자금 모집활동이 지속적으로 수행되었다는 것은 본고의 내용이 일제에 의해 파악된 사건을 서술할 수밖에 없는 한계를 감안한다면 어느 정도 성과가 있었던 것으로 추정된다.

이 밖에도 조선혁명당에서는 국내와의 조직적인 연계를 위해 노력하였다. 특히 1936년에 노동자, 농민, 도시 소시민의 혁명적 인텔리겐치아를 중심으로 한 국내조직을 구축하고 이들에 의한 각종 쟁의를 계획하였던 것은 국민부 계열 조직의 투쟁형태가 군자금 모집을 위한 1회적인 형태에서 벗어나 보다 적극적인 형태의 항일투쟁으로 전환을 의미하는 것이라고 하겠다. 그리고 국민부 계열조직이 1930년대 후반까지도 효과적인 항일투쟁을 위해 국내와의 연계에 관심을 갖고 있었다는 것은 항일투쟁의 전략에 있어서 만주지역 공산주의진영과는 차별성을 갖는 민족진영 조직으로서의 특징을 나타내는 것이라고 하겠다.

⑸ 조선혁명군은 1933년 중반부터 1934년 사이에 중국공산당 세력과의 제휴를 모색하기 시작했던 것으로 파악된다. 그러나 구체적으로 언제 어떤 과정을 거쳐 제휴가 성립되었으며, 부대 간의 연합작전의 시기나 성과 등에 대해서는 아직도 논란의 대상이 되고 있다. 이 문제에 대해서는 보다 광범위한 연구가 필요할 것으로 생각되며, 본고에서는 다만 조선혁명군과 중국공산당 세력과의 제휴가 논의될 수 있었던 배경이나 시기에 대해서만 언급하였다.

끝으로 조선혁명군의 활동이 끝나는 1937, 38년경까지의 연구와 더불어 조선혁명군이나 당의 활동에 대한 보다 다양한 측면에서의 연구가 이루어져야 할 것으로 생각되며, 한 쪽의 정치적 견해가 일방적으로 수용되거나 그것을 이해하려는 분위기에서 벗어나 객관적인 연구가 이루어져야 할 것이다.

제4부

歷史 속의 人物

嵩瞻 / 池培善

唐 高宗 統治前期의 政治와 人物 / 임대희

Danzan의 정치적 활동과 사상 / 손현숙

레닌의 中國革命論 小考 / 李燦元

高 瞻

池 培 善

I

高瞻은 西晉시대에 출생하였던 인물이다. 그는 질병으로 죽기 얼마 전까지 前燕의 慕容廆로부터 후한 대우를 받았다. 慕容廆는 高瞻을 장군으로 임명하려고 시도하였다. 그러나 高瞻은 끝까지 慕容廆가 제의하였던 벼슬을 고사한 것으로 후세에 이름이 알려졌던 漢族이다.[1]

高瞻에 대하여는『晉書』권108, 慕容廆載記에 附傳의 형식으로 高瞻에 관한 기록을 남기고 있다. 그 가운데서 西晉시기의 高瞻의 행적과 관련된 것들을 소개하면 다음과 같다. 즉,

高瞻의 字는 子前이며, 渤海郡 蓨縣 사람이었다. 그는 어려서부터 총명할 뿐만 아니라 재주도 남다르게 뛰어났던 인물인데다가, 키도 八尺 二寸이나 되는 거구였다. 光熙年間(306)에 高瞻은 尙書郎에 임명되었다. 그 후 永嘉年間(307~312)에 亂이 일어나자, 高瞻은 고향으로 돌아가서 그 곳에서 영향력을 발휘하는 나이 많은 분들과 의견을 교환하는 가운데 다음과 같이 자신의

---

1) 朴漢濟,『中國中世胡漢體制硏究』, 一潮閣, 1988, 48쪽.

소신을 말하였다. "지금은 천자가 다스리는 천하의 커다란 법칙이 시행되고 있지 않기 때문에 중국은 전쟁으로 말미암아 사회가 혼돈된 상태입니다. 그런데도 우리 渤海郡은 농사가 잘 되는 비옥한 땅을 갖고 있을 뿐만 아니라 우리 고향은 항상 바다와 강을 끼고 있는 상황이라서, 만약 전쟁으로 말미암아 극심한 흉년이 온 천하를 휩쓴다면 우리 사는 이 곳이 폭도들에 의해서 약탈을 당한다는 것은 불을 보듯 뻔한 이치가 아니겠습니까? 그러니 안전하게 의탁할 곳을 찾아야 하지 않겠습니까! 王彭祖의 경우도 전에 幽州의 薊縣에 주둔하면서 燕郡과 代郡의 물자를 공급받아서 군대를 강하게 만들었을 뿐만 아니라 국가도 부유하게 만들었습니다. 이는 올바른 행동이라고 봅니다. 여러분들의 생각은 어떻습니까?"라고 묻자, 그 곳에 모였던 무리들 모두도 그렇게 하는 것이 좋겠다고 하였다.[2]

라는 내용은 高瞻과 관련된 최초의 기록이다. 아울러 위의 사료는 高瞻이 遼東으로 이주하기 전의 행적이 모두 언급되고 있기 때문에 주목하고 싶다. 이런 이유로 위의 사실을 시기순으로 나누어서 네 가지로 분석하고자 한다.

첫째는 高瞻이 渤海郡 蓨縣 사람이라는 사실이다. 즉, 이는 高瞻이 漢族이라는 사실을 알려주기 때문에 주목하고 싶다. 또 高瞻의 능력과 외모에 대하여는 어려서부터 뛰어나게 총명할 뿐만 아니라 재주도 뛰어났다는 사실과 身長도 八尺 二寸이나 되는 長身이었다는 사실은 시사하는 바가 크다. 왜냐하면 이는 高瞻이 장차 文官직은 물론이고 武官직도 오를 수 있는 자질을 모두 구비하였다는 설명이기 때문이다. 이를 달리 표현한다면 高瞻은 漢族으로서 지도자의 역량을 두루 갖추었다는 사실을 명확히 보여 주는 사료이다.

둘째는 高瞻이 光熙년간에 西晉 惠帝 휘하에서 尙書郎에 임명되었다는 사실이다. 아마도 이는 高瞻의 최초 관직이 尙書郎이었을 가능성

---

2) 『晉書』 권108, 慕容廆載記 附高瞻傳, 2812~2813쪽, "高瞻字子前 渤海蓨人也 少而英爽有俊才 身長八尺二寸 光熙中 調補尙書郎 屬永嘉之亂 還鄕里 乃與父老議曰 '今皇綱不振 兵革雲擾 此郡沃壤 憑固河海 若兵荒歲儉 必爲寇庭 非謂圖安之所 王彭祖先在幽薊 據燕代之資 兵強國富 可以託也 諸君以爲何如?' 衆咸善之".

이 매우 짙다. 왜냐하면 高瞻이 尙書郞이라는 벼슬에 오르기 이전의 관직에 대하여는 사서에 언급되어 있지 않기 때문이다. 어찌된 일인지 高瞻이 관직으로 나아가서 얼마 안 되어 永嘉之亂을 만나게 되어 고향으로 돌아갔다는 사실은 高瞻의 삶에 중요한 분기점이 된다. 그 까닭은 이 사건으로 말미암아 高瞻의 행적이 분명하게 사료에 기록을 남기도록 운명지어졌던 사건이라고 필자는 판단하고 있기 때문이다.3) 무엇보다도 여기서 주목하여야 할 사항은 高瞻이 자신의 鄕里로 돌아간 이유가 西晉 조정으로부터 파직되었기 때문이 아니라는 사실이다. 이는 단지 高瞻이 앞으로 전개될 불투명한 상황을 수습하기 위하여 자신의 생각을 실천에 옮기기 위함이었던 것 같다. 한 마디로 천하가 뒤숭숭해지자 그 난리가 고향까지도 파급될 것을 염려하였을 뿐만 아니라 高瞻이 향리로 돌아가서 鄕里사람들을 동원하여 西晉의 멸망을 막아 보겠다는 일념으로 高瞻이 落鄕하였다고 보는 것이 필자의 견해이다.

　셋째는 高瞻이 고향인 蓚縣에서 영향력 있는 노인들에게 지금은 중국이 전란중이라서 무질서하다는 사실을 언급한 점에 주목하고 싶다. 그런데 이 때 高瞻이 우리 渤海郡이 비옥하기 때문에 만약 중국이 전란으로 흉년이 들게 되면 우리 지역은 약탈을 당하는 것을 피할 수 없는 노릇이라고 주장하였던 대목은 주목할 필요가 있다. 그 이유는 高瞻은 자신의 고향사람들이 약탈로부터 해방되기 위해서는 피난을 하여야 한다고 주장하였기 때문이다. 高瞻이 한 예로 전일에 王彭祖가 幽州의 薊縣에 머물면서 燕郡과 代郡의 물자를 공급받아서 자신의 군대를 강하게 하였을 뿐만 아니라 국가도 부유하게 만들었다는 사실을 환기시켰던 의도는 무엇인가. 이는 高瞻이 우리의 고향 蓚縣은 늘 亂世에 영웅호걸들이 노리는 지역이기 때문에 고향사람들의 안전을 위하여 고향을 떠나서 幽州로 피난하자는 것이 좋겠다는 자신의 제안에 대한 동의를 유도하기 위함이었다. 이는 앞에서 지적한 것처럼 高瞻이 고향사람

─────────────────

　3) 高瞻이 사료에 기록될 수 있었던 사건이 永嘉之亂이라고 필자가 언급하였던 이유는 『晉書』 권108, 慕容廆載記에서 附傳의 형식으로 전하는 高瞻傳을 의식한 표현이다.

들의 안전과 함께 西晉의 몰락을 자신의 鄕里사람들을 동원해서라도
막아 보겠다는 의도가 숨겨져 있는 것 같다.

넷째는 高瞻의 피난 제의에 대하여 고향사람들이 모두 다 동의하였
다는 점이다. 즉, 이는 蓚縣의 모든 사람들이 高瞻의 생각과 마찬가지
로 渤海郡이 곡창지대이기 때문에 늘 중국이 혼란스러워지면 주요 약
탈대상지로 주목받는 곳이었다는 사실에 대한 재확인이라고도 볼 수
있다. 아무튼 高瞻이 자신의 숙부 高隱4)과 함께 수천 家를 거느리고
남쪽이 아닌 북방의 幽州로 이동하였다5)는 사실을 뒷받침해 주는 근거
이다. 우리는 일반적으로 五胡十六國시대에 漢族들이 그들의 거주지를
등지고 피난할 때는 남쪽의 양자강을 향하였다고 이해하고 있다. 그러
나 이 무렵 漢族들이 그들의 종족을 거느리고 이주하였던 지역이 양자
강 방향이 아닌 북쪽을 택하였던 예도 얼마든지 있다는 사실을 간과할
수는 없다.6) 아무튼 이는 永嘉의 난을 피하기 위하여 漢族들의 대개가
남방으로 이주했던 것과는 정반대 현상이라고 말하여도 틀림이 없다.
이는 永嘉의 난 이후에 漢族들이 남방으로만 이주한 것이 아니라 경우
에 따라서는 북쪽으로도 이동하였다는 구체적인 방증자료이다.

Ⅱ

高瞻은 고향의 연장자 어른들의 동의를 받아 동리사람들을 거느리고

---

4) 高隱은 北魏시대 高允의 高祖父였던 인물이다.
5) 拙著,『中世東北亞史硏究 - 慕容王國史 - 』, 일조각, 1986, 46쪽. 高瞻 이외
   에도 遼東에서 피난생활을 하다가 慕容廆의 將軍 張統에 의해서 사로잡
   혔던 漢族으로는 崔燾, 韓恒, 石琮 등이 있었다. 이들은 거의 그들 휘하의
   宗族들을 거느리고 遼東에서 생활하였던 인물이다.
6)『晉書』권95, 黃泓傳, 2493쪽. 幽州에서 高瞻에게 慕容廆의 휘하로 들어가
   자고 제안하였던 黃泓이 좋은 예가 될 듯싶다. 즉 黃泓은 자신의 宗族을
   거느리고 남방의 양자강 부근지역이 아닌 북방의 장성 이남의 慕容廆에게
   의부하였다. 黃泓은 魏郡 斥丘縣 사람으로 漢族이다.

渤海郡의 蓨縣을 떠나서 안전한 곳으로 피난하였다. 다음은 이와 관련된 사실을 전하고 있는 기사이다. 즉,

> (高瞻이) 숙부 高隱과 함께 수천 가를 거느리고 북방의 幽州로 이주하였다. 그런데 幽州에 도착하고 보니 王浚의 政令이란 것도 일정함이 없었기 때문에, (즉시) 崔毖에게 몸을 의지하였다. 따라서 (高瞻은) 崔毖를 쫓아서 遼東으로 들어갔다.[7]

라는 내용은 高瞻이 수천 가를 거느리고 崔毖를 따라 遼東으로 가기까지의 연유와 이동경로에 대한 설명이다. 이를 분석하면 다음과 같다.

高瞻이 처음으로 고향사람 수천 가를 인솔하고 갔던 곳이 幽州 안의 북쪽지역이었다는 사실이다. 당시 幽州는 高瞻이 알고 있었던 것과 마찬가지로 西晉의 신하였던 王浚이 장악하고 있었다. 그런데 王浚은 자신의 정치적인 야망으로 인하여 A.D. 311년(永嘉 5) 7월부터는 西晉의 신하가 아니었다. 즉 이 때부터 王浚은 하늘과 五帝에게 제사를 지내고 나자 자신의 아들을 황태자로 세우면서 晉朝로부터 독립을 선언하였다.[8] 한 마디로 王浚은 자신이 세운 국가를 확고히 하기 위한 수단으로 주변의 세력들을 제압하였다. 이는 王浚이 계속적으로 전쟁을 전개하였다는 이야기이다. 이런 까닭에 王浚의 政令이란 것이 일정할 수도 없을 뿐만 아니라 백성들의 안정을 王浚에게 기대한다는 것은 무리일 수밖에 없는 노릇이었다. 일이 이 지경에 이르자 高瞻은 그가 거느렸던 수천 가의 복지와 안정을 위하여, 이들을 이끌고 王浚의 통치를 벗어나 새로운 피난처를 모색하게 되었다.

그런데 高瞻이 幽州에 머물고 있는 동안에, 高瞻 이외에도 많은 무리들이 王浚 휘하에서 안식을 얻기를 희망하였던 것 같다. 즉, 魏郡 斥丘縣 사람 黃泓도 많은 무리를 거느리고 幽州에 머물렀던 것이 좋은

---

7)『晉書』권108, 慕容廆載記 附高瞻傳, 2813쪽, "乃與叔父隱率數千家北徙幽州 既而以王浚政令無恒 乃依崔毖 隨毖如遼東".
8)『資治通鑑』권87, 晉紀9 永嘉 5年 秋7月, 2767쪽 참조.

실례가 될 듯싶다. 이 때 黃泓도 高瞻이 느꼈던 것과 같은 王浚의 학정을 피하기 위하여 高瞻에게 慕容廆 휘하로 함께 들어가는 것이 좋을 것 같다고 제안하였다.9) 이와 관련된 내용을 들어보면,

　　永嘉之亂에 (黃泓은) 渤海 사람 高瞻과 더불어 幽州로 피난을 갔다. (이 때 黃泓이) 高瞻에게 말하길 "王浚은 사리만 어두운 것이 아니라 성질도 난폭하기 때문에 끝내는 아무것도 이룩할 수가 없는 위인이오. 이러한 상황이니 의당 우리는 오래도록 안정을 도모할 수 있는 다른 곳으로 떠나는 문제를 심각히 생각하여야 할 것 같소. 그런데 慕容廆라는 사람은 법과 정치를 공명정대하게 다스릴 뿐만 아니라 사심도 전혀 없기 때문에 사람들을 맞아들여서 편안하게 살 수 있도록 주선하여 주고 있다고 하오. 게다가 세상 사람들이 하는 말로는 참된 도를 깨달은 사람이 東北쪽에서 나온다고들 하는데, 혹시 이 사람일지도 모르겠소! 그러니 우리 같이 慕容廆에게 가서 뜻을 함께 이룩하는 것이 어떻겠소"라고 黃泓이 말하였으나, 高瞻은 그의 생각을 따르지 않았다.10)

라는 사실은 高瞻만이 王浚의 통치가 가혹하다고 느꼈던 것이 아니라 黃泓도 마찬가지로 체감하고 있었다는 내용이다. 위의 사료에서 王浚은 高瞻에게 慕容廆의 政事가 한 쪽으로 치우침이 없기 때문에11) 漢族들도 관직에 등용시키고 있는 상황이니12) 함께 종족을 거느리고 慕容廆에게 가자는 주장이었다. 그러나 이 때 黃泓은 慕容廆 휘하로 들어가서 謀主라는 벼슬을 하였다.13) 한편 高瞻은 黃泓의 생각과 같지 않았기 때문에 黃泓과는 행동을 달리하였다.

---

　9) 『晉書』 권95, 黃泓傳, 2493쪽. 黃泓이 宗族을 거느리고 慕容廆에게 갔다는 기록이 다음과 같이 전하고 있다. 즉, "泓乃率宗族歸廆 廆待以客禮 引爲 參軍 軍國之務動輒訪之"라는 사료가 그것이다.
　10) 『晉書』 권95, 黃泓傳, 2492~2493쪽, "永嘉之亂 與渤海高瞻避地幽州 說瞻曰 '王浚昏暴 終必無成 宜思去就以圖久安 慕容廆法政修明 虛懷引納 且讖言眞人出東北 儻或是乎? 宜思與歸之 同建事業' 瞻不從".
　11) 拙著, 앞의 책, 38쪽.
　12) 『資治通鑑』 권88, 晉紀10 建興 元年 4月, 2797쪽.
　13) 馮家昇, 「慕容氏建國始末」 『馮家昇論著輯粹』 北京 : 中華書局, 1987, 76쪽.

　高瞻은 자신이 인솔하는 수천 가의 안전을 위하여 법령이 있으나마나 한 王浚의 통치영역을 벗어나서 崔毖를 의지하였던 것이 高瞻 무리의 두번째 엑소더스였다. 그렇다고 高瞻이 王浚을 떠나서 崔毖를 따랐다는 사실만 가지고 高瞻과 王浚과의 관계가 완전한 단절이라고 판단하기는 이른 것 같다. 그 까닭은 崔毖가 王浚의 妻族이었다는 사실은 감안한다면, 그 당시 사회 속성상 진정한 의미로 高瞻이 王浚과의 관계가 단절되었다고 해석하기는 간단하지 않을 듯싶다. 게다가 永嘉 5년(311)에 崔毖가 王浚의 東夷校尉였다는 사실14)을 고려하더라도 高瞻과 慕容廆에게 가지 않고 崔毖에게로 향하였다는 사실은 高瞻이 무언가 판단을 잘못하였던 느낌이다. 그러나 高瞻이 西晉의 尙書郞이라는 관직을 버리고 낙향하였던 이유에서 그 해답을 찾는 것이 가능할 듯싶다. 즉, 高瞻은 中原의 혼돈된 상태를 싫어했을 뿐만 아니라 漢族으로서 晉朝에 대하여 충성을 다하기 위해서였던 것이다. 그렇다면 어떤 연유로 高瞻이 遼東으로 갔는지에 대한 대답은 저절로 밝혀진 셈이다. 한 마디로 高瞻은 中原의 무질서한 상태에서 탈출하고 싶었던 것이 분명하다.

　그렇다면 高瞻이 자의는 아니었어도 崔毖를 쫓아서 遼東으로 향하였다는 사실에 대해서는 주목해야 할 이유가 있을 성싶다. 이는 당시 중국에서 변방으로 귀양을 보냈던 지역이 주로 遼東 以東지역이었다는 사실과 관련이 있을 것 같다.15) 그렇다면 高瞻이 遼東을 선택하였던 것에는 중국의 무질서한 상황에서 완전히 벗어나 보겠다는 생각이 들어 있었을지도 모른다. 그런데 사서에서는 高瞻이 遼東으로 갔던 것이 崔毖를 따랐기 때문이라고 간단히 서술하고 있다. 이와 같은 기록에 대하여는 면밀한 분석이 필요한 것 같다. 즉, 필자의 견해로는 사서는 단지 피상적인 상황만을 기록하였을 가능성이 농후하다는 생각이다. 왜냐하

---

14) 『資治通鑑』 권87, 晉紀9 懷帝 永嘉 5年, 2774쪽.
15) 『三國志』 권9, 夏侯淵傳, 272쪽, "夏侯覇의 아들을 낙랑군으로 보냈다"; 『三國志』 권9, 夏侯玄傳, 299쪽, "李豊 등이 사형을 당할 때, 그 남은 친족들이 낙랑군으로 유배되었다";『三國志』 권9, 夏侯玄傳, 300쪽, "許允도 낙랑군으로 유배되었다".

면 필자도 앞에서 지적하였던 것처럼 高瞻이 崔毖를 따랐던 시기를 전후해서 崔毖가 王浚으로부터 東夷校尉라는 관직을 받았기 때문이다. 또 이와 같은 사실을 모를 리가 없었던 高瞻이 무턱대고 崔毖를 따랐다고 보는 데는 의문의 여지가 너무나도 많기 때문이다.

한편 필자는 高瞻이 王浚의 통치영역을 벗어난 시기를 사서에서 찾지 못하였다. 단지 永嘉年間이라고만 막연하게 추정하고 있는 게 전부이다. 필자가 이 시기에 대하여 관심을 갖는 이유는 다음과 같다. 즉, 崔毖가 王浚으로부터 東夷校尉라는 관직을 받은(A.D. 311) 이후의 王浚과 崔毖의 관계가 어떠하였는가는 高瞻의 遼東行과 깊은 연관성을 갖고 있기 때문이다. 이 때는 西晉의 몰락 이후라고 말해도 좋은 시기이기 때문에 주목할 필요가 있다. 다시 말하면, 西晉의 마지막 황제라고 표현하여도 좋을 懷帝가 A.D. 311년 5월에 남쪽으로 黃河를 건너 십여 명의 신하와 함께 도망하려다가 실패한 사건이 일어난 후이기 때문이다.16) 그런데 A.D. 311년 이후에 王浚은 주변세력을 제압하기 위하여 五胡 중 하나인 羯族 石勒과도 빈번한 전쟁을 하였다.17) 그런데 王浚은 石勒을 제압하기 위해 鮮卑의 한 지파인 遼西公 段疾陸眷까지 동원시키면서도18) 石勒과의 전쟁에 東夷校尉 崔毖를 출정시켰다는 기록을 찾지 못하였다는 것은 납득이 안 되는 부분이다. 물론 王浚이 머물고 있던 곳을 중심으로 생각하여 遼西보다는 遼東이 더 멀었기 때문이라고 단정한다면 의문이 간단히 풀릴 수도 있는 문제이기도 하다. 그렇지만 慕容廆의 세력이 날로 강성해지는 상황에서 劉聰의 군대에 의해 王浚의 山東의 郡縣들이 모두 패퇴당하고 있는 어려운 상황에다 엎친 데 덮친 격으로 烏桓마저 王浚을 배반하였을 때19)도 東夷校尉 崔毖를 출동시키지 않았다는 것은 王浚과 崔毖의 관계가 여느 군주와 신하의 관계가 아님을 시사하는 대목이라고 본다. 필자는 이것을 高瞻이 崔毖의

---

16) 『晉書』 권5, 孝懷帝紀 永嘉 5年 5月 東海王越之出也條, 122~123쪽.
17) 『晉書』 권104, 石勒載記上 王浚使其將祁弘條, 2711쪽.
18) 『資治通鑑』 권88, 晉紀10 懷帝 永嘉 6年 12月, 2786쪽.
19) 『資治通鑑』 권88, 晉紀10 愍帝 建興 元年 5月, 2800쪽.

휘하에서 활동하게 되었던 큰 이유라고 해석하고 싶다. 정리해서 말한다면 崔毖가 王浚으로부터 東夷校尉에 임명되었지만 崔毖가 王浚과의 관계를 청산하였던 상황이었기 때문에 高瞻이 崔毖를 쫓아서 遼東으로 들어갔다는 이야기이다.

아무튼 高瞻이 崔毖를 따랐다고만 단순하게 해석하는 데는 문제가 있을 것 같다. 그 이유는 高瞻이 遼東으로 갈 생각이 있었던 터에, 崔毖가 요동으로 가자고 요청하였기 때문이다. 이런 연유에서 高瞻이 崔毖를 따랐다고 보아야 논리 전개에 모순이 없다. 여하간『晉書』의 찬자가 간단히 명료하게 서술하는 방법에 따라 서술하다 보니 위와 같은 구체적인 상황의 서술을 누락시켰다는 것은 어쩌면 당연한 일이다. 그런데 高瞻이 崔毖를 따라서 遼東으로 들어갔다는 것을 사실 그대로 인정한다고 하더라도 그 시기는 아마 王浚의 東夷校尉였던 崔毖가 王浚과의 관계를 청산한 후의 일이라고 추정된다. 이는 崔毖도 나름대로 세력을 형성하면서 어느 정도 政令을 다졌던 상황 아래서 高瞻이 崔毖의 신하가 된 것이라고 해석해야 무리가 없을 것 같다.

崔毖가 遼東으로 향하자, 그를 따라 高瞻도 수천 가를 거느리고 遼東으로 향하였다는 것은 特記할 만한 사실이다. 이는 필자가 앞에서 지적하였던 것처럼 漢族이 五胡十六國시대에 南下만 한 것이 아니라 북쪽으로도 상당수 이주하였다는 사실은 일러주는 귀중한 자료이다. 게다가 高瞻의 무리가 遼東에서 생활하게 된 계기가 이 때 마련되었기 때문이다.

이즈음 崔毖는 멀리 변방으로 이주해 간 漢族들로부터 적지 않게 신망을 받은 덕망 있는 인물이었다. 이에 관하여는 다음 사료에서 입증되는데, 高瞻이 하필이면 왜 崔毖와 같이 행동하게 되었는가에 대한 해답이 여기에 숨어 있어 주의를 기울일 필요가 있다. 문제의 사료의 내용은 다음과 같다. 즉,

　　中州에 있을 때부터 平州刺史 崔毖는 많은 사람들로부터 존경과 신망을 한몸에 지녔던 인물이다. 그러한 崔毖가 遼東에서 군대를 거느리며 머물고

있던 상황인데도 불구하고, 어찌된 일인지 (崔毖에 속한) 상당수의 관리들과 백성들이 慕容廆에게 몸을 의탁하는 기이한 상황이 전개되었다. 일이 이쯤 되자 崔毖의 심기가 몹시 불편하였다. (崔毖는) 慕容廆를 불러들이기 위하여 여러 차례에 걸쳐 慕容廆에게 사신을 파견하였지만, 그 때마다 慕容廆는 한 번도 오지 않아 崔毖는 慕容廆를 잡아들일 음모를 꾸몄다. (崔毖는) 몰래 高句麗, 段氏, 宇文氏를 설득시키면서 말하길, 우리 함께 慕容廆를 공격하여 慕容廆를 멸망시킨 연후에, 그 땅을 나누어 갖자고 약속을 하였다. 그렇지만 崔毖와 가까운 渤海 사람 高瞻은 (崔毖의 계획에) 적극적으로 반대하였다. 그러나 崔毖는 (高瞻의 건의를) 따르지 않았다.[20]

라는 사실은 高瞻이 무슨 이유로 崔毖와 행동을 같이하게 되었는가를 구체적으로 알려 주는 중요한 단서를 제공하고 있다. 위의 사료를 두 가지로 나누어 분석하면 다음과 같다.

하나는 崔毖가 平州刺史였다는 사실이다. 이는 高瞻이 尙書郎의 관직에 있다가 永嘉의 난을 당하여 낙향하였다는 사실을 염두에 둔다면, 이미 高瞻은 遼東으로 이주하기 전부터 崔毖를 알고 있었을 가능성이 충분하다. 바꾸어 말하면 高瞻의 曾祖 高琰이 曹魏시대부터 冀州의 유명한 士族이었던 것[21]처럼 崔毖도 士族이었기 때문에 崔毖와 高瞻의 두 집안이 전부터 알고 있었을 개연성이 충분하다는 뜻이다. 이를 뒷받침하는 사실은 崔毖가 中州에서 많은 사람으로부터 존경과 신망을 받았다는 사실의 지적으로서, 高瞻이 崔毖와 교분이 있었다는 것을 암시하는 대목이다. 이에 대하여 Gerhard Schreiber 씨는 崔毖의 친구가 高瞻이라고 단정적으로 서술하고 있을 정도이다.[22] 그렇지만 필자의 생

---

20) 『資治通鑑』 권91, 晉紀13 元帝 太興 2年 12月, 2872쪽, "平州刺史崔毖 自以中州人望 鎭遼東 以士民多歸慕容廆 心不平 數遣使招之 皆不至 意廆拘留之 乃陰說高句麗 段氏 宇文氏 使共攻之 約滅廆 分其地 毖所親渤海高瞻力諫 毖不從".

21) 『資治通鑑』 권91, 晉紀13 元帝 太興 2年 12月, 2872쪽, 鎭遼東條 胡三省의 註.

22) Gerhard Schreiber, "The History of the Former Yen Dynasty", *Monumenta Serica*. vol. 14, 1949, 412쪽.

각으로는 高瞻이 崔毖를 찾아간 것은 벗을 찾아서 간 것이 아니라 존경과 신망이 두터운 사람을 찾다 보니 崔毖를 만나게 되었다고 표현해야 타당할 것 같다. 이는 高瞻이 전란을 피하기 위해 안전한 지역으로 이주하였다는 사실로도 뒷받침되는 이야기이다. 그렇다면 高瞻이 崔毖를 도운 까닭이 무엇이었는지도 저절로 밝혀진 셈이다.

둘은 崔毖 휘하의 관리와 백성들로서 慕容廆에게 몸을 의탁하는 사람의 수효가 늘어나자 崔毖가 慕容廆를 멸망시키려고 계획하였다는 사실이나. 그렇다고 崔毖가 혼자 힘으로 慕容廆를 멸망시킬 계획을 수립한 것 같지는 않다. 崔毖의 음모는 高句麗, 段氏, 宇文氏를 끌어들여 이른바 三國과 연합전선을 구축하겠다는 것이었는데[23] 이는 慕容廆의 군사력이 崔毖의 그것보다 강력하다는 뜻이다. 그 결과 崔毖의 관리와 백성들이 이탈하여 慕容廆의 세력권으로 들어가는 상황이 연출되었다. 그러나 崔毖가 이러한 광경을 묵과할 수 없다는 의지를 보였기 때문에 곧바로 전쟁으로 연결되게 된 것 같다.[24] 이러한 계획을 高瞻이 강력하게 반대한 것은 高瞻의 행적에 비추어 보면 당연한 귀결인 듯싶다. 高瞻이 宗族 수천 가를 거느리고 고향을 떠난 것은 전란에 휩싸이는 것을 원하지 않았기 때문이 아닌가! 아무튼 高瞻이 죽음을 각오할 정도로 강력하게 반대하였는데도 불구하고 崔毖는 자신의 야망을 실현시키기 위하여 三國과 군사동맹을 결성하였다.

여하간 崔毖의 고매한 인격을 높이 평가하였기 때문에 高瞻은 崔毖의 휘하에서 활동을 하였던 게 틀림없다. 그렇지만 많은 무리들이 慕容廆에게 돌아가는 것을 보고 崔毖가 이를 참지 못한 것이 高瞻의 운명마저 바꾸게 되었다. 즉, 崔毖가 慕容廆를 상대로 전쟁을 일으켰던 것이다. 한편으로는 崔毖가 慕容廆와 전쟁을 벌여야만 하는가에 대한 판단에서도 崔毖는 高瞻보다 한 수 아래였다. 그 결과 崔毖는 慕容廆에게 질 수밖에 없는 전쟁을 벌이는 결과가 되었다. 이는 高瞻이 훗날 慕

---

23) 『通典』 권161, 兵14 東晉初前燕慕容廆條.
24) 鄭寅普, 『朝鮮史研究』 下, 서울신문사, 1947, 190~191쪽.

容廆로부터 높이 평가를 받은 것과도 직결되는 문제인 듯싶다. 사실 崔
毖라는 인물도 遼東으로 이주하기 전까지만 해도 평판이 훌륭하였던
인물이었다. 이는 高瞻이 崔毖의 고매한 인품을 높이 사서 崔毖를 따라
遼東으로 갔다는 사실에서 이미 밝혀진 바이다. 이를 필자가 강조하는
이유는 高瞻이 崔毖보다도 훨씬 낮다는 논리가『晉書』의 慕容廆載記
에 高瞻에 관한 附傳이 있게 된 사실을 설명해 주기 때문이다. 이는 후
일 慕容廆가 오매불망으로 高瞻을 장군으로 임명하려고 하였던 이유가
무엇인가를 설명하는 단서가 된다.

Ⅲ

高瞻이 崔毖의 三國연합정책에 대해 반대한 이유는 高瞻 자신이 전
쟁에 휘말리는 것 자체를 싫어했기 때문만은 아닌 것 같다. 즉, 慕容廆
를 상대로 한 三國연합이라는 崔毖의 작전구상이 崔毖에게 승산을 가
져다 줄 수 있는 계획이 못 된다는 것을 누구보다도 高瞻은 잘 알고 있
었기 때문이다. 즉,

> 崔毖가 三國과 함께 慕容廆를 정벌할 것을 모의하려고 하자, 高瞻은 이와
> 같은 계획이 성사될 성질의 것이 못 된다고 생각하여 강력하게 반대를 제기
> 하였으나, 崔毖는 高瞻의 주장을 따르지 않았다.[25]

라는 것은 慕容廆를 멸망시키려는 崔毖의 계획이 무모하다라고 판단하
여 高瞻이 崔毖의 慕容廆 침공구상을 반대하였다는 내용이다. 아무튼
高瞻의 생각은 적중하였다. 즉 崔毖를 중심으로 한 三國의 이해관계가
각기 달랐고, 이것은 崔毖가 패배하는 중요한 요인으로 작용하였던 것
이다. 이러한 사실을 뛰어난 전략가였던 慕容廆가 모를 리가 없었다.[26]

---

25)『晉書』권108, 慕容廆載記 附高瞻傳, 2813쪽, "毖之與三國謀伐廆也 瞻固
　　諫以爲不可 毖不從".

三國과 연합하여 慕容廆를 멸망시키려고 한 崔毖의 계획이 실패하
자, 崔毖는 두려움을 감추지 못하였다. 게다가 慕容廆의 정치가 당시
화북에서 가장 뛰어났던 상황인데다가, 慕容廆를 보좌하였던 그의 庶
長子 慕容翰의 책략도 우수하였다.27) 설상가상격으로 앞에서 지적하였
듯이 崔毖의 三國연합 군대의 생각이 제각기 달랐기 때문에 崔毖가 패
배한 것은 어쩌면 당연한 귀결인지도 모른다. 慕容廆와의 전쟁은 崔毖
의 본거지인 遼東마저 慕容廆의 군대가 조여 들어오는 긴박한 지경으
로까지 바꾸어 놓았다. 역설적으로 말한다면, 三國과 연합하여 慕容廆
를 멸망시키려던 崔毖의 계획의 무모성이 증명되는 순간이라고 표현하
고 싶다. 또한 이는 高瞻이 崔毖의 작전구상을 반대한 이유가 어디에
있었는지를 일깨워 주는 순간이라고도 본다. 달리 말한다면 宇文氏의
수십만이나 되는 대군이 慕容翰의 작전에 의해서 패퇴하게 되자,28) 崔
毖가 몸 둘 바를 모르고 당황하였던 때도 이 때인 듯싶다. 이 때의 전
황을 들어보면 다음과 같다. 즉,

　　崔毖는 이와 같이 불리한 전황을 듣고, 두려운 마음에 자신의 형의 아들인
崔燾로 하여금 慕容廆의 棘城에 가서 거짓으로 (慕容廆의 승리를) 축하하도
록 지시하였다. 그런데 그 때 三國의 사자들도 (慕容廆에게) 와서는 화평할
것을 간청하면서 다음과 같이 말하였다. 즉, "(慕容廆와 전쟁을 벌인 것은)
우리들의 의도와는 상관없는 일이었습니다. 그 일은 平州刺史 崔毖가 우리
들에게 (慕容廆와) 전쟁을 하라고 지시하였기 때문에 일어났던 일입니다"라
고 했다. 군대가 도열하여 있는 상태에서 慕容廆가 모습을 드러내자, 崔燾는

---

26) 拙著, 앞의 책, 43쪽.
27) 拙稿,「慕容翰에 대하여」『東方學志』81, 1993, 71~113쪽. 慕容翰은 慕容
　　廆의 庶長子로서 文武를 겸비한 뛰어난 인물이었다. 그러나 慕容廆의 후
　　계자가 嫡長子인 慕容皝이 되면서부터 문제가 발생하였다. 즉, 慕容翰이
　　慕容廆로부터 총애를 받았던 사실에 대하여 늘 慕容皝이 시기하였기 때
　　문에 처음에는 段으로 망명을 하였던 인물이 慕容翰이다. 그 후 段이 멸망
　　하자, 다시 宇文으로 피난하였다. 그런데 宇文에서 慕容翰은 자신이 慕容
　　皝의 자객에 의해 살해당하는 것을 피하기 위해 광인처럼 생활을 하였다.
28) 위의 글, 82쪽.

접이 나서 그가 알고 있는 모든 사실을 慕容廆에게 아뢰었다. 慕容廆는 崔
燾를 돌려보내 주면서 崔毖에게 돌아가 "항복하는 것이 최선의 방법이지, 도
망친다는 것은 대책이 될 수 없다"라고 말하도록 하였다. 崔燾는 慕容廆의
지시에 따라서 군대를 거느리고 출발하였다. 그러자 崔毖는 집도 내팽개치
고 數十騎와 함께 高句麗로 도망하자, 崔毖의 무리들은 모두 다 慕容廆에게
항복하였다.29)

라는 사실은 高瞻이 崔毖의 계획은 현실 가능성이 전혀 없다고 주장했
는데도 불구하고 崔毖가 三國연합을 형성하여 慕容廆와 전쟁을 치르다
끝내 패망했다는 줄거리이다. 이를 두 가지로 분석하면 다음과 같다.
　하나는 崔毖의 지략이란 것도 高瞻과는 비교가 안 된다는 사실이다.
이는 慕容廆를 멸망시키기 위한 崔毖의 전술 전략을 듣고 나서 高瞻이
반대하였다는 점에서 알 수 있다. 바꾸어 말해 崔毖의 작전계획을 알고
난 高瞻은 그 계획이 뜻대로 이루질 수 없다고 판단했기 때문에 적극
적으로 그 구상에 반대했다는 이야기이다. 또한 패배를 당한 후에 崔毖
가 도망을 친 태도에서 보더라도 崔毖는 慕容廆와의 전쟁을 성공으로
이끌 수 있는 구체적인 대안도 전혀 가지고 있지 못했음을 알 수 있다.
이는 崔毖가 慕容廆를 멸망시키기는커녕 도리어 패배의 나락으로 빠져
들고 있는 상황 속에서도 崔毖가 할 수 있었던 일이란 것이 고작 십여
명과 더불어 도망하는 것이 전부였다는 데서 분명하다. 崔毖는 慕容廆
의 환심을 사기 위한 조치로 宇文氏와의 전쟁에서 慕容廆의 아들 慕容
翰이 거둔 승리를 축하하기 위해 위장된 축하사절단을 파견하는 것 외
에 달리 방법을 갖고 있지 못했다. 이는 전일 中原에서 신망이 있었는
지는 몰라도 崔毖의 능력이란 것은 보잘 것 없었다는 실례가 될 듯싶
다. 아무튼 平州刺史 崔毖는 高瞻의 주장을 묵살한 대가로 慕容廆와의
전쟁에서 패배를 불러들인 것은 틀림없다.

---

29)『資治通鑑』권91, 晉紀13 元帝 太興 2年 12月, 2874쪽, "崔毖聞之 懼 使其
　　兄子燾詣棘城僞賀 會三國使者亦至 請和曰 '非我本意 崔平州教我耳' 廆以
　　示燾 臨之以兵 燾懼 首服 廆乃遣燾歸謂毖曰 '降者上策 走者下策也' 引兵
　　隨之 毖與數十騎棄家奔高句麗 其衆悉降於廆".

　다른 하나는 崔毖가 패망에 즈음하여 겨우 十餘 騎만 거느리고 高句麗로 도망하였다는 사실이다[30]. 바꾸어 말하면 崔毖가 거느렸던 十餘騎 외의 나머지 무리들은 모두 慕容廆에게 항복하였다는 의미이다.[31] 여기서 주목할 만한 사실은 崔毖가 망명지로 高句麗를 택하였던 이유이다. 즉 崔毖가 高句麗로 도망한 이유 중 하나는 高句麗가 慕容廆로부터 가장 먼 동방에 위치했다는 사실이 작용했을 가능성이 크다. 또 다른 이유는 慕容廆에 의해 段氏와 宇文氏가 거의 패망 직전에까지 이르렀는데도 불구하고 高句麗만이 건재했기 때문에 쫓기는 崔毖가 高句麗 이외의 나라로 망명한다는 것이 불가능한 상황이었다는 점에 있다. 또 다른 추론은 高瞻이 그의 고향 渤海郡 蓨縣에서 북쪽 지역에 할거하고 있던 王浚과의 친분관계에 의해 첫 망명지로 王浚의 관할지역을 안전지대로 생각했던 것처럼, 崔毖가 高句麗와 동맹관계를 유지하였기 때문에 高句麗를 망명지로 택하였을 가능성이 크다.

IV

　崔毖 휘하에서의 高瞻의 遼東 생활도 崔毖가 高句麗로 도망하면서 끝이 났다. 그런데 高瞻이 崔毖의 부하로서 遼東에서 생활했을 때, 관직에 제수되었는지, 또는 제수되었다면 관직명이 무엇이었는지에 대해서는 史書에서 전하는 바가 없다. 그런데 『晉書』의 慕容廆載記에서 崔毖가 慕容廆에게 패배하여 도망칠 때, 高瞻은 崔毖의 조카인 崔燾와 같이 慕容廆에 의해서 棘城으로 이송되었다고 기재되어 있는[32] 반면 高瞻附傳에서는 간단하게 高瞻이 慕容廆에게 항복하였다고 달리 기재되어 있다.[33] 양자의 기록에는 모두 오류가 있는 듯하다. 그렇다면 잘

---

30) 田村實造,「東アジアの民族移動 - 前期(五胡時代)の政治と社會を中心として -」『京都大學文學部研究紀要』12, 1968, 34쪽.

31) 池內宏,「晉代の遼東」『帝國學士院紀事』1 - 1, 1942, 194쪽.

32) 『晉書』 권108, 慕容廆載記, 2807쪽.

못된 기록이 남게 된 이유는 무엇인가? 한 마디로 高瞻, 崔毖, 崔燾가 고구려에서 생활하였던 기간이 너무 짧았기 때문이다. 다시 말해 위의 3인이 고구려에서 체류한 기간이 너무나 짧아 이를 기록으로 남기지 않아도 별 문제가 안 된다고 사서의 찬자가 판단했을 가능성이 높다는 이야기다. 이러한 필자의 견해를 뒷받침해 줄 수 있는 증거로『資治通鑑』의 여러 기록을 들 수 있다.

아무튼 崔毖가 高句麗로 도망한 후 高瞻도 崔毖와 마찬가지로 고구려에 일시나마 체류했을 것임이 분명하다. 이와 관련된 소식을 위의『資治通鑑』을 통해 살펴보면,

　　고구려 將軍 如奴子가 于河城에서 진영을 치고 있자, 慕容廆는 휘하의 將軍 張統을 파견하여 불시에 于河城을 공격, 그들을 사로잡았다. 이 때 張統은 그 무리 千餘 家를 포로로 잡았으며, 이 때 崔燾, 高瞻, 韓恒, 石琮도 함께 棘城으로 돌아오게 되었다. 慕容廆는 이들에 대하여 손님의 예로써 대우를 하였다.34)

라는 것이 그것이다. 즉, 이는 崔毖가 고구려로 도망한 이후에 高瞻이 어디에서 생활하고 있었는지에 관한 사료이다. 위의 사료에서 언급된 바와 같이 高瞻은 고구려 장군 如奴子가 군대를 거느리고 주둔하고 있었던 于河城에 머물렀던 게 틀림없다. 물론 崔毖의 조카 崔燾, 그 밖에 韓恒, 石琮도 于河城에 함께 있었다는 사실은 주목할 만하다.35) 그 이유는 이들이 훗날 慕容廆의 국가가 중국식의 국가형태로 발전하는 데 관료로서 한몫을 단단히 하였던 인물들이기 때문이다. 아무튼 慕容廆의 장군 張統이 慕容廆의 명령을 받고 于河城을 기습 공격한 것이 성공을 거둠으로써 高瞻의 운명이 바뀌게 되었다. 張統이 승리하여 고구

---

33)『晉書』권108, 慕容廆載記 附高瞻傳 及毖奔敗條, 2813쪽.
34)『資治通鑑』권91, 晉紀13 元帝 太興 2年, 2874쪽, "高句麗將如奴子據于河城 廆遣將軍張統掩擊 擒之 俘其衆千餘家 以崔燾 高瞻 韓恒 石琮歸于棘城 待以客禮".
35) 拙稿,「前・後燕의 宗敎 - 佛敎를 中心으로 - 」『漢城史學』4, 133쪽.

려의 우하성에 기거하였던 무리 천여 가를 포로로 잡아 가지고 돌아올
때, 高瞻과 위의 열거된 인물들이 함께 棘城으로 돌아오게 되었기 때문
이다.36) 환언하면, 이는 高瞻이 崔毖의 휘하에 있다가 棘城으로 잡혀
옴으로써 慕容廆의 휘하에 있게 되었다는 이야기이다. 이는 高瞻이 자
신의 운명을 자신의 의지로 결정할 수 없게끔 주변환경이 급변하였음
을 시사한다. 五胡十六國시대에 살았던 대개의 사람들이 그러했던 것
처럼 자신의 생각과 관계 없이 高瞻도 그 시대적인 상황 변화에 끌려
다녔던 셈이다. 그러나 高瞻의 경우는, 그에 관한 기록이 附傳의 형태
로나마 별도로 전해지고 있다는 사실을 보건대, 결코 평범하였던 인물
은 아니었다. 아무튼 高瞻의 운명이란 것도, 그가 살았던 시대가 五胡
十六國시대라고 불렸던 것처럼 꽤나 기복이 심한 것이었다. 그렇지만
위의 사실에서 慕容廆가 崔毖의 세력을 격파한 것은 이후 遼東 지역을
자신의 세력권 안으로 포함하게 된 사건이기 때문에 새로이 동북아의
세력판도에 결정적인 전기가 되었고 따라서 그것이 시사하는 바는 가
히 충격적이다.37)

　위의 사료에서 간과할 수 없는 것은 高瞻을 위시한 漢族과 大姓들의
포로에 대하여 慕容廆가 손님의 예로써 정중히 대접하였다는 사실38)은
주목할 필요가 있다. 이는 慕容廆가 정치를 수행하는 데 있어서 맑고
투명하게 하였을 뿐만 아니라 유독 閑人의 士族들에 대하여서는 특히
융숭한 대우를 하였다는 사실과 일치하는 대목이다.39) 慕容廆의 그러
한 통치철학은 비록 中州에서 信望을 얻었던 崔毖조차 慕容廆와 대립
관계에 놓이게 되자, 慕容廆의 의도와는 별로 상관없이 崔毖를 당황하
게 만들었다. 즉 崔毖의 백성들이 일신상의 안전을 도모하기 위한 방편

---

36) Gerhard Schreiber, "The History of the Former Yen Dynasty(Continue)",
　　Monumenta Serica, vol. 15, 1956, 416쪽.
37)　田村實造, 「五胡時代の華北の社會」『中國史上の民族移動期』, 創文社,
　　1985, 111쪽.
38) 馬長壽, 『烏桓與鮮卑』, 上海：人民出版社, 1962, 211쪽.
39) 『資治通鑑』 권88, 晉紀10 愍帝 建興 元年, 2797쪽.

으로 慕容廆의 영역으로 향하게 되었다는 사실이 그것이다. 이 점에 대하여는 이미 앞에서 밝혔다.

V

高瞻이 慕容廆의 장군 張統에 의해서 慕容廆의 도읍지 棘城으로 잡혀 온 후 高瞻의 동정에 대하여 살펴보겠다. 이와 관련된 다음의 사료는 高瞻에 대한 慕容廆의 생각을 중심으로 기록한 부분이다. 이에 대한 분석을 통하여서 高瞻의 對異民族觀이 어떠하였는가에 대한 추론이 가능할 듯싶다. 그 사료를 옮겨 보면 다음과 같다. 즉,

慕容廆는 高瞻을 장군으로 임명하였으나 高瞻은 질병을 핑계로 나타나지 않았다. 그런데도 불구하고 慕容廆는 高瞻의 인물됨을 높이 평가하였기 때문에 慕容廆는 친히 여러 차례 高瞻을 찾아가서 高瞻의 병색이 어느 정도인지를 살펴보았다. 慕容廆는 高瞻의 마음을 위로하면서 말하기를 "그대의 병이 이토록 어려운 상황에 처하였지만, 우리에게는 여유가 없는 절박한 상황이 되었소. 지금 천자께서는 永嘉之亂의 화를 피하기 위하여 도읍지인 洛陽을 떠나 계신 상황이오. 이런 까닭에 천하도 하나가 되지 못하고 여럿으로 떨어지고 흩어져 있기 때문에 이에 따라서 모든 백성도 뿔뿔이 분산되어 있지만, 그런데도 그 백성들은 불쌍하게도 어떻게 하여야 좋을지를 알지 못하고 있소. 그래서 외로운 나도 그대들과 더불어 晉의 皇室이 기울어져 가는 것을 바로잡아 보기 위하여, 그대들과 더불어 二京(長安·洛陽)의 폭도들을 모두 베어 없애 버린 연후에, 吳會에서 천자를 맞이하겠다는 생각을 하고 있소. 또한 온 천하의 혼란을 완전히 소탕하여 晉朝의 옛날 위엄을 되찾기 위한 일에 공훈을 세우는 데 나의 신명을 다 바칠 각오도 되어 있소. 이것은 나의 마음의 생각일 뿐만 아니라, 이는 또한 나의 소원이기도 하오. 그런데 그대는 中州의 大族일 뿐만 아니라 제일 높은 고관대작에 있길 않았소. 그러한 신분이라서 마음뿐만 아니라 골치마저 앓고 있을 터라서, 응당 그대의 마음은 창을 베개로 삼으면서 초조하게 아침을 기다려야 하는 상황이 아니겠소! 그런데 어찌하여 華와 夷가 같지 않다는 하나만의 이유에 매달려서 꼼짝하려고도 하지 않고 있소? 그렇지만 옛날 大禹가 西羌族 출신이었을 뿐만

아니라 文王도 東夷族이질 않았소? 그렇다면 (華이던 夷이던 간에) 어떠한 생각을 갖고 있었는가를 문제로 삼아야지 단지 습속이 같지 않다고 해서 그대가 관직으로 나아갈 마음을 스스로 억제한다면, 이것이야말로 잘못된 것이 아니고 무엇이겠소![40)

라는 사료에 나타난 사실만으로는 太興 2年(319) 高瞻이 慕容廆의 휘하에서 장군직이라는 벼슬을 하지 않았다고 단정적으로 말할 수 있는 근거가 된다. 그런데 三崎良章 氏는 위와 같은 사실을 자료로 해서 高瞻이 慕容廆 휘하에서 장군직에 제수되었다고 주장하였는데,41) 이는 慕容廆가 高瞻에게 장군직을 주었는데도 高瞻이 거절하였다는 사실을 간과하였기 때문에 빚어진 오류인 듯하다. 아무튼 위의 사료를 세 가지로 나누어서 분석하고자 한다.

첫째는 高瞻이 慕容廆의 장군 張統에 의해서 棘城으로 잡혀 온 처지인데도 불구하고, 慕容廆가 내린 장군직을 거절하였다는 사실이다. 그러나 高瞻은 慕容廆가 漢族이 아닌 異民族이었다는 사실만으로 장군이라는 관직을 거절한 것은 아니었다. 위의 기록처럼 高瞻은 자신이 병들어 있다는 사실을 핑계로 장군직을 사양하였다. 그렇지만 이는 단지 구실에 불과한 듯하다.42) 왜냐하면 晉朝에서 벼슬하였던 漢族들은 대개가 異民族 휘하에서 벼슬을 하지 않는 것이 하나의 도리라고 어느 정도 암묵적으로 인정하였던 분위기였다는 사실을 무시할 수 없기 때문이다. 다만 異民族 아래서 漢族의 사대부들이 벼슬을 했을 때에는, 어느 정도 명분이 있었던 경우만으로 국한하는 것이 관례화되다시피

---

40) 『晉書』 권108, 慕容廆載記 附高瞻傳, 2813쪽, "廆署爲將軍 瞻稱疾不起 廆敬其姿器 數臨候之 撫其心曰 '君之疾在此 不在餘也 今天子播越 四海分崩 蒼生紛擾 莫知所係 孤思與諸君匡復帝室 竆鯨豕于二京 迎天子於吳會 廓淸八表 侔勳古烈 此孤之心也 孤之願也 君中州大族 冠冕之餘 宜通心疾 首 枕戈待旦 奈何以華夷之異 有懷介然 且大禹出于西羌 文王生于東夷 但問志略何如耳 豈以殊俗不可降心乎'".

41) 三崎良章, 「前燕の官僚機構について」 『史觀』 122, 37쪽.

42) Gerhard Schreiber, "The History of the Former Yen Dynasty(Continue)", 416쪽.

하였다. 즉, 裴嶷,43) 陽裕44) 등이 그 좋은 실례이다. 그러나 高瞻은 漢族이 異民族 아래서 벼슬을 하는 것은 당치도 않다고 생각하고 있다고 慕容廆는 해석하였던 것 같다. 高瞻에 대한 慕容廆의 생각이 옳았다. 高瞻은 일반적인 漢族의 사대부들과 다르게 오직 晉朝에만 충성해야 한다는 생각뿐이었다. 이를 뒷받침하는 것은 대다수의 漢族들이 中原이 永嘉之亂에 휩싸이자 長江쪽으로 도망하였지만 高瞻의 경우는 달랐다는 점이다. 즉, 高瞻의 경우는 長江이 아닌 북방의 幽州, 또 다시 遼東으로 피난하였다는 사실에서도 설명되는 바이다. 그렇지만 앞에서 밝혔던 것처럼 여느 漢族들의 南行의 모습처럼, 高瞻도 宗族 數千 家나 되는 무리를 거느렸다는 점에서는 유사하였다.

둘째는 慕容廆가 자신의 국가건설에 크게 기여할 인물로 高瞻을 평가하였을 가능성이 짙다는 사실이다. 그렇다고 高瞻이 晉朝에서 尙書郎이라는 관직에 올랐던 사실만을 慕容廆가 중시하였기 때문이라는 이야기는 아니다. 이는 필자가 앞에서 언급하였던 것처럼 高瞻의 외모, 성품과 지도력 등을 慕容廆도 높이 평가하였다는 뜻이다. 慕容廆가 高瞻에게 장군직을 제의했다는 것도 같은 맥락에서 파악할 수 있다. 물론 慕容廆는 당시 유목민으로는 드물게 중국식 교육을 받았기 때문에45) 능력과 덕망이 있는 인물을 중시하였다. 그 결과 慕容廆는 高瞻과 같은 인물을 등용시키려고 무던히 애썼던 것이 틀림없다. 이는 慕容廆가 高瞻에게 관직을 맡기기 위하여 여러 차례 高瞻을 찾아갔다는 사실에서도 입증된다. 어찌 보면 慕容廆는 그가 교육받았던 것을 구현하기 위한 수단으로, 그가 알고 있었던 중국식의 통치방법으로 덕망 있고 유능한 漢族 인물들을 영입하기를 갈망했을 개연성도 크다.

---

43) 『晉書』 권108, 慕容廆載記 附裴嶷傳, 2811~2812쪽.
44) 『晉書』 권109, 慕容皝載記 附陽裕傳, 2828~2829쪽.
45) 拙著, 앞의 책, 31~32쪽. 慕容廆가 중국식 교육을 받았다는 사실을 뒷받침하는 것은 慕容廆가 東夷校尉 何龕을 만나러 갈 때 士大夫의 禮로 하였다는 것이 그 하나이다. 또 다른 하나는 慕容廆가 자신의 관리로 많은 식자 계층의 漢族을 두었다는 사실에서도 입증된다.

셋째는 慕容廆가 기울어진 晉朝를 회복시키기 위하여 高瞻에게 같이 합심하자고 제안한 독백의 내용을 주목하고 싶다. 이는 慕容廆가 高瞻을 등용하기 위하여 얼마나 노력하였는가를 보여 주는 대목이라 특히 주목하고 싶다. 여기서 주목해야 할 사실은 慕容廆가 幽州에서 자신의 세력을 규합한 것이, 자신의 독자적인 국가를 형성하겠다는 의도가 아님을 高瞻에게 언급하였다는 점이다. 그렇다고 慕容廆의 국가가 그의 아들 慕容皝 때 가서는 王國으로 변화하였고 다시 그의 손자인 慕容儁 시대에는 帝國으로 바뀌었던 사실을 부인하는 것은 아니다. 아무튼 慕容廆가 넘어가는 晉朝를 다시 세우기 위하여 幽州에서 일어났다는 사실을 언급하였다는 것은, 五胡十六國시대의 諸國들이 각각 그들의 국가를 무슨 목적으로 세웠는가에 대한 일반적인 해석과는 큰 거리가 있다. 이는 慕容廆가 자신이 비록 異民族 출신이라는 것은 인정하지만, 慕容廆가 晉朝의 재건을 위하여 신명을 다 바칠 각오가 되어 있다고 한 사실에서도 입증되는 이야기이다. 따라서 慕容廆는 자신이 이런 기본정신을 갖고 있으니 高瞻에게 협력을 해 달라고 제안한 것이다. 慕容廆는 적극적인 자세로 高瞻을 설득하기 위한 방편으로 중국의 역사까지도 거론하였다. 즉, 大禹가 異民族인 西羌族 출신이었고, 文王이 東夷族 출신이었다는 사실을 상기시켰던 것이 그것이다. 그러니 鮮卑族 출신인 나, 慕容廆가 中華를 위한다는 일은 하나도 잘못된 것이 없다는 것이 慕容廆의 논리이다. 따라서 위의 내용을 간추리자면, 慕容廆는 나 자신이 비록 異民族이지만 그대 高瞻이 나를 도와서 晉朝를 부흥시킨다는 일은 高瞻이 생각하는 것처럼 잘못된 것이 아니라는 주장이다. 이는 晉朝의 재건을 위하여 慕容廆 자신이 헌신하겠다는 의지를 독백의 형식을 빌려서 高瞻에게 이야기한 대목이다.

그러나 慕容廆의 이러한 간곡한 요청에도 불구하고 高瞻은 장군직을 끝내 거절하였다. 高瞻과 함께 잡혀 온 韓恒[46]은 慕容廆 휘하에서

---

46) 拙稿, 「韓恒에 대하여」『東方學志』86, 91~120쪽. 韓恒은 慕容廆에게 잡혀 온 후, 그의 휘하에서 參軍事가 되었지만 오로지 晉朝만을 생각하였기 때문에 新昌令으로 일시 좌천되었던 인물이다.

參軍事[47]를 지냈으며 崔燾도 主簿[48]와 成周內史[49]라는 벼슬에 올랐던 사실과 비교하면, 高瞻의 행동은 다른 漢人귀족들과는 달랐다. 高瞻이 慕容廆의 관직 제의를 사양하였던 소식과 관련된 사실을 들어보자. 즉,

> 高瞻은 거듭하여 자신의 병이 위중한 상태라고 아뢰면서 관직을 사양하자, 慕容廆는 高瞻이 이런 방법으로 관직을 사양하는 태도에 대하여 심한 불평을 털어놓았다. 그런데 엎친 데 덮친 격으로 高瞻은 宋該와 사이가 나빠지게 되자, 宋該는 몰래 慕容廆에게 말을 듣지 않는 高瞻을 죽여 버리는 것이 좋겠다고 권유하였다. 그런데 宋該가 高瞻을 죽여 버리는 것이 좋겠다고 慕容廆를 부추겼다는 말을 高瞻이 듣게 되자, 高瞻은 오래도록 혼자서 불안해하다가 끝내는 그로 말미암아 근심하다가 죽었다.[50]

라는 내용은 『晉書』의 附高瞻傳 마지막 부분의 기록이다. 위의 기록은 高瞻이 慕容廆 휘하에서 끝내 관직을 거절하였지만, 그로 인하여 高瞻이 정신적인 고통을 받다가 죽었다는 내용이다. 이를 두 가지로 분석하고자 한다.

하나는 高瞻의 주장대로 자신의 질병이 위독하기 때문에 慕容廆가 제의하였던 장군직을 거절하였던 것 같지 않다는 점이다. 이는 앞에서 밝혔던 것처럼 慕容廆가 高瞻을 여러 차례 찾아가서 관직을 맡아 줄 것을 요청하였던 사실에서도 어느 정도 유추해석이 가능한 대목이다. 따라서 高瞻이 慕容廆 휘하에서 관직에 나아가지 않았던 실제 이유가 慕容廆 자신이 옳게 지적하였던 것과 같이 慕容廆가 異民族이었기 때문인 게[51] 틀림없다. 아무튼 高瞻은 晉朝의 휘하에서만 벼슬을 하겠다

---

47) 田村實造, 앞의 글, 111쪽.
48) 『資治通鑑』 권91, 晉紀13 元帝 太興 4年(321) 12月, 2890쪽 ; 田村實造, 앞의 글, 112쪽.
49) 谷川道雄, 「慕容燕の權力構造 - とくに前燕を中心として -」 『名古屋大學 文學部硏究論集 史學』 10, 1963, 23쪽.
50) 『晉書』 권108, 慕容廆載記 附高瞻傳, 2813쪽, "瞻仍辭疾篤 廆深不平之 瞻 又與宋該有隙 該陰勸廆除之 瞻聞其言 彌不自安 遂以憂死".
51) 『資治通鑑』 권91, 晉紀13 元帝 太興 2年, 2874쪽, 胡三省의 註에 의하면

는 생각뿐이었던 것 같다.

다른 하나는 高瞻이 平原 사람 宋該[52]와 불화가 생겼다는 사실이다. 그런데 宋該도 高瞻과 같이 명망 있는 漢族이었다. 그러나 宋該는 高瞻과 달리 慕容廆가 幽州에서 독립적인 세력집단을 형성할 즈음인 A.D. 313년부터[53] 慕容廆의 私設官으로 벼슬을 했다[54]는 사실이 高瞻과는 구분된다. 高瞻을 죽이자고 제안하였을 무렵 宋該는 龍驤主簿 이외에도 典機要라는 관직에 있었다.[55] 이와 같은 사실을 종합하여 분석하면, 高瞻을 죽이자고 건의하였던 慕容廆의 龍驤主簿 宋該[56]는 高瞻과는 민족에 대한 의식이 판이하였던 것 같다. 그렇다고 宋該가 어떤 민족 아래에서든 자신이 출세만 하면 모든 게 좋다는 식의 인물이라는 뜻은 아니다. 다시 말하면 宋該는 晉朝를 위하는 일이라면 누구의 휘하에서 벼슬을 하더라도 상관없다는 인물로 분류될 만한 인물이다. 물론 宋該와 같은 부류의 인물로는 宋該 이외에도 慕容廆 휘하에서 벼슬을 하였던 많은 漢族들이 있다. 즉 裴嶷, 陽耽, 黃泓, 魯昌, 游邃, 逢羨, 西方虔, 宋奭, 封抽, 裴開 등이 그들이다.[57] 여하간 宋該가 慕容廆에게 高瞻을 죽이는 것이 좋겠다고 권유하였지만, 慕容廆는 宋該의 건의를 받아들이지 않았다.[58] 이러한 사실도 慕容廆가 덕망 있고 유능한 인물들을 아끼었다는 방증적인 자료가 될 것 같다. 그러나 어찌 되었든 高瞻은 慕容廆 집단 내부에서 자신을 죽이는 것이 좋겠다는 주장이 나오게 되자, 이를 감당하지 못하고 우울증에 빠져 죽게 된다. 이는 高瞻의 성

高瞻이 慕容廆가 東夷族에서 일어났기 때문에 업신여겨서 慕容廆 휘하에서 高瞻이 벼슬에 나아가지 않았다고 언급하였다.

52) 『資治通鑑』 권88, 晉紀10 愍帝 建興 元年, 2797쪽.
53) 拙著, 앞의 책, 38~39쪽.
54) 關尾史郎, 「前燕政權(337~370)成立の前提」 『歷史學研究』 488, 1981, 16~18쪽.
55) 馮家昇, 앞의 글, 76쪽.
56) 『資治通鑑』 권91, 晉紀13 元帝 太興 2年, 2874쪽.
57) 拙著, 앞의 책, 38~39쪽.
58) 『資治通鑑』 권91, 晉紀13 元帝 太興 2年, 2874쪽.

격이 강직한데다가 오직 晉朝만을 위한 마음뿐이었기 때문에 스스로
죽음을 자초하였는지도 모른다.

VI

이상에서 분석한 것을 종합하면, 高瞻과 慕容廆와의 관계를 다음과
같이 간략하게 서술하고 싶다.

즉 慕容廆 휘하에서 高瞻이 벼슬을 하지 않았는데도 불구하고 高瞻
에 관한 기록이 附傳의 형식으로나마 『晉書』의 慕容廆載記에 기재되
었던 이유에 관한 설명이 高瞻과 慕容廆의 관계를 이해할 수 있는 요
체가 된다고 본다. 이에 대한 설명은 高瞻이 신망을 받는 漢族이었다는
사실과 관료로서도 훌륭한 자질을 구비하였기 때문에 慕容廆가 高瞻을
신하로 삼기를 무척이나 원하였다는 사실에서 해답을 얻을 수 있다. 이
는 필자가 그간 연구해 온 慕容史의 연구에서도 기회 있을 때마다 언
급한 것과 같은 주장이다. 즉 慕容廆가 덕망 있고 유능한 한족들을 자
신의 신하로서 우대하였다는 사실이 그것이다. 바꾸어 말하면 慕容廆
는 高瞻을 자신의 신하로 삼음으로써 비록 자신이 異民族 출신이지만
慕容廆가 幽州에다 국가를 세운 것이 중국의 역사정신으로 비추어 보
더라도 결코 잘못된 일이 아니라고 동의를 받고 싶었을 것이다. 물론
慕容廆의 정치적인 계산이 깔려 있지 않다고 단정하기 어려운 면도 있
다. 아무튼 慕容廆는 자신이 세운 국가가 중국식 사고의 범주 안에서
보더라도 명분과 정통성을 잃지 않고 있다는 사실을 인정받고 싶었던
욕망도 작용하였던 것이 아닌가 한다. 이런 까닭에 慕容廆가 高瞻에 대
하여 각별한 관심을 가졌던 것은 당연하다. 아니 慕容廆는 高瞻을 자신
의 신하로 임명하지 못한 사실을 크게 한탄하였다. 그러나 高瞻은 끝내
異民族 휘하에서는 벼슬을 하지 않음으로써 漢族의 절개를 지켰던 인
물로 사서에 기재되어 있다.[59]

---

59) 『資治通鑑』 권91, 晉紀13 元帝 太興 2年 (319) 12月 胡三省 註, 2874쪽.

唐 高宗 統治前期의 政治와 人物

임 대 희

머리말

　唐 高宗 統治시기는 唐代역사상에 있어서 전성기였던 시기임에도 불구하고, 唐 太宗이나 武則天의 명성에 기러 별로 부각되지 않고 있는 면이 많은 것 같다. 과연 어떠한 인물들이 정치를 하였기에 唐 高宗 시기에 국력이 팽창할 수 있었으며, 이 시대의 주된 문제점은 무엇이었을까를 살펴봄으로써 이 시대의 역사적 실상을 알 수 있을 것이다.

또한 이 시기의 정치담당자들의 성향을 파악함으로써 정치적인 흐름의 경향을 분석할 수 있다고 생각한다. 唐 高宗의 치세는 크게 3시기로 나눌 수 있다. 첫째로 '長孫無忌 政權' 時期(唐 太宗의 貞觀 末期에서 永徽년간까지의 시기)와 둘째로 '許敬宗 政權' 時期(武后의 등장에서 670년에 이르는 시기), 그리고 셋째로 '劉仁軌 政權' 時期(670년에서 684년에 高宗이 죽을 때까지)라고 할 수 있다.[1]

첫째 시기와 셋째 시기가 그 정치적 주도인물로 볼 때 相通하는 점이 많으며, 둘째 시기는 황제를 정점으로 하는 專制정치가 비교적 강화되었던 시기로 볼 수 있을 것이다. 本稿에서는 위의 세 시기를 둘로 나누어서 前半部에 해당하는 첫째와 둘째 시기에서의 정치적 主導인물과 主要懸案을 다루고자 한다. 이러한 시도와 더불어 앞으로 이들 시기를 전후하는 다른 시기[2]에 대한 분석도 필요하리라고 생각하는 바이다. 그 결과 이 시기의 정치적 인물들의 집단적인 분류가 가능하여질 수 있다면, 당대 정치사를 이해하는 데에 도움이 되리라고 생각되는 바이다.

대체로 이 시기에 관한 연구에서는 그 동안 武則天의 立后 과정이나 그 배경에 대한 분석이 많았다. 힘겹게 皇后가 된 武則天이, 황후가 되자마자 정치적인 주도권을 장악한 것 처럼 묘사되는 것은 문제가 있을 것이다. 그렇다고 武則天의 존재에 대하여 무시할 수도 없지만,[3] 本稿에서는 武則天 中心에서 탈피하여 唐 高宗과 그의 관료들에 초점을 맞추어 논지를 전개하고자 한다.

---

1) 이러한 분류에 대해서는 이전에 任大熙, 「唐代太宗·高宗期の政治史への一視角」『茨城大學人文學部紀要』 22, 1989에서 언급하였다.

2) 690년에서 705년에 이르는 시기에 관하여서는 任大熙, 「則天皇帝 통치시기의 정치와 인물」『黃元九教授定年紀念論叢 東아시아의 人間像』, 혜안, 1995 참조.

3) 武則天에 관한 연구는 『武則天과 洛陽』, 『武則天과 文水』, 『武則天과 乾陵』 등의 논문집이 있는데, 이를 번역하여 한국PC통신(HiTeL)의 '아시아문화탐구회'에 올려 두었다. 필요한 분들은 이를 참조하여 주시기 바란다. 이 번역은 가까운 시일 내에 좀 더 修訂하고 補筆하여 『武則天硏究論集』 이라는 제목으로 출판할 예정이다.

Ⅰ. '長孫無忌 政權' 時期

1. 태종의 후계자 문제

永徽年間의 政局을 貞觀年間의 連續이라고 부르는 견해가 있다.[4] 이 시기는 모두 長孫無忌가 정치를 주도하던 시기이었으며 그 시기에는 정치운영에 있어서 그다지 원만하지 못한 면이 많이 나타나고 있다. 長孫無忌 집단이 보여주고 있는 과격성은 그들이 唐 太宗의 측근에 있었으면서도 정치일선에서 배제되었던 원인이 되기도 하였을 것이다.

우선 長孫無忌 集團의 성격을 파악하기 위하여서는 貞觀 17年(643)의 高宗 李治의 皇太子 冊立過程을 우선 살펴보지 않으면 안 된다. 본래 626年에 承乾이 황태자가 되었으나, 그는 足疾에 따른 劣等感이 심하였고 胡風을 좋아하였으며 그의 주위에는 漢王 元昌·侯君集·李安儼 등 太宗에 대하여 反感을 갖고 있는 인물들이 모여들어 太宗의 의심을 사게 되었다.

한편 太子 承乾이 太宗의 따돌림을 받는 것과 反比例하여 魏王 泰는 636年 무렵부터 점차 太宗의 寵愛를 받기 시작하였으며,[5] 太宗의 다른 여러 아들들이 都督이 되어 지방으로 나가는 와중에도 그만은 홀로 중앙에 남아 있었다. 그는 많은 '文學之士'를 모아서 그의 王府에 文學館을 열기도 하였다.[6] 그의 周邊에는 劉洎·岑文本·崔仁師·杜楚

---

4) 孫國棟,「唐貞觀·永徽年間黨爭試釋」『新亞書院學術年刊』7(후에 『唐宋史論叢』, 1980에 再錄).

5) 牟潤孫 氏는 太宗이 魏王 泰를 寵愛하게 된 理由로서, 李泰가 太宗과 마찬가지로 江南文化를 中心으로 한 '文學'을 즐겨 하였기 때문이라고 보고 있다. 太宗이 江南文化的 要素를 좋아한 것은 秦王 때부터였으며, 이로부터 牟潤孫 씨는 建成과 世民의 對立을 承乾과 泰의 對立처럼 南北의 文化的 異趣라는 점에서 그 性格이 낣은 것으로 보고 있는 것이다(牟潤孫,「唐初南北學人論學之異趣及其影響 - 附　唐太宗廢立太子與南北文化之關係」『香港中文大學中國文化研究所』1, 1968, 83~86쪽). 그 이면에는 支持勢力의 基盤이 江南이거나 江南과 관련 있다고 볼 수도 있을 것이다.

6) 642年에는 魏王의 月俸이 太子보다 더 많아지기도 하였다.

客·韋挺·房遺愛·柴令武 등이 모여들었다. 이 가운데 中心人物이었
던 劉洎·岑文本이 蕭銑麾下의 人物이었던 點이 주목된다.7)

그런데 643년 承乾의 謀反을 계기로 皇太子 冊立이 문제가 되었을
때 長孫無忌와 褚遂良 등은 晉王 治(高宗)를 지지하여 擁立한다. 長孫
無忌가 李治를 支持한 理由로는 여러 가지가 擧論되고 있다. 우선 魏
王 泰가 江南文化的인 점에서 長孫無忌와 맞지 않을 뿐 아니라, 이미
魏王 泰를 中心으로 하는 그의 支持勢力이 形成되어 있었기 때문에 李
泰를 皇太子 候補에서 제외시켰다는 것이다. 또한 吳王 恪은 그의 누
이인 長孫后의 胎生이 아니라는 點에서 除外시켰고, 따라서 長孫后의
胎生인 晉王 治를 擁立한 것으로 보인다.

이렇게 황태자 책립에는 막대한 힘을 발휘하였던 長孫無忌는 그 후
정치의 제일선에 복귀하기는 하였지만 아직 표면적으로는 나서지 않았
다. 그 이후 648년까지의 政局에서 長孫無忌는 비록 官品은 높은 優待
를 받았으나, 실권은 그다지 주어지지 않았다. 侍中을 攝하거나 혹은
太子太師를 겸임하던 그는 648년에 馬周가 죽자, 국면이 바뀌어진듯
中書令이 되어 知尙書·門下省事를 檢校하게 되니 三省의 일에 모두
간여하게 되었다. 이 때부터 永徽年間에 걸쳐서 長孫無忌의 전횡이 시
작되는 것이다.

이를 전후하여 岑文本·高士廉·房玄齡·劉洎·張亮·馬周·崔仁
師 등의 인물이 病死·賜死·誅殺·配流 등에 의하여 정계를 떠났다.
唐 太宗의 權臣·側近의 죽음에 따라서 상대적으로 지위를 높여 간 長
孫無忌는 자신의 의도에 거스르는 인물을 모두 지방으로 좌천시켰다.
司農卿인 楊弘禮가 '大臣의 뜻에 어긋나서' 지방장관으로 좌천되었으

---

7) 蕭銑의 唐朝에의 降伏過程은 比較的 穩健한 방향으로 행해졌기 때문에
   그 殘存勢力이 溫存하게 되었으며, 그 근거지역이었던 揚子江 中流지역도
   隋末의 戰亂시기를 거치면서도 비교적 疲弊되지 않고 넘어갈 수 있었던
   것이다. 劉洎·岑文本의 李孝恭에의 投降 등에 대하여서는 任大熙,「武后
   政權と山南·劍南 – 則天武后の僧侶招聘と關聯して –」『新韓學報』 22,
   1986, 7쪽 참조.

며, 太宗이 臨終하기 直前에는 李勣[8]을 疊州刺史로 좌천시켰다. 또한 이 시기를 전후하여서 貞觀年間에 많은 武功을 세운 代州都督 劉蘭이 謀反으로 腰斬되었으며,[9] 太宗의 舊臣인 張亮이 洛州都督으로 중앙정계에서 밀려나고, 齊王 祐 등의 반란이 이어지고 있었다.

2. 648년 이전 新參 인물에 대한 분석

'長孫無忌 政權' 시기를 이해하기 위하여서는 그 이전의 정치 주도세력에 대한 파악이 필요할 것이다. 우선, 貞觀 初부터 정권에 참여한 인물이 아닌 자로서, 648년 이전의 政局에서 太宗이 새로이 重用하였던 인물들을 살펴보기로 하자. 劉洎·岑文本·馬周·張亮·許敬宗·高季輔·張行成·褚遂良 등이 거론될 수 있다. 물론 太宗이 집권할 때부터 등용해 온 인물들이 남아있었으므로 위의 관료들을 파악한다고 하더라도 貞觀 後期의 정국의 성격을 대변케 할 수는 없지만, 위의 관료들의 면면을 살펴봄으로써 당시의 政局을 이해하는 데에 도움이 됨에는 틀림없다.

劉洎는 荊州 出身으로 隋末에 지금의 湖南省을 중심으로 하는 蕭銑 勢力에 從事하면서 嶺表를 공격하여 50여 城을 획득하였으나, 蕭銑이 이미 敗하였으므로 唐의 李孝恭에게 항복하였다. 그는 貞觀 7年에 給事中으로부터 始作하여, 右丞·黃門侍郞을 歷任하여 投降해 온 人物들 가운데에서는 唐朝에서 出世한 사람에 屬한다. 그는 馬周·岑文本 등과 함께 東宮府에 가서 太子 李治와 談論토록 되었다. 太子가 어떤 事件에 대하여 太宗에게 上疏한 바가 太宗을 滿足케 하여 劉洎 등이 稱讚을 받기도 하였다.[10] 그는 645年 褚遂良의 모함을 받아 自盡토록

---

8) 바로 이 李勣의 左遷의 경우에는 史書의 記載대로 太宗이 皇太子 治에 대한 배려를 한 것인지 또는 다른 對立勢力의 모함 등에서 나온 것인지는 확실치 않다.

9)『資治通鑑』권196, 貞觀 17年 正月戊申條에는 劉蘭成이라고 되어 있으나,『舊唐書』권69와『新唐書』권94에 의하여 劉蘭으로 한다.

되었다. 劉洎는 전술한 바와 같이 立太子 문제에서 魏王 泰를 지지하는 立場이었으며, 山南의 荊州 출신이라는 점에서 지역적으로도 소수 집단에 속하였으며,[11] 유교적 성격이 강한 貞觀 後期의 전형적인 관료상이었다고 하겠다.

다음으로 岑文本도 역시 山南 출신으로서 그의 조부는 後梁의 吏部 尙書였다. 岑文本은 蕭銑의 中書侍郎이었다가 唐의 李孝恭에게 投降하였다. 李靖의 추천으로 太宗朝의 中書舍人이 되었고, 顔師古의 뒤를 이어 中書侍郎이 됨으로써 詔誥 및 軍國大事의 文書를 맡았으며, 『周史』 등의 편찬에 참여하였다. 그도 劉洎와 마찬가지로 魏王 泰를 지지하였으며, 고구려 원정중에 사망하였다.[12]

馬周는 常何의 上奏文을 써 준 것이 계기가 되어 太宗에게 拔擢되어 많은 建議를 하게 되는데, 특히 民의 便利를 考慮한 점이 많았다. 晉王府 長史를 兼하다가 晉王 治가 황태자가 되자 中書侍郎이 되었다. 고구려 원정 때에 定州에서 高士廉·劉洎와 함께 황태자 監國을 도왔다. 그는 648년에 48세의 젊은 나이로 타계하였다.[13]

張亮은 本來 鄭州의 寒賤 출신으로서, 李密의 驃騎將軍으로 徐世勣(훗날 李勣)에 隷屬되었다가 徐世勣과 함께 唐에 投降하였다. 그 후 그는 房玄齡·李勣의 薦擧로 秦王府의 車騎將軍이 되었고 建成과 世民과의 對立時에는 太宗으로부터 중대한 임무를 부여받을 정도로 신임을 얻고 있었다.[14] 본래 將師로서의 재능이 없음에도 불구하고 고구려 원정에 나가기도 하였으나 결국 모반으로 몰려 646년에 죽음을 당하게 되었다.[15]

---

10) 『舊唐書』 권74, 劉洎傳.

11) 任大熙 著, 胡寶珍 譯, 「唐朝前期政治中的山南·劍南地區」『河北學刊』 1992 - 2.

12) 『舊唐書』 권70, 岑文本傳.

13) 『舊唐書』 권74, 馬周傳.

14) 『舊唐書』 권69, 張亮傳.

15) 『舊唐書』 권69, 張亮傳에 "亮이 義兒 500人을 가지고 있었다"고 하는 것은 李勣을 지지하는 所謂 '瓦崗軍'이거나, 亮의 支持 勢力이 亮의 死亡 이

許敬宗은 隋의 給事中이었던 許善心의 아들이다. 許善心은 본래 江南의 陳朝에 仕官하였던 관료였다. 許敬宗 자신이 강남에서 성장하였을 뿐 아니라, 그 후 그의 행동으로 보더라도 여러 가지로 江南文化的 요소를 많이 지니고 있었다고 할 수 있다.

이들을 종합적으로 보면, 山南・河南・河北・江南 등의 出身人物들로서 所謂 關隴地域이라고 일컬어지는 關中지방이나 隴西지방, 또는 唐朝開國의 바탕이라고 할 수 있는 河東지방 출신은 없다. 이것은 다시 말해서 貞觀 後期에 새로이 보충되는 이들 인물들이 기존의 실권을 가졌던 인물들이 아니라 황제인 태종에 의지하지 않을 수 없는 입장에 서 있는 인물들이었다고도 볼 수 있는 것이다. 한편으로는 太宗이 唐朝 개국세력인 關隴地域의 인물들의 세력을 견제하기 위하여 의식적으로 그 밖의 지역에서 인재들을 육성하였던 것이라고도 보여진다.

따라서 이러한 人事의 흐름 속에서 長孫無忌 등이 갖고 있는 불만이 648년에 長孫無忌로 하여금 三省의 모든 실권을 장악하도록 만들었다고 보여지는 것이다. 아마도 長孫后(文德皇后)는 이러한 상태를 미리 우려하여 太宗에게 長孫無忌가 重責을 담당하지 못하도록 諫言한 것이리라.16) 일단 권력을 장악한 長孫無忌는 이윽고 高宗 즉위와 더불어, 더욱 더 권위와 실권을 장악해 653년에는 房遺愛의 모반사건을 계기로 자신의 반대파인 魏王 泰의 지지파와 吳王 恪 등을 처형했다.17)

후에 李勣 麾下에 모인 것일 가능성도 있을 것이다. 경우에 따라서는 李勣의 신중한 정치적 태도가 張亮의 죽음과 연관이 있을 수 있다.

16) 이는 "(長孫)無忌의 權力과 寵愛가 지나치다고 칭하는 어떤 密表가 있었다"(『舊唐書』 권65)고 하는 데 대한 收拾의 一環으로 나온 것이었는데, 太宗은 그 후 長孫無忌 등의 功臣들의 影響力을 排除하기 위하여, 貞觀 11년(637)에는 이들을 世襲刺史로서 封建을 實施하려고까지 하였으나 當事者들의 强力한 反對로 뜻을 이루지 못하였다. 따라서 위에서 言及한 바와 같은 人事政策과 같이 意識的으로 새로운 性格의 官僚集團을 育成하고 있는 것이라고 생각된다.

17) 孫國棟, 앞의 글.

3. 長孫無忌 一派에 대한 分析

648년 이후에 등용된 于志寧・宇文節・柳奭・褚遂良・韓瑗・來濟
・崔敦禮 등의 재상들을 살펴봄으로써 이 시기의 정치 주도세력의 성
격과 長孫無忌의 지지세력을 파악하기로 하자.

우선 于志寧은 鮮卑貴姓의 후예로서 曾祖인 于謹은 西魏의 八大柱
國의 한 사람으로서 西魏・北周의 開國 元勳이었다. 祖父인 于義는 隋
代에 瀧州總管까지 지냈다. 汪籛 氏가 指摘하듯이,[18] 그의 六代祖인
于栗磾이 代人(代지역 출신인사)이라고 하는 데 대하여, 그의 曾祖인 于
謹이 洛陽人이며 于志寧은 雍州 高陽人이라고 史書에 各各 記載되어
있는 것은 北魏의 洛陽遷都 以後 495년에 歸葬禁止의 조치와 더불어
河南 洛陽人으로 되었기 때문이다(『魏書』 卷7). 한편 北周에 이르러서
558년에 "이미 關中에 都邑하였으므로 京兆人으로 改稱한다"는 詔勅
(『周書』 卷4)에 따라 籍貫이 雍州로 바뀌었다고 보여진다. 于志寧은 立
武后에 대해서는 뚜렷한 意思表示를 하지 않았지만, 위의 이러한 그의
출신배경으로 인하여 則天에 협조하려고도 하지 않았으므로 결국 권력
의 중심부에서 쫓겨나게 되고 마는 것이었다.[19]

宇文節도 北周・隋의 大臣의 후예이다. 曾祖인 宇文瑋는 北周의 岩
州剌史이었고, 祖父인 宇文弢은 隋의 禮部尙書를 歷任했다. 그 자신은
653년에 房遺愛의 亂에 連坐되어 嶺南으로 流配를 갔다. 따라서 그는
長孫無忌와는 다른 立場이라고 보아야 될 것 같다.

柳奭은 西魏의 高官인 柳慶의 曾孫이다. 祖父인 柳旦은 隋의 黃門
侍郞을 歷任하였으며, 父인 柳則은 隋代에 左騎曹參軍으로 고구려에
출정하여 전사했다. 그의 일문은 그 밖에도 많은 사람들이 西魏・北周

---

18) 汪籛, 「唐高宗王武二后廢立之爭」『汪籛隋唐史論叢』, 1981, 166~167쪽
19) 永徽 6년(655)에 尙藥奉御 呂才가 玄奘에게 道佛論爭을 提起하였을 때,
    僧 慧立이 당시 左僕射인 于志寧에게 부탁하여 이 件을 일단 收拾하고 있
    는 것을 볼 때 于志寧이 佛敎측을 위하여 힘써 줄 수 있는 입장이었을 것
    이다(『三藏法師傳』 권8). 長孫無忌 勢力과 반드시 一致하지 않는 점이 있
    었을 수도 있을 것이다.

·隋에서 高官을 지냈으며, 唐高祖의 外孫女가 그의 妻이고 그의 外孫女가 高宗의 王皇后이다. 따라서 그의 貫籍은 비록 河東地方이지만, 그는 지역적 조건보다는 역사적 조건에 의해서 陳寅恪 氏가 말하는 '關隴集團'에 속할 것이다.[20]

韓瑗의 曾祖 韓褒는 西魏·北周의 內外 要職을 역임하였다. 祖인 韓紹는 隋의 衛尉少卿을 歷任하였고, 父 韓仲良은 貞觀年間에 戶部·刑部尙書를 역임하였다. 이와 같이 그의 先祖는 西魏·北周·隋 등의 大臣의 후예이며 長孫無忌와는 먼 인척관계에 있었다. 松井秀一 氏는 '韓仲良碑'(『金石萃編』 卷50)를 引用하여 그가 처음에 許州에서 易州로 옮겼다고 주장하고 있는데, 그가 漢人이어서 于志寧이나 宇文節과 같은 北方系 血統과 달리 北朝王朝에서 비록 중추적인 역할은 하지 못하였을지라도 그들 집단에 상당히 밀착해가고 있는 것을 볼 수 있다. 따라서 松井 氏와 같이 지리적 분석만이 아니라, 역사적 조건을 고려할 때 所謂 '關隴集團'에 속할 수 있는 것이다. 汪籛 氏는『隋書』卷33, 經籍志 史部 譜系篇에 根據하여 그가 貫籍을 옮긴 점을 指摘하고 있다.

來濟는 그 先世가 그리 顯達치 못하였으나 그의 父인 來護가 隋 煬帝時의 有名한 將軍이었다. 그가 永徽年間에 宰相이 된 것은, 高宗을 황태자로 책봉하는 것을 주저하던 태종에게 "上不失作慈父 下得盡天年"이라고 말하여 태종의 마음을 굳히게 만들었던 것에 있다고 할 수 있다. 따라서 그는 長孫無忌에 대한 동조자이다.[21]

崔敦禮는 본래 博陵 崔氏인 崔懿之의 후예이다. 그의 高祖인 崔孝芬이 東魏 때에 高歡에게 殺害되었기 때문에 曾祖인 崔猷가 몰래 關中으로 도망갔으며 나중에는 西魏·北周의 조정에서 중용되기도 했다. 祖父인 崔仲方은 隋代에 太常卿을 역임했다. 이와 같이 본래 山東人이었

---

20) 松井秀一 씨가 이 점에 대하여 지적하고 있다(「則天武后の擁立をめぐって」『北大史學』 11, 1966, 2쪽).

21) 立武后 이후에 地方官으로 左遷되었으며 後에 突厥의 侵入時 이를 막아내며 甲胄를 벗지 않고 奮鬪하다가 끝내 戰死하는 장렬한 一面을 보여 주기도 했다(『舊唐書』 권80, 來濟傳).

으나 일찍이 入關하여 西魏·北周·隋 등에 仕事하여 籍貫도 京兆 咸陽人으로 바뀐 것이다.

한편, 褚遂良은 南朝에서 대대로 名門으로 이름 높은 집안의 출신이다. 그의 父인 褚亮은 陳朝·隋朝·薛舉集團·唐朝 등을 轉轉해 온 인물이다. 父子 모두 書體에 이름나 있으며, 褚遂良은 격변하는 정세 속에서 어렵게 장성해서 그런지 성격상 무던한 편이 아니었던 모양이다. 특히 그는 長孫無忌 세력의 악역을 주로 떠맡고 있어서 그런지 政敵이 많은 편이었다. 644년에 宰相이 되었으나 일시적으로 左遷되었다가, 652년에 다시 復歸하였다. 長孫無忌와 함께 고종을 황태자로 책립하는 데 중심역할을 했으며, 또 長孫無忌와 함께 태종의 遺命을 받았으므로 고종으로서는 무시할 수 없었을 뿐 아니라 여러 면으로 상대하기 어려운 인물이었을 것이다.[22]

長孫無忌가 정권을 장악한 이후에는 長孫無忌를 중심으로 한 집단이 형성되어 가는 것을 알 수가 있으며, 그의 반대파는 모두 정치적 영향력을 잃어버리고 있음이 분명하다. 위에서 살펴본 바와 같이 648년 長孫無忌 집단이 정치를 주도하게 된 이후에 永徽 3年(652) 房遺愛의 亂을 계기로 房遺愛·薛萬徹·柴令武 등의 功臣이나 功臣의 子弟를 斬하였으며, 일부 諸王이나 公主를 自盡케 하였다. 房遺愛의 亂에 관한 기존의 많은 연구[23]에서는 이 사건을 長孫無忌에 의한 조작이라고 하였다. 이 사건의 희생자는 그 대부분이 魏王派의 생존자였으며 唐宗室도 일부 포함되어 있었다. 이렇게 볼 때, 이 房遺愛의 亂은 廢太子 承乾과 마찬가지로 長孫無忌의 권력을 강화시켜 주었던 일련의 사건이었다. 永徽 4년(653)에는 代州都督 劉文器가 妄說圖讖하였다고 誅殺되었

---

22) 松井秀一 씨는 褚遂良을 好評하면서 "地域性을 넘어서 主體的이며, 律令制的 官僚로서 强한 信念을 갖고 行動하고 있다"고 말하고 있다(앞의 글, 2~3쪽).

23) 孫國棟, 앞의 글, 47~50쪽 ; 布目潮渢, 「唐朝前期の唐室婚姻集團」 『隋唐史研究』, 同朋舍, 1968 ; 濱口重國, 『唐王朝賤人制度』, 東洋史研究會, 1966.

다.[24] 고종은 이러한 長孫無忌의 전횡에서 벗어나기 위하여 '立武后' 事件을 일으킨 것이라는 의견도 있다.[25]

4. 和雇

이 時期에 있어서 발생한 사회적 변화로서 눈에 띄는 사실은 永徽 5년(654)에

　　春 3月 辛未, 工部尙書 閻立德으로 하여금 丁夫 4만 명을 거느리고 長安 羅郭을 쌓도록 하였다. 冬 11月 癸酉, 京師의 羅郭을 쌓았다. 京兆의 百姓 4萬 1千 人을 和雇하여 板築하여 30日이 되어 罷하였다. (『舊唐書』卷4)

와 같이, 和雇를 하기 시작하는 점이 엿보이는 일일 것이다. 위의 記事는 『新唐書』卷3, 『資治通鑑』卷199, 『唐會要』卷86 城郭條, 『新唐書』卷100 閻立德傳 등에도 나타나고 있다. 특히 宋敏求의 『長安志』卷7 唐京城條에 畢沅이 "永徽四年 率天下口稅一錢 更築之"[26]라고 注를 쓰고 있다. 畢沅이 어디에 근거하여 이렇게 언급한 것인지는 확실하지 않지만, 전국적으로 口稅를 徵收하여 이 工事를 한 것임을 알 수 있게 하여 준다. 黃淸連 氏[27]에 의하면 이와 같이 和雇를 실시한 것은 貞觀年間 以後로 점차 보편화되었다고 한다. 그러나 長安의 羅郭 수축공사에서 和雇를 시작하였던 시기인 643년 무렵에 高季輔가 上疏한 내용[28] 가운데에서 京師地方의 負擔過重을 指摘한 내용이 있다. 637년에 馬周[29]나 岑文本[30]도 위의 내용과 유사한 견해를 말하기도 했었다. 이

---

24) 『冊府元龜』 권617.
25) 黃永年, 「說永徽六年廢立皇后眞相」 『陝西師大學報』 1981 - 3.
26) 徐松, 『唐兩京城坊考』(畿輔叢書 卷2), 1쪽.
27) 黃淸連, 「唐代的雇傭勞動」 『中央研究院歷史語言研究所集刊』 49 - 3, 393 ～438쪽.
28) 『舊唐書』 권78, 高季輔傳.
29) 『舊唐書』 권74, 馬周傳.

시대에 和雇가 크게 論難이 되었던 것은『新唐書』卷105, 來濟傳의
"時(656年)山東役丁歲別數萬人　又議取庸以賞雇紛然煩擾"라는 기사를
통해서도 알 수 있다.[31]

　　이렇게 雇傭勞動이 增加한다는 것은, 黃淸連 氏가 指摘한 것과 같이
'奴隷勞動'이 減少[32]되는 것을 意味하며, 또한 商工業이 점차적으로 발
달하여 국가권력이 일방적으로 인민을 勞役에 동원하기 힘든 방향으로
사회경제 구조가 바뀌어 가고 있는 데서 생기는 노역동원의 방편이었
을 것이다. 唐朝의 建國 後 30여 년이 지난 이 시점에 사회의 안정과
더불어, 前과 다른 사회구조로 점차로 이행해 가는 일면을 보여 주고
있다고 볼 수 있겠다.

Ⅱ. '許敬宗 政權' 時期

1. 立武后 推進者들에 대한 分析

　　長孫無忌 등의 전횡을 탐탁하게 여기지 않고 있던 고종에게 있어서,
永徽年間의 세력판도를 타개할 수 있는 계기를 마련해 준 것이 바로
武昭儀에 대한 황후 책봉 문제를 둘러싼 일련의 과정이었다. 黃永年
氏[33]는 高宗이 이를 위하여 外朝에 新勢力을 키워서 구시대의 重臣들
을 견제하는 데에 이용하였다고 한다. 필자도 이에 전적으로 동의하는
입장으로서『舊唐書』卷82, 李義府傳에 "如意元年에, 則天은 (李)義府
와 許敬宗, 御史大夫 崔義玄, 中書舍人 王德儉, 大理正 侯善業, 大理丞
袁公瑜 等 6人을 永徽年間에 翊贊한 功이 있으므로 追贈하였다"고 표
현되는 6人이 바로 이 때 高宗이 이용한 인물이라고 생각한다. 그 가운

---

30)『舊唐書』권70, 岑文本傳.
31)『新唐書』권105 ;『資治通鑑』권200 ;『唐會要』권52에서 볼 때, 來濟는
　　和雇에 反對하는 입장에 있었음을 알 수 있다.
32) 黃淸連, 앞의 글, 393~438쪽
33) 黃永年, 앞의 글, 81~89쪽.

데 중심 되는 인물이 許敬宗이며, 王德儉은 許敬宗의 甥姪이었고 李義府는 王德儉의 권유에 따라 참여한 것이다.

許敬宗은 高季輔·張行成·于志寧과 마찬가지로 高宗의 東宮時節부터의 심복이었다. 그러나 高宗이 즉위한 후에 다른 3인은 宰相이 되어 政界의 중추적 역할을 했던 반면, 許敬宗은 정계에서 그리 중추적인 역할을 하지 못하고 오히려 탄핵을 받아 지방관으로 좌천되는 등 어려움을 겪다가 7년 후인 656년에야 겨우 다시 재상이 되었던 것이다. 이 점으로도 唐朝廷 내에 許敬宗을 거부하려는 요소가 있었거나 또는 許敬宗 자신이 가지고 있는 결함 요인으로 말미암아 唐朝의 중추부에서 배제되고 있었음을 엿볼 수 있겠다. 그러한 요인 가운데, "以高陽(許敬宗)才優而行薄"[34]으로 평하듯이 재능은 뛰어나지만 史書의 군데군데에 나타나는 그의 경박한 행위가 주요한 요인이라고 보는 쪽이 타당하리라고 생각된다.[35]

許敬宗은 656년에 재상이 되어 670년에 퇴임할 때까지 10여 년 간에 걸쳐, 後述하는 바와 같이 顯慶禮編纂·封泰山·官職名改定 등의 託古改制的인 방법을 통해 왕권강화에 힘쓰면서 顯慶年間을 기점으로 하는 정국운영에서 중심을 차지한 것임에 틀림없다. 이러한 그에 대해 반발도 상당하였다고 보여진다. 즉 그가 죽자 그의 諡號를 두고 太常博士인 袁思古는, 許敬宗의 여러 行爲가 名分과 實際가 일치하지 않았다고 辛辣하게 非難하면서, '繆'라고 諡號를 정하자고 주장하였다. 이 주

---

34) 『舊唐書』 권82, 許敬宗傳의 史評.

35) 『舊唐書』 권82, 許敬宗傳에는 여러 가지로 許敬宗의 輕薄한 행동을 전하고 있다. 예를 들면, "許敬宗은 딸을 蠻酋인 馮盎의 아들에게 시집보내면서, 많은 金寶를 받아들였다"라던가, "(虞)世基가 誅殺당할 때 (虞)世南은 匍匐하여 대신하기를 請하였으나, (許)善心의 죽음에는 (許)敬宗이 舞蹈를 하여서 살려 주기를 바랬다"라는 등의 기사가 남아 있다. 許善心에 관한 기사는 許敬宗이 편찬에 관여한 『隋書』 권58의 許善心傳에는 "(宇文)化及이 그를 釋放하도록 명령하였으나 許善心이 舞蹈하지 않고 나왔다"고 하면서 이 때문에 결국 宇文化及으로부터 죽음을 당하는 것으로 되어 있다.

장이 그대로 받아들여지지는 않았으나, 王福畤 등의 동조를 받으며 상당한 論難을 불러일으켰던 것이다.36) 또한 後述하겠지만 그가 죽은 이후 그의 업적의 많은 부분이 부정되고 있다는 점과 아울러 살펴볼 때, 許敬宗의 인품에 결함이 있었으며 후진을 비롯한 他人에 대한 배려가 미흡37)하였던 점 등으로 말미암아 高宗도 許敬宗에 대해 기피하는 경향이 없지 않았던 것으로 추측된다. 따라서 永徽年間의 重臣들을 排除시키는 데 지렛대 역할을 하였던 許敬宗의 세력도 670년대에 이르면 後述하듯이 모두 衰微하여져 버리는 것이다.

李義府는 劍南地方의 人物로서,38) 李大亮에 의하여 발탁되었으며 劉洎와 馬周의 추천에 의해39) 監察御史가 되었다. 晉王의 侍官을 兼하였던 그는, 高宗이 皇太子가 되었을 때 太子舍人이 되었으며 高宗이 즉위하자 中書舍人이 되었다. 立武后에서 일익을 담당하여 발탁된 李義府는 659년부터 663년까지 재상으로서 吏部人選을 담당하였다. 그러

------

36) 『舊唐書』 권82, 許敬宗傳.

37) 665年 11月에 封禪을 위하여 泰山으로 향하던 途中에 濮陽을 지날 때, '濮陽을 帝丘라고도 부르는 이유'를 唐 高宗이 竇德玄에게 질문하였는데, 이에 竇德玄이 對答하지 못하자 許敬宗이 뒤에서 말을 달려 앞으로 나아가서, "예전에 顓頊이 이 곳에 살고 있었으므로, 帝丘라고 부릅니다"라고 대답하였다. 許敬宗이 물러나서 다른 사람에게 "大臣이 無學하여서는 안 되는데, 竇德玄이 대답을 못 하는 것을 보고 매우 부끄러웠다"고 하였는데, 나중에 이를 전하여 들은 竇德玄은 "사람은 각기 잘 하는 분야도 있고 잘 못하는 분야도 있는 법인데, 나는 잘 모르는 것을 억지로 대답하지는 않는다. 그것이 나의 장점이다"(『資治通鑑』 권201)라고 하는 데서도 그의 一面을 엿볼 수 있을 것 같다.

38) 李義府는 瀛州 饒陽人이라고 되어 있으나, 그 祖父가 梓州 射洪縣丞으로 가는 바람에 李義府는 梓州 永泰縣에서 태어나 거기서 成長하였다(『舊唐書』 권82 ; 『新唐書』 권233上, 李義府傳).

39) 그의 推薦人이 劉洎와 馬周였다는 사실을 고려한다면, 劉洎나 馬周와 대립세력이었던 長孫無忌가 李義府를 排斥하려고 여러 각도에서 시도했던 이유를 이해할 수도 있을 것이다. 따라서 長孫無忌를 배제하려고 하던 高宗과 어떻게든 長孫無忌의 迫害를 피할 길을 찾고 있던 李義府와의 이해관계는 연결되기 쉬웠다고 볼 수 있을 것이다.

나 李義府에 대한 저항세력도 만만치 않았을 것이며, 특히 그 개인의 인품에도 많은 문제점이 있었음에 틀림없다. "李義府는 탐욕한 바가 끝이 없었으며 그의 母親이나 妻 및 여러 아들과 딸 사위들이 賣官賣爵하여 그 門이 마치 시장바닥과 같았다. 心腹들을 많이 끌어들여 널리 朋黨을 심었으니 朝野를 위태롭게 하였다"(『舊唐書』 卷82, 李義府傳)고 하는 데에서 그의 권력행사의 바람직하지 못한 일면을 엿볼 수 있으며, 또한 高宗이 이에 대하여 李義府에게 注意를 주자 그는 오히려 누가 이러한 사실을 고종에게 알렸는지 되물었다[40]고 하는 데서 당시 그가 얼마나 기세등등하였는지 살펴볼 수 있을 것이다. 그리고 그가 위와 같이 부패가 심한 吏部人選에도 불구하고 坐贓으로 彈劾된 적이 한 번도 없었다는 점은 황제의 公認下에서 이렇듯 賣官行爲가 행하여졌음을 이야기하여 주는 것이다.

崔義玄은 御史大夫로서 長孫無忌를 탄핵할 때, 그리고 侯善業·袁公瑜 등은 長孫無忌를 재판할 때, 각각 高宗의 의도대로 처리했던 것으로 보여진다. 崔義玄은 이전에 地方官으로 轉轉하다가 653년 睦州의 陳碩眞의 亂을 진압하는 데 공을 세워 일거에 御史大夫로 승진한 것인데, 이는 그 9개월 전에 長孫無忌의 뜻에 따라 房遺愛事件을 처리한 御史臺의 수뇌부에 대한 交替를 高宗이 의도했던 것이라고도 하겠다.

한편, 결정적인 순간에 "이는 陛下의 집안일(家事)이온데, 굳이 바깥 사람들(外人)에게 물어 보실 필요가 있겠사옵니까"라고 반대하지 않는 입장을 밝힘으로써 立武后에 중요한 역할을 한 李勣의 태도는 결코 그 때 적극적으로 武后를 옹호한 것이라고 볼 수는 없겠다.[41] 그의 이러한

---

40) 『新唐書』 권223上.

41) 黃永年이 則天이 皇后가 되던 되지 않던, 李勣의 旣得 지위와 이익에 아무런 動搖나 損失이 없다고 지적(「論李勣」 『陝西師大學報』 1981 - 1, 78쪽)한 것은 오히려 그의 행동양식을 잘 파악한 것이라고 본다. 그러나 이에 대하여 趙文潤은 于志寧이 兩端을 취하였다고 朝廷에서 쫓겨나고 長孫無忌와 같은 開國元勳이 '謀反'이라고 誣告를 당할 정도의 중대한 정치문제에 과연 그가 超然할 수 있었겠느냐고 反問하고 있다(「關于李勣評價的幾個問題」 『陝西師大學報』 1981 - 4, 58~59쪽). 또한 Guisso는 攀龍臺

입장은 그의 삶 전체에서 이해할 수밖에 없을 것이다. 그의 傳記에서
볼 때, 그는 河南의 富豪로서 애초에 자신의 근거지인 河南지역을 隋
末의 騷擾로부터 보호하려고 鄕土인 曹州가 戰場이 되지 않도록 宋州
나 鄭州, 또는 滑州나 黎州로 進擊路를 바꾸도록 했던 것이다. 또 한편
으로는 자신이 받들던 李密의 입장을 살리기 위해 黎陽倉을 비롯한 土
地를 李密의 명의로 唐에 귀속시킨 배려 등은 자신의 분수와 도리를
지키고자 하는 그의 신념에서 나왔던 것이다. 이러한 그의 자세에 唐高
祖는 그에게 호감을 갖게 되었던 것이다. 그러나 太宗의 政權掌握의
契機가 된 玄武門의 變이나 承乾 등을 둘러싼 후계자 문제에서도, 이
와 같은 행동철학으로 말미암아 李勣은 마치 방관자적인 입장을 취하
였고,42) 그런 점을 늘 보아 온 太宗은 그의 臨終 직전에 당시 황태자이
었던 李治에게 "만약 徘徊하고 기회를 엿본다면(顧望), 당장 죽여 버릴
뿐이니라"고 귀띔해 주게까지 되었다. 또한 李勣의 政爭에 대한 불간여
라는 신념을 잘 아는 長孫無忌이었기에 侯君集 · 薛萬徹 · 江夏王 道宗
등의 名將43)을 모두 거세하면서도 李勣에 대해서만은 위험을 느끼지

碑를 引用하여 635년 武士彠의 葬禮式에 當時 幷州大都督府 長史였던 李
勣이 護喪이 되었던 점을 武后와의 關聯性으로 지적하고 있다(R. W. L.
Guisso, *Wu Tse‑t'ien and the Politics of legitimation in T'ang China*,
Western Washington Univ., 1978, 15쪽). 그러나 이것도 또한 個人的 關
係에 의한 關聯性으로 볼 수도 있겠으나 葬禮와 같은 事案에 있어서, 當
時 該當지역에서 가장 官階가 높았던 인물이 바로 李勣이었으며 武士彠
은 唐朝 建國에 어떠한 형태로 기여를 한 인물이었다는 점에서, 李勣의
입장에서는 職務上의 일을 행한 것이라고 단순히 볼 수도 있을 것이다.
42) 黃永年은 李勣이 山東 인물들과의 關聯에서 李世民이나 李建成의 어느
편이 정권을 잡게 되더라도 필요하였던 인물이었을 것이므로 구태여 한
쪽에 가담하는 모험을 할 필요가 없었다고 지적하고 있다(「論李勣」『陝西
師大學報』 1981‑1, 78쪽).
43) 黃永年은 大業 12年 이후 貞觀 15년에 이르는 수많은 전투에서 李勣이 항
시 主將에 나서지 못하고 副將으로 머무르고 있는 것을 지적하고 이적의
戰績을 "不能大勝 亦不大敗"라고 하고 있는데(위의 글, 71쪽~72쪽), 이는
李勣이 唐에 投降해 온 人物이라는 점이 고려되어야 할 것이다. 한편, 趙
文潤은 李勣이 職務는 비록 最高位가 아니었을지라도 그 戰績에 있어서

않고 있었던 것이다. 그러나 李勣으로서는 630년 唐儉이 慰撫使로 派遣되어 突厥과 화친을 進行하고 있는 동안에, 李靖과 함께 突厥에 대한 奇襲을 감행한 적이 있었다. 그 때에 李靖과 나눈 말인 "此韓信所以破齊也 唐儉輩何足惜"에서 나타나는 優越感이, 唐儉의 一派인 長孫無忌에 대해서도 潛在하여 있었음이 틀림없다. 長孫無忌의 當時 전횡에 대한 반발로 李勣이 그런 입장을 취하였을 수도 있다.44) 여하튼 원로인 그가 고종의 立武后를 관철시키려는 의도에 반대하지 않는다는 사실만으로도 高宗으로서는 큰 원군을 얻은 셈이었던 것이다.

2. 支持勢力의 擴充을 위한 努力

1) 支持勢力의 擴大를 위한 시도

高宗은 659년 長孫無忌 등의 세력을 하야시키는 한편, 揚子江 中流 地方을 중심으로 財力을 쥐고 있던 許圉師를 비롯하여 盧承政(度支尙書)·任雅尙(兵部尙書)를 宰相으로 등용하고, 立武后 문제를 추진시켰던 李義府를 다시 재상에 復歸시켰던 것이다.

許圉師의 父인 許紹는 唐高祖와 同學으로서, 高祖의 起義 때부터 揚子江 中流地域을 평정하는 데 功을 세웠으며, 峽州刺史로서 이 지역을 중심으로 세력을 형성하고 있었다. 특히 이 지역은 군사적인 要地로 荊州45)를 끼고 있었을 뿐 아니라, 경제적인 면에서도 중요성을 띠고 있어

는 눈부신 바가 있었다고 그 例를 나열하고 있다(앞의 글, 52쪽~61쪽).

44) 어쨌든 그의 平素의 行動哲學대로 政爭不干與의 態度는 이후 許敬宗 등과 共同步調로 行動을 함께하지 않았다는 點에서도 잘 나타나고 있다. 단지 許敬宗이 政治를 주도하던 시기인 670년까지 李勣이 비록 前面에 나서지는 않았시만, 그기 許敬宗 정권의 뒷받침이 되고 있었다는 점은 그의 死後 곧, 許敬宗과 劉仁軌의 同時下野로 許敬宗 정권의 종말을 가져왔있다는 데서 일면을 읽을 수 있을 것이다.

45) 魏王 泰를 太子로 하려고 추진하였던 岑文本·劉洎도 모두 後梁지역이었던 江陵(荊州) 출신이었다. 이에 대한 것은 任大熙 著, 胡寶珍 譯, 앞의 글 참조.

그 鄕人인 田氏·彭氏는 殖貨로써 江·淮地方에 널리 알려져 있었다
(『舊唐書』 卷84). 兄인 許智仁은 右屯衛將軍으로서(『新唐書』 卷73) 文武
에 걸친 一族의 勢力形成을 볼 수 있다. 661년 10월에는 高宗과 더불어
則天이 그의 집에 들를 정도였던 것이다(『舊唐書』 卷4).

　　則天과 許圉師의 관계에서 特記할 만한 사항이라고는 별로 없다. 그
런데 이렇게 방문까지 해야 할 필요성은 무엇이었을까? 則天의 세력기
반이 아직 공고하지 않은 상황에서 許圉師에게 지지를 요청하려 했을
가능성은 없었을까? 그녀가 荊州에서 성장하였으므로46) 그 곳에의 친
근감을 갖고 있었음이 틀림없으리라 본다. 한편으로, 武士彠의 兄인 武
士逸이 戰功으로 武德 初에 安陸縣公이라는 爵을 받았는데 安陸은 許
圉師의 본거지였다. 封爵을 받은 사람과 그 封爵의 該當地域과의 연관
성에 대해서는 아직 충분히 밝혀지지는 않았으나, 武士彠의 집안에서
許圉師의 출신지인 安陸縣의 公爵이 나오고 있는 점으로 미루어 보아
則天의 집안이 許圉師가 근거하는 지역과 연관성이 있지 않았을까하는
추측을 가능하게 한다.47)

　　그러나 則天后의 방문이 무엇을 의미하는지 확실하지 않다. 왜냐하
면 許圉師는 다음 해인 662년 5월에 東臺左相으로 승진하지만 그 해
말에는 아들의 비리로 下獄됐고, 663년 虔州刺史로 좌천되어 相州刺史
를 거쳐 政局이 바뀐 해인 673년에야 左丞으로 中央政界에 다시 복귀

---

46) 『舊唐書』 권58에서는 이를 武德年間이라고 하고 있으나, 『新唐書』 권206
　　에서는 그 時期에 대한 언급이 없다. 熊克은 前職이었던 利州都督을 貞觀
　　元年 末에서부터 始作한 것으로 보고 있으며, 한편 『攀龍臺碑』에 李嶠가
　　쓴 武周創業의 淵源에서 則天이 利州에서 태어나서 荊州에서 成長하였다
　　는 記事를 소개하고 있다(「關于武則天的出地與生平問題」 『南充師院學
　　報』 80 - 2). 참고로 위의 논문들과는 달리 李端科는 則天이 武德 7年에 태
　　어났다는 前提 아래 武士彠이 武德 8年 8月 이후에 揚州都督長史로 나가
　　므로 工部尙書였을 때, 즉 長安에서 則天이 出生하였다고 하고 있다(「也
　　談則天的出生地」 『學術月刊』 82 - 4, 81쪽).
47) 虛封의 被封者와 封地와의 關聯性에 대하여서는 앞으로 事例硏究의 필요
　　성이 있다.

하게 되었기 때문에, 그다지 이 시대에 영달하였다고는 이야기할 수는 없기 때문이다. 따라서 이에 대하여 무리하게 해석을 한다면 則天이 許에게 정치적 협조를 요구하였으나 則天이 바라는 대로 실현되지 않았던 점이 있지나 않았을까 추측할 수 있을 뿐이다. 또 許圉師의 甥姪인 郝處俊이 662년 吏部侍郎에서 太子左中護로 되어 이 시점에서 정치일선에서 멀어진 셈이었으며, 그 후에 宰相이 되어서도 則天의 攝政을 반대하고 있었던 점 등에서도 같은 추측이 성립될 수 있다. 그러나 이것은 어디까지나 武則天 개인에 대한 정치적 입장이라기보다는 이 시점에 정권을 담당한 세력에 대한 정치적 입장이었다고 제한해서 보아야 할 것이다.

盧承政은 尙書左丞에서 褚遂良의 모함을 받아 650년 簡州司馬로 좌천되었다가, 洪州長史·汝州刺史를 거쳐 657년 光祿卿으로 中央政界에 復歸하였고 659年 戶部尙書로서 재상이 되었다. 그 역시 長孫無忌 일파의 정권장악 시에는 소외받던 인물이었다는 점에서 공통성을 찾아볼 수 있겠다.

高宗은 이러한 새로운 세력을 등장시키면서, 한편으로는 舊時代의 重臣들을 단계적으로 퇴진시키고 있었다. 즉,

> 655년 : 右僕射 褚遂良 潭州都督으로 貶하다(一說에는 原州都督).
> 656년 : 太常卿 高履行 益州長史로 보내다.
> 657년 : 來濟를 臺州刺史로 貶하고, 韓瑗을 振州刺史로 貶하다.
> 657년 : 刑部尙書 長孫祥을 荊州大都督長史로 보내다.
> 659년 : 長孫無忌의 官爵을 削除하고 죽게 하다.

라는 단계를 밟고 있는데, 『資治通鑑』 卷200의 659년 8월 乙卯條에는, "高履行을 永州刺史로 貶하고, 于志寧을 榮州刺史로 貶하였다. 于씨로서 폄하여진 者가 모두 9명이었다. 이로부터, 정치는 모두 中宮에게로 돌아갔다"고 659년의 시점에서 則天이 정치의 주도권을 장악한 것처럼 표현하고 있다. 그러나 이는 後述할 다른 여러 사항들과 연관을 지어 볼 때 무리한 점을 찾아낼 수 있다.

2) 疎外人物에 대한 包攝

한편 高宗은 前代에 疎外되고 별로 눈에 띄지 못했던 인물들을 스스로 발탁하여 自己사람으로 만들고자 하였다. 그렇다고 이들 새로이 등용한 인물들이 則天의 지지자이었던 것은 물론 아니다.

『舊唐書』卷95, 竇德玄傳에, "당시에 또한 源直心을 奉常正卿으로 삼고, 劉祥道를 司刑太常伯으로 삼고, 上官儀를 西臺侍郎으로 삼고, 郝處俊을 太子左中護로 삼았는데, 이들 모두 10여 인은 고종이 스스로 발탁한 인재들이었다"고 언급되어 있다. 662년에 竇德玄·源直心·劉祥道·上官儀·郝處俊 등의 인물들을 등용하는데, 이들 인물들은 훗날 한결같이 則天武后에 대하여 반드시 긍정적이지만은 않은 태도를 보였던 것이다. 따라서 『資治通鑑』에서 長孫無忌의 勢力을 제거한 659년 8월부터 "自是政歸中宮矣"라고 한 것은 무리였음을 알 수 있다. 아무리 병약한 황제였을지라도 고종이 죽기 전에는 모든 정치 운영이 고종을 중심으로 움직였다는 사실은 다음에 다시 後述하기로 하겠다.

또 이 시기에 눈에 뜨이는 인물로 則天의 외가쪽 사람인 楊弘武를 들 수 있다. 그는 隋代의 楊素의 아들로서, 황태자인 弘의 中舍人이었다. 666년 封泰山 時에 荊州司馬에서 발탁되어 司戎少常伯(兵部侍郎)이 되었다. 則天의 母인 榮國夫人이 楊弘武를 일가라고 해서 추천한 것은 楊弘武의 知名度를 이용하여 則天의 지지기반을 넓히기 위한 수단에 지나지 않은 것이었다. 뒷날 700년 7월에 이르러서는 오히려 "楊素 및 그의 형제 자손 이하는 모두, 中央官(京官)이나 侍衛를 맡겨서는 안 된다"(『舊唐書』卷6)고 楊弘武의 後孫들의 仕宦을 禁하는 詔勅을 내렸던 것이다. 물론 이 조칙은 張易之와 楊元禧와의 불화에서 비롯된 것으로, 張易之의 誅殺 以後에는 楊素의 자손들은 모두 京師의 官職에 다시 任命되도록 되었지만, 이러한 詔勅이 700년에 나올 수 있었다는 사실 자체는 楊弘武의 가계와 則天의 외조부인 楊士達의 가계가 밀접한 관계가 없거나, 또는 楊士達의 혈통에 약간의 결함이 있었다고 해석될 수 있는 것이다. 楊弘武의 역할은 그가 그 이듬해인 668년에 죽음으로써,

前代 以來로 著名한 家門의 後光을 利用하려던 榮國夫人의 의도를 충족시키지 못한 면도 있었을 것이다.

한편으로 이 시기에 황제 주변인물에 작은 하나의 사건이 발생하였는데, 이는 당시의 水面下의 정치적 움직임을 엿볼 수 있게 하여 준다. 660년 幷州幸行時에,

　　右衛大將軍 慕容寶節이 밤중에 楊思訓을 불러내어 함께 亂을 모의하였다. 楊思訓은 감히 대답할 수 없었다. 慕容寶節은 겁이 나서, 毒酒를 들게 하여 楊思訓이 죽었다. (『新唐書』 卷100, 楊思訓傳)

라는 記事가 있었는데 같은 내용의 사건이 『舊唐書』 卷62, 楊思訓傳에는

　　이 때에 右衛大將軍 慕容寶節은 愛妾이 있어서, 別宅에 두고 있었다. 한 번은 楊思訓을 그 곳에 초청하여 宴會를 베풀었다. 楊思訓은 慕容寶節과 그의 妻가 틈이 벌어진 것을 몹시 책망하였다. 妾 등이 怒하여, 술 속에 몰래 毒藥을 넣어 楊思訓이 다 마시자 갑자기 숨졌다. 慕容寶節은 이에 처벌을 받아 嶺表지역에 유배되었다.

라고 慕容寶節의 家庭問題와 결부시키고 있다. 위의 사건에 대해서는 여러 각도에서 분석이 필요하다. 특히 法史學的인 측면에서의 검토는 王永興 씨[48]에 의하여 이루어졌다. 본고에서는 楊思訓과 慕容寶節에 초점을 맞추어 살펴보도록 하자.

　楊思訓의 家系는 나중에 則天의 외가와 관련지어지고 있다(『新唐書』 卷100, 楊執柔傳). 이를 表로 살펴보면[49] 다음과 같으나 武后가 권력을 장악한 이후에 자신의 기반을 강화하기 위하여, 楊士雄 가계를 같은 가문이라고 하여 楊執柔 등을 끌어들이기도 하고, 671년에는 楊思儉의 女息을 皇太子인 弘의 妃로 맞이하려고도 하였지만, 초기의 이런 紐帶

---

48) 王永興, 「關于『唐律疏議』中三條律疏的修改」『文史』 8, 1980.

49) 『新唐書』 권71.

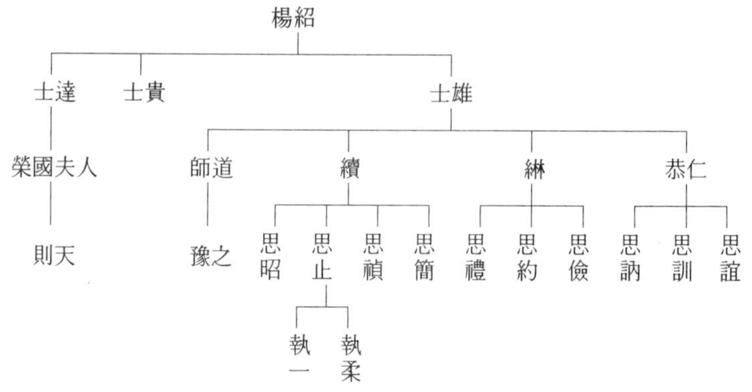

關係가 어느 정도로 긴밀했는가 하는 면에서는 지극히 의문시된다.[50]
武后의 外祖父인 楊士達이 이 楊氏 가문에서 차지하는 위치도 그렇게
확고하지 않은데다가 武后의 母가 富豪인 武士彠[51]에게 後妻로 들어
간 점과 전처 소생들로부터 恝視를 받았던 점 및 則天의 姉가 賀蘭氏
에게 시집을 갔던 것 등을 고려해 본다면 武后母의 신분이 그리 높지
않은 것을 알 수 있다. 武后母의 형제에 관한 것이 不明하므로 그 원인
이 楊士達에게 있다면, 그는 楊紹의 적자였을 가능성이 희박하다고 볼
수도 있다. 『隋書』卷2 및 卷43에 의하면, 楊士達이 隋朝에서 거친 高

---

50) 靑麻弘基는 이 때문에 則天母를 楊士雄의 女라고 推測해 보고 있다(「支
   那佛敎史上における則天武后」『鴨臺史報』5, 1937, 10쪽).
51) 熊德基는 武士彠이 唐代에 들어서 권력과 접근하여 이미 士族 가운데에
   서 '新門'으로 등장하였으며 특히 則天은 公侯 집안의 딸로 태어났다고 하
   고 있다(「武則天的眞面目」『社會科學戰線』1978 - 1, 164쪽). 물론 객관적
   으로는 타당한 이야기이지만 그들 高位身分 상호간의 人物評價에 있어서
   는 그 집안의 沿革도 문제가 되는 것이리라. 또한 則天이 妃로서가 아니
   라 일반 宮女로 입궐하고 있는 자체가 楊士達 家系가 반드시 신분적으로
   높았다고 볼 수는 없는 일면일 수도 있다. 이 점은 褚遂良이 "陛下, 꼭 皇
   后를 바꾸시려거든 바라옵건대, 天下의 슈族 가운데에서 뽑으십시요. 하
   필이면 武氏이옵니까?"(『資治通鑑』권199)라고 한 建議에서 지적한 바도,
   武后의 前歷이 문제가 되기도 하겠지만 武氏 一族이 身分的으로 낮았다
   는 것을 밝혀 주는 것이리라.

官職 중에서, 신분이 비교적 낮은 사람이 기용되었던 工部尙書를 7년
이나 역임했던 사실로써 官界內에서의 신분적 위치가 높지는 않았음을
증명하고 있다.52) 따라서 楊紹 家門에 楊士達의 계보가 나중에 편입되
었다고 가정할 수도 있고, 설사 실제로 楊紹의 子였다고 하더라도 楊士
雄 계통에서 볼 때는 武后의 외가인 楊士達의 위치는 극히 대수롭지
않은 존재이었을 수도 있는 것이다.53) 그러나 이 微妙한 家系內의 심
리를 파악하지 못하는 外部人이 이 血緣系譜만 본다면, 則天의 세력기
반 확대에 가장 쉽게 접근할 수 있는 가능성을 갖고 있는 가계라고 생
각할 수 있었을 것이다.

　　따라서 위의 『舊唐書』,『新唐書』의 기사를 종합적으로 파악해 본다
면, 鮮卑族의 후예인 慕容寶節은 當時 軍部에서 比重과 權威가 가장
컸던 職責인 右衛大將軍으로서 그 어떠한 정치적 역할을 하였으리라고
보여진다. 그 역할이라는 것은 軍部에서도 立武后를 기정의 사실로 인
정하여 주기를 바라는 高宗의 의도를 추진하였던 것일 수도 있다. 楊士
達이 표면적인 신분과는 달리 家系內에서는 뒤쳐지는 입장에 놓여 있
었다면, 楊思訓은 嫡系로서의 우월감으로 楊士達의 자계들에 대해 못
마땅한 태도로 臨하였을 수도 있다. 그런 意思表示의 한 방법으로, 前
述한 『舊唐書』卷62, 楊思訓傳에 있듯이 嫡妻에 대한 배려를 요구하는
이야기를 굳이 慕容寶節에게 표명하여 이에 개재되어 있는 문제의 본
질(嫡庶區分)에 대한 입장을 밝힌 것이며, 동시에 간접적으로 慕容寶節
의 提議에 대해 거부반응을 보였을 가능성도 있다. 그러나 楊思訓의 죽
음으로, 立武后를 둘러싸고 論議해 오던 軍部內에서도 마침내 高宗體
制로 개편이 이루어져 가게 되었으리라고 믿어지는 바이다. 그러므로
高宗은 慕容寶節에 대한 처벌을 처음에는 가벼운 刑罰에 그치게 하려

---

52) 『千唐誌齋藏誌』上, 北京：文物出版社, 1983에 楊達과 楊士達이 나오고
　　있으나, 本論의 楊士達과는 다른 사람이다.
53) 가령, 庶子였을 可能性도 생각해 볼 수 있을 것이다. 그가 楊紹의 세 아들
　　가운데 맨 끝에 배열되어 있다는 점도 그러할 수 있는 개연성을 보여 주
　　고 있는 것이다.

했던 것을 볼 수 있다. 이러한 처리방안은 당시에 무관직을 周邊민족에게 맡기기 시작하고 있었던 시점과 일치하고 있으며, 그러한 과정에서 慕容寶節에게 고종은 미련을 가지고 있었던 것이리라.

3. 皇權强化를 위한 託古改制的 努力

1) 封禪

이 시대에 추진되었던 정책을 살펴보면, 가장 먼저 언급되는 것이 封禪이다. 封禪이란 대체로 '封泰山·禪梁父'[54]의 두 가지 儀式을 통틀어 일컫는 것이다. 前代에도 秦始皇이나 漢 武帝·後漢 光武帝가 封禪을 행하였으며, 隋 文帝·唐 太宗 때 역시 封禪에 대하여 論議하기도 하였다. 특히 『史記』의 武帝本紀는 封禪에 관한 내용으로 始終하고 있으며, 더욱이 『史記』의 八書의 하나로서 封禪書가 獨立된 卷(『史記』 卷28)[55]으로 되어 있다는 점에서 漢初에는 封禪儀式에 대한 정치적 비중이 매우 컸음을 알 수 있다. 또 唐 初에 前代史에 대한 관심이 높아져서 많은 注釋書[56]가 나왔다는 점으로 볼 때에, 이 시기의 封禪에 대한 열의가 결코 史記의 封禪儀式에 대한 강한 관심과 무관하지는 않은 듯하다.

後漢 光武帝 이래로 封禪을 행하지 못하다가 전 중국을 통일한 隋代에 이르러 封禪이 몇 번이나 다시 거론되지만, 처음부터 시기상조라고 議論 自體를 금지하고 있다. 唐 太宗代에 이르러 631년에 2번, 632년에 1번, 637년에 1번, 그리고 640년에 다시 封禪에 대한 奏請이 있었으며,

---

54) 梁父 이외에도 亭亭山(兗州)·茅山(會稽)·社首山(兗州) 등이 일컬어지는데(『史記』 권28, 封禪書), 高宗代에는 太宗代에 이미 정해 둔 바대로 社首山으로 택하였다.
55) 明堂도 아울러 중요한 課題로 登場하였었다.
56) 吉川忠夫, 「顔師古의 『漢書注』」 『東方學報』 51, 京都, 1979, 223~319쪽 ; 靑木五郎, 「司馬貞의 史學 -『史記索隱』의 史學史上의 位置에 대하여 - 」 『加賀博士退官記念中國文史哲學論集』, 1979, 417~431쪽.

641년 4월에는 그 이듬해에 封泰山을 한다고 詔勅이 내렸으나 星變으로 중지했고, 646년에 다시 封禪에 대한 奏請이 올라와 647년 정월 그 이듬해에 封泰山을 하도록 詔勅이 내려지게 되었다. 그러나 그 해 8월에 河北의 水災 등으로 封禪을 중지하게 되었다.

따라서 중국을 통일한 지 이미 오랜 시간이 지난 高宗代에는 封禪이 필히 수행되어야 할 주요 과제로 되어 있었던 것이다. 당시 정국을 운영했던 許敬宗이 이를 소홀히 했을 리도 없었으며, 또한 이러한 封禪의 시행이 그의 일련의 정치운영 형태와 부합되는 면도 있었다. 659년 6월에, "許敬宗이 封禪儀式을 議論하였다. 己巳일에, '請하옵건대 高祖·太宗을 모두 昊天上帝에 配하도록 하시옵고, 太穆皇后·文德皇后를 모두 皇地祇에 配하도록 하옵소서'라고 奏議하여 그대로 따르기로 하였다"(『資治通鑑』 卷200)라는 내용에서, 특히 先皇后들을 先皇帝들과 따로 독립시켜서 皇地祇에 配하고 있는 점은 실제로 666년에 행한 封禪에서 禪社首는 則天이 亞獻을 하고, 越國太妃(越王 貞의 母)가 終獻을 하였던 점과 관련하여 주목되는 바이다.

그리고 秦의 始皇帝나 前漢의 武帝 때에는 方術的인 성격이 강하고, 延命을 禪에 기원하는 개인적인 祭祀로서의 성격이 강하였던 데에 비하여, 唐代에 행한 封禪은 보다 유교적인 성격이 강하고, 또한 자신의 통치의 성공을 天에 알리고 주위에 강한 인상을 남기려는 정치적인 목적을 중시한 祭祀였다. 전보다 더욱 공개적이고 형식을 갖춘 의식이 되었던 것이다.57)

2) 顯慶禮

封禪과 더불어 이 시대에 顯慶禮를 적극적으로 개정하였다는 것을 지적하여야 하겠다. 貞觀禮가 後漢의 鄭玄說에 따른 바가 많다고 한나

---

57) 金子修一, 「中國 - 郊祀と宗廟と明堂及び封禪 -」『東アジア世界における 日本古代史講座』9, 學生社, 1982, 208~211쪽.

면, 顯慶禮는 南朝의 王肅說을 채택한 바가 크다. 郊祀制度를 例로서
본다면, 王肅의 說에 따라서 感生帝(南郊)나 五方上帝(雩祀·明堂)이던
祭神을 모두 昊天上帝로 바꾸게 되었으며, 昊天上帝의 唯一絶對性을
强化·保持하는 형태로 郊祀의 개혁이 행하여지게 되었던 것이다. 더
욱이 天의 祭祀를 昊天上帝를 頂点으로 하는 형태로 짜 맞추었으며,
황제만이 유일하게 이에 祭祀할 수 있게 하는 것도 초월성을 확보하기
위한 조치였다.58)

제사종류＼禮	武德令	貞觀禮	顯慶禮	開元禮
冬至円丘	昊天上帝	昊天上帝	昊天上帝	昊天上帝
正月祈穀	感帝(南郊)	感帝(南郊)	昊天上帝(円丘)	昊天上帝(円丘)
孟夏雩祀	昊天上帝	五方上帝	昊天上帝(円丘)	昊天上帝(円丘)
季秋明堂	五方上帝	五方上帝	昊天上帝	昊天上帝
夏至方丘	皇地祇	皇地祇	皇地祇	皇地祇
孟冬地祭	神州(北郊)	神州(北郊)	皇地祇(方丘?)	神州(北郊)

　　그런데 여기서 이 시대에 顯慶禮가 南朝 때 王肅의 禮學說을 채택하
고 있다는 점은, 물론 王肅의 說이 황제권 강화에 유리하였다는 내용상
의 측면도 있으나, 隋煬帝 이래 강화된 南朝文化의 영향력에서 비롯된
것은 아닐는지?59)

　　3) 官名과 年號의 改定

---

58) 金子修一,「魏晉より隋唐に至る郊祀·宗廟の制度について」『史學雜誌』
　　88-10, 1979. 43~48쪽.
59) 牟潤孫, 앞의 글 ; 唐長孺,「讀抱朴子推論南北學風的異同」『魏晉南北朝史
　　論叢』, 三聯書店, 1978 등에서 南朝의 학풍의 차이를 살펴보고 있으나, 唐
　　代에 이들 兩 文化가 어떻게 흡수되고 조화되는가 하는 문제는 앞으로 더
　　검토되이아 할 것이다.

① 官名改定

다음으로 이 시대에서 눈에 띄는 것은 官職名改定과 瑞祥에 의한 年號改定 등이다. 중국 고대로부터 자주 나타나는 전통적 방법으로서 依古假託이나 신비적인 요소의 도입으로 통치를 원활히 하려는 시도가 이 시대의 특색이었다고 할 수 있겠다.

<관명개정표>

		龍朔2(662)	咸亨元(670)	光宅元(684)	神龍元(705)
尙書省	左右僕射	左右匡政	左右僕射	文昌左右相	左右僕射
	左右丞	左右肅機	左右丞	左右丞 (689年從3品)	左右丞
	～尙書	～太常伯	～尙書	～尙書	～尙書
	～侍郞	～小常伯	～侍郞	～侍郞	～侍郞
	～郞中	～大夫	～郞中	～郞中	～郞中
	吏部	司列	吏部	天官	吏部
	戶部	司元	戶部	地官	戶部
	禮部	司禮	禮部	春官	禮部
	兵部	司戎	兵部	夏官	兵部
	刑部	司刑	刑部	秋官	刑部
	工部	司平	工部	冬官	工部
九寺	～卿	～正卿	～卿	～正卿	～卿
	宗正	司宗	宗正	司屬	宗正
	太府	外府	太府	司府	太府
	司農	司稼	司農	司農	司農
	太常	奉常	太常	司禮	太常
	鴻臚	司文(同文)	鴻臚	司賓	鴻臚
	光祿	司宰	光祿	司膳	光祿
	太僕	司馭	太僕	司僕	太僕
	衛尉	司衛	衛尉	司衛	衛尉
	大理	詳刑	大理	司刑	大理

國子	大司成	國子	成均	國子
三監　將作	繕工	將作	營繕	將作
少府	內府	少府	尚方	少府
都水	司津	都水	水衡	都水
中書省　中書令	西臺右相	中書令	鳳閣內史	中書令
右散騎常侍	右侍極	右散騎常侍	右散騎常侍	右散騎常侍
中書侍郎	西臺侍郎	中書侍郎	鳳閣侍郎	中書侍郎
中書舍人	西臺舍人	中書舍人	鳳閣舍人	中書舍人
起居舍人	右史	起居舍人	(690)右史	起居舍人
門下省　門下侍中	東臺左相	門下侍中	鸞臺納言	門下侍中
左散騎常侍	左侍極	左散騎常侍	左散騎常侍	左散騎常侍
黃門侍郎	東臺侍郎	黃門侍郎	鸞臺侍郎	黃門侍郎
給事中	東臺舍人	給事中	給事中	給事中
諫議大夫	正諫大夫	諫議大夫	正諫大夫	諫議大夫
起居郎	左史	起居郎	(690)左史	起居郎
秘書省　秘書監	蘭臺太史	秘書監	麟臺監	秘書監
秘書少監	蘭臺侍郎	秘書少監	麟臺少監	秘書少監
秘書丞	蘭臺大夫	秘書丞	麟臺丞	秘書丞
殿中省　殿中監	中御大監	殿中監	殿中監	殿中監
殿中少監	中御少監	殿中少監	殿中少監	殿中少監
殿中丞	中御大夫	殿中丞	殿中丞	殿中丞
御史臺　御史大夫	大司憲	御史大夫	左肅政大夫 右肅政大夫	御史大夫
御史中丞	司憲大夫	御史中丞	肅政中丞	御史中丞
東宮府　太子詹事	端尹	太子詹事	宮尹	太子詹事
左右庶子	左右中護	左右庶子	左右庶子	左右庶子
洗馬	司經大夫	洗馬	洗馬	洗馬

　表에 나타난 바와 같이 개정된 관직명은 『周禮』 등에서 채택된 것도 있으나, 이 때에 새로 만든 이름도 많고 職責名을 바꿈으로써 권위를

높이려고 애를 쓴 흔적도 보인다. 또『新唐書』卷50, 兵志 662년에 "始取府兵越騎　步射置左右羽軍　大朝會則執仗以衛階陛　行幸則夾馳道爲內仗"과 같이 北軍의 실질적인 보충을 꾀하는 것도 비슷한 흐름으로 이해되어진다.

　　이러한 官名改定의 시점이 662년부터 670년까지와 684년부터 705년까지의 기간이었다는 점도 이 기간 동안의 주도세력이 전통적인 유교 논리와는 좀 다른 독특한 유교논리를 가지고 있었으며, 특히 신비주의적인 요소를 많이 도입하고 있었음을 보여주고 있다고 할 것이다. 즉『周禮』적인 특성을 많이 반영하고 있다고 할 것이다.

　　② 年號改定

　　이제까지 一帝 一年號에서 瑞祥 등의 주요사안이 있을 때마다 연호를 개정하게 되었는데, 이는 통치에 대한 정당성 확보라는 측면을 강조하려는 의도라고 볼 수 있을 것이다. 특히 龍朔·麟德·儀鳳·調露·光宅·如意·久視·大足·神龍 등은 모두 瑞祥을 강조한 연호인데, 이렇게 연호를 자주 변경하기 시작한 것은 바로 이 시기부터였던 것이다. 또한 乾封·總章·垂拱·天授 등은 정책의지를 상징하는 연호라고 할 수 있겠다. 이렇게 정치 운영의 원활한 수행을 위하여서는 가능한 한 모든 방법과 수단을 다 이용했던 것이다.

　　4. 盜鑄錢과 絹納

　　이 시대에 실시된 경제정책으로서 먼저 盜鑄錢과 通貨膨脹에 관한 대책을 살펴보기로 한다. 盜鑄錢의 대책으로서, "顯慶 5년(660) 9월에 勅을 내려, 질 나쁜 화폐가 유통되는 것이 많으니 官私가 시장에서 유통하는 질 나쁜 화폐 5錢을 질 좋은 화폐 1錢과 바꾸노록 하였다. 백성들은 질 나쁜 화폐의 가치가 값싸게 되므로 몰래 감추어 官의 규제가 느슨해지기를 기다렸다. 高宗은 다시 질 좋은 화폐 1文으로 질 나쁜 화폐 2文을 사도록 지시하였으나, 폐단은 여전히 그치지 않았다"[60)]에서 화폐의 재질을 유지하기 위하여 불량화폐의 교환을 시도하였으나 제대로 되지 않았음을 알 수 있다. 666년에는 '乾封泉寶'를 새로 주조하였으나 價格混亂이 발생하였기 때문에 667년에 이를 파기하는 등, 통화팽창은 당시에 심각한 문제로 대두되었었다.[61] 마침내 화폐가 제 가치와 제 기능을 발휘하지 못하게 되어 조세 수입에도 많은 타격을 받게 되었으므로, 納物 授官이 행해지지 않을 수 없게 되었다. 그래서, "彭志筠이라는 사람이 있었는데, 顯慶中에 表를 올려서 집의 絹布 2萬段으로 軍을 돕겠다고 奏請하였다. 詔를 내려서 그 絹 萬 匹을 받고, 특별히 奉議郎을 수여하고, 이를 天下에 공포하였다"[62]고 대대적인 絹納이 이루어지고 있는 것을 볼 수 있다. 이러한 상황이 생겼던 시기가 정확히 언제라고는 말할 수 없지만, 顯慶中에 전쟁이 있던 때는 656년 4월에 있었던 矩州人 謝無靈의 반란을 평정했던 때, 656년 8월에서 659년에 걸친 西突厥과 突騎施·盧木昆 등의 部族에 대한 공격을 행했던 때, 그리고 659년에 고구려에 대한 소규모의 선제 공격을 했던 때 등이라고 볼 수 있겠다. 따라서 특히 비용이 많이 든 시기는 656년부터 659년까지 계속되었던 西突厥에 대한 원정 때일 것이다. 결국 絹納도 이 시기에 이루어졌다고 말할 수 있으리라. 또 659년 4월 長孫無忌의 세력이 배제되고 許圉師가 재상으로 등장하던 무렵에 재정적인 결핍을 보충하고 새로운 세력의 정치자금을 확보하기 위하여 이 견납을 받아들이게 된 것이라고 생각된다. 그에 따른 결과인지 許圉師는 黃門侍郎에서 5월에는 중서성의 중서시랑이 되었다. 당시에 中書省은 許敬宗을 중심으로 高宗의 의사가 반영되던 곳이었다. 이어서 11월에 門下侍中인 辛茂將이 죽자 또 다시 散騎常侍·檢校 門下侍中이 되었다. 따라서 彭志筠의 絹納은 許圉師가 재상이 된 뒤부터 檢校 門下侍中이 되기까지, 즉 659년 4월부터 11월까지였을 가능성이 가장 컸으리라고 보여진다.

그리고 이 絹納을 '天下에 布告'한 것은, 이를 널리 알림으로써 이러

---

60) 『舊唐書』 권48.
61) 『新唐書』 권54 ;『資治通鑑』 권201 ;『舊唐書』 권5.
62) 『舊唐書』 권84, 郝處俊傳.

한 방침을 백성들에게 알리는 효과를 가져왔으며, 결국 659년부터 李義府를 통하여 행한 賣官의 선구가 된 것이라고 보여진다. 또한 659년에 戶部尙書로서 재상이 된 盧承政이 1년 후인 660년 7월에 科調를 잃었다고 免職된 점과 아울러 생각해 볼 때, 이 때쯤에 이르면 예전 그대로의 방법만으로는 재정을 확보하기가 어려웠던 상황이 되어 있었던 듯하다. 그래서 財政 곤란을 초래하여 賣官政策으로 나선 것이라고 보여진다. 이러한 財政 결핍문제는 長孫無忌 등의 구세력을 배제함으로써 발생했을 수도 있을 것이다. 그러나 관점을 달리하여 본다면 長孫無忌 등의 기존세력이 정치적으로 타격을 입지 않을 수 없었던 동기 가운데는 오히려 바로 長孫無忌 등이 경제적인 면에서 장악하고 있었던 비중이 너무나도 컸기 때문에 이를 타개하기 위한 방편으로 이 문제가 요인이 되었음에 틀림없을 것이다. 이 점에 대하여서는, 長孫無忌 등의 세력이 그 동안 가지고 있었던 경제적인 특권 등을 조사하여 봄으로써 확인이 될 수 있을 것이리라.

Ⅲ. 東西巡行 計劃의 挫折

황제의 行幸은 황제가 직접 현지사정을 파악할 수 있는 기회를 만들어 줄 뿐만 아니라, 백성들에게 장엄한 황제의 행렬을 보여 줌으로써 皇帝權의 위상을 인식하게 하는 계기가 되기도 한다. 唐 高宗 시대에는 몇 번에 걸쳐서 애당초 계획하였던 巡行이 나중에 취소되는 경우가 많았다. 물론 다른 시대에도 이러한 계획이 취소된 事例도 없지는 않았지만, 이러한 계획 변경에는 나름대로의 원인이 있을 것이다.

황제의 巡行계획은 대부분이 洛陽이나 太原 등의 대도시에 대해서 실시되는 경우가 많다. 隋 煬帝 이후로 낙양이 개발되어, 당대에는 낙양의 비중이 상당히 커지게 되었다. 長安에 정치적 중심을 두는 경우가 洛陽으로 정치의 중심을 옮기는 경우보다 비용이 많이 든다는 것이 명확함에도 불구하고 정치적 세력관계는 현실적으로 洛陽보다는 長安을 중심으로 구성되어 있었다. 高宗代에 이르면, 경제적 이유 때문에 낙양으로 정치적 중심을 옮겨야 한다는 것을 수긍하면서도, 고종 초기의 8년 간은 長安에 정치적 중심을 두었으나, 그 이후에는 長安과 洛陽에 번갈아 황제가 머묾으로써, 정치적 중심이 그에 따라 옮겨지게 되었다. 이 문제에 대해서 郭紹林 씨는 당시 동쪽에서 한반도의 高句麗·百濟

<高宗의 所在地>

일시	長安滯在	洛陽滯在	비 고	郭紹林 씨의 理由說明
657. 2.19	幸洛陽			
657. 3.22 658. 3.13		入洛陽宮 還京	親講武於許·鄭之郊(657.10월)	
658. 3 659.12.14	至自東都 幸東都			
659.12 662. 3.19		至東都 (660.3.9幸幷州5.22) 還京	狩於許·鄭之郊(660.12.25) 狩于陸澤(661.11.2)	百濟攻擊
662. 4.24 664.12.31	至自東都 幸洛陽			吐蕃東破吐谷渾
665. 1.15 665.10		合璧宮 封禪出發		封禪
666. 5.17 671. 2.21	至自泰山 幸東都			西邊에 주의를 기울임(唐吐戰)
671. 3.12 672.10.31		至東都 還京師	幸許·汝等州教習(671.11.16)	以旱
672.12.11 674.12. 3	至自東都 幸東都		狩於華山之曲武原(673.12.6)	
674.12.25 676. 5.10		至東都 還京	皇太子弘薨于合璧宮(675.5.25)	新羅統一戰爭
676. 5.28 679. 3.15	至自東都 幸東都			吐蕃寇鄯廓河芳等州
679. 3 680.10		汝州溫湯(3.13) 還京		
680.11. 4 682. 5.15	至自東都 幸東都			
682. 6. 3		至東都		以穀貴,減扈從兵

와의 대립이 있었으며, 그 후에는 신라의 통일전쟁에 대한 唐朝의 대책
으로서 高宗이 東都인 洛陽에 나아가 머물러 있었던 것이고, 동시에 서
쪽에서는 吐蕃과의 대립이 있을 때마다 高宗이 長安에 와서 머물지 않
을 수 없었다고 밝히고 있다.63) 즉 군사적인 요인에 따라서, 황제의 滯
在地가 정하여졌다고 보고 있는 것이다. 그러나 이와 함께 정치적인 요
인에 따라서 황제의 滯在地가 洛陽 등으로 정하여졌을 것이라는 점도
여기서 검토되어야 하겠다.

앞의 표에서 보듯이 657년 이후 7차례나 長安과 洛陽을 왕복하고 있
는 원인에 대하여서, 전체적인 면에서 보자면 분명히 郭紹林 씨의 지적
과 부합되는 요인에 의하여 皇帝의 滯在地가 변하였다고 할 수 있을
것이다. 그러나 세부적인 사항을 따져 보면 가령 고구려를 멸망시키는
전쟁 때 고종이 長安에 체재하고 있었던가 하는 것을 볼 때, 반드시 군
사적인 측면만을 고려하여 長安과 洛陽 滯在가 결정되었던 것은 아닐
것이다.

1. 663년 洛陽行幸 계획 취소를 둘러싸고

洛陽에서 662년 4월 24일 長安으로 돌아온 지 얼마 되지 않았던 662
년 10월에, 664년 정월 泰山에 封禪을 하겠다고 공포하면서 이듬해 2월
에 東都로 가기로 하였으나,64) 그 해 12월 戊申에는 高句麗 百濟와의
전쟁으로 말미암아 河北지방의 백성들이 노역이 무겁다는 구실로 이를
취소하였다. 封禪이라는 것은 전술한 바와 같이 준비되다가 중도에 중
지되었던 사례는 太宗代에도 두 차례에 걸쳐서 있었던 일이다. 그러나
실제로 封禪이 행하여졌던 666년의 경우라고 할지라도 그 전처럼 백제
의 잔여세력 때문에 駐屯軍이 묶여 있는 상태이어서 그 부담도 그리
적은 편은 아니었다. 그러므로 封禪에 대한 포기와 洛陽行幸을 취소한
배경에는 다른 여러 가지 요인들이 있지 않았나 생각케 된다. 이 662년

---

63) 郭紹林,「唐高宗・武則天長駐洛陽原因辨析」『史學月刊』1985 - 3.
64)『資治通鑑』권201.

12월의 계획 변경에 대하여 검토하여 볼 필요가 있을 것이다.

　이 시점에서는 郭紹林 씨도 언급하였듯이 吐蕃과의 상태는 평화를 유지하고 있었다. 吐蕃이 吐谷渾을 공격한 것은 이보다 시점이 지나서 발생하는 일이다. 따라서 吐蕃과의 관계 때문에 東都行幸 및 泰山에서 의 封禪이 취소된 것은 아니다.

<660∼664년간 재상직 담당자 명단>

姓名	임명시기	本職	파직시기	罷職後	비고
許敬宗	657. 8	中書令	670. 3	致仕	
許圉師	659. 4	門下侍中	662.11	下獄	
盧承慶	659. 5	660度支尙書	660. 7	免職	坐科調失所
任雅相	659. 5		662. 2 卒于軍		661. 4 出征
李義府	659. 8 復歸	司列太常伯	663. 4	流嶲州	662. 7 母喪罷職 662. 9 起復
上官儀	662.10	西臺侍郎	664.12	被殺	廢武后企圖
張文瓘	662	東臺舍人	677. 卒		∼667 參知政事
陸敦信	663	左侍極	666. 4	大司成	因老病罷職
劉祥道	664. 8	右相	664.12	司禮太常伯	與上官儀善
竇德玄	664. 8	左相	666. 8 卒		
樂彦瑋	664.12	東臺舍人	665. 4		
孫處約	664.12	西臺舍人	665. 4		

　대체로 683년 高宗이 죽을 때까지의 황제의 소재지의 滯在日數를 통계 내어 보면, 每次 長安에 체재하는 기간이 洛陽에서 체재한 기간보다 길었다. 이는 흔히 則天의 권한이 애초부터 전권을 장악하여 659년 이후에는 洛陽에 遷居하여 則天 統治 말기까지 長安으로 돌아오지 않았다고 하는 일부의 說과 실제와는 거리가 꽤 있었음을 확실히 보여 주고 있는 것이다. 즉, 위의 663년에 洛陽으로의 幸行이 만일에 이루어졌다고 한다면 長安에 돌아온 지 12개월도 채 되기 전에 다시 洛陽으로 가는 것이었으므로 오히려 洛陽에서의 滯在日數가 길어질 수도 있었을

것이다. 그러나 現實的으로 그렇게 되지 않았고, 중도에서 그 계획이
포기된 데에는 다음과 같은 여러 이유가 있었을 것이다.

　재정적인 면에서 살펴보면, 659년 무렵부터 크게 나타나고 있는 재정
궁핍으로 李義府를 통한 賣官이 성하였을 뿐만 아니라, 660년 백제를
멸망시켰다고는 하지만 遺民들의 끊임없는 저항으로 이득은 커녕 오히
려 어려움만 더 크게 되었던 것이다. 또한 百濟 점령의 여세를 몰아서
고구려도 멸망시키기 위해 661년에는, 河南北·淮南의 67州의 兵을 모
집하여 44,000명을 모아 平壤·鏤方으로 가서 行營하도록 하였다65)고
한다. 그리고 4월에는 任雅相을 浿江道行軍總管으로, 契苾何力을 遼東
道行軍總管으로, 蘇定方을 平壤道行軍總管으로 삼아서, 蕭嗣業과 여러
胡兵 모두 35군이 水陸으로 길을 나누어 진공하도록 하였다.66) 그러나
대대적으로 군대를 동원하였지만 662년 2월 甲戌에 浿江道大總管인 任
雅相이 軍中에서 죽고, 戊寅에 左驍衛將軍이며 白州刺史 沃沮道總管
인 龐孝泰가 고구려와 蛇水에서 싸워서 군대는 패하고 그의 아들 13명
과 함께 모두 전사하였다. 蘇定方은 平壤을 포위한 지 오래 되었으나
함락하지 못하고 큰눈이 오자 포위를 풀고 군대를 귀환시키었다67)고
하듯이 아직 淵蓋蘇文이 건재한 고구려에의 공격은 무위로 끝나고 만
다.

　上述한 封禪에 관한 詔勅은 바로 이 직후인 662년 4월에 발포되었
다. 따라서 실은 對民收拾에 전념할 수밖에 없는 이 시점에서 封禪의
試行이 계획되었다는 것 자체가 오히려 이상하지만 그럼에도 불구하고
계획되었던 封禪이 다시 중지되는 데도 그 만한 사정이 있었을 것이다.
이와 같은 상황 아래에서 다음 해인 663년 8월에는, "황제는 海東에서
매년 用兵이 있어서 백성이 征調에 어려움을 겪고 있으며, 士卒이 戰
死하거나 溺死하는 경우가 매우 많아서 36州에서 船舶을 건조하고 있
는 것을 멈추도록 하고, 司元太常伯 竇德玄 등을 10道에 보내어 백성

____

65)『資治通鑑』권200.
66)『資治通鑑』권200.
67)『資治通鑑』권200.

들의 疾苦를 묻도록 하고, 관리들을 黜陟하도록 하였다"[68]고 하였듯이 민생의 안정을 꾀하지 않을 수 없게 되었던 것이다. 또한 점령지인 百濟舊土에서도, 현지에서의 어려운 상황에 따라서 점령통치책의 변화를 시도하지 않을 수 없었던 것이다.[69]

이러한 統治策의 變化는 한편으로 唐軍의 外國 주둔 여부에도 영향을 미쳤다. 龍朔 2년(662)에 唐朝가 당시 龐孝泰·蘇定方의 對高句麗戰爭에서 敗北한 뒤에, 福信 등의 百濟復興운동을 契機로 唐軍의 百濟 철수를 고려하고 있었다. 이 때 劉仁軌가 百濟故地에의 駐屯의 필요성을 강변한 결과 唐軍의 駐留를 결정하였다. 그 뒤에 다시 麟德 元年(662) 10월에 劉仁軌가 百濟駐屯軍의 피폐상을 上奏하자, 당조는 劉仁願에게 兵을 인솔하여 新舊교대를 하도록 명하였으며, 劉仁軌에게는 귀국하도록 지시하였다. 이에 대하여 劉仁軌는 收穫이 아직 끝나지 않은 시기에 兵을 일시에 교체하면 騷亂이 일어날 위험이 있으므로 舊兵을 계속 머무르게 하여 차츰 수확을 하도록 하고, 資量을 갖추어서 점차로 교체하여야 한다고 하면서 지휘관인 자신도 그대로 남아 있겠다고 奏請[70]하여 허가를 받았다.[71] 이 때의 건의 내용으로 볼 때, 對民收

---

68) 『資治通鑑』 권201.
69) 『新唐書』 권108, 劉仁軌傳.
70) 『資治通鑑』 권201.
71) 劉仁軌가 귀국을 즐기지 않았던 이유는 위와 같은 표면적인 것보다는 劉仁軌가 李義府에게 밉게 보이고 있었기 때문은 아닐는지(『資治通鑑』 권200·201)? 李義府에 대한 高宗의 信任이 상당히 깊었는데, 顯慶 3년(658) 11월에 杜正倫과의 對立 때문에 兩者 모두 지방장관으로 전출되었었다. 그 다음 해 8월에 李義府는 吏部尙書로서 中央政界에 복귀하고 있다. 龍朔 3년(663) 李義府가 嶲州에 流配되고 있었지만, 李義府 자신은 물론 대부분의 사람들이 그가 中央政治에 곧 복귀할 것이라고 생각하고 있었다(『舊唐書』 권82). 따라서 麟德 元年(664)의 귀국 지시에도 불구하고 劉仁軌가 그대로 百濟에 駐留한 것은 李義府와의 관계가 신경이 쓰였기 때문일 것인지도 모른다. 李義府가 복귀할 가능성이 남아 있던 상황에서는 劉仁軌로서는 귀국한 뒤에 닥칠 災難이 눈에 선하였을 것이다. 그러나 이러한 문제를 단지 李義府와 劉仁軌의 개인적인 문제만으로 보기에는 이 뒤

拾과 더불어 앞으로의 경제적인 의도가 솔직히 피력되어 있는 것이다.

그러면 高句麗에 대한 공격이 실패한 상황에서 발포된 封禪計劃이 다시금 취소된 사건에 대한 좀 더 깊은 분석을 해 봄으로써 뿌리깊은 長安中心의 세력의 건재와 정치 주도인물들의 변화 등을 살펴보기로 하자. 앞에서도 언급하였듯이 封禪 등으로 왕권강화를 꾀한 것이 許敬宗의 시도였다고 한다면, 657년 6월의 '僧尼致敬父母' 등의 조치[72]도 許敬宗 등이 창안하였을 가능성이 높다. 이 조치는 여러 가지 반대에 부딪쳐서 결국 '僧尼拜君親'에 관한 문제를 의논하도록 詔를 내리게 되었다. 이 議論의 주된 방향이 단순한 불교적 측면만에 해당되는 것이 아니라, 許敬宗 등의 왕권강화의 시도에 대하여 이를 반대하는 세력이 불교적 대중동원에 힘입어 이를 저지하는 정치적 측면의 것으로도 볼 수 있다. 그렇다면 致敬者인 閻立本·李淳風·呂才 등은 왕권강화에 동조하는 입장이고, 非致敬者인 令狐德棻·王玄策·蕭灌 등은 왕권강화에 동조하지 않았거나 또는 許敬宗의 독주를 탐탁히 여기지 않는 집단에 속하였을 것이다. 결국 662년 5월 長安의 中臺都堂에서의 論議의 결과로 非致敬者의 수가 많아서 6월에 高宗이 致敬을 정지하도록 詔[73]를 내렸던 것이다. 이 사실은 구세력 또는 왕권강화에 저항하는 세력이 그 만큼이나 컸다는 것을 나타내 주고 있는 것이다. 이러한 왕권강화 정책에 반대하는 세력들의 입장에서는 정치 중심이 너무 자주 東都 洛陽으로 옮겨지는 것을 견제한 것일런지도 모르겠다. 따라서 구세력의 기반인 長安에서 벗어나 東都 洛陽을 중심으로 하는 새로운 세력을 주축으로 기반을 강화하려던 許敬宗을 중심으로 한 왕권강화파의 의도는 뿌리깊은 구세력, 즉 長安을 中心으로 이해관계를 갖고 있는 세력들의

에 일어나는 劉仁軌를 둘러싼 政治的 다툼의 규모가 너무나 컸었다고 생
  각된다.
72) 『舊唐書』 권4 ; 『資治通鑑』 권200.
73) 「集沙門不應拜俗事」 『大正新修大藏經』 권52. 이 문제에 관해서는 앞으로
  도 규명되어야 할 부분이 많으나, 礪波護, 「唐代における僧尼拜君親の斷
  行と撤回」 『唐代政治社會史研究』, 同朋舍, 1986에 자세히 논급되어 있다.

반대에 부딪쳐서 저지되고 말았다고 볼 수 있다.

다음으로는 정책결정자들의 內部에서 발생된 정치 주도세력의 변화가 封禪計劃을 취소하게 만든 요인이 될 수 있으리라는 가능성에 대해 살펴보기로 하겠다. 이 기간중에 눈에 띄는 변화로서는 上官儀가 662년 10월에 재상이 되었고, 許圉師가 662년 11월에 下獄되었다는 점이다. 그러나 이 두 사람의 부침으로 東都에로의 行幸계획이 철회되었으리라고는 생각되어지지 않는다. 上官儀가 河南지역 출신이며, 許圉師의 세력기반이 山南道의 安州 安陸으로서 이는 荊州의 동북쪽 120km 정도 떨어진 곳이다. 山南道의 입장에서는 정치적 중심이 長安에 있음으로써 江南에서 漢江을 통한 水運으로 물자가 운반될 때가 오히려 정치적 중심을 洛陽으로 옮겨서 山南道의 역할을 잃게 되는 때보다 더욱 경제적 이익을 얻을 수 있었다고도 생각할 수도 있다. 그러나 安州의 위치가 山南道의 가장 동쪽이었을 뿐만 아니라, 開元년간에 전국을 15道로 나누었을 때에는 淮南道로 편입되기도 한다. 따라서 이러한 점을 고려한다고 하더라도 許圉師가 東都行幸을 홀로 저지할 수 있는 주도적인 역할을 하였다고 볼 수 있는 타당성은 별로 없을 것 같다. 아니, 그 당시 許圉師가 그 정도의 역할을 수행할 수 있을 만큼 그에게 정치적 힘이 실리지도 않았을 뿐 아니라 그러한 역량이 있었을지라도 위와 같은 연고만으로 정책결정의 입장에 과연 어느 정도 영향을 미쳤을까 하는 점으로 볼 때 이 경우에 있어서는 약간 懷疑를 가질 수도 있겠다.

그러므로 여기서 조금 비약을 해서 생각해 본다면, 許敬宗과 '名콤비'를 이루어 高宗의 왕권강화를 추진했다고 보여지는 李義府가 洛陽을 정치적 중심으로 하려는 許敬宗의 방침에 의견을 같이하지 않았을 수도 있겠다. 李義府는 658년 11월부터 659년 8월까지 普州刺史로 폄하여졌으나, 659년에는 中央政界로 다시 복귀하여 司列太常伯으로서 재상[74]이 되었다. 그 이후에 661년부터는 어머니의 병환으로 직책에서

---

74) 이 때 李義府의 吏部尙書로의 就任을 Guisso는 關隴貴族의 인사통제권을 약화시키려는 것이 주목적이었다고 하고 있다(R. W. L. Guisso, 앞의 책, Chap. 7, 93~94쪽 및 주 46). 그러나 이러한 점은 이 때만에 해당하는 것

물러나 있었으며, 662년 7월에 母親喪으로 罷職하였다가 662년 9월에 特命으로 다시 入閣하게 되는데, 그 사이에 東都行幸 계획이 세워졌기 때문에 李義府가 이에 반대하였을 수도 있을 것 같다. 그런 이후에 663년 4월에 嶲州로 流配되어 그의 정치생명은 끝났다.

李義府는 본래 장안 사람이 아니었음에도 불구하고, 祖父의 墳墓를 長安으로 옮겨왔다. 662년에 다시 재상이 된 후에 李義府는 "그의 祖父의 묘를 永康陵의 옆으로 改葬하고자 奏請하였다. 三原令 李孝節이 사사로이 丁夫・車・牛를 課하여 흙을 실어 墳을 쌓는데, 晝夜로 쉬지 않았다. 이에, 高陵縣・櫟陵縣・富平縣・雲陽縣・華原縣・同宮縣・涇陽縣 등 7縣이 李孝節 때문에 하는 수 없이, 모두 丁과 車를 課하여 役하러 갔다. 高陵令 張敬業은 恭勤하고 나약하여서 그 勞苦를 견디지 못하고 결국 그 작업장에서 사망하였다. 王公 이하 모두 다투어서 선물을 보내어 그 羽儀・導從・轜輬・器服에 있어서 모두 사치를 極에 달하였다. 葬禮하는 데 있어서는 車・馬와 祖尊에의 供帳이 灞橋에서 三原에 이르기까지 70里 사이에 서로 끊어지지 않았다. 武德 이래로 王公의 葬送이 이처럼 盛하였던 적이 없었다"[75]고 적혀 있는 바와 같이, 長安의 북쪽에 그의 祖父의 墓를 移葬하였는데 그 豪奢함이 엄청난 규모이었던 것이다.

李義府는 한미한 家門 出身으로서 그의 가계는 『新唐書』(宰相世系表)에서도 찾아보기 힘들다. 따라서 "李義府가 富貴하여지자, 趙郡 出身이라고 말을 꺼내었다. 여러 李씨들과 昭穆의 차례를 정하여서 나서기 좋아하는 자는 왕왕 그를 父兄의 行列로 높이기도 하였다. 給事中 李崇德은 그를 끌어들여 같은 族譜에 넣도록 하였으나 (李義府가 658년 11월부터 659년 8월까지) 普州刺史로 폄적되자 급히 (그의 이름을 그들의 족보에서) 삭제하여 버렸다. 李義府는 이를 괘씸하게 생각하고 있다가 이윽고 복귀하여 國政을 맡게 되지 그 죄를 만들어 獄에서 自殺토록

이 아니라 太宗代에 이미 시도되고 있었다(任大熙, 「唐代太宗・高宗期の政治史への一視角」 참조).

75) 『舊唐書』 권82.

만들었다"[76]고 하였듯이 趙郡 李氏를 자처하기도 하였지만, 유명한 姓氏들로부터는 자녀들끼리의 혼인을 기피당하는[77] 일개 劍南人에 불과하였던 것이다. 그는 劍南人이라고 불리는 것을 꺼려 歸葬이 존중되던 당시의 세태[78]에 맞추어 長安으로 祖父의 묘를 옮겼던 것이다. 이 대규모의 이장과 長安을 중시하는 李義府의 자세는 곧 그가 다른 일로 탄핵을 받게 되는 출발점이었다고 보여진다.[79]

또한 그 동안 同志이었으면서도 洛陽을 정치적 중심지로 하려는 許敬宗이 李義府가 流刑에 처해진 뒤에 애써 구제하려고 시도하지 않았으며 그대로 시름 속에 죽어 가게 만든 것도, 許敬宗과 李義府가 그 정책방향에 있어서는 서로 지향점이 달랐음에 기인할 수도 있을 것이다. 이 점에서 李義府가 귀양지에서 돌아와서 그 당시에 수립되어 있던 東巡계획을 파기하도록 움직였을 가능성은 크다고 생각된다.

그러나, 위의 662년의 1회적인 사건을 제쳐놓더라도, 당시에 전체적으로는 정치적 중심이 洛陽으로 옮겨가게 되는 경향에 있었던 것이다. 그러나 전술한 바와 같은 막연한 추측보다 더 확실한 경제적 요인이나 그 밖의 문화적 요인 등에 관하여서도 앞으로 여러 가지로 더욱 검토되어야 할 필요가 많다고 본다.

2. 669년 涼州行幸 계획 취소를 둘러싸고

許敬宗의 세력이 약화되어 가는 669년에 涼州 등에 西巡하기로 하였던 계획이 결국 반대의견에 의해서 파기되었던 점[80]도 아울러서 좀 더 연구·검토되어야 할 필요가 있는 듯하다. 우선 이 때의 상황을 살펴본

---

76)『新唐書』권223上.
77)『新唐書』권223上.
78) 毛漢光,「從士族籍貫遷移看唐代士族之中央化」『中央研究院歷史語言研究所集刊』52 - 3, 1981, 430쪽.
79) 그리고 吐蕃과의 화평관계를 깨뜨렸던 것이 李義府가 아니었을까 하는 점도 검토해 볼 필요가 있을 것이다.
80)『資治通鑑』권201.

다면, 泰山에서의 封禪을 끝내었을 뿐만 아니라 明堂을 세운다고 연호마저도 明堂의 別稱인 總章이라고 정하였으며 그 실행에 힘쓰고 있던 시기이었을 뿐만 아니라 고구려에 대한 정복전쟁에 성공하여 당조로서는 한껏 자신감에 차 있던 시기이었다.

　그러나 한편으로는 서변에서의 吐蕃이 강성해지기 시작하여서 吐谷渾을 위협하고 있었기 때문에 우쭐하는 唐朝의 自信感으로 말미암아 吐蕃문제도 쉽게 처리할 수 있으리라는 理想과 幻想에 빠지게 되기 쉬웠던 것이리라. 이에 高宗의 측근들이 吐蕃문제에 대한 해결의 일환으로 高宗을 涼州에 行幸하도록 권유하였던 것이라고 생각된다. 涼州에의 西巡을 계획하였던 측이 어느 쪽이었는지를 먼저 판단하여 볼 필요가 있다.

　필자는 唐初의 官僚를 A型(文學型)과 B型(吏治型)으로 분류하여 본 적이 있었다.81) 여기에서는 '文學型'의 성향으로서 '對外擴張的 정책'을 취한다고 分類하였으며, '吏治型'의 성향으로서 '對外的으로 현상유지 정책'을 취한다고 보았다. 文學型으로서는 許敬宗과 같은 인물이 해당될 것이고 吏治型으로서는 劉仁軌와 같은 인물이 해당된다고 보았다. 그러나 이 점은 각각의 사안에 따라서 재검토를 필요로 하는 것이다.

　許敬宗이 泰山 封禪을 행하자고 강력히 주장한 것은 틀림없으나 그가 과연 涼州에의 巡行을 계획하였는지 여부에 대하여서는 불확실하다. 그런데, 일단 涼州에의 行幸에 관한 詔書를 내린 뒤에 朝臣들이 반대하자 고종이 5품 이상의 신하들을 불러 『書經』의 한 구절인 "예로부터 제왕은 巡守하지 않는 자가 없다"고 하면서 순수의 당위성을 주장하고 있다는 자체가 바로 涼州에의 巡行의 필요성의 論據를 제공한 것

---

81) 任大熙, 「唐代太宗・高宗期の政治史への一視角」, 39쪽. 애초에는 A型과 B型으로 구분하였으나, 1989년 西安에서 열린 第5屆 國際唐史學會學術討論會에서 필자가 발표한 「唐高宗時期的政治格局」이라는 논문에서는 汪籛 씨가 唐玄宗대의 정치집단을 '文學型'과 '吏治型'으로 分類한 見解를 받아들여 唐高宗대에도 이를 소급하여 적용하였다. 따라서 A型을 '文學型'이라 하고 B型을 '吏治型'으로 代替하였다.

이 바로 유교적 관료들의 입장이었으리라는 것을 암시하여 주고 있다.
封禪을 추진한 것과 같은 맥락에서 凉州에의 巡守를 파악할 필요가 있
다고 생각되며, 凉州에의 巡守를 계획하였다가 좌절되는 것이 당시의
파당끼리의 대립의 소산이라면 凉州에의 巡守를 시도한 쪽은 許敬宗쪽
일 가능성이 훨씬 높다고 생각된다.

　한편 劉仁軌는 許敬宗과는 달리 상당히 정치적 성향이 높은 인물로
판단된다. 그는 李義府로부터 견제를 받게 되었는데, 李義府의 정치적
영향력이 溫存하였을 때 劉仁軌로 하여금 百濟에서 귀국하도록 조치하
였다. 그러나 劉仁軌는 그러한 지시를 받고도 다른 핑계를 대고 이를
받아들이지 않았다. 그러면서도, 乾元 元年(666) 元旦에 泰山에서 행하
여졌던 封禪 準備를 위하여 麟德년간을 통하여 많은 인재가 발탁되던
무렵인 麟德 2년(665) 8월에 劉仁軌가 新羅 등의 使者를 이끌고 귀국하
였다. 그 무렵에는 이미 李義府의 복귀 가능성은 없었다고 판단하였던
것이리라. 즉 이 때에는 이미 李義府의 존재가 그다지 문제시되지 않고
있었을 것이다. 뒷날 劉仁軌와 李敬玄이 대립을 보이면서 결국은 李敬
玄이 678년 吐蕃에 출정하고 있는데, 이것도 바로 劉仁軌의 노련한 정
치술에 의한 것이다. 이 때에 李敬玄은 劉仁軌로 하여금 토번에 출정하
도록 꾸몄으나 劉仁軌는 오히려 李敬玄이 吐蕃으로 가지 않을 수 없게
만들었던 것이다.82) 그런데, 당시의 정세로는 吐蕃과의 대립에 있어서
唐朝가 그다지 유리한 위치에 있지 않았기 때문에 劉仁軌는 토번과의
전쟁에 간여하고 싶어하지 않았던 듯하다.

　이 당시 정치의 중추부에 있었던 인물은 위의 표(665~669年間 宰相職
擔當者 名單)와 같다. 그 가운데 李安期는 李百藥의 아들로서 비교적 朋
黨을 초월한 입장에 있었지 않았던가 판단된다. 許敬宗이 수차례에 걸
쳐서 그의 집안을 흉보는 발언을 하고 있으며,83) 고종이 侍臣들에게 賢

---

82) 이 때 李敬玄이 吐蕃에 出征하지 않을 수 없었다는 것은 吐蕃에 대한 대
　　책을 입으로 많이 떠든 것이 바로 李敬玄을 비롯한 許敬宗派였기 때문이
　　라고 생각된다.
83)『冊府元龜』권104.

<665~669年間 宰相職 擔當者 名單>

姓名	임명시기	本職	파직시기	파직 후	비고
許敬宗	657. 8	中書令	670. 3 致仕		
張文瓘	662.	東臺舍人	677 卒		~667 參知政事
姜恪	665. 3	司戎太常伯	672. 2 卒		
劉仁軌	665.10	大司憲	670. 1 致仕		668~669 出征
楊弘武	667. 6	中書侍郎	668. 4 卒		楊素의 弟의 子
戴至德	667. 6	左中護	679. 1 薨		
趙仁本	667. 6	諫議大夫	670.10	左肅機	許敬宗派
李安期	667. 6	東臺侍郎	667. 8	荊州長史	派黨超越
閻立本	668.12	右相	673. 10 卒		670 出征吐蕃
李敬玄	669. 2	西臺侍郎	680. 8 貶衡州刺史		劉仁軌와 對立
郝處俊	669. 3	東臺侍郎	684 罷爲太子少保卒		

良을 추천하지 않는다고 나무라자 李安期가 나서서 "최근에 公卿들이 추천하는 인물들은 만나면 떠들썩하게 비방하고 붕당을 이룹니다"라고 지적하고 있다. 이러한 지적을 하는 점으로 미루어 볼 때 그는 당시의 官界의 대립에서 배제되어 있었던 것으로 사료할 수 있을 뿐 아니라, 이러한 지적이 있을 정도로 官界 안에 심각한 파당대립이 있었음을 확인할 수 있을 것이다.

669년의 涼州行幸件에 관하여서는, 결국 詳刑大夫인 來公敏이 어전회의에서 반대하여 중단되었으며, 來公敏이 솔직한 의견을 제시하였다고 이윽고 東臺侍郎으로 승진되었다고 한다.84) 그런데, 이 때의 來公敏이 그 견해를 이야기할 때에 다른 사람들도 자신의 견해를 지지하고 있다고 하는 발언을 하고 있는 것으로 미루어 볼 때, 그 개인만의 의견이

---

84) 『唐會要』권27 ; 『冊府元龜』 권549 , 『資治通鑑』권201. 그런데 당시에 東臺侍郎은 672년까지 張文瓘과 郝處俊이 차지하고 있었기 때문에 定員을 이미 넘고 있었다. 그리고 咸亨 5년(674)부터는 來恒이 黃門侍郎이 되고 있는데, 來公敏과 來恒이 별개 인물이라면 來公敏이 黃門侍郎이 될 수 있었던 시기는 咸亨 4년(673)뿐일 것이다.

아니라는 것을 읽을 수 있겠다. 즉 어떤 집단의 의견을 來公敏이 선두에 나서서 대변한 것이라고 보아야 할 것이다.

이를 종합하여 볼 때, 凉州에 행행하도록 추진한 쪽은 許敬宗派이었을 가능성이 높다고 생각된다. 그리고 이를 반대한 쪽은 현상유지쪽을 소망하는 劉仁軌쪽 세력이었을 가능성이 높다. 이러한 갈등은 다음 해에 許敬宗과 劉仁軌 양쪽이 모두 명예적인 爵位만 가지고 實權은 상실하게 되는 同伴退陣을 추진함으로써 극에 달하였다고 보여진다.

IV. '許敬宗 政權'의 退場

그런데 이 시대를 운영하던 주도세력은 666년에 행하여진 封禪 이후에 政局이 보수화되고, 대외전쟁을 계속 수행하느라고 軍部세력의 영향력이 증가하였고 668년부터 3년 간 계속되는 자연재해에 따른 민심수습을 위한 국면전환 방책으로서 물러나게 된다. 이 때까지의 정국을 운영하여 왔던 세력집단은 자연재해 등의 위기에 대처하는 능력이 부족한 경향을 보여 왔다.

당시에 정계에는 서로 다른 정치적인 성향을 가진 세력집단이 대립을 하고 있었는데, 그들의 지향점은 매우 차이가 났던 것이다. 李義府가 劉仁軌를 모함하는 것도 이런 그들의 성향의 차이에서 비롯된 것이라고 생각된다. 또 백제에 대한 전쟁에서의 공급부족은 이들 정치 주도세력이 전쟁을 수행하는데 무능하였던 데 그 원인이 있다고도 할 수 있겠다.

封禪이 끝나고, 고구려에 대한 전쟁이 있을 때도 황제를 비롯한 정치 중심 인물들은 당태종 때와 같이 전쟁터로 나아가서 적극적이고 거국적으로 전쟁을 지휘하지는 않았다. 오히려 보수적이고 소극적인 색채를 띠면서 전쟁을 치렀다. 황제로 하여금 長安에 머무르면서 전쟁을 지휘하게 했던 것이다. 이는 隋 煬帝 때나 唐 太宗 때의 패전 경험에 따라서, 河北지방이 戰役과 皇帝에 대한 侍衛 등 兩面에 부담이 크게 들었던 점을 고려했던 때문이라고도 하겠지만 어쨌든 이들 집단의 전쟁 수행능력이 부족하였던 탓도 있고 전쟁을 수행하던 장군들의 정치적 영향력이 증대하게 될 것을 두려워한 탓도 있었다고 보여진다.

그러나 대외전쟁이 성공적인 결과를 가져오게 되었고, 우려하던 바 대로 劉仁軌 등의 군부세력이 정치적 영향력을 발휘하게 되자, 이들을 견제하기 위하여 張文瓘 등은 군비축소를 주장하게 되는 것이다. 이들 兩者 사이의 대립의 결과로, 670년 劉仁軌와 許敬宗은 마치 政敵이 동시에 정계에서 퇴장하듯이 함께 정계에서 물러나지 않을 수 없게 되었다. 그렇지만 劉仁軌는 점차 득세하는 군부세력을 배경으로 재차 정계에 복귀하지만, 許敬宗과 그의 추종자들은 점차적으로 그 세력이 약화되어 버렸다.

그 이후 馬周와 許敬宗의 추천으로 등용되었던 李敬玄이 668년부터 676년까지 吏部人選을 장악하고 그 세력을 발휘하기도 했지만, 결국은 劉仁軌와의 다툼에서 중앙정계에서 물러나게 되고 말았다.[85] 그러면 이러한 전체적인 전개를 염두에 두면서, 한 시기를 주도하였던 세력(許敬宗 政權)이 퇴조하는 과정에 대하여 살펴보기로 하자.

1. 排除되었던 勢力의 復歸

대대적인 규모의 泰山에서의 封禪祭式을 성공적으로 치러 넘으로써, 高宗은 그 이후의 政局에 안정을 가져오게 되었다. 이로써 高宗은 그 후 더욱 다양한 세력들을 포섭하면서 자신 있게 정치를 운영하여 나가게 된다. 封禪 執行 이후 長安에 이르러 5년 간이나 체재하였으며, 그 후 連年 계속되는 旱害로 말미암아 671년에 마지못해 洛陽에 잠시 갔었으나 672년 말에는 다시 長安으로 돌아온 것이다.

長安에서의 政局은 항시 보수적인 성격을 띠게 마련이었다. 655년부

---

85) 劉仁軌를 중심으로 하는 세력의 등장이나 그 성격 및 이를 둘러싼 여러 대립에 대하여서는 「唐高宗 統治後期의 政治와 人物」이라는 제목으로 다시 검토하도록 하겠다.

터 자신의 의도대로 人事를 행하여 659년에 구세력을 배제시켰던 高宗
은, 39세가 되는 666년에 있었던 封禪을 계기로 이번에는 전국적으로
많은 인재를 발탁하였으며, 이제는 封禪을 강력히 추진하였던 許敬宗
의 도움이 없어도 무난히 정치를 운영해 나갈 수 있게 되었던 것이다.
아니, 오히려 이 시기에 들어서면서 서서히 許敬宗 세력에 의하여 배제
되었던 長孫無忌와 관련되었던 인물들을 복귀시키고 있는 것이다.

總章 3년(669) 李世勣이 죽자, 李世勣의 영향력에 의하여 지탱되었던
'許敬宗 政權'의 정치적 영향력은 급격히 쇠멸하게 되었으며 이러한 局
面전환은 특히 670년 정월에 劉仁軌와 許敬宗을 동시에 정계 은퇴하도
록 하는 방식을 택하여, 실질적으로 許敬宗의 은퇴를 유도하고 있었다.

劉仁軌와 許敬宗의 致仕에 이어 徐齊聃의 上疏에, "齊獻公(長孫晟)
은 바로 폐하의 외조부이시니, 비록 자손에 범죄가 있더라도 어찌 조상
에게까지 연좌시켜서야 되겠사옵니까? 지금 周忠孝公(武士護)의 廟는
修理를 하고, 齊獻公의 廟는 없애 버렸는데, 陛下가 海內에 孝誠스러움
을 顯彰하는 기풍을 내보여 주셔야 하는데 어찌 이를 살피지 않으십니
까?"[86]라고 하여 長孫晟의 廟에 대한 회복이 이루어졌다. 徐齊聃의 누
이가 入宮하여 九嬪의 한 사람이 되었던 상황이므로, 이는 內宮의 일부
의견이었을 가능성도 있을 수 있겠다. 또한 674년 9월에 이르러서는
"詔하나니, 長孫晟·長孫無忌의 官爵을 遡及하여 복구하도록 하라. 長
孫無忌의 曾孫인 翼으로 하여금 趙公의 작위를 세습하도록 하라. 長孫
無忌의 喪을 歸葬하여 昭陵에 陪葬하도록 허가하노라"[87]고 하는 조칙
으로 長孫無忌에 대한 復權이 행하여진다. 한편 長孫祥도 본래 雍州
경계에 埋葬하였던 것을 675년 2월에 洛州 河南縣으로 歸葬했던 것이
다.[88] 長孫씨의 혼인관계를 살펴보면,

---

86) 『資治通鑑』 권201.
87) 『資治通鑑』 권202.
88) 『千唐誌齋藏誌』 上, 291쪽.

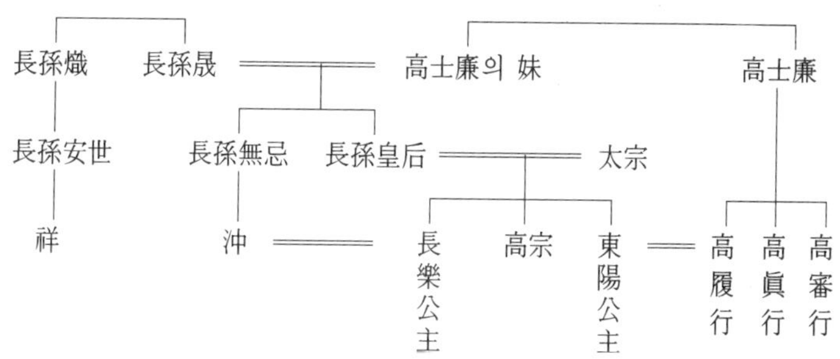

에서 알 수 있듯이 꽤 重疊的이다. 長孫씨와 姻戚관계에 있는 高士廉은 唐 太宗의 妻外叔이 된다. 고구려에서 敗戰한 이듬해인 647년에 高士廉이 죽자 태종은 아픈 몸을 이끌고 問喪을 가려고 하다가 長孫無忌의 강한 挽留를 받고서야 그만두었을 정도의 사이인 것이다.[89] 이들 高씨 일족은 永徽 重臣들과 같은 시기에 모두 排除되었다가 670년대에 다시 復權하였다. 그 이후에 680년까지 文武 兩面에서 활약을 했던 것이다. 680년 황태자 賢의 廢位와 관련하여, "左衛將軍 高眞行의 아들 政이 太子典膳丞을 하였는데, 태자 賢에 連坐되었다. 황제는 그의 부친에게 맡겨서 스스로 訓責하도록 하였다. 政이 入門하자 眞行은 佩刀로 그의 목을 쳤다. 眞行의 兄인 戶部侍郞 高審行은 또한 그의 배를 찔렀다. 眞行의 형의 아들인 璇은 그의 머리를 잘라서 길거리에 버렸다. 황제가 이를 듣고 불쾌하게 생각하여 眞行을 睦州刺史로 貶하고 審行을 渝州刺史로 貶하였다"[90]고 하였는데, 이는 한편으로 680년까지 그들이 정계에 溫存해 있었음을 증명하는 것이다. 656년에 太常卿 高履行이 益州長史로 쫓겨나지 않을 수 없었던 상황이 반전되어 670년대에 다시 중앙정계에 복귀하였던 것이다. 이들이 다시 복귀할 수 있었다는 자체가 비로 '許敬宗 정권'의 약화와 관련이 있다고 보아야 될 것이다.

---

89) 『資治通鑑』 권198.
90) 『資治通鑑』 권202.

2. ‘許敬宗 政權’에 대한 否定

許敬宗과 동시에 670년을 전후로 하여 정계에서 물러났던 劉仁軌는 672년 8월에 許敬宗이 죽자 12월에 재상으로 정계에 복귀하였다. 673년 3월에는 “詔를 내려, 劉仁軌 등으로 하여금 國史를 監修하게 하였는데, 이는 許敬宗 등이 기재하였던 것이 대부분 부실하였던 때문이다”[91]고 하여, 許敬宗의 업적이 부정되기 시작하였다. 676년에는 『舊唐書』 卷 21, 禮儀志 卷1에 따르면, “당시에 許敬宗·李義府가 用事를 하여서 그 損益하는 바가 대부분 (황제의) 뜻에 영합하는(希旨) 것이었으므로, 行 用이 된 뒤에도 학자들의 의견이 분분하여 貞觀의 것에 미치지 못한다 고 생각하였다. 上元 2년(676)에 또한 詔를 내려서, 貞觀年間의 禮로써 기준으로 삼도록 지시하였다. 儀鳳 2년(677)에 다시 詔를 내리어 顯慶 年間에 새로 수정한 禮는 대부분이 古例를 본받지 않았으므로, 그 五禮 는 모두 周禮에 따라 행사하도록 하였다. 이로부터 禮官은 더욱 그 기 준으로 준거할 바가 없어졌다”[92]고 顯慶 3년(658)에 長孫無忌 등이 공 동 참여하여 만들었던 顯慶禮마저도 許敬宗·李義府가 함부로 내용을 損益한 곳이 많다고 하여 부정하기 시작하는 것이다.

또한 李世勣의 동생으로서 李世勣의 후광을 받은 李弼도 674년에 이 르러, 劉仁軌가 鷄林道大總管이 되자, 그 副總管으로 임명되어 신라로 원정가게 되었으나 9월에 長孫無忌 등의 官爵이 追復된 다음날, “衛尉 卿 李弼이 연회를 하던 곳에서 暴卒하였기 때문에 大酺를 하룻동안 廢 하였다”[93]고 되어 있는데, 史書에서 ‘暴卒’이라는 용어를 쓸 때는 죽음 의 원인에 의문이 있을 경우가 많은 것으로 보아 이 경우에도 아마 李 弼은 암살되었던 것 같다. 이 李弼의 犧牲으로 볼 수 있듯이 그는 이미 피비린내 나는 政爭의 제물로 사라진 것이라고 볼 수 있으며, 그 후 李 世勣의 손자인 李敬業이 난을 일으키지 않을 수 없었을 만큼 이 일족

---

91) 『資治通鑑』 권202.
92) 『舊唐書』 권21, 禮儀志1.
93) 『資治通鑑』 권202.

은 소외되어 있었던 것이다.

그러나 이렇게 許敬宗의 業績이 否定되고 李世勣의 後繼者가 除去되고 長孫無忌 등의 永徽 重臣쪽 계통 인물들이 다시 등장하는 것이 곧바로 구시대로의 반동을 의미하는 것은 아니다. 오히려 許敬宗을 이용하여 長孫씨 등의 구세력을 제거한 고종이, 이번에는 다시 구세력과 관련되는 인사를 끌어들임으로써 許敬宗 등을 배제시키고 이 양쪽 세력을 균형 있게 등용하여 상대적으로 황제권의 안정을 꾀하려 하였던 것이다. 따라서 이 시기에는 상호견제에 의한 정국 운영으로 정치적 안정을 이룰 수 있었다.

다시 말하자면, 太宗代의 후기에 蕭銑 → 李孝恭 계열의 岑文本·劉洎·馬周 등의 세력[94]을 등용하여 구세력을 일소하고 황제권을 강화하려는 시도를 하였지만, 太宗 말기에 長孫無忌가 이들을 물리치고 등장하여 전횡을 하기 시작하였고, 이윽고 太宗이 죽은 뒤에 高宗 初 永徽 年間에는 더욱 더 전횡할 수 있었다. 그들의 세력에 대항하는 세력으로 나타난 인물들이 劉洎·馬周 등의 추천으로 관계에서 성장하고 있었던 유교적이고 또한 託古改制的인 성격이 농후하였던 인물들이라고 할 수 있겠다.

牟潤孫 씨[95]는 太宗의 廢太子承乾사건은 江南문화와 華北문화의 알력에서 생긴 것으로 보고 있다. 즉 태종 자신이 江南 남조문화에 대한 이해가 높았던 만큼 高祖의 취향과 맞지 않아서 따돌림을 받은 것과 마찬가지로, 承乾은 북방민족의 문화에 오히려 관심을 기울였기에 태종으로서는 못마땅하여 廢太子시켰다는 것이다. 그리고 魏王 泰는 江南 남조문화에 깊은 이해를 보여서 태종의 호감을 샀다는 것이다. 그러나 長孫無忌 등의 대신들이 크게 반대하며, 長孫無忌가 중심이 되는 唐朝 舊來의 元勳들은 晉王 治를 지목하여 황태자로 책립시켰던 것이다. 따라서 이러한 원훈들이 건재해 있을 때에 전반적으로 북방적이고

---

94) 任大熙, 「武后政權と山南·劍南 － 則天武后の僧侶招聘と關聯して －」.
95) 牟潤孫, 앞의 글, 83~86쪽.

도교적인 분위기가 형성되었으리라는 점은 기정사실임에 틀림없을 것이다. 그러나 다음에 許敬宗 등이 등장하여서는 江南문화와 儒敎문화에 어느 정도의 이해를 나타냈다. 마침내 이들 許敬宗의 세력은 약화되므로 다시 華北문화[96]와 도교적인 문화가 지배적이 되었는지에 관하여서는 다시 구체적으로 살펴볼 필요가 있을 것이다.

맺음말에 대신하여

唐 高宗의 통치시기 가운데, 그 前期에 있어서는 長孫無忌가 중심이 되는 永徽년간의 '長孫無忌 政權' 시기와 李勣이 배후인물로 자리잡고 許敬宗 등이 활약하는 顯慶년간 이후의 '許敬宗 政權' 시기로 나눌 수 있을 것이다. 永徽년간의 정치세력은 貞觀년간의 말기에 활약하던 인물들이 그대로 세력을 유지하여 왔던 것을 볼 수 있으며, 이에 싫증을 느낀 高宗이 정치적인 물갈이를 하여 정치 운영 구도를 새로 짠 것이 바로 顯慶년간 이후의 정치적인 구도이었다. 이렇게 등장한 인물들은 그 정치에 있어서 古代에 假託하는 '周禮'적인 유교의 성향이 강하였으며 황제권의 강화를 자신들의 권력유지의 수단으로 생각하였던 듯하다.

'長孫無忌 정권'과 '許敬宗 정권'은 그 정치적 지향점에서 크게 차이가 났다. 長孫無忌 정권이 갖는 색채가 정통적 유교를 바탕으로 한다면, 許敬宗 정권이 갖는 색채는 周禮的이라고 할 수 있을 것이며, '劉仁軌 政權'은 도교적 경향이 가미된 유교의 색채를 띠고 있었다고 할 수 있을 것이다. 그들 각기 정권에 따라서, 그들이 추진하던 정책의 성향도 달라질 수밖에 없었을 것이다.

　부기

---

96) 福宿孝夫는 書風의 筆體에서 이 시기에 北風 復古調를 나타내고 있음을 보여 주고 있다고 한다(「唐代龍門造像記の史的特性」『宮崎大學敎育學部 人文科學紀要』53, 1983, 1~17쪽).

　　본문 초고를 타이핑하는 과정에서 경북대학교 인문대학 사학과에 재학중인 강수이 양이 꼼꼼하게 작업해 주었다. 이에 감사의 뜻을 표하는 바이다. 논문이 완성되어 제출하기 직전에 영진전문대학의 남인국 교수가 전체 논문을 꼼꼼히 읽고 여러 가지로 지적을 하여 주어서 많은 수정을 하게 되었다. 덕택에 처음의 원고보다 그나마라도 읽기가 수월하게 되었을 뿐만 아니라, 조금이라도 의사전달이 잘 되도록 되었다. 이에 감사드린다 또한 初校 단계에서 경북대학교 교육대학원 역사교육과에 재학중인 김준미 씨가 꼼꼼하게 읽어 주었다.

Danzan의 정치적 활동과 사상

손 현 숙

머리말

1921년 인민혁명을 성공적으로 이끌었던 몽고인민당은 그 이전에 결성되었던 비밀 혁명그룹인 '관료당'[1]과 'Arad당'[2]이 통합하여 이루어진 것이었다. 여기에 舊 귀족계층들이 가세하여 인민혁명 초기의 정치지도자들은 Arad당, 관료당, 귀족당이라는 적어도 3개의 정파로 나누어졌다. Danzan은 관료당을 대표하는 인물로서 관료당을 조직한 장본인이며 Arad당과의 통합을 주도하였으며 이후 몽고혁명 과정에서 黨·政·軍에서 모두 두드러진 위치를 차지하였다.

이러한 Danzan에 대한 기존의 몽고 역사학계의 평가는 매우 혹독하여 국내외의 자본가의 권익을 위해 적극 노력하고 소비에트 러시아와의 전통적 우호관계를 해친 反민족, 反혁명의 적으로 매도되어 왔다. 그리고 몽고인민당의 전신인 관료당과 Arad당은 스스로를 그렇게 부

---

1) 관료당(Tushmeliin Nam)은 후술하는 '東 Khüree 그룹'의 別稱.
2) Arad당(Ardiin Nam)은 후술하는 '영사관 언덕 그룹'의 別稱.

른 조직의 명칭에서도 유추할 수 있듯이 양자 사이에는 정치노선에 있어서 상당한 차이가 존재하였을 것이다. 그런데 양 그룹 간의 성격차이는 양 그룹의 지도자였던 Danzan과 Bodoo 사이의 개인적 불화의 형식으로 표출되고 지금까지 그렇게 서술되었다. Danzan의 처형 또한 단순히 Danzan과 Rinchino과의 개인적 갈등이라는 私的인 문제로만 볼 수 없는 일대 정치적인 사건으로 이는 곧 Danzan으로 대표되는 한 시대의 종말을 의미하는 것이라 할 수 있다.

본 논문은 독자적인 정파조직을 결성하여 초기 혁명활동에서 커다란 역할을 담당한 Danzan의 사상을 복원하는 데 그 목적을 둔다. 본 논문에서 주로 사용한 자료는 최근에 발표된 소책자[3]에서 소개된 Danzan에 관한 새로운 사실들과 Danzan에 관해 가장 풍부한 내용을 남기고 있는 제3차 당대회의 기록[4]을 주로 참조하였다. 현재 남아 있는 제3차 당대회의 기록은 순수한 회의록은 아니고 1924년 8월 4일에서 9월 1일까지 모두 24차례에 걸친 회의에서 결정된 사항과 그 밖에 당기관지, 신문, 그리고 러시아어 관계자료를 모아 놓은 것이다. 회의의 기록 가운데 격론을 벌인 부분은 Danzan을 비난하는 내용이 대부분이고, Danzan에 비해 Danzan의 반대파들에게 훨씬 많은 지면을 할애하였다. 만약 대회가 Danzan에 대한 비난일색으로 진행되었다면 밤을 새우는 장시간의 마라톤 회의가 필요하지는 않았을 것이다. 따라서 제3차 당대회의 기록을 검토할 때에는 특정인을 중심으로 의도적인 편집이 이루어졌음을 감안해야 할 것이다.

Ⅰ. 생애와 활동

---

3) D. Dash, *Soliin Danzan*, UB, 1990 ; Z. Lonjid, *Janjin Danzan*(Danzan장군), UB, 1995.

4) 몽고인민혁명당 중앙위원회산하 당사연구소 편, *Mongol Ardiin Namiin Gurabdugaar Ikh Khural*(몽고인민당 제3차 대회 : 이하 『제3차 당대회』), UB, 1966.

　　Danzan의 정치적 활동이나 행적이 보다 분명하게 드러나기 시작한 시기는 몽고정부의 자치권이 중국의 무력에 의해 크게 위협받기 시작하던 1918년 이후부터이다. 1918년 이전의 그의 생애에 대해서는 단편적인 것을 제외하고는 알려진 것이 별로 없다. Dash에 의하면[5] Danzan은 1885년 Sain Noyan Khan Aimag의 Süjigt Beis Sandag-Ochir Khoshuu의 Khamjilaga였던 Bat-Ochir의 큰딸인 Soli의 사생아로 데어났다. 그의 어머니가 결혼을 한 이후에는 외가에서 자랐으며 그의 외조부는 중류 정도의 재산가였다. Danzan은 10여 세 때 라마의 샤비가 되어 티베트어를 공부하였으나 곧 사원에서 도망하였기 때문에 그의 공식적인 교육 기간은 그다지 길지 못하였다.

　　Danzan의 청년시절은 결코 순탄하지 못하여 富者의 말을 내몰아 체포되기도 하고 고문을 당하기도 하고 소송을 하는 등 당시 牧民들에게 잘 알려진 일반적인 저항운동을 두루 경험하였다. 이로 인해 고향을 등지고 멀리 고비 지역을 떠돌기도 하였다. 이 때부터 조그만 장사를 시작하여 수도를 비롯한 여러 도시들을 방문할 기회가 커지면서 몽고 국내외의 사정에도 밝게 되었다.

　　1915년부터 1년 여 간은 Butte의 경제조사단에서 일을 하여 러시아어를 조금 익히게 되고 또 이후 그와 숙명적인 관계를 맺게 되는 Rinchino과도 처음으로 만나게 되었다. 1916년부터는 자치정부가 국가재정을 위해 산림채벌권을 인가해 주는 財務衙門 소속의 하급관리가 되어 1919년 중국에 의해 몽고의 徹治가 강제되어 이 부서가 없어질 때까지 복무하였다.

　　Danzan이 본격적으로 혁명활동을 시작한 '東 Khüree 그룹(Züün Khüreenii Bülgem)'이 언제 결성되었는지 그 정확한 날짜는 알려져 있지 않다. 다만 몽고의 정치적 위기가 고조되던 1918년 중엽에서 1919년 초에 Danzan이 중심이 되어 Dogsom, Dugarjav, Dendev, Sükhbaatar 등이 참여한 비밀그룹이 조직되었다.[6] 이후 Danzan은 Sükhbaatar와 평

---

5) 이하 1918년 이전의 단잔의 생애에 대해서는 Dash, 앞의 책을 참조하였다.

생의 동지가 되었다. 1920년 초에 Danzan과 Sükhbaatar는 북쪽국경을
넘어 러시아 혁명의 상황을 살펴보고 또 러시아의 국경관계자를 만나
보려고 시도하였으나 국경을 넘지 못하였다.

'東 Khüree 그룹'(관료당)이 결성된 비슷한 시기에 또 다른 비밀 혁명
그룹인 '영사관 언덕 그룹'(Arad당)이 만들어졌다. 이 양 그룹은 몇 개월
의 진통 끝에 1920년 6월 25일 몽고인민당으로 통합하였다.[7] 몽고인민
당은 몽고의 독립을 위해 외부로부터 도움을 요청하기로 결정하고 그
대상을 소비에트 러시아로 정하였다. 당대표 7인이 소비에트 러시아에
원조를 요청하기 위해 파견되어 Irkutsk 시에 머물렀을 때 '몽고인민당
국경 너머에 있는 局'을 임시로 구성하고 Danzan이 전권을 가진 국장
에 임명되었다.[8]

1920년 9월 초에 Danzan은 Chagdarjav, Losol 등의 당대표와 함께
Rinchino을 고문으로 대동하고 모스크바로 가서 몽고 문제를 협의하고
11월 10일 모스크바를 떠나 Irkutsk 시로 돌아와서 Karakhan에게 약속
한 도움을 실행할 방법과 중국과 소비에트 러시아 사이에 몽고의 독립
이 어떻게 협상되었는가를 통지해 주도록 전보를 쳤다.[9]

소비에트 러시아의 실질적인 지원이 불투명한 가운데 Danzan은
Sükhbaatar와 함께 와해된 당의 건설과 발전을 위해 대회를 준비하고
동시에 인민혁명군을 모집하기 위해 Khiagt 주변의 초소와 지역을 돌
면서 초병과 지역 인사들을 만나 당의 정책과 몽고 독립을 호소하였다.
1921년 3월 1일부터 3일 간 개최된 제1차 당대회는 국경 부근의 인민대
표 20여 명이 모여 비밀리에 개최된 소규모의 회의로서 여기에서
Danzan은 몽고인민당 중앙위원회의 위원장으로 선출되어 당지도자로

---

6) 몽고과학원 역사연구소 편, *Khoridugaar Zuunii Mongol*(20세기 몽고 :
  『이하 20세기 몽고』), UB, 1995, 34쪽.
7) 1920년 6월 25일 몽고인민당 성립설에 대해서는 二木博史의 비판적 검토
  가 있다(二木博史, 「モンゴル人民黨成立史の再檢討」『東京外國語大學論
  文集』 49, 1994).
8) Dash, 앞의 책, 15쪽.
9) 위의 책, 15책.

서의 위치를 공식으로 인정받았다. Danzan이 당을 대표하면서 주로 힘
을 쏟은 것은 賣買城 해방을 위해 인민혁명군을 모집하는 일이었다. 그
리고 당의 군사를 총괄하는 기구인 '人民黨 軍行政廳'을 세워 Staff라
고 명명했다. 이 Staff에는 5명의 관리를 두었는데 그 중 2명은 赤軍에
서 초빙하기로 하고[10] 나머지 3명의 몽고인은 Sükhbaatar, Belegsai-
khan 그리고 Danzan이 보임되었으나 Danzan은 당 중앙위원장의 임무
가 너무 많아 Staff 위원에서 곧 면제되었다.[11]

　1921년 3월 13일에 있었던 총회에서는 몽고임시인민정부를 세우기로
결정하고 3월 24일의 당정회의에서 3개의 部를 두기로 정하였다. 그 중
財經部 산하에는 2개의 局을 두었는데 Danzan은 食糧局을 책임지는
관리가 되었다.[12] 4월 10~13일 Danzan은 임시정부의 결정으로 白軍의
동태를 살펴보기 위해 수도로 출발하였다. 수도에 몰래 들어와서 黨동
지들과 만나고 또 白軍에 강제로 징병되었거나 배가 고파서 들어간 몽
고병사들을 인민혁명군으로 끌어들이기 위해 黨員을 Ungern의 白軍에
파견한 것이 상당한 성과를 내었다. 그리고 Khatanbaatar 王, Gandan
사원의 영향력 있는 라마, Bogd의 측근들을 만나 인민혁명과 당에 관
해 설명하였다.[13] 4월 16일의 합동당정회의에서는 공장지역에서 거두
어들인 상품들을 책임지고 돌보고 있던 관리인 Tseden-Ish를 코민테
른이 소환해 갔기 때문에 이 일을 Danzan, Danzanov, Batukhan 등 3
인에게 맡아보게 하였다. 4월 19일의 임시인민정부회의에서는 정부가
준수해야 할 임시제도를 成案할 위원회를 구성하기로 결정하고 그 구
성원으로 Bodoo, Danzan, Sükhbaatar, Begzeev 등을 임명하였다. 본

---

10) *1921 Onii Ardiin Khubisgaliin Tüükhend Kholbogdokh Barimt
　　Bichgüüd 1917~1921*(1921년 인민혁명사 관련자료 1917~1921), 93~94
　　쪽.

11) Dash, 앞의 책, 30쪽.

12) 몽고인민혁명당 중앙위원회산하 당사연구소 편, *Mongol Ardiin
　　Khubisgalt Namiin Tüükhend Kholbogdokh Barimt Bichgüüd 1920~
　　1940*(몽고인민혁명딩사 관련사료), UB, 1966. 45쪽.

13) Dash, 앞의 책, 32쪽.

위원회에서 작성한 4월 23일의 초안에 의해 Danzan, Bodoo, Sükhbaatar는 임시 인민정부의 공동대표가 되어 최고 권한을 가짐으로써 초기 혁명활동에서 가장 지도적인 역할을 하였던 3인의 3각 관계가 정립되었다.[14] 5월 20일 당정회의는 출판학교를 세워 Danzan을 학교장으로 선출하기로 결정하였다. 그는 또 잠시 인민혁명군 훈련소장으로 임명되어 5월 30일까지 복무하였다.

7월 수도를 해방하고 정식으로 인민정부가 출범하자 Danzan은 재무장관직을 맡게 되었다. 10월 Danzan은 당 중앙위원회 위원장직을 사임하였으나 중앙위원회의 간부로 계속 활동하면서 실제로는 당 중앙위원회에 막강한 영향력을 행사하였다. 1922년 10월 초 코민테른 제4차 대회에 보낸 보고서에서 Danzan은 당 중앙위원회 위원장직을 대리로 서명하였으며 당 중앙위원회 총회의원을 최초로 선거할 때에도 Danzan이 관여하였다. 그리고 Damdinbazar를 총리로 임명한 것도 그의 생각이었다.[15] 9월 Danzan은 몽고의 전권대표로서 蒙・蘇修好條約의 체결을 위해 Sükhbaatar, Tserendorj 등과 함께 소비에트 러시아에 파견되었다가 12월 20일 돌아왔다. 이 무렵 Danzan과 Bodoo의 갈등이 첨예화되어 마침내 Bodoo의 사임을 몰고 오게 되었다.[16]

1922~1923년에는 주로 재무장관으로서 여러 가지 제도 — 특히 稅制의 개혁에 힘썼다. 1923년 2월 27일에는 Sükhbaatar의 후임으로 全軍將軍에 임명되어 장관직과 겸임하였다. 4월 6일 Danzan은 잠시 재무장관에서 물러났으나, 5월 28일 다시 재무부 고문관리의 직을 맡아 복귀하였다. 9월 28일 부총리에 임명된 뒤 재무부의 고문관리를 그만두었다. 1924년에 오면 Danzan은 신병을 이유로 1 개월 간 휴직하고 또 5월 2일에는 모든 직책으로부터 사임을 희망하기도 하였으나 全軍將軍과 정부의 총리직을 끝까지 유지하였다. Danzan이 全軍將軍으로서 어떤

---

14) 자세한 것은 졸고, 「Bodoo의 정치사상에 대한 재검토」『黃元九敎授定年紀念論叢 동아시아의 인간상』 1995, 607~608쪽 참조.
15) Dash, 앞의 책, 34쪽.
16) 자세한 것은 졸고, 앞의 글, 603~609쪽 참조.

특별한 일을 하였는지 기록상으로는 분명하지 않다.

　Danzan의 정치적 입장과 당과 정부 내에서의 그의 위치를 알기 위해서는 제3차 당대회의 전 과정을 자세히 살펴볼 필요가 있다. 여기서는 주로 쟁점이 되었던 부분과 8월 26일의 16차 회의를 중심으로 살펴보겠다.[17] 8월 4일 개회 첫날은 Danzan을 비롯하여 Rinchino, 소비에트 대사인 Basiliev 등이 차례로 축사를 하였다. 다음날은 국제정세와 몽고의 외부정세에 관한 Rinchino의 보고가 있었다. 6일에 열린 3차 회의에서는 당 활동의 부진에 대한 비판이 당내 숙청문제로 비화하면서 내회 초반부터 긴장이 예고되었다. Gombojav는 지난해 청년동맹의 숙청의 전례에 따라 당을 숙청해야 한다는 의견을 제시하고 이어서 Rinchino이 당 중앙위원회의 보고에 대한 비판이 강하게 제기되지 않은 데 대해 유감을 표명하고 자신이 쓴 『몽고혁명의 미래의 상황』이란 책에서 발췌한 6가지를 제시하였다. 여기서 Rinchino은 몽고의 발전 방향을 非자본주의적인 발전의 길로 명시한 최초의 공식선언을 하여 이를 예상치 못한 많은 참석자들을 당황하게 만들었다. 다음날의 의제는 교육에 관한 것으로 큰 쟁점이 없었다. 8일의 5차 회의에서는 또다시 Danzan과 Rinchino 사이에 蒙·蘇友好關係와 非자본주의적인 발전에 관한 격렬한 의견 대립이 있었다. 양자의 논쟁은 당원의 계급성과 Jasag Noyan의 봉건 특권을 삭감하는 문제를 둘러싸고 9일의 6차 회의와 11일의 7차 회의에까지 이어졌다. 초반의 격돌은 7차 회의를 고비로 일단 수그러들었다. 23일의 17차 회의 때까지는 주로 각 부처와 기관의 보고를 듣고 중요사항을 의결하는 평상적인 회의의 형태로 돌아왔다. 그러나 26일의 18차 회의에서 대회의장인 Danzan이 회의 참석 3시간 만에 회의 주재를 거부하고 나가 버리자 대회 벽두부터 내연되고 있던 불씨가 마침내 폭발하기 시작하였다. 이날 회의에서는 이례적으로 청년동맹의 대표 Badrakh가 발언권을 얻어 청년농맹원 30명이 참석하였는데 당과의 관계에서 여러 가지 갈등을 일으켜 왔던 청년동맹원이 대거 출석하

---

17) 이 회의 내용은 다른 언급이 없는 한 『제3차 낭대회』에서 요약한 것이다.

였다는 것은 결코 심상치 않은 일이었다. 게다가 22일의 회의에서는 Danzan파인 Buyannemekh에 대한 공개적인 비난이 있었고 25일에는 Danzan과 매우 절친한 정부의 총서기인 Bavaasan을 체포하였다. 자신을 축출하려는 압박이 점차 조여 들어오자 이에 대한 최강의 저항으로 대회의장직을 거부한 것이라고 볼 수 있다. 대회기록에는 나와 있지 않지만 24일에는 Danzan과 Rinchino의 극단적인 갈등을 해결하기 위해 Tserendorj와 Tseveen이 Basiliev를 만나 Danzan을 모스크바로 보내 두 사람을 떼어놓기로 결정하였다.[18] 이러한 사실을 Danzan이 모를 리가 없었다. Danzan의 회의 거부에 대한 안건 처리를 놓고 처음에는 Danzan에게 다시 회의에 나와 줄 것을 전화로 요청하기도 하였으나 Danzan이 불참을 통보해 와 회의의 속개와 휴회를 둘러싸고 장시간 격론을 벌였다. 오후 5시가 넘어서 Danzan을 재소환해 오기로 결정하고[19] 사람을 보냈으나 이번에도 Danzan은 끝내 불참하였다. 이에 Danzan과 Bavaasan을 대신하여 대회의 임시의장과 총서기장을 새로 뽑고 이번에는 전략을 바꾸어 먼저 Danzan의 측근인 Bavaasan의 체포동의안을 얻어 낸 다음 Danzan까지 체포하는 공략을 세웠다. 청년동맹의 Badrakh가 Bavaasan의 체포이유를 설명하자 한 참석자는 Ja Gombojav가 Bavaasan의 체포에 대한 총리 Tserendorji의 6개 항의 회신에 대해 자세히 보고하였다. 총리 Tserendorj는 Danzan과 Rinchino의 개인적 불화가 정치적인 것으로까지 비화되어 정치·사회적 사안들을 악화시키고 있으며 또한 두 사람 사이의 불화가 청년동맹에게 번져 동맹이 양분되었다고 지적하고 청년동맹이 Rinchino의 말만을 믿고 자신의 권한을 넘는 일을 해서는 안 되며 조국 몽고를 생각하여 신중하게 일을 처리하도록 충고하였다. Tserendorj의 비난에 대해 Rinchino은 자신의 결백을 주장하고 Danzan의 죄상 8가지를 매우 상세하게 조목조목 보고하였다. 그 내용은 첫째 1922년의 흉작으로 인한 밀수입과 관련

---

18) Lonjid, 앞의 책, 26쪽.
19) 참석자 가운데는 그를 체포해 와야 한다고 강경론을 주장한 사람들도 있었으나 다수의 반대로 부결되었다.

된 비리, 둘째 중국인 상점과의 유착과 권력남용, 셋째 국가안전국 (Dotoodiig Khamgaalakh Gazar)과의 불화와 독직사건, 넷째 개인의 이익을 위해 증기 운송차사업에 중국상점과 합작 투자한 것, 다섯째 Danzan의 활동에 관한 비판과 특히 1924년 4월 8일에 Danzan이 행한 전 몽고민족의 통일에 관한 보고내용의 비판, 여섯째 불법화한 묵은 빚을 강제로 갚게 한 것, 일곱째 군사훈련소장에 자신의 대표를 임명한 것, 여덟째 Danzan을 자본가들을 옹호하는 중국의 군벌과 같은 부류라고 비난하고 右를 선택하여 Danzan을 쫓아 지옥으로 떨어지던지 아니면 左를 선택하여 밝은 태양으로 가던지 양자택일을 강요하였다. Rinchino이 포문을 연 것을 계기로 여기저기서 Danzan 일파의 다른 잘못을 폭로하여 Danzan을 체포하는 방향으로 여론을 몰아가서 마침내 Danzan, Bavaasan, Dorjpalam, Buyannemekh 등의 체포동의안을 통과시켰다. 그 날 밤 1시경에 Danzan은 전격적으로 체포되었다. 28일의 20차 회의에서는 정부와의 연석회의의 결정으로 Danzan의 사건을 심리할 특별위원회를 구성하고 이 위원회에 24시간 이내에 모든 사건을 면밀히 조사하여 고소장을 준비하고 집행하도록 전권을 부여하였다. 29일의 21차 회의에서는 위 특별위원회가 24시간 내에 모두 다 조사하여 집행할 수 없는 이유를 제출하여 14시간 더 연장해 줄 것을 요청하였기 때문에 연장을 승인하였다. 31일의 23차 회의에서는 Danzan의 처형소식과 함께 'Danzan의 反혁명사건을 조사한 특별위원회의 판결문'을 낭독하고 이를 추인해 줄 것을 동의하자 회의 참석자 중에는 경솔하게 두 사람을 죽인 후에 승인할 일이 있는가라고 매우 당혹함과 불만스러움을 동시에 표시하였다. Bavaasan의 체포에 앞장섰던 Badrakh까지도 동맹은 이 일이 이렇게 크게 될 줄은 몰랐다라고 변명하였다.

　26일의 회의의 발언내용에서 보면 Danzan의 축출에 앞장선 사람은 Rinchino이고 이 두 사람 사이의 불화가 Danzan 실각의 결정적인 요인이 되었다는 것을 알 수 있다. Danzan과 Rinchino의 불화는 매우 오래된 일이며 그것이 표면화되기 시작한 것은 1924년 4월 8일 수도의 당원들을 모아 놓고 개최한 회의에서 Danzan이 Rinchino을 공개적으로 비

난한 이후부터였다. 제3차 당대회에서는 서로가 서로를 불신임하여
Danzan은 26일의 회의에 동맹원들이 대거 출석한 것을 가지고
Rinchino이 회의장을 무력으로 위협하여 무력화시키고 있다고 비난하
고 Rinchino측은 Danzan이 26일 군지도자와 정치가 60~70명을 만난
사실을 두고 Danzan이 군대를 동원하여 그 날 밤 안으로 당장 무슨 일
을 꾸미고 있다고 원색적으로 공격하였다. 즉 Danzan은 자신이 장군으
로 있는 군대를 동원하여 자신의 지위를 보호하려 하였고 Rinchino은
그의 영향력하에 있는 국가안전국과 청년동맹의 세력을 동원하여
Danzan을 제거하려 하였다. 이 과정에서 Choibalsan은 Rinchino의 측
에 가담하였는데 그는 몽고혁명가의 '최초의 7인' 가운데 한 사람으로
Sükhbaatar 밑에서 부사령관직을 지냈으나 Sükhbaatar 死後 총사령관
인 장군직을 Danzan이 계승하고 자신을 얕잡아 보아 군검열관이라는
낮은 직책에 기용한[20] Danzan에 대해 불만이 컸다. Choibalsan이
Bodoo와 같은 '영사관 언덕 그룹'이란 점을 감안하면, 이전에는 Danzan
과 Bodoo의 권력투쟁에 Rinchino을 끌어들여 관료당이 Arad당의 거두
를 제거하였다면 이번에는 Danzan과 Rinchino의 세력다툼에 Arad당
출신인 Choibalsan이 힘을 보태 관료당의 거두인 Danzan을 제거한 셈
이 되었다. Danzan과 이념을 같이한 Tserendorj가 이후 4년 간이나 총
리직에 있었다는 사실은 Danzan의 세력이 한꺼번에 다 제거할 수 없는
다수파였다는 것을 짐작할 수 있다. 따라서 Danzan의 축출은 여러 파
벌들 사이의 이념투쟁과 함께 세력관계가 복잡하게 얽혀 진행된 일대
정치적 사건이었다.

Ⅱ. 정치사상

Danzan이 혁명활동을 시작할 무렵에 어떠한 정치사상을 가졌는지

---

20) G. Navaannamzil, *Övgön Bicheechiin Ügüülel*(老書記의 말씀), UB, 1956,
  262쪽.

구체적으로 명시된 기록이 남아 있는 것은 거의 없다. 다만 혁명그룹 내에는 다양한 정파들이 존재하였고 그 대표적인 사람이 Danzan과 Bodoo였다고 할 수 있다. 1920년 몽고의 혁명가들이 소비에트 러시아에 대표단을 파견하였을 때 이들 대표단이 휴대하고 갈 서찰에 Bogd 汗의 印을 찍을 것인가 아니면 黨印을 찍을 것인가를 두고 상당 기간 동안 논쟁을 벌였으나, Bogd 汗의 印을 강력히 주장한 Danzan은 黨印을 주장한 Bodoo의 그룹보다는 군주제에 대해 보다 호의적이었다고 할 수 있겠다.[21] 이는 당원인 Tseveen이 1921년 4월 11일에 몽고인민당 중앙위원회에 보낸 편지에서도 확인할 수 있다.[22] 1921년 인민혁명이 성공한 이후 1924년 Bogd 汗이 서거할 때까지 몽고는 제한군주제를 실시하였는데 이것은 소비에트 측의 입장과도 일치하는 것이었다. 즉 1921년 1월 2일 Shumyatskii가 레닌에게 보낸 편지에서 "우리들은 몽고혁명당에게 민족혁명운동의 원칙을 견지하도록 권고하고 행동을 서두르는 것을 권장하지 않는다. 그 이유는 외형상 적절한 화합을 깨뜨리지 말고 政敎를 장악하는 것 이상으로 새로운 정권, 자본가의 민주적 세력을 강화하기 위해서 세상에서 부처라고 불리는 Khutagt(Bogd 汗)를 자극하지 않고 오히려 그를 정치권력을 갖지 않는 (거부권과 군사 재정권이 없는) 제한군주로 삼을 것"을 권고하였다[23]고 하여 당시 몽고에 적합한 정치형태를 제한군주제로 보았다.

Danzan은 20세기 초기의 당시의 몽고의 발달 수준과 국내외의 상황 등을 면밀히 검토한 결과 '제한정부제도를 굳건히 세우자'라는 생각을 몽고인민당 중앙위원회에 제기하였다.[24] 이는 몽고인민당의 목표와도 잘 부합되는 것으로서 종교를 숭상하고 라마의 명령을 받들고, 민족을

---

21) 小貫雅男은 Danzan이 'Bogd＝汗＝몽고國에는 반대하지 않고 制限君主制의 자본주의국가'를 생각하였다고 보았다(小貫雅男, 『モンゴル現代史』, 山川出版社, 1993, 199쪽). 그러나 구체적인 근거를 제시하지는 않았다.
22) 졸고, 앞의 글, 590쪽.
23) 『20세기 몽고』, 47쪽.
24) Lonjid, 앞의 책, 19쪽.

보전하고, 이전의 가르침에 따라 생활하고 자신의 땅과 영토를 스스로 지배하고 지킬 것 등을 기본목표로 당을 세웠다.[25] 국가의 중요성은 종교, 민족, 관습, 영토를 지키는 데 있고 이러한 고유한 문화와 당시의 몽고의 사회발전 수준을 고려할 때 혁명 초기의 정치형태는 인민주권 정부가 아니라 제한군주제의 형태가 보다 적합하다고 판단하였으며 이는 대부분의 혁명가들도 지지하였다.

그렇다면 제한군주제를 주장한 Danzan의 사상은 어디에서 연유한 것인가. Danzan은 몽고가 독립을 쟁취하고 민족을 통일할 수 있는 강력한 구심력과 추진력이 바로 종교에 있다고 보았다. 그래서 민족을 언급할 때에는 종교와 민족을 마치 같은 의미인 것처럼 병행하여 사용하곤 하였다. 몽고의 고유한 문화나 관습, 전통이라는 말의 의미도 종교를 빼고는 생각할 수 없었다. 따라서 종교를 정치적 구심점으로 활용할 수 있는 적절한 정치형태로서 제한군주제를 자연스럽게 수용하게 되었다. 그리고 라마와 종교의 문제를 가능한 들추어 내지 않고 덮어두려고 하여 이 점에서 Rinchino과 커다란 견해 차이를 보였다. 즉 제3차 당대회 3일째 회의에서 Rinchino이 라마의 문제를 구체적으로 거론하자 Danzan은 "Rinchino이 제기한 주제인 라마문제의 중요성을 고려하여 이를 논의하는 것을 뒤로 미루는 것이 좋겠다"[26]라고 제안하여 참석자들의 동의를 얻어내었다. 그러나 8월 26일의 회의에서는 Danzan의 과오를 낱낱이 들추어 내어 그를 단죄하였는데 그 가운데 하나가 "Danzan은 라마에 관한 일을 논의하는 것을 온갖 수단으로 반대하였다"[27]라는 Rinchino의 비난이었다.

물론 Danzan이 전제군주제만을 시종일관 주장한 것은 아니다. 때로는 공화정을 주장하기도 하고 심지어는 소비에트의 권력 형태까지도 수용하는 융통성을 보이기도 하였다. 예를 들면 1921년 3월 20일 '몽고 인민당 중앙위원회가 인민들에게 발표한 성명'을 보면

---

25) '인민당 선언' 등.
26) 『제3차 당대회』, 49~50쪽.
27) 『제3차 당대회』, 172쪽.

　　셋째, 대러시아의 인민대표들이 자유와 권리를 찾아 이전에 제국정부의 권력을 잡았던 부유한 王公과 재물에 탐욕스러운 저들 반동들의 지배를 무너뜨리고 소비에트정부의 대러시아를 세운 새로운 제도는 우리 몽고인민들에게도 정녕 목표가 될 것이다.

라고 하여 소비에트 권력을 주장하였다. 위 성명은 Danzan의 견해로 보기는 어렵고 그 내용에서 짐작컨대 이는 코민테른 대표의 주장이 그대로 관철된 것으로 보인다. Danzan이 소비에트의 권력 형태를 반대하지 않은 이유는 일차적으로는 소비에트 러시아의 원조를 염두에 둔 것이며 부차적으로는 이 성명이 실질 강령이 아니라 어디까지나 목표로서의 선언적 수준에 지나지 않았기 때문일 것이다. Danzan이 비록 소비에트 권력을 수용하였다 하더라도 이것이 곧 공산주의의 수용으로 이어지는 것은 아니었다. Danzan은 공산주의를 '실현할 수 없는 사회제도'[28] 또는 '실현할 수 없는 일과 행위'[29]라고 하여 반대의사를 분명히 하였기 때문에 아마도 Danzan은 소비에트 권력형태를 나름대로 해석하여 민주주의제도로서 받아들인 것이 아닌가 생각된다.

　　1921년 후반에 Danzan과 Bodoo 사이에 갈등을 첨예화시킨 사안도 바로 권력 형태에 관한 것이었다. 소위 Danzan의 메모로 잘 알려진 이 사건은 인민정부와 Bogd 汗 사이의 권한 관계를 명확히 하기 위해 양자 사이에 서약을 작성하여 실제로 국정에 관한 全權을 인민정부가 장악하게 되면서 이에 대한 반발이 소위 Danzan의 메모사건으로 불거져 나온 것이었다.[30] 이 메모에서 Danzan은

　　제한정부는 오래 가지 않고 반드시 공화국이 될 것이 확실하다. 그런데 제한정부를 强固하게 하자는 것인가.[31]

---

28) Dash, 앞의 책, 19쪽.
29) Lonjid, 앞의 책, 25쪽.
30) 솔고, 앞의 글, 602~605쪽 참조.
31) Bat-Ochir, *Bodoo Said*(Bodoo장관), UB, 1991, 24쪽.

라고 하여 이번에는 열렬한 공화주의자로 변신하였다. 이 사건은 표면
적으로는 권력 형태가 주요 논쟁점인 것처럼 보이나 실제로는 지배계
층 내부의 권력관계의 새로운 조정이 보다 근본적인 원인이 되어 일어
난 것이었다. Danzan은 정부와의 관계에 있어서 당을 지배정당으로 간
주하여 당이 정부를 이끌고 나가는 것을 당연하게 생각하였다.[32] 그런
데 이 서약으로 인해 인민정부가 국정에 관한 실질적인 권한을 행사할
수 있게 되자 Danzan은 인민정부가 몽고인민당 중앙위원회를 종속시
키려 한다고 반발하게 된 것이었다. 따라서 Danzan의 메모에 언급된
공화정의 주장은 전적으로 Danzan의 정치적 신념에서 나온 것이라고
보기는 어렵다. 이후 권력 형태에 관한 논란은 공식화되지 않다가 1924
년 5월 27일에 Bogd 汗이 서거하자 Bogd 汗 死後의 권력 형태에 관해
6월 7일에 몽고인민당 중앙위원회 제3차 총회에서

> ……이제 인민주권 국가의 법에 따라 공화국 정권을 실행하는 것에 대해
> 협의한 결과 인민공화국의 정권을 실행함이 마땅하여 大總統이라는 首長을
> 뽑지 않고 국가의 최고권력을 국회(인민대회 : 필자주)의 법에 따라 본 회가
> 가지며 국회가 휴회시에는 정부가 갖는다.[33]

라고 결정하여 인민공화국을 출범시키게 되었다. 그러나 문맥상으로
볼 때는 인민공화정 이외에 대총통제도 거론되었다는 것을 알 수 있다.
다만 총통제를 주장한 사람들이 누구인지는 확인되지 않는다. 국가 및
권력 형태에 관한 최후의 결론은 제3차 당대회에서 이루어졌다. 먼저
Rinchino이 몽고혁명의 미래에 대해 제시한 6가지 사항 중 가장 쟁점이
된 두번째 사항은

> 몽고인민당의 최종 목표는 공산주의이며 당은 자본주의적 발전의 단계를
> 결여하고 이 목표에 도달하도록 나아가고 있다.……僧・俗 반동들과의 투쟁

---

32) Dash, 앞의 책, 33쪽.
33) 졸고, 앞의 글, 591쪽.

이 조만간 끝나고 자본주의적 인민제도를 번영시키는 길로 나갈 것인지 아
니면 공산주의제도로 발전할 소비에트의 길로 나아갈 것인지 양자택일을 하
는 것이 사회주의혁명당과 마찬가지로 우리 당이 직면한 문제이다.……[34]

라고 하여 몽고의 발전 방향을 非자본주의적인 발전의 길로 나아가고
자 하였다. 최근에 나온 몽고의 역사서에서는 이것이 비자본주의적 발
전이나 즉각적인 사회주의에 관한 사상이 아니고 다만 제국주의나 식
민제도의 재앙과 고통에서 벗어난다는 뜻으로 해석하거나[35] 인민공화
주의를 지향한 광의의 민주주의[36]로 보기도 한다. 이틀 후 이 문제를
다시 협의하면서 Rinchino은 "우리들은 이제 자신의 권리와 자유를 획
득하여 우리 자신의 삶을 우리의 생각대로 건설해 나갈 권리를 가지게
되었다. 우리들은 반동적인 자본주의제도의 모든 단계를 거쳐야 할 필
요가 없다. 소비에트 건설로 한꺼번에 이행하는 것이 더 낫다. 착취제
도의 굴레에서 노력할 필요가 있겠는가?"라고 자신의 주장을 재차 확
인하자 Danzan은 "우리 몽고에 私的 자본가를 제한할 필요가 있는가?
그러한 결정이 나와야만 한다면 나는 승인하겠다!……그러나 지금 우
리 몽고에는 우리 몽고의 자본가는 있지 않다. 그렇기 때문에 이는 지
금 논의해야 될 것이 아니고 오히려 내일의 일이다. Rinchino이 말한
대로 결정이 내려진다 해도 지금 당장 결정을 내리는 것이 실제로는 중
요성을 갖지 못한다"[37]라고 반박하여 결국 이 사안은 "몽고는 전 세계
의 여러 나라와 마찬가지로 반동적인 자본가의 억압과 고통을 맛보지
않는 오늘날 국제상황에 맞추어 진정한 인민제도를 토대로 나아가야"
한다는 것을 목표로 승인하였다. 비록 문구가 매우 유연하게 채색되었
다고는 하나 향후 몽고사회의 발전방향을 계급적 관점에서 그 지향성
을 분명히 한 것이다. 특히 진정한 인민(Zinkhene Arad)제도라는 개념은

---

34) 『제3차 당대회』, 45쪽.
35) Dash, 앞의 책, 23쪽.
36) 『20세기 몽고』, 52쪽.
37) 『제3차 당대회』, 59쪽.

당시에 민족민주주의에서 인민민주주의로 방향을 선회하려는 분명한
계급지향적 정치성향을 나타내는 의미로 사용되었다. 그래서 정통주의
역사학에서는 진정한 인민제도가 인민계급 내의 특정 계급을 중심에
두는 발전 방향을 전망한 제도라고 보는 데 反하여 최근의 저서에서는
인민대중을 계급적 측면에서 적대세력으로 대치시키지 않고 전 구성원
을 동등한 권리를 가진 상황으로 이끌고, 민족의 화합을 존중할 수 있
는 모든 계급의 독재라는 점에서 원칙상 구별되는 실로 민족민주주의
의 아주 새로운 형태로 보고 있다.[38] 진정한 인민이라는 말은 이미
1921년 몽고인민당 중앙위원회의 문건에서 보였으나 자주 사용된 것은
아니다. 그러다 1923년 제2차 당대회에서 당내 계급문제가 거론되면서
진정한 인민의 계급적 성격이 보다 분명해지기 시작하여 1924년의 제3
차 당대회에서 구체화되었다. 즉 Rinchino은 "당원 대부분은 中·下層
階層이며 오직 진실된 中流階層의 인민만이 우리와 함께 할 수 있음은
의심의 여지가 없다. 다른 계층에서 당에 들어오고자 할 때는 상황을
잘 살펴보아야 한다"고 하여 中·下層 階層을 위주로 한 당원 모집을
주장하였다. Rinchino은 당시 몽고의 사회계층을 진정한 인민, 봉건귀
족, 라마, 자본가 등의 몇 개의 계층으로 나누었는데 자본가는 富牧을
가리키는 것으로 대개 가축 100Bod 이상을 소유한 牧民을 의미하였다.
따라서 당의 주요세력은 中·下層의 牧民을 중심에 두어야 한다는 것
으로서 몽고의 여러 정책의 기초도 바로 이들 中·下層의 牧民의 권익
을 옹호하는 데 두어야 한다는 것이었다. 실제로 이후 당정의 여러 정
책에서 이러한 원칙이 가능한 반영되었다. 이러한 Rinchino의 계급지향
은 이미 제2차 당대회에서부터 표명되어 이를 당의 기본방침으로 삼기
위해 당의 강령인 '갈망하는 10가지 사항'에 약간의 수정을 가하기도
하였다. 그러나 제3차 당대회에서는 이를 한층 강화하려 하였기 때문에
자연 Danzan과 충돌하게 되었다. Danzan은 Rinchino의 계급구분에 반
대하여 "이전의 갈망하는 10가지 사항은 Rinchino 등이 새로운 것을 첨

---

38) 『20세기 몽고』, 47~48쪽.

가해서 제한할 정도로 변화한 그런 일반적인 것이 아니다"라고 비판하
여 당강령에 계급지향을 더욱 명확하게 하는 데 반대하자 Danzan의 의
견에 이의를 제기하는 대표가 없었기 때문에 그의 주장이 통과되었다.
　한편 Danzan의 계급관은 1922년 그가 코민테른에 보낸 Bodoo 사건
의 보고서나 제3차 당대회에서의 숙청문제에 관한 Danzan의 입장을
보면

　　이 사건은 黨內에서 中·小 부르주아 분자들의 양면성, 흉폭함을 극명히
　보여줌과 동시에 Noyan과 진보적 민주주의사상을 가진 일부 라마가 국가에
　그 일관된 진실을 보여 주었다.39)

　　우리 당이 강화되지 못한 초기에는 다른 계급의 사람들과 손을 잡았지만
　이제 숙청해야 할 두려움은 전혀 없다. Noyan, Taiji들은 모두 반동이고 인
　민들은 모두 진실된다고 볼 수 없기 때문에 당에 있어야 할 것인지 말 것인
　지는 자세히 조사해서 결정해야 한다. 당에는 각양의 생각을 가진 여러 종류
　의 사람들이 있어 왔다. 이들을 이제 조사해 볼 필요가 있다.40)

라고 답하였다. Danzan은 모든 사람을 계급적 관점에서 일률적으로 재
단하는 것에 대해 비판하고 오히려 개개인을 계급과는 무관하게 그 자
신의 진실됨을 가지고 평가해야 한다고 주장하였다. 이 같은 온건한
Danzan의 계급관은 그의 역사관과도 일치되는 것이었다.41)
　Danzan의 역사의식은 사회의 발전을 자연의 변화와 동일시하는 것
이다. 즉 Danzan은 몽고의 발전을 인류의 보편적인 발전 속에서 바라
보고자 하였다. 인류의 발달은 여러 단계를 거쳐 나아가게 되는데 예를
들면 "오르는 걸음에는 한 걸음부터 시작하여 나아가고, 물 속의 얕은
곳에서 깊이 들어가는 이치와 같아서", "이러한 단계는 바뀔 수 없으며
초원의 법도 그러하다"고 보아 사회의 발날을 자연이 변화하는 섭리처

---

39) Bat-Ochir, 앞의 책, 50~51쪽.
40)『제3차 당대회』, 43~44쪽.
41) 이하 Danzan의 역사관은 Lonjid, 앞의 책, 18~19쪽 참조.

럼 단계별로 자연스럽게 교체하는 것으로 보았다. 또한 "유목이나 정착의 어떤 나라라도 부모와 이전 세대들이 (직접) 보거나, 알게 된 제도와 가르침에 의지하여" 살아가며, "强弱(陰陽 : 필자주)의 법칙이 서로 침투하여 이를 통해 자신의 관습과 일치한 것을 선택하여 제도화하기 때문에 一側이 서로 감화하여 투쟁함이 없이 고치고 새롭게 되는 방법을 적용해 간다"라고 하여 급작스런 변화나 인위적인 변화에 대해 거부감을 가지고 있었다. Danzan은 "인간이 자신의 몸을 닦고 학문과 도리를 확고히 지키지 않고" "아침에 들은 것을 저녁에 따르는 것"은 국가의 발전뿐만 아니라 개인의 생활에도 장애가 되는 것이므로 새로운 사상과 새로운 것은 무엇이나 그 득실을 따지지 않고 무조건 받아들인다면 극단에 빠질 위험이 있으므로 신중하도록 요구하였다. 반면에 변화를 두려워하는 것의 폐단도 적절히 지적하여 "고치고 새롭게 하는 것을 서서히 한다면 잠자는 것과 같다"고 하여 각국은 각국 나름의 민족적 특성과 고유한 문화를 보전하면서 동시에 사회의 발전과 새로운 사상을 수용해야 된다는 중용사상 또는 현실주의적인 절충론을 보여 주고 있다. 일반적으로 절충론은 원칙이나 명분보다는 현실에 더욱 충실하기 때문에 때로는 상당히 모순적이고 표리부동하게 보이기도 한다. 인민정권에 대한 Danzan의 정치적 입장도 그러한데 그는 제한군주제를 주장하였으나 때에 따라서는 옛날의 자치제도나 공화정을 주장하기도 하고 심지어는 소비에트 정권까지 수용하는 태도를 보여 주었다. Danzan은 기본적으로 급격한 변화를 싫어하고 무엇이나 물 흐르듯이 자연스러운 것을 선호하였다. 제3차 당대회에서 Rinchino이 Jasag의 봉건특권을 완전히 폐지해야 한다고 주장하였을 때 Danzan은 자연히 소멸되고 있는 것을 억지로 무너뜨릴 필요는 없다고 반대하였다. 이 점은 그가 혁명 Khubisgal 또는 Boshigiig Khalakh[42]라는 말을 사용하는 것을 극히 싫어한 것과도 연결된다. 즉 1922년 초의 공문에 보면 같은 내용에

---

42) Boshig는 命, iig는 대격조사, Khalakh는 革하다라는 뜻으로 한자어 革命을 몽고어로 풀어 쓴 것이다.

대해 외국에 발송한 공문에는 '몽고인민혁명당 중앙위원회'라고 하고 국내에는 '몽고인민당 중앙위원회'라는 당명을 사용하였다. 또 1922년 3월 당 중앙위원회 간부회의에서 당명에 Khubisgal을 첨가할 것을 의논하였으나 인민대중들이 잘못 이해할 가능성이 있다고 반대하였다. 그리고 몽고청년동맹의 이름에 'Boshigiig Khalakh 청년동맹'이란 이름을 붙이는 것도 크게 반대하였다.[43]

Ⅲ. 자본주의 사상

Danzan은 민족부르주아의 권익을 대변한 혁명 초기의 대표적인 정치가로서 평가되어 왔다.[44] 反혁명사건으로 체포된 Danzan의 혐의사실은 이러한 평가를 뒷받침해 주는 증거들이다. 특별위원회가 작성한 Danzan의 혐의사실 가운데 그의 蓄財와 관련된 부분을 보면 다음과 같다.

Danzan은 정부가 명령하고 결정한 일을 위반하고 중국인 상점 Da shin kuu(大盛魁) 등 중국인의 옛날 빚을 여러 인민들에게 대담하게 명령하여 갚도록 하였다. 또 외국의 탐욕스런 상인들과 음모하여 인민대중을 착취하였다. 또한 중국인의 옛 빚을 갚게 할 때 물건의 값을 당시 시세보다 지나치게 낮게 쳐주었다. 개인 소지증이 없는 무기의 상당량을 자신과 다른 사람에게 증명서를 만들어 주고, 외국상인들에게도 주어 보냈다. 특히 중국의 반동 적들의 첩자들과 몰래 관계를 맺어 협력하고 수도와 張家口 양 도시 사이에 운행하는 증기 운송차가 머무는 驛을 짓고, 이탈리아 국적의 외국상점과 공모하여 몽고에 자본의 활동을 발전시키고 몽고협동조합의 활동을 방해하는 등 이치에 어긋나게 행동하는 사이에 바로 그 자신의 이익을 쫓았다.……[45]

---

43) Lonjid, 앞의 책, 34쪽.

44) 최근의 저서에서는 그를 도시 평민계층의 대표 또는 중산층의 대표로 보기도 한다(Dash, 앞의 책, 20쪽).

45) 『제3차 당대회』, 209쪽.

　이상의 내용은 크게 세 가지로 요약할 수가 있는데 하나는 중국상인의 묵은 빚을 강제로 갚게 한 것, 둘은 중국상인들과 결탁하여 부당하게 개인적 致富를 한 것, 셋은 협동조합의 활동을 방해한 것 등이다. 이러한 혐의사실을 확인할 만한 구체적인 증거가 충분한 것은 아니지만46) 만약 그것이 사실이라면 이는 단순히 Danzan의 개인적인 蓄財로 보기보다는 오히려 그의 신념과 관련된 것으로 보아야 할 것이다. 따라서 이 세 가지 내용을 가지고 Danzan의 자본주의 사상을 살펴보고자 한다.

　Danzan은 당시 몽고를 계급으로서의 민족부르주아가 아직 발생하지 않은 前자본주의 사회로 이해하였다. 몽고의 낮은 사회발전 수준은 주변국가로부터 제국주의적 수탈을 불가피하게 하였고 몽고의 國富의 유출은 정치 군사적으로도 몽고를 약소국으로 전락시켰다고 보아 경제의 성장을 매우 중시하였다. 그는 또한 모든 종류의 자본주의의 형태를 옹호함으로써 경제성장을 촉진시킬 수 있다고 보았다. 특히 개인의 영리 추구를 제도적으로 보장하는 것이 몽고의 경제성장에 절대적이라는 신념을 굽히지 않았다. 그 대표적인 사례를 蒙·蘇修好條約의 체결 과정에서 엿볼 수 있다. 蒙·蘇修好條約의 주요 쟁점 가운데 하나가 바로 개인 利權에 관한 것이었다. 소비에트 러시아 측은 러시아제국 시기에 다른 국가와 맺은 모든 불평등조약을 이미 무효로 한다고 선언하였기 때문에 여기에는 러시아 자본가들이 제국시기에 획득한 몽고에서의 금광채굴권 등의 개인 이권까지도 당연히 포함시켜야 한다고 주장하였다. 반면에 Danzan은 "우리 나라에서 이권은 일정한 기간이 정해져 있다. 기간이 없는 이권은 없다. 이 기간에 러시아인들은 자신의 이권을 이용할 수 있다. 따라서 조약에 이 내용을 집어넣을 이유를 발견할 수 없다"라고 하여 몽고 자치정부와 러시아 제국정부 사이에 체결된 모든 조약은 무효가 되지만 국가 간의 조약을 무효로 하였다고 해서 러시아 시민이 일정 기간 조건을 붙여 개인 자격으로 획득한 이권에 대해서도 무

---

46) 그 증거는 대개가 증인들의 증언과 자백에 의한 것이 대부분이었다.

효라고 할 수 없다고 의견을 달리하였다.[47] 이러한 Danzan의 입장은 합법적인 절차를 거쳐 획득한 개인의 권리는 당사자 간의 자발적인 계약 폐기나 변경이 없이는 비록 혁명이나 국가간의 조약으로도 파기할 수 없는 절대적인 권리로 인식하였으며, 개인의 권리를 철저히 보장해 주는 것이야말로 궁극적으로 국가경제의 발전에 기여할 수 있는 것으로 이해하였다.

혁명 이전에 외국상인에게 진 빚을 갚도록 한 것도 같은 논리로 볼 수 있다. 黨史의 기록에 의하면 Danzan은 1924년에 Tsetsegleg Mandal Aimag, Khantai Shir Uul Aimag, Bogd Khan Uul Aimag 등의 몇몇 Khoshuu에 대해 중국상인에게 진 빚을 갚도록 하였는데 빚의 액수가 엄청나서 Bogd Khan Uul Aimag가 중국상점 Buyant에게 갚은 빚만도 26만 냥이나 되었다고 한다.[48]

처음 인민정부는 1921년 6월 25일과 7월 30일에 있었던 각료회의에서 "외국상인에게 진 빚을 갚는 문제가 완전히 협의되지 않았기 때문에 이전처럼 외국상인에게 진 빚을 갚는 것을 법으로 금하고 이를 일단 중단하도록" 하였으며 아울러 빚의 정확한 액수를 보고하도록 결정하였다.[49] 이듬해인 1922년 7월 4일에 재차 명령을 내려 외국의 상업 고리대금업자에게 진 이전의 빚을 연기한 결정을 위반하는 자는 쌍방을 엄벌토록 명령을 내렸으나 1924년까지 이 문제는 엄격하게 시행되지 못하였다. Danzan이 처형된 직후인 1924년 9월 각료회의에서 내린 최종 결정사항은

Da Shin Khuu(大盛魁) 등의 이름 있는 상점의 중국인들이 淸代 以來 잔

---

47) Lonjid, 앞의 책, 15쪽.

48) Shirendev, *Mongol Ardiin Khubisgaliin Tüükh*(몽고인민혁명사), UB, 1969, 421쪽.

49) *Ardiin Jasgaac 1921~1924 Onuudad Absan Khubisgalt Arga Khemzeenüüd*(인민정부가 1921~24년에 시행한 혁명의 방법), UB, 1954, 164~165쪽.

인하고 반동적인 Noyan, 관리들과 손잡고 자기 마음대로 엄청난 가격을 붙
이거나 불법적으로 비싼 이자를 붙이고 이 빚을 받으러 올 때는 Ulaa와 양
식을 강제로 쓰는 등 여러 해에 걸쳐 우리 몽고 인민대중을 골수까지 착취하
여 파산시켜 왔기 때문에 도저히 다 갚을 수 없게 된 빚의 액수가 적지 않다.
……현재 남아 있는 빚의 원금과 이자를 합해 모두 갚을 필요가 없고 이후로
Aimag와 Khoshuu에서 Alba를 이유로 돈을 빌리는 것은 국고나 상호부조의
협동조합 등에서 빌린다. 다른 외국인에게 이와 같이 Alba를 이유로 빚을 빌
리는 것은 전면 금지하고 처벌한다.[50]

라고 하여 중국상인에 대한 묵은 빚을 완전히 무효화하였다. 이는 곧이
어 나온 11월의 헌법에서도 재차 확인되었다. 그런데 인민정부가 무효
라고 결정한 외국상인의 빚 속에는 개인 부채까지 포함시키는지가 분
명하지 않다. 혁명 이후에 나온 문건에서 빚을 언급할 때에는 묵은 빚
(Khuuchin Öp)과 새로운 빚(Shine Öp)으로 구분하였고 무효가 된 것은
1921년 인민혁명 이전에 빌린 묵은 빚만을 가리켰다. 그리고 이 때의
빚은 Albanii Öp 즉 公的인 빚[51]이라고 하여 지방의 관청이나 Jasag가
Alba 즉 賦稅나 公務의 비용을 구실로 가져다 쓴 빚을 주로 언급하였
기 때문에 개인 부채에 대해서는 논란의 여지가 있다. 그리고 러시아상
인에게 진 빚도 중국상인의 1/4 내지 1/3에 해당하는 적지 않은 규모였
으나 한 번도 언급이 없었던 것은 아마도 공적인 빚이 아니었기 때문일
것이다. 당시 몽고가 중국상인에게 진 빚의 총액은 1918년에 1,100만 냥
가량이며,[52] 1921년에는 1,500만 루블이었다[53]고 추산한다. 이는 당시
몽고 중앙정부 예산의 몇 배에 해당하는 거액이었기 때문에 만약 빚을
갚아 나간다면 국민생활을 제대로 유지할 수 없게 될 것이고, 반대로
빚을 동결 또는 무효화한다면 중국으로부터 부족한 재원과 필수품을

---

50) 위의 책, 171~173쪽.
51) 淸 식민지하의 공적인 빚에 대해서는 졸고,『몽고혁명의 역사적 배경』, 연
　　세대 박사학위논문, 1991, 47, 102~103쪽 참조.
52) Maisky,『外蒙共和國』下(日譯), 1921, 199쪽.
53)『20세기 몽고』, 139쪽.

조달하는 데 커다란 어려움에 봉착하게 될 것이다. 명분을 앞세운 Rinchino은 이 빚들이 僧・俗 봉건영주들이 부당하게 쓴 것이기 때문에 갚을 필요가 없다[54]고 보았으나, 현실을 중시한 Danzan은 국가의 재정과 원만한 국정의 운영을 고려할 때[55] 경제적 혼란을 야기시킬 수도 있는 강경책에 소극적이었을 것이다. 결국 경제발전에 대한 서로 다른 견해의 차이는 중국상인의 빚에 대한 처리방식도 다르게 나타났다고 볼 수 있다. 몽고가 인민혁명을 성공시킨 이후 4년 간 개인 상업이 크게 발달하여 그 숫자가 2배 가량이나 증가하였다. 나라별로 승가비율을 보면 몽고상인은 2.7배, 歐美 상인은 12.4배, 러시아 상인은 5.7배 그리고 중국상인은 1.6배 증가하였다.[56] 그렇지만 몽고의 대외무역과 국내상업을 장악한 것은 중국상인들이었다. 1924년 당시 중국상인들은 몽고의 총수출의 86%, 총수입의 87%를 취급하고 수천 개의 지점을 가진 중국상점들이 약 500개를 헤아려[57] 지방에서의 도・소매업은 거의 중국상인들이 독점하였다. 이처럼 몽고의 경제에 대한 중국상인의 지배력이 압도적이고 거기에다 개인 상업이 크게 번성하자 Rinchino은 제3차 당대회에서 "……중국인 보부상에게 어떤 등록이나 검사를 해서는 안 되며 (오히려) 그들이 경제에 害가 되기 때문에 시골에서 장사하는 것을 금지해야 한다"라고 하여 지방에서의 중국상인의 활동을 규제하고자 하니 시골 출신의 한 대표가 "보부상을 금지하면 협동조합의 지부가 없는 지역의 인민들은 어떻게 되는가?", "우리들에게 중요한 일이 닥쳤을 때 중국상인들은 물건을 미리 외상으로 주기 때문에 이롭다. 그런데 몽고의 협동조합은 외상을 주지 않는다"라고 반박하여 현실을 무시한 Rinchino의 주장에 불만을 표시하였다.[58] 그럼에도 불구하고 좌파

---

54) 『제3차 당대회』, 170쪽,
55) 1924년도 세수의 80%가 관세수입이었다(『제3차 낭대회』, 125쪽).
56) 『20세기 몽고』, 142쪽.
57) 몽고과학원 역사연구소 편, *Bügd Hairamdakh Mongol Ard Ulsiin Tüükh*(몽고인민공화국사) Vol. 3, UB, 1969, 224쪽.
58) 『제3차 당대회』, 87쪽.

의 지도자들은 외국무역을 정부가 독점하고 소비에트 러시아와의 교역을 강화하는 것이 몽고의 경제와 독립을 강화하는 것이라고 주장하였다. 그러나 Danzan과 같은 자유무역론자들은 만약 좌파의 주장대로 한다면 외국의 자본이 몽고에서 빠져나가 몽고의 경제와 국가의 재정에 엄청난 타격을 주게 될 것이라고 반대하였다. 실제로 이러한 우려는 1929년의 집단화 과정 속에서 현실로 나타났다. 1929년도의 몽고의 주요 무역상대국은 이미 중국에서 소련으로 바뀌었으나,59) 중국상인들은 여전히 지방상권을 장악하고 있었다. 1929년부터 3년 간 실시한 집단화 정책에서 가축의 수는 약 30%에 해당하는 700만 두나 감소하였고 7,600가구 이상이 국외로 달아났으며 심지어 무장봉기까지 발생할 정도로 그 상황은 심각하였다.60) 인민의 저항은 富牧계층에만 국한된 것은 아니고 貧牧과 中牧까지도 포함한 광범위한 계층에서 일어났다. 특히 개인 상업을 금지함으로써 발생한 물자의 부족과 유통의 마비는 더 큰 불만을 초래하였다. 국가가 외국무역에 대한 특권을 가지겠다는 본래의 취지는 무역에 대한 국가의 감독 및 통제를 강화하여 경제를 국가와 인민의 이익에 부합하도록 발전시켜 밖으로는 제국주의 국가의 경제 침략으로부터 몽고의 시장을 보호하고 안으로는 개인 자본주의의 발전을 저지하여 국가자본주의로의 발전을 모색하겠다는 것이었다. 그러나 이러한 의도에도 불구하고 현실은 理想과 정반대로 나타나 강력한 인

---

59) 몽고와 소련의 교역량 (Rupen, *Mongols of the Twentieth Century*, part 1, 217쪽의 주 88의 재인용)

연도	몽고에서 소련으로의 수출(%)	소련에서 몽고로의 수입(%)
1925	24.1	19.5
1926	39.3	22.4
1927	50.0	22.5
1928	57.8	23.8
1929	85.5	48.3
1930	90.2	74.9
1931	99.2	90.7

60) 『20세기 몽고』, 62쪽.

민의 저항에 부딪쳐 오히려 국가경제를 크게 후퇴시켰을 뿐이었다. 결과론적으로 볼 때 외국무역에 대한 감독 수단은 정부가 무역을 독점하는 것이 아니라 관세를 통해 조정해야 한다61)는 우파의 주장이 보다 현실적이었다고 할 수 있다.

끝으로 상호부조의 협동조합(Khariltsan Tuslaltsakh Khorshoo : 이하 협동조합으로 줄임)에 관해서 보면, 인민정부가 주력하였던 가장 획기적인 경제정책 가운데 하나로 꼽을 수 있는 것이다. 초기에 협동조합은 비록 정부가 투자를 하였으나, 대부분의 주주는 민간인들이었기 때문에 주주들의 이윤을 추구하는 측면이 없지 않았다.62) 그러나 협동조합은 기대와는 달리 크게 확대 발전하지 못하였기 때문에 제2차 당대회에서 인민정부는 협동조합의 활성화 방안을 공식의제로 상정하였다.63) 정부의 보고에 따라 대회는 이 문제를 협의한 결과 먼저 협동조합의 활동이 부진한 이유를 "……지분을 많이 넣은 사람들이 협동조합의 일을 지배하여 자신의 이익을 추구하고 있기 때문에 협동조합의 본래의 목적이 잘못된 길로 나가고 있으므로 인민들 속에서 협동조합을 신뢰하지 않게 되었다"라고 보고 이후 협동조합의 목적을 주주들의 개인적 이윤추구의 수단으로서가 아니라 국민 전체의 경제와 생활의 향상을 위한 방편으로 삼을 것임을 분명히 하였다. 이를 실행하기 위해서

몽고인민당과 숯 몽고 혁명청년동맹 양자가 즉시 본 조합을 장악하는 데 힘써야 한다. 그리고 현재 시행하고 있는 것을 개선하여 협동조합의 목적대

---

61) Pügersüren, "Mongol Ardiin Khubisgalt Namd Garsan Barimt Opportunism Tüünii Niigem Jasgiin Ug Survalj"(몽고인민혁명당 내의 우익 기회주의 - 그 사회 경제적 기초 -), *Tüükhiin Sudlal* 6 - 5, 1965, 18쪽.

62) 혁명 초기의 협동조합에 대해서는 폴고, 「Budoo의 정치사상에 대한 재평가」, 578~580쪽 참조.

63) 이하 제2차 당대회에서의 협동조합에 관한 내용은 몽고인민혁명당 중앙위원회산하 당사연구소 편, *Mongol Ardiin Namiin Khoyeldugaar Ikh Khural*(몽고인민당 제2차 당대회), UB, 38쪽.

로 시행하는 것을 중시한다.

라고 하여 협동조합의 업무를 당과 동맹의 관할하에 둠으로써 애초에 인민정부가 구상하였던 국가자본주의로의 길로 한 발짝 다가섰다. 당과 동맹은 협동조합 일에 조예가 깊은 사람들을 선임하여 특별위원회를 만들고 여기서 협동조합의 개선방안을 의논하여 결정된 사항은 당 중앙위원회가 관련 부처에 넘겨 실행하도록 하였다. 그리고 당과 동맹은 각각 소속 세포와 당원들에게 조합활동을 선전하고 정부가 조합에 협조적인가를 주시하도록 결정하였다. 이처럼 조합활동의 중요성이 부각되면서 협동조합에 대해 정부의 지원도 증가하고 협동조합의 위치도 크게 향상되었다. 즉 정부는 1921년과 22년에 각각 만 냥씩을 무상으로 지원하고 1924년에는 200만 냥을 일부는 무이자로 일부는 아주 싼 이자로 빌려 주었으며 1922년부터 3년 간 세금을 면제해 주었다.[64] 이러한 정부의 지원에 힘입어 협동조합도 크게 확대되어 1921년에 100명 미만의 주주들로 기본금 15,000Tögrög로 출발한 것이 1924년에는 조합원 3,000명에 기본금 10만 Tögrög로 늘어났다.[65] 또한 1923년 6월 蒙·蘇商業條約의 체결로 몽고의 협동조합과 소비에트 러시아의 상업조직이 긴밀한 관계를 맺게 되어 협동조합의 대외교역량이 증대하기 시작하였다. 제3차 당대회에서는 제2차 당대회의 결의를 재차 확인하고 한 걸음 더 나아가 협동조합의 운영을 획기적으로 바꾸어 놓는 계기가 되었다. 의결된 주요내용을 요약하면 다음과 같다.[66]

> 3항 : 주권국가에서는 경제를 발전시키는 것이 매우 중요하다. 상호부조의 협동조합은 인민대중의 이익을 목표로 하는 외에 국가의 경제활동에 중요한 부분인 국가의 모든 교역을 관장해야 하는 관청이기 때문에 인민당과 정부는 이를 도와 발전시켜야 한다. 따라서 이전에 정해진 대로 인민

---

64) 『20세기 몽고』, 142쪽.
65) 제3차 당대회에서의 보고에 의하면 300명 조합원 가운데 러시아인이 60명, 부리아드인이 100명 포함되어 있다고 한다(『제3차 당대회』, 186쪽).
66) 『제3차 당대회』, 190~192쪽.

당의 전 당원을 모두 상호부조의 협동조합의 회원으로 하고 더 나아가 여
러 대중들을 선도하여 회원으로 삼는다.……

4항 : 본국의 모든 Aimag, Khoshuu Otog마다 조합원을 두고 Aimag,
Khoshuu의 民으로부터 세금으로 거두어들인 모든 가축과 천연자원물은
반드시 조합에서 거래하도록 한다.……

6항 : 협동조합의 활동을 발전시키고 국내외의 모든 교역 상태를 고려하여
본국에서 외국으로 내보내고 외국에서 가져오는 중요한 것들을 수출입하
는 득권을 정부가 저당한 시기에 부여한다.

10항 : 중국 등 외국의 소상인들이 여러 Aimag, Khoshuu에 들어가서 인민
을 엄청나게 수탈하는 것을 막기 위해 상호부조의 협동조합의 지부와 지
국을 세워, 인민들이 고통과 장애를 맛보지 않도록 하고 외국의 소상인들
이 Khoshuu에서 장사하는 것을 정부가 적당한 때를 보아 모든 방법을 강
구하여 중단시키도록 한다.

이상의 내용은 협동조합이 국내상업과 외국무역을 독점하여 장차 비
자본주의적인 발전의 기초로 삼고자 한 것이다. 그러나 현실은 매우 비
관적이어서 회의에 참석한 대표들의 발언을 통해 쏟아져 나온 비난을
들어보면 1924년에 협동조합의 지부는 모두 82개가 있었지만 지부가
없는 지역도 많고, 그나마 지부가 있는 지역에서도 협동조합은 인민들
로부터 털이나 가죽을 구입할 때 여러 종류의 저울을 사용한다든지, 헐
값으로 사들인다든지, 날씨가 조금 흐린 날은 무게가 많이 나간다고 하
여 구입하지 않는다든지, 양이 너무 적으면 사지 않고 또 너무 많으면
일부만 구입하고, 여러 지역을 돌면서 구매할 때 불법으로 Ulaa를 사용
하고 양을 식용으로 가져가기도 하고, 중국인보다 더 많은 이자를 받는
등 인민들에게 매우 거칠고 무례하게 대하여 지역 주민들 가운데는 협
동조합을 기피하고 오히려 중국인 상인을 선호하는 사람들도 있었다고
한다.67) 중국의 경제적 지배에서 벗어나기 위한 방안으로 실시한 협동
조합이 조합 자체의 문제점 – 예를 들면 조합원 중심체제, 관료주의적
폐해, 빈약한 자본과 조직 등 – 으로 인해 거의 중국상점과 경쟁이 되

---

67) 『제3차 당대회』, 186~187쪽.

지 못하였다. 마침내 Rinchino도 이러한 현실을 인정하여 "중국인 이동 상점이 이동 판매하는 것을 금지하는 대신 협동조합이 이동상점과 함께 一組가 되어 장사를 해야 한다"라고 일단 후퇴하였다.

이상에서 살펴본 바와 같이 협동조합은 그 규모와 비중이 점차 커지면서 조합의 운영과 조직 및 성격도 크게 변화하였다. 그런데 이 협동조합이 최초로 논의되고 만들어졌을 때 Danzan은 국가재정을 책임지는 최고책임자로 있었고 이후 협동조합을 지원하는 일이나 그 성격이 바뀌었을 때도 반대한 적이 한 번도 없었다. Danzan이 협동조합의 활동을 방해하였다는 구체적인 증거는 첫째 Danzan이 중국상점과 도모하여 협동조합이 있는 지역에서 중간도매를 하였다는 점, 둘째 중국상인을 몽고병사로 호위하여 보호해 주었다는 점, 셋째 중국상인이 협동조합의 대표를 사칭하여 헐값으로 가죽을 사게 한 점 등을 들고 있다.68) 그러나 이러한 점은 Danzan이 협동조합을 반대하였다는 직접적인 증거는 되지 못한다. Danzan은 개인의 권리와 소유권을 절대시하고, 자유무역과 개인의 영리추구를 옹호한 전형적인 부르주아 정치가라고 할 수 있다. 동시에 국가적 규제나 계획 그리고 협동조합의 소유 등 국가자본주의적 요소도 반대하지 않는 융통성을 보였다. Rinchino이 경제를 정치에 종속시켜 경제문제를 정치논리로 풀어 가려는 경직성을 보인 반면에69) Danzan은 정치보다 경제를 우위에 두고 경제 그 자체에 초점을 맞추어 몽고의 경제발전과 인민생활의 향상에 도움이 되는 것이라면 여러 종류의 형태를 수용하는 유연성을 보였다.

---

68) 『제3차 당대회』, 166~167쪽.

69) Rinchino은 중국의 군벌이 침략정책을 버리지 않고 있는 때에는 몽고 영역 내에 중국인이 많이 있는 것이 해가 되기 때문에 몽고의 독립을 강화하기 위해서는 중국인(실제로는 중국상인들과 토지임대자들)이 몽고 국내에 들어오지 못하게 금지하고, 또한 이미 몽고에 들어와 있는 중국인은 가려내어 크게 감소시켜야 한다고 주장했다(『제3차 당대회』, 88쪽).

Ⅳ. 민족주의와 對蘇觀

　Danzan은 애국적 민족주의자로 널리 알려져 있다. 그의 명성에 걸맞게 그는 몽고민족의 통일에 특별한 관심을 가졌다. Danzan은 몽고민족의 화합과 단결이야말로 민족문화와 종교를 번영시키고 나아가 몽고민족의 생활을 향상시킬 수 있는 국가발전의 지름길이라고 생각하여 이를 혁명의 주요한 과제로 삼았다. 1920년 가을 몽고혁명 대표단이 Irkutsk 시에서 코민테른 실무자인 Ganon과 만났을 때 Danzan은 Tannu Ulianggai의 몽고복속 문제를 끄집어냈고, 곧이어 모스크바에 가서 소비에트 러시아의 지도자들과 만난 자리에서도 이 문제를 제기하여 "러시아제국 시기에 몽고로부터 빼앗아 간 Tannu Ulianggai를 되돌려 주는 한편 全 몽고가 통일하여 나라를 세우는 데 대해 소비에트가 어떤 정책을 가지고 있는가를 알려 줄 것을 원하며 그 밖에 몽고가 露·中의 승인을 고려하지 않고 권한을 가질 수 있기를 원한다"[70]라고 말하여 Tannu Ulianggai의 안건을 특별문제로 요구하였다고 한다. 실제로 몽고혁명 대표단이 소비에트 정부에 제출한 문건에도 7개 항의 의제 가운데 첫번째가 Tannu Ulianggai 문제였다. 몽고혁명에 당장 시급한 실질적인 도움인 원병과 원로에 관한 것은 끝으로 밀려나고 몽고민족의 통일에 관한 것이 서두에 부각된 것은 Danzan을 비롯한 당시 몽고의 혁명가들이 이 문제에 두고 있는 비중을 잘 말해 주고 있다.

　이러한 입장은 1921년 蒙·蘇修好條約의 체결을 위해 Danzan 등의 全權代表團이 파견되었을 때도 마찬가지였다. 蒙·蘇 양국이 가장 비중 있게 다룬 주제는 몽고측이 제시한 8개의 항목 가운데 제3항과 4항에 속하는 외몽고 주변의 몽고민족에 관한 것이었다. 그 내용을 살펴보면 3항에서는

　Tannu Ulianggai의 여러 Khoshuu와 Sum의 인민들은 이전의 淸朝下의

---

70) Lonjid, 앞의 책, 14쪽.

최초의 계절부터 200년 이상 Ulianstai 장군과 Khalkha의 Jasagt 汗 및 Sain Noyan 汗 Aimag의 5 Khoshuu로 나누어서 지배를 받아 왔다. 그런데 淸朝의 정치상황이 약화되자 러시아 제국정부의 집권자들이 욕심을 부려 Tannu Ulianggai 지역에 유목민들을 대거 이주시켜 도시를 세우고 이 땅을 점차 지배하게 되었다. 이후 우리 몽고가 중국으로부터 분리하여 스스로 다스리는 국가를 세울 때에 Ulianggai의 여러 Khoshuu와 Sum의 관리와 인민들이 민족종교와 정치행정을 고려하여 자발적으로 요청해 와서 모두 이전처럼 우리나라의 지배를 받게 되었다. 그러나 러시아 제국정부는 Ulianggai을 마치 몽고와 무관한 것처럼 서로 빼앗고 싸워 왔으나 아직 해결을 보지 못한 채 현재 Ulianggai을 언제부터인가 착취해 온 유목 러시아인 Safiyanov의 아들이 예전처럼 수탈할 방법을 강구하여 독립국가를 만들겠다고 Ulianggai의 몇몇 관리들을 선동하여 몽고 인민정부를 대신해서 남겨 놓고 온 고관들에 대해 말을 하였다. 이제부터 Ulianggai 영토는 몽고와 싸워 보았자 안 된다는 것을 Ulianggai와 가까운 러시아의 국경관리들에게 강력히 지시하고 몽고의 일부분이 될 Ulianggai의 여러 Khoshuu와 Sum의 관리와 인민들을 우리 몽고 국경의 관리들이 다스리는 데 관여하지 않는다는 것을 대소비에트 러시아정부에게 원하였다. 동시에 몽고정부는 'Ulianggai를 몽고에서 떼어 낼 수 없는 한 방어 지역'이라고 보고 몽고와 Ulianggai 양자를 같은 민족이기 때문에 하나의 국가가 되어야 Ulianggai 지역이 비로소 평화시절로 들어설 수 있다고 자신들의 입장을 명백히 밝혔다.[71]

그리고 4항에서는 "대러시아 국민인 부리아드들이 외국의 학문과 농경생산을 증진시킨 바가 적지 않고 인종적으로는 우리 몽고와 종교와 민족이 하나"라는 것을 언급하고 몽고정부가 "대러시아 국적의 부리아드 종족을 영토와 함께 갖겠다"는 생각을 품지 않고 다만 "현재 집과 재산을 가지고 몽고지역에 살고 있거나 또는 원 지역에 살고 있는 부리아드 가운데 몽고의 인민대중들이 자유와 권리를 찾았을 때 기뻐하고 종교와 민족의 관계를 고려하여" 몽고의 지배하에 자발적으로 들어오고자 하는 자들이 가끔 발생하는데 소비에트 大러시아 정부는 이를 금지하지 않고 승인해 줄 것을 원한다[72]라는 내용으로 소비에트 러시아

------

71) 위의 책, 11~12쪽.

와의 접경지역의 몽고민족 문제를 구체적으로 거론하였다. 즉 부리아
드 몽고는 이미 오래 전에 러시아의 영토에 편입되었기 때문에 굳이 영
토의 권리를 요구하지는 않았으나 같은 민족으로서 거주 이전의 자유
와 그에 수반하는 국적 취득의 자유로운 권리를 보장받고자 하였다. 반
면에 Tannu Ulianggai는 아직 그 국제적 지위가 불투명하였기 때문에
영토권 주장을 강력히 요구하여 경계를 분명히 해 둠으로써 이미
Tannu Ulianggai 문제에 개입해 있는 소비에트 러시아가 이 지역에 대
해 더 이상 어떠한 企圖도 획책하지 못하도록 못박아 두고자 하였다.
이러한 몽고측의 요구에 의해 소비에트 러시아는 자신들의 태도를 밝
히는 것을 유보하고 “몽고와 러시아의 국경은 이전에 러시아와 중국 간
에 체결한 조약으로 정해진 것을 지도로 정한다”, “Tannu Ulianggai 지
역은 옛날부터 중국의 지배지역이었기 때문에 소비에트 정부는 Tannu
Ulianggai에 대해 어떤 의도도 제안할 수 없다”라는 식으로 회피하였
다.73) 결국 국경문제는 蒙・蘇修好條約에서 명시되지 못하고 특별위원
회로 미루어졌다.74) 이로써 러시아측의 도움으로 전 몽고민족의 독립
국가를 건설하려는 몽고민족주의는 또다시 좌절을 겪게 되었다.

　이것은 어떻게 보면 예측된 결과라고 할 수 있다. Shumyatskii가
Danzan을 ‘우리측에 대해 의심하지 않고 의존하는’ 인물로 평가한 것처
럼75) 몽고민족주의에 대한 몽고지도자들의 순진한 접근 태도는 민족주
의에 대한 소비에트 러시아의 지원을 자신들에게 유리하게 해석한 오
해에서 비롯된 일면도 있다. 1920년대의 식민지 또는 반식민지 종속국
에서의 민족해방운동은 비록 그것이 성격상 부르주아운동으로서의 한
계를 지녔다 하더라도 反帝투쟁인 한에서는 그 진보성을 인정하여 이
를 지지한다는 것이 소비에트와 코민테른의 공식적인 입장이었기 때문
에76) 자연히 몽고민족의 통일과 독립국가의 수립은 세계 제국주의 침

---

72) 위의 책, 12쪽.
73) 위의 책, 13쪽.
74) ‘蒙・蘇修好條約’ 제6조.
75) Lonjid, 앞의 책, 44쪽.

략세력의 억압으로부터의 해방을 의미하는 것으로 보아 이에 대한 지지를 표명하였다. 소비에트와 코민테른이 몽고의 민족운동을 지원하였다고 하더라도 그것은 어디까지나 反帝민족주의이지 몽고의 혁명가들이 생각하고 있던 몽고민족 중심주의, 당시에 유행하던 용어로 바꾸면 'Mongol International'은 결코 아니었다. 따라서 소비에트 러시아가 지원하는 민족주의는 모든 형태의 민족주의 즉 민족자결이 아니라 국제주의의 큰 틀 속에서의 민족주의였기 때문에 비록 약소국의 독립이라 하더라도 소비에트연방으로부터의 분리독립은 적극 반대하였다. 이러한 소비에트 러시아의 입장은 일찍부터 표명되었다. 1920년 몽고의 혁명 대표단이 모스크바에 파견되었을 때 레닌은 Danzan의 민족주의사상을 강력히 비판하고 몽고인민 대중이 인접국가의 노동자 농민과 혁명적 연대를 맺는 것이 더욱 중요하다는 점을 지적하였다.[77] 최근의 저서에는 Danzan 등이 직접 레닌을 만난 것에 대해 의문을 제기하는 학자들도 있으나[78] 같은 의미의 내용이 몽고 대표단에게 전달되었을 가능성은 매우 높다. 그렇다면 Danzan의 민족주의에 대한 소비에트측의 비판은 대개 두 가지 점으로 요약할 수 있을 것이다. 하나는 중국인이라면 계급계층을 막론하고 모두 몽고의 땅에서 내쫓아 중국으로 되돌려 보내야 한다는 것이고[79] 다른 하나는 모든 몽고민족의 통일에 대한 요구일 것이다. 몽고민족의 통일은 Danzan 한 사람만의 생각은 아니고 혁명그룹에 참여하였던 많은 僧·俗 봉건영주[80]와 일반 몽고인들의 민족주의를 대변한 것이었다. 그래서 비록 소비에트 러시아와의 공식적인 첫 접촉에서 민족문제에 대한 책임 있는 답변을 얻어내지는 못하였

---

76) 1921년 코민테른 제3차 대회에서 "식민지 국가에서 일어나고 있는 혁명적 민족운동은 세계혁명의 본질적인 구성 부분이다"라고 보아 민족해방운동을 세계혁명 과정에서 빠질 수 없는 가장 중요한 한 구성요소로 인식하였다.
77) 『몽고인민 공화국사』 3, 358쪽.
78) Dash, 앞의 책, 25쪽.
79) 위의 책, 31쪽.
80) Lonjid, 앞의 책, 8쪽.

지만 이후 당과 정부의 문건 등에서는 기회가 있을 때마다 민족을 통일
하려는 정책과 목표가 선언되었다. 예를 들면 제3차 당대회의 마지막
날 당 중앙위원회의 보고에 대해

　　　몽고민족의 여러 종족과 관계를 맺어 전 몽고를 통일하는 것이 우리 당의
　　주요한 목표이다. 그런데 Barga, 내몽고, Ulianggai 등 우리와 종교적 가르침
　　이 같은 몽고민족들이 지금까지 서로 소통하면서 통일하지 못하고 있기 때
　　문에 이후로는 어떻게 하면 서로가 긴밀하게 관계를 돈독히 해서 통일할 것
　　인가에 관한 특별결정을 내려 노력해야만 한다.[81]

라고 최종 결정을 내려 비록 비자본주의적인 발전의 길을 선언하고 공
산주의 국제연대를 강조하는 가운데에서도 민족통일을 당의 목표로 재
천명하지 않으면 안 될 정도로 일반 몽고인들의 통일에 대한 기대가 강
렬하였다.

　　Danzan이 1923년 4월 8일에 행한 전 몽고민족을 통일하여 국가의 기
틀을 공고히 하는 것에 관한 주제 보고에서 러시아인들이 몽고에 무력
침략해 오고 있다라는 소문이 중국에 퍼져 있다고 말하고, 중국에 갔다
온 Yapon Danzan이 이를 부정하자 우리 몽고민족은 순진하고 인구가
적은 어린아이들이고 빨갱이들은 매우 간교한 나라여서 그들은 자신들
의 부리아드인들을 통해 활동하고 있다라는 요지의 말을 하였다.[82] 이
때의 발언 내용은 주로 Rinchino을 공격하는 데 목적을 두었기 때문에
유감스럽게도 현재 남아 있는 기록에는 통일에 관한 Danzan의 방안은
잘 알려져 있지 않다.

　　1923년 겨울에는 'Khalkha와 Barga 사이의 제반 사항을 협의하기 위
해' 동쪽 변경지역으로 직접 가서 그 지역 대표들과 만나 "몽고와
Barga 국경 부근의 양 진영의 인민들은 종교와 민족 관계를 고려하여
보호하고 사이좋게 살아가기로 협의한 6개 항의 임시협정을 체결하여

---

81) 『제3차 당대회』, 220쪽.
82) 『제3차 당대회』, 220쪽.

이를 정부가 승인하도록 하였다.[83] 이 모든 것은 몽고민족의 통일을 위한 Danzan의 굽히지 않는 의지를 보여준 것이라 하겠다.

이러한 Danzan의 강한 민족주의사상은 흔히들 反소비에트사상과 연결지어 그를 反蘇 親中派로 분류하기도 한다. Danzan이 Rinchino과 불화하게 된 주요 원인 가운데 하나도 Danzan의 소비에트관에 관한 것이었고 이것이 종국에는 Danzan을 죽음으로 몰아간 궁극적인 이유라고 보기도 한다. 물론 Danzan과 Rinchino의 의견 충돌은 이 밖에도 다방면에서 일어났지만 그 집약된 형태가 바로 蒙·蘇 관계에 대한 양자의 인식 차이에서 가장 격렬하게 발생하였다. 특히 Rinchino이 소비에트 러시아와의 우호를 강화한 전년도의 대회결의를 재차 확인하려 하자 Danzan은

> 작년의 대회에서 우리들이 이렇게 결정하였는데 이를 다시 결의할 필요가 있는가?……러시아와 맺은 관계, 우호를 깨뜨린 일이 발생하지 않았는데도 이렇게 거듭하는 것은 옛날의 자치정부 시대와 같이 화합하지 않게 될지도 모른다. 그 때에는 몽고정부가 사사건건 그렇건 아니건 간에 러시아에 감사하였던 것이 사람들에게 고통으로 생각되었다. 당시 몽고의 무식한 인민들은 러시아인들의 잘못조차 아무 소리 하지 말자고 한 적이 있다.……그래서 러시아 제국관리와 중간상인들이 매우 오만불손하게 되었다. 이에 나는 소비에트와 이미 맺은 우호관계에 대해 특별한 필요 없이 재차 거듭 언급할 필요는 없다고 생각한다.[84]

라고 반대하였다. Danzan의 전격적인 처형 이후 당대회에 참석한 대표자들이 크게 술렁이자 Rinchino 등이 소비에트 전권대표인 Basiliev로 하여금 그들을 납득시키기 위해 한 연설에서도 잘 드러난다. 즉

> 그대들은 매우 정당한 일을 하였다.……그대들이 한 일은 蒙·蘇관계를 강화하는 데 기여하고 도움을 줄 것이라고 나는 생각한다. 그대들이 내린 결

---

83) Lonjid, 앞의 책, 8쪽.
84) 『제3차 당대회』, 58쪽.

정은 모든 면에서 합법적인 결정이다. 그대들은 아무 것도 생각하지 말라. 그대들을 구원해 줄 오직 유일한 국가가 북쪽에 있다는 것을 대중들에게 말해 주라.[85]

라고 한 것으로 보아 蒙·蘇友好關係에 장애가 되었던 것이 Danzan 처형의 주된 이유였다는 것을 알 수 있다.

그러면 과연 Danzan이 Rinchino 등이 주장하는 것처럼 소비에트 러시아를 혐오한 反소비에트적인 인물이었딘가. 몽고 인민혁명에서 소비에트 러시아와의 긴밀한 관계를 공식적으로 강조한 사람은 바로 Danzan이었다. 인민혁명의 준비를 위해 치러진 제1차 당대회에서 당시의 상황에 대한 의견을 개진하면서 Danzan은 "소비에트 러시아의 사상과 정책은 대중에게 도움을 주는 이외에 해를 끼치는 일이 없다는 것이 극히 진실이기 때문에 반드시 이들과 우호관계를 맺어 현재와 최후의 大事를 완성시켜 나가는 것이 좋을 것이다"[86]라고 말하여 몽고의 독립투쟁에서 소비에트 러시아의 원조의 중요성을 정확히 인식하였다. 같은 회의에서 Danzan은 몽고인민당의 당면 목표를 중국의 지배를 완전히 무너뜨리는 것과 러시아 白軍과 확실한 경계를 그어 분리하고 소비에트 러시아를 믿고 의지할 민족적 단결과 인민주권정부를 세우는 일이라고 보았다.[87] 인민혁명이 성공한 이후에도 몽고의 국제적 지위와 혁명의 지속적인 성공을 위해 소비에트와의 우호관계가 필수적인 것으로 인식하여 1921년의 蒙·蘇修好條約을 체결하기 위한 몽고측 전권대표로 파견되었다. 다만 몽고의 미래를 소비에트 러시아에만 전적으로 의존하지 않았다는 점이 Rinchino 등과 크게 달랐다.

Danzan이 소비에트 러시아에만 의존할 수 없었던 이유는 첫째 Danzan이 소비에트 러시아와 직접 교섭을 하면서 느낀 경험 속에서 내려진 결론이었다. 1920년 초 Danzan이 러시아로 가서 관계를 맺어 보

---

85) 『제3차 당대회』, 212쪽.
86) 『1921년 인민혁명사 관련사료 1917~1921』, 93쪽.
87) Dash, 앞의 책, 19쪽.

려고 월경을 시도하였다가 실패하였을 때 당시 러시아의 상황이 내전의 규모가 커서 다른 나라를 돕거나 보호해 줄 만큼 힘이 미치지 못한다고 판단하였다.[88] 1920년 가을 몽고혁명가의 대표로 소비에트 러시아에 갔을 때도 러시아측 대표와 즉각적인 협의에 들어가지 못하고 몽고에서 白軍의 활동이 활발해진 이후에야 겨우 책임 있는 관계자를 만날 수 있었다. 그리고 소비에트 러시아 대표의 회답은 "소비에트측이 무기를 팔 수도 없고 빌려 줄 수도 없다. 그러나 몽고에 亦軍을 파견하여 도망한 러시아 白軍을 무찌르는 데 함께 힘을 합하자. 이를 승인한다면 우리는 너희들에게 무기와 군수품을 무상으로 주겠다"[89]라는 매우 소극적인 조건부의 원조의사를 표시하였다. 게다가 원병 과정에서 보여 준 소비에트 러시아측의 태도는 Danzan 등 몽고혁명가들이 소비에트 러시아측에 대한 전폭적인 신뢰를 보내기 어렵게 한 점이 있었다.

둘째 Danzan은 몽고의 독립을 강대국 특히 인접 강대국과의 우호관계를 통해 확보하려는 원칙을 가지고 있었다. 몽고의 해방을 위한 무장투쟁의 의지가 충천하였던 제1차 당대회에서 Danzan은 "군사를 일으키기 시작할 때 무기를 공급받지 못하여 모인 병사들을 해산시킨 적이 있었다. 賣買城(Khiagt 시 : 필자주)을 쳐들어가 빼앗는 것은 피할 수 없다. 이 城에는 1,800명 가량의 잘 무장한 중국군인들이 있기 때문에 이 城을 쳐서 빼앗는 것이 상당히 어렵다. 따라서 반드시 다른 방법을 찾아야만 한다. 이에 중국과 협상하는 길이 있다. 중앙위원회의 어제 회의에서 결정한 대로 우리 당과 중국 실권자 사이에 중개를 하는 것이 중요하다"[90]고 협상론을 제기하였다. 물론 Danzan의 안은 받아들여지지 않았지만 그 때문에 Danzan은 투항주의라는 비난을 받게 되었다.[91] 그러나 자세히 살펴보면 Danzan의 제안은 전년도인 1920년 가을에 소비에트 러시아에 몽고의 독립을 위해 중국정부와 외교적인 노력을 기

---

88) Lonjid, 앞의 책, 6쪽.
89) 위의 책, 6쪽.
90) Dash, 앞의 책, 30~31쪽.
91) Lonjid, 앞의 책, 6쪽.

울여 줄 것을 요청한 후 회답을 기다리고 있던 상태에서 나온 것[92]이
었기 때문에 어떠한 무장투쟁도 반대하는 무조건적인 협상론하고는 성
격이 달랐다. 이 점은 일단 무장투쟁이 결정된 이후 Danzan이 인민혁
명군의 모집에 매우 적극적이었던 데서도 증명할 수 있다.

　인민혁명이 성공한 이후 몽고정부는 1921년 9월 14일 세계 각국과
외교관계의 수립을 희망한다는 내용의 외교서한을 보내고 특히 중국과
의 관계 개선을 위해 소비에트 러시아가 중재해 줄 것을 재차 요청하였
다.[93] 이 때 몽고정부는 상대국의 사회제도는 상관하지 않고 대등한 관
계에서 우호관계를 수립할 준비가 되어 있었다. 이 점은 제3차 당대회
에서도 확인된 바 있다. 즉 '국제관계와 몽고의 대외상황'에 관한
Rinchino의 보고에 대해 한 참석자가 "몽고인민정부는 제국주의 국가
와 관계를 맺을 것인가?……아니면 영국의 노동당정부처럼 오직 인민
정부하고만 관계를 맺을 것인가?"라고 질문하였을 때 Rinchino은 "국
가정책과 상관없이 상업경제도 커다란 문제이다. 만약 우리의 권익에
부합된다면 우리는 이들 어떤 나라와도 관계를 맺을 준비가 되어 있다.
……"라고 답변하였다.[94] 이처럼 오직 소비에트 러시아만이 몽고를 구
원할 수 있는 유일한 나라이기 때문에 소비에트 러시아와의 우호를 강
고히 하는 것을 당정책의 기초로 삼아야 한다고 강조한 제3차 당대회
이후에도 몇 년 간 외교정책은 크게 변화하지 않고 Danzan이 주장한
바와 마찬가지로 중국 및 서구 각국과의 관계 개선을 위해 노력하였다.
이렇게 본다면 Danzan의 反소비에트의 혐의는 이전의 Bodoo의 경우와
마찬가지로[95] 소비에트 러시아와의 우호관계를 해치려 한 데 있었던
것이 아니라 정치적인 관계와 경제적인 관계를 분명히 하지 않은 데 있
었다.

　끝으로 1924년 5월 31일 북경에서 조인된 '中·蘇間 諸問題 해결을

---

92) Dash, 앞의 책, 20쪽.
93) 졸고, 「Bodoo의 정치사상에 대한 재검토」, 599~600쪽 참조.
94)『제3차 당대회』, 31쪽.
95) Bodoo의 경우는 졸고, 「Bodoo의 정치사상에 관한 재검토」, 600쪽 참조.

위한 大綱에 관한 協定'은 소비에트 러시아에 대한 Danzan의 신뢰를
결정적으로 무너뜨렸다. 위 협정 제5조에서 "소비에트 사회주의 공화국
연방정부는 외몽고가 중국 공화국의 구성 부분임을 승인하고 또한 외
몽고에 대한 중국의 주권을 존중한다……"라고 규정하여 1921년 蒙·
蘇修好條約에서 "몽고정부를 유일한 합법정부로 승인한다"라고 확인
한 내용을 일방적으로 파기하였다. 기존의 몽고 역사학계에서는 이 협
정으로 인해 몽고의 상황이 조금도 변하지 않았고, 몽고에 대한 제국주
의자와 중국 반동의 모든 기도를 분쇄하여 오히려 극동의 평화와 몽고
의 독립에 기여하였다[96]고 평가하지만 실제로는 1924년의 中·蘇協定
은 1915년의 3국협정체제로의 복귀를 의미하는 것이었다. Danzan이 소
위 '反소비에트'적인 태도를 드러내기 시작한 것은 바로 이 무렵부터인
데 Rinchino도 "(1924년 4월 8일의 보고) 이후로 Danzan은 소비에트 러시
아에 대해 온갖 말을 다하였으며 몽고에서 활동하고 있는 러시아 국적
의 부리아드인들을 정부행정직에 둘 수 없다는 결론을 내렸다"[97]고 보
았다. Danzan은 中·蘇協定 체결 이후 이에 대한 대응으로 러시아 교
관과 고문의 수를 줄여 소비에트 러시아의 영향력을 축소시키려 하였
기 때문에[98] 자연히 Rinchino과 소비에트 러시아 대사 등과 사이가 악
화되었다. 특히 Rinchino에 대해서는 그가 더 이상 몽고를 위해 일하는
것이 아니라 소비에트 러시아의 이익을 위해 일하는 '정치적 혼혈아'라
고 비난하고 그의 애국심까지 의심하였기 때문에[99] Danzan과
Rinchino은 화해할 수 없는 사이로 벌어졌다. 여기서 Danzan의 민족주
의 개념은 이전의 자연발생적이고 역사적인 단순한 민족적 개념에서
좀더 나아가 정치적 신념까지를 포함한 정치적 개념으로 발전하였다.
제3차 당대회에서 蒙·蘇 간의 우호를 재확인하는 과정에서 폭발한
Danzan과 Rinchino과의 격돌은 바로 非자본주의적인 발전의 방향이라

---

96) 『몽고인민공화국사』 3, 209~210쪽 ; Shirendev, 앞의 책, 431쪽.
97) 『제3차 당대회』, 169쪽.
98) Dash, 앞의 책, 26쪽.
99) 『제3차 당내회』, 119쪽.

는 정치적 노선을 둘러싼 한판 승부에서 민족주의의 대중적 정서를 등에 업은 Danzan이 분전하였으나 국제적 연대의 지원을 받은 Rinchino에게 패하여 결국 숙청당하고 말았다.

맺음말

　Danzan은 확고한 사상과 신념에 의거하여 혁명을 준비하고 건설해 나갔다고 하기보다는 현실의 경험 속에서 자신의 이론적 지향을 완성해 나간 실천적 혁명가였다고 할 수 있다. 따라서 그의 사상은 명쾌하거나 주도면밀하지 못하고 단순하고 소박하며 때로는 모순적이기까지 하다. 이 점은 그가 활동하였던 시기가 과도기였다는 점도 크게 작용하였다. 이 과도 시기에 적합한 정치형태로서 Danzan은 제한군주제를 주장하였으나 그 밖에도 자치제도와 공화정 심지어는 소비에트의 권력형태까지도 거부하지 않는 신축성을 보였다.

　새로운 혁명사상을 받아들이는 Danzan의 인식방법은 좀 독특하며 Dash가 적절히 지적한 바와 같이 그 사상이 가지고 있는 이론적 틀 속에서가 아니라 일반의식의 수준에서 나름대로 이해하였다. 그 때문에 상황의 변화에 대처하는 능력이 매우 유연하고 현실적인 반면 때로는 기회주의적인 것처럼 보이기도 하였다. 예를 들면 몽고독립을 위해서 소비에트 러시아의 원조가 절실하다고 판단한 동안에는 몽고의 독립이란 대전제를 위해서 소비에트 정부가 내세우는 Internationalism의 원칙까지 수용하였다. 이 때의 Internationalism이란 개념을 Danzan은 자신의 애국사상을 통해서 이해하였기 때문에 커다란 무리가 없었다. 그러나 다음 단계로 들어가 몽고민족의 통일이라든가 몽고국가의 경제적 부강이란 몽고민족주의와 대치될 때에는 이를 기부하였다.

　Danzan의 자본주의사상은 개인의 권리 특히 소유권을 절대시하였다는 점에서 이전의 봉건신분제하에서는 볼 수 없는 새로운 진일보한 사상이라 할 수 있다. 그런데 바로 이 점이 당내의 일부 좌파지도자들과는 화합할 수 없는 갈등을 불러일으켰다. Danzan의 자본주의 사상에 대해서는 당내에서 생긴 퇴행적 흐름의 하나로 부정적으로 보기도 하고 또는 최근 몽고사회의 중대한 변화인 시장경제와 연결해서 긍정적인 측면에서 보기도 하는 등 그 자체의 평가는 엇갈리고 있다. 이 점은 당시 몽고사회의 가능성과 전반적인 사회발전의 수준과 관련하여 종합적으로 면밀하게 재검토해 보아야 할 문제이나 적어도 Danzan의 축출 과정과 관련하여 다음과 같은 말은 할 수 있다. 즉 Danzan의 신념이나 정치활동이 제대로 토론되고 평가된 연후에 거부된 것이 아니라 서로 입장을 달리하는 다른 정파에 의해서 권력기구를 동원한 비상수단에 의해 강압적으로 제거되었다는 점은 이후 몽고현대사에서 정치 사회발전의 진로나 목표가 전체 사회의 동의 절차를 구하지 않고 소수의 권력자에 의해 임의로 바뀌어질 수 있다는 나쁜 관행을 남겼다는 점에서 더할 수 없는 해악을 끼쳤다고 할 수 있다.

레닌의 中國革命論 小考

李　燦　元

I

　마르크스·레닌주의가 아시아에 유입되었을 때 아시아는 서구 열강의 식민지가 되어 가는 과정에 있었다. 이러한 역사적 사실은 이른바 제국주의 시대에 세계혁명을 추진해 가는 사회주의자들에게 남다른 의미로 다가섰다. 특히 레닌은 당면한 유럽의 사회주의혁명을 실현하기 위하여 방안을 강구하는 과정에서 제국주의의 침략을 받고 있는 아시아의 식민지 또는 반식민지 국가가 갖고 있는 역할을 인식하였다. 레닌은 이들 국가를 유럽 자본주의의 보루라고 생각하였다. 따라서 유럽 자본주의 국가를 타파하고 사회주의 국가를 건설하는 데에 (반)식민지의 혁명운동은 세계 혁명운동에서 중요성을 담보하고 있었다.

　레닌은 아시아의 혁명운동을 민족운동과 민주운동이 결합된 형태라고 파악하였다. 이것은 아시아 국가들이 저한 상태를 분석하여 언은 결론이다. 즉 아시아 국가는 여전히 봉건정부의 지배를 받고 있으면서 동시에 제국주의의 침략을 받고 있다는 것이다. 따라서 아시아의 혁명운동의 과제는 봉건정부에 반대하여 공화국을 건설하고 제국주의의 침략에 대항하여 독립국가를 건설하는 것이었다.

아시아 혁명운동에 관하여 레닌이 집중적으로 언급한 시기는 1910년 대이다. 그 이전에도 간헐적으로 아시아에 대하여 언급하였으나 대개 부분적이어서 체계적인 서술을 찾아볼 수 없다. 그 이유는 그가 세계혁 명의 중심을 유럽에 두고 있다는 생각 때문이었다.[1] 그러나 1910년을 전후하여 유럽의 사회주의운동이 퇴조하고 동시에 아시아에서 혁명운 동이 고조되자 레닌은 아시아를 간과할 수 없었다. 특히 중국혁명에 대 하여 각별히 주의하였다. 그는 辛亥革命을 계기로 하여 중국혁명을 본 격적으로 다루었다. 그의 중국혁명에 대한 논설은 러시아가 사회주의 혁명에 성공한 이후 사회주의의 전파라는 측면에서 러시아의 혁명가들 에게 기본교재로서 영향을 미쳤다. 1920년대 코민테른과 소련은 중국혁 명에 지대한 관심을 갖고 원조하면서 중국에 대한 입장을 정리하기 위 하여 레닌의 논설을 연구하였다.

일반적으로 중국혁명은 러시아혁명의 영향을 많이 받았다고 한다. 그렇다면 러시아혁명을 이끈 레닌이 중국혁명을 어떻게 생각하였는지 살펴보는 것은 중국혁명의 성격을 규명하는 데에 빼놓을 수 없는 과제 이다. 레닌이 중국혁명에 관하여 체계적인 저술을 남겨 놓지 않은 상태 에서 그의 중국혁명론을 연구하는 것은 어려운 작업이라고 생각한다. 1920년 7월 제2차 코민테른 대회에서 그가 발표한 「민족·식민지 문제 에 관한 테제」가 중요한 문건으로 언급되지만 중국혁명과 관련하여 살 펴보기에는 너무 일반론이라는 느낌을 지울 수 없다. 그래서 레닌이 중 국에 관하여 언급한 글을 모두 찾아서 시간적으로 배열하고 주제별로 정리하는 것이 그의 중국혁명론을 살필 수 있는 가장 좋은 방법이라고 생각하였다. '레닌의 중국혁명론'에 관한 연구는 대개 중국혁명을 다루 는 글에서 부분적으로 언급하고 있기 때문에 전반적인 모습을 찾기 힘 들다.

---

1) 따라서 일반적으로 아시아의 혁명은 유럽의 사회주의혁명을 완수하기 위 한 종속적인 것이라고 간주되었다(Allen S. Whiting, *Soviet Policies in China 1917~1924*, Stanford : Stanford Univ. Press, 1953, 11쪽).

이 글은 1910년대 레닌이 중국에 관하여 언급한 논설을 중심으로 쓰여졌다. 그리고 그의 논설이 워낙 방대하기 때문에 그의 사상체계에서 중국혁명론이 갖고 있는 의미를 밝히지는 못하였다. 이것이 이 글이 갖고 있는 한계라고 생각한다.

II

제국주의 시대에서 제국주의 국가 간의 갈등은 자본수출을 할 수 있는 식민지나 종속국을 확보하기 위한 경쟁에서 시작하였다. 그리고 다른 지역에서 이러한 식민지나 종속국이 줄어들수록 중국을 분할하고 종속시키기 위한 전쟁이 더욱 심해진다. 왜냐하면 중국은 아직 반식민지 상태로 침략의 여지가 남아 있는 유일한 지역이기 때문이다. 레닌은 제국주의를 다음과 같이 정리하고 있다. "제국주의는 자본주의의 특별한 역사적 단계이다. 그것의 성격은 세 가지이다. 제국주의는 ① 독점 자본주의이고 ② 기생하는 자본주의이고 ③ 소멸하는 자본주의이다. 독점으로 자유경쟁을 대체하는 것이 제국주의의 정수이다. 이러한 독점은 다섯 가지의 주요한 형태로 나타난다. 즉 ① 카르텔, 신디케이트와 트러스트 : 생산의 집중이 자본주의자들의 이런 독점적 연합을 야기시킬 정도에 이르렀다. ② 큰 은행의 독점적 위치 : 세 개, 네 개 또는 다섯 개의 거대 은행이 미국, 프랑스, 독일의 전체 경제 생활을 조종한다. ③ 트러스트와 금융 과두(금융자본은 은행자본과 합병한 독점 산업자본이다)에 의한 원료품의 강탈. ④ 국제적인 카르텔에 의한 세계의 (경제적) 분할. 이미 그러한 국제적인 카르텔이 100개를 넘었고 전체 세계시장을 지배하며 그것을 전쟁이 다시 분할할 때까지 그들 사이에서 분할한다. 자본수출은 비독점 자본수의하에서 상품수출과는 구별되는 매우 특징적인 현상이고 세계의 경제적, 영토적, 정치적 분할과 밀접하게 연결되어 있다. ⑤ 세계 (식민지)의 영토 분할."[2] 그리고 이러한 내용을 갖는 제국주의는 역사적으로 미국, 유럽과 아시아에서 1898~1914년의 시

기에 나타났다.[3]

　아시아에서 제국주의는 주로 금융자본의 연합이라는 형태로 나타났
다. 아시아의 식민지와 반식민지 국가는 몇몇 제국주의 열강 즉 영국,
프랑스, 일본, 미국 등의 금융자본의 착취를 받고 있었다. 이 국가들이
아시아에서 세력 범위와 자신의 이익, 소유물을 지키거나 증대하기 위
하여 서로 연합을 형성하였다. 그리고 아시아의 '평화적인' 분할을 위하
여 연합을 체결하면 '국제적으로 결합된 금융자본'[4]의 연합이었다. 이
러한 연합의 실제적인 예는 중국에 대한 열강의 태도에서 찾을 수 있
다. 영국, 미국, 프랑스, 독일은 1909년에 은행단을 구성하여 중국의 재
정을 장악하려고 하였다. 1913년 4월 27일 영국, 프랑스, 러시아, 독일,
미국, 일본의 6개국 차관단은 袁世凱와 善後大借款의 협정을 논의하였
다. 레닌은 1913년에 이미 이에 대하여 언급하였다.[5] 그리고 레닌은 제
국주의 국가 간의 연합을 다음과 같이 규정하고 있다.

　자본주의 체계의 현실에서 '제국주의 사이의' 또는 '초제국주의적인' 동맹
은 하나의 제국주의 연합이 다른 것에 대항하거나 모든 제국주의 열강을 포
함하는 일반적인 동맹이거나 간에 어떠한 형태를 가정할지라도 불가피하게
전쟁과 전쟁 사이의 '정전협정'에 지나지 않는다. 평화적인 동맹은 전쟁의 터

---

2) "Imperialism and the Split in Socialism" 1916. 10, *Lenin Collected
　Works*(이하 LCW) 23, 105~106쪽.
3) 스페인·미국 전쟁(1898), 영국·보어 전쟁(1899~1902), 러·일 전쟁
　(1904~05)과 1900년의 유럽의 경제적 위기가 그것이다. "Imperialism and
　the Split in Socialism" 1916. 10, LCW 23, 106쪽.
4) "Imperialism, the Highest Stage of Capitalism" 1916, LCW 22, 295쪽.
5) "새로운 중국 차관은 중국의 민주주의에 대항하여 결정되었다. '유럽'은
　군사독재를 준비하고 있는 원세개에 찬성한다. 왜 유럽은 그를 지지하는
　가? 왜냐하면 그것이 좋은 사업이기 때문이다. 차관은 100대 84의 비율로
　약 2억 5천만 루블로 결정되었다. 그것은 '유럽'의 부르주아가 중국에 2억
　1천만 루블을 지불하고 2억 2천 5백만 루블을 가진다는 것을 의미한다. 거
　기서 당신은 일거에 몇 주 만에 1500만 루블의 순이익을 가진다. 그것은
　정말로 '순'이익인데 그렇지 않은가?" "Backward Europe and Advanced
　Asia" 1913. 5. 18, LCW 19, 100쪽.

전을 준비하고 거꾸로 전쟁에서 생긴다. (세계 경제와 정치 안에서 제국주의
적 결합과 관계의 동일한 기초 위에서 평화적 그리고 비평화적 투쟁이 교대
하는 형태를 만들면서) 앞의 것이 뒤의 것을 조건으로 한다.[6]

　러시아의 제국주의 정책은 항상 레닌의 비판대상이었다. 제국주의
국가 간의 연합을 레닌은 러시아를 예로 들어 설명하였다. 즉 식민지를
획득하기 위하여 러시아는 독일, 영국과의 관계를 수시로 변화시켰다.
열강의 객관적인 국제적 힘의 비율과 오랜 경쟁에 의해 결정된 러시아
제국주의 정책의 목적은 오스트리아(갈리시아의 합병에 의한)와 터키(아
르메니아 그리고 콘스탄티노플의 합병에 의한)를 약탈하기 위하여 영국과
프랑스의 원조로 유럽에서 독일의 세력을 분쇄하고 그 후에 페르시아
를 장악하고 중국의 분할을 완성하기 위하여 일본과 독일의 원조로 아
시아에서 영국의 세력을 분쇄하는 것이었다.[7]
　제국주의 국가 간의 식민지 쟁탈 경쟁은 제1차 세계대전으로 표출되
었다. 제1차 세계대전이 일어난 후 레닌은 이 전쟁의 성격을 식민지의
재분할을 위한 제국주의 국가 간의 전쟁으로 규정하고 있다. 당시에는
일반적으로 식민지 모국과 식민지를 하나의 국가로 생각하는 경향이
있었던 것 같다. 따라서 식민지와 식민지 모국 사이의 전쟁을 내전이라
고 왜곡하였다. 그러나 레닌은 이 전쟁을 식민지로부터의 해방전쟁이
며 민족전쟁이라고 규정하였다. 이것이 이 전쟁의 본질인 것이다. 반면
에 이 전쟁은 기존에 완성되어 있던 세계의 제국주의적 분할을 재편하
는 것으로서 더욱 강화된 제국주의 침략을 초래한다. 그 결과 새로운
억압과 노예적인 국가, 식민지의 노동계급에 대한 새로운 사슬을 초래
한다고 레닌은 생각하였다.[8]
　레닌은 제1차 세계대전에 대한 대응에서 우선 전쟁을 중지하는 평화

---

6) "Imperialism, the Highest Stage of Capitalism" 1916, LCW 22, 295쪽.
7) "A Separate Peace" 1916. 11. 6, LCW 23, 126쪽.
8) "To Alexandra Kollontai" 1915. 8. 4, LCW 35, 200쪽. 또한 "Appeal on
　the War" 1915. 8, LCW 21, 368쪽 참고.

정책을 고려하였다. 그리고 평화의 제안에서 제일의 조건은 억압받고 종속된 모든 인민과 식민지에 자유가 보장되어야 한다는 것이다. 그는 이 제안이 받아들여지지 않는다면 프롤레타리아 당이 최소 강령으로서 "러시아에게 억압받는 모든 인민들과 아시아의 식민지 국가(인도, 중국, 페르시아 등)에서 반란을 일으키도록 체계적으로 공작해야 하며 또한 최우선적으로 우리는 유럽의 사회주의 프롤레타리아들에게 자신의 정부에 대항하고 반란을 일으키도록 하는 것9)"을 제기해야 한다고 생각하였다. 중국, 인도, 페르시아와 여러 식민지 국가에서는 반동적인 '열강'의 억압에서 해방하기 위하여, 민족적 생활을 위하여 수십억의 인민을 일깨우는 정책이 과거 수십 년 간 지속되었다. 레닌은 제1차 세계대전 시기의 민족전쟁을 민족해방을 위한 부르주아의 진보적인 전쟁이라고 생각하였다.10) 이러한 생각은 전쟁이 한창인 1917년 5월에도 계속되고 있다. 이 때에는 좀 더 직접적으로 혁명전쟁을 거론하고 있다. 혁명전쟁의 내용은 "아시아(인도, 중국, 페르시아)의 모든 식민지와 종속국에서 러시아의 억압을 받는 모든 인민의 봉기를 체계적으로 조직하는 것"이다.11)

Ⅲ

1900년대 후반에 레닌은 세계 혁명운동을 일률적인 것으로 생각하지 않았다. 그는 프롤레타리아의 국제 혁명운동이 여러 국가에서 균등하고 동일한 형태로 발전할 수 없고 또 발전하지도 않았다고 말하였다. 각 국가의 혁명은 다양성을 갖고 있으며 이 다양성이 전체 세계 혁명운동의 흐름에 일정하게 기여한다는 것이다. 그러나 그는 각 국가에서 운

---

9) "Several Theses" 1915. 10. 13, LCW 21. 403~404쪽.
10) "Socialism and War" 1915. 7~8, LCW 21, 304쪽.
11) "Statements about the War Made by Our Party before the Revolution" 1917. 5. 26, LCW 24, 394쪽.

동이 자신의 편파성과 각 사회주의 정당의 이론적이고 실천적인 결점으로 어려움을 겪고 있다고 생각하였다.

레닌은 국제적 사회주의로 향하는 투쟁에서 아시아의 민주투쟁을 염두에 두기 시작하였다. 우선 그는 러시아의 혁명 과정이 처한 상태를 분석하였다. 국제적 사회주의로 향하는 이 단계에서 아시아의 혁명적인 민주적 투쟁이 격심해지면서 러시아혁명은 어려운 위치에 놓여졌다. 러시아혁명이 유럽과 아시아의 국제적 연합이지만 동시에 바로 그 이유 때문에 민족적인 적과 러시아의 적뿐만 아니라 국제적인 적을 가진다고 그는 강조하였다. 프롤레타리아 투쟁에 대항하는 반동은 모든 자본주의 국가에서 불가피하고 모든 민중운동과 아시아, 유럽의 모든 혁명에 대항하는 전 세계의 부르주아 정부를 연합하고 있다.12) 이러한 정세에 대한 레닌의 분석은 다음과 같은 틀을 가지고 있다. 즉 아시아의 혁명운동과 러시아혁명의 결합은 국제적인 반동의 연합을 초래하였다. 이것은 전 세계 부르주아 계급과 아시아, 유럽의 혁명운동의 대립 양상을 나타내며 결국은 국제적 사회주의와 아시아의 민주투쟁의 결합으로 전 세계는 혁명세력과 반동세력으로 양분, 대립한다는 것이다. 그는 이러한 상태에서 세계의 정치적 현상이 아시아에 민족혁명의 불길을 일으키고 있다고 개략적으로 언급하였다.

레닌은 아시아의 혁명운동을 '유럽적인 이상'을 위한 투쟁에 참가하는 것이라고 생각하였다. 그리고 아시아의 8억이라는 인구가 투쟁에 참가하였다는 사실은 절망이 아니라 낙관을 품게 할 것이라고 전망하였다. 이러한 언급은 유럽 사회주의 혁명운동의 퇴조기에 "대중투쟁을 발전시키고 준비하기 위한 조건에 부주의한 사람은 유럽에서 자본주의에 대항하는 단호한 투쟁이 오랫동안 지연됨에 따라 절망하고 혼란에 빠졌다"13)는 상황을 쇄신할 수 있다는 의미이다. 유럽적인 이상을 위한 투쟁이란 자본주의 단계를 거치고 있는 유럽이 사회주의를 실현하는

---

12) "Inflammable Material in World Politics" 1908. 7. 23, LCW 15, 187~188쪽.

13) "Inflammable Material in World Politics" 1908. 7. 23, LCW 15, 188쪽.

투쟁을 의미한다. 유럽의 사회주의를 실현하기 위해서는 유럽 자본주
의 국가가 타도되어야 한다. 유럽 자본주의 국가가 제국주의 단계에 들
어선 이후 아시아에 대한 침략을 강화하였다. 따라서 아시아의 혁명운
동은 유럽 국가에 타격을 주는 역할을 하는 것이다. 레닌은 이러한 의
미에서 아시아의 혁명운동이 유럽 혁명의 침체를 회복할 수 있다고 강
조하였다.

　레닌의 이러한 주장은 1910년대에 들어서면서 아시아의 혁명운동이
고조되고 있는 사실에서 확인할 수 있다. 그는 아시아의 혁명운동이 러
시아의 1905년 혁명의 영향을 받아 "민주혁명이 아시아 전체 - 터키, 페
르시아, 중국으로 확산되었다"[14)고 파악하였다. 이 시기에 레닌은 아시
아의 혁명운동에 관하여 많은 정보를 갖고 있었다. 우선 살펴볼 수 있
는 것으로 약 4천만의 인구를 가진 네덜란드령 동인도 제도, 자바와 또
다른 네덜란드 식민지로 혁명적 민주운동이 확산한 사실이다. 이 지역
의 운동에 대한 레닌의 파악을 다음과 같이 요약할 수 있다. 민족운동
이 이슬람의 깃발 아래에서 일어나고 있으며 자바에서 민주운동이 발
전하고 있다. 자본주의가 네덜란드령 동인도 제도의 독립을 요구하는
지식인을 만들었다. 네덜란드의 마르크스주의자인 반 라벤스테인(Van
Ravensteyn)은 이러한 네덜란드령 동인도 제도의 자각을 묘사하면서 예
로부터의 전제정치와 네덜란드 정부의 전제는 지금 토착민으로부터 단
호한 저항과 항의를 겪고 있다고 지적하였다. 혁명 이전 시기의 일상적
인 사건들이 나타났다. 정당과 노동조합이 놀라운 속도로 만들어졌다.
정부가 그것들을 금지함에 따라 분노를 부채질하고 운동의 성장을 가
속하였다. 최근에 정부는 '인도당(Indian Party)'을 해산하였는데 왜냐하
면 그 강령과 규칙이 독립을 위한 투쟁을 말했기 때문이다. 해산된 정
당은 물론 다른 이름으로 부활하였다. 토착인의 민족연합(National
Union)이 자바에서 형성되었다. 그것은 이미 8만 명의 회원을 가지고
있었으며 대중집회를 개최하고 있다.[15)

---

14) "The Awakening of Asia" 1913. 5. 7, LCW 19, 85쪽.

　이러한 정보를 가지고 레닌은 아시아의 운동을 학대받고 무지한 수억 인이 중세적 정체로부터 새로운 생활로 깨어나고 기본적인 인권과 민주주의를 위하여 싸우러 나선 것으로 평가하였다. 선진국가의 노동자가 관심과 감화를 가지고 세계의 각 지역에서 다양한 형태로 강력하게 성장하는 이 해방운동을 따르는 반면에 노동계급 운동의 강력함에 겁먹은 유럽의 부르주아는 반동, 군국주의, 敎權主義 및 反계몽주의를 택하고 있는 상태였다. 레닌은 유럽 국가의 프롤레타리아와 아시아의 젊은 민주주의가 대중의 변함없는 신뢰를 가지고 자신의 강력함을 확신하면서 부르주아를 대신하려고 전진하고 있다고 분석하면서 "아시아의 각성과 유럽의 진보적인 프롤레타리아의 권력을 위한 투쟁의 시작은 금세기에 시작된 세계역사의 새로운 국면의 상징"이라고 평가하였다.16)

　1900년대 중국의 정치상황에 대하여 레닌이 파악한 것은 어느 정도 충분하지 못한 면이 있다. 그는 중국에서 중세적 질서에 대항하는 혁명운동이 최근 몇 달 동안 특별한 세력으로 등장하였다고는 하나 현재의 운동에 대하여 결정적으로 말할 수 있는 것은 아무것도 없다고 하면서 중국에 대한 정보의 불충분성을 솔직히 고백하고 있다.17) 1908년에 레닌은 유럽과 아시아 혁명의 관계를 개괄하면서 중국에서 일어난 사건들을 짧게 언급하였다. 그가 중국을 언급할 때 서술상의 특징은 대부분 터키, 페르시아와 같이 다루고 있다는 점이다. 지리적으로 터키와 페르시아는 아시아의 서쪽이고 중국은 동쪽이다. 그리고 이 세 국가는 당시에 서구 열강의 침략을 받고 있는 식민지 또는 반식민지 국가라는 공통점을 가지고 있다. 그가 중국에는 비교적 작은 공간을 할당하면서 터키, 페르시아, 인도의 발전을 상세하게 다루는18) 이유는 러시아와의 지리직 관계기 많이 자용한 듯하다. 그리고 지리적으로 거리가 가까운 관

---

15) "The Awakening of Asia" 1913. 5. 7, LCW 19, 85~86쪽.
16) "The Awakening of Asia" 1913. 5. 7, LCW 19, 86쪽.
17) "Inflammable Material in World Politics" 1908. 7. 23, LCW 15, 185쪽.
18) Allen S. Whiting, 앞의 책, 12쪽.

계로 이들 국가에 대한 정보도 충분하였으리라고 생각한다.

레닌은 중국의 혁명운동이 발전하게 된 계기를 1904년 2월 러·일전쟁 이후 중국에 유포된 '유럽적인 풍조'와 '새로운 정신'의 활발한 성장에서 찾고 있다. 강대국이라고 생각하였던 러시아가 신흥 자본주의 국가인 일본에게 패한 사실은 중국인에게 큰 충격을 주었다. 이후 중국의 지식인들은 일본이 전쟁에서 승리한 이유를 탐구하게 되고 그 결과 유럽 자본주의와 서구의 신사상을 일본이 적극 수용한 것이 그 원인이라고 생각하게 되었다. 따라서 자연적으로 중국에서는 서구에 대한 연구가 시작되었다. 레닌은 이러한 중국의 사회 상황을 염두에 두고 중국혁명이 "옛날 방식의 중국반란은 불가피하게 의식적인 민주운동으로 발전할 것"[19]이라고 전망하였다.

레닌이 중국혁명 즉 辛亥革命에 대하여 최초로 언급한 것은 1912년 1월 체코슬로바키아의 프라하에서 열린 러시아사회민주노동당 제6차 전러시아 협의회에서 채택한 결의문이다. 이 글에서 레닌은,

> 협의회는 유럽 부르주아의 통치를 허물고 아시아에 해방을 가져다 주는 중국 인민의 혁명적 투쟁의 세계적인 중요성을 인정한다. 협의회는 중국의 혁명적 공화국을 환영하고 러시아 프롤레타리아가 중국의 혁명적 인민의 성공을 따른다는 것에서 깊은 열정과 완전한 공감을 나타낸다.[20]

고 신해혁명의 의의를 평가하였다. 그는 신해혁명이 유럽 부르주아의 통치를 무너뜨렸다고 서술하였다. 봉건정부인 淸 왕조를 무너뜨린 신해혁명이 어떻게 유럽 부르주아의 통치를 허무는가. 당시 서구의 제국주의 국가는 부르주아가 장악하고 있었다. 유럽 자본주의의 활로를 찾기 위하여 일찍부터 식민지 확보에 나선 유럽 각국은 아시아로 진출하

---

19) "Inflammable Material in World Politics" 1908. 7. 23, LCW 15, 185쪽.
20) "The Chinese Revolution", Resolution of the Conference, The Sixth(Prague) All‐Russia Conference of the R.S.D.L.P., 1912. 1, LCW 17, 485쪽.

였다. 그리고 중국을 침략하여 반식민지 상태로 만든 것은 바로 이 때문이다. 서구 제국주의 국가는 淸 정부를 통하여 중국에서 각종의 이권을 확보하면서 중국의 정치, 경제에 영향력을 행사하고 있었다. 청 정부 또한 서구 제국주의와 결탁하면서 자신의 통치를 유지하였다. 이러한 중국의 정치상황은 중국인에게 많은 고통을 가져다 주었다. 신해혁명은 이러한 중국의 사회상황을 극복하는 사건이었다. 신해혁명으로 청 정부가 무너진 것은 곧 유럽 부르주아의 세력이 감소하는 결과를 초래하였다. 유럽 부르주아 세력의 감소는 곧 제국주의 국가의 세력이 감소된다는 것으로 연결될 수 있다. 이것은 레닌이 유럽에서 사회주의혁명을 추진하는 데에 객관적인 중요성을 갖는 것이다.

　레닌은 辛亥革命이 아시아에 해방을 가져다 주는 것으로 인식하였다. 이것은 약 1년 후에 中華民國에 대하여 언급한 그의 글에서 확인할 수 있다. 1913년에 袁世凱는 북양 군벌의 군사력을 기반으로 해서 서구 제국주의 열강의 원조를 받았다. 그리고 孫文 등 민주주의 혁명파를 쫓아내면서 反革命을 강화하고 있었다. 이 때에 레닌은 "위대한 중화민국의 운명이 비록 문명화된 하이에나의 이빨 앞에 있을지라도 세계의 어떤 힘도 아시아에 낡은 농노제를 부활해서 아시아의 인민대중의 영웅적인 민주주의를 일소할 수는 없다"21)고 언명하였다. 그는 아시아에서 가장 위대한 세계적 폭풍의 새로운 源泉이 개척되었다고 하였다. 이른바 아시아의 '세계적 폭풍'이라는 것은 1905년의 러시아혁명이 결정적으로 아시아를 각성시키고, 아시아 여러 나라의 민주주의운동의 일환으로서 중국의 민주주의운동에 '세계적 폭풍의 새로운 원천'이라는 위치가 주어지고 있는 것이다. 이러한 의미에서 레닌은 중국의 신해혁명이 세계적인 중요성을 갖는다고 파악하였다.

　辛亥革命으로 중화민국이라는 공화국이 수립되었지만 孫文에 이어 袁世凱가 정권을 장악하자 서구 열강은 중국을 계속 시배하기 위히어

---

21) "The Historical Destiny of the Doctrine of Karl Marx" 1913. 3. 1, LCW
　　18, 584쪽.

영국, 프랑스, 러시아, 독일, 일본 그리고 미국으로 구성된 차관단을 구
성하고 중국에 대한 차관의 지급을 논의하였다. 원세개에 의한 차관의
교섭은 국회에서 거부되었다. 레닌은 이 사건을 중화민국의 대성공이
며 중국에 대한 서구 열강의 침략 기도가 좌절된 것이라고 평가하였다.
차관단의 교섭 실패는 중국의 혁명이 호전되는 계기였다. 미국 대통령
은 미국 정부가 더 이상 차관단을 지지하지 않을 것이며 또 가까운 미
래에 중화민국을 공식적으로 승인할 것이라고 발표하였다. 미국 은행
은 차관단에서 이탈하였으며 미국은 중국 시장을 미국 자본에 개방하
면 중국의 개혁을 촉진하는 데에 필요한 재정적 지원을 줄 것이라고 표
명하였다. 미국의 영향을 받아서 일본도 중국에 대한 정책을 바꾸었다.
우선 일본은 손문의 일본 방문조차도 허용하지 않았었다. 지금은 일본
에서의 체류가 가능하고 또 모든 일본의 민주주의자들이 열정적으로
공화 중국과의 동맹을 환영하였다. 일본 부르주아는 미국과 마찬가지
로 중국과의 평화정책이 중화민국을 분할하고 약탈하는 정책보다 더
이익이라는 것을 깨닫게 되었다.[22]

Ⅳ

　레닌은 중국의 辛亥革命을 통하여 4억의 후진 중국인이 자유를 달성
하고 정치적인 생활을 자각하였다고 파악하였다. 1900년에 레닌은 러시
아가 중국인의 증오를 받고 있다는 사실에 주의하였다.[23] 레닌이 중국
에 관하여 최초로 언급한 것은 1900년 12월이다. 레닌은 1900년의 義和
團 사건을 계기로 중국에 관심을 갖기 시작하였다. 의화단 사건은 서구
열강 군대의 북경 침략과 뒤이어 쇠망하는 淸 왕조에게 배상금을 요구
한 것 때문에 일어났다. 제정 러시아를 포함한 서구 열강의 연합군이

---

22) "Big Achievement of the Chinese Republic" 1913. 3. 22, LCW 19, 29~30
　　쪽.
23) "The War in China" 1900. 12. 1, LCW 4, 373쪽.

의화단을 진압하였다. 서구 열강의 지배층과 여론은 소위 '黃禍論'를 조성하였다. 바로 이 때 레닌은『이스크라』제1기에 "The War in China"를 발표하였다. 레닌은 이 글에서 러시아 짜르 정부를 비판하기 위해서 의화단 사건을 언급하였다. 그는 "어떠한 약탈 행위라도 중국 인민의 증오를 초래하며 자신의 자랑스런 문명을 사기, 약탈, 폭력만을 위해 사용하는 사람들에게 전쟁을 개시할 것"[24]이라고 러시아 정부에게 경고하였다. 중국인이 증오하는 유럽인이란 유럽의 자본가와 그에 순종하는 유럽 정부이다. 즉, 이득을 얻기 위하여 중국에 온 사람, 사기와 약탈과 폭행의 목적으로 자랑스런 문명을 이용하는 사람, 인민을 마취시키는 아편의 무역권을 획득하기 위하여 중국과 전쟁하는 사람을 가리키고 있다.

의화단 사건에 개입한 러시아에서는 중국에 반대하는 운동을 전개하였다. 언론은 미개한 황인종과 문명에 대한 그들의 적개심에 대하여, 계몽이라는 러시아의 임무를 강조하였다. 그러나 레닌이 보기에는 중국 인민은 러시아 인민과 마찬가지로 억압받고 있었다. 즉 중국 인민은 군사력을 바탕으로 한 아시아 정부와 중국에 침투한 서구 자본에 의한 이중억압을 받고 있었다. 레닌은 짜르 정부가 위선적으로 중국의 야만성에 대한 승리와 문명의 전달이라는 의미에서 중국 전쟁(의화단 사건과 8개국 연합군의 중국 침략)을 일으킨 점을 지적하였다. 그리고 이 전쟁 때문에 러시아 재정이 파산되었고 서구 제국주의 국가와 짜르 정부가 중국을 분할하기 위하여 이 전쟁을 일으켰으며 이 전쟁을 통하여 자본가와 귀족만이 이득을 얻고 반면에 러시아 노동자들은 가정 파탄과 세금 증가로 인하여 얻을 것이 없다고 강조하였다.[25]

이 때에 레닌이 중국에 관하여 언급한 것은 중국 인민이 전제정부와 외국자본이라는 이중의 억압을 받고 있다는 것뿐이다. 따라서 중국혁명과 관련하여 살펴볼 수 있는 여지는 없다. 다만 중국이 제국주의 국

---

24) "The War in China" 1900. 12. 1, LCW 4, 373쪽.
25) "The War in China" 1900. 12. 1, LCW 4, 377쪽.

가들의 분할, 침략 대상이라는 인식을 갖기 시작하였다. 그런 후에 레닌은 중국에 대하여 침묵하다가 1912년에 다시 관심을 갖기 시작하였다. 이 때 그는 영국, 프랑스, 일본 제국주의에 대항하는 광대한 운동에서 식민지의 분노가 절정에 달할 가능성을 엿보았다. 그 가능성이 신해혁명으로 나타난 것이다. 즉 "세계 인구의 4분의 1이 말하자면 활동 불능 상태에서 계몽, 운동, 투쟁으로 변화하였다"[26]고 언급한 것이다. 그리고 전제정부인 淸 왕조가 무너지고 중화민국이라는 공화국이 수립되자 그 동안 무기력한 상태에 있던 중국인은 정치적인 자각을 하게 되었고 이어서 제국주의 국가에게 약탈당하고 있는 자신의 처지를 발견하게 되었다. 그래서 이를 극복하기 위하여 계몽운동과 반제운동에 나서게 되었다.

신해혁명이 갖고 있는 의의에도 불구하고 레닌은 이후 진행되는 정치상황을 분석하면서 중국에서는 아직까지는 민주정치가 실행되지 않고 있다고 인식하였다. 1913년 2월 중국에서 최초로 의회 선거가 실시되었다. 이 선거는 보통선거도 아니고 직접선거도 아니었다. 선거권은 선거구에 적어도 2년 이상 거주한 21세 이상의 사람에게만 주어졌다. 또 직접세를 납부한 사람과 일정 정도의 재산을 가진 사람에게만 주어졌다. 선거 방식은 선거인을 선출하고 이 선거인들이 의원을 선출하는 것이다. 레닌은 이 선거를 부유한 농민과 부르주아의 제휴이며 결코 프롤레타리아나 완전히 힘없는 사람을 위한 것이 아니라고 파악하였다.[27]

레닌은 중국의 정당에 대해서도 어느 정도 파악하고 있었다. 그는 중국의 정당을 세 그룹으로 나누고 있다. 첫번째 그룹은 '진보 사회주의 정당'으로 레닌의 표현에 의하면 사회주의와 관계가 없는 쁘띠 부르주아 정당이며 산업화와 무역의 발전, 중국의 정치적 통일과 평화의 보존을 요구하였다.[28] 두번째 그룹은 자유주의자의 정당으로 진보 사회주

---

26) "Regenerated China" 1912. 11. 18, LCW 18, 400쪽.
27) "Regenerated China" 1912. 11. 18, LCW 18, 401쪽.
28) 中國社會黨, 中華民國工黨, 中華進步黨, 公民急進黨, 中華平民黨 등을 가

의자들과 연합하여 國民黨을 구성하고 있다.29) 세번째 그룹은 스스로 공화동맹이라고 부르는 것으로 북중국의 부르주아와 지주, 정부 관료에 의하여 지지받는 보수정당이다.30)

레닌은 이들 가운데에서 국민당이 진보적이라고 평가하였다. 그리고 농민대중이 국민당의 대들보라고 분석하고 국민당의 지도자들은 외국에서 교육받은 지식인들이라고 하였다. 국민당의 지도자가 孫文 등 외국에서 교육을 받은 인텔리겐치아, 즉 부르주아적 인텔리겐치아이며 국민당의 주요한 지주를 광범한 농민대중이라고 한 것을 그대로는 수용하기 어려운 것31)일지라도 레닌이 이렇게 평가한 것은 나름대로 이유가 있을 것이다. 중국에서는 아직 산업 프롤레타리아가 성장하지 못하였고 형식적이지만 공화국이 수립된 직후에 아직 부르주아혁명이 완성되지 않은 상태에서 혁명을 진행하려면 가장 많은 농민이 혁명에 참가해야 했던 것이다. 이것은 그의 러시아혁명의 경험을 바탕으로 한 견해이기도 하였다. 그리고 이어서 중국혁명의 전도에 대하여 다음과 같이 전망하고 있다.

중국의 자유는 농민 민주주의자와 자유주의 부르주아의 연합에 의해 획득되었다. 프롤레타리아 정당에 의하여 지도되지 않는 농민들이 우익보수로 전향할 기회를 기다리고 있는 자유주의자에 대항하여 자신들의 민주적인 상

리키고 있는 것 같다. 邱錢牧 主編, 『中國政黨史』, 太原 : 山西人民出版社, 1991, 327~354쪽 참고.

29) 宋敎仁이 1912년 8월에 統一共和黨, 國民工黨, 國民共進會, 共和實進會 등을 병합하여 성립되었다. 정강은 정치의 통일, 지방자치의 발전, 종족의 동화, 민생주의 정책의 채택, 국제평화의 유지 등이었다. 신승하, 『중국현대사』, 대명출판사, 1993, 29쪽.

30) 1912년 5월 民社, 統一黨, 國民協進會, 國民公會, 帝國憲政會 등이 합병하여 성립되었다. 정강은 전국의 통일과 국가주의의 채택, 국가 권력으로 국민 생활의 향상, 세계 대세에 적응하며 국제 평화와 국가 이익을 추구한다는 것이다. 邱錢牧 主編, 앞의 책, 238~249쪽 참고.

31) 池田誠, 「レーニンにおけるアジア民主主義革命論 - レーニンの孫文論を中心として - 」『立命館法學』149, 1980, 4쪽.

태를 보유할 수 있는지는 가까운 미래에 알 수 있을 것이다.[32]

여기에 중국혁명을 이끌어 나가야 할 국민당의 약점이 있다. 레닌은 그것을 혁명에 중국 인민을 끌어들일 수 없다는 사실이라고 강조하였다. 그리고 그 원인은 중국의 프롤레타리아는 아직 매우 약하기 때문에 민주혁명을 달성하는 단호하고 의식적인 투쟁을 떠맡을 수 있는 지도계급이 없다는 것이다. 따라서 농민은 프롤레타리아라는 지도자가 없어서 몹시 학대받고 소극적이며 무지하고 정치에 관심이 없다.[33] 농민을 중국혁명의 대들보라고 한 레닌에게 있어서 이 사실은 중국혁명의 딜레마였다. 레닌이 이렇게 생각한 근거는 낡고 철저히 부패한 군주정치를 전복했음에도 불구하고, 또 공화국이 수립되었음에도 불구하고 중국은 일반 선거권이 없다는 사실에 있다. 중국에서 의회의 선거권은 자격을 필요로 한다. 어느 정도 재산을 가진 사람에게만 투표권이 주어졌다. 이것 때문에 일반 대중이 중화민국에 대하여 거의 지지하지 않았다. 대중적인 지지 없이, 조직되고 튼튼한 지도계급 없이는 공화국은 안정될 수 없다는 것이 레닌의 생각이었다. 여기서 레닌은 민주혁명의 지표로 일반 선거권을 들고 있다. 일반 선거권을 통하여 대중이 직접 정치에 참여하는 것이야말로 중국혁명을 추진하는 기본적인 힘이라고 생각하였을 것이다.

레닌은 중국의 지배층에 대해서도 분석하고 있다. 레닌이 중국의 지배층을 분석하는 데에 있어서 사용한 개념은 自由主義者라는 것이다. 자유주의자의 특징을 레닌은 다음과 같이 분석하고 있다.

① 자유주의자의 관심은 지주의 권력을 무너뜨리는 것이 아니라 다음에 그를 대신하는 것이라는 데에 있다 ② 자유주의자의 관심은 노동자나 민주주의와 완전히 결별하지 않는 방법으로 지주와 권력을 나누어 갖는다는 데에 있다 ③ 민주주의가 자유주의자를 무릅쓰고 승리할 때에만 권력은 지주

---

32) "Regenerated China" 1912. 11. 18, LCW 18, 401쪽.
33) "The Struggle of Parties in China" 1913. 4. 28, LCW 41, 282쪽.

의 손에서 벗어나 자유주의자의 손으로 옮겨진다.34)

자유주의자라는 것은 레닌에 의하면 도시 부르주아지, 토지 소유자적 부르주아지 등을 대표한다. 중국에서는 北洋 군벌의 거두 袁世凱를 자유주의자의 범주에 포함시키고 있다. 원세개를 자유주의자로 파악하는 것이 오인일지도 모른다.35) 그러나 이것은 권력의 장악 과정이라는 측면에서 파악해야 할 것이다. 레닌은 러시아에서 "보다 문화적인 부르주아, 자유주의자, 카데트(입헌민주당원)는 야만적인 지주의 권력을 타파하지 않는 것에 관심을 갖고 있다는 사실이 망각되고 있다. 자유주의자는 지주의 권력을 타파하지 않으며 민주주의파의 손에 무기를 하나도 주지 않고 자주와 권력을 나누어 갖는 것에 관심을 갖고 있다"36)는 경험을 가지고 있다. 그리고 이어서 "우리의 임무는 민주주의파를 특히 노동자 민주주의파를 강화하는 것"37)이라고 언급하였다. 문제는 권력을 지주의 손에서 탈취하여 자유주의자의 손으로 이양하는 데 있다. 이 말은 봉건군주제에서 권력을 장악하고 있는 지주를 우선 타파해야 하며 지주를 타파하기 위해서는 민주주의자가 자유주의자와 협력해야 한다는 것이다. 이러한 생각을 중국의 정치현상에 적용하다 보니 원세개를 자유주의자로 파악하게 된 것이다. 즉 孫文을 중심으로 한 민주주의자가 신해혁명으로 봉건 군주국가인 청 왕조를 타도한 것은 원세개라는 세력과 협력해야 가능했다는 것이다. 이것은 사실이다. 그리고 결국 원세개가 권력을 장악하게 되었다. 레닌은 원세개가 독재자의 모습을 띠고 있다고 생각하였다. 그리고 그의 정치행동을 다음과 같이 묘사하고 있다.

입헌 민주당원으로서 그는 진실로 모습을 변화시키고 있다. 어제 그는 왕

---

34) "An Organ of a Liberal Labour Policy" 1912. 2. 19, LCW 17, 489~490쪽.
35) 池田誠, 앞의 글, 3쪽.
36) "An Organ of a Liberal Labour Policy" 1912. 2. 19, LCW 17, 489쪽.
37) "An Organ of a Liberal Labour Policy" 1912. 2. 19, LCW 17, 490쪽.

정주의자였다. 혁명적 민주주의가 승리하니까 그는 공화주의자가 되었다. 내일 그는 다시 군주국가에서 국가의 우두머리가 되려고, 즉 공화국을 배반하려고 생각한다.38)

레닌의 판단은 3년 후에 중국에서 현실로 나타났다. 1915년 원세개는 帝制운동을 일으켜서 황제가 되려고 하였다. 그리고 1915년 12월에 參政院이 주관한 국민대표대회에서 황제로 추대되었다.

V

레닌이 본격적으로 중국혁명을 분석한 것은 1912년 7월 15일에 발표한 "Democracy and Narodism in China"라는 글이다. 레닌은 1912년 3월 31일 孫文이 임시총통을 사임한 후 南京의 中國同盟會 회원과의 송별연 석상에서 한 연설인 「民生主義與社會革命」을 읽고 이 글을 썼다.39) 레닌이 이 글을 쓴 것은 1905년의 러시아 민주주의혁명에서 1917년의 프롤레타리아 혁명에 이르는 轉機가 시작한 시기이며, 중국에서는 孫文이 중국 부르주아 민주주의혁명으로 淸朝의 專制主義를 타도하고 중화민국의 임시총통이 된 때이다. 이 글에서 그는 중국 부르주아의 역할, 민족주의의 영향, 봉건주의에서 자본주의적 발전 단계를 뛰어넘어 곧장 사회주의로 이행하는 문제, 농민 상태 등의 문제에 집중하였다. 이러한 문제들을 분석하는 이유는 즉 "세계 자본주의 문명의 흐름에 끌려 들어가는 수억 인이 한창 진행하는 혁명운동에 의하여 발생한 사상의 사회적 의미를 손일선을 예로 들어 생각해 본다는 것이다."40)

---

38) "The Struggle of Parties in China" 1913. 4. 28, LCW 41, 282쪽.

39) 이 글의 전반부는 프랑스어로 번역된 후 같은 해 7월 11일 벨기에 노동당 기관보인 Le Peuple(人民報)에 게재되었다(陳錫祺 主編, 『孫中山年譜長篇』上冊, 北京 : 中華書局, 1991, 683~684쪽). 이 글은 中國國民黨中央黨史委員會 編, 『國父全集』1, 臺北 : 中央文物供應社, 1984, 壹 - 179~183쪽에 실려 있다.

　　레닌은 우선 손문의 사상을 러시아의 나로디즘(Narodism)[41]과 유사하다고 생각하였다. 그는 손문의 민주주의 강령을 아시아의 근대 부르주아 혁명에 있어서 민주주의와 나로디즘의 관계를 최근 세계의 사건에 비추어서 새롭게 조사하게 하고 또 알맞은 기회를 제공한다는 의미에서 중요성을 부여하고 있다. 또한 이것을 그가 경험한 러시아의 1905년 혁명 이후부터 러시아가 직면한 가장 진지한 문제 가운데 하나라고 파악하였다. 그러면서 러시아를 "가장 미개하고 중세적이고 창피스러운 후진적인 아시아 국가의 하나"[42]라고 평가하였다. 여기서 아시아 국가라는 것은 인민을 수탈하는 타도되어야 할 국가적 장치로서 아시아에서 자주 경험된 국가라는 의미로 인민을 피폐시키는 악한 존재로서의 조직에 대한 일종의 비유적 표현이다.[43] 즉 러시아에서 1905년 혁명으로 헌법이 제정되고 국회가 개설되었다고 할지라도 러시아의 정치상황은 여전히 봉건 전제 군주제인 짜리즘의 지배를 받고 있는 상태였다. 이러한 의미에서 러시아는 후진적인 아시아 국가라고 파악한 것이며 따라서 손문의 민주주의 강령은 러시아의 민주혁명과 밀접한 관련을 갖고 있다고 레닌은 생각하였던 것이다.

　　레닌은 중국이 러시아의 1905년 발전 단계를 지나고 있으며 부르주아는 18세기 프랑스에서와 같이 투쟁을 이끌고 있다고 생각하였다. 1904~1905년의 러시아 제1혁명은 일반 대중들이 짜르 체제에 대하여

---

40) "Democracy and Narodism in China" 1912. 7. 15, LCW 18, 164쪽.

41) 나로디즘의 사상적 특징은 다음과 같다. ① 러시아에서 자본주의가 필연적으로 성장, 발전한다는 것을 이해하지 못하고 우연한 현상으로 본다 ② 따라서 프롤레타리아의 성장, 발전도 이해하지 못하여 노동자 계급을 선진적 계급, 사회 변혁의 주체로 파악하지 않았다 ③ 러시아에 광범위하게 존재하였던 농촌공동체를 사회주의 사회의 기초 형태로 보았다 ④ 또한 나로느란 공동체 농민이며 공산주의적 본능을 가진 그 농민이 변혁의 주체라고 생각하였다 ⑤ 인텔리겐치아의 지도성을 절대화하여 대중의 역할을 이해하지 못하였다(황세연 외 편집, 『철학사전』, 중원문화, 1987, 86쪽 참고).

42) "Democracy and Narodism in China" 1912. 7. 15, LCW 18, 163쪽.

43) 西村曷夫, 「レーニンとアジア槪念」 『名古屋學院大論集』 7, 1966, 80쪽.

나타낸 분노라고 할 수 있다. 짜르 체제의 억압적인 상태가 계속되었고 이에 대한 혐오가 쌓이면서 분산적이고 자연발생적인 폭동으로 폭발되었다. 파업이 늘어나고 농민 봉기가 확산되었으며 야당 지도자들은 憲政을 요구하였다. 정치개혁이 시행되었지만 현존 질서의 전복은 없었다. 이러한 상황은 1912년대의 중국에서도 마찬가지였다. 정치적인 불안 상태가 나타났고 淸 왕조를 무너뜨린 계승자들은 분쟁을 진정시킬 수 없었다. 전통적인 정치체제가 전복되었다는 사실에도 불구하고 정치적, 경제적인 질서의 근본적인 개조는 이루어지지 않았다. 중국의 혼란스러운 상황을 극복하기 위해서 중국의 민주주의자는 자신의 힘을 강화해야 하였다.

이러한 의미에서 레닌은 손문이 중국의 위기를 극복하고 민주주의를 실현하는 가장 훌륭한 인물로 묘사하였다. 그는 손문이 정치적 관심을 많이 갖고 있으며 정치적 자유를 경시하지 않았고 완전한 민주주의와 공화국을 요구하는 인물이라고 판단하였다. 그리고 일하는 사람과 착취당하는 사람에게 동정심을 가지고 있다고 파악하였다. 그는 더 나아가서 손문의 사상을 "중국의 억압자와 싸울 수 있는 진정 위대한 인민의, 진정 위대한 이념"44)이라고 호평하였다.

레닌이 손문의 사상을 나로디즘으로 파악한 것은 두 가지 이유에서였다. 첫째로는 자본주의를 방지하고 자본주의의 길을 피하려는 것, 둘째로는 급진적 농업개혁의 주장, 계획과 결합한 것이다.45) 이 두 가지의 정치적 경향이 나로디즘을 형성하는 요소이다.

마르크스주의 이론에서 역사적 발전의 필연적인 단계를 건너뛸 가능성은 없다. 과학으로서의 마르크스주의는 경제결정론의 법칙을 밝힌다고 주장한다. 그래서 봉건주의에서 자본주의로 그리고 자본주의에서 사회주의로의 이행은 필연적이다. 이러한 발전은 각 사회 내의 특별한 모순, 생산관계의 발전, 피억압 계급에 의한 필연적인 전복을 지연시키

---

44) "Democracy and Narodism in China" 1912. 7. 15, LCW 18, 164쪽.
45) "Democracy and Narodism in China" 1912. 7. 15, LCW 18, 165쪽.

는 지배계급의 능력에 따라서 변화한다. 혹자는 레닌이 이러한 마르크스주의에 근거하여 자본주의를 피하려는 손문의 희망을 비판하였다고 한다. 또한 자본주의를 피하려는 농업개혁 수단이 중국의 후진적, 반봉건적인 상태에서는 필요하다고 생각하였지만 이들 조치를 통하여 자본주의를 피한다는 생각을 비판하였다고 한다.46) 그러나 레닌의 글을 자세히 읽어 보면 이러한 비판은 성립될 수 없다. 레닌은 우선 중국혁명의 조건을 분서하고 있다. 즉 손문 등 '중국의 나로드니키'는 인민에 대한 억압과 착취를 반대하기 때문에 주관적으로 사회주의자이다. 후진적이고 농업적인 半봉건 국가인 중국의 객관적인 상태는 이 억압과 착취라는 특수하고 역사적으로 독특한 형태 즉 봉건주의의 질서에 놓여 있다. 봉건주의는 농업과 자연 경제의 지배에 근거하고 있다. 중국 농민에 대한 봉건 착취의 근원은 토지에의 귀속이었다. 이 착취의 정치적 대표자는 전체 체계의 우두머리로서의 황제와 봉건지주였다. 이러한 조건의 결과로 나타난 것이 봉건 착취의 폐지를 위한 손문의 사상이다. 이것이 '손문의 나로디즘'의 정수이고 부르주아 민주주의적 농업개혁을 위한 진보적이고 혁명적인 사상의 본질이며 유사 사회주의적 이론의 본질이다.

좀더 구체적으로 레닌이 손문의 사상을 어떻게 생각하였는지 좀 길지만 인용하여 보자.

원리의 관점에서 이 이론은 쁘띠 부르주아 '사회주의의' 반동이다. 왜냐하면 자본주의가 중국에서 방지될 수 있다는 이론 그리고 '사회혁명'이 이 국가의 후진성 등에 의하여 더 쉽게 만들어질 수 있다는 이론은 모두 반동이기 때문이다. 그러나 현실이 그에게 받아들이도록 하는 것, 즉 '중국은 거대한 산업적 (즉 자본주의) 발전의 전야에 있다는 것', 중국에서 '무역(즉 자본주의)이 거대한 정도로 발전할 수 있다는 것', '50년 내에 우리는 많은 상해 즉 자본주의적 財富와 프롤레타리아의 빈곤, 궁핍의 거대한 중심을 기릴 수 있다는 것'을 받아들임에 의하여……손일선은 스스로 자신의 반동적인 나로디

---

46) Allen S. Whiting, 앞의 책, 14쪽.

즘의 이론을 분쇄한다. 그러나 문제가 발생한다. 이것이 문제의 요점이고 가
장 흥미로운 점이며 축소되고 약화된 자유주의적 유사 마르크시즘이 종종
난처해하는 것이다. 손일선이 자신의 반동적인 경제이론에 근거하여 실제로
반동적인 농업강령을 지지하는가?

실은 그는 지지하지 않는다. 중국의 사회관계의 변증법은 중국의 민주주의
자들이 유럽의 사회주의에 진정으로 공감하면서 그것을 반동적 이론으로 변
형하고 자본주의를 '방지한다'는 이 반동적인 이론에 근거하여 완전히 자본
주의적인, 최고의 자본주의적인 농업강령을 옹호한다는 사실을 분명히 나타
낸다![47]

이 글을 통하여 볼 때 레닌은 손문을 나로드니키라고 생각한 것 같
지는 않다. 이론상으로 손문의 사상이 반동적인 나로디즘과 유사할지
는 몰라도 중국의 객관적 현실이 손문을 나로디즘의 체계에서 벗어나
게 한 것이다.

이와 관련하여 생각할 수 있는 것은 손문이 주장한 平均地權論을 레
닌은 토지의 국유화라고 규정한 부분이다. 원래 손문의 평균지권론은
從價徵稅와 토지의 국유를 말한다. 손문이 말한 토지의 국유란 토지를
모두 국가에 귀속시킨다는 의미는 아니다. 그 내용은 오히려 도로를 수
축하고 시장을 개설할 경우에 그 지역의 토지를 등기 가격에 따라 국가
가 매수한다고 하는 토지의 수용을 말하는 것이다. 從價徵稅란 地價를
결정할 때 토지를 파는 사람은 가격이 높은 편이 유리하고 사는 사람은
가격이 낮은 편이 유리하기 때문에 토지소유자가 높은 가격으로 신고
하면 그에 따라 국가의 징세액도 높게 하는 것이다. 이 두 가지는 서로
보완하는 것이며 그 때문에 토지 매매가격도 절충되고 地權도 평균화
된다는 것이다.[48]

이러한 내용을 갖는 손문의 平均地權論을 레닌은 Henry George류
의 단일세 같은 것이며 결국 地貸를 국가로 이전하는 것 즉 토지 국유

---

47) "Democracy and Narodism in China" 1912. 7. 15, LCW 18, 166~167쪽.
48) 孫文, 「平均地權」 1912. 5. 4, 『國父全集』(中國國民黨中央黨史委員會 編)
   1, 臺北 : 中央文物供應社, 1984, 壹 - 185쪽.

화라고 파악하였다. 레닌에 의하면, 외딴 농촌지역과 上海에 있는 토지 가치의 차이는 지대율의 차이다. 토지의 가치는 자본화된 지대이다. 토지의 '상승된 가치'를 '인민의 소유'로 하는 것은 지대 즉 토지 소유권을 국가로 이전하는 것 또는 다른 말로 토지를 국유화하는 것을 의미한다는 것이다. 레닌은 이러한 개혁이 자본주의의 구조 안에서 가능한가라고 묻고 있다. 그리고 스스로 이것은 가능할 뿐만 아니라 또한 그것은 가상 순수한, 가장 견실한 그리고 이상적으로 완벽한 자본주의를 의미한다고 답하였다. 그리고 그 근거가 마르크스의『철학의 빈곤』과『자본론』3권,『잉여가치의 이론』에 있다고 말하였다.[49]

레닌은 아시아의 가장 후진 농업국가에서 가장 진보적인 부르주아 - 민주주의적 농업강령의 필요성을 봉건주의를 파괴하는 데에서 찾고 있다. 그리고 중국이 유럽과 일본에 의한 영토의 분할과 국가적 붕괴를 막기 위해서는 정치적으로는 중화민국을 창조할 수 있는 영웅적 행위에 의하여, 경제적으로는 토지 국유화를 통하여 농업 분야에서 가장 급속한 자본주의적 진보를 보증할 수 있는 영웅적 행위에 의해서만 가능하다고 주장하였다. 이것이 성공할 수 있는 결정적인 요소는 국제적인 상황과 중국에서 사회세력의 노선 설정이라고 레닌은 생각하였다.[50]

VI

1910년대 말에 레닌은 체계적으로 아시아의 혁명운동에 대하여 언급하였다. 1919년 11월 22일 동양 인민의 공산주의 조직의 제2차 전 러시아 대회가 모스크바에서 열렸다. 이 대회에서 레닌은 아시아의 혁명에 대하여 개괄하였다. 그는 현대 혁명에서 아시아는 전 세계의 운명을 결정하는 데 참가하고 있으며 아시아 인민이 실제적인 행동의 필요를, 모든 민족이 모든 인류의 운명을 정하는 데에 참가할 필요가 있다는 전제

---

49) "Democracy and Narodism in China" 1912. 7. 15, LCW 18, 167쪽.
50) "Democracy and Narodism in China" 1912. 7. 15, LCW 18, 168쪽.

하에 연설을 시작하였다.

레닌은 아시아의 혁명가들이 이전에는 생각할 수 없었던 과업에 직면하고 있다고 강조하였다. 즉 공산주의의 보편적인 이론과 실천에 의존하면서 유럽 국가에서 존재하지 않았던 특별한 조건에 스스로를 순응시켜야 한다는 것이다. 특별한 조건이란 대다수의 인구가 농민이며 혁명 과업이 자본주의에 대항하는 것이 아니라 중세적 잔재에 대항하여 투쟁하는 것이다. 그리고 세계의 선봉적 프롤레타리아와 중세적인 아시아의 노동하고 착취받는 대중과의 연합을 위한 특수한 형태를 발견해야 한다고 아시아 혁명가들에게 요구하였다. 이러한 과업을 위해서는 공산주의가 각 국가에서 인민이 이해하는 언어로 선전되어야 한다는 것이다.[51]

레닌은 아시아 혁명운동의 특수성을 발견하였다. 이 특수성을 바탕으로 하여 혁명운동이 진행되어야 한다고 생각하였다. 그리고 이 혁명운동은 부르주아 민족주의(Bourgeois Nationalism)에 기초해야 한다고 강조하였다.[52] 러시아에서 사회주의혁명이 성공한 후에 레닌은 아시아의 혁명운동을 프롤레타리아의 마지막 승리를 위한 동반자로 생각하였다. 레닌에게 있어서 1910년대에 아시아의 혁명운동은 유럽 사회주의를 실현하기 위한 부수적인 존재였다. 그러나 이 시기에는 이러한 생각을 버렸다. 그것은 사회주의 국가가 수립된 러시아를 유럽의 자본주의 국가가 집중적으로 봉쇄하여 유럽에서 사회주의혁명의 실현이 점점 멀어져 가는 현실을 파악하였기 때문이다. 그래서 레닌은 프롤레타리아의 마지막 승리가 피억압 식민지국가 특히 아시아 국가의 노동인민의 도움 없이는 승리할 수 없고 공산주의로의 이행은 전위만으로 성취될 수 없다고 단언한 것이다.

---

51) "Address to the Second All‑Russia Congress of Communist Organisations of the People of the East" 1919. 11. 22, LCW 30, 159~161쪽.

52) "Address to the Second All‑Russia Congress of Communist Organisations of the People of the East" 1919. 11. 22, LCW 30, 162쪽.

　　이렇게 하여 레닌의 세계혁명론은 자본주의 국가에서의 사회주의운동과 (반)식민지 국가에서의 부르주아 민족해방운동이라는 두 축으로 성립하게 되었다. 중국혁명론은 바로 후자에 해당한다. 1920년대 중국혁명에 대하여 소련이나 코민테른이 갖고 있는 전략은 이러한 관점에서 설정되었다.

魏晉南北朝·隋唐史 研究를 위한 하나의 方法

朴　漢　濟

머리말

魏晉南北朝·隋唐時代를 어떻게 볼 것인가? 우리는 魏晉南北朝時代가 隋唐時代의 단순한 앞시대라는 의미가 아니라 隋唐시대를 형성해 가는 과정으로서의 의미를 가진다는 것을 대체로 인정하는 바이다.[1] 그리고 魏晉南北朝와 隋唐時代는 同質의 時代라는 것도 學者間의 共通의 認識이 아닌가 한다. 그러면 中國史上 魏晉南北朝·隋唐時代가 가지는 특징을 어떻게 규정할 수 있을 것인가? 종래 學界에서는 이것을 時代區分의 문제와 연결시켜 설명해 왔다. 이 시대를 奴隷制시대로 혹은 封建制시대로 보기도 하고, 다른 한편에서는 國家的 奴隷制, 혹은 貴族制시대로 보기도 하였다. 이러한 社會構成體論이 이제까지 이 시대 연구를 주도해 온 이론이었다. 이러한 이론들은 이 시대의 여러 문제를 해명하는 데 많은 기여를 한 것도 부정할 수 없지만, 實際像을 왜곡시킨 부분도 적지 않다. 예를 들어 奴隷制 혹은 封建制라는 개념으로

---

1) 谷川道雄, 『隋唐帝國形成史論』, 東京 : 筑摩書房, 1971.

서 이 시대의 특징을 설명하는 데에는 문제가 따른다. 예를 들어 中國 古代에 있어서 奴隷가 전체 인구 중에서 차지하는 비율은 높지 않았고, 그런데다 그들은 직접 生産勞動에 동원되지도 않았다. 이런 점 때문에 '東方的 奴隷制'라는 애매한 개념이 제시되기도 했다. 한편 貴族制라는 잣대를 가지고 이 시대를 보았을 때, 魏晉南北朝時代가 오히려 그 특징을 비교적 잘 具備한 시대이고, 隋唐代는 그 亞流에 불과하다고 할 수 있다. 따라서 이런 의미에서 魏晉南北朝는 隋唐시대의 形成期였다는 貴族制 主唱者의 전제와는 괴리가 생기는 것이다. 이런 문제점은 필자에게서 처음 제시된 것도 아니었다. 그러나 문제는 이 시대를 어떻게 보아야 한다는 새로운 觀點이나 理論이 제시되지 못하고 있다는 점에 있었다. 예를 들어 東方的 奴隷制論이나 貴族制論을 비판하지만, 그것을 대신할 代案을 제시하지 못한 것이 현재 학계의 실정이다. 이런 점에서 현재 魏晉南北朝·隋唐時代史 연구는 전혀 그 돌파구를 찾지 못하고 있다고 생각한다.

이런 입장에서 수년 전 필자는 五胡·北朝·隋唐史 연구를 위한 作業假說로서 '胡漢體制論'을 제시한 바 있다. 필자의 주장은 이 시대가 대규모의 民族移動時代라는 관점에서 출발한다. 後漢王朝의 편협한 對異民族 政策은 민족(종족)문제를 야기시켰다. 後漢末 이후 나타난 中國史上 未曾有의 혼란은 바로 이와 같은 민족문제를 제대로 수습하지 못한 데서 나타난 결과였다. 민족모순의 결과는 異民族이 塞內, 특히 華北內地에 그들의 국가를 세우는 것으로 나타났다. 이것은 민족문제의 해결이 아니라 새로운 問題 發生의 시작이었다. 北方에 등장한 이민족 국가가 어지럽게 明滅했던 것은 바로 支配族인 異民族과 被支配族으로 전락한 漢族 사이에 일어났던 민족문제를 제대로 해결하지 못한 결과였다. 따라서 五胡·北朝 국가의 焦眉의 懸案問題는 바로 胡漢問題였다. 이것이 이 시대의 정치·경제·사회·문화의 모든 면을 제약하고 규정했다고 보는 것이 필자의 소위 '胡漢體制論'이다2). 즉 胡族과

─────────────────

2) 胡漢體制의 概念 및 그 구조에 대해서는 졸저, 『中國中世胡漢體制研究』,

漢族은 초기의 격렬한 투쟁에서 타협으로, 그리고 나아가서 공존의 역사를 추구해 갔던 것이며, 그것이 바로 모든 민족을 포괄할 수 있는 隋唐世界帝國의 형성의 원동력이었다는 것이 필자의 생각이다. 필자가 학계에 五胡·北朝·隋唐史의 이해방법으로 胡漢體制論을 제시한 이후, 그렇다면 東晉·南朝史는 어떻게 이해해야 할 것인가라는 지적을 종종 받아 왔다. 이 문제와 관련하여 필자는 南朝와 北朝가 각각의 독자적 특성을 가지고 있음에도 불구하고, 같은 시대의 밀접한 교류를 갖는 왕조로서의 공통성을 더 중요한 이해의 관점으로 삼아야 한나고 생각하고 있다. 최근 南朝와 北朝 사이에는 사회경제적, 문화적, 제도적 차이가 있으며, 魏晉南北朝와 唐朝의 변화의 상당한 부분은 南朝에서 이어졌다고 보는 견해가 제시되었다.3) 이런 주장은 필자가 기왕에 胡漢體制로서 北朝와 隋唐을 직접 연결시키려는 안이한 입장에 반성을 촉구하게 하는 견해로서 필자는 받아들이고 있다. 다른 면으로는 이것은 기왕의 학계에서 南朝와 北朝를 안이하게 同質의 사회로만 보려 했던 것에 대한 반성을 촉구한 것이지, 南朝와 北朝를 엄격하게 異質의 것으로 구별하려고 주장하는 것은 아니라고 생각한다. 필자도 南朝와 北朝의 이해는 그 차별성을 의식하면서도, 그 공통성을 더 중요한 이해의 관점으로 삼아야 할 것이라고 생각한다. 그렇다면 南北朝를 통일적으로 이해하는 새로운 틀이 제시될 수 있을 것인가?

　필자는 전술한 바와 같이 魏晉南北朝時代가 中國史上 지니는 가장 큰 특징은 바로 '民族移動'이라고 생각한다. 그리고 隋唐은 민족이동이 낳은 결과물인 '世界帝國'이라고 생각한다. 다시 말하자면 '민족이동'의 魏晉南北朝는 '世界帝國'의 隋唐시대를 낳기 위한 전단계로서의 의미를 지닌다는 것이 필자가 이 시대를 보는 관점이다. 필자는 최근 東晉·南朝史硏究를 위한 새로운 作業假說로서 소위 '僑舊體制論'를 제시한 바 있다.4) 이러한 작업가설을 제시하게 된 동기는 첫째, 南朝와 北

　　一潮閣, 1988 참조.

　3) 唐長孺, 『魏晉南北朝隋唐史三論』, 武漢大學出版社, 1992.

　4) 졸고, 「'僑民體制'의 展開와 南朝史 - 南北朝史의 統一的 理解를 위한 하

朝가 南北으로 나누어져 있지만, 공통적 시대경향을 갖는 사회라는 인식에 바탕하여 南朝와 北朝를 통일적으로 이해하려는 필자 나름의 시도에서 비롯된 것이다. 즉 南朝나 北朝나 민족이동의 영향하에 있었으며, 移住民과 本地人 사이의 갈등과 모순의 와중에서 새로운 공존의 질서를 모색하는 시기였다는 것이 필자의 입장이다. 江南으로 눈을 돌려보자. 華北 內地에서의 이민족국가의 성립은 필연적으로 華北에 살던 漢族의 南方으로의 移動을 야기시켰다. 江南에서의 民族構成의 복잡성은 北方 華北의 그것에 결코 뒤지지 않았다. 이들 江南漢人 및 각종 異民族과 華北 漢人 사이의 갈등과 타협 과정이 필자는 南朝史의 전개의 가장 큰 흐름이라고 보고 있다. 필자는 오히려 南北 공히 移(住)民만이 갖는 독특한 성격에 주목하고자 하였다. 즉 '脫故鄕人'들이 갖는 독특한 情緖에서 우러난 단결력이 南·北朝사회를 그들이 주도할 수 있었던 가장 큰 원인이라고 생각한다. 이와 같이 魏晉南北朝시대의 역사는 脫故鄕人 즉 '僑民'들이 주도적으로 이끌어 갔다는 점에서 南·北朝를 통일적으로 이해하는 틀로서의 가능성을 충분히 확보할 수 있을 것이라고 믿는다. 따라서 필자는 五胡·北朝의 '胡漢體制'와 東晉·南朝의 '僑舊體制'를 합쳐서 이 시대를 '僑民體制'라는 이름으로 재구성할 수 있다고 보는 것이다. 그리고 다양한 민족들이 공존을 지향하고 민족 간의 자유로운 교류를 체제적으로 허용함으로써 '流動'을 시대 특징으로 하는 '隋唐世界帝國'은 魏晉南北朝時代의 이런 胡漢·僑舊 間의 접촉 과정을 거쳐 성립되었다는 것이 필자의 생각이다. 여기에서 필자가 단서를 달아야 할 점은 隋唐은 漢代와는 다른 인민의 파악방법을 가지고 있다는 것이다. 隋唐대에는 僑民이 합법적으로 존재했고, 客戶의 존재도 당시 인민지배질서와 반드시 위배되는 존재가 아니라는 것이다[5]. 이런 이해가 없다면 인구 파악면으로 볼 때, 大唐의 황금시대는 도저히 이해할 수 없다는 것이 필자의 생각이다. 『通典』의 撰者 杜佑가 "國家

　　나의 提案 - 」『東洋史學硏究』50, 1995.
　5) 唐長孺, 「唐代的客戶」『山居存稿』, 中華書局, 1989.

(唐)之極盛”이라 했던 玄宗 天寶 14載(755)의 “管戶總八百九十萬四千七百九”6)는 前漢 平帝 元始 2年(A.D. 2)의 1,200만여 호와 비교할 때 300만 호가 부족하다. 700여 년의 격차에도 불구하고 이런 인구 파악의 엄청난 차이는 무엇을 의미하는가? 그런데다가 大唐의 頂點인 太宗時의 인구가 300만 호 전후였다고 한다. ‘流動하는 社會’로서의 隋唐을 상정해 볼 수는 없을까? 무슨 방법으로 동아시아의 맹주로서 군림한 大唐帝國에 합당한 군사력이나 경제력을 설명할 수 있을 것인가?

　이러한 필자의 주장은 기존 학계의 隋唐史 理解와 그 軌를 날리한다. 魏晉南北朝의 역사적 전개의 결말이 隋唐世界帝國이라는 점에는 동의하지만, 그러나 사회구성체론적 입장에서 이 시대를 이해하려는 입장과는 근본적으로 다르다. 본고는 필자의 주장의 대강을 학계에 제시하고 약간의 論證을 가함으로써 폭넓은 비판을 얻고자 한다.

I. ‘隋唐世界帝國論’의 虛實

　그러면 먼저 既往의 學界에 제출된 隋唐世界帝國論의 전개과정과 그 내용을 살피고 그것이 갖는 虛와 實을 살펴보도록 하자. 학자들은 隋唐시대에 ‘東아시아世界’가 성립했다는 점에는 크게 異議를 달지 않는다. ‘東아시아’의 지역 범위는 대체로 중국을 중심으로 한, 韓國·日本·越南을 그 주요 구성지역으로 하고 中國 西北方의 제 민족의 주거지역도 여기에 포함시킨다. ‘世界’란 하나의 지역 내에 사는 민족이 현재의 세계와 마찬가지로 서로 밀접한 관계를 갖는 특정한 지역단위를 지칭한다. 현재의 세계란 지구 그 자체가 한정범위(global)이지만, 前近代시기에는 지구상에는 多數의 世界가 존재하고 있었다. 예를 들어 東아시아世界, 이슬람世界, 로마世界, 인도世界 등이 그것이다. 당시의 世界란 文化圈과 동일한 개념이라고 보아도 무방하다. 역사학계에서 상

---

6)『通典』권7, 食貨7 歷代盛衰戶口條 참조.

기한 '世界'의 문제에 관심을 갖게 된 것은 그리 오래지 않았다. 관심을
갖기는 하나의 民族, 하나의 國家라는 단위를 넘어 東아시아 全域을
한 組로 보아, 自國의 形成史 혹은 發展史를 그 세계사 속에서 위치시
켜 보려는 시도에서 비롯된 것이었다. 이와 같이 東아시아史를 구조적
·통일적으로 이해해 보려는 시도는 특히 戰後 日本 歷史學界를 중심
으로 활발하게 진행되었다. 초기의 연구는 주로 東아시아에 존재하는
각국이 그 발전과정에서 相互 어떤 연관을 맺고 있는가라는 점에 그
주안점이 있었다7). 즉 東아시아史 전체를 통일적으로 파악하려는 방법
론의 제시가 그들의 과제였다. 그 후 하나의 세계를 독립적으로 출현·
성립시킬 수 있는 基本法則이 무엇인가라는 점이 추구되기 시작하였
다. 그런 과정에서 古代的 帝國主義國家의 出現이 '世界' 성립의 전제
라는 의견이 제시되었다8). 이런 주장은 로마제국의 구조를 그대로 착
용하여 東아시아史에 적용해 보려는 시도이어서 동아시아만이 갖는 특
수성의 파악을 놓친 면이 있다. 그리고 세계가 성립하려면 民族興亡史
的 대세론이나 對外交涉史라는 피상적인 파악에서9) 벗어나, 통일적·

---

7) 前田直典, 「東アジアにおける古代の終末」 『歷史』 1 - 4, 1948.
8) 松本新八郎은 『世界史の基本法則』, 歷史學硏究會, 1949라는 책에서 일반
   적으로 世界帝國은 어떤 특정국가가 그 발전단계상 共同體의 단계가 해
   체되고 奴隷制의 發展 및 大土地所有制의 展開로 對外膨脹政策을 추진하
   게 됨으로써 출현한다고 보았다. 즉 古代的 帝國主義가 나타나게 됨으로
   써 특정 지역은 밀접한 관계에 빠지게 되고 그렇게 됨으로써 하나의 세계
   의 성립이 가능하게 된다고 설명한다. 따라서 東아시아의 경우는 隋唐帝
   國이 그것에 해당되지만, 그 사회 내부에서의 노예제 발전의 한계로 인하
   여 지배영역의 확대나 대외정책의 적극성에 대한 내적 욕구가 한계성을
   갖게 되어, 貢納을 징수하는 매우 느슨한(loose) 지배에 그치고 말았다고
   설명한다.
9) 동아시아에서의 變革의 同時性이라는 점에서 前田直典은 907년 唐의 멸
   망, 935년 新羅의 멸망, 939년 將門·純友의 亂이라는 變革的 事件의 同
   時性을 제시하였다. 그리고 松本新八郎은 755년 安祿山의 亂, 742~764년
   의 新羅 景德王의 改革, 日本 聖武天皇 天平期의 움직임을 연결시켜 中國
   에서 일어났던 사건이 점차 朝鮮과 日本에 영향을 준 것을 거론하였다.

계통적 파악이 필요하며, 그를 위해서는 제 국가 간의 관계를 규제하는 특수한 질서의 규명이 필요하다고 주장이 제시되었다. 이런 주장에 자극을 받아 나타난 동아시아세계론이 유명한 西嶋定生의 '冊封體制論'이다.10)

西嶋定生은 世界의 概念을 '(文化的)普遍性과 (政治的)自己完結的 構造를 갖는 一定地域'이라 규정하고 東아시아世界는 漢字·儒敎·佛敎·律令法이라는 4요소를 보편적 문화로 하는 '문화권'인 동시에 '冊封體制'에 의해 서로를 연결하는 완결된 정치구조를 갖는 '정치권'이라 규정하였다. 특히 그에 의해서 제기된 '冊封體制'란 東아시아의 중심인 中國 皇帝가 '冊命'이라는 형식을 통해 주변민족의 首長들을 王·侯 등 爵位나 官位로 봉하여 (이것이 '책봉'이다) 臣屬化시켜 '外藩國'으로 만듦으로써 성립하는 세계를 古代 東아시아世界라고 설명하였다. 이러한 고대 동아시아세계는 前漢 初에서부터 시작되어 唐의 멸망으로 붕괴되는 것이라고 보았다. 고대 동아시아세계 붕괴 후 唐을 중심으로 하는 정치적 질서체제(정치권)는 무너지고 대신 唐 이전에 보이지 않던 활발한 通商交易 關係가 성립되어 私的 商人이 이들 세계를 연결하는 형식으로 전환되었으며 여기에 '經濟的 交易圈'으로서의 동아시아세계가 형성되었다. 그러나 경제적으로만 연결된 이러한 동아시아세계는 불안전한 것이기 때문에 붕괴된 정치권을 복원시킬 필요가 있는 것이다. 여기에 元은 東아시아交易圈에 결여된 정치적 질서를 복원·유지시키기 위하여 그 圈外에 있던 日本을 침입하게 된 것이다11)고 설명하고 있다.

이러한 의미를 가진 '冊封體制論'은 동아시아세계의 구조 해명에 어느 정도 기여한 것은 사실이다. 그러나 이 이론은 크게 보아 두 가지 문제점을 갖고 있다. 첫째 하나의 세계가 성립하려면, 각국의 변동이 서

---

10) 日本史學界를 중심으로 진행된 '世界帝國'에 관한 論議는 (日本)唐代史研究會, 『隋唐帝國と東アジア世界』, 東京 : 汲古書院, 1979에 실린 菊池英夫의 「緖說」 부분을 많이 참조하였다. 이하의 논지에도 특별히 注를 달지 않았을 경우 이 논문에 많이 의존했다.

11) 西嶋定生, 「6~8世紀の東アジア」『岩波講座 日本歷史 古代 2』, 1962.

로 내면적 연관성 유무가 먼저 검증되어야 하며, 단순한 同時性에 의한 다소의 영향으로 설명하는 것은 무의미하다고 점이다.[12] 朝貢과 冊封을 위해 몇 사람의 사절이 오고가는 것으로 하나의 世界가 성립되었다고 볼 수는 없는 것이다. 각국 인민 사이에 서로 어떤 연관성을 맺고 있으며, 각국의 인민의 동향이 구체적으로 다른 나라에 어떤 형식으로 영향을 주고 있으며, 그 강도는 어떠하냐 하는 점이 고찰되어야 할 것이다.[13] 둘째, 이것은 철저한 中國 中心의 史觀에서 비롯된 것이었다. 즉

---

12) 西嶋定生의 '冊封體制論'의 批判者인 旗田巍는 역사적 세계 형성의 5대 조건을 제시하였다. 즉 당을 중심으로 하는 역사적 '세계'를 상정하려면 먼저 ① 政治的 支配·服從關係, 王·王后의 冊立과 國號와 年號의 承認 ② 軍事的 支配·從屬關係 ③ 律令(唐法)에 의한 諸國의 지배 ④ 唐의 宗敎, 즉 佛敎에 의한 權威·秩序의 형성 ⑤ 經濟的 支配·依存關係 등이 전제되어야 한다는 다섯 가지 검정의 틀(Ideal Types)을 제시하였다. 이로 볼 때 당대의 동아시아에는 律令法 체계의 계수는 있었지만, 당법의 지배는 아니며, 각 민족이 독립해 있고, 중국의 불교가 전파되어도 그것은 각국의 권력·권위와 결합하여 국경을 초월한 보편종교로서의 권위를 발휘한 것도 아니고, 교역무역에 있어서도 지배층의 사치무역이어서 사회적 규모의 경제적 의존관계는 없었다. 그러므로 ③·④·⑤는 들어맞지 않는다. ①·②에 있어서도 책봉체제하에 있었던 신라는 당과 하나의 세계를 이루고 있지만, 일본은 그 바깥에 있다는 점에서 맞지 않는다는 것이다(「9·12世紀の東アジアと日本」『岩波講座 日本歷史 古代 4』, 1962).

13) 그 중 藤間生大의 '人民鬪爭史觀'은 우리의 흥미를 끌기에 충분하다. 藤間生大는 冊封이라는 국가간의 政治·外交 레벨과는 다른 차원, 人民生活에 보다 밀착한 차원, 歷史를 추진시켜 나간 人民鬪爭의 차원 및 生産力의 새로운 展開 차원에서의 동아시아세계상의 구축을 시도하여 독자적 구도를 제시하였다. 그에 의하면 魏晉南北朝時代를 통하여 전개되었던 賤民手工業者의 地位의 向上과 解放의 鬪爭이 중국 내부에서 일정한 성과를 거두고 그들이 朝鮮과 日本에 도래해서 생산면만이 아니라 정치면에도 주요한 지위를 구축하고 律令國家體制 성립의 추진력이 된다는 점에서 동아시아세계의 하나의 기저를 볼 수 있다는 것이다. 그리고 북방 유목민족의 중국 본토에로의 침임은 이제껏 관습이 되어 왔던 漢族至上主義를 지양시켜 제 민족이 평등한 입장에서 자유로운 교류를 갖게 하였고, 남북조시대에 유행한 불교는 4~5세기 중국에서의 과감한 계급투쟁과 결합하여 사상투쟁을 정면에서 이끌고 갔던 것이다. 그에 의하면 중국 고래의 사상

주변의 여러 민족의 여러 국가 모두가 冊封體制에 들어와 정치적 지배 종속 관계에 서는 일원적 구조를 의미하며, 그것 없이는 세계의 형성이 불가능하다는 논리이다. 그러나 世界란 일원적이라기보다 다원적·多中心的으로 존재한다. 즉 각 민족의 자립, 각 국가의 독자적 利害를 전제하면서 그것도 서로 제약을 받는 관계의 場으로서 파악하는 것이 오히려 현재 우리가 사용하는 世界라는 의미에서 볼 때 더욱 그러하다. 사실 西北方 遊牧民族의 대두가 당시 東아시아 국제관계에 커다란 변화를 가져왔고, 10세기에 들어가면 본격적인 정복왕조로 줄현한다는 점에서, 중국 사료에만 의거해서 중국 왕조측에서 동아시아를 보는 것이 얼마나 큰 무리가 따르느냐 하는 점은 쉽게 알 수 있다. 따라서 東아시아世界를 논할 때 흔히 중국의 東南方의 농경민족과의 관계만을 고려할 것이 아니라, 北方·西方 그리고 西南·東南方 관계를 총합적으로 시야에 넣는 시도가 필요한 것이다.

　필자는 이런 문제점에서 종래 학계에서 분분하게 논의되었던 隋唐世界帝國論은 재검토될 필요가 있다고 생각한다. 세계제국이란 어떤 특정지역 안에 있는 모든 정치체가 일목요연하게 조직되고 질서 있게 운용되어야 한다는 주장은 재고되어야 한다고 생각한다. 먼저 이해를 쉽게 하기 위해 현재 우리가 살고 있는 '世界'를 생각해 보도록 하자. 현재 지구상에는 서로간에 정치적으로나 경제적으로 전혀 관계를 맺고 있지 않는 나라들도 많이 있다. 그렇다고 이들 국가가 '世界' 밖에 존재하는 것은 결코 아니다. 예를 들어 UN이나 WTO체제에 들어가 있는 국가도 있지만, 그렇지 않은 국가도 역시 많다. 그러한 국가들이 있다

으로부터 천민시되었던 수공업자와 상인을 불교는 존중하거나 차별을 두시 않있디. 특히 승려나 지식인은 스스로의 사상의 보급을 위해 이해를 초월하여 국경을 넘어갔던 것이다. 이렇게 농아시아 제 민족은 스스로의 역량만으로는 도달할 수 없는 발전을 중국의 생산력과 문화를 빌려 성취해 갔던 것이다. 이렇게 藤間生大는 동아시아세계 전체의 구조적 이해, 상호 의존관계에 대해 새로운 시각을 제시하였던 점에서 커다란 기여를 하였다고 할 수 있다.

고 해서 지금 地球上에 複數의 世界가 존재한다거나 그들 국가들이 독
자적 세계를 구성하고 있다고 말할 수는 없다. 정치체제로 묶는 것은
世界人의 하나의 理想이다. 現實은 理想에 접근해야 하는 것이 當爲이
지만 반드시 동일한 것은 아니다. ‘世界帝國’ 문제에 대해 학계에서 아
직도 가장 유력한 학설은 전술한 ‘冊封體制論’이다. 주지하듯이 이 이
론은 中國皇帝가 四方의 君主를 將軍號 등으로 책봉하고 그 대가로 朝
貢을 받는 것을 주요내용으로 하고 있다. 이러한 국제관계에 입각해서
생각하자면, 隋唐시대보다는 오히려 漢代나 魏晉南北朝時代가 더 理想
에 가깝다. 그러나 그 주창자도 漢代나 魏晉南北朝時代보다는 隋唐시
대에 그 典型을 찾으려 한다. 그러나 유감스럽게도 隋唐시대는 그 현실
이 이상과 너무 동떨어져 있다. 전시대에 소위 책봉체제에 참가했던 서
북방의 제 민족들이나 日本列島의 소국들이 떨어져 나갔다. 이렇게 서
북방의 突厥이나, 동방의 日本 등이 隋唐의 冊封體制에서 벗어났다고
해서 그들이 隋唐을 중심으로 하는 ‘東아시아世界’의 구성원으로서의
자격이 상실되는 것이 결코 아니었다. 이런 점에서 볼 때 지금까지의
世界論은 질서정연한 ‘構造’ 자체에 너무 집착한 느낌을 지울 수가 없
다. 여기에 새로운 ‘世界帝國論’의 제시가 요청된다.

Ⅱ. 隋唐世界帝國의 實像

이제 필자가 바람직하다고 생각하는 世界帝國像을 제시하고 隋唐帝
國의 상황이 그것에 얼마나 합당한지를 밝힐 차례가 되었다. 그러면
‘世界帝國’은 어떠한 상황을 지칭하며, ‘世界’의 성립에 선행되어야 할
조건은 무엇인가? ‘世界’라는 말에서 제일 먼저 강조되어야 할 것은 그
지역단위 안의 人民들 간의 자유롭고 밀접한 接觸이지, 각국 간의 상하
관계나 朝貢 - 冊封이라는 儀禮的 政治交流를 규정하는 ‘(政治的) 構造’
그 자체가 결코 아니다. 각국의 人民間의 다양하고 밀접한 접촉 그것이
어떤 국제정치상의 구조보다 ‘世界’의 본 모습에 더 가깝기 때문이다.

이러한 의미를 가진 세계가 성립하기 위해서는 두 가지의 前提가 있다.

첫째 세계제국은 각국 인민이 자유롭게 드나들 수 있고 활동할 수 있는, 그 이름에 합당한, 스스로 世界의 중심국가다운 체제가 확립되어야 한다. 즉 인민들 간의 접촉을 방해하기보다 그것을 보장하고 보호하는 法律規程이 먼저 구비되어져야 한다. 그러려면 자기 것만을 지키려는 태도에서 벗어나, 공존을 허용할 수 있는 帝國人의 열린 마음이 전제되어야 한다. 그러면 隋唐人은 그러했던가? 흔히 '漢唐'이라고 連稱되듯이 漢과 唐은 중국의 대표적 통일왕조이다. 그리고 漢도 세계제국의 범주에 넣는다. 그러나 唐나라는 漢나라와는 성격이 다른 통일왕조이고, 차원이 다른 世界帝國이다. 漢나라가 春秋·戰國시대가 생산해낸 여러 요소와 그 시대가 드러낸 여러 모순을 통일시킨 통일왕조라고 한다면, 唐나라는 南北朝시대가 생산하고 드러낸 여러 요소와 모순을 통일한 왕조이다. 春秋·戰國시대와 南北朝가 다른 것처럼 漢과 唐은 다를 수밖에 없다. 그러나 전통시대의 中國史家들은 循環史觀에 입각하여 '漢唐同一論'적 입장에서 두 나라를 보고 있다. 외형적으로 보면 漢唐은 너무 유사하다. 秦과 隋라는 선행왕조의 역사적 역할과 기능도 유사했던 것처럼 보인다. 그러나 필자는 漢唐同一論的 시각에 상당한 문제가 내포되어 있다고 생각한다. 왜냐하면 漢唐은 본질적으로 다른 세계제국이라는 것이 필자의 생각이다. 漢나라도 唐과 마찬가지로 西域을 경영하고 東아시아의 여러 나라와 밀접한 관계를 맺었다. 그러나 漢나라는 자기 중심적이었다. 그 血管 속에는 주변 다른 민족의 피가 섞이지 않았다. 그러나 唐代人의 혈관 속에는 다른 민족의 피가 섞여서 흐르고 있다. 이 점이 해당시대의 국제관계를 질적으로 다르게 만들었다. 漢나라 사람들(漢人)의 의식 속에 존재하는 상대방과 당대인(唐人)의 의식 속에 존재하는 상대는 달랐다.14) 최근 우리는 '世界化'라는 말을 자주 쓰고 있다. 세계화는 바로 실세적인 국경의 벽만이 아니라, 마

---

14) 付永聚는 唐人을 '非胡非漢'의 中國人이라고 규정하였다(「論唐代胡漢民族之間的混融互補」『山東大學學報』1992 - 3).

음 속의 理念이나 民族 間의 벽도 허무는 것이다.[15]

둘째 隋唐이 세계의 중심국가로서 손색이 없으려면, 外國人들이 모여들 수 있는 만큼의 매력적인 곳이 되어야 한다. 그래야만 외국인들이 모여드는 것이다. 그것은 한 마디로 隋唐이 갖는 文明(civilization)의 우월성이다. 여기서 문명이란 삶의 조건이 되는 물질적인 豊饒라 해도 좋고, 제도적 우수성, 思想과 宗敎敎理의 우수성, 藝術 방면의 창조성, 流行의 尖端性이라 해도 좋다. 그것들이 異國人으로 하여금 그 곳으로 달려오게 하는 것이다. 예를 들어 匈奴는 漢나라에 와서도 그 곳에 머물러 살고자 하지 않았다. 그들은 약탈을 감행한 후 자기 나라로 돌아갈 뿐이었다. 그것은 漢이 그들을 잡아 둘 만큼 그렇게 매력적이지 않았기 때문이다. 그러나 隋唐시대 東아시아의 각국의 사람은 물론 아랍의 상인까지도, 수도 長安은 물론 지방인 泉州 등에 와서 살고 장사하고 지내고 싶어했다. 그것이 바로 隋唐이 漢代와는 다른 世界帝國이었

---

15) 현재 韓國에서는 '世界化'라는 말이 자주 강조되고 있다. 한국인이 '世界化'에 성공하지 못하면 결국 19세기 말의 鎖國政策으로 인한 亡國과 같은 國家的 危機에 봉착할 것이라고 말한다. 그런데 어떤 보고에 의하면 韓國國民의 65%라는 대다수가 '世界化'라는 개념이 무엇인가를 잘 알지를 못한다고 한다. 그러면 '世界化'란 어떤 槪念인가? 이 말은 곧 '地球村'이라는 말에서 나타나듯이 地球가 하나의 밀접한 관계를 갖는 한마을이 되었다는 말이다. 이러한 것이 어떻게 하여 나타나게 되었는가? 그러는 데에는 세 가지 혁명을 거쳤다. 産業革命이 우리 인류에게 서로간의 距離를 短縮시켰다고 한다. 즉 자동차, 기차, 비행기 등이 그런 역할을 했다. 그런데 최근에는 우리 주위에 두 가지 革命이 일어났다. 하나는 情報革命이며, 다른 하나는 理念的 障壁의 撤廢라는 革命이다. 情報革命은 우리들 사이에는 있는 실제적 距離를 완전히 없애 버린 것이다. 이념적 장벽의 철폐는 이웃나라 사이의 對話의 벽을 허물었다. 이것이 현재의 세계이다. 이렇게 하여 世界는 '無限競爭時代'에 돌입했다고 한다. 그러면 우리가 능동적으로 '世界化'에 대처하는 방법은 어떤 것인가? 그러는 데에는 意識의 轉換이 필요하다. 첫째 자기 것만을 最高로 생각하는 自己中心主義를 撤廢해야 한다. 그렇지 않으면 남에게 문을 열 수 없다. 그러면 남보다 뒤떨어지는 것이다. 둘째 남을 알아야 한다. 그러려면 먼저 世界人의 필수 요건인 他國의 言語를 익히고 다국인의 모는 것을 알지 않으면 불가능하다.

다는 것을 나타내는 것이다. 이 점과 관련하여 주변지역에 대한 압도적 문화로서 서남아시아 지역에서 世界帝國의 역할을 수행한 압바스朝가 연상된다. 다시 이런 세계제국의 전형적인 모델을 우리는 西歐의 로마제국(Roman Empire)에서 찾을 수 있다. 世界帝國은 주변국가에 대해서 宗主國으로서 역할을 하며 그들의 모든 것에 관심을 갖고 干與하려 하지만, 내부적으로는 모든 민족에 대해서 개방적이다. 그래서 '모든 길은 로마로 통한다'는 말이 생겨났다. 隋·唐시대도 로마에 못지 않은 세계제국적 성격을 가지고 있다. '모든 길은 長安으로 통하고' 있었기 때문이다. 근래 로마와 長安을 비교하는 연구는16) 그런 의미를 갖고 있다. 이 문제와 관련하여 歐美學界에서 제시된 시사적인 견해 하나를 소개해 보자.

　　수천 년의 中國帝國의 역사 가운데 唐代(618~907)는 위대한 時代 중의 하나였다. 唐代는 역사상 전례 없는 물질적 豊饒, 制度의 成長, 思想과 宗敎의 새로운 발전, 그리고 모든 藝術 부문에서의 창조성으로 특징지어지는 시기였다. 이러한 엄청난 활력을 무엇으로 설명할 수 있을까? 첫째는 唐王朝의 折衷主義이며, 이것이 바로 唐이 以前 4백 년의 혼란된 역사로부터, 다양한 문화의 가닥을 한데 끌어모은 방식이다. 둘째는 唐의 國際性, 즉 무수한 종류의 외국의 영향을 받아들이는 開放性이다. 唐 文明의 이러한 특성들은 唐 文明으로 하여금 보편적인 호소력을 갖게 했다. 唐에 인접한 주변민족들은, 唐으로부터 영향을 받아 자신들의 고유한 문화를 변형시켰다. 그리고 아시아의 방방곡곡으로부터 사람들이 唐으로 몰려들었다. 즉 韓國과 日本으로부터 학생과 불교승려들이, 돌궐·거란·위구르로부터 部族長과 武士들이, 중앙아시아의 오아시스 왕국으로부터 使臣·畫家 그리고 음악가들이, 사마르칸드·부하라·인도·페르시아·시리아 그리고 아라비아 등 여러 나라로부터 商人들이 당으로 몰려들었다. 당의 수도였던 長安은 단순히 거대한 제국의 수도로서의 기능만을 하는 도시는 아니었다. 장안은 세계에서 가장 큰 국제도시였을 뿐 아니라, 전 동아시아의 빛나는 문명의 중심이었다. 그 곳으로부터 가장 최신의 佛敎敎理, 최신의 시의 형식, 권위 있는 제도의 典範뿐만 아니라, 심지어는 가장 새로운 服式과 헤어스타일까지 나왔다.17)

---

16) 若山滋, 『ロ－マと長安－古代世界帝國の都－』, 講談社現代新書, 1990.

이상이 歐美學者가 이해한 隋唐世界帝國의 모습이다. 漢代 長安에서 이런 모습을 찾을 수는 없다. 그러면 隋唐帝國에 사는 各國人들은 실제 어떻게 생활하고 있었던가? 구체적인 예를 살펴보자.

첫째 異國人의 거주의 자유가 확보되었다. 唐나라에는 많은 異國人들이 몰려들었다. 이들 異國의 僑民들의 集團居住地는 수노 長安뿐만이 아니라 변경지대인 敦煌과 東南海岸의 港口에도 있었다.[18] 그들을 위한 특별행정구역도 설치되었다.[19] 羈縻州도 그 하나의 형식이다.[20] 敦煌에는 소그드(Soghd)인 등 西域系 주민의 집단거주지,[21] 그리고 新羅人의 거주지[22]도 있었다. 특히 山東省에는 新羅坊이라는 新羅人의 집단거주지가 설치된 것은 특히 유명하다.[23] 唐代의 長安은 國際都市의 이름에 맞게 各國人의 집단거주지가 각처에 산재하고 있었다. 예를 들어 '波斯胡寺', '波斯邸', '胡祆祠', '祆祠' 등이 있었다는 기록이 있다. 波斯는 페르시아(Persia)이고 胡는 唐代에는 주로 이란(Iran)인을 지칭한다. 波斯邸란 곧 이란인의 居住地를 가리킨다.[24] 突厥人을 중심으로 하는 北族이나 소그드인을 중심으로 하는 이란계 西域人들이 많이 唐나라에 渡來했다는 것은 唐人들의 분묘에서 출토한 唐三彩에 胡人像

---

17) Arthur F. Wright and Denis Twitchett ed., *Perspectives on the T'ang*, Yale Univ. Press, 1973, Introduction.

18) 賴存理,「唐代'住唐'阿立伯, 波斯商人的待遇和生活」『史學月刊』1988 - 2 ; 范邦瑾,「唐代蕃坊考略」『歷史研究』1990 - 4 참조.

19) 樊文禮,「唐代靈·慶·銀·夏等州界內的僑置府州」『民族研究』1990 - 4.

20) 이런 것들의 원형이 魏晉南北朝에 있었다는 점에 대해서는 졸고,「東晉· 南朝史와 僑民 - 僑舊體制의 形成과 그 展開 - 」『東洋史學研究』53, 1996 참조.

21) 池田溫,「8世紀中葉における敦煌のソグド人聚落」『ユ - ラシア文化研究』 1, 1965 ; 石田幹之助,「天寶10載の差科簿に見ゆる敦煌地方の西域系住民 に就いて」『東亞文化叢考』, 東洋文庫, 1973.

22) 那波利貞,「唐代の敦煌地方に於ける朝鮮人の流寓に就いて」『文化史學』 8~10, 1954~56 ; 內藤儁輔,「唐代中國に於ける朝鮮人の活動について」 『朝鮮史研究』, 東洋史研究會, 1961.

23) 金文經,『唐代의 社會와 宗教』, 崇田大出版部, 1984.

24) 向達,『唐代長安與西域文明』, 北京：三聯書店, 1957/1987.

이 많은 데에서 알 수 있는 바이다. 이들 渡來人들이 가져온 물건은 다양했으며,[25] 胡服· 胡食· 胡樂 등에서부터 化粧에 이르기까지 唐人의 日常生活에 많은 영향을 주어 漢民族의 전통적 풍속이 많이 변용되었다.[26] 그들이 어느 곳에 사느냐에 큰 규제를 받았다는 기록은 발견할 수가 없다.

　둘째 異國人들도 隋唐의 관청에서 仕宦하는 것이 가능하였다. 科擧에는 이국인을 위한 賓貢科라는 것이 특별히 있었지만, 일반 중국인과 마찬가지로 과거에 합격하여 입신한 자도 있었다. 신라의 崔致遠, 越南의 姜公輔, 日本의 阿部仲磨呂 등이 그 대표적 인사들이다. 異民族에게는 武將이 오히려 더 적합한 직업이었다. 唐 玄宗 이전까지는 異民族 內徙民으로서 將軍이나 兵士로서 활약한 자도 많았지만, 그 이후에는 藩鎭의 藩帥로 진출한 자도 상당수 되었다. 이들을 蕃將이라 지칭하지만,[27] 唐 초기의 蕃將은 部族長 출신이었던 데 비해, 高宗朝가 되면 部族을 배경으로 하지 않고 개인적인 군사능력으로 발탁되는 경우가 많았다.[28] 물론 당대 중국에 거주하던 異民族 가운데는 전쟁 후의 포로나 掠賣나 강제적으로 연행된 자도 있었다. 이들 가운데는 蕃將 혹은 蕃兵으로 활약하는 자도 있었지만, 編戶之民으로 혹은 노예[29]로 되는 등 다양하였다. 이들과 중국인 사이의 접촉을 통하여 많은 교류가 이뤄졌으며, 이것은 唐代 文化를 국제색 짙은 것으로 만들었다. 뿐만이 아니라 唐人으로 北方 異民族地域으로 역으로 투신한 자도 있었다. 이들은 唐末 이후 주변민족의 민족적 자각을 촉발하는 데 일역을 담당하기

---

25) Edward H. Schafer, *The Golden Peaches of Samarkand - A Study of T'ang Exotics -*, Univ. of California Press, 1963.

26) 田廷柱, 「唐代外國人來華與留居述略」『社會科學戰線』 1993 - 1.

27) 章群, 『唐代蕃將研究』(正, 續編), 臺北 : 聯經出版公司, 1986, 1990.

28) 伊瀨仙太郎, 「唐代における異民族系內徙民の起用について」『山崎宏退官記念東洋史論叢』, 　1967 ;「安史の亂後における周邊諸民族の中國進出」『東京學藝大學紀要』 21, 1969.

29) 玉井是博, 「唐時代の外國奴 - 特に新羅奴に就いて -」『支那社會經濟史研究』, 岩波書店, 1942.

도 하였다.

　셋째 그들은 고유의 종교를 믿을 수 있는 자유가 보장되었다. 이국인들은 자기의 종교를 가지고 와서 믿었다. 唐代에는 이란으로부터 그 민족종교인 조로아스터(Zoroaster)교가 전해졌다. 拜火儀禮에 의해 拜火敎라고 한다. 중국에서는 祆敎라고 한다. 光明과 暗黑, 善과 惡의 對立을 설명하는 二元的 가르침이다. 이 종교는 南北朝 말기에 중국에 전래되어, 隋唐代에 이르러 특히 이란계의 도래 거주자가 祆敎를 주로 믿었다. 祆敎의 神殿 및 祭祀를 관장하는 이민족 고유의 관직인 薩寶府가 두어졌다. 장관인 薩寶는 視正五品(正五品相當官)이다.30) 또 크리스도교의 일파인 네스토리우스(Nestorius)교가 전파되었는데 이를 景敎라고도 한다. 太宗 貞觀 9년(635) 이란인인 阿羅本을 수반으로 하는 傳道團이 와서 태종으로부터 포교를 허용받았다. 唐 玄宗 天寶 4년(745)부터 이제까지 波斯寺라고 부르고 있던 사원을 大秦寺라 지칭하게 되었다. 德宗 建中 2년(781) 長安의 義寧坊에 '大秦景敎流行中國碑'라는 碑가 건립되어 그 전래 및 포교의 흔적을 알 수 있다.31) 3세기 초 이란인 마니(Mani : 摩尼)에 의해 창시된 마니교는 이란의 혼합종교로서 則天武后 期에 전래되었다. 19세기 초 유럽 각국 伊, 英, 獨, 露의 중앙아시아탐험대에 의해 吐魯番과 그 외 땅에서 고대 터키(Turk)어, 소그드어 및 한문의 敎典이 發見되었다.

　넷째, 그들에게는 자유로운 商行爲가 보장되었다. 唐代 長安의 西市에는 호상들의 활약이 두드러졌고, 그들이 파는 胡食, 胡餠, 胡酒 등 이란풍의 음식물과 胡人 출신의 술집의 서비스 걸(Service Girl : Hostess)에 대해서는 李白의 詩에도 등장하며 寶珠를 파는 胡商의 이야기는 유명하다.32) 특히 당시 외국상인들은 자유로이 통상거래를 행하고, 생명

---

30) 藤田豊八, 「薩寶につきて」『東西交涉史の硏究 - 西域編 - 』, 1933 ; 池田溫, 「唐代處遇外族官制略考」『隋唐帝國と東アジア世界』에는 이민족 고유의 관직에 대한 설명이 있다.

31) 池培善, 「唐代 中國의 基督敎」『人文科學』(연세대) 68, 1992. 12.

32) 石田幹之助, 「西域の商胡, 重價を以て寶物を求める話」『長安の春』, 東京

과 재산의 보호를 구할 권리가 있었다.33) 唐 中期 이후에는 西域과 南海에 回紇과 아라비아 상인이 진출하여 교역뿐만이 아니라 금융업에 중요한 역할을 하였다. 특히 唐宋시대 南海貿易은 唐末~宋代에 걸쳐 중국무역의 전체에서 차지하는 비율이 대단히 컸다. 특히 廣州에 도착한 상품이 수로를 통하여 長安까지 운반되었다.34) 南海貿易의 실태와 당시 활약한 아랍상인 등에 대해서는 開元 2년 전후에 창설된 市舶司와 宋末에 提擧市舶司로 활약한 西域人 蒲壽庚이 특히 주목을 받는 존재이다.35)

그리고 長安 근교의 유적에서 사산조 페르시아의 호스로(Husrav) 2세(r.590~627)의 銀貨와 콘스탄티노플의 東로마의 헤라클리우스(Heraclius : r.610~641)의 金貨가 발견되고 있어 당시의 국제간의 교류의 정도를 잘 대변해 준다. 1970년 10월 西安 何家村에서 발견된 貯藏用 穴藏의 발굴은 河北省 滿城漢墓와 湖南省 長沙 馬王堆 1號 漢墓와 함께, 文化革命期 중의 3대 발굴 중의 하나로서 알려져 있지만, 이 혈장으로부터 唐의 開元通寶는 물론, 동로마의 金貨, 페르시아의 銀貨와 함께 일본에서는 잘 보이지 않는 和同開珎도 5매가 발견되었다. 和同開珎은 일반적으로 보여지는 동전과는 달리 銀貨였지만 일본으로부터 공물로 遣唐使에 의해 전해진 것 같다. 長安은 國際 상거래의 중심도시였다. 이렇게 상인들이 모여든 것은 중국에 오면 돈벌이가 되었기 때문이다. 隋唐이 그들의 商行爲나 居住를 충분히 수용할 만한 經濟의 폭이 없다면 그것은 불가능한 것이다. 隋唐代 중국은 이렇게 東아시아 世界의 중심국가로서 충분한 경제력을 유지하고 있었으며 그 화폐인

: 東洋文庫, 1967/1988.
33) 中田薰,「唐代法に於ける外國人の地位」『法制史論集』3 - 下, 岩波書店, 1934 ; 仁井田陞,「中華思想と屬人法主義および屬地法主義」『中國法制史研究 刑法』, 東京大學出版會, 1959.
34) 中村久四郎,「廣東の商胡及び廣東長安を連絡する水路舟運の交通」『東洋學報』10 - 2, 1920 ;「唐時代の廣東」『史學雜誌』28 - 3~6, 1927.
35) 桑原隲藏,『唐宋時代に於けるアラブ人の支那通商の概況殊に宋末の提擧市舶西域人蒲壽庚の事蹟』, 平凡社(東洋文庫本), 1989.

開元通寶 등은 국제화폐로서 사용되었던 것이다.

이상에서 보았듯이 수당대 중국에는 이국인이 자유롭게 생활하는 것이 보장되고 있었다. 그것이 가능한 것은 필자가 전제했듯이 隋唐人의 포용적인 對異民族觀이다. 그것과 함께 중요한 것은 隋唐代 중국에는 異國人이 와서 배워 갈 문명이 있었다는 점이다. 唐 太宗 때에는 주변 제국으로부터 온 유학생이 8천 인이 넘었다는 기술에서 당시 국제교류의 중심으로서의 그의 역할을 쉽게 짐작할 수 있다. 한반도에서도 유학생을 파견하여 唐의 문물을 익히기에 여념이 없었다. 宿衛學生이 그것이다. 그리고 많은 求法僧들이 왔다. 당시 일본은 遣隋使·遣唐使를 파견하여 隋唐 정치제도를 비롯하여 諸 文物을 도입함으로써 고대 통일국가의 형성에 많은 도움을 받았다. 당시 일본정권은 난파의 위험을 무릅쓰고 극히 어려운 海路를 두려워하지 않고, 많은 유학생·유학승들을 파견하는 적극성을 보였다. 이것이 유명한 遣唐使船이다. 838년 이후 정지된 遣唐使船은 大和시대 8회, (이전에 遣隋使船 3회를 포함하면 11회) 奈良시대 6회, 平安시대 2회가 기록되고 있다. 후기로 들어 갈수록 그 간격이 점차 길어지고 결국 56년 뒤인 894년 遣唐使船의 파견이 계획되었으나 실행되지 못하였다. 9세기에 들어 7~8세기와는 달리 의욕이 喪失되어 간 것은 일본 국내 사정과 세계제국으로서의 唐의 역할의 후퇴와도 관계된 것이었다. 遣唐使船을 타고 들어 간 승려들 가운데서 日本 제3대 天台坐主가 된 慈覺大師 圓仁(794~864)은 최후의 견당사선 편으로 渡唐하여 그 在唐日記인 『入唐求法巡禮行記』를 남긴 것은 유명하다. 특히 우리의 관심을 끄는 것은 그 책 속에 山東半島의 동단에 신라 張寶高(弓福)가 건립한 法華院을 비롯하여 新羅系統의 寺院에 관한 이야기와 新羅人 생활모습이 서술되어 있는 것이다. 圓仁은 이들 사원이나 新羅人의 도움을 받아 그가 목적한 天台山에 갈 수 있었다고 기록되고 있다.

隋唐왕조가 中國史 上에 수행했던 역할은 이렇게 多大하다. 唐의 文化는 漢民族 자신이 구축했던 고대문화 위에 魏晉南北朝시대부터 시작된 여러 가지 外來要素가 가미되어 긴 기간에 걸친 융합과정을 거쳐 완성되었던 것이다. 제도도 학문도 종교, 예술, 문학 모두가 정점에 달했던 것이어서 후에까지 동아시아 및 중국문화의 핵심이 되었던 것은 거의 이 시대에 만들어진 것이라고 해도 좋다. 문화를 통해서 주변 여러 민족에게 영향을 주고, 다시 그들을 매개로 보다 더 먼 세계로까지 넓힌 唐의 영향력은 그 때까지의 중국의 역대왕조에서 보이지 않던 신선한 것이었다. 그것을 받아서 아시아 여러 민족은 覺醒하고 다시 獨立國家를 일으켰고, 혹은 唐文化에 자극을 받아 독자의 문화를 발전시켰다.

그러나 隋唐世界帝國이라고 해서 그 정책의 한계성이 없었던 것은 아니었다. 물론 당의 정책은 다른 시대에 비해 퍽 관용적이었지만, 그렇다고 전혀 차별이 없었던 것은 아니다. 착취를 당하였던 많은 內徙民들이 자주 반란을 일으켰고, 특히 西域胡人들의 반란은 安史의 亂의 발발과도 관계가 있었다. 唐初 太宗에게서 표방된 ‘四海一家’라는 種族開放정책에는 힘의 우위를 앞세운 당의 民族不平等論理가 철저히 반영되고 있다는 주장도 있다.36) 한편 唐朝는 다른 시대와는 달리 租稅의 감면혜택, 법적 우대와 관리 등 대등한 대우를 하였지만 內徙異民族들은 정치체제의 차이, 습속의 차이, 기상조건의 차이 등으로 정착하는 데 곤란이 있었으며, 官吏의 誅求, 漢族들의 멸시 등으로 적응에 곤란이 많아 그들이 쉽게 반란을 일으키는 결과를 낳았다는 설명도 있다.37) 그러나 이것은 世界帝國의 이상적인 모습에 너무 초점을 맞춘 결과로 나타난 견해이다. 그리고 그러한 현상은 당 후반기에 나타나는 현상이다. 사실 安祿山의 亂 이후 唐人들 사이에는 일종의 異國人 혐오증이 대두하여 華夷의 구분이 보다 엄격해지고 전통주의적 사상이 복귀하는 경향이 나타났다. 杜甫의 『留花門』라는 시에 "胡爲傾國至"라거나, 白居易의 『陰山道』라는 시에서 "縑漸好 馬漸多"(비단이 점점 좋아지면 말도 점점 더 많이 올 텐데)라 하여 回迄과의 絹馬 교역에서 그들이 보이는

---

36) 宋台鎬, 「唐初의 異民族政策性格考」『慶北史學』13, 1990.
37) 金奎晧, 「唐朝의 異民族管理와 問題點」『江原史學』7, 1991.

탐욕스러움을 표현하고 있는 것도 당시 唐人들의 감정을 대변하고 있
는 것들이다. 이러한 분위기에서 초기 唐人들에게 인기를 끌었던 '窄衣
短袖'의 胡服이, 安史의 亂 이후에는 다시 '改尙寬長'하게 되어, 이제
胡風의 衣裳을 입는 것은 이미 웃음거리로 변하게 되었다.[38) 柳宗元,
韓愈 등에 의해 추진된 古文運動도 고대로 복귀하고자 하는 의지의 소
산으로서 역시 같은 맥락에서 이해할 수 있다. 皇帝의 儀禮面에서도 唐
初期의 多神的, 宇宙論的, 非血緣的 儀禮는 약화되고 道敎 및 皇族 先
祖의 祭祀가 강화되는 변화를 보인다. 그 원인을 領土의 減少, 異民族
의 壓迫에서 찾는 것은[39) 이런 이유에서이다. 그러나 이것은 隋唐世界
帝國의 본 모습이 아니다.

Ⅲ. 隋唐帝國의 形成過程

우리는 위에서 隋唐初, 長安이나 지방에서 동아시아 각국인들이 자
유롭게 생활하는 모습을 볼 수 있었다. 그것이 隋唐世界帝國의 본 모습
이었다. 우리는 이러한 '世界帝國'으로 戰後 世界 中心國家의 역할을
한 美國을 상정할 수 있을 것이다. 戰後의 미국은 現代版 世界帝國이
었다. 그런 힘이 있었다. 그런 힘의 내용은 경제적인 것만이 아니었다.
미국의 중심도시 뉴욕은 세계의 중심이었다. 그 곳은 모든 민족, 모든
국가의 사람들이 각각의 고유한 문화와 관습을 가지고 와서 그 곳에서
연출했다. 그곳은 博覽會場이며, 동시에 貯水池 혹은 銀行에 비유될 수
가 있었다. 각국의 사람들은 그들의 고유한 것을 그 곳에 쏟아 부었다.
서로 다른 그것들이 서로 융합되고 마찰하기도 하여 새로운 형태의 문
화를 생산해 내었다. 각국 사람들은 자기들이 가져다 預金한 文化를 다
시 찾아갈 때에는 원래 맡긴 자기 文化에다가 利子를 더 붙여서 가져

---

38) 傅樂成, 「唐人的生活」 『漢唐史論集』, 臺灣 : 聯經出版公司, 1977.
39) 妹尾達彦, 「唐長安城の儀禮空間 - 皇帝儀禮の舞臺を中心に - 」 『東洋文
  化』 72, 1992.

갔다. 그렇지 않으면 남들이 맡긴 문화를 貸出해 가기도 했다. 이런 미국과 같은 역할을 한 나라가 7~8세기의 隋唐이고 그 중심도시가 곧 長安이었다. 隋唐도 美國처럼 合衆國이었고 당시 世界中心國家로서의 역할을 훌륭하게 수행해 내었다. 隋唐에는 그런 힘이 있었다. 그러나 당 후기가 됨에 따라서 그런 힘이 없어졌다. 美國이 최근 힘이 약해지자, 移民法 등을 만들어 世界 각처로부터의 자유로운 移民을 허용하지 않게 되었디. 기왕에 들어 온 僑民에게 불리한 禁制를 가하고, 국제간의 貿易도 자기 상품의 보호장치를 앞세우는 입장으로 바뀌고 있는 것도 역시 그런 이유에서이다. 그래서 逆移民이 생기는 것이다.

　그러면 그런 隋唐世界帝國은 어떤 경로를 거쳐서 형성되었는가? 이해를 돕기 위해 다시 '世界帝國'인 美國이 그런 나라로 부상한 과정을 살펴보자. 현재 미국을 건설한 당사자는 메이플라워호를 타고 간 이민들이었지만, 그 곳에는 그 이전부터 살아왔던 인디언들도 있었다. 초기 移民들과 인디언들은 싸웠다. 인디언은 아마 南朝의 蠻族에 해당시킬 수가 있을 것이다. 이후 이민의 물결은 그치지를 않았다. 그 이유는 다양하지만 美國으로의 民族移動은 한동안 계속되었다. 世界 각처에서 여러 가지 다양한 문화를 가진 인종과 민족이 이 곳으로 모여들었다. 각처로부터 온 脫故鄕人들이 힘을 합쳐 나라를 세웠다. 이렇게 하여 美國은 여러 인종을 포괄하는 合衆國이 되었다. 隋唐世界帝國의 생성에서도 이러한 상황이 전개되었다. 隋唐과 美國의 개방성은 차이가 있는 것도 사실이지만 대국적으로 보면 비슷했다. 隋唐의 개방성은 갑자기 생겨난 것은 물론 아니다. 中國歷史가 시작되면서 동아시아지역에 있어서 월등한 문명수준을 가진 중국이 점차 그런 방향으로 역사를 만들어 왔다. 그러나 隋唐帝國은 이러한 성격을 가진 中國王朝의 頂点을 이루고 있음은 분명하다. 이러한 것이 隋唐시대에서 정점을 이루게 된 데에는 여러 가지 요인을 들 수가 있지만, 필자는 그 가운네 가장 큰 이유를 魏晉南北朝시대의 北方民族의 移動에서 찾고자 하였다. 각종의 異民族이 자유롭게 隋唐帝國 영역 내에서 활동할 수 있는 체제의 성립에는 바로 그 前代인 魏晉南北朝의 역사 전개과정에서 그 근원을 찾을 수 있다고 보는 것이다. 즉 隋唐世界帝國의 성립에는 南朝도 北朝도 공히 기여를 했다고 보는 것이다. 그것이 필자가 지금까지 魏晉南北朝를 보는 시각이었다.

필자가 五胡・北朝・隋唐史 연구를 위한 작업가설로서 제시한 '胡漢體制'란 단순히 정치체제나 제도를 가리키는 것은 아니다. 그것들을 포함할 뿐만 아니라, 胡漢 양 민족이 한 지역, 한 통치체제 내에서 병존하여 살아가면서 衝突・反目・融合하면서 형성해 낸 문화체제인 것이며, 이것은 또 胡漢問題를 基軸으로 돌아가는 모든 사회현상인 것이다. 다시 말하면 胡漢 간의 충돌과 반목이 종국적으로 융합(Synthesis)이라는 단계를 지향하고 있었다. 그 과정에서 실제적인 양자간 충돌 외에도 정치・경제제도 및 음악・건축・도시 등 수많은 反目과 融合의 산물을 생산해 내었다. 물론 융합의 단계는 '夷夏의 一元化'의 世界帝國인 隋唐시대이다. 胡漢雜居 속에서 한편이 다른 한편을 일방적으로 侵侮와 蔑視의 대상으로 삼는 차원을 떠나 胡漢 양 세계의 통합으로 귀결되는 과정과 그 결과가 어떠하였는가를 살피는 것이 魏晉南北朝와 隋唐시대의 역사를 이해하는 하나의 방법이라고 생각했다. 실제 五胡十六國의 성립 이후 華北을 주요 무대로 하는 어지러운 정국의 전개는 일찍이 중국사가 경험하지 못한 激動 그것이었다. 정치상황의 현상적인 면만으로 본다면 무질서와 불안정의 연속이었다. 그러나 그 속에서 새로운 體制와 秩序를 모색해 가고 있음을 확인할 수 있었다. 실제 五胡・北朝의 여러 국가는 이러한 역사적 과제 앞에 스스로 한계를 더욱 돋보이게 함으로써, 다음 왕조에 그 해결방안을 무언중에 제시했던 것이다. 종래의 연구 중 胡漢問題를 다룬 논고는 적지 않았다. 그러나 이들 연구에서 보여지는 특색은, 첫째 정복민족인 胡族이 피지배민족인 漢民族 문화를 흡수・수용함으로써 몇 세대 후에, '모두' 그리고 '恒常' 완전히 漢化하여 버렸다는 이른바 '吸收理論'[40)]에 입각하여 이 시대에서의

---

40) 이 '吸收理論'은 H. Yule과 P. Pelliot이 제시한 이론인데, 이것에 관해서는 Wittfogel K. A. & Feng Chia‑Sheng, *History of Chinese Society : Liao 907~1125*, Philadelphia, 1949, Introduction 참조.

胡族의 역할을 과소 평가하는 경향이었다. 한편으로는 民族矛盾을 극소화시키고 階級矛盾을 확대 해석하려는 경향도 있었다. 실제 이러한 연구방향은 해당 시대의 역사적 진실을 해명하는 데 심대한 지장을 주어 왔다. 이런 점에서 필자는 이제껏 輕視되어 왔던 이 시대의 胡族의 역할을 있는 그대로 찾아내 보이려는 데 역점을 두려 했다. 이것이 필자의 주된 연구방향이었다.

필자는 최근끼지 주로 五胡·北朝時期의 胡漢體制에 대해서 연구해 왔다. 여기에 그것들을 모두 소개할 여유가 없다. 필자는 그 동안 어떤 특정한 한 문제에 깊이 穿鑿하기보다 가능한 한 정치·사회·경제·문화 각 방면의 다양한 主題를 가지고 이런 시각에서 해석해 보려 했다. 五胡十六國시대에 대해서는 정치문제,[41] 北魏시대는 王權[42]과 對外政策,[43] 그리고 均田制,[44] 후기 首都인 洛陽의 都市構造와 住民分布,[45] 인민의 사는 모습[46] 등에 대해 필자의 假說을 대입시켜 보았다. 西魏·北周시대에서는 胡姓再行 문제를 통해서 隋唐 건국의 주체세력인 關隴集團의 形成 문제와 府兵制의 연관성[47]을 다루었다. 東魏·北齊는 현재 논문을 준비중이다. 그리고 隋唐 初期에는 對外問題를 통해서[48]

---

41) 졸고, 「前期五胡政權과 漢人士族 - 胡漢問題와 관련하여 - 」『韓國學論叢』6, 1984 ; 「前秦 苻堅政權의 性格 - 胡漢體制와 統一體制의 구축 과정과 관련하여 - 」『東亞文化』23, 1985.
42) 졸고, 「北魏 均田制의 成立과 胡漢體制」『東洋史學硏究』24, 1987.
43) 졸고, 「北魏 對外政策과 胡漢體制 - 統一體制指向과 관련하여 - 」『歷史學報』116, 1987.
44) 졸고, 「北魏均田制의 成立과 胡漢體制」『東洋史學硏究』24, 1986.
45) 졸고, 「北魏 洛陽社會와 胡漢體制 - 都城區劃과 住民分布를 중심으로 - 」『泰東古典硏究』6, 1990.
46) 졸고, 「木蘭詩의 時代 - 北魏孝文帝時期 對柔然戰爭과 關聯하여 - 」『五松李公範先生停年紀念 東洋史論叢』, 知識産業社, 1993.
47) 졸고, 「西魏·北周時代 胡漢體制의 展開 - 胡姓再行의 經過와 그 意味」『魏晉隋唐史硏究』創刊號, 1994.
48) 졸고, 「七世紀 隋唐 兩朝의 韓半島進出 經緯에 대한 一考 - 隋唐初 皇帝의 正統性 確保問題와 關聯하여 - 」『東洋史學硏究』43, 1993.

나의 가설을 보완하려 하였다. 이제까지의 필자의 연구 결과는 몇 개의 주춧돌의 놓는 데 불과했다. 그러나 이러한 연구를 통해서 어렴풋이 隋唐世界帝國像이 보다 분명하게 떠올랐다. 그와 동시에 이 과정에서 東晉·南朝史의 중요성을 최근 깨닫게 되었다. 東晉·南朝史의 전개도 隋唐世界帝國의 형성에 불가결의 요소로 작용했다는 것이다. 그러나 아직 이 문제에 대해서는 原論만을 서술했을 뿐49) 구체적인 사실을 가지고 필자의 가설을 규명할 여유를 갖지 못하였다. 이것이 앞으로 필자에게 맡겨진 과제의 하나이다.

맺음말

이 문제와 관련하여 나는 현재의 중국을 어떠어떠한 나라라고 定義할 수 있을까 하고 생각해 보곤 한다. 현재의 중국이 이 지구상의 국가 가운데 가지는 그들만의 독특한 특징을 들라고 한다면 그것은 뭐니뭐니해도 巨大하고 多樣한 나라라는 점에는 異論이 없을 것이다. 즉 그 '巨大性'과 '多樣性'이야 말로 가장 중국적인 특징이 아닌가 한다. 면적은 현 유럽에 버금 가고, 인구는 13억을 헤아려 세계인구의 1/4에 육박한다. 지금 중국에 가면 중국사람들에게서 '세계 전체 사람 가운데 네 명 중 한 명이 중국사람이다'라는 말을 자주 듣곤 한다. 그런데 중국인민의 구성은 매우 복잡하다. 중요민족인 漢民族 외에 56개 少數民族이 중국이라는 국명 아래 살고 있다. 전혀 민족문제가 없다고 할 수는 없지만, 그만큼 크고 다양한 나라에 그 정도의 문제의 발생은 당연하다. 유럽은 중국과 같은 면적을 가지고 몇십 개의 나라로 나누어져 있다. 대개 한 개의 민족이 하나의 국가를 이룩하고 있다고 보아도 크게 어긋난 이야기는 아닐 것이다. 그렇지 않으면 舊 유고와 같은 사태가 일어

---

49) 졸고, 「東晉·南朝史와 僑民 - 僑舊體制의 形成과 그 展開 - 」; 「僑舊體制的展開與東晉·南朝史 - 爲整體理解南·北朝史的一個提議 - 」『中國魏晉南北朝史學會 第五屆年會學術論文集』(待出).

난다. 그러나 중국은 하나의 국가 아래 수많은 민족이 병존하고 있다. 그러면 이렇게 거대한 나라가 형성되는 데 있어서 가장 중요한 요인은 무엇인가. 어떤 자는 한자가 갖는 통합기능을 그 이유로 설명한다. 어떤 자는 중국문화의 우수성이라고도 한다. 그러나 나는 중국의 특징, 즉 거대성과 다양성의 근원에는 무엇보다 중국인들의 포용성(다른 말로 바꾸자면 '相對性'이다)이 뒷받침하고 있다고 생각한다. 달리 말하자면 '世界性'이다. 따라서 現中國의 특징은 거대성과 다양성이라기보다 그것을 가능하게 하는 포용성이 가장 큰 특징이라고 생각한다.50) 자기와 異質의 物質과 文化 그리고 雜種의 人種을 包容할 수 있는 그 포용력이야말로 현재의 중국 그 거대하고 다양한 국가를 만들었던 것이다. 그런 필자의 지적이 받아들여질 수 있다면, 가장 중국적인 요소를 창출한 시대가 바로 隋唐시대인 것이다. 그런 면에서 필자는 隋唐시대를 현대 중국의 원초적 形態(Proto‐Chinese)라고 생각한다.

　(본고는 필자가 중국에 장기 체류하면서 집필한 것이므로 脚注 등의 처리에 많은 문제점이 있을 것으로 생각한다. 양해를 바라며 金文經 선생님의 정년을 진심으로 축하드린다. 1996. 2. 9)

---

50) 그러나 日下의 中國人은 그와는 거리가 있다. 본래 中國的인 것에서의 逸
　　脫이 크게 눈에 띤다.

「大秦景教流行中國碑」碑文考

무함마드 간수

머리말

　景教를 네스토리우스(Nestorius)파로 간주함과 동시에, 이 파를 고대 기독교의 異端으로 定罪함으로써 경교의 실상에 관하여 斯界(종교계나 학계)에서 연구를 회피하거나, 또는 연구에서의 偏見을 면치 못하였다는 것은 주지의 사실이다. 경교가 한낱 漢譯語에 불과한 네스토리우스파 그 자체인가? 아니면 서로가 다른가? 네스토리우스파(일명 네스토리아교회[Nestorian Church], 네스토리아리즘[Nestorialism])는 과연 고대 기독교의 異端인가? 아니면 그 하나의 教派인가? 고대(원시 혹은 초기) 기독교의 東傳과 그것이 結果한 景教의 실체는 또한 무엇인가? 하는 등 여러 가지 문제가 나름대로 논의되어 왔다. 그러나 많은 경우 甲論乙駁으로 五里霧中에 빠져 있는 것이 작금의 연구실태다.

　이 글에서는 이러한 문제들을 규명하기 위한 기초작업의 일환으로서 唐代에 건조된 「大秦景教流行中國碑」의 碑文[1] 내용을 구체적으로 분석, 검토하여 경교의 교리와 그 異端性 여부를 가늠하고 동서문화교류사의 한 장을 장식한 唐에서의 전도상 一斑을 밝히려고 한다.

I. 碑의 沿革

碑의 각별한 중요성 때문에 비의 建造와 발견 및 내용과 意匠 등 비
의 沿革문제에 관하여 일련의 연구가 있어 왔지만 아직 여러 가지 미
해명 문제가 남아 있다.

이 비는 비문에 명시된 바와 같이 경교가 가장 흥성하던 때인 唐 德
宗 建中 2年, 즉 기원 781년 1월 7일 일요일에 건립되었다.[2]

碑의 建造地에 관해서는 長安(현 西安)의 義寧坊 大秦寺라는 설과
장안 서남쪽 150리쯤 떨어진 盩厔縣(현 周至縣) 五群城 大秦寺 경내라
는 두 가지 설이 있다. 그러나 당 太宗이 有司에 명하여 장안 의녕방에
대진사를 건립하도록 했다는 비문의 내용으로 미루어 비의 건조지를
의녕방으로 추정하기는 하나, 비가 곧 이 의녕방의 대진사에 세워졌다
는 구체적인 근거는 없다. 따라서 출토지가 대부분 학자들에 의해 주질
현 대진사로 고증된 이상, 일단 건조지도 그 곳으로 정하는 것이 큰 무
리가 없다고 본다.

碑의 출토 장소에 관해서도 역시 건조지에 관한 두 설과 마찬가지로
장안 출토설과 주질 출토설의 두 가지가 있다. 1625년 비를 최초로 목
격한 선교사 金尼閣(Nicholas Trigauit)의 증언과 중국 학자들의 주장 등
을 근거로 한다면 출토지는 주질이고, 출토 연대는 明 天啓 3年(1623)이
다. 그 밖에 출토 연대에 대하여 1625년과 1628년설을 주장하는 사람들

---

1) 碑文은 馮承鈞의 『景敎碑考』(臺灣商務印書館, 民國 59년[1970]) 一書에
   轉載된 原文에 준한다.
2) 「大秦景敎流行中國碑」(이하 碑 또는 景敎碑로 약칭) 碑文 말미에 "大唐
   建中二年歲在作噩太簇月七日大耀森文日建立"이라고 건립 일자를 명기하
   고 있는데, 이 일자는 곧 唐 德宗 建中 2年(781) 1月 7日 日曜日에 해당된
   다.

도 있으나 신빙성이 적다. 이 비는 한 인부가 집을 짓느라 땅을 파던 중 우연히 발견하였다고 전하는데, 아마 박해를 피해 땅 속에 묻어 버려진 것으로 짐작된다.[3] 출토 2년 후 官府에 의해 西安 교외의 金勝寺로 옮겨졌다가 淸 德宗 光緖 33年(1907) 西安에 있는 지금의 陝西省博物館 내의 碑林 第2館에 移置되었다.

이 비는 경교승이며 同朔方節度副使인 伊斯(Mar Yesbuzid)[4]의 제안에 의하여 總主敎인 敎父(Papas) 景淨(Adam, 亞當)[5]이 비문을 짓고(述), 朝議郞인 呂秀巖이 글씨를 썼다(書).

높이 9척, 너비 3척 반, 두께 1척 가량 되는 보통 크기의 이 비는 上部와 碑身, 座臺의 세 부분으로 구성되어 있다. 중국에서는 秦漢 이래 石碑 건립이 하나의 유행으로 전승되어 왔으므로 경교도 그 영향을 받아 비를 세웠는 바, 비의 意匠에는 불교나 도교적인 요소가 역력하다. 상부는 蟠龍이 큰 如意珠를 받쳐 들고 있고, 그 밑에 바로 十字架가 연꽃과 浮雲 속에 명각되어 있다. 십자가나 그 아래에 3자 3행의 ‘大秦景敎流行中國碑’란 標題文을 제쳐 놓고 여의주나 연꽃(불교), 부운(도교), 그리고 거북의 좌대만을 보면 傳來의 여느 비석의 의장과 별로 다를 바 없음을 발견하게 된다.

비의 정면과 좌·우면에 새겨진 총 1,800여 자의 한문과 시리아문의 비문 내용은 정면 碑身의 ‘頌幷序’文과 정면 하단과 좌·우면에 있는

---

3) H. Havret, *La Stèle Chètienne de Si-ngan-Fu*, Shanghai, 1889, 71쪽 ; 任啓兪, 『宗敎辭典』, 上海辭書出版, 1981, 62쪽.

4) 伊斯는 景敎僧이었을 뿐만 아니라 당 肅宗 즉위(756) 후 安祿山의 반란을 평정하는 데 결정적 역할을 한 名將 郭子儀의 친근 참모로서 큰 군공을 세웠다. 그리하여 金紫光祿大夫 同朔方節度副使 試殿中監 賜紫袈裟僧이란 높은 명예도 얻었다(碑文 참고).

5) 비문을 지은 景淨은 경교의 長老(Qassisa)·鄕主敎(Korappisqopa)·敎父(Papas)라는 직부를 역임한 總主敎(Metropolitan)이며 儒·佛·道 三敎와 漢學에 두루 해박한 學僧이기도 하여 경교의 발전에 지대한 기여를 하였다. 그는 최초의 경교 경전인 『序廳迷詩所經』을 비롯해 여러 권의 시리아문 경전을 漢譯하였다(John Foster, *The Church of the Tang Dynasty*, London, 1939, 50쪽 ; 비문 참고).

경교사들의 名啣 職分을 밝힌 시리아문의 2群으로 대별할 수 있다. 비문의 골간인 이 '頌幷序'文에는 주로 경교의 신앙적 교리 신조와 의례 등이 간략하게 개괄되어 있으며, 나머지는 근 150년 동안(太宗부터 德宗까지의 5대)의 唐內 경교 전파에 관한 王治爲本主義적인 기술이 점하고 있다.

景敎碑는 동양 最古의 기독교비로서 경교를 포함한 고대 동방기독교의 실상을 증언하는 귀중하고 신빙성 있는 典據로 된다. 뿐만 아니라 초기 기독교의 전파상의 일단을 보여 줌으로써 고대 동서문화교류의 연구에 값진 증좌를 제공해 준다. 楷書體로 쓰여진 비문의 문학적 가치도 간과할 수 없다.

바로 이러한 중요성과 가치, 그리고 상징성 때문에 일찍이 碑의 眞僞 문제가 논의의 대상이 된 바 있고,6) 碑의 密搬出 시도7) 같은 怪事까지 일어났으며, 外地에서의 模造碑 건립 현상8)도 나타났다.

---

6) James Legge는 비문에 예수의 奇蹟이나 十字架의 죽음과 復活에 관한 기술이 없다는 것을, E. Sailsbury는 비문의 漢字가 현대어라는 것을 이유로 비의 僞造를 주장했다. 그러나 Labbe Huc(*Christiannity in China*, Vol. I, London, 1857)나 Goldon E. A.(*Symbols of the Way*, Tokyo, 1916), 佐伯好郞(『景敎の硏究』, 東京文化學院, 1935) 등 많은 학자들은 僞造說을 一蹴하고 비의 眞實性을 의심치 않는다(李敬云, 「景敎의 神學的 硏究」[亞細亞聯合神學大學大學院 博士學位論文], 1990, 103~104쪽 참고).

7) 덴마크 기자 홈(Fruits Holm : 何樂模)은 1907년 碑를 3천 냥에 매입해 密搬出하려다가 누설되어 실패했다. 그러자 그는 同質의 石材로 模造品을 만들어 뉴욕박물관으로 보냈다(Fruits Holm, *My Nestorian Adventure in China. A Popular Account of the Holm - Nestorian Expedition to Sian - Fu and Its Results*, N.Y., 1923, 269~289쪽).

8) 基督敎 東傳史 연구의 권위자인 골든 여사(Mrs E. A. Goldon)는 한국에 4년 간 머물면서 전국의 사찰을 역방한 후 마지막 1년은 金剛山 長安寺에 체류하면서 1917년 사내에 이 비의 模造碑를 건립하였다. 그는 후일 일본 高野山에도 꼭 같은 모조비를 세웠다(E. A. Goldon, *Asian Chritology and the Mayana*, 47~48쪽).

II. 碑文과 景敎 敎理

원래 碑란 지나간 일을 후세에 알리고 오랫동안 기리기 위해 만들어진 기념물로서 비문의 내용은 일반적으로 특정 인물이나 사항의 偉業 頌德으로 일관되게 마련이다. 따라서 어떤 논리 같은 것을 명기하기란 기대 밖의 일이 아닐 수 없다. 그럼에도 불구하고 이 비문의 起草者인 景淨은 바야흐로 그 '효용이 밝게 나타나는'(功用昭彰) '景門'(景敎)의 중요성을 감안해 간결하고도 玄妙英哲한 필치로 경교의 교리를 전개하고 있다. 물론 초기 동방기독교란 역사적 한계 속에서 교리가 완전무결하게 정리·천명될 수는 없고, 또한 혹자들이 지적하는 '似景似佛'의 애매모호성에서 탈피할 수도 없었다.

그러나 이러한 가운데서도 神觀을 비롯한 주요 교리가 정통 기독교 교리와 대비해 별 하자 없이 서술되어 있다. 그리스도의 기적이나 십자가의 죽음, 부활 같은 것이 명문화되지는 않고 있지만 句句節節을 음미해 보면 그러한 것들이 은연중 投映되어 있다. 바로 직·간접적으로 비문에 나타나는 이러한 주요 교리 때문에 경교가 과연 이른바 네스토리우스파로 대변되는 기독교의 異端인가, 아니면 한 敎派인가 하는 실체에 대한 새로운 조명이 요청되는 것이다.

우선 神觀은 기독교 고유의 신관과 기본상 일치한다. 비문은 참(眞)됨에서 오는 주 阿羅訶(Alaha, Alohe)의 永遠性에 대한 확인으로부터 시작된다. "항시 참하시고 靜肅하시어 태초부터 계시니 시원이 없고, 심원하시고 영통하시어 영원히 계시니…… 永遠自存하시는 참된 주는 오로지 阿羅訶 뿐이시다"(若常然眞寂 先先而無元 窅然靈虛 後後而妙有…… 無元眞主阿羅訶歟). 이러한 참된 하느님의 영원성에 대한 확인은 新約의 여러 군데에서 찾아 볼 수 있는 바,9) 이는 곧 하느님을 '알파와 오메가'로 보는 계시(「요한계시록」1:8)나 "天主無始無終"이란 天主敎의 신관

______

9) 하느님의 참되심과 영원성에 관한 新約聖書의 귀절로는 「디도서」1:("이 영생은 거짓이 없으신 하나님의 영원한 때 전부터 약속하신 것인데……"), 「히브리서」6:18, 「요한계시록」1:8；14:5；22:13 등을 들 수 있다.

과도 엄연히 부합된다.

主의 영원성과 함께 三位一體에 바탕한 唯一神論도 제시하고 있다. 至尊者인 주야말로 "유일한 삼위일체의 妙身"(其唯我三一妙身)이라고 지적한 비문의 내용은 경교가 하느님의 唯一無二性과 더불어 三位一體를 근본신조로 삼고 있음을 말해 준다. 이는 더 말할 나위 없이 동서 고금을 막론하고 기독교의 불변 신앙의 하나인 것이다. 이러한 경교의 唯一神論은 景敎 경전10)인『一神論』과『一天論』에서 신학적 해명으로 더욱 명백해진다. 當書에서는 유일신이 시간과 공간을 초월해 우주만물 어디에나 遍在해 있음을 거듭 강조하고 있다.11)

하느님의 使役 가운데서 첫째가 바로 과거 一回的 使役으로서의 天地創造다. 주의 創造性은 비문 전편에 걸쳐 일관되어 있다. 이는 여타 종교들과의 구별점을 부각시키고 新敎로서의 경교의 위상을 제고하는 데 있어서 가장 설득력 있는 교리라고 믿었기 때문이었다. 그리하여 '眞主'나 '至尊'으로 대표되는 主에 대한 호칭으로부터 시작하여 當代 聖王들의 위업에 이르기까지 모든 성취와 고매함은 創造主 하느님께 돌리고 있다. 眞主 阿羅訶는 "근본인 靈力을 고무하시어 兩性을 산생시키고, 어두운 하늘이 바뀌어 천지가 열리고 일월이 움직여 주야가 작동하도록 만물을 가꾸어 이룩되게 하시었으며, 최초의 인간을 창조하시었다. 특히 인간에게 良知와 天和를 하사하시어 寶玉鎭器가 바다처럼 성하게 하시었다"(鼓元風而生二氣 暗空易而天地開 日月運而晝夜作 匠成萬物 然立初人 別賜良和 令鎭化海). 주의 창조성에 관한 이러한 설교는「創世記」의 천지창조론12)을 방불케 하며「사도행전」을 비롯해 성서의 곳

---

10) 네스토리아리즘에 관한 經典은 약 500종으로 전해지고 있으며, 그 중 이른바 景敎의 명의로 漢譯된 것은 30여 종이라고 알려져 있다. 그 가운데서 현존하는 것으로는 최초로 阿羅本이 번역한『序聽迷詩所經』·『一神論』·『一天論』·『世尊布施論』의 4권과 8세기경 景淨이 번역한『志玄安樂經』·『大秦景敎宣元本經』·『景敎三度蒙度讚』·『尊經』의 4권 등 모두 8권이 있다.

11)『一神論』「喩第一」, "唯一神遍滿一切處"; "天下唯一神在天堂無接界".

12)「創世記」1 : 1~2, "태초에 하나님이 천지를 창조하시니라. 땅이 혼돈하고

곳에서 그 유형을 찾아볼 수 있다.

다음으로 聖子 聖靈에 관한 聖觀에서도 기독교의 근본 교리를 발견하게 된다. 통상 네스토리우스파를 異端視하는 것은 바로 이 성관 문제에서인데 그 要諦는 네스토리우스 일파가 聖子 그리스도의 神人兩性說을 주장하고 聖母 마리아의 神母說(神性)을 부정하였다는 것이다. 이것이 이른바 기독론(Christology) 논쟁이다. 그러나 이것은 당시 교권을 에워싼 반대파의 인위적인 定罪 破門이었음이 후일 사실로 밝혀지고 있다.

같은 동방교회 내의 두 주요 파벌의 하나인 알렉산드리아의 씨릴(Saint Cyril) 일파는 일방적으로 431년 에베소(Ephesos) 公會를 소집하고 그리스도의 神人兩性說을 주장하고 마리아의 神母說을 부정한다는 이유를 들어 당시 동방교회의 안디옥파에 속한 콘스탄티노플 敎父 네스토리우스를 異端者로 定罪 破門하였다.13) 그러나 네스토리우스를 포함하여 안디옥파의 전체가 아니라 일부만이 그리스도의 人性을 강조할 뿐 神性을 부정하는 것은 아니라는 사실이 확인됨에 따라 451년(네스토리우스가 유배지 이집트에서 타계한 해)의 칼세돈(Calcedon) 종교회의에서는 "한 위격 안의 두 본질(two natures in one person)이 존재한다"는 내용을 골자로 한 '신앙의 정의'(Definition of faith)를 반포함으로써 안디옥파의 신인양성설이 승인되고 알렉산드리아파의 單性說이 부정되었다.

다만 마리아의 신성에 관해서는 안디옥파가 시종 神母說을 부정하고 있다. 그들은 "어미도 없다"는 「히브리서」의 7장 3절의 원문을 인용하여 마리아를 신모라고 하는 것은 성서에 위배되며, 마리아는 테오토코

공허하며 흑암이 깊음 위에 있고 하나님의 신은 수면에 운행하시니라."
13) 異端이란 외미의 헬라어 '헤 하이레시스'는 본래 '選擇' 또는 '선택된 것', '선택하는 행위'를 뜻하였으나, 후에는 어떤 특정한 철학이나 학파의 주의나 敎義를 공포하는 자나 또는 집단을 지칭하였다. 基督敎에서의 異端이란 聖書에 입각한 기독교 신앙을 임의로 변형·왜곡시키고 역사적 근거를 가진 교회의 敎訓을 배척하는 자나 집단을 가리킨다(이현갑 편저, 『세계의 종교들』, 청파, 1991, 149쪽).

스(Theotokos : 하느님의 잉태자)가 아니라 크리스토코스(Christokos : 그리
스도의 잉태자)라고 주장한다. 그러면서 마리아는 그저 그리스도의 인간
적 어머니일 뿐이나, 굳이 호칭한다면 '그리스도의 어머니'나 '神의 容
器'로나 하자는 것이다. 후일 반발이 심해지자 마리아를 女神으로 숭배
하는 경향만 제거한다면 '神母'라는 용어 사용은 무방하다는 완화된 입
장을 취하기도 하였다.14)

　사실 예수의 神性이나 人性 문제는 에베소공회에서만의 논제가 아니
었다. 이 회의보다 앞서 325년에 소집된 니케아공의회(the Council of
Nicea)에서도 소위 '아리우스(Arius) 논쟁'이라는 것이 일어났다. 이 논
쟁에서 알렉산드리아의 장로 아리우스는 예수의 신성을 부정하였다.15)
그러나 그는 이단으로 몰리지는 않았다. 그런데 유독 네스토리우스 일
파만이 유사한 주장을 하였다고 하여 異端으로 정죄·파문되기까지에
이르렀다.

　이러한 역사적 사실에 근거하여 16세기 최초의 네스토리아리즘 연구
자인 루터(Martin Luter)는 "네스토리아리즘과 기독교의 정통교리 사이
에는 거의 차이가 없다"고 지적하였다. 사실상 네스토리아리즘이 假現
說(Docetism)이나 純人說(Ebionitism), 養子說(Adoptionism)16)과 같이 기

---

14) 金光洙, 『東方基督敎史』, 基督敎文社, 1981, 44~61쪽 ; 한국종교연구회,
　　『세계 종교사 입문』, 청년사, 1989, 408~409쪽.

15) 당시 알렉산드리아 監督 알렉산더(Alexander)와 長老 아리우스 사이에 하
　　느님의 말씀(로고스)이 하느님과 함께 영원하느냐 하는 문제를 놓고 벌어
　　진 논쟁인데, 아리우스는 하느님의 말씀은 하느님이 아니라 모든 被造物
　　가운데서 가장 으뜸 가는 존재일 뿐이라고 예수의 神性을 부인하였다. 논
　　쟁 끝에 말씀은 聖父처럼 신성을 지닌다는 결정을 내렸지만 회의 후에도
　　논쟁은 계속되어 오다가 50여 년 후에 재차 제2차 공의회(콘스탄티노플공
　　의회)에서 비로소 가까스로 비준되었다. 그렇다고 아리우스는 異端으로
　　몰리지는 않았다.

16) 假現說(Docetism)이란 그리스도의 육체를 假現的으로 보는, 즉 인간의 육
　　체와는 질적으로 다른데 인간처럼 보인 것에 불과하다는 설이고, 純人說
　　(Ebionitism)은 예수는 순수한 先知者의 한 사람으로서 존경할 수는 있으
　　나 신앙의 대상으로는 될 수 없다는 설이고, 養子說(Adoptionism)은 예수

독교의 근본교리를 위배한 異端者로 단죄할 만한 근거는 어디에서도 찾아볼 수 없다.

이 문제와 관련하여 본문에서 중요한 것은 唐代 景敎碑文 내용에 이러한 兩性說이나 神母說이 반영되어 있는가 하는 것과, 그 여하에 따라 경교와 네스토리우스파 간의 관련성을 판단하고 나아가서 경교의 성격을 구명하는 일이다.

비문에서는 예수의 인격을 "三位一體의 分身인 景大至尊하신 메시아(救世主)"(於是我三一分身景尊彌施訶)로 규정하고, 인간의 구원을 위하여 "인간과 동일한 육신이 되어 강림"(同人出代)하였으며, "天使가 경사를 선고하자 室女(處女, 童貞女)가 大秦에서 聖主(예수)를 낳으셨다"(神天宣慶 室女誕聖)고 그리스도의 신성과 인성을 명시하고 마리아의 神性마저도 긍정하고 있다. 이것은 325년 니케아 종교회의에서 그리스도는 인류의 구원을 위해 降臨하였고 聖靈에 의하여 마리아로부터 태어났다는 그리스도의 인격(persona)에 관한 정의와 신통하게도 一脈相通된다.17) 예수의 인격은 메시아로서의 그의 權能 행사에서 더욱 극명하게 드러난다.

비문에 나타난 그리스도나 마리아의 이러한 人格論을 감안할 때, 오해받은 네스토리우스파의 人性强調說이나 神性否定說은 경교의 교리와는 무관하다는 것을 일견하여 알 수 있다. 따라서 경교를 異端化한 네스토리우스파와 동일시하거나 그 漢譯語쯤으로 간주하는 것은 오인임이 분명하다고 할 것이다.

끝으로 救援觀에서도 경교의 기독교적 전통성이 여실히 나타나고 있다. 비문에는 인간의 墮落으로부터 오는 메시아의 구원의 당위성과 참된 신과 인간의 兩性을 겸비한 그리스도의 인간세상에서의 使役과 權

는 본래 순수한 인간이었으나 요단강에서 세례를 받은 후부터 하느님의 養子가 되었다는 설이다.

17) 325년 니케아 종교회의에서 그리스도의 人格과 관련하여 내린 定義는 다음과 같다. 즉 "그는 인류와 우리의 救援을 위하여 하늘에서 내려오셨고 聖靈에 의하여 童貞女 마리아로부터 몸을 입으시고 사람이 되셨다."

能을 비교적 논리성 있게 정리하고 있다. "원래 인간의 원만한 본성은 겸허하고 교만함이 없고"(渾元之性 虛而不盈) 욕심도 없었으나 사탄(娑殫)의 '迷妄'에 걸려 自足妄想하면서 끼리끼리 作黨(是以三百六十五種 肩隨結轍)하거나 우상을 숭배(指物以託宗)하고 위선을 일삼는 등 각종 비리를 저지른 나머지 이제는 "暗昧가 쌓이는 속에 갈 길을 잃고 영원히 혼미에 빠져 회복할 수 없을 지경에 이르렀다"(稱昧亡途 久迷休復). 바로 이러한 때에 구세주 메시아가 降臨하여 '八境之度'(天國八福의 法度)를 제정하고 '三常'(信·望·愛)의 法門을 계도하여 "나라와 가정에 大道를 마련하고"(理國家於大猷) 인간으로 하여금 사멸을 면해 영생토록 하였다. 이로써 그리스도는 "마냥 정오에 진리가 떠오르듯"(亭午昇眞) 天賦된 권능을 마치고(能事斯畢) 승천하게 되었다. 일목요연한 이 구원관이야말로 그리스도가 獨生子로 成肉身되어 죽음으로 타락된 인류를 구원하였다는 기독교의 정통 구원관의 재판인 듯하다.[18]

　　이상에서 비문에 나타난 경교의 기본교리를 고찰하였다. 神觀(하느님의 유일성·창조성·영원성)은 물론, 聖觀(예수관·마리아관)이나 救援觀은 해당되는 기독교의 정통적 교리와 일치되며, 위배되거나 모순되는 점을 별로 찾아볼 수 없다. 문제시되어 온 그리스도의 神人兩性論이나 마리아의 神性論도 비문의 내용에서는 그 盲點을 발견할 수 없다. 상술한 바와 같이 네스토리우스파는 당초 헬라 女神에 대한 숭상에 緣起되는 씨릴 일파의 마리아 신성론을 부정하다가 나중에는 '準神性' 인정에로 轉向하는 모습을 보였다. 그러나 비문에는 마리아의 신성 문제와는 무관하게 聖靈에 의한 降誕을 설교하고 있다. 이것은 경교가 마리아관에서 네스토리우스파와는 상이한 성관을 가지고 있음을 입증한다.

　　그 밖에 혹자는 비문에 예수의 기적이나 십자가의 죽음, 昇天 復活이나 原罪 같은 술어나 그에 관한 명기가 없다는 이유로 碑의 진실성을 부인하거나 경교 本然의 실체를 의심하는데, 이는 牽强附會的인 推斷

---

18) 기독교의 救援觀은 新約聖書의 「에베소서」(1 : 7 ; 2 : 8~9)와 「요한1서」(4 : 1), 「요한계시록」(1 : 12), 「디도서」(3 : 5), 「로마서」(1 : 17), 「고린도후서」(5 : 17) 등 여러 곳에서 나타나고 있다.

이라 하지 않을 수 없다. 불과 수백 자밖에 안 되는 비문에 森羅萬象 모든 교리를 다 담을 수 없음은 자명하거니와, 위의 기본교리를 논한 것만도 족하며, 게다가 내용을 세심히 觀照하면 缺落되었다고 하는 그러한 내용들마저도 이곳 저곳에 투영되어 있다. "魔鬼의 迷妄을 좌절시킨 것"(魔妄於是悉摧) 같은 일은 예수의 奇蹟에 속하며, 비록 十字架의 죽음에 관해서는 直言이 없으나 "印出된 십자가로 사방을 비추어 구애 없이 모두를 합치게 한다"(印持十字 融四照以合無拘)는 식으로 십자가의 위상을 역설하며, '能事斯畢'로 하느님의 公義인 구원의 使役을 다 수행하였다는 것은 승천을 뜻하며, 사탄의 미망에 의한 타락은 인간의 原罪를 시사한다고 말할 수 있다. 따라서 있을 수 있는 결락이나 미흡, 모호함은 결코 기본교리의 정당함이나 경교의 비이단적인 성격을 相殺시킬 수는 없는 것이다.

III. 碑文과 景敎 傳道

비문에 나타난 경교의 기본교리에서 보다시피 경교는 결코 異端視된, 그래서 定罪 破門까지 당한 이른바 네스토리우스파 기독교의 代名詞나 '同門'은 아니다. 그러면 경교는 분명히 傳來한 기독교일진대 기독교의 어느 宗派나 系譜에 속하는가 하는 문제가 자연히 제기된다. 전파의 특징을 구명하는 과정에서 전래상이 밝혀지겠지만, 흔히들 고대 동방기독교라는 범주(계보) 속에서 경교를 논하고 있다. 그러나 이 '고대 동방기독교'란 술어는 대단히 애매모호하다. 역사적으로 고찰하면 이 술어는 서방기독교와 함께 그 뜻에서 일련의 변천과정을 겪어 왔다.

기독교가 세칭 고대 오리엔트에 속하는 유대 땅에서 출현하였다는 점을 감안할 때 당초부터 기독교가 동방송교임에는 틀림이 없다. 그러나 그 문화적 배경으로 보면 크게 헬레니즘문화를 배경으로 한 기독교(예루살렘·에베소·안디옥·알렉산드리아·콘스탄티노플 지역)와 시리아문화를 배경으로 한 기독교(에뎃사 지역)로 양분할 수 있다. 출헌 후 로마

제국의 탄압으로 인해 서방에서의 傳道는 어려웠으나 에뎃사를 중심한
동방지역에서의 전도는 활발하여 안디옥 일원이 그 영향하에 들어가게
됨으로써 마침내 안디옥파를 형성하게 된다. 한편 기독교가 로마제국
의 公認을 얻게 됨을 계기로 알렉산드리아를 중심한 官邊的인 기독교
일파가 대두되면서 이른바 안디옥파와 알렉산드리아파가 일련의 교리
신학과 교권을 둘러싸고 相峙하게 된다.

그러나 아직 동·서방 기독교란 系譜的 槪念은 형성되지 않고 있었
다. 그러다가 5세기에 이르러 그레고리 1세(Gregory Ⅰ)에 의한 敎皇制
의 채택과 修道院主義의 정착으로 인해 로마제국에서의 카톨릭적 색채
가 분명해짐에 따라 로마제국 領內의 기독교와 領外(페르시아·아르메니
아·이디오피아·이집트 [곱트])의 기독교가 분리되면서[19] 비로소 동·서
방 기독교의 개념이 출현하였다. 즉 로마제국 영내의 기독교는 서방기
독교로, 영외의 기독교는 동방기독교로 지칭하게 되었다. 따라서 경교
는 영외의 기독교란 의미에서 동방기독교의 범주에 속하게 된다.

7·8세기가 되면서 동방기독교는 약화되고 기독교의 중심이 비잔틴
과 로마를 중심한 서구의 카톨릭으로 偏重되면서 이 양대 서방기독교
세력, 즉 비잔틴기독교와 로마기독교 간에 교권 문제로 격심한 갈등이
조성되고,[20] 이에 따라 새로운 동·서 기독교 개념이 형성된다. 결과
1054년 6월 16일 로마 홈베르트(Humbert) 추기경이 콘스탄티노플 總大
主敎 세룰라리우스(Michael Cerularius)에게 교황의 이름으로 이단자라
고 단죄한 破門勅書를 보내게 되는데, 이로써 동·서 기독교 간의 訣別
이 시작된다. 여기에서의 동방기독교는 비잔틴 영내의 기독교를 지칭

---

19) 489년 동로마 황제 지노(Zeno)의 추방령에 의해 페르시아로 移遷한 네스
　　토리우스 일파는 496년 교회총회를 열어 서방교회와의 일체 관계를 단절
　　하고 독립한다는 선언을 발표하고 498년부터 獨立敎會로 출범하였다.
20) 비잔틴과 로마 간에 敎權 問題로 인한 갈등의 일례로 867년 콘스탄티노플
　　總大主敎 포티우스(Photius)가 모든 교회에 대한 로마의 君主的 管轄權에
　　반발하는 이른바 ‘포티우스 分裂’(the Schism of Photius)을 선언한 바 있
　　다.

한다.21) 그 후 이 비잔틴 기독교를 모체로 한 동방기독교는 東方正敎會(the Eastern Church)・東方獨立敎會(the Separated Eastern Churches)・東方歸一敎會(the Eastern Uniate Churches)를 隷下에 두게 된다. 동방독립교회에는 네스토리우스파의 잔여 세력인 東시리아 기독교회 등이 망라되어 있다. 근세에 와서는 로마카톨릭교회(the Roman Chatholic Church)와 改新敎(the Protestant Church : 19세기 대두)가 서방기독교의 주체이고, 東方希臘正敎會(the Greek Orthodox Church)가 동방기독교의 주역이 되고 있다.22)

　이상의 동・서방 기독교 개념의 역사적 변천 과정과 唐代라는 傳來時期를 고려한다면 경교는 막연하게 '고대 동방기독교'가 아니라, 로마제국 영외의 기독교로서의 '古代 東方基督敎'라고 하는 것이 적절한 계보(범주) 개념이라고 판단된다. 이러한 개념에 기초할 때만이 경교의 전래와 전파상 및 그 특징을 同類系譜와의 상관 속에서 정확히 파악할 수 있을 것이다.

　비문의 후반에는 상당한 분량을 할애하여 경교의 傳入 과정과 5대 皇帝에 걸친 약 150년 간의 전파 상황을 전하고 있다. 당 太宗 貞觀 9年(635) 大秦(로마)의 大德 阿羅本(Alopen)이 '참된 경전'(眞經)을 가지고 長安에 도착하니 황제는 宰相 房玄齡과 儀仗隊를 西郊에까지 보내 隆崇하게 궁내로 영입한다. 일종의 先約된 외국 사절을 맞는 공식 영접행사를 방불케 한다. 3년 후(638)에는 詔書를 내려 "중생을 면밀히 제도할 것"(密濟衆生)을 명하니 경교는 이제 공인을 얻게 된 셈이다. 태종은 內殿에서 아라본이 가지고 온 경전을 번역하게 하고, 官府인 有司에 명하여 장안 義寧坊에 大秦寺를 건립하고 대동한 21명의 景僧(一群의 傳道團)을 그 곳에 상주시켜 전도를 담당토록 하고, 파격적으로 자신의 초

─────────────

21) 1965년 로마 敎皇 파울루스 6세와 東方正敎會 全敎會 總大主敎 아베나고라스 1세가 이 1054년의 破門處罰을 폐지하는 데 합의함으로써 형식상 로마 敎皇廳으로 대표되는 서방기독교와 동방정교회로 대표되는 동방기독교 간의 반목은 일단 해소된 것으로 된다.

22) 한국종교연구회, 앞의 책, 394～418쪽 ; 金光洙, 앞의 책, 19～26쪽 참고.

상화를 사원의 벽에 걸도록 하였다.

이것은 어디까지나 朝廷의 公認 公許에 의한 공식 전입(公傳)이고, 이러한 공인이 있기까지에는 필히 初傳(私傳)이 선행되었을 것이다. 唐代의 通事制度[23]나 관행을 고려할 때 황제와 景僧, 官府와 경승 간의 교제에는 의사 소통이나 典例를 담당하는 '通辯人'이 있어야 하였다. 그런데 통변인의 자격 구비는 일시에 되는 일이 아니어서 벌써부터의 내왕이 있었을 것이니, 그것은 공전에 앞선 초전인 것이다.

태종을 이은 고종(재위 650~683)은 모든 州에 경교사를 건립하도록 하고, 주교(Bishop)로 파견된 阿羅本을 總主敎(Metropolitan)격인 鎭國大法主로 임명하였다. 그리하여 "수많은 성읍은 사원으로 충만되었다"(寺滿百城)고 한다. 이것은 고종에 대한 송덕에서 오는 일종의 과장된 표현이라고 사료된다.[24]

初場에 오르던 경교의 기세는 불교 광신자인 則天無后의 攝政(685~704)에 의해 일시 꺾이고 만다. 경교가 '큰 비웃음과 비방'(大笑訕謗)을 받으면서 첫 박해를 받게 된다. 그 여파로 長安 大秦寺의 벽에 걸려 있던 太宗의 초상화는 제거되고 사원은 파괴된다(712). 이러한 때에 聖王 玄宗이 등극하고(재위 712~756), 전도사 首羅含(Abraham)과 及烈(Gabriel)이 大食國(아라비아) 사절을 수행하여 來唐한다. 이에 경교는 가까스로 소생의 전기를 맞게 된다.

모든 종교를 평등시하고 관용하는 현종은 형제 5왕을 보내 사원을 수축케 하고, 大將軍 高力士에게 명해 당대 5대 황제의 초상화를 사원 내에 안치하도록 하고 비단 100필까지 하사한다. 게다가 744년(天寶 3)에 대진승 佶和(George)가 내화하니 현종은 이 大德과 이미 와 있던 승 羅含・普論(Paul) 등 17명 전도승과 함께 興慶宮에서 공덕을 연수케 하고는 사원의 題銘을 친히 써서 정문에 걸어 놓았다. 그러니 "잠시 휘어

---

23) 唐 大典 中書省의 通事規定, "通事舍人掌朝見引納及辭謝者於殿廷通奏".
24) 현존 기록으로 고증할 수 있는 景敎寺院은 長安의 2소, 주질의 1소를 비롯해 모두 12소 뿐이다. 그 밖에 얼마나 더 있었는지는 未詳이나 전국 10 道 258州마다에 사원을 지었다는 것은 과장된 표현임이 틀림없다.

졌던 법의 기둥은 더 높이 솟고 일시 기울어졌던 道의 초석은 다시 바로 놓이게 되었다"(法棟暫橈而更崇　道石時傾而復正).

　玄宗代 50여 년 간의 太平盛世는 756년 肅宗의 계위와 더불어 한창이던 安祿山의 난에 의해 마감되나, 이 亂世에도 경교는 경교대로 時流를 타고 득세한다. 이 난을 평정하는 데 결정적 역할을 한 명장 郭子儀[25]의 친근 참모가 바로 경교승 伊斯이다. 伊斯는 군공으로 金紫光祿大大 同朔方節度副使 試殿中監의 고직을 얻고 賜紫袈裟僧의 영예까지 안게 된다. 肅宗은 경교사들의 충절과 기여를 가상히 여겨 즉위한 고장인 靈武 5郡에 경교사를 짓도록 배려한다. 伊斯는 그 후 代宗·德宗代에도 施恩濟度에 명성이 높았다. 마침내 그는 경교비의 건립을 주도하기에 이르고, 이를 기리듯 비문에는 그에 대한 송덕이 長文으로 각별하다.

　763년에 등극한 代宗은 그 해 티베트군의 점령으로 2주 간이나 長安을 비워 놓게 되는 위기를 맞는다. 대종은 환관의 모함으로 좌천되었던 郭子儀의 재등용과 伊斯의 협력에 의해 이 위기를 막을 수가 있었다. 그리하여 그는 "해마다 성탄절에는 香品을 하사하고 御饌까지 베풀어 경교도들을 환대하였다"(每於降誕之辰　錫天香以告成功　頒御饌以光景衆).

　마지막으로 경교비의 건조 1년 전(780)에 즉위한 德宗은 여러 가지 정치개혁을 단행하면서 "경교의 사명을 새로이 하는"(惟新景命) 등 경교에 관심을 보이고 기념비의 건조도 쾌히 승낙하였다.

　이와 같이 경교비는 公許 公傳으로 傳來한 이후 약 150년 간에 걸쳐 이 신흥 외래 종교가 조정의 비호를 받으면서 흥성해 온 과정을 개괄하고 있다. 建碑 후 반세기 남짓한 동안 경교는 큰 무리 없이 몇만의 신도를 포섭할 정도로 발전의 일로를 걸어오다가 會昌法亂(845)과 黃巢의 亂(878) 등 일련의 소요에 휘말려 中原에서는 거의 滅跡되는 운명에 처

---

25) 일설에는 郭子儀가 景敎徒였다고 하나 증거가 불충분하다. 경교승 伊斯와는 서로가 寢所를 드나들(見親於臥內) 정도로 절친하고, 安祿山의 亂을 평정하고 티베트군의 침략을 격퇴하는 陣中에서 伊斯가 그의 친근 참모였던 점 등으로 미루어 그가 경교와 가까웠던 것만은 사실이다.

하게 되었다.[26)]

이렇게 동방기독교의 일파라고 할 수 있는 경교가 한때나마 전혀 문화적 배경을 달리하는 異邦에서 흥행할 수 있었던 것은 그 특유의 전도상(전도의식과 방법)과 유관한 것이다. 이 전도상에서 경교의 성격이나 실패요인 같은 것을 찾아볼 수도 있다. 이제 그 전도상의 몇 가지 특징을 살펴보면 다음과 같다.

그 특징의 첫째는 마냥 외래 종교로 남아 있으면서 土着化되지 못하였다는 것이다. 경교의 開祖 阿羅本을 비롯해 비의 三面에 명기된 76명의 景僧 전원이 비록 한문 僧名을 가지고 있지만 토카라(Tokhara, Tahouristan, 吐火羅)나 페르시아에서 온 傳道師들로서 경교 전입 후 무려 150년이나 지났음에도 불구하고 아직 비문에 거명될 만한 唐僧은 한 명도 없다.[27)] 수만 명(일설에는 4~6만)의 신도를 거느렸다고 하지만 평민은 적고 대부분이 외래(西域) 상인이나 군인[28)]들이었다. 또한 傳道 敎化에는 經典이 필수인데 譯經은 길이가 고작 22행에서 405행까지밖

---

26) 『資治通鑑』 권248, 唐紀64의 기사에 의하면 唐 武宗은 會昌 5年에 이른바 '廢佛毁釋之制'(즉 會昌法亂)를 단행하여 佛僧 26만 500명과 三夷敎 즉, 景敎(大秦)·이슬람교(穆敎)·조로아스터교(祆敎) 僧 2천 명을 還俗시켰다. 黃巢의 亂을 맞아 '三夷敎'에 속하는 수많은 신도들이 또 한번 一掃되었는데, 그들 가운데는 경교도들이 상당수 있었다. 1062년(宋 初) 문호 蘇東波는 終南山 五群에 자리한 大秦寺를 보고서도 이것이 경교의 사원임을 몰랐다고 하니 그 滅跡相을 가히 짐작할 수 있다.

27) 경교가 당에 전래된 이래 그 흥성상을 기록한 경교비가 건조될 때까지의 기간에 나타난 西域 정세는 東方基督敎의 성쇠에 큰 영향을 미쳤다. 신흥 이슬람세력에 의하여 동방기독교 전파의 중요한 일익을 담당하였던 사산조 페르시아(226~651, 토카라를 비롯한 중앙아시아 일원을 지배)가 망함으로써 동방에서의 기독교는 支柱를 잃게 되어 새로운 활로를 모색해야 할 절박한 처지에 놓이게 된다. 그 一路로 찾은 것이 바로 對唐 傳道였다.

28) 페르시아가 망한 후 그 치하에 있던 많은 西域人(胡人)들이 長安을 비롯한 여러 城邑에 집중 이주하였고, 代宗 때 安祿山의 亂을 평정하기 위하여 20만에 달하는 西域 援軍이 兩京 收復戰에 직접 참가한 후 대부분은 귀향하지 않고 잔류하였다. 이러한 서역 상인이나 군인들이 경교 신도 중 큰 비중을 차지하였다.

에 안 되는 현존의 8권을 포함해 모두 30여 권으로서 매우 빈약하였다.

이러한 주관적 요인과 함께 문화적 배경이나 종교적 이념이 전혀 이질적이라는 점도 경교의 장족적 발전이라든가 着根에는 불리한 한 요인이었다. 같은 종교이지만 여러 가지 동양적 요소를 공유하고 있는 佛敎와는 달리 이색적인 이 '夷敎'가 워낙 전통성이 강한 漢人들에게 쉬이 먹힐 리가 만무하였다.

경교 전도에 있어서의 둘째 특징은 타종교와의 融化나 妥協이다. 비문에서 보다시피 경교는 그 명명에서부터 비의 의장이나 용어에 이르기까지, 그리고 일부 지엽적인 의례에서까지 佛·儒·道 등 타종교의 요소들이 참입되어 있다. 그리하여 일부에서는 경교의 기독교적 본질마저 의심하고, 심지어 '非景非佛' '似景似佛'로까지 혹평하고 있다. 이것은 경교가 전도과정에서 이례적으로 행한 타종교와의 융화·타협에 대한 偏斷이라고 말할 수 있다.

우선 경교의 命名 유래에서 이러한 점을 찾아 볼 수 있다. 처음 唐人들은 이 종교가 페르시아에서 시작된 것으로 알고 주로 敎는 '波斯敎'나 '波斯經敎'로, 寺院은 '波斯寺'·'波斯經敎寺'로 부르다가(일부에서는 '彌施訶敎'[迷師訶敎, 메시아교]라고도 부름) 天寶 4年(745) 玄宗의 勅令으로 波斯寺를 '大秦寺'로 개명하게 되었다. 그 칙령에는 원래 파사교는 대진에서 발생하여 오랫동안 중국에서 유행되었는데, 이제 "그 本源을 사람들에게 告示하여야 하기 때문에"(將欲示人 必修其本) 兩京(長安과 洛陽)을 비롯해 諸府郡에 있는 파사사는 일괄 대진사로 개명해야 한다고 개명 이유를 밝히고 있다.29)

그러다가 언제부터인지는 미상이나 이 교를 '景敎'라 부르고, 비에는 '大秦景敎'라는 표제를 붙이고 있다. 비문에는 "효용이 밝게 나타나므로 경교라 칭한다"(功用昭彰 强稱景敎)고 명명 이유를 밝히고 있다. 이러한 '밝게 나타남'과 연관시켜 景敎(Luminous Religion)를 '기다란 광명'의

---

29) 『唐會要』 권49, "天寶四載九月詔曰 波斯經敎出自大秦 傳習而來 久行中國 爰初建寺 因以爲名 將欲示人 必修其本 其兩京波斯寺宜改爲大秦寺 天下諸府郡置者 亦準此".

상징으로 글자 풀이를 하는 것이 중론이다.30) 다만 개명하지 않을 수 없었던 切迫性은 당시 페르시아를 비롯한 西域으로부터 들어와 유행하던 조로아스터교(祆敎)나 摩尼敎·이슬람교 등과 區別視하기 위한 데 있었다고 사료된다.

다음으로 用語의 混用이나 借用을 들 수 있다. 비문이나 기타 경전에서 여실히 나타나는 바와 같이 적지 않은 교리적 개념들이 불교를 비롯해 유교나 도교의 對應 述語들로 표현되고 있다. 그 대표적 실례로는 三位一體 → 三一妙身, 天使 → 神天, 肉身降臨 → 同人出代·分身出代, 童貞女 → 室女, 八福 → 八境, 復活昇天 → 亭午昇眞, 救援 → 濟度, 宗敎(景敎) → 法, 主敎·監督 → 法主, 하느님 → 乾, 寺院 → 法堂, 天地 → 六合, 信·望·愛 → 三常, 七日禮拜 → 七日一薦 등등을 들 수 있다. 바로 이러한 용어의 혼용이나 차용으로 인해 '似景似佛'이란 지적과 경교는 불교의 '外衣'를 쓴 기독교라는 評判이 있게 된다. 그러나 전혀 생소한 종교 개념을 譯出한다는 것이 얼마나 어려운 일이며, 많은 종교가 경쟁적으로 유행하고 있는 속을 비집고 들어온다는 현실, 그리고 경전의 漢譯을 담당한 阿羅本 같은 大德 高僧들이 불교나 기타 종교에도 조예가 있었다는 사정 등을 감안할 때, 용어의 혼용이나 차용은 불가피하였을 것이다. 효과적인 傳道를 위한 의도적인 方便일 수도 있지 않았겠는가 가정해 본다.

타종교와의 융화·타협은 용어의 혼용이나 차용에서 뿐만 아니라 유물 유품에서는 더욱 明若觀火하다. 위에 살펴본 바와 같이 경교비의 意匠은 그야말로 佛(如意珠·연꽃·거북座臺)·道(浮雲)·景(十字架) 三者의 合成品이다. 현존하는 大秦寺들의 유물도 거개가 이러한 混合意匠으로 일관돼 있다.

---

30) '景'字의 선택에 관해서 대체로 학자들은 기독교에서 하느님은 태양, 세상의 빛으로 간주하기 때문에 '빛'을 상징하는 글자로 찾은 것이 바로 '景'자라고 한다. '景'자는 '日'자와 '京'자를 합친 것인데 '日'은 태양이나 빛을, '京'은 큼(大)을 의미함으로 '景'자는 곧 '커다란 광명', 즉 기독교의 本旨를 뜻한다는 것이나.

　　끝으로 경교의 타협성은 몇 가지 異敎的인 儀禮行事에서도 나타나고 있다. 예배 때 木鐸을 친다(擊木)든가, 죽은자의 冥福을 빈다(大庇存亡)든가, 사원 내에 인물초상화를 걸고 孝養主義的으로 조상을 숭배하는 일 같은 것은 정통기독교에서는 삼가하는 일들이다. 그럼에도 굳이 이러한 일들을 행하는 것은 생존을 위한 일종의 面從腹背의 迎合일 수도 있을 것이다.

　　셋째로 景敎 傳道의 특징은 政敎密着에 있다. 唐 朝廷의 公許를 얻어 전래한 이래 경교는 시종일관 조정을 위시한 官府와 밀접한 관계를 유지하면서 세를 확대하여 나갔다. 비문에서 보다시피 역대 황제에 대한 頌德 讚美(예를 들면, 太宗은 '天姿汎彩 英朗景門 聖迹騰祥 永輝法界')는 忠臣 이상의 그것이고, 경교에 대한 황제들의 관심 여하가 그 존망을 결정하고, 節度副使에 오른 僧 伊斯와 같이 高官大爵을 지낸 고승들도 다수 있었다. 물론 경교비가 송덕비의 성격을 다분히 지니고 있는 것만큼 과장된 점도 없지는 않겠지만, 토착 기반이 미약하고 支柱 本山이었던 페르시아가 망함으로써 敎壇 後援이 전무한 상태에서 어차피 살아남기 위해서는 王治爲本主義的인 接近을 해야 하였을 것이다.

　　비문 내용만을 가지고 당대 경교의 滅跡과 그 원인을 다 밝혀 낼 수는 없지만, 상술한 전도의 특징 자체가 결국 경교의 쇠퇴와 멸적을 초래한 주요 요인으로 작용하였던 것이다.

　　맺음말

　　「大秦景敎流行中國碑」 碑文에 보이는 경교의 기본교리와 그 전도상에 대한 이상의 草略한 고찰을 통하여 다음과 같은 몇 가지 초보적 결론에 이르게 된다.

　　⑴ 唐代 경교는 神觀이나 聖觀·救援觀 등 기본교리에 입각해 판단하면 정통기독교에 바탕한 古代 東方基督敎의 一派이다.

　　⑵ 唐代 경교는 비록 페르시아 기독교라는 징검다리를 통하여 어떤

相關性은 찾아볼 수 있으나 異端으로 謀陷된 네스토리우스파 그 自體이거나 또는 그 東傳 同門은 아니다.

⑶ 唐代 경교는 시종일관 외래적 異邦要素를 탈피하지 못하고 지나치게 타종교와 融化·妥協하고 王治爲本主義的인 傳道를 표방함으로써 250여 년이란 짧지 않은 생존기간을 갖고도 土着化하지 못한 채 종당에는 中原 一圓에서 滅跡하고 말았다.

남은 課題는 異端으로 오인되어 왔고, 그래서 오로지 '역사의 유물'로만 방치되어 왔던 이 정신적 유산에 대하여 시각을 바로잡고 연구를 심화시키는 것이다. 이를 위하여 전래과정이나 성격 및 전도방법 등을 심층적으로 해명함과 더불어, 거의 論及 외에 있는(본문에서도 마찬가지임) 영향 관계나 문화교류사적 의의에 관해서도 一考가 있어야 할 것이다.

[草譯]31) 「大秦景敎流行中國碑　頌幷序」

大秦寺　僧　景淨　述

아, 항시 참(眞)이시고 정숙하시어 태초부터 계시니 始原이 없고, 심원하시고 靈通하시어 영원히 계시니 神妙英哲하시며, 신비의 樞機를 總攬하시어 創造化育하시고, 衆人과 聖者 모두에게 靈妙를 부여하시는 본래의 至尊者이시며, 유일한 三位一體의 妙身(其唯我三一妙身)이시며 永遠自存하시는 참된 주(眞主)는 오로지 阿羅訶(여호와, Alaha, Alohe : 譯者)이시다. 십자가로 四方을 정하시고 근본인 靈力(元風)을 고무하시어 兩性(二氣)을 산생시키시었다. 어두운 하늘이 바뀌어 천지가 열리고 일월이 움직여 晝夜가 작동하듯 주께서는 만물을 가꾸어 이룩되게 하시고 최초의 인간을 창조하시었다. 특히 인간에게 良知와 天和를 하사하시어 寶玉鎭器가 바다처럼 성하게 하시었다.

원래 인간의 크고 원만한 본성은 겸허하여 교만함이 없었고, 소박하고 넓은 마음은 渴求나 慾心이 없었으나 娑殫이 迷妄을 주어 시행케 함으로 순진한 마음이 허위로 꾸며져 신과 평등하다거나 오히려 더 위대하다는 自足妄想으로 離間되고, 신과 같이 심원하다는 非義로 遠隔

---

31)　기독교백과사전편찬위원회가 펴낸 『基督敎大百科事典』 제1권(기독교문사, 1981) 598~600쪽의 「경교유행중국비」조 중 碑文 譯文 등을 참고하여 校譯을 시도했으나, 여러 가지 미흡점과 문제점이 있어 참고용 草譯으로 하였다.

되어 버렸다. 그리하여 365종의 인간이 나타나 각자 제길을 따라 결합하게 되었고, 서로가 앞을 다투어 法網을 만들었나니 혹자는 庶物을 宗主로 지정해 신앙하고, 혹자는 空虛와 實在의 二者를 혼동하고, 혹자는 기도와 제사로 복을 받고자 하며, 혹자는 僞善을 自矜하여 타인에게 교만하니 모두가 奸智와 思慮로 전전긍긍하고 사색과 감정으로 동분서주하지만 막연할 뿐 소득이 없다. 급기야는 초조함에 짓눌려 燒盡해 버리고 暗昧가 쌓이는 속에 갈 길을 잃고 영원히 혼미에 빠져 회복할 수 없게 되었다.

이에 우리의 三位一體의 分身인 景大至尊하신 메시아(彌施訶)께서 참된 위엄을 감추시고 인간과 동일한 肉身으로 降臨(同人出代)하시고, 天使(神天)가 慶事를 宣告하시사 처녀(室女)가 大秦에서 聖主를 낳으시었다. 밝은 별빛이 祥瑞를 고하듯 페르시아(波斯)인들이 이 瑞光에 인도되어 來貢하였다.

그이는 24聖이 說한 舊約律法(舊法)을 완성하시어 나라와 가정에 大道를 마련하시고 三位一體의 淨化와 형언할 수 없는 新教를 說破하시었다. 그이는 양심을 陶冶케 하여 바른 믿음을 갖게 하시고 天國八福의 法度(八境之度)를 제정하시어 하찮은 속세를 연마하여 참되게 하시고 三常(三常이란 信・望・愛 : 譯者)의 門을 啓導하여 死滅을 멸해 영생토록 하시고 밝은 햇빛을 비추어 어두운 곳을 破하시니 마귀의 迷妄은 좌절되고 말았다. 자비의 方舟를 요동시켜 인간을 天宮에로 오르게 하시니 영혼을 가진 자 모두 구원받게 되었다. 그이께서 이러한 일을 마치시니 마냥 正午에 진리가 떠오르는 것만 같다. 그이께서는 성경 27부를 남기시고 造化를 펼치시어 영혼의 문을 열고 물과 聖靈으로 세례를 받아 헛된 情欲을 씻어 버림으로써 결백한 인격을 갖추게 하시고, 印出한 十字架로 사방을 조명하시어 구애 없이 모두를 합치게 하시었다.

木鐸을 침은 은혜를 전파하는 복음이고, 동쪽을 향해 예배함은 永生榮華의 길로 나아감이고, 수염을 기름은 外貌를 보존함이고, 머리를 삭발함은 內情이 없음을 나타냄이다. 奴婢를 두지 않음은 인간이 貴賤 없이 평등함을 말함이고, 재화를 축적하지 않음은 私財를 남기지 않도록 함이다. 淨潔(齋)은 獨居와 명상으로 이루어지고 戒律은 정숙과 謹愼으로 고정되나니 7時마다 禮讚을 드려 산 자와 죽은 자를 庇護하고 7일마다 한 차례씩 예물을 올린다.

항시 마음을 씻어 정결하게 하는 이 참된 길은 神妙하여 이름하기 어려우나 그 效用이 밝게 나타나므로(功用昭彰) 景敎라 칭하게 되었다. 무릇 道란 聖者 없이는 弘通될 수 없고, 또한 성자는 도 없이 위대해질 수 없을진대 도와 성자가 싱호 契合함으로써 천하는 비로수 문명하게 된다.

太宗皇帝께서 나라를 빛내시고 國運을 개척하시며 명철한 聖人으로 백성을 다스릴 즈음에 大秦에 阿羅本(Alopen : 譯者)이란 大德이 있어 靑雲의 꿈을 안은 채 참된 經典을 가지고 바람의 造化를 기대하며(望風律) 험로를 달려 貞觀 9년(기원 635 : 譯者) 長安에 도착하니 황제는 재상 房玄齡과 의장대를 西郊에까지 보내 隆崇하게 宮內로 迎入하고 궁내에서 성경을 번역하도록 하시었다. 황제는 內殿에서 그 道를 물어 참됨을 깊이 認知하시어 傳授토록 特命을 내리시었다.

貞觀 12년 가을 7월에는 詔書를 내려 아뢰시기를, 도에는 정해진 이름(常名)이 없고 성자에게는 정해진 예의(常禮)가 없으니 방법에 따라 설교하여 衆生을 면밀히 濟度(密濟群生)할지어다라고 하였다. 大秦國의 大德 阿羅本이 멀리서 성경과 聖像을 가지고 京師에 와 獻上하므로 그 敎旨를 詳考한즉 神妙하기 이를 데가 없었다. 또 근본교리를 살펴보니 生成에 관한 要領이 확립되고 經說에는 번잡함이 없으며 교리는 만사를 잊게 한다(理有忘筌).

만물을 제도하고 인간에 이로움으로 천하에 실행함이 마땅하니 有司는 즉각 長安 義寧坊에 大秦寺 一所를 건립하고 승 21명을 常住케 하였다. 비록 宗主였던 周家의 도덕은 상실되어 靑牛를 타고 西天으로 올라가 버렸으나(靑駕西昇), 唐의 壯途는 빛나고 景敎의 바람은 동방에서 일어났다. 有司에 명하여 황제의 寫眞을 그려 사원의 벽에 걸어 놓으니 모습은 더더욱 빛나고 英彩는 景敎(景門)를 비춰 주니 聖王의 足跡은 祥瑞롭기만 하여 全 宇宙(法界)를 영원히 빛내일 것이다.

西域圖記(隋代 裵矩가 서역 44개국의 인문지리를 기술한 지리서 : 譯者)와 漢·魏 諸國의 史籍에 의하면 대진국은 남으로는 珊瑚의 바다를 거느리고 북으로는 보물이 많은 산에 이르며 서로는 꽃과 나무가 우거진 仙境을 바라보고 동으로는 바람이 세차고 물이 적은 곳에 접해 있다. 그 땅에서는 火布와 還魂香·明月珠·夜光璧이 산출되고 세간에는 도적이 없고 사람들은 安樂平康하며 종교는 景教만이 행해지고 있으며 君主는 有德者가 아니고서는 옹립되지 않으며 영토는 광활하고 문물은 번창하다.

高宗大帝는 祖宗의 皇統을 고스란히 계승하여 이 참종교(眞宗)를 潤澤하게 하시었고 모든 州에 각각 景教寺를 두도록 하고 阿羅本을 鎭國大法主로 모시도록 하시니 景教(法)는 十道에 퍼지고 나라는 부유해지고 백성은 편안해졌으며 寺院은 수많은 城邑에 충만하여 가가호호는 큰 복이 殷盛하였다.

聖曆年間(則天武后 年間 : 譯者) 佛教(釋子)가 東周에서 기세를 올렸고, 先代의 天子 말년에 西鎬(周武王이 세운 都邑, 현 陝西省 長安縣의 西南 : 譯者)에서 賤民(下士)들이 경교를 크게 비웃으면서 흉보고 헐뜯었다. 그러나 僧首 羅含과 大德 及烈, 그리고 金方의 귀족들과 世俗을 떠난 高僧(物外高僧)들이 공히 玄妙한 綱領을 진작시키고 함께 끊어진 유대를 다시 이으시었다.

玄宗皇帝는 寧國 등 五王들에게 명하여 행복의 집(福宇)에 친히 왕림하시어 제단을 세우도록 하시니 잠시 휘어겼던 법의 기둥은 더 높이 솟았고 일시 기울어졌던 도의 초석은 다시 바로 놓이게 되었다. 天寶 초 大將軍 高力士에 명하여 五大 聖王의 사진을 寺內에 안치토록 하시고 비단 100필을 하사하시었다. 뛰어난 計策(睿圖)을 받들고 慶賀하니 비록 聖王의 수염(龍髥)은 보기에 멀다 해도 弓劍은 손에 닿을 듯하며, 햇빛이 퍼지니 성왕의 얼굴은 지척에 있는 듯하다. 3년(天寶 : 譯者) 大秦國 僧 佶和는 별을 우러러 北上하고 해를 바라보며 至尊을 따랐다. 승 羅含과 승 普論 등 17명에게 조서를 보내 대덕 佶和와 함께 興慶宮에서 공덕을 연수케 하고는 寺의 題銘을 친히 쓰시어 정문에 걸어 놓고 寶玉으로 장식하니 붉은 노을처럼 灼熱하고 성왕의 名札이 하늘 높이 걸려 있으니 빛남이 밝은 해를 능가한다. 황제의 성덕은 南山보다 높고 넘쳐흐르는 덕택은 동해와 같이 깊다. 무릇 도에는 不可함이 없으니 그 可함으로 이름 지어질 것이고, 성왕은 하지 못하심이 없으니 그 하심이 기록될 것이다.

글에 밝으신 肅宗皇帝께서는 靈武 등 5郡에 경교 사원을 더 지으시니 원래의 착함(善)이 더 쌓여서 福門이 열리고 큰 경사를 맞이하시어 마침내 황제의 위업이 이룩되었다.

文武를 겸비하신 代宗皇帝께서는 聖運이 널리 퍼지어 만사가 형통하시었다. 해마다 성탄절에는 香品을 하사하시어 성공을 기렸고 御饌을 베풀어 경교도들을 환대하시었다. 하느님(乾)은 아름다움과 이로움으로 능히 삶을 넓히시고 성왕은 근본(元)을 체현함으로 능히 化育(亭毒)하실 수 있다.

現 建中年間 문무를 겸비하신 聖神皇帝(德宗 : 譯者)께서는 8修의 善政을 펴시어 暗愚와 賢明을 가려내시고 9條의 法規를 천명하시어 경교의 사명(惟新景命)을 새로이 하시고 玄妙한 도리를 통달하시어 非行을 근절하시었다. 그의 마음은 크면서도 겸허하고 고요하면서도 너그러워 넓은 자비로 고생하는 衆生을 구제하시니(廣慈救衆苦) 백성에게 善德을 베푸는 것은 修行의 大道(大猷)이며 그들을 인도하는 한 段階(階漸)이다.

비바람이 제 때에 있고 천하가 안정되어 사람은 잘 다스려지고 문물은 淸新하며 산 자는 번창하고 죽은 자는 極樂永生하며 생각(念)은 響應하듯 일치하고 情感은 성실함에서 생기나니, 이는 가히 우리 경교의 뛰어난 재능의 效驗이라 할 것이다.

大施主金紫光祿大夫이며 同朔方節度副使이고 試殿中監이며 紫色袈裟를 하사받은 승 伊斯는 천성이 和平하고 施惠를 즐기며, 도리를 聽聞하기만 하면 그대로 勤行하곤 하였다. 그는 멀리 王舍의 성읍으로부터 마침내 來華하였으니 학술은 3代를 능가할 정도로 높고 예능은 완전무결할 정도로 넓었다. 당초 조정에서 忠節을 바치니 왕궁의 記帳에

이름이 수록되기에 이르렀고, 中書令 汾陽王 郭子儀公이 처음 朔方에
서 군사를 통솔할 때 肅宗은 그로 하여금 곽자의를 扈從케 하시었다.
비록 그는 寢所에 드나들 정도로 公과 친근하였지만 陣中에서는 別狀
을 자제하고 공의 손발이 되고 軍의 耳目이 되어 祿과 下賜品을 分給
하니 家財 축적이란 없었으며, 恩賜의 珠玉마저 되려 헌상하고 休務
告辭로 받은 황금과 毛織은 布施로 하였다. 또한 낡은 사원을 증축하여
法堂을 넓히고 화랑과 처마를 숭엄하게 꾸며 마치 훨훨 나는 것만 같
았다. 더욱이 伊斯는 경교에 몸바쳐 仁으로 施恩하였으니 해마다 4寺
의 僧徒들을 모아 경건하게 行事하고 정성 들여 공양함에 50일이나 걸
리곤 했다. 굶주린 자가 오면 밥을 먹이고 헐벗은 자가 오면 옷을 입혀
주며, 환자는 치료하여 회복시키고 사망자는 장례를 치러 안식하게 하
였으니 淸節하다고 하는 사람들마저도 이러한 미덕을 들어본 바 없는
데, 작금 평범한 경교 신도가 바로 그러한 사람임을 발견하게 된다. 이
에 큰 비를 세워 삼가 다음의 頌辭로 미덕과 영광을 宣揚하나이다.

　참된 주는 시원이 없나니 항시 정숙하고 自若하시며, 開闢을 考案하
고 化育하시며, 땅을 일으키고 하늘을 세우시었도다. 分身으로 降臨하
시어(分身出代) 濟度함이 끝없으니 마냥 밝은 해가 떠 어둠이 가셔지듯
하나니, 이 모두가 참된 玄妙를 증명함이라 할 것이다.

　文德이 혁혁하신 황제(太宗 : 譯者)께서는 先代보다 탁월하시어 적시
에 난을 평정하시고 하늘과 땅을 넓히시었다. 밝고 밝은 경교를 우리
唐에 들어오게 하시고 성경을 번역하며 사원을 짓게 하시어 산 자와 죽
은 자의 方舟로 삼으시니 萬福이 함께 이루어지고 萬邦이 平康하게 되
었나이다.

　高宗께서도 先業을 계승하시어 정교한 屋舍를 건립하시니 궁전에
감도는 명랑함이 온 강토에 가득하고 참된 도가 명확하게 밝혀졌으며,
法主를 공식 임명하시니 사람들은 안락하고 평강하며 만물은 재앙과
고난이 없게 되었나이다.

　玄宗께서는 神聖을 깨닫고 참된 正道를 닦아 修行하시니 황제의 牒
子는 찬연히 빛나고 御書는 휘황찬란하며 초상은 주옥같이 빛나니 백

성은 그이를 높이 공경하고 그이의 많은 功績은 한결같이 빛을 발하며 사람들은 그이의 慶福을 믿었나이다.

肅宗께서 즉위하시니 天子의 위업은 고양되고 聖子는 日輪처럼 마음을 펼치니 상서로운 바람은 어둠을 쓸어 버리고 만복은 황실로 돌아오니 재앙은 영원히 사라졌나이다. 황제께서는 온갖 騷擾를 진정시키고 우리 中華 전역을 재건하시었나이다.

代宗께서는 仁孝 公義하시어 盛德이 천지에 가득하시니 施物로 삶을 이루게 하시고 물자를 效用하시며, 香火로 功德을 보상하시고 仁愛로 施濟를 행하시었나이다. 이에 태양이 동녘을 비쳐 威德을 가져왔고 달이 서녘에서 원만히 지었나이다.

建中皇帝(德宗 : 譯者)께서 등극하시니 선조의 덕을 사모하시어 그를 기술하시고 武勇으로 四海를 肅淸하시며 文治로 만방을 淸新하게 하시고, 촛불로 사람들의 어두운 곳을 밝게 비춰 주시고 거울로 사물의 모습을 관찰하시니 천지사방(六合)이 밝게 소생하고 수많은 蠻人들이 이를 본받았나이다.

道란 廣大無限함이니 그 감회 실로 깊을지어다. 이에 굳이 그 명칭을 언급하고 三位一體를 널리 전하노라. 主께서는 만능하시고 臣은 그를 기술할 수 있으니, 여기 큰 비를 세워 大吉(元吉)을 삼가 頌祝하나이다.

大唐 建中 2年(기원 781 : 譯者) 辛酉年 1月 7日 日曜日(大燿森文日)에 건립하다

此時의 監督(法主)은 僧 寧恕이니, 그는 동방의 景教徒들을 알고 있다

朝議郞 前行 台州司士參軍 呂秀巖 書

景敎碑文

景敎流行中國碑頌　幷序

大秦寺僧景淨述

　粤若常然眞寂. 先先而无元. 窅然靈虛. 後後而妙有. 總玄樞而造化. 妙衆聖以元尊者. 其唯我三一妙身無元眞主阿羅訶歟. 判十字以定四方. 鼓元風而生二氣. 暗空易而天地開. 日月運而晝夜作. 匠成萬物. 然立初人. 別賜良和. 令鎭化海. 渾元之性. 虛而不盈. 素蕩之心. 本無希嗜. 泊乎娑殫施妄. 鈿飾統精. 間平大於此是之中. 隙冥同於彼非之內. 是以三百六十五種. 肩隨結轍. 競織法羅. 或指物以託宗. 或空有以淪二. 或禱祀以邀福. 或伐善以矯人. 智慮營營. 恩情役役. 茫然無得. 煎迫轉燒. 積昧亡途. 久迷休復. 於是我三一分身景尊彌施訶. 戢隱眞威. 同人出代. 神天宣慶. 室女誕聖於大秦. 景宿告祥. 波斯覩耀以來貢. 圖二十四聖有說之舊法. 理國家於大猷. 設三一淨風無言之新敎. 陶良用於正信. 制八境之度. 鍊塵成眞. 啓三常之門. 開生滅死. 懸景日以破暗府. 魔妄於是悉摧. 掉慈航以登明宮. 含靈於是乎旣濟. 能事斯畢. 亭午昇眞. 經留二十七部. 張元化以發靈開. 法浴水風. 滌浮華以潔虛白. 印持十字. 融四照以合無拘. 擊木震仁惠之音. 東禮趣生榮之路. 存鬚所以有外行. 削頂所以無內情. 不畜臧獲. 均貴賤於人. 不聚貨財. 示罄遺於我. 齋以伏識而成. 戒以靜愼爲固. 七時禮讚. 大庇存亡. 七日一薦. 洗心反素眞常之道. 妙而難名. 功用昭彰. 強稱景敎. 惟道非聖不弘. 聖非道不大. 道聖符契. 天下文

明. 太宗文皇帝光華啓運. 明聖臨人. 大秦國於上德曰阿羅本. 占靑雲而載眞經. 望風律以馳艱險. 貞觀九祀. 至於長安. 帝使宰臣房公玄齡總杖西郊. 賓迎入內. 飜經書殿. 問道禁闈. 深知正眞. 特令傳授. 貞觀十有二年秋七月詔曰. 道無常名. 聖無常禮. 隨方設敎. 密濟群生. 大秦國大德阿羅本. 遠將經像. 來獻上京. 詳其敎旨. 玄妙無爲. 觀其元宗. 生成立要. 詞無繁說. 理有忘筌. 濟物利人. 宜行天下. 所司卽於京義寧坊造大秦寺一所. 度僧二十一人. 宗周德喪. 靑駕西昇. 巨唐道光. 景風東扇. 旋令有司將帝寫眞轉模寺璧. 天姿汎彩. 英郞景門. 聖迹騰祥. 永輝法界. 案西域圖記及漢魏史策. 大秦國南統珊瑚之海. 北極衆寶之山. 西望仙境花林. 東接長風弱水. 其土出火綄布. 返魂香. 明月珠. 夜光璧. 俗無寇盜. 人有樂康. 法非景不行. 主非德不立. 土宇廣闊. 文物昌明. 高宗大帝. 克恭纘祖. 潤色眞宗. 而於諸州各置景寺. 仍崇阿羅本爲鎭國大法主. 法流十道. 國富元休. 寺滿百城. 家殷景福. 聖曆年釋子用壯騰口於東周. 先天末下士大笑訕謗於西鎬. 有若僧首羅含. 大德及烈. 幷金方貴緒. 物外高僧. 共振玄綱. 俱維絶紐. 玄宗皇帝令寧國等五王親臨福宇. 建立壇場. 法棟暫橈而更崇. 道石時傾而復正. 天寶初. 令大將軍高力士送五聖寫眞寺內安置. 賜絹百疋. 奉慶睿圖. 龍髥雖遠. 弓劍可攀. 日角舒光. 天顔咫尺. 三載. 大秦國有僧佶和. 瞻星向化. 望日朝尊. 詔僧羅含僧普論等十七人. 與大德佶和於興慶宮修功德. 於是天題寺牓. 額戴龍書. 寶裝璀翠. 灼爍丹霞. 睿札宏空. 騰凌激日. 寵賚比南山峻極. 沛澤與東海齊深. 道無不可. 所可可名. 聖無不作. 所作可述. 肅宗文明皇帝於靈武等五郡. 重立景寺. 元善資而福祚開. 大慶臨而皇業建. 代宗文武皇帝恢張聖運. 從事無爲. 每於降誕之辰. 錫天香以告成功. 頒御饌以光景衆. 且乾以美利. 故能廣生. 聖以體元. 故能亭毒. 我建中聖神文武皇帝. 披八政以黜陟幽明. 闡九疇以惟新景命. 化通玄理. 祝無愧心. 至於方大而虛. 專靜而恕. 廣慈救衆苦. 善貸被群生者. 我修行之大猷. 汲引之階漸也. 若使風雨時. 天下靜. 人能理. 物能淸. 存能昌. 歿能樂. 念生響應. 情發自誠者. 我景力能事之功用也. 大施主金紫光祿大夫. 同朔方節度副使. 試殿中監. 賜紫袈裟僧伊斯. 和而好惠. 聞道勤行. 遠自王舍之城. 聿來中夏. 術高三代. 藝博十

全. 始效節於丹庭. 乃策名於王帳. 中書令汾陽郡王郭公子儀初總戎於朔方也. 肅宗俾之從邁. 雖見親於臥內. 不自異於行間. 爲公爪牙. 作軍耳目. 能散祿賜. 不積於家. 獻臨恩之頗黎. 布辭憩之金罽. 或仍其舊寺. 或重廣法堂. 崇飾廊宇. 如翬斯飛. 更效景門. 依仁施利. 每歲集四寺僧徒. 虔事精供. 備諸五旬. 餒者來而飰之. 寒者來而衣之. 病者療而起之. 死者葬而安之. 清節達娑. 未聞斯美. 白衣景士. 今見其人. 願刻洪碑. 以揚休烈. 詞曰

　眞主無元. 湛寂常然. 權輿匠化. 起地立天. 分身出代. 救度無邊. 日昇暗滅. 咸證眞玄. 赫赫文皇. 道冠前王. 乘時撥亂. 乾廓坤張. 明明景敎. 言歸我唐. 翻經建寺. 存歿舟航. 百福偕作. 萬邦之康. 高宗纂祖. 更築精宇. 和宮敞郞. 遍滿中土. 眞道宣明. 式封法主. 人有樂康. 物無災苦. 玄宗啓聖. 克修眞正. 御牓揚輝. 天書蔚映. 皇圖璀燦. 率土高敬. 庶績咸熙. 人賴其慶. 肅宗來復. 天威引駕. 聖日舒晶. 祥風掃夜. 祚歸皇室. 祅氛永謝. 止沸定塵. 造我區夏. 代宗孝義. 德合天地. 開貸生成. 物資美利. 香以報功. 仁以作施. 暘谷來威. 月窟畢萃. 建中統極. 聿修明德. 武肅四溟. 文淸萬域. 燭臨人隱. 鏡觀物色. 六合昭蘇. 百蠻取則. 道惟廣兮應惟密. 强名言兮演三一. 主能作兮臣能述. 建豐碑兮頌元吉.

　　大唐建中二年歲在作噩太簇月七日大耀森文日建立
　　時法主僧寧恕知東方之景衆也

　　朝議郞前行台州司士參軍呂秀巖書

口傳說話의 歷史
－ 文獻史的 比較研究 －

崔 仁 鶴

Ⅰ. 文獻說話의 史的研究

　민담은 구비문학의 하위 장르이며 '형식을 갖춘 이야기문학'이다. 기록문학이 작가와 독자와의 관계라면, 민담은 話者와 청중과의 관계이고, 기록문학이 작가의 창의력이 핵심이라면 민담은 화자의 구술력과 청중의 반응이 핵심이다. 그러므로 기록문학은 문학성을 중시하고, 민담은 연희성을 중시한다. 민담이 구비문학이 될 수 있는 것은 '형식을 갖춘 이야기문학'이기 때문이다. 내용의 구성, 모티프의 구조, 발단과 결구의 구술형식, 청중이 납득할 수용태도 등등이 갖추어져야 한다는 것을 의미한다.

　민담의 역사를 연구하는 데 가장 큰 상애는 구전 전승물의 통시적 한계성이다. 그러므로 가능한 한 고고학적 자료 및 모든 문헌자료를 동원할 수밖에 없다. 따라서 문헌과 구전자료는 상보적이다. 민담은 역사적, 문화적 산물이다. 민담에는 민중의 정신, 사회와 문화의 양식이 투

영되어 있기 때문이다. 민담을 통시적으로 보면 형식이나 내용에 있어
서 변화를 거듭해 왔다. 어떤 민담은 장편에서 단편으로 형식의 변화를
가져왔거나 또 그 반대현상도 적지 않다. 민담은 등장인물이 바뀌어 구
전되거나, 일일이 열거할 수 없을 만큼 첨삭과 개작의 과정을 밟아 왔
다. 그래서 민담의 특성 중 하나가 변이성이다.

변이의 시대적 산물인 민담을 통시적으로 再構한다는 것은 매우 어
려운 과제다. 민담이 역사적 산물이면서 민담의 역사성을 규명하기 어
려운 것은 민담이 가지고 있는 구전 전승성이라는 속성 때문이다. 그러
므로 가능한 한 방법론의 개발과 학제 간 연구의 필요성이 다른 어떤
분야 학문보다도 절실하다.

구전설화와 문헌설화의 비교연구에 앞서서 문헌설화의 연구가 선행
되어야 한다. 이 연구는 국문학의 영역이기 때문에 국문학자들의 활발
한 연구를 기대할 수밖에 없다. 다행히 1970년 장덕순 교수는 『三國史
記』, 『三國遺事』, 『高麗史』, 『世宗實錄地理志』, 『東國輿地勝覽』, 『朝鮮
邑誌』 등의 문헌설화를 분류한 업적을 내놓았고,[1] 이어서 조희웅 교수
의 『朝鮮後期文獻說話의 硏究』가 나왔다.[2] 그러나 최근에 서대석 교수
에 의해 출간된 『朝鮮朝文獻說話輯要』(1·2)[3]는 민담과의 비교연구를
함에 있어서 귀중한 자료 텍스트가 될 것이다. 그러나 아직도 정리하지
못한 문헌설화들이 많으므로 하루속히 공간되기를 기대할 뿐이다.

최운식 교수는 『韓國說話硏究』[4]에서 설화와 기록문학의 관계를 할
애하고 있다. 여기서는 이행과정과 수용에 대한 연구가 이루어졌다. 이
보다 앞서 최래옥 교수는 『韓國口碑傳說의 硏究』[5]에서 전설의 변이양
상과 소설에 전설이 어떻게 수용되어 갔는지 분석하고 있다. 이와 관련
된 변이양상에 대한 설화연구는 학위논문이나 일반 논문으로 다수 공

---

1) 張德順, 『韓國說話文學硏究』, 서울대출판부, 1970.
2) 曺喜雄, 『朝鮮後期文獻說話의 硏究』, 螢雪出版社, 1980.
3) 徐大錫, 『朝鮮朝文獻說話輯要』(1·2), 集文堂, 1991·1992.
4) 崔雲植, 『韓國說話硏究』, 集文堂, 1991.
5) 崔來沃, 『韓國口碑傳說의硏究』, 一潮閣, 1981.

개되었지만 '민담의 역사'라는 시각에서 본격적으로 연구된 바는 아직 없다. 금후의 과제라고 할 수 있다.

서구나 미국에서는 오래 전부터 '구전에서 기록까지'의 주제를 놓고 연구가 활발히 전개되어 왔다. 특히 지방사 再構라는 입장에서 이 방면의 연구가 활발했었다. 물론 역사학적인 시도에서 출발했으나 이 연구 결과가 역사학은 물론 민속학, 인류학계에도 지대한 영향이 있음을 입증했다. 특히 기억이 어떻게 구술되며 기록하게 되는지 그 과정을 추구하여 집대성한 것으로는 Dunaway와 Baum이 편찬한 *Oral History - An Interdisciplinary Anthology -*[6]가 있고, 구전자료가 지방사를 형성하는 데 귀중한 자료임을 입증한 Allen과 Montell의 공저인 *From Memory to History*[7]가 있다. 이 책은 원래 1946년에 Allen이 단독으로 낸 것이었으나 내용을 보강하여 다시 증보판을 내어 많은 호평을 받았다. 또 하나의 업적은 Vansina의 *Oral Tradition as History*[8]이다. 이 책은 원래 1961년 불어로 발간된 것이었으나 유럽제국과 미주지역에서 널리 번역, 출판되었다. 특히 구전의 기능을 집대성한 것으로 높이 평가받고 있다. 구전에서 문헌으로의 이행과정을 서구학자들의 시각에서 분석한 것이므로 참고할 가치는 충분히 인정된다.

한편 일본의 關敬吾는 1966년에 『昔話の歷史』[9]를 낸 바 있다. 일본 민담 중에서 4개의 話群을 선정하여 문헌과 구전의 역사를 규명한 업적으로 높이 평가된다. 위의 영문판 논문집들이 구전의 이론적 연구를 다루었다면 關의 업적은 실제를 다룬 것으로 구분할 수 있다.

---

6) David K. Dunaway and Willa K. Baum ed., *Oral History - An Interdisciplinary Anthology -*, American Association for State and Local History in Cooperation with the Oral History Association, 1984

7) Barbara Allen and Lynwood Montell, *From Memory to History*, The American Association for State and Local History, 1981.

8) Jan Vansina, *Oral Tradition as History*, The University of Wisconsin Press, 1985.

9) 關敬吾, 『昔話の歷史』, 至文堂, 1966.

Ⅱ. 說話 移行過程의 四形態

현대와 같이 허구성, 주인공의 성격·심리 묘사 등이 확립되지 아니한 고대에는 설화성이 소설의 기본구조를 형성했다. 중국에서도『搜神記』와 같은 신이성이 강한 설화를 志怪라 하여 소설의 端初로 삼았다. 한국에서도 심청전·흥부전·콩쥐팥쥐전·두껍전 등 많은 소설들이 설화에서 소설로, 춘향전·홍길동전 등이 실담에서 소설로 발전했다. 따라서 민담과 고전소설과의 관계, 문헌설화와 민담과의 상관성을 규명하는 것이 민담의 역사를 재구하는 기초단계가 될 것이다.

일반적으로 구전과 기록을 이행과정으로 볼 때 대략 다음 4형태가 가능하다.

하나는 구전에서 구전으로 이행하는 과정이다. 이 경우는 변이성이 강하다. 연구방법으로는 가능한 한 넓은 지역에 걸쳐 수집, 채록하여 문헌을 참고하면서 소원적으로 역사를 재구하면서 변이양상을 알아내는 동시에 가장 고형태를 규명하는 것이다. 둘째는 구전에서 문자로 기록되는 이행과정이다. 고전소설의 근원설화가 이에 해당한다. 일반적으로 구전에서 문자로 이행하는 것이 상식이지만 반드시 그렇지는 않다. 셋째는 기록문학에서 구전으로의 이행과정이다. 이 연구는 매우 까다롭고 복잡하다. 넷째는 기록에서 기록으로 이행하는 과정이다. 이미 이 형태는 구전문학과의 상관성이 없는 듯 보인다. 그러나 선행문헌을 가려내는 작업에서 구전자료가 입증자료로서 도움을 주는 수가 있다. 고전소설의 사본고는 바로 이러한 형태의 연구라고 할 수 있다. 또는 소설과 설화기록 문헌과의 비교도 포함한다.

이상 4가지 전승과정을 정리했지만 이것은 편의상의 구분에 지나지 않는다. 실지로는 이행과정이 매우 복잡하다. 이를테면 구전민담이 일부 문헌으로 정착하면서 여전히 구전하는 경우도 있고, 문헌에서 구전으로 이행하면서 다시 소설로 이행하는 경우도 있다. '토끼전'의 기록은『삼국사기』가 효시가 된다. 김춘추가 선도해로부터 들었다는 귀토설화가 바로 그것인데 당시 고구려에서는 구전으로 이미 전승되고 있었던 내용이므로 설화(구전)에서 소설로의 도식이 가능하겠지만, 이 설화가 宣敎의 목적으로 도입된 것이라면 『판챠탄트라』나 『쟈타카본생경』과 같은 기록이 근원이 될 수밖에 없다. 그러므로 인도에서는 구전에서 기록으로의 이행과정을 밟았겠지만 우리 나라에서는 기록 → 구전 → 기록의 과정을 밟았음을 인정할 수 있다.

그러므로 민담의 역사를 규명하는 작업은 민담 전부를 하나로 묶어 획일석으로 처리할 수는 없다. 민담 하나하나를 개별적으로 연구하여 최종적으로 전체를 규명하는 단계적 수순을 밟아야 한다. 왜냐하면 민담 하나하나가 각각 독자적인 역사를 가지고 있기 때문이다. 인류사적으로 보면 기록문학이 아무리 기원전 수천 년 전으로 소급된다 하더라도 구전역사에 비하면 지극히 짧은 시간에 지나지 않는다. 그리고 또 이 지구상에는 문자를 소유하지 아니한 민족이 더 많이 있음을 상기할 때 구전문학은 기록문학보다 앞섰다는 점은 부정할 수 없다.

한국에 문자가 수입되기는 대략 기원전 12세기로 보지만 널리 사용하지 않은 듯하다. 漢代에 만들어진 『史記』에는 殷나라 말에 箕子가 詩書를 가지고 조선에 건너왔다고 하니까 이 무렵에 이미 한자 사용이 부분적으로 있었던 것으로 짐작한다. 그 후 고구려 영양왕(600 A.D.)은 한자로 국사를 편찬했고(『三國史記』), 신라에서는 薛聰이 우리말을 그대로 적기 위하여 이두문자를 만들어 사용했다. 한자 사용이 번거롭고 우리의 언어가 중국과 달라 감정과 사상의 표현이 불가능해 궁여지책으로 만든 것이다. 그러나 일부 관청이나 문학수단으로 사용했을 뿐이다.

조선시대 세종대왕이 훈민정음(한글)을 반포한 1446년을 정식으로 우리글을 가진 시점으로 본다면 우리의 뜻을 마음대로 글로 표현할 수 있었던 기간은 겨우 500년 남짓밖에 되지 않는다. 이나마도 과거 한자 세력에 밀려 한글의 사용이 위축된 것을 생각하면 한글이 일반대중에게 널리 보급이 된 것은 최근세라고 할 수 있다. 그만치 구전의 시대가 길었다는 것을 의미한다.

Ⅲ. 韓國 最古의 文獻說話

설화자료로서 가장 역사가 오래 된 것은『三國史記』와『三國遺事』를 들지만 이보다 앞서『新羅殊異傳』이나 고려대 朴寅亮이 편찬한『殊異傳』이 있다. 둘 다 소실되어 전하지 않지만 조선시대의『大東韻府群玉』,『三國史記』등의 기록으로 미루어 보아 신라 때도『殊異傳』이 있었고, 고려 때에도『殊異傳』이 있어 양자를 구분하기 위하여 전자를『新羅殊異傳』, 후자를 그냥『殊異傳』이라고 칭해 온 것 같았다.『殊異傳』에 수록되었던 설화를 인용한 문헌은『海東高僧傳』,『太平通載』,『大東韻府群玉』,『筆苑雜記』,『三國遺事』등이다.

이들 문헌에 인용된『殊異傳』설화를 대략 정리하면 다음과 같다.

① 阿道傳(覺訓의『海東高僧傳』권1)
설화의 앞뒤가 없어지고 중간 부분만 전한다. 신라에 불교가 처음 전해 올 때 아도 또는 阿頭라는 중이 왕녀의 병을 고친 다음 불법을 일으켰다는 내용이다. 박인량의 수이전에 수록되어 있다고 전한다.

② 圓光法師傳(『三國遺事』권4, 義解 第5 圓光西學條 ;『海東高僧傳』.『搜神記』의 귀신담과 유사하다)
신라 황룡사 승려이던 원광(속성은 薛氏)이 중국에 가서 11년 동안이나 불도를 닦고 돌아온 내용이다.

③ 寶開(『太平通載』권20)
부처의 영검을 그린 불교설화이다. 隅金坊에 살고 있던 여인 보개가 장사 차 배를 타고 떠난 아들 長春의 소식이 없으므로 敏藏寺 觀音 앞에서 7일 기도를 드렸는데 갑자기 아들이 나타나 어머니의 손을 잡자 이에 기뻐서 마구 울었다. 어머니가 아들 장춘에게 그간의 사유를 물으니 해상에서 黑風을 만나 배는 파선되고 같이 탔던 사람들은 모두 죽었으나 다행히 판자에 의지한 장춘만이 중국 吳나라에 포착하여 그 곳에서 農奴로 일하고 있었는데 어떤 중이 나타나 따라 오라기에 그를 따라 나섰더니 꿈 속 같은 중에 신라의 말이 귀에 들려 자세히 바라보니 어머니의 곁이었다는 내용이다.

④ 首揷石枏(『大東韻府群玉』 권8.『搜神記』辛道 및 王道平의 이야기 혹은 唐「再生記」 중 顔畿 이하 9명의 재생설화와 유사하다)

신라 崔伉은 자를 석남이라 했는데 애첩과의 동거를 부모가 금하자 울화병으로 죽는다. 8일 후 항의 혼이 첩의 집에 가 머리에 꽂은 석남 가지를 나누어 첩에게 주며 "부모가 허락하여 왔다" 하므로 첩은 항의 집으로 따라갔다. 항은 담을 넘어 들어가더니 새벽이 되어도 나오지 않았다. 아침이 되어 항의 집 사람이 첩에게 찾아온 연유를 물으매 사실대로 말했더니 이상히 여긴 그 집 사람이 항의 관을 열어 보았다. 과연 여인의 말대로 항의 머리에는 석남 가지가 꽂혀 있고 옷은 이슬로 젖었으며 신을 신고 있었다. 첩이 그의 죽음을 보고 관 앞에서 통곡하며 함께 죽으려고 하니 항이 다시 살아나 그 후 해로했다는 내용이다.

⑤ 竹筒美女(『大東韻府群玉』 권9. 六朝時代 吳均의 撰「續齊諧記」에 유사한 내용)

김유신이 서주로부터 서울로 돌아올 때 앞서 가는 사람의 머리에 이상한 기운이 어리어 있었다. 때마침 나무 아래 쉬게 되어 유신이 자는 체하고 보니, 주위에 사람이 없음을 살핀 후 그는 품 안에서 죽통을 꺼내어 그것을 흔들자 두 미녀가 뛰어나왔다. 더불어 즐겁게 이야기하다가 다시 두 미녀는 죽통 안으로 들어가고 죽통을 품에 도로 넣고 가므로 유신은 뒤를 쫓아 함께 서울 남산 소나무 아래에 자리를 베풀어 잔치를 하니 두 미녀는 또다시 나타나 참석을 했다. 그가 말하기를 "나는 西海에 있으며 東海에서 아내를 얻어 부모님께로 돌아가는 길이다"라고 하자, 갑자기 풍운이 일어나 사방이 어두워지면서 그들은 간 곳이 없었다.

⑥ 老翁化狗(『大東韻府群玉』 권12. 宋初의 『太平廣記』 雜傳記 권9의 妖怪篇)

신라 때 한 늙은이가 김유신의 집 문밖에 이르자 김유신이 맞아들여 자리를 베풀고 묻기를 옛날과 같이 변할 수 있느냐고 하였다. 그러자 늙은이는 곧 범으로 변하고 다시 닭으로, 또 매로, 드디어는 강아지가 되어 나가 버렸다는 이야기이다.

⑦ 仙女紅袋(『大東韻府群玉』 권15)

최치원이 중국에 있을 때 雙女墳이란 무덤의 石門에 시를 썼더니 갑자기 그 무덤의 주인인 두 여자의 망령이 붉은 주머니를 들고 나타났다. 비천한 장사꾼에게 시집가기 싫어 죽은 이 두 처녀의 망령이 뛰어난 선비인 최치원을 만나 기쁜 마음을 시로 화답하다가 사라졌다.

⑧ 虎願(『大東韻府群玉』 권15.『三國遺事』에도 전한다. 일명 김현감호)

신라에 仲春 8일부터 15일까지 청춘남녀가 興輪寺 탑을 돌며 복을 비는 습속이 있었다. 元聖王 때 김현이란 청년이 밤늦게 탑을 돌다가 한 처녀를 만나 사랑을 맺었다. 김현이 처녀의 뒤를 밟아 보니 뜻밖에 虎女임을 알게 된다. 호녀에겐 사나운 세 오빠가 있었는데 하늘에선 한 마리를 징계차 죽이려던 참이었다. 오라비를 대신하여 죽으려는 호녀는 김현에게 "내일 저자에 나타나 많은 사람을 해칠 터이니 낭군은 나를 잡아 그 공으로 높은 벼슬을 하십시오"라고 말하나 김현은 사랑하는 이를 죽일 수 없다 하여 거절하자 천명이니 낭군 손에 죽고 싶다 하며 애원한다. 과연 이튿날 범이 많은 사람을 해쳐 나라에서 큰상을 걸고 범을 잡도록 한다. 김현이 어제의 숲에 가자, 호녀가 나와 기꺼이 칼로 목을 찔러 스스로 죽으니 곧 범으로 변한다. 그리하여 높은 벼슬에 오르게 된 김현은 虎願寺라는 절을 세워 호녀의 명복을 빌었다.

⑨ 心火繞塔(『大東韻府群玉』 권20)

신라 선덕여왕 때 여왕을 사모하다 미쳐 버린 志鬼라는 사람이 있었는데, 하루는 절에 행차하는 여왕의 앞길을 막아섰다. 여왕은 자기를 사랑한다는 지귀를 뒤따르게 하고 절에 당도하여 불공을 들였다. 절 밖 석탑 아래서 불공이 끝나기를 기다리던 지귀는 피로에 지쳐 깜빡 잠이 들고 말았다. 이윽고 분향을 끝내고 돌아가던 여왕은 석탑 아래 잠자던 지귀를 보고 측은히 여겨 금팔찌를 빼어 지귀의 가슴 위에 얹어 주었다. 얼마 후 잠이 깬 지귀는 금팔찌를 가슴에 껴안은 채 후회로 뜨거운 심화가 일어나 온 몸이 타 죽었다. 그리하여 그의 원혼은 불귀신이 되었다.

비록 위의 설화들이 고려시대의 『殊異傳』의 자료라 하더라도 이것이 신라시대의 『殊異傳』과 맥락을 같이하고 있으므로 기록으로 전하는 最古의 설화라고 할 수 있다. 이상 9편의 설화 모티프를 정리하면 영혼을 소재로 하는 전생·재생 모티프가 많고, 동물과 인간의 변신 모티프, 그리고 神仙의 등장 등이 현저하다. 이로 미루어 보아 현재 구전으로 전하는 재생·변신·동물과 인간의 교합이 소재로 되어 있는 민담들은 적어도 삼국시대나 그 이전에 생성된 민담으로서 생성되어 온 것임을 알 수 있다. 예컨대 '구렁이 신랑', '夜來者', '나무꾼과 선녀', '우렁이 아가씨' 등 일련의 神異談은 『殊異傳』의 설화들과 맥락을 같이하는 것으로 고대민담으로 간주해도 무방할 것이다.

다음으로 지적할 것이 문헌설화집으로서 『三國史記』와 『三國遺事』를 든다. 물론 『三國遺事』는 불교 색채가 농후한 것이 특성이지만 그렇다고 불교실화집은 아니다. 편자가 승려이기 때문에 불교적인 연기설화나 신이담을 다수 수록하고 있을 뿐이다. 전체적으로 볼 때 史記는 역사에 가깝고, 遺事는 종교·정치·사회·문화 등을 총체적으로 다룬 문화서라고 할 수 있다. 설화의 내용은 금기·연기·계시·풍수·신선 등 여러 다양한 분야를 망라하고 있다. 다음 민담들이 수록되어 있는 것으로 미루어 보아 이 계통의 민담역사는 삼국시대로 소원해도 무방할 것이다.

① 溫達說話(『三國史記』 권45 列傳5 溫達條)
② 孫順埋兒說話(『三國遺事』 권5 孫順埋兒條)
③ 延烏郎細烏女說話(『三國遺事』 권1 延烏郎細烏女條)
④ 都彌說話(『三國史記』 권48 列傳8)
⑤ 美鄒王竹葉軍(『三國遺事』 권1)
⑥ 射琴匣說話(『三國遺事』 권1)
⑦ 王子好童(『三國史記』 권14 高句麗本紀2 大武神王條)
⑧ 琉璃明王(『三國史記』 권13 高句麗本紀1 琉璃王條)
⑨ 美川王(『三國史記』 권17 高句麗本紀5 美川王條)

都彌說話는 후에 '춘향전'을 제작하는 데 동기가 되었고, 龜兔說話는 문학성을 살려 '鼈主簿傳'으로 발전하는 한편 구전민담으로도 맥을 잇고 있다. 花王戒설화는 '花史', '花工傳'으로 발전했고, '崔致遠傳'에서 영향을 받아 麗末의 '麴先生傳'의 가전체 소설이 이루어졌다. 귀신을 다룬 영혼담은 『破閑集』에 나오는 '浮石寺의 人鬼交歡說話'와 『金鰲新話』의 '萬福寺樗蒲記' 같은 작품을 생산하는 단초가 되어 주었다.

한편 현전하는 구전민담 중에서 효도를 주제로 하는 민담이나 열녀
담은 삼국시대에 이미 구전의 일부분이었음을 알 수 있다. 동물의 보은
담 역시 古層민담이며 명당을 둘러싼 삽화가 수용된 풍수민담은 삼국
시대에 이미 대중화된 민담들이다.

Ⅳ. 外國文獻의 輸入과 民譚의 生成

이 분야의 연구로서는 손진태의 업적이 효시라 할 수 있다. 그는 이
미 1920년대에 일련의 설화 비교연구를 개척했으며 중국의 고문헌을
섭렵하면서 비교연구를 시도한 것은 타의 추종을 불허할 만큼 독보적
이었다.[10] 손진태가 외국으로부터의 영향을 받은 한국설화에 대하여
언급한 것은 중국, 북방민족 그리고 불전을 지적하고 있다. 그러나 이
밖에도 티베트, 인도, 중근동 아시아 제 민족들과의 빈번한 교류를 통
해 한국민담이 생성 발전하게 된 계기가 있었음을 부정할 수 없다. 특
히 중국과는 문헌을 통해서 또는 도교나 불교 등 종교적인 선교를 목적
으로 하여 수입된 설화가 많았다. 이 점에서는 인도나 티베트도 예외는
아니다. 그러면 구체적으로 어떤 경로로 무엇이 수입되었으며 한국민
담의 생성에 어떻게 기여했는지 손진태의 업적을 참고하면서 보완하는
형식으로 살펴본다.

1. 中國으로부터의 影響

기록상으로는 우리 나라에 중국문헌이 수입된 것은 고조선 시대부터
이다.

『和漢三才圖會』에 의하면 "周武王 封箕子於朝鮮 中國之禮樂詩書醫
藥卜筮皆流于此"라 했고, 『後周書』에는 "高句麗書籍 有五經三史 三國

---

10) 孫晉泰, 『韓國民族說話의 研究』, 乙酉文化社, 1947(이 저서는 1927년부터
　　게재한 논문을 한데 모은 것).

志晉陽秋”라 했으니 후일 『三國志演義』의 대본인 正史書가 이미 삼국시대에 들어왔음을 알 수 있다. 그리고 『和漢三才圖會』에는 삼국시대에 중국소설의 모태인 신화, 전설을 실었다는 『山海經』 本18卷이 백제에 들어왔음을 지적하고 있다. 이 『산해경』이 284년에 백제에서 일본으로 수출되었으니 적어도 기원 284년 이전에 백제에 들어왔음을 알 수 있다. 『산해경』 중에는 곤륜산과 선녀 西王母의 이야기, 弱水의 이야기 등이 게재되어 있어 우리 설화문학에 많은 영향을 끼친 것은 틀림없다.

　『高麗史』 世家 第10 宣宗 8年(1091)에는 중국의 『說苑』 등 漢 劉向의 작품, 『烈女傳』 등이 많이 수입되었다고 기록되어 있다. 이와 같이 설화와 관련 있는 중국의 문헌 『山海經』, 『說苑』, 『烈女傳』 등이 수입되어 우리의 설화층을 더욱 두텁게 한 것은 사실이고, 그 중에서도 더욱 살찌게 한 것은 『搜神記』와 『太平廣記』가 아닐 수 없다. 우리 나라에 전하고 있는 '어리석은 사위와 영리한 사위' 계통의 민담은 『太平廣記』 권248, 詼諧類 山東人條에 인용된 啓顔錄에 있는 것을 약간 윤색한 것이다. 어리석은 사위 시리즈에 해당하는 愚壻問喪(癡婿說話)도 『太平廣記』 권262, 癡婿條에서 인용한 笑林에서 힌트를 얻은 것이다. 이렇게 일일이 지적하다 보면 그 양이 많겠으나 대표적인 몇몇 민담류를 대비해 보면 다음과 같다.

128 義狗傳說	搜神記, 搜神後記, 夷堅志, 太平廣記, 太平御覽
334.1 아랑형전설	夷堅志, 說郛, 搜神記, 稗海
387 효자매아전설	初學記, 搜神記, 太平御覽
546 妻妾爭拔白黑鬚說話	稗海
303 상주오복동전설	搜神記, 搜神後記
206 浴身禁忌說話	搜神記
438 潮水說話	太平廣記, 太平御覽
201 姜邯贊禁蛙宣傳說	南史, 搜神記, 搜神後記, 稗海, 夷堅志, 太平廣記
117 지네와 두꺼비의 다툼	搜神記 권19
146 무엇이 무서우냐	漢의 東方朔說話
300 몇백년만에 돌아온 나무꾼	梁 任昉 『述異記』(晉 때 王質이라는 나무꾼)

305 선인이 될 기회를 놓침　搜神記 17쪽
450 콩쥐팥쥐　　　　　　　酉陽雜俎(唐代)
457 흥부놀부　　　　　　　搜神記(楊寶故事)/續齊諧記(參照)
460 금방망이 은방망이　　 酉陽雜俎(唐代) 續集 권1 支諾皐上 旁㐌說話
500 처음 보는 거울　　　　笑府 下「看鏡」, 孫光憲「北夢瑣言」(唐末)
　　　　　　　　　　　　(＊話名 왼쪽의 번호는 필자의 민담 유형번호)

2. 韓國民譚과 『판챠탄트라』

『판챠탄트라』(Ryder, *The Panchatantra*, 1925 초판)는 4세기경에 산스크리트어로 기록 편찬된 교훈설화집이다. 여기에 수록된 설화들은 이미 기원전부터 인도 각지에 널리 구전되어 있었던 것들이다. 이들 설화 중에는 우리 나라에도 구전으로 또는 기록문학으로 뿌리를 내리고 있는 것들이 많다. 몇 개만을 대조하면 다음 표와 같다.

한국민담과 Panchatantra[11]의 공통설화 대비표

한국설화 崔仁鶴『韓國民譚의 類型研究』, 1994	Panchatantra A. W. Ryder, *The Panchatantra*
39　　토끼의 간	원숭이와 악어 381~83
31　　토끼의 꾀	바보와 토끼 81~89
37　　쥐의 사윗감	쥐처녀가 쥐가 됨 353~359
630.1. 독쟁이 구구	브라만의 꿈 453~462
50　　곶감과 호랑이	속아넘어가기 쉬운 악마 462~465
132　옹고집(쫓겨난 주인)	Slow라는 피겨새 449~453
128　개무덤	충성된 망구스 432~434
38　　염소의 환갑잔치	까마귀와 올빼미 291~315
766　불가사리	쇠를 먹는 쥐 192~197
467　삼형제의 성공	네 보물을 찾는 자 434~442
26　　범이 불을 무서워하게 된 유래	코끼리와 제비사이의 153~15

---

11) A. W. Ryder, *The Panchatantra*, The University of Chicago Press, 1964(Phenix Edition).

3. 佛典收錄民譚의 影響

인도와의 관계를 언급하려면 불교와의 관계 규명도 필수적이다. 물론 우리 나라에 불교가 수입된 것은 중국을 거쳐서였고, 중국에서 제작된 경전 수입이 많았기 때문에 더러는 중국에서 새로 삽입했거나 윤색한 설화도 있겠으나 기본적으로는 인도발생설에 근거를 두고 있다. 우리 나라 설화 중 많은 부분이 불전에 의하고 있는 것은 다음 민담들을 보더라도 알 수 있다.

38	나이 자랑	佛典『十誦律』(대장경) 권34
39	토끼의 간	『三國史記』권41, 列傳1 김유신
		『六度集經』(대장경) 권4
118	푸른 약초	『六度集經』권5, 아름다운 寶珠
220	나무도령(홍수설화)	『六度集經』(대장경) 권3
386	아들을 가마솥에	『雜寶藏經』자기 살코기를 베어 부모를 구제하다
500	처음으로 보는 거울	『蒦葉志諧』夫妻訟鏡條
	(不識鏡說話)	佛經『雜譬喩經』(대장경) 권下
		『百喩經』권2
629	중과 소장수의 다툼	『靑邱野談』권2, 治牛商貧僧逢明府條
		『靑邱野談』권8, 淸州倅以權術捕盜條
		佛經『四分律』(대장경) 권18
		『五分律』권10
645	아내보다 떡	佛經『百喩經』(대장경) 권4, 夫婦食餅要喩條
	(夫婦爭餅說話)	
662	어버이를 산에	佛經『雜寶藏經』권1, 棄老國緣條
	(棄老說話)	『雜寶藏經』권2, 波羅奈國有一長者共天神感王行孝緣條

이상은 손신태가 이미 불교의 영향을 받은 민담인 것을 지적한 것이다(孫晉泰,「佛典에 나온 民族說話」, 166~186쪽 참조). 이 밖에도 다수 불전에 유래한 민담이 있다. 예를 들면 '물에 버들잎 띄우는 모티프'는 '根本設一切有部毘奈耶雜事 16'에 근거하고 있으며 '50 곶감과 호랑이'는 팔

리어로 씌어진『쟈타카(Jataka)』에 수록되어 있다.12)

4. 世界最古의 記錄說話

기록으로 정착한 설화로 세계에서 가장 오래 된 것으로는 기원전 약 2,000년 전 점토판에 기록된 바빌로니아, 핫듸, 가나안 등지의 민담이다. 근래에 와서 Gaster 교수에 의해 이 점토판의 민담이 현대어로 번역되어 독해가 가능하게 되었다.13) 이 점토판은 당시 중근동 지역에 살던 바빌로니아, 핫듸, 가나안 사람들이 구전으로 전해 내려오던 이야기들을 히브리어, 아라비아어와 유사한 셈족어로 표기하고 있다. 내용을 한국설화와 비교하면 부분적으로 삽화, 모티프 등의 유사성이 발견된다.

예컨대 뱀의 탈피 현상에서 생명력의 재생 모티프를 연상하여 뱀을 신성시한다든지, 어떤 종류의 식물을 먹음으로써 임신을 한다는 모티프, 산에는 정령뿐 아니라 死者의 영혼까지 머물고 있어서 산의 신성성과 아울러 산을 경배하게 되는 신앙, 태양에 의해 수태하는 모티프, 농경민에게 있어서 최초의 농작물은 신의 소유라는 관념, 그리고 7과 3이라는 숫자에 대한 속신 등이 한국민족의 민간신앙과 무관하다고는 할 수 없을 만큼 친연성을 갖는다.

우리 설화에서 달이나 뱀을 신격시하는 속신, 산을 경배의 대상으로 하는 산신신앙, 식물이나 태양으로 인해 수태하는 모티프, 7과 3의 완전수 개념 등이 이미 4~5천 년 전 중근동 지역의 아시아인들에 의해 표출되고 있음을 고려할 때 한국 민족의 기층문화를 단순히 중국의 영향을 받았다든가 자연발생설로 설명하는 데에 만족하고 있을 수만은 없다.

---

12) 최인학,「한국설화와 불교문화」『구전설화연구』, 새문사, 1994, 343~350쪽 참조.

13) T. H. Gaster, *The Oldest Stories in the World*, Boston : Beacon Press, 1952.

V. 口傳民譚과 文獻說話의 關係

　　구전민담은 변이를 거듭하면서 오늘에 이르렀다. 어떤 것은 문헌에 기록되면서도 여전히 구전되고 있으며 또 어떤 것은 문헌설화가 민담으로 전이되기도 한다. 이러한 과정을 종합적으로 규명하기 위해서 1차적으로 민담과 문헌의 정리가 필요하다. 다음은 필자가 대략 정리한 구전민담과 문헌과의 관계를 표시한 것이다.

구전민담	수록 문헌명
19　멸치의 꿈	『三國遺事』 余三의 解夢條
122.2 호랑이의 보은	『東國輿地勝覽』 권42 文化人物(柳孝金)
124　사슴의 보은	『高麗史』 列傳 徐熙 권94 夢現神人報恩
	『世宗實錄地理志』 京畿道 利川 徐神逸
	『東國輿地勝覽』 卷8 利川人物 徐弼
128　개무덤	高麗高宗朝 崔滋『補閑集』 권中
	高麗末 李齋賢『益齊集』 권3 犬救楊生條
	『罷睡篇』 권2
	『靑丘野談』 권8 吠官庭義狗報主條
	『東國輿地勝覽』 권22 蔚山郡驛院條
	『東國輿地勝覽』 권39 南原驛院條(槐樹驛金蓋仁)
	『朝鮮邑誌』 井邑古蹟(義狗碑)
129　개의 보은	『朝鮮邑誌』 北靑古蹟(忠犬)
132　쫓겨난 주인(욕심자)	『朝鮮邑誌』 松禾古蹟(龍岩)
133　구미호의 둔갑	『三國遺事』 巨陀知가 활을 쏘는 모티프
134　어사와 구미호	『東國輿地勝覽』 권25 榮州佛子(부석사)
	(고려司天監 李寅甫의 전기)
	『朝鮮邑誌』 成川古蹟(狐化處女)
200　구렁이 신랑	『三國遺事』 권5 金現感虎條
201　야래자	『三國遺事』 권2 後百濟甄萱條
	『靑丘野談』 권1 鬼物每夜索明珠條
	『東國輿地勝覽』 권29 聞慶人物(阿慈介)
	『朝鮮各道邑誌』 聞慶篇 人物條
205　나무꾼과 선녀	『高麗史』 列傳 徐神逸의 陰德條(발단부분만 유사)

VI. 結論

　현재 구전되는 한국민담 중에는 이미 문헌에 수록되어 있는 것이 많다. 이들은 앞에서 언급한 민담의 전승과정의 어느 유형에 해당되는지 일일이 검토할 필요가 있다. 인도의 『판챠탄트라』가 민간에 구전되는 민담을 기록, 정리한 것과 같이 비록 고전에 수록되었다 해서 그 민담의 기원이 될 수는 없다. 그러나 문헌에 기록된 연대가 그 민담의 전이 과정의 한 단락이 될 수는 있으므로 우리는 민담의 역사를 규명하는 데 제1단계 기준으로 삼는다. 전술한 바와 같이 개개의 민담은 독자적인 역사를 향유한다. 물론 문화사적인 측면에서 볼 때는 예컨대 농경문화를 배경으로 생산된 민담이라든가, 유목시대를 배경으로 하여 생산되었거나, 어떤 것은 수렵채집시대에 생성된 민담이라고 개괄적으로 말할 수는 있겠지만, 이를테면 농경문화라 하더라도 통시적으로 볼 때 수천 년이런 시간대를 가지고 있기 때문에 그리 단순한 것은 아니다. 그러므로 민담의 통시적 연구는 우선은 대략의 문화사적 배경을 설정하고, 다음은 보다 더 문헌이나 고고학적 인류사와 접합하면서 정밀한 검토가 전개되어야 한다.

한국민담에 있어서 무엇보다 급선무는 구전민담과 문헌과의 관계 설정이다. 현전하는 민담을 문헌과 비교하여 통시적인 역사구성을 1차적으로 한 다음, 외국과의 비교 또는 학제간 연구를 통한 민담의 역사연구가 본격적으로 이루어져야 할 것이다.

參考文獻 (年代順)

Arthur W. Ryder, tr. from the Sanskrit, *The Panchatantra*, The Univ. of Chicago Press, 1925(초판)/1964(Phenix Edition).

孫晉泰, 『韓國民族說話의 研究』, 乙酉文化社, 1947.

T. H. Gaster, *The Oldest Stories in the World*, Boston : Beacon Press, 1952.

關敬吾, 『昔話の歷史』, 至文堂, 1966.

張德順, 『韓國說話文學研究』, 서울대출판부, 1970.

黃浿江, 『新羅佛敎說話研究』, 一志社, 1975.

徐京保, 『佛敎說話―鵬短篇集』, 明文堂, 1978.

曺喜雄, 『朝鮮後期文獻說話의研究』, 螢雪出版社, 1980.

崔來沃, 『韓國口碑傳說의研究』, 一潮閣, 1981.

Barbara Allen and Lynwood Montell, *From Memory to History*, The American Association for State and Local History, 1981.

David K. Dunaway and Willa K. Baum ed., *Oral History - An Interdisciplinary Anthology -*, American Association for State and Local Hostory in Cooperation with the Oral History Association, 1984.

Jan Vansina, *Oral Tradition as History*, The University of Wisconsin Press, 1985.

崔雲植, 『韓國說話硏究』, 集文堂, 1991.

徐大錫, 『朝鮮朝文獻說話輯要』(1·2), 集文堂, 1991·1992.

崔仁鶴, 『구전설화연구』, 새문사, 1994.

崔仁鶴, 『韓國民譚의 類型硏究』, 인하대출판부, 1994.

編 輯 後 記

　동양사학 연구와 후진 양성에 진력해 오신 金文經 선생께서 올해 2월에 숭실대학에서 정년으로 퇴임하셨다. 이 기념논총은 연구와 교육에 끼치신 선생의 공덕을 기리고 아울러 정년퇴임을 기념하기 위하여 간행되었다.

　이 논총을 펴낼 실무를 맡을 간행위원회가 구성된 것은 1994년 늦봄이었다. 사실 기념논총을 간행하자는 의논은 일찍부터 있었다. 선생께서는 1991년에 화갑을 맞으셨기 때문에 선생의 학덕을 기리는 제자들 사이에서 선생의 환력을 새겨 頌壽하자는 논의였다. 선생께 이 뜻을 말씀드렸더니 단호하게 거절하셨다. 이에 제자들도 집요하게 졸랐더니 선생께서는 그럼 정년퇴임 때나 생각해 보자고 하셨다. 선생께서는 거절하신 것으로 알고 계셨지만, 제자들은 이 말씀을 새겨 두었다가 1994년 봄이 되자 다시 수차 간청을 드렸다. 선생께서 마지못해 허락을 하셨다. 이에 간행위의 구성을 보게 된 것이다.

　우리는 논총의 체재와 성격 등에 대하여 다각도로 검토하다 동아시아史學論叢으로 정하였다. 선생께서는 동아시아 중세의 사회와 문화 분야를 집중적으로 연구해 오셨기 때문에 동아시아 중세사회의 형성과 전개 과정에 대한 논고를 중심으로 엮어 보자는 논의는 끝까지 버리지 못했었다.　그러나 분야를 너무 좁히면 필진의 제약을 받지 않을까 하는 염려 때문에 동아시아사로 최종 결정했던 것이다. 이처럼 동아시아사로 넓혀서 범위를 설정했지만 선생께서 업적을 내신 한국사도 포함해야 한다는 요청이 있었다. 그럴 경우 양도 많고 집중성이 떨어진다는 우려로 한국사 전공자들의 참여 희망을 받아들일 수 없었음을 애석하게 생각한다. 정성껏 옥고를 다듬어 보내 주신 여러분께 깊은 감사를 드린다. 또 발고 단계에 있으신 분도 상당수였으나 정해진 기일을 지키느라 수록할 수 없었음은 유감이었다.

　편집 과정에서 우리는 기쁨과 아쉬움을 동시에 가졌다. 모아진 원고의 반 이상이 선생의 전공 영역에 접근하고 있는 집중성이 큰 기쁨이었고, 애초에 연연했던 대로 동아시아 중세사로 영역을 제한하여 논총 간행을 추진하지 못했음이 아쉬움이었다.

　전부 21편으로 이루어진 이 논총의 編次는 약간의 분류가 필요하다고 여겨졌다. 그래서 權力의 諸相, 支配의 樣相, 東亞와 韓民族, 歷史 속의 人物, 文化와 民族으로 나누어 보았다. 애써 주제를 잡아 나누어 묶어보았으나 작위적이란 느낌을 지울 수 없다. 이러한 분류가 혹 필자의 의도를 제약하지나 않을까 저어한다.

　이 기념논총의 간행은 많은 분들의 지원과 정성, 그리고 노력의 결실이기도 하다. 이를 밝혀 깊은 감사의 뜻을 표하고자 한다. 李載喆 선생께서는 바쁘신 가운데도 賀序를 마련하시어 이 논총 간행의 뜻을 빛내 주셨다. 숭실대학 사학과 동문들은 어려운 가운데서도 간행에 소요되는 기금을 출연하여 주셨다. 도서출판 혜안의 오일주 사장은 채산성을 도외시하고 흔쾌히 출판을 맡아 주셨고, 편집부 여러분은 촉박한 시일에 쫓기면서 좋은 책 만들기에 많은 땀을 흘려 주셨다. 교정의 번거로움은 숭실대학 사학과의 대학원생 여러분이 무릅썼다. 거듭 감사의 말씀을 적는다.

　기념논총을 펴내는 데 즈음하여 선생께서 건강 날로 더하시어 鶴壽를 누리시고, 더 깊고 너른 학문 세계를 이루시길 빈다.

1996년 6월

金文經敎授停年退任紀念 동아시아사 연구논총 刊行委員會

朱采赫　　　柳永烈　　　河政植
池培善　　　崔秉鉉　　　朴恩駒

筆 者 紹 介

金民壽 : 이화여자대학교 사회생활과 강사
金聖翰 : 고려대학교 동양사학과 강사
金正烈 : 숭실대학교 사학과 강사
金鐸敏 : 고려대학교 역사교육과 교수
朴漢濟 : 서울대학교 동양사학과 교수
孫賢淑 : 부산여자대학교 역사교육과 교수
宋正洙 : 전북대학교 사회교육과 교수
尹乃鉉 : 단국대학교 사학과 교수
李啓煌 : 인하대학교 일어일본학과 교수
李成珪 : 서울대학교 동양사학과 교수
李燦元 : 숭실대학교 사학과 강사
이평래 : 몽골 과학아카데미 역사연구소
任大熙 : 경북대학교 역사교육과 교수
鄭炳俊 : 동국대학교 사학과 강사
池培善 : 연세대학교 사학과 교수
崔仁鶴 : 인하대학교 국어국문학과 교수
河政植 : 한남대학교 역사교육과 교수
황민호 : 숭실대학교 사학과 강사
무함마드 깐수 : 단국대학교 사학과 교수
沙　知 : 中國 人民大學 教授
朱　江 : 中國 揚州大學 商業學院 教授

(가나다순)

金文經敎授停年退任紀念

동아시아사 연구논총

1996년 6월 20일 인쇄
1996년 6월 25일 발행

편   자 金文經敎授停年紀念論叢刊行委員會
발행처 도서출판 혜안
발행인 오일주
등록번호 제21-471호
등록일자 1993년 7월 30일

서울 서초구 잠원동 43-4
우편번호 137-030
전화번호 511-8651~2
팩시밀리 511-8650

ISBN 89-85905-28-7 93900

값 30,000원